THE
ASTRONOMICAL
ALMANAC

FOR THE YEAR

2018

and its companion

The Astronomical Almanac Online

Data for Astronomy, Space Sciences, Geodesy,
Surveying, Navigation and other applications

<table>
<tr><td align="center">WASHINGTON</td><td align="center">TAUNTON</td></tr>
<tr><td align="center">Issued by the</td><td align="center">Issued</td></tr>
<tr><td align="center">Nautical Almanac Office</td><td align="center">by</td></tr>
<tr><td align="center">United States</td><td align="center">Her Majesty's</td></tr>
<tr><td align="center">Naval Observatory</td><td align="center">Nautical Almanac Office</td></tr>
<tr><td align="center">by direction of the</td><td align="center">on behalf</td></tr>
<tr><td align="center">Secretary of the Navy</td><td align="center">of</td></tr>
<tr><td align="center">and under the</td><td align="center">The United Kingdom</td></tr>
<tr><td align="center">authority of Congress</td><td align="center">Hydrographic Office</td></tr>
</table>

WASHINGTON: U.S. GOVERNMENT PUBLISHING OFFICE
TAUNTON: THE U.K. HYDROGRAPHIC OFFICE

ISBN 978–0–7077–41772

ISSN 0737-6421

UNITED STATES

For sale by the Superintendent of Documents, U.S. Government Publishing Office
Internet: bookstore.gpo.gov Phone: toll free (866) 512-1800; DC area (202) 512-1800
Fax: (202) 512-2104 Mail: Stop IDCC, Washington, DC 20402-0001

UNITED KINGDOM

Published by the United Kingdom Hydrographic Office

http://www.gov.uk/UKHO

Telephone:+44 (0)1823 723 366

E-mail: customerservices@ukho.gov.uk

NOTE
Every care is taken to prevent errors in the production of
this publication. As a final precaution it is recommended
that the sequence of pages in this copy be examined on
receipt. If faulty it should be returned for replacement.

Printed in the United States of America
by the U.S. Government Publishing Office

Beginning with the edition for 1981, the title *The Astronomical Almanac* replaced both the title *The American Ephemeris and Nautical Almanac* and the title *The Astronomical Ephemeris*. The changes in title symbolise the unification of the two series, which until 1980 were published separately in the United States of America since 1855 and in the United Kingdom since 1767. *The Astronomical Almanac* is prepared jointly by the Nautical Almanac Office, United States Naval Observatory, and H.M. Nautical Almanac Office, United Kingdom Hydrographic Office, and is published jointly by the United States Government Publishing Office and the United Kingdom Hydrographic Office; it is printed only in the United States of America using reproducible material from both offices.

By international agreement the tasks of computation and publication of astronomical ephemerides are shared among the ephemeris offices of several countries. The contributors of the basic data for this Almanac are listed on page vii. This volume was designed in consultation with other astronomers of many countries, and is intended to provide current, accurate astronomical data for use in the making and reduction of observations and for general purposes. (The other publications listed on pages viii-ix give astronomical data for particular applications, such as navigation and surveying.)

Beginning with the 1984 edition, most of the data tabulated in *The Astronomical Almanac* have been based on the fundamental ephemerides of the planets and the Moon prepared at the Jet Propulsion Laboratory (JPL). In particular, the 2003 through 2014 editions utilized the JPL Planetary and Lunar Ephemerides DE405/LE405. Beginning with the 2015 edition, JPL's DE430/LE430 are the basis of the tabulations.

The 2009 edition implemented the relevant International Astronomical Union (IAU) resolutions passed at the 2003 and 2006 IAU General Assemblies. This includes the adoption of the report by the IAU Working Group on Precession and the Ecliptic which affects a significant fraction of the tabulated data (see Section L for more details). *U.S. Naval Observatory Circular No. 179* (see page ix) gives a detailed explanation of the relevant IAU resolutions. Beginning with the 2014 edition, all sections reflect the IAU 2006 resolution that formally defined planets, dwarf planets, and small solar system bodies. Beginning with the 2015 edition, the 2012 IAU resolution re-defining the astronomical unit has been implemented.

The Astronomical Almanac Online is a companion to this volume. It is designed to broaden the scope of this publication. In addition to ancillary information, the data provided will appeal to specialist groups as well as those needing more precise information. Much of the material may also be downloaded.

Suggestions for further improvement of this Almanac would be welcomed; they should be sent to the Chief, Nautical Almanac Office, United States Naval Observatory or to the Head, H.M. Nautical Almanac Office, United Kingdom Hydrographic Office.

MARC C. ECKARDT   JOHN HUMPHREY
Captain, U.S. Navy,   *Chief Executive*
Superintendent, U.S. Naval Observatory   *UK Hydrographic Office*
3450 Massachusetts Avenue, NW   *Admiralty Way, Taunton*
Washington, D.C. 20392–5420   *Somerset, TA1 2DN*
U.S.A.   *United Kingdom*

October 2016

Corrections to The Astronomical Almanac, 2013-2017

Page A2, Occultations of X-ray sources by the Moon:

A table of occultations of X-ray sources by the Moon has not been available on The Astronomical Almanac Online.

Page G7, Pluto, Geocentric Positions for 0h Terrestrial Time:

The values given for the ecliptic longitude, L_S, are in error by $180°$.

Corrections to The Astronomical Almanac, 2017

Page F43, Satellites of Saturn:

Under the Western Elongation for Titan, replace the last entry (Dec 41) with Dec 45 03.4 hours

Under the Superior Conjunction for Titan, delete the last entry (Dec 45) in its entirety.

Changes introduced for 2018

Section B: The number of decimal places shown in the daily ephemeris for Nutation, Obliquity, the CIP and the CIO has been increased from four to five.

Section H: Updates to the data have been made to the lists of double stars, variable stars, exoplanets/host stars, ICRF radio sources, and gamma ray sources.

 Up-to-date listings of all errata may also be found on *The Astronomical Almanac Online* at **http://asa.usno.navy.mil** and **http://asa.hmnao.com**

Section A   PHENOMENA
Seasons; Moon's phases; principal occultations; planetary phenomena; elongations and magnitudes of planets; visibility of planets; diary of phenomena; times of sunrise, sunset, twilight, moonrise and moonset; eclipses, transits, use of Besselian elements.

Section B   TIME-SCALES AND COORDINATE SYSTEMS
Calendar; chronological cycles and eras; religious calendars; relationships between time scales; universal and sidereal times, Earth rotation angle; reduction of celestial coordinates; proper motion, annual parallax, aberration, light-deflection, precession and nutation; coordinates of the CIP & CIO, matrix elements for both frame bias, precession-nutation, and GCRS to the Celestial Intermediate Reference System, formulae for apparent and intermediate place reduction; position and velocity of the Earth; polar motion; diurnal parallax and aberration; altitude, azimuth; refraction; pole star formulae and table.

Section C   SUN
Mean orbital elements, elements of rotation; low-precision formulae for coordinates of the Sun and the equation of time; ecliptic and equatorial coordinates; heliographic coordinates, horizontal parallax, semi-diameter and time of transit; geocentric rectangular coordinates.

Section D   MOON
Phases; perigee and apogee; mean elements of orbit and rotation; lengths of mean months; geocentric, topocentric and selenographic coordinates; formulae for libration; ecliptic and equatorial coordinates, distance, horizontal parallax and time of transit; physical ephemeris, semi-diameter and fraction illuminated; low-precision formulae for geocentric and topocentric coordinates.

Section E   PLANETS
Rotation elements for Mercury, Venus, Mars, Jupiter, Saturn, Uranus, and Neptune; physical ephemerides; osculating orbital elements (including the Earth-Moon barycentre); heliocentric ecliptic coordinates; geocentric equatorial coordinates; times of transit.

Section F   NATURAL SATELLITES
Ephemerides and phenomena of the satellites of Mars, Jupiter, Saturn (including the rings), Uranus, Neptune and Pluto.

Section G   DWARF PLANETS AND SMALL SOLAR SYSTEM BODIES
Osculating elements; opposition dates and finding charts; physical ephemerides; geocentric equatorial coordinates, visual magnitudes, and time of transit for those bodies at opposition. Osculating elements for periodic comets.

Section H   STARS AND STELLAR SYSTEMS
Lists of bright stars, double stars, *UBVRI* standards, spectrophotometric standards, radial velocity standards, variable stars, exoplanet/host stars, bright galaxies, open clusters, globular clusters, ICRF radio source positions, radio telescope flux & polarization calibrators, X-ray sources, quasars, pulsars, and gamma ray sources.

Section J   OBSERVATORIES
Index of observatory name and place; lists of optical and radio observatories.

Section K   TABLES AND DATA
Julian dates of Gregorian calendar dates; selected astronomical constants; reduction of time scales; reduction of terrestrial coordinates; interpolation methods; vectors and matrices.

Section L   NOTES AND REFERENCES   Section M GLOSSARY   Section N INDEX

THE ASTRONOMICAL ALMANAC ONLINE
WWW — **http://asa.usno.navy.mil** & **http://asa.hmnao.com**
Eclipse Portal; occultation maps; lunar polynomial coefficients; planetary heliocentric osculating elements; satellite offsets, apparent distances, position angles, orbital, physical, and photometric data; minor planet diameters; various star data sets; observatory search; astronomical constants; glossary, errata.

The pagination within each section is given in full on the first page of each section.

STAFF LISTS, 2018

U.S. NAVAL OBSERVATORY

CAPT Marc C. Eckardt, *U.S.N., Superintendent*
CAPT Michael Riggins, *U.S.N., Deputy Superintendent*
Brian Luzum, *Scientific Director*

ASTRONOMICAL APPLICATIONS DEPARTMENT

Nancy A. Oliversen, *Head*
Sean E. Urban, *Chief, Nautical Almanac Office*
Jennifer L. Bartlett, *Chief, Software Products Division*
Nancy A. Oliversen, *Acting Chief, Science Support Division*

George H. Kaplan	James L. Hilton
William T. Harris	Wendy K. Puatua
Susan G. Stewart	Mark T. Stollberg
Michael Efroimsky	Eric G. Barron
Michael V. Lesniak III	Malynda R. Chizek Frouard
Mark Klieger	Yvette Washington
QMC (SW/AW) Tim Sheedy, U.S.N	

THE UNITED KINGDOM HYDROGRAPHIC OFFICE

John Humphrey, *Chief Executive*
Ruth Waters, *Head of the Scientific Analysis Group*

HER MAJESTY'S NAUTICAL ALMANAC OFFICE

Steven A. Bell, *Head*

Catherine Y. Hohenkerk	Donald B. Taylor
Paresh S. Prema	Susan G. Nelmes
James A. Whittaker	

The data in this volume have been prepared as follows:

By H.M. Nautical Almanac Office, United Kingdom Hydrographic Office:

Section A—phenomena, rising, setting of Sun and Moon, lunar eclipses; B—ephemerides and tables relating to time-scales and coordinate reference frames; D—physical ephemerides and geocentric coordinates of the Moon; F—ephemerides for sixteen of the major planetary satellites; G—opposition dates, finding charts, geocentric coordinates, transit times, and osculating orbital elements, of selected dwarf planets and small solar system bodies; K—tables and data.

By the Nautical Almanac Office, United States Naval Observatory:

Section A—eclipses of the Sun; C—physical ephemerides, geocentric and rectangular coordinates of the Sun; E—physical ephemerides, orbital elements, heliocentric and geocentric coordinates, and transit times of the planets; F—phenomena and ephemerides of satellites, except Jupiter I–IV; H—data for lists of bright stars, photometric standard stars, radial velocity standard stars, exoplanets and host stars, bright galaxies, open clusters, globular clusters, radio source positions, radio flux calibrators, X-ray sources, quasars, pulsars, variable stars, double stars and gamma ray sources; J—information on observatories; L—notes and references; M—glossary; N—index.

By the Jet Propulsion Laboratory, California Institute of Technology:

The planetary and lunar ephemerides DE430/LE430. The ephemerides of the dwarf planets and the largest and/or brightest 92 minor planets.

By the IAU Standards Of Fundamental Astronomy (SOFA) initiative:

Software implementation of fundamental quantities used in sections A, B, D and G.

By the Institut de Mécanique Céleste et de Calcul des Éphémérides, Paris Observatory:

Section F—ephemerides and phenomena of satellites I–IV of Jupiter.

By the Minor Planet Center, Cambridge, Massachusetts:

Section G—orbital elements of periodic comets.

Section H—Stars and stellar systems: many individuals have provided expertise in compiling the tables; they are listed in Section L and on *The Astronomical Almanac Online*.

In general the Office responsible for the preparation of the data has drafted the related explanatory notes and auxiliary material, but both have contributed to the final form of the material. The preliminaries, Section A, except the solar eclipses, and Sections B, D, G and K have been composed in the United Kingdom, while the rest of the material has been composed in the United States. The work of proofreading has been shared, but no attempt has been made to eliminate the differences in spelling and style between the contributions of the two Offices.

Joint publications of HM Nautical Almanac Office (UKHO) and the United States Naval Observatory

These publications are available from UKHO distributors and the Superintendent of Documents, U.S. Government Publishing Office (USGPO) except where noted.

Astronomical Phenomena contains extracts from *The Astronomical Almanac* and is published annually in advance of the main volume. Included are dates and times of planetary and lunar phenomena and other astronomical data of general interest. (UKHO GP200)

The Nautical Almanac contains ephemerides at an interval of one hour and auxiliary astronomical data for marine navigation. (UKHO NP314)

The Air Almanac contains ephemerides at an interval of ten minutes and auxiliary astronomical data for air navigation. This publication is now distributed solely on CD-ROM and is only available from USGPO.

Rapid Sight Reduction Tables for Navigation (AP 3270 / NP 303), 3 volumes, formerly entitled *Sight Reduction Tables for Air Navigation*. Volume 1, selected stars for epoch 2020·0, containing the altitude to 1′ and true azimuth to 1° for the seven stars most suitable for navigation, for all latitudes and hour angles of Aries.

Other publications of HM Nautical Almanac Office (UKHO)

The Star Almanac for Land Surveyors (NP 321) contains the Greenwich hour angle of Aries and the position of the Sun, tabulated for every six hours, and represented by monthly polynomial coefficients. Positions of all stars brighter than magnitude 4·0 are tabulated monthly to a precision of $0\overset{s}{\cdot}1$ in right ascension and 1″ in declination. A CD-ROM is included which contains the electronic edition plus coefficients, in ASCII format, representing the data.

NavPac and Compact Data for 2016–2020 (DP 330) contains software, algorithms and data, which are mainly in the form of polynomial coefficients, for calculating the positions of the Sun, Moon, navigational planets and bright stars. It enables navigators to compute their position at sea from sextant observations using Windows OS XP/Vista/7/8/10 for the period 1986–2020. The tabular data are also supplied as ASCII files on the CD-ROM.

Planetary and Lunar Coordinates, 2001–2020 provides low-precision astronomical data and phenomena for use well in advance of the annual ephemerides. It contains heliocentric, geocentric, spherical and rectangular coordinates of the Sun, Moon and planets, eclipse maps and auxiliary data. All the tabular ephemerides are supplied solely on CD-ROM as ASCII and Adobe's portable document format files. The full printed edition is published in the United States by Willmann-Bell Inc, PO Box 35025, Richmond VA 23235, USA.

Rapid Sight Reduction Tables for Navigation (AP 3270 / NP 303), 3 volumes, formerly entitled *Sight Reduction Tables for Air Navigation*. Volumes 2 and 3 contain altitudes to 1′ and azimuths to 1° for integral degrees of declination from N 29° to S 29°, for relevant latitudes and all hour angles at which the zenith distance is less than 95° providing for sights of the Sun, Moon and planets.

The UK Air Almanac (AP 1602) contains data useful in the planning of activities where the level of illumination is important, particularly aircraft movements, and is produced to the general requirements of the Royal Air Force. It may be downloaded from the website http://astro.ukho.gov.uk/nao/publicat/ukaa.html.

NAO Technical Notes are issued irregularly to disseminate astronomical data concerning ephemerides or astronomical phenomena.

Other publications of the United States Naval Observatory

Astronomical Papers of the American Ephemeris[†] are issued irregularly and contain reports of research in celestial mechanics with particular relevance to ephemerides.

U.S. Naval Observatory Circulars[†] are issued irregularly to disseminate astronomical data concerning ephemerides or astronomical phenomena.

U.S. Naval Observatory Circular No. 179, The IAU Resolutions on Astronomical Reference Systems, Time Scales, and Earth Rotation Models explains resolutions and their effects on the data (see Web Links).

Explanatory Supplement to The Astronomical Almanac edited by Sean E. Urban, U.S. Naval Observatory and P. Kenneth Seidelmann, University of Virginia. This third edition is completely updated and offers an authoritative source on the basis and derivation of information contained in *The Astronomical Almanac*, and contains material that is relevant to positional and dynamical astronomy and to chronology. The publication is a collaborative work with authors from the U.S. Naval Observatory, H.M. Nautical Almanac Office, the Jet Propulsion Laboratory and others. It is published by, and available from University Science Books, Mill Valley, California, whose UK distributor is Macmillan Distribution.

MICA is an interactive astronomical almanac for professional applications. Software for both PC systems with Intel processors and Apple Macintosh computers is provided on a single CD-ROM. *MICA* allows a user to compute, to full precision, much of the tabular data contained in *The Astronomical Almanac*, as well as data for specific times and locations. All calculations are made in real time and data are not interpolated from tables. MICA is a product of the U.S. Naval Observatory; it is published by and available from Willmann-Bell Inc. The latest version covers the interval 1800-2050.

† Many of these publications are available from the Nautical Almanac Office, U.S. Naval Observatory, Washington, DC 20392-5420, see Web Links on the next page for availability.

Publications of other countries

Apparent Places of Fundamental Stars is prepared by the Astronomisches Rechen-Institut, Heidelberg (www.ari.uni-heidelberg.de). The printed version of APFS gives the data for a few fundamental stars only, together with the explanation and examples. The apparent places of stars using the FK6 or Hipparcos catalogues are provided by the on-line database ARIAPFS (http://www.ari.uni-heidelberg.de/ariapfs). The printed booklet also contains the so-called '10-Day-Stars' and the 'Circumpolar Stars' and is available from Der Kleine Buch Verlag, Leopoldstrasse 7b, 76133 Karlsruhe, Germany.

Ephemerides of Minor Planets is prepared annually by the Institute of Applied Astronomy of the Russian Academy of Sciences (www.ipa.nw.ru). Included in this volume are elements, opposition dates and opposition ephemerides of all numbered minor planets. This volume is available from the Institute of Applied Astronomy, Naberezhnaya Kutuzova 10, St. Petersburg, 191187 Russia.

Electronic Publications

The Astronomical Almanac Online: The companion publication of *The Astronomical Almanac*, providing data best presented in machine-readable form. It typically does not duplicate data from the book. It does, in some cases, provide additional information or greater precision than the printed data. Examples of data found on *The Astronomical Almanac Online* are searchable databases, eclipse and occultation maps, errata found in the printed publication, and a searchable glossary. See next page for web links to *The Astronomical Almanac Online*.

Please refer to the relevant World Wide Web address for further details about the publications and services provided by the following organisations.

H.M. Nautical Almanac Office and U.S. Naval Observatory
- *The Astronomical Almanac Online* at

http://asa.usno.navy.mil   —      —   **http://asa.hmnao.com**

U.S. Naval Observatory
- U.S. Naval Observatory at http://www.usno.navy.mil/USNO
- USNO Astronomical Applications Department at http://aa.usno.navy.mil/
- USNO Data Services at http://aa.usno.navy.mil/data/
- NOVAS astrometry software at http://aa.usno.navy.mil/software/novas/
- *USNO Circular 179* at http://aa.usno.navy.mil/publications/docs/Circular_179.php

H.M. Nautical Almanac Office
- General information at http://astro.ukho.gov.uk or http://www.gov.uk/HMNAO
- Eclipses Online at http://astro.ukho.gov.uk/eclipse/
- Online data services at http://astro.ukho.gov.uk/websurf/
- Crescent MoonWatch at http://astro.ukho.gov.uk/moonwatch/

International Astronomical Organizations
- IAU: International Astronomical Union at http://www.iau.org
- IERS: International Earth Rotation and Reference Systems Service at http://www.iers.org
- SOFA: IAU Standards of Fundamental Astronomy at http://www.iausofa.org
- NSFA: IAU Working Group on Numerical Standards at http://maia.usno.navy.mil/NSFA
- MPC: Minor Planet Centre at http://www.minorplanetcenter.org
- CDS: Centre de Données astronomiques de Strasbourg at http://cdsweb.u-strasbg.fr

Products provided by International Astronomical Organizations
- IERS Products http://www.iers.org/ : then
    Orientation data, time, follow, Data / Products → Earth Orientation Data
    Bulletins A, B, C, D and descriptions follow, Publications → IERS Bulletins
    Technical Notes follow, Publications → IERS Technical Notes
- IERS Conventions Centre, updates at http://tai.bipm.org/iers/convupdt/convupdt.html

Publishers and Suppliers
- The UK Hydrographic Office (UKHO) at http://www.gov.uk/UKHO
- U.S. Government Publishing Office (USGPO) at http://bookstore.gpo.gov
- University Science Books at http://www.uscibooks.com
- Willmann-Bell at http://www.willbell.com
- Macmillan Distribution at http://www.palgrave.com

CONTENTS OF SECTION A

> **www** This symbol indicates that these data or auxiliary material may also be found on *The Astronomical Almanac Online* at **http://asa.usno.navy.mil** and **http://asa.hmnao.com**

NOTE: All the times in this section are expressed in Universal Time (UT).

THE SUN

	d h		d h m		d h m
Perigee	… Jan. 3 06	Equinoxes	… Mar. 20 16 15 …	… Sept.	23 01 54
Apogee	… July 6 17	Solstices	… June 21 10 07 …	… Dec.	21 22 23

PHASES OF THE MOON

Lunation	New Moon			First Quarter			Full Moon			Last Quarter		
		d	h m		d	h m		d	h m		d	h m
1175							Jan.	2	02 24	Jan.	8	22 25
1176	Jan.	17	02 17	Jan.	24	22 20	Jan.	31	13 27	Feb.	7	15 54
1177	Feb.	15	21 05	Feb.	23	08 09	Mar.	2	00 51	Mar.	9	11 20
1178	Mar.	17	13 12	Mar.	24	15 35	Mar.	31	12 37	Apr.	8	07 18
1179	Apr.	16	01 57	Apr.	22	21 46	Apr.	30	00 58	May	8	02 09
1180	May	15	11 48	May	22	03 49	May	29	14 20	June	6	18 32
1181	June	13	19 43	June	20	10 51	June	28	04 53	July	6	07 51
1182	July	13	02 48	July	19	19 52	July	27	20 20	Aug.	4	18 18
1183	Aug.	11	09 58	Aug.	18	07 49	Aug.	26	11 56	Sept.	3	02 37
1184	Sept.	9	18 01	Sept.	16	23 15	Sept.	25	02 52	Oct.	2	09 45
1185	Oct.	9	03 47	Oct.	16	18 02	Oct.	24	16 45	Oct.	31	16 40
1186	Nov.	7	16 02	Nov.	15	14 54	Nov.	23	05 39	Nov.	30	00 19
1187	Dec.	7	07 20	Dec.	15	11 49	Dec.	22	17 49	Dec.	29	09 34

ECLIPSES

A total eclipse of the Moon	Jan. 31	N. America except the eastern part, Oceania, Russia, Asia and N. Scandinavia
A partial eclipse of the Sun	Feb. 15	Most of Antarctica and southern S. America
A partial eclipse of the Sun	Jul. 13	Tip of Wilkes Land in Antarctica and the southernmost part of Australia
A total eclipse of the Moon	Jul. 27	Antarctica, Australasia, Asia, Russia except N., Africa, Europe and E. South America
A partial eclipse of the Sun	Aug. 11	Northernmost Canada, Greenland, Iceland, Scandinavia, most of Russia, most of Kazakhstan, Mongolia and most of China

MOON AT PERIGEE

d h	d h	d h
Jan. 1 22	May 17 21	Oct. 5 22
Jan. 30 10	June 15 00	Oct. 31 20
Feb. 27 15	July 13 08	Nov. 26 12
Mar. 26 17	Aug. 10 18	Dec. 24 10
Apr. 20 15	Sept. 8 01	

MOON AT APOGEE

d h	d h	d h
Jan. 15 02	June 2 17	Oct. 17 19
Feb. 11 14	June 30 03	Nov. 14 16
Mar. 11 09	July 27 06	Dec. 12 12
Apr. 8 06	Aug. 23 11	
May 6 01	Sept. 20 01	

OCCULTATIONS OF PLANETS AND BRIGHT STARS BY THE MOON

Date	Body	Areas of Visibility
d h		
Jan. 05 08	*Regulus*	Alaska, eastern tip of Russia, northern Canada, Greenland, Svalbard, Iceland, most of Europe, north westernmost Africa
Jan. 12 04	Vesta	Southern Africa, Madagascar, French Southern and Antarctic Lands, S.W. Australia, Tasmania
Jan. 27 11	*Aldebaran*	Most of India, Central Asia, most of China, Mongolia, most of Russia, Alaska, N.W. North America
Feb. 01 19	*Regulus*	Scandanavia, northern Greenland, Svalbard, northern and eastern Russia, N.E. China, N.W. Alaska, most of Japan
Feb. 09 13	Vesta	Chatham Island, most of Antarctica
Feb. 23 18	*Aldebaran*	Bermuda, N.E. North America, Greenland, most of Europe, Svalbard, most of Russia, Kazakhstan, W. Mongolia, N.W. China
Mar. 01 06	*Regulus*	N.E. tip of Russia, N. North America, Greenland, Svalbard, W. edge of Europe, Azores
Mar. 22 23	*Aldebaran*	N.E. Russia, N.W. North America, Greenland, Svalbard, most of Scandanavia, Great Britain and Ireland
Mar. 28 14	*Regulus*	Most of Scandanavia, N. and eastern Russia, Svalbard, N. Greenland, north westernmost North America, Aleutian Islands
Apr. 19 05	*Aldebaran*	Most of Uzbekistan, most of Kazakhstan, central and northern Russia, N. Scandanavia, N. Greenland, northernmost Canada
Apr. 24 20	*Regulus*	Central Russia, N.E. tip of Kazakhstan
May. 16 13	*Aldebaran*	Central and northern Canada, N.W. Greenland, northernmost central Russia
Jun. 27 09	Vesta	Micronesia, Kiribati, northern French Polynesia, southern Mexico, Central America, Galapagos Islands
Jul. 10 10	*Aldebaran*	N. central North America, most of Greenland, N. central Russia
Aug. 04 23	Juno	E. Europe, W. Russia, Scandanavia, N.E. Greenland, extreme northern Canada
Aug. 06 19	*Aldebaran*	Mongolia, Central Russia, Svalbard, most of Greenland, northernmost Canada
Sep. 03 02	*Aldebaran*	Greenland, northernmost Canada
Nov. 12 18	Pluto	N.E. North America, S. Greenland, Iceland, Azores, W. Europe
Nov. 16 04	Mars	Most of Antartica, Falkland Islands, S. South America
Dec. 09 05	Saturn	South eastern Russia, northern tip of China
Dec. 10 04	Pluto	N.E. China, E. Mongolia, Japan, E. and S.E. Russia, N. Micronesia, Aleutian Islands

Maps showing the areas of visibility may be found on AsA-Online.

AVAILABILITY OF PREDICTIONS OF LUNAR OCCULTATIONS

IOTA, the International Occultation Timing Association is responsible for the predictions and reductions of timings of occultations of stars by the Moon. Their web address is http://lunar-occultations.com/iota.

GEOCENTRIC PHENOMENA

MERCURY

	d h	d h	d h	d h
Greatest elongation West	Jan. 1 20 (23°)	Apr. 29 18 (27°)	Aug. 26 21 (18°)	Dec. 15 12 (21°)
Superior conjunction ...	Feb. 17 12	June 6 02	Sept. 21 02	—
Greatest elongation East	Mar. 15 15 (18°)	July 12 05 (26°)	Nov. 6 15 (23°)	—
Stationary	Mar. 22 17	July 25 07	Nov. 17 05	—
Inferior conjunction ...	Apr. 1 18	Aug. 9 02	Nov. 27 09	—
Stationary	Apr. 14 04	Aug. 18 12	Dec. 6 20	—

VENUS

	d h		d h
Superior conjunction ...	Jan. 9 07	Inferior conjunction ...	Oct. 26 14
Greatest elongation East	Aug. 17 17 (46°)	Stationary	Nov. 14 03
Greatest illuminated extent	Sept. 21 10	Greatest illuminated extent	Dec. 2 00
Stationary	Oct. 5 04		

SUPERIOR PLANETS

	Stationary	Opposition	Stationary	Conjunction
	d h	d h	d h	d h
Mars	June 28 14	July 27 05	Aug. 28 10	—
Jupiter	Mar. 9 10	May 9 01	July 11 04	Nov. 26 07
Saturn	Apr. 18 02	June 27 13	Sept. 6 10	—
Uranus	Aug. 7 21	Oct. 24 01	| Jan. 2 21	Apr. 18 14
Neptune	June 19 12	Sept. 7 18	Nov. 25 08	| Mar. 4 14

The vertical bars indicate where the dates for the planet are not in chronological order.

OCCULTATIONS BY PLANETS AND SATELLITES

Details of predictions of occultations of stars by planets, minor planets and satellites are given in *The Handbook of the British Astronomical Association*.

HELIOCENTRIC PHENOMENA

	Aphelion	Perihelion	Descending Node	Greatest Lat. South	Ascending Node	Greatest Lat. North
Mercury	Jan. 25	Mar. 10	Jan. 15	Feb. 14	Mar. 5	Mar. 20
	Apr. 23	June 6	Apr. 13	May 13	June 1	June 16
	July 20	Sept. 2	July 10	Aug. 9	Aug. 28	Sept. 12
	Oct. 16	Nov. 29	Oct. 6	Nov. 5	Nov. 24	Dec. 9
Venus	Jan. 23	May 15	—	Feb. 14	Apr. 12	June 6
	Sept. 5	Dec. 26	Aug. 1	Sept. 27	Nov. 22	—
Mars	—	Sept. 16	Mar. 16	Aug. 21	—	—

Saturn: Aphelion, Apr. 17
Jupiter, Uranus, Neptune: None in 2018

ELONGATIONS AND MAGNITUDES OF PLANETS AT 0ʰ UT

Date	Mercury Elong.	Mag.	Venus Elong.	Mag.	Date	Mercury Elong.	Mag.	Venus Elong.	Mag.
Jan. −3	W. 22	−0.3	W. 3	−4.0	July 1	E. 24	−0.1	E. 41	−4.1
2	W. 23	−0.4	W. 2	−4.0	6	E. 25	+0.1	E. 42	−4.1
7	W. 22	−0.3	W. 1	.	11	E. 26	+0.3	E. 42	−4.1
12	W. 21	−0.3	E. 1	.	16	E. 26	+0.6	E. 43	−4.2
17	W. 19	−0.3	E. 2	−4.0	21	E. 24	+1.0	E. 44	−4.2
22	W. 17	−0.3	E. 3	−3.9	26	E. 21	+1.6	E. 44	−4.3
27	W. 14	−0.4	E. 4	−3.9	31	E. 15	+2.6	E. 45	−4.3
Feb. 1	W. 12	−0.6	E. 6	−3.9	Aug. 5	E. 9	+4.3	E. 45	−4.3
6	W. 9	−0.8	E. 7	−3.9	10	W. 5	+5.3	E. 46	−4.4
11	W. 5	−1.2	E. 8	−3.9	15	W. 10	+3.3	E. 46	−4.4
16	W. 2	−1.6	E. 9	−3.9	20	W. 16	+1.4	E. 46	−4.5
21	E. 3	−1.6	E. 10	−3.9	25	W. 18	+0.1	E. 46	−4.5
26	E. 7	−1.4	E. 12	−3.9	30	W. 18	−0.6	E. 45	−4.6
Mar. 3	E. 12	−1.2	E. 13	−3.9	Sept. 4	W. 15	−1.0	E. 45	−4.6
8	E. 16	−1.0	E. 14	−3.9	9	W. 11	−1.3	E. 44	−4.7
13	E. 18	−0.7	E. 15	−3.9	14	W. 7	−1.5	E. 42	−4.7
18	E. 18	+0.1	E. 16	−3.9	19	W. 2	−1.7	E. 40	−4.8
23	E. 15	+1.5	E. 18	−3.9	24	E. 3	−1.5	E. 38	−4.8
28	E. 9	+3.7	E. 19	−3.9	29	E. 6	−1.1	E. 35	−4.8
Apr. 2	W. 3	.	E. 20	−3.9	Oct. 4	E. 10	−0.7	E. 31	−4.7
7	W. 9	+4.0	E. 21	−3.9	9	E. 13	−0.5	E. 26	−4.6
12	W. 17	+2.3	E. 22	−3.9	14	E. 16	−0.3	E. 20	−4.5
17	W. 22	+1.3	E. 24	−3.9	19	E. 18	−0.3	E. 14	−4.2
22	W. 25	+0.8	E. 25	−3.9	24	E. 20	−0.2	E. 8	−4.3
27	W. 27	+0.5	E. 26	−3.9	29	E. 22	−0.2	W. 7	.
May 2	W. 27	+0.2	E. 27	−3.9	Nov. 3	E. 23	−0.3	W. 13	−4.2
7	W. 26	+0.1	E. 29	−3.9	8	E. 23	−0.3	W. 19	−4.5
12	W. 24	−0.1	E. 30	−3.9	13	E. 22	−0.1	W. 25	−4.7
17	W. 21	−0.4	E. 31	−3.9	18	E. 18	+0.6	W. 30	−4.8
22	W. 17	−0.7	E. 32	−3.9	23	E. 10	+2.6	W. 35	−4.8
27	W. 12	−1.1	E. 33	−3.9	28	W. 2	.	W. 38	−4.9
June 1	W. 6	−1.7	E. 34	−3.9	Dec. 3	W. 12	+1.7	W. 41	−4.9
6	W. 1	−2.4	E. 36	−4.0	8	W. 19	0.0	W. 43	−4.8
11	E. 6	−1.7	E. 37	−4.0	13	W. 21	−0.4	W. 44	−4.8
16	E. 12	−1.1	E. 38	−4.0	18	W. 21	−0.5	W. 45	−4.8
21	E. 17	−0.7	E. 39	−4.0	23	W. 20	−0.4	W. 46	−4.7
26	E. 21	−0.4	E. 40	−4.0	28	W. 18	−0.4	W. 47	−4.7
July 1	E. 24	−0.1	E. 41	−4.1	33	W. 16	−0.4	W. 47	−4.6

SELECTED DWARF AND MINOR PLANETS

	Conjunction	Stationary	Opposition	Stationary
Ceres	Oct. 7	—	Jan. 31	Mar. 20
Pallas	Aug. 7	—	—	—
Juno	Feb. 14	Oct. 16	Nov. 17	Dec. 27
Vesta	—	May 8	June 19	Aug. 1
Pluto	Jan. 9	Apr. 23	July 12	Sept. 30

ELONGATIONS AND MAGNITUDES OF PLANETS AT 0ʰ UT

Date		Mars Elong.	Mag.	Jupiter Elong.	Mag.	Saturn Elong.	Mag.	Uranus Elong.	Mag.	Neptune Elong.	Mag.
Jan.	−8	W. 53	+1·5	W. 46	−1·8	W. 1	+0·4	E. 113	+5·8	E. 70	+7·9
	2	W. 57	+1·5	W. 54	−1·8	W. 10	+0·5	E. 103	+5·8	E. 60	+7·9
	12	W. 61	+1·4	W. 63	−1·9	W. 19	+0·5	E. 93	+5·8	E. 50	+7·9
	22	W. 65	+1·3	W. 72	−1·9	W. 28	+0·5	E. 83	+5·8	E. 41	+7·9
Feb.	1	W. 69	+1·2	W. 81	−2·0	W. 37	+0·6	E. 73	+5·8	E. 31	+8·0
	11	W. 73	+1·1	W. 90	−2·0	W. 46	+0·6	E. 63	+5·8	E. 21	+8·0
	21	W. 77	+0·9	W. 99	−2·1	W. 56	+0·6	E. 53	+5·9	E. 11	+8·0
Mar.	3	W. 81	+0·8	W. 109	−2·2	W. 65	+0·6	E. 44	+5·9	E. 2	+8·0
	13	W. 85	+0·6	W. 119	−2·2	W. 74	+0·5	E. 34	+5·9	W. 8	+8·0
	23	W. 89	+0·4	W. 129	−2·3	W. 84	+0·5	E. 25	+5·9	W. 18	+8·0
Apr.	2	W. 94	+0·3	W. 140	−2·4	W. 93	+0·5	E. 15	+5·9	W. 27	+8·0
	12	W. 98	+0·1	W. 151	−2·4	W. 103	+0·4	E. 6	+5·9	W. 37	+8·0
	22	W. 103	−0·2	W. 161	−2·5	W. 113	+0·4	W. 3	+5·9	W. 46	+7·9
May	2	W. 108	−0·4	W. 172	−2·5	W. 123	+0·3	W. 12	+5·9	W. 56	+7·9
	12	W. 113	−0·7	E. 177	−2·5	W. 133	+0·3	W. 21	+5·9	W. 65	+7·9
	22	W. 119	−0·9	E. 166	−2·5	W. 143	+0·2	W. 31	+5·9	W. 75	+7·9
June	1	W. 125	−1·2	E. 155	−2·5	W. 153	+0·2	W. 40	+5·9	W. 84	+7·9
	11	W. 132	−1·5	E. 145	−2·4	W. 163	+0·1	W. 49	+5·9	W. 94	+7·9
	21	W. 140	−1·8	E. 134	−2·4	W. 173	+0·1	W. 58	+5·9	W. 103	+7·9
July	1	W. 150	−2·2	E. 124	−2·3	E. 176	0·0	W. 67	+5·8	W. 113	+7·9
	11	W. 160	−2·5	E. 115	−2·2	E. 166	+0·1	W. 76	+5·8	W. 122	+7·9
	21	W. 170	−2·7	E. 105	−2·2	E. 156	+0·1	W. 86	+5·8	W. 132	+7·8
	31	E. 172	−2·8	E. 96	−2·1	E. 146	+0·2	W. 95	+5·8	W. 142	+7·8
Aug.	10	E. 162	−2·6	E. 87	−2·1	E. 136	+0·2	W. 105	+5·8	W. 151	+7·8
	20	E. 151	−2·4	E. 79	−2·0	E. 126	+0·3	W. 114	+5·8	W. 161	+7·8
	30	E. 142	−2·2	E. 70	−1·9	E. 116	+0·4	W. 124	+5·7	W. 171	+7·8
Sept.	9	E. 133	−1·9	E. 62	−1·9	E. 106	+0·4	W. 134	+5·7	E. 178	+7·8
	19	E. 126	−1·6	E. 54	−1·8	E. 97	+0·4	W. 144	+5·7	E. 169	+7·8
	29	E. 119	−1·4	E. 46	−1·8	E. 87	+0·5	W. 154	+5·7	E. 159	+7·8
Oct.	9	E. 114	−1·1	E. 38	−1·8	E. 78	+0·5	W. 164	+5·7	E. 149	+7·8
	19	E. 109	−0·9	E. 30	−1·8	E. 68	+0·5	W. 175	+5·7	E. 139	+7·8
	29	E. 104	−0·7	E. 22	−1·7	E. 59	+0·6	E. 175	+5·7	E. 128	+7·8
Nov.	8	E. 100	−0·5	E. 14	−1·7	E. 50	+0·6	E. 164	+5·7	E. 118	+7·9
	18	E. 96	−0·3	E. 7	−1·7	E. 41	+0·6	E. 154	+5·7	E. 108	+7·9
	28	E. 92	−0·1	W. 2	−1·7	E. 32	+0·5	E. 144	+5·7	E. 98	+7·9
Dec.	8	E. 88	+0·1	W. 9	−1·7	E. 23	+0·5	E. 133	+5·7	E. 88	+7·9
	18	E. 85	+0·2	W. 17	−1·7	E. 14	+0·5	E. 123	+5·7	E. 78	+7·9
	28	E. 81	+0·4	W. 25	−1·8	E. 5	+0·5	E. 112	+5·8	E. 68	+7·9
	38	E. 78	+0·5	W. 33	−1·8	W. 4	+0·5	E. 102	+5·8	E. 58	+7·9

VISUAL MAGNITUDES OF SELECTED DWARF & MINOR PLANETS

	Jan. 2	Feb. 11	Mar. 23	May 2	June 11	July 21	Aug. 30	Oct. 9	Nov. 18	Dec. 28
Ceres	7·4	7·0	7·8	8·4	8·7	8·8	8·7	8·5	8·8	8·9
Pallas	8·7	9·0	9·1	9·1	9·0	8·8	8·8	9·0	9·1	9·0
Juno	10·7	10·3	10·3	10·2	10·0	9·5	8·9	8·1	7·4	8·1
Vesta	7·9	7·6	7·2	6·4	5·5	6·1	6·9	7·5	7·9	8·0
Pluto	15·0	15·0	15·1	15·0	14·9	14·9	15·0	15·1	15·1	15·0

VISIBILITY OF PLANETS

The planet diagram on page A7 shows, in graphical form for any date during the year, the local mean times of meridian passage of the Sun, of the five planets, Mercury, Venus, Mars, Jupiter and Saturn, and of every 2^h of right ascension. Intermediate lines, corresponding to particular stars, may be drawn in by the user if desired. The diagram is intended to provide a general picture of the availability of planets and stars for observation during the year.

On each side of the line marking the time of meridian passage of the Sun, a band 45^m wide is shaded to indicate that planets and most stars crossing the meridian within 45^m of the Sun are generally too close to the Sun for observation.

For any date the diagram provides immediately the local mean time of meridian passage of the Sun, planets and stars, and thus the following information:
  a) whether a planet or star is too close to the Sun for observation;
  b) visibility of a planet or star in the morning or evening;
  c) location of a planet or star during twilight;
  d) proximity of planets to stars or other planets.

When the meridian passage of a body occurs at midnight, it is close to opposition to the Sun and is visible all night, and may be observed in both morning and evening twilights. As the time of meridian passage decreases, the body ceases to be observable in the morning, but its altitude above the eastern horizon during evening twilight gradually increases until it is on the meridian at evening twilight. From then onwards the body is observable above the western horizon, its altitude at evening twilight gradually decreasing, until it becomes too close to the Sun for observation. When it again becomes visible, it is seen in the morning twilight, low in the east. Its altitude at morning twilight gradually increases until meridian passage occurs at the time of morning twilight, then as the time of meridian passage decreases to 0^h, the body is observable in the west in the morning twilight with a gradually decreasing altitude, until it once again reaches opposition.

Notes on the visibility of the planets are given on page A8. Further information on the visibility of planets may be obtained from the diagram below which shows, in graphical form for any date during the year, the declinations of the bodies plotted on the planet diagram on page A7.

DECLINATION OF SUN AND PLANETS, 2018

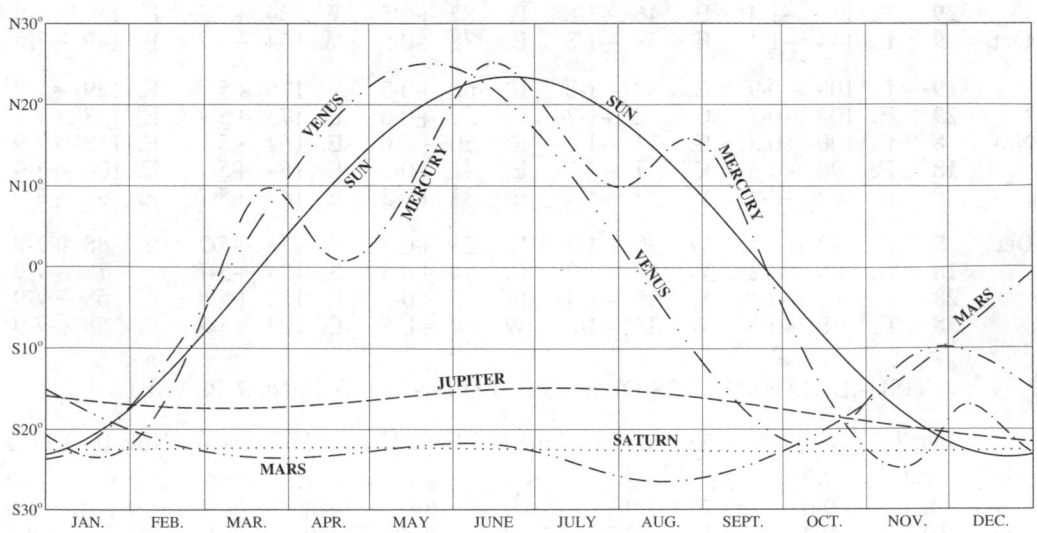

LOCAL MEAN TIME OF MERIDIAN PASSAGE

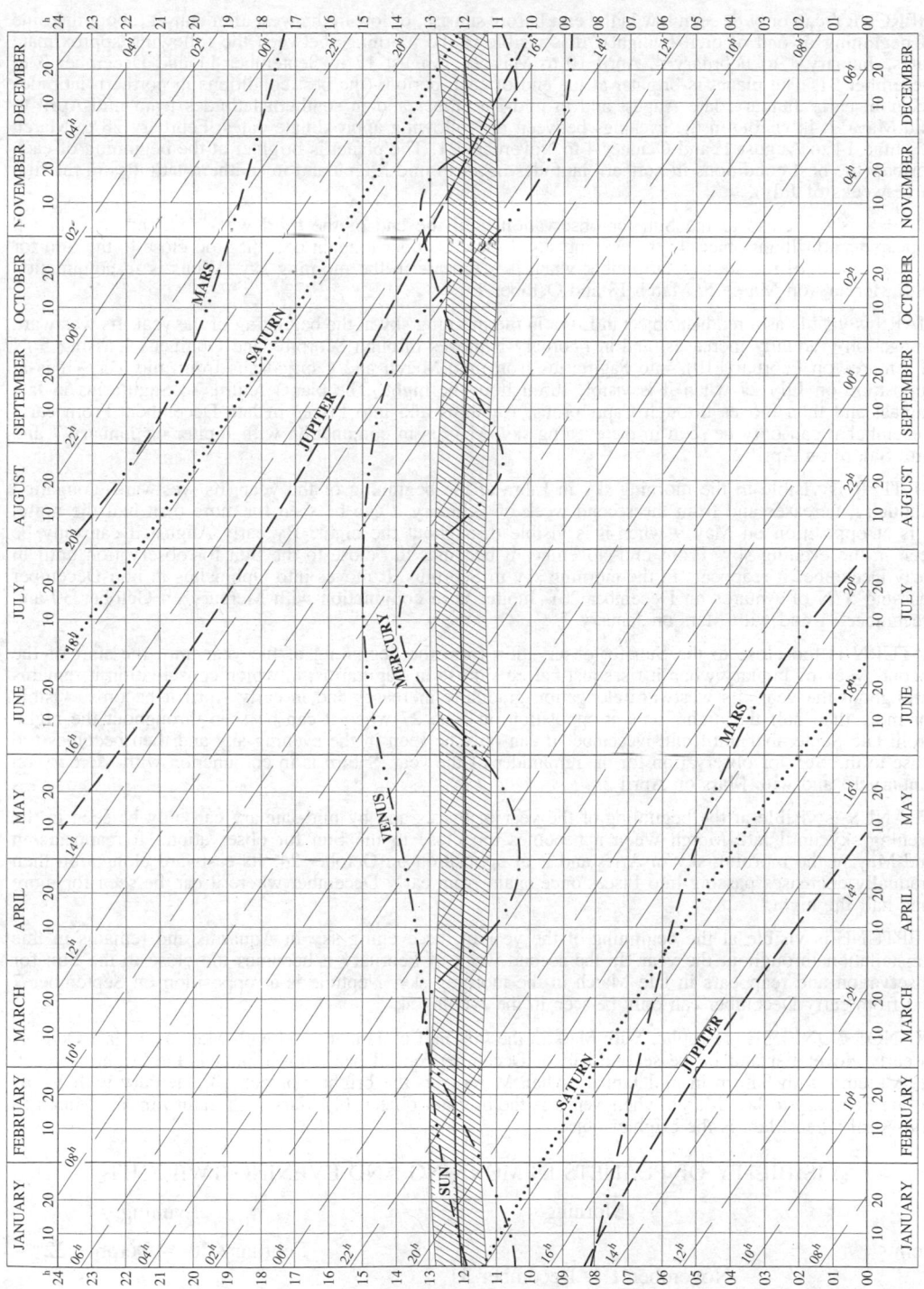

LOCAL MEAN TIME OF MERIDIAN PASSAGE

VISIBILITY OF PLANETS

MERCURY can only be seen low in the east before sunrise, or low in the west after sunset (about the time of beginning or end of civil twilight). It is visible in the mornings between the following approximate dates: January 1 to February 4, April 10 to May 29, August 17 to September 11 and December 3 to December 31. The planet is brighter at the end of each period, (the best conditions in northern latitudes occur in early January, late August and in mid-December and in southern latitudes from mid-April to mid-May). It is visible in the evenings between the following approximate dates: February 28 to March 25, June 14 to August 1, and October 4 to November 21. The planet is brighter at the beginning of each period, (the best conditions in northern latitudes occur in mid-March and in southern latitudes in the first three weeks of July).

VENUS is too close to the Sun for observation until the end of the third week of February when it appears as a brilliant object in the evening sky. In late October it again becomes too close to the Sun for observation until the start of November when it reappears in the morning sky. Venus is in conjunction with Mercury on March 5, March 18 and October 14.

MARS is visible as a reddish object in Libra in the morning sky at the beginning of the year. Its westward elongation gradually increases, and in February it moves through Scorpius and Ophiucus (passing 5° N of Antares on February 10), into Sagittarius from mid-March and Capricornus from mid-May. It is at opposition on July 27 when it is visible throughout the night. The planet returns to Sagittarius in late August and then moves through Capricornus, Aquarius and into Pisces in late December. From early December it can only be seen in the evening sky. Mars is in conjunction with Jupiter on January 7 and with Saturn on April 2.

JUPITER is visible in the morning sky in Libra at the beginning of the year. Its westward elongation gradually increases and from the second week of February it can be seen for more than half the night. It is at opposition on May 9 when it is visible throughout the night. By early August it can only be seen in the evening sky. From mid-November it becomes too close to the Sun for observation until in early December it reappears in the morning sky in Scorpius. It moves into Ophiuchus in mid-December (passing 5° N of Antares on December 20). Jupiter is in conjunction with Mercury on October 30 and December 21 and with Mars on January 7.

SATURN is too close to the Sun for observation from the beginning of the year until the start of the second week of January when it rises just before sunrise in Sagittarius, in which constellation it remains throughout the year. Its westward elongation gradually increases and in early April it becomes visible for more than half the night. It is at opposition on June 27 when it can be seen throughout the night. From late September until mid-December it can only be seen in the evening sky and then becomes too close to the Sun for observation for the remainder of the year. Saturn is in conjunction with Mercury on January 13 and with Mars on April 2.

URANUS is visible at the beginning of the year in Pisces and by mid-January can only be seen in the evening sky until late March when it becomes too close to the Sun for observation. It reappears in mid-May in the morning sky in Aries and is at opposition on October 24. Its eastward elongation then gradually decreases passing into Pisces once again from early December where it can be seen for more than half the night.

NEPTUNE is visible at the beginning of the year in the evening sky in Aquarius and remains in this constellation throughout the year. In the second week of February it becomes too close to the Sun for observation and reappears in late March in the morning sky. Neptune is at opposition on September 7 and from early December can only be seen in the evening sky.

DO NOT CONFUSE (1) Jupiter with Mars in the first half of January and with Mercury in late October to early November and in the second half of December; on all occasions Jupiter is the brighter object. (2) Mercury with Saturn in mid-January when Mercury is the brighter object. (3) Mercury with Venus in late February to late March when Venus is the brighter object. (4) Mars with Saturn in late March to mid-April when Mars is the brighter object.

VISIBILITY OF PLANETS IN MORNING AND EVENING TWILIGHT

	Morning		Evening	
Venus			February 20	– October 22
	November 1	– December 31		
Mars	January 1	– July 27	July 27	– December 31
Jupiter	January 1	– May 9	May 9	– November 13
	December 9	– December 31		
Saturn	January 8	– June 27	June 27	– December 16

CONFIGURATIONS OF SUN, MOON AND PLANETS

d h			d h	
Jan. 1 20	Mercury greatest elong. W. (23°)		Mar. 11 02	Saturn 2° S. of Moon
1 22	Moon at perigee		11 09	Moon at apogee
2 02	FULL MOON		15 15	Mercury greatest elong. E. (18°)
2 21	Uranus stationary		17 13	NEW MOON
3 06	Earth at perihelion		18 01	Mercury 4° N. of Venus
5 08	*Regulus* 0°.9 S. of Moon Occn.		18 18	Mercury 8° N. of Moon
7 04	Mars 0°.2 S. of Jupiter		18 19	Venus 4° N. of Moon
8 22	LAST QUARTER		19 16	Uranus 5° N. of Moon
9 07	Venus in superior conjunction		20 16	Equinox
9 10	Pluto in conjunction with Sun		20 21	Ceres stationary
11 06	Jupiter 4° S. of Moon		22 17	Mercury stationary
11 10	Mars 5° S. of Moon		22 23	*Aldebaran* 0°.9 S. of Moon Occn.
12 04	Vesta 0°.4 N. of Moon Occn.		24 16	FIRST QUARTER
13 07	Mercury 0°.6 S. of Saturn		26 17	Moon at perigee
15 02	Moon at apogee		28 14	*Regulus* 1°.0 S. of Moon Occn.
15 02	Saturn 3° S. of Moon		31 13	FULL MOON
15 07	Mercury 3° S. of Moon		Apr. 1 18	Mercury in inferior conjunction
17 02	NEW MOON		2 12	Mars 1°.3 S. of Saturn
20 20	Neptune 1°.6 N. of Moon		3 14	Jupiter 4° S. of Moon
24 01	Uranus 5° N. of Moon		7 13	Saturn 1°.9 S. of Moon
24 22	FIRST QUARTER		7 18	Mars 3° S. of Moon
27 11	*Aldebaran* 0°.7 S. of Moon Occn.		8 06	Moon at apogee
30 10	Moon at perigee		8 07	LAST QUARTER
31 13	Ceres at opposition		12 23	Neptune 1°.9 N. of Moon
31 13	FULL MOON Eclipse		14 04	Mercury stationary
Feb. 1 19	*Regulus* 1°.0 S. of Moon Occn.		14 09	Mercury 4° N. of Moon
7 16	LAST QUARTER		16 02	NEW MOON
7 20	Jupiter 4° S. of Moon		17 19	Venus 5° N. of Moon
9 05	Mars 4° S. of Moon		18 02	Saturn stationary
9 13	Vesta 0°.9 N. of Moon Occn.		18 14	Uranus in conjunction with Sun
10 15	Mars 5° N. of *Antares*		19 05	*Aldebaran* 1°.1 S. of Moon Occn.
11 14	Moon at apogee		20 15	Moon at perigee
11 15	Saturn 2° S. of Moon		22 22	FIRST QUARTER
14 11	Juno in conjunction with Sun		23 02	Pluto stationary
15 21	NEW MOON Eclipse		24 20	*Regulus* 1°.2 S. of Moon Occn.
17 12	Mercury in superior conjunction		29 18	Mercury greatest elong. W. (27°)
20 08	Uranus 5° N. of Moon		30 01	FULL MOON
23 08	FIRST QUARTER		30 17	Jupiter 4° S. of Moon
23 18	*Aldebaran* 0°.7 S. of Moon Occn.		May 3 17	Venus 7° N. of *Aldebaran*
27 15	Moon at perigee		4 20	Saturn 1°.7 S. of Moon
Mar. 1 06	*Regulus* 0°.9 S. of Moon Occn.		6 01	Moon at apogee
2 01	FULL MOON		6 07	Mars 3° S. of Moon
4 14	Neptune in conjunction with Sun		8 02	LAST QUARTER
5 18	Mercury 1°.4 N. of Venus		8 10	Vesta stationary
7 07	Jupiter 4° S. of Moon		9 01	Jupiter at opposition
9 10	Jupiter stationary		10 09	Neptune 2° N. of Moon
9 11	LAST QUARTER		12 21	Mercury 2° S. of Uranus
10 01	Mars 4° S. of Moon		13 15	Uranus 5° N. of Moon
			13 17	Mercury 2° N. of Moon
			15 12	NEW MOON

DIARY OF PHENOMENA, 2018

CONFIGURATIONS OF SUN, MOON AND PLANETS

	d	h	
May	16	13	*Aldebaran* 1°2 S. of Moon Occn.
	17	18	Venus 5° N. of Moon
	17	21	Moon at perigee
	22	04	FIRST QUARTER
	27	18	Jupiter 4° S. of Moon
	29	14	FULL MOON
June	1	01	Saturn 1°6 S. of Moon
	2	17	Moon at apogee
	3	12	Mars 3° S. of Moon
	6	02	Mercury in superior conjunction
	6	18	Neptune 2° N. of Moon
	6	19	LAST QUARTER
	9	01	Venus 5° S. of *Pollux*
	10	03	Uranus 5° N. of Moon
	13	20	NEW MOON
	15	00	Moon at perigee
	16	13	Venus 2° N. of Moon
	19	12	Neptune stationary
	19	20	Vesta at opposition
	20	11	FIRST QUARTER
	21	10	Solstice
	23	19	Jupiter 4° S. of Moon
	25	16	Mercury 5° S. of *Pollux*
	27	09	Vesta 0°3 S. of Moon Occn.
	27	13	Saturn at opposition
	28	04	Saturn 1°8 S. of Moon
	28	05	FULL MOON
	28	14	Mars stationary
	30	03	Moon at apogee
July	1	02	Mars 5° S. of Moon
	4	00	Neptune 3° N. of Moon
	6	08	LAST QUARTER
	6	17	Earth at aphelion
	7	14	Uranus 5° N. of Moon
	9	20	Venus 1°1 N. of *Regulus*
	10	10	*Aldebaran* 1°1 S. of Moon Occn.
	11	04	Jupiter stationary
	12	05	Mercury greatest elong. E. (26°)
	12	10	Pluto at opposition
	13	03	NEW MOON Eclipse
	13	08	Moon at perigee
	14	22	Mercury 2° S. of Moon
	16	04	Venus 1°6 S. of Moon
	19	20	FIRST QUARTER
	21	00	Jupiter 4° S. of Moon
	25	06	Saturn 2° S. of Moon
	25	07	Mercury stationary
	27	05	Mars at opposition
	27	06	Moon at apogee

	d	h	
July	27	20	FULL MOON Eclipse
	27	22	Mars 7° S. of Moon
	31	06	Neptune 3° N. of Moon
	31	08	Mars closest approach
Aug.	1	23	Vesta stationary
	3	21	Uranus 5° N. of Moon
	4	18	LAST QUARTER
	4	23	Juno 1°2 S. of Moon Occn.
	6	19	*Aldebaran* 1°1 S. of Moon Occn.
	7	13	Pallas in conjunction with Sun
	7	21	Uranus stationary
	9	02	Mercury in inferior conjunction
	10	18	Moon at perigee
	11	10	NEW MOON Eclipse
	14	14	Venus 6° S. of Moon
	17	11	Jupiter 5° S. of Moon
	17	17	Venus greatest elong. E. (46°)
	18	08	FIRST QUARTER
	18	12	Mercury stationary
	21	10	Saturn 2° S. of Moon
	23	11	Moon at apogee
	23	17	Mars 7° S. of Moon
	26	12	FULL MOON
	26	21	Mercury greatest elong. W. (18°)
	27	10	Neptune 2° N. of Moon
	28	10	Mars stationary
	31	03	Uranus 5° N. of Moon
Sept.	2	09	Venus 1°4 S. of *Spica*
	3	02	*Aldebaran* 1°2 S. of Moon Occn.
	3	03	LAST QUARTER
	5	23	Mercury 1°0 N. of *Regulus*
	6	10	Saturn stationary
	7	18	Neptune at opposition
	8	01	Moon at perigee
	9	18	NEW MOON
	12	16	Venus 10° S. of Moon
	14	02	Jupiter 4° S. of Moon
	16	23	FIRST QUARTER
	17	16	Saturn 2° S. of Moon
	20	01	Moon at apogee
	20	07	Mars 5° S. of Moon
	21	02	Mercury in superior conjunction
	21	10	Venus greatest illuminated extent
	23	02	Equinox
	23	16	Neptune 2° N. of Moon
	25	03	FULL MOON
	27	07	Uranus 5° N. of Moon
	30	16	Pluto stationary
Oct.	2	10	LAST QUARTER

CONFIGURATIONS OF SUN, MOON AND PLANETS

	d	h	
Oct.	5	04	Venus stationary
	5	18	Mercury 2° N. of *Spica*
	5	22	Moon at perigee
	7	10	Ceres in conjunction with Sun
	9	04	NEW MOON
	10	15	Venus 13° S. of Moon
	11	21	Jupiter 4° S. of Moon
	14	15	Mercury 7° N. of Venus
	15	03	Saturn 1°8 S. of Moon
	16	18	FIRST QUARTER
	16	18	Juno stationary
	17	19	Moon at apogee
	18	13	Mars 1°9 S. of Moon
	20	22	Neptune 3° N. of Moon
	24	01	Uranus at opposition
	24	13	Uranus 5° N. of Moon
	24	17	FULL MOON
	26	14	Venus in inferior conjunction
	30	04	Mercury 3° S. of Jupiter
	31	17	LAST QUARTER
	31	20	Moon at perigee
Nov.	6	02	Venus 10° S. of Moon
	6	15	Mercury greatest elong. E. (23°)
	7	16	NEW MOON
	9	06	Mercury 1°8 N. of *Antares*
	9	12	Mercury 7° S. of Moon
	11	16	Saturn 1°5 S. of Moon
	12	18	Pluto 0°9 S. of Moon Occn.
	14	03	Venus stationary
	14	16	Moon at apogee
	15	15	FIRST QUARTER
	16	04	Mars 1°0 N. of Moon Occn.

	d	h	
Nov.	17	05	Mercury stationary
	17	06	Neptune 3° N. of Moon
	17	22	Juno at opposition
	20	20	Uranus 5° N. of Moon
	23	06	FULL MOON
	25	08	Neptune stationary
	26	07	Jupiter in conjunction with Sun
	26	12	Moon at perigee
	27	09	Mercury in inferior conjunction
	30	00	LAST QUARTER
Dec.	2	00	Venus greatest illuminated extent
	3	19	Venus 4° S. of Moon
	5	21	Mercury 1°9 S. of Moon
	6	20	Mercury stationary
	7	07	NEW MOON
	7	15	Mars 0°04 N. of Neptune
	9	05	Saturn 1°1 S. of Moon Occn.
	10	04	Pluto 0°7 S. of Moon Occn.
	12	12	Moon at apogee
	14	14	Neptune 3° N. of Moon
	14	23	Mars 4° N. of Moon
	15	12	FIRST QUARTER
	15	12	Mercury greatest elong. W. (21°)
	18	04	Uranus 5° N. of Moon
	20	02	Jupiter 5° N. of *Antares*
	21	08	Mercury 6° N. of *Antares*
	21	15	Mercury 0°9 N. of Jupiter
	21	22	Solstice
	22	18	FULL MOON
	24	10	Moon at perigee
	27	15	Juno stationary
	29	10	LAST QUARTER

Arrangement and basis of the tabulations

The tabulations of risings, settings and twilights on pages A14–A77 refer to the instants when the true geocentric zenith distance of the central point of the disk of the Sun or Moon takes the value indicated in the following table. The tabular times are in universal time (UT) for selected latitudes on the meridian of Greenwich; the times for other latitudes and longitudes may be obtained by interpolation as described below and as exemplified on page A13.

	Phenomena	Zenith distance	Pages
SUN (interval 4 days):	sunrise and sunset	90° 50′	A14–A21
	civil twilight	96°	A22–A29
	nautical twilight	102°	A30–A37
	astronomical twilight	108°	A38–A45
MOON (interval 1 day):	moonrise and moonset	90° 34′ + s − π	A46–A77

(s = semidiameter, π =horizontal parallax)

The zenith distance at the times for rising and setting is such that under normal conditions the upper limb of the Sun and Moon appears to be on the horizon of an observer at sea-level. The parallax of the Sun is ignored. The observed time may differ from the tabular time because of a variation of the atmospheric refraction from the adopted value (34′) and because of a difference in height of the observer and the actual horizon.

Use of tabulations

The following procedure may be used to obtain times of the phenomena for a non-tabular place and date.

Step 1:   Interpolate linearly for latitude. The differences between adjacent values are usually small and so the required interpolates can often be obtained by inspection.

Step 2:   Interpolate linearly for date and longitude in order to obtain the local mean times of the phenomena at the longitude concerned. For the Sun the variations with longitude of the local mean times of the phenomena are small, but to obtain better precision the interpolation factor for date should be increased by

$$\text{west longitude in degrees } /1440$$

since the interval of tabulation is 4 days. For the Moon, the interpolating factor to be used is simply

$$\text{west longitude in degrees } /360$$

since the interval of tabulation is 1 day; backward interpolation should be carried out for east longitudes.

Step 3:   Convert the times so obtained (which are on the scale of local mean time for the local meridian) to universal time (UT) or to the appropriate clock time, which may differ from the time of the nearest standard meridian according to the customs of the country concerned. The UT of the phenomenon is obtained from the local mean time by applying the longitude expressed in time measure (1 hour for each 15° of longitude), adding for west longitudes and subtracting for east longitudes. The times so obtained may require adjustment by 24^h; if so, the corresponding date must be changed accordingly.

Approximate formulae for direct calculation

The approximate UT of rising or setting of a body with right ascension α and declination δ at latitude ϕ and *east* longitude λ may be calculated from

$$\text{UT} = 0.997\,27\,\{\alpha - \lambda \pm \cos^{-1}(-\tan\phi\tan\delta) - (\text{GMST at } 0^h \text{ UT})\}$$

where each term is expressed in time measure and the GMST at 0^h UT is given in the tabulations on pages B13–B20. The negative sign corresponds to rising and the positive sign to setting. The formula ignores refraction, semi-diameter and any changes in α and δ during the day. If $\tan\phi\tan\delta$ is numerically greater than 1, there is no phenomenon.

Examples

The following examples of the calculations of the times of rising and setting phenomena use the procedure described on page A12.

1. To find the times of sunrise and sunset for Paris on 2018 July 18. Paris is at latitude N 48° 52' (= +48°87), longitude E 2° 20' (= E 2°33 = E 0^h 09^m), and in the summer the clocks are kept two hours in advance of UT. The relevant portions of the tabulation on page A19 and the results of the interpolation for latitude are as follows, where the interpolation factor is $(48 \cdot 87 - 48)/2 = 0 \cdot 43$:

	Sunrise			Sunset		
	+48°	+50°	+48°87	+48°	+50°	+48°87
	h m	h m	h m	h m	h m	h m
July 17	04 18	04 10	04 15	19 54	20 02	19 57
July 21	04 23	04 14	04 19	19 50	19 58	19 53

The interpolation factor for date and longitude is $(18 - 17)/4 - 2\cdot33/1440 = 0\cdot25$

	Sunrise	Sunset
	d h m	d h m
Interpolate to obtain local mean time:	18 04 16	18 19 56
Subtract 0^h 09^m to obtain universal time:	18 04 07	18 19 47
Add 2^h to obtain clock time:	18 06 07	18 21 47

2. To find the times of beginning and end of astronomical twilight for Canberra, Australia on 2018 November 4. Canberra is at latitude S 35° 18' (= −35°30), longitude E 149° 08'(= E 149°13 = E 9^h 57^m), and in the summer the clocks are kept eleven hours in advance of UT. The relevant portions of the tabulation on page A44 and the results of the interpolation for latitude are as follows, where the interpolation factor is $(-35\cdot30 - (-40))/5 = 0\cdot94$:

Astronomical Twilight

	beginning			end		
	−40°	−35°	−35°30	−40°	−35°	−35°30
	h m	h m	h m	h m	h m	h m
Nov. 2	03 05	03 24	03 23	20 23	20 05	20 06
Nov. 6	02 59	03 18	03 17	20 30	20 10	20 11

The interpolation factor for date and longitude is $(4 - 2)/4 - 149\cdot13/1440 = 0\cdot40$

	Astronomical Twilight	
	beginning	end
	d h m	d h m
Interpolation to obtain local mean time:	4 03 21	4 20 08
Subtract 9^h 57^m to obtain universal time:	3 17 24	4 10 11
Add 11^h to obtain clock time:	4 04 24	4 21 11

3. To find the times of moonrise and moonset for Washington, D.C. on 2018 January 26. Washington is at latitude N 38° 55' (= +38°92), longitude W 77° 00' (= W 77°00 = W 5^h 08^m), and in the winter the clocks are kept five hours behind UT. The relevant portions of the tabulation on page A48 and the results of the interpolation for latitude are as follows, where the interpolation factor is $(38\cdot92 - 35)/5 = 0\cdot78$:

	Moonrise			Moonset		
	+35°	+40°	+38°92	+35°	+40°	+38°92
	h m	h m	h m	h m	h m	h m
Jan. 26	12 40	12 32	12 34	01 33	01 40	01 38
Jan. 27	13 27	13 16	13 18	02 39	02 49	02 47

The interpolation factor for longitude is $77\cdot0/360 = 0\cdot21$

	Moonrise	Moonset
	d h m	d h m
Interpolate to obtain local mean time:	26 12 43	26 01 52
Add 5^h 08^m to obtain universal time:	26 17 51	26 07 00
Subtract 5^h to obtain clock time:	26 12 51	26 02 00

SUNRISE AND SUNSET, 2018

UNIVERSAL TIME FOR MERIDIAN OF GREENWICH

SUNRISE

Lat.	−55°	−50°	−45°	−40°	−35°	−30°	−20°	−10°	0°	+10°	+20°	+30°	+35°	+40°
	h m	h m	h m	h m	h m	h m	h m	h m	h m	h m	h m	h m	h m	h m
Jan. −2	3 23	3 52	4 15	4 33	4 47	5 00	5 22	5 41	5 58	6 16	6 34	6 55	7 07	7 21
2	3 27	3 56	4 18	4 36	4 50	5 03	5 25	5 43	6 00	6 17	6 35	6 56	7 08	7 22
6	3 33	4 01	4 22	4 39	4 54	5 06	5 27	5 45	6 02	6 19	6 37	6 57	7 09	7 22
10	3 39	4 06	4 27	4 43	4 57	5 09	5 30	5 47	6 04	6 20	6 37	6 57	7 08	7 22
14	3 46	4 12	4 32	4 48	5 01	5 13	5 32	5 50	6 05	6 21	6 38	6 57	7 08	7 20
18	3 53	4 18	4 37	4 52	5 05	5 16	5 35	5 52	6 07	6 22	6 38	6 56	7 07	7 19
22	4 01	4 24	4 42	4 57	5 09	5 20	5 38	5 53	6 08	6 22	6 38	6 55	7 05	7 16
26	4 10	4 31	4 48	5 02	5 13	5 23	5 40	5 55	6 09	6 23	6 37	6 53	7 03	7 14
30	4 18	4 38	4 54	5 06	5 17	5 27	5 43	5 57	6 10	6 23	6 36	6 51	7 00	7 10
Feb. 3	4 27	4 45	5 00	5 11	5 21	5 30	5 45	5 58	6 10	6 22	6 35	6 49	6 57	7 07
7	4 35	4 52	5 05	5 16	5 26	5 34	5 48	6 00	6 11	6 22	6 33	6 46	6 54	7 03
11	4 44	4 59	5 11	5 21	5 30	5 37	5 50	6 01	6 11	6 21	6 31	6 43	6 50	6 58
15	4 53	5 06	5 17	5 26	5 34	5 40	5 52	6 02	6 11	6 20	6 29	6 40	6 46	6 53
19	5 01	5 13	5 23	5 31	5 38	5 43	5 54	6 02	6 10	6 18	6 27	6 36	6 42	6 48
23	5 10	5 20	5 29	5 35	5 41	5 46	5 55	6 03	6 10	6 17	6 24	6 32	6 37	6 42
27	5 18	5 27	5 34	5 40	5 45	5 49	5 57	6 03	6 09	6 15	6 21	6 28	6 32	6 37
Mar. 3	5 27	5 34	5 40	5 44	5 49	5 52	5 58	6 04	6 09	6 13	6 18	6 24	6 27	6 31
7	5 35	5 40	5 45	5 49	5 52	5 55	6 00	6 04	6 08	6 11	6 15	6 19	6 22	6 24
11	5 43	5 47	5 50	5 53	5 56	5 58	6 01	6 04	6 07	6 09	6 12	6 15	6 16	6 18
15	5 51	5 54	5 56	5 57	5 59	6 00	6 02	6 04	6 06	6 07	6 09	6 10	6 11	6 12
19	5 59	6 00	6 01	6 02	6 02	6 03	6 03	6 04	6 05	6 05	6 05	6 05	6 05	6 05
23	6 07	6 06	6 06	6 06	6 05	6 05	6 05	6 04	6 03	6 03	6 02	6 00	6 00	5 59
27	6 14	6 13	6 11	6 10	6 09	6 08	6 06	6 04	6 02	6 00	5 58	5 56	5 54	5 52
31	6 22	6 19	6 16	6 14	6 12	6 10	6 07	6 04	6 01	5 58	5 55	5 51	5 49	5 46
Apr. 4	6 30	6 25	6 21	6 18	6 15	6 12	6 08	6 04	6 00	5 56	5 51	5 46	5 43	5 40

SUNSET

Lat.	−55°	−50°	−45°	−40°	−35°	−30°	−20°	−10°	0°	+10°	+20°	+30°	+35°	+40°
	h m	h m	h m	h m	h m	h m	h m	h m	h m	h m	h m	h m	h m	h m
Jan. −2	20 41	20 12	19 49	19 32	19 17	19 04	18 42	18 23	18 06	17 49	17 30	17 09	16 57	16 43
2	20 40	20 11	19 50	19 32	19 17	19 05	18 43	18 25	18 08	17 51	17 33	17 12	17 00	16 46
6	20 38	20 10	19 49	19 32	19 18	19 05	18 44	18 26	18 10	17 53	17 35	17 15	17 03	16 50
10	20 35	20 08	19 48	19 31	19 18	19 06	18 45	18 28	18 11	17 55	17 38	17 18	17 07	16 54
14	20 31	20 06	19 46	19 30	19 17	19 05	18 45	18 28	18 13	17 57	17 40	17 22	17 11	16 58
18	20 26	20 02	19 43	19 28	19 15	19 04	18 45	18 29	18 14	17 59	17 43	17 25	17 14	17 02
22	20 21	19 58	19 40	19 26	19 14	19 03	18 45	18 30	18 15	18 01	17 46	17 28	17 18	17 07
26	20 14	19 53	19 36	19 23	19 11	19 01	18 44	18 30	18 16	18 03	17 48	17 32	17 22	17 12
30	20 07	19 48	19 32	19 19	19 09	18 59	18 43	18 30	18 17	18 04	17 51	17 35	17 27	17 17
Feb. 3	20 00	19 42	19 27	19 16	19 06	18 57	18 42	18 29	18 17	18 05	17 53	17 39	17 31	17 21
7	19 52	19 35	19 22	19 11	19 02	18 54	18 40	18 29	18 18	18 07	17 55	17 42	17 35	17 26
11	19 43	19 28	19 16	19 07	18 58	18 51	18 38	18 28	18 18	18 08	17 57	17 45	17 39	17 31
15	19 34	19 21	19 10	19 01	18 54	18 47	18 36	18 27	18 18	18 09	17 59	17 49	17 43	17 36
19	19 25	19 13	19 04	18 56	18 50	18 44	18 34	18 25	18 17	18 09	18 01	17 52	17 46	17 40
23	19 16	19 05	18 57	18 51	18 45	18 40	18 31	18 24	18 17	18 10	18 03	17 55	17 50	17 45
27	19 06	18 57	18 50	18 45	18 40	18 36	18 28	18 22	18 16	18 10	18 04	17 58	17 54	17 49
Mar. 3	18 56	18 49	18 43	18 39	18 35	18 31	18 25	18 20	18 15	18 11	18 06	18 00	17 57	17 54
7	18 46	18 41	18 36	18 32	18 29	18 27	18 22	18 18	18 14	18 11	18 07	18 03	18 01	17 58
11	18 36	18 32	18 29	18 26	18 24	18 22	18 19	18 16	18 13	18 11	18 08	18 06	18 04	18 02
15	18 26	18 23	18 21	18 20	18 18	18 17	18 15	18 14	18 12	18 11	18 10	18 08	18 07	18 07
19	18 16	18 15	18 14	18 13	18 13	18 12	18 12	18 11	18 11	18 11	18 11	18 11	18 11	18 11
23	18 05	18 06	18 06	18 07	18 07	18 08	18 08	18 09	18 10	18 11	18 12	18 13	18 14	18 15
27	17 55	17 57	17 59	18 00	18 02	18 03	18 05	18 07	18 09	18 11	18 13	18 16	18 17	18 19
31	17 45	17 49	17 51	17 54	17 56	17 58	18 01	18 04	18 07	18 11	18 14	18 18	18 20	18 23
Apr. 4	17 35	17 40	17 44	17 48	17 50	17 53	17 58	18 02	18 06	18 10	18 15	18 20	18 24	18 27

SUNRISE AND SUNSET, 2018

UNIVERSAL TIME FOR MERIDIAN OF GREENWICH

SUNRISE

Lat.	+40°	+42°	+44°	+46°	+48°	+50°	+52°	+54°	+56°	+58°	+60°	+62°	+64°	+66°
	h m	h m	h m	h m	h m	h m	h m	h m	h m	h m	h m	h m	h m	h m
Jan. −2	7 21	7 28	7 34	7 42	7 50	7 58	8 08	8 19	8 32	8 46	9 03	9 24	9 52	10 32
2	7 22	7 28	7 35	7 42	7 50	7 58	8 08	8 19	8 31	8 45	9 02	9 22	9 48	10 26
6	7 22	7 28	7 35	7 42	7 49	7 58	8 07	8 17	8 29	8 43	8 59	9 18	9 43	10 17
10	7 22	7 27	7 34	7 40	7 48	7 56	8 05	8 15	8 26	8 39	8 55	9 13	9 36	10 07
14	7 20	7 26	7 32	7 39	7 46	7 53	8 02	8 12	8 22	8 35	8 49	9 06	9 28	9 56
18	7 19	7 24	7 30	7 36	7 43	7 50	7 58	8 07	8 18	8 29	8 43	8 59	9 18	9 44
22	7 16	7 22	7 27	7 33	7 39	7 46	7 54	8 02	8 12	8 23	8 35	8 50	9 08	9 31
26	7 14	7 19	7 24	7 29	7 35	7 42	7 49	7 57	8 06	8 16	8 27	8 41	8 57	9 17
30	7 10	7 15	7 20	7 25	7 30	7 36	7 43	7 50	7 59	8 08	8 19	8 31	8 46	9 03
Feb. 3	7 07	7 11	7 15	7 20	7 25	7 31	7 37	7 44	7 51	8 00	8 09	8 20	8 33	8 49
7	7 03	7 06	7 10	7 15	7 19	7 24	7 30	7 36	7 43	7 51	7 59	8 09	8 21	8 35
11	6 58	7 01	7 05	7 09	7 13	7 18	7 23	7 28	7 34	7 41	7 49	7 58	8 08	8 20
15	6 53	6 56	6 59	7 03	7 07	7 11	7 15	7 20	7 25	7 32	7 38	7 46	7 55	8 06
19	6 48	6 51	6 53	6 56	7 00	7 03	7 07	7 11	7 16	7 21	7 27	7 34	7 42	7 51
23	6 42	6 45	6 47	6 50	6 53	6 56	6 59	7 03	7 07	7 11	7 16	7 22	7 28	7 36
27	6 37	6 39	6 41	6 43	6 45	6 48	6 50	6 53	6 57	7 00	7 05	7 09	7 15	7 21
Mar. 3	6 31	6 32	6 34	6 36	6 37	6 39	6 42	6 44	6 47	6 50	6 53	6 57	7 01	7 06
7	6 24	6 26	6 27	6 28	6 30	6 31	6 33	6 35	6 37	6 39	6 41	6 44	6 47	6 51
11	6 18	6 19	6 20	6 21	6 22	6 23	6 24	6 25	6 26	6 28	6 29	6 31	6 33	6 35
15	6 12	6 12	6 13	6 13	6 14	6 14	6 15	6 15	6 16	6 16	6 17	6 18	6 19	6 20
19	6 05	6 05	6 05	6 05	6 05	6 05	6 05	6 05	6 05	6 05	6 05	6 05	6 05	6 05
23	5 59	5 59	5 58	5 58	5 57	5 57	5 56	5 55	5 55	5 54	5 53	5 52	5 51	5 49
27	5 52	5 52	5 51	5 50	5 49	5 48	5 47	5 46	5 44	5 43	5 41	5 39	5 37	5 34
31	5 46	5 45	5 44	5 42	5 41	5 39	5 38	5 36	5 34	5 31	5 29	5 26	5 22	5 19
Apr. 4	5 40	5 38	5 36	5 35	5 33	5 31	5 28	5 26	5 23	5 20	5 17	5 13	5 08	5 03

SUNSET

Lat.	+40°	+42°	+44°	+46°	+48°	+50°	+52°	+54°	+56°	+58°	+60°	+62°	+64°	+66°
	h m	h m	h m	h m	h m	h m	h m	h m	h m	h m	h m	h m	h m	h m
Jan. −2	16 43	16 37	16 30	16 23	16 15	16 06	15 56	15 45	15 33	15 18	15 01	14 40	14 13	13 32
2	16 46	16 40	16 33	16 26	16 18	16 10	16 00	15 50	15 37	15 23	15 07	14 46	14 20	13 42
6	16 50	16 44	16 37	16 30	16 23	16 14	16 05	15 55	15 43	15 29	15 13	14 54	14 29	13 55
10	16 54	16 48	16 42	16 35	16 28	16 19	16 11	16 01	15 49	15 36	15 21	15 02	14 39	14 08
14	16 58	16 52	16 46	16 40	16 33	16 25	16 17	16 07	15 56	15 44	15 29	15 12	14 51	14 23
18	17 02	16 57	16 51	16 45	16 38	16 31	16 23	16 14	16 04	15 52	15 39	15 23	15 03	14 38
22	17 07	17 02	16 57	16 51	16 44	16 37	16 30	16 21	16 12	16 01	15 48	15 34	15 16	14 53
26	17 12	17 07	17 02	16 56	16 50	16 44	16 37	16 29	16 20	16 10	15 58	15 45	15 29	15 09
30	17 17	17 12	17 07	17 02	16 57	16 51	16 44	16 37	16 29	16 19	16 09	15 56	15 42	15 24
Feb. 3	17 21	17 17	17 13	17 08	17 03	16 57	16 51	16 45	16 37	16 29	16 19	16 08	15 55	15 39
7	17 26	17 22	17 18	17 14	17 09	17 04	16 59	16 53	16 46	16 38	16 30	16 20	16 08	15 54
11	17 31	17 28	17 24	17 20	17 16	17 11	17 06	17 01	16 55	16 48	16 40	16 32	16 21	16 09
15	17 36	17 33	17 29	17 26	17 22	17 18	17 14	17 09	17 04	16 58	16 51	16 43	16 34	16 24
19	17 40	17 38	17 35	17 32	17 29	17 25	17 21	17 17	17 12	17 07	17 01	16 55	16 47	16 38
23	17 45	17 43	17 40	17 38	17 35	17 32	17 29	17 25	17 21	17 17	17 12	17 06	17 00	16 52
27	17 49	17 48	17 46	17 43	17 41	17 39	17 36	17 33	17 30	17 26	17 22	17 17	17 12	17 06
Mar. 3	17 54	17 52	17 51	17 49	17 47	17 45	17 43	17 41	17 38	17 35	17 32	17 29	17 24	17 20
7	17 58	17 57	17 56	17 55	17 53	17 52	17 50	17 48	17 47	17 45	17 42	17 40	17 37	17 33
11	18 02	18 02	18 01	18 00	17 59	17 58	17 57	17 56	17 55	17 54	17 52	17 50	17 49	17 46
15	18 07	18 06	18 06	18 06	18 05	18 05	18 04	18 04	18 03	18 03	18 02	18 01	18 00	18 00
19	18 11	18 11	18 11	18 11	18 11	18 11	18 11	18 11	18 11	18 12	18 12	18 12	18 12	18 13
23	18 15	18 15	18 16	18 16	18 17	18 18	18 18	18 19	18 20	18 21	18 22	18 23	18 24	18 26
27	18 19	18 20	18 21	18 22	18 23	18 24	18 25	18 26	18 28	18 30	18 31	18 33	18 36	18 39
31	18 23	18 24	18 26	18 27	18 28	18 30	18 32	18 34	18 36	18 38	18 41	18 44	18 48	18 52
Apr. 4	18 27	18 29	18 30	18 32	18 34	18 36	18 39	18 41	18 44	18 47	18 51	18 55	19 00	19 05

SUNRISE AND SUNSET, 2018

UNIVERSAL TIME FOR MERIDIAN OF GREENWICH

SUNRISE

Lat.	−55°	−50°	−45°	−40°	−35°	−30°	−20°	−10°	0°	+10°	+20°	+30°	+35°	+40°
	h m	h m	h m	h m	h m	h m	h m	h m	h m	h m	h m	h m	h m	h m
Mar. 31	6 22	6 19	6 16	6 14	6 12	6 10	6 07	6 04	6 01	5 58	5 55	5 51	5 49	5 46
Apr. 4	6 30	6 25	6 21	6 18	6 15	6 12	6 08	6 04	6 00	5 56	5 51	5 46	5 43	5 40
8	6 38	6 31	6 26	6 22	6 18	6 15	6 09	6 04	5 59	5 53	5 48	5 41	5 38	5 33
12	6 45	6 37	6 31	6 26	6 21	6 17	6 10	6 04	5 57	5 51	5 45	5 37	5 32	5 27
16	6 53	6 44	6 36	6 30	6 24	6 20	6 11	6 04	5 56	5 49	5 41	5 32	5 27	5 21
20	7 01	6 50	6 41	6 34	6 28	6 22	6 12	6 04	5 56	5 47	5 38	5 28	5 22	5 15
24	7 08	6 56	6 46	6 38	6 31	6 25	6 14	6 04	5 55	5 45	5 35	5 24	5 17	5 10
28	7 16	7 02	6 51	6 42	6 34	6 27	6 15	6 04	5 54	5 44	5 33	5 20	5 13	5 04
May 2	7 23	7 08	6 56	6 46	6 37	6 30	6 16	6 05	5 54	5 42	5 30	5 16	5 08	4 59
6	7 30	7 14	7 01	6 50	6 40	6 32	6 18	6 05	5 53	5 41	5 28	5 13	5 04	4 54
10	7 38	7 20	7 05	6 54	6 43	6 35	6 19	6 06	5 53	5 40	5 26	5 10	5 01	4 50
14	7 45	7 25	7 10	6 57	6 47	6 37	6 21	6 06	5 53	5 39	5 24	5 07	4 57	4 46
18	7 51	7 31	7 14	7 01	6 50	6 40	6 22	6 07	5 53	5 38	5 23	5 05	4 54	4 42
22	7 58	7 36	7 19	7 04	6 52	6 42	6 24	6 08	5 53	5 38	5 22	5 03	4 52	4 39
26	8 04	7 41	7 23	7 08	6 55	6 44	6 26	6 09	5 53	5 38	5 21	5 01	4 50	4 36
30	8 09	7 45	7 26	7 11	6 58	6 47	6 27	6 10	5 54	5 38	5 20	5 00	4 48	4 34
June 3	8 14	7 49	7 29	7 14	7 00	6 49	6 29	6 11	5 54	5 38	5 20	4 59	4 47	4 33
7	8 18	7 52	7 32	7 16	7 03	6 51	6 30	6 12	5 55	5 38	5 20	4 58	4 46	4 31
11	8 22	7 55	7 35	7 18	7 04	6 52	6 31	6 13	5 56	5 39	5 20	4 58	4 46	4 31
15	8 24	7 57	7 37	7 20	7 06	6 54	6 33	6 14	5 57	5 39	5 20	4 58	4 46	4 31
19	8 26	7 59	7 38	7 21	7 07	6 55	6 34	6 15	5 58	5 40	5 21	4 59	4 46	4 31
23	8 27	8 00	7 39	7 22	7 08	6 56	6 35	6 16	5 59	5 41	5 22	5 00	4 47	4 32
27	8 27	8 00	7 39	7 23	7 09	6 56	6 35	6 17	5 59	5 42	5 23	5 01	4 48	4 33
July 1	8 26	8 00	7 39	7 23	7 09	6 57	6 36	6 17	6 00	5 43	5 24	5 02	4 50	4 35
5	8 24	7 58	7 38	7 22	7 08	6 56	6 36	6 18	6 01	5 44	5 25	5 04	4 51	4 37

SUNSET

Lat.	−55°	−50°	−45°	−40°	−35°	−30°	−20°	−10°	0°	+10°	+20°	+30°	+35°	+40°
	h m	h m	h m	h m	h m	h m	h m	h m	h m	h m	h m	h m	h m	h m
Mar. 31	17 45	17 49	17 51	17 54	17 56	17 58	18 01	18 04	18 07	18 11	18 14	18 18	18 20	18 23
Apr. 4	17 35	17 40	17 44	17 48	17 50	17 53	17 58	18 02	18 06	18 10	18 15	18 20	18 24	18 27
8	17 25	17 32	17 37	17 41	17 45	17 49	17 55	18 00	18 05	18 10	18 16	18 23	18 27	18 31
12	17 15	17 23	17 30	17 35	17 40	17 44	17 51	17 58	18 04	18 10	18 17	18 25	18 30	18 35
16	17 06	17 15	17 23	17 29	17 35	17 40	17 48	17 56	18 03	18 11	18 19	18 28	18 33	18 39
20	16 56	17 07	17 16	17 23	17 30	17 35	17 45	17 54	18 02	18 11	18 20	18 30	18 36	18 43
24	16 47	17 00	17 10	17 18	17 25	17 31	17 42	17 52	18 02	18 11	18 21	18 33	18 40	18 47
28	16 39	16 52	17 03	17 13	17 21	17 28	17 40	17 51	18 01	18 11	18 22	18 35	18 43	18 52
May 2	16 30	16 45	16 58	17 08	17 16	17 24	17 37	17 49	18 00	18 12	18 24	18 38	18 46	18 56
6	16 22	16 39	16 52	17 03	17 13	17 21	17 35	17 48	18 00	18 12	18 25	18 41	18 49	19 00
10	16 15	16 33	16 47	16 59	17 09	17 18	17 33	17 47	18 00	18 13	18 27	18 43	18 53	19 03
14	16 07	16 27	16 42	16 55	17 06	17 15	17 32	17 46	18 00	18 14	18 28	18 46	18 56	19 07
18	16 01	16 22	16 38	16 52	17 03	17 13	17 30	17 46	18 00	18 14	18 30	18 48	18 59	19 11
22	15 55	16 17	16 34	16 49	17 01	17 11	17 29	17 45	18 00	18 15	18 32	18 51	19 02	19 15
26	15 50	16 13	16 31	16 46	16 59	17 10	17 28	17 45	18 01	18 16	18 33	18 53	19 05	19 18
30	15 46	16 10	16 29	16 44	16 57	17 08	17 28	17 45	18 01	18 17	18 35	18 55	19 07	19 21
June 3	15 42	16 07	16 27	16 42	16 56	17 07	17 28	17 45	18 02	18 19	18 37	18 57	19 10	19 24
7	15 39	16 05	16 25	16 41	16 55	17 07	17 28	17 46	18 03	18 20	18 38	18 59	19 12	19 27
11	15 37	16 04	16 24	16 41	16 55	17 07	17 28	17 46	18 03	18 21	18 39	19 01	19 14	19 29
15	15 36	16 03	16 24	16 41	16 55	17 07	17 28	17 47	18 04	18 22	18 41	19 03	19 16	19 31
19	15 36	16 04	16 24	16 41	16 55	17 08	17 29	17 48	18 05	18 23	18 42	19 04	19 17	19 32
23	15 37	16 04	16 25	16 42	16 56	17 09	17 30	17 48	18 06	18 23	18 42	19 05	19 18	19 33
27	15 39	16 06	16 27	16 43	16 58	17 10	17 31	17 49	18 07	18 24	18 43	19 05	19 18	19 33
July 1	15 42	16 08	16 29	16 45	16 59	17 11	17 32	17 50	18 08	18 25	18 43	19 05	19 18	19 33
5	15 45	16 11	16 31	16 47	17 01	17 13	17 33	17 51	18 08	18 25	18 44	19 05	19 17	19 32

UNIVERSAL TIME FOR MERIDIAN OF GREENWICH

SUNRISE

Lat.	+40°	+42°	+44°	+46°	+48°	+50°	+52°	+54°	+56°	+58°	+60°	+62°	+64°	+66°
	h m	h m	h m	h m	h m	h m	h m	h m	h m	h m	h m	h m	h m	h m
Mar. 31	5 46	5 45	5 44	5 42	5 41	5 39	5 38	5 36	5 34	5 31	5 29	5 26	5 22	5 19
Apr. 4	5 40	5 38	5 36	5 35	5 33	5 31	5 28	5 26	5 23	5 20	5 17	5 13	5 08	5 03
8	5 33	5 31	5 29	5 27	5 25	5 22	5 19	5 16	5 13	5 09	5 05	5 00	4 54	4 48
12	5 27	5 25	5 22	5 20	5 17	5 14	5 10	5 07	5 02	4 58	4 53	4 47	4 40	4 32
16	5 21	5 18	5 15	5 12	5 09	5 05	5 01	4 57	4 52	4 47	4 41	4 34	4 26	4 16
20	5 15	5 12	5 09	5 05	5 02	4 57	4 53	4 48	4 42	4 36	4 29	4 21	4 12	4 01
24	5 10	5 06	5 02	4 59	4 54	4 50	4 45	4 39	4 33	4 26	4 18	4 09	3 58	3 45
28	5 04	5 00	4 56	4 52	4 47	4 42	4 36	4 30	4 23	4 15	4 07	3 56	3 44	3 30
May 2	4 59	4 55	4 50	4 46	4 41	4 35	4 29	4 22	4 14	4 05	3 56	3 44	3 30	3 14
6	4 54	4 50	4 45	4 40	4 34	4 28	4 21	4 14	4 05	3 56	3 45	3 32	3 17	2 58
10	4 50	4 45	4 40	4 34	4 28	4 22	4 14	4 06	3 57	3 47	3 35	3 21	3 04	2 42
14	4 46	4 41	4 35	4 29	4 23	4 16	4 08	3 59	3 49	3 38	3 25	3 10	2 51	2 26
18	4 42	4 37	4 31	4 25	4 18	4 10	4 02	3 53	3 42	3 30	3 16	2 59	2 38	2 10
22	4 39	4 33	4 27	4 21	4 13	4 05	3 57	3 47	3 35	3 22	3 07	2 49	2 26	1 54
26	4 36	4 30	4 24	4 17	4 10	4 01	3 52	3 41	3 30	3 16	2 59	2 40	2 14	1 38
30	4 34	4 28	4 21	4 14	4 06	3 58	3 48	3 37	3 24	3 10	2 53	2 31	2 03	1 21
June 3	4 33	4 26	4 19	4 12	4 04	3 55	3 45	3 33	3 20	3 05	2 47	2 24	1 53	1 04
7	4 31	4 25	4 18	4 10	4 02	3 52	3 42	3 30	3 17	3 01	2 42	2 18	1 45	0 45
11	4 31	4 24	4 17	4 09	4 00	3 51	3 40	3 28	3 14	2 58	2 38	2 13	1 38	0 22
15	4 31	4 24	4 17	4 09	4 00	3 50	3 39	3 27	3 13	2 56	2 36	2 10	1 33	▭
19	4 31	4 24	4 17	4 09	4 00	3 50	3 39	3 27	3 13	2 56	2 36	2 09	1 31	▭
23	4 32	4 25	4 18	4 10	4 01	3 51	3 40	3 28	3 14	2 57	2 36	2 10	1 32	▭
27	4 33	4 26	4 19	4 11	4 02	3 53	3 42	3 30	3 15	2 59	2 38	2 12	1 35	▭
July 1	4 35	4 28	4 21	4 13	4 04	3 55	3 44	3 32	3 18	3 02	2 42	2 17	1 41	0 19
5	4 37	4 30	4 23	4 16	4 07	3 58	3 47	3 36	3 22	3 06	2 47	2 23	1 49	0 47

SUNSET

Lat.	+40°	+42°	+44°	+46°	+48°	+50°	+52°	+54°	+56°	+58°	+60°	+62°	+64°	+66°
	h m	h m	h m	h m	h m	h m	h m	h m	h m	h m	h m	h m	h m	h m
Mar. 31	18 23	18 24	18 26	18 27	18 28	18 30	18 32	18 34	18 36	18 38	18 41	18 44	18 48	18 52
Apr. 4	18 27	18 29	18 30	18 32	18 34	18 36	18 39	18 41	18 44	18 47	18 51	18 55	19 00	19 05
8	18 31	18 33	18 35	18 38	18 40	18 43	18 46	18 49	18 52	18 56	19 01	19 06	19 12	19 18
12	18 35	18 38	18 40	18 43	18 46	18 49	18 52	18 56	19 00	19 05	19 10	19 17	19 24	19 32
16	18 39	18 42	18 45	18 48	18 52	18 55	18 59	19 04	19 09	19 14	19 20	19 28	19 36	19 45
20	18 43	18 46	18 50	18 53	18 57	19 01	19 06	19 11	19 17	19 23	19 30	19 39	19 48	19 59
24	18 47	18 51	18 55	18 59	19 03	19 08	19 13	19 19	19 25	19 32	19 40	19 50	20 01	20 14
28	18 52	18 55	18 59	19 04	19 09	19 14	19 20	19 26	19 33	19 41	19 50	20 01	20 13	20 28
May 2	18 56	19 00	19 04	19 09	19 14	19 20	19 26	19 33	19 41	19 50	20 00	20 12	20 26	20 43
6	19 00	19 04	19 09	19 14	19 20	19 26	19 33	19 41	19 49	19 59	20 10	20 23	20 39	20 58
10	19 03	19 08	19 14	19 19	19 25	19 32	19 39	19 48	19 57	20 08	20 20	20 34	20 52	21 13
14	19 07	19 13	19 18	19 24	19 31	19 38	19 46	19 55	20 05	20 16	20 29	20 45	21 05	21 29
18	19 11	19 17	19 22	19 29	19 36	19 43	19 52	20 01	20 12	20 24	20 39	20 56	21 17	21 46
22	19 15	19 20	19 27	19 33	19 41	19 49	19 58	20 08	20 19	20 32	20 48	21 06	21 30	22 02
26	19 18	19 24	19 31	19 38	19 45	19 54	20 03	20 14	20 26	20 40	20 56	21 16	21 42	22 20
30	19 21	19 27	19 34	19 41	19 49	19 58	20 08	20 19	20 32	20 46	21 04	21 26	21 54	22 38
June 3	19 24	19 30	19 37	19 45	19 53	20 02	20 12	20 24	20 37	20 52	21 11	21 34	22 05	22 57
7	19 27	19 33	19 40	19 48	19 56	20 06	20 16	20 28	20 42	20 57	21 17	21 41	22 15	23 17
11	19 29	19 35	19 43	19 51	19 59	20 09	20 19	20 31	20 45	21 02	21 22	21 47	22 23	23 46
15	19 31	19 37	19 45	19 53	20 01	20 11	20 22	20 34	20 48	21 05	21 25	21 51	22 29	▭
19	19 32	19 39	19 46	19 54	20 03	20 12	20 23	20 36	20 50	21 07	21 27	21 54	22 32	▭
23	19 33	19 39	19 47	19 55	20 04	20 13	20 24	20 36	20 51	21 07	21 28	21 54	22 32	▭
27	19 33	19 40	19 47	19 55	20 04	20 13	20 24	20 36	20 50	21 07	21 27	21 53	22 30	▭
July 1	19 33	19 39	19 47	19 54	20 03	20 12	20 23	20 35	20 49	21 05	21 25	21 50	22 25	23 40
5	19 32	19 39	19 46	19 53	20 02	20 11	20 21	20 33	20 47	21 02	21 21	21 45	22 18	23 17

▭ indicates Sun continuously above horizon.

SUNRISE AND SUNSET, 2018
UNIVERSAL TIME FOR MERIDIAN OF GREENWICH
SUNRISE

Lat.		−55°	−50°	−45°	−40°	−35°	−30°	−20°	−10°	0°	+10°	+20°	+30°	+35°	+40°
		h m	h m	h m	h m	h m	h m	h m	h m	h m	h m	h m	h m	h m	h m
July	1	8 26	8 00	7 39	7 23	7 09	6 57	6 36	6 17	6 00	5 43	5 24	5 02	4 50	4 35
	5	8 24	7 58	7 38	7 22	7 08	6 56	6 36	6 18	6 01	5 44	5 25	5 04	4 51	4 37
	9	8 21	7 56	7 37	7 21	7 08	6 56	6 36	6 18	6 02	5 45	5 27	5 06	4 54	4 39
	13	8 18	7 53	7 35	7 19	7 06	6 55	6 35	6 18	6 02	5 46	5 28	5 08	4 56	4 42
	17	8 13	7 50	7 32	7 17	7 05	6 54	6 35	6 18	6 03	5 47	5 30	5 10	4 59	4 45
	21	8 08	7 46	7 29	7 15	7 03	6 52	6 34	6 18	6 03	5 48	5 31	5 12	5 01	4 48
	25	8 02	7 41	7 25	7 11	7 00	6 50	6 33	6 17	6 03	5 48	5 33	5 15	5 04	4 52
	29	7 55	7 36	7 21	7 08	6 57	6 48	6 31	6 17	6 03	5 49	5 34	5 17	5 07	4 55
Aug.	2	7 48	7 30	7 16	7 04	6 54	6 45	6 29	6 16	6 03	5 50	5 36	5 20	5 10	4 59
	6	7 41	7 24	7 11	7 00	6 50	6 42	6 27	6 15	6 02	5 50	5 37	5 22	5 13	5 03
	10	7 32	7 17	7 05	6 55	6 46	6 38	6 25	6 13	6 02	5 51	5 38	5 24	5 16	5 07
	14	7 24	7 10	6 59	6 50	6 42	6 35	6 22	6 12	6 01	5 51	5 40	5 27	5 19	5 10
	18	7 15	7 03	6 53	6 44	6 37	6 31	6 20	6 10	6 00	5 51	5 41	5 29	5 22	5 14
	22	7 06	6 55	6 46	6 39	6 32	6 27	6 17	6 08	6 00	5 51	5 42	5 31	5 25	5 18
	26	6 57	6 47	6 39	6 33	6 27	6 22	6 14	6 06	5 58	5 51	5 43	5 34	5 28	5 22
	30	6 47	6 39	6 32	6 27	6 22	6 18	6 10	6 04	5 57	5 51	5 44	5 36	5 31	5 26
Sept.	3	6 37	6 30	6 25	6 21	6 17	6 13	6 07	6 01	5 56	5 51	5 45	5 38	5 34	5 29
	7	6 27	6 22	6 18	6 14	6 11	6 08	6 03	5 59	5 55	5 50	5 46	5 40	5 37	5 33
	11	6 17	6 13	6 10	6 08	6 05	6 03	6 00	5 57	5 53	5 50	5 47	5 42	5 40	5 37
	15	6 07	6 05	6 03	6 01	6 00	5 58	5 56	5 54	5 52	5 50	5 47	5 44	5 43	5 41
	19	5 57	5 56	5 55	5 55	5 54	5 53	5 53	5 52	5 51	5 49	5 48	5 47	5 46	5 45
	23	5 46	5 47	5 47	5 48	5 48	5 48	5 49	5 49	5 49	5 49	5 49	5 49	5 49	5 48
	27	5 36	5 38	5 40	5 41	5 42	5 43	5 45	5 47	5 48	5 49	5 50	5 51	5 52	5 52
Oct.	1	5 26	5 29	5 32	5 35	5 37	5 39	5 42	5 44	5 46	5 49	5 51	5 53	5 55	5 56
	5	5 16	5 21	5 25	5 28	5 31	5 34	5 38	5 42	5 45	5 48	5 52	5 56	5 58	6 00

SUNSET

Lat.		−55°	−50°	−45°	−40°	−35°	−30°	−20°	−10°	0°	+10°	+20°	+30°	+35°	+40°
		h m	h m	h m	h m	h m	h m	h m	h m	h m	h m	h m	h m	h m	h m
July	1	15 42	16 08	16 29	16 45	16 59	17 11	17 32	17 50	18 08	18 25	18 43	19 05	19 18	19 33
	5	15 45	16 11	16 31	16 47	17 01	17 13	17 33	17 51	18 08	18 25	18 44	19 05	19 17	19 32
	9	15 49	16 15	16 34	16 50	17 03	17 15	17 35	17 52	18 09	18 26	18 43	19 04	19 17	19 31
	13	15 54	16 18	16 37	16 52	17 05	17 17	17 36	17 53	18 09	18 26	18 43	19 03	19 15	19 29
	17	16 00	16 23	16 41	16 55	17 08	17 19	17 38	17 54	18 10	18 25	18 42	19 02	19 13	19 27
	21	16 05	16 27	16 45	16 59	17 11	17 21	17 39	17 55	18 10	18 25	18 41	19 00	19 11	19 24
	25	16 12	16 32	16 49	17 02	17 13	17 23	17 41	17 56	18 10	18 24	18 40	18 58	19 09	19 21
	29	16 18	16 38	16 53	17 05	17 16	17 26	17 42	17 56	18 10	18 24	18 38	18 55	19 05	19 17
Aug.	2	16 25	16 43	16 57	17 09	17 19	17 28	17 43	17 57	18 10	18 23	18 37	18 53	19 02	19 13
	6	16 32	16 49	17 02	17 13	17 22	17 30	17 45	17 57	18 09	18 21	18 34	18 49	18 58	19 08
	10	16 39	16 54	17 06	17 16	17 25	17 33	17 46	17 58	18 09	18 20	18 32	18 46	18 54	19 03
	14	16 46	17 00	17 11	17 20	17 28	17 35	17 47	17 58	18 08	18 18	18 29	18 42	18 50	18 58
	18	16 53	17 06	17 16	17 24	17 31	17 37	17 48	17 58	18 07	18 17	18 27	18 38	18 45	18 53
	22	17 01	17 12	17 20	17 28	17 34	17 40	17 49	17 58	18 06	18 15	18 24	18 34	18 40	18 47
	26	17 08	17 17	17 25	17 31	17 37	17 42	17 50	17 58	18 05	18 12	18 20	18 30	18 35	18 41
	30	17 15	17 23	17 30	17 35	17 40	17 44	17 51	17 58	18 04	18 10	18 17	18 25	18 30	18 35
Sept.	3	17 23	17 29	17 34	17 39	17 43	17 46	17 52	17 57	18 03	18 08	18 14	18 20	18 24	18 29
	7	17 30	17 35	17 39	17 42	17 45	17 48	17 53	17 57	18 01	18 06	18 10	18 15	18 19	18 22
	11	17 37	17 41	17 44	17 46	17 48	17 50	17 54	17 57	18 00	18 03	18 06	18 11	18 13	18 16
	15	17 45	17 47	17 48	17 50	17 51	17 52	17 55	17 57	17 58	18 01	18 03	18 06	18 07	18 09
	19	17 52	17 53	17 53	17 54	17 54	17 55	17 55	17 56	17 57	17 58	17 59	18 01	18 01	18 02
	23	18 00	17 59	17 58	17 58	17 57	17 57	17 56	17 56	17 56	17 55	17 55	17 56	17 56	17 56
	27	18 07	18 05	18 03	18 01	18 00	17 59	17 57	17 56	17 54	17 53	17 52	17 51	17 50	17 49
Oct.	1	18 15	18 11	18 08	18 05	18 03	18 01	17 58	17 55	17 53	17 51	17 48	17 46	17 44	17 43
	5	18 22	18 17	18 13	18 09	18 06	18 04	17 59	17 55	17 52	17 48	17 45	17 41	17 39	17 36

SUNRISE AND SUNSET, 2018

UNIVERSAL TIME FOR MERIDIAN OF GREENWICH

SUNRISE

Lat.	+40°	+42°	+44°	+46°	+48°	+50°	+52°	+54°	+56°	+58°	+60°	+62°	+64°	+66°
	h m	h m	h m	h m	h m	h m	h m	h m	h m	h m	h m	h m	h m	h m
July 1	4 35	4 28	4 21	4 13	4 04	3 55	3 44	3 32	3 18	3 02	2 42	2 17	1 41	0 19
5	4 37	4 30	4 23	4 16	4 07	3 58	3 47	3 36	3 22	3 06	2 47	2 23	1 49	0 47
9	4 39	4 33	4 26	4 19	4 10	4 01	3 51	3 40	3 27	3 11	2 53	2 30	1 59	1 07
13	4 42	4 36	4 29	4 22	4 14	4 05	3 55	3 44	3 32	3 17	3 00	2 38	2 09	1 26
17	4 45	4 39	4 33	4 26	4 18	4 10	4 00	3 50	3 38	3 24	3 07	2 47	2 21	1 44
21	4 48	4 43	4 37	4 30	4 23	4 14	4 06	3 56	3 44	3 31	3 16	2 57	2 33	2 01
25	4 52	4 46	4 41	4 34	4 27	4 20	4 11	4 02	3 51	3 39	3 24	3 07	2 46	2 17
29	4 55	4 50	4 45	4 39	4 32	4 25	4 17	4 08	3 58	3 47	3 33	3 18	2 58	2 33
Aug. 2	4 59	4 54	4 49	4 43	4 37	4 31	4 23	4 15	4 06	3 55	3 43	3 28	3 11	2 49
6	5 03	4 58	4 53	4 48	4 42	4 36	4 29	4 22	4 13	4 03	3 52	3 39	3 24	3 04
10	5 07	5 02	4 58	4 53	4 48	4 42	4 36	4 29	4 21	4 12	4 02	3 50	3 36	3 19
14	5 10	5 07	5 02	4 58	4 53	4 48	4 42	4 36	4 29	4 21	4 12	4 01	3 48	3 33
18	5 14	5 11	5 07	5 03	4 59	4 54	4 49	4 43	4 37	4 29	4 21	4 12	4 01	3 48
22	5 18	5 15	5 12	5 08	5 04	5 00	4 55	4 50	4 44	4 38	4 31	4 22	4 13	4 01
26	5 22	5 19	5 16	5 13	5 10	5 06	5 02	4 57	4 52	4 47	4 40	4 33	4 25	4 15
30	5 26	5 23	5 21	5 18	5 15	5 12	5 08	5 04	5 00	4 55	4 50	4 44	4 37	4 28
Sept. 3	5 29	5 27	5 25	5 23	5 20	5 18	5 15	5 11	5 08	5 04	4 59	4 54	4 48	4 41
7	5 33	5 32	5 30	5 28	5 26	5 24	5 21	5 19	5 16	5 12	5 09	5 05	5 00	4 54
11	5 37	5 36	5 34	5 33	5 31	5 30	5 28	5 26	5 23	5 21	5 18	5 15	5 11	5 07
15	5 41	5 40	5 39	5 38	5 37	5 36	5 34	5 33	5 31	5 29	5 27	5 25	5 23	5 20
19	5 45	5 44	5 43	5 43	5 42	5 42	5 41	5 40	5 39	5 38	5 37	5 36	5 34	5 32
23	5 48	5 48	5 48	5 48	5 48	5 48	5 47	5 47	5 47	5 47	5 46	5 46	5 45	5 45
27	5 52	5 52	5 53	5 53	5 53	5 54	5 54	5 54	5 55	5 55	5 56	5 56	5 57	5 57
Oct. 1	5 56	5 57	5 57	5 58	5 59	6 00	6 01	6 02	6 03	6 04	6 05	6 07	6 08	6 10
5	6 00	6 01	6 02	6 03	6 05	6 06	6 07	6 09	6 11	6 13	6 15	6 17	6 20	6 23

SUNSET

	+40°	+42°	+44°	+46°	+48°	+50°	+52°	+54°	+56°	+58°	+60°	+62°	+64°	+66°
	h m	h m	h m	h m	h m	h m	h m	h m	h m	h m	h m	h m	h m	h m
July 1	19 33	19 39	19 47	19 54	20 03	20 12	20 23	20 35	20 49	21 05	21 25	21 50	22 25	23 40
5	19 32	19 39	19 46	19 53	20 02	20 11	20 21	20 33	20 47	21 02	21 21	21 45	22 18	23 17
9	19 31	19 37	19 44	19 51	20 00	20 09	20 19	20 30	20 43	20 58	21 17	21 39	22 10	22 59
13	19 29	19 35	19 42	19 49	19 57	20 06	20 15	20 26	20 39	20 53	21 11	21 32	22 00	22 42
17	19 27	19 33	19 39	19 46	19 54	20 02	20 11	20 22	20 34	20 47	21 04	21 23	21 49	22 25
21	19 24	19 30	19 36	19 42	19 50	19 58	20 06	20 16	20 28	20 41	20 56	21 14	21 37	22 09
25	19 21	19 26	19 32	19 38	19 45	19 53	20 01	20 10	20 21	20 33	20 47	21 04	21 25	21 52
29	19 17	19 22	19 28	19 34	19 40	19 47	19 55	20 04	20 14	20 25	20 38	20 53	21 12	21 36
Aug. 2	19 13	19 18	19 23	19 28	19 34	19 41	19 48	19 57	20 06	20 16	20 28	20 42	20 59	21 21
6	19 08	19 13	19 18	19 23	19 28	19 35	19 41	19 49	19 57	20 07	20 18	20 31	20 46	21 05
10	19 03	19 08	19 12	19 17	19 22	19 28	19 34	19 41	19 49	19 57	20 07	20 19	20 32	20 49
14	18 58	19 02	19 06	19 10	19 15	19 20	19 26	19 32	19 39	19 47	19 56	20 07	20 19	20 33
18	18 53	18 56	19 00	19 04	19 08	19 13	19 18	19 24	19 30	19 37	19 45	19 54	20 05	20 18
22	18 47	18 50	18 53	18 57	19 01	19 05	19 09	19 14	19 20	19 26	19 33	19 41	19 51	20 02
26	18 41	18 44	18 47	18 50	18 53	18 57	19 01	19 05	19 10	19 16	19 22	19 29	19 37	19 46
30	18 35	18 37	18 40	18 42	18 45	18 48	18 52	18 56	19 00	19 05	19 10	19 16	19 23	19 31
Sept. 3	18 29	18 31	18 33	18 35	18 37	18 40	18 43	18 46	18 50	18 53	18 58	19 03	19 09	19 15
7	18 22	18 24	18 25	18 27	18 29	18 31	18 34	18 36	18 39	18 42	18 46	18 50	18 54	19 00
11	18 16	18 17	18 18	18 20	18 21	18 23	18 24	18 26	18 29	18 31	18 34	18 37	18 40	18 44
15	18 09	18 10	18 11	18 12	18 13	18 14	18 15	18 16	18 18	18 20	18 22	18 24	18 26	18 29
19	18 02	18 03	18 03	18 04	18 04	18 05	18 06	18 06	18 07	18 08	18 09	18 11	18 12	18 14
23	17 56	17 56	17 56	17 56	17 56	17 56	17 56	17 57	17 57	17 57	17 57	17 57	17 58	17 58
27	17 49	17 49	17 49	17 48	17 48	17 47	17 47	17 47	17 46	17 46	17 45	17 44	17 44	17 43
Oct. 1	17 43	17 42	17 41	17 40	17 40	17 39	17 38	17 37	17 36	17 34	17 33	17 31	17 30	17 28
5	17 36	17 35	17 34	17 33	17 31	17 30	17 29	17 27	17 25	17 23	17 21	17 18	17 16	17 12

SUNRISE AND SUNSET, 2018

UNIVERSAL TIME FOR MERIDIAN OF GREENWICH

SUNRISE

Lat.	−55°	−50°	−45°	−40°	−35°	−30°	−20°	−10°	0°	+10°	+20°	+30°	+35°	+40°
	h m	h m	h m	h m	h m	h m	h m	h m	h m	h m	h m	h m	h m	h m
Oct. 1	5 26	5 29	5 32	5 35	5 37	5 39	5 42	5 44	5 46	5 49	5 51	5 53	5 55	5 56
5	5 16	5 21	5 25	5 28	5 31	5 34	5 38	5 42	5 45	5 48	5 52	5 56	5 58	6 00
9	5 05	5 12	5 17	5 22	5 26	5 29	5 35	5 40	5 44	5 48	5 53	5 58	6 01	6 04
13	4 56	5 04	5 10	5 16	5 20	5 24	5 31	5 37	5 43	5 48	5 54	6 00	6 04	6 08
17	4 46	4 55	5 03	5 10	5 15	5 20	5 28	5 35	5 42	5 49	5 55	6 03	6 07	6 12
21	4 36	4 47	4 56	5 04	5 10	5 16	5 25	5 34	5 41	5 49	5 57	6 06	6 11	6 17
25	4 27	4 40	4 50	4 58	5 05	5 12	5 23	5 32	5 41	5 49	5 58	6 09	6 14	6 21
29	4 18	4 32	4 44	4 53	5 01	5 08	5 20	5 31	5 40	5 50	6 00	6 11	6 18	6 25
Nov. 2	4 09	4 25	4 38	4 48	4 57	5 05	5 18	5 29	5 40	5 51	6 02	6 14	6 22	6 30
6	4 01	4 18	4 32	4 43	4 53	5 02	5 16	5 29	5 40	5 52	6 04	6 18	6 26	6 35
10	3 53	4 12	4 27	4 39	4 50	4 59	5 14	5 28	5 40	5 53	6 06	6 21	6 29	6 39
14	3 45	4 06	4 22	4 36	4 47	4 56	5 13	5 28	5 41	5 54	6 08	6 24	6 33	6 44
18	3 39	4 01	4 18	4 32	4 44	4 55	5 12	5 27	5 42	5 56	6 10	6 27	6 37	6 48
22	3 33	3 56	4 15	4 30	4 42	4 53	5 12	5 28	5 42	5 57	6 13	6 31	6 41	6 53
26	3 27	3 53	4 12	4 27	4 41	4 52	5 11	5 28	5 44	5 59	6 15	6 34	6 45	6 57
30	3 23	3 49	4 10	4 26	4 39	4 51	5 11	5 29	5 45	6 01	6 18	6 37	6 49	7 01
Dec. 4	3 19	3 47	4 08	4 25	4 39	4 51	5 12	5 30	5 46	6 03	6 20	6 40	6 52	7 05
8	3 17	3 46	4 07	4 24	4 39	4 52	5 13	5 31	5 48	6 05	6 23	6 43	6 55	7 09
12	3 16	3 45	4 07	4 25	4 40	4 52	5 14	5 33	5 50	6 07	6 25	6 46	6 58	7 12
16	3 15	3 45	4 08	4 26	4 41	4 54	5 15	5 34	5 52	6 09	6 28	6 49	7 01	7 15
20	3 16	3 46	4 09	4 27	4 42	4 55	5 17	5 36	5 54	6 11	6 30	6 51	7 03	7 18
24	3 18	3 48	4 11	4 29	4 44	4 57	5 19	5 38	5 56	6 13	6 32	6 53	7 05	7 20
28	3 22	3 51	4 14	4 32	4 47	4 59	5 21	5 40	5 58	6 15	6 34	6 55	7 07	7 21
32	3 26	3 55	4 17	4 35	4 49	5 02	5 24	5 42	6 00	6 17	6 35	6 56	7 08	7 22
36	3 31	3 59	4 21	4 38	4 53	5 05	5 26	5 45	6 02	6 18	6 36	6 57	7 08	7 22

SUNSET

Lat.	−55°	−50°	−45°	−40°	−35°	−30°	−20°	−10°	0°	+10°	+20°	+30°	+35°	+40°
	h m	h m	h m	h m	h m	h m	h m	h m	h m	h m	h m	h m	h m	h m
Oct. 1	18 15	18 11	18 08	18 05	18 03	18 01	17 58	17 55	17 53	17 51	17 48	17 46	17 44	17 43
5	18 22	18 17	18 13	18 09	18 06	18 04	17 59	17 55	17 52	17 48	17 45	17 41	17 39	17 36
9	18 30	18 23	18 18	18 13	18 09	18 06	18 00	17 55	17 51	17 46	17 41	17 36	17 33	17 30
13	18 38	18 30	18 23	18 18	18 13	18 09	18 01	17 55	17 50	17 44	17 38	17 32	17 28	17 24
17	18 46	18 36	18 28	18 22	18 16	18 11	18 03	17 55	17 49	17 42	17 35	17 27	17 23	17 18
21	18 54	18 43	18 34	18 26	18 20	18 14	18 04	17 56	17 48	17 40	17 32	17 23	17 18	17 12
25	19 03	18 50	18 39	18 31	18 23	18 17	18 06	17 56	17 47	17 39	17 30	17 19	17 13	17 07
29	19 11	18 56	18 45	18 35	18 27	18 20	18 08	17 57	17 47	17 37	17 27	17 16	17 09	17 01
Nov. 2	19 19	19 03	18 50	18 40	18 31	18 23	18 09	17 58	17 47	17 36	17 25	17 12	17 05	16 57
6	19 28	19 10	18 56	18 44	18 35	18 26	18 12	17 59	17 47	17 35	17 23	17 09	17 01	16 52
10	19 36	19 17	19 02	18 49	18 39	18 29	18 14	18 00	17 47	17 35	17 22	17 07	16 58	16 48
14	19 45	19 24	19 07	18 54	18 43	18 33	18 16	18 01	17 48	17 35	17 21	17 04	16 55	16 45
18	19 53	19 30	19 13	18 59	18 47	18 36	18 18	18 03	17 49	17 35	17 20	17 03	16 53	16 42
22	20 01	19 37	19 18	19 03	18 51	18 40	18 21	18 05	17 50	17 35	17 19	17 01	16 51	16 39
26	20 08	19 43	19 23	19 08	18 54	18 43	18 23	18 07	17 51	17 35	17 19	17 00	16 49	16 37
30	20 15	19 49	19 28	19 12	18 58	18 46	18 26	18 08	17 52	17 36	17 19	17 00	16 49	16 36
Dec. 4	20 22	19 54	19 33	19 16	19 02	18 49	18 28	18 11	17 54	17 37	17 20	17 00	16 48	16 35
8	20 27	19 59	19 37	19 20	19 05	18 52	18 31	18 13	17 56	17 39	17 21	17 00	16 48	16 35
12	20 32	20 03	19 41	19 23	19 08	18 55	18 33	18 15	17 57	17 40	17 22	17 01	16 49	16 35
16	20 36	20 06	19 44	19 26	19 11	18 58	18 36	18 17	17 59	17 42	17 23	17 02	16 50	16 36
20	20 39	20 09	19 46	19 28	19 13	19 00	18 38	18 19	18 01	17 44	17 25	17 04	16 52	16 37
24	20 41	20 11	19 48	19 30	19 15	19 02	18 40	18 21	18 03	17 46	17 27	17 06	16 54	16 40
28	20 41	20 11	19 49	19 31	19 16	19 03	18 42	18 23	18 05	17 48	17 30	17 08	16 56	16 42
32	20 41	20 12	19 50	19 32	19 17	19 05	18 43	18 24	18 07	17 50	17 32	17 11	16 59	16 45
36	20 39	20 11	19 49	19 32	19 18	19 05	18 44	18 26	18 09	17 52	17 34	17 14	17 02	16 49

SUNRISE AND SUNSET, 2018

UNIVERSAL TIME FOR MERIDIAN OF GREENWICH

SUNRISE

Lat.	+40°	+42°	+44°	+46°	+48°	+50°	+52°	+54°	+56°	+58°	+60°	+62°	+64°	+66°
	h m	h m	h m	h m	h m	h m	h m	h m	h m	h m	h m	h m	h m	h m
Oct. 1	5 56	5 57	5 57	5 58	5 59	6 00	6 01	6 02	6 03	6 04	6 05	6 07	6 08	6 10
5	6 00	6 01	6 02	6 03	6 05	6 06	6 07	6 09	6 11	6 13	6 15	6 17	6 20	6 23
9	6 04	6 05	6 07	6 09	6 10	6 12	6 14	6 16	6 19	6 21	6 24	6 28	6 32	6 36
13	6 08	6 10	6 12	6 14	6 16	6 18	6 21	6 24	6 27	6 30	6 34	6 38	6 43	6 49
17	6 12	6 15	6 17	6 19	6 22	6 25	6 28	6 31	6 35	6 39	6 44	6 49	6 55	7 02
21	6 17	6 19	6 22	6 25	6 28	6 31	6 35	6 39	6 43	6 48	6 54	7 00	7 08	7 16
25	6 21	6 24	6 27	6 30	6 34	6 38	6 42	6 47	6 52	6 58	7 04	7 11	7 20	7 30
29	6 25	6 29	6 32	6 36	6 40	6 44	6 49	6 54	7 00	7 07	7 14	7 23	7 32	7 44
Nov. 2	6 30	6 34	6 38	6 42	6 46	6 51	6 56	7 02	7 09	7 16	7 24	7 34	7 45	7 58
6	6 35	6 39	6 43	6 47	6 52	6 58	7 04	7 10	7 17	7 25	7 35	7 45	7 58	8 13
10	6 39	6 44	6 48	6 53	6 58	7 04	7 11	7 18	7 26	7 35	7 45	7 57	8 11	8 28
14	6 44	6 48	6 53	6 59	7 05	7 11	7 18	7 26	7 34	7 44	7 55	8 08	8 24	8 43
18	6 48	6 53	6 59	7 04	7 11	7 17	7 25	7 33	7 42	7 53	8 05	8 19	8 37	8 58
22	6 53	6 58	7 04	7 10	7 16	7 24	7 32	7 40	7 50	8 02	8 15	8 30	8 49	9 13
26	6 57	7 03	7 09	7 15	7 22	7 30	7 38	7 47	7 58	8 10	8 24	8 41	9 01	9 28
30	7 01	7 07	7 13	7 20	7 27	7 35	7 44	7 54	8 05	8 18	8 33	8 51	9 13	9 43
Dec. 4	7 05	7 11	7 18	7 25	7 32	7 40	7 50	8 00	8 11	8 25	8 41	9 00	9 24	9 57
8	7 09	7 15	7 22	7 29	7 37	7 45	7 55	8 05	8 17	8 31	8 48	9 08	9 33	10 10
12	7 12	7 19	7 25	7 33	7 40	7 49	7 59	8 10	8 22	8 36	8 53	9 14	9 41	10 20
16	7 15	7 22	7 28	7 36	7 44	7 53	8 02	8 13	8 26	8 41	8 58	9 19	9 47	10 29
20	7 18	7 24	7 31	7 38	7 46	7 55	8 05	8 16	8 29	8 44	9 01	9 23	9 51	10 34
24	7 20	7 26	7 33	7 40	7 48	7 57	8 07	8 18	8 31	8 46	9 03	9 25	9 53	10 35
28	7 21	7 27	7 34	7 41	7 49	7 58	8 08	8 19	8 32	8 46	9 03	9 25	9 52	10 33
32	7 22	7 28	7 35	7 42	7 50	7 59	8 08	8 19	8 31	8 45	9 02	9 23	9 50	10 28
36	7 22	7 28	7 35	7 42	7 49	7 58	8 07	8 18	8 30	8 44	9 00	9 20	9 45	10 20

SUNSET

Lat.	+40°	+42°	+44°	+46°	+48°	+50°	+52°	+54°	+56°	+58°	+60°	+62°	+64°	+66°
	h m	h m	h m	h m	h m	h m	h m	h m	h m	h m	h m	h m	h m	h m
Oct. 1	17 43	17 42	17 41	17 40	17 40	17 39	17 38	17 37	17 36	17 34	17 33	17 31	17 30	17 28
5	17 36	17 35	17 34	17 33	17 31	17 30	17 29	17 27	17 25	17 23	17 21	17 18	17 16	17 12
9	17 30	17 28	17 27	17 25	17 23	17 22	17 20	17 17	17 15	17 12	17 09	17 06	17 02	16 57
13	17 24	17 22	17 20	17 18	17 16	17 13	17 11	17 08	17 05	17 01	16 57	16 53	16 48	16 42
17	17 18	17 16	17 13	17 11	17 08	17 05	17 02	16 58	16 55	16 50	16 46	16 40	16 34	16 27
21	17 12	17 09	17 07	17 04	17 01	16 57	16 53	16 49	16 45	16 40	16 34	16 28	16 21	16 12
25	17 07	17 04	17 00	16 57	16 54	16 50	16 45	16 41	16 35	16 30	16 23	16 16	16 07	15 57
29	17 01	16 58	16 55	16 51	16 47	16 42	16 37	16 32	16 26	16 20	16 12	16 04	15 54	15 42
Nov. 2	16 57	16 53	16 49	16 45	16 40	16 35	16 30	16 24	16 17	16 10	16 02	15 52	15 41	15 28
6	16 52	16 48	16 44	16 39	16 34	16 29	16 23	16 16	16 09	16 01	15 52	15 41	15 28	15 13
10	16 48	16 44	16 39	16 34	16 29	16 23	16 16	16 09	16 01	15 52	15 42	15 30	15 16	14 59
14	16 45	16 40	16 35	16 30	16 24	16 17	16 10	16 03	15 54	15 44	15 33	15 20	15 04	14 45
18	16 42	16 37	16 31	16 25	16 19	16 12	16 05	15 57	15 47	15 37	15 25	15 10	14 53	14 31
22	16 39	16 34	16 28	16 22	16 15	16 08	16 00	15 51	15 41	15 30	15 17	15 01	14 42	14 18
26	16 37	16 31	16 26	16 19	16 12	16 05	15 56	15 47	15 36	15 24	15 10	14 53	14 32	14 06
30	16 36	16 30	16 24	16 17	16 10	16 02	15 53	15 43	15 32	15 19	15 04	14 46	14 24	13 54
Dec. 4	16 35	16 29	16 22	16 15	16 08	16 00	15 51	15 40	15 29	15 15	14 59	14 40	14 16	13 43
8	16 35	16 28	16 22	16 15	16 07	15 58	15 49	15 38	15 26	15 12	14 56	14 36	14 10	13 34
12	16 35	16 29	16 22	16 15	16 07	15 58	15 48	15 37	15 25	15 11	14 54	14 33	14 06	13 27
16	16 36	16 30	16 23	16 15	16 07	15 59	15 49	15 38	15 25	15 10	14 53	14 32	14 04	13 22
20	16 37	16 31	16 24	16 17	16 09	16 00	15 50	15 39	15 26	15 11	14 54	14 32	14 04	13 21
24	16 40	16 33	16 26	16 19	16 11	16 02	15 52	15 41	15 28	15 14	14 56	14 34	14 06	13 24
28	16 42	16 36	16 29	16 22	16 14	16 05	15 55	15 44	15 32	15 17	15 00	14 38	14 11	13 30
32	16 45	16 39	16 32	16 25	16 17	16 09	15 59	15 48	15 36	15 22	15 05	14 44	14 17	13 39
36	16 49	16 43	16 36	16 29	16 21	16 13	16 04	15 53	15 41	15 27	15 11	14 51	14 26	13 51

CIVIL TWILIGHT, 2018

UNIVERSAL TIME FOR MERIDIAN OF GREENWICH
BEGINNING OF MORNING CIVIL TWILIGHT

Lat.	−55°	−50°	−45°	−40°	−35°	−30°	−20°	−10°	0°	+10°	+20°	+30°	+35°	+40°
	h m	h m	h m	h m	h m	h m	h m	h m	h m	h m	h m	h m	h m	h m
Jan. −2	2 25	3 08	3 37	4 00	4 18	4 33	4 58	5 18	5 36	5 53	6 10	6 29	6 39	6 51
2	2 31	3 12	3 41	4 03	4 21	4 36	5 00	5 20	5 38	5 55	6 11	6 30	6 40	6 52
6	2 37	3 17	3 45	4 07	4 24	4 39	5 03	5 22	5 40	5 56	6 13	6 31	6 41	6 52
10	2 45	3 23	3 50	4 11	4 28	4 42	5 06	5 25	5 42	5 57	6 14	6 31	6 41	6 51
14	2 53	3 30	3 56	4 16	4 32	4 46	5 08	5 27	5 43	5 59	6 14	6 31	6 40	6 51
18	3 03	3 37	4 01	4 21	4 36	4 49	5 11	5 29	5 45	5 59	6 14	6 30	6 39	6 49
22	3 12	3 44	4 08	4 26	4 41	4 53	5 14	5 31	5 46	6 00	6 14	6 29	6 38	6 47
26	3 22	3 52	4 14	4 31	4 45	4 57	5 17	5 33	5 47	6 00	6 14	6 28	6 36	6 45
30	3 32	4 00	4 20	4 36	4 50	5 01	5 19	5 35	5 48	6 01	6 13	6 26	6 34	6 42
Feb. 3	3 42	4 07	4 26	4 42	4 54	5 05	5 22	5 36	5 49	6 00	6 12	6 24	6 31	6 38
7	3 52	4 15	4 33	4 47	4 58	5 08	5 24	5 38	5 49	6 00	6 10	6 22	6 28	6 34
11	4 02	4 23	4 39	4 52	5 03	5 12	5 27	5 39	5 49	5 59	6 09	6 19	6 24	6 30
15	4 12	4 31	4 46	4 57	5 07	5 15	5 29	5 40	5 50	5 58	6 07	6 16	6 20	6 25
19	4 21	4 39	4 52	5 02	5 11	5 19	5 31	5 41	5 49	5 57	6 04	6 12	6 16	6 20
23	4 31	4 46	4 58	5 07	5 15	5 22	5 33	5 42	5 49	5 56	6 02	6 08	6 12	6 15
27	4 40	4 53	5 04	5 12	5 19	5 25	5 35	5 42	5 48	5 54	5 59	6 04	6 07	6 09
Mar. 3	4 49	5 00	5 10	5 17	5 23	5 28	5 36	5 43	5 48	5 52	5 56	6 00	6 02	6 04
7	4 57	5 07	5 15	5 21	5 27	5 31	5 38	5 43	5 47	5 50	5 53	5 56	5 57	5 57
11	5 06	5 14	5 21	5 26	5 30	5 34	5 39	5 43	5 46	5 48	5 50	5 51	5 51	5 51
15	5 14	5 21	5 26	5 30	5 34	5 36	5 40	5 43	5 45	5 46	5 47	5 46	5 46	5 45
19	5 23	5 28	5 32	5 35	5 37	5 39	5 41	5 43	5 44	5 44	5 43	5 41	5 40	5 38
23	5 30	5 34	5 37	5 39	5 40	5 41	5 43	5 43	5 43	5 42	5 40	5 37	5 34	5 32
27	5 38	5 40	5 42	5 43	5 43	5 44	5 44	5 43	5 41	5 39	5 36	5 32	5 29	5 25
31	5 46	5 47	5 47	5 47	5 47	5 46	5 45	5 43	5 40	5 37	5 33	5 27	5 23	5 19
Apr. 4	5 54	5 53	5 52	5 51	5 50	5 48	5 46	5 43	5 39	5 35	5 29	5 22	5 17	5 12

END OF EVENING CIVIL TWILIGHT

Lat.	−55°	−50°	−45°	−40°	−35°	−30°	−20°	−10°	0°	+10°	+20°	+30°	+35°	+40°
	h m	h m	h m	h m	h m	h m	h m	h m	h m	h m	h m	h m	h m	h m
Jan. −2	21 39	20 56	20 27	20 04	19 46	19 31	19 07	18 46	18 28	18 11	17 54	17 36	17 25	17 14
2	21 37	20 55	20 27	20 05	19 47	19 32	19 08	18 48	18 30	18 14	17 57	17 38	17 28	17 17
6	21 33	20 54	20 26	20 04	19 47	19 33	19 09	18 49	18 32	18 16	17 59	17 41	17 31	17 20
10	21 29	20 51	20 24	20 03	19 47	19 32	19 09	18 50	18 33	18 18	18 02	17 44	17 35	17 24
14	21 23	20 47	20 22	20 02	19 46	19 32	19 10	18 51	18 35	18 20	18 04	17 47	17 38	17 28
18	21 17	20 43	20 19	20 00	19 44	19 31	19 09	18 52	18 36	18 21	18 07	17 51	17 42	17 32
22	21 09	20 38	20 15	19 57	19 42	19 29	19 09	18 52	18 37	18 23	18 09	17 54	17 46	17 36
26	21 01	20 32	20 10	19 53	19 39	19 28	19 08	18 52	18 38	18 25	18 11	17 57	17 49	17 41
30	20 53	20 26	20 06	19 50	19 36	19 25	19 07	18 52	18 38	18 26	18 14	18 01	17 53	17 45
Feb. 3	20 44	20 19	20 00	19 45	19 33	19 23	19 05	18 51	18 39	18 27	18 16	18 04	17 57	17 50
7	20 34	20 12	19 54	19 41	19 29	19 19	19 03	18 50	18 39	18 28	18 18	18 07	18 01	17 54
11	20 25	20 04	19 48	19 35	19 25	19 16	19 01	18 49	18 39	18 29	18 20	18 10	18 05	17 59
15	20 15	19 56	19 42	19 30	19 21	19 12	18 59	18 48	18 39	18 30	18 22	18 13	18 08	18 03
19	20 05	19 48	19 35	19 24	19 16	19 08	18 56	18 47	18 38	18 31	18 23	18 16	18 12	18 08
23	19 54	19 39	19 28	19 19	19 11	19 04	18 54	18 45	18 38	18 31	18 25	18 19	18 16	18 12
27	19 44	19 31	19 21	19 12	19 06	19 00	18 51	18 43	18 37	18 31	18 26	18 22	18 19	18 17
Mar. 3	19 34	19 22	19 13	19 06	19 00	18 55	18 47	18 41	18 36	18 32	18 28	18 24	18 23	18 21
7	19 23	19 13	19 06	19 00	18 55	18 51	18 44	18 39	18 35	18 32	18 29	18 27	18 26	18 25
11	19 13	19 05	18 58	18 53	18 49	18 46	18 41	18 37	18 34	18 32	18 30	18 30	18 29	18 29
15	19 02	18 56	18 51	18 47	18 44	18 41	18 37	18 35	18 33	18 32	18 32	18 32	18 33	18 34
19	18 52	18 47	18 43	18 40	18 38	18 36	18 34	18 32	18 32	18 32	18 33	18 35	18 36	18 38
23	18 41	18 38	18 36	18 34	18 32	18 31	18 30	18 30	18 31	18 32	18 34	18 37	18 39	18 42
27	18 31	18 29	18 28	18 27	18 27	18 27	18 27	18 28	18 29	18 32	18 35	18 40	18 43	18 46
31	18 21	18 21	18 21	18 21	18 21	18 22	18 23	18 25	18 28	18 32	18 36	18 42	18 46	18 50
Apr. 4	18 11	18 12	18 13	18 15	18 16	18 17	18 20	18 23	18 27	18 32	18 37	18 45	18 49	18 55

UNIVERSAL TIME FOR MERIDIAN OF GREENWICH
BEGINNING OF MORNING CIVIL TWILIGHT

Lat.	+40°	+42°	+44°	+46°	+48°	+50°	+52°	+54°	+56°	+58°	+60°	+62°	+64°	+66°
	h m	h m	h m	h m	h m	h m	h m	h m	h m	h m	h m	h m	h m	h m
Jan. −2	6 51	6 56	7 01	7 07	7 13	7 20	7 27	7 36	7 44	7 55	8 06	8 19	8 35	8 54
2	6 52	6 57	7 02	7 08	7 14	7 20	7 27	7 35	7 44	7 54	8 05	8 18	8 34	8 52
6	6 52	6 57	7 02	7 07	7 13	7 20	7 27	7 34	7 43	7 52	8 03	8 16	8 31	8 48
10	6 51	6 56	7 01	7 07	7 12	7 18	7 25	7 33	7 41	7 50	8 00	8 12	8 26	8 43
14	6 51	6 55	7 00	7 05	7 10	7 16	7 23	7 30	7 38	7 46	7 56	8 07	8 21	8 36
18	6 49	6 53	6 58	7 03	7 08	7 14	7 20	7 26	7 34	7 42	7 51	8 02	8 14	8 28
22	6 47	6 51	6 56	7 00	7 05	7 10	7 16	7 22	7 29	7 36	7 45	7 55	8 06	8 19
26	6 45	6 48	6 52	6 57	7 01	7 06	7 11	7 17	7 23	7 30	7 38	7 47	7 57	8 09
30	6 42	6 45	6 49	6 53	6 57	7 01	7 06	7 11	7 17	7 24	7 31	7 39	7 48	7 59
Feb. 3	6 38	6 41	6 45	6 48	6 52	6 56	7 00	7 05	7 10	7 16	7 22	7 30	7 38	7 47
7	6 34	6 37	6 40	6 43	6 47	6 50	6 54	6 58	7 03	7 08	7 14	7 20	7 27	7 35
11	6 30	6 33	6 35	6 38	6 41	6 44	6 47	6 51	6 55	6 59	7 04	7 10	7 16	7 23
15	6 25	6 27	6 30	6 32	6 35	6 37	6 40	6 43	6 47	6 50	6 54	6 59	7 04	7 10
19	6 20	6 22	6 24	6 26	6 28	6 30	6 33	6 35	6 38	6 41	6 44	6 48	6 52	6 57
23	6 15	6 16	6 18	6 19	6 21	6 23	6 25	6 27	6 29	6 31	6 34	6 36	6 39	6 43
27	6 09	6 10	6 12	6 13	6 14	6 15	6 16	6 18	6 19	6 21	6 23	6 24	6 26	6 29
Mar. 3	6 04	6 04	6 05	6 06	6 06	6 07	6 08	6 09	6 10	6 10	6 11	6 12	6 13	6 14
7	5 57	5 58	5 58	5 58	5 59	5 59	5 59	5 59	5 59	6 00	6 00	6 00	6 00	6 00
11	5 51	5 51	5 51	5 51	5 51	5 50	5 50	5 50	5 49	5 49	5 48	5 47	5 46	5 45
15	5 45	5 44	5 44	5 43	5 43	5 42	5 41	5 40	5 39	5 37	5 36	5 34	5 32	5 29
19	5 38	5 38	5 37	5 36	5 34	5 33	5 32	5 30	5 28	5 26	5 24	5 21	5 18	5 14
23	5 32	5 31	5 29	5 28	5 26	5 24	5 22	5 20	5 17	5 15	5 11	5 07	5 03	4 58
27	5 25	5 24	5 22	5 20	5 18	5 15	5 13	5 10	5 07	5 03	4 59	4 54	4 48	4 42
31	5 19	5 17	5 14	5 12	5 09	5 07	5 03	5 00	4 56	4 51	4 46	4 40	4 33	4 25
Apr. 4	5 12	5 10	5 07	5 04	5 01	4 58	4 54	4 50	4 45	4 39	4 33	4 26	4 18	4 08

END OF EVENING CIVIL TWILIGHT

	h m	h m	h m	h m	h m	h m	h m	h m	h m	h m	h m	h m	h m	h m
Jan. −2	17 14	17 08	17 03	16 57	16 51	16 44	16 37	16 29	16 20	16 10	15 58	15 45	15 29	15 10
2	17 17	17 12	17 06	17 01	16 55	16 48	16 41	16 33	16 24	16 14	16 03	15 50	15 35	15 16
6	17 20	17 15	17 10	17 05	16 59	16 52	16 45	16 38	16 29	16 20	16 09	15 56	15 42	15 24
10	17 24	17 19	17 14	17 09	17 03	16 57	16 50	16 43	16 35	16 26	16 15	16 03	15 49	15 33
14	17 28	17 23	17 19	17 13	17 08	17 02	16 56	16 49	16 41	16 32	16 23	16 11	15 58	15 43
18	17 32	17 28	17 23	17 18	17 13	17 08	17 02	16 55	16 48	16 40	16 30	16 20	16 08	15 53
22	17 36	17 32	17 28	17 24	17 19	17 13	17 08	17 02	16 55	16 47	16 39	16 29	16 18	16 05
26	17 41	17 37	17 33	17 29	17 24	17 20	17 14	17 09	17 02	16 55	16 48	16 39	16 29	16 17
30	17 45	17 42	17 38	17 34	17 30	17 26	17 21	17 16	17 10	17 04	16 57	16 49	16 40	16 29
Feb. 3	17 50	17 47	17 43	17 40	17 36	17 32	17 28	17 23	17 18	17 12	17 06	16 59	16 51	16 41
7	17 54	17 52	17 49	17 45	17 42	17 39	17 35	17 31	17 26	17 21	17 16	17 09	17 02	16 54
11	17 59	17 56	17 54	17 51	17 48	17 45	17 42	17 38	17 34	17 30	17 25	17 20	17 14	17 07
15	18 03	18 01	17 59	17 57	17 54	17 52	17 49	17 46	17 42	17 39	17 35	17 30	17 25	17 20
19	18 08	18 06	18 04	18 02	18 00	17 58	17 56	17 53	17 51	17 48	17 45	17 41	17 37	17 33
23	18 12	18 11	18 09	18 08	18 06	18 05	18 03	18 01	17 59	17 57	17 54	17 52	17 49	17 45
27	18 17	18 16	18 15	18 13	18 12	18 11	18 10	18 09	18 07	18 06	18 04	18 02	18 00	17 58
Mar. 3	18 21	18 20	18 20	18 19	18 18	18 18	18 17	18 16	18 15	18 15	18 14	18 13	18 12	18 11
7	18 25	18 25	18 25	18 24	18 24	18 24	18 24	18 24	18 24	18 24	18 24	18 24	18 24	18 24
11	18 29	18 30	18 30	18 30	18 30	18 31	18 31	18 31	18 32	18 33	18 34	18 35	18 36	18 37
15	18 34	18 34	18 35	18 35	18 36	18 37	18 38	18 39	18 40	18 42	18 43	18 45	18 48	18 51
19	18 38	18 39	18 40	18 41	18 42	18 43	18 45	18 47	18 49	18 51	18 53	18 56	19 00	19 04
23	18 42	18 43	18 45	18 46	18 48	18 50	18 52	18 54	18 57	19 00	19 04	19 08	19 12	19 18
27	18 46	18 48	18 50	18 52	18 54	18 56	18 59	19 02	19 05	19 09	19 14	19 19	19 25	19 32
31	18 50	18 52	18 55	18 57	19 00	19 03	19 06	19 10	19 14	19 19	19 24	19 30	19 37	19 46
Apr. 4	18 55	18 57	19 00	19 03	19 06	19 09	19 13	19 18	19 23	19 28	19 34	19 42	19 50	20 00

CIVIL TWILIGHT, 2018
UNIVERSAL TIME FOR MERIDIAN OF GREENWICH
BEGINNING OF MORNING CIVIL TWILIGHT

Lat.	−55°	−50°	−45°	−40°	−35°	−30°	−20°	−10°	0°	+10°	+20°	+30°	+35°	+40°
	h m	h m	h m	h m	h m	h m	h m	h m	h m	h m	h m	h m	h m	h m
Mar. 31	5 46	5 47	5 47	5 47	5 47	5 46	5 45	5 43	5 40	5 37	5 33	5 27	5 23	5 19
Apr. 4	5 54	5 53	5 52	5 51	5 50	5 48	5 46	5 43	5 39	5 35	5 29	5 22	5 17	5 12
8	6 01	5 59	5 57	5 55	5 53	5 51	5 47	5 42	5 38	5 32	5 26	5 17	5 12	5 06
12	6 09	6 05	6 02	5 59	5 56	5 53	5 48	5 42	5 37	5 30	5 22	5 12	5 06	4 59
16	6 16	6 11	6 06	6 02	5 59	5 55	5 49	5 42	5 35	5 28	5 19	5 08	5 01	4 53
20	6 23	6 17	6 11	6 06	6 02	5 58	5 50	5 42	5 34	5 26	5 16	5 03	4 56	4 47
24	6 30	6 22	6 16	6 10	6 05	6 00	5 51	5 42	5 34	5 24	5 13	4 59	4 51	4 41
28	6 37	6 28	6 20	6 14	6 08	6 02	5 52	5 43	5 33	5 22	5 10	4 55	4 46	4 35
May 2	6 44	6 34	6 25	6 17	6 11	6 05	5 53	5 43	5 32	5 21	5 07	4 51	4 41	4 30
6	6 51	6 39	6 29	6 21	6 14	6 07	5 55	5 43	5 32	5 19	5 05	4 48	4 37	4 25
10	6 57	6 44	6 34	6 25	6 17	6 09	5 56	5 44	5 31	5 18	5 03	4 44	4 33	4 20
14	7 04	6 50	6 38	6 28	6 20	6 12	5 58	5 44	5 31	5 17	5 01	4 41	4 29	4 15
18	7 10	6 54	6 42	6 32	6 22	6 14	5 59	5 45	5 31	5 16	4 59	4 39	4 26	4 11
22	7 15	6 59	6 46	6 35	6 25	6 16	6 00	5 46	5 31	5 15	4 58	4 36	4 23	4 08
26	7 21	7 04	6 50	6 38	6 28	6 19	6 02	5 47	5 31	5 15	4 57	4 34	4 21	4 05
30	7 25	7 08	6 53	6 41	6 30	6 21	6 03	5 47	5 32	5 15	4 56	4 33	4 19	4 02
June 3	7 30	7 11	6 56	6 44	6 32	6 23	6 05	5 48	5 32	5 15	4 56	4 32	4 17	4 00
7	7 33	7 14	6 59	6 46	6 35	6 24	6 06	5 49	5 33	5 15	4 55	4 31	4 16	3 59
11	7 37	7 17	7 01	6 48	6 36	6 26	6 07	5 50	5 33	5 16	4 55	4 31	4 16	3 58
15	7 39	7 19	7 03	6 50	6 38	6 27	6 09	5 51	5 34	5 16	4 56	4 31	4 16	3 58
19	7 41	7 21	7 04	6 51	6 39	6 29	6 10	5 52	5 35	5 17	4 57	4 32	4 16	3 58
23	7 42	7 21	7 05	6 52	6 40	6 29	6 11	5 53	5 36	5 18	4 57	4 32	4 17	3 59
27	7 42	7 22	7 06	6 52	6 41	6 30	6 11	5 54	5 37	5 19	4 58	4 34	4 18	4 00
July 1	7 41	7 21	7 05	6 52	6 41	6 30	6 12	5 55	5 38	5 20	5 00	4 35	4 20	4 02
5	7 39	7 20	7 05	6 52	6 40	6 30	6 12	5 55	5 39	5 21	5 01	4 37	4 22	4 04

END OF EVENING CIVIL TWILIGHT

Lat.	−55°	−50°	−45°	−40°	−35°	−30°	−20°	−10°	0°	+10°	+20°	+30°	+35°	+40°
	h m	h m	h m	h m	h m	h m	h m	h m	h m	h m	h m	h m	h m	h m
Mar. 31	18 21	18 21	18 21	18 21	18 21	18 22	18 23	18 25	18 28	18 32	18 36	18 42	18 46	18 50
Apr. 4	18 11	18 12	18 13	18 15	18 16	18 17	18 20	18 23	18 27	18 32	18 37	18 45	18 49	18 55
8	18 01	18 04	18 06	18 08	18 10	18 13	18 17	18 21	18 26	18 32	18 38	18 47	18 52	18 59
12	17 52	17 56	17 59	18 02	18 05	18 08	18 14	18 19	18 25	18 32	18 40	18 50	18 56	19 03
16	17 43	17 48	17 53	17 57	18 00	18 04	18 11	18 17	18 24	18 32	18 41	18 52	18 59	19 07
20	17 34	17 40	17 46	17 51	17 56	18 00	18 08	18 15	18 23	18 32	18 42	18 55	19 03	19 12
24	17 25	17 33	17 40	17 46	17 51	17 56	18 05	18 14	18 23	18 33	18 44	18 58	19 06	19 16
28	17 17	17 26	17 34	17 41	17 47	17 52	18 02	18 12	18 22	18 33	18 45	19 01	19 10	19 21
May 2	17 09	17 20	17 28	17 36	17 43	17 49	18 00	18 11	18 22	18 34	18 47	19 03	19 13	19 25
6	17 02	17 14	17 23	17 32	17 39	17 46	17 58	18 10	18 22	18 34	18 49	19 06	19 17	19 29
10	16 55	17 08	17 18	17 28	17 36	17 43	17 56	18 09	18 22	18 35	18 50	19 09	19 20	19 34
14	16 48	17 03	17 14	17 24	17 33	17 41	17 55	18 08	18 22	18 36	18 52	19 12	19 24	19 38
18	16 43	16 58	17 10	17 21	17 30	17 39	17 54	18 08	18 22	18 37	18 54	19 15	19 27	19 42
22	16 38	16 54	17 07	17 18	17 28	17 37	17 53	18 08	18 22	18 38	18 56	19 17	19 30	19 46
26	16 33	16 50	17 04	17 16	17 26	17 35	17 52	18 07	18 23	18 39	18 57	19 20	19 34	19 50
30	16 29	16 47	17 02	17 14	17 25	17 34	17 52	18 08	18 23	18 40	18 59	19 22	19 36	19 53
June 3	16 26	16 45	17 00	17 13	17 24	17 34	17 51	18 08	18 24	18 41	19 01	19 25	19 39	19 56
7	16 24	16 43	16 59	17 12	17 23	17 33	17 51	18 08	18 25	18 43	19 02	19 27	19 41	19 59
11	16 23	16 42	16 58	17 11	17 23	17 33	17 52	18 09	18 26	18 44	19 04	19 28	19 44	20 01
15	16 22	16 42	16 58	17 11	17 23	17 34	17 52	18 10	18 27	18 45	19 05	19 30	19 45	20 03
19	16 22	16 42	16 58	17 12	17 24	17 34	17 53	18 10	18 28	18 46	19 06	19 31	19 46	20 05
23	16 23	16 43	16 59	17 13	17 24	17 35	17 54	18 11	18 28	18 47	19 07	19 32	19 47	20 06
27	16 25	16 45	17 01	17 14	17 26	17 36	17 55	18 12	18 29	18 47	19 08	19 32	19 48	20 06
July 1	16 27	16 47	17 02	17 16	17 27	17 38	17 56	18 13	18 30	18 48	19 08	19 33	19 48	20 05
5	16 30	16 49	17 05	17 18	17 29	17 39	17 57	18 14	18 31	18 48	19 08	19 32	19 47	20 04

CIVIL TWILIGHT, 2018

UNIVERSAL TIME FOR MERIDIAN OF GREENWICH
BEGINNING OF MORNING CIVIL TWILIGHT

Lat.	+40°	+42°	+44°	+46°	+48°	+50°	+52°	+54°	+56°	+58°	+60°	+62°	+64°	+66°
	h m	h m	h m	h m	h m	h m	h m	h m	h m	h m	h m	h m	h m	h m
Mar. 31	5 19	5 17	5 14	5 12	5 09	5 07	5 03	5 00	4 56	4 51	4 46	4 40	4 33	4 25
Apr. 4	5 12	5 10	5 07	5 04	5 01	4 58	4 54	4 50	4 45	4 39	4 33	4 26	4 18	4 08
8	5 06	5 03	5 00	4 56	4 53	4 49	4 44	4 39	4 34	4 28	4 20	4 12	4 02	3 51
12	4 59	4 56	4 52	4 49	4 45	4 40	4 35	4 29	4 23	4 16	4 07	3 58	3 47	3 33
16	4 53	4 49	4 45	4 41	4 36	4 31	4 26	4 19	4 12	4 04	3 54	3 44	3 31	3 15
20	4 47	4 43	4 38	4 34	4 28	4 23	4 16	4 09	4 01	3 52	3 41	3 29	3 14	2 56
24	4 41	4 36	4 32	4 26	4 21	4 14	4 07	3 59	3 50	3 40	3 28	3 14	2 57	2 35
28	4 35	4 30	4 25	4 19	4 13	4 06	3 58	3 50	3 40	3 28	3 13	2 59	2 39	2 14
May 2	4 30	4 24	4 19	4 13	4 06	3 58	3 50	3 40	3 29	3 17	3 02	2 44	2 21	1 50
6	4 25	4 19	4 13	4 06	3 59	3 51	3 41	3 31	3 19	3 05	2 49	2 28	2 01	1 22
10	4 20	4 14	4 07	4 00	3 52	3 43	3 34	3 22	3 09	2 54	2 36	2 12	1 40	0 42
14	4 15	4 09	4 02	3 54	3 46	3 37	3 26	3 14	3 00	2 43	2 23	1 56	1 16	// //
18	4 11	4 05	3 57	3 49	3 40	3 30	3 19	3 06	2 51	2 33	2 10	1 39	0 44	// //
22	4 08	4 01	3 53	3 45	3 35	3 25	3 13	2 59	2 43	2 23	1 57	1 20	// //	// //
26	4 05	3 57	3 49	3 41	3 31	3 20	3 07	2 52	2 35	2 13	1 44	0 59	// //	// //
30	4 02	3 55	3 46	3 37	3 27	3 15	3 02	2 46	2 28	2 04	1 32	0 31	// //	// //
June 3	4 00	3 52	3 44	3 34	3 24	3 12	2 58	2 41	2 22	1 57	1 21	// //	// //	// //
7	3 59	3 51	3 42	3 32	3 21	3 09	2 54	2 38	2 17	1 50	1 10	// //	// //	// //
11	3 58	3 50	3 41	3 31	3 20	3 07	2 52	2 35	2 13	1 45	1 01	// //	// //	// //
15	3 58	3 49	3 40	3 30	3 19	3 06	2 51	2 33	2 11	1 42	0 53	// //	// //	▢
19	3 58	3 50	3 40	3 30	3 19	3 06	2 51	2 33	2 10	1 40	0 50	// //	// //	▢
23	3 59	3 50	3 41	3 31	3 20	3 06	2 51	2 33	2 11	1 41	0 50	// //	// //	▢
27	4 00	3 52	3 43	3 33	3 21	3 08	2 53	2 35	2 13	1 44	0 55	// //	// //	▢
July 1	4 02	3 54	3 45	3 35	3 23	3 11	2 56	2 38	2 17	1 48	1 03	// //	// //	// //
5	4 04	3 56	3 47	3 38	3 27	3 14	3 00	2 43	2 22	1 55	1 14	// //	// //	// //

END OF EVENING CIVIL TWILIGHT

	+40°	+42°	+44°	+46°	+48°	+50°	+52°	+54°	+56°	+58°	+60°	+62°	+64°	+66°
	h m	h m	h m	h m	h m	h m	h m	h m	h m	h m	h m	h m	h m	h m
Mar. 31	18 50	18 52	18 55	18 57	19 00	19 03	19 06	19 10	19 14	19 19	19 24	19 30	19 37	19 46
Apr. 4	18 55	18 57	19 00	19 03	19 06	19 09	19 13	19 18	19 23	19 28	19 34	19 42	19 50	20 00
8	18 59	19 02	19 05	19 08	19 12	19 16	19 21	19 26	19 31	19 38	19 45	19 54	20 04	20 16
12	19 03	19 06	19 10	19 14	19 18	19 23	19 28	19 34	19 40	19 48	19 56	20 06	20 17	20 32
16	19 07	19 11	19 15	19 20	19 24	19 30	19 35	19 42	19 49	19 58	20 07	20 18	20 32	20 48
20	19 12	19 16	19 20	19 25	19 31	19 36	19 43	19 50	19 58	20 08	20 19	20 31	20 47	21 06
24	19 16	19 21	19 26	19 31	19 37	19 43	19 50	19 58	20 08	20 18	20 30	20 45	21 02	21 25
28	19 21	19 26	19 31	19 37	19 43	19 50	19 58	20 07	20 17	20 29	20 42	20 59	21 19	21 46
May 2	19 25	19 30	19 36	19 42	19 49	19 57	20 06	20 15	20 26	20 39	20 54	21 13	21 37	22 10
6	19 29	19 35	19 41	19 48	19 56	20 04	20 13	20 24	20 36	20 50	21 07	21 28	21 56	22 39
10	19 34	19 40	19 46	19 54	20 02	20 11	20 21	20 32	20 45	21 01	21 20	21 44	22 17	23 26
14	19 38	19 44	19 51	19 59	20 08	20 17	20 28	20 40	20 54	21 11	21 33	22 00	22 43	// //
18	19 42	19 49	19 56	20 04	20 13	20 24	20 35	20 48	21 04	21 22	21 46	22 18	23 20	// //
22	19 46	19 53	20 01	20 10	20 19	20 30	20 42	20 56	21 12	21 33	21 59	22 38	// //	// //
26	19 50	19 57	20 05	20 14	20 24	20 35	20 48	21 03	21 21	21 43	22 12	23 01	// //	// //
30	19 53	20 01	20 09	20 19	20 29	20 41	20 54	21 10	21 29	21 52	22 25	23 34	// //	// //
June 3	19 56	20 04	20 13	20 23	20 33	20 45	20 59	21 16	21 36	22 01	22 38	// //	// //	// //
7	19 59	20 07	20 16	20 26	20 37	20 50	21 04	21 21	21 42	22 09	22 50	// //	// //	// //
11	20 01	20 10	20 19	20 29	20 40	20 53	21 08	21 25	21 47	22 15	23 01	// //	// //	// //
15	20 03	20 12	20 21	20 31	20 42	20 55	21 10	21 28	21 50	22 20	23 09	// //	// //	▢
19	20 05	20 13	20 22	20 33	20 44	20 57	21 12	21 30	21 53	22 23	23 14	// //	// //	▢
23	20 06	20 14	20 23	20 33	20 45	20 58	21 13	21 31	21 53	22 23	23 14	// //	// //	▢
27	20 06	20 14	20 23	20 33	20 45	20 58	21 13	21 30	21 52	22 22	23 10	// //	// //	▢
July 1	20 05	20 14	20 23	20 33	20 44	20 57	21 11	21 29	21 50	22 18	23 03	// //	// //	// //
5	20 04	20 13	20 21	20 31	20 42	20 55	21 09	21 26	21 46	22 13	22 53	// //	// //	// //

▢ indicates Sun continuously above horizon.
// // indicates continuous twilight.

CIVIL TWILIGHT, 2018
UNIVERSAL TIME FOR MERIDIAN OF GREENWICH
BEGINNING OF MORNING CIVIL TWILIGHT

Lat.	−55°	−50°	−45°	−40°	−35°	−30°	−20°	−10°	0°	+10°	+20°	+30°	+35°	+40°
	h m	h m	h m	h m	h m	h m	h m	h m	h m	h m	h m	h m	h m	h m
July 1	7 41	7 21	7 05	6 52	6 41	6 30	6 12	5 55	5 38	5 20	5 00	4 35	4 20	4 02
5	7 39	7 20	7 05	6 52	6 40	6 30	6 12	5 55	5 39	5 21	5 01	4 37	4 22	4 04
9	7 37	7 18	7 03	6 51	6 40	6 30	6 12	5 56	5 39	5 22	5 03	4 39	4 24	4 07
13	7 34	7 16	7 02	6 49	6 39	6 29	6 12	5 56	5 40	5 23	5 04	4 41	4 27	4 10
17	7 30	7 13	6 59	6 47	6 37	6 28	6 11	5 56	5 40	5 24	5 06	4 43	4 30	4 14
21	7 25	7 09	6 56	6 45	6 35	6 26	6 10	5 56	5 41	5 25	5 07	4 46	4 33	4 17
25	7 20	7 05	6 53	6 42	6 33	6 24	6 09	5 55	5 41	5 26	5 09	4 48	4 36	4 21
29	7 14	7 00	6 49	6 39	6 30	6 22	6 08	5 55	5 41	5 27	5 11	4 51	4 39	4 25
Aug. 2	7 08	6 55	6 44	6 35	6 27	6 20	6 06	5 54	5 41	5 28	5 12	4 54	4 42	4 29
6	7 01	6 49	6 39	6 31	6 24	6 17	6 04	5 53	5 41	5 28	5 14	4 56	4 46	4 33
10	6 53	6 43	6 34	6 27	6 20	6 14	6 02	5 51	5 40	5 29	5 15	4 59	4 49	4 37
14	6 46	6 36	6 28	6 22	6 16	6 10	6 00	5 50	5 40	5 29	5 17	5 01	4 52	4 41
18	6 37	6 29	6 22	6 17	6 11	6 06	5 57	5 48	5 39	5 29	5 18	5 04	4 56	4 45
22	6 29	6 22	6 16	6 11	6 07	6 02	5 54	5 47	5 38	5 30	5 19	5 07	4 59	4 50
26	6 20	6 14	6 10	6 05	6 02	5 58	5 51	5 45	5 37	5 30	5 20	5 09	5 02	4 54
30	6 10	6 06	6 03	6 00	5 57	5 54	5 48	5 42	5 36	5 30	5 21	5 11	5 05	4 58
Sept. 3	6 01	5 58	5 56	5 53	5 51	5 49	5 45	5 40	5 35	5 29	5 22	5 14	5 08	5 02
7	5 51	5 50	5 48	5 47	5 46	5 44	5 41	5 38	5 34	5 29	5 23	5 16	5 11	5 06
11	5 41	5 41	5 41	5 41	5 40	5 40	5 38	5 36	5 33	5 29	5 24	5 18	5 14	5 10
15	5 31	5 32	5 34	5 34	5 35	5 35	5 34	5 33	5 31	5 29	5 25	5 20	5 17	5 14
19	5 21	5 24	5 26	5 28	5 29	5 30	5 31	5 31	5 30	5 28	5 26	5 23	5 20	5 17
23	5 10	5 15	5 18	5 21	5 23	5 25	5 27	5 28	5 28	5 28	5 27	5 25	5 23	5 21
27	5 00	5 06	5 11	5 14	5 17	5 20	5 23	5 26	5 27	5 28	5 28	5 27	5 26	5 25
Oct. 1	4 49	4 57	5 03	5 08	5 11	5 15	5 20	5 23	5 26	5 28	5 29	5 29	5 29	5 29
5	4 39	4 48	4 55	5 01	5 06	5 10	5 16	5 21	5 24	5 27	5 30	5 32	5 32	5 33

END OF EVENING CIVIL TWILIGHT

Lat.	−55°	−50°	−45°	−40°	−35°	−30°	−20°	−10°	0°	+10°	+20°	+30°	+35°	+40°
	h m	h m	h m	h m	h m	h m	h m	h m	h m	h m	h m	h m	h m	h m
July 1	16 27	16 47	17 02	17 16	17 27	17 38	17 56	18 13	18 30	18 48	19 08	19 33	19 48	20 05
5	16 30	16 49	17 05	17 18	17 29	17 39	17 57	18 14	18 31	18 48	19 08	19 32	19 47	20 04
9	16 34	16 52	17 07	17 20	17 31	17 41	17 59	18 15	18 31	18 48	19 08	19 31	19 46	20 03
13	16 38	16 56	17 10	17 22	17 33	17 43	18 00	18 16	18 32	18 48	19 07	19 30	19 44	20 01
17	16 43	17 00	17 14	17 25	17 35	17 45	18 01	18 17	18 32	18 48	19 06	19 29	19 42	19 58
21	16 48	17 04	17 17	17 28	17 38	17 47	18 03	18 17	18 32	18 48	19 05	19 27	19 40	19 55
25	16 53	17 08	17 21	17 31	17 41	17 49	18 04	18 18	18 32	18 47	19 04	19 24	19 37	19 52
29	16 59	17 13	17 25	17 35	17 43	17 51	18 05	18 19	18 32	18 46	19 02	19 22	19 33	19 47
Aug. 2	17 05	17 18	17 29	17 38	17 46	17 53	18 06	18 19	18 31	18 45	19 00	19 18	19 30	19 43
6	17 12	17 23	17 33	17 41	17 49	17 55	18 08	18 19	18 31	18 43	18 58	19 15	19 26	19 38
10	17 18	17 28	17 37	17 45	17 51	17 58	18 09	18 19	18 30	18 42	18 55	19 11	19 21	19 33
14	17 25	17 34	17 42	17 48	17 54	18 00	18 10	18 20	18 29	18 40	18 52	19 07	19 17	19 27
18	17 31	17 39	17 46	17 52	17 57	18 02	18 11	18 19	18 28	18 38	18 49	19 03	19 12	19 21
22	17 38	17 45	17 50	17 55	18 00	18 04	18 12	18 19	18 27	18 36	18 46	18 59	19 06	19 15
26	17 45	17 50	17 55	17 59	18 02	18 06	18 13	18 19	18 26	18 34	18 43	18 54	19 01	19 09
30	17 52	17 56	17 59	18 02	18 05	18 08	18 13	18 19	18 25	18 32	18 39	18 49	18 56	19 03
Sept. 3	17 59	18 02	18 04	18 06	18 08	18 10	18 14	18 19	18 23	18 29	18 36	18 45	18 50	18 56
7	18 06	18 07	18 08	18 10	18 11	18 12	18 15	18 18	18 22	18 27	18 32	18 40	18 44	18 50
11	18 13	18 13	18 13	18 13	18 14	18 14	18 16	18 18	18 21	18 24	18 29	18 35	18 38	18 43
15	18 21	18 19	18 18	18 17	18 16	18 16	18 17	18 18	18 19	18 22	18 25	18 29	18 33	18 36
19	18 28	18 25	18 23	18 21	18 19	18 18	18 17	18 17	18 18	18 19	18 21	18 24	18 27	18 29
23	18 36	18 31	18 27	18 25	18 22	18 21	18 18	18 17	18 16	18 16	18 17	18 19	18 21	18 23
27	18 44	18 37	18 32	18 28	18 25	18 23	18 19	18 17	18 15	18 14	18 14	18 14	18 15	18 16
Oct. 1	18 52	18 44	18 37	18 33	18 29	18 25	18 20	18 16	18 14	18 12	18 10	18 10	18 09	18 10
5	19 00	18 50	18 43	18 37	18 32	18 28	18 21	18 16	18 12	18 09	18 07	18 05	18 04	18 03

CIVIL TWILIGHT, 2018

UNIVERSAL TIME FOR MERIDIAN OF GREENWICH
BEGINNING OF MORNING CIVIL TWILIGHT

Lat.	+40°	+42°	+44°	+46°	+48°	+50°	+52°	+54°	+56°	+58°	+60°	+62°	+64°	+66°
	h m	h m	h m	h m	h m	h m	h m	h m	h m	h m	h m	h m	h m	h m
July 1	4 02	3 54	3 45	3 35	3 23	3 11	2 56	2 38	2 17	1 48	1 03	// //	// //	// //
5	4 04	3 56	3 47	3 38	3 27	3 14	3 00	2 43	2 22	1 55	1 14	// //	// //	// //
9	4 07	3 59	3 50	3 41	3 30	3 18	3 04	2 48	2 28	2 02	1 26	// //	// //	// //
13	4 10	4 02	3 54	3 45	3 34	3 23	3 09	2 54	2 35	2 11	1 38	0 30	// //	// //
17	4 14	4 06	3 58	3 49	3 39	3 28	3 15	3 00	2 43	2 21	1 51	1 03	// //	// //
21	4 17	4 10	4 02	3 54	3 44	3 33	3 21	3 07	2 51	2 30	2 04	1 25	// //	// //
25	4 21	4 14	4 07	3 59	3 50	3 39	3 28	3 15	2 59	2 41	2 17	1 45	0 43	// //
29	4 25	4 18	4 11	4 04	3 55	3 46	3 35	3 23	3 08	2 31	2 30	2 02	1 20	// //
Aug. 2	4 29	4 23	4 16	4 09	4 01	3 52	3 42	3 31	3 17	3 02	2 43	2 19	1 45	0 36
6	4 33	4 27	4 21	4 14	4 07	3 58	3 49	3 39	3 27	3 12	2 55	2 34	2 06	1 23
10	4 37	4 32	4 26	4 20	4 13	4 05	3 56	3 47	3 36	3 23	3 08	2 49	2 25	1 52
14	4 41	4 36	4 31	4 25	4 19	4 12	4 04	3 55	3 45	3 33	3 19	3 03	2 42	2 15
18	4 45	4 41	4 36	4 31	4 25	4 18	4 11	4 03	3 54	3 43	3 31	3 16	2 59	2 36
22	4 50	4 45	4 41	4 36	4 31	4 25	4 18	4 11	4 03	3 53	3 42	3 29	3 14	2 55
26	4 54	4 50	4 46	4 41	4 37	4 31	4 25	4 19	4 12	4 03	3 53	3 42	3 28	3 12
30	4 58	4 54	4 51	4 47	4 43	4 38	4 33	4 27	4 20	4 13	4 04	3 54	3 42	3 28
Sept. 3	5 02	4 59	4 56	4 52	4 48	4 44	4 40	4 34	4 29	4 22	4 15	4 06	3 56	3 44
7	5 06	5 03	5 00	4 57	4 54	4 51	4 47	4 42	4 37	4 31	4 25	4 18	4 09	3 58
11	5 10	5 07	5 05	5 03	5 00	4 57	4 53	4 50	4 45	4 41	4 35	4 29	4 21	4 13
15	5 14	5 12	5 10	5 08	5 06	5 03	5 00	4 57	4 54	4 50	4 45	4 40	4 34	4 27
19	5 17	5 16	5 15	5 13	5 11	5 09	5 07	5 04	5 02	4 59	4 55	4 51	4 46	4 40
23	5 21	5 20	5 19	5 18	5 17	5 15	5 14	5 12	5 10	5 07	5 05	5 01	4 58	4 53
27	5 25	5 25	5 24	5 23	5 22	5 21	5 20	5 19	5 18	5 16	5 14	5 12	5 09	5 06
Oct. 1	5 29	5 29	5 29	5 28	5 28	5 28	5 27	5 26	5 26	5 25	5 24	5 22	5 21	5 19
5	5 33	5 33	5 33	5 33	5 34	5 34	5 34	5 34	5 34	5 33	5 33	5 33	5 32	5 32

END OF EVENING CIVIL TWILIGHT

Lat.	+40°	+42°	+44°	+46°	+48°	+50°	+52°	+54°	+56°	+58°	+60°	+62°	+64°	+66°
	h m	h m	h m	h m	h m	h m	h m	h m	h m	h m	h m	h m	h m	h m
July 1	20 05	20 14	20 23	20 33	20 44	20 57	21 11	21 29	21 50	22 18	23 03	// //	// //	// //
5	20 04	20 13	20 21	20 31	20 42	20 55	21 09	21 26	21 46	22 13	22 53	// //	// //	// //
9	20 03	20 11	20 19	20 29	20 40	20 52	21 06	21 22	21 41	22 06	22 42	// //	// //	// //
13	20 01	20 09	20 17	20 26	20 36	20 48	21 01	21 17	21 35	21 59	22 31	23 31	// //	// //
17	19 58	20 06	20 14	20 23	20 32	20 44	20 56	21 11	21 28	21 50	22 19	23 04	// //	// //
21	19 55	20 02	20 10	20 18	20 28	20 38	20 50	21 04	21 20	21 40	22 06	22 43	// //	// //
25	19 52	19 58	20 06	20 14	20 23	20 33	20 44	20 57	21 12	21 30	21 53	22 24	23 19	// //
29	19 47	19 54	20 01	20 08	20 17	20 26	20 37	20 49	21 03	21 20	21 40	22 07	22 47	// //
Aug. 2	19 43	19 49	19 56	20 03	20 11	20 19	20 29	20 40	20 53	21 09	21 27	21 51	22 23	23 21
6	19 38	19 44	19 50	19 57	20 04	20 12	20 21	20 32	20 44	20 57	21 14	21 35	22 02	22 42
10	19 33	19 38	19 44	19 50	19 57	20 04	20 13	20 22	20 33	20 46	21 01	21 19	21 42	22 14
14	19 27	19 32	19 37	19 43	19 50	19 56	20 04	20 13	20 23	20 34	20 48	21 04	21 24	21 50
18	19 21	19 26	19 31	19 36	19 42	19 48	19 55	20 03	20 12	20 23	20 34	20 49	21 06	21 28
22	19 15	19 19	19 24	19 29	19 34	19 40	19 46	19 53	20 01	20 11	20 21	20 34	20 49	21 08
26	19 09	19 13	19 17	19 21	19 26	19 31	19 37	19 43	19 51	19 59	20 08	20 19	20 32	20 49
30	19 03	19 06	19 10	19 13	19 18	19 22	19 27	19 33	19 40	19 47	19 55	20 05	20 16	20 30
Sept. 3	18 56	18 59	19 02	19 06	19 09	19 13	19 18	19 23	19 29	19 35	19 42	19 51	20 00	20 12
7	18 50	18 52	18 55	18 58	19 01	19 04	19 08	19 13	19 17	19 23	19 29	19 36	19 45	19 55
11	18 43	18 45	18 47	18 50	18 52	18 55	18 59	19 02	19 06	19 11	19 16	19 22	19 30	19 38
15	18 36	18 38	18 40	18 42	18 44	18 46	18 49	18 52	18 55	18 59	19 04	19 09	19 15	19 21
19	18 29	18 31	18 32	18 34	18 35	18 37	18 39	18 42	18 45	18 48	18 51	18 55	19 00	19 05
23	18 23	18 24	18 25	18 26	18 27	18 28	18 30	18 32	18 34	18 36	18 39	18 42	18 45	18 49
27	18 16	18 17	18 17	18 18	18 19	18 20	18 21	18 22	18 23	18 25	18 26	18 28	18 31	18 34
Oct. 1	18 10	18 10	18 10	18 10	18 10	18 11	18 11	18 12	18 12	18 13	18 14	18 15	18 17	18 18
5	18 03	18 03	18 03	18 03	18 02	18 02	18 02	18 02	18 02	18 02	18 02	18 02	18 03	18 03

// // indicates continuous twilight.

CIVIL TWILIGHT, 2018

UNIVERSAL TIME FOR MERIDIAN OF GREENWICH
BEGINNING OF MORNING CIVIL TWILIGHT

Lat.	−55°	−50°	−45°	−40°	−35°	−30°	−20°	−10°	0°	+10°	+20°	+30°	+35°	+40°
	h m	h m	h m	h m	h m	h m	h m	h m	h m	h m	h m	h m	h m	h m
Oct. 1	4 49	4 57	5 03	5 08	5 11	5 15	5 20	5 23	5 26	5 28	5 29	5 29	5 29	5 29
5	4 39	4 48	4 55	5 01	5 06	5 10	5 16	5 21	5 24	5 27	5 30	5 32	5 32	5 33
9	4 28	4 39	4 48	4 54	5 00	5 05	5 12	5 18	5 23	5 27	5 31	5 34	5 35	5 37
13	4 18	4 30	4 40	4 48	4 55	5 00	5 09	5 16	5 22	5 27	5 32	5 36	5 39	5 41
17	4 07	4 21	4 33	4 42	4 49	4 56	5 06	5 14	5 21	5 27	5 33	5 39	5 42	5 45
21	3 57	4 13	4 25	4 36	4 44	4 51	5 03	5 12	5 20	5 28	5 34	5 41	5 45	5 49
25	3 46	4 05	4 19	4 30	4 39	4 47	5 00	5 10	5 20	5 28	5 36	5 44	5 49	5 53
29	3 36	3 56	4 12	4 24	4 34	4 43	4 57	5 09	5 19	5 28	5 37	5 47	5 52	5 58
Nov. 2	3 26	3 49	4 05	4 19	4 30	4 39	4 55	5 08	5 19	5 29	5 39	5 50	5 56	6 02
6	3 17	3 41	3 59	4 14	4 26	4 36	4 53	5 07	5 19	5 30	5 41	5 53	5 59	6 06
10	3 08	3 34	3 54	4 09	4 22	4 33	4 51	5 06	5 19	5 31	5 43	5 56	6 03	6 11
14	2 59	3 27	3 49	4 05	4 19	4 30	4 50	5 05	5 19	5 32	5 45	5 59	6 06	6 15
18	2 51	3 21	3 44	4 02	4 16	4 28	4 48	5 05	5 20	5 33	5 47	6 02	6 10	6 19
22	2 43	3 16	3 40	3 58	4 14	4 27	4 48	5 05	5 20	5 35	5 49	6 05	6 14	6 23
26	2 36	3 11	3 36	3 56	4 12	4 25	4 47	5 05	5 21	5 37	5 52	6 08	6 17	6 27
30	2 30	3 07	3 34	3 54	4 10	4 24	4 47	5 06	5 23	5 38	5 54	6 11	6 21	6 31
Dec. 4	2 25	3 04	3 32	3 53	4 10	4 24	4 48	5 07	5 24	5 40	5 57	6 14	6 24	6 35
8	2 21	3 02	3 30	3 52	4 10	4 24	4 48	5 08	5 26	5 42	5 59	6 17	6 27	6 39
12	2 19	3 01	3 30	3 52	4 10	4 25	4 49	5 10	5 27	5 44	6 01	6 20	6 30	6 42
16	2 18	3 01	3 30	3 53	4 11	4 26	4 51	5 11	5 29	5 46	6 04	6 22	6 33	6 45
20	2 18	3 02	3 32	3 54	4 12	4 28	4 53	5 13	5 31	5 48	6 06	6 25	6 35	6 47
24	2 20	3 04	3 34	3 56	4 14	4 30	4 55	5 15	5 33	5 50	6 08	6 27	6 37	6 49
28	2 24	3 07	3 36	3 59	4 17	4 32	4 57	5 17	5 35	5 52	6 10	6 28	6 39	6 50
32	2 29	3 11	3 40	4 02	4 20	4 35	4 59	5 19	5 37	5 54	6 11	6 30	6 40	6 51
36	2 35	3 16	3 44	4 06	4 23	4 38	5 02	5 22	5 39	5 56	6 12	6 30	6 41	6 52

END OF EVENING CIVIL TWILIGHT

Lat.	−55°	−50°	−45°	−40°	−35°	−30°	−20°	−10°	0°	+10°	+20°	+30°	+35°	+40°
	h m	h m	h m	h m	h m	h m	h m	h m	h m	h m	h m	h m	h m	h m
Oct. 1	18 52	18 44	18 37	18 33	18 29	18 25	18 20	18 16	18 14	18 12	18 10	18 10	18 09	18 10
5	19 00	18 50	18 43	18 37	18 32	18 28	18 21	18 16	18 12	18 09	18 07	18 05	18 04	18 03
9	19 08	18 57	18 48	18 41	18 35	18 30	18 22	18 16	18 11	18 07	18 03	18 00	17 59	17 57
13	19 16	19 03	18 53	18 45	18 39	18 33	18 24	18 16	18 10	18 05	18 00	17 56	17 53	17 51
17	19 25	19 10	18 59	18 50	18 42	18 36	18 25	18 17	18 10	18 03	17 57	17 51	17 48	17 45
21	19 34	19 18	19 05	18 54	18 46	18 39	18 27	18 17	18 09	18 02	17 55	17 47	17 44	17 40
25	19 43	19 25	19 11	18 59	18 50	18 42	18 29	18 18	18 09	18 00	17 52	17 44	17 39	17 34
29	19 53	19 32	19 17	19 04	18 54	18 45	18 30	18 19	18 08	17 59	17 50	17 40	17 35	17 29
Nov. 2	20 02	19 40	19 23	19 09	18 58	18 48	18 32	18 20	18 08	17 58	17 48	17 37	17 31	17 25
6	20 12	19 47	19 29	19 14	19 02	18 52	18 35	18 21	18 09	17 57	17 46	17 34	17 28	17 21
10	20 22	19 55	19 35	19 19	19 06	18 55	18 37	18 22	18 09	17 57	17 45	17 32	17 25	17 17
14	20 32	20 03	19 41	19 24	19 11	18 59	18 40	18 24	18 10	17 57	17 44	17 30	17 22	17 14
18	20 41	20 10	19 47	19 29	19 15	19 02	18 42	18 25	18 11	17 57	17 43	17 28	17 20	17 11
22	20 51	20 17	19 53	19 34	19 19	19 06	18 45	18 27	18 12	17 57	17 43	17 27	17 18	17 08
26	21 00	20 24	19 59	19 39	19 23	19 10	18 47	18 29	18 13	17 58	17 43	17 26	17 17	17 07
30	21 09	20 31	20 04	19 44	19 27	19 13	18 50	18 31	18 15	17 59	17 43	17 26	17 16	17 06
Dec. 4	21 16	20 37	20 09	19 48	19 31	19 16	18 53	18 33	18 16	18 00	17 44	17 26	17 16	17 05
8	21 24	20 42	20 14	19 52	19 34	19 20	18 55	18 36	18 18	18 01	17 45	17 26	17 16	17 05
12	21 29	20 47	20 18	19 56	19 38	19 23	18 58	18 38	18 20	18 03	17 46	17 27	17 17	17 05
16	21 34	20 51	20 21	19 59	19 40	19 25	19 00	18 40	18 22	18 05	17 47	17 29	17 18	17 06
20	21 37	20 53	20 24	20 01	19 43	19 27	19 02	18 42	18 24	18 07	17 49	17 30	17 20	17 08
24	21 39	20 55	20 25	20 03	19 45	19 29	19 04	18 44	18 26	18 09	17 51	17 32	17 22	17 10
28	21 39	20 56	20 26	20 04	19 46	19 31	19 06	18 46	18 28	18 11	17 54	17 35	17 24	17 13
32	21 37	20 56	20 27	20 05	19 47	19 32	19 07	18 47	18 30	18 13	17 56	17 37	17 27	17 16
36	21 34	20 54	20 26	20 05	19 47	19 32	19 08	18 49	18 31	18 15	17 58	17 40	17 30	17 19

CIVIL TWILIGHT, 2018

UNIVERSAL TIME FOR MERIDIAN OF GREENWICH
BEGINNING OF MORNING CIVIL TWILIGHT

Lat.	+40°	+42°	+44°	+46°	+48°	+50°	+52°	+54°	+56°	+58°	+60°	+62°	+64°	+66°
	h m	h m	h m	h m	h m	h m	h m	h m	h m	h m	h m	h m	h m	h m
Oct. 1	5 29	5 29	5 29	5 28	5 28	5 28	5 27	5 26	5 26	5 25	5 24	5 22	5 21	5 19
5	5 33	5 33	5 33	5 33	5 34	5 34	5 34	5 34	5 34	5 33	5 33	5 33	5 32	5 32
9	5 37	5 37	5 38	5 39	5 39	5 40	5 40	5 41	5 41	5 42	5 43	5 43	5 44	5 44
13	5 41	5 42	5 43	5 44	5 45	5 46	5 47	5 48	5 49	5 51	5 52	5 54	5 55	5 57
17	5 45	5 46	5 48	5 49	5 51	5 52	5 54	5 55	5 57	5 59	6 01	6 04	6 07	6 10
21	5 49	5 51	5 53	5 54	5 56	5 58	6 00	6 03	6 05	6 08	6 11	6 14	6 18	6 22
25	5 53	5 55	5 57	6 00	6 02	6 05	6 07	6 10	6 13	6 17	6 20	6 24	6 29	6 35
29	5 58	6 00	6 02	6 05	6 08	6 11	6 14	6 17	6 21	6 25	6 30	6 35	6 40	6 47
Nov. 2	6 02	6 05	6 07	6 10	6 14	6 17	6 21	6 25	6 29	6 34	6 39	6 45	6 52	7 00
6	6 06	6 09	6 12	6 16	6 19	6 23	6 27	6 32	6 37	6 42	6 48	6 55	7 03	7 12
10	6 11	6 14	6 17	6 21	6 25	6 29	6 34	6 39	6 45	6 51	6 57	7 05	7 14	7 24
14	6 15	6 18	6 22	6 26	6 31	6 35	6 41	6 46	6 52	6 59	7 06	7 15	7 25	7 36
18	6 19	6 23	6 27	6 32	6 36	6 41	6 47	6 53	7 00	7 07	7 15	7 24	7 35	7 48
22	6 23	6 28	6 32	6 37	6 42	6 47	6 53	7 00	7 07	7 15	7 23	7 34	7 45	8 00
26	6 27	6 32	6 37	6 42	6 47	6 53	6 59	7 06	7 13	7 22	7 31	7 42	7 55	8 10
30	6 31	6 36	6 41	6 46	6 52	6 58	7 04	7 12	7 20	7 29	7 39	7 50	8 04	8 20
Dec. 4	6 35	6 40	6 45	6 51	6 56	7 03	7 10	7 17	7 25	7 35	7 45	7 58	8 12	8 30
8	6 39	6 44	6 49	6 55	7 01	7 07	7 14	7 22	7 31	7 40	7 51	8 04	8 19	8 38
12	6 42	6 47	6 52	6 58	7 04	7 11	7 18	7 26	7 35	7 45	7 56	8 10	8 25	8 44
16	6 45	6 50	6 55	7 01	7 07	7 14	7 22	7 30	7 39	7 49	8 01	8 14	8 30	8 49
20	6 47	6 52	6 58	7 04	7 10	7 17	7 24	7 32	7 42	7 52	8 04	8 17	8 33	8 53
24	6 49	6 54	7 00	7 06	7 12	7 19	7 26	7 34	7 43	7 54	8 05	8 19	8 35	8 55
28	6 50	6 56	7 01	7 07	7 13	7 20	7 27	7 35	7 44	7 55	8 06	8 19	8 35	8 55
32	6 51	6 56	7 02	7 08	7 14	7 20	7 28	7 36	7 44	7 54	8 06	8 19	8 34	8 53
36	6 52	6 57	7 02	7 08	7 14	7 20	7 27	7 35	7 43	7 53	8 04	8 17	8 32	8 50

END OF EVENING CIVIL TWILIGHT

Lat.	+40°	+42°	+44°	+46°	+48°	+50°	+52°	+54°	+56°	+58°	+60°	+62°	+64°	+66°
	h m	h m	h m	h m	h m	h m	h m	h m	h m	h m	h m	h m	h m	h m
Oct. 1	18 10	18 10	18 10	18 10	18 10	18 11	18 11	18 12	18 12	18 13	18 14	18 15	18 17	18 18
5	18 03	18 03	18 03	18 03	18 02	18 02	18 02	18 02	18 02	18 02	18 02	18 02	18 03	18 03
9	17 57	17 56	17 56	17 55	17 54	17 54	17 53	17 53	17 52	17 51	17 51	17 50	17 49	17 48
13	17 51	17 50	17 49	17 48	17 47	17 46	17 45	17 43	17 42	17 41	17 39	17 38	17 36	17 34
17	17 45	17 44	17 42	17 41	17 39	17 38	17 36	17 34	17 32	17 30	17 28	17 26	17 23	17 20
21	17 40	17 38	17 36	17 34	17 32	17 30	17 28	17 26	17 23	17 20	17 17	17 14	17 10	17 06
25	17 34	17 32	17 30	17 28	17 25	17 23	17 20	17 17	17 14	17 11	17 07	17 02	16 58	16 52
29	17 29	17 27	17 24	17 22	17 19	17 16	17 13	17 09	17 05	17 01	16 57	16 52	16 46	16 39
Nov. 2	17 25	17 22	17 19	17 16	17 13	17 09	17 06	17 02	16 57	16 52	16 47	16 41	16 34	16 26
6	17 21	17 18	17 14	17 11	17 07	17 03	16 59	16 55	16 50	16 44	16 38	16 31	16 23	16 14
10	17 17	17 13	17 10	17 06	17 02	16 58	16 53	16 48	16 43	16 36	16 30	16 22	16 13	16 03
14	17 14	17 10	17 06	17 02	16 58	16 53	16 48	16 42	16 36	16 29	16 22	16 13	16 03	15 52
18	17 11	17 07	17 03	16 58	16 53	16 48	16 43	16 37	16 30	16 23	16 14	16 05	15 54	15 41
22	17 08	17 04	17 00	16 55	16 50	16 45	16 39	16 32	16 25	16 17	16 08	15 58	15 46	15 32
26	17 07	17 02	16 58	16 53	16 47	16 41	16 35	16 28	16 21	16 12	16 03	15 52	15 39	15 24
30	17 06	17 01	16 56	16 51	16 45	16 39	16 32	16 25	16 17	16 08	15 58	15 46	15 33	15 16
Dec. 4	17 05	17 00	16 55	16 50	16 44	16 37	16 30	16 23	16 15	16 05	15 54	15 42	15 28	15 10
8	17 05	17 00	16 55	16 49	16 43	16 36	16 29	16 22	16 13	16 03	15 52	15 39	15 24	15 06
12	17 05	17 00	16 55	16 49	16 43	16 36	16 29	16 21	16 12	16 02	15 51	15 38	15 22	15 03
16	17 06	17 01	16 56	16 50	16 44	16 37	16 30	16 21	16 12	16 02	15 51	15 37	15 21	15 02
20	17 08	17 03	16 57	16 51	16 45	16 38	16 31	16 23	16 14	16 03	15 52	15 38	15 22	15 02
24	17 10	17 05	16 59	16 54	16 47	16 40	16 33	16 25	16 16	16 05	15 54	15 40	15 24	15 04
28	17 13	17 08	17 02	16 56	16 50	16 43	16 36	16 28	16 19	16 09	15 57	15 44	15 28	15 08
32	17 16	17 11	17 05	17 00	16 53	16 47	16 40	16 32	16 23	16 13	16 02	15 48	15 33	15 14
36	17 19	17 14	17 09	17 03	16 57	16 51	16 44	16 36	16 27	16 18	16 07	15 54	15 39	15 21

NAUTICAL TWILIGHT, 2018

UNIVERSAL TIME FOR MERIDIAN OF GREENWICH
BEGINNING OF MORNING NAUTICAL TWILIGHT

Lat.	−55°	−50°	−45°	−40°	−35°	−30°	−20°	−10°	0°	+10°	+20°	+30°	+35°	+40°
	h m	h m	h m	h m	h m	h m	h m	h m	h m	h m	h m	h m	h m	h m
Jan. −2	// //	2 03	2 48	3 18	3 41	4 00	4 28	4 51	5 10	5 27	5 43	5 59	6 08	6 17
2	0 19	2 09	2 52	3 22	3 44	4 03	4 31	4 53	5 12	5 28	5 44	6 00	6 09	6 18
6	0 46	2 15	2 57	3 26	3 48	4 06	4 34	4 56	5 14	5 30	5 45	6 01	6 09	6 18
10	1 06	2 23	3 03	3 31	3 52	4 10	4 37	4 58	5 16	5 31	5 46	6 01	6 09	6 18
14	1 24	2 32	3 09	3 36	3 57	4 13	4 40	5 00	5 17	5 33	5 47	6 01	6 09	6 17
18	1 41	2 41	3 16	3 41	4 01	4 17	4 43	5 03	5 19	5 34	5 47	6 01	6 08	6 16
22	1 56	2 50	3 23	3 47	4 06	4 22	4 46	5 05	5 20	5 34	5 47	6 00	6 07	6 14
26	2 12	2 59	3 30	3 53	4 11	4 26	4 49	5 07	5 22	5 35	5 47	5 59	6 05	6 12
30	2 26	3 09	3 38	3 59	4 16	4 30	4 52	5 09	5 23	5 35	5 47	5 58	6 03	6 09
Feb. 3	2 40	3 19	3 45	4 05	4 21	4 34	4 55	5 10	5 24	5 35	5 46	5 56	6 01	6 06
7	2 53	3 28	3 53	4 11	4 26	4 38	4 57	5 12	5 24	5 35	5 44	5 53	5 58	6 02
11	3 06	3 37	4 00	4 17	4 31	4 42	5 00	5 14	5 25	5 34	5 43	5 51	5 54	5 58
15	3 18	3 47	4 07	4 23	4 35	4 46	5 02	5 15	5 25	5 33	5 41	5 47	5 51	5 54
19	3 30	3 55	4 14	4 28	4 40	4 49	5 04	5 16	5 25	5 32	5 39	5 44	5 46	5 49
23	3 41	4 04	4 21	4 34	4 44	4 53	5 06	5 17	5 25	5 31	5 36	5 40	5 42	5 44
27	3 52	4 12	4 27	4 39	4 48	4 56	5 08	5 17	5 24	5 30	5 34	5 36	5 37	5 38
Mar. 3	4 02	4 20	4 34	4 44	4 53	4 59	5 10	5 18	5 24	5 28	5 31	5 32	5 32	5 32
7	4 12	4 28	4 40	4 49	4 56	5 03	5 12	5 18	5 23	5 26	5 28	5 28	5 27	5 26
11	4 21	4 35	4 46	4 54	5 00	5 05	5 13	5 19	5 22	5 24	5 24	5 23	5 22	5 20
15	4 30	4 42	4 51	4 58	5 04	5 08	5 15	5 19	5 21	5 22	5 21	5 19	5 16	5 13
19	4 39	4 49	4 57	5 03	5 07	5 11	5 16	5 19	5 20	5 20	5 18	5 14	5 11	5 07
23	4 48	4 56	5 02	5 07	5 11	5 13	5 17	5 19	5 19	5 17	5 14	5 09	5 05	5 00
27	4 56	5 03	5 08	5 11	5 14	5 16	5 18	5 19	5 17	5 15	5 10	5 04	4 59	4 53
31	5 04	5 09	5 13	5 15	5 17	5 18	5 19	5 18	5 16	5 12	5 07	4 59	4 53	4 47
Apr. 4	5 12	5 15	5 18	5 19	5 20	5 21	5 20	5 18	5 15	5 10	5 03	4 54	4 47	4 40

END OF EVENING NAUTICAL TWILIGHT

Lat.	−55°	−50°	−45°	−40°	−35°	−30°	−20°	−10°	0°	+10°	+20°	+30°	+35°	+40°
	h m	h m	h m	h m	h m	h m	h m	h m	h m	h m	h m	h m	h m	h m
Jan. −2	// //	22 00	21 16	20 46	20 23	20 05	19 36	19 13	18 55	18 38	18 22	18 05	17 57	17 48
2	23 41	21 58	21 15	20 46	20 23	20 05	19 37	19 15	18 56	18 40	18 24	18 08	18 00	17 51
6	23 21	21 55	21 14	20 45	20 23	20 05	19 38	19 16	18 58	18 42	18 26	18 11	18 03	17 54
10	23 05	21 51	21 11	20 44	20 22	20 05	19 38	19 17	18 59	18 44	18 29	18 14	18 06	17 57
14	22 51	21 45	21 08	20 41	20 21	20 04	19 38	19 18	19 01	18 46	18 31	18 17	18 09	18 01
18	22 37	21 39	21 04	20 39	20 19	20 03	19 38	19 18	19 02	18 47	18 34	18 20	18 13	18 05
22	22 24	21 32	20 59	20 35	20 16	20 01	19 37	19 18	19 03	18 49	18 36	18 23	18 16	18 09
26	22 10	21 24	20 54	20 31	20 13	19 59	19 36	19 18	19 03	18 50	18 38	18 26	18 20	18 14
30	21 58	21 16	20 48	20 27	20 10	19 56	19 34	19 18	19 04	18 51	18 40	18 29	18 24	18 18
Feb. 3	21 45	21 07	20 41	20 22	20 06	19 53	19 33	19 17	19 04	18 53	18 42	18 32	18 27	18 22
7	21 32	20 58	20 34	20 16	20 02	19 50	19 31	19 16	19 04	18 53	18 44	18 35	18 31	18 27
11	21 20	20 49	20 27	20 11	19 57	19 46	19 28	19 15	19 04	18 54	18 46	18 38	18 35	18 31
15	21 08	20 40	20 20	20 05	19 52	19 42	19 26	19 13	19 03	18 55	18 48	18 41	18 38	18 35
19	20 55	20 31	20 13	19 58	19 47	19 38	19 23	19 12	19 03	18 55	18 49	18 44	18 42	18 40
23	20 43	20 21	20 05	19 52	19 42	19 33	19 20	19 10	19 02	18 56	18 51	18 47	18 45	18 44
27	20 32	20 12	19 57	19 45	19 36	19 29	19 17	19 08	19 01	18 56	18 52	18 49	18 49	18 48
Mar. 3	20 20	20 02	19 49	19 39	19 31	19 24	19 13	19 06	19 00	18 56	18 53	18 52	18 52	18 52
7	20 08	19 53	19 41	19 32	19 25	19 19	19 10	19 04	18 59	18 56	18 55	18 55	18 55	18 57
11	19 57	19 43	19 33	19 25	19 19	19 14	19 06	19 01	18 58	18 56	18 56	18 57	18 59	19 01
15	19 46	19 34	19 25	19 19	19 13	19 09	19 03	18 59	18 57	18 56	18 57	19 00	19 02	19 05
19	19 35	19 25	19 18	19 12	19 08	19 04	18 59	18 57	18 56	18 56	18 58	19 02	19 05	19 09
23	19 24	19 16	19 10	19 05	19 02	18 59	18 56	18 54	18 55	18 56	18 59	19 05	19 09	19 14
27	19 13	19 07	19 02	18 59	18 56	18 54	18 52	18 52	18 53	18 56	19 01	19 08	19 12	19 18
31	19 03	18 58	18 55	18 52	18 51	18 49	18 49	18 50	18 52	18 56	19 02	19 10	19 16	19 23
Apr. 4	18 53	18 50	18 47	18 46	18 45	18 45	18 46	18 48	18 51	18 56	19 03	19 13	19 19	19 27

// // indicates continuous twilight.

UNIVERSAL TIME FOR MERIDIAN OF GREENWICH
BEGINNING OF MORNING NAUTICAL TWILIGHT

Lat.	+40°	+42°	+44°	+46°	+48°	+50°	+52°	+54°	+56°	+58°	+60°	+62°	+64°	+66°
	h m	h m	h m	h m	h m	h m	h m	h m	h m	h m	h m	h m	h m	h m
Jan. −2	6 17	6 21	6 25	6 29	6 34	6 39	6 44	6 49	6 55	7 02	7 10	7 18	7 27	7 38
2	6 18	6 22	6 26	6 30	6 34	6 39	6 44	6 50	6 55	7 02	7 09	7 17	7 26	7 37
6	6 18	6 22	6 26	6 30	6 34	6 39	6 44	6 49	6 55	7 01	7 08	7 15	7 24	7 34
10	6 18	6 21	6 25	6 29	6 33	6 38	6 42	6 47	6 53	6 59	7 05	7 13	7 21	7 30
14	6 17	6 21	6 24	6 28	6 32	6 36	6 40	6 45	6 50	6 56	7 02	7 09	7 16	7 25
18	6 16	6 19	6 23	6 26	6 30	6 34	6 38	6 42	6 47	6 52	6 58	7 04	7 11	7 19
22	6 14	6 17	6 20	6 24	6 27	6 30	6 34	6 38	6 43	6 47	6 52	6 58	7 04	7 12
26	6 12	6 15	6 18	6 20	6 24	6 27	6 30	6 34	6 38	6 42	6 46	6 51	6 57	7 03
30	6 09	6 12	6 14	6 17	6 20	6 22	6 25	6 29	6 32	6 36	6 40	6 44	6 49	6 54
Feb. 3	6 06	6 08	6 10	6 13	6 15	6 17	6 20	6 23	6 26	6 29	6 32	6 36	6 40	6 44
7	6 02	6 04	6 06	6 08	6 10	6 12	6 14	6 16	6 19	6 21	6 24	6 27	6 30	6 34
11	5 58	6 00	6 01	6 03	6 04	6 06	6 08	6 09	6 11	6 13	6 15	6 17	6 20	6 22
15	5 54	5 55	5 56	5 57	5 58	6 00	6 01	6 02	6 03	6 04	6 06	6 07	6 08	6 10
19	5 49	5 50	5 50	5 51	5 52	5 53	5 53	5 54	5 55	5 55	5 56	5 56	5 57	5 57
23	5 44	5 44	5 44	5 45	5 45	5 45	5 46	5 46	5 46	5 46	5 45	5 45	5 44	5 44
27	5 38	5 38	5 38	5 38	5 38	5 38	5 37	5 37	5 36	5 36	5 35	5 33	5 32	5 30
Mar. 3	5 32	5 32	5 32	5 31	5 31	5 30	5 29	5 28	5 27	5 25	5 23	5 21	5 18	5 15
7	5 26	5 26	5 25	5 24	5 23	5 22	5 20	5 18	5 16	5 14	5 12	5 08	5 05	5 00
11	5 20	5 19	5 18	5 16	5 15	5 13	5 11	5 09	5 06	5 03	4 59	4 55	4 50	4 44
15	5 13	5 12	5 10	5 09	5 07	5 04	5 02	4 59	4 55	4 51	4 47	4 42	4 35	4 28
19	5 07	5 05	5 03	5 01	4 58	4 55	4 52	4 48	4 44	4 40	4 34	4 28	4 20	4 11
23	5 00	4 58	4 55	4 53	4 50	4 46	4 42	4 38	4 33	4 27	4 21	4 13	4 04	3 53
27	4 53	4 51	4 48	4 44	4 41	4 37	4 32	4 27	4 21	4 15	4 07	3 58	3 48	3 35
31	4 47	4 43	4 40	4 36	4 32	4 27	4 22	4 16	4 10	4 02	3 53	3 43	3 30	3 15
Apr. 4	4 40	4 36	4 32	4 28	4 23	4 18	4 12	4 05	3 58	3 49	3 39	3 27	3 12	2 54

END OF EVENING NAUTICAL TWILIGHT

Lat.	+40°	+42°	+44°	+46°	+48°	+50°	+52°	+54°	+56°	+58°	+60°	+62°	+64°	+66°
	h m	h m	h m	h m	h m	h m	h m	h m	h m	h m	h m	h m	h m	h m
Jan. −2	17 48	17 44	17 39	17 35	17 31	17 26	17 21	17 15	17 09	17 02	16 55	16 47	16 37	16 26
2	17 51	17 47	17 43	17 38	17 34	17 29	17 24	17 19	17 13	17 06	16 59	16 51	16 42	16 32
6	17 54	17 50	17 46	17 42	17 38	17 33	17 28	17 23	17 17	17 11	17 04	16 57	16 48	16 38
10	17 57	17 54	17 50	17 46	17 42	17 38	17 33	17 28	17 23	17 17	17 10	17 03	16 55	16 45
14	18 01	17 58	17 54	17 51	17 47	17 43	17 38	17 33	17 28	17 23	17 17	17 10	17 02	16 54
18	18 05	18 02	17 59	17 55	17 52	17 48	17 44	17 39	17 35	17 30	17 24	17 18	17 11	17 03
22	18 09	18 06	18 03	18 00	17 57	17 53	17 50	17 46	17 41	17 37	17 31	17 26	17 20	17 12
26	18 14	18 11	18 08	18 05	18 02	17 59	17 56	17 52	17 48	17 44	17 39	17 35	17 29	17 23
30	18 18	18 15	18 13	18 10	18 08	18 05	18 02	17 59	17 55	17 52	17 48	17 44	17 39	17 33
Feb. 3	18 22	18 20	18 18	18 16	18 13	18 11	18 08	18 06	18 03	18 00	17 56	17 53	17 49	17 45
7	18 27	18 25	18 23	18 21	18 19	18 17	18 15	18 13	18 10	18 08	18 05	18 03	17 59	17 56
11	18 31	18 29	18 28	18 26	18 25	18 23	18 22	18 20	18 18	18 16	18 14	18 12	18 10	18 08
15	18 35	18 34	18 33	18 32	18 31	18 29	18 28	18 27	18 26	18 25	18 24	18 22	18 21	18 20
19	18 40	18 39	18 38	18 37	18 36	18 36	18 35	18 35	18 34	18 34	18 33	18 33	18 32	18 32
23	18 44	18 43	18 43	18 43	18 42	18 42	18 42	18 42	18 42	18 42	18 43	18 43	18 44	18 45
27	18 48	18 48	18 48	18 48	18 48	18 49	18 49	18 50	18 50	18 51	18 52	18 54	18 55	18 58
Mar. 3	18 52	18 53	18 53	18 54	18 54	18 55	18 56	18 57	18 59	19 00	19 02	19 04	19 07	19 11
7	18 57	18 57	18 58	18 59	19 00	19 02	19 03	19 05	19 07	19 09	19 12	19 15	19 19	19 24
11	19 01	19 02	19 03	19 05	19 06	19 08	19 10	19 13	19 15	19 19	19 22	19 27	19 32	19 38
15	19 05	19 07	19 08	19 10	19 12	19 15	19 17	19 20	19 24	19 28	19 33	19 38	19 45	19 52
19	19 09	19 11	19 13	19 16	19 18	19 21	19 25	19 29	19 33	19 38	19 43	19 50	19 58	20 07
23	19 14	19 16	19 19	19 22	19 25	19 28	19 32	19 37	19 42	19 48	19 54	20 02	20 12	20 23
27	19 18	19 21	19 24	19 27	19 31	19 35	19 40	19 45	19 51	19 58	20 06	20 15	20 26	20 39
31	19 23	19 26	19 29	19 33	19 37	19 42	19 48	19 54	20 00	20 08	20 17	20 28	20 41	20 57
Apr. 4	19 27	19 31	19 35	19 39	19 44	19 49	19 56	20 02	20 10	20 19	20 30	20 42	20 57	21 16

NAUTICAL TWILIGHT, 2018

UNIVERSAL TIME FOR MERIDIAN OF GREENWICH
BEGINNING OF MORNING NAUTICAL TWILIGHT

Lat.	−55°	−50°	−45°	−40°	−35°	−30°	−20°	−10°	0°	+10°	+20°	+30°	+35°	+40°
	h m	h m	h m	h m	h m	h m	h m	h m	h m	h m	h m	h m	h m	h m
Mar. 31	5 04	5 09	5 13	5 15	5 17	5 18	5 19	5 18	5 16	5 12	5 07	4 59	4 53	4 47
Apr. 4	5 12	5 15	5 18	5 19	5 20	5 21	5 20	5 18	5 15	5 10	5 03	4 54	4 47	4 40
8	5 19	5 21	5 23	5 23	5 23	5 23	5 21	5 18	5 14	5 08	5 00	4 49	4 41	4 33
12	5 27	5 27	5 27	5 27	5 26	5 25	5 22	5 18	5 12	5 05	4 56	4 44	4 36	4 26
16	5 34	5 33	5 32	5 31	5 29	5 27	5 23	5 18	5 11	5 03	4 53	4 39	4 30	4 19
20	5 41	5 39	5 37	5 35	5 32	5 30	5 24	5 18	5 10	5 01	4 49	4 34	4 24	4 13
24	5 48	5 44	5 41	5 38	5 35	5 32	5 25	5 18	5 09	4 59	4 46	4 29	4 19	4 06
28	5 54	5 50	5 46	5 42	5 38	5 34	5 26	5 18	5 08	4 57	4 43	4 25	4 14	4 00
May 2	6 01	5 55	5 50	5 45	5 41	5 36	5 27	5 18	5 07	4 55	4 40	4 21	4 09	3 54
6	6 07	6 00	5 54	5 49	5 44	5 38	5 28	5 18	5 07	4 53	4 37	4 17	4 04	3 48
10	6 13	6 05	5 58	5 52	5 46	5 41	5 30	5 18	5 06	4 52	4 35	4 13	3 59	3 43
14	6 19	6 10	6 02	5 55	5 49	5 43	5 31	5 19	5 06	4 51	4 33	4 10	3 55	3 38
18	6 25	6 15	6 06	5 59	5 52	5 45	5 32	5 19	5 05	4 50	4 31	4 07	3 52	3 33
22	6 30	6 19	6 10	6 02	5 54	5 47	5 33	5 20	5 05	4 49	4 30	4 04	3 48	3 29
26	6 35	6 23	6 13	6 05	5 57	5 49	5 35	5 21	5 05	4 49	4 28	4 02	3 46	3 25
30	6 39	6 27	6 16	6 07	5 59	5 51	5 36	5 21	5 06	4 48	4 27	4 00	3 43	3 22
June 3	6 43	6 30	6 19	6 10	6 01	5 53	5 37	5 22	5 06	4 48	4 27	3 59	3 41	3 20
7	6 46	6 33	6 22	6 12	6 03	5 55	5 39	5 23	5 07	4 48	4 26	3 58	3 40	3 18
11	6 49	6 36	6 24	6 14	6 05	5 56	5 40	5 24	5 07	4 49	4 26	3 58	3 39	3 17
15	6 51	6 38	6 26	6 16	6 06	5 58	5 41	5 25	5 08	4 49	4 27	3 58	3 39	3 16
19	6 53	6 39	6 27	6 17	6 07	5 59	5 42	5 26	5 09	4 50	4 27	3 58	3 40	3 16
23	6 54	6 40	6 28	6 18	6 08	6 00	5 43	5 27	5 10	4 51	4 28	3 59	3 40	3 17
27	6 54	6 40	6 28	6 18	6 09	6 00	5 44	5 28	5 11	4 52	4 29	4 00	3 42	3 19
July 1	6 54	6 40	6 28	6 18	6 09	6 00	5 44	5 28	5 12	4 53	4 31	4 02	3 43	3 21
5	6 52	6 39	6 28	6 18	6 09	6 00	5 45	5 29	5 12	4 54	4 32	4 04	3 46	3 23

END OF EVENING NAUTICAL TWILIGHT

Lat.	−55°	−50°	−45°	−40°	−35°	−30°	−20°	−10°	0°	+10°	+20°	+30°	+35°	+40°
	h m	h m	h m	h m	h m	h m	h m	h m	h m	h m	h m	h m	h m	h m
Mar. 31	19 03	18 58	18 55	18 52	18 51	18 49	18 49	18 50	18 52	18 56	19 02	19 10	19 16	19 23
Apr. 4	18 53	18 50	18 47	18 46	18 45	18 45	18 46	18 48	18 51	18 56	19 03	19 13	19 19	19 27
8	18 43	18 41	18 40	18 40	18 40	18 40	18 42	18 46	18 50	18 56	19 05	19 16	19 23	19 32
12	18 34	18 33	18 33	18 34	18 35	18 36	18 39	18 44	18 49	18 57	19 06	19 19	19 27	19 36
16	18 25	18 26	18 27	18 28	18 30	18 32	18 36	18 42	18 49	18 57	19 07	19 21	19 30	19 41
20	18 16	18 18	18 20	18 23	18 25	18 28	18 34	18 40	18 48	18 57	19 09	19 24	19 34	19 46
24	18 08	18 11	18 14	18 17	18 21	18 24	18 31	18 39	18 47	18 58	19 11	19 27	19 38	19 51
28	18 00	18 04	18 09	18 13	18 17	18 21	18 29	18 37	18 47	18 58	19 12	19 31	19 42	19 56
May 2	17 52	17 58	18 03	18 08	18 13	18 17	18 26	18 36	18 47	18 59	19 14	19 34	19 46	20 01
6	17 45	17 52	17 58	18 04	18 09	18 14	18 25	18 35	18 47	19 00	19 16	19 37	19 50	20 06
10	17 39	17 47	17 54	18 00	18 06	18 12	18 23	18 34	18 47	19 01	19 18	19 40	19 54	20 11
14	17 33	17 42	17 50	17 57	18 03	18 10	18 22	18 34	18 47	19 02	19 20	19 43	19 58	20 16
18	17 28	17 38	17 46	17 54	18 01	18 08	18 21	18 34	18 47	19 03	19 22	19 46	20 02	20 21
22	17 23	17 34	17 43	17 51	17 59	18 06	18 20	18 33	18 48	19 04	19 24	19 49	20 05	20 25
26	17 19	17 31	17 40	17 49	17 57	18 05	18 19	18 33	18 49	19 06	19 26	19 52	20 09	20 29
30	17 16	17 28	17 38	17 48	17 56	18 04	18 19	18 34	18 49	19 07	19 28	19 55	20 12	20 33
June 3	17 13	17 26	17 37	17 46	17 55	18 03	18 19	18 34	18 50	19 08	19 30	19 57	20 15	20 37
7	17 11	17 24	17 36	17 46	17 55	18 03	18 19	18 35	18 51	19 09	19 31	20 00	20 18	20 40
11	17 10	17 24	17 35	17 45	17 54	18 03	18 19	18 35	18 52	19 11	19 33	20 02	20 20	20 43
15	17 09	17 23	17 35	17 45	17 55	18 03	18 20	18 36	18 53	19 12	19 34	20 03	20 22	20 45
19	17 10	17 24	17 35	17 46	17 55	18 04	18 21	18 37	18 54	19 13	19 35	20 05	20 23	20 46
23	17 11	17 25	17 36	17 47	17 56	18 05	18 21	18 38	18 55	19 14	19 36	20 05	20 24	20 47
27	17 12	17 26	17 38	17 48	17 57	18 06	18 22	18 39	18 55	19 14	19 37	20 06	20 24	20 47
July 1	17 14	17 28	17 39	17 50	17 59	18 07	18 24	18 39	18 56	19 15	19 37	20 06	20 24	20 47
5	17 17	17 30	17 42	17 51	18 00	18 09	18 25	18 40	18 57	19 15	19 37	20 05	20 23	20 46

NAUTICAL TWILIGHT, 2018

UNIVERSAL TIME FOR MERIDIAN OF GREENWICH
BEGINNING OF MORNING NAUTICAL TWILIGHT

Lat.	+40°	+42°	+44°	+46°	+48°	+50°	+52°	+54°	+56°	+58°	+60°	+62°	+64°	+66°
	h m	h m	h m	h m	h m	h m	h m	h m	h m	h m	h m	h m	h m	h m
Mar. 31	4 47	4 43	4 40	4 36	4 32	4 27	4 22	4 16	4 10	4 02	3 53	3 43	3 30	3 15
Apr. 4	4 40	4 36	4 32	4 28	4 23	4 18	4 12	4 05	3 58	3 49	3 39	3 27	3 12	2 54
8	4 33	4 29	4 24	4 20	4 14	4 08	4 02	3 54	3 45	3 36	3 24	3 10	2 53	2 31
12	4 26	4 22	4 17	4 11	4 05	3 59	3 51	3 43	3 33	3 22	3 08	2 52	2 32	2 05
16	4 19	4 14	4 09	4 03	3 56	3 49	3 41	3 31	3 20	3 08	2 52	2 34	2 09	1 34
20	4 13	4 07	4 01	3 55	3 48	3 39	3 30	3 20	3 08	2 53	2 36	2 13	1 43	0 49
24	4 06	4 00	3 54	3 47	3 39	3 30	3 20	3 08	2 54	2 38	2 18	1 51	1 10	// //
28	4 00	3 54	3 47	3 39	3 30	3 20	3 09	2 56	2 41	2 23	1 39	1 25	// //	// //
May 2	3 54	3 47	3 40	3 31	3 22	3 11	2 59	2 45	2 28	2 06	1 37	0 50	// //	// //
6	3 48	3 41	3 33	3 24	3 14	3 02	2 49	2 33	2 14	1 49	1 12	// //	// //	// //
10	3 43	3 35	3 26	3 17	3 06	2 53	2 39	2 21	1 59	1 30	0 37	// //	// //	// //
14	3 38	3 29	3 20	3 10	2 58	2 45	2 29	2 09	1 45	1 08	// //	// //	// //	// //
18	3 33	3 24	3 15	3 04	2 51	2 37	2 19	1 58	1 29	0 39	// //	// //	// //	// //
22	3 29	3 20	3 09	2 58	2 45	2 29	2 10	1 46	1 12	// //	// //	// //	// //	// //
26	3 25	3 16	3 05	2 53	2 39	2 22	2 02	1 35	0 53	// //	// //	// //	// //	// //
30	3 22	3 12	3 01	2 48	2 33	2 16	1 54	1 24	0 28	// //	// //	// //	// //	// //
June 3	3 20	3 09	2 58	2 44	2 29	2 10	1 47	1 14	// //	// //	// //	// //	// //	// //
7	3 18	3 07	2 55	2 41	2 25	2 06	1 41	1 04	// //	// //	// //	// //	// //	// //
11	3 17	3 06	2 54	2 39	2 23	2 03	1 36	0 55	// //	// //	// //	// //	// //	// //
15	3 16	3 05	2 53	2 38	2 21	2 01	1 33	0 49	// //	// //	// //	// //	// //	▢
19	3 16	3 05	2 53	2 38	2 21	2 00	1 32	0 45	// //	// //	// //	// //	// //	▢
23	3 17	3 06	2 53	2 39	2 22	2 01	1 33	0 46	// //	// //	// //	// //	// //	▢
27	3 19	3 08	2 55	2 41	2 24	2 03	1 35	0 50	// //	// //	// //	// //	// //	▢
July 1	3 21	3 10	2 57	2 43	2 27	2 06	1 40	0 58	// //	// //	// //	// //	// //	// //
5	3 23	3 13	3 01	2 47	2 31	2 11	1 46	1 08	// //	// //	// //	// //	// //	// //

END OF EVENING NAUTICAL TWILIGHT

Lat.	+40°	+42°	+44°	+46°	+48°	+50°	+52°	+54°	+56°	+58°	+60°	+62°	+64°	+66°
	h m	h m	h m	h m	h m	h m	h m	h m	h m	h m	h m	h m	h m	h m
Mar. 31	19 23	19 26	19 29	19 33	19 37	19 42	19 48	19 54	20 00	20 08	20 17	20 28	20 41	20 57
Apr. 4	19 27	19 31	19 35	19 39	19 44	19 49	19 56	20 02	20 10	20 19	20 30	20 42	20 57	21 16
8	19 32	19 36	19 40	19 45	19 51	19 57	20 04	20 11	20 20	20 30	20 42	20 57	21 15	21 38
12	19 36	19 41	19 46	19 51	19 58	20 04	20 12	20 21	20 31	20 42	20 56	21 13	21 34	22 02
16	19 41	19 46	19 52	19 58	20 05	20 12	20 21	20 30	20 41	20 54	21 10	21 30	21 55	22 34
20	19 46	19 52	19 58	20 04	20 12	20 20	20 29	20 40	20 53	21 07	21 25	21 49	22 21	23 26
24	19 51	19 57	20 04	20 11	20 19	20 28	20 38	20 50	21 04	21 21	21 42	22 10	22 56	// //
28	19 56	20 02	20 10	20 17	20 26	20 36	20 47	21 01	21 16	21 36	22 00	22 37	// //	// //
May 2	20 01	20 08	20 16	20 24	20 34	20 44	20 57	21 11	21 29	21 51	22 21	23 16	// //	// //
6	20 06	20 13	20 22	20 31	20 41	20 53	21 06	21 23	21 42	22 08	22 47	// //	// //	// //
10	20 11	20 19	20 28	20 37	20 48	21 01	21 16	21 34	21 56	22 27	23 29	// //	// //	// //
14	20 16	20 24	20 34	20 44	20 56	21 10	21 26	21 46	22 11	22 50	// //	// //	// //	// //
18	20 21	20 29	20 39	20 50	21 03	21 18	21 35	21 57	22 27	23 24	// //	// //	// //	// //
22	20 25	20 34	20 45	20 57	21 10	21 26	21 45	22 09	22 45	// //	// //	// //	// //	// //
26	20 29	20 39	20 50	21 02	21 17	21 33	21 54	22 22	23 06	// //	// //	// //	// //	// //
30	20 33	20 44	20 55	21 08	21 23	21 41	22 03	22 34	23 36	// //	// //	// //	// //	// //
June 3	20 37	20 48	20 59	21 13	21 28	21 47	22 11	22 45	// //	// //	// //	// //	// //	// //
7	20 40	20 51	21 03	21 17	21 33	21 53	22 18	22 56	// //	// //	// //	// //	// //	// //
11	20 43	20 54	21 06	21 20	21 37	21 57	22 24	23 06	// //	// //	// //	// //	// //	// //
15	20 45	20 56	21 09	21 23	21 40	22 01	22 28	23 13	// //	// //	// //	// //	// //	▢
19	20 46	20 58	21 10	21 25	21 42	22 03	22 31	23 18	// //	// //	// //	// //	// //	▢
23	20 47	20 58	21 11	21 25	21 42	22 03	22 31	23 18	// //	// //	// //	// //	// //	▢
27	20 47	20 58	21 11	21 25	21 42	22 03	22 30	23 14	// //	// //	// //	// //	// //	▢
July 1	20 47	20 58	21 10	21 24	21 41	22 01	22 27	23 08	// //	// //	// //	// //	// //	// //
5	20 46	20 56	21 08	21 22	21 38	21 57	22 22	22 59	// //	// //	// //	// //	// //	// //

▢ indicates Sun continuously above horizon.
// // indicates continuous twilight.

NAUTICAL TWILIGHT, 2018

UNIVERSAL TIME FOR MERIDIAN OF GREENWICH
BEGINNING OF MORNING NAUTICAL TWILIGHT

Lat.	−55°	−50°	−45°	−40°	−35°	−30°	−20°	−10°	0°	+10°	+20°	+30°	+35°	+40°
	h m	h m	h m	h m	h m	h m	h m	h m	h m	h m	h m	h m	h m	h m
July 1	6 54	6 40	6 28	6 18	6 09	6 00	5 44	5 28	5 12	4 53	4 31	4 02	3 43	3 21
5	6 52	6 39	6 28	6 18	6 09	6 00	5 45	5 29	5 12	4 54	4 32	4 04	3 46	3 23
9	6 50	6 37	6 27	6 17	6 08	6 00	5 45	5 29	5 13	4 55	4 34	4 06	3 48	3 26
13	6 48	6 35	6 25	6 16	6 07	5 59	5 44	5 30	5 14	4 56	4 35	4 08	3 51	3 30
17	6 44	6 33	6 23	6 14	6 06	5 58	5 44	5 30	5 15	4 58	4 37	4 11	3 54	3 34
21	6 40	6 29	6 20	6 12	6 04	5 57	5 43	5 30	5 15	4 59	4 39	4 14	3 58	3 38
25	6 35	6 25	6 17	6 09	6 02	5 55	5 42	5 29	5 16	5 00	4 41	4 17	4 01	3 42
29	6 30	6 21	6 13	6 06	6 00	5 53	5 41	5 29	5 16	5 01	4 43	4 20	4 05	3 47
Aug. 2	6 24	6 16	6 09	6 03	5 57	5 51	5 40	5 28	5 16	5 02	4 45	4 23	4 09	3 52
6	6 17	6 10	6 04	5 59	5 53	5 48	5 38	5 27	5 16	5 02	4 46	4 26	4 12	3 56
10	6 10	6 05	5 59	5 54	5 50	5 45	5 36	5 26	5 16	5 03	4 48	4 29	4 16	4 01
14	6 03	5 58	5 54	5 50	5 46	5 42	5 34	5 25	5 15	5 04	4 50	4 31	4 20	4 06
18	5 55	5 51	5 48	5 45	5 42	5 38	5 31	5 23	5 15	5 04	4 51	4 34	4 24	4 11
22	5 46	5 44	5 42	5 40	5 37	5 34	5 28	5 22	5 14	5 04	4 53	4 37	4 27	4 15
26	5 38	5 37	5 35	5 34	5 32	5 30	5 26	5 20	5 13	5 05	4 54	4 40	4 31	4 20
30	5 28	5 29	5 29	5 28	5 27	5 26	5 22	5 18	5 12	5 05	4 55	4 42	4 34	4 24
Sept. 3	5 19	5 21	5 22	5 22	5 22	5 21	5 19	5 16	5 11	5 05	4 56	4 45	4 38	4 29
7	5 09	5 12	5 15	5 16	5 16	5 17	5 16	5 13	5 10	5 05	4 58	4 48	4 41	4 33
11	4 59	5 04	5 07	5 09	5 11	5 12	5 12	5 11	5 09	5 05	4 59	4 50	4 44	4 37
15	4 49	4 55	4 59	5 03	5 05	5 07	5 09	5 09	5 07	5 04	5 00	4 52	4 48	4 42
19	4 38	4 46	4 52	4 56	4 59	5 02	5 05	5 06	5 06	5 04	5 00	4 55	4 51	4 46
23	4 27	4 37	4 44	4 49	4 54	4 57	5 01	5 04	5 04	5 04	5 01	4 57	4 54	4 50
27	4 16	4 27	4 36	4 42	4 48	4 52	4 58	5 01	5 03	5 03	5 02	4 59	4 57	4 54
Oct. 1	4 05	4 18	4 28	4 36	4 42	4 47	4 54	4 59	5 02	5 03	5 03	5 02	5 00	4 58
5	3 54	4 09	4 20	4 29	4 36	4 41	4 50	4 56	5 00	5 03	5 04	5 04	5 03	5 02

END OF EVENING NAUTICAL TWILIGHT

Lat.	−55°	−50°	−45°	−40°	−35°	−30°	−20°	−10°	0°	+10°	+20°	+30°	+35°	+40°
	h m	h m	h m	h m	h m	h m	h m	h m	h m	h m	h m	h m	h m	h m
July 1	17 14	17 28	17 39	17 50	17 59	18 07	18 24	18 39	18 56	19 15	19 37	20 06	20 24	20 47
5	17 17	17 30	17 42	17 51	18 00	18 09	18 25	18 40	18 57	19 15	19 37	20 05	20 23	20 46
9	17 21	17 33	17 44	17 54	18 02	18 10	18 26	18 41	18 57	19 15	19 37	20 04	20 22	20 44
13	17 24	17 37	17 47	17 56	18 04	18 12	18 27	18 42	18 58	19 15	19 36	20 03	20 20	20 41
17	17 29	17 40	17 50	17 59	18 07	18 14	18 28	18 43	18 58	19 15	19 35	20 01	20 18	20 38
21	17 33	17 44	17 53	18 01	18 09	18 16	18 30	18 43	18 58	19 14	19 34	19 59	20 15	20 34
25	17 38	17 48	17 57	18 04	18 11	18 18	18 31	18 44	18 58	19 13	19 32	19 56	20 11	20 30
29	17 44	17 53	18 00	18 07	18 14	18 20	18 32	18 44	18 57	19 12	19 30	19 53	20 07	20 25
Aug. 2	17 49	17 57	18 04	18 10	18 16	18 22	18 33	18 44	18 57	19 11	19 28	19 49	20 03	20 20
6	17 55	18 02	18 08	18 14	18 19	18 24	18 34	18 45	18 56	19 09	19 25	19 46	19 59	20 14
10	18 01	18 07	18 12	18 17	18 21	18 26	18 35	18 45	18 55	19 07	19 22	19 42	19 54	20 09
14	18 07	18 12	18 16	18 20	18 24	18 28	18 36	18 45	18 54	19 05	19 19	19 37	19 49	20 03
18	18 14	18 17	18 20	18 23	18 27	18 30	18 37	18 44	18 53	19 03	19 16	19 33	19 43	19 56
22	18 20	18 22	18 25	18 27	18 29	18 32	18 38	18 44	18 52	19 01	19 13	19 28	19 38	19 50
26	18 27	18 28	18 29	18 30	18 32	18 34	18 38	18 44	18 51	18 59	19 09	19 23	19 32	19 43
30	18 34	18 33	18 33	18 34	18 35	18 36	18 39	18 43	18 49	18 56	19 06	19 18	19 26	19 36
Sept. 3	18 41	18 39	18 38	18 37	18 37	18 38	18 40	18 43	18 48	18 54	19 02	19 13	19 20	19 29
7	18 48	18 45	18 42	18 41	18 40	18 40	18 41	18 43	18 46	18 51	18 58	19 08	19 14	19 22
11	18 56	18 51	18 47	18 45	18 43	18 42	18 41	18 42	18 45	18 49	18 54	19 03	19 08	19 15
15	19 03	18 57	18 52	18 48	18 46	18 44	18 42	18 42	18 43	18 46	18 51	18 58	19 02	19 08
19	19 11	19 03	18 57	18 52	18 49	18 46	18 43	18 42	18 42	18 43	18 47	18 52	18 56	19 01
23	19 19	19 09	19 02	18 56	18 52	18 48	18 44	18 41	18 40	18 41	18 43	18 47	18 50	18 54
27	19 27	19 16	19 07	19 00	18 55	18 51	18 45	18 41	18 39	18 38	18 39	18 42	18 44	18 48
Oct. 1	19 36	19 23	19 12	19 05	18 58	18 53	18 46	18 41	18 38	18 36	18 36	18 37	18 39	18 41
5	19 45	19 30	19 18	19 09	19 02	18 56	18 47	18 41	18 37	18 34	18 32	18 32	18 33	18 35

UNIVERSAL TIME FOR MERIDIAN OF GREENWICH
BEGINNING OF MORNING NAUTICAL TWILIGHT

Lat.	+40°	+42°	+44°	+46°	+48°	+50°	+52°	+54°	+56°	+58°	+60°	+62°	+64°	+66°
	h m	h m	h m	h m	h m	h m	h m	h m	h m	h m	h m	h m	h m	h m
July 1	3 21	3 10	2 57	2 43	2 27	2 06	1 40	0 58	// //	// //	// //	// //	// //	// //
5	3 23	3 13	3 01	2 47	2 31	2 11	1 46	1 08	// //	// //	// //	// //	// //	// //
9	3 26	3 16	3 04	2 51	2 35	2 16	1 53	1 19	// //	// //	// //	// //	// //	// //
13	3 30	3 20	3 09	2 56	2 41	2 23	2 01	1 30	0 28	// //	// //	// //	// //	// //
17	3 34	3 24	3 13	3 01	2 47	2 30	2 09	1 42	0 58	// //	// //	// //	// //	// //
21	3 38	3 29	3 18	3 07	2 53	2 37	2 18	1 54	1 18	// //	// //	// //	// //	// //
25	3 42	3 34	3 24	3 13	3 00	2 45	2 28	2 06	1 36	0 39	// //	// //	// //	// //
29	3 47	3 39	3 29	3 19	3 07	2 53	2 37	2 17	1 51	1 12	// //	// //	// //	// //
Aug. 2	3 52	3 44	3 35	3 25	3 14	3 01	2 46	2 29	2 06	1 35	0 32	// //	// //	// //
6	3 56	3 49	3 41	3 32	3 21	3 10	2 56	2 40	2 20	1 54	1 14	// //	// //	// //
10	4 01	3 54	3 47	3 38	3 28	3 18	3 05	2 51	2 33	2 11	1 40	0 44	// //	// //
14	4 06	3 59	3 52	3 44	3 36	3 26	3 14	3 01	2 45	2 26	2 01	1 24	// //	// //
18	4 11	4 05	3 58	3 51	3 43	3 34	3 23	3 11	2 57	2 40	2 19	1 50	1 03	// //
22	4 15	4 10	4 04	3 57	3 50	3 41	3 32	3 21	3 08	2 53	2 35	2 12	1 38	0 28
26	4 20	4 15	4 09	4 03	3 56	3 49	3 40	3 31	3 19	3 06	2 50	2 30	2 04	1 25
30	4 24	4 20	4 15	4 09	4 03	3 56	3 48	3 40	3 30	3 18	3 04	2 47	2 25	1 56
Sept. 3	4 29	4 25	4 20	4 15	4 10	4 03	3 57	3 49	3 40	3 29	3 17	3 02	2 44	2 21
7	4 33	4 29	4 25	4 21	4 16	4 10	4 04	3 57	3 49	3 40	3 30	3 17	3 01	2 42
11	4 37	4 34	4 31	4 27	4 22	4 17	4 12	4 06	3 59	3 51	3 41	3 31	3 17	3 01
15	4 42	4 39	4 36	4 32	4 28	4 24	4 19	4 14	4 08	4 01	3 53	3 43	3 32	3 18
19	4 46	4 43	4 41	4 38	4 34	4 31	4 27	4 22	4 17	4 11	4 04	3 56	3 46	3 35
23	4 50	4 48	4 45	4 43	4 40	4 37	4 34	4 30	4 25	4 20	4 14	4 08	4 00	3 50
27	4 54	4 52	4 50	4 48	4 46	4 44	4 41	4 38	4 34	4 30	4 25	4 19	4 12	4 04
Oct. 1	4 58	4 56	4 55	4 54	4 52	4 50	4 48	4 45	4 42	4 39	4 35	4 30	4 25	4 18
5	5 02	5 01	5 00	4 59	4 58	4 56	4 54	4 53	4 50	4 48	4 45	4 41	4 37	4 32

END OF EVENING NAUTICAL TWILIGHT

	+40°	+42°	+44°	+46°	+48°	+50°	+52°	+54°	+56°	+58°	+60°	+62°	+64°	+66°
	h m	h m	h m	h m	h m	h m	h m	h m	h m	h m	h m	h m	h m	h m
July 1	20 47	20 58	21 10	21 24	21 41	22 01	22 27	23 08	// //	// //	// //	// //	// //	// //
5	20 46	20 56	21 08	21 22	21 38	21 57	22 22	22 59	// //	// //	// //	// //	// //	// //
9	20 44	20 54	21 06	21 19	21 34	21 53	22 16	22 50	// //	// //	// //	// //	// //	// //
13	20 41	20 51	21 02	21 15	21 30	21 47	22 09	22 39	23 34	// //	// //	// //	// //	// //
17	20 38	20 47	20 58	21 10	21 24	21 41	22 01	22 28	23 10	// //	// //	// //	// //	// //
21	20 34	20 43	20 54	21 05	21 18	21 34	21 53	22 17	22 51	// //	// //	// //	// //	// //
25	20 30	20 39	20 48	20 59	21 12	21 26	21 44	22 05	22 34	23 24	// //	// //	// //	// //
29	20 25	20 33	20 43	20 53	21 05	21 18	21 34	21 53	22 18	22 55	// //	// //	// //	// //
Aug. 2	20 20	20 28	20 36	20 46	20 57	21 10	21 24	21 42	22 04	22 33	23 26	// //	// //	// //
6	20 14	20 22	20 30	20 39	20 49	21 01	21 14	21 30	21 49	22 14	22 51	// //	// //	// //
10	20 09	20 16	20 23	20 31	20 41	20 52	21 04	21 18	21 35	21 57	22 26	23 15	// //	// //
14	20 03	20 09	20 16	20 24	20 32	20 42	20 53	21 06	21 22	21 40	22 04	22 39	// //	// //
18	19 56	20 02	20 09	20 16	20 24	20 33	20 43	20 55	21 08	21 25	21 45	22 12	22 55	// //
22	19 50	19 55	20 01	20 08	20 15	20 23	20 32	20 43	20 55	21 10	21 27	21 50	22 21	23 17
26	19 43	19 48	19 53	19 59	20 06	20 13	20 22	20 31	20 42	20 55	21 11	21 30	21 55	22 31
30	19 36	19 40	19 45	19 51	19 57	20 04	20 11	20 20	20 30	20 41	20 54	21 11	21 32	21 59
Sept. 3	19 29	19 33	19 38	19 42	19 48	19 54	20 01	20 08	20 17	20 27	20 39	20 53	21 11	21 33
7	19 22	19 26	19 30	19 34	19 39	19 44	19 50	19 57	20 05	20 14	20 24	20 36	20 51	21 10
11	19 15	19 18	19 22	19 26	19 30	19 35	19 40	19 46	19 53	20 00	20 10	20 20	20 33	20 49
15	19 08	19 11	19 14	19 17	19 21	19 25	19 30	19 35	19 41	19 48	19 55	20 05	20 16	20 29
19	19 01	19 03	19 06	19 09	19 12	19 16	19 20	19 24	19 29	19 35	19 42	19 50	19 59	20 10
23	18 54	18 56	18 58	19 01	19 03	19 06	19 10	19 13	19 18	19 23	19 28	19 35	19 43	19 52
27	18 48	18 49	18 51	18 53	18 55	18 57	19 00	19 03	19 07	19 11	19 15	19 21	19 27	19 35
Oct. 1	18 41	18 42	18 43	18 45	18 46	18 48	18 50	18 53	18 56	18 59	19 03	19 07	19 12	19 19
5	18 35	18 35	18 36	18 37	18 38	18 40	18 41	18 43	18 45	18 48	18 51	18 54	18 58	19 03

// // indicates continuous twilight.

NAUTICAL TWILIGHT, 2018

UNIVERSAL TIME FOR MERIDIAN OF GREENWICH
BEGINNING OF MORNING NAUTICAL TWILIGHT

Lat.	−55°	−50°	−45°	−40°	−35°	−30°	−20°	−10°	0°	+10°	+20°	+30°	+35°	+40°
	h m	h m	h m	h m	h m	h m	h m	h m	h m	h m	h m	h m	h m	h m
Oct. 1	4 05	4 18	4 28	4 36	4 42	4 47	4 54	4 59	5 02	5 03	5 03	5 02	5 00	4 58
5	3 54	4 09	4 20	4 29	4 36	4 41	4 50	4 56	5 00	5 03	5 04	5 04	5 03	5 02
9	3 42	3 59	4 12	4 22	4 30	4 36	4 47	4 54	4 59	5 03	5 05	5 06	5 06	5 06
13	3 30	3 49	4 04	4 15	4 24	4 31	4 43	4 51	4 58	5 03	5 06	5 09	5 09	5 10
17	3 18	3 40	3 56	4 08	4 18	4 27	4 40	4 49	4 57	5 03	5 07	5 11	5 12	5 14
21	3 06	3 30	3 48	4 02	4 13	4 22	4 36	4 47	4 56	5 03	5 09	5 14	5 16	5 18
25	2 54	3 21	3 40	3 55	4 08	4 18	4 33	4 45	4 55	5 03	5 10	5 16	5 19	5 22
29	2 42	3 12	3 33	3 49	4 02	4 13	4 30	4 44	4 54	5 03	5 11	5 19	5 22	5 26
Nov. 2	2 30	3 02	3 26	3 43	3 58	4 09	4 28	4 42	4 54	5 04	5 13	5 21	5 26	5 30
6	2 17	2 53	3 19	3 38	3 53	4 06	4 26	4 41	4 54	5 05	5 15	5 24	5 29	5 34
10	2 04	2 45	3 12	3 33	3 49	4 02	4 24	4 40	4 54	5 06	5 16	5 27	5 32	5 38
14	1 51	2 36	3 06	3 28	3 45	3 59	4 22	4 39	4 54	5 07	5 18	5 30	5 36	5 42
18	1 38	2 28	3 00	3 23	3 42	3 57	4 20	4 39	4 54	5 08	5 20	5 33	5 39	5 46
22	1 25	2 21	2 55	3 20	3 39	3 55	4 19	4 39	4 55	5 09	5 23	5 36	5 43	5 50
26	1 11	2 14	2 51	3 16	3 37	3 53	4 19	4 39	4 56	5 11	5 25	5 39	5 46	5 54
30	0 57	2 08	2 47	3 14	3 35	3 52	4 19	4 39	4 57	5 12	5 27	5 42	5 50	5 58
Dec. 4	0 42	2 03	2 44	3 12	3 34	3 51	4 19	4 40	4 58	5 14	5 29	5 45	5 53	6 01
8	0 24	1 59	2 42	3 11	3 33	3 51	4 19	4 41	5 00	5 16	5 32	5 47	5 56	6 05
12	// //	1 57	2 41	3 11	3 33	3 52	4 20	4 43	5 01	5 18	5 34	5 50	5 59	6 08
16	// //	1 56	2 41	3 11	3 34	3 53	4 22	4 44	5 03	5 20	5 36	5 53	6 01	6 11
20	// //	1 56	2 42	3 12	3 36	3 54	4 23	4 46	5 05	5 22	5 38	5 55	6 04	6 13
24	// //	1 58	2 44	3 14	3 38	3 56	4 25	4 48	5 07	5 24	5 40	5 57	6 06	6 15
28	// //	2 02	2 47	3 17	3 40	3 59	4 28	4 50	5 09	5 26	5 42	5 58	6 07	6 16
32	// //	2 07	2 51	3 21	3 43	4 02	4 30	4 52	5 11	5 28	5 44	6 00	6 08	6 17
36	0 39	2 13	2 56	3 25	3 47	4 05	4 33	4 55	5 13	5 29	5 45	6 01	6 09	6 18

END OF EVENING NAUTICAL TWILIGHT

Lat.	−55°	−50°	−45°	−40°	−35°	−30°	−20°	−10°	0°	+10°	+20°	+30°	+35°	+40°
	h m	h m	h m	h m	h m	h m	h m	h m	h m	h m	h m	h m	h m	h m
Oct. 1	19 36	19 23	19 12	19 05	18 58	18 53	18 46	18 41	18 38	18 36	18 36	18 37	18 39	18 41
5	19 45	19 30	19 18	19 09	19 02	18 56	18 47	18 41	18 37	18 34	18 32	18 32	18 33	18 35
9	19 54	19 37	19 24	19 14	19 05	18 59	18 48	18 41	18 36	18 32	18 29	18 28	18 28	18 28
13	20 04	19 44	19 30	19 18	19 09	19 02	18 50	18 41	18 35	18 30	18 26	18 23	18 23	18 22
17	20 14	19 52	19 36	19 23	19 13	19 05	18 51	18 42	18 34	18 28	18 23	18 19	18 18	18 17
21	20 25	20 00	19 42	19 28	19 17	19 08	18 53	18 42	18 33	18 26	18 20	18 15	18 13	18 11
25	20 36	20 09	19 49	19 34	19 21	19 11	18 55	18 43	18 33	18 25	18 18	18 12	18 09	18 06
29	20 48	20 18	19 56	19 39	19 26	19 15	18 57	18 44	18 33	18 24	18 16	18 08	18 05	18 01
Nov. 2	21 00	20 26	20 03	19 45	19 30	19 18	19 00	18 45	18 33	18 23	18 14	18 05	18 01	17 57
6	21 13	20 36	20 10	19 50	19 35	19 22	19 02	18 46	18 34	18 23	18 12	18 03	17 58	17 53
10	21 26	20 45	20 17	19 56	19 40	19 26	19 05	18 48	18 34	18 22	18 11	18 00	17 55	17 49
14	21 40	20 54	20 24	20 02	19 44	19 30	19 07	18 50	18 35	18 22	18 10	17 59	17 53	17 46
18	21 55	21 04	20 31	20 08	19 49	19 34	19 10	18 52	18 36	18 22	18 10	17 57	17 51	17 44
22	22 10	21 13	20 38	20 13	19 54	19 38	19 13	18 54	18 37	18 23	18 10	17 56	17 49	17 42
26	22 26	21 22	20 45	20 19	19 58	19 42	19 16	18 56	18 39	18 24	18 10	17 55	17 48	17 40
30	22 44	21 30	20 51	20 24	20 03	19 46	19 19	18 58	18 40	18 25	18 10	17 55	17 47	17 39
Dec. 4	23 02	21 38	20 57	20 29	20 07	19 49	19 22	19 00	18 42	18 26	18 11	17 55	17 47	17 39
8	23 25	21 45	21 03	20 33	20 11	19 53	19 24	19 03	18 44	18 28	18 12	17 56	17 48	17 39
12	// //	21 51	21 07	20 37	20 14	19 56	19 27	19 05	18 46	18 29	18 13	17 57	17 49	17 39
16	// //	21 56	21 11	20 40	20 17	19 59	19 30	19 07	18 48	18 31	18 15	17 59	17 50	17 40
20	// //	21 59	21 13	20 43	20 20	20 01	19 32	19 09	18 50	18 33	18 17	18 00	17 52	17 42
24	// //	22 01	21 15	20 45	20 21	20 03	19 34	19 11	18 52	18 35	18 19	18 02	17 54	17 44
28	// //	22 01	21 16	20 46	20 23	20 04	19 35	19 13	18 54	18 37	18 21	18 05	17 56	17 47
32	23 52	21 59	21 16	20 46	20 23	20 05	19 37	19 14	18 56	18 39	18 23	18 07	17 59	17 50
36	23 27	21 56	21 14	20 45	20 23	20 05	19 37	19 16	18 57	18 41	18 26	18 10	18 02	17 53

// // indicates continuous twilight.

NAUTICAL TWILIGHT, 2018

UNIVERSAL TIME FOR MERIDIAN OF GREENWICH
BEGINNING OF MORNING NAUTICAL TWILIGHT

Lat.	+40°	+42°	+44°	+46°	+48°	+50°	+52°	+54°	+56°	+58°	+60°	+62°	+64°	+66°
	h m	h m	h m	h m	h m	h m	h m	h m	h m	h m	h m	h m	h m	h m
Oct. 1	4 58	4 56	4 55	4 54	4 52	4 50	4 48	4 45	4 42	4 39	4 35	4 30	4 25	4 18
5	5 02	5 01	5 00	4 59	4 58	4 56	4 54	4 53	4 50	4 48	4 45	4 41	4 37	4 32
9	5 06	5 05	5 05	5 04	5 03	5 02	5 01	5 00	4 58	4 57	4 54	4 52	4 49	4 45
13	5 10	5 10	5 09	5 09	5 09	5 08	5 08	5 07	5 06	5 05	5 04	5 02	5 00	4 58
17	5 14	5 14	5 14	5 14	5 15	5 15	5 15	5 14	5 14	5 14	5 13	5 13	5 12	5 10
21	5 18	5 18	5 19	5 20	5 20	5 21	5 21	5 22	5 22	5 22	5 22	5 23	5 23	5 22
25	5 22	5 23	5 24	5 25	5 26	5 27	5 28	5 29	5 30	5 31	5 32	5 33	5 34	5 34
29	5 26	5 27	5 28	5 30	5 31	5 33	5 34	5 36	5 37	5 39	5 41	5 42	5 44	5 46
Nov. 2	5 30	5 32	5 33	5 35	5 37	5 39	5 41	5 43	5 45	5 47	5 49	5 52	5 55	5 58
6	5 34	5 36	5 38	5 40	5 42	5 45	5 47	5 50	5 52	5 55	5 58	6 01	6 05	6 09
10	5 38	5 40	5 43	5 45	5 48	5 50	5 53	5 56	5 59	6 03	6 07	6 11	6 15	6 20
14	5 42	5 45	5 47	5 50	5 53	5 56	5 59	6 03	6 07	6 10	6 15	6 20	6 25	6 31
18	5 46	5 49	5 52	5 55	5 58	6 02	6 05	6 09	6 13	6 18	6 23	6 28	6 34	6 41
22	5 50	5 53	5 57	6 00	6 03	6 07	6 11	6 15	6 20	6 25	6 30	6 36	6 43	6 51
26	5 54	5 57	6 01	6 05	6 08	6 12	6 17	6 21	6 26	6 31	6 37	6 44	6 51	7 00
30	5 58	6 01	6 05	6 09	6 13	6 17	6 22	6 27	6 32	6 38	6 44	6 51	6 59	7 08
Dec. 4	6 01	6 05	6 09	6 13	6 17	6 22	6 27	6 32	6 37	6 43	6 50	6 58	7 06	7 16
8	6 05	6 09	6 13	6 17	6 21	6 26	6 31	6 36	6 42	6 48	6 55	7 03	7 12	7 23
12	6 08	6 12	6 16	6 20	6 25	6 29	6 35	6 40	6 46	6 53	7 00	7 08	7 17	7 28
16	6 11	6 15	6 19	6 23	6 28	6 33	6 38	6 43	6 50	6 56	7 04	7 12	7 22	7 33
20	6 13	6 17	6 21	6 26	6 30	6 35	6 40	6 46	6 52	6 59	7 07	7 15	7 25	7 36
24	6 15	6 19	6 23	6 28	6 32	6 37	6 42	6 48	6 54	7 01	7 09	7 17	7 27	7 38
28	6 16	6 20	6 25	6 29	6 33	6 38	6 44	6 49	6 55	7 02	7 09	7 18	7 27	7 38
32	6 17	6 21	6 25	6 30	6 34	6 39	6 44	6 50	6 56	7 02	7 09	7 17	7 27	7 37
36	6 18	6 22	6 26	6 30	6 34	6 39	6 44	6 49	6 55	7 01	7 08	7 16	7 25	7 35

END OF EVENING NAUTICAL TWILIGHT

Lat.	+40°	+42°	+44°	+46°	+48°	+50°	+52°	+54°	+56°	+58°	+60°	+62°	+64°	+66°
	h m	h m	h m	h m	h m	h m	h m	h m	h m	h m	h m	h m	h m	h m
Oct. 1	18 41	18 42	18 43	18 45	18 46	18 48	18 50	18 53	18 56	18 59	19 03	19 07	19 12	19 19
5	18 35	18 35	18 36	18 37	18 38	18 40	18 41	18 43	18 45	18 48	18 51	18 54	18 58	19 03
9	18 28	18 29	18 29	18 30	18 30	18 31	18 32	18 33	18 35	18 37	18 39	18 41	18 44	18 48
13	18 22	18 22	18 22	18 22	18 23	18 23	18 24	18 24	18 25	18 26	18 27	18 29	18 31	18 33
17	18 17	18 16	18 16	18 16	18 15	18 15	18 15	18 15	18 15	18 16	18 16	18 17	18 18	18 19
21	18 11	18 10	18 10	18 09	18 08	18 08	18 07	18 07	18 06	18 06	18 05	18 05	18 05	18 05
25	18 06	18 05	18 04	18 03	18 02	18 01	18 00	17 58	17 57	17 56	17 55	17 54	17 53	17 52
29	18 01	18 00	17 58	17 57	17 55	17 54	17 52	17 51	17 49	17 47	17 46	17 44	17 42	17 40
Nov. 2	17 57	17 55	17 53	17 51	17 50	17 48	17 46	17 44	17 41	17 39	17 37	17 34	17 31	17 28
6	17 53	17 51	17 49	17 46	17 44	17 42	17 39	17 37	17 34	17 31	17 28	17 25	17 21	17 17
10	17 49	17 47	17 45	17 42	17 39	17 37	17 34	17 31	17 28	17 24	17 20	17 16	17 12	17 07
14	17 46	17 44	17 41	17 38	17 35	17 32	17 29	17 25	17 22	17 18	17 13	17 08	17 03	16 57
18	17 44	17 41	17 38	17 35	17 31	17 28	17 24	17 20	17 16	17 12	17 07	17 01	16 55	16 48
22	17 42	17 38	17 35	17 32	17 28	17 25	17 21	17 16	17 12	17 07	17 01	16 55	16 48	16 41
26	17 40	17 37	17 33	17 30	17 26	17 22	17 17	17 13	17 08	17 02	16 57	16 50	16 42	16 34
30	17 39	17 36	17 32	17 28	17 24	17 20	17 15	17 10	17 05	16 59	16 53	16 46	16 38	16 28
Dec. 4	17 39	17 35	17 31	17 27	17 23	17 18	17 13	17 08	17 03	16 57	16 50	16 42	16 34	16 24
8	17 39	17 35	17 31	17 27	17 22	17 18	17 13	17 07	17 01	16 55	16 48	16 40	16 31	16 21
12	17 39	17 35	17 31	17 27	17 23	17 18	17 13	17 07	17 01	16 54	16 47	16 39	16 30	16 19
16	17 40	17 37	17 32	17 28	17 23	17 18	17 13	17 08	17 01	16 55	16 47	16 39	16 29	16 18
20	17 42	17 38	17 34	17 30	17 25	17 20	17 15	17 09	17 03	16 56	16 48	16 40	16 30	16 19
24	17 44	17 40	17 36	17 32	17 27	17 22	17 17	17 11	17 05	16 58	16 51	16 42	16 33	16 21
28	17 47	17 43	17 39	17 34	17 30	17 25	17 20	17 14	17 08	17 01	16 54	16 45	16 36	16 25
32	17 50	17 46	17 42	17 37	17 33	17 28	17 23	17 18	17 12	17 05	16 58	16 50	16 41	16 30
36	17 53	17 49	17 45	17 41	17 37	17 32	17 27	17 22	17 16	17 10	17 03	16 55	16 46	16 36

ASTRONOMICAL TWILIGHT, 2018
UNIVERSAL TIME FOR MERIDIAN OF GREENWICH
BEGINNING OF MORNING ASTRONOMICAL TWILIGHT

Lat.	−55°	−50°	−45°	−40°	−35°	−30°	−20°	−10°	0°	+10°	+20°	+30°	+35°	+40°
	h m	h m	h m	h m	h m	h m	h m	h m	h m	h m	h m	h m	h m	h m
Jan. −2	// //	// //	1 43	2 30	3 01	3 24	3 58	4 23	4 43	5 00	5 15	5 30	5 37	5 44
2	// //	// //	1 49	2 34	3 04	3 27	4 01	4 26	4 45	5 02	5 17	5 31	5 38	5 45
6	// //	// //	1 55	2 39	3 08	3 31	4 04	4 28	4 48	5 04	5 18	5 32	5 39	5 45
10	// //	0 13	2 03	2 45	3 13	3 35	4 07	4 31	4 50	5 05	5 19	5 32	5 39	5 45
14	// //	0 53	2 12	2 51	3 18	3 39	4 10	4 33	4 51	5 07	5 20	5 33	5 39	5 45
18	// //	1 14	2 21	2 57	3 23	3 43	4 14	4 36	4 53	5 08	5 21	5 32	5 38	5 44
22	// //	1 33	2 30	3 04	3 29	3 48	4 17	4 38	4 55	5 09	5 21	5 32	5 37	5 42
26	// //	1 49	2 40	3 11	3 35	3 53	4 20	4 40	4 56	5 09	5 21	5 31	5 35	5 40
30	// //	2 04	2 49	3 18	3 40	3 57	4 23	4 43	4 58	5 10	5 20	5 29	5 33	5 37
Feb. 3	0 50	2 18	2 58	3 25	3 46	4 02	4 26	4 45	4 59	5 10	5 19	5 27	5 31	5 34
7	1 26	2 31	3 07	3 32	3 51	4 07	4 29	4 46	4 59	5 10	5 18	5 25	5 28	5 31
11	1 50	2 44	3 16	3 39	3 57	4 11	4 32	4 48	5 00	5 09	5 17	5 23	5 25	5 27
15	2 10	2 56	3 25	3 46	4 02	4 15	4 35	4 49	5 00	5 09	5 15	5 20	5 21	5 22
19	2 27	3 07	3 33	3 52	4 07	4 19	4 37	4 51	5 00	5 08	5 13	5 16	5 17	5 17
23	2 42	3 17	3 41	3 58	4 12	4 23	4 40	4 52	5 00	5 06	5 11	5 13	5 13	5 12
27	2 57	3 27	3 48	4 04	4 17	4 27	4 42	4 52	5 00	5 05	5 08	5 09	5 08	5 07
Mar. 3	3 09	3 36	3 56	4 10	4 21	4 30	4 44	4 53	4 59	5 03	5 05	5 05	5 03	5 01
7	3 21	3 45	4 03	4 16	4 26	4 34	4 46	4 54	4 59	5 02	5 02	5 00	4 58	4 55
11	3 33	3 54	4 09	4 21	4 30	4 37	4 47	4 54	4 58	5 00	4 59	4 55	4 52	4 48
15	3 43	4 02	4 15	4 26	4 34	4 40	4 49	4 54	4 57	4 57	4 55	4 51	4 47	4 42
19	3 53	4 10	4 22	4 31	4 37	4 43	4 50	4 54	4 56	4 55	4 52	4 46	4 41	4 35
23	4 03	4 17	4 27	4 35	4 41	4 45	4 51	4 54	4 55	4 53	4 48	4 41	4 35	4 28
27	4 12	4 24	4 33	4 40	4 44	4 48	4 53	4 54	4 53	4 50	4 45	4 35	4 29	4 21
31	4 21	4 31	4 38	4 44	4 48	4 51	4 54	4 54	4 52	4 48	4 41	4 30	4 23	4 13
Apr. 4	4 29	4 37	4 44	4 48	4 51	4 53	4 55	4 54	4 51	4 45	4 37	4 25	4 17	4 06

END OF EVENING ASTRONOMICAL TWILIGHT

Lat.	−55°	−50°	−45°	−40°	−35°	−30°	−20°	−10°	0°	+10°	+20°	+30°	+35°	+40°
	h m	h m	h m	h m	h m	h m	h m	h m	h m	h m	h m	h m	h m	h m
Jan. −2	// //	// //	22 21	21 34	21 03	20 40	20 06	19 41	19 21	19 04	18 49	18 35	18 28	18 21
2	// //	// //	22 19	21 33	21 03	20 41	20 07	19 42	19 23	19 06	18 51	18 37	18 30	18 23
6	// //	// //	22 15	21 32	21 03	20 40	20 08	19 43	19 24	19 08	18 53	18 40	18 33	18 27
10	// //	{00 02 / 23 46}	22 10	21 30	21 01	20 40	20 08	19 44	19 25	19 10	18 56	18 43	18 36	18 30
14	// //	23 20	22 05	21 26	20 59	20 39	20 08	19 45	19 27	19 11	18 58	18 46	18 40	18 34
18	// //	23 02	21 58	21 22	20 57	20 37	20 07	19 45	19 28	19 13	19 00	18 49	18 43	18 38
22	// //	22 47	21 51	21 18	20 53	20 34	20 06	19 45	19 28	19 14	19 02	18 52	18 47	18 42
26	// //	22 33	21 44	21 13	20 50	20 32	20 05	19 44	19 29	19 16	19 05	18 55	18 50	18 46
30	// //	22 19	21 36	21 07	20 45	20 28	20 03	19 44	19 29	19 17	19 07	18 58	18 54	18 50
Feb. 3	23 27	22 07	21 28	21 01	20 41	20 25	20 01	19 43	19 29	19 18	19 08	19 01	18 57	18 54
7	22 56	21 54	21 19	20 55	20 36	20 21	19 58	19 42	19 29	19 19	19 10	19 03	19 01	18 58
11	22 34	21 42	21 11	20 48	20 31	20 17	19 56	19 40	19 28	19 19	19 12	19 06	19 04	19 02
15	22 15	21 30	21 02	20 41	20 25	20 12	19 53	19 39	19 28	19 20	19 13	19 09	19 08	19 07
19	21 57	21 19	20 53	20 34	20 19	20 08	19 50	19 37	19 27	19 20	19 15	19 12	19 11	19 11
23	21 41	21 08	20 44	20 27	20 14	20 03	19 46	19 35	19 26	19 20	19 16	19 15	19 14	19 15
27	21 26	20 56	20 36	20 20	20 08	19 58	19 43	19 33	19 25	19 20	19 18	19 17	19 18	19 19
Mar. 3	21 12	20 46	20 27	20 13	20 02	19 53	19 40	19 30	19 24	19 21	19 19	19 20	19 21	19 24
7	20 58	20 35	20 18	20 05	19 56	19 48	19 36	19 28	19 23	19 21	19 20	19 22	19 25	19 28
11	20 45	20 25	20 10	19 58	19 49	19 42	19 32	19 26	19 22	19 21	19 21	19 25	19 28	19 33
15	20 32	20 14	20 01	19 51	19 43	19 37	19 29	19 23	19 21	19 21	19 23	19 28	19 32	19 37
19	20 20	20 04	19 53	19 44	19 37	19 32	19 25	19 21	19 20	19 21	19 24	19 30	19 35	19 42
23	20 09	19 55	19 45	19 37	19 31	19 27	19 21	19 19	19 19	19 21	19 25	19 33	19 39	19 46
27	19 57	19 45	19 37	19 30	19 26	19 22	19 18	19 16	19 17	19 21	19 27	19 36	19 43	19 51
31	19 46	19 36	19 29	19 24	19 20	19 17	19 14	19 14	19 16	19 21	19 28	19 39	19 46	19 56
Apr. 4	19 36	19 27	19 21	19 17	19 14	19 13	19 11	19 12	19 15	19 21	19 29	19 42	19 50	20 01

// // indicates continuous twilight.

ASTRONOMICAL TWILIGHT, 2018

UNIVERSAL TIME FOR MERIDIAN OF GREENWICH
BEGINNING OF MORNING ASTRONOMICAL TWILIGHT

Lat.	+40°	+42°	+44°	+46°	+48°	+50°	+52°	+54°	+56°	+58°	+60°	+62°	+64°	+66°
	h m	h m	h m	h m	h m	h m	h m	h m	h m	h m	h m	h m	h m	h m
Jan. −2	5 44	5 47	5 50	5 53	5 56	5 59	6 03	6 06	6 10	6 14	6 18	6 23	6 28	6 33
2	5 45	5 48	5 51	5 54	5 57	6 00	6 03	6 06	6 10	6 14	6 18	6 22	6 27	6 33
6	5 45	5 48	5 51	5 54	5 57	6 00	6 03	6 06	6 09	6 13	6 17	6 21	6 25	6 30
10	5 45	5 48	5 50	5 53	5 56	5 59	6 02	6 05	6 08	6 11	6 15	6 19	6 23	6 27
14	5 45	5 47	5 50	5 52	5 55	5 57	6 00	6 03	6 06	6 09	6 12	6 15	6 19	6 23
18	5 44	5 46	5 48	5 50	5 53	5 55	5 57	6 00	6 02	6 05	6 08	6 11	6 14	6 17
22	5 42	5 44	5 46	5 48	5 50	5 52	5 54	5 56	5 58	6 01	6 03	6 05	6 08	6 11
26	5 40	5 42	5 43	5 45	5 47	5 49	5 50	5 52	5 54	5 56	5 57	5 59	6 01	6 03
30	5 37	5 39	5 40	5 42	5 43	5 45	5 46	5 47	5 48	5 50	5 51	5 52	5 53	5 54
Feb. 3	5 34	5 35	5 37	5 38	5 39	5 40	5 41	5 42	5 42	5 43	5 44	5 44	5 45	5 45
7	5 31	5 32	5 32	5 33	5 34	5 34	5 35	5 35	5 36	5 36	5 36	5 36	5 35	5 34
11	5 27	5 27	5 28	5 28	5 28	5 29	5 29	5 29	5 28	5 28	5 27	5 26	5 25	5 23
15	5 22	5 22	5 23	5 23	5 23	5 22	5 22	5 21	5 20	5 19	5 18	5 16	5 14	5 11
19	5 17	5 17	5 17	5 17	5 16	5 15	5 14	5 13	5 12	5 10	5 08	5 05	5 02	4 58
23	5 12	5 12	5 11	5 10	5 09	5 08	5 07	5 05	5 03	5 00	4 57	4 54	4 49	4 44
27	5 07	5 06	5 05	5 04	5 02	5 00	4 58	4 56	4 53	4 50	4 46	4 41	4 36	4 29
Mar. 3	5 01	5 00	4 58	4 56	4 54	4 52	4 50	4 47	4 43	4 39	4 34	4 28	4 22	4 13
7	4 55	4 53	4 51	4 49	4 47	4 44	4 40	4 37	4 32	4 27	4 22	4 15	4 07	3 57
11	4 48	4 46	4 44	4 41	4 38	4 35	4 31	4 27	4 21	4 15	4 09	4 00	3 51	3 39
15	4 42	4 39	4 36	4 33	4 30	4 26	4 21	4 16	4 10	4 03	3 55	3 45	3 34	3 19
19	4 35	4 32	4 29	4 25	4 21	4 16	4 11	4 05	3 58	3 50	3 40	3 29	3 16	2 58
23	4 28	4 24	4 21	4 16	4 12	4 06	4 00	3 53	3 45	3 36	3 25	3 12	2 56	2 35
27	4 21	4 17	4 13	4 08	4 02	3 56	3 49	3 42	3 32	3 22	3 09	2 54	2 34	2 08
31	4 13	4 09	4 04	3 59	3 53	3 46	3 38	3 29	3 19	3 07	2 52	2 34	2 10	1 36
Apr. 4	4 06	4 01	3 56	3 50	3 43	3 35	3 27	3 17	3 05	2 51	2 34	2 12	1 41	0 45

END OF EVENING ASTRONOMICAL TWILIGHT

	+40°	+42°	+44°	+46°	+48°	+50°	+52°	+54°	+56°	+58°	+60°	+62°	+64°	+66°
	h m	h m	h m	h m	h m	h m	h m	h m	h m	h m	h m	h m	h m	h m
Jan. −2	18 21	18 18	18 15	18 12	18 08	18 05	18 02	17 58	17 55	17 51	17 46	17 42	17 37	17 31
2	18 23	18 21	18 18	18 15	18 12	18 09	18 05	18 02	17 58	17 55	17 50	17 46	17 41	17 36
6	18 27	18 24	18 21	18 18	18 15	18 12	18 09	18 06	18 03	17 59	17 55	17 51	17 47	17 42
10	18 30	18 27	18 25	18 22	18 19	18 17	18 14	18 11	18 08	18 04	18 01	17 57	17 53	17 48
14	18 34	18 31	18 29	18 26	18 24	18 21	18 19	18 16	18 13	18 10	18 07	18 04	18 00	17 56
18	18 38	18 35	18 33	18 31	18 29	18 26	18 24	18 22	18 19	18 16	18 14	18 11	18 08	18 04
22	18 42	18 40	18 38	18 36	18 34	18 32	18 30	18 27	18 25	18 23	18 21	18 19	18 16	18 14
26	18 46	18 44	18 42	18 40	18 39	18 37	18 35	18 34	18 32	18 30	18 29	18 27	18 25	18 23
30	18 50	18 48	18 47	18 45	18 44	18 43	18 41	18 40	18 39	18 38	18 37	18 36	18 34	18 33
Feb. 3	18 54	18 53	18 52	18 51	18 50	18 49	18 48	18 47	18 46	18 45	18 45	18 45	18 44	18 44
7	18 58	18 57	18 56	18 56	18 55	18 55	18 54	18 54	18 54	18 54	18 54	18 54	18 55	18 55
11	19 02	19 02	19 01	19 01	19 01	19 01	19 01	19 01	19 01	19 02	19 03	19 04	19 05	19 07
15	19 07	19 06	19 06	19 06	19 07	19 07	19 07	19 08	19 09	19 10	19 12	19 14	19 16	19 19
19	19 11	19 11	19 11	19 12	19 12	19 13	19 14	19 16	19 17	19 19	19 21	19 24	19 28	19 32
23	19 15	19 16	19 16	19 17	19 18	19 20	19 21	19 23	19 25	19 28	19 31	19 35	19 39	19 45
27	19 19	19 20	19 21	19 23	19 24	19 26	19 28	19 31	19 34	19 37	19 41	19 46	19 52	19 59
Mar. 3	19 24	19 25	19 27	19 28	19 30	19 33	19 35	19 39	19 42	19 47	19 52	19 57	20 05	20 13
7	19 28	19 30	19 32	19 34	19 37	19 40	19 43	19 47	19 51	19 56	20 02	20 09	20 18	20 28
11	19 33	19 35	19 37	19 40	19 43	19 46	19 50	19 55	20 00	20 06	20 14	20 22	20 32	20 44
15	19 37	19 40	19 42	19 46	19 49	19 54	19 58	20 04	20 10	20 17	20 25	20 35	20 47	21 02
19	19 42	19 45	19 48	19 52	19 56	20 01	20 06	20 12	20 20	20 28	20 38	20 49	21 03	21 21
23	19 46	19 50	19 54	19 58	20 03	20 08	20 14	20 22	20 30	20 39	20 51	21 04	21 21	21 43
27	19 51	19 55	19 59	20 04	20 10	20 16	20 23	20 31	20 40	20 51	21 04	21 20	21 41	22 08
31	19 56	20 00	20 05	20 11	20 17	20 24	20 32	20 41	20 52	21 04	21 19	21 38	22 04	22 41
Apr. 4	20 01	20 06	20 11	20 18	20 24	20 32	20 41	20 52	21 04	21 18	21 36	21 59	22 32	23 51

ASTRONOMICAL TWILIGHT, 2018

UNIVERSAL TIME FOR MERIDIAN OF GREENWICH
BEGINNING OF MORNING ASTRONOMICAL TWILIGHT

Lat.	−55°	−50°	−45°	−40°	−35°	−30°	−20°	−10°	0°	+10°	+20°	+30°	+35°	+40°
	h m	h m	h m	h m	h m	h m	h m	h m	h m	h m	h m	h m	h m	h m
Mar. 31	4 21	4 31	4 38	4 44	4 48	4 51	4 54	4 54	4 52	4 48	4 41	4 30	4 23	4 13
Apr. 4	4 29	4 37	4 44	4 48	4 51	4 53	4 55	4 54	4 51	4 45	4 37	4 25	4 17	4 06
8	4 37	4 44	4 49	4 52	4 54	4 55	4 56	4 54	4 49	4 43	4 33	4 19	4 10	3 59
12	4 44	4 50	4 53	4 56	4 57	4 57	4 56	4 53	4 48	4 40	4 30	4 14	4 04	3 51
16	4 52	4 56	4 58	5 00	5 00	5 00	4 57	4 53	4 47	4 38	4 26	4 09	3 58	3 44
20	4 59	5 01	5 03	5 03	5 03	5 02	4 58	4 53	4 45	4 36	4 22	4 04	3 52	3 37
24	5 06	5 07	5 07	5 07	5 06	5 04	4 59	4 53	4 44	4 33	4 19	3 59	3 46	3 29
28	5 12	5 12	5 12	5 10	5 08	5 06	5 00	4 53	4 43	4 31	4 16	3 54	3 40	3 22
May 2	5 19	5 18	5 16	5 14	5 11	5 08	5 01	4 53	4 42	4 29	4 12	3 49	3 34	3 15
6	5 25	5 23	5 20	5 17	5 14	5 10	5 02	4 53	4 41	4 27	4 09	3 45	3 29	3 09
10	5 31	5 27	5 24	5 20	5 16	5 12	5 03	4 53	4 41	4 26	4 07	3 41	3 24	3 02
14	5 36	5 32	5 28	5 23	5 19	5 14	5 04	4 53	4 40	4 24	4 04	3 37	3 19	2 56
18	5 42	5 36	5 31	5 26	5 21	5 16	5 06	4 54	4 40	4 23	4 02	3 34	3 15	2 50
22	5 46	5 41	5 35	5 29	5 24	5 18	5 07	4 54	4 40	4 22	4 00	3 31	3 11	2 45
26	5 51	5 44	5 38	5 32	5 26	5 20	5 08	4 55	4 40	4 22	3 59	3 28	3 07	2 41
30	5 55	5 48	5 41	5 35	5 28	5 22	5 09	4 55	4 40	4 21	3 58	3 26	3 04	2 36
June 3	5 59	5 51	5 44	5 37	5 30	5 24	5 11	4 56	4 40	4 21	3 57	3 24	3 02	2 33
7	6 02	5 54	5 46	5 39	5 32	5 25	5 12	4 57	4 40	4 21	3 56	3 23	3 00	2 30
11	6 05	5 56	5 48	5 41	5 34	5 27	5 13	4 58	4 41	4 21	3 56	3 22	2 59	2 29
15	6 07	5 58	5 50	5 43	5 35	5 28	5 14	4 59	4 42	4 22	3 56	3 22	2 59	2 28
19	6 09	6 00	5 51	5 44	5 37	5 29	5 15	5 00	4 43	4 22	3 57	3 22	2 59	2 28
23	6 09	6 00	5 52	5 45	5 37	5 30	5 16	5 01	4 43	4 23	3 58	3 23	3 00	2 28
27	6 10	6 01	5 53	5 45	5 38	5 31	5 17	5 01	4 44	4 24	3 59	3 25	3 01	2 30
July 1	6 09	6 01	5 53	5 45	5 38	5 31	5 17	5 02	4 45	4 25	4 00	3 26	3 03	2 33
5	6 08	6 00	5 52	5 45	5 38	5 31	5 18	5 03	4 46	4 27	4 02	3 28	3 06	2 36

END OF EVENING ASTRONOMICAL TWILIGHT

	h m	h m	h m	h m	h m	h m	h m	h m	h m	h m	h m	h m	h m	h m
Mar. 31	19 46	19 36	19 29	19 24	19 20	19 17	19 14	19 14	19 16	19 21	19 28	19 39	19 46	19 56
Apr. 4	19 36	19 27	19 21	19 17	19 14	19 13	19 11	19 12	19 15	19 21	19 29	19 42	19 50	20 01
8	19 26	19 19	19 14	19 11	19 09	19 08	19 08	19 10	19 14	19 21	19 31	19 45	19 54	20 06
12	19 16	19 11	19 07	19 05	19 04	19 04	19 05	19 08	19 14	19 21	19 32	19 48	19 58	20 11
16	19 07	19 03	19 01	18 59	18 59	18 59	19 02	19 06	19 13	19 22	19 34	19 51	20 03	20 17
20	18 58	18 55	18 54	18 54	18 54	18 56	18 59	19 05	19 12	19 23	19 36	19 55	20 07	20 22
24	18 50	18 48	18 48	18 49	18 50	18 52	18 57	19 03	19 12	19 23	19 38	19 58	20 11	20 28
28	18 42	18 42	18 43	18 44	18 46	18 49	18 55	19 02	19 12	19 24	19 40	20 02	20 16	20 34
May 2	18 34	18 36	18 37	18 40	18 42	18 45	18 53	19 01	19 12	19 25	19 42	20 05	20 21	20 40
6	18 28	18 30	18 33	18 36	18 39	18 43	18 51	19 00	19 12	19 26	19 44	20 09	20 25	20 46
10	18 21	18 25	18 28	18 32	18 36	18 40	18 49	19 00	19 12	19 27	19 46	20 13	20 30	20 52
14	18 16	18 20	18 24	18 29	18 33	18 38	18 48	18 59	19 13	19 28	19 49	20 16	20 34	20 58
18	18 11	18 16	18 21	18 26	18 31	18 36	18 47	18 59	19 13	19 30	19 51	20 20	20 39	21 04
22	18 06	18 12	18 18	18 24	18 29	18 35	18 46	18 59	19 14	19 31	19 53	20 23	20 43	21 09
26	18 03	18 09	18 16	18 22	18 28	18 34	18 46	18 59	19 15	19 33	19 56	20 27	20 47	21 14
30	17 59	18 07	18 14	18 20	18 26	18 33	18 46	19 00	19 15	19 34	19 58	20 30	20 51	21 19
June 3	17 57	18 05	18 12	18 19	18 26	18 32	18 46	19 00	19 16	19 35	20 00	20 33	20 55	21 24
7	17 55	18 04	18 11	18 18	18 25	18 32	18 46	19 01	19 17	19 37	20 01	20 35	20 58	21 28
11	17 54	18 03	18 11	18 18	18 25	18 32	18 46	19 01	19 18	19 38	20 03	20 37	21 00	21 31
15	17 54	18 03	18 11	18 18	18 26	18 33	18 47	19 02	19 19	19 39	20 05	20 39	21 02	21 34
19	17 54	18 03	18 11	18 19	18 26	18 33	18 48	19 03	19 20	19 40	20 06	20 40	21 04	21 35
23	17 55	18 04	18 12	18 20	18 27	18 34	18 49	19 04	19 21	19 41	20 07	20 41	21 05	21 36
27	17 57	18 05	18 13	18 21	18 28	18 35	18 50	19 05	19 22	19 42	20 07	20 41	21 05	21 36
July 1	17 59	18 07	18 15	18 23	18 30	18 37	18 51	19 06	19 22	19 42	20 07	20 41	21 04	21 35
5	18 01	18 10	18 17	18 24	18 31	18 38	18 52	19 06	19 23	19 42	20 07	20 40	21 03	21 33

ASTRONOMICAL TWILIGHT, 2018

UNIVERSAL TIME FOR MERIDIAN OF GREENWICH
BEGINNING OF MORNING ASTRONOMICAL TWILIGHT

Lat.	+40°	+42°	+44°	+46°	+48°	+50°	+52°	+54°	+56°	+58°	+60°	+62°	+64°	+66°
	h m	h m	h m	h m	h m	h m	h m	h m	h m	h m	h m	h m	h m	h m
Mar. 31	4 13	4 09	4 04	3 59	3 53	3 46	3 38	3 29	3 19	3 07	2 52	2 34	2 10	1 36
Apr. 4	4 06	4 01	3 56	3 50	3 43	3 35	3 27	3 17	3 05	2 51	2 34	2 12	1 41	0 45
8	3 59	3 53	3 47	3 41	3 33	3 25	3 15	3 03	2 50	2 34	2 14	1 46	1 02	// //
12	3 51	3 45	3 39	3 31	3 23	3 13	3 03	2 50	2 34	2 16	1 51	1 14	// //	// //
16	3 44	3 37	3 30	3 22	3 13	3 02	2 50	2 36	2 18	1 55	1 23	// //	// //	// //
20	3 37	3 29	3 22	3 13	3 02	2 51	2 37	2 20	2 00	1 32	0 44	// //	// //	// //
24	3 29	3 22	3 13	3 03	2 52	2 39	2 24	2 05	1 40	1 02	// //	// //	// //	// //
28	3 22	3 14	3 04	2 54	2 41	2 27	2 09	1 47	1 16	// //	// //	// //	// //	// //
May 2	3 15	3 06	2 56	2 44	2 31	2 15	1 55	1 28	0 44	// //	// //	// //	// //	// //
6	3 09	2 59	2 48	2 35	2 20	2 02	1 39	1 06	// //	// //	// //	// //	// //	// //
10	3 02	2 52	2 40	2 26	2 09	1 49	1 22	0 34	// //	// //	// //	// //	// //	// //
14	2 56	2 45	2 32	2 17	1 59	1 36	1 02	// //	// //	// //	// //	// //	// //	// //
18	2 50	2 38	2 25	2 08	1 48	1 21	0 35	// //	// //	// //	// //	// //	// //	// //
22	2 45	2 33	2 18	2 00	1 38	1 06	// //	// //	// //	// //	// //	// //	// //	// //
26	2 41	2 27	2 11	1 52	1 27	0 49	// //	// //	// //	// //	// //	// //	// //	// //
30	2 36	2 22	2 06	1 45	1 17	0 26	// //	// //	// //	// //	// //	// //	// //	// //
June 3	2 33	2 18	2 01	1 39	1 08	// //	// //	// //	// //	// //	// //	// //	// //	// //
7	2 30	2 15	1 57	1 33	0 59	// //	// //	// //	// //	// //	// //	// //	// //	// //
11	2 29	2 13	1 54	1 29	0 51	// //	// //	// //	// //	// //	// //	// //	// //	// //
15	2 28	2 12	1 52	1 27	0 45	// //	// //	// //	// //	// //	// //	// //	// //	▭
19	2 28	2 11	1 52	1 25	0 42	// //	// //	// //	// //	// //	// //	// //	// //	▭
23	2 28	2 12	1 52	1 26	0 43	// //	// //	// //	// //	// //	// //	// //	// //	▭
27	2 30	2 14	1 54	1 29	0 47	// //	// //	// //	// //	// //	// //	// //	// //	▭
July 1	2 33	2 17	1 58	1 33	0 54	// //	// //	// //	// //	// //	// //	// //	// //	// //
5	2 36	2 20	2 02	1 38	1 03	// //	// //	// //	// //	// //	// //	// //	// //	// //

END OF EVENING ASTRONOMICAL TWILIGHT

Lat.	+40°	+42°	+44°	+46°	+48°	+50°	+52°	+54°	+56°	+58°	+60°	+62°	+64°	+66°
	h m	h m	h m	h m	h m	h m	h m	h m	h m	h m	h m	h m	h m	h m
Mar. 31	19 56	20 00	20 05	20 11	20 17	20 24	20 32	20 41	20 52	21 04	21 19	21 38	22 04	22 41
Apr. 4	20 01	20 06	20 11	20 18	20 24	20 32	20 41	20 52	21 04	21 18	21 36	21 59	22 32	23 51
8	20 06	20 12	20 18	20 25	20 32	20 41	20 51	21 03	21 16	21 33	21 54	22 24	23 15	// //
12	20 11	20 17	20 24	20 32	20 40	20 50	21 01	21 14	21 30	21 50	22 16	22 57	// //	// //
16	20 17	20 23	20 31	20 39	20 49	20 59	21 12	21 27	21 45	22 09	22 43	// //	// //	// //
20	20 22	20 30	20 38	20 47	20 57	21 09	21 23	21 40	22 02	22 32	23 30	// //	// //	// //
24	20 28	20 36	20 45	20 55	21 06	21 20	21 35	21 55	22 21	23 03	// //	// //	// //	// //
28	20 34	20 42	20 52	21 03	21 16	21 30	21 48	22 11	22 45	// //	// //	// //	// //	// //
May 2	20 40	20 49	20 59	21 11	21 25	21 42	22 02	22 30	23 20	// //	// //	// //	// //	// //
6	20 46	20 56	21 07	21 20	21 35	21 54	22 18	22 54	// //	// //	// //	// //	// //	// //
10	20 52	21 02	21 15	21 29	21 45	22 06	22 35	23 32	// //	// //	// //	// //	// //	// //
14	20 58	21 09	21 22	21 37	21 56	22 20	22 56	// //	// //	// //	// //	// //	// //	// //
18	21 04	21 16	21 30	21 46	22 07	22 35	23 27	// //	// //	// //	// //	// //	// //	// //
22	21 09	21 22	21 37	21 55	22 18	22 51	// //	// //	// //	// //	// //	// //	// //	// //
26	21 14	21 28	21 44	22 03	22 29	23 10	// //	// //	// //	// //	// //	// //	// //	// //
30	21 19	21 34	21 51	22 12	22 40	23 38	// //	// //	// //	// //	// //	// //	// //	// //
June 3	21 24	21 39	21 57	22 19	22 51	// //	// //	// //	// //	// //	// //	// //	// //	// //
7	21 28	21 43	22 02	22 26	23 01	// //	// //	// //	// //	// //	// //	// //	// //	// //
11	21 31	21 47	22 06	22 31	23 10	// //	// //	// //	// //	// //	// //	// //	// //	// //
15	21 34	21 50	22 09	22 35	23 17	// //	// //	// //	// //	// //	// //	// //	// //	▭
19	21 35	21 51	22 11	22 37	23 21	// //	// //	// //	// //	// //	// //	// //	// //	▭
23	21 36	21 52	22 12	22 38	23 21	// //	// //	// //	// //	// //	// //	// //	// //	▭
27	21 36	21 52	22 11	22 37	23 18	// //	// //	// //	// //	// //	// //	// //	// //	▭
July 1	21 35	21 50	22 10	22 34	23 12	// //	// //	// //	// //	// //	// //	// //	// //	// //
5	21 33	21 48	22 07	22 30	23 04	// //	// //	// //	// //	// //	// //	// //	// //	// //

▭ indicates Sun continuously above horizon.
// // indicates continuous twilight.

ASTRONOMICAL TWILIGHT, 2018

UNIVERSAL TIME FOR MERIDIAN OF GREENWICH
BEGINNING OF MORNING ASTRONOMICAL TWILIGHT

Lat.	−55°	−50°	−45°	−40°	−35°	−30°	−20°	−10°	0°	+10°	+20°	+30°	+35°	+40°
	h m	h m	h m	h m	h m	h m	h m	h m	h m	h m	h m	h m	h m	h m
July 1	6 09	6 01	5 53	5 45	5 38	5 31	5 17	5 02	4 45	4 25	4 00	3 26	3 03	2 33
5	6 08	6 00	5 52	5 45	5 38	5 31	5 18	5 03	4 46	4 27	4 02	3 28	3 06	2 36
9	6 06	5 58	5 51	5 44	5 38	5 31	5 18	5 03	4 47	4 28	4 04	3 31	3 09	2 40
13	6 04	5 56	5 50	5 43	5 37	5 30	5 18	5 04	4 48	4 29	4 06	3 34	3 12	2 44
17	6 01	5 54	5 48	5 42	5 36	5 30	5 17	5 04	4 49	4 31	4 08	3 37	3 16	2 49
21	5 57	5 51	5 45	5 39	5 34	5 28	5 17	5 04	4 49	4 32	4 10	3 40	3 20	2 54
25	5 52	5 47	5 42	5 37	5 32	5 27	5 16	5 04	4 50	4 33	4 12	3 43	3 24	2 59
29	5 47	5 43	5 38	5 34	5 30	5 25	5 15	5 03	4 50	4 34	4 14	3 47	3 28	3 05
Aug. 2	5 41	5 38	5 34	5 31	5 27	5 23	5 13	5 03	4 51	4 35	4 16	3 50	3 33	3 11
6	5 35	5 33	5 30	5 27	5 24	5 20	5 12	5 02	4 51	4 36	4 18	3 54	3 37	3 17
10	5 28	5 27	5 25	5 23	5 20	5 17	5 10	5 01	4 51	4 37	4 20	3 57	3 42	3 22
14	5 21	5 21	5 20	5 18	5 16	5 14	5 08	5 00	4 50	4 38	4 22	4 00	3 46	3 28
18	5 13	5 14	5 14	5 13	5 12	5 10	5 05	4 59	4 50	4 39	4 24	4 04	3 50	3 34
22	5 05	5 07	5 08	5 08	5 08	5 06	5 03	4 57	4 49	4 39	4 26	4 07	3 54	3 39
26	4 56	4 59	5 02	5 03	5 03	5 02	5 00	4 55	4 49	4 40	4 27	4 10	3 59	3 44
30	4 46	4 51	4 55	4 57	4 58	4 58	4 57	4 53	4 48	4 40	4 29	4 13	4 03	3 49
Sept. 3	4 37	4 43	4 48	4 51	4 53	4 54	4 54	4 51	4 47	4 40	4 30	4 16	4 06	3 54
7	4 26	4 35	4 40	4 44	4 47	4 49	4 50	4 49	4 46	4 40	4 31	4 19	4 10	3 59
11	4 16	4 26	4 33	4 38	4 42	4 44	4 47	4 47	4 45	4 40	4 33	4 21	4 14	4 04
15	4 05	4 17	4 25	4 31	4 36	4 39	4 43	4 44	4 43	4 40	4 34	4 24	4 17	4 09
19	3 54	4 07	4 17	4 24	4 30	4 34	4 39	4 42	4 42	4 40	4 35	4 26	4 21	4 13
23	3 42	3 57	4 09	4 17	4 24	4 29	4 36	4 39	4 40	4 39	4 36	4 29	4 24	4 17
27	3 30	3 47	4 00	4 10	4 18	4 23	4 32	4 37	4 39	4 39	4 37	4 31	4 27	4 22
Oct. 1	3 17	3 37	3 52	4 03	4 11	4 18	4 28	4 34	4 38	4 39	4 38	4 34	4 30	4 26
5	3 04	3 27	3 43	3 55	4 05	4 13	4 24	4 32	4 36	4 39	4 39	4 36	4 34	4 30

END OF EVENING ASTRONOMICAL TWILIGHT

Lat.	−55°	−50°	−45°	−40°	−35°	−30°	−20°	−10°	0°	+10°	+20°	+30°	+35°	+40°
	h m	h m	h m	h m	h m	h m	h m	h m	h m	h m	h m	h m	h m	h m
July 1	17 59	18 07	18 15	18 23	18 30	18 37	18 51	19 06	19 22	19 42	20 07	20 41	21 04	21 35
5	18 01	18 10	18 17	18 24	18 31	18 38	18 52	19 06	19 23	19 42	20 07	20 40	21 03	21 33
9	18 05	18 12	18 20	18 26	18 33	18 40	18 53	19 07	19 23	19 42	20 06	20 39	21 01	21 30
13	18 08	18 15	18 22	18 29	18 35	18 41	18 54	19 08	19 24	19 42	20 06	20 37	20 59	21 27
17	18 12	18 19	18 25	18 31	18 37	18 43	18 55	19 08	19 24	19 42	20 04	20 35	20 56	21 23
21	18 17	18 23	18 28	18 34	18 39	18 45	18 56	19 09	19 23	19 41	20 03	20 32	20 52	21 18
25	18 21	18 27	18 32	18 36	18 41	18 47	18 57	19 09	19 23	19 40	20 01	20 29	20 48	21 13
29	18 26	18 31	18 35	18 39	18 44	18 48	18 58	19 10	19 23	19 38	19 58	20 26	20 44	21 07
Aug. 2	18 32	18 35	18 39	18 42	18 46	18 50	18 59	19 10	19 22	19 37	19 56	20 22	20 39	21 01
6	18 37	18 40	18 42	18 45	18 49	18 52	19 00	19 10	19 21	19 35	19 53	20 18	20 34	20 54
10	18 43	18 45	18 46	18 48	18 51	18 54	19 01	19 10	19 20	19 33	19 50	20 13	20 28	20 47
14	18 49	18 49	18 50	18 52	18 54	18 56	19 02	19 09	19 19	19 31	19 47	20 08	20 22	20 40
18	18 56	18 55	18 54	18 55	18 56	18 58	19 03	19 09	19 18	19 29	19 43	20 03	20 17	20 33
22	19 02	19 00	18 59	18 58	18 59	19 00	19 03	19 09	19 16	19 26	19 40	19 58	20 10	20 26
26	19 09	19 05	19 03	19 02	19 01	19 02	19 04	19 08	19 15	19 24	19 36	19 53	20 04	20 18
30	19 16	19 11	19 07	19 05	19 04	19 04	19 05	19 08	19 13	19 21	19 32	19 48	19 58	20 11
Sept. 3	19 23	19 17	19 12	19 09	19 07	19 06	19 05	19 08	19 12	19 19	19 28	19 42	19 52	20 03
7	19 31	19 23	19 17	19 12	19 09	19 08	19 06	19 07	19 10	19 16	19 24	19 37	19 45	19 56
11	19 39	19 29	19 21	19 16	19 12	19 10	19 07	19 07	19 09	19 13	19 20	19 31	19 39	19 48
15	19 47	19 35	19 27	19 20	19 15	19 12	19 08	19 06	19 07	19 10	19 16	19 26	19 32	19 41
19	19 56	19 42	19 32	19 24	19 19	19 14	19 09	19 06	19 06	19 08	19 12	19 20	19 26	19 34
23	20 05	19 49	19 37	19 28	19 22	19 17	19 09	19 06	19 04	19 05	19 09	19 15	19 20	19 26
27	20 14	19 56	19 43	19 33	19 25	19 19	19 11	19 05	19 03	19 03	19 05	19 10	19 14	19 19
Oct. 1	20 24	20 04	19 49	19 38	19 29	19 22	19 12	19 05	19 02	19 00	19 01	19 05	19 08	19 13
5	20 35	20 12	19 55	19 42	19 33	19 25	19 13	19 05	19 01	18 58	18 58	19 00	19 03	19 06

UNIVERSAL TIME FOR MERIDIAN OF GREENWICH
BEGINNING OF MORNING ASTRONOMICAL TWILIGHT

Lat.	+40°	+42°	+44°	+46°	+48°	+50°	+52°	+54°	+56°	+58°	+60°	+62°	+64°	+66°
	h m	h m	h m	h m	h m	h m	h m	h m	h m	h m	h m	h m	h m	h m
July 1	2 33	2 17	1 58	1 33	0 54	// //	// //	// //	// //	// //	// //	// //	// //	// //
5	2 36	2 20	2 02	1 38	1 03	// //	// //	// //	// //	// //	// //	// //	// //	// //
9	2 40	2 25	2 07	1 45	1 13	// //	// //	// //	// //	// //	// //	// //	// //	// //
13	2 44	2 30	2 13	1 52	1 24	0 26	// //	// //	// //	// //	// //	// //	// //	// //
17	2 49	2 35	2 19	2 00	1 34	0 54	// //	// //	// //	// //	// //	// //	// //	// //
21	2 54	2 41	2 26	2 08	1 45	1 12	// //	// //	// //	// //	// //	// //	// //	// //
25	2 59	2 47	2 33	2 17	1 56	1 28	0 37	// //	// //	// //	// //	// //	// //	// //
29	3 05	2 54	2 41	2 25	2 07	1 43	1 07	// //	// //	// //	// //	// //	// //	// //
Aug. 2	3 11	3 00	2 48	2 34	2 17	1 56	1 27	0 30	// //	// //	// //	// //	// //	// //
6	3 17	3 07	2 55	2 42	2 27	2 08	1 44	1 08	// //	// //	// //	// //	// //	// //
10	3 22	3 13	3 03	2 51	2 37	2 20	1 59	1 31	0 40	// //	// //	// //	// //	// //
14	3 28	3 19	3 10	2 59	2 46	2 31	2 13	1 50	1 16	// //	// //	// //	// //	// //
18	3 34	3 26	3 17	3 07	2 55	2 42	2 26	2 06	1 40	0 57	// //	// //	// //	// //
22	3 39	3 32	3 24	3 14	3 04	2 52	2 38	2 20	1 59	1 28	0 25	// //	// //	// //
26	3 44	3 38	3 30	3 22	3 12	3 01	2 49	2 34	2 15	1 51	1 15	// //	// //	// //
30	3 49	3 43	3 36	3 29	3 20	3 10	2 59	2 46	2 30	2 10	1 43	1 00	// //	// //
Sept. 3	3 54	3 49	3 43	3 36	3 28	3 19	3 09	2 57	2 43	2 26	2 04	1 34	0 38	// //
7	3 59	3 54	3 49	3 42	3 35	3 27	3 18	3 08	2 56	2 41	2 23	1 59	1 25	// //
11	4 04	4 00	3 54	3 49	3 43	3 35	3 27	3 18	3 07	2 54	2 39	2 19	1 53	1 14
15	4 09	4 05	4 00	3 55	3 49	3 43	3 36	3 28	3 18	3 07	2 54	2 37	2 16	1 48
19	4 13	4 10	4 06	4 01	3 56	3 51	3 44	3 37	3 29	3 19	3 07	2 53	2 36	2 13
23	4 17	4 14	4 11	4 07	4 03	3 58	3 52	3 46	3 39	3 30	3 20	3 08	2 53	2 35
27	4 22	4 19	4 16	4 13	4 09	4 05	4 00	3 54	3 48	3 41	3 32	3 22	3 09	2 54
Oct. 1	4 26	4 24	4 21	4 18	4 15	4 11	4 07	4 03	3 57	3 51	3 43	3 35	3 24	3 11
5	4 30	4 28	4 26	4 24	4 21	4 18	4 15	4 11	4 06	4 01	3 54	3 47	3 38	3 27

END OF EVENING ASTRONOMICAL TWILIGHT

Date	+40°	+42°	+44°	+46°	+48°	+50°	+52°	+54°	+56°	+58°	+60°	+62°	+64°	+66°
	h m	h m	h m	h m	h m	h m	h m	h m	h m	h m	h m	h m	h m	h m
July 1	21 35	21 50	22 10	22 34	23 12	// //	// //	// //	// //	// //	// //	// //	// //	// //
5	21 33	21 48	22 07	22 30	23 04	// //	// //	// //	// //	// //	// //	// //	// //	// //
9	21 30	21 45	22 02	22 24	22 55	// //	// //	// //	// //	// //	// //	// //	// //	// //
13	21 27	21 41	21 57	22 18	22 46	23 37	// //	// //	// //	// //	// //	// //	// //	// //
17	21 23	21 36	21 52	22 11	22 36	23 14	// //	// //	// //	// //	// //	// //	// //	// //
21	21 18	21 31	21 45	22 03	22 25	22 57	// //	// //	// //	// //	// //	// //	// //	// //
25	21 13	21 24	21 38	21 55	22 15	22 42	23 27	// //	// //	// //	// //	// //	// //	// //
29	21 07	21 18	21 31	21 46	22 04	22 27	23 01	// //	// //	// //	// //	// //	// //	// //
Aug. 2	21 01	21 11	21 23	21 37	21 53	22 14	22 41	23 30	// //	// //	// //	// //	// //	// //
6	20 54	21 04	21 15	21 28	21 43	22 01	22 24	22 58	// //	// //	// //	// //	// //	// //
10	20 47	20 56	21 07	21 18	21 32	21 48	22 08	22 35	23 19	// //	// //	// //	// //	// //
14	20 40	20 49	20 58	21 09	21 21	21 36	21 53	22 16	22 47	// //	// //	// //	// //	// //
18	20 33	20 41	20 50	20 59	21 11	21 24	21 39	21 58	22 23	23 02	// //	// //	// //	// //
22	20 26	20 33	20 41	20 50	21 00	21 12	21 26	21 42	22 03	22 32	23 22	// //	// //	// //
26	20 18	20 25	20 32	20 40	20 50	21 00	21 13	21 27	21 45	22 08	22 41	// //	// //	// //
30	20 11	20 17	20 23	20 31	20 39	20 49	21 00	21 13	21 28	21 48	22 13	22 52	// //	// //
Sept. 3	20 03	20 09	20 15	20 22	20 29	20 38	20 48	20 59	21 13	21 29	21 50	22 18	23 06	// //
7	19 56	20 01	20 06	20 12	20 19	20 27	20 36	20 46	20 58	21 12	21 30	21 52	22 24	23 28
11	19 48	19 53	19 58	20 03	20 09	20 16	20 24	20 33	20 44	20 56	21 11	21 30	21 54	22 31
15	19 41	19 45	19 49	19 54	20 00	20 06	20 13	20 21	20 30	20 41	20 54	21 10	21 30	21 57
19	19 34	19 37	19 41	19 45	19 50	19 56	20 02	20 09	20 17	20 26	20 38	20 51	21 08	21 29
23	19 26	19 29	19 33	19 37	19 41	19 46	19 51	19 57	20 04	20 13	20 22	20 34	20 48	21 06
27	19 19	19 22	19 25	19 28	19 32	19 36	19 41	19 46	19 52	19 59	20 08	20 18	20 30	20 44
Oct. 1	19 13	19 15	19 17	19 20	19 23	19 27	19 31	19 35	19 41	19 47	19 54	20 02	20 13	20 25
5	19 06	19 08	19 10	19 12	19 15	19 18	19 21	19 25	19 29	19 35	19 41	19 48	19 56	20 07

// // indicates continuous twilight.

ASTRONOMICAL TWILIGHT, 2018

UNIVERSAL TIME FOR MERIDIAN OF GREENWICH
BEGINNING OF MORNING ASTRONOMICAL TWILIGHT

Lat.		−55°	−50°	−45°	−40°	−35°	−30°	−20°	−10°	0°	+10°	+20°	+30°	+35°	+40°
		h m	h m	h m	h m	h m	h m	h m	h m	h m	h m	h m	h m	h m	h m
Oct.	1	3 17	3 37	3 52	4 03	4 11	4 18	4 28	4 34	4 38	4 39	4 38	4 34	4 30	4 26
	5	3 04	3 27	3 43	3 55	4 05	4 13	4 24	4 32	4 36	4 39	4 39	4 36	4 34	4 30
	9	2 51	3 16	3 34	3 48	3 59	4 08	4 20	4 29	4 35	4 38	4 40	4 39	4 37	4 34
	13	2 36	3 05	3 25	3 41	3 53	4 02	4 17	4 27	4 34	4 38	4 41	4 41	4 40	4 38
	17	2 22	2 54	3 17	3 33	3 47	3 57	4 13	4 24	4 32	4 38	4 42	4 43	4 43	4 42
	21	2 06	2 43	3 08	3 26	3 41	3 52	4 10	4 22	4 31	4 38	4 43	4 46	4 46	4 46
	25	1 49	2 31	2 59	3 19	3 35	3 47	4 06	4 20	4 30	4 38	4 44	4 48	4 49	4 50
	29	1 31	2 19	2 50	3 12	3 29	3 43	4 03	4 18	4 30	4 39	4 46	4 51	4 53	4 54
Nov.	2	1 09	2 07	2 41	3 05	3 24	3 38	4 00	4 17	4 29	4 39	4 47	4 53	4 56	4 58
	6	0 43	1 55	2 33	2 59	3 18	3 34	3 58	4 15	4 29	4 40	4 49	4 56	4 59	5 02
	10	// //	1 42	2 24	2 52	3 13	3 30	3 55	4 14	4 28	4 40	4 50	4 59	5 03	5 06
	14	// //	1 29	2 16	2 47	3 09	3 27	3 53	4 13	4 28	4 41	4 52	5 02	5 06	5 10
	18	// //	1 15	2 09	2 41	3 05	3 24	3 52	4 12	4 29	4 42	4 54	5 04	5 09	5 14
	22	// //	1 01	2 01	2 36	3 01	3 21	3 50	4 12	4 29	4 43	4 56	5 07	5 13	5 18
	26	// //	0 44	1 54	2 32	2 58	3 19	3 50	4 12	4 30	4 45	4 58	5 10	5 16	5 22
	30	// //	0 23	1 48	2 28	2 56	3 17	3 49	4 12	4 31	4 46	5 00	5 13	5 19	5 25
Dec.	4	// //	// //	1 43	2 26	2 54	3 16	3 49	4 13	4 32	4 48	5 02	5 16	5 22	5 29
	8	// //	// //	1 39	2 24	2 53	3 16	3 49	4 14	4 33	4 50	5 05	5 18	5 25	5 32
	12	// //	// //	1 37	2 23	2 53	3 16	3 50	4 15	4 35	4 52	5 07	5 21	5 28	5 35
	16	// //	// //	1 35	2 23	2 54	3 17	3 51	4 17	4 37	4 54	5 09	5 23	5 30	5 38
	20	// //	// //	1 36	2 24	2 55	3 19	3 53	4 18	4 39	4 56	5 11	5 26	5 33	5 40
	24	// //	// //	1 38	2 26	2 57	3 21	3 55	4 20	4 41	4 58	5 13	5 27	5 35	5 42
	28	// //	// //	1 41	2 29	3 00	3 23	3 57	4 23	4 43	5 00	5 15	5 29	5 36	5 43
	32	// //	// //	1 47	2 33	3 03	3 26	4 00	4 25	4 45	5 02	5 17	5 31	5 38	5 45
	36	// //	// //	1 53	2 37	3 07	3 30	4 03	4 27	4 47	5 03	5 18	5 32	5 38	5 45

END OF EVENING ASTRONOMICAL TWILIGHT

		−55°	−50°	−45°	−40°	−35°	−30°	−20°	−10°	0°	+10°	+20°	+30°	+35°	+40°
		h m	h m	h m	h m	h m	h m	h m	h m	h m	h m	h m	h m	h m	h m
Oct.	1	20 24	20 04	19 49	19 38	19 29	19 22	19 12	19 05	19 02	19 00	19 01	19 05	19 08	19 13
	5	20 35	20 12	19 55	19 42	19 33	19 25	19 13	19 05	19 01	18 58	18 58	19 00	19 03	19 06
	9	20 46	20 20	20 02	19 47	19 36	19 28	19 15	19 06	19 00	18 56	18 55	18 56	18 57	19 00
	13	20 59	20 29	20 08	19 53	19 41	19 31	19 16	19 06	18 59	18 54	18 51	18 51	18 52	18 54
	17	21 12	20 39	20 16	19 58	19 45	19 34	19 18	19 07	18 58	18 52	18 49	18 47	18 47	18 48
	21	21 27	20 49	20 23	20 04	19 50	19 38	19 20	19 07	18 58	18 51	18 46	18 43	18 42	18 42
	25	21 43	20 59	20 31	20 10	19 54	19 42	19 22	19 08	18 58	18 50	18 44	18 39	18 38	18 37
	29	22 01	21 10	20 39	20 17	19 59	19 46	19 25	19 09	18 58	18 49	18 42	18 36	18 34	18 33
Nov.	2	22 23	21 22	20 47	20 23	20 05	19 50	19 27	19 11	18 58	18 48	18 40	18 33	18 31	18 28
	6	22 53	21 35	20 56	20 30	20 10	19 54	19 30	19 12	18 59	18 48	18 38	18 31	18 28	18 24
	10	// //	21 48	21 05	20 37	20 15	19 58	19 33	19 14	18 59	18 47	18 37	18 29	18 25	18 21
	14	// //	22 03	21 14	20 43	20 21	20 03	19 36	19 16	19 00	18 48	18 37	18 27	18 23	18 18
	18	// //	22 18	21 23	20 50	20 26	20 07	19 39	19 18	19 02	18 48	18 36	18 26	18 21	18 16
	22	// //	22 35	21 33	20 57	20 32	20 12	19 42	19 20	19 03	18 49	18 36	18 25	18 19	18 14
	26	// //	22 55	21 42	21 04	20 37	20 16	19 45	19 23	19 05	18 50	18 36	18 24	18 18	18 13
	30	// //	23 22	21 50	21 10	20 42	20 20	19 48	19 25	19 06	18 51	18 37	18 24	18 18	18 12
Dec.	4	// //	// //	21 58	21 16	20 46	20 24	19 52	19 27	19 08	18 52	18 38	18 25	18 18	18 11
	8	// //	// //	22 06	21 21	20 51	20 28	19 55	19 30	19 10	18 54	18 39	18 25	18 18	18 12
	12	// //	// //	22 12	21 25	20 54	20 31	19 57	19 32	19 12	18 56	18 40	18 26	18 19	18 12
	16	// //	// //	22 16	21 29	20 58	20 34	20 00	19 35	19 14	18 57	18 42	18 28	18 21	18 13
	20	// //	// //	22 20	21 32	21 00	20 37	20 02	19 37	19 16	18 59	18 44	18 30	18 22	18 15
	24	// //	// //	22 21	21 33	21 02	20 38	20 04	19 39	19 18	19 01	18 46	18 32	18 24	18 17
	28	// //	// //	22 21	21 34	21 03	20 40	20 05	19 40	19 20	19 03	18 48	18 34	18 27	18 20
	32	// //	// //	22 19	21 34	21 03	20 40	20 07	19 42	19 22	19 05	18 50	18 36	18 29	18 22
	36	// //	// //	22 16	21 33	21 03	20 41	20 07	19 43	19 24	19 07	18 53	18 39	18 32	18 26

// // indicates continuous twilight.

ASTRONOMICAL TWILIGHT, 2018

UNIVERSAL TIME FOR MERIDIAN OF GREENWICH
BEGINNING OF MORNING ASTRONOMICAL TWILIGHT

Lat.	+40°	+42°	+44°	+46°	+48°	+50°	+52°	+54°	+56°	+58°	+60°	+62°	+64°	+66°
	h m	h m	h m	h m	h m	h m	h m	h m	h m	h m	h m	h m	h m	h m
Oct. 1	4 26	4 24	4 21	4 18	4 15	4 11	4 07	4 03	3 57	3 51	3 43	3 35	3 24	3 11
5	4 30	4 28	4 26	4 24	4 21	4 18	4 15	4 11	4 06	4 01	3 54	3 47	3 38	3 27
9	4 34	4 33	4 31	4 29	4 27	4 25	4 22	4 18	4 15	4 10	4 05	3 59	3 51	3 42
13	4 38	4 37	4 36	4 35	4 33	4 31	4 29	4 26	4 23	4 19	4 15	4 10	4 04	3 56
17	4 42	4 42	4 41	4 40	4 39	4 37	4 35	4 33	4 31	4 28	4 25	4 21	4 16	4 10
21	4 46	4 46	4 46	4 45	4 44	4 43	4 42	4 41	4 39	4 37	4 34	4 31	4 27	4 23
25	4 50	4 50	4 50	4 50	4 50	4 49	4 49	4 48	4 47	4 45	4 43	4 41	4 38	4 35
29	4 54	4 55	4 55	4 55	4 55	4 55	4 55	4 55	4 54	4 53	4 52	4 51	4 49	4 47
Nov. 2	4 58	4 59	5 00	5 00	5 01	5 01	5 01	5 02	5 02	5 02	5 01	5 01	5 00	4 58
6	5 02	5 03	5 04	5 05	5 06	5 07	5 08	5 08	5 09	5 09	5 10	5 10	5 10	5 10
10	5 06	5 08	5 09	5 10	5 11	5 13	5 14	5 15	5 16	5 17	5 18	5 19	5 20	5 20
14	5 10	5 12	5 13	5 15	5 17	5 18	5 20	5 21	5 23	5 24	5 26	5 27	5 29	5 30
18	5 14	5 16	5 18	5 20	5 22	5 24	5 25	5 27	5 29	5 31	5 33	5 36	5 38	5 40
22	5 18	5 20	5 22	5 24	5 27	5 29	5 31	5 33	5 36	5 38	5 41	5 43	5 46	5 49
26	5 22	5 24	5 26	5 29	5 31	5 34	5 36	5 39	5 42	5 44	5 47	5 51	5 54	5 58
30	5 25	5 28	5 30	5 33	5 36	5 38	5 41	5 44	5 47	5 50	5 54	5 57	6 01	6 05
Dec. 4	5 29	5 31	5 34	5 37	5 40	5 43	5 46	5 49	5 52	5 56	5 59	6 03	6 08	6 12
8	5 32	5 35	5 38	5 41	5 44	5 47	5 50	5 53	5 57	6 00	6 04	6 09	6 13	6 18
12	5 35	5 38	5 41	5 44	5 47	5 50	5 53	5 57	6 01	6 05	6 09	6 13	6 18	6 24
16	5 38	5 41	5 44	5 47	5 50	5 53	5 57	6 00	6 04	6 08	6 12	6 17	6 22	6 28
20	5 40	5 43	5 46	5 49	5 52	5 56	5 59	6 03	6 07	6 11	6 15	6 20	6 25	6 31
24	5 42	5 45	5 48	5 51	5 54	5 58	6 01	6 05	6 09	6 13	6 17	6 22	6 27	6 33
28	5 43	5 46	5 49	5 53	5 56	5 59	6 02	6 06	6 10	6 14	6 18	6 23	6 28	6 33
32	5 45	5 47	5 50	5 53	5 56	6 00	6 03	6 06	6 10	6 14	6 18	6 23	6 27	6 33
36	5 45	5 48	5 51	5 54	5 57	6 00	6 03	6 06	6 10	6 13	6 17	6 21	6 26	6 31

END OF EVENING ASTRONOMICAL TWILIGHT

Lat.	+40°	+42°	+44°	+46°	+48°	+50°	+52°	+54°	+56°	+58°	+60°	+62°	+64°	+66°
	h m	h m	h m	h m	h m	h m	h m	h m	h m	h m	h m	h m	h m	h m
Oct. 1	19 13	19 15	19 17	19 20	19 23	19 27	19 31	19 35	19 41	19 47	19 54	20 02	20 13	20 25
5	19 06	19 08	19 10	19 12	19 15	19 18	19 21	19 25	19 29	19 35	19 41	19 48	19 56	20 07
9	19 00	19 01	19 03	19 04	19 06	19 09	19 12	19 15	19 19	19 23	19 28	19 34	19 41	19 50
13	18 54	18 55	18 56	18 57	18 59	19 01	19 03	19 05	19 08	19 12	19 16	19 21	19 27	19 34
17	18 48	18 48	18 49	18 50	18 51	18 53	18 54	18 56	18 58	19 01	19 04	19 08	19 13	19 19
21	18 42	18 43	18 43	18 43	18 44	18 45	18 46	18 47	18 49	18 51	18 54	18 57	19 00	19 05
25	18 37	18 37	18 37	18 37	18 37	18 38	18 38	18 39	18 40	18 42	18 43	18 45	18 48	18 51
29	18 33	18 32	18 32	18 31	18 31	18 31	18 31	18 32	18 32	18 33	18 34	18 35	18 37	18 39
Nov. 2	18 28	18 28	18 27	18 26	18 26	18 25	18 25	18 25	18 24	18 24	18 25	18 25	18 26	18 27
6	18 24	18 23	18 22	18 21	18 20	18 20	18 19	18 18	18 17	18 17	18 16	18 16	18 16	18 16
10	18 21	18 20	18 18	18 17	18 16	18 14	18 13	18 12	18 11	18 10	18 09	18 08	18 07	18 06
14	18 18	18 17	18 15	18 13	18 12	18 10	18 08	18 07	18 05	18 04	18 02	18 00	17 59	17 57
18	18 16	18 14	18 12	18 10	18 08	18 06	18 04	18 02	18 00	17 58	17 56	17 54	17 52	17 49
22	18 14	18 12	18 10	18 07	18 05	18 03	18 01	17 58	17 56	17 53	17 51	17 48	17 45	17 42
26	18 13	18 10	18 08	18 05	18 03	18 00	17 58	17 55	17 52	17 50	17 47	17 43	17 40	17 36
30	18 12	18 09	18 07	18 04	18 01	17 59	17 56	17 53	17 50	17 47	17 43	17 39	17 35	17 31
Dec. 4	18 11	18 09	18 06	18 03	18 00	17 57	17 54	17 51	17 48	17 44	17 41	17 37	17 32	17 27
8	18 12	18 09	18 06	18 03	18 00	17 57	17 54	17 50	17 47	17 43	17 39	17 35	17 30	17 25
12	18 12	18 09	18 06	18 03	18 00	17 57	17 54	17 50	17 47	17 43	17 38	17 34	17 29	17 23
16	18 13	18 11	18 07	18 04	18 01	17 58	17 54	17 51	17 47	17 43	17 39	17 34	17 29	17 23
20	18 15	18 12	18 09	18 06	18 03	17 59	17 56	17 52	17 48	17 44	17 40	17 35	17 30	17 24
24	18 17	18 14	18 11	18 08	18 05	18 02	17 58	17 54	17 51	17 47	17 42	17 37	17 32	17 26
28	18 20	18 17	18 14	18 11	18 07	18 04	18 01	17 57	17 53	17 49	17 45	17 41	17 35	17 30
32	18 22	18 20	18 17	18 14	18 11	18 07	18 04	18 01	17 57	17 53	17 49	17 45	17 40	17 34
36	18 26	18 23	18 20	18 17	18 14	18 11	18 08	18 05	18 01	17 58	17 54	17 50	17 45	17 40

MOONRISE AND MOONSET, 2018

UNIVERSAL TIME FOR MERIDIAN OF GREENWICH

MOONRISE

Lat.	−55°	−50°	−45°	−40°	−35°	−30°	−20°	−10°	0°	+10°	+20°	+30°	+35°	+40°
	h m	h m	h m	h m	h m	h m	h m	h m	h m	h m	h m	h m	h m	h m
Jan. 0	18 41	18 19	18 02	17 48	17 36	17 26	17 08	16 52	16 38	16 24	16 08	15 51	15 41	15 29
1	19 53	19 29	19 11	18 56	18 43	18 32	18 13	17 57	17 41	17 26	17 10	16 51	16 40	16 27
2	20 53	20 30	20 12	19 58	19 45	19 35	19 16	19 00	18 45	18 30	18 14	17 56	17 45	17 33
3	21 39	21 20	21 04	20 52	20 41	20 31	20 15	20 01	19 47	19 34	19 19	19 03	18 53	18 42
4	22 15	22 00	21 48	21 38	21 29	21 21	21 08	20 57	20 46	20 35	20 23	20 10	20 02	19 54
5	22 43	22 33	22 24	22 17	22 11	22 06	21 56	21 48	21 41	21 33	21 25	21 15	21 10	21 03
6	23 07	23 01	22 56	22 52	22 49	22 46	22 40	22 36	22 31	22 27	22 22	22 17	22 14	22 11
7	23 27	23 26	23 25	23 24	23 23	23 23	23 22	23 20	23 20	23 19	23 18	23 16	23 16	23 15
8	23 47	23 50	23 53	23 55	23 56	23 58	.. ..	.. ..	.. ..	.. ..	.. ..	.. ..	.. ..	.. ..
9	.. ..	.. ..	.. ..	.. ..	.. ..	.. ..	0 01	0 03	0 06	0 08	0 11	0 13	0 15	0 17
10	0 07	0 14	0 20	0 25	0 29	0 33	0 39	0 45	0 51	0 56	1 02	1 09	1 13	1 17
11	0 28	0 39	0 48	0 56	1 02	1 08	1 18	1 27	1 35	1 44	1 53	2 03	2 09	2 16
12	0 52	1 07	1 19	1 29	1 37	1 45	1 58	2 10	2 20	2 31	2 43	2 57	3 04	3 13
13	1 19	1 38	1 53	2 05	2 15	2 24	2 40	2 53	3 06	3 19	3 33	3 49	3 59	4 09
14	1 53	2 14	2 30	2 44	2 56	3 06	3 23	3 39	3 53	4 08	4 23	4 41	4 51	5 03
15	2 33	2 55	3 13	3 28	3 40	3 51	4 09	4 26	4 41	4 56	5 12	5 31	5 42	5 54
16	3 20	3 43	4 01	4 16	4 28	4 39	4 57	5 14	5 29	5 44	6 00	6 19	6 30	6 42
17	4 15	4 37	4 54	5 07	5 19	5 29	5 47	6 02	6 17	6 31	6 46	7 04	7 14	7 26
18	5 16	5 35	5 50	6 02	6 13	6 22	6 38	6 51	7 04	7 17	7 31	7 46	7 55	8 06
19	6 21	6 37	6 49	6 59	7 08	7 15	7 28	7 40	7 51	8 01	8 13	8 26	8 33	8 42
20	7 29	7 41	7 50	7 57	8 04	8 10	8 20	8 28	8 36	8 45	8 53	9 03	9 09	9 15
21	8 39	8 46	8 52	8 57	9 01	9 05	9 11	9 16	9 22	9 27	9 32	9 39	9 42	9 46
22	9 51	9 53	9 55	9 57	9 59	10 00	10 03	10 05	10 07	10 09	10 11	10 14	10 15	10 17
23	11 04	11 02	11 00	10 59	10 58	10 57	10 55	10 54	10 53	10 52	10 50	10 49	10 48	10 47
24	12 19	12 12	12 07	12 03	11 59	11 56	11 50	11 45	11 40	11 36	11 31	11 25	11 22	11 19

MOONSET

Lat.	−55°	−50°	−45°	−40°	−35°	−30°	−20°	−10°	0°	+10°	+20°	+30°	+35°	+40°
	h m	h m	h m	h m	h m	h m	h m	h m	h m	h m	h m	h m	h m	h m
Jan. 0	2 14	2 33	2 49	3 01	3 12	3 22	3 38	3 52	4 06	4 19	4 33	4 50	4 59	5 10
1	3 00	3 23	3 41	3 55	4 08	4 18	4 37	4 53	5 08	5 23	5 39	5 57	6 08	6 20
2	4 00	4 24	4 42	4 57	5 10	5 21	5 40	5 56	6 12	6 27	6 43	7 02	7 13	7 26
3	5 12	5 34	5 51	6 05	6 17	6 27	6 45	7 01	7 15	7 29	7 45	8 02	8 12	8 24
4	6 31	6 50	7 04	7 16	7 26	7 35	7 50	8 03	8 16	8 28	8 41	8 55	9 04	9 14
5	7 53	8 07	8 18	8 27	8 35	8 41	8 53	9 03	9 12	9 22	9 32	9 43	9 49	9 56
6	9 14	9 23	9 30	9 36	9 41	9 45	9 53	9 59	10 05	10 11	10 18	10 25	10 29	10 34
7	10 32	10 36	10 39	10 42	10 44	10 46	10 49	10 52	10 55	10 57	11 00	11 03	11 05	11 07
8	11 47	11 46	11 46	11 45	11 45	11 44	11 43	11 42	11 42	11 41	11 40	11 39	11 39	11 38
9	13 00	12 54	12 50	12 46	12 43	12 40	12 35	12 31	12 27	12 23	12 19	12 14	12 12	12 08
10	14 10	14 00	13 52	13 46	13 40	13 35	13 27	13 19	13 12	13 05	12 58	12 49	12 44	12 39
11	15 18	15 04	14 53	14 44	14 36	14 29	14 17	14 07	13 57	13 47	13 37	13 25	13 19	13 11
12	16 23	16 06	15 52	15 40	15 31	15 22	15 07	14 55	14 43	14 31	14 18	14 03	13 55	13 45
13	17 25	17 05	16 49	16 35	16 24	16 14	15 57	15 43	15 29	15 15	15 01	14 44	14 34	14 23
14	18 23	18 00	17 42	17 28	17 16	17 05	16 47	16 31	16 16	16 01	15 45	15 27	15 17	15 04
15	19 13	18 50	18 32	18 18	18 05	17 54	17 36	17 19	17 04	16 49	16 32	16 14	16 03	15 50
16	19 57	19 35	19 17	19 03	18 51	18 41	18 23	18 07	17 52	17 37	17 21	17 03	16 52	16 40
17	20 33	20 14	19 58	19 45	19 34	19 24	19 08	18 53	18 40	18 26	18 11	17 54	17 45	17 33
18	21 04	20 47	20 34	20 23	20 14	20 05	19 51	19 38	19 27	19 15	19 02	18 47	18 39	18 29
19	21 29	21 17	21 06	20 58	20 50	20 44	20 32	20 22	20 13	20 03	19 53	19 41	19 35	19 27
20	21 52	21 43	21 36	21 30	21 25	21 20	21 12	21 05	20 58	20 52	20 44	20 36	20 31	20 26
21	22 12	22 07	22 04	22 00	21 58	21 55	21 51	21 47	21 43	21 40	21 36	21 31	21 29	21 26
22	22 31	22 31	22 31	22 30	22 30	22 30	22 30	22 29	22 29	22 28	22 28	22 27	22 27	22 27
23	22 51	22 55	22 58	23 01	23 03	23 06	23 09	23 12	23 15	23 18	23 21	23 25	23 27	23 29
24	23 13	23 21	23 28	23 34	23 39	23 43	23 51	23 57	.. ..	.. ..	.. ..	.. ..	.. ..	.. ..

.. .. indicates phenomenon will occur the next day.

MOONRISE AND MOONSET, 2018

UNIVERSAL TIME FOR MERIDIAN OF GREENWICH

MOONRISE

Lat.	+40°	+42°	+44°	+46°	+48°	+50°	+52°	+54°	+56°	+58°	+60°	+62°	+64°	+66°
	h m	h m	h m	h m	h m	h m	h m	h m	h m	h m	h m	h m	h m	h m
Jan. 0	15 29	15 24	15 19	15 13	15 06	14 59	14 52	14 43	14 34	14 23	14 10	13 56	13 38	13 16
1	16 27	16 22	16 16	16 09	16 02	15 55	15 46	15 37	15 26	15 14	15 00	14 43	14 22	13 56
2	17 33	17 27	17 21	17 15	17 08	17 00	16 52	16 43	16 32	16 20	16 06	15 49	15 29	15 03
3	18 42	18 37	18 32	18 27	18 20	18 14	18 06	17 58	17 49	17 38	17 26	17 12	16 55	16 34
4	19 54	19 50	19 45	19 41	19 36	19 31	19 25	19 18	19 11	19 03	18 54	18 43	18 30	18 15
5	21 03	21 01	20 58	20 55	20 51	20 47	20 43	20 39	20 34	20 28	20 22	20 15	20 07	19 57
6	22 11	22 09	22 07	22 06	22 04	22 02	22 00	21 57	21 54	21 51	21 48	21 44	21 40	21 35
7	23 15	23 15	23 14	23 14	23 14	23 13	23 13	23 12	23 12	23 11	23 11	23 10	23 09	23 08
8	.. ..	.. ..	.. ..	.. ..	.. ..	.. ..	.. ..	.. ..	.. ..	.. ..	.. ..	.. ..	.. ..	.. ..
9	0 17	0 18	0 19	0 20	0 21	0 22	0 23	0 25	0 26	0 28	0 30	0 32	0 35	0 37
10	1 17	1 19	1 21	1 24	1 26	1 29	1 32	1 35	1 38	1 42	1 47	1 52	1 58	2 04
11	2 16	2 19	2 22	2 26	2 29	2 34	2 38	2 43	2 48	2 55	3 02	3 09	3 19	3 30
12	3 13	3 17	3 21	3 26	3 31	3 36	3 42	3 49	3 56	4 04	4 14	4 25	4 38	4 53
13	4 09	4 14	4 19	4 25	4 30	4 37	4 44	4 52	5 01	5 11	5 23	5 37	5 53	6 14
14	5 03	5 08	5 14	5 20	5 27	5 34	5 42	5 51	6 02	6 13	6 27	6 43	7 02	7 27
15	5 54	6 00	6 06	6 12	6 19	6 27	6 36	6 45	6 56	7 08	7 23	7 40	8 01	8 29
16	6 42	6 48	6 53	7 00	7 07	7 15	7 23	7 32	7 43	7 55	8 09	8 26	8 47	9 14
17	7 26	7 31	7 37	7 43	7 49	7 56	8 04	8 13	8 23	8 34	8 47	9 02	9 20	9 43
18	8 06	8 10	8 15	8 20	8 26	8 32	8 39	8 47	8 55	9 05	9 16	9 28	9 43	10 01
19	8 42	8 46	8 50	8 54	8 59	9 04	9 09	9 15	9 22	9 30	9 38	9 48	10 00	10 13
20	9 15	9 18	9 21	9 24	9 28	9 31	9 35	9 40	9 45	9 50	9 57	10 04	10 12	10 21
21	9 46	9 48	9 50	9 52	9 54	9 57	9 59	10 02	10 05	10 09	10 12	10 17	10 22	10 28
22	10 17	10 17	10 18	10 19	10 20	10 21	10 22	10 23	10 24	10 25	10 27	10 29	10 30	10 33
23	10 47	10 47	10 46	10 46	10 45	10 45	10 44	10 43	10 43	10 42	10 41	10 40	10 39	10 38
24	11 19	11 17	11 15	11 14	11 12	11 10	11 07	11 05	11 02	10 59	10 56	10 52	10 48	10 43

MOONSET

Lat.	+40°	+42°	+44°	+46°	+48°	+50°	+52°	+54°	+56°	+58°	+60°	+62°	+64°	+66°
	h m	h m	h m	h m	h m	h m	h m	h m	h m	h m	h m	h m	h m	h m
Jan. 0	5 10	5 15	5 20	5 26	5 32	5 39	5 46	5 55	6 04	6 14	6 26	6 41	6 58	7 19
1	6 20	6 26	6 32	6 38	6 45	6 53	7 01	7 10	7 21	7 33	7 47	8 03	8 24	8 50
2	7 26	7 31	7 37	7 44	7 51	7 58	8 07	8 16	8 27	8 39	8 53	9 10	9 31	9 57
3	8 24	8 29	8 34	8 40	8 47	8 54	9 01	9 10	9 19	9 30	9 43	9 57	10 15	10 37
4	9 14	9 18	9 22	9 27	9 33	9 38	9 45	9 52	10 00	10 08	10 18	10 30	10 43	10 59
5	9 56	10 00	10 03	10 07	10 11	10 15	10 20	10 25	10 30	10 37	10 44	10 52	11 01	11 12
6	10 34	10 36	10 38	10 40	10 43	10 45	10 48	10 52	10 55	10 59	11 03	11 08	11 14	11 21
7	11 07	11 08	11 09	11 10	11 11	11 12	11 13	11 15	11 16	11 18	11 20	11 22	11 24	11 27
8	11 38	11 38	11 38	11 37	11 37	11 37	11 36	11 36	11 35	11 35	11 34	11 34	11 33	11 32
9	12 08	12 07	12 06	12 04	12 02	12 01	11 59	11 56	11 54	11 51	11 49	11 45	11 41	11 37
10	12 39	12 37	12 34	12 31	12 28	12 25	12 22	12 18	12 13	12 09	12 03	11 58	11 51	11 43
11	13 11	13 08	13 04	13 00	12 56	12 51	12 46	12 41	12 35	12 28	12 20	12 12	12 02	11 50
12	13 45	13 41	13 36	13 32	13 26	13 20	13 14	13 07	12 59	12 51	12 41	12 29	12 16	12 00
13	14 23	14 18	14 13	14 07	14 01	13 54	13 46	13 38	13 29	13 18	13 06	12 52	12 35	12 14
14	15 04	14 59	14 53	14 47	14 40	14 33	14 24	14 15	14 05	13 53	13 39	13 23	13 03	12 38
15	15 50	15 45	15 39	15 32	15 25	15 17	15 09	14 59	14 48	14 36	14 21	14 04	13 43	13 15
16	16 40	16 35	16 29	16 22	16 15	16 08	15 59	15 50	15 40	15 28	15 13	14 57	14 36	14 10
17	17 33	17 28	17 23	17 17	17 11	17 04	16 56	16 48	16 38	16 27	16 15	16 00	15 42	15 19
18	18 29	18 25	18 20	18 15	18 10	18 04	17 57	17 50	17 42	17 33	17 23	17 10	16 56	16 38
19	19 27	19 24	19 20	19 16	19 12	19 07	19 02	18 56	18 50	18 43	18 35	18 26	18 15	18 02
20	20 26	20 23	20 21	20 18	20 15	20 12	20 08	20 04	20 00	19 55	19 50	19 44	19 36	19 28
21	21 26	21 24	21 23	21 21	21 20	21 18	21 16	21 14	21 12	21 09	21 06	21 03	20 59	20 55
22	22 27	22 27	22 26	22 26	22 26	22 26	22 26	22 25	22 25	22 25	22 24	22 24	22 23	22 23
23	23 29	23 30	23 31	23 33	23 34	23 35	23 37	23 38	23 40	23 42	23 44	23 47	23 50	23 53
24	.. ..	.. ..	.. ..	.. ..	.. ..	.. ..	.. ..	.. ..	.. ..	.. ..	.. ..	.. ..	.. ..	.. ..

.. .. indicates phenomenon will occur the next day.

MOONRISE AND MOONSET, 2018

UNIVERSAL TIME FOR MERIDIAN OF GREENWICH

MOONRISE

Lat.	−55°	−50°	−45°	−40°	−35°	−30°	−20°	−10°	0°	+10°	+20°	+30°	+35°	+40°
	h m	h m	h m	h m	h m	h m	h m	h m	h m	h m	h m	h m	h m	h m
Jan. 23	11 04	11 02	11 00	10 59	10 58	10 57	10 55	10 54	10 53	10 52	10 50	10 49	10 48	10 47
24	12 19	12 12	12 07	12 03	11 59	11 56	11 50	11 45	11 40	11 36	11 31	11 25	11 22	11 19
25	13 36	13 25	13 16	13 08	13 02	12 56	12 46	12 38	12 30	12 22	12 14	12 04	11 59	11 53
26	14 56	14 39	14 27	14 16	14 07	13 59	13 46	13 34	13 23	13 12	13 01	12 48	12 40	12 32
27	16 14	15 54	15 38	15 25	15 14	15 04	14 48	14 33	14 20	14 06	13 52	13 36	13 27	13 16
28	17 28	17 05	16 47	16 33	16 20	16 09	15 51	15 35	15 20	15 05	14 49	14 31	14 20	14 08
29	18 33	18 10	17 52	17 37	17 24	17 13	16 54	16 37	16 22	16 07	15 50	15 32	15 21	15 08
30	19 27	19 05	18 48	18 34	18 23	18 12	17 55	17 39	17 25	17 10	16 55	16 37	16 27	16 15
31	20 08	19 51	19 37	19 25	19 15	19 06	18 51	18 38	18 26	18 13	18 00	17 45	17 36	17 26
Feb. 1	20 41	20 28	20 18	20 09	20 01	19 55	19 43	19 33	19 24	19 14	19 04	18 52	18 46	18 38
2	21 08	20 59	20 53	20 47	20 42	20 38	20 31	20 24	20 18	20 12	20 05	19 58	19 54	19 49
3	21 30	21 27	21 24	21 22	21 20	21 18	21 15	21 12	21 09	21 07	21 04	21 01	20 59	20 57
4	21 51	21 52	21 53	21 54	21 54	21 55	21 56	21 57	21 58	21 59	22 00	22 01	22 01	22 02
5	22 11	22 17	22 21	22 25	22 28	22 31	22 36	22 41	22 45	22 49	22 53	22 59	23 02	23 05
6	22 32	22 42	22 50	22 56	23 02	23 07	23 16	23 23	23 31	23 38	23 46	23 55	.. ..	.. ..
7	22 55	23 09	23 20	23 29	23 37	23 44	23 56	.. ..	.. ..	.. ..	.. ..	.. ..	0 00	0 06
8	23 22	23 39	23 53	.. ..	.. ..	.. ..	.. ..	0 06	0 16	0 26	0 37	0 49	0 57	1 05
9	23 53	.. ..	.. ..	0 04	0 14	0 22	0 37	0 50	1 02	1 15	1 28	1 43	1 52	2 02
10	.. ..	0 13	0 29	0 42	0 54	1 03	1 20	1 35	1 49	2 03	2 18	2 35	2 45	2 57
11	0 30	0 53	1 10	1 25	1 37	1 47	2 06	2 22	2 36	2 51	3 07	3 26	3 37	3 49
12	1 15	1 38	1 56	2 11	2 23	2 34	2 53	3 09	3 24	3 40	3 56	4 15	4 25	4 38
13	2 07	2 30	2 47	3 01	3 13	3 24	3 42	3 58	4 12	4 27	4 43	5 01	5 11	5 23
14	3 06	3 26	3 42	3 55	4 06	4 16	4 32	4 47	5 00	5 13	5 28	5 44	5 54	6 04
15	4 11	4 28	4 41	4 52	5 01	5 09	5 23	5 36	5 47	5 59	6 11	6 25	6 33	6 42
16	5 19	5 32	5 42	5 50	5 58	6 04	6 15	6 25	6 34	6 43	6 52	7 03	7 10	7 17

MOONSET

Lat.	−55°	−50°	−45°	−40°	−35°	−30°	−20°	−10°	0°	+10°	+20°	+30°	+35°	+40°
	h m	h m	h m	h m	h m	h m	h m	h m	h m	h m	h m	h m	h m	h m
Jan. 23	22 51	22 55	22 58	23 01	23 03	23 06	23 09	23 12	23 15	23 18	23 21	23 25	23 27	23 29
24	23 13	23 21	23 28	23 34	23 39	23 43	23 51	23 57	.. ..	.. ..	.. ..	.. ..	.. ..	.. ..
25	23 38	23 51	.. ..	.. ..	.. ..	.. ..	.. ..	.. ..	0 04	0 10	0 17	0 24	0 29	0 34
26	.. ..	.. ..	0 01	0 10	0 17	0 24	0 35	0 45	0 55	1 04	1 14	1 26	1 33	1 40
27	0 09	0 26	0 40	0 51	1 01	1 10	1 24	1 37	1 50	2 02	2 15	2 30	2 39	2 49
28	0 48	1 09	1 26	1 39	1 51	2 01	2 18	2 34	2 48	3 02	3 18	3 35	3 45	3 57
29	1 39	2 02	2 20	2 35	2 48	2 59	3 18	3 34	3 49	4 05	4 21	4 40	4 51	5 03
30	2 43	3 06	3 24	3 39	3 51	4 02	4 21	4 37	4 52	5 07	5 23	5 41	5 52	6 04
31	3 58	4 19	4 35	4 48	4 59	5 09	5 26	5 40	5 54	6 08	6 22	6 38	6 48	6 59
Feb. 1	5 20	5 36	5 49	6 00	6 09	6 17	6 31	6 43	6 54	7 05	7 16	7 30	7 37	7 46
2	6 44	6 55	7 04	7 12	7 18	7 24	7 34	7 42	7 50	7 58	8 06	8 15	8 21	8 27
3	8 06	8 12	8 17	8 21	8 25	8 28	8 34	8 38	8 43	8 47	8 52	8 57	9 00	9 03
4	9 25	9 26	9 28	9 28	9 29	9 30	9 31	9 32	9 33	9 33	9 34	9 35	9 36	9 36
5	10 41	10 38	10 35	10 33	10 31	10 29	10 26	10 23	10 20	10 18	10 15	10 12	10 10	10 08
6	11 54	11 46	11 40	11 34	11 30	11 26	11 19	11 13	11 07	11 01	10 55	10 48	10 44	10 39
7	13 05	12 52	12 43	12 34	12 27	12 21	12 11	12 01	11 53	11 44	11 35	11 24	11 18	11 11
8	14 12	13 56	13 43	13 32	13 23	13 15	13 02	12 50	12 39	12 27	12 15	12 02	11 54	11 45
9	15 16	14 57	14 41	14 29	14 18	14 08	13 52	13 38	13 25	13 12	12 58	12 42	12 32	12 22
10	16 15	15 53	15 36	15 22	15 10	15 00	14 42	14 26	14 12	13 57	13 42	13 24	13 14	13 02
11	17 09	16 45	16 27	16 13	16 00	15 50	15 31	15 15	15 00	14 44	14 28	14 09	13 59	13 46
12	17 55	17 32	17 14	17 00	16 48	16 37	16 19	16 03	15 47	15 32	15 16	14 58	14 47	14 34
13	18 34	18 13	17 57	17 43	17 32	17 22	17 05	16 50	16 35	16 21	16 06	15 49	15 38	15 27
14	19 06	18 48	18 34	18 23	18 13	18 04	17 49	17 35	17 23	17 10	16 57	16 41	16 32	16 22
15	19 34	19 19	19 08	18 59	18 51	18 43	18 31	18 20	18 10	17 59	17 48	17 36	17 28	17 20
16	19 57	19 47	19 39	19 32	19 26	19 21	19 12	19 04	18 56	18 48	18 40	18 31	18 25	18 19

.. .. indicates phenomenon will occur the next day.

UNIVERSAL TIME FOR MERIDIAN OF GREENWICH

MOONRISE

Lat.	+40°	+42°	+44°	+46°	+48°	+50°	+52°	+54°	+56°	+58°	+60°	+62°	+64°	+66°
	h m	h m	h m	h m	h m	h m	h m	h m	h m	h m	h m	h m	h m	h m
Jan. 23	10 47	10 47	10 46	10 46	10 45	10 45	10 44	10 43	10 43	10 42	10 41	10 40	10 39	10 38
24	11 19	11 17	11 15	11 14	11 12	11 10	11 07	11 05	11 02	10 59	10 56	10 52	10 48	10 43
25	11 53	11 50	11 47	11 44	11 41	11 37	11 33	11 29	11 25	11 19	11 13	11 07	10 59	10 50
26	12 32	12 28	12 24	12 19	12 15	12 10	12 04	11 58	11 51	11 44	11 35	11 25	11 14	11 00
27	13 16	13 11	13 06	13 01	12 55	12 49	12 42	12 34	12 25	12 15	12 04	11 51	11 36	11 17
28	14 08	14 03	13 57	13 51	13 44	13 37	13 28	13 19	13 09	12 58	12 44	12 28	12 09	11 45
29	15 08	15 03	14 57	14 50	14 43	14 35	14 27	14 17	14 06	13 54	13 40	13 23	13 02	12 35
30	16 15	16 10	16 04	15 58	15 51	15 44	15 36	15 27	15 17	15 05	14 52	14 36	14 17	13 53
31	17 26	17 21	17 17	17 11	17 06	17 00	16 53	16 45	16 37	16 28	16 17	16 04	15 49	15 30
Feb. 1	18 38	18 35	18 31	18 27	18 23	18 18	18 13	18 08	18 01	17 54	17 47	17 37	17 27	17 14
2	19 49	19 47	19 44	19 42	19 39	19 36	19 33	19 29	19 26	19 21	19 16	19 11	19 04	18 57
3	20 57	20 56	20 55	20 54	20 53	20 52	20 50	20 49	20 47	20 46	20 44	20 41	20 39	20 36
4	22 02	22 03	22 03	22 03	22 04	22 04	22 05	22 05	22 06	22 06	22 07	22 08	22 09	22 10
5	23 05	23 07	23 08	23 10	23 12	23 14	23 16	23 19	23 21	23 24	23 28	23 32	23 36	23 41
6	.. ..	.. ..	.. ..	.. ..	.. ..	.. ..	.. ..	.. ..	.. ..	.. ..	.. ..	.. ..	.. ..	.. ..
7	0 06	0 09	0 11	0 14	0 18	0 21	0 25	0 29	0 34	0 39	0 45	0 52	1 00	1 09
8	1 05	1 08	1 12	1 16	1 21	1 26	1 31	1 37	1 44	1 51	2 00	2 10	2 21	2 35
9	2 02	2 06	2 11	2 16	2 22	2 28	2 35	2 42	2 51	3 00	3 11	3 24	3 39	3 58
10	2 57	3 02	3 07	3 13	3 20	3 27	3 35	3 43	3 53	4 04	4 17	4 32	4 51	5 14
11	3 49	3 55	4 00	4 07	4 14	4 21	4 30	4 39	4 50	5 02	5 16	5 33	5 54	6 21
12	4 38	4 44	4 50	4 56	5 03	5 11	5 19	5 29	5 40	5 52	6 06	6 23	6 45	7 12
13	5 23	5 29	5 34	5 40	5 47	5 55	6 03	6 12	6 22	6 33	6 47	7 03	7 22	7 46
14	6 04	6 09	6 14	6 20	6 26	6 33	6 40	6 48	6 57	7 07	7 19	7 32	7 48	8 08
15	6 42	6 46	6 51	6 55	7 00	7 06	7 12	7 18	7 26	7 34	7 43	7 54	8 07	8 22
16	7 17	7 20	7 23	7 27	7 31	7 35	7 40	7 45	7 50	7 56	8 03	8 11	8 21	8 32

MOONSET

Lat.	+40°	+42°	+44°	+46°	+48°	+50°	+52°	+54°	+56°	+58°	+60°	+62°	+64°	+66°
	h m	h m	h m	h m	h m	h m	h m	h m	h m	h m	h m	h m	h m	h m
Jan. 23	23 29	23 30	23 31	23 33	23 34	23 35	23 37	23 38	23 40	23 42	23 44	23 47	23 50	23 53
24	.. ..	.. ..	.. ..	.. ..	.. ..	.. ..	.. ..	.. ..	.. ..	.. ..	.. ..	.. ..	.. ..	.. ..
25	0 34	0 36	0 38	0 41	0 44	0 47	0 50	0 53	0 57	1 02	1 07	1 12	1 19	1 27
26	1 40	1 44	1 47	1 51	1 55	2 00	2 05	2 11	2 17	2 24	2 31	2 40	2 51	3 04
27	2 49	2 53	2 58	3 03	3 08	3 14	3 21	3 28	3 37	3 46	3 57	4 09	4 24	4 42
28	3 57	4 02	4 08	4 14	4 20	4 28	4 36	4 44	4 54	5 06	5 19	5 34	5 53	6 17
29	5 03	5 09	5 15	5 21	5 28	5 36	5 44	5 54	6 05	6 17	6 31	6 48	7 09	7 36
30	6 04	6 10	6 16	6 22	6 29	6 36	6 44	6 53	7 04	7 16	7 29	7 45	8 05	8 29
31	6 59	7 03	7 09	7 14	7 20	7 27	7 34	7 42	7 50	8 00	8 12	8 25	8 41	9 00
Feb. 1	7 46	7 50	7 54	7 58	8 03	8 08	8 14	8 20	8 27	8 34	8 43	8 53	9 04	9 18
2	8 27	8 30	8 32	8 35	8 39	8 42	8 46	8 50	8 55	9 00	9 06	9 13	9 20	9 29
3	9 03	9 05	9 06	9 08	9 10	9 12	9 14	9 16	9 19	9 21	9 24	9 28	9 32	9 36
4	9 36	9 37	9 37	9 37	9 38	9 38	9 38	9 39	9 39	9 40	9 40	9 41	9 42	9 42
5	10 08	10 07	10 06	10 05	10 04	10 03	10 02	10 00	9 59	9 57	9 55	9 53	9 51	9 48
6	10 39	10 37	10 35	10 33	10 30	10 28	10 25	10 22	10 18	10 14	10 10	10 05	10 00	9 53
7	11 11	11 08	11 05	11 02	10 58	10 54	10 49	10 45	10 39	10 33	10 27	10 19	10 10	10 00
8	11 45	11 41	11 37	11 32	11 28	11 22	11 16	11 10	11 03	10 55	10 46	10 35	10 23	10 09
9	12 22	12 17	12 12	12 07	12 01	11 54	11 47	11 39	11 31	11 21	11 09	10 56	10 41	10 21
10	13 02	12 57	12 51	12 45	12 38	12 31	12 23	12 14	12 04	11 53	11 40	11 24	11 05	10 41
11	13 46	13 41	13 35	13 28	13 21	13 13	13 05	12 55	12 45	12 32	12 18	12 01	11 40	11 13
12	14 34	14 29	14 23	14 17	14 09	14 02	13 53	13 44	13 33	13 21	13 07	12 50	12 29	12 01
13	15 27	15 21	15 16	15 10	15 03	14 56	14 48	14 39	14 29	14 18	14 05	13 49	13 30	13 06
14	16 22	16 17	16 13	16 07	16 01	15 55	15 48	15 41	15 32	15 22	15 11	14 58	14 42	14 23
15	17 20	17 16	17 12	17 08	17 03	16 58	16 52	16 46	16 39	16 31	16 23	16 12	16 00	15 46
16	18 19	18 16	18 13	18 10	18 07	18 03	17 59	17 54	17 49	17 44	17 38	17 30	17 22	17 12

...... indicates phenomenon will occur the next day.

MOONRISE AND MOONSET, 2018

UNIVERSAL TIME FOR MERIDIAN OF GREENWICH

MOONRISE

Lat.	−55°	−50°	−45°	−40°	−35°	−30°	−20°	−10°	0°	+10°	+20°	+30°	+35°	+40°
	h m	h m	h m	h m	h m	h m	h m	h m	h m	h m	h m	h m	h m	h m
Feb. 15	4 11	4 28	4 41	4 52	5 01	5 09	5 23	5 36	5 47	5 59	6 11	6 25	6 33	6 42
16	5 19	5 32	5 42	5 50	5 58	6 04	6 15	6 25	6 34	6 43	6 52	7 03	7 10	7 17
17	6 29	6 38	6 44	6 50	6 55	6 59	7 07	7 14	7 20	7 26	7 32	7 40	7 44	7 49
18	7 41	7 45	7 48	7 51	7 53	7 56	7 59	8 02	8 05	8 08	8 12	8 15	8 17	8 20
19	8 54	8 54	8 53	8 53	8 53	8 52	8 52	8 52	8 51	8 51	8 51	8 51	8 50	8 50
20	10 09	10 03	9 59	9 56	9 53	9 50	9 46	9 42	9 38	9 35	9 31	9 27	9 24	9 21
21	11 25	11 15	11 07	11 00	10 55	10 50	10 41	10 34	10 27	10 20	10 13	10 04	10 00	9 54
22	12 42	12 27	12 16	12 06	11 58	11 51	11 38	11 28	11 18	11 08	10 57	10 45	10 38	10 31
23	13 59	13 40	13 25	13 12	13 02	12 53	12 37	12 24	12 11	11 59	11 46	11 30	11 22	11 12
24	15 12	14 50	14 33	14 18	14 06	13 56	13 38	13 23	13 08	12 54	12 38	12 21	12 11	11 59
25	16 19	15 55	15 37	15 22	15 09	14 58	14 39	14 23	14 07	13 52	13 36	13 17	13 06	12 53
26	17 15	16 53	16 35	16 20	16 08	15 57	15 39	15 23	15 08	14 53	14 37	14 18	14 07	13 55
27	18 01	17 41	17 25	17 13	17 02	16 52	16 36	16 21	16 08	15 54	15 40	15 23	15 13	15 02
28	18 37	18 21	18 09	17 59	17 50	17 42	17 29	17 17	17 06	16 55	16 43	16 29	16 22	16 13
Mar. 1	19 06	18 55	18 47	18 39	18 33	18 28	18 18	18 10	18 02	17 54	17 45	17 36	17 30	17 24
2	19 30	19 25	19 20	19 16	19 12	19 09	19 04	18 59	18 55	18 50	18 45	18 40	18 37	18 33
3	19 52	19 51	19 50	19 49	19 49	19 48	19 47	19 46	19 45	19 44	19 44	19 43	19 42	19 41
4	20 13	20 17	20 19	20 22	20 24	20 25	20 29	20 31	20 34	20 37	20 40	20 43	20 45	20 47
5	20 34	20 42	20 48	20 54	20 58	21 02	21 09	21 16	21 22	21 28	21 34	21 41	21 46	21 50
6	20 57	21 09	21 18	21 26	21 33	21 40	21 50	22 00	22 09	22 18	22 27	22 38	22 45	22 52
7	21 22	21 38	21 51	22 01	22 10	22 18	22 32	22 44	22 56	23 07	23 19	23 33	23 42	23 51
8	21 51	22 11	22 26	22 39	22 49	22 59	23 15	23 29	23 43	23 56	.. ..	.. ..	.. ..	.. ..
9	22 27	22 48	23 06	23 20	23 31	23 42	.. ..	.. ..	.. ..	.. ..	0 11	0 27	0 37	0 48
10	23 09	23 32	23 50	.. ..	.. ..	.. ..	0 00	0 16	0 30	0 45	1 01	1 19	1 30	1 42
11	23 58	.. ..	.. ..	0 04	0 17	0 28	0 47	1 03	1 18	1 33	1 50	2 09	2 20	2 32

MOONSET

Lat.	−55°	−50°	−45°	−40°	−35°	−30°	−20°	−10°	0°	+10°	+20°	+30°	+35°	+40°
	h m	h m	h m	h m	h m	h m	h m	h m	h m	h m	h m	h m	h m	h m
Feb. 15	19 34	19 19	19 08	18 59	18 51	18 43	18 31	18 20	18 10	17 59	17 48	17 36	17 28	17 20
16	19 57	19 47	19 39	19 32	19 26	19 21	19 12	19 04	18 56	18 48	18 40	18 31	18 25	18 19
17	20 18	20 12	20 07	20 03	20 00	19 57	19 51	19 46	19 42	19 37	19 32	19 26	19 23	19 19
18	20 38	20 36	20 35	20 34	20 33	20 32	20 30	20 29	20 27	20 26	20 24	20 23	20 22	20 21
19	20 58	21 00	21 03	21 04	21 06	21 07	21 10	21 12	21 14	21 16	21 18	21 20	21 21	21 23
20	21 19	21 26	21 31	21 36	21 40	21 44	21 50	21 56	22 01	22 06	22 12	22 19	22 22	22 26
21	21 42	21 53	22 03	22 10	22 17	22 23	22 33	22 42	22 51	22 59	23 08	23 19	23 25	23 31
22	22 10	22 26	22 38	22 49	22 58	23 06	23 20	23 32	23 43	23 54	.. ..	.. ..	.. ..	.. ..
23	22 44	23 04	23 20	23 33	23 44	23 53	.. ..	.. ..	.. ..	.. ..	0 06	0 20	0 28	0 38
24	23 28	23 51	.. ..	.. ..	.. ..	.. ..	0 10	0 24	0 38	0 52	1 06	1 23	1 33	1 44
25	.. ..	.. ..	0 09	0 23	0 36	0 46	1 05	1 21	1 36	1 51	2 07	2 26	2 36	2 49
26	0 24	0 48	1 06	1 21	1 34	1 45	2 04	2 21	2 36	2 51	3 08	3 26	3 37	3 50
27	1 32	1 55	2 12	2 26	2 38	2 49	3 06	3 22	3 36	3 51	4 06	4 24	4 34	4 45
28	2 50	3 09	3 23	3 35	3 46	3 55	4 10	4 23	4 36	4 48	5 01	5 16	5 25	5 35
Mar. 1	4 12	4 26	4 37	4 46	4 54	5 01	5 13	5 23	5 33	5 42	5 52	6 04	6 10	6 18
2	5 35	5 44	5 51	5 57	6 02	6 07	6 14	6 21	6 27	6 33	6 40	6 47	6 52	6 56
3	6 57	7 01	7 04	7 06	7 08	7 10	7 13	7 16	7 19	7 22	7 24	7 27	7 29	7 31
4	8 16	8 15	8 14	8 13	8 12	8 12	8 11	8 10	8 09	8 08	8 07	8 06	8 05	8 04
5	9 32	9 26	9 22	9 18	9 14	9 11	9 06	9 01	8 57	8 52	8 48	8 43	8 40	8 36
6	10 46	10 36	10 27	10 20	10 14	10 09	10 00	9 52	9 44	9 37	9 29	9 20	9 14	9 09
7	11 57	11 42	11 30	11 20	11 12	11 05	10 52	10 41	10 31	10 21	10 10	9 58	9 50	9 42
8	13 04	12 45	12 31	12 19	12 08	11 59	11 44	11 31	11 18	11 06	10 52	10 37	10 28	10 18
9	14 06	13 44	13 28	13 14	13 02	12 52	12 35	12 20	12 06	11 51	11 36	11 19	11 09	10 57
10	15 02	14 39	14 21	14 06	13 54	13 43	13 25	13 08	12 53	12 38	12 22	12 04	11 53	11 40
11	15 51	15 28	15 10	14 55	14 42	14 32	14 13	13 57	13 41	13 26	13 10	12 51	12 40	12 27

.. .. indicates phenomenon will occur the next day.

MOONRISE AND MOONSET, 2018

UNIVERSAL TIME FOR MERIDIAN OF GREENWICH

MOONRISE

Lat.	+40°	+42°	+44°	+46°	+48°	+50°	+52°	+54°	+56°	+58°	+60°	+62°	+64°	+66°
	h m	h m	h m	h m	h m	h m	h m	h m	h m	h m	h m	h m	h m	h m
Feb. 15	6 42	6 46	6 51	6 55	7 00	7 06	7 12	7 18	7 26	7 34	7 43	7 54	8 07	8 22
16	7 17	7 20	7 23	7 27	7 31	7 35	7 40	7 45	7 50	7 56	8 03	8 11	8 21	8 32
17	7 49	7 51	7 53	7 56	7 58	8 01	8 04	8 08	8 11	8 16	8 20	8 25	8 31	8 38
18	8 20	8 21	8 22	8 23	8 24	8 26	8 27	8 29	8 31	8 33	8 35	8 38	8 40	8 44
19	8 50	8 50	8 50	8 50	8 50	8 50	8 50	8 50	8 49	8 49	8 49	8 49	8 49	8 49
20	9 21	9 20	9 19	9 17	9 16	9 14	9 13	9 11	9 09	9 06	9 04	9 01	8 58	8 54
21	9 54	9 52	9 49	9 47	9 44	9 41	9 37	9 34	9 30	9 25	9 20	9 14	9 08	9 00
22	10 31	10 27	10 23	10 20	10 15	10 11	10 06	10 00	9 54	9 47	9 40	9 31	9 21	9 09
23	11 12	11 07	11 02	10 57	10 52	10 46	10 39	10 32	10 24	10 15	10 05	9 53	9 39	9 22
24	11 59	11 54	11 48	11 42	11 36	11 29	11 21	11 12	11 03	10 52	10 39	10 24	10 06	9 44
25	12 53	12 48	12 42	12 35	12 28	12 21	12 12	12 03	11 52	11 40	11 26	11 09	10 48	10 22
26	13 55	13 50	13 44	13 37	13 30	13 23	13 14	13 05	12 55	12 42	12 28	12 12	11 51	11 25
27	15 02	14 57	14 52	14 46	14 40	14 33	14 26	14 18	14 08	13 58	13 45	13 31	13 14	12 52
28	16 13	16 09	16 04	16 00	15 55	15 49	15 43	15 37	15 29	15 21	15 12	15 01	14 48	14 32
Mar. 1	17 24	17 21	17 18	17 15	17 11	17 07	17 03	16 58	16 53	16 48	16 41	16 34	16 25	16 15
2	18 33	18 32	18 30	18 28	18 27	18 24	18 22	18 20	18 17	18 14	18 10	18 07	18 02	17 57
3	19 41	19 41	19 41	19 40	19 40	19 40	19 39	19 39	19 38	19 38	19 37	19 37	19 36	19 35
4	20 47	20 48	20 49	20 50	20 51	20 53	20 54	20 56	20 57	20 59	21 01	21 04	21 07	21 10
5	21 50	21 53	21 55	21 57	22 00	22 03	22 06	22 10	22 13	22 18	22 23	22 28	22 34	22 42
6	22 52	22 55	22 58	23 02	23 06	23 11	23 15	23 21	23 27	23 33	23 41	23 49	23 59	.. ..
7	23 51	23 55	.. ..	.. ..	.. ..	.. ..	.. ..	.. ..	.. ..	.. ..	.. ..	.. ..	.. ..	0 11
8	.. ..	.. ..	0 00	0 05	0 10	0 15	0 22	0 29	0 36	0 45	0 55	1 07	1 21	1 37
9	0 48	0 53	0 58	1 04	1 10	1 17	1 24	1 33	1 42	1 53	2 05	2 19	2 37	2 58
10	1 42	1 47	1 53	1 59	2 06	2 14	2 22	2 31	2 42	2 54	3 07	3 24	3 44	4 10
11	2 32	2 38	2 44	2 50	2 57	3 05	3 14	3 24	3 34	3 47	4 01	4 19	4 40	5 08

MOONSET

Lat.	+40°	+42°	+44°	+46°	+48°	+50°	+52°	+54°	+56°	+58°	+60°	+62°	+64°	+66°
	h m	h m	h m	h m	h m	h m	h m	h m	h m	h m	h m	h m	h m	h m
Feb. 15	17 20	17 16	17 12	17 08	17 03	16 58	16 52	16 46	16 39	16 31	16 23	16 12	16 00	15 46
16	18 19	18 16	18 13	18 10	18 07	18 03	17 59	17 54	17 49	17 44	17 38	17 30	17 22	17 12
17	19 19	19 18	19 16	19 14	19 12	19 10	19 07	19 05	19 02	18 58	18 55	18 50	18 45	18 40
18	20 21	20 20	20 19	20 19	20 18	20 18	20 17	20 16	20 15	20 14	20 13	20 12	20 10	20 08
19	21 23	21 24	21 24	21 25	21 26	21 27	21 28	21 29	21 30	21 31	21 33	21 34	21 36	21 38
20	22 26	22 28	22 30	22 32	22 35	22 37	22 40	22 43	22 46	22 50	22 54	22 59	23 04	23 11
21	23 31	23 34	23 38	23 41	23 45	23 49	23 53	23 58	.. ..	.. ..	.. ..	.. ..	.. ..	.. ..
22	.. ..	.. ..	.. ..	.. ..	.. ..	.. ..	.. ..	.. ..	0 04	0 10	0 17	0 25	0 34	0 45
23	0 38	0 42	0 46	0 51	0 56	1 01	1 08	1 14	1 22	1 30	1 40	1 51	2 05	2 21
24	1 44	1 49	1 54	2 00	2 06	2 13	2 20	2 29	2 38	2 49	3 01	3 16	3 33	3 55
25	2 49	2 54	3 00	3 06	3 13	3 21	3 29	3 39	3 49	4 01	4 15	4 32	4 52	5 19
26	3 50	3 55	4 01	4 08	4 15	4 22	4 31	4 40	4 51	5 03	5 17	5 34	5 55	6 21
27	4 45	4 50	4 56	5 02	5 08	5 15	5 23	5 32	5 41	5 52	6 05	6 20	6 38	7 00
28	5 35	5 39	5 44	5 49	5 54	6 00	6 06	6 13	6 21	6 30	6 40	6 52	7 06	7 22
Mar. 1	6 18	6 21	6 25	6 28	6 32	6 37	6 42	6 47	6 53	6 59	7 06	7 15	7 24	7 35
2	6 56	6 58	7 01	7 03	7 06	7 08	7 11	7 15	7 18	7 22	7 27	7 32	7 38	7 44
3	7 31	7 32	7 33	7 34	7 35	7 36	7 37	7 39	7 40	7 42	7 44	7 46	7 48	7 51
4	8 04	8 04	8 03	8 03	8 03	8 02	8 02	8 01	8 01	8 00	7 59	7 58	7 57	7 56
5	8 36	8 35	8 33	8 31	8 29	8 28	8 25	8 23	8 20	8 18	8 14	8 11	8 07	8 02
6	9 09	9 06	9 03	9 00	8 57	8 54	8 50	8 46	8 41	8 36	8 30	8 24	8 16	8 08
7	9 42	9 39	9 35	9 31	9 26	9 21	9 16	9 10	9 04	8 57	8 49	8 39	8 28	8 16
8	10 18	10 14	10 09	10 04	9 58	9 52	9 46	9 38	9 30	9 21	9 10	8 58	8 44	8 27
9	10 57	10 52	10 47	10 41	10 35	10 28	10 20	10 11	10 02	9 51	9 38	9 23	9 05	8 43
10	11 40	11 35	11 29	11 23	11 16	11 08	11 00	10 50	10 40	10 27	10 13	9 57	9 36	9 10
11	12 27	12 22	12 16	12 09	12 02	11 54	11 46	11 36	11 25	11 13	10 58	10 41	10 19	9 51

..... indicates phenomenon will occur the next day.

MOONRISE AND MOONSET, 2018

UNIVERSAL TIME FOR MERIDIAN OF GREENWICH

MOONRISE

Lat.	−55°	−50°	−45°	−40°	−35°	−30°	−20°	−10°	0°	+10°	+20°	+30°	+35°	+40°
	h m	h m	h m	h m	h m	h m	h m	h m	h m	h m	h m	h m	h m	h m
Mar. 9	22 27	22 48	23 06	23 20	23 31	23 42	.. ..	.. ..	.. ..	.. ..	0 11	0 27	0 37	0 48
10	23 09	23 32	23 50	.. ..	.. ..	.. ..	0 00	0 16	0 30	0 45	1 01	1 19	1 30	1 42
11	23 58	.. ..	.. ..	0 04	0 17	0 28	0 47	1 03	1 18	1 33	1 50	2 09	2 20	2 32
12	.. ..	0 21	0 39	0 53	1 06	1 16	1 35	1 51	2 06	2 21	2 37	2 56	3 06	3 19
13	0 55	1 16	1 32	1 46	1 57	2 07	2 25	2 40	2 54	3 08	3 23	3 40	3 50	4 01
14	1 57	2 15	2 30	2 42	2 52	3 00	3 16	3 29	3 41	3 54	4 07	4 22	4 30	4 40
15	3 04	3 19	3 30	3 40	3 48	3 55	4 07	4 18	4 28	4 38	4 49	5 01	5 08	5 16
16	4 14	4 25	4 33	4 40	4 45	4 51	5 00	5 07	5 15	5 22	5 30	5 38	5 44	5 49
17	5 27	5 32	5 37	5 41	5 44	5 47	5 52	5 57	6 01	6 05	6 10	6 15	6 18	6 21
18	6 41	6 42	6 43	6 44	6 44	6 45	6 46	6 47	6 47	6 48	6 49	6 50	6 51	6 52
19	7 57	7 53	7 50	7 47	7 45	7 43	7 40	7 37	7 35	7 32	7 30	7 27	7 25	7 23
20	9 14	9 05	8 58	8 53	8 48	8 43	8 36	8 30	8 24	8 18	8 11	8 04	8 00	7 56
21	10 32	10 18	10 08	9 59	9 51	9 45	9 33	9 24	9 14	9 05	8 56	8 45	8 38	8 31
22	11 49	11 32	11 17	11 06	10 56	10 47	10 32	10 20	10 08	9 56	9 43	9 29	9 20	9 11
23	13 04	12 42	12 26	12 12	12 00	11 50	11 32	11 17	11 03	10 49	10 34	10 17	10 07	9 56
24	14 12	13 49	13 30	13 15	13 03	12 51	12 33	12 16	12 01	11 46	11 29	11 11	11 00	10 47
25	15 11	14 47	14 29	14 14	14 01	13 50	13 31	13 15	12 59	12 44	12 28	12 09	11 58	11 45
26	15 58	15 37	15 20	15 07	14 55	14 45	14 28	14 12	13 58	13 44	13 28	13 11	13 01	12 49
27	16 36	16 19	16 05	15 54	15 44	15 35	15 20	15 07	14 55	14 43	14 30	14 15	14 06	13 56
28	17 07	16 54	16 43	16 35	16 27	16 21	16 09	15 59	15 50	15 41	15 31	15 19	15 13	15 05
29	17 32	17 24	17 17	17 12	17 07	17 03	16 55	16 49	16 43	16 37	16 30	16 23	16 19	16 14
30	17 54	17 51	17 48	17 46	17 44	17 42	17 39	17 36	17 34	17 31	17 28	17 25	17 24	17 22
31	18 15	18 16	18 17	18 18	18 19	18 19	18 21	18 22	18 23	18 24	18 25	18 26	18 27	18 28
Apr. 1	18 35	18 41	18 46	18 50	18 53	18 56	19 02	19 06	19 11	19 15	19 20	19 26	19 29	19 33
2	18 57	19 07	19 15	19 22	19 28	19 34	19 43	19 51	19 59	20 06	20 15	20 24	20 30	20 36

MOONSET

Lat.	−55°	−50°	−45°	−40°	−35°	−30°	−20°	−10°	0°	+10°	+20°	+30°	+35°	+40°
	h m	h m	h m	h m	h m	h m	h m	h m	h m	h m	h m	h m	h m	h m
Mar. 9	14 06	13 44	13 28	13 14	13 02	12 52	12 35	12 20	12 06	11 51	11 36	11 19	11 09	10 57
10	15 02	14 39	14 21	14 06	13 54	13 43	13 25	13 08	12 53	12 38	12 22	12 04	11 53	11 40
11	15 51	15 28	15 10	14 55	14 42	14 32	14 13	13 57	13 41	13 26	13 10	12 51	12 40	12 27
12	16 32	16 10	15 53	15 40	15 28	15 17	14 59	14 44	14 29	14 15	13 59	13 41	13 30	13 18
13	17 07	16 48	16 33	16 20	16 10	16 00	15 44	15 30	15 17	15 03	14 49	14 33	14 23	14 12
14	17 36	17 20	17 08	16 57	16 49	16 41	16 27	16 15	16 04	15 53	15 40	15 27	15 18	15 09
15	18 01	17 49	17 40	17 32	17 25	17 19	17 08	16 59	16 51	16 42	16 32	16 22	16 15	16 08
16	18 23	18 15	18 09	18 04	18 00	17 56	17 49	17 43	17 37	17 31	17 25	17 18	17 14	17 09
17	18 43	18 40	18 37	18 35	18 33	18 31	18 28	18 26	18 23	18 21	18 18	18 15	18 13	18 11
18	19 03	19 04	19 05	19 06	19 07	19 07	19 08	19 09	19 10	19 11	19 12	19 13	19 13	19 14
19	19 23	19 29	19 34	19 38	19 41	19 44	19 49	19 54	19 58	20 02	20 07	20 12	20 15	20 18
20	19 46	19 56	20 05	20 11	20 17	20 23	20 32	20 40	20 48	20 55	21 03	21 13	21 18	21 24
21	20 12	20 27	20 39	20 49	20 57	21 05	21 18	21 29	21 39	21 50	22 01	22 15	22 22	22 31
22	20 44	21 03	21 18	21 31	21 41	21 51	22 07	22 21	22 34	22 47	23 01	23 17	23 27	23 37
23	21 25	21 47	22 05	22 19	22 31	22 42	23 00	23 16	23 30	23 45	.. ..	.. ..	.. ..	.. ..
24	22 16	22 40	22 59	23 14	23 26	23 38	23 57	.. ..	.. ..	.. ..	0 01	0 19	0 30	0 42
25	23 19	23 42	.. ..	.. ..	.. ..	.. ..	.. ..	0 13	0 29	0 44	1 01	1 20	1 31	1 43
26	.. ..	.. ..	0 00	0 15	0 27	0 38	0 56	1 12	1 27	1 42	1 58	2 17	2 27	2 39
27	0 31	0 51	1 07	1 20	1 31	1 41	1 58	2 12	2 25	2 39	2 53	3 09	3 18	3 29
28	1 49	2 05	2 18	2 29	2 38	2 46	2 59	3 11	3 22	3 32	3 44	3 57	4 04	4 13
29	3 10	3 21	3 30	3 38	3 44	3 50	3 59	4 08	4 16	4 23	4 31	4 41	4 46	4 52
30	4 31	4 37	4 42	4 46	4 50	4 53	4 58	5 03	5 07	5 12	5 16	5 21	5 24	5 27
31	5 51	5 52	5 53	5 53	5 54	5 55	5 56	5 56	5 57	5 58	5 59	5 59	6 00	6 00
Apr. 1	7 09	7 05	7 02	6 59	6 57	6 55	6 52	6 49	6 46	6 43	6 40	6 37	6 35	6 32
2	8 24	8 16	8 09	8 03	7 58	7 54	7 46	7 40	7 34	7 28	7 21	7 14	7 09	7 05

.. .. indicates phenomenon will occur the next day.

MOONRISE AND MOONSET, 2018

UNIVERSAL TIME FOR MERIDIAN OF GREENWICH

MOONRISE

Lat.	+40°	+42°	+44°	+46°	+48°	+50°	+52°	+54°	+56°	+58°	+60°	+62°	+64°	+66°
	h m	h m	h m	h m	h m	h m	h m	h m	h m	h m	h m	h m	h m	h m
Mar. 9	0 48	0 53	0 58	1 04	1 10	1 17	1 24	1 33	1 42	1 53	2 05	2 19	2 37	2 58
10	1 42	1 47	1 53	1 59	2 06	2 14	2 22	2 31	2 42	2 54	3 07	3 24	3 44	4 10
11	2 32	2 38	2 44	2 50	2 57	3 05	3 14	3 24	3 34	3 47	4 01	4 19	4 40	5 08
12	3 19	3 24	3 30	3 37	3 44	3 51	4 00	4 09	4 19	4 31	4 45	5 02	5 22	5 48
13	4 01	4 07	4 12	4 18	4 24	4 31	4 39	4 47	4 57	5 08	5 20	5 35	5 52	6 14
14	4 40	4 45	4 49	4 55	5 00	5 06	5 13	5 20	5 28	5 37	5 47	5 59	6 13	6 30
15	5 16	5 20	5 23	5 27	5 32	5 37	5 42	5 47	5 54	6 01	6 09	6 18	6 28	6 41
16	5 49	5 52	5 54	5 57	6 00	6 04	6 08	6 12	6 16	6 21	6 26	6 33	6 40	6 48
17	6 21	6 22	6 24	6 25	6 27	6 29	6 31	6 33	6 36	6 39	6 42	6 45	6 49	6 54
18	6 52	6 52	6 52	6 53	6 53	6 53	6 54	6 54	6 55	6 56	6 56	6 57	6 58	6 59
19	7 23	7 22	7 21	7 20	7 19	7 18	7 17	7 15	7 14	7 12	7 11	7 09	7 06	7 04
20	7 56	7 54	7 51	7 49	7 47	7 44	7 41	7 38	7 34	7 31	7 26	7 21	7 16	7 09
21	8 31	8 28	8 25	8 21	8 17	8 13	8 08	8 03	7 58	7 52	7 45	7 37	7 28	7 17
22	9 11	9 07	9 02	8 57	8 52	8 46	8 40	8 33	8 26	8 17	8 08	7 57	7 44	7 28
23	9 56	9 51	9 45	9 40	9 33	9 26	9 19	9 11	9 01	8 51	8 38	8 24	8 07	7 46
24	10 47	10 42	10 36	10 29	10 22	10 15	10 06	9 57	9 46	9 34	9 20	9 04	8 43	8 17
25	11 45	11 40	11 34	11 27	11 20	11 12	11 04	10 54	10 43	10 31	10 16	9 59	9 38	9 11
26	12 49	12 44	12 38	12 32	12 25	12 18	12 10	12 01	11 51	11 40	11 27	11 11	10 52	10 28
27	13 56	13 52	13 47	13 42	13 36	13 30	13 24	13 16	13 08	12 59	12 48	12 35	12 20	12 02
28	15 05	15 02	14 58	14 54	14 50	14 45	14 40	14 35	14 29	14 22	14 14	14 05	13 55	13 42
29	16 14	16 12	16 09	16 07	16 04	16 01	15 58	15 55	15 51	15 47	15 42	15 36	15 30	15 23
30	17 22	17 21	17 20	17 19	17 18	17 17	17 15	17 14	17 12	17 11	17 09	17 07	17 04	17 01
31	18 28	18 28	18 29	18 29	18 30	18 30	18 30	18 31	18 31	18 32	18 33	18 34	18 35	18 37
Apr. 1	19 33	19 34	19 36	19 38	19 40	19 42	19 45	19 47	19 50	19 53	19 57	20 01	20 06	20 11
2	20 36	20 39	20 42	20 45	20 48	20 52	20 56	21 01	21 06	21 11	21 18	21 25	21 33	21 43

MOONSET

Lat.	+40°	+42°	+44°	+46°	+48°	+50°	+52°	+54°	+56°	+58°	+60°	+62°	+64°	+66°
	h m	h m	h m	h m	h m	h m	h m	h m	h m	h m	h m	h m	h m	h m
Mar. 9	10 57	10 52	10 47	10 41	10 35	10 28	10 20	10 11	10 02	9 51	9 38	9 23	9 05	8 43
10	11 40	11 35	11 29	11 23	11 16	11 08	11 00	10 50	10 40	10 27	10 13	9 57	9 36	9 10
11	12 27	12 22	12 16	12 09	12 02	11 54	11 46	11 36	11 25	11 13	10 58	10 41	10 19	9 51
12	13 18	13 13	13 07	13 01	12 54	12 46	12 38	12 29	12 18	12 07	11 53	11 36	11 16	10 50
13	14 12	14 07	14 02	13 56	13 50	13 44	13 36	13 28	13 19	13 08	12 56	12 42	12 25	12 03
14	15 09	15 05	15 01	14 56	14 51	14 45	14 39	14 32	14 25	14 16	14 06	13 55	13 41	13 25
15	16 08	16 05	16 02	15 58	15 54	15 50	15 45	15 40	15 34	15 28	15 21	15 12	15 02	14 51
16	17 09	17 07	17 05	17 02	17 00	16 57	16 54	16 50	16 47	16 42	16 38	16 32	16 26	16 19
17	18 11	18 10	18 09	18 08	18 07	18 05	18 04	18 03	18 01	17 59	17 57	17 55	17 52	17 49
18	19 14	19 14	19 14	19 15	19 15	19 16	19 16	19 16	19 17	19 17	19 18	19 19	19 19	19 20
19	20 18	20 20	20 21	20 23	20 25	20 27	20 29	20 32	20 34	20 37	20 41	20 44	20 49	20 54
20	21 24	21 27	21 30	21 33	21 36	21 40	21 44	21 48	21 53	21 58	22 05	22 12	22 20	22 29
21	22 31	22 35	22 39	22 43	22 48	22 53	22 59	23 05	23 12	23 20	23 29	23 40	23 52	.. ..
22	23 37	23 42	23 47	23 53	23 59	.. ..	.. ..	.. ..	.. ..	.. ..	.. ..	.. ..	.. ..	0 07
23	.. ..	.. ..	.. ..	.. ..	.. ..	0 05	0 12	0 20	0 29	0 40	0 51	1 05	1 22	1 42
24	0 42	0 48	0 53	1 00	1 07	1 14	1 22	1 32	1 42	1 54	2 08	2 24	2 44	3 10
25	1 43	1 49	1 55	2 02	2 09	2 17	2 25	2 35	2 46	2 58	3 13	3 30	3 51	4 19
26	2 39	2 45	2 51	2 57	3 04	3 11	3 19	3 28	3 38	3 50	4 03	4 19	4 39	5 03
27	3 29	3 34	3 39	3 44	3 50	3 57	4 04	4 12	4 20	4 30	4 41	4 54	5 10	5 29
28	4 13	4 17	4 21	4 25	4 30	4 35	4 40	4 46	4 53	5 01	5 09	5 19	5 30	5 44
29	4 52	4 55	4 57	5 00	5 04	5 07	5 11	5 15	5 20	5 25	5 31	5 37	5 45	5 53
30	5 27	5 29	5 30	5 32	5 34	5 36	5 38	5 40	5 42	5 45	5 48	5 52	5 56	6 00
31	6 00	6 01	6 01	6 01	6 01	6 02	6 02	6 02	6 03	6 03	6 04	6 04	6 05	6 05
Apr. 1	6 32	6 31	6 30	6 29	6 28	6 27	6 25	6 24	6 22	6 20	6 18	6 16	6 13	6 10
2	7 05	7 02	7 00	6 58	6 55	6 52	6 49	6 46	6 42	6 38	6 34	6 28	6 22	6 16

.. .. indicates phenomenon will occur the next day.

MOONRISE AND MOONSET, 2018

UNIVERSAL TIME FOR MERIDIAN OF GREENWICH

MOONRISE

Lat.	−55°	−50°	−45°	−40°	−35°	−30°	−20°	−10°	0°	+10°	+20°	+30°	+35°	+40°
	h m	h m	h m	h m	h m	h m	h m	h m	h m	h m	h m	h m	h m	h m
Apr. 1	18 35	18 41	18 46	18 50	18 53	18 56	19 02	19 06	19 11	19 15	19 20	19 26	19 29	19 33
2	18 57	19 07	19 15	19 22	19 28	19 34	19 43	19 51	19 59	20 06	20 15	20 24	20 30	20 36
3	19 21	19 35	19 47	19 56	20 05	20 12	20 25	20 36	20 46	20 57	21 08	21 21	21 29	21 37
4	19 49	20 07	20 21	20 33	20 43	20 52	21 08	21 21	21 34	21 47	22 01	22 16	22 26	22 36
5	20 22	20 43	20 59	21 13	21 25	21 35	21 53	22 08	22 22	22 37	22 52	23 10	23 20	23 32
6	21 01	21 24	21 42	21 57	22 09	22 20	22 39	22 55	23 11	23 26	23 42	.. ..	.. ..	.. ..
7	21 48	22 11	22 29	22 44	22 57	23 08	23 27	23 43	23 59	.. ..	.. ..	0 01	0 12	0 25
8	22 41	23 04	23 21	23 35	23 48	23 58	.. ..	.. ..	.. ..	0 14	0 31	0 50	1 01	1 13
9	23 42	.. ..	.. ..	.. ..	.. ..	.. ..	0 16	0 32	0 47	1 01	1 17	1 35	1 46	1 58
10	.. ..	0 01	0 17	0 30	0 41	0 50	1 06	1 21	1 34	1 47	2 01	2 18	2 27	2 38
11	0 47	1 03	1 16	1 27	1 36	1 44	1 58	2 10	2 21	2 32	2 44	2 57	3 05	3 14
12	1 55	2 08	2 17	2 26	2 33	2 39	2 49	2 58	3 07	3 16	3 25	3 35	3 41	3 48
13	3 07	3 15	3 21	3 26	3 31	3 35	3 42	3 48	3 53	3 59	4 05	4 12	4 15	4 20
14	4 21	4 24	4 27	4 29	4 31	4 32	4 35	4 37	4 40	4 42	4 45	4 47	4 49	4 51
15	5 37	5 35	5 34	5 33	5 32	5 31	5 30	5 28	5 27	5 26	5 25	5 24	5 23	5 22
16	6 55	6 49	6 43	6 39	6 35	6 32	6 26	6 21	6 16	6 11	6 07	6 01	5 58	5 54
17	8 15	8 04	7 54	7 47	7 40	7 34	7 24	7 15	7 07	6 59	6 51	6 41	6 35	6 29
18	9 36	9 19	9 06	8 55	8 46	8 38	8 24	8 12	8 01	7 50	7 38	7 25	7 17	7 08
19	10 54	10 33	10 17	10 04	9 52	9 43	9 26	9 11	8 57	8 44	8 29	8 13	8 03	7 52
20	12 07	11 43	11 25	11 10	10 57	10 46	10 27	10 11	9 55	9 40	9 24	9 05	8 55	8 42
21	13 09	12 45	12 26	12 11	11 58	11 47	11 27	11 10	10 55	10 39	10 22	10 03	9 52	9 39
22	14 00	13 37	13 20	13 05	12 53	12 43	12 24	12 08	11 53	11 39	11 23	11 04	10 54	10 41
23	14 40	14 21	14 06	13 53	13 43	13 34	13 18	13 04	12 51	12 37	12 23	12 07	11 58	11 47
24	15 11	14 57	14 45	14 35	14 27	14 20	14 07	13 56	13 45	13 35	13 24	13 11	13 03	12 55
25	15 37	15 27	15 19	15 12	15 07	15 01	14 53	14 45	14 37	14 30	14 22	14 13	14 08	14 02

MOONSET

Lat.	−55°	−50°	−45°	−40°	−35°	−30°	−20°	−10°	0°	+10°	+20°	+30°	+35°	+40°
	h m	h m	h m	h m	h m	h m	h m	h m	h m	h m	h m	h m	h m	h m
Apr. 1	7 09	7 05	7 02	6 59	6 57	6 55	6 52	6 49	6 46	6 43	6 40	6 37	6 35	6 32
2	8 24	8 16	8 09	8 03	7 58	7 54	7 46	7 40	7 34	7 28	7 21	7 14	7 09	7 05
3	9 38	9 25	9 14	9 05	8 58	8 52	8 40	8 31	8 21	8 12	8 03	7 51	7 45	7 38
4	10 48	10 31	10 17	10 06	9 56	9 48	9 34	9 21	9 09	8 58	8 45	8 31	8 23	8 13
5	11 53	11 33	11 17	11 03	10 52	10 42	10 26	10 11	9 57	9 44	9 29	9 12	9 03	8 52
6	12 53	12 30	12 12	11 58	11 46	11 35	11 17	11 01	10 46	10 31	10 15	9 56	9 46	9 33
7	13 45	13 22	13 03	12 49	12 36	12 25	12 06	11 49	11 34	11 18	11 02	10 43	10 32	10 19
8	14 30	14 07	13 49	13 35	13 23	13 12	12 53	12 37	12 22	12 07	11 51	11 32	11 21	11 08
9	15 07	14 47	14 30	14 17	14 06	13 56	13 39	13 24	13 10	12 55	12 40	12 23	12 13	12 01
10	15 38	15 21	15 07	14 55	14 45	14 37	14 22	14 09	13 57	13 44	13 31	13 16	13 07	12 57
11	16 04	15 50	15 39	15 30	15 22	15 16	15 04	14 53	14 43	14 33	14 22	14 10	14 03	13 55
12	16 26	16 17	16 09	16 03	15 57	15 52	15 44	15 36	15 29	15 22	15 14	15 05	15 00	14 55
13	16 47	16 42	16 38	16 34	16 31	16 28	16 24	16 19	16 15	16 11	16 07	16 02	15 59	15 56
14	17 07	17 06	17 05	17 05	17 05	17 04	17 03	17 03	17 02	17 02	17 01	17 00	17 00	16 59
15	17 27	17 31	17 34	17 36	17 39	17 41	17 44	17 47	17 50	17 53	17 56	18 00	18 02	18 04
16	17 48	17 57	18 04	18 10	18 15	18 19	18 27	18 34	18 40	18 47	18 53	19 01	19 06	19 11
17	18 13	18 27	18 37	18 46	18 54	19 01	19 13	19 23	19 33	19 42	19 53	20 04	20 11	20 19
18	18 44	19 02	19 16	19 28	19 38	19 46	20 02	20 15	20 27	20 40	20 53	21 09	21 18	21 28
19	19 22	19 44	20 01	20 15	20 26	20 37	20 55	21 10	21 25	21 39	21 55	22 13	22 23	22 35
20	20 10	20 34	20 53	21 08	21 21	21 32	21 51	22 08	22 24	22 39	22 56	23 15	23 26	23 39
21	21 10	21 34	21 53	22 08	22 21	22 32	22 51	23 07	23 23	23 38	23 55	.. ..	.. ..	.. ..
22	22 19	22 41	22 58	23 12	23 24	23 34	23 52	.. ..	.. ..	.. ..	.. ..	0 14	0 25	0 37
23	23 36	23 54	.. ..	.. ..	.. ..	.. ..	0 07	0 21	0 35	0 50		1 07	1 17	1 29
24	.. ..	.. ..	0 08	0 19	0 29	0 38	0 52	1 05	1 17	1 29	1 41	1 56	2 04	2 13
25	0 55	1 08	1 18	1 27	1 34	1 41	1 52	2 01	2 10	2 19	2 29	2 40	2 46	2 53

.. .. indicates phenomenon will occur the next day.

MOONRISE AND MOONSET, 2018

UNIVERSAL TIME FOR MERIDIAN OF GREENWICH

MOONRISE

Lat.	+40°	+42°	+44°	+46°	+48°	+50°	+52°	+54°	+56°	+58°	+60°	+62°	+64°	+66°
	h m	h m	h m	h m	h m	h m	h m	h m	h m	h m	h m	h m	h m	h m
Apr. 1	19 33	19 34	19 36	19 38	19 40	19 42	19 45	19 47	19 50	19 53	19 57	20 01	20 06	20 11
2	20 36	20 39	20 42	20 45	20 48	20 52	20 56	21 01	21 06	21 11	21 18	21 25	21 33	21 43
3	21 37	21 41	21 45	21 50	21 54	21 59	22 05	22 12	22 19	22 27	22 36	22 46	22 58	23 13
4	22 36	22 41	22 46	22 51	22 57	23 04	23 11	23 19	23 28	23 38	23 49	.. ..	.. ..	.. ..
5	23 32	23 38	23 43	23 50	23 56	.. ..	.. ..	.. ..	.. ..	.. ..	.. ..	0 03	0 19	0 39
6	.. ..	.. ..	.. ..	.. .	.. ..	0 04	0 12	0 21	0 31	0 43	0 56	1 12	1 32	1 57
7	0 25	0 31	0 37	0 43	0 50	0 58	1 07	1 17	1 28	1 40	1 55	2 12	2 34	3 03
8	1 13	1 19	1 25	1 32	1 39	1 47	1 55	2 05	2 16	2 28	2 43	3 01	3 22	3 50
9	1 58	2 03	2 09	2 15	2 22	2 29	2 37	2 46	2 56	3 08	3 21	3 37	3 56	4 21
10	2 38	2 42	2 48	2 53	2 59	3 05	3 13	3 20	3 29	3 39	3 51	4 04	4 20	4 39
11	3 14	3 18	3 22	3 27	3 32	3 37	3 43	3 49	3 57	4 05	4 14	4 24	4 36	4 51
12	3 48	3 51	3 54	3 58	4 01	4 05	4 10	4 15	4 20	4 26	4 32	4 40	4 49	4 59
13	4 20	4 22	4 24	4 26	4 28	4 31	4 34	4 37	4 40	4 44	4 48	4 53	4 58	5 05
14	4 51	4 52	4 53	4 53	4 54	4 56	4 57	4 58	4 59	5 01	5 03	5 05	5 07	5 09
15	5 22	5 22	5 21	5 21	5 20	5 20	5 19	5 19	5 18	5 17	5 17	5 16	5 15	5 14
16	5 54	5 53	5 51	5 49	5 47	5 45	5 43	5 41	5 38	5 35	5 32	5 28	5 24	5 19
17	6 29	6 26	6 24	6 20	6 17	6 13	6 09	6 05	6 00	5 55	5 49	5 42	5 34	5 25
18	7 08	7 04	7 00	6 56	6 51	6 46	6 40	6 34	6 27	6 19	6 10	6 00	5 48	5 34
19	7 52	7 47	7 42	7 36	7 30	7 24	7 17	7 09	7 00	6 50	6 38	6 24	6 08	5 49
20	8 42	8 37	8 31	8 25	8 18	8 10	8 02	7 52	7 42	7 30	7 16	7 00	6 40	6 15
21	9 39	9 33	9 27	9 21	9 13	9 05	8 57	8 47	8 36	8 23	8 08	7 51	7 29	7 00
22	10 41	10 36	10 30	10 24	10 17	10 09	10 01	9 51	9 41	9 29	9 15	8 58	8 38	8 12
23	11 47	11 42	11 37	11 32	11 26	11 19	11 12	11 04	10 55	10 45	10 33	10 19	10 03	9 42
24	12 55	12 51	12 47	12 42	12 38	12 33	12 27	12 21	12 14	12 06	11 57	11 47	11 35	11 20
25	14 02	14 00	13 57	13 54	13 50	13 47	13 43	13 39	13 34	13 29	13 23	13 16	13 08	12 59

MOONSET

Lat.	+40°	+42°	+44°	+46°	+48°	+50°	+52°	+54°	+56°	+58°	+60°	+62°	+64°	+66°
	h m	h m	h m	h m	h m	h m	h m	h m	h m	h m	h m	h m	h m	h m
Apr. 1	6 32	6 31	6 30	6 29	6 28	6 27	6 25	6 24	6 22	6 20	6 18	6 16	6 13	6 10
2	7 05	7 02	7 00	6 58	6 55	6 52	6 49	6 46	6 42	6 38	6 34	6 28	6 22	6 16
3	7 38	7 35	7 31	7 28	7 24	7 19	7 15	7 10	7 04	6 58	6 50	6 42	6 33	6 22
4	8 13	8 09	8 05	8 00	7 55	7 49	7 43	7 36	7 29	7 20	7 11	6 59	6 46	6 31
5	8 52	8 47	8 41	8 36	8 29	8 23	8 15	8 07	7 58	7 48	7 36	7 22	7 05	6 44
6	9 33	9 28	9 22	9 16	9 09	9 01	8 53	8 44	8 33	8 21	8 08	7 51	7 31	7 06
7	10 19	10 13	10 07	10 01	9 53	9 45	9 37	9 27	9 16	9 03	8 49	8 31	8 09	7 41
8	11 08	11 03	10 57	10 50	10 43	10 35	10 27	10 17	10 06	9 54	9 39	9 22	9 01	8 33
9	12 01	11 56	11 50	11 44	11 38	11 31	11 23	11 14	11 04	10 53	10 40	10 24	10 05	9 41
10	12 57	12 52	12 47	12 42	12 37	12 30	12 24	12 16	12 08	11 58	11 47	11 34	11 19	11 00
11	13 55	13 51	13 47	13 43	13 39	13 34	13 28	13 22	13 16	13 08	13 00	12 50	12 38	12 25
12	14 55	14 52	14 49	14 46	14 43	14 39	14 36	14 31	14 27	14 22	14 16	14 09	14 01	13 52
13	15 56	15 55	15 53	15 51	15 50	15 48	15 45	15 43	15 41	15 38	15 35	15 31	15 27	15 22
14	16 59	16 59	16 59	16 58	16 58	16 58	16 57	16 57	16 57	16 56	16 56	16 55	16 54	16 53
15	18 04	18 05	18 06	18 07	18 09	18 10	18 11	18 13	18 15	18 17	18 19	18 22	18 24	18 28
16	19 11	19 13	19 16	19 18	19 21	19 24	19 27	19 31	19 35	19 40	19 45	19 51	19 57	20 05
17	20 19	20 23	20 26	20 30	20 35	20 39	20 45	20 50	20 57	21 04	21 12	21 21	21 32	21 45
18	21 28	21 32	21 37	21 43	21 48	21 54	22 01	22 09	22 17	22 27	22 38	22 51	23 07	23 25
19	22 35	22 41	22 46	22 53	22 59	23 07	23 15	23 24	23 34	23 46	23 59	.. ..	.. ..	.. ..
20	23 39	23 45	23 51	23 58	.. ..	.. ..	.. ..	.. ..	.. ..	.. ..	.. ..	0 15	0 35	1 00
21	.. ..	.. ..	.. ..	.. ..	0 05	0 13	0 21	0 31	0 42	0 55	1 10	1 27	1 49	2 17
22	0 37	0 43	0 49	0 55	1 02	1 10	1 18	1 28	1 39	1 51	2 05	2 22	2 43	3 09
23	1 29	1 34	1 39	1 45	1 51	1 58	2 05	2 14	2 23	2 34	2 46	3 00	3 17	3 39
24	2 13	2 18	2 22	2 27	2 32	2 37	2 44	2 50	2 58	3 06	3 16	3 27	3 40	3 55
25	2 53	2 56	2 59	3 03	3 06	3 11	3 15	3 20	3 25	3 31	3 38	3 46	3 55	4 05

.. .. indicates phenomenon will occur the next day.

MOONRISE AND MOONSET, 2018
UNIVERSAL TIME FOR MERIDIAN OF GREENWICH
MOONRISE

Lat.	−55°	−50°	−45°	−40°	−35°	−30°	−20°	−10°	0°	+10°	+20°	+30°	+35°	+40°
	h m	h m	h m	h m	h m	h m	h m	h m	h m	h m	h m	h m	h m	h m
Apr. 24	15 11	14 57	14 45	14 35	14 27	14 20	14 07	13 56	13 45	13 35	13 24	13 11	13 03	12 55
25	15 37	15 27	15 19	15 12	15 07	15 01	14 53	14 45	14 37	14 30	14 22	14 13	14 08	14 02
26	15 59	15 54	15 50	15 46	15 43	15 40	15 36	15 31	15 27	15 24	15 19	15 15	15 12	15 09
27	16 19	16 19	16 18	16 18	16 18	16 17	16 17	16 16	16 16	16 16	16 15	16 15	16 14	16 14
28	16 39	16 43	16 46	16 49	16 51	16 53	16 57	17 00	17 03	17 07	17 10	17 14	17 16	17 18
29	16 59	17 08	17 15	17 20	17 25	17 30	17 37	17 44	17 51	17 57	18 04	18 12	18 16	18 22
30	17 22	17 35	17 45	17 53	18 01	18 07	18 19	18 29	18 38	18 47	18 58	19 09	19 16	19 24
May 1	17 47	18 04	18 18	18 29	18 38	18 47	19 01	19 14	19 26	19 38	19 51	20 06	20 14	20 24
2	18 18	18 38	18 54	19 07	19 19	19 28	19 45	20 00	20 14	20 28	20 43	21 00	21 11	21 22
3	18 54	19 17	19 35	19 50	20 02	20 13	20 31	20 48	21 03	21 18	21 34	21 53	22 04	22 17
4	19 38	20 02	20 21	20 36	20 49	21 00	21 19	21 36	21 51	22 07	22 24	22 43	22 55	23 07
5	20 29	20 53	21 11	21 26	21 38	21 49	22 08	22 24	22 40	22 55	23 11	23 30	23 41	23 54
6	21 27	21 48	22 05	22 19	22 30	22 40	22 58	23 13	23 27	23 41	23 56	.. ..	.. ..	.. ..
7	22 30	22 48	23 02	23 14	23 24	23 33	23 48	.. ..	.. ..	.. ..	.. ..	0 14	0 24	0 35
8	23 37	23 51	.. ..	.. ..	.. ..	.. ..	.. ..	0 01	0 14	0 26	0 39	0 54	1 03	1 13
9	.. ..	.. ..	0 02	0 12	0 20	0 27	0 39	0 50	1 00	1 10	1 20	1 32	1 39	1 47
10	0 46	0 56	1 04	1 11	1 17	1 22	1 30	1 38	1 45	1 52	2 00	2 09	2 13	2 19
11	1 58	2 04	2 08	2 12	2 15	2 18	2 23	2 27	2 31	2 35	2 39	2 44	2 47	2 50
12	3 13	3 14	3 14	3 15	3 15	3 15	3 16	3 17	3 17	3 18	3 18	3 19	3 20	3 20
13	4 30	4 26	4 22	4 20	4 17	4 15	4 11	4 08	4 05	4 02	3 59	3 56	3 54	3 51
14	5 50	5 41	5 33	5 27	5 22	5 17	5 09	5 02	4 55	4 49	4 42	4 34	4 30	4 25
15	7 12	6 58	6 46	6 37	6 29	6 21	6 09	5 58	5 49	5 39	5 28	5 16	5 10	5 02
16	8 34	8 15	8 00	7 47	7 37	7 27	7 12	6 58	6 45	6 32	6 19	6 03	5 54	5 44
17	9 53	9 29	9 12	8 57	8 45	8 34	8 15	7 59	7 44	7 30	7 14	6 56	6 45	6 33
18	11 02	10 37	10 18	10 02	9 49	9 38	9 18	9 01	8 45	8 30	8 13	7 53	7 42	7 29

MOONSET

Lat.	−55°	−50°	−45°	−40°	−35°	−30°	−20°	−10°	0°	+10°	+20°	+30°	+35°	+40°
	h m	h m	h m	h m	h m	h m	h m	h m	h m	h m	h m	h m	h m	h m
Apr. 24	.. ..	.. ..	0 08	0 19	0 29	0 38	0 52	1 05	1 17	1 29	1 41	1 56	2 04	2 13
25	0 55	1 08	1 18	1 27	1 34	1 41	1 52	2 01	2 10	2 19	2 29	2 40	2 46	2 53
26	2 14	2 22	2 29	2 34	2 39	2 43	2 50	2 56	3 02	3 07	3 13	3 20	3 24	3 28
27	3 32	3 36	3 38	3 40	3 42	3 44	3 46	3 49	3 51	3 53	3 55	3 58	3 59	4 01
28	4 50	4 48	4 46	4 45	4 44	4 43	4 41	4 40	4 39	4 37	4 36	4 34	4 33	4 32
29	6 05	5 59	5 53	5 49	5 45	5 42	5 36	5 31	5 26	5 21	5 16	5 10	5 07	5 03
30	7 19	7 08	6 59	6 52	6 45	6 40	6 30	6 21	6 13	6 05	5 57	5 47	5 42	5 35
May 1	8 31	8 16	8 03	7 53	7 44	7 36	7 23	7 12	7 01	6 50	6 39	6 26	6 18	6 09
2	9 40	9 20	9 05	8 52	8 42	8 32	8 16	8 02	7 49	7 36	7 22	7 06	6 57	6 46
3	10 43	10 20	10 03	9 49	9 37	9 26	9 08	8 52	8 38	8 23	8 07	7 49	7 39	7 27
4	11 39	11 15	10 57	10 42	10 29	10 18	9 59	9 42	9 26	9 11	8 54	8 35	8 24	8 11
5	12 27	12 03	11 45	11 30	11 17	11 06	10 47	10 30	10 15	9 59	9 43	9 23	9 12	8 59
6	13 07	12 45	12 28	12 14	12 02	11 51	11 33	11 18	11 03	10 48	10 32	10 14	10 03	9 51
7	13 40	13 21	13 06	12 53	12 43	12 33	12 17	12 03	11 50	11 36	11 22	11 06	10 56	10 45
8	14 07	13 52	13 40	13 29	13 20	13 13	12 59	12 47	12 36	12 25	12 13	11 59	11 51	11 42
9	14 31	14 19	14 10	14 02	13 56	13 50	13 39	13 30	13 22	13 13	13 04	12 53	12 47	12 40
10	14 51	14 44	14 38	14 33	14 29	14 25	14 18	14 13	14 07	14 01	13 55	13 49	13 45	13 40
11	15 11	15 08	15 06	15 04	15 02	15 00	14 58	14 55	14 53	14 51	14 48	14 45	14 44	14 42
12	15 30	15 32	15 33	15 34	15 35	15 36	15 37	15 39	15 40	15 41	15 42	15 44	15 44	15 45
13	15 50	15 57	16 02	16 06	16 10	16 13	16 19	16 24	16 29	16 33	16 39	16 44	16 48	16 51
14	16 13	16 25	16 34	16 41	16 48	16 53	17 03	17 12	17 20	17 29	17 37	17 47	17 53	18 00
15	16 41	16 57	17 10	17 21	17 30	17 38	17 52	18 04	18 15	18 26	18 39	18 53	19 01	19 10
16	17 16	17 37	17 53	18 06	18 17	18 27	18 44	18 59	19 13	19 27	19 42	19 59	20 09	20 20
17	18 01	18 25	18 43	18 58	19 11	19 22	19 41	19 58	20 13	20 29	20 45	21 04	21 16	21 28
18	18 58	19 23	19 42	19 58	20 11	20 22	20 42	20 59	21 15	21 30	21 47	22 07	22 18	22 31

.. .. indicates phenomenon will occur the next day.

MOONRISE AND MOONSET, 2018

UNIVERSAL TIME FOR MERIDIAN OF GREENWICH

MOONRISE

Lat.	+40°	+42°	+44°	+46°	+48°	+50°	+52°	+54°	+56°	+58°	+60°	+62°	+64°	+66°
	h m	h m	h m	h m	h m	h m	h m	h m	h m	h m	h m	h m	h m	h m
Apr. 24	12 55	12 51	12 47	12 42	12 38	12 33	12 27	12 21	12 14	12 06	11 57	11 47	11 35	11 20
25	14 02	14 00	13 57	13 54	13 50	13 47	13 43	13 39	13 34	13 29	13 23	13 16	13 08	12 59
26	15 09	15 07	15 06	15 04	15 03	15 01	14 59	14 57	14 54	14 51	14 48	14 45	14 41	14 36
27	16 14	16 14	16 14	16 14	16 14	16 14	16 13	16 13	16 13	16 13	16 13	16 12	16 12	16 12
28	17 18	17 20	17 21	17 22	17 23	17 25	17 27	17 28	17 30	17 33	17 35	17 38	17 41	17 45
29	18 22	18 24	18 26	18 29	18 32	18 35	18 39	18 42	18 46	18 51	18 56	19 02	19 09	19 17
30	19 24	19 27	19 31	19 35	19 39	19 44	19 49	19 54	20 01	20 08	20 16	20 25	20 36	20 48
May 1	20 24	20 28	20 33	20 38	20 44	20 50	20 56	21 04	21 12	21 21	21 32	21 44	21 59	22 17
2	21 22	21 27	21 33	21 39	21 45	21 52	22 00	22 09	22 19	22 30	22 43	22 58	23 17	23 41
3	22 17	22 22	22 28	22 35	22 42	22 50	22 59	23 08	23 19	23 32	23 46	.. ..	.. ..	.. ..
4	23 07	23 13	23 19	23 26	23 34	23 42	23 50	.. ..	.. ..	.. ..	.. ..	0 04	0 26	0 54
5	23 54	23 59	.. ..	.. ..	.. ..	.. ..	.. ..	0 00	0 12	0 25	0 40	0 58	1 20	1 50
6	.. ..	.. ..	0 05	0 12	0 19	0 27	0 35	0 45	0 55	1 08	1 22	1 39	2 00	2 27
7	0 35	0 40	0 46	0 52	0 58	1 05	1 13	1 21	1 31	1 42	1 54	2 09	2 27	2 49
8	1 13	1 17	1 22	1 27	1 32	1 38	1 45	1 52	2 00	2 09	2 19	2 31	2 45	3 02
9	1 47	1 51	1 54	1 58	2 03	2 07	2 12	2 18	2 24	2 31	2 39	2 48	2 59	3 11
10	2 19	2 22	2 24	2 27	2 30	2 33	2 37	2 41	2 45	2 50	2 55	3 01	3 08	3 17
11	2 50	2 51	2 53	2 54	2 56	2 58	3 00	3 02	3 04	3 07	3 10	3 13	3 17	3 21
12	3 20	3 20	3 20	3 21	3 21	3 21	3 22	3 22	3 22	3 23	3 23	3 24	3 24	3 25
13	3 51	3 50	3 49	3 48	3 47	3 46	3 44	3 43	3 41	3 39	3 37	3 35	3 32	3 29
14	4 25	4 23	4 20	4 18	4 15	4 12	4 09	4 05	4 02	3 57	3 53	3 47	3 41	3 34
15	5 02	4 59	4 55	4 51	4 47	4 42	4 37	4 32	4 26	4 19	4 12	4 03	3 53	3 41
16	5 44	5 40	5 35	5 30	5 24	5 18	5 12	5 04	4 56	4 47	4 36	4 24	4 10	3 52
17	6 33	6 28	6 22	6 16	6 09	6 02	5 54	5 45	5 35	5 23	5 10	4 55	4 36	4 12
18	7 29	7 23	7 17	7 10	7 03	6 55	6 46	6 36	6 25	6 13	5 58	5 40	5 18	4 49

MOONSET

Lat.	+40°	+42°	+44°	+46°	+48°	+50°	+52°	+54°	+56°	+58°	+60°	+62°	+64°	+66°
	h m	h m	h m	h m	h m	h m	h m	h m	h m	h m	h m	h m	h m	h m
Apr. 24	2 13	2 18	2 22	2 27	2 32	2 37	2 44	2 50	2 58	3 06	3 16	3 27	3 40	3 55
25	2 53	2 56	2 59	3 03	3 06	3 11	3 15	3 20	3 25	3 31	3 38	3 46	3 55	4 05
26	3 28	3 30	3 32	3 34	3 37	3 39	3 42	3 45	3 48	3 52	3 56	4 00	4 06	4 12
27	4 01	4 01	4 02	4 03	4 04	4 05	4 06	4 07	4 08	4 09	4 11	4 13	4 15	4 17
28	4 32	4 32	4 31	4 31	4 30	4 29	4 29	4 28	4 27	4 26	4 25	4 24	4 23	4 21
29	5 03	5 02	5 00	4 58	4 56	4 54	4 51	4 49	4 46	4 43	4 39	4 35	4 31	4 25
30	5 35	5 33	5 30	5 26	5 23	5 19	5 15	5 11	5 06	5 01	4 55	4 48	4 40	4 30
May 1	6 09	6 06	6 02	5 57	5 53	5 47	5 42	5 36	5 29	5 21	5 13	5 03	4 51	4 37
2	6 46	6 42	6 37	6 31	6 25	6 19	6 12	6 04	5 56	5 46	5 35	5 22	5 07	4 48
3	7 27	7 21	7 16	7 10	7 03	6 55	6 47	6 38	6 28	6 17	6 03	5 48	5 29	5 04
4	8 11	8 05	7 59	7 53	7 45	7 37	7 29	7 19	7 08	6 55	6 40	6 23	6 01	5 32
5	8 59	8 53	8 47	8 41	8 33	8 25	8 16	8 06	7 55	7 42	7 27	7 09	6 47	6 17
6	9 51	9 45	9 39	9 33	9 26	9 18	9 10	9 01	8 50	8 38	8 24	8 07	7 46	7 20
7	10 45	10 40	10 35	10 29	10 23	10 16	10 09	10 01	9 51	9 41	9 29	9 14	8 57	8 35
8	11 42	11 38	11 33	11 29	11 23	11 18	11 12	11 05	10 57	10 49	10 39	10 28	10 14	9 58
9	12 40	12 37	12 34	12 30	12 26	12 22	12 17	12 12	12 07	12 00	11 53	11 45	11 35	11 24
10	13 40	13 38	13 36	13 33	13 31	13 28	13 25	13 22	13 18	13 14	13 10	13 05	12 59	12 52
11	14 42	14 41	14 40	14 39	14 38	14 37	14 36	14 34	14 33	14 31	14 29	14 27	14 25	14 22
12	15 45	15 46	15 46	15 47	15 47	15 48	15 48	15 49	15 50	15 50	15 51	15 52	15 53	15 55
13	16 51	16 53	16 55	16 57	16 59	17 01	17 03	17 06	17 09	17 12	17 16	17 20	17 25	17 31
14	18 00	18 03	18 06	18 09	18 13	18 17	18 21	18 26	18 31	18 37	18 44	18 52	19 01	19 11
15	19 10	19 14	19 19	19 23	19 29	19 34	19 40	19 47	19 55	20 04	20 13	20 25	20 38	20 55
16	20 20	20 26	20 31	20 37	20 43	20 50	20 58	21 07	21 16	21 28	21 40	21 55	22 14	22 37
17	21 28	21 34	21 40	21 47	21 54	22 02	22 11	22 20	22 31	22 44	22 59	23 16	23 38	.. ..
18	22 31	22 37	22 43	22 50	22 57	23 05	23 14	23 24	23 35	23 47	.. ..	.. ..	.. ..	0 07

.. .. indicates phenomenon will occur the next day.

MOONRISE AND MOONSET, 2018

UNIVERSAL TIME FOR MERIDIAN OF GREENWICH

MOONRISE

Lat.	−55°	−50°	−45°	−40°	−35°	−30°	−20°	−10°	0°	+10°	+20°	+30°	+35°	+40°
	h m	h m	h m	h m	h m	h m	h m	h m	h m	h m	h m	h m	h m	h m
May 17	9 53	9 29	9 12	8 57	8 45	8 34	8 15	7 59	7 44	7 30	7 14	6 56	6 45	6 33
18	11 02	10 37	10 18	10 02	9 49	9 38	9 18	9 01	8 45	8 30	8 13	7 53	7 42	7 29
19	11 59	11 35	11 17	11 01	10 49	10 38	10 19	10 02	9 46	9 31	9 14	8 55	8 44	8 31
20	12 43	12 22	12 06	11 53	11 42	11 32	11 15	11 00	10 46	10 32	10 17	9 59	9 49	9 38
21	13 17	13 01	12 48	12 37	12 28	12 20	12 06	11 54	11 42	11 30	11 18	11 04	10 56	10 46
22	13 44	13 33	13 23	13 16	13 09	13 03	12 53	12 44	12 35	12 27	12 18	12 07	12 01	11 54
23	14 07	14 00	13 55	13 50	13 46	13 42	13 36	13 31	13 26	13 20	13 15	13 09	13 05	13 01
24	14 27	14 25	14 23	14 22	14 20	14 19	14 17	14 15	14 14	14 12	14 10	14 08	14 07	14 06
25	14 46	14 48	14 50	14 52	14 53	14 55	14 57	14 59	15 01	15 02	15 04	15 07	15 08	15 10
26	15 05	15 12	15 18	15 22	15 26	15 30	15 36	15 42	15 47	15 52	15 58	16 04	16 08	16 12
27	15 26	15 37	15 46	15 54	16 00	16 06	16 16	16 25	16 33	16 42	16 51	17 01	17 07	17 14
28	15 50	16 05	16 17	16 28	16 36	16 44	16 57	17 09	17 20	17 31	17 43	17 57	18 05	18 14
29	16 18	16 37	16 52	17 04	17 15	17 24	17 41	17 55	18 08	18 22	18 36	18 52	19 02	19 13
30	16 51	17 13	17 31	17 45	17 57	18 08	18 26	18 42	18 57	19 12	19 28	19 46	19 57	20 09
31	17 32	17 56	18 14	18 29	18 42	18 54	19 13	19 30	19 45	20 01	20 18	20 37	20 49	21 02
June 1	18 20	18 44	19 03	19 18	19 31	19 42	20 01	20 18	20 34	20 50	21 06	21 26	21 37	21 50
2	19 15	19 38	19 56	20 10	20 22	20 33	20 51	21 07	21 22	21 37	21 53	22 11	22 21	22 33
3	20 16	20 36	20 52	21 05	21 15	21 25	21 41	21 55	22 09	22 22	22 36	22 52	23 02	23 12
4	21 21	21 38	21 50	22 01	22 10	22 18	22 32	22 43	22 55	23 06	23 17	23 31	23 39	23 48
5	22 29	22 41	22 51	22 59	23 06	23 12	23 22	23 31	23 39	23 48	23 57	.. ..	.. ..	.. ..
6	23 39	23 46	23 53	23 58	.. ..	.. ..	.. ..	.. ..	.. ..	.. ..	.. ..	0 07	0 13	0 20
7	.. ..	.. ..	.. ..	.. ..	0 02	0 06	0 13	0 19	0 24	0 30	0 35	0 42	0 46	0 50
8	0 51	0 54	0 56	0 58	1 00	1 02	1 04	1 07	1 09	1 11	1 14	1 16	1 18	1 20
9	2 05	2 03	2 02	2 01	2 00	1 59	1 57	1 56	1 55	1 54	1 52	1 51	1 50	1 49
10	3 22	3 16	3 10	3 06	3 02	2 59	2 53	2 48	2 43	2 38	2 33	2 28	2 24	2 21

MOONSET

Lat.	−55°	−50°	−45°	−40°	−35°	−30°	−20°	−10°	0°	+10°	+20°	+30°	+35°	+40°
	h m	h m	h m	h m	h m	h m	h m	h m	h m	h m	h m	h m	h m	h m
May 17	18 01	18 25	18 43	18 58	19 11	19 22	19 41	19 58	20 13	20 29	20 45	21 04	21 16	21 28
18	18 58	19 23	19 42	19 58	20 11	20 22	20 42	20 59	21 15	21 30	21 47	22 07	22 18	22 31
19	20 07	20 30	20 48	21 02	21 15	21 26	21 44	22 00	22 15	22 30	22 46	23 04	23 14	23 26
20	21 23	21 42	21 58	22 10	22 21	22 30	22 46	23 00	23 13	23 26	23 39	23 55	.. ..	.. ..
21	22 42	22 57	23 09	23 19	23 27	23 34	23 47	23 58	.. ..	.. ..	.. ..	.. ..	0 04	0 14
22	.. ..	.. ..	.. ..	.. ..	.. ..	.. ..	.. ..	.. ..	0 08	0 18	0 28	0 41	0 47	0 55
23	0 02	0 12	0 20	0 26	0 32	0 37	0 45	0 53	1 00	1 06	1 14	1 22	1 26	1 32
24	1 20	1 25	1 29	1 32	1 35	1 37	1 42	1 45	1 49	1 52	1 56	2 00	2 02	2 04
25	2 37	2 37	2 37	2 37	2 37	2 37	2 36	2 36	2 36	2 36	2 36	2 36	2 36	2 35
26	3 52	3 47	3 43	3 40	3 37	3 34	3 30	3 26	3 23	3 19	3 15	3 11	3 09	3 06
27	5 06	4 56	4 48	4 42	4 36	4 32	4 23	4 16	4 09	4 02	3 55	3 47	3 42	3 37
28	6 18	6 03	5 52	5 43	5 35	5 28	5 16	5 06	4 56	4 46	4 36	4 24	4 17	4 09
29	7 27	7 09	6 55	6 43	6 33	6 24	6 09	5 56	5 43	5 31	5 18	5 03	4 54	4 44
30	8 33	8 11	7 54	7 40	7 29	7 18	7 01	6 46	6 31	6 17	6 02	5 45	5 35	5 23
31	9 32	9 08	8 50	8 35	8 22	8 11	7 52	7 36	7 20	7 05	6 48	6 29	6 18	6 06
June 1	10 24	9 59	9 41	9 25	9 12	9 01	8 42	8 25	8 09	7 53	7 36	7 17	7 05	6 52
2	11 07	10 44	10 26	10 11	9 59	9 48	9 29	9 13	8 57	8 42	8 25	8 06	7 55	7 43
3	11 43	11 22	11 06	10 52	10 41	10 31	10 14	9 59	9 45	9 30	9 15	8 58	8 48	8 36
4	12 12	11 54	11 41	11 29	11 20	11 11	10 56	10 43	10 31	10 19	10 06	9 50	9 42	9 31
5	12 36	12 23	12 12	12 03	11 55	11 48	11 37	11 26	11 16	11 06	10 56	10 44	10 37	10 29
6	12 57	12 48	12 40	12 34	12 29	12 24	12 15	12 08	12 01	11 54	11 46	11 38	11 33	11 27
7	13 16	13 11	13 07	13 04	13 01	12 58	12 53	12 49	12 45	12 42	12 37	12 33	12 30	12 27
8	13 35	13 34	13 34	13 33	13 33	13 32	13 32	13 31	13 31	13 30	13 30	13 29	13 28	13 28
9	13 54	13 58	14 01	14 03	14 06	14 08	14 11	14 15	14 17	14 20	14 24	14 27	14 29	14 31
10	14 15	14 23	14 30	14 36	14 41	14 46	14 53	15 00	15 07	15 13	15 20	15 28	15 33	15 38

.. .. indicates phenomenon will occur the next day.

UNIVERSAL TIME FOR MERIDIAN OF GREENWICH

MOONRISE

Lat.	+40°	+42°	+44°	+46°	+48°	+50°	+52°	+54°	+56°	+58°	+60°	+62°	+64°	+66°
	h m	h m	h m	h m	h m	h m	h m	h m	h m	h m	h m	h m	h m	h m
May 17	6 33	6 28	6 22	6 16	6 09	6 02	5 54	5 45	5 35	5 23	5 10	4 55	4 36	4 12
18	7 29	7 23	7 17	7 10	7 03	6 55	6 46	6 36	6 25	6 13	5 58	5 40	5 18	4 49
19	8 31	8 26	8 20	8 13	8 06	7 58	7 49	7 39	7 28	7 16	7 01	6 43	6 22	5 53
20	9 38	9 33	9 27	9 21	9 15	9 08	9 00	8 51	8 42	8 31	8 18	8 03	7 44	7 21
21	10 46	10 42	10 38	10 33	10 28	10 22	10 16	10 09	10 01	9 52	9 42	9 31	9 17	9 00
22	11 54	11 51	11 48	11 45	11 41	11 37	11 32	11 27	11 22	11 16	11 09	11 01	10 51	10 40
23	13 01	12 59	12 57	12 55	12 53	12 51	12 48	12 45	12 42	12 38	12 34	12 30	12 24	12 18
24	14 06	14 06	14 05	14 04	14 04	14 03	14 02	14 01	14 00	13 59	13 58	13 57	13 55	13 53
25	15 10	15 10	15 11	15 12	15 13	15 14	15 15	15 16	15 17	15 18	15 20	15 22	15 24	15 26
26	16 12	16 14	16 16	16 18	16 21	16 23	16 26	16 29	16 32	16 36	16 40	16 45	16 51	16 57
27	17 14	17 17	17 20	17 24	17 27	17 31	17 36	17 41	17 46	17 52	17 59	18 07	18 17	18 28
28	18 14	18 18	18 23	18 27	18 32	18 38	18 44	18 51	18 58	19 07	19 17	19 28	19 41	19 57
29	19 13	19 18	19 23	19 29	19 35	19 42	19 49	19 58	20 07	20 18	20 30	20 44	21 02	21 24
30	20 09	20 15	20 21	20 27	20 34	20 42	20 50	21 00	21 10	21 23	21 37	21 54	22 15	22 42
31	21 02	21 08	21 14	21 21	21 28	21 36	21 45	21 55	22 06	22 19	22 35	22 53	23 16	23 47
June 1	21 50	21 56	22 02	22 09	22 16	22 24	22 33	22 43	22 54	23 07	23 22	23 40	.. ..	.. ..
2	22 33	22 39	22 45	22 51	22 58	23 05	23 13	23 22	23 33	23 44	23 58	.. ..	0 02	0 31
3	23 12	23 17	23 22	23 28	23 34	23 40	23 47	23 55	.. ..	.. ..	.. ..	0 14	0 33	0 58
4	23 48	23 51	23 56	.. ..	.. ..	.. ..	.. ..	.. ..	0 04	0 14	0 25	0 39	0 54	1 14
5	.. ..	.. ..	.. ..	0 00	0 05	0 10	0 16	0 22	0 29	0 37	0 46	0 57	1 09	1 23
6	0 20	0 23	0 26	0 29	0 33	0 37	0 41	0 46	0 51	0 57	1 03	1 11	1 19	1 29
7	0 50	0 52	0 54	0 56	0 59	1 01	1 04	1 07	1 10	1 14	1 18	1 22	1 28	1 34
8	1 20	1 20	1 21	1 22	1 23	1 24	1 25	1 26	1 28	1 29	1 31	1 33	1 35	1 37
9	1 49	1 49	1 49	1 48	1 48	1 47	1 47	1 46	1 45	1 45	1 44	1 43	1 42	1 41
10	2 21	2 19	2 18	2 16	2 14	2 12	2 09	2 07	2 04	2 01	1 58	1 54	1 50	1 45

MOONSET

Lat.	+40°	+42°	+44°	+46°	+48°	+50°	+52°	+54°	+56°	+58°	+60°	+62°	+64°	+66°
	h m	h m	h m	h m	h m	h m	h m	h m	h m	h m	h m	h m	h m	h m
May 17	21 28	21 34	21 40	21 47	21 54	22 02	22 11	22 20	22 31	22 44	22 59	23 16	23 38	.. ..
18	22 31	22 37	22 43	22 50	22 57	23 05	23 14	23 24	23 35	23 47	.. ..	.. ..	.. ..	0 07
19	23 26	23 32	23 37	23 43	23 50	23 58	.. ..	.. ..	.. ..	.. ..	0 02	0 20	0 42	1 11
20	.. ..	.. ..	.. ..	.. ..	.. ..	.. ..	0 06	0 15	0 25	0 36	0 49	1 05	1 24	1 47
21	0 14	0 19	0 23	0 29	0 34	0 40	0 47	0 55	1 03	1 12	1 23	1 35	1 50	2 07
22	0 55	0 59	1 03	1 07	1 11	1 15	1 21	1 26	1 32	1 39	1 47	1 56	2 06	2 18
23	1 32	1 34	1 36	1 39	1 42	1 45	1 48	1 52	1 56	2 00	2 05	2 11	2 18	2 25
24	2 04	2 06	2 07	2 08	2 09	2 11	2 13	2 14	2 16	2 18	2 21	2 23	2 26	2 30
25	2 35	2 35	2 35	2 35	2 35	2 35	2 35	2 35	2 35	2 35	2 34	2 34	2 34	2 34
26	3 06	3 05	3 03	3 02	3 00	2 59	2 57	2 55	2 53	2 50	2 48	2 45	2 41	2 38
27	3 37	3 34	3 32	3 29	3 26	3 23	3 20	3 16	3 12	3 07	3 02	2 56	2 49	2 42
28	4 09	4 06	4 02	3 58	3 54	3 49	3 44	3 39	3 33	3 26	3 18	3 09	2 59	2 47
29	4 44	4 40	4 35	4 30	4 25	4 19	4 12	4 05	3 57	3 48	3 38	3 26	3 12	2 55
30	5 23	5 18	5 12	5 06	5 00	4 53	4 45	4 37	4 27	4 16	4 03	3 48	3 31	3 08
31	6 06	6 00	5 54	5 47	5 40	5 32	5 24	5 14	5 03	4 51	4 36	4 19	3 58	3 30
June 1	6 52	6 46	6 40	6 33	6 26	6 18	6 09	5 59	5 47	5 34	5 19	5 01	4 38	4 07
2	7 43	7 37	7 31	7 24	7 17	7 09	7 00	6 50	6 39	6 27	6 12	5 54	5 32	5 03
3	8 36	8 31	8 25	8 19	8 12	8 05	7 57	7 48	7 38	7 27	7 14	6 58	6 39	6 15
4	9 31	9 27	9 22	9 17	9 11	9 05	8 58	8 51	8 42	8 33	8 22	8 09	7 54	7 35
5	10 29	10 25	10 21	10 17	10 13	10 08	10 02	9 57	9 50	9 43	9 34	9 25	9 13	9 00
6	11 27	11 24	11 22	11 19	11 16	11 12	11 08	11 04	11 00	10 55	10 49	10 42	10 35	10 26
7	12 27	12 25	12 24	12 22	12 20	12 18	12 16	12 14	12 12	12 09	12 06	12 02	11 58	11 53
8	13 28	13 28	13 27	13 27	13 27	13 27	13 26	13 26	13 26	13 25	13 25	13 24	13 24	13 23
9	14 31	14 32	14 34	14 35	14 36	14 37	14 39	14 41	14 42	14 44	14 47	14 49	14 52	14 55
10	15 38	15 40	15 42	15 45	15 48	15 51	15 54	15 58	16 02	16 07	16 12	16 18	16 25	16 32

.. .. indicates phenomenon will occur the next day.

MOONRISE AND MOONSET, 2018

UNIVERSAL TIME FOR MERIDIAN OF GREENWICH

MOONRISE

Lat.	−55°	−50°	−45°	−40°	−35°	−30°	−20°	−10°	0°	+10°	+20°	+30°	+35°	+40°
	h m	h m	h m	h m	h m	h m	h m	h m	h m	h m	h m	h m	h m	h m
June 8	0 51	0 54	0 56	0 58	1 00	1 02	1 04	1 07	1 09	1 11	1 14	1 16	1 18	1 20
9	2 05	2 03	2 02	2 01	2 00	1 59	1 57	1 56	1 55	1 54	1 52	1 51	1 50	1 49
10	3 22	3 16	3 10	3 06	3 02	2 59	2 53	2 48	2 43	2 38	2 33	2 28	2 24	2 21
11	4 43	4 31	4 21	4 14	4 07	4 01	3 51	3 42	3 34	3 26	3 17	3 07	3 02	2 55
12	6 05	5 48	5 35	5 24	5 14	5 06	4 52	4 40	4 28	4 17	4 05	3 51	3 43	3 35
13	7 27	7 06	6 49	6 35	6 23	6 13	5 56	5 41	5 27	5 13	4 58	4 41	4 31	4 20
14	8 43	8 19	8 00	7 45	7 32	7 20	7 01	6 44	6 28	6 13	5 56	5 37	5 26	5 13
15	9 48	9 24	9 04	8 49	8 36	8 24	8 05	7 47	7 32	7 16	6 59	6 39	6 28	6 15
16	10 40	10 17	10 00	9 46	9 34	9 23	9 05	8 49	8 34	8 19	8 03	7 45	7 34	7 22
17	11 19	11 01	10 47	10 35	10 24	10 15	10 00	9 46	9 34	9 21	9 07	8 52	8 43	8 32
18	11 50	11 36	11 25	11 16	11 09	11 02	10 50	10 40	10 30	10 20	10 10	9 58	9 51	9 43
19	12 14	12 05	11 59	11 53	11 48	11 43	11 36	11 29	11 22	11 16	11 09	11 01	10 57	10 52
20	12 35	12 31	12 28	12 26	12 23	12 21	12 18	12 15	12 12	12 09	12 06	12 03	12 01	11 58
21	12 54	12 55	12 56	12 56	12 57	12 57	12 58	12 59	12 59	13 00	13 01	13 02	13 02	13 03
22	13 13	13 18	13 23	13 26	13 30	13 32	13 37	13 42	13 46	13 50	13 54	13 59	14 02	14 06
23	13 33	13 43	13 51	13 57	14 03	14 08	14 17	14 24	14 32	14 39	14 47	14 56	15 01	15 07
24	13 55	14 09	14 20	14 30	14 38	14 45	14 57	15 08	15 18	15 28	15 39	15 52	15 59	16 07
25	14 21	14 39	14 53	15 05	15 15	15 24	15 39	15 52	16 05	16 18	16 31	16 47	16 56	17 06
26	14 52	15 13	15 30	15 43	15 55	16 05	16 23	16 38	16 53	17 07	17 23	17 41	17 51	18 03
27	15 29	15 53	16 11	16 26	16 39	16 50	17 09	17 26	17 41	17 57	18 13	18 33	18 44	18 57
28	16 15	16 39	16 58	17 13	17 26	17 37	17 57	18 14	18 30	18 46	19 03	19 22	19 33	19 46
29	17 07	17 31	17 49	18 04	18 16	18 27	18 46	19 03	19 18	19 33	19 50	20 08	20 19	20 32
30	18 06	18 28	18 44	18 58	19 09	19 19	19 36	19 51	20 05	20 19	20 34	20 51	21 01	21 12
July 1	19 10	19 28	19 42	19 53	20 03	20 12	20 26	20 39	20 51	21 03	21 16	21 31	21 39	21 49
2	20 17	20 30	20 41	20 50	20 58	21 05	21 17	21 27	21 36	21 46	21 56	22 08	22 14	22 22

MOONSET

Lat.	−55°	−50°	−45°	−40°	−35°	−30°	−20°	−10°	0°	+10°	+20°	+30°	+35°	+40°
	h m	h m	h m	h m	h m	h m	h m	h m	h m	h m	h m	h m	h m	h m
June 8	13 35	13 34	13 34	13 33	13 33	13 32	13 32	13 31	13 31	13 30	13 30	13 29	13 28	13 28
9	13 54	13 58	14 01	14 03	14 06	14 08	14 11	14 15	14 17	14 20	14 24	14 27	14 29	14 31
10	14 15	14 23	14 30	14 36	14 41	14 46	14 53	15 00	15 07	15 13	15 20	15 28	15 33	15 38
11	14 39	14 53	15 03	15 13	15 20	15 27	15 39	15 49	15 59	16 09	16 20	16 32	16 39	16 47
12	15 10	15 28	15 43	15 55	16 05	16 14	16 29	16 43	16 56	17 09	17 22	17 38	17 47	17 58
13	15 49	16 12	16 29	16 44	16 56	17 07	17 25	17 41	17 56	18 11	18 27	18 45	18 56	19 08
14	16 41	17 06	17 25	17 41	17 54	18 06	18 25	18 42	18 58	19 14	19 31	19 51	20 02	20 15
15	17 47	18 11	18 30	18 45	18 58	19 10	19 29	19 46	20 01	20 17	20 34	20 53	21 04	21 16
16	19 03	19 24	19 41	19 55	20 06	20 16	20 34	20 49	21 03	21 17	21 31	21 48	21 58	22 09
17	20 24	20 41	20 55	21 06	21 15	21 23	21 37	21 49	22 01	22 12	22 24	22 38	22 46	22 54
18	21 47	21 59	22 08	22 16	22 22	22 28	22 38	22 47	22 55	23 03	23 12	23 22	23 27	23 33
19	23 07	23 14	23 19	23 24	23 28	23 31	23 37	23 42	23 46	23 51	23 56	.. ..	.. ..	.. ..
20	.. ..	.. ..	.. ..	.. ..	.. ..	.. ..	.. ..	.. ..	.. ..	.. ..	.. .,	0 01	0 04	0 08
21	0 26	0 27	0 28	0 30	0 30	0 31	0 33	0 34	0 35	0 36	0 37	0 38	0 39	0 40
22	1 41	1 38	1 35	1 33	1 31	1 30	1 27	1 24	1 22	1 19	1 17	1 14	1 12	1 10
23	2 55	2 47	2 41	2 35	2 31	2 27	2 20	2 13	2 08	2 02	1 56	1 49	1 45	1 40
24	4 07	3 55	3 45	3 36	3 29	3 23	3 12	3 03	2 54	2 45	2 36	2 25	2 19	2 12
25	5 17	5 00	4 47	4 36	4 27	4 18	4 04	3 52	3 40	3 29	3 17	3 03	2 55	2 46
26	6 24	6 03	5 47	5 34	5 23	5 13	4 56	4 42	4 28	4 14	4 00	3 43	3 33	3 22
27	7 25	7 02	6 44	6 29	6 17	6 06	5 47	5 31	5 16	5 01	4 45	4 26	4 15	4 03
28	8 20	7 55	7 36	7 21	7 08	6 57	6 37	6 20	6 05	5 49	5 32	5 12	5 01	4 48
29	9 06	8 42	8 24	8 09	7 56	7 45	7 25	7 09	6 53	6 37	6 21	6 01	5 50	5 37
30	9 44	9 23	9 06	8 52	8 40	8 29	8 11	7 56	7 41	7 26	7 10	6 52	6 42	6 29
July 1	10 16	9 57	9 42	9 30	9 20	9 10	8 55	8 41	8 28	8 15	8 01	7 44	7 35	7 24
2	10 42	10 27	10 15	10 05	9 56	9 49	9 36	9 24	9 13	9 02	8 51	8 37	8 30	8 21

.. .. indicates phenomenon will occur the next day.

MOONRISE AND MOONSET, 2018

UNIVERSAL TIME FOR MERIDIAN OF GREENWICH

MOONRISE

Lat.	+40°	+42°	+44°	+46°	+48°	+50°	+52°	+54°	+56°	+58°	+60°	+62°	+64°	+66°
	h m	h m	h m	h m	h m	h m	h m	h m	h m	h m	h m	h m	h m	h m
June 8	1 20	1 20	1 21	1 22	1 23	1 24	1 25	1 26	1 28	1 29	1 31	1 33	1 35	1 37
9	1 49	1 49	1 49	1 48	1 48	1 47	1 47	1 46	1 45	1 45	1 44	1 43	1 42	1 41
10	2 21	2 19	2 18	2 16	2 14	2 12	2 09	2 07	2 04	2 01	1 58	1 54	1 50	1 45
11	2 55	2 53	2 50	2 46	2 43	2 39	2 35	2 31	2 26	2 20	2 14	2 07	2 00	1 50
12	3 35	3 31	3 26	3 22	3 17	3 12	3 06	2 59	2 52	2 44	2 35	2 25	2 13	1 59
13	4 20	4 15	4 10	4 04	3 58	3 51	3 44	3 36	3 26	3 16	3 04	2 50	2 33	2 13
14	5 13	5 08	5 02	4 55	4 48	4 40	4 32	4 22	4 11	3 59	3 45	3 28	3 07	2 40
15	6 15	6 09	6 02	5 56	5 48	5 40	5 31	5 21	5 10	4 57	4 42	4 23	4 01	3 31
16	7 22	7 16	7 10	7 04	6 57	6 50	6 41	6 32	6 21	6 09	5 55	5 39	5 18	4 52
17	8 32	8 28	8 23	8 17	8 11	8 05	7 58	7 50	7 42	7 32	7 20	7 07	6 51	6 32
18	9 43	9 39	9 35	9 31	9 27	9 22	9 17	9 11	9 05	8 58	8 50	8 40	8 29	8 16
19	10 52	10 49	10 47	10 44	10 42	10 39	10 35	10 32	10 28	10 23	10 18	10 12	10 06	9 58
20	11 58	11 57	11 56	11 55	11 54	11 53	11 51	11 50	11 48	11 46	11 44	11 41	11 39	11 35
21	13 03	13 03	13 04	13 04	13 04	13 05	13 05	13 05	13 06	13 06	13 07	13 08	13 08	13 09
22	14 06	14 07	14 09	14 11	14 12	14 14	14 17	14 19	14 22	14 25	14 28	14 32	14 36	14 41
23	15 07	15 10	15 13	15 16	15 19	15 23	15 26	15 31	15 36	15 41	15 47	15 54	16 02	16 11
24	16 07	16 11	16 15	16 19	16 24	16 29	16 35	16 41	16 48	16 55	17 04	17 14	17 26	17 40
25	17 06	17 11	17 16	17 21	17 27	17 33	17 40	17 48	17 57	18 07	18 18	18 32	18 48	19 07
26	18 03	18 08	18 14	18 20	18 27	18 34	18 43	18 52	19 02	19 14	19 27	19 44	20 04	20 29
27	18 57	19 02	19 09	19 15	19 23	19 31	19 40	19 50	20 01	20 14	20 29	20 47	21 10	21 40
28	19 46	19 52	19 59	20 05	20 13	20 21	20 30	20 40	20 51	21 04	21 20	21 38	22 01	22 32
29	20 32	20 37	20 43	20 50	20 57	21 05	21 13	21 23	21 33	21 46	22 00	22 17	22 38	23 04
30	21 12	21 17	21 23	21 29	21 35	21 42	21 49	21 58	22 07	22 18	22 30	22 45	23 02	23 23
July 1	21 49	21 53	21 58	22 03	22 08	22 14	22 20	22 27	22 35	22 43	22 53	23 05	23 18	23 35
2	22 22	22 25	22 29	22 33	22 37	22 41	22 46	22 51	22 57	23 04	23 11	23 20	23 30	23 42

MOONSET

Lat.	+40°	+42°	+44°	+46°	+48°	+50°	+52°	+54°	+56°	+58°	+60°	+62°	+64°	+66°
	h m	h m	h m	h m	h m	h m	h m	h m	h m	h m	h m	h m	h m	h m
June 8	13 28	13 28	13 27	13 27	13 27	13 27	13 26	13 26	13 26	13 25	13 25	13 24	13 24	13 23
9	14 31	14 32	14 34	14 35	14 36	14 37	14 39	14 41	14 42	14 44	14 47	14 49	14 52	14 55
10	15 38	15 40	15 42	15 45	15 48	15 51	15 54	15 58	16 02	16 07	16 12	16 18	16 25	16 32
11	16 47	16 50	16 54	16 58	17 02	17 07	17 12	17 18	17 25	17 32	17 40	17 50	18 01	18 14
12	17 58	18 02	18 07	18 13	18 18	18 25	18 32	18 40	18 48	18 58	19 10	19 23	19 39	19 59
13	19 08	19 14	19 19	19 26	19 33	19 40	19 49	19 58	20 09	20 21	20 35	20 51	21 12	21 39
14	20 15	20 21	20 27	20 34	20 42	20 50	20 59	21 09	21 20	21 33	21 48	22 06	22 29	22 59
15	21 16	21 22	21 28	21 34	21 42	21 49	21 58	22 07	22 18	22 30	22 45	23 02	23 22	23 49
16	22 09	22 14	22 19	22 25	22 31	22 38	22 45	22 54	23 03	23 13	23 25	23 39	23 55	.. ..
17	22 54	22 58	23 03	23 07	23 12	23 17	23 23	23 29	23 36	23 44	23 53	.. ..	.. ..	0 16
18	23 33	23 36	23 39	23 42	23 46	23 49	23 53	23 58	.. ..	.. ..	.. ..	0 03	0 15	0 30
19	.. ..	.. ..	.. ..	.. ..	.. ..	.. ..	.. ..	.. ..	0 03	0 08	0 14	0 21	0 29	0 38
20	0 08	0 10	0 11	0 13	0 15	0 17	0 19	0 21	0 24	0 27	0 30	0 34	0 38	0 43
21	0 40	0 40	0 40	0 41	0 41	0 42	0 42	0 43	0 43	0 44	0 44	0 45	0 46	0 47
22	1 10	1 09	1 08	1 07	1 06	1 05	1 04	1 03	1 01	1 00	0 58	0 56	0 53	0 51
23	1 40	1 38	1 36	1 34	1 32	1 29	1 26	1 23	1 19	1 16	1 11	1 06	1 01	0 54
24	2 12	2 09	2 06	2 02	1 58	1 54	1 50	1 45	1 39	1 33	1 26	1 19	1 10	0 59
25	2 46	2 41	2 37	2 32	2 27	2 22	2 16	2 09	2 02	1 54	1 44	1 34	1 21	1 06
26	3 22	3 18	3 12	3 07	3 00	2 54	2 46	2 38	2 29	2 19	2 07	1 53	1 37	1 16
27	4 03	3 58	3 52	3 45	3 38	3 31	3 22	3 13	3 03	2 51	2 37	2 20	2 00	1 34
28	4 48	4 42	4 36	4 29	4 22	4 14	4 05	3 55	3 43	3 30	3 15	2 57	2 34	2 04
29	5 37	5 31	5 25	5 18	5 11	5 03	4 54	4 44	4 33	4 20	4 04	3 46	3 23	2 53
30	6 29	6 24	6 18	6 12	6 05	5 57	5 49	5 40	5 29	5 17	5 03	4 46	4 26	3 59
July 1	7 24	7 19	7 14	7 09	7 03	6 56	6 49	6 41	6 32	6 21	6 09	5 55	5 39	5 18
2	8 21	8 17	8 13	8 08	8 03	7 58	7 52	7 45	7 38	7 30	7 20	7 09	6 57	6 41

.. .. indicates phenomenon will occur the next day.

MOONRISE AND MOONSET, 2018
UNIVERSAL TIME FOR MERIDIAN OF GREENWICH
MOONRISE

Lat.	−55°	−50°	−45°	−40°	−35°	−30°	−20°	−10°	0°	+10°	+20°	+30°	+35°	+40°
	h m	h m	h m	h m	h m	h m	h m	h m	h m	h m	h m	h m	h m	h m
July 1	19 10	19 28	19 42	19 53	20 03	20 12	20 26	20 39	20 51	21 03	21 16	21 31	21 39	21 49
2	20 17	20 30	20 41	20 50	20 58	21 05	21 17	21 27	21 36	21 46	21 56	22 08	22 14	22 22
3	21 25	21 35	21 42	21 48	21 54	21 58	22 07	22 14	22 21	22 27	22 34	22 42	22 47	22 52
4	22 35	22 40	22 44	22 47	22 50	22 53	22 57	23 01	23 04	23 08	23 12	23 16	23 19	23 22
5	23 47	23 47	23 47	23 47	23 48	23 48	23 48	23 48	23 49	23 49	23 49	23 50	23 50	23 50
6	.. ..	.. ..	.. ..	.. ..	.. ..	.. ..	.. ..	.. ..	.. ..	.. ..	.. ..	.. ..	.. ..	.. ..
7	1 00	0 56	0 52	0 50	0 47	0 45	0 41	0 38	0 34	0 31	0 28	0 24	0 22	0 20
8	2 17	2 08	2 00	1 54	1 49	1 44	1 36	1 29	1 22	1 16	1 09	1 01	0 57	0 52
9	3 37	3 22	3 11	3 01	2 53	2 46	2 34	2 23	2 14	2 04	1 53	1 42	1 35	1 27
10	4 58	4 38	4 23	4 11	4 00	3 51	3 35	3 22	3 09	2 56	2 43	2 27	2 19	2 08
11	6 17	5 53	5 35	5 21	5 08	4 58	4 39	4 23	4 08	3 53	3 37	3 19	3 09	2 57
12	7 28	7 03	6 44	6 28	6 15	6 03	5 44	5 27	5 11	4 55	4 38	4 18	4 07	3 54
13	8 28	8 04	7 45	7 30	7 17	7 06	6 47	6 30	6 14	5 59	5 42	5 23	5 12	4 59
14	9 14	8 54	8 37	8 24	8 13	8 03	7 46	7 31	7 17	7 03	6 48	6 31	6 21	6 10
15	9 49	9 34	9 21	9 11	9 02	8 54	8 40	8 28	8 17	8 06	7 54	7 40	7 32	7 23
16	10 17	10 07	9 58	9 51	9 44	9 39	9 29	9 21	9 13	9 05	8 57	8 47	8 41	8 35
17	10 40	10 35	10 30	10 26	10 23	10 20	10 14	10 10	10 06	10 01	9 57	9 51	9 48	9 45
18	11 01	11 00	10 59	10 58	10 58	10 57	10 57	10 56	10 55	10 55	10 54	10 53	10 53	10 52
19	11 20	11 24	11 27	11 29	11 32	11 34	11 37	11 40	11 43	11 46	11 49	11 53	11 55	11 57
20	11 40	11 48	11 55	12 00	12 05	12 09	12 17	12 23	12 30	12 36	12 43	12 50	12 55	13 00
21	12 01	12 14	12 24	12 32	12 39	12 46	12 57	13 07	13 16	13 25	13 35	13 47	13 53	14 01
22	12 25	12 42	12 55	13 06	13 16	13 24	13 38	13 51	14 03	14 15	14 27	14 42	14 51	15 00
23	12 54	13 15	13 30	13 44	13 55	14 05	14 21	14 36	14 50	15 04	15 19	15 36	15 46	15 58
24	13 29	13 52	14 10	14 25	14 37	14 48	15 07	15 23	15 38	15 53	16 10	16 29	16 40	16 52
25	14 12	14 36	14 55	15 10	15 23	15 34	15 54	16 11	16 26	16 42	16 59	17 19	17 30	17 43

MOONSET

Lat.	−55°	−50°	−45°	−40°	−35°	−30°	−20°	−10°	0°	+10°	+20°	+30°	+35°	+40°
	h m	h m	h m	h m	h m	h m	h m	h m	h m	h m	h m	h m	h m	h m
July 1	10 16	9 57	9 42	9 30	9 20	9 10	8 55	8 41	8 28	8 15	8 01	7 44	7 35	7 24
2	10 42	10 27	10 15	10 05	9 56	9 49	9 36	9 24	9 13	9 02	8 51	8 37	8 30	8 21
3	11 03	10 52	10 44	10 36	10 30	10 24	10 15	10 06	9 58	9 50	9 41	9 31	9 25	9 18
4	11 23	11 16	11 11	11 06	11 02	10 58	10 52	10 47	10 42	10 36	10 31	10 24	10 21	10 17
5	11 41	11 38	11 36	11 35	11 33	11 32	11 30	11 28	11 26	11 24	11 21	11 19	11 18	11 16
6	11 59	12 01	12 02	12 04	12 05	12 06	12 07	12 09	12 10	12 12	12 13	12 15	12 16	12 17
7	12 18	12 24	12 30	12 34	12 38	12 41	12 47	12 52	12 57	13 02	13 07	13 13	13 16	13 20
8	12 40	12 51	13 00	13 07	13 14	13 20	13 29	13 38	13 46	13 55	14 03	14 13	14 19	14 26
9	13 06	13 22	13 35	13 45	13 54	14 02	14 16	14 28	14 39	14 51	15 03	15 17	15 25	15 34
10	13 40	14 00	14 17	14 30	14 41	14 51	15 08	15 23	15 37	15 50	16 05	16 22	16 32	16 44
11	14 25	14 49	15 07	15 22	15 35	15 46	16 05	16 22	16 38	16 53	17 10	17 29	17 40	17 53
12	15 23	15 48	16 07	16 23	16 36	16 48	17 08	17 25	17 41	17 57	18 14	18 33	18 45	18 58
13	16 35	16 59	17 17	17 31	17 44	17 55	18 13	18 29	18 44	18 59	19 15	19 33	19 44	19 56
14	17 57	18 16	18 31	18 44	18 54	19 04	19 19	19 33	19 46	19 59	20 12	20 27	20 36	20 46
15	19 22	19 36	19 48	19 57	20 05	20 12	20 24	20 34	20 44	20 54	21 04	21 15	21 22	21 30
16	20 47	20 56	21 03	21 09	21 14	21 18	21 26	21 32	21 38	21 45	21 51	21 58	22 02	22 07
17	22 09	22 12	22 15	22 17	22 20	22 21	22 24	22 27	22 30	22 32	22 35	22 37	22 39	22 41
18	23 27	23 26	23 25	23 24	23 23	23 22	23 21	23 19	23 18	23 17	23 16	23 14	23 13	23 13
19	.. ..	.. ..	.. ..	.. ..	.. ..	.. ..	.. ..	.. ..	.. ..	.. ..	23 56	23 50	23 47	23 43
20	0 43	0 37	0 32	0 28	0 24	0 21	0 15	0 10	0 05	0 01	.. ..	.. ..	.. ..	.. ..
21	1 57	1 46	1 37	1 29	1 23	1 18	1 08	1 00	0 52	0 44	0 36	0 26	0 21	0 15
22	3 08	2 52	2 40	2 30	2 21	2 14	2 00	1 49	1 38	1 28	1 16	1 04	0 56	0 48
23	4 15	3 56	3 41	3 28	3 18	3 08	2 52	2 38	2 26	2 13	1 59	1 43	1 34	1 23
24	5 18	4 56	4 39	4 24	4 12	4 02	3 44	3 28	3 13	2 59	2 43	2 25	2 14	2 03
25	6 15	5 51	5 32	5 17	5 04	4 53	4 34	4 17	4 01	3 46	3 29	3 10	2 59	2 46

.. .. indicates phenomenon will occur the next day.

UNIVERSAL TIME FOR MERIDIAN OF GREENWICH
MOONRISE

Lat.	+40°	+42°	+44°	+46°	+48°	+50°	+52°	+54°	+56°	+58°	+60°	+62°	+64°	+66°
	h m	h m	h m	h m	h m	h m	h m	h m	h m	h m	h m	h m	h m	h m
July 1	21 49	21 53	21 58	22 03	22 08	22 14	22 20	22 27	22 35	22 43	22 53	23 05	23 18	23 35
2	22 22	22 25	22 29	22 33	22 37	22 41	22 46	22 51	22 57	23 04	23 11	23 20	23 30	23 42
3	22 52	22 55	22 57	23 00	23 03	23 06	23 09	23 13	23 17	23 21	23 26	23 32	23 39	23 46
4	23 22	23 23	23 24	23 26	23 27	23 29	23 30	23 32	23 35	23 37	23 40	23 43	23 46	23 50
5	23 50	23 50	23 51	23 51	23 51	23 51	23 51	23 51	23 52	23 52	23 52	23 52	23 53	23 53
6	.. ..	.. ..	.. ..	.. ..	.. ..	.. ..	.. ..	.. ..	.. ..	.. ..	.. ..	.. ..	.. ..	23 57
7	0 20	0 19	0 18	0 17	0 15	0 14	0 13	0 11	0 09	0 07	0 05	0 03	0 00	.. ..
8	0 52	0 50	0 47	0 45	0 42	0 39	0 36	0 32	0 29	0 24	0 20	0 14	0 08	0 01
9	1 27	1 24	1 20	1 16	1 12	1 08	1 03	0 57	0 52	0 45	0 37	0 29	0 19	0 07
10	2 08	2 04	1 59	1 54	1 49	1 42	1 36	1 29	1 20	1 11	1 01	0 49	0 35	0 18
11	2 57	2 52	2 46	2 40	2 33	2 26	2 18	2 09	1 59	1 47	1 34	1 19	1 00	0 36
12	3 54	3 48	3 42	3 35	3 28	3 20	3 11	3 01	2 50	2 37	2 22	2 04	1 42	1 13
13	4 59	4 53	4 47	4 40	4 33	4 25	4 16	4 06	3 55	3 43	3 28	3 10	2 48	2 19
14	6 10	6 04	5 59	5 53	5 47	5 40	5 32	5 23	5 13	5 02	4 50	4 34	4 16	3 53
15	7 23	7 18	7 14	7 09	7 04	6 59	6 53	6 46	6 38	6 30	6 20	6 09	5 56	5 39
16	8 35	8 32	8 29	8 26	8 22	8 19	8 14	8 10	8 05	7 59	7 53	7 45	7 37	7 26
17	9 45	9 44	9 42	9 40	9 38	9 36	9 34	9 32	9 29	9 26	9 23	9 19	9 15	9 09
18	10 52	10 52	10 52	10 52	10 52	10 51	10 51	10 51	10 50	10 50	10 50	10 49	10 48	10 48
19	11 57	11 58	11 59	12 01	12 02	12 03	12 05	12 07	12 09	12 11	12 13	12 16	12 19	12 22
20	13 00	13 02	13 05	13 07	13 10	13 13	13 16	13 20	13 24	13 29	13 34	13 40	13 46	13 54
21	14 01	14 04	14 08	14 12	14 16	14 21	14 26	14 31	14 37	14 44	14 52	15 01	15 12	15 24
22	15 00	15 05	15 09	15 14	15 20	15 26	15 32	15 40	15 48	15 57	16 08	16 20	16 34	16 52
23	15 58	16 03	16 08	16 14	16 21	16 28	16 36	16 44	16 54	17 05	17 18	17 34	17 52	18 16
24	16 52	16 58	17 04	17 11	17 18	17 26	17 34	17 44	17 55	18 08	18 22	18 40	19 02	19 31
25	17 43	17 49	17 55	18 02	18 10	18 18	18 27	18 37	18 48	19 01	19 17	19 35	19 58	20 29

MOONSET

Lat.	+40°	+42°	+44°	+46°	+48°	+50°	+52°	+54°	+56°	+58°	+60°	+62°	+64°	+66°
	h m	h m	h m	h m	h m	h m	h m	h m	h m	h m	h m	h m	h m	h m
July 1	7 24	7 19	7 14	7 09	7 03	6 56	6 49	6 41	6 32	6 21	6 09	5 55	5 39	5 18
2	8 21	8 17	8 13	8 08	8 03	7 58	7 52	7 45	7 38	7 30	7 20	7 09	6 57	6 41
3	9 18	9 15	9 12	9 09	9 05	9 01	8 57	8 52	8 47	8 41	8 34	8 26	8 17	8 06
4	10 17	10 15	10 13	10 11	10 08	10 06	10 03	10 00	9 57	9 53	9 49	9 44	9 39	9 32
5	11 16	11 15	11 14	11 14	11 13	11 12	11 11	11 10	11 08	11 07	11 05	11 03	11 01	10 59
6	12 17	12 17	12 18	12 18	12 19	12 20	12 20	12 21	12 22	12 23	12 24	12 25	12 26	12 28
7	13 20	13 22	13 24	13 25	13 28	13 30	13 32	13 35	13 38	13 41	13 45	13 49	13 54	14 00
8	14 26	14 29	14 32	14 35	14 39	14 43	14 47	14 52	14 57	15 03	15 10	15 17	15 26	15 37
9	15 34	15 38	15 43	15 47	15 52	15 58	16 04	16 11	16 18	16 27	16 37	16 48	17 02	17 18
10	16 44	16 49	16 54	17 00	17 07	17 14	17 21	17 30	17 40	17 51	18 03	18 19	18 37	19 00
11	17 53	17 59	18 05	18 11	18 19	18 26	18 35	18 45	18 56	19 09	19 24	19 41	20 03	20 32
12	18 58	19 04	19 10	19 17	19 24	19 32	19 41	19 51	20 02	20 15	20 30	20 48	21 10	21 39
13	19 56	20 01	20 07	20 13	20 20	20 27	20 35	20 44	20 54	21 06	21 19	21 35	21 54	22 17
14	20 46	20 51	20 56	21 01	21 06	21 12	21 19	21 26	21 34	21 43	21 54	22 06	22 20	22 37
15	21 30	21 33	21 36	21 40	21 44	21 49	21 53	21 59	22 05	22 11	22 18	22 27	22 36	22 48
16	22 07	22 09	22 11	22 14	22 16	22 19	22 22	22 25	22 29	22 33	22 37	22 42	22 48	22 55
17	22 41	22 42	22 43	22 44	22 45	22 46	22 47	22 48	22 49	22 51	22 53	22 55	22 57	22 59
18	23 13	23 12	23 12	23 11	23 11	23 10	23 10	23 09	23 08	23 07	23 06	23 05	23 04	23 03
19	23 43	23 42	23 40	23 38	23 36	23 34	23 32	23 29	23 27	23 24	23 20	23 16	23 12	23 07
20	.. ..	.. ..	.. ..	.. ..	.. ..	23 59	23 55	23 51	23 46	23 41	23 35	23 28	23 20	23 11
21	0 15	0 12	0 09	0 06	0 03	.. ..	.. ..	.. ..	.. ..	.. ..	23 52	23 42	23 31	23 17
22	0 48	0 44	0 40	0 36	0 31	0 26	0 20	0 14	0 08	0 00	.. ..	.. ..	23 45	23 26
23	1 23	1 19	1 14	1 08	1 03	0 56	0 49	0 42	0 33	0 24	0 13	0 00	.. ..	23 41
24	2 03	1 57	1 51	1 45	1 39	1 31	1 23	1 14	1 04	0 53	0 39	0 24	0 05	.. ..
25	2 46	2 40	2 34	2 27	2 20	2 12	2 03	1 53	1 42	1 29	1 15	0 57	0 35	0 06

.. .. indicates phenomenon will occur the next day.

MOONRISE AND MOONSET, 2018

UNIVERSAL TIME FOR MERIDIAN OF GREENWICH

MOONRISE

Lat.	−55°	−50°	−45°	−40°	−35°	−30°	−20°	−10°	0°	+10°	+20°	+30°	+35°	+40°
	h m	h m	h m	h m	h m	h m	h m	h m	h m	h m	h m	h m	h m	h m
July 24	13 29	13 52	14 10	14 25	14 37	14 48	15 07	15 23	15 38	15 53	16 10	16 29	16 40	16 52
25	14 12	14 36	14 55	15 10	15 23	15 34	15 54	16 11	16 26	16 42	16 59	17 19	17 30	17 43
26	15 02	15 26	15 44	15 59	16 12	16 23	16 43	16 59	17 15	17 30	17 47	18 06	18 17	18 30
27	15 59	16 21	16 38	16 52	17 04	17 15	17 32	17 48	18 02	18 17	18 32	18 50	19 00	19 12
28	17 01	17 20	17 35	17 48	17 58	18 07	18 23	18 36	18 49	19 02	19 15	19 31	19 40	19 50
29	18 07	18 23	18 35	18 44	18 53	19 00	19 13	19 24	19 35	19 45	19 56	20 09	20 16	20 24
30	19 15	19 26	19 35	19 42	19 48	19 54	20 03	20 11	20 19	20 27	20 35	20 44	20 49	20 56
31	20 25	20 31	20 36	20 41	20 44	20 48	20 53	20 58	21 03	21 07	21 12	21 18	21 21	21 25
Aug. 1	21 35	21 37	21 38	21 40	21 41	21 42	21 44	21 45	21 46	21 48	21 49	21 51	21 52	21 53
2	22 47	22 44	22 42	22 40	22 38	22 37	22 35	22 33	22 31	22 29	22 27	22 25	22 23	22 22
3	.. ..	23 53	23 47	23 42	23 38	23 34	23 28	23 22	23 17	23 11	23 06	23 00	22 56	22 52
4	0 01	.. ..	.. ..	.. ..	.. ..	.. ..	.. ..	.. ..	.. ..	23 57	23 48	23 37	23 32	23 25
5	1 17	1 04	0 54	0 46	0 39	0 33	0 23	0 14	0 05	.. ..	.. ..	.. ..	.. ..	.. ..
6	2 35	2 17	2 04	1 53	1 43	1 35	1 21	1 08	0 57	0 45	0 33	0 19	0 11	0 02
7	3 52	3 31	3 14	3 00	2 49	2 39	2 21	2 06	1 52	1 38	1 23	1 07	0 57	0 46
8	5 06	4 41	4 23	4 07	3 54	3 43	3 24	3 07	2 51	2 36	2 19	2 00	1 49	1 37
9	6 10	5 46	5 26	5 11	4 58	4 46	4 26	4 09	3 53	3 37	3 20	3 01	2 49	2 36
10	7 03	6 40	6 23	6 08	5 56	5 46	5 27	5 11	4 56	4 41	4 25	4 07	3 56	3 44
11	7 44	7 26	7 11	6 59	6 49	6 40	6 24	6 11	5 58	5 45	5 31	5 16	5 07	4 56
12	8 16	8 02	7 52	7 43	7 35	7 28	7 17	7 06	6 57	6 47	6 37	6 25	6 18	6 10
13	8 42	8 33	8 27	8 21	8 17	8 12	8 05	7 59	7 52	7 46	7 40	7 32	7 28	7 23
14	9 04	9 01	8 58	8 56	8 54	8 53	8 50	8 47	8 45	8 43	8 40	8 38	8 36	8 34
15	9 24	9 26	9 27	9 28	9 30	9 31	9 32	9 34	9 35	9 37	9 38	9 40	9 41	9 42
16	9 44	9 51	9 56	10 00	10 04	10 07	10 13	10 19	10 24	10 29	10 34	10 40	10 44	10 48
17	10 05	10 16	10 25	10 32	10 39	10 45	10 54	11 03	11 11	11 20	11 28	11 39	11 45	11 51

MOONSET

Lat.	−55°	−50°	−45°	−40°	−35°	−30°	−20°	−10°	0°	+10°	+20°	+30°	+35°	+40°
	h m	h m	h m	h m	h m	h m	h m	h m	h m	h m	h m	h m	h m	h m
July 24	5 18	4 56	4 39	4 24	4 12	4 02	3 44	3 28	3 13	2 59	2 43	2 25	2 14	2 03
25	6 15	5 51	5 32	5 17	5 04	4 53	4 34	4 17	4 01	3 46	3 29	3 10	2 59	2 46
26	7 04	6 40	6 21	6 06	5 53	5 42	5 23	5 06	4 50	4 34	4 17	3 58	3 46	3 33
27	7 45	7 23	7 05	6 51	6 38	6 28	6 09	5 53	5 38	5 23	5 07	4 48	4 37	4 24
28	8 19	7 59	7 43	7 31	7 20	7 10	6 53	6 39	6 25	6 11	5 57	5 40	5 30	5 19
29	8 46	8 30	8 17	8 06	7 57	7 49	7 35	7 23	7 11	7 00	6 47	6 33	6 24	6 15
30	9 09	8 57	8 47	8 39	8 32	8 26	8 15	8 05	7 56	7 47	7 37	7 26	7 20	7 12
31	9 30	9 21	9 15	9 09	9 05	9 00	8 53	8 46	8 40	8 34	8 27	8 20	8 15	8 10
Aug. 1	9 48	9 44	9 41	9 38	9 36	9 34	9 30	9 27	9 24	9 21	9 17	9 14	9 11	9 09
2	10 06	10 06	10 06	10 06	10 07	10 07	10 07	10 07	10 08	10 08	10 08	10 08	10 08	10 09
3	10 24	10 28	10 32	10 36	10 38	10 41	10 45	10 49	10 53	10 56	11 00	11 04	11 07	11 10
4	10 44	10 53	11 00	11 07	11 12	11 17	11 25	11 33	11 39	11 46	11 54	12 02	12 07	12 12
5	11 07	11 21	11 32	11 41	11 49	11 56	12 09	12 19	12 29	12 39	12 50	13 02	13 09	13 18
6	11 36	11 55	12 09	12 21	12 32	12 41	12 56	13 10	13 23	13 35	13 49	14 05	14 14	14 25
7	12 14	12 36	12 54	13 08	13 20	13 31	13 49	14 05	14 20	14 35	14 51	15 09	15 20	15 32
8	13 04	13 29	13 48	14 03	14 17	14 28	14 48	15 05	15 21	15 37	15 54	16 13	16 24	16 38
9	14 08	14 33	14 52	15 07	15 20	15 31	15 51	16 08	16 23	16 39	16 56	17 15	17 26	17 38
10	15 25	15 47	16 04	16 17	16 29	16 39	16 57	17 12	17 26	17 40	17 55	18 12	18 21	18 33
11	16 50	17 07	17 20	17 31	17 40	17 49	18 03	18 15	18 26	18 37	18 49	19 03	19 11	19 20
12	18 17	18 28	18 37	18 45	18 52	18 57	19 07	19 16	19 24	19 32	19 40	19 49	19 55	20 01
13	19 42	19 48	19 53	19 57	20 01	20 04	20 09	20 14	20 18	20 22	20 26	20 31	20 34	20 37
14	21 05	21 06	21 07	21 07	21 07	21 08	21 08	21 09	21 09	21 10	21 10	21 10	21 11	21 11
15	22 25	22 21	22 17	22 14	22 11	22 09	22 05	22 02	21 58	21 55	21 52	21 48	21 45	21 43
16	23 42	23 32	23 25	23 19	23 13	23 08	23 00	22 53	22 47	22 40	22 33	22 25	22 20	22 15
17	.. ..	.. ..	.. ..	.. ..	.. ..	.. ..	23 54	23 44	23 34	23 24	23 14	23 02	22 56	22 48

.. .. indicates phenomenon will occur the next day.

MOONRISE AND MOONSET, 2018

UNIVERSAL TIME FOR MERIDIAN OF GREENWICH

MOONRISE

Lat.	+40°	+42°	+44°	+46°	+48°	+50°	+52°	+54°	+56°	+58°	+60°	+62°	+64°	+66°
	h m	h m	h m	h m	h m	h m	h m	h m	h m	h m	h m	h m	h m	h m
July 24	16 52	16 58	17 04	17 11	17 18	17 26	17 34	17 44	17 55	18 08	18 22	18 40	19 02	19 31
25	17 43	17 49	17 55	18 02	18 10	18 18	18 27	18 37	18 48	19 01	19 17	19 35	19 58	20 29
26	18 30	18 36	18 42	18 48	18 56	19 04	19 12	19 22	19 33	19 46	20 00	20 18	20 40	21 08
27	19 12	19 17	19 23	19 29	19 36	19 43	19 51	20 00	20 10	20 21	20 34	20 49	21 08	21 31
28	19 50	19 55	19 59	20 05	20 10	20 16	20 23	20 31	20 39	20 48	20 59	21 12	21 26	21 44
29	20 24	20 28	20 32	20 36	20 40	20 45	20 51	20 57	21 03	21 11	21 19	21 28	21 39	21 52
30	20 56	20 58	21 01	21 04	21 07	21 11	21 15	21 19	21 24	21 29	21 35	21 41	21 49	21 58
31	21 25	21 26	21 28	21 30	21 32	21 34	21 36	21 39	21 42	21 45	21 48	21 52	21 57	22 02
Aug. 1	21 53	21 54	21 54	21 55	21 56	21 56	21 57	21 58	21 59	22 00	22 01	22 02	22 03	22 05
2	22 22	22 21	22 21	22 20	22 19	22 18	22 18	22 17	22 16	22 14	22 13	22 12	22 10	22 08
3	22 52	22 50	22 48	22 46	22 44	22 42	22 39	22 37	22 34	22 30	22 26	22 22	22 17	22 12
4	23 25	23 22	23 19	23 16	23 12	23 08	23 04	22 59	22 54	22 49	22 42	22 35	22 27	22 17
5	.. ..	23 58	23 54	23 49	23 44	23 39	23 33	23 27	23 19	23 11	23 02	22 52	22 39	22 25
6	0 02	.. ..	.. ..	.. ..	.. ..	.. ..	.. ..	.. ..	23 52	23 41	23 29	23 15	22 59	22 38
7	0 46	0 41	0 35	0 30	0 23	0 17	0 09	0 01	.. ..	.. ..	.. ..	23 51	23 31	23 04
8	1 37	1 31	1 25	1 18	1 11	1 04	0 55	0 46	0 35	0 23	0 08	.. ..	.. ..	23 53
9	2 36	2 31	2 24	2 17	2 10	2 02	1 53	1 43	1 32	1 19	1 03	0 45	0 23	.. ..
10	3 44	3 38	3 32	3 26	3 19	3 11	3 03	2 54	2 43	2 31	2 17	2 00	1 39	1 13
11	4 56	4 51	4 46	4 41	4 35	4 29	4 22	4 14	4 05	3 55	3 44	3 31	3 15	2 55
12	6 10	6 07	6 03	5 59	5 55	5 50	5 45	5 39	5 33	5 26	5 17	5 08	4 57	4 44
13	7 23	7 21	7 19	7 16	7 14	7 11	7 08	7 04	7 00	6 56	6 51	6 46	6 39	6 32
14	8 34	8 33	8 33	8 32	8 31	8 30	8 28	8 27	8 26	8 24	8 23	8 21	8 18	8 16
15	9 42	9 43	9 43	9 44	9 45	9 45	9 46	9 47	9 48	9 49	9 50	9 52	9 53	9 55
16	10 48	10 50	10 52	10 54	10 56	10 58	11 01	11 04	11 07	11 11	11 15	11 20	11 25	11 31
17	11 51	11 54	11 57	12 01	12 05	12 09	12 13	12 18	12 23	12 29	12 36	12 44	12 53	13 04

MOONSET

Lat.	+40°	+42°	+44°	+46°	+48°	+50°	+52°	+54°	+56°	+58°	+60°	+62°	+64°	+66°
	h m	h m	h m	h m	h m	h m	h m	h m	h m	h m	h m	h m	h m	h m
July 24	2 03	1 57	1 51	1 45	1 39	1 31	1 23	1 14	1 04	0 53	0 39	0 24	0 05	.. ..
25	2 46	2 40	2 34	2 27	2 20	2 12	2 03	1 53	1 42	1 29	1 15	0 57	0 35	0 06
26	3 33	3 27	3 21	3 14	3 07	2 59	2 50	2 40	2 28	2 15	2 00	1 41	1 18	0 48
27	4 24	4 19	4 13	4 06	3 59	3 51	3 43	3 33	3 22	3 10	2 55	2 38	2 17	1 49
28	5 19	5 14	5 08	5 02	4 56	4 49	4 41	4 33	4 23	4 12	4 00	3 45	3 27	3 04
29	6 15	6 11	6 06	6 01	5 56	5 50	5 44	5 36	5 29	5 20	5 09	4 57	4 43	4 26
30	7 12	7 09	7 05	7 02	6 57	6 53	6 48	6 43	6 37	6 30	6 22	6 14	6 03	5 51
31	8 10	8 08	8 06	8 03	8 00	7 57	7 54	7 50	7 46	7 42	7 37	7 31	7 25	7 17
Aug. 1	9 09	9 08	9 07	9 05	9 04	9 02	9 01	8 59	8 57	8 55	8 52	8 50	8 46	8 43
2	10 09	10 09	10 09	10 09	10 09	10 09	10 09	10 09	10 09	10 09	10 09	10 09	10 10	10 10
3	11 10	11 11	11 12	11 14	11 15	11 17	11 19	11 21	11 23	11 25	11 28	11 31	11 35	11 39
4	12 12	12 15	12 18	12 20	12 23	12 27	12 30	12 34	12 39	12 44	12 49	12 55	13 03	13 11
5	13 18	13 21	13 25	13 29	13 34	13 39	13 44	13 50	13 57	14 04	14 12	14 22	14 34	14 47
6	14 25	14 29	14 34	14 40	14 46	14 52	14 59	15 07	15 16	15 25	15 37	15 50	16 06	16 26
7	15 32	15 37	15 43	15 50	15 57	16 04	16 12	16 22	16 32	16 44	16 58	17 15	17 35	18 02
8	16 38	16 43	16 50	16 56	17 04	17 12	17 21	17 31	17 42	17 55	18 10	18 29	18 51	19 21
9	17 38	17 44	17 50	17 57	18 04	18 12	18 20	18 30	18 41	18 53	19 07	19 24	19 45	20 12
10	18 33	18 38	18 43	18 49	18 55	19 02	19 09	19 17	19 26	19 37	19 49	20 03	20 19	20 40
11	19 20	19 24	19 28	19 32	19 37	19 43	19 48	19 55	20 02	20 10	20 18	20 29	20 41	20 55
12	20 01	20 04	20 06	20 09	20 13	20 16	20 20	20 24	20 29	20 34	20 40	20 47	20 54	21 03
13	20 37	20 39	20 40	20 42	20 44	20 45	20 47	20 50	20 52	20 55	20 58	21 01	21 05	21 09
14	21 11	21 11	21 11	21 11	21 11	21 11	21 12	21 12	21 12	21 12	21 12	21 13	21 13	21 13
15	21 43	21 42	21 41	21 39	21 38	21 36	21 35	21 33	21 31	21 29	21 27	21 24	21 21	21 17
16	22 15	22 13	22 10	22 07	22 05	22 02	21 58	21 55	21 51	21 46	21 41	21 35	21 29	21 21
17	22 48	22 44	22 41	22 37	22 33	22 28	22 23	22 18	22 12	22 05	21 57	21 49	21 39	21 27

.. .. indicates phenomenon will occur the next day.

MOONRISE AND MOONSET, 2018

UNIVERSAL TIME FOR MERIDIAN OF GREENWICH

MOONRISE

Lat.	−55°	−50°	−45°	−40°	−35°	−30°	−20°	−10°	0°	+10°	+20°	+30°	+35°	+40°
	h m	h m	h m	h m	h m	h m	h m	h m	h m	h m	h m	h m	h m	h m
Aug. 16	9 44	9 51	9 56	10 00	10 04	10 07	10 13	10 19	10 24	10 29	10 34	10 40	10 44	10 48
17	10 05	10 16	10 25	10 32	10 39	10 45	10 54	11 03	11 11	11 20	11 28	11 39	11 45	11 51
18	10 29	10 44	10 56	11 06	11 15	11 23	11 36	11 48	11 59	12 10	12 22	12 35	12 43	12 52
19	10 56	11 15	11 30	11 43	11 54	12 03	12 19	12 33	12 47	13 00	13 14	13 31	13 40	13 51
20	11 29	11 51	12 09	12 23	12 35	12 46	13 04	13 20	13 35	13 50	14 06	14 24	14 35	14 47
21	12 09	12 33	12 52	13 07	13 20	13 31	13 50	14 07	14 23	14 39	14 56	15 15	15 26	15 39
22	12 57	13 21	13 40	13 55	14 08	14 19	14 39	14 55	15 11	15 27	15 44	16 03	16 14	16 27
23	13 52	14 15	14 32	14 47	14 59	15 10	15 28	15 44	15 59	16 14	16 30	16 48	16 59	17 11
24	14 53	15 13	15 29	15 41	15 52	16 02	16 18	16 33	16 46	17 00	17 14	17 30	17 40	17 50
25	15 58	16 14	16 27	16 38	16 47	16 55	17 09	17 21	17 32	17 43	17 55	18 09	18 17	18 26
26	17 06	17 18	17 28	17 36	17 43	17 49	17 59	18 09	18 17	18 26	18 35	18 45	18 51	18 58
27	18 15	18 23	18 29	18 35	18 39	18 43	18 50	18 56	19 01	19 07	19 13	19 20	19 24	19 28
28	19 26	19 29	19 32	19 34	19 36	19 38	19 40	19 43	19 45	19 48	19 50	19 53	19 55	19 57
29	20 37	20 36	20 35	20 34	20 33	20 33	20 32	20 31	20 30	20 29	20 28	20 27	20 26	20 25
30	21 50	21 44	21 40	21 35	21 32	21 29	21 24	21 19	21 15	21 11	21 06	21 01	20 58	20 55
31	23 05	22 54	22 46	22 38	22 32	22 27	22 17	22 09	22 02	21 54	21 46	21 37	21 32	21 26
Sept. 1	.. ..	.. ..	23 53	23 43	23 34	23 26	23 13	23 02	22 51	22 41	22 29	22 17	22 09	22 01
2	0 21	0 05	.. ..	.. ..	.. ..	.. ..	.. ..	23 57	23 44	23 31	23 17	23 01	22 51	22 41
3	1 37	1 17	1 01	0 48	0 37	0 28	0 11	.. ..	.. ..	.. ..	.. ..	23 50	23 40	23 27
4	2 50	2 27	2 08	1 54	1 41	1 30	1 11	0 55	0 40	0 25	0 09	.. ..	.. ..	.. ..
5	3 57	3 32	3 12	2 56	2 43	2 32	2 12	1 55	1 39	1 23	1 06	0 46	0 35	0 22
6	4 53	4 29	4 10	3 55	3 42	3 31	3 12	2 55	2 39	2 24	2 07	1 48	1 36	1 24
7	5 37	5 17	5 01	4 47	4 36	4 26	4 09	3 54	3 40	3 26	3 11	2 54	2 44	2 32
8	6 12	5 56	5 44	5 33	5 24	5 16	5 02	4 50	4 39	4 28	4 16	4 02	3 54	3 44
9	6 40	6 30	6 21	6 14	6 07	6 02	5 52	5 44	5 36	5 28	5 19	5 10	5 04	4 58

MOONSET

Lat.	−55°	−50°	−45°	−40°	−35°	−30°	−20°	−10°	0°	+10°	+20°	+30°	+35°	+40°
	h m	h m	h m	h m	h m	h m	h m	h m	h m	h m	h m	h m	h m	h m
Aug. 16	23 42	23 32	23 25	23 19	23 13	23 08	23 00	22 53	22 47	22 40	22 33	22 25	22 20	22 15
17	.. ..	.. ..	.. ..	.. ..	.. ..	.. ..	23 54	23 44	23 34	23 24	23 14	23 02	22 56	22 48
18	0 55	0 41	0 30	0 21	0 13	0 06	.. ..	.. ..	.. ..	.. ..	23 56	23 42	23 33	23 23
19	2 05	1 47	1 33	1 21	1 11	1 02	0 47	0 34	0 22	0 09	.. ..	.. ..	.. ..	.. ..
20	3 11	2 49	2 32	2 18	2 07	1 57	1 39	1 24	1 10	0 55	0 40	0 23	0 13	0 01
21	4 10	3 46	3 28	3 13	3 00	2 49	2 30	2 13	1 58	1 42	1 26	1 07	0 56	0 43
22	5 01	4 37	4 18	4 03	3 50	3 39	3 19	3 02	2 46	2 30	2 13	1 54	1 43	1 29
23	5 45	5 22	5 04	4 49	4 36	4 25	4 06	3 50	3 34	3 19	3 02	2 43	2 32	2 19
24	6 21	6 00	5 44	5 30	5 19	5 09	4 51	4 36	4 22	4 08	3 52	3 35	3 25	3 13
25	6 50	6 33	6 19	6 07	5 58	5 49	5 34	5 21	5 09	4 56	4 43	4 28	4 19	4 08
26	7 15	7 01	6 50	6 41	6 33	6 26	6 15	6 04	5 54	5 44	5 33	5 21	5 14	5 06
27	7 36	7 26	7 19	7 12	7 07	7 02	6 53	6 46	6 39	6 31	6 24	6 15	6 10	6 04
28	7 55	7 49	7 45	7 42	7 38	7 36	7 31	7 27	7 23	7 19	7 14	7 09	7 06	7 03
29	8 12	8 11	8 11	8 10	8 09	8 09	8 08	8 07	8 07	8 06	8 05	8 04	8 03	8 03
30	8 30	8 34	8 36	8 39	8 41	8 43	8 46	8 48	8 51	8 54	8 56	9 00	9 01	9 03
31	8 49	8 57	9 04	9 09	9 14	9 18	9 25	9 31	9 37	9 43	9 49	9 56	10 01	10 05
Sept. 1	9 11	9 23	9 33	9 42	9 49	9 55	10 06	10 16	10 25	10 34	10 44	10 55	11 02	11 09
2	9 37	9 54	10 08	10 19	10 28	10 37	10 51	11 04	11 16	11 28	11 41	11 56	12 04	12 14
3	10 10	10 31	10 48	11 02	11 13	11 23	11 41	11 56	12 10	12 25	12 40	12 57	13 08	13 19
4	10 54	11 18	11 36	11 52	12 05	12 16	12 35	12 52	13 08	13 23	13 40	13 59	14 11	14 24
5	11 50	12 15	12 34	12 50	13 03	13 15	13 34	13 51	14 07	14 23	14 40	15 00	15 11	15 24
6	12 59	13 22	13 40	13 55	14 08	14 18	14 37	14 53	15 08	15 23	15 39	15 57	16 08	16 20
7	14 19	14 38	14 53	15 06	15 16	15 26	15 42	15 55	16 08	16 21	16 35	16 50	16 59	17 09
8	15 44	15 58	16 10	16 19	16 27	16 34	16 46	16 57	17 06	17 16	17 26	17 38	17 45	17 52
9	17 10	17 19	17 26	17 32	17 37	17 42	17 49	17 56	18 02	18 08	18 15	18 22	18 26	18 31

.. .. indicates phenomenon will occur the next day.

UNIVERSAL TIME FOR MERIDIAN OF GREENWICH
MOONRISE

Lat.	+40°	+42°	+44°	+46°	+48°	+50°	+52°	+54°	+56°	+58°	+60°	+62°	+64°	+66°
	h m	h m	h m	h m	h m	h m	h m	h m	h m	h m	h m	h m	h m	h m
Aug. 16	10 48	10 50	10 52	10 54	10 56	10 58	11 01	11 04	11 07	11 11	11 15	11 20	11 25	11 31
17	11 51	11 54	11 57	12 01	12 05	12 09	12 13	12 18	12 23	12 29	12 36	12 44	12 53	13 04
18	12 52	12 56	13 01	13 05	13 11	13 16	13 22	13 29	13 36	13 45	13 54	14 06	14 19	14 35
19	13 51	13 56	14 01	14 07	14 13	14 20	14 27	14 36	14 45	14 56	15 08	15 22	15 40	16 01
20	14 47	14 53	14 59	15 05	15 12	15 20	15 28	15 38	15 48	16 00	16 15	16 32	16 53	17 20
21	15 39	15 45	15 51	15 58	16 06	16 14	16 23	16 33	16 44	16 57	17 13	17 31	17 54	18 25
22	16 27	16 33	16 39	16 46	16 54	17 02	17 10	17 20	17 32	17 45	18 00	18 18	18 40	19 10
23	17 11	17 17	17 22	17 29	17 35	17 43	17 51	18 00	18 11	18 23	18 36	18 52	19 12	19 37
24	17 50	17 55	18 00	18 06	18 12	18 18	18 26	18 33	18 42	18 52	19 04	19 17	19 33	19 53
25	18 26	18 30	18 34	18 39	18 43	18 49	18 55	19 01	19 08	19 16	19 25	19 36	19 48	20 03
26	18 58	19 01	19 04	19 08	19 11	19 15	19 20	19 24	19 30	19 36	19 42	19 50	19 58	20 09
27	19 28	19 30	19 32	19 34	19 37	19 39	19 42	19 45	19 48	19 52	19 56	20 01	20 07	20 13
28	19 57	19 58	19 59	20 00	20 01	20 02	20 03	20 04	20 06	20 07	20 09	20 11	20 13	20 16
29	20 25	20 25	20 25	20 25	20 24	20 24	20 23	20 23	20 22	20 22	20 21	20 21	20 20	20 19
30	20 55	20 53	20 52	20 50	20 48	20 47	20 45	20 42	20 40	20 37	20 34	20 31	20 27	20 22
31	21 26	21 24	21 21	21 18	21 15	21 11	21 08	21 04	20 59	20 54	20 49	20 42	20 35	20 27
Sept. 1	22 01	21 57	21 54	21 49	21 45	21 40	21 34	21 29	21 22	21 15	21 06	20 57	20 46	20 33
2	22 41	22 36	22 31	22 26	22 20	22 14	22 07	21 59	21 51	21 41	21 30	21 17	21 02	20 43
3	23 27	23 22	23 16	23 10	23 03	22 56	22 47	22 38	22 28	22 16	22 03	21 47	21 27	21 02
4	.. ..	.. ..	.. ..	.. ..	23 55	23 47	23 38	23 28	23 17	23 04	22 49	22 31	22 08	21 39
5	0 22	0 16	0 09	0 03	.. ..	.. ..	.. ..	.. ..	.. ..	.. ..	23 52	23 34	23 12	22 43
6	1 24	1 18	1 12	1 05	0 58	0 50	0 41	0 31	0 20	0 07	.. ..	.. ..	.. ..	.. ..
7	2 32	2 27	2 21	2 15	2 09	2 02	1 54	1 45	1 36	1 25	1 12	0 56	0 38	0 15
8	3 44	3 40	3 36	3 31	3 26	3 20	3 14	3 07	3 00	2 51	2 41	2 30	2 16	2 00
9	4 58	4 55	4 52	4 48	4 45	4 41	4 37	4 32	4 27	4 21	4 15	4 08	3 59	3 49

MOONSET

	h m	h m	h m	h m	h m	h m	h m	h m	h m	h m	h m	h m	h m	h m
Aug. 16	22 15	22 13	22 10	22 07	22 05	22 02	21 58	21 55	21 51	21 46	21 41	21 35	21 29	21 21
17	22 48	22 44	22 41	22 37	22 33	22 28	22 23	22 18	22 12	22 05	21 57	21 49	21 39	21 27
18	23 23	23 19	23 14	23 09	23 04	22 58	22 51	22 44	22 36	22 27	22 17	22 05	21 51	21 35
19	.. ..	23 56	23 51	23 45	23 38	23 31	23 24	23 15	23 05	22 54	22 42	22 27	22 09	21 47
20	0 01	.. ..	.. ..	.. ..	.. ..	.. ..	.. ..	23 52	23 41	23 29	23 14	22 57	22 36	22 08
21	0 43	0 38	0 32	0 25	0 18	0 10	0 01	.. ..	.. ..	.. ..	23 56	23 37	23 14	22 44
22	1 29	1 24	1 17	1 10	1 03	0 55	0 46	0 36	0 24	0 11	.. ..	.. ..	.. ..	23 38
23	2 19	2 14	2 08	2 01	1 54	1 46	1 37	1 27	1 16	1 03	0 48	0 30	0 08	.. ..
24	3 13	3 07	3 02	2 56	2 49	2 42	2 34	2 25	2 15	2 03	1 50	1 34	1 15	0 50
25	4 08	4 04	3 59	3 54	3 48	3 42	3 35	3 28	3 19	3 09	2 58	2 45	2 30	2 11
26	5 06	5 02	4 58	4 54	4 50	4 45	4 39	4 33	4 27	4 19	4 11	4 01	3 50	3 36
27	6 04	6 02	5 59	5 56	5 53	5 49	5 45	5 41	5 37	5 31	5 26	5 19	5 11	5 02
28	7 03	7 02	7 00	6 58	6 57	6 55	6 53	6 50	6 48	6 45	6 41	6 38	6 34	6 29
29	8 03	8 02	8 02	8 02	8 01	8 01	8 01	8 00	8 00	7 59	7 58	7 58	7 57	7 56
30	9 03	9 04	9 05	9 06	9 07	9 09	9 10	9 11	9 13	9 15	9 17	9 19	9 21	9 24
31	10 05	10 07	10 10	10 12	10 15	10 18	10 21	10 24	10 28	10 32	10 37	10 42	10 48	10 55
Sept. 1	11 09	11 12	11 16	11 19	11 23	11 28	11 33	11 38	11 44	11 51	11 58	12 07	12 17	12 29
2	12 14	12 18	12 23	12 28	12 33	12 39	12 46	12 53	13 01	13 10	13 21	13 33	13 47	14 05
3	13 19	13 25	13 30	13 36	13 43	13 50	13 58	14 07	14 17	14 28	14 41	14 57	15 16	15 40
4	14 24	14 29	14 36	14 42	14 49	14 57	15 06	15 16	15 27	15 40	15 55	16 13	16 36	17 05
5	15 24	15 30	15 36	15 43	15 51	15 59	16 08	16 18	16 29	16 42	16 57	17 15	17 37	18 07
6	16 20	16 25	16 31	16 37	16 44	16 51	16 59	17 08	17 19	17 30	17 43	17 59	18 18	18 42
7	17 09	17 14	17 18	17 23	17 29	17 35	17 42	17 49	17 57	18 06	18 17	18 29	18 43	19 01
8	17 52	17 56	17 59	18 03	18 07	18 12	18 16	18 22	18 28	18 34	18 42	18 50	19 00	19 11
9	18 31	18 33	18 35	18 37	18 40	18 42	18 45	18 49	18 52	18 56	19 01	19 06	19 11	19 18

.. .. indicates phenomenon will occur the next day.

MOONRISE AND MOONSET, 2018
UNIVERSAL TIME FOR MERIDIAN OF GREENWICH
MOONRISE

Lat.	−55°	−50°	−45°	−40°	−35°	−30°	−20°	−10°	0°	+10°	+20°	+30°	+35°	+40°
	h m	h m	h m	h m	h m	h m	h m	h m	h m	h m	h m	h m	h m	h m
Sept. 8	6 12	5 56	5 44	5 33	5 24	5 16	5 02	4 50	4 39	4 28	4 16	4 02	3 54	3 44
9	6 40	6 30	6 21	6 14	6 07	6 02	5 52	5 44	5 36	5 28	5 19	5 10	5 04	4 58
10	7 04	6 59	6 54	6 50	6 47	6 44	6 39	6 34	6 30	6 26	6 22	6 16	6 14	6 10
11	7 25	7 25	7 24	7 24	7 24	7 23	7 23	7 23	7 22	7 22	7 22	7 21	7 21	7 21
12	7 46	7 50	7 54	7 57	7 59	8 02	8 06	8 09	8 13	8 16	8 20	8 24	8 26	8 29
13	8 07	8 16	8 23	8 29	8 35	8 39	8 48	8 55	9 02	9 09	9 16	9 25	9 30	9 36
14	8 30	8 43	8 54	9 03	9 11	9 18	9 30	9 41	9 51	10 01	10 12	10 24	10 31	10 40
15	8 56	9 14	9 28	9 40	9 50	9 58	10 14	10 27	10 40	10 52	11 06	11 21	11 30	11 41
16	9 27	9 48	10 05	10 19	10 31	10 41	10 59	11 14	11 28	11 43	11 59	12 17	12 27	12 39
17	10 05	10 28	10 47	11 02	11 15	11 26	11 45	12 02	12 17	12 33	12 50	13 09	13 20	13 33
18	10 50	11 14	11 33	11 49	12 02	12 13	12 33	12 50	13 06	13 22	13 39	13 59	14 10	14 23
19	11 42	12 06	12 25	12 40	12 52	13 03	13 22	13 39	13 54	14 10	14 26	14 45	14 56	15 09
20	12 42	13 03	13 20	13 33	13 45	13 55	14 12	14 28	14 42	14 56	15 11	15 28	15 38	15 49
21	13 46	14 04	14 18	14 30	14 39	14 48	15 03	15 16	15 28	15 40	15 53	16 08	16 16	16 26
22	14 53	15 07	15 18	15 27	15 35	15 42	15 54	16 04	16 14	16 23	16 33	16 45	16 52	16 59
23	16 03	16 12	16 20	16 26	16 31	16 36	16 44	16 52	16 58	17 05	17 12	17 20	17 25	17 30
24	17 14	17 19	17 23	17 26	17 29	17 31	17 35	17 39	17 43	17 46	17 50	17 54	17 57	17 59
25	18 26	18 26	18 26	18 27	18 27	18 27	18 27	18 27	18 27	18 27	18 28	18 28	18 28	18 28
26	19 40	19 35	19 32	19 28	19 26	19 23	19 19	19 16	19 13	19 09	19 06	19 02	19 00	18 57
27	20 55	20 46	20 38	20 32	20 26	20 22	20 13	20 06	19 59	19 53	19 46	19 38	19 33	19 28
28	22 12	21 57	21 46	21 36	21 28	21 21	21 09	20 58	20 49	20 39	20 28	20 17	20 10	20 02
29	23 28	23 09	22 54	22 42	22 31	22 22	22 07	21 53	21 40	21 28	21 14	20 59	20 50	20 40
30	.. ..	.. ..	.. ..	23 47	23 35	23 24	23 05	22 50	22 35	22 20	22 04	21 46	21 36	21 24
Oct. 1	0 42	0 19	0 01	.. ..	.. ..	.. ..	.. ..	23 48	23 32	23 16	22 59	22 39	22 28	22 15
2	1 50	1 25	1 05	0 50	0 36	0 25	0 05	.. ..	.. ..	.. ..	23 57	23 37	23 26	23 13

MOONSET

Lat.	−55°	−50°	−45°	−40°	−35°	−30°	−20°	−10°	0°	+10°	+20°	+30°	+35°	+40°
	h m	h m	h m	h m	h m	h m	h m	h m	h m	h m	h m	h m	h m	h m
Sept. 8	15 44	15 58	16 10	16 19	16 27	16 34	16 46	16 57	17 06	17 16	17 26	17 38	17 45	17 52
9	17 10	17 19	17 26	17 32	17 37	17 42	17 49	17 56	18 02	18 08	18 15	18 22	18 26	18 31
10	18 36	18 39	18 42	18 44	18 46	18 48	18 50	18 53	18 55	18 57	19 00	19 02	19 04	19 06
11	19 59	19 57	19 55	19 54	19 53	19 51	19 50	19 48	19 46	19 45	19 43	19 41	19 40	19 39
12	21 19	21 12	21 06	21 01	20 57	20 53	20 47	20 41	20 36	20 31	20 25	20 19	20 16	20 11
13	22 36	22 24	22 14	22 06	22 00	21 53	21 43	21 34	21 25	21 17	21 08	20 57	20 51	20 45
14	23 50	23 33	23 20	23 09	23 00	22 52	22 38	22 26	22 14	22 03	21 51	21 37	21 29	21 20
15	.. ..	.. ..	.. ..	.. ..	23 58	23 48	23 31	23 17	23 03	22 49	22 35	22 18	22 09	21 58
16	0 59	0 38	0 22	0 09	.. ..	.. ..	.. ..	.. ..	23 52	23 37	23 21	23 02	22 51	22 39
17	2 02	1 38	1 20	1 06	0 53	0 42	0 24	0 07	.. ..	.. ..	.. ..	23 48	23 37	23 24
18	2 57	2 32	2 13	1 58	1 45	1 33	1 14	0 57	0 41	0 25	0 08	.. ..	.. ..	.. ..
19	3 44	3 19	3 01	2 46	2 33	2 21	2 02	1 45	1 29	1 14	0 57	0 37	0 26	0 13
20	4 22	4 00	3 43	3 29	3 17	3 06	2 48	2 32	2 17	2 02	1 46	1 28	1 17	1 05
21	4 53	4 34	4 19	4 07	3 57	3 47	3 31	3 17	3 04	2 51	2 37	2 21	2 11	2 00
22	5 19	5 04	4 52	4 42	4 33	4 26	4 13	4 01	3 50	3 39	3 27	3 14	3 06	2 57
23	5 41	5 30	5 21	5 14	5 07	5 02	4 52	4 43	4 35	4 27	4 18	4 08	4 02	3 55
24	6 00	5 54	5 48	5 44	5 40	5 36	5 30	5 25	5 20	5 14	5 09	5 03	4 59	4 55
25	6 18	6 16	6 14	6 13	6 11	6 10	6 08	6 06	6 04	6 02	6 00	5 58	5 56	5 55
26	6 36	6 38	6 40	6 41	6 43	6 44	6 46	6 47	6 49	6 50	6 52	6 54	6 55	6 56
27	6 55	7 01	7 07	7 11	7 15	7 19	7 25	7 30	7 35	7 40	7 45	7 51	7 55	7 59
28	7 15	7 27	7 36	7 43	7 50	7 56	8 06	8 14	8 23	8 31	8 40	8 50	8 56	9 02
29	7 40	7 56	8 08	8 19	8 28	8 36	8 50	9 02	9 13	9 24	9 36	9 50	9 58	10 07
30	8 10	8 31	8 47	9 00	9 11	9 21	9 37	9 52	10 06	10 20	10 35	10 52	11 01	11 13
Oct. 1	8 50	9 13	9 32	9 47	9 59	10 11	10 30	10 46	11 02	11 17	11 34	11 53	12 04	12 17
2	9 40	10 06	10 25	10 41	10 54	11 06	11 26	11 43	12 00	12 16	12 33	12 53	13 04	13 18

.. .. indicates phenomenon will occur the next day.

MOONRISE AND MOONSET, 2018

UNIVERSAL TIME FOR MERIDIAN OF GREENWICH

MOONRISE

Lat.	+40°	+42°	+44°	+46°	+48°	+50°	+52°	+54°	+56°	+58°	+60°	+62°	+64°	+66°
	h m	h m	h m	h m	h m	h m	h m	h m	h m	h m	h m	h m	h m	h m
Sept. 8	3 44	3 40	3 36	3 31	3 26	3 20	3 14	3 07	3 00	2 51	2 41	2 30	2 16	2 00
9	4 58	4 55	4 52	4 48	4 45	4 41	4 37	4 32	4 27	4 21	4 15	4 08	3 59	3 49
10	6 10	6 09	6 07	6 05	6 04	6 02	5 59	5 57	5 55	5 52	5 48	5 45	5 40	5 35
11	7 21	7 21	7 21	7 21	7 20	7 20	7 20	7 20	7 20	7 20	7 19	7 19	7 19	7 19
12	8 29	8 31	8 32	8 33	8 35	8 37	8 38	8 40	8 43	8 45	8 48	8 51	8 55	8 59
13	9 36	9 38	9 41	9 44	9 47	9 50	9 54	9 58	10 02	10 08	10 13	10 20	10 27	10 36
14	10 40	10 43	10 47	10 51	10 56	11 01	11 06	11 12	11 19	11 27	11 35	11 45	11 57	12 11
15	11 41	11 46	11 50	11 56	12 02	12 08	12 15	12 23	12 32	12 41	12 53	13 06	13 22	13 42
16	12 39	12 44	12 50	12 56	13 03	13 11	13 19	13 28	13 38	13 50	14 04	14 20	14 41	15 06
17	13 33	13 39	13 46	13 52	14 00	14 08	14 17	14 27	14 38	14 51	15 06	15 25	15 48	16 18
18	14 23	14 29	14 36	14 43	14 50	14 58	15 07	15 17	15 29	15 42	15 58	16 16	16 40	17 11
19	15 09	15 14	15 20	15 27	15 34	15 42	15 50	16 00	16 11	16 23	16 38	16 55	17 16	17 44
20	15 49	15 55	16 00	16 06	16 12	16 19	16 27	16 35	16 45	16 56	17 08	17 23	17 40	18 02
21	16 26	16 30	16 35	16 40	16 45	16 51	16 57	17 04	17 12	17 21	17 31	17 43	17 56	18 13
22	16 59	17 03	17 06	17 10	17 14	17 19	17 24	17 29	17 35	17 42	17 49	17 58	18 08	18 20
23	17 30	17 32	17 35	17 38	17 40	17 43	17 47	17 50	17 55	17 59	18 04	18 10	18 16	18 24
24	17 59	18 01	18 02	18 03	18 05	18 06	18 08	18 10	18 12	18 14	18 17	18 20	18 23	18 27
25	18 28	18 28	18 28	18 28	18 28	18 29	18 29	18 29	18 29	18 29	18 29	18 29	18 30	18 30
26	18 57	18 56	18 55	18 54	18 53	18 51	18 50	18 48	18 46	18 44	18 42	18 39	18 36	18 33
27	19 28	19 26	19 24	19 21	19 18	19 15	19 12	19 08	19 05	19 00	18 55	18 50	18 44	18 36
28	20 02	19 59	19 55	19 51	19 47	19 42	19 37	19 32	19 26	19 19	19 12	19 03	18 53	18 41
29	20 40	20 36	20 31	20 26	20 20	20 14	20 08	20 00	19 52	19 43	19 33	19 21	19 07	18 50
30	21 24	21 19	21 13	21 07	21 00	20 53	20 45	20 36	20 26	20 15	20 02	19 46	19 28	19 05
Oct. 1	22 15	22 09	22 03	21 56	21 49	21 40	21 32	21 22	21 10	20 57	20 42	20 24	20 02	19 33
2	23 13	23 07	23 00	22 54	22 46	22 38	22 29	22 19	22 07	21 54	21 38	21 20	20 57	20 25

MOONSET

Lat.	+40°	+42°	+44°	+46°	+48°	+50°	+52°	+54°	+56°	+58°	+60°	+62°	+64°	+66°
	h m	h m	h m	h m	h m	h m	h m	h m	h m	h m	h m	h m	h m	h m
Sept. 8	17 52	17 56	17 59	18 03	18 07	18 12	18 16	18 22	18 28	18 34	18 42	18 50	19 00	19 11
9	18 31	18 33	18 35	18 37	18 40	18 42	18 45	18 49	18 52	18 56	19 01	19 06	19 11	19 18
10	19 06	19 06	19 07	19 08	19 09	19 10	19 11	19 12	19 13	19 15	19 16	19 18	19 20	19 22
11	19 39	19 38	19 38	19 37	19 36	19 36	19 35	19 34	19 33	19 32	19 31	19 29	19 28	19 26
12	20 11	20 10	20 08	20 06	20 03	20 01	19 58	19 56	19 53	19 49	19 45	19 41	19 36	19 30
13	20 45	20 42	20 39	20 35	20 32	20 28	20 23	20 19	20 13	20 07	20 01	19 53	19 45	19 35
14	21 20	21 16	21 11	21 07	21 02	20 56	20 50	20 44	20 37	20 28	20 19	20 09	19 56	19 41
15	21 58	21 53	21 47	21 42	21 36	21 29	21 22	21 13	21 04	20 54	20 42	20 28	20 12	19 51
16	22 39	22 33	22 27	22 21	22 14	22 06	21 58	21 48	21 38	21 26	21 12	20 55	20 34	20 08
17	23 24	23 18	23 12	23 05	22 57	22 49	22 40	22 30	22 19	22 06	21 50	21 32	21 09	20 38
18	.. ..	.. ..	.. ..	23 54	23 46	23 38	23 29	23 19	23 08	22 54	22 39	22 20	21 57	21 26
19	0 13	0 07	0 01	.. ..	.. ..	.. ..	.. ..	.. ..	.. ..	23 52	23 38	23 21	23 00	22 33
20	1 05	1 00	0 54	0 47	0 40	0 33	0 24	0 15	0 04	.. ..	.. ..	.. ..	.. ..	23 52
21	2 00	1 55	1 50	1 44	1 38	1 32	1 24	1 16	1 07	0 56	0 44	0 30	0 13	.. ..
22	2 57	2 53	2 49	2 44	2 39	2 34	2 28	2 21	2 14	2 06	1 56	1 45	1 32	1 16
23	3 55	3 52	3 49	3 46	3 42	3 38	3 34	3 29	3 24	3 18	3 11	3 03	2 54	2 43
24	4 55	4 53	4 51	4 49	4 46	4 44	4 41	4 38	4 35	4 31	4 27	4 22	4 17	4 11
25	5 55	5 54	5 53	5 53	5 52	5 51	5 50	5 49	5 48	5 46	5 45	5 43	5 41	5 39
26	6 56	6 57	6 57	6 58	6 58	6 59	7 00	7 01	7 02	7 03	7 04	7 05	7 07	7 08
27	7 59	8 00	8 02	8 04	8 06	8 09	8 11	8 14	8 17	8 21	8 25	8 29	8 34	8 40
28	9 02	9 05	9 09	9 12	9 16	9 20	9 24	9 29	9 34	9 40	9 47	9 55	10 04	10 14
29	10 07	10 12	10 16	10 21	10 26	10 31	10 37	10 44	10 52	11 00	11 10	11 21	11 35	11 51
30	11 13	11 18	11 23	11 29	11 35	11 42	11 50	11 59	12 08	12 19	12 32	12 47	13 05	13 28
Oct. 1	12 17	12 23	12 29	12 35	12 43	12 50	12 59	13 09	13 20	13 33	13 48	14 05	14 28	14 57
2	13 18	13 24	13 30	13 37	13 44	13 53	14 02	14 12	14 23	14 37	14 52	15 11	15 34	16 05

.. .. indicates phenomenon will occur the next day.

MOONRISE AND MOONSET, 2018
UNIVERSAL TIME FOR MERIDIAN OF GREENWICH
MOONRISE

Lat.	−55°	−50°	−45°	−40°	−35°	−30°	−20°	−10°	0°	+10°	+20°	+30°	+35°	+40°
	h m	h m	h m	h m	h m	h m	h m	h m	h m	h m	h m	h m	h m	h m
Oct. 1	0 42	0 19	0 01	.. ..	.. ..	.. ..	.. ..	23 48	23 32	23 16	22 59	22 39	22 28	22 15
2	1 50	1 25	1 05	0 50	0 36	0 25	0 05	.. ..	.. ..	.. ..	23 57	23 37	23 26	23 13
3	2 48	2 23	2 04	1 48	1 35	1 23	1 04	0 46	0 30	0 14	.. ..	.. ..	.. ..	.. ..
4	3 35	3 13	2 55	2 41	2 29	2 18	2 00	1 44	1 29	1 14	0 58	0 40	0 29	0 17
5	4 12	3 54	3 39	3 28	3 17	3 08	2 53	2 40	2 27	2 14	2 01	1 45	1 36	1 26
6	4 41	4 28	4 17	4 09	4 01	3 54	3 43	3 33	3 23	3 13	3 03	2 51	2 44	2 37
7	5 06	4 58	4 51	4 46	4 41	4 37	4 29	4 23	4 17	4 11	4 04	3 57	3 53	3 48
8	5 27	5 24	5 22	5 20	5 18	5 16	5 14	5 11	5 09	5 07	5 05	5 02	5 00	4 59
9	5 47	5 49	5 51	5 52	5 54	5 55	5 56	5 58	6 00	6 01	6 03	6 05	6 07	6 08
10	6 08	6 14	6 20	6 25	6 29	6 32	6 39	6 44	6 50	6 55	7 01	7 08	7 11	7 16
11	6 29	6 41	6 50	6 58	7 05	7 11	7 22	7 31	7 39	7 48	7 58	8 08	8 15	8 22
12	6 54	7 10	7 23	7 34	7 43	7 51	8 05	8 18	8 29	8 41	8 53	9 08	9 16	9 26
13	7 23	7 43	7 59	8 12	8 24	8 33	8 50	9 05	9 19	9 33	9 48	10 05	10 15	10 27
14	7 58	8 22	8 40	8 55	9 07	9 18	9 37	9 54	10 09	10 25	10 41	11 00	11 11	11 24
15	8 41	9 06	9 25	9 41	9 54	10 05	10 25	10 42	10 59	11 15	11 32	11 52	12 04	12 17
16	9 31	9 56	10 15	10 30	10 44	10 55	11 15	11 32	11 48	12 03	12 21	12 40	12 52	13 05
17	10 28	10 51	11 09	11 23	11 36	11 46	12 05	12 21	12 35	12 50	13 06	13 24	13 35	13 47
18	11 31	11 51	12 06	12 19	12 29	12 39	12 55	13 09	13 22	13 35	13 49	14 05	14 15	14 25
19	12 37	12 53	13 05	13 16	13 25	13 32	13 45	13 57	14 08	14 19	14 30	14 43	14 51	14 59
20	13 46	13 57	14 07	14 14	14 21	14 26	14 36	14 45	14 53	15 01	15 09	15 19	15 24	15 31
21	14 57	15 03	15 09	15 14	15 17	15 21	15 27	15 32	15 37	15 42	15 47	15 53	15 56	16 00
22	16 09	16 11	16 13	16 14	16 15	16 16	16 18	16 20	16 22	16 23	16 25	16 27	16 28	16 29
23	17 23	17 20	17 18	17 16	17 15	17 13	17 11	17 09	17 07	17 05	17 03	17 01	16 59	16 58
24	18 39	18 32	18 25	18 20	18 16	18 12	18 05	17 59	17 54	17 48	17 43	17 36	17 33	17 28
25	19 58	19 45	19 34	19 26	19 19	19 12	19 01	18 52	18 43	18 34	18 25	18 14	18 08	18 01

MOONSET

Lat.	−55°	−50°	−45°	−40°	−35°	−30°	−20°	−10°	0°	+10°	+20°	+30°	+35°	+40°
	h m	h m	h m	h m	h m	h m	h m	h m	h m	h m	h m	h m	h m	h m
Oct. 1	8 50	9 13	9 32	9 47	9 59	10 11	10 30	10 46	11 02	11 17	11 34	11 53	12 04	12 17
2	9 40	10 06	10 25	10 41	10 54	11 06	11 26	11 43	12 00	12 16	12 33	12 53	13 04	13 18
3	10 43	11 08	11 27	11 42	11 55	12 07	12 26	12 43	12 58	13 14	13 31	13 50	14 01	14 13
4	11 57	12 19	12 35	12 49	13 01	13 11	13 28	13 43	13 57	14 11	14 25	14 42	14 52	15 03
5	13 18	13 35	13 48	13 59	14 08	14 17	14 30	14 43	14 54	15 05	15 17	15 30	15 38	15 47
6	14 42	14 54	15 03	15 11	15 17	15 23	15 33	15 41	15 49	15 57	16 05	16 14	16 20	16 26
7	16 07	16 13	16 18	16 22	16 25	16 28	16 33	16 38	16 42	16 46	16 50	16 55	16 58	17 01
8	17 31	17 31	17 31	17 32	17 32	17 32	17 33	17 33	17 33	17 34	17 34	17 34	17 34	17 34
9	18 52	18 48	18 44	18 40	18 38	18 35	18 31	18 27	18 24	18 20	18 16	18 12	18 10	18 07
10	20 12	20 02	19 54	19 48	19 42	19 37	19 28	19 21	19 14	19 06	18 59	18 50	18 45	18 40
11	21 29	21 14	21 03	20 53	20 44	20 37	20 25	20 14	20 03	19 53	19 42	19 30	19 22	19 14
12	22 42	22 23	22 08	21 56	21 45	21 36	21 20	21 06	20 53	20 40	20 27	20 11	20 02	19 51
13	23 50	23 27	23 09	22 55	22 43	22 32	22 14	21 58	21 43	21 28	21 12	20 54	20 44	20 32
14	.. ..	.. ..	.. ..	23 50	23 37	23 26	23 06	22 49	22 33	22 17	22 00	21 40	21 29	21 16
15	0 49	0 25	0 06	.. ..	.. ..	.. ..	23 56	23 38	23 22	23 06	22 49	22 29	22 17	22 04
16	1 40	1 15	0 56	0 40	0 27	0 16	.. ..	.. ..	.. ..	23 55	23 39	23 19	23 08	22 55
17	2 22	1 59	1 40	1 25	1 13	1 02	0 43	0 26	0 11	.. ..	.. ..	.. ..	.. ..	23 50
18	2 56	2 35	2 19	2 06	1 54	1 44	1 27	1 12	0 58	0 44	0 29	0 11	0 01	.. ..
19	3 23	3 06	2 53	2 42	2 32	2 24	2 09	1 56	1 44	1 32	1 19	1 04	0 56	0 46
20	3 46	3 33	3 23	3 14	3 07	3 00	2 49	2 39	2 30	2 20	2 10	1 58	1 51	1 44
21	4 06	3 57	3 50	3 45	3 40	3 35	3 27	3 20	3 14	3 07	3 00	2 52	2 48	2 43
22	4 24	4 20	4 16	4 14	4 11	4 09	4 05	4 02	3 58	3 55	3 52	3 48	3 45	3 43
23	4 41	4 42	4 42	4 42	4 42	4 42	4 43	4 43	4 43	4 43	4 43	4 44	4 44	4 44
24	4 59	5 04	5 08	5 12	5 15	5 17	5 22	5 25	5 29	5 33	5 37	5 41	5 44	5 47
25	5 19	5 29	5 37	5 43	5 49	5 54	6 02	6 10	6 17	6 24	6 32	6 41	6 46	6 51

.. .. indicates phenomenon will occur the next day.

UNIVERSAL TIME FOR MERIDIAN OF GREENWICH

MOONRISE

Lat.	+40°	+42°	+44°	+46°	+48°	+50°	+52°	+54°	+56°	+58°	+60°	+62°	+64°	+66°
	h m	h m	h m	h m	h m	h m	h m	h m	h m	h m	h m	h m	h m	h m
Oct. 1	22 15	22 09	22 03	21 56	21 49	21 40	21 32	21 22	21 10	20 57	20 42	20 24	20 02	19 33
2	23 13	23 07	23 00	22 54	22 46	22 38	22 29	22 19	22 07	21 54	21 38	21 20	20 57	20 25
3	.. ..	.. ..	.. ..	23 59	23 52	23 45	23 36	23 27	23 17	23 04	22 50	22 34	22 13	21 47
4	0 17	0 11	0 06	.. ..	.. ..	.. ..	.. ..	.. ..	.. ..	.. ..	.. ..	.. ..	23 45	23 26
5	1 26	1 21	1 16	1 11	1 05	0 59	0 52	0 44	0 35	0 26	0 14	0 01	.. ..	.. ..
6	2 37	2 33	2 30	2 26	2 21	2 17	2 12	2 06	2 00	1 52	1 44	1 35	1 24	1 11
7	3 48	3 46	3 44	3 41	3 39	3 36	3 33	3 29	3 25	3 21	3 16	3 11	3 05	2 57
8	4 59	4 58	4 57	4 56	4 55	4 54	4 53	4 52	4 51	4 49	4 47	4 46	4 43	4 41
9	6 08	6 09	6 09	6 10	6 11	6 11	6 12	6 13	6 14	6 16	6 17	6 19	6 20	6 22
10	7 16	7 18	7 20	7 22	7 24	7 27	7 30	7 33	7 36	7 40	7 45	7 50	7 55	8 02
11	8 22	8 25	8 29	8 32	8 36	8 40	8 45	8 50	8 56	9 03	9 10	9 18	9 28	9 40
12	9 26	9 30	9 35	9 40	9 45	9 51	9 57	10 05	10 13	10 22	10 32	10 44	10 58	11 16
13	10 27	10 32	10 38	10 44	10 50	10 57	11 05	11 14	11 24	11 35	11 48	12 04	12 23	12 47
14	11 24	11 30	11 36	11 43	11 50	11 58	12 07	12 17	12 28	12 41	12 56	13 15	13 37	14 07
15	12 17	12 23	12 29	12 36	12 44	12 52	13 02	13 12	13 24	13 37	13 53	14 13	14 37	15 10
16	13 05	13 11	13 17	13 24	13 31	13 39	13 48	13 58	14 10	14 23	14 38	14 56	15 19	15 50
17	13 47	13 53	13 58	14 05	14 11	14 19	14 27	14 36	14 47	14 58	15 12	15 28	15 47	16 12
18	14 25	14 30	14 35	14 40	14 46	14 53	15 00	15 07	15 16	15 26	15 37	15 50	16 06	16 24
19	14 59	15 03	15 07	15 12	15 16	15 21	15 27	15 33	15 40	15 48	15 56	16 06	16 18	16 32
20	15 31	15 34	15 37	15 40	15 43	15 47	15 51	15 55	16 00	16 06	16 12	16 19	16 27	16 36
21	16 00	16 02	16 04	16 06	16 08	16 10	16 12	16 15	16 18	16 21	16 25	16 29	16 34	16 39
22	16 29	16 30	16 30	16 31	16 31	16 32	16 33	16 34	16 35	16 36	16 37	16 38	16 40	16 42
23	16 58	16 57	16 57	16 56	16 55	16 54	16 54	16 53	16 51	16 50	16 49	16 47	16 46	16 44
24	17 28	17 27	17 25	17 23	17 20	17 18	17 15	17 12	17 09	17 06	17 02	16 57	16 52	16 47
25	18 01	17 58	17 55	17 52	17 48	17 44	17 40	17 35	17 30	17 24	17 17	17 09	17 01	16 51

MOONSET

Lat.	+40°	+42°	+44°	+46°	+48°	+50°	+52°	+54°	+56°	+58°	+60°	+62°	+64°	+66°
	h m	h m	h m	h m	h m	h m	h m	h m	h m	h m	h m	h m	h m	h m
Oct. 1	12 17	12 23	12 29	12 35	12 43	12 50	12 59	13 09	13 20	13 33	13 48	14 05	14 28	14 57
2	13 18	13 24	13 30	13 37	13 44	13 53	14 02	14 12	14 23	14 37	14 52	15 11	15 34	16 05
3	14 13	14 19	14 25	14 32	14 39	14 47	14 55	15 05	15 16	15 28	15 42	15 59	16 20	16 47
4	15 03	15 08	15 13	15 19	15 25	15 32	15 39	15 47	15 56	16 07	16 19	16 32	16 49	17 09
5	15 47	15 51	15 55	15 59	16 04	16 09	16 15	16 21	16 28	16 36	16 45	16 55	17 07	17 21
6	16 26	16 29	16 31	16 34	16 38	16 41	16 45	16 49	16 54	16 59	17 05	17 12	17 19	17 28
7	17 01	17 03	17 04	17 06	17 07	17 09	17 11	17 13	17 16	17 18	17 21	17 24	17 28	17 32
8	17 34	17 35	17 35	17 35	17 35	17 35	17 35	17 35	17 35	17 35	17 35	17 36	17 36	17 36
9	18 07	18 06	18 04	18 03	18 02	18 00	17 58	17 56	17 54	17 52	17 49	17 46	17 43	17 39
10	18 40	18 37	18 35	18 32	18 29	18 26	18 22	18 18	18 14	18 09	18 04	17 58	17 51	17 43
11	19 14	19 11	19 07	19 03	18 58	18 53	18 48	18 42	18 36	18 29	18 21	18 11	18 00	17 48
12	19 51	19 47	19 42	19 37	19 31	19 25	19 18	19 10	19 02	18 52	18 41	18 28	18 14	17 55
13	20 32	20 26	20 21	20 14	20 08	20 00	19 52	19 43	19 33	19 21	19 08	18 52	18 32	18 08
14	21 16	21 10	21 04	20 57	20 49	20 41	20 32	20 22	20 11	19 58	19 43	19 24	19 01	18 31
15	22 04	21 58	21 51	21 44	21 37	21 29	21 19	21 09	20 57	20 44	20 28	20 08	19 44	19 11
16	22 55	22 50	22 43	22 37	22 29	22 21	22 13	22 03	21 51	21 38	21 23	21 05	20 42	20 12
17	23 50	23 44	23 39	23 33	23 26	23 19	23 11	23 02	22 52	22 41	22 28	22 12	21 53	21 28
18	.. ..	.. ..	.. ..	.. ..	.. ..	.. ..	.. ..	.. ..	23 58	23 49	23 38	23 25	23 10	22 52
19	0 46	0 42	0 37	0 32	0 26	0 20	0 13	0 06	.. ..	.. ..	.. ..	.. ..	.. ..	.. ..
20	1 44	1 40	1 37	1 33	1 28	1 24	1 19	1 13	1 07	1 00	0 52	0 42	0 32	0 19
21	2 43	2 40	2 38	2 35	2 32	2 29	2 25	2 22	2 17	2 13	2 07	2 01	1 54	1 46
22	3 43	3 41	3 40	3 39	3 37	3 36	3 34	3 32	3 30	3 28	3 25	3 22	3 19	3 15
23	4 44	4 44	4 44	4 44	4 44	4 44	4 44	4 44	4 44	4 44	4 44	4 44	4 45	4 45
24	5 47	5 48	5 49	5 51	5 52	5 54	5 56	5 58	6 00	6 03	6 06	6 09	6 13	6 17
25	6 51	6 54	6 57	7 00	7 03	7 06	7 10	7 14	7 19	7 24	7 30	7 36	7 44	7 53

.. .. indicates phenomenon will occur the next day.

MOONRISE AND MOONSET, 2018

UNIVERSAL TIME FOR MERIDIAN OF GREENWICH

MOONRISE

Lat.	−55°	−50°	−45°	−40°	−35°	−30°	−20°	−10°	0°	+10°	+20°	+30°	+35°	+40°
	h m	h m	h m	h m	h m	h m	h m	h m	h m	h m	h m	h m	h m	h m
Oct. 24	18 39	18 32	18 25	18 20	18 16	18 12	18 05	17 59	17 54	17 48	17 43	17 36	17 33	17 28
25	19 58	19 45	19 34	19 26	19 19	19 12	19 01	18 52	18 43	18 34	18 25	18 14	18 08	18 01
26	21 16	20 59	20 44	20 33	20 23	20 14	20 00	19 47	19 35	19 23	19 11	18 56	18 48	18 39
27	22 34	22 11	21 54	21 40	21 28	21 17	21 00	20 44	20 30	20 15	20 00	19 43	19 33	19 21
28	23 45	23 20	23 00	22 45	22 31	22 20	22 00	21 43	21 27	21 11	20 54	20 35	20 23	20 10
29	.. ..	.. ..	.. ..	23 45	23 32	23 20	23 00	22 42	22 26	22 09	21 52	21 32	21 20	21 06
30	0 47	0 21	0 01	.. ..	.. ..	.. ..	23 56	23 40	23 24	23 09	22 52	22 33	22 22	22 09
31	1 37	1 13	0 55	0 39	0 27	0 16	.. ..	.. ..	.. ..	.. ..	23 53	23 37	23 27	23 16
Nov. 1	2 16	1 56	1 40	1 27	1 16	1 06	0 50	0 35	0 22	0 08	.. ..	.. ..	.. ..	.. ..
2	2 46	2 31	2 19	2 09	2 00	1 53	1 39	1 28	1 17	1 06	0 54	0 41	0 33	0 25
3	3 11	3 01	2 52	2 46	2 40	2 35	2 25	2 18	2 10	2 03	1 55	1 45	1 40	1 34
4	3 32	3 27	3 23	3 19	3 16	3 14	3 09	3 05	3 01	2 57	2 53	2 49	2 46	2 43
5	3 51	3 51	3 51	3 51	3 51	3 51	3 51	3 51	3 51	3 51	3 51	3 51	3 51	3 51
6	4 11	4 15	4 19	4 23	4 25	4 28	4 32	4 36	4 40	4 44	4 48	4 52	4 55	4 58
7	4 31	4 41	4 48	4 55	5 00	5 05	5 14	5 22	5 29	5 36	5 44	5 53	5 58	6 04
8	4 54	5 08	5 19	5 29	5 37	5 44	5 57	6 08	6 18	6 29	6 40	6 53	7 01	7 09
9	5 20	5 39	5 54	6 06	6 16	6 26	6 41	6 55	7 08	7 22	7 36	7 52	8 02	8 12
10	5 52	6 15	6 32	6 47	6 59	7 09	7 28	7 44	7 59	8 14	8 30	8 49	9 00	9 12
11	6 32	6 57	7 16	7 31	7 45	7 56	8 16	8 33	8 49	9 06	9 23	9 43	9 55	10 08
12	7 19	7 45	8 04	8 20	8 34	8 45	9 05	9 23	9 39	9 56	10 13	10 33	10 45	10 59
13	8 14	8 38	8 57	9 12	9 25	9 36	9 56	10 12	10 28	10 44	11 00	11 20	11 31	11 44
14	9 15	9 36	9 53	10 07	10 19	10 29	10 46	11 01	11 16	11 30	11 45	12 02	12 12	12 24
15	10 20	10 38	10 52	11 03	11 13	11 22	11 37	11 49	12 01	12 14	12 26	12 41	12 49	12 59
16	11 28	11 41	11 52	12 01	12 08	12 15	12 27	12 37	12 46	12 56	13 06	13 17	13 24	13 31
17	12 37	12 46	12 53	12 59	13 04	13 09	13 17	13 24	13 30	13 37	13 43	13 51	13 56	14 01

MOONSET

Lat.	−55°	−50°	−45°	−40°	−35°	−30°	−20°	−10°	0°	+10°	+20°	+30°	+35°	+40°
	h m	h m	h m	h m	h m	h m	h m	h m	h m	h m	h m	h m	h m	h m
Oct. 24	4 59	5 04	5 08	5 12	5 15	5 17	5 22	5 25	5 29	5 33	5 37	5 41	5 44	5 47
25	5 19	5 29	5 37	5 43	5 49	5 54	6 02	6 10	6 17	6 24	6 32	6 41	6 46	6 51
26	5 42	5 57	6 08	6 18	6 26	6 33	6 46	6 57	7 08	7 18	7 29	7 42	7 49	7 58
27	6 11	6 30	6 45	6 57	7 08	7 17	7 34	7 48	8 01	8 14	8 28	8 44	8 54	9 05
28	6 47	7 10	7 28	7 43	7 56	8 06	8 25	8 42	8 57	9 12	9 28	9 47	9 58	10 11
29	7 35	8 00	8 20	8 36	8 49	9 01	9 21	9 39	9 55	10 11	10 29	10 49	11 00	11 14
30	8 34	9 00	9 19	9 35	9 48	10 00	10 20	10 37	10 54	11 10	11 27	11 47	11 58	12 11
31	9 45	10 08	10 25	10 40	10 52	11 03	11 21	11 37	11 52	12 07	12 22	12 40	12 50	13 02
Nov. 1	11 03	11 21	11 36	11 48	11 58	12 07	12 23	12 36	12 48	13 01	13 14	13 29	13 37	13 47
2	12 24	12 38	12 49	12 58	13 05	13 12	13 23	13 33	13 42	13 52	14 01	14 13	14 19	14 26
3	13 47	13 55	14 01	14 07	14 12	14 16	14 23	14 29	14 35	14 40	14 46	14 53	14 57	15 01
4	15 09	15 11	15 14	15 15	15 17	15 18	15 21	15 23	15 25	15 27	15 29	15 31	15 32	15 34
5	16 29	16 27	16 25	16 23	16 22	16 20	16 18	16 16	16 14	16 12	16 10	16 08	16 07	16 05
6	17 49	17 41	17 35	17 30	17 25	17 22	17 15	17 09	17 03	16 58	16 52	16 45	16 41	16 37
7	19 07	18 54	18 44	18 36	18 28	18 22	18 11	18 02	17 53	17 44	17 34	17 23	17 17	17 10
8	20 23	20 05	19 51	19 40	19 30	19 22	19 07	18 54	18 42	18 31	18 18	18 03	17 55	17 46
9	21 34	21 12	20 55	20 42	20 30	20 20	20 02	19 47	19 33	19 19	19 03	18 46	18 36	18 24
10	22 38	22 14	21 55	21 40	21 27	21 15	20 56	20 39	20 23	20 08	19 51	19 31	19 20	19 07
11	23 34	23 08	22 49	22 33	22 19	22 08	21 47	21 30	21 14	20 57	20 40	20 19	20 08	19 54
12	.. ..	23 55	23 36	23 21	23 08	22 56	22 36	22 19	22 03	21 47	21 30	21 10	20 58	20 45
13	0 20	.. ..	.. ..	.. ..	23 51	23 40	23 22	23 06	22 51	22 36	22 20	22 02	21 51	21 38
14	0 57	0 35	0 17	0 03	.. ..	.. ..	.. ..	23 51	23 38	23 25	23 11	22 54	22 45	22 34
15	1 27	1 08	0 53	0 41	0 30	0 21	0 05	.. ..	.. ..	.. ..	.. ..	23 47	23 40	23 31
16	1 51	1 36	1 24	1 14	1 06	0 58	0 45	0 34	0 23	0 12	0 01	.. ..	.. ..	.. ..
17	2 11	2 01	1 52	1 45	1 39	1 33	1 24	1 15	1 07	0 59	0 51	0 41	0 35	0 29

.. .. indicates phenomenon will occur the next day.

MOONRISE AND MOONSET, 2018

UNIVERSAL TIME FOR MERIDIAN OF GREENWICH

MOONRISE

Lat.	+40°	+42°	+44°	+46°	+48°	+50°	+52°	+54°	+56°	+58°	+60°	+62°	+64°	+66°
	h m	h m	h m	h m	h m	h m	h m	h m	h m	h m	h m	h m	h m	h m
Oct. 24	17 28	17 27	17 25	17 23	17 20	17 18	17 15	17 12	17 09	17 06	17 02	16 57	16 52	16 47
25	18 01	17 58	17 55	17 52	17 48	17 44	17 40	17 35	17 30	17 24	17 17	17 09	17 01	16 51
26	18 39	18 34	18 30	18 25	18 20	18 14	18 08	18 02	17 54	17 46	17 36	17 25	17 12	16 57
27	19 21	19 16	19 11	19 05	18 58	18 51	18 44	18 35	18 25	18 15	18 02	17 48	17 30	17 08
28	20 10	20 04	19 58	19 52	19 44	19 36	19 27	19 18	19 06	18 54	18 39	18 21	17 59	17 30
29	21 06	21 00	20 54	20 47	20 39	20 31	20 22	20 11	19 59	19 46	19 30	19 11	18 47	18 14
30	22 09	22 03	21 57	21 50	21 43	21 35	21 26	21 16	21 05	20 52	20 37	20 19	19 57	19 28
31	23 16	23 11	23 05	22 59	22 53	22 46	22 39	22 30	22 21	22 10	21 57	21 43	21 25	21 03
Nov. 1	.. ..	.. ..	.. ..	.. ..	.. ..	.. ..	23 56	23 49	23 42	23 34	23 25	23 14	23 01	22 46
2	0 25	0 21	0 16	0 12	0 07	0 02	.. ..	.. ..	.. ..	.. ..	.. ..	.. ..	.. ..	.. ..
3	1 34	1 31	1 28	1 25	1 22	1 18	1 15	1 10	1 05	1 00	0 54	0 47	0 39	0 29
4	2 43	2 42	2 40	2 39	2 37	2 35	2 33	2 31	2 29	2 26	2 23	2 20	2 16	2 11
5	3 51	3 51	3 51	3 51	3 51	3 51	3 51	3 51	3 51	3 51	3 51	3 51	3 51	3 51
6	4 58	4 59	5 01	5 02	5 04	5 06	5 08	5 10	5 13	5 15	5 18	5 22	5 26	5 30
7	6 04	6 07	6 10	6 13	6 16	6 20	6 24	6 28	6 33	6 38	6 44	6 51	6 59	7 08
8	7 09	7 13	7 17	7 22	7 27	7 32	7 37	7 44	7 51	7 59	8 08	8 18	8 31	8 46
9	8 12	8 17	8 22	8 28	8 34	8 41	8 48	8 56	9 06	9 16	9 28	9 42	9 59	10 21
10	9 12	9 18	9 24	9 31	9 38	9 45	9 54	10 04	10 15	10 27	10 42	10 59	11 21	11 49
11	10 08	10 14	10 21	10 28	10 35	10 44	10 53	11 03	11 15	11 29	11 45	12 05	12 29	13 03
12	10 59	11 05	11 11	11 18	11 26	11 34	11 44	11 54	12 06	12 20	12 36	12 55	13 20	13 54
13	11 44	11 49	11 56	12 02	12 09	12 17	12 26	12 36	12 47	13 00	13 14	13 32	13 54	14 22
14	12 24	12 29	12 34	12 40	12 46	12 53	13 01	13 10	13 19	13 30	13 42	13 57	14 15	14 37
15	12 59	13 03	13 08	13 13	13 18	13 24	13 30	13 37	13 45	13 54	14 04	14 15	14 29	14 45
16	13 31	13 34	13 38	13 42	13 46	13 50	13 55	14 00	14 06	14 13	14 20	14 28	14 38	14 49
17	14 01	14 03	14 05	14 08	14 11	14 14	14 17	14 20	14 24	14 28	14 33	14 39	14 45	14 52

MOONSET

Lat.	+40°	+42°	+44°	+46°	+48°	+50°	+52°	+54°	+56°	+58°	+60°	+62°	+64°	+66°
	h m	h m	h m	h m	h m	h m	h m	h m	h m	h m	h m	h m	h m	h m
Oct. 24	5 47	5 48	5 49	5 51	5 52	5 54	5 56	5 58	6 00	6 03	6 06	6 09	6 13	6 17
25	6 51	6 54	6 57	7 00	7 03	7 06	7 10	7 14	7 19	7 24	7 30	7 36	7 44	7 53
26	7 58	8 02	8 06	8 10	8 15	8 20	8 25	8 31	8 38	8 46	8 55	9 05	9 17	9 32
27	9 05	9 10	9 15	9 20	9 26	9 33	9 40	9 49	9 58	10 08	10 20	10 34	10 51	11 12
28	10 11	10 17	10 23	10 29	10 36	10 44	10 53	11 02	11 13	11 26	11 40	11 58	12 19	12 48
29	11 14	11 20	11 26	11 33	11 41	11 49	11 58	12 09	12 21	12 34	12 50	13 09	13 33	14 06
30	12 11	12 17	12 23	12 30	12 38	12 46	12 55	13 05	13 16	13 29	13 44	14 03	14 25	14 55
31	13 02	13 08	13 13	13 19	13 26	13 33	13 41	13 50	14 00	14 11	14 24	14 39	14 58	15 20
Nov. 1	13 47	13 51	13 56	14 01	14 06	14 12	14 18	14 25	14 33	14 42	14 52	15 04	15 17	15 33
2	14 26	14 29	14 33	14 36	14 40	14 44	14 49	14 54	15 00	15 06	15 13	15 21	15 30	15 41
3	15 01	15 03	15 05	15 07	15 10	15 12	15 15	15 18	15 21	15 25	15 29	15 34	15 39	15 45
4	15 34	15 34	15 35	15 36	15 37	15 37	15 38	15 39	15 40	15 42	15 43	15 44	15 46	15 48
5	16 05	16 05	16 04	16 03	16 02	16 02	16 01	16 00	15 59	15 57	15 56	15 54	15 53	15 50
6	16 37	16 35	16 33	16 31	16 29	16 26	16 23	16 20	16 17	16 13	16 09	16 05	15 59	15 53
7	17 10	17 07	17 04	17 00	16 56	16 52	16 48	16 43	16 37	16 31	16 24	16 16	16 07	15 57
8	17 46	17 41	17 37	17 32	17 27	17 21	17 15	17 08	17 00	16 52	16 42	16 31	16 18	16 02
9	18 24	18 19	18 14	18 08	18 02	17 54	17 47	17 38	17 29	17 18	17 05	16 51	16 33	16 11
10	19 07	19 01	18 55	18 49	18 41	18 33	18 24	18 15	18 04	17 51	17 36	17 18	16 56	16 27
11	19 54	19 48	19 42	19 34	19 27	19 18	19 09	18 58	18 46	18 33	18 17	17 57	17 32	16 58
12	20 45	20 39	20 32	20 25	20 18	20 09	20 00	19 50	19 38	19 24	19 08	18 49	18 24	17 51
13	21 38	21 33	21 27	21 20	21 13	21 06	20 57	20 47	20 37	20 24	20 10	19 52	19 31	19 03
14	22 34	22 29	22 24	22 18	22 12	22 05	21 58	21 50	21 41	21 30	21 18	21 04	20 47	20 26
15	23 31	23 27	23 23	23 18	23 13	23 08	23 02	22 55	22 48	22 40	22 31	22 20	22 07	21 52
16	.. ..	.. ..	.. ..	.. ..	.. ..	.. ..	.. ..	.. ..	23 58	23 52	23 45	23 38	23 29	23 19
17	0 29	0 26	0 23	0 19	0 16	0 12	0 08	0 03	.. ..	.. ..	.. ..	.. ..	.. ..	.. ..

.. .. indicates phenomenon will occur the next day.

MOONRISE AND MOONSET, 2018

UNIVERSAL TIME FOR MERIDIAN OF GREENWICH

MOONRISE

Lat.	−55°	−50°	−45°	−40°	−35°	−30°	−20°	−10°	0°	+10°	+20°	+30°	+35°	+40°
	h m	h m	h m	h m	h m	h m	h m	h m	h m	h m	h m	h m	h m	h m
Nov. 16	11 28	11 41	11 52	12 01	12 08	12 15	12 27	12 37	12 46	12 56	13 06	13 17	13 24	13 31
17	12 37	12 46	12 53	12 59	13 04	13 09	13 17	13 24	13 30	13 37	13 43	13 51	13 56	14 01
18	13 48	13 52	13 56	13 59	14 01	14 03	14 07	14 11	14 14	14 17	14 21	14 24	14 27	14 29
19	15 01	15 00	15 00	15 00	14 59	14 59	14 59	14 59	14 58	14 58	14 58	14 58	14 58	14 57
20	16 16	16 11	16 06	16 03	16 00	15 57	15 52	15 48	15 44	15 41	15 37	15 32	15 30	15 27
21	17 34	17 24	17 15	17 08	17 02	16 57	16 48	16 40	16 33	16 25	16 18	16 09	16 04	15 58
22	18 54	18 39	18 26	18 16	18 07	17 59	17 46	17 35	17 24	17 13	17 02	16 49	16 42	16 34
23	20 15	19 54	19 38	19 25	19 14	19 04	18 47	18 32	18 19	18 05	17 51	17 35	17 25	17 15
24	21 32	21 07	20 48	20 33	20 20	20 09	19 49	19 33	19 17	19 01	18 45	18 26	18 15	18 02
25	22 40	22 14	21 54	21 38	21 24	21 12	20 51	20 34	20 17	20 01	19 43	19 23	19 11	18 57
26	23 36	23 11	22 52	22 36	22 23	22 11	21 51	21 34	21 18	21 01	20 44	20 24	20 13	19 59
27	.. ..	23 58	23 41	23 27	23 15	23 05	22 47	22 32	22 17	22 02	21 47	21 29	21 18	21 06
28	0 19	.. ..	.. ..	.. ..	.. ..	23 53	23 38	23 26	23 14	23 02	22 49	22 34	22 26	22 16
29	0 52	0 35	0 22	0 11	0 01	.. ..	.. ..	.. ..	.. ..	23 59	23 49	23 39	23 33	23 26
30	1 18	1 06	0 57	0 49	0 42	0 36	0 25	0 16	0 08	.. ..	.. ..	.. ..	.. ..	.. ..
Dec. 1	1 40	1 33	1 28	1 23	1 19	1 15	1 09	1 04	0 59	0 53	0 48	0 42	0 38	0 34
2	1 59	1 57	1 56	1 54	1 53	1 52	1 51	1 49	1 48	1 46	1 45	1 43	1 42	1 41
3	2 17	2 20	2 23	2 25	2 27	2 28	2 31	2 33	2 36	2 38	2 41	2 44	2 45	2 47
4	2 36	2 44	2 50	2 56	3 00	3 04	3 11	3 18	3 23	3 29	3 36	3 43	3 47	3 52
5	2 57	3 10	3 20	3 28	3 35	3 42	3 53	4 02	4 12	4 21	4 31	4 42	4 49	4 57
6	3 21	3 38	3 52	4 03	4 12	4 21	4 36	4 48	5 01	5 13	5 26	5 41	5 50	6 00
7	3 50	4 11	4 28	4 41	4 53	5 03	5 21	5 36	5 50	6 05	6 20	6 38	6 49	7 01
8	4 26	4 50	5 09	5 24	5 37	5 49	6 08	6 25	6 41	6 57	7 14	7 34	7 45	7 58
9	5 10	5 36	5 55	6 11	6 25	6 37	6 57	7 15	7 31	7 48	8 05	8 26	8 38	8 51
10	6 02	6 27	6 47	7 02	7 16	7 27	7 47	8 05	8 21	8 37	8 54	9 14	9 26	9 39

MOONSET

Lat.	−55°	−50°	−45°	−40°	−35°	−30°	−20°	−10°	0°	+10°	+20°	+30°	+35°	+40°
	h m	h m	h m	h m	h m	h m	h m	h m	h m	h m	h m	h m	h m	h m
Nov. 16	1 51	1 36	1 24	1 14	1 06	0 58	0 45	0 34	0 23	0 12	0 01	.. ..	.. ..	.. ..
17	2 11	2 01	1 52	1 45	1 39	1 33	1 24	1 15	1 07	0 59	0 51	0 41	0 35	0 29
18	2 30	2 23	2 18	2 14	2 10	2 07	2 01	1 56	1 51	1 46	1 41	1 35	1 32	1 28
19	2 47	2 45	2 43	2 42	2 41	2 40	2 38	2 37	2 35	2 34	2 32	2 30	2 29	2 28
20	3 04	3 07	3 09	3 11	3 12	3 14	3 16	3 18	3 20	3 22	3 24	3 27	3 28	3 30
21	3 22	3 30	3 36	3 41	3 45	3 49	3 56	4 02	4 07	4 13	4 19	4 25	4 29	4 34
22	3 44	3 56	4 06	4 14	4 21	4 27	4 38	4 48	4 57	5 06	5 15	5 26	5 33	5 40
23	4 09	4 27	4 40	4 52	5 01	5 10	5 25	5 38	5 50	6 02	6 15	6 30	6 39	6 49
24	4 43	5 04	5 22	5 36	5 47	5 58	6 16	6 32	6 46	7 01	7 17	7 35	7 45	7 57
25	5 26	5 52	6 11	6 27	6 40	6 52	7 12	7 29	7 45	8 02	8 19	8 39	8 51	9 04
26	6 23	6 49	7 09	7 26	7 39	7 51	8 12	8 29	8 46	9 03	9 20	9 40	9 52	10 06
27	7 32	7 56	8 15	8 31	8 43	8 55	9 14	9 31	9 46	10 02	10 18	10 37	10 48	11 01
28	8 50	9 10	9 26	9 39	9 50	10 00	10 17	10 31	10 44	10 58	11 12	11 28	11 37	11 48
29	10 11	10 27	10 39	10 49	10 58	11 05	11 18	11 29	11 40	11 50	12 01	12 14	12 21	12 29
30	11 34	11 44	11 52	11 58	12 04	12 09	12 18	12 25	12 32	12 39	12 46	12 55	12 59	13 05
Dec. 1	12 55	12 59	13 03	13 06	13 09	13 11	13 15	13 19	13 22	13 25	13 29	13 33	13 35	13 37
2	14 14	14 14	14 13	14 13	14 13	14 12	14 12	14 11	14 11	14 10	14 10	14 09	14 09	14 08
3	15 33	15 27	15 22	15 18	15 15	15 12	15 07	15 03	14 59	14 54	14 50	14 45	14 42	14 39
4	16 50	16 39	16 30	16 23	16 17	16 12	16 02	15 54	15 46	15 39	15 31	15 21	15 16	15 10
5	18 05	17 50	17 37	17 27	17 18	17 10	16 57	16 46	16 35	16 24	16 13	16 00	15 52	15 44
6	19 18	18 58	18 42	18 29	18 18	18 09	17 52	17 38	17 24	17 11	16 57	16 41	16 31	16 20
7	20 25	20 02	19 44	19 29	19 16	19 05	18 46	18 30	18 15	17 59	17 43	17 24	17 13	17 01
8	21 25	21 00	20 40	20 24	20 11	19 59	19 39	19 21	19 05	18 49	18 31	18 11	18 00	17 46
9	22 16	21 50	21 31	21 15	21 01	20 49	20 29	20 12	19 55	19 39	19 21	19 01	18 49	18 35
10	22 57	22 33	22 15	22 00	21 47	21 36	21 17	21 00	20 44	20 29	20 12	19 52	19 41	19 28

.. .. indicates phenomenon will occur the next day.

MOONRISE AND MOONSET, 2018

UNIVERSAL TIME FOR MERIDIAN OF GREENWICH

MOONRISE

Lat.	+40°	+42°	+44°	+46°	+48°	+50°	+52°	+54°	+56°	+58°	+60°	+62°	+64°	+66°
	h m	h m	h m	h m	h m	h m	h m	h m	h m	h m	h m	h m	h m	h m
Nov. 16	13 31	13 34	13 38	13 42	13 46	13 50	13 55	14 00	14 06	14 13	14 20	14 28	14 38	14 49
17	14 01	14 03	14 05	14 08	14 11	14 14	14 17	14 20	14 24	14 28	14 33	14 39	14 45	14 52
18	14 29	14 30	14 31	14 33	14 34	14 36	14 37	14 39	14 41	14 43	14 45	14 48	14 51	14 54
19	14 57	14 57	14 57	14 57	14 57	14 57	14 57	14 57	14 57	14 57	14 57	14 56	14 56	14 56
20	15 27	15 25	15 24	15 23	15 21	15 20	15 18	15 16	15 14	15 11	15 09	15 06	15 02	14 58
21	15 58	15 56	15 53	15 50	15 47	15 44	15 41	15 37	15 32	15 28	15 22	15 16	15 09	15 01
22	16 34	16 30	16 26	16 22	16 17	16 12	16 07	16 01	15 55	15 47	15 39	15 30	15 19	15 06
23	17 15	17 10	17 05	16 59	16 53	16 47	16 40	16 32	16 23	16 13	16 02	15 49	15 33	15 14
24	18 02	17 56	17 50	17 44	17 37	17 29	17 21	17 11	17 00	16 48	16 34	16 17	15 56	15 30
25	18 57	18 51	18 45	18 38	18 30	18 21	18 12	18 02	17 50	17 36	17 20	17 01	16 37	16 04
26	19 59	19 53	19 47	19 40	19 32	19 24	19 15	19 05	18 53	18 39	18 24	18 05	17 41	17 08
27	21 06	21 01	20 55	20 49	20 42	20 35	20 27	20 18	20 07	19 56	19 42	19 26	19 06	18 40
28	22 16	22 12	22 07	22 02	21 56	21 51	21 44	21 37	21 29	21 19	21 09	20 57	20 42	20 24
29	23 26	23 22	23 19	23 15	23 12	23 07	23 03	22 58	22 52	22 46	22 38	22 30	22 21	22 09
30	.. ..	.. ..	.. ..	.. ..	.. ..	.. ..	.. ..	.. ..	.. ..	.. ..	.. ..	.. ..	23 57	23 51
Dec. 1	0 34	0 32	0 30	0 28	0 26	0 24	0 21	0 18	0 15	0 11	0 07	0 03	.. ..	.. ..
2	1 41	1 41	1 40	1 40	1 39	1 39	1 38	1 37	1 36	1 35	1 34	1 33	1 32	1 30
3	2 47	2 48	2 49	2 50	2 51	2 52	2 53	2 55	2 56	2 58	3 00	3 02	3 05	3 08
4	3 52	3 54	3 57	3 59	4 02	4 05	4 08	4 11	4 15	4 20	4 24	4 30	4 36	4 44
5	4 57	5 00	5 04	5 07	5 12	5 16	5 21	5 27	5 33	5 40	5 48	5 57	6 07	6 20
6	6 00	6 04	6 09	6 14	6 20	6 26	6 32	6 40	6 48	6 58	7 09	7 21	7 37	7 55
7	7 01	7 06	7 12	7 18	7 25	7 32	7 40	7 49	8 00	8 11	8 25	8 42	9 02	9 27
8	7 58	8 04	8 11	8 17	8 25	8 33	8 42	8 53	9 04	9 18	9 34	9 53	10 17	10 49
9	8 51	8 57	9 04	9 11	9 19	9 28	9 37	9 48	10 00	10 14	10 30	10 50	11 16	11 51
10	9 39	9 45	9 51	9 58	10 06	10 14	10 23	10 34	10 45	10 59	11 14	11 33	11 57	12 28

MOONSET

Lat.	+40°	+42°	+44°	+46°	+48°	+50°	+52°	+54°	+56°	+58°	+60°	+62°	+64°	+66°
	h m	h m	h m	h m	h m	h m	h m	h m	h m	h m	h m	h m	h m	h m
Nov. 16	.. ..	.. ..	.. ..	.. ..	.. ..	.. ..	.. ..	.. ..	.. ..	23 58	23 52	23 45	23 38	23 29	23 19
17	0 29	0 26	0 23	0 19	0 16	0 12	0 08	0 03	.. ..	.. ..	.. ..	.. ..	.. ..	.. ..
18	1 28	1 26	1 24	1 22	1 20	1 17	1 15	1 12	1 09	1 05	1 02	0 57	0 52	0 46
19	2 28	2 27	2 27	2 26	2 25	2 25	2 24	2 23	2 22	2 21	2 20	2 18	2 17	2 15
20	3 30	3 30	3 31	3 32	3 33	3 34	3 35	3 36	3 37	3 38	3 40	3 41	3 43	3 46
21	4 34	4 36	4 38	4 40	4 42	4 45	4 48	4 51	4 55	4 58	5 03	5 08	5 14	5 20
22	5 40	5 43	5 47	5 51	5 55	5 59	6 04	6 09	6 15	6 21	6 29	6 37	6 47	6 59
23	6 49	6 53	6 58	7 03	7 08	7 14	7 21	7 28	7 37	7 46	7 57	8 09	8 24	8 42
24	7 57	8 03	8 09	8 15	8 22	8 29	8 37	8 47	8 57	9 09	9 23	9 39	9 59	10 25
25	9 04	9 10	9 16	9 23	9 31	9 39	9 49	9 59	10 11	10 24	10 40	10 59	11 23	11 56
26	10 06	10 12	10 18	10 25	10 33	10 41	10 51	11 01	11 13	11 27	11 43	12 02	12 26	12 59
27	11 01	11 06	11 12	11 19	11 26	11 33	11 42	11 51	12 02	12 14	12 28	12 45	13 05	13 31
28	11 48	11 53	11 58	12 03	12 09	12 15	12 22	12 30	12 39	12 48	13 00	13 13	13 28	13 46
29	12 29	12 32	12 36	12 40	12 45	12 50	12 55	13 01	13 07	13 14	13 22	13 31	13 42	13 54
30	13 05	13 07	13 10	13 12	13 15	13 18	13 22	13 25	13 29	13 34	13 39	13 45	13 51	13 59
Dec. 1	13 37	13 38	13 40	13 41	13 42	13 44	13 45	13 47	13 49	13 51	13 53	13 56	13 58	14 02
2	14 08	14 08	14 08	14 08	14 07	14 07	14 07	14 07	14 06	14 06	14 05	14 05	14 04	14 04
3	14 39	14 37	14 36	14 34	14 32	14 30	14 28	14 26	14 24	14 21	14 18	14 14	14 10	14 06
4	15 10	15 08	15 05	15 02	14 58	14 55	14 51	14 47	14 42	14 37	14 31	14 25	14 17	14 08
5	15 44	15 40	15 36	15 32	15 27	15 22	15 16	15 10	15 03	14 56	14 47	14 37	14 26	14 12
6	16 20	16 16	16 10	16 05	15 59	15 52	15 45	15 37	15 29	15 19	15 07	14 54	14 38	14 19
7	17 01	16 55	16 49	16 43	16 36	16 28	16 20	16 10	16 00	15 48	15 34	15 17	14 57	14 30
8	17 46	17 40	17 34	17 27	17 19	17 10	17 01	16 51	16 39	16 25	16 09	15 50	15 26	14 53
9	18 35	18 29	18 23	18 15	18 08	17 59	17 50	17 39	17 27	17 13	16 56	16 36	16 11	15 35
10	19 28	19 22	19 16	19 09	19 02	18 54	18 45	18 34	18 23	18 10	17 54	17 36	17 12	16 41

.. .. indicates phenomenon will occur the next day.

MOONRISE AND MOONSET, 2018

UNIVERSAL TIME FOR MERIDIAN OF GREENWICH

MOONRISE

Lat.	−55°	−50°	−45°	−40°	−35°	−30°	−20°	−10°	0°	+10°	+20°	+30°	+35°	+40°
	h m	h m	h m	h m	h m	h m	h m	h m	h m	h m	h m	h m	h m	h m
Dec. 9	5 10	5 36	5 55	6 11	6 25	6 37	6 57	7 15	7 31	7 48	8 05	8 26	8 38	8 51
10	6 02	6 27	6 47	7 02	7 16	7 27	7 47	8 05	8 21	8 37	8 54	9 14	9 26	9 39
11	7 01	7 24	7 42	7 56	8 09	8 20	8 38	8 54	9 09	9 24	9 40	9 58	10 09	10 21
12	8 05	8 24	8 40	8 52	9 03	9 12	9 29	9 43	9 56	10 09	10 23	10 39	10 48	10 59
13	9 11	9 27	9 39	9 49	9 58	10 05	10 19	10 30	10 41	10 51	11 03	11 16	11 23	11 32
14	10 19	10 30	10 39	10 47	10 53	10 58	11 08	11 17	11 24	11 32	11 41	11 50	11 56	12 02
15	11 28	11 35	11 40	11 45	11 48	11 52	11 58	12 03	12 07	12 12	12 17	12 23	12 26	12 30
16	12 39	12 41	12 42	12 44	12 45	12 46	12 48	12 49	12 51	12 52	12 54	12 55	12 56	12 58
17	13 51	13 49	13 46	13 44	13 43	13 41	13 39	13 37	13 35	13 33	13 31	13 28	13 27	13 25
18	15 07	14 59	14 53	14 47	14 43	14 39	14 32	14 26	14 21	14 15	14 09	14 03	13 59	13 55
19	16 25	16 12	16 02	15 53	15 46	15 39	15 28	15 19	15 10	15 01	14 51	14 41	14 35	14 28
20	17 46	17 27	17 13	17 01	16 51	16 43	16 28	16 15	16 02	15 50	15 38	15 23	15 15	15 05
21	19 06	18 43	18 25	18 11	17 59	17 48	17 30	17 14	16 59	16 45	16 29	16 11	16 01	15 49
22	20 21	19 55	19 35	19 19	19 06	18 54	18 34	18 16	18 00	17 43	17 26	17 06	16 55	16 41
23	21 25	20 59	20 39	20 23	20 09	19 57	19 37	19 19	19 02	18 46	18 28	18 08	17 56	17 42
24	22 16	21 53	21 34	21 19	21 07	20 56	20 37	20 20	20 05	19 49	19 33	19 13	19 02	18 50
25	22 54	22 35	22 20	22 08	21 57	21 48	21 32	21 18	21 05	20 52	20 38	20 21	20 12	20 01
26	23 24	23 10	22 59	22 50	22 42	22 35	22 23	22 12	22 02	21 52	21 41	21 29	21 22	21 14
27	23 47	23 39	23 32	23 26	23 21	23 16	23 09	23 02	22 55	22 49	22 42	22 34	22 30	22 25
28	.. ..	.. ..	.. ..	23 58	23 56	23 54	23 51	23 48	23 46	23 43	23 40	23 37	23 35	23 33
29	0 07	0 04	0 01	.. ..	.. ..	.. ..	.. ..	.. ..	.. ..	.. ..	.. ..	.. ..	.. ..	.. ..
30	0 26	0 27	0 28	0 29	0 30	0 31	0 32	0 33	0 34	0 35	0 37	0 38	0 39	0 40
31	0 44	0 50	0 55	0 59	1 03	1 06	1 12	1 17	1 22	1 27	1 32	1 38	1 41	1 45
32	1 04	1 15	1 23	1 31	1 37	1 43	1 52	2 01	2 09	2 17	2 26	2 36	2 42	2 49
33	1 26	1 41	1 54	2 04	2 13	2 21	2 34	2 46	2 57	3 08	3 20	3 34	3 42	3 51

MOONSET

Lat.	−55°	−50°	−45°	−40°	−35°	−30°	−20°	−10°	0°	+10°	+20°	+30°	+35°	+40°
	h m	h m	h m	h m	h m	h m	h m	h m	h m	h m	h m	h m	h m	h m
Dec. 9	22 16	21 50	21 31	21 15	21 01	20 49	20 29	20 12	19 55	19 39	19 21	19 01	18 49	18 35
10	22 57	22 33	22 15	22 00	21 47	21 36	21 17	21 00	20 44	20 29	20 12	19 52	19 41	19 28
11	23 29	23 09	22 53	22 39	22 28	22 18	22 01	21 46	21 32	21 18	21 02	20 45	20 35	20 23
12	23 56	23 39	23 26	23 14	23 05	22 57	22 42	22 30	22 18	22 06	21 53	21 38	21 29	21 20
13	.. ..	.. ..	23 54	23 46	23 39	23 32	23 21	23 11	23 02	22 53	22 43	22 31	22 24	22 17
14	0 17	0 05	.. ..	.. ..	.. ..	.. ..	23 58	23 51	23 45	23 39	23 32	23 24	23 20	23 14
15	0 36	0 27	0 21	0 15	0 10	0 06	.. ..	.. ..	.. ..	.. ..	.. ..	.. ..	.. ..	.. ..
16	0 53	0 49	0 45	0 43	0 40	0 38	0 34	0 31	0 28	0 25	0 22	0 18	0 15	0 13
17	1 09	1 10	1 10	1 10	1 10	1 11	1 11	1 11	1 11	1 12	1 12	1 12	1 12	1 13
18	1 26	1 31	1 35	1 39	1 42	1 44	1 49	1 53	1 56	2 00	2 04	2 09	2 11	2 14
19	1 45	1 55	2 03	2 09	2 15	2 20	2 29	2 36	2 44	2 51	2 59	3 07	3 13	3 18
20	2 08	2 23	2 34	2 44	2 52	3 00	3 13	3 24	3 34	3 45	3 56	4 09	4 17	4 25
21	2 37	2 56	3 12	3 24	3 35	3 45	4 01	4 16	4 29	4 43	4 57	5 14	5 23	5 34
22	3 15	3 39	3 57	4 12	4 25	4 36	4 55	5 12	5 28	5 43	6 00	6 19	6 31	6 44
23	4 06	4 32	4 52	5 09	5 22	5 34	5 55	6 13	6 29	6 46	7 04	7 24	7 36	7 50
24	5 11	5 37	5 57	6 13	6 27	6 38	6 58	7 16	7 32	7 48	8 06	8 25	8 37	8 50
25	6 29	6 51	7 09	7 23	7 35	7 46	8 04	8 19	8 34	8 48	9 03	9 21	9 31	9 43
26	7 53	8 10	8 24	8 35	8 45	8 54	9 08	9 21	9 32	9 44	9 56	10 10	10 19	10 28
27	9 18	9 30	9 40	9 47	9 54	10 00	10 10	10 19	10 28	10 36	10 45	10 54	11 00	11 06
28	10 41	10 48	10 53	10 58	11 01	11 05	11 10	11 15	11 20	11 24	11 29	11 34	11 37	11 41
29	12 03	12 04	12 05	12 05	12 06	12 07	12 08	12 08	12 09	12 10	12 11	12 11	12 12	12 12
30	13 21	13 17	13 14	13 11	13 09	13 07	13 03	13 00	12 57	12 54	12 51	12 47	12 45	12 43
31	14 38	14 29	14 22	14 16	14 10	14 06	13 58	13 51	13 44	13 38	13 31	13 23	13 19	13 14
32	15 53	15 39	15 28	15 19	15 11	15 04	14 52	14 42	14 32	14 22	14 12	14 00	13 53	13 46
33	17 06	16 47	16 33	16 21	16 11	16 02	15 46	15 33	15 20	15 08	14 55	14 39	14 31	14 21

.. .. indicates phenomenon will occur the next day.

MOONRISE AND MOONSET, 2018

UNIVERSAL TIME FOR MERIDIAN OF GREENWICH

MOONRISE

Lat.	+40°	+42°	+44°	+46°	+48°	+50°	+52°	+54°	+56°	+58°	+60°	+62°	+64°	+66°
	h m	h m	h m	h m	h m	h m	h m	h m	h m	h m	h m	h m	h m	h m
Dec. 9	8 51	8 57	9 04	9 11	9 19	9 28	9 37	9 48	10 00	10 14	10 30	10 50	11 16	11 51
10	9 39	9 45	9 51	9 58	10 06	10 14	10 23	10 34	10 45	10 59	11 14	11 33	11 57	12 28
11	10 21	10 27	10 33	10 39	10 46	10 53	11 01	11 11	11 21	11 33	11 46	12 03	12 22	12 47
12	10 59	11 03	11 08	11 14	11 19	11 26	11 33	11 41	11 49	11 59	12 10	12 23	12 38	12 57
13	11 32	11 35	11 39	11 44	11 48	11 53	11 59	12 05	12 12	12 19	12 28	12 38	12 49	13 03
14	12 02	12 05	12 07	12 11	12 14	12 18	12 22	12 26	12 31	12 36	12 42	12 49	12 57	13 06
15	12 30	12 32	12 33	12 35	12 37	12 40	12 42	12 44	12 47	12 50	12 54	12 58	13 03	13 08
16	12 58	12 58	12 59	12 59	13 00	13 00	13 01	13 02	13 03	13 04	13 05	13 06	13 08	13 09
17	13 25	13 25	13 24	13 23	13 23	13 22	13 21	13 20	13 19	13 17	13 16	13 15	13 13	13 11
18	13 55	13 53	13 51	13 49	13 47	13 44	13 42	13 39	13 36	13 32	13 28	13 24	13 19	13 13
19	14 28	14 25	14 21	14 18	14 14	14 10	14 06	14 01	13 55	13 49	13 43	13 35	13 26	13 16
20	15 05	15 01	14 56	14 52	14 46	14 41	14 34	14 28	14 20	14 11	14 02	13 50	13 37	13 22
21	15 49	15 44	15 38	15 32	15 26	15 19	15 11	15 02	14 52	14 41	14 28	14 13	13 55	13 33
22	16 41	16 35	16 29	16 22	16 15	16 06	15 57	15 47	15 36	15 23	15 07	14 49	14 26	13 56
23	17 42	17 36	17 29	17 22	17 14	17 06	16 56	16 46	16 34	16 20	16 04	15 44	15 19	14 45
24	18 50	18 44	18 38	18 31	18 24	18 16	18 07	17 57	17 46	17 33	17 19	17 01	16 38	16 09
25	20 01	19 56	19 51	19 46	19 40	19 33	19 26	19 18	19 08	18 58	18 46	18 32	18 15	17 54
26	21 14	21 10	21 06	21 02	20 57	20 52	20 47	20 41	20 35	20 27	20 19	20 09	19 57	19 44
27	22 24	22 22	22 20	22 17	22 14	22 11	22 08	22 04	22 00	21 56	21 51	21 45	21 38	21 30
28	23 33	23 32	23 31	23 30	23 29	23 28	23 27	23 25	23 24	23 22	23 20	23 18	23 15	23 12
29	.. ..	.. ..	.. ..	.. ..	.. ..	.. ..	.. ..	.. ..	.. ..	.. ..	.. ..	.. ..	.. ..	.. ..
30	0 40	0 40	0 41	0 41	0 42	0 43	0 43	0 44	0 45	0 45	0 46	0 48	0 49	0 50
31	1 45	1 47	1 49	1 51	1 53	1 55	1 58	2 00	2 04	2 07	2 11	2 15	2 20	2 26
32	2 49	2 52	2 55	2 58	3 02	3 06	3 10	3 15	3 21	3 27	3 34	3 41	3 51	4 01
33	3 51	3 55	4 00	4 05	4 10	4 15	4 21	4 28	4 36	4 44	4 54	5 06	5 19	5 36

MOONSET

Lat.	+40°	+42°	+44°	+46°	+48°	+50°	+52°	+54°	+56°	+58°	+60°	+62°	+64°	+66°
	h m	h m	h m	h m	h m	h m	h m	h m	h m	h m	h m	h m	h m	h m
Dec. 9	18 35	18 29	18 23	18 15	18 08	17 59	17 50	17 39	17 27	17 13	16 56	16 36	16 11	15 35
10	19 28	19 22	19 16	19 09	19 02	18 54	18 45	18 34	18 23	18 10	17 54	17 36	17 12	16 41
11	20 23	20 18	20 12	20 06	20 00	19 52	19 44	19 35	19 25	19 14	19 01	18 45	18 26	18 01
12	21 20	21 15	21 10	21 05	21 00	20 54	20 47	20 40	20 32	20 23	20 12	19 59	19 45	19 27
13	22 17	22 13	22 10	22 06	22 02	21 57	21 52	21 46	21 40	21 33	21 25	21 16	21 06	20 53
14	23 14	23 12	23 10	23 07	23 04	23 01	22 58	22 54	22 50	22 45	22 40	22 34	22 27	22 20
15	.. ..	.. ..	.. ..	.. ..	.. ..	.. ..	.. ..	.. ..	.. ..	23 59	23 56	23 53	23 50	23 46
16	0 13	0 12	0 10	0 09	0 08	0 06	0 05	0 03	0 01	.. ..	.. ..	.. ..	.. ..	.. ..
17	1 13	1 13	1 13	1 13	1 13	1 13	1 13	1 13	1 13	1 13	1 13	1 14	1 14	1 14
18	2 14	2 15	2 17	2 18	2 20	2 22	2 24	2 26	2 28	2 31	2 33	2 37	2 41	2 45
19	3 18	3 21	3 24	3 27	3 30	3 33	3 37	3 41	3 46	3 51	3 57	4 03	4 11	4 20
20	4 25	4 29	4 33	4 38	4 42	4 47	4 53	4 59	5 06	5 14	5 23	5 34	5 46	6 01
21	5 34	5 39	5 45	5 50	5 56	6 03	6 11	6 19	6 28	6 39	6 51	7 06	7 23	7 45
22	6 44	6 49	6 55	7 02	7 09	7 18	7 26	7 36	7 48	8 00	8 16	8 34	8 56	9 26
23	7 50	7 56	8 03	8 10	8 17	8 26	8 35	8 46	8 58	9 12	9 28	9 48	10 13	10 47
24	8 50	8 56	9 02	9 09	9 17	9 25	9 34	9 44	9 55	10 08	10 23	10 42	11 04	11 34
25	9 43	9 48	9 53	9 59	10 06	10 13	10 20	10 29	10 39	10 49	11 02	11 17	11 34	11 56
26	10 28	10 32	10 36	10 41	10 46	10 51	10 57	11 04	11 11	11 19	11 28	11 39	11 52	12 06
27	11 06	11 09	11 12	11 16	11 19	11 23	11 27	11 31	11 36	11 42	11 48	11 55	12 03	12 12
28	11 41	11 42	11 44	11 46	11 48	11 50	11 52	11 54	11 57	12 00	12 03	12 06	12 10	12 15
29	12 12	12 13	12 13	12 13	12 13	12 14	12 14	12 14	12 15	12 15	12 16	12 16	12 17	12 17
30	12 43	12 42	12 41	12 40	12 38	12 37	12 35	12 34	12 32	12 30	12 28	12 25	12 23	12 19
31	13 14	13 11	13 09	13 06	13 04	13 01	12 57	12 54	12 50	12 45	12 41	12 35	12 29	12 21
32	13 46	13 42	13 39	13 35	13 31	13 26	13 21	13 16	13 10	13 03	12 55	12 46	12 36	12 25
33	14 21	14 16	14 11	14 06	14 01	13 55	13 48	13 41	13 33	13 24	13 13	13 01	12 47	12 30

.. .. indicates phenomenon will occur the next day.

CONTENTS OF THE ECLIPSE SECTION

SUMMARY OF ECLIPSES AND TRANSITS FOR 2018

There are five eclipses, three of the Sun and two of the Moon. All times are expressed in Universal Time using $\Delta T = +69^s.0$. There are no transits of Mercury or Venus across the Sun.

I. *A total eclipse of the Moon*, January 31. See map on page A84. The eclipse begins at $10^h 50^m$ and ends at $16^h 10^m$; the total phase begins at $12^h 51^m$ and ends at $14^h 08^m$. It is visible from western South America, North America, Asia, Australia, the Middle East, eastern Africa, eastern Europe, the Pacific Ocean, and the Indian Ocean.

II. *A partial eclipse of the Sun*, February 15. See map on page A86. The eclipse begins at $18^h 56^m$ and ends at $22^h 47^m$. It is visible from southern South America, Antarctica, the south Pacific Ocean, and the south Atlantic Ocean.

III. *A partial eclipse of the Sun*, July 13. See map on page A88. The eclipse begins at $01^h 48^m$ and ends at $04^h 14^m$. It is visible from extreme southern Australia, the south Pacific Ocean, and the south Indian Ocean.

IV. *A total eclipse of the Moon*, July 27. See map on page A89. The eclipse begins at $17^h 13^m$ and ends at $23^h 30^m$; the total phase begins at $19^h 30^m$ and ends at $21^h 14^m$. It is visible from Australia, Antarctica, Asia, Africa, the Middle East, Europe, South America, the south Pacific Ocean, the Indian Ocean, and the Atlantic Ocean.

V. *A partial eclipse of the Sun*, August 11. See map on page A91. The eclipse begins at $08^h 02^m$ and ends at $11^h 31^m$. It is visible from extreme north North America, northern Europe, Asia, and the north Atlantic Ocean.

Local circumstances and animations for upcoming eclipses can be found on *The Astronomical Almanac Online* at http://asa.hmnao.com or http://asa.usno.navy.mil.

Local circumstances and animations for upcoming eclipses can be found on *The Astronomical Almanac Online* at http://asa.hmnao.com or http://asa.usno.navy.mil.

General Information

The elements and circumstances are computed according to Bessel's method from apparent right ascensions and declinations of the Sun and Moon. Semidiameters of the Sun and Moon used in the calculation of eclipses do not include irradiation. The adopted semidiameter of the Sun at unit distance is $15'$ $59''.64$ from the IAU (1976) Astronomical Constants. The apparent semidiameter of the Moon is equal to arcsin ($k \sin \pi$), where π is the Moon's horizontal parallax and k is an adopted constant. In 1982, the IAU adopted $k = 0.272\ 5076$, corresponding to the mean radius of Watts' datum as determined by observations of occultations and to the adopted radius of the Earth.

Standard corrections of $+0''.5$ and $-0''.25$ have been applied to the longitude and latitude of the Moon, respectively, to help correct for the difference between the center of figure and the center of mass.

Refraction is neglected in calculating solar and lunar eclipses. Because the circumstances of eclipses are calculated for the surface of the ellipsoid, refraction is not included in Besselian element polynomials. For local predictions, corrections for refraction are unnecessary; they are required only in precise comparisons of theory with observation in which many other refinements are also necessary.

All time arguments are given provisionally in Universal Time, using $\Delta T(A) = +69^s.0$. Once an updated value of ΔT is known, the data on these pages may be expressed in Universal Time as follows:

Define $\delta T = \Delta T - \Delta T(A)$, in units of seconds of time.
Change the times of circumstances given in preliminary Universal Time by subtracting δT.
Correct the tabulated longitudes, $\lambda(A)$, using $\lambda = \lambda(A) + 0.00417807 \times \delta T$ (longitudes are in degrees).
Leave all other quantities unchanged.
The correction of δT is included in the Besselian elements.
Longitude is positive to the east, and negative to the west.

Explanation of Solar Eclipse Diagram

The solar eclipse diagrams in *The Astronomical Almanac* show the region over which different phases of each eclipse may be seen and the times at which these phases occur. Each diagram has a series of dashed curves that show the outline of the Moon's penumbra on the Earth's surface at one-hour intervals. Short dashes show the leading edge and long dashes show the trailing edge. Except for certain extreme cases, the shadow outline moves generally from west to east. The Moon's shadow cone first contacts the Earth's surface where "First Contact" is indicated on the diagram. "Last Contact" is where the Moon's shadow cone last contacts the Earth's surface. The path of the central eclipse, whether for a total, annular, or annular-total eclipse, is marked by two closely spaced curves that cut across all of the dashed curves. These two curves mark the extent of the Moon's umbral shadow on the Earth's surface. Viewers within these boundaries will observe a total, annular, or annular-total eclipse, and viewers outside these boundaries will see a partial eclipse.

Solid curves labeled "Northern" and "Southern Limit of Eclipse" represent the furthest extent north or south of the Moon's penumbra on the Earth's surface. Viewers outside of these boundaries will not experience any eclipse. When only one of these two curves appears, only part of the Moon's penumbra touches the Earth; the other part is projected into space north or south of the Earth. The solid curves labeled "Eclipse begins at Sunset" and "Eclipse ends at Sunrise" define the other limits.

Another set of solid curves appears on some diagrams as two teardrop shapes (or lobes) on either end of the eclipse path, and on other diagrams as a distorted figure eight. These lobes represent in time the intersection of the Moon's penumbra with the Earth's terminator as the eclipse progresses. As time elapses, the Earth's terminator moves east-to-west while the Moon's penumbra moves west-to-east. These lobes connect to form an elongated figure eight on a diagram when part of the Moon's penumbra stays in contact with the Earth's terminator throughout the eclipse. The lobes become two separate teardrop shapes when the Moon's penumbra breaks contact with the Earth's terminator during the beginning of the eclipse and reconnects with it near the end. In the east, the outer portion of the lobe is labeled "Eclipse begins at Sunset" and marks the first contact between the Moon's penumbra and Earth's terminator in the east. Observers on this curve just fail to see the eclipse. The inner part of the lobe is labeled "Eclipse ends at Sunset" and marks the last contact between the Moon's penumbra and the Earth's terminator in the east. Observers on this curve just see the whole eclipse. The curve bisecting this lobe is labeled "Maximum Eclipse at Sunset" and is part of the sunset terminator at maximum eclipse. Viewers in the eastern half of the lobe will see the Sun set before maximum eclipse; *i.e.* see less than half of the eclipse. Viewers in the western half of the lobe will see the Sun set after maximum eclipse; *i.e.* see more than half of the eclipse. A similar description holds for the western lobe except everything occurs at sunrise instead of sunset.

Computing Local Circumstances for Solar Eclipses

The solar eclipse maps show the path of the eclipse, beginning and ending times of the eclipse, and the region of visibility, including restrictions due to rising and setting of the Sun. The short-dash and long-dash lines show, respectively, the progress of the leading and trailing edge of the penumbra; thus, at a given location, the times of the first and last contact may be interpolated. If further precision is desired, Besselian elements can be utilized.

Besselian elements characterize the geometric position of the shadow of the Moon relative to the Earth. The exterior tangents to the surfaces of the Sun and Moon form the umbral cone; the interior tangents form the penumbral cone. The common axis of these two cones is the axis of the shadow. To form a system of geocentric rectangular coordinates, the geocentric plane perpendicular to the axis of the shadow is taken as the xy-plane. This is called the fundamental plane. The x-axis is the intersection of the fundamental plane with the plane of the equator; it is positive toward the east. The y-axis is positive toward the north. The z-axis is parallel to the axis of the shadow and is positive toward the Moon. The tabular values of x and y are the coordinates, in units of the Earth's equatorial radius, of the intersection of the axis of the shadow with the fundamental plane. The direction of the axis of the shadow is specified by the declination d and hour angle μ of the point on the celestial sphere toward which the axis is directed.

The radius of the umbral cone is regarded as positive for an annular eclipse and negative for a total eclipse. The angles f_1 and f_2 are the angles at which the tangents that form the penumbral and umbral cones, respectively, intersect the axis of the shadow.

To predict accurate local circumstances, calculate the geocentric coordinates $\rho \sin \phi'$ and $\rho \cos \phi'$ from the geodetic latitude ϕ and longitude λ, using the relationships given on pages K11–K12 of *The Astronomical Almanac*. Inclusion of the height h in this calculation is all that is necessary to obtain the local circumstances at high altitudes.

Obtain approximate times for the beginning, middle and end of the eclipse from the eclipse map. For each of these three times compute — from the Besselian element polynomials — the values of x, y, $\sin d$, $\cos d$, μ and l_1 (the radius of the penumbra on the fundamental plane). If the eclipse is central (i.e., total, annular or annular-total), then, at the approximate time of the middle of the eclipse, l_2 (the radius of the umbra on the fundamental plane) is required instead of l_1. The hourly variations x', y' of x and y are needed, and may be obtained by evaluating the derivative of the polynomial expressions for x and y. Values of μ', d', $\tan f_1$ and $\tan f_2$ are nearly constant throughout the eclipse and are given immediately following the Besselian polynomials.

For each of the three approximate times, calculate the coordinates ξ, η, ζ for the observer and the hourly variations ξ' and η' from

$$\xi = \rho \cos \phi' \sin \theta,$$
$$\eta = \rho \sin \phi' \cos d - \rho \cos \phi' \sin d \cos \theta,$$
$$\zeta = \rho \sin \phi' \sin d + \rho \cos \phi' \cos d \cos \theta,$$
$$\xi' = \mu' \rho \cos \phi' \cos \theta,$$
$$\eta' = \mu' \xi \sin d - \zeta d',$$

where

$$\theta = \mu + \lambda$$

for longitudes measured positive towards the east.

Next, calculate

$$
\begin{array}{ll}
u = x - \xi & u' = x' - \xi' \\
v = y - \eta & v' = y' - \eta' \\
m^2 = u^2 + v^2 & n^2 = u'^2 + v'^2
\end{array}
\qquad (m, n > 0)
$$

$$L_i = l_i - \zeta \tan f_i$$
$$D = uu' + vv'$$
$$\Delta = \tfrac{1}{n}(uv' - u'v)$$
$$\sin \psi = \frac{\Delta}{L_i},$$

where $i = 1, 2$.

At the approximate times of the beginning and end of the eclipse, L_1 is required. At the approximate time of the middle of the eclipse, L_2 is required if the eclipse is central; L_1 is required if the eclipse is partial.

Neglecting the variation of L, the correction τ to be applied to the approximate time of the middle of the eclipse to obtain the *Universal Time of greatest phase* (in hours) is

$$\tau = -\frac{D}{n^2},$$

which may be expressed in minutes by multiplying by 60. The correction τ to be applied to the approximate times of the beginning and end of the eclipse to obtain the *Universal Times of the penumbral contacts* (in hours) is

$$\tau = \frac{L_1}{n} \cos \psi - \frac{D}{n^2},$$

which may be expressed in minutes by multiplying by 60.

If the eclipse is central, use the approximate time for the middle of the eclipse as a first approximation to the times of umbral contact. The correction τ to be applied to obtain the *Universal Times of the umbral contacts* is

$$\tau = \frac{L_2}{n} \cos \psi - \frac{D}{n^2},$$

which may be expressed in minutes by multiplying by 60.

In the last two equations, the ambiguity in the quadrant of ψ is removed by noting that $\cos \psi$ must be *negative* for the beginning of the eclipse, for the beginning of the annular phase, or for the end of the total phase; $\cos \psi$ must be *positive* for the end of the eclipse, the end of the annular phase, or the beginning of the total phase.

For greater accuracy, the times resulting from the calculation outlined above should be used in place of the original approximate times, and the entire procedure repeated at least once. The calculations for each of the contact times and the time of greatest phase should be performed separately.

The *magnitude of greatest partial eclipse*, in units of the solar diameter is

$$M_1 = \frac{L_1 - m}{(2L_1 - 0.5459)},$$

where the value of m at the time of greatest phase is used. If the magnitude is negative at the time of greatest phase, no eclipse is visible from the location.

The *magnitude of the central phase*, in the same units, is

$$M_2 = \frac{L_1 - L_2}{(L_1 + L_2)}.$$

The *position angle of a point of contact* measured eastward (counterclockwise) from the north point of the solar limb is given by

$$\tan P = \frac{u}{v},$$

where u and v are evaluated at the times of contacts computed in the final approximation. The quadrant of P is determined by noting that $\sin P$ has the algebraic sign of u, except for the contacts of the total phase, for which $\sin P$ has the opposite sign to u.

The position angle of the point of contact measured eastward from the vertex of the solar limb is given by

$$V = P - C,$$

where C, the parallactic angle, is obtained with sufficient accuracy from

$$\tan C = \frac{\xi}{\eta},$$

with $\sin C$ having the same algebraic sign as ξ, and the results of the final approximation again being used. The vertex point of the solar limb lies on a great circle arc drawn from the zenith to the center of the solar disk.

Lunar Eclipses

A calculator to produce local circumstances of recent and upcoming lunar eclipses is provided at http://aa.usno.navy.mil/data/docs/LunarEclipse.php

In calculating lunar eclipses, the radius of the geocentric shadow of the Earth is increased by one-fiftieth part to allow for the effect of the atmosphere. Refraction is neglected in calculating solar and lunar eclipses. Standard corrections of $+0''.5$ and $-0''.25$ have been applied to the longitude and latitude of the Moon, respectively, to help correct for the difference between the center of figure and the center of mass.

Explanation of Lunar Eclipse Diagram

Information on lunar eclipses is presented in the form of a diagram consisting of two parts. The upper panel shows the path of the Moon relative to the penumbral and umbral shadows of the Earth. The lower panel shows the visibility of the eclipse from the surface of the Earth. The title of the upper panel includes the type of eclipse, its place in the sequence of eclipses for the year and the Greenwich calendar date of the eclipse. The inner darker circle is the umbral shadow of the Earth and the outer lighter circle is that of the penumbra. The axis of the shadow of the Earth is denoted by (+) with the ecliptic shown for reference purposes. A 30-arcminute scale bar is provided on the right hand side of the diagram and the orientation is given by the cardinal points displayed on the small graphic on the left hand side of the diagram. The position angle (PA) is measured from North point of the lunar disk along the limb of the Moon to the point of contact. It is shown on the graphic by the use of an arc extending anti-clockwise (eastwards) from North terminated with an arrow head.

Moon symbols are plotted at the principal phases of the eclipse to show its position relative to the umbral and penumbral shadows. The UT times of the different phases of the eclipse to the nearest tenth of a minute are printed above or below the Moon symbols as appropriate. P1 and P4 are the first and last external contacts of the penumbra respectively and denote the beginning and end of the penumbral eclipse respectively. U1 and U4 are the first and last external contacts of the umbra denoting the beginning and end of the partial phase of the eclipse respectively. U2 and U3 are the first and last internal contacts of the umbra and denote the beginning and end of the total phase respectively. MID is the middle of the eclipse. The position angle is given for P1 and P4 for penumbral eclipses and U1 and U4 for partial and total eclipses. The UT time of the geocentric opposition in right ascension of the Sun and Moon and the magnitude of the eclipse are given above or below the Moon symbols as appropriate.

The lower panel is a cylindrical equidistant map projection showing the Earth centered on the longitude at which the Moon is in the zenith at the middle of the eclipse. The visibility of the eclipse is displayed by plotting the Moon rise/set terminator for the principal phases of the eclipse for which timing information is provided in the upper panel. The terminator for the middle of the eclipse is not plotted for the sake of clarity.

The unshaded area indicates the region of the Earth from which all the eclipse is visible, whereas the darkest shading indicates the area from which the eclipse is invisible. The different shades of gray indicate regions where the Moon is either rising or setting during the principal phases of the eclipse. The Moon is rising on the left hand side of the diagram after the eclipse has started and is setting on the right hand side of the diagram before the eclipse ends. Labels are provided to this effect.

Symbols are plotted showing the locations for which the Moon is in the zenith at the principal phases of the eclipse. The points at which the Moon is in the zenith at P1 and P4 are denoted by (+), at U1 and U4 by ($\odot$) and at U2 and U3 by ($\oplus$). These symbols are also plotted on the upper panel where appropriate. The value of ΔT used for the calculation of the eclipse circumstances is given below the diagram. Country boundaries are also provided to assist the user in determining the visibility of the eclipse at a particular location.

I. - Total Eclipse of the Moon

2018 January 31

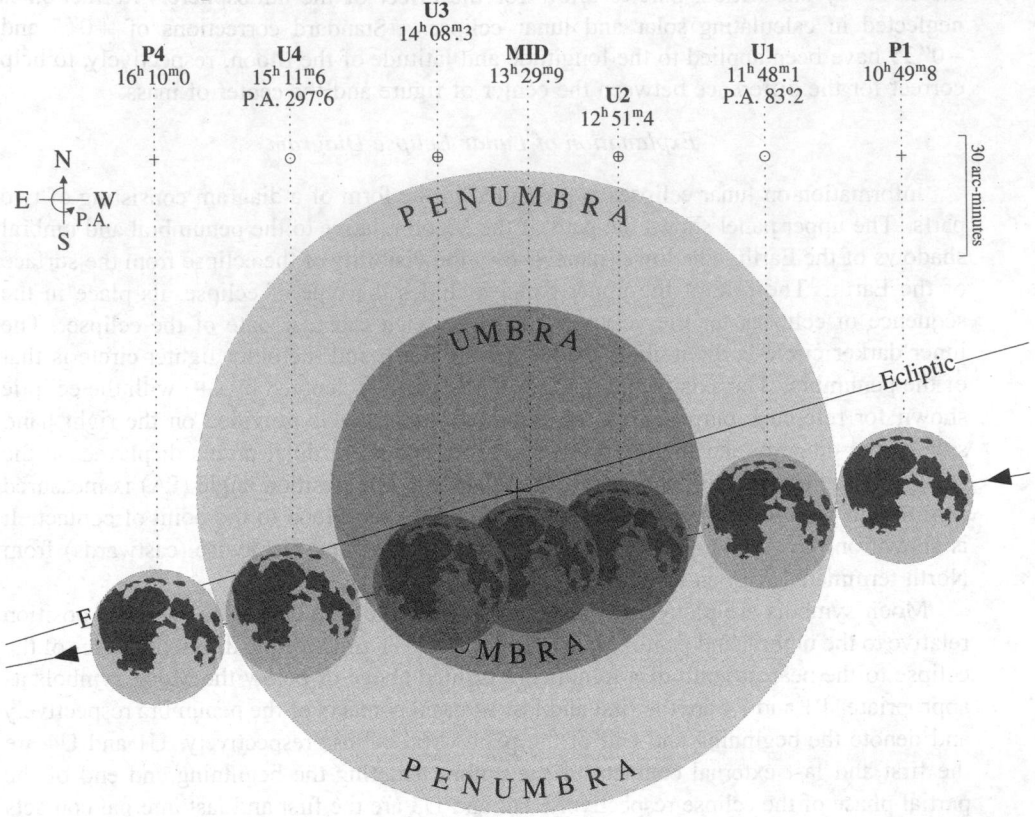

UT of geocentric opposition in RA: January 31^d 13^h 35^m 36^{s}735   Umbral magnitude of the eclipse: 1.321

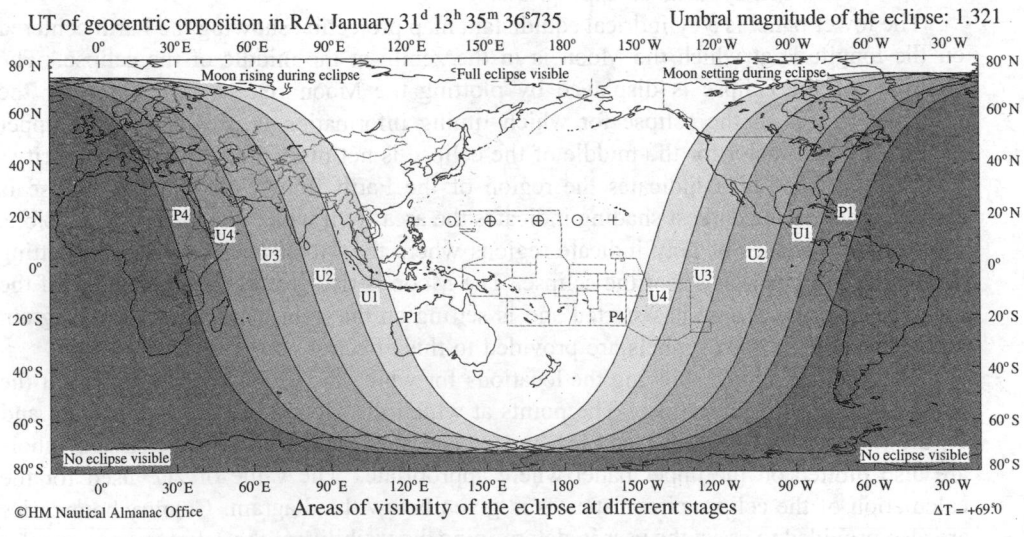

Areas of visibility of the eclipse at different stages   ΔT = +69^{s}0

II. –Partial Eclipse of the Sun, 2018 February 15

CIRCUMSTANCES OF THE ECLIPSE

Universal Time of geocentric conjunction in right ascension, February $15^d\ 20^h\ 15^m\ 8\overset{s}{.}042$
Julian Date = 2458165.3438430722

		UT			Longitude	Latitude
		d	h	m	° ′	° ′
Eclipse begins	February	15	18	55.8	+144 26.9	−62 26.1
Greatest eclipse		15	20	51.4	+ 00 52.0	−71 05.6
Eclipse ends		15	22	47.2	− 59 15.6	−35 23.4

Magnitude of greatest eclipse: 0.5993

BESSELIAN ELEMENTS

Let $t = (UT-19^h) + \delta T/3600$ in units of hours.

These equations are valid over the range $-0\overset{h}{.}125 \le t \le 3\overset{h}{.}958$. Do not use t outside the given range, and do not omit any terms in the series.

Intersection of the axis of shadow with the fundamental plane:
$$x = -0.62495856 + 0.49906684\ t + 0.00001394\ t^2 - 0.00000592\ t^3$$
$$y = -1.41124656 + 0.12781460\ t + 0.00013524\ t^2 - 0.00000143\ t^3$$

Direction of the axis of shadow:
$$\sin d = -0.21630200 + 0.00024000\ t$$
$$\cos d = +0.97632647 + 0.00005316\ t - 0.00000004\ t^2$$
$$\mu = 101\overset{\circ}{.}47635086 + 15.00181263\ t + 0.00000253\ t^2 - 0.00000002\ t^3 - 0.00417807\ \delta T$$

Radius of the shadow on the fundamental plane:
penumbra $(l_1) = +0.56842204 - 0.00005157\ t - 0.00001027\ t^2$
umbra $(l_2) = +0.02192646 - 0.00005128\ t - 0.00001022\ t^2$

Other important quantities:
$$\tan f_1 = +0.004734$$
$$\mu' = +0.261831 \text{ radians per hour}$$
$$d' = +0.000246 \text{ radians per hour}$$

All time arguments are given provisionally in Universal Time, using $\Delta T(A) = 69^s0$.

PARTIAL SOLAR ECLIPSE OF 2018 FEBRUARY 15

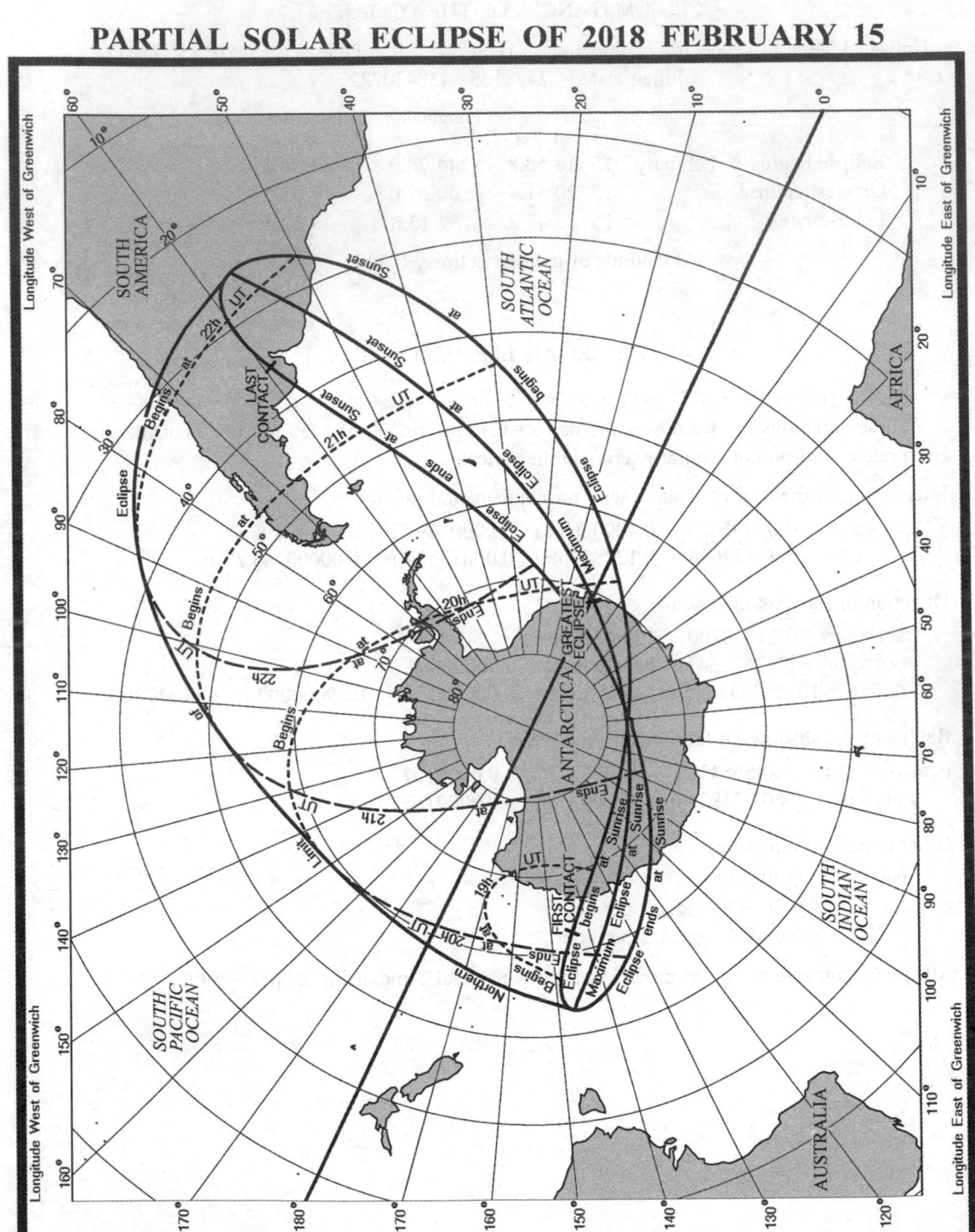

III. –Partial Eclipse of the Sun, 2018 July 13

CIRCUMSTANCES OF THE ECLIPSE

Universal Time of geocentric conjunction in right ascension, July 13^d 3^h 9^m $4^s_.282$

Julian Date = 2458312.6312995548

		UT	Longitude	Latitude
	d	h m	° ′	° ′
Eclipse begins	July 13	1 48.4	+ 96 24.3	−52 56.3
Greatest eclipse	13	3 01.1	+127 28.2	−67 55.6
Eclipse ends	13	4 13.8	+168 19.8	−57 52.3

Magnitude of greatest eclipse: 0.3367

BESSELIAN ELEMENTS

Let $t = (UT-1^h) + \delta T/3600$ in units of hours.

These equations are valid over the range $0^h_.708 \leq t \leq 3^h_.400$. Do not use t outside the given range, and do not omit any terms in the series.

Intersection of the axis of shadow with the fundamental plane:

$$x = -1.25367341 + 0.58270375\ t + 0.00005742\ t^2 - 0.00000989\ t^3$$
$$y = -1.28512714 - 0.03298282\ t - 0.00007966\ t^2 + 0.00000045\ t^3$$

Direction of the axis of shadow:

$$\sin\ d = +0.37229271 - 0.00009649\ t + 0.00000021\ t^2 - 0.00000004\ t^3$$
$$\cos\ d = +0.92811548 + 0.00003856\ t - 0.00000003\ t^2 + 0.00000001\ t^3$$
$$\mu = 193°.56951584 + 15.00023685\ t + 0.00000113\ t^2 + 0.00000010\ t^3 - 0.00417807\ \delta T$$

Radius of the shadow on the fundamental plane:

penumbra $(l_1) = +0.53016384 + 0.00003859\ t - 0.00001264\ t^2 - 0.00000003\ t^3$
umbra $(l_2) = -0.01614033 + 0.00003750\ t - 0.00001211\ t^2 - 0.00000010\ t^3$

Other important quantities:

$$\tan f_1 = +0.004599$$
$$\mu' = +0.261804 \text{ radians per hour}$$
$$d' = -0.000104 \text{ radians per hour}$$

All time arguments are given provisionally in Universal Time, using $\Delta T(A) = 69^s_.0$.

PARTIAL SOLAR ECLIPSE OF 2018 JULY 13

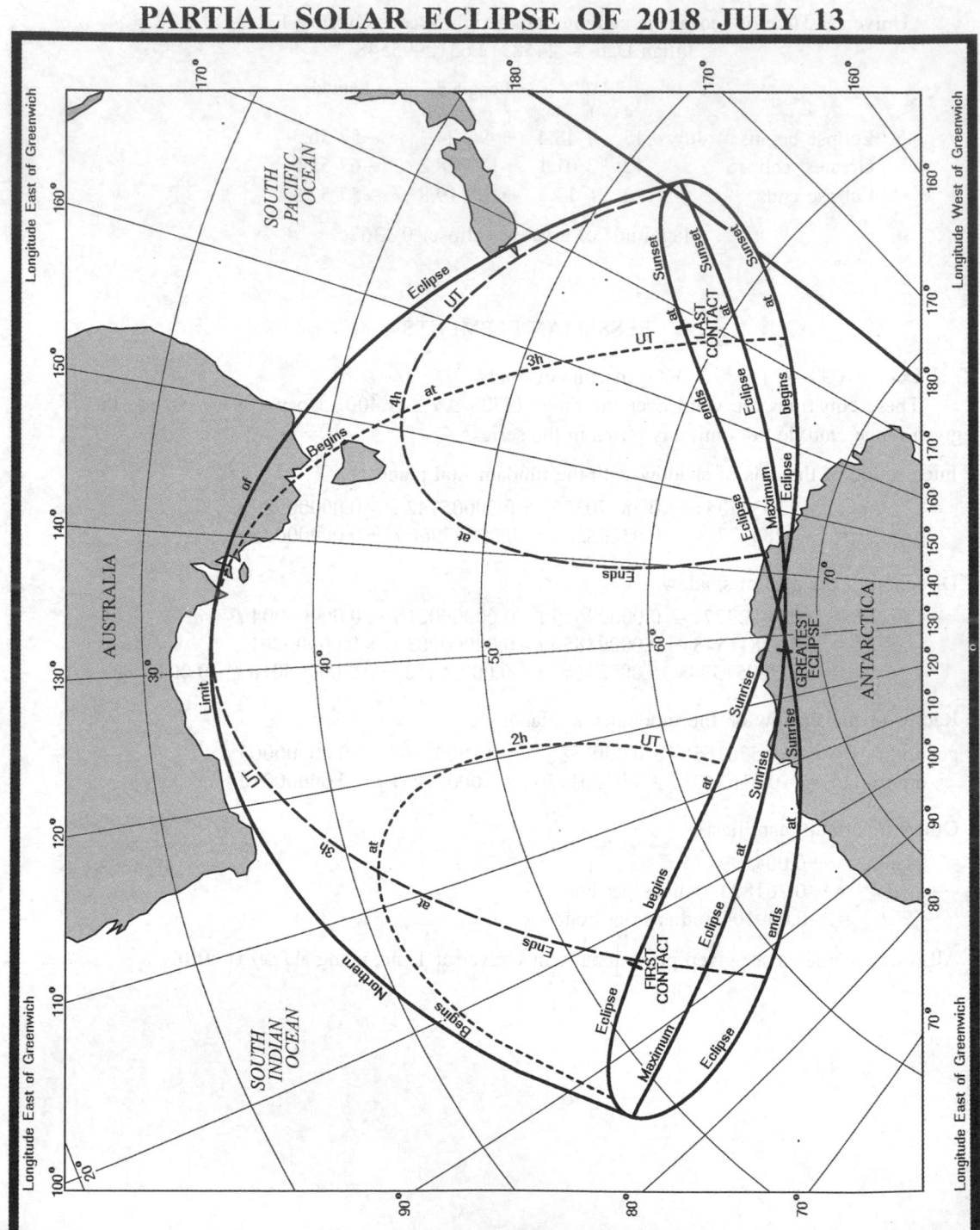

IV. - Total Eclipse of the Moon

2018 July 27

UT of geocentric opposition in RA: July 27^d 20^h 23^m 44^{s}158

Umbral magnitude of the eclipse: 1.613

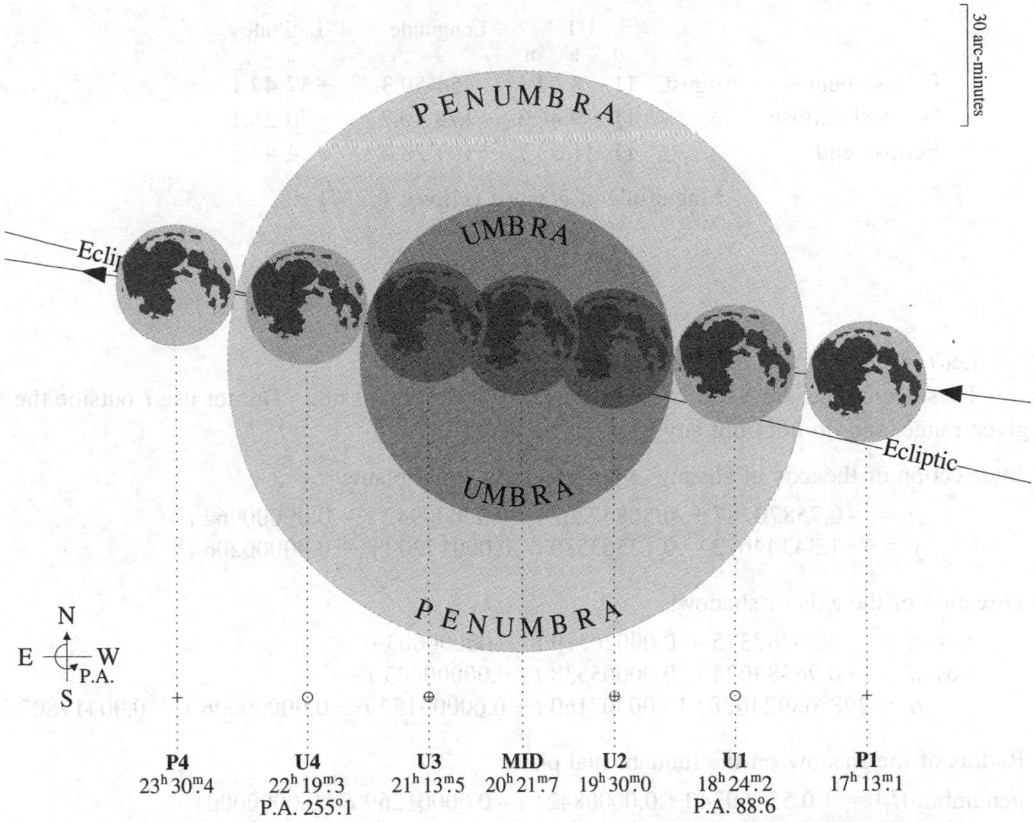

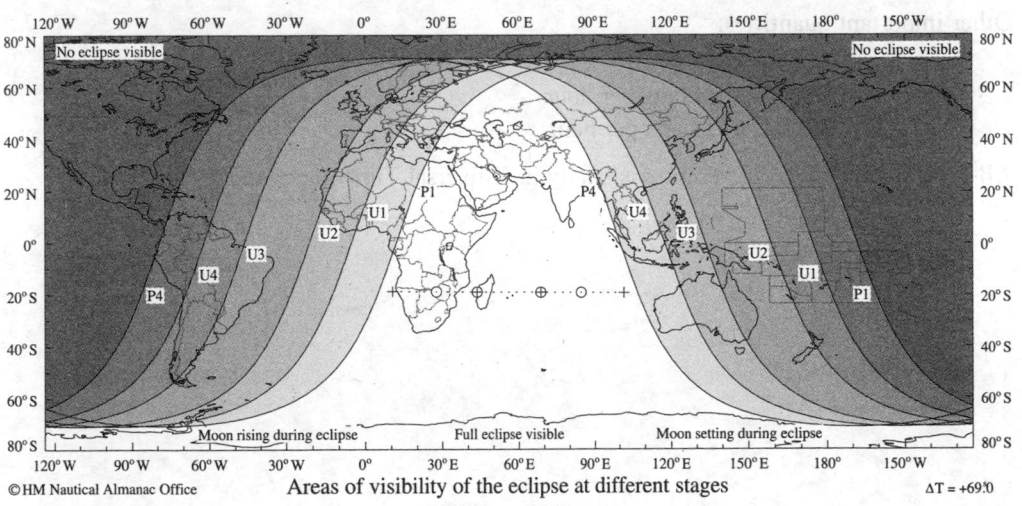

30 arc-minutes

PENUMBRA

UMBRA

Eclip

Ecliptic

UMBRA

PENUMBRA

N
E ⊕ W
P.A.
S

P4	U4	U3	MID	U2	U1	P1
23^{h}30^{m}4	22^{h}19^{m}3	21^{h}13^{m}5	20^{h}21^{m}7	19^{h}30^{m}0	18^{h}24^{m}2	17^{h}13^{m}1
	P.A. 255°1				P.A. 88°6	

Areas of visibility of the eclipse at different stages

© HM Nautical Almanac Office

ΔT = +69°0

V. – Partial Eclipse of the Sun, 2018 August 11

CIRCUMSTANCES OF THE ECLIPSE

Universal Time of geocentric conjunction in right ascension, August $11^d\ 9^h\ 20^m\ 3^s.912$
Julian Date = 2458341.8889341694

		UT			Longitude	Latitude
		d	h	m	° ′	° ′
Eclipse begins	August	11	8	02.1	− 54 50.3	+57 47.1
Greatest eclipse		11	9	46.3	+174 40.7	+70 26.1
Eclipse ends		11	11	30.7	+109 28.4	+34 44.3

Magnitude of greatest eclipse: 0.7371

BESSELIAN ELEMENTS

Let $t = (UT-8^h) + \delta T/3600$ in units of hours.

These equations are valid over the range $-0^h.042 \le t \le 3^h.683$. Do not use t outside the given range, and do not omit any terms in the series.

Intersection of the axis of shadow with the fundamental plane:

$$x = -0.75870787 + 0.56857207\ t + 0.00000942\ t^2 - 0.00000962\ t^3$$
$$y = +1.34344672 - 0.12563588\ t - 0.00017209\ t^2 + 0.00000206\ t^3$$

Direction of the axis of shadow:

$$\sin\ d = +0.26287375 - 0.00020319\ t - 0.00000003\ t^2$$
$$\cos\ d = +0.96483024 + 0.00005538\ t - 0.00000003\ t^2$$
$$\mu = 298°.68924028 + 15.00307160\ t + 0.00000157\ t^2 + 0.00000006\ t^3 - 0.00417807\ \delta T$$

Radius of the shadow on the fundamental plane:

penumbra $(l_1) = +0.53160340 + 0.00008421\ t - 0.00001269\ t^2 - 0.00000001\ t^3$
umbra $(l_2) = -0.01470847 + 0.00008389\ t - 0.00001270\ t^2$

Other important quantities:

$$\tan f_1 = +0.004613$$
$$\mu' = +0.261853 \text{ radians per hour}$$
$$d' = -0.000211 \text{ radians per hour}$$

All time arguments are given provisionally in Universal Time, using $\Delta T(A) = 69^s.0$.

PARTIAL SOLAR ECLIPSE OF 2018 AUGUST 11

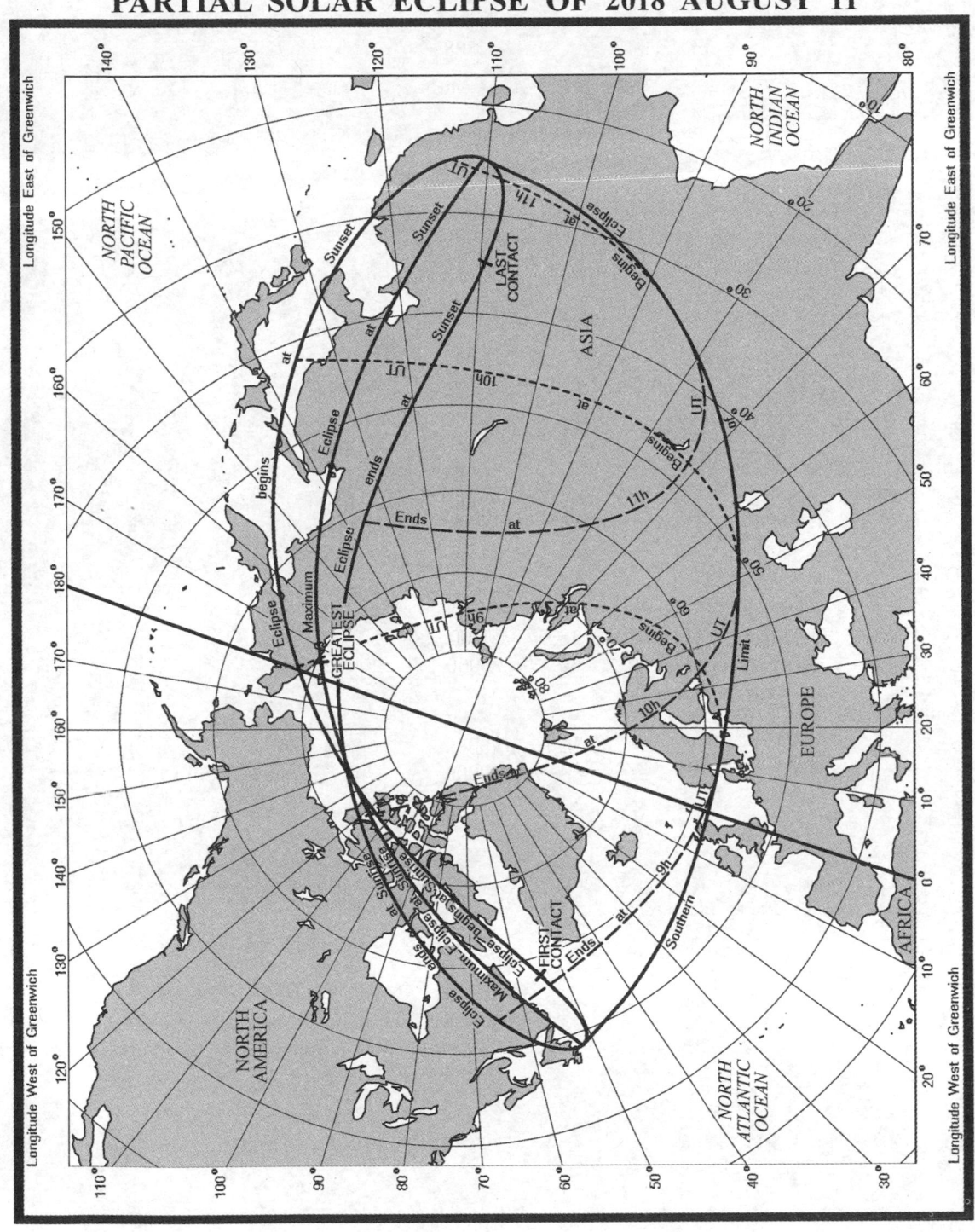

CONTENTS OF SECTION B

 This symbol indicates that these data or auxiliary material may also be found on *The Astronomical Almanac Online* at **http://asa.usno.navy.mil** and **http://asa.hmnao.com**

Introduction

The tables and formulae in this section are produced in accordance with the recommendations of the International Astronomical Union at its General Assemblies up to and including 2012. They are intended for use with relativistic coordinate time-scales, the International Celestial Reference System (ICRS), the Geocentric Celestial Reference System (GCRS) and the standard epoch of J2000·0 TT.

Because of its consistency with previous reference systems, implementation of the ICRS will be transparent to any applications with accuracy requirements of no better than 0."1 near epoch J2000·0. At this level of accuracy the distinctions between the International Celestial Reference Frame, FK5, and dynamical equator and equinox of J2000·0 are not significant.

Procedures are given to calculate both intermediate and apparent right ascension, declination and hour angle of planetary and stellar objects which are referred to the ICRS, e.g. the JPL DE430/LE430 Planetary and Lunar Ephemerides or the Hipparcos star catalogue. These procedures include the effects of the differences between time-scales, light-time and the relativistic effects of light-deflection, parallax and aberration, and the rotations, i.e. frame bias, precession and nutation, to give the "of date" system.

The rotations from the GCRS to the Terrestrial Intermediate Reference System are illustrated using both equinox-based and CIO-based techniques. Both of these techniques require the position of the Celestial Intermediate Pole and involve the angles for frame bias, precession and nutation, whether applied individually or amalgamated, directly or indirectly. Within this section the CIO-based techniques are indicated by shading of the text.

The equinox-based and CIO-based techniques only differ in the location of the origin for right ascension, and thus whether Greenwich apparent sidereal time or Earth rotation angle, respectively, is used to calculate hour angle. Equinox-based techniques use the equinox as the origin for right ascension and the system is usually labelled the true equator and equinox of date. CIO-based techniques use the celestial intermediate origin (CIO), and the system is labelled the Celestial Intermediate Reference System. It must be emphasized that the equator of date is the celestial intermediate equator and hour angle is independent of the origin of right ascension. However, the hour angle must be calculated consistently within the system used.

Introduction (continued)

This section includes the long-standing daily tabulations of the nutation angles, $\Delta\psi$ and $\Delta\epsilon$, the true obliquity of the ecliptic, Greenwich mean and apparent sidereal time and the equation of the equinoxes, as well as the parameters that define the Celestial Intermediate Reference System, $\mathcal{X}$, $\mathcal{Y}$, s, the Earth rotation angle and equation of the origins. Also tabulated daily are the matrices, both equinox and CIO based, for reduction from the GCRS.

It should be noted that the IAU 2006 precession parameters are to be used with the IAU 2000A nutation series. However, for the highest precision, adjustments are required to the nutation in longitude and obliquity (see page B55). These adjustments are included in the IAU SOFA code which is used throughout this section

Background information about time-scales and coordinate reference systems recommended by the IAU and adopted in this almanac are given in Section L, *Notes and References* and in Section M, *Glossary*.

Definitions involving the relationship between universal and sidereal time require knowledge of ΔT. However, accurate values of ΔT (see pages K8–K9) are only available in retrospect via analysis of observations from the IERS (see page x). Therefore the tables adopt the most likely value at the time of production. The value used and the errors are stated in the text.

CALENDAR

Julian date

A Julian date (JD) may be associated with any time scale (see page B6). A tabulation of Julian date (JD) at 0^h UT1 against calendar date is given with the ephemeris of universal and sidereal times on pages B13–B20. Similarly, pages B21–B24 tabulate the UT1 Julian date together with the Earth rotation angle. The following relationship holds during 2018:

$$\text{UT1 Julian date} = \text{JD}_{UT1} = 245\ 8118 \cdot 5 + \text{day of year} + \text{fraction of day from } 0^h \text{ UT1}$$

$$\text{TT Julian date} = \text{JD}_{TT} = 245\ 8118 \cdot 5 + d + \text{fraction of day from } 0^h \text{ TT}$$

where the day of the year (d) for the current year of the Gregorian calendar is given on pages B4–B5. The following table gives the Julian dates at day 0 of each month of 2018:

0^h	Julian Date	0^h	Julian Date	0^h	Julian Date	0^h	Julian Date
Jan. 0	245 8118·5	Apr. 0	245 8208·5	July 0	245 8299·5	Oct. 0	245 8391·5
Feb. 0	245 8149·5	May 0	245 8238·5	Aug. 0	245 8330·5	Nov. 0	245 8422·5
Mar. 0	245 8177·5	June 0	245 8269·5	Sept. 0	245 8361·5	Dec. 0	245 8452·5

Tabulations of Julian date against calendar date for other years are given on pages K2–K4.

A date may also be expressed in years as a Julian epoch, or for some purposes as a Besselian epoch, using:

$$\text{Julian epoch} = J[2000 \cdot 0 + (\text{JD}_{TT} - 245\ 1545 \cdot 0)/365 \cdot 25]$$

$$\text{Besselian epoch} = B[1900 \cdot 0 + (\text{JD}_{TT} - 241\ 5020 \cdot 313\ 52)/365 \cdot 242\ 198\ 781]$$

the prefixes J and B may be omitted only where the context, or precision, make them superfluous.

$$\text{400-day date, JD } 245\ 8400 \cdot 5 = 2018 \text{ October } 9 \cdot 0$$

$$
\begin{aligned}
\text{Standard epoch B1900·0} &= 1900 \text{ Jan.} & 0 \cdot 813\ 52 &= \text{JD } 241\ 5020 \cdot 313\ 52 \text{ TT} \\
\text{B1950·0} &= 1950 \text{ Jan.} & 0 \cdot 923 &= \text{JD } 243\ 3282 \cdot 423 \text{ TT} \\
\text{B2018·0} &= 2018 \text{ Jan.} & 0 \cdot 393 \text{ TT} &= \text{JD } 245\ 8118 \cdot 893 \text{ TT}
\end{aligned}
$$

$$
\begin{aligned}
\text{Standard epoch J2000·0} &= 2000 \text{ Jan.} & 1 \cdot 5 \text{ TT} &= \text{JD } 245\ 1545 \cdot 0 \text{ TT} \\
\text{J2018·5} &= 2018 \text{ July } 2 \cdot 625 \text{ TT} &= \text{JD } 245\ 8302 \cdot 125 \text{ TT}
\end{aligned}
$$

For epochs B1900·0 and B1950·0 the TT time scale is used proleptically.

The *modified Julian date* (MJD) is the Julian date minus 240 0000·5 and in 2018 is given by: $\text{MJD} = 58118 \cdot 0 + \text{day of year} + \text{fraction of day from } 0^h$ in the time scale being used.

CALENDAR, 2018

Day of Month	JANUARY Day of Week	Day of Year	FEBRUARY Day of Week	Day of Year	MARCH Day of Week	Day of Year	APRIL Day of Week	Day of Year	MAY Day of Week	Day of Year	JUNE Day of Week	Day of Year
1	Mon.	1	Thu.	32	Thu.	60	Sun.	91	Tue.	121	Fri.	152
2	Tue.	2	Fri.	33	Fri.	61	Mon.	92	Wed.	122	Sat.	153
3	Wed.	3	Sat.	34	Sat.	62	Tue.	93	Thu.	123	Sun.	154
4	Thu.	4	Sun.	35	Sun.	63	Wed.	94	Fri.	124	Mon.	155
5	Fri.	5	Mon.	36	Mon.	64	Thu.	95	Sat.	125	Tue.	156
6	Sat.	6	Tue.	37	Tue.	65	Fri.	96	Sun.	126	Wed.	157
7	Sun.	7	Wed.	38	Wed.	66	Sat.	97	Mon.	127	Thu.	158
8	Mon.	8	Thu.	39	Thu.	67	Sun.	98	Tue.	128	Fri.	159
9	Tue.	9	Fri.	40	Fri.	68	Mon.	99	Wed.	129	Sat.	160
10	Wed.	10	Sat.	41	Sat.	69	Tue.	100	Thu.	130	Sun.	161
11	Thu.	11	Sun.	42	Sun.	70	Wed.	101	Fri.	131	Mon.	162
12	Fri.	12	Mon.	43	Mon.	71	Thu.	102	Sat.	132	Tue.	163
13	Sat.	13	Tue.	44	Tue.	72	Fri.	103	Sun.	133	Wed.	164
14	Sun.	14	Wed.	45	Wed.	73	Sat.	104	Mon.	134	Thu.	165
15	Mon.	15	Thu.	46	Thu.	74	Sun.	105	Tue.	135	Fri.	166
16	Tue.	16	Fri.	47	Fri.	75	Mon.	106	Wed.	136	Sat.	167
17	Wed.	17	Sat.	48	Sat.	76	Tue.	107	Thu.	137	Sun.	168
18	Thu.	18	Sun.	49	Sun.	77	Wed.	108	Fri.	138	Mon.	169
19	Fri.	19	Mon.	50	Mon.	78	Thu.	109	Sat.	139	Tue.	170
20	Sat.	20	Tue.	51	Tue.	79	Fri.	110	Sun.	140	Wed.	171
21	Sun.	21	Wed.	52	Wed.	80	Sat.	111	Mon.	141	Thu.	172
22	Mon.	22	Thu.	53	Thu.	81	Sun.	112	Tue.	142	Fri.	173
23	Tue.	23	Fri.	54	Fri.	82	Mon.	113	Wed.	143	Sat.	174
24	Wed.	24	Sat.	55	Sat.	83	Tue.	114	Thu.	144	Sun.	175
25	Thu.	25	Sun.	56	Sun.	84	Wed.	115	Fri.	145	Mon.	176
26	Fri.	26	Mon.	57	Mon.	85	Thu.	116	Sat.	146	Tue.	177
27	Sat.	27	Tue.	58	Tue.	86	Fri.	117	Sun.	147	Wed.	178
28	Sun.	28	Wed.	59	Wed.	87	Sat.	118	Mon.	148	Thu.	179
29	Mon.	29			Thu.	88	Sun.	119	Tue.	149	Fri.	180
30	Tue.	30			Fri.	89	Mon.	120	Wed.	150	Sat.	181
31	Wed.	31			Sat.	90			Thu.	151		

CHRONOLOGICAL CYCLES AND ERAS

Dominical Letter	... ...	G	Julian Period (year of)	6731
Epact		13	Roman Indiction	11
Golden Number (Lunar Cycle) ...		V	Solar Cycle	11

All dates are given in terms of the Gregorian calendar in which
2018 January 14 corresponds to 2018 January 1 of the Julian calendar.

ERA	YEAR	BEGINS	ERA	YEAR	BEGINS
Byzantine	7527	Sept. 14	Japanese	2678	Jan. 1
Jewish (A.M.)*	5779	Sept. 9	Seleucidæ (Grecian) ...	2330	Sept. 14
Chinese (wù xū)		Feb. 16			(or Oct. 14)
Roman (A.U.C.)	2771	Jan. 14	Saka (Indian)	1940	Mar. 22
Nabonassar	2767	Apr. 19	Diocletian (Coptic) ...	1735	Sept. 11
			Islamic (Hegira)* ...	1440	Sept. 11

* Year begins at sunset

Day of Month	JULY Day of Week	Day of Year	AUGUST Day of Week	Day of Year	SEPTEMBER Day of Week	Day of Year	OCTOBER Day of Week	Day of Year	NOVEMBER Day of Week	Day of Year	DECEMBER Day of Week	Day of Year
1	Sun.	182	Wed.	213	Sat.	244	Mon.	274	Thu.	305	Sat.	335
2	Mon.	183	Thu.	214	Sun.	245	Tue.	275	Fri.	306	Sun.	336
3	Tue.	184	Fri.	215	Mon.	246	Wed.	276	Sat.	307	Mon.	337
4	Wed.	185	Sat.	216	Tue.	247	Thu.	277	Sun.	308	Tue.	338
5	Thu.	186	Sun.	217	Wed.	248	Fri.	278	Mon.	309	Wed.	339
6	Fri.	187	Mon.	218	Thu.	249	Sat.	279	Tue.	310	Thu.	340
7	Sat.	188	Tue.	219	Fri.	250	Sun.	280	Wed.	311	Fri.	341
8	Sun.	189	Wed.	220	Sat.	251	Mon.	281	Thu.	312	Sat.	342
9	Mon.	190	Thu.	221	Sun.	252	Tue.	282	Fri.	313	Sun.	343
10	Tue.	191	Fri.	222	Mon.	253	Wed.	283	Sat.	314	Mon.	344
11	Wed.	192	Sat.	223	Tue.	254	Thu.	284	Sun.	315	Tue.	345
12	Thu.	193	Sun.	224	Wed.	255	Fri.	285	Mon.	316	Wed.	346
13	Fri.	194	Mon.	225	Thu.	256	Sat.	286	Tue.	317	Thu.	347
14	Sat.	195	Tue.	226	Fri.	257	Sun.	287	Wed.	318	Fri.	348
15	Sun.	196	Wed.	227	Sat.	258	Mon.	288	Thu.	319	Sat.	349
16	Mon.	197	Thu.	228	Sun.	259	Tue.	289	Fri.	320	Sun.	350
17	Tue.	198	Fri.	229	Mon.	260	Wed.	290	Sat.	321	Mon.	351
18	Wed.	199	Sat.	230	Tue.	261	Thu.	291	Sun.	322	Tue.	352
19	Thu.	200	Sun.	231	Wed.	262	Fri.	292	Mon.	323	Wed.	353
20	Fri.	201	Mon.	232	Thu.	263	Sat.	293	Tue.	324	Thu.	354
21	Sat.	202	Tue.	233	Fri.	264	Sun.	294	Wed.	325	Fri.	355
22	Sun.	203	Wed.	234	Sat.	265	Mon.	295	Thu.	326	Sat.	356
23	Mon.	204	Thu.	235	Sun.	266	Tue.	296	Fri.	327	Sun.	357
24	Tue.	205	Fri.	236	Mon.	267	Wed.	297	Sat.	328	Mon.	358
25	Wed.	206	Sat.	237	Tue.	268	Thu.	298	Sun.	329	Tue.	359
26	Thu.	207	Sun.	238	Wed.	269	Fri.	299	Mon.	330	Wed.	360
27	Fri.	208	Mon.	239	Thu.	270	Sat.	300	Tue.	331	Thu.	361
28	Sat.	209	Tue.	240	Fri.	271	Sun.	301	Wed.	332	Fri.	362
29	Sun.	210	Wed.	241	Sat.	272	Mon.	302	Thu.	333	Sat.	363
30	Mon.	211	Thu.	242	Sun.	273	Tue.	303	Fri.	334	Sun.	364
31	Tue.	212	Fri.	243			Wed.	304			Mon.	365

RELIGIOUS CALENDARS

Epiphany	Jan.	6	Ascension Day ... ... May 10
Ash Wednesday	Feb.	14	Whit Sunday—Pentecost ... May 20
Palm Sunday	Mar.	25	Trinity Sunday ... ... May 27
Good Friday	Mar.	30	First Sunday in Advent ... ... Dec. 2
Easter Day	Apr.	1	Christmas Day (Tuesday) ... Dec. 25
First day of Passover (Pesach)	Mar.	31	Day of Atonement (Yom Kippur) Sept. 19
Feast of Weeks (Shavuot) ...	May	20	First day of Tabernacles (Succoth) Sept. 24
Jewish New Year (Rosh Hashanah)	Sept.	10	Festival of Lights (Hanukkah) Dec. 3
First day of Ramadân	May	16	Islamic New Year ... ... Sept. 12
First day of Shawwal (Eid ul-Fitr)	June	15	

The Jewish and Islamic dates above are tabular dates, which begin at sunset on the previous evening and end at sunset on the date tabulated. In practice, the dates of Islamic fasts and festivals are determined by an actual sighting of the appropriate new moon.

Notation for time-scales and related quantities

A summary of the notation for time-scales and related quantities used in this Almanac is given below. Additional information is given in the *Glossary* (section M and *The Astronomical Almanac Online*) and in the *Notes and References* (section L).

UT1   universal time (also UT); counted from 0^h (midnight); unit is second of mean solar time, affected by irregularities in the Earth's rate of rotation.

GMST   Greenwich mean sidereal time; GHA of mean equinox of date.

GAST   Greenwich apparent sidereal time; GHA of true equinox of date.

E_e Equation of the equinoxes: GAST − GMST.

E_o Equation of the origins: ERA − GAST = θ − GAST.

ERA   Earth rotation angle (θ); the angle between the celestial and terrestrial intermediate origins; it is proportional to UT1.

TAI   International Atomic Time; unit is the SI second on the geoid.

UTC   coordinated universal time; differs from TAI by an integral number of seconds, and is the basis of most radio time signals and national and/or legal time systems.

ΔUT   = UT1−UTC; increment to be applied to UTC to give UT1.

DUT1   predicted value of ΔUT, rounded to $0\overset{s}{.}1$, given in some radio time signals.

TDB   barycentric dynamical time; used as time-scale of ephemerides, referred to the barycentre of the solar system.

TT   terrestrial time; used as time-scale of ephemerides for observations from the Earth's surface (geoid). TT = TAI + $32\overset{s}{.}184$.

ΔT = TT − UT1; increment to be applied to UT1 to give TT.
          = TAI + $32\overset{s}{.}184$ − UT1.

ΔAT   = TAI − UTC; increment to be applied to UTC to give TAI; an integral number of seconds.

ΔTT   = TT − UTC = ΔAT+$32\overset{s}{.}184$; increment to be applied to UTC to give TT.

$\mathrm{JD_{TT}}$ = Julian date and fraction, where the time fraction is expressed in the terrestrial time scale, e.g. 2000 January 1, 12^h TT is JD 245 1545·0 TT.

$\mathrm{JD_{UT1}}$ = Julian date and fraction, where the time fraction is expressed in the universal time scale, e.g. 2000 January 1, 12^h UT1 is JD 245 1545·0 UT1.

The following intervals are used in this section.

$$T = (\mathrm{JD_{TT}} − 245\,1545{\cdot}0)/36\,525 = \text{Julian centuries of } 365\,25 \text{ days from J2000{\cdot}0}$$

$$D = \mathrm{JD} − 245\,1545{\cdot}0 = \text{days and fraction from J2000{\cdot}0}$$

$$D_U = \mathrm{JD_{UT1}} − 245\,1545{\cdot}0 = \text{days and UT1 fraction from J2000{\cdot}0}$$

$$d = \text{Day of the year, January 1} = 1, \text{ etc., see B4–B5}$$

Note that the intervals above are based on different time scales. T implies the TT time scale while D_U implies the UT1 time scale. This is an important distinction when calculating Greenwich mean sidereal time. T is the number of Julian centuries from J2000·0 to the required epoch (TT), while D, D_U and d are all in days.

The name Greenwich mean time (GMT) is not used in this Almanac since it is ambiguous. It is now used, although not in astronomy, in the sense of UTC, in addition to the earlier sense of UT; prior to 1925 it was reckoned for astronomical purposes from Greenwich mean noon (12^h UT).

Relationships between time-scales

The unit of UTC is the SI second on the geoid, but step adjustments of 1 second (leap seconds) are occasionally introduced into UTC so that universal time (UT1) may be obtained directly from it with an accuracy of 1 second or better and so that International Atomic Time (TAI) may be obtained by the addition of an integral number of seconds. The step adjustments, when required, are usually inserted after the 60th second of the last minute of December 31 or June 30. Values of the differences ΔAT for 1972 onwards are given on page K9. Accurate values of the increment ΔUT to be applied to UTC to give UT1 are derived from observations, but predicted values are transmitted in code in some time signals. Wherever UT is used in this volume it always means UT1.

The difference between the terrestrial time scale (TT) and the barycentric dynamical time scale (TDB) is often ignored, since the two time scales differ by no more than 2 milliseconds.

An approximate expression for the relationship between the barycentric and terrestrial time-scales (due to the variations in gravitational potential around the Earth's orbit) is:

and
$$TDB = TT + 0\overset{s}{.}001\ 656\ 67 \sin g + 0\overset{s}{.}000\ 022\ 42 \sin(L - L_J)$$
$$g = 357\overset{\circ}{.}53 + 0.985\ 600\ 28(JD - 245\ 1545.0)$$
$$L - L_J = 246\overset{\circ}{.}11 + 0.902\ 517\ 92(JD - 245\ 1545.0)$$

where g is the mean anomaly of the Earth in its orbit around the Sun, and $L - L_J$ is the difference in the mean ecliptic longitudes of the Sun and Jupiter. The above formula for TDB $-$ TT is accurate to about $\pm 30\mu s$ over the period 1980 to 2050.

For 2018
$$g = 356\overset{\circ}{.}37 + 0\overset{\circ}{.}985\ 60\ d \quad \text{and} \quad L - L_J = 58\overset{\circ}{.}82 + 0\overset{\circ}{.}902\ 52\ d$$

where d is the day of the year and fraction of the day.

The TDB time scale should be used for quantities such as precession angles and the fundamental arguments. However, for these quantities, the difference between TDB and TT is negligible at the microarcsecond (μas) level.

Relationships between universal time, ERA, GMST and GAST

The following equations show the relationships between the Earth rotation angle (ERA=θ), Greenwich mean (GMST) and apparent (GAST) sidereal time, in terms of the equation of the origins (E_o) and the equation of the equinoxes (E_e):

$$GMST(D_U, T) = \theta(D_U) + \text{polynomial part}(T)$$
$$GAST(D_U, T) = \theta(D_U) - \text{equation of the origins}(T)$$
$$= GMST(D_U, T) + \text{equation of the equinoxes}(T)$$

The definition of these quantities follow. Note that ERA is a function of UT1, while GMST and GAST are functions of both UT1 and TT. A diagram showing the relationships between these concepts is given on page B9.

ERA is for use with intermediate right ascensions while GAST must be used with apparent (equinox based) right ascension.

Relationship between universal time and Earth rotation angle

The Earth rotation angle (θ) is measured in the Celestial Intermediate Reference System along its equator (the true equator of date) between the terrestrial and the celestial intermediate origins. It is proportional to UT1, and its time derivative is the Earth's adopted mean angular velocity; it is defined by the following relationship

$$\theta(D_U) = 2\pi\,(0{\cdot}7790\,5727\,32640 + 1{\cdot}0027\,3781\,1911\,35448\,D_U)\ \text{radians}$$
$$= 360°\,(0{\cdot}7790\,5727\,32640 + 0{\cdot}0027\,3781\,1911\,35448\,D_U + D_U\ \text{mod}\ 1)$$

where D_U is the interval, in days, elapsed since the epoch 2000 January $1^d\ 12^h$ UT1 (JD 245 1545·0 UT1), and D_U mod 1 is the fraction of the UT1 day remaining after removing all the whole days. The Earth rotation angle (ERA) is tabulated daily at 0^h UT1 on pages B21–B24.

During 2018, on day d, at t^h UT1, the Earth rotation angle, expressed in arc and time, respectively, is given by:

$$\theta = 99°{\cdot}382\,994 + 0°{\cdot}985\,612\,288\,d + 15°{\cdot}041\,0672\,t$$
$$= 6^h{\cdot}625\,5329 + 0^h{\cdot}065\,707\,4859\,d + 1^h{\cdot}002\,737\,81\,t$$

Relationship between universal and sidereal time

Greenwich Mean Sidereal Time

Universal time is defined in terms of Greenwich mean sidereal time (i.e. the hour angle of the mean equinox of date) by:

$$\text{GMST}(D_U, T) = \theta(D_U) + \text{GMST}_P(T)$$
$$\text{GMST}_P(T) = 0''{\cdot}014\,506 + 4612''{\cdot}156\,534\,T + 1''{\cdot}391\,5817\,T^2$$
$$- 0''{\cdot}000\,000\,44\,T^3 - 0''{\cdot}000\,029\,956\,T^4 - 3''{\cdot}68 \times 10^{-8}\,T^5$$

where θ is the Earth rotation angle. The polynomial part, $\text{GMST}_P(T)$ is due almost entirely to the effect of precession and is given separately as it also forms part of the equation of the origins (see page B10). The time interval D_U is measured in days elapsed since the epoch 2000 January $1^d\ 12^h$ UT1 (JD 245 1545·0 UT1), whereas T is measured in the TT scale, in Julian centuries of 36 525 days, from JD 245 1545·0 TT.

The Earth rotation angle is expressed in degrees while the terms of the polynomial part (GMST_P) are in arcseconds. GMST is tabulated on pages B13–B20 and the equivalent expression in time units is

$$\text{GMST}(D_U, T) = 86400^s(0{\cdot}7790\,5727\,32640 + 0{\cdot}0027\,3781\,1911\,35448\,D_U + D_U\ \text{mod}\ 1)$$
$$+ 0^s{\cdot}000\,967\,07 + 307^s{\cdot}477\,102\,27\,T + 0^s{\cdot}092\,772\,113\,T^2$$
$$- 0^s{\cdot}000\,000\,0293\,T^3 - 0^s{\cdot}000\,001\,997\,07\,T^4 - 2^s{\cdot}453 \times 10^{-9}\,T^5$$

It is necessary, in this formula, to distinguish TT from UT1 only for the most precise work. The table on pages B13–B20 is calculated assuming $\Delta T = 69^s$. During 2018, an error of $\pm1^s$ in ΔT at 0^h UT1 introduces differences of $\mp1''{\cdot}5 \times 10^{-6}$ or equivalently $\mp0^s{\cdot}10 \times 10^{-6}$, in the calculation of GMST.

The following relationship holds during 2018:

on day of year d at t^h UT1, GMST $= 6^h{\cdot}640\,9056 + 0^h{\cdot}065\,709\,8245\,d + 1^h{\cdot}002\,737\,91\,t$,

where the day of year d is tabulated on pages B4–B5. Add or subtract multiples of 24^h as necessary.

Relationship between universal and sidereal time (continued)

In 2018:   1 mean solar day $=$ 1·002 737 909 36   mean sidereal days
                                $=$ 24^h 03^m $56\overset{s}{\cdot}555$ 37 of mean sidereal time
          1 mean sidereal day $=$ 0·997 269 566 32   mean solar days
                                  $=$ 23^h 56^m $04\overset{s}{\cdot}090$ 53 of mean solar time

Greenwich Apparent Sidereal Time

The hour angle of the true equinox of date (GAST) is given by:

$$GAST(D_U, T) = \theta(D_U) - \text{equation of the origins} = \theta(D_U) \quad E_o(T)$$
$$= GMST(D_U, T) + \text{equation of the equinoxes} = GMST(D_U, T) + E_e(T)$$

where θ is the Earth rotation angle (ERA) and GMST, the Greenwich mean sidereal time are given above, while the equation of the origins (E_o) and the equation of the equinoxes (E_e) are given on page B10.

Pages B13–B20 tabulate GAST and the equation of the equinoxes daily at 0^h UT1. These quantities have been calculated using the IAU 2000A nutation model together with the tiny (μas level) amendments (see B55); they are expressed in time units and are based on a predicted $\Delta T = 69^s$. During 2018, an error of $\pm 1^s$ in ΔT at 0^h UT1 introduces a maximum error of $\pm 3\overset{''}{\cdot}4 \times 10^{-6}$ or equivalently $\pm 0\overset{s}{\cdot}22 \times 10^{-6}$, in the calculation of GAST.

Interpolation may be used to obtain the equation of the equinoxes for another instant, or if full precision is required.

Relationships between origins

The difference between the CIO and true equinox of date is called the equation of the origins

$$E_o(T) = \theta - GAST$$

while the difference between the true and mean equinox is called the equation of the equinoxes and is given by

$$E_e(T) = GAST - GMST$$

The following schematic diagram shows the relationship between the "zero longitude" defined by the terrestrial intermediate origin, the true equinox and the celestial intermediate origin.

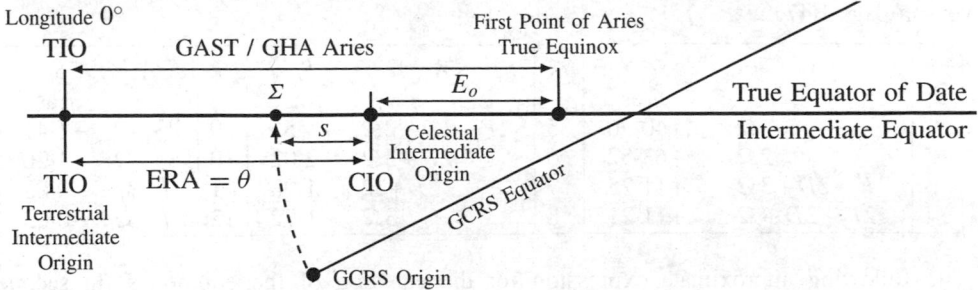

The diagram illustrates that the origin of Greenwich hour angle, the terrestrial intermediate origin (TIO), may be obtained from either Greenwich apparent sidereal time (GAST) or Earth rotation angle (ERA). The quantity s, the CIO locator, positions the GCRS origin (Σ) on the equator (see page B47). Note that the planes of intermediate equator and the true equator of date (the pole of which is the celestial intermediate pole) are identical.

Relationships between origins (continued)

Equation of the origins

The equation of the origins (E_o), the angular difference between the origin of intermediate right ascension (the CIO) and the origin of equinox right ascension (the true equinox) is defined to be

$$E_o(T) = \theta - \text{GAST} = s - \tan^{-1} \frac{\mathbf{M}_j \cdot \mathscr{R}_{\Sigma_i}}{\mathbf{M}_i \cdot \mathscr{R}_{\Sigma_i}}$$

where s is the CIO locator (see page B47). $\mathbf{M}_i$, and $\mathbf{M}_j$ are vectors formed from the top and middle rows of $\mathbf{M}$ (see page B50) which transforms positions from the GCRS to the equator and equinox of date, while the vector $\mathscr{R}_{\Sigma_i}$ which is formed from the top row of $\mathscr{R}_{\Sigma}$ is given on page B49. The symbol $\cdot$ denotes the scalar or dot product of the two vectors.

Alternatively,

$$E_o(T) = -(\text{GMST}_P(T) + E_e(T))$$

where GMST_P is the polynomial part of the Greenwich mean sidereal time formulae (see page B8), and E_e is the equation of the equinoxes given below. E_o is tabulated with the Earth rotation angle (θ) on pages B21–B24, and is calculated in the sense

$$E_o = \theta - \text{GAST} = \alpha_i - \alpha_e$$

and therefore

$$\alpha_i = E_o + \alpha_e$$

Thus, given an apparent right ascension (α_e) and the equation of the origins, the intermediate right ascension (α_i) may be calculated so that it can be used with the Earth rotation angle (θ) to form an hour angle.

Equation of the equinoxes

The equation of the equinoxes (E_e) is the difference between Greenwich apparent (GAST) and mean (GMST) sidereal time.

$$E_e(T) = \text{GAST} - \text{GMST}$$

which can be expressed, less precisely, in series form as

$$= \Delta\psi \, \cos\epsilon_A + \sum_k S_k \sin A_k - 0\rlap{.}''87 \times 10^{-6} \, T \, \sin\Omega$$

GAST and GMST are given on pages B9 and B8, respectively. $\Delta\psi$ is the total nutation in longitude (in seconds of arc) and ϵ_A is the mean obliquity of the ecliptic (see pages B55 and B52, respectively). The coefficients (S_k) are in seconds of arc in the above equation; they are given below (in μas) for all terms exceeding $0\cdot5\mu$as during 1975-2025. This series expression is accurate to $\pm0\rlap{.}''3 \times 10^{-5}$ during this period. The arguments (A_k) l, l', F, D, and Ω are given on page B47.

k	A_k	S_k	k	A_k	S_k	k	A_k	S_k
		μas			μas			μas
1	Ω	+2640·96	5	$2F-2D+2\Omega$	−4·55	9	$l'+\Omega$	−1·41
2	2Ω	+63·52	6	$2F+3\Omega$	+2·02	10	$l'-\Omega$	−1·26
3	$2F-2D+3\Omega$	+11·75	7	$2F+\Omega$	+1·98	11	$l+\Omega$	−0·63
4	$2F-2D+\Omega$	+11·21	8	3Ω	−1·72	12	$l-\Omega$	−0·63

The following approximate expression for the equation of the equinoxes (in seconds), incorporates the two largest terms, and is accurate to better than $2^s \times 10^{-6}$ assuming $\Delta\psi$ and ϵ_A are supplied with sufficient accuracy.

$$E_e{}^s = \tfrac{1}{15}\left(\Delta\psi \, \cos\epsilon_A + 0\rlap{.}''002\,64 \sin\Omega + 0\rlap{.}''000\,06 \sin 2\Omega\right)$$

During 2018, $\Omega = 136\rlap{.}°95 - 0\rlap{.}°052\,953\,74 \, d$, and d is the day of the year and fraction of day (see page D2).

Relationships between local time and hour angle

The local hour angle of an object is the angle between two planes: the plane containing the geocentre, the CIP, and the observer; and the plane containing the geocentre, the CIP, and the object. Hour angle increases with time and is positive when the object is west of the observer as viewed from the geocentre. The plane defining the astronomical zero ("Greenwich") meridian (from which Greenwich hour angles are measured) contains the geocentre, the CIP, and the TIO; there, the observer's longitude λ (not λ_{ITRS}) = 0. This plane is called the TIO meridian and it is a fundamental plane of the Terrestrial Intermediate Reference System.

The following general relationships are used to relate the right ascensions of celestial objects to locations on the Earth and universal time (UT1):

local mean solar time = universal time + east longitude
local hour angle (h) = Greenwich hour angle (H) + east longitude (λ)

Equinox-based

local mean sidereal time = Greenwich mean sidereal time + east longitude
local apparent sidereal time = local mean sidereal time + equation of equinoxes
= Greenwich apparent sidereal time + east longitude
Greenwich hour angle = Greenwich apparent sidereal time − apparent right ascension
local hour angle = local apparent sidereal time − apparent right ascension

CIO-based

Greenwich hour angle = Earth rotation angle − intermediate right ascension
local hour angle = Earth rotation angle − intermediate right ascension
+ east longitude
= Earth rotation angle − equation of origins
− apparent right ascension + east longitude

Note: ensure that the units of all quantities used are compatible.

Alternatively, use the rotation matrix $\mathbf{R}_3$ (see page K19) to rotate the equator and equinox of date system or the Celestial Intermediate Reference System about the z-axis (CIP) to the terrestrial system, resulting in either the TIO meridian and hour angle, or the local meridian and local hour angle.

Equinox-based

$\mathbf{r}_e$ = position with respect to the equator and equinox (mean or true) of date
$\mathbf{r} = \mathbf{R}_3(\text{GST})\,\mathbf{r}_e$ or $\mathbf{R}_3(\text{GST} + \lambda)\,\mathbf{r}_e$

CIO-based

$\mathbf{r}_i$ = position with respect to the Celestial Intermediate Reference System
$\mathbf{r} = \mathbf{R}_3(\theta)\,\mathbf{r}_i$ or $\mathbf{R}_3(\theta + \lambda)\,\mathbf{r}_i$

depending on whether the Greenwich (H) or local (h) hour angle is required, and then

$$H \text{ or } h = \tan^{-1}(-\mathbf{r}_y/\mathbf{r}_x) \qquad \text{positive to the west,}$$

and $\mathbf{r}_x$, $\mathbf{r}_y$ are components of $\mathbf{r}$ (see page K18). GST is the Greenwich mean (GMST) or apparent (GAST) sidereal time, as appropriate, and θ is the Earth rotation angle. Greenwich apparent and mean sidereal times, and the equation of the equinoxes are tabulated on pages B13–B20, while Earth rotation angle and equation of the origins are tabulated on pages B21–B24. Both tables are tabulated daily at 0^h UT1.

The relationships above, which result in a position with respect to the Terrestrial Intermediate Reference System (see page B26), require corrections for polar motion (see page B84) when the reduction of very precise observations are made with respect to a standard geodetic system such as the International Terrestrial Reference System (ITRS). These small corrections are (i) the alignment of the terrestrial intermediate origin (TIO) onto the longitude origin (λ_{ITRS} = 0) of the ITRS, and (ii) for positioning the pole (CIP) within the ITRS.

Examples of the use of the ephemeris of universal and sidereal times

1. *Conversion of universal time to local sidereal time*

To find the local apparent sidereal time at 09^h 44^m 30^s UT on 2018 July 8 in longitude 80° 22′ 55″·79 west.

	h	m	s
Greenwich mean sidereal time on July 8 at 0^h UT (page B17)	19	03	36·2246
Add the equivalent mean sidereal time interval from 0^h to 09^h 44^m 30^s UT (multiply UT interval by 1·002 737 9094)	9	46	06·0185
Greenwich mean sidereal time at required UT:	4	49	42·2431
Add equation of equinoxes, interpolated using second-order differences to approximate UT = 0^d·41			−0·8282
Greenwich apparent sidereal time:	4	49	41·4149
Subtract west longitude (add east longitude)	5	21	31·7193
Local apparent sidereal time:	23	28	09·6956

The calculation for local mean sidereal time is similar, but omit the step which allows for the equation of the equinoxes.

2. *Conversion of local sidereal time to universal time*

To find the universal time at 23^h 28^m 09^s·6956 local apparent sidereal time on 2018 July 8 in longitude 80° 22′ 55″·79 west.

	h	m	s
Local apparent sidereal time:	23	28	09·6956
Add west longitude (subtract east longitude)	5	21	31·7193
Greenwich apparent sidereal time:	4	49	41·4149
Subtract equation of equinoxes, interpolated using second-order differences to approximate UT = 0^d·41			−0·8282
Greenwich mean sidereal time:	4	49	42·2431
Subtract Greenwich mean sidereal time at 0^h UT	19	03	36·2246
Mean sidereal time interval from 0^h UT:	9	46	06·0185
Equivalent UT interval (multiply mean sidereal time interval by 0·997 269 5663)	9	44	30·0000

The conversion of mean sidereal time to universal time is carried out by a similar procedure; omit the step which allows for the equation of the equinoxes.

Date 0ʰ UT1		Julian Date	G. SIDEREAL TIME (GHA of the Equinox) Apparent	Mean	Equation of Equinoxes at 0ʰ UT1	GSD at 0ʰ GMST	UT1 at 0ʰ GMST (Greenwich Transit of the Mean Equinox)		
		245	h m s	s	s	**246**		h m s	
Jan.	0	**8118·5**	6 38 26·5436	27·2600	−0·7164	**4850·0**	Jan.	0	17 18 42·1077
	1	**8119·5**	6 42 23·1082	23·8154	−0·7072	**4851·0**		1	17 14 46·1982
	2	**8120·5**	6 46 19·6742	20·3708	−0·6966	**4852·0**		2	17 10 50·2888
	3	**8121·5**	6 50 16·2393	16·9261	−0·6868	**4853·0**		3	17 06 54·3793
	4	**8122·5**	6 54 12·8017	13·4815	−0·6798	**4854·0**		4	17 02 58·4698
	5	**8123·5**	6 58 09·3604	10·0369	−0·6764	**4855·0**		5	16 59 02·5603
	6	**8124·5**	7 02 05·9156	06·5922	−0·6766	**4856·0**		6	16 55 06·6509
	7	**8125·5**	7 06 02·4683	03·1476	−0·6793	**4857·0**		7	16 51 10·7414
	8	**8126·5**	7 09 59·0199	59·7030	−0·6831	**4858·0**		8	16 47 14·8319
	9	**8127·5**	7 13 55·5716	56·2583	−0·6867	**4859·0**		9	16 43 18·9225
	10	**8128·5**	7 17 52·1245	52·8137	−0·6892	**4860·0**		10	16 39 23·0130
	11	**8129·5**	7 21 48·6791	49·3691	−0·6900	**4861·0**		11	16 35 27·1035
	12	**8130·5**	7 25 45·2356	45·9244	−0·6888	**4862·0**		12	16 31 31·1941
	13	**8131·5**	7 29 41·7939	42·4798	−0·6859	**4863·0**		13	16 27 35·2846
	14	**8132·5**	7 33 38·3536	39·0352	−0·6816	**4864·0**		14	16 23 39·3751
	15	**8133·5**	7 37 34·9141	35·5906	−0·6764	**4865·0**		15	16 19 43·4656
	16	**8134·5**	7 41 31·4747	32·1459	−0·6712	**4866·0**		16	16 15 47·5562
	17	**8135·5**	7 45 28·0346	28·7013	−0·6667	**4867·0**		17	16 11 51·6467
	18	**8136·5**	7 49 24·5931	25·2567	−0·6635	**4868·0**		18	16 07 55·7372
	19	**8137·5**	7 53 21·1498	21·8120	−0·6622	**4869·0**		19	16 03 59·8278
	20	**8138·5**	7 57 17·7044	18·3674	−0·6630	**4870·0**		20	16 00 03·9183
	21	**8139·5**	8 01 14·2570	14·9228	−0·6657	**4871·0**		21	15 56 08·0088
	22	**8140·5**	8 05 10·8081	11·4781	−0·6700	**4872·0**		22	15 52 12·0994
	23	**8141·5**	8 09 07·3585	08·0335	−0·6750	**4873·0**		23	15 48 16·1899
	24	**8142·5**	8 13 03·9092	04·5889	−0·6797	**4874·0**		24	15 44 20·2804
	25	**8143·5**	8 17 00·4614	01·1442	−0·6829	**4875·0**		25	15 40 24·3710
	26	**8144·5**	8 20 57·0160	57·6996	−0·6836	**4876·0**		26	15 36 28·4615
	27	**8145·5**	8 24 53·5738	54·2550	−0·6811	**4877·0**		27	15 32 32·5520
	28	**8146·5**	8 28 50·1347	50·8103	−0·6757	**4878·0**		28	15 28 36·6425
	29	**8147·5**	8 32 46·6976	47·3657	−0·6681	**4879·0**		29	15 24 40·7331
	30	**8148·5**	8 36 43·2609	43·9211	−0·6601	**4880·0**		30	15 20 44·8236
	31	**8149·5**	8 40 39·8225	40·4764	−0·6539	**4881·0**		31	15 16 48·9141
Feb.	1	**8150·5**	8 44 36·3809	37·0318	−0·6509	**4882·0**	Feb.	1	15 12 53·0047
	2	**8151·5**	8 48 32·9354	33·5872	−0·6518	**4883·0**		2	15 08 57·0952
	3	**8152·5**	8 52 29·4867	30·1426	−0·6558	**4884·0**		3	15 05 01·1857
	4	**8153·5**	8 56 26·0362	26·6979	−0·6617	**4885·0**		4	15 01 05·2763
	5	**8154·5**	9 00 22·5852	23·2533	−0·6681	**4886·0**		5	14 57 09·3668
	6	**8155·5**	9 04 19·1351	19·8087	−0·6735	**4887·0**		6	14 53 13·4573
	7	**8156·5**	9 08 15·6867	16·3640	−0·6773	**4888·0**		7	14 49 17·5478
	8	**8157·5**	9 12 12·2402	12·9194	−0·6792	**4889·0**		8	14 45 21·6384
	9	**8158·5**	9 16 08·7955	09·4748	−0·6793	**4890·0**		9	14 41 25·7289
	10	**8159·5**	9 20 05·3523	06·0301	−0·6778	**4891·0**		10	14 37 29·8194
	11	**8160·5**	9 24 01·9101	02·5855	−0·6754	**4892·0**		11	14 33 33·9100
	12	**8161·5**	9 27 58·4681	59·1409	−0·6728	**4893·0**		12	14 29 38·0005
	13	**8162·5**	9 31 55·0256	55·6962	−0·6707	**4894·0**		13	14 25 42·0910
	14	**8163·5**	9 35 51·5819	52·2516	−0·6697	**4895·0**		14	14 21 46·1816
	15	**8164·5**	9 39 48·1365	48·8070	−0·6705	**4896·0**		15	14 17 50·2721

UNIVERSAL AND SIDEREAL TIMES, 2018

Date 0^h UT1	Julian Date	G. SIDEREAL TIME (GHA of the Equinox) Apparent	Mean	Equation of Equinoxes at 0^h UT1	GSD at 0^h GMST	UT1 at 0^h GMST (Greenwich Transit of the Mean Equinox)
	245	h m s	s	s	246	h m s
Feb. 15	8164·5	9 39 48·1365	48·8070	− 0·6705	4896·0	Feb. 15 14 17 50·2721
16	8165·5	9 43 44·6890	45·3623	− 0·6734	4897·0	16 14 13 54·3626
17	8166·5	9 47 41·2394	41·9177	− 0·6784	4898·0	17 14 09 58·4532
18	8167·5	9 51 37·7880	38·4731	− 0·6850	4899·0	18 14 06 02·5437
19	8168·5	9 55 34·3358	35·0284	− 0·6927	4900·0	19 14 02 06·6342
20	8169·5	9 59 30·8836	31·5838	− 0·7002	4901·0	20 13 58 10·7247
21	8170·5	10 03 27·4326	28·1392	− 0·7065	4902·0	21 13 54 14·8153
22	8171·5	10 07 23·9839	24·6945	− 0·7107	4903·0	22 13 50 18·9058
23	8172·5	10 11 20·5380	21·2499	− 0·7120	4904·0	23 13 46 22·9963
24	8173·5	10 15 17·0949	17·8053	− 0·7103	4905·0	24 13 42 27·0869
25	8174·5	10 19 13·6542	14·3607	− 0·7065	4906·0	25 13 38 31·1774
26	8175·5	10 23 10·2143	10·9160	− 0·7017	4907·0	26 13 34 35·2679
27	8176·5	10 27 06·7736	07·4714	− 0·6977	4908·0	27 13 30 39·3585
28	8177·5	10 31 03·3306	04·0268	− 0·6962	4909·0	28 13 26 43·4490
Mar. 1	8178·5	10 34 59·8841	60·5821	− 0·6980	4910·0	Mar. 1 13 22 47·5395
2	8179·5	10 38 56·4342	57·1375	− 0·7033	4911·0	2 13 18 51·6300
3	8180·5	10 42 52·9819	53·6929	− 0·7110	4912·0	3 13 14 55·7206
4	8181·5	10 46 49·5286	50·2482	− 0·7197	4913·0	4 13 10 59·8111
5	8182·5	10 50 46·0756	46·8036	− 0·7280	4914·0	5 13 07 03·9016
6	8183·5	10 54 42·6243	43·3590	− 0·7347	4915·0	6 13 03 07·9922
7	8184·5	10 58 39·1749	39·9143	− 0·7394	4916·0	7 12 59 12·0827
8	8185·5	11 02 35·7277	36·4697	− 0·7420	4917·0	8 12 55 16·1732
9	8186·5	11 06 32·2822	33·0251	− 0·7429	4918·0	9 12 51 20·2638
10	8187·5	11 10 28·8378	29·5804	− 0·7426	4919·0	10 12 47 24·3543
11	8188·5	11 14 25·3940	26·1358	− 0·7418	4920·0	11 12 43 28·4448
12	8189·5	11 18 21·9499	22·6912	− 0·7413	4921·0	12 12 39 32·5354
13	8190·5	11 22 18·5049	19·2465	− 0·7417	4922·0	13 12 35 36·6259
14	8191·5	11 26 15·0583	15·8019	− 0·7436	4923·0	14 12 31 40·7164
15	8192·5	11 30 11·6098	12·3573	− 0·7474	4924·0	15 12 27 44·8069
16	8193·5	11 34 08·1593	08·9127	− 0·7534	4925·0	16 12 23 48·8975
17	8194·5	11 38 04·7069	05·4680	− 0·7611	4926·0	17 12 19 52·9880
18	8195·5	11 42 01·2534	02·0234	− 0·7700	4927·0	18 12 15 57·0785
19	8196·5	11 45 57·7997	58·5788	− 0·7791	4928·0	19 12 12 01·1691
20	8197·5	11 49 54·3470	55·1341	− 0·7871	4929·0	20 12 08 05·2596
21	8198·5	11 53 50·8965	51·6895	− 0·7930	4930·0	21 12 04 09·3501
22	8199·5	11 57 47·4488	48·2449	− 0·7960	4931·0	22 12 00 13·4407
23	8200·5	12 01 44·0042	44·8002	− 0·7960	4932·0	23 11 56 17·5312
24	8201·5	12 05 40·5619	41·3556	− 0·7937	4933·0	24 11 52 21·6217
25	8202·5	12 09 37·1209	37·9110	− 0·7901	4934·0	25 11 48 25·7122
26	8203·5	12 13 33·6794	34·4663	− 0·7869	4935·0	26 11 44 29·8028
27	8204·5	12 17 30·2361	31·0217	− 0·7856	4936·0	27 11 40 33·8933
28	8205·5	12 21 26·7899	27·5771	− 0·7872	4937·0	28 11 36 37·9838
29	8206·5	12 25 23·3405	24·1324	− 0·7919	4938·0	29 11 32 42·0744
30	8207·5	12 29 19·8885	20·6878	− 0·7994	4939·0	30 11 28 46·1649
31	8208·5	12 33 16·4350	17·2432	− 0·8082	4940·0	31 11 24 50·2554
Apr. 1	8209·5	12 37 12·9815	13·7985	− 0·8171	4941·0	Apr. 1 11 20 54·3460
2	8210·5	12 41 09·5292	10·3539	− 0·8247	4942·0	2 11 16 58·4365

Date 0^h UT1	Julian Date	G. SIDEREAL TIME (GHA of the Equinox) Apparent	Mean	Equation of Equinoxes at 0^h UT1	GSD at 0^h GMST	UT1 at 0^h GMST (Greenwich Transit of the Mean Equinox)
	245	h m s	s	s	246	h m s
Apr. 1	8209·5	12 37 12·9815	13·7985	−0·8171	4941·0	Apr. 1 11 20 54·3460
2	8210·5	12 41 09·5292	10·3539	−0·8247	4942·0	2 11 16 58·4365
3	8211·5	12 45 06·0790	06·9093	−0·8303	4943·0	3 11 13 02·5270
4	8212·5	12 49 02·6311	03·4647	−0·8336	4944·0	4 11 09 06·6176
5	8213·5	12 52 59·1852	60·0200	−0·8348	4945·0	5 11 05 10·7081
6	8214·5	12 56 55·7410	56·5754	−0·8344	4946·0	6 11 01 14·7986
7	8215·5	13 00 52·2975	53 1308	−0·8333	4947·0	7 10 57 18·8891
8	8216·5	13 04 48·8540	49·6861	−0·8321	4948·0	8 10 53 22·9797
9	8217·5	13 08 45·4099	46·2415	−0·8316	4949·0	9 10 49 27·0702
10	8218·5	13 12 41·9645	42·7969	−0·8323	4950·0	10 10 45 31·1607
11	8219·5	13 16 38·5174	39·3522	−0·8349	4951·0	11 10 41 35·2513
12	8220·5	13 20 35·0682	35·9076	−0·8394	4952·0	12 10 37 39·3418
13	8221·5	13 24 31·6172	32·4630	−0·8457	4953·0	13 10 33 43·4323
14	8222·5	13 28 28·1648	29·0183	−0·8535	4954·0	14 10 29 47·5229
15	8223·5	13 32 24·7120	25·5737	−0·8617	4955·0	15 10 25 51·6134
16	8224·5	13 36 21·2598	22·1291	−0·8692	4956·0	16 10 21 55·7039
17	8225·5	13 40 17·8097	18·6844	−0·8748	4957·0	17 10 17 59·7944
18	8226·5	13 44 14·3625	15·2398	−0·8773	4958·0	18 10 14 03·8850
19	8227·5	13 48 10·9186	11·7952	−0·8765	4959·0	19 10 10 07·9755
20	8228·5	13 52 07·4776	08·3505	−0·8730	4960·0	20 10 06 12·0660
21	8229·5	13 56 04·0380	04·9059	−0·8679	4961·0	21 10 02 16·1566
22	8230·5	14 00 00·5984	01·4613	−0·8628	4962·0	22 9 58 20·2471
23	8231·5	14 03 57·1572	58·0166	−0·8595	4963·0	23 9 54 24·3376
24	8232·5	14 07 53·7132	54·5720	−0·8588	4964·0	24 9 50 28·4282
25	8233·5	14 11 50·2661	51·1274	−0·8613	4965·0	25 9 46 32·5187
26	8234·5	14 15 46·8164	47·6828	−0·8664	4966·0	26 9 42 36·6092
27	8235·5	14 19 43·3649	44·2381	−0·8732	4967·0	27 9 38 40·6997
28	8236·5	14 23 39·9131	40·7935	−0·8804	4968·0	28 9 34 44·7903
29	8237·5	14 27 36·4621	37·3489	−0·8868	4969·0	29 9 30 48·8808
30	8238·5	14 31 33·0130	33·9042	−0·8912	4970·0	30 9 26 52·9713
May 1	8239·5	14 35 29·5662	30·4596	−0·8934	4971·0	May 1 9 22 57·0619
2	8240·5	14 39 26·1217	27·0150	−0·8932	4972·0	2 9 19 01·1524
3	8241·5	14 43 22·6791	23·5703	−0·8912	4973·0	3 9 15 05·2429
4	8242·5	14 47 19·2376	20·1257	−0·8881	4974·0	4 9 11 09·3335
5	8243·5	14 51 15·7965	16·6811	−0·8846	4975·0	5 9 07 13·4240
6	8244·5	14 55 12·3549	13·2364	−0·8816	4976·0	6 9 03 17·5145
7	8245·5	14 59 08·9122	09·7918	−0·8796	4977·0	7 8 59 21·6051
8	8246·5	15 03 05·4678	06·3472	−0·8793	4978·0	8 8 55 25·6956
9	8247·5	15 07 02·0216	02·9025	−0·8809	4979·0	9 8 51 29·7861
10	8248·5	15 10 58·5735	59·4579	−0·8844	4980·0	10 8 47 33·8766
11	8249·5	15 14 55·1238	56·0133	−0·8894	4981·0	11 8 43 37·9672
12	8250·5	15 18 51·6733	52·5686	−0·8953	4982·0	12 8 39 42·0577
13	8251·5	15 22 48·2230	49·1240	−0·9010	4983·0	13 8 35 46·1482
14	8252·5	15 26 44·7743	45·6794	−0·9051	4984·0	14 8 31 50·2388
15	8253·5	15 30 41·3283	42·2348	−0·9065	4985·0	15 8 27 54·3293
16	8254·5	15 34 37·8858	38·7901	−0·9043	4986·0	16 8 23 58·4198
17	8255·5	15 38 34·4466	35·3455	−0·8989	4987·0	17 8 20 02·5104

Date 0h UT1	Julian Date	G. SIDEREAL TIME (GHA of the Equinox) Apparent	Mean	Equation of Equinoxes at 0h UT1	GSD at 0h GMST	UT1 at 0h GMST (Greenwich Transit of the Mean Equinox)
	245	h m s	s	s	**246**	h m s
May 17	**8255·5**	15 38 34·4466	35·3455	−0·8989	**4987·0**	May 17 8 20 02·5104
18	**8256·5**	15 42 31·0097	31·9009	−0·8911	**4988·0**	18 8 16 06·6009
19	**8257·5**	15 46 27·5733	28·4562	−0·8829	**4989·0**	19 8 12 10·6914
20	**8258·5**	15 50 24·1354	25·0116	−0·8762	**4990·0**	20 8 08 14·7819
21	**8259·5**	15 54 20·6948	21·5670	−0·8721	**4991·0**	21 8 04 18·8725
22	**8260·5**	15 58 17·2509	18·1223	−0·8714	**4992·0**	22 8 00 22·9630
23	**8261·5**	16 02 13·8040	14·6777	−0·8737	**4993·0**	23 7 56 27·0535
24	**8262·5**	16 06 10·3551	11·2331	−0·8779	**4994·0**	24 7 52 31·1441
25	**8263·5**	16 10 06·9055	07·7884	−0·8829	**4995·0**	25 7 48 35·2346
26	**8264·5**	16 14 03·4565	04·3438	−0·8873	**4996·0**	26 7 44 39·3251
27	**8265·5**	16 18 00·0090	00·8992	−0·8902	**4997·0**	27 7 40 43·4157
28	**8266·5**	16 21 56·5637	57·4545	−0·8909	**4998·0**	28 7 36 47·5062
29	**8267·5**	16 25 53·1207	54·0099	−0·8893	**4999·0**	29 7 32 51·5967
30	**8268·5**	16 29 49·6796	50·5653	−0·8856	**5000·0**	30 7 28 55·6873
31	**8269·5**	16 33 46·2400	47·1206	−0·8807	**5001·0**	31 7 24 59·7778
June 1	**8270·5**	16 37 42·8009	43·6760	−0·8751	**5002·0**	June 1 7 21 03·8683
2	**8271·5**	16 41 39·3617	40·2314	−0·8697	**5003·0**	2 7 17 07·9588
3	**8272·5**	16 45 35·9214	36·7868	−0·8653	**5004·0**	3 7 13 12·0494
4	**8273·5**	16 49 32·4796	33·3421	−0·8625	**5005·0**	4 7 09 16·1399
5	**8274·5**	16 53 29·0359	29·8975	−0·8616	**5006·0**	5 7 05 20·2304
6	**8275·5**	16 57 25·5903	26·4529	−0·8626	**5007·0**	6 7 01 24·3210
7	**8276·5**	17 01 22·1429	23·0082	−0·8653	**5008·0**	7 6 57 28·4115
8	**8277·5**	17 05 18·6944	19·5636	−0·8692	**5009·0**	8 6 53 32·5020
9	**8278·5**	17 09 15·2457	16·1190	−0·8733	**5010·0**	9 6 49 36·5926
10	**8279·5**	17 13 11·7978	12·6743	−0·8765	**5011·0**	10 6 45 40·6831
11	**8280·5**	17 17 08·3522	09·2297	−0·8775	**5012·0**	11 6 41 44·7736
12	**8281·5**	17 21 04·9097	05·7851	−0·8754	**5013·0**	12 6 37 48·8641
13	**8282·5**	17 25 01·4708	02·3404	−0·8696	**5014·0**	13 6 33 52·9547
14	**8283·5**	17 28 58·0350	58·8958	−0·8608	**5015·0**	14 6 29 57·0452
15	**8284·5**	17 32 54·6005	55·4512	−0·8507	**5016·0**	15 6 26 01·1357
16	**8285·5**	17 36 51·1654	52·0065	−0·8412	**5017·0**	16 6 22 05·2263
17	**8286·5**	17 40 47·7276	48·5619	−0·8343	**5018·0**	17 6 18 09·3168
18	**8287·5**	17 44 44·2863	45·1173	−0·8310	**5019·0**	18 6 14 13·4073
19	**8288·5**	17 48 40·8414	41·6726	−0·8312	**5020·0**	19 6 10 17·4979
20	**8289·5**	17 52 37·3941	38·2280	−0·8340	**5021·0**	20 6 06 21·5884
21	**8290·5**	17 56 33·9455	34·7834	−0·8379	**5022·0**	21 6 02 25·6789
22	**8291·5**	18 00 30·4972	31·3387	−0·8416	**5023·0**	22 5 58 29·7695
23	**8292·5**	18 04 27·0501	27·8941	−0·8440	**5024·0**	23 5 54 33·8600
24	**8293·5**	18 08 23·6050	24·4495	−0·8444	**5025·0**	24 5 50 37·9505
25	**8294·5**	18 12 20·1621	21·0049	−0·8427	**5026·0**	25 5 46 42·0410
26	**8295·5**	18 16 16·7212	17·5602	−0·8390	**5027·0**	26 5 42 46·1316
27	**8296·5**	18 20 13·2818	14·1156	−0·8338	**5028·0**	27 5 38 50·2221
28	**8297·5**	18 24 09·8432	10·6710	−0·8278	**5029·0**	28 5 34 54·3126
29	**8298·5**	18 28 06·4044	07·2263	−0·8219	**5030·0**	29 5 30 58·4032
30	**8299·5**	18 32 02·9649	03·7817	−0·8168	**5031·0**	30 5 27 02·4937
July 1	**8300·5**	18 35 59·5238	60·3371	−0·8132	**5032·0**	July 1 5 23 06·5842
2	**8301·5**	18 39 56·0809	56·8924	−0·8115	**5033·0**	2 5 19 10·6748

Date 0ʰ UT1	Julian Date	G. SIDEREAL TIME (GHA of the Equinox) Apparent	Mean	Equation of Equinoxes at 0ʰ UT1	GSD at 0ʰ GMST	UT1 at 0ʰ GMST (Greenwich Transit of the Mean Equinox)		
	245	h m s	s	s	246		h m s	
July 2	8301·5	18 39 56·0809	56·8924	−0·8115	5033·0	July 2	5 19 10·6748	
3	8302·5	18 43 52·6359	53·4478	−0·8119	5034·0	3	5 15 14·7653	
4	8303·5	18 47 49·1891	50·0032	−0·8141	5035·0	4	5 11 18·8558	
5	8304·5	18 51 45·7409	46·5585	−0·8177	5036·0	5	5 07 22·9463	
6	8305·5	18 55 42·2920	43·1139	−0·8219	5037·0	6	5 03 27·0369	
7	8306·5	18 59 38·8436	39·6693	−0·8257	5038·0	7	4 59 31·1274	
8	8307·5	19 03 35·3967	36·2246	−0·8280	5039·0	8	4 55 35·2179	
9	8308·5	19 07 31·9524	32·7800	−0·8276	5040·0	9	4 51 39·3085	
10	8309·5	19 11 28·5114	29·3354	−0·8240	5041·0	10	4 47 43·3990	
11	8310·5	19 15 25·0737	25·8907	−0·8170	5042·0	11	4 43 47·4895	
12	8311·5	19 19 21·6383	22·4461	−0·8078	5043·0	12	4 39 51·5801	
13	8312·5	19 23 18·2033	19·0015	−0·7982	5044·0	13	4 35 55·6706	
14	8313·5	19 27 14·7665	15·5569	−0·7903	5045·0	14	4 31 59·7611	
15	8314·5	19 31 11·3263	12·1122	−0·7859	5046·0	15	4 28 03·8517	
16	8315·5	19 35 07·8822	08·6676	−0·7854	5047·0	16	4 24 07·9422	
17	8316·5	19 39 04·4347	05·2230	−0·7882	5048·0	17	4 20 12·0327	
18	8317·5	19 43 00·9854	01·7783	−0·7929	5049·0	18	4 16 16·1232	
19	8318·5	19 46 57·5359	58·3337	−0·7978	5050·0	19	4 12 20·2138	
20	8319·5	19 50 54·0873	54·8891	−0·8017	5051·0	20	4 08 24·3043	
21	8320·5	19 54 50·6406	51·4444	−0·8038	5052·0	21	4 04 28·3948	
22	8321·5	19 58 47·1960	47·9998	−0·8038	5053·0	22	4 00 32·4854	
23	8322·5	20 02 43·7534	44·5552	−0·8017	5054·0	23	3 56 36·5759	
24	8323·5	20 06 40·3124	41·1105	−0·7982	5055·0	24	3 52 40·6664	
25	8324·5	20 10 36·8722	37·6659	−0·7937	5056·0	25	3 48 44·7570	
26	8325·5	20 14 33·4321	34·2213	−0·7892	5057·0	26	3 44 48·8475	
27	8326·5	20 18 29·9913	30·7766	−0·7854	5058·0	27	3 40 52·9380	
28	8327·5	20 22 26·5491	27·3320	−0·7829	5059·0	28	3 36 57·0285	
29	8328·5	20 26 23·1050	23·8874	−0·7823	5060·0	29	3 33 01·1191	
30	8329·5	20 30 19·6589	20·4427	−0·7839	5061·0	30	3 29 05·2096	
31	8330·5	20 34 16·2108	16·9981	−0·7874	5062·0	31	3 25 09·3001	
Aug. 1	8331·5	20 38 12·7610	13·5535	−0·7924	5063·0	Aug. 1	3 21 13·3907	
2	8332·5	20 42 09·3105	10·1089	−0·7984	5064·0	2	3 17 17·4812	
3	8333·5	20 46 05·8600	06·6642	−0·8043	5065·0	3	3 13 21·5717	
4	8334·5	20 50 02·4105	03·2196	−0·8090	5066·0	4	3 09 25·6623	
5	8335·5	20 53 58·9633	59·7750	−0·8117	5067·0	5	3 05 29·7528	
6	8336·5	20 57 55·5188	56·3303	−0·8115	5068·0	6	3 01 33·8433	
7	8337·5	21 01 52·0775	52·8857	−0·8082	5069·0	7	2 57 37·9339	
8	8338·5	21 05 48·6389	49·4411	−0·8022	5070·0	8	2 53 42·0244	
9	8339·5	21 09 45·2014	45·9964	−0·7950	5071·0	9	2 49 46·1149	
10	8340·5	21 13 41·7634	42·5518	−0·7884	5072·0	10	2 45 50·2054	
11	8341·5	21 17 38·3227	39·1072	−0·7845	5073·0	11	2 41 54·2960	
12	8342·5	21 21 34·8781	35·6625	−0·7844	5074·0	12	2 37 58·3865	
13	8343·5	21 25 31·4298	32·2179	−0·7881	5075·0	13	2 34 02·4770	
14	8344·5	21 29 27·9789	28·7733	−0·7944	5076·0	14	2 30 06·5676	
15	8345·5	21 33 24·5270	25·3286	−0·8016	5077·0	15	2 26 10·6581	
16	8346·5	21 37 21·0757	21·8840	−0·8083	5078·0	16	2 22 14·7486	
17	8347·5	21 41 17·6262	18·4394	−0·8132	5079·0	17	2 18 18·8392	

UNIVERSAL AND SIDEREAL TIMES, 2018

Date 0ʰ UT1	Julian Date	G. SIDEREAL TIME (GHA of the Equinox) Apparent	Mean	Equation of Equinoxes at 0ʰ UT1	GSD at 0ʰ GMST	UT1 at 0ʰ GMST (Greenwich Transit of the Mean Equinox)
	245	h m s	s	s	**246**	h m s
Aug. 17	**8347·5**	21 41 17·6262	18·4394	− 0·8132	**5079·0**	Aug. 17 2 18 18·8392
18	**8348·5**	21 45 14·1788	14·9947	− 0·8159	**5080·0**	18 2 14 22·9297
19	**8349·5**	21 49 10·7336	11·5501	− 0·8165	**5081·0**	19 2 10 27·0202
20	**8350·5**	21 53 07·2900	08·1055	− 0·8154	**5082·0**	20 2 06 31·1107
21	**8351·5**	21 57 03·8475	04·6608	− 0·8133	**5083·0**	21 2 02 35·2013
22	**8352·5**	22 01 00·4052	01·2162	− 0·8110	**5084·0**	22 1 58 39·2918
23	**8353·5**	22 04 56·9624	57·7716	− 0·8092	**5085·0**	23 1 54 43·3823
24	**8354·5**	22 08 53·5184	54·3270	− 0·8086	**5086·0**	24 1 50 47·4729
25	**8355·5**	22 12 50·0726	50·8823	− 0·8098	**5087·0**	25 1 46 51·5634
26	**8356·5**	22 16 46·6247	47·4377	− 0·8130	**5088·0**	26 1 42 55·6539
27	**8357·5**	22 20 43·1748	43·9931	− 0·8183	**5089·0**	27 1 38 59·7445
28	**8358·5**	22 24 39·7231	40·5484	− 0·8253	**5090·0**	28 1 35 03·8350
29	**8359·5**	22 28 36·2704	37·1038	− 0·8334	**5091·0**	29 1 31 07·9255
30	**8360·5**	22 32 32·8176	33·6592	− 0·8416	**5092·0**	30 1 27 12·0160
31	**8361·5**	22 36 29·3656	30·2145	− 0·8489	**5093·0**	31 1 23 16·1066
Sept. 1	**8362·5**	22 40 25·9156	26·7699	− 0·8543	**5094·0**	Sept. 1 1 19 20·1971
2	**8363·5**	22 44 22·4681	23·3253	− 0·8572	**5095·0**	2 1 15 24·2876
3	**8364·5**	22 48 19·0235	19·8806	− 0·8571	**5096·0**	3 1 11 28·3782
4	**8365·5**	22 52 15·5816	16·4360	− 0·8544	**5097·0**	4 1 07 32·4687
5	**8366·5**	22 56 12·1413	12·9914	− 0·8500	**5098·0**	5 1 03 36·5592
6	**8367·5**	23 00 08·7011	09·5467	− 0·8456	**5099·0**	6 0 59 40·6498
7	**8368·5**	23 04 05·2592	06·1021	− 0·8429	**5100·0**	7 0 55 44·7403
8	**8369·5**	23 08 01·8142	02·6575	− 0·8433	**5101·0**	8 0 51 48·8308
9	**8370·5**	23 11 58·3655	59·2128	− 0·8473	**5102·0**	9 0 47 52·9214
10	**8371·5**	23 15 54·9137	55·7682	− 0·8545	**5103·0**	10 0 43 57·0119
11	**8372·5**	23 19 51·4601	52·3236	− 0·8635	**5104·0**	11 0 40 01·1024
12	**8373·5**	23 23 48·0066	48·8790	− 0·8723	**5105·0**	12 0 36 05·1929
13	**8374·5**	23 27 44·5546	45·4343	− 0·8797	**5106·0**	13 0 32 09·2835
14	**8375·5**	23 31 41·1049	41·9897	− 0·8848	**5107·0**	14 0 28 13·3740
15	**8376·5**	23 35 37·6576	38·5451	− 0·8874	**5108·0**	15 0 24 17·4645
16	**8377·5**	23 39 34·2123	35·1004	− 0·8881	**5109·0**	16 0 20 21·5551
17	**8378·5**	23 43 30·7683	31·6558	− 0·8874	**5110·0**	17 0 16 25·6456
18	**8379·5**	23 47 27·3249	28·2112	− 0·8863	**5111·0**	18 0 12 29·7361
19	**8380·5**	23 51 23·8811	24·7665	− 0·8855	**5112·0**	19 0 08 33·8267
20	**8381·5**	23 55 20·4362	21·3219	− 0·8857	**5113·0**	20 0 04 37·9172
21	**8382·5**	23 59 16·9898	17·8773	− 0·8875	**5114·0**	21 0 00 42·0077
					5115·0	21 23 56 46·0982
22	**8383·5**	0 03 13·5414	14·4326	− 0·8912	**5116·0**	22 23 52 50·1888
23	**8384·5**	0 07 10·0910	10·9880	− 0·8970	**5117·0**	23 23 48 54·2793
24	**8385·5**	0 11 06·6388	07·5434	− 0·9046	**5118·0**	24 23 44 58·3698
25	**8386·5**	0 15 03·1853	04·0987	− 0·9134	**5119·0**	25 23 41 02·4604
26	**8387·5**	0 18 59·7315	60·6541	− 0·9226	**5120·0**	26 23 37 06·5509
27	**8388·5**	0 22 56·2785	57·2095	− 0·9310	**5121·0**	27 23 33 10·6414
28	**8389·5**	0 26 52·8272	53·7648	− 0·9377	**5122·0**	28 23 29 14·7320
29	**8390·5**	0 30 49·3785	50·3202	− 0·9417	**5123·0**	29 23 25 18·8225
30	**8391·5**	0 34 45·9328	46·8756	− 0·9428	**5124·0**	30 23 21 22·9130
Oct. 1	**8392·5**	0 38 42·4897	43·4310	− 0·9412	**5125·0**	Oct. 1 23 17 27·0036

Date 0ʰ UT1	Julian Date	G. SIDEREAL TIME (GHA of the Equinox)		Equation of Equinoxes at 0ʰ UT1	GSD at 0ʰ GMST	UT1 at 0ʰ GMST (Greenwich Transit of the Mean Equinox)
		Apparent	Mean			
	245	h m s	s	s	**246**	h m s
Oct. 1	**8392·5**	0 38 42·4897	43·4310	−0·9412	**5125·0**	Oct. 1 23 17 27·0036
2	**8393·5**	0 42 39·0485	39·9863	−0·9378	**5126·0**	2 23 13 31·0941
3	**8394·5**	0 46 35·6078	36·5417	−0·9339	**5127·0**	3 23 09 35·1846
4	**8395·5**	0 50 32·1659	33·0971	−0·9312	**5128·0**	4 23 05 39·2751
5	**8396·5**	0 54 28·7215	29·6524	−0·9309	**5129·0**	5 23 01 43·3657
6	**8397·5**	0 58 25·2738	26·2078	−0·9340	**5130·0**	6 22 57 47·4562
7	**8398·5**	1 02 21·8230	22·7632	0·9402	**5131·0**	7 22 53 51·5467
8	**8399·5**	1 06 18·3700	19·3185	−0·9486	**5132·0**	8 22 49 55·6373
9	**8400·5**	1 10 14·9164	15·8739	−0·9575	**5133·0**	9 22 45 59·7278
10	**8401·5**	1 14 11·4639	12·4293	−0·9653	**5134·0**	10 22 42 03·8183
11	**8402·5**	1 18 08·0136	08·9846	−0·9710	**5135·0**	11 22 38 07·9089
12	**8403·5**	1 22 04·5660	05·5400	−0·9741	**5136·0**	12 22 34 11·9994
13	**8404·5**	1 26 01·1207	02·0954	−0·9747	**5137·0**	13 22 30 16·0899
14	**8405·5**	1 29 57·6772	58·6507	−0·9735	**5138·0**	14 22 26 20·1804
15	**8406·5**	1 33 54·2346	55·2061	−0·9715	**5139·0**	15 22 22 24·2710
16	**8407·5**	1 37 50·7920	51·7615	−0·9694	**5140·0**	16 22 18 28·3615
17	**8408·5**	1 41 47·3486	48·3168	−0·9682	**5141·0**	17 22 14 32·4520
18	**8409·5**	1 45 43·9038	44·8722	−0·9684	**5142·0**	18 22 10 36·5426
19	**8410·5**	1 49 40·4571	41·4276	−0·9704	**5143·0**	19 22 06 40·6331
20	**8411·5**	1 53 37·0085	37·9830	−0·9745	**5144·0**	20 22 02 44·7236
21	**8412·5**	1 57 33·5580	34·5383	−0·9803	**5145·0**	21 21 58 48·8142
22	**8413·5**	2 01 30·1061	31·0937	−0·9876	**5146·0**	22 21 54 52·9047
23	**8414·5**	2 05 26·6537	27·6491	−0·9954	**5147·0**	23 21 50 56·9952
24	**8415·5**	2 09 23·2016	24·2044	−1·0028	**5148·0**	24 21 47 01·0858
25	**8416·5**	2 13 19·7512	20·7598	−1·0086	**5149·0**	25 21 43 05·1763
26	**8417·5**	2 17 16·3034	17·3152	−1·0118	**5150·0**	26 21 39 09·2668
27	**8418·5**	2 21 12·8587	13·8705	−1·0118	**5151·0**	27 21 35 13·3573
28	**8419·5**	2 25 09·4171	10·4259	−1·0088	**5152·0**	28 21 31 17·4479
29	**8420·5**	2 29 05·9776	06·9813	−1·0036	**5153·0**	29 21 27 21·5384
30	**8421·5**	2 33 02·5389	03·5366	−0·9977	**5154·0**	30 21 23 25·6289
31	**8422·5**	2 36 59·0993	60·0920	−0·9927	**5155·0**	31 21 19 29·7195
Nov. 1	**8423·5**	2 40 55·6574	56·6474	−0·9899	**5156·0**	Nov. 1 21 15 33·8100
2	**8424·5**	2 44 52·2125	53·2027	−0·9903	**5157·0**	2 21 11 37·9005
3	**8425·5**	2 48 48·7644	49·7581	−0·9937	**5158·0**	3 21 07 41·9911
4	**8426·5**	2 52 45·3141	46·3135	−0·9994	**5159·0**	4 21 03 46·0816
5	**8427·5**	2 56 41·8627	42·8688	−1·0061	**5160·0**	5 20 59 50·1721
6	**8428·5**	3 00 38·4119	39·4242	−1·0123	**5161·0**	6 20 55 54·2626
7	**8429·5**	3 04 34·9630	35·9796	−1·0166	**5162·0**	7 20 51 58·3532
8	**8430·5**	3 08 31·5166	32·5349	−1·0183	**5163·0**	8 20 48 02·4437
9	**8431·5**	3 12 28·0729	29·0903	−1·0174	**5164·0**	9 20 44 06·5342
10	**8432·5**	3 16 24·6314	25·6457	−1·0143	**5165·0**	10 20 40 10·6248
11	**8433·5**	3 20 21·1912	22·2011	−1·0099	**5166·0**	11 20 36 14·7153
12	**8434·5**	3 24 17·7514	18·7564	−1·0050	**5167·0**	12 20 32 18·8058
13	**8435·5**	3 28 14·3110	15·3118	−1·0008	**5168·0**	13 20 28 22·8964
14	**8436·5**	3 32 10·8694	11·8672	−0·9978	**5169·0**	14 20 24 26·9869
15	**8437·5**	3 36 07·4260	08·4225	−0·9965	**5170·0**	15 20 20 31·0774
16	**8438·5**	3 40 03·9807	04·9779	−0·9972	**5171·0**	16 20 16 35·1680

UNIVERSAL AND SIDEREAL TIMES, 2018

Date 0ʰ UT1	Julian Date	G. SIDEREAL TIME (GHA of the Equinox) Apparent	Mean	Equation of Equinoxes at 0ʰ UT1	GSD at 0ʰ GMST	UT1 at 0ʰ GMST (Greenwich Transit of the Mean Equinox)
	245	h m s	s	s	246	h m s
Nov. 16	8438·5	3 40 03·9807	04·9779	− 0·9972	5171·0	Nov. 16 20 16 35·1680
17	8439·5	3 44 00·5335	01·5333	− 0·9998	5172·0	17 20 12 39·2585
18	8440·5	3 47 57·0847	58·0886	− 1·0039	5173·0	18 20 08 43·3490
19	8441·5	3 51 53·6350	54·6440	− 1·0090	5174·0	19 20 04 47·4395
20	8442·5	3 55 50·1853	51·1994	− 1·0141	5175·0	20 20 00 51·5301
21	8443·5	3 59 46·7368	47·7547	− 1·0179	5176·0	21 19 56 55·6206
22	8444·5	4 03 43·2906	44·3101	− 1·0195	5177·0	22 19 52 59·7111
23	8445·5	4 07 39·8476	40·8655	− 1·0178	5178·0	23 19 49 03·8017
24	8446·5	4 11 36·4080	37·4208	− 1·0128	5179·0	24 19 45 07·8922
25	8447·5	4 15 32·9712	33·9762	− 1·0050	5180·0	25 19 41 11·9827
26	8448·5	4 19 29·5356	30·5316	− 0·9959	5181·0	26 19 37 16·0733
27	8449·5	4 23 26·0996	27·0869	− 0·9874	5182·0	27 19 33 20·1638
28	8450·5	4 27 22·6614	23·6423	− 0·9810	5183·0	28 19 29 24·2543
29	8451·5	4 31 19·2199	20·1977	− 0·9778	5184·0	29 19 25 28·3448
30	8452·5	4 35 15·7752	16·7531	− 0·9779	5185·0	30 19 21 32·4354
Dec. 1	8453·5	4 39 12·3278	13·3084	− 0·9806	5186·0	Dec. 1 19 17 36·5259
2	8454·5	4 43 08·8791	09·8638	− 0·9847	5187·0	2 19 13 40·6164
3	8455·5	4 47 05·4305	06·4192	− 0·9887	5188·0	3 19 09 44·7070
4	8456·5	4 51 01·9834	02·9745	− 0·9912	5189·0	4 19 05 48·7975
5	8457·5	4 54 58·5385	59·5299	− 0·9914	5190·0	5 19 01 52·8880
6	8458·5	4 58 55·0962	56·0853	− 0·9891	5191·0	6 18 57 56·9786
7	8459·5	5 02 51·6563	52·6406	− 0·9844	5192·0	7 18 54 01·0691
8	8460·5	5 06 48·2180	49·1960	− 0·9780	5193·0	8 18 50 05·1596
9	8461·5	5 10 44·7804	45·7514	− 0·9710	5194·0	9 18 46 09·2501
10	8462·5	5 14 41·3425	42·3067	− 0·9642	5195·0	10 18 42 13·3407
11	8463·5	5 18 37·9036	38·8621	− 0·9585	5196·0	11 18 38 17·4312
12	8464·5	5 22 34·4630	35·4175	− 0·9545	5197·0	12 18 34 21·5217
13	8465·5	5 26 31·0203	31·9728	− 0·9525	5198·0	13 18 30 25·6123
14	8466·5	5 30 27·5756	28·5282	− 0·9526	5199·0	14 18 26 29·7028
15	8467·5	5 34 24·1292	25·0836	− 0·9544	5200·0	15 18 22 33·7933
16	8468·5	5 38 20·6815	21·6389	− 0·9574	5201·0	16 18 18 37·8839
17	8469·5	5 42 17·2335	18·1943	− 0·9608	5202·0	17 18 14 41·9744
18	8470·5	5 46 13·7860	14·7497	− 0·9636	5203·0	18 18 10 46·0649
19	8471·5	5 50 10·3403	11·3051	− 0·9648	5204·0	19 18 06 50·1555
20	8472·5	5 54 06·8973	07·8604	− 0·9631	5205·0	20 18 02 54·2460
21	8473·5	5 58 03·4577	04·4158	− 0·9581	5206·0	21 17 58 58·3365
22	8474·5	6 02 00·0213	00·9712	− 0·9499	5207·0	22 17 55 02·4270
23	8475·5	6 05 56·5871	57·5265	− 0·9394	5208·0	23 17 51 06·5176
24	8476·5	6 09 53·1533	54·0819	− 0·9286	5209·0	24 17 47 10·6081
25	8477·5	6 13 49·7177	50·6373	− 0·9196	5210·0	25 17 43 14·6986
26	8478·5	6 17 46·2788	47·1926	− 0·9138	5211·0	26 17 39 18·7892
27	8479·5	6 21 42·8361	43·7480	− 0·9119	5212·0	27 17 35 22·8797
28	8480·5	6 25 39·3902	40·3034	− 0·9132	5213·0	28 17 31 26·9702
29	8481·5	6 29 35·9423	36·8587	− 0·9164	5214·0	29 17 27 31·0608
30	8482·5	6 33 32·4942	33·4141	− 0·9199	5215·0	30 17 23 35·1513
31	8483·5	6 37 29·0471	29·9695	− 0·9224	5216·0	31 17 19 39·2418
32	8484·5	6 41 25·6020	26·5248	− 0·9228	5217·0	32 17 15 43·3323

Date 0ʰ UT1	Julian Date	Earth Rotation Angle θ	Equation of Origins E_o
	245	° ′ ″	′ ″
Jan. 0	8118.5	99 22 58.7788	− 13 39.3755
1	8119.5	100 22 06.9831	− 13 39.6397
2	8120.5	101 21 15.1873	− 13 39.9250
3	8121.5	102 20 23.3915	− 13 40.1982
4	8122.5	103 19 31.5958	− 13 40.4303
5	8123.5	104 18 39.8000	− 13 40.6067
6	8124.5	105 17 48.0043	− 13 40.7302
7	8125.5	106 16 56.2085	− 13 40.8164
8	8126.5	107 16 04.4127	− 13 40.8857
9	8127.5	108 15 12.6170	− 13 40.9576
10	8128.5	109 14 20.8212	− 13 41.0465
11	8129.5	110 13 29.0254	− 13 41.1612
12	8130.5	111 12 37.2297	− 13 41.3046
13	8131.5	112 11 45.4339	− 13 41.4748
14	8132.5	113 10 53.6381	− 13 41.6660
15	8133.5	114 10 01.8424	− 13 41.8692
16	8134.5	115 09 10.0466	− 13 42.0735
17	8135.5	116 08 18.2509	− 13 42.2677
18	8136.5	117 07 26.4551	− 13 42.4416
19	8137.5	118 06 34.6593	− 13 42.5877
20	8138.5	119 05 42.8636	− 13 42.7025
21	8139.5	120 04 51.0678	− 13 42.7875
22	8140.5	121 03 59.2720	− 13 42.8499
23	8141.5	122 03 07.4763	− 13 42.9014
24	8142.5	123 02 15.6805	− 13 42.9576
25	8143.5	124 01 23.8848	− 13 43.0359
26	8144.5	125 00 32.0890	− 13 43.1516
27	8145.5	125 59 40.2932	− 13 43.3143
28	8146.5	126 58 48.4975	− 13 43.5229
29	8147.5	127 57 56.7017	− 13 43.7629
30	8148.5	128 57 04.9059	− 13 44.0081
31	8149.5	129 56 13.1102	− 13 44.2280
Feb. 1	8150.5	130 55 21.3144	− 13 44.3988
2	8151.5	131 54 29.5187	− 13 44.5127
3	8152.5	132 53 37.7229	− 13 44.5783
4	8153.5	133 52 45.9271	− 13 44.6156
5	8154.5	134 51 54.1314	− 13 44.6472
6	8155.5	135 51 02.3356	− 13 44.6915
7	8156.5	136 50 10.5398	− 13 44.7603
8	8157.5	137 49 18.7441	− 13 44.8582
9	8158.5	138 48 26.9483	− 13 44.9839
10	8159.5	139 47 35.1526	− 13 45.1321
11	8160.5	140 46 43.3568	− 13 45.2941
12	8161.5	141 45 51.5610	− 13 45.4598
13	8162.5	142 44 59.7653	− 13 45.6182
14	8163.5	143 44 07.9695	− 13 45.7589
15	8164.5	144 43 16.1737	− 13 45.8732

Date 0ʰ UT1	Julian Date	Earth Rotation Angle θ	Equation of Origins E_o
	245	° ′ ″	′ ″
Feb. 15	8164.5	144 43 16.1737	− 13 45.8732
16	8165.5	145 42 24.3780	− 13 45.9563
17	8166.5	146 41 32.5822	− 13 46.0081
18	8167.5	147 40 40.7864	− 13 46.0343
19	8168.5	148 39 48.9907	− 13 46.0462
20	8169.5	149 38 57.1949	− 13 46.0593
21	8170.5	150 38 05.3992	− 13 46.0904
22	8171.5	151 37 13.6034	− 13 46.1547
23	8172.5	152 36 21.8076	− 13 46.2617
24	8173.5	153 35 30.0119	− 13 46.4122
25	8174.5	154 34 38.2161	− 13 46.5963
26	8175.5	155 33 46.4203	− 13 46.7941
27	8176.5	156 32 54.6246	− 13 46.9800
28	8177.5	157 32 02.8288	− 13 47.1297
Mar. 1	8178.5	158 31 11.0331	− 13 47.2285
2	8179.5	159 30 19.2373	− 13 47.2763
3	8180.5	160 29 27.4415	− 13 47.2870
4	8181.5	161 28 35.6458	− 13 47.2826
5	8182.5	162 27 43.8500	− 13 47.2847
6	8183.5	163 26 52.0542	− 13 47.3096
7	8184.5	164 26 00.2585	− 13 47.3653
8	8185.5	165 25 08.4627	− 13 47.4522
9	8186.5	166 24 16.6670	− 13 47.5653
10	8187.5	167 23 24.8712	− 13 47.6961
11	8188.5	168 22 33.0754	− 13 47.8343
12	8189.5	169 21 41.2797	− 13 47.9688
13	8190.5	170 20 49.4839	− 13 48.0894
14	8191.5	171 19 57.6881	− 13 48.1869
15	8192.5	172 19 05.8924	− 13 48.2554
16	8193.5	173 18 14.0966	− 13 48.2928
17	8194.5	174 17 22.3008	− 13 48.3028
18	8195.5	175 16 30.5051	− 13 48.2953
19	8196.5	176 15 38.7093	− 13 48.2855
20	8197.5	177 14 46.9136	− 13 48.2913
21	8198.5	178 13 55.1178	− 13 48.3294
22	8199.5	179 13 03.3220	− 13 48.4107
23	8200.5	180 12 11.5263	− 13 48.5367
24	8201.5	181 11 19.7305	− 13 48.6986
25	8202.5	182 10 27.9347	− 13 48.8782
26	8203.5	183 09 36.1390	− 13 49.0523
27	8204.5	184 08 44.3432	− 13 49.1984
28	8205.5	185 07 52.5475	− 13 49.3009
29	8206.5	186 07 00.7517	− 13 49.3557
30	8207.5	187 06 08.9559	− 13 49.3709
31	8208.5	188 05 17.1602	− 13 49.3644
Apr. 1	8209.5	189 04 25.3644	− 13 49.3575
2	8210.5	190 03 33.5686	− 13 49.3693

$$GHA = \theta - \alpha_i, \qquad \alpha_i = \alpha_e + E_o$$

α_i, α_e are the right ascensions with respect to the CIO and the true equinox of date, respectively.

Date 0ʰ UT1	Julian Date	Earth Rotation Angle θ	Equation of Origins E_o
	245	° ′ ″	′ ″
Apr. 1	**8209·5**	189 04 25·3644	− 13 49·3575
2	**8210·5**	190 03 33·5686	− 13 49·3693
3	**8211·5**	191 02 41·7729	− 13 49·4118
4	**8212·5**	192 01 49·9771	− 13 49·4890
5	**8213·5**	193 00 58·1814	− 13 49·5973
6	**8214·5**	194 00 06·3856	− 13 49·7287
7	**8215·5**	194 59 14·5898	− 13 49·8723
8	**8216·5**	195 58 22·7941	− 13 50·0166
9	**8217·5**	196 57 30·9983	− 13 50·1507
10	**8218·5**	197 56 39·2025	− 13 50·2653
11	**8219·5**	198 55 47·4068	− 13 50·3536
12	**8220·5**	199 54 55·6110	− 13 50·4124
13	**8221·5**	200 54 03·8153	− 13 50·4431
14	**8222·5**	201 53 12·0195	− 13 50·4531
15	**8223·5**	202 52 20·2237	− 13 50·4559
16	**8224·5**	203 51 28·4280	− 13 50·4695
17	**8225·5**	204 50 36·6322	− 13 50·5130
18	**8226·5**	205 49 44·8364	− 13 50·6011
19	**8227·5**	206 48 53·0407	− 13 50·7388
20	**8228·5**	207 48 01·2449	− 13 50·9184
21	**8229·5**	208 47 09·4491	− 13 51·1214
22	**8230·5**	209 46 17·6534	− 13 51·3231
23	**8231·5**	210 45 25·8576	− 13 51·5002
24	**8232·5**	211 44 34·0619	− 13 51·6362
25	**8233·5**	212 43 42·2661	− 13 51·7259
26	**8234·5**	213 42 50·4703	− 13 51·7751
27	**8235·5**	214 41 58·6746	− 13 51·7990
28	**8236·5**	215 41 06·8788	− 13 51·8170
29	**8237·5**	216 40 15·0830	− 13 51·8484
30	**8238·5**	217 39 23·2873	− 13 51·9075
May 1	**8239·5**	218 38 31·4915	− 13 52·0015
2	**8240·5**	219 37 39·6958	− 13 52·1300
3	**8241·5**	220 36 47·9000	− 13 52·2862
4	**8242·5**	221 35 56·1042	− 13 52·4598
5	**8243·5**	222 35 04·3085	− 13 52·6384
6	**8244·5**	223 34 12·5127	− 13 52·8103
7	**8245·5**	224 33 20·7169	− 13 52·9655
8	**8246·5**	225 32 28·9212	− 13 53·0964
9	**8247·5**	226 31 37·1254	− 13 53·1989
10	**8248·5**	227 30 45·3297	− 13 53·2731
11	**8249·5**	228 29 53·5339	− 13 53·3238
12	**8250·5**	229 29 01·7381	− 13 53·3619
13	**8251·5**	230 28 09·9424	− 13 53·4034
14	**8252·5**	231 27 18·1466	− 13 53·4678
15	**8253·5**	232 26 26·3508	− 13 53·5735
16	**8254·5**	233 25 34·5551	− 13 53·7316
17	**8255·5**	234 24 42·7593	− 13 53·9401

Date 0ʰ UT1	Julian Date	Earth Rotation Angle θ	Equation of Origins E_o
	245	° ′ ″	′ ″
May 17	**8255·5**	234 24 42·7593	− 13 53·9401
18	**8256·5**	235 23 50·9636	− 13 54·1824
19	**8257·5**	236 22 59·1678	− 13 54·4315
20	**8258·5**	237 22 07·3720	− 13 54·6596
21	**8259·5**	238 21 15·5763	− 13 54·8461
22	**8260·5**	239 20 23·7805	− 13 54·9830
23	**8261·5**	240 19 31·9847	− 13 55·0755
24	**8262·5**	241 18 40·1890	− 13 55·1380
25	**8263·5**	242 17 48·3932	− 13 55·1898
26	**8264·5**	243 16 56·5974	− 13 55·2499
27	**8265·5**	244 16 04·8017	− 13 55·3334
28	**8266·5**	245 15 13·0059	− 13 55·4493
29	**8267·5**	246 14 21·2102	− 13 55·5997
30	**8268·5**	247 13 29·4144	− 13 55·7801
31	**8269·5**	248 12 37·6186	− 13 55·9813
June 1	**8270·5**	249 11 45·8229	− 13 56·1913
2	**8271·5**	250 10 54·0271	− 13 56·3978
3	**8272·5**	251 10 02·2313	− 13 56·5897
4	**8273·5**	252 09 10·4356	− 13 56·7584
5	**8274·5**	253 08 18·6398	− 13 56·8989
6	**8275·5**	254 07 26·8441	− 13 57·0101
7	**8276·5**	255 06 35·0483	− 13 57·0957
8	**8277·5**	256 05 43·2525	− 13 57·1641
9	**8278·5**	257 04 51·4568	− 13 57·2285
10	**8279·5**	258 03 59·6610	− 13 57·3066
11	**8280·5**	259 03 07·8652	− 13 57·4171
12	**8281·5**	260 02 16·0695	− 13 57·5758
13	**8282·5**	261 01 24·2737	− 13 57·7886
14	**8283·5**	262 00 32·4780	− 13 58·0465
15	**8284·5**	262 59 40·6822	− 13 58·3255
16	**8285·5**	263 58 48·8864	− 13 58·5938
17	**8286·5**	264 57 57·0907	− 13 58·8233
18	**8287·5**	265 57 05·2949	− 13 58·9990
19	**8288·5**	266 56 13·4991	− 13 59·1223
20	**8289·5**	267 55 21·7034	− 13 59·2075
21	**8290·5**	268 54 29·9076	− 13 59·2752
22	**8291·5**	269 53 38·1118	− 13 59·3459
23	**8292·5**	270 52 46·3161	− 13 59·4359
24	**8293·5**	271 51 54·5203	− 13 59·5553
25	**8294·5**	272 51 02·7246	− 13 59·7075
26	**8295·5**	273 50 10·9288	− 13 59·8898
27	**8296·5**	274 49 19·1330	− 14 00·0943
28	**8297·5**	275 48 27·3373	− 14 00·3102
29	**8298·5**	276 47 35·5415	− 14 00·5251
30	**8299·5**	277 46 43·7457	− 14 00·7274
July 1	**8300·5**	278 45 51·9500	− 14 00·9075
2	**8301·5**	279 45 00·1542	− 14 01·0592

$$GHA = \theta - \alpha_i, \qquad \alpha_i = \alpha_e + E_o$$

α_i, α_e are the right ascensions with respect to the CIO and the true equinox of date, respectively.

Date 0ʰ UT1	Julian Date	Earth Rotation Angle θ	Equation of Origins E_o	Date 0ʰ UT1	Julian Date	Earth Rotation Angle θ	Equation of Origins E_o
		° ′ ″	′ ″			° ′ ″	′ ″
	245				**245**		
July 1	**8300·5**	278 45 51·9500	− 14 00·9075	Aug. 16	**8346·5**	324 06 09·3449	− 14 06·7910
2	**8301·5**	279 45 00·1542	− 14 01·0592	17	**8347·5**	325 05 17·5491	− 14 06·8435
3	**8302·5**	280 44 08·3585	− 14 01·1803	18	**8348·5**	326 04 25·7534	− 14 06·9289
4	**8303·5**	281 43 16·5627	− 14 01·2736	19	**8349·5**	327 03 33·9576	− 14 07·0462
5	**8304·5**	282 42 24·7669	− 14 01·3461	20	**8350·5**	328 02 42·1618	− 14 07·1888
6	**8305·5**	283 41 32·9712	− 14 01·4093	21	**8351·5**	329 01 50·3661	− 14 07·3466
7	**8306·5**	284 40 41·1754	− 14 01·4783	22	**8352·5**	330 00 58·5703	− 14 07·5081
8	**8307·5**	285 39 49·3796	− 14 01·5703	23	**8353·5**	331 00 06·7746	− 14 07·6617
9	**8308·5**	286 38 57·5839	− 14 01·7015	24	**8354·5**	331 59 14·9788	− 14 07·7968
10	**8309·5**	287 38 05·7881	− 14 01·8827	25	**8355·5**	332 58 23·1830	− 14 07·9055
11	**8310·5**	288 37 13·9924	− 14 02·1132	26	**8356·5**	333 57 31·3873	− 14 07·9833
12	**8311·5**	289 36 22·1966	− 14 02·3781	27	**8357·5**	334 56 39·5915	− 14 08·0302
13	**8312·5**	290 35 30·4008	− 14 02·6489	28	**8358·5**	335 55 47·7957	− 14 08·0513
14	**8313·5**	291 34 38·6051	− 14 02·8930	29	**8359·5**	336 54 56·0000	− 14 08·0567
15	**8314·5**	292 33 46·8093	− 14 03·0855	30	**8360·5**	337 54 04·2042	− 14 08·0598
16	**8315·5**	293 32 55·0135	− 14 03·2188	31	**8361·5**	338 53 12·4084	− 14 08·0762
17	**8316·5**	294 32 03·2178	− 14 03·3031	Sept. 1	**8362·5**	339 52 20·6127	− 14 08·1207
18	**8317·5**	295 31 11·4220	− 14 03·3596	2	**8363·5**	340 51 28·8169	− 14 08·2044
19	**8318·5**	296 30 19·6263	− 14 03·4120	3	**8364·5**	341 50 37·0212	− 14 08·3320
20	**8319·5**	297 29 27·8305	− 14 03·4796	4	**8365·5**	342 49 45·2254	− 14 08·4988
21	**8320·5**	298 28 36·0347	− 14 03·5746	5	**8366·5**	343 48 53·4296	− 14 08·6903
22	**8321·5**	299 27 44·2390	− 14 03·7014	6	**8367·5**	344 48 01·6339	− 14 08·8831
23	**8322·5**	300 26 52·4432	− 14 03·8583	7	**8368·5**	345 47 09·8381	− 14 09·0506
24	**8323·5**	301 26 00·6474	− 14 04·0382	8	**8369·5**	346 46 18·0423	− 14 09·1711
25	**8324·5**	302 25 08·8517	− 14 04·2311	9	**8370·5**	347 45 26·2466	− 14 09·2362
26	**8325·5**	303 24 17·0559	− 14 04·4253	10	**8371·5**	348 44 34·4508	− 14 09·2542
27	**8326·5**	304 23 25·2601	− 14 04·6089	11	**8372·5**	349 43 42·6551	− 14 09·2469
28	**8327·5**	305 22 33·4644	− 14 04·7719	12	**8373·5**	350 42 50·8593	− 14 09·2403
29	**8328·5**	306 21 41·6686	− 14 04·9068	13	**8374·5**	351 41 59·0635	− 14 09·2561
30	**8329·5**	307 20 49·8729	− 14 05·0104	14	**8375·5**	352 41 07·2678	− 14 09·3062
31	**8330·5**	308 19 58·0771	− 14 05·0842	15	**8376·5**	353 40 15·4720	− 14 09·3924
Aug. 1	**8331·5**	309 19 06·2813	− 14 05·1344	16	**8377·5**	354 39 23·6762	− 14 09·5087
2	**8332·5**	310 18 14·4856	− 14 05·1715	17	**8378·5**	355 38 31·8805	− 14 09·6447
3	**8333·5**	311 17 22·6898	− 14 05·2095	18	**8379·5**	356 37 40·0847	− 14 09·7882
4	**8334·5**	312 16 30·8940	− 14 05·2641	19	**8380·5**	357 36 48·2890	− 14 09·9270
5	**8335·5**	313 15 39·0983	− 14 05·3505	20	**8381·5**	358 35 56·4932	− 14 10·0504
6	**8336·5**	314 14 47·3025	− 14 05·4800	21	**8382·5**	359 35 04·6974	− 14 10·1497
7	**8337·5**	315 13 55·5068	− 14 05·6563	22	**8383·5**	0 34 12·9017	− 14 10·2198
8	**8338·5**	316 13 03·7110	− 14 05·8718	23	**8384·5**	1 33 21·1059	− 14 10·2592
9	**8339·5**	317 12 11·9152	− 14 06·1064	24	**8385·5**	2 32 29·3101	− 14 10·2716
10	**8340·5**	318 11 20·1195	− 14 06·3309	25	**8386·5**	3 31 37·5144	− 14 10·2656
11	**8341·5**	319 10 28·3237	− 14 06·5161	26	**8387·5**	4 30 45·7186	− 14 10·2545
12	**8342·5**	320 09 36·5279	− 14 06·6442	27	**8388·5**	5 29 53·9228	− 14 10·2543
13	**8343·5**	321 08 44·7322	− 14 06·7155	28	**8389·5**	6 29 02·1271	− 14 10·2808
14	**8344·5**	322 07 52·9364	− 14 06·7471	29	**8390·5**	7 28 10·3313	− 14 10·3463
15	**8345·5**	323 07 01·1407	− 14 06·7643	30	**8391·5**	8 27 18·5356	− 14 10·4561
16	**8346·5**	324 06 09·3449	− 14 06·7910	Oct. 1	**8392·5**	9 26 26·7398	− 14 10·6064

$$\text{GHA} = \theta - \alpha_i, \qquad \alpha_i = \alpha_e + E_o$$

α_i, α_e are the right ascensions with respect to the CIO and the true equinox of date, respectively.

Date 0ʰ UT1	Julian Date	Earth Rotation Angle θ	Equation of Origins E_o	Date 0ʰ UT1	Julian Date	Earth Rotation Angle θ	Equation of Origins E_o
	245	° ′ ″	′ ″		245	° ′ ″	′ ″
Oct. 1	8392.5	9 26 26.7398	− 14 10.6064	Nov. 16	8438.5	54 46 44.1347	− 14 15.5760
2	8393.5	10 25 34.9440	− 14 10.7841	17	8439.5	55 45 52.3389	− 14 15.6632
3	8394.5	11 24 43.1483	− 14 10.9685	18	8440.5	56 45 00.5432	− 14 15.7271
4	8395.5	12 23 51.3525	− 14 11.1360	19	8441.5	57 44 08.7474	− 14 15.7774
5	8396.5	13 22 59.5567	− 14 11.2656	20	8442.5	58 43 16.9517	− 14 15.8281
6	8397.5	14 22 07.7610	− 14 11.3460	21	8443.5	59 42 25.1559	− 14 15.8964
7	8398.5	15 21 15.9652	− 14 11.3790	22	8444.5	60 41 33.3601	− 14 15.9994
8	8399.5	16 20 24.1695	− 14 11.3801	23	8445.5	61 40 41.5644	− 14 16.1501
9	8400.5	17 19 32.3737	− 14 11.3727	24	8446.5	62 39 49.7686	− 14 16.3517
10	8401.5	18 18 40.5779	− 14 11.3810	25	8447.5	63 38 57.9728	− 14 16.5946
11	8402.5	19 17 48.7822	− 14 11.4222	26	8448.5	64 38 06.1771	− 14 16.8575
12	8403.5	20 16 56.9864	− 14 11.5029	27	8449.5	65 37 14.3813	− 14 17.1126
13	8404.5	21 16 05.1906	− 14 11.6200	28	8450.5	66 36 22.5856	− 14 17.3349
14	8405.5	22 15 13.3949	− 14 11.7636	29	8451.5	67 35 30.7898	− 14 17.5091
15	8406.5	23 14 21.5991	− 14 11.9204	30	8452.5	68 34 38.9940	− 14 17.6334
16	8407.5	24 13 29.8034	− 14 12.0771	Dec. 1	8453.5	69 33 47.1983	− 14 17.7186
17	8408.5	25 12 38.0076	− 14 12.2218	2	8454.5	70 32 55.4025	− 14 17.7838
18	8409.5	26 11 46.2118	− 14 12.3451	3	8455.5	71 32 03.6067	− 14 17.8509
19	8410.5	27 10 54.4161	− 14 12.4410	4	8456.5	72 31 11.8110	− 14 17.9393
20	8411.5	28 10 02.6203	− 14 12.5071	5	8457.5	73 30 20.0152	− 14 18.0620
21	8412.5	29 09 10.8245	− 14 12.5456	6	8458.5	74 29 28.2194	− 14 18.2237
22	8413.5	30 08 19.0288	− 14 12.5632	7	8459.5	75 28 36.4237	− 14 18.4204
23	8414.5	31 07 27.2330	− 14 12.5719	8	8460.5	76 27 44.6279	− 14 18.6417
24	8415.5	32 06 35.4373	− 14 12.5873	9	8461.5	77 26 52.8322	− 14 18.8737
25	8416.5	33 05 43.6415	− 14 12.6268	10	8462.5	78 26 01.0364	− 14 19.1017
26	8417.5	34 04 51.8457	− 14 12.7054	11	8463.5	79 25 09.2406	− 14 19.3133
27	8418.5	35 04 00.0500	− 14 12.8312	12	8464.5	80 24 17.4449	− 14 19.4995
28	8419.5	36 03 08.2542	− 14 13.0024	13	8465.5	81 23 25.6491	− 14 19.6554
29	8420.5	37 02 16.4584	− 14 13.2060	14	8466.5	82 22 33.8533	− 14 19.7810
30	8421.5	38 01 24.6627	− 14 13.4208	15	8467.5	83 21 42.0576	− 14 19.8803
31	8422.5	39 00 32.8669	− 14 13.6225	16	8468.5	84 20 50.2618	− 14 19.9614
Nov. 1	8423.5	39 59 41.0711	− 14 13.7902	17	8469.5	85 19 58.4661	− 14 20.0363
2	8424.5	40 58 49.2754	− 14 13.9117	18	8470.5	86 19 06.6703	− 14 20.1202
3	8425.5	41 57 57.4796	− 14 13.9868	19	8471.5	87 18 14.8745	− 14 20.2299
4	8426.5	42 57 05.6839	− 14 14.0272	20	8472.5	88 17 23.0788	− 14 20.3807
5	8427.5	43 56 13.8881	− 14 14.0528	21	8473.5	89 16 31.2830	− 14 20.5821
6	8428.5	44 55 22.0923	− 14 14.0867	22	8474.5	90 15 39.4872	− 14 20.8323
7	8429.5	45 54 30.2966	− 14 14.1481	23	8475.5	91 14 47.6915	− 14 21.1154
8	8430.5	46 53 38.5008	− 14 14.2482	24	8476.5	92 13 55.8957	− 14 21.4035
9	8431.5	47 52 46.7050	− 14 14.3884	25	8477.5	93 13 04.1000	− 14 21.6654
10	8432.5	48 51 54.9093	− 14 14.5614	26	8478.5	94 12 12.3042	− 14 21.8778
11	8433.5	49 51 03.1135	− 14 14.7544	27	8479.5	95 11 20.5084	− 14 22.0331
12	8434.5	50 50 11.3178	− 14 14.9529	28	8480.5	96 10 28.7127	− 14 22.1399
13	8435.5	51 49 19.5220	− 14 15.1433	29	8481.5	97 09 36.9169	− 14 22.2183
14	8436.5	52 48 27.7262	− 14 15.3148	30	8482.5	98 08 45.1211	− 14 22.2919
15	8437.5	53 47 35.9305	− 14 15.4601	31	8483.5	99 07 53.3254	− 14 22.3815
16	8438.5	54 46 44.1347	− 14 15.5760	32	8484.5	100 07 01.5296	− 14 22.5011

$$GHA = \theta - \alpha_i, \qquad \alpha_i = \alpha_e + E_o$$

α_i, α_e are the right ascensions with respect to the CIO and the true equinox of date, respectively.

Purpose, explanation and arrangement

The formulae, tables and ephemerides in the remainder of this section are mainly intended to provide for the reduction of celestial coordinates (especially of right ascension, declination and hour angle) from one reference system to another; in particular from a position in the International Celestial Reference System (ICRS) to a geocentric apparent or intermediate position, but some of the data may be used for other purposes.

Formulae and numerical values are given for the separate steps in such reductions, i.e. for proper motion, parallax, light-deflection, aberration on pages B27–B29, and for frame bias, precession and nutation on pages B50–B56. Formulae are given for full precision reductions using vectors and rotation matrices on pages B48–B50. The examples given use **both** the long-standing equator and equinox of date system, as well as the Celestial Intermediate Reference System (equator and CIO of date) (see pages B66–B75). Finally, formulae and numerical values are given for the reduction from geocentric to topocentric place on pages B84–B86. Background information is given in the *Notes and References* and in the *Glossary*, while vector and matrix algebra, including the rotation matrices, is given on pages K18–K19.

Notation and units

The following is a list of some frequently used coordinate systems and their designations and include the practical consequences of adoption of the ICRS, IAU 2000 resolutions B1.6, B1.7 and B1.8, and IAU 2006 resolutions 1 and 2.

1. Barycentric Celestial Reference System (BCRS): a system of barycentric space-time coordinates for the solar system within the framework of General Relativity. For all practical applications, the BCRS is assumed to be oriented according to the ICRS axes, the directions of which are realized by the International Celestial Reference Frame. The ICRS is not identical to the system defined by the dynamical mean equator and equinox of J2000·0, although the difference in orientation is only about $0\rlap{.}{''}02$.

2. The Geocentric Celestial Reference System (GCRS): is a system of geocentric space-time coordinates within the framework of General Relativity. The directions of the GCRS axes are obtained from those of the BCRS (ICRS) by a relativistic transformation. Positions of stars obtained from ICRS reference data, corrected for proper motion, parallax, light-bending, and aberration (for a geocentric observer) are with respect to the GCRS. The same is true for planetary positions, although the corrections are somewhat different.

3. The J2000·0 dynamical reference system; mean equator and equinox of J2000·0; a geocentric system where the origin of right ascension is the intersection of the mean ecliptic and equator of J2000·0; the system in which the IAU 2000 precession-nutation is defined. For precise applications, a small rotation (frame bias, see page B50) should be made to GCRS positions before precession and nutation are applied. The J2000·0 system may also be barycentric, for example as the reference system for catalogues.

4. The mean system of date (*m*); mean equator and equinox of date.

5. The true system of date (*t*); true equator and equinox of date: a geocentric system of date, the pole of which is the celestial intermediate pole (CIP), with the origin of right ascension at the equinox on the true equator of date (intermediate equator). It is a system "between" the GCRS and the Terrestrial Intermediate Reference System that separates the components labelled precession-nutation and polar motion.

6. The Celestial Intermediate Reference System (*i*): the IAU recommended geocentric system of date, the pole of which is the celestial intermediate pole (CIP), with the origin of right ascension at the celestial intermediate origin (CIO) which is located on the intermediate equator (true equator of date). It is a system "between" (*intermediate*) the GCRS and the Terrestrial Intermediate Reference System that separates the components labelled precession-nutation and polar motion.

Notation and units (continued)

7. The Terrestrial Intermediate Reference System: a rotating geocentric system of date, the pole of which is the celestial intermediate pole (CIP), with the origin of longitude at the terrestrial intermediate origin (TIO), which is located on the intermediate equator (true equator of date). The plane containing the geocentre, the CIP, and TIO is the fundamental plane of this system and is called the TIO meridian and corresponds to the astronomical zero meridian.

8. The International Terrestrial Reference System (ITRS): a geodetic system realized by the International Terrestrial Reference Frame (ITRF2014), see page K11. The CIP and TIO of the Terrestrial Intermediate Reference System differ from the geodetic pole and zero-longitude point on the geodetic equator by the effects of polar motion (page B84).

Summary

No.	System	Equator/Pole	Origin on the Equator	Epoch
1	BCRS (ICRS)	ICRS equator and pole	ICRS (RA)	—
2	GCRS	ICRS (see 2 above)	ICRS (RA)	—
3	J2000·0	mean equator	mean equinox (RA)	J2000·0
4	Mean (*m*)	mean equator	mean equinox (RA)	date
5	True (*t*)	equator/CIP	true equinox (RA)	date
6	Intermediate (*i*)	equator/CIP	CIO (RA)	date
7	Terrestrial	equator/CIP	TIO (GHA)	date
8	ITRS	geodetic equator/pole	longitude (λ_{ITRS})	date

- The true equator of date, the intermediate equator, the instantaneous equator are all terms for the plane orthogonal to the direction of the CIP, which in this volume will be referred to as the "equator of date". Declinations, apparent or intermediate, derived using either equinox-based or CIO-based methods, respectively, are identical.

- The origin of the right ascension system may be one of five different locations (ICRS origin, J2000·0, mean equinox, true equinox, or the CIO). The notation will make it clear which is being referred to when necessary.

- The celestial intermediate origin (CIO) is the chosen origin of the Celestial Intermediate Reference System. It has no instantaneous motion along the equator as the equator's orientation in space changes, and is therefore referred to as a "non-rotating" origin. The CIO makes the relationship between UT1 and Earth rotation a simple linear function (see page B8). Right ascensions measured from this origin are called intermediate right ascensions or CIO right ascensions.

- The only difference between apparent and intermediate right ascensions is the position of the origin on the equator. When using the equator and equinox of date system, right ascension is measured from the equinox and is called apparent right ascension. When using the Celestial Intermediate Reference System, right ascension is measured from the CIO, and is called intermediate right ascension.

- Apparent right ascension is subtracted from Greenwich apparent sidereal time to give hour angle (GHA).

- Intermediate right ascension is subtracted from Earth rotation angle to give hour angle (GHA).

Matrices

$\mathbf{R}_1, \mathbf{R}_2, \mathbf{R}_3$ rotation matrices $\mathbf{R}_n(\phi)$, $n = 1, 2, 3$, where the original system is rotated about its x, y, or z-axis by the angle ϕ, counterclockwise as viewed from the $+x$, $+y$ or $+z$ direction, respectively (see page K19 for information on matrices).

$\mathcal{R}_\Sigma$ Matrix transformation of the GCRS to the equator and GCRS origin of date. An intermediary matrix which locates and relates origins, see pages B9 and B49.

Notation and units (continued)

Matrices for Equinox-Based Techniques

B Bias matrix: transformation of the GCRS to J2000·0 system, mean equator and equinox of J2000·0, see page B50.

P Precession matrix: transformation of the J2000·0 system to the mean equator and equinox of date, see page B51.

N Nutation matrix: transformation of the mean equator and equinox of date to equator and equinox of date, see page B55.

M = NPB Celestial to equator and equinox of date matrix: transformation of the GCRS to the true equator and equinox of date, see page B50.

$\mathbf{R}_3$(GAST) Earth rotation matrix: transformation of the true equator and equinox of date to the Terrestrial Intermediate Reference System (origin is the TIO).

Matrices for CIO-Based Techniques

C Celestial to Intermediate matrix: transformation of the GCRS to the Celestial Intermediate Reference System (equator and CIO of date). **C** includes frame bias and precession-nutation, see page B49.

$\mathbf{R}_3(\theta)$ Earth rotation matrix: transformation of the Celestial Intermediate Reference System to the Terrestrial Intermediate Reference System (origin is the TIO).

Other terms

t an epoch expressed in terms of the Julian year; (see page B3); the difference between two epochs represents a time-interval expressed in Julian years; subscripts zero and one are used to indicate the epoch of a catalogue place, usually the standard epoch of J2000·0, and the epoch of the middle of a Julian year (here shortened to "epoch of year"), respectively.

T an interval of time expressed in Julian centuries of 36 525 days; usually measured from J2000·0, i.e. from JD 245 1545·0 TT.

$\mathbf{r}_m, \mathbf{r}_t, \mathbf{r}_i$ column position vectors (see page K18), with respect to mean equinox, true equinox, and celestial intermediate system, respectively.

α, δ, π right ascension, declination and annual parallax; in the formulae for computation, right ascension and related quantities are expressed in time-measure ($1^h = 15°$, etc.), while declination and related quantities, including annual parallax, are expressed in angular measure, unless the contrary is indicated.

α_e, α_i equinox and intermediate right ascensions, respectively; α_e is measured from the equinox, while α_i is measured from the CIO.

μ_α, μ_δ components of proper motion in right ascension and declination. **Check the units.** Modern catalogues usually include the $\cos \delta$ factor in μ_α, translating the rate of change of right ascension to great circle units comparable to those of μ_δ.

λ, β ecliptic longitude and latitude.

Ω, i, ω orbital elements referred to the ecliptic; longitude of ascending node, inclination, argument of perihelion.

X, Y, Z rectangular coordinates of the Earth with respect to the barycentre of the solar system, referred to the ICRS and expressed in astronomical units (au).

$\dot{X}, \dot{Y}, \dot{Z}$ first derivatives of X, Y, Z with respect to time expressed in TDB days.

Approximate reduction for proper motion

In its simplest form the reduction for the proper motion is given by:

$$\alpha = \alpha_0 + (t - t_0)\mu_\alpha \qquad \text{or} \qquad \alpha = \alpha_0 + (t - t_0)\mu_\alpha / \cos \delta$$
$$\delta = \delta_0 + (t - t_0)\mu_\delta$$

where the rate of the proper motions are per year. In some cases it is necessary to allow also for second-order terms, radial velocity and orbital motion, but appropriate formulae are usually given in the catalogue (see page B72).

Approximate reduction for annual parallax

The reduction for annual parallax from the catalogue place (α_0, δ_0) to the geocentric place (α, δ) is given by:

$$\alpha = \alpha_0 + (\pi/15 \cos \delta_0)(X \sin \alpha_0 - Y \cos \alpha_0)$$
$$\delta = \delta_0 + \pi(X \cos \alpha_0 \sin \delta_0 + Y \sin \alpha_0 \sin \delta_0 - Z \cos \delta_0)$$

where X, Y, Z are the coordinates of the Earth tabulated on pages B76-B83. Expressions for X, Y, Z may be obtained from page C5, since $X = -x, Y = -y, Z = -z$.

The times of reception of periodic phenomena, such as pulsar signals, may be reduced to a common origin at the barycentre by adding the light-time corresponding to the component of the Earth's position vector along the direction to the object; that is by adding to the observed times $(X \cos \alpha \cos \delta + Y \sin \alpha \cos \delta + Z \sin \delta)/c$, where the velocity of light, $c = 173 \cdot 14$ au/d, and the light time for 1 au, $1/c = 0^{\text{d}} 005\ 7755$.

Approximate reduction for light-deflection

The apparent direction of a star or a body in the solar system may be significantly affected by the deflection of light in the gravitational field of the Sun. The elongation (E) from the centre of the Sun is increased by an amount (ΔE) that, for a star, depends on the elongation in the following manner:

$$\Delta E = 0''004\ 07/\tan (E/2)$$

E	$0°25$	$0°5$	$1°$	$2°$	$5°$	$10°$	$20°$	$50°$	$90°$
ΔE	$1''866$	$0''933$	$0''466$	$0''233$	$0''093$	$0''047$	$0''023$	$0''009$	$0''004$

The body disappears behind the Sun when E is less than the limiting grazing value of about $0°25$. The effects in right ascension and declination may be calculated approximately from:

$$\cos E = \sin \delta \sin \delta_0 + \cos \delta \cos \delta_0 \cos (\alpha - \alpha_0)$$
$$\Delta\alpha = 0^{\text{s}}000\ 271 \cos \delta_0 \sin (\alpha - \alpha_0)/(1 - \cos E) \cos \delta$$
$$\Delta\delta = 0''004\ 07[\sin \delta \cos \delta_0 \cos (\alpha - \alpha_0) - \cos \delta \sin \delta_0]/(1 - \cos E)$$

where α, δ refer to the star, and α_0, δ_0 to the Sun. See also page B67 *Step 3*.

Approximate reduction for annual aberration

The reduction for annual aberration from a geometric geocentric place (α_0, δ_0) to an apparent geocentric place (α, δ) is given by:

$$\alpha = \alpha_0 + (-\dot{X} \sin \alpha_0 + \dot{Y} \cos \alpha_0)/(c \cos \delta_0)$$
$$\delta = \delta_0 + (-\dot{X} \cos \alpha_0 \sin \delta_0 - \dot{Y} \sin \alpha_0 \sin \delta_0 + \dot{Z} \cos \delta_0)/c$$

where $c = 173 \cdot 14$ au/d, and $\dot{X}, \dot{Y}, \dot{Z}$ are the velocity components of the Earth given on pages B76-B83. Alternatively, but to lower precision, it is possible to use the expressions

$$\dot{X} = +0 \cdot 0172 \sin \lambda \qquad \dot{Y} = -0 \cdot 0158 \cos \lambda \qquad \dot{Z} = -0 \cdot 0068 \cos \lambda$$

where the apparent longitude of the Sun, λ, is given by the expression on page C5. The reduction may also be carried out by using the vector-matrix technique (see page B67 *Step 4*) when full precision is required.

Measurements of radial velocity may be reduced to a common origin at the barycentre by adding the component of the Earth's velocity in the direction of the object; that is by adding

$$\dot{X} \cos \alpha_0 \cos \delta_0 + \dot{Y} \sin \alpha_0 \cos \delta_0 + \dot{Z} \sin \delta_0$$

Traditional reduction for planetary aberration

In the case of a body in the solar system, the apparent direction at the instant of observation (t) differs from the geometric direction at that instant because of (a) the motion of the body during the light-time and (b) the motion of the Earth relative to the reference system in which light propagation is computed. The reduction may be carried out in two stages: (i) by combining the barycentric position of the body at time $t - \Delta t$, where Δt is the light-time, with the barycentric position of the Earth at time t, and then (ii) by applying the correction for annual aberration as described above. Alternatively, it is possible to interpolate the geometric (geocentric) ephemeris of the body to the time $t - \Delta t$; it is usually sufficient to subtract the product of the light-time and the first derivative of the coordinate. The light-time Δt in days is given by the distance in au between the body and the Earth, multiplied by 0·005 7755; strictly, the light-time corresponds to the distance from the position of the Earth at time t to the position of the body at time $t - \Delta t$ (i.e. some iteration is required), but it is usually sufficient to use the geocentric distance at time t.

Differential aberration

The corrections for differential annual aberration to be added to the observed differences (in the sense moving object minus star) of right ascension and declination to give the true differences are:

in right ascension $a\,\Delta\alpha + b\,\Delta\delta$ in units of 0^s001

in declination $c\,\Delta\alpha + d\,\Delta\delta$ in units of $0''01$

where $\Delta\alpha$, $\Delta\delta$ are the observed differences in units of 1^m and $1'$ respectively, and where a, b, c, d are coefficients defined by:

$$a = -5{\cdot}701 \cos(H + \alpha) \sec\delta \qquad b = -0{\cdot}380 \sin(H + \alpha) \sec\delta \tan\delta$$
$$c = +8{\cdot}552 \sin(H + \alpha) \sin\delta \qquad d = -0{\cdot}570 \cos(H + \alpha) \cos\delta$$
$$H^h = 23{\cdot}4 - (\text{day of year}/15{\cdot}2)$$

The day of year is tabulated on pages B4–B5.

GCRS positions

For objects with reference data (catalogue coordinates or ephemerides) expressed in the ICRS, the application of corrections for proper motion and parallax (for stars), light-time (for solar system objects), light-deflection, and annual aberration results in a position referred to the GCRS, which is sometimes called the *proper place*.

Astrometric positions

An astrometric place is the direction of a solar system body formed by applying the correction for the barycentric motion of this body during the light time to the geometric geocentric position referred to the ICRS. Such a position is then directly comparable with the astrometric position of a star formed by applying the corrections for proper motion and annual parallax to the ICRS (or J2000) catalog direction. The gravitational deflection of light is ignored since it will generally be similar (although not identical) for the solar system body and background stars. For high-accuracy applications, gravitational light-deflection effects need to be considered, and the adopted policy declared.

MATRIX ELEMENTS FOR CONVERSION FROM
GCRS TO EQUATOR AND EQUINOX OF DATE
FOR 0^h TERRESTRIAL TIME

Date 0^h TT	$M_{1,1}-1$	$M_{1,2}$	$M_{1,3}$	$M_{2,1}$	$M_{2,2}-1$	$M_{2,3}$	$M_{3,1}$	$M_{3,2}$	$M_{3,3}-1$
Jan. 0	−93796	−3972 4263	−1725 9793	+3972 4879	−78909	+32 2519	+1725 8375	−39 1080	−14900
1	−93857	−3973 7072	−1726 5351	+3973 7689	−78960	+32 3152	+1726 3931	−39 1757	−14910
2	−93922	−3975 0902	−1727 1353	+3975 1518	−79015	+32 2590	+1726 9934	−39 1244	−14920
3	−93985	−3976 4151	−1727 7102	+3976 4764	−79067	+32 0757	+1727 5690	−38 9456	−14930
4	−94038	−3977 5405	−1728 1987	+3977 6014	−79112	+31 7989	+1728 0585	−38 6727	−14938
5	−94078	−3978 3958	−1728 5700	+3978 4562	−79146	+31 4886	+1728 4311	−38 3653	−14945
6	−94107	−3978 9947	−1728 8302	+3979 0546	−79170	+31 2062	+1728 6924	−38 0850	−14949
7	−94126	−3979 4124	−1729 0119	+3979 4720	−79186	+30 9950	+1728 8749	−37 8753	−14952
8	−94142	−3979 7487	−1729 1583	+3979 8080	−79199	+30 8728	+1729 0217	−37 7542	−14955
9	−94159	−3980 0971	−1729 3099	+3980 1564	−79213	+30 8346	+1729 1735	−37 7173	−14957
10	−94179	−3980 5281	−1729 4973	+3980 5874	−79230	+30 8607	+1729 3608	−37 7448	−14961
11	−94206	−3981 0838	−1729 7388	+3981 1433	−79253	+30 9234	+1729 6020	−37 8095	−14965
12	−94238	−3981 7789	−1730 0407	+3981 8385	−79280	+30 9932	+1729 9036	−37 8817	−14970
13	−94278	−3982 6042	−1730 3991	+3982 6638	−79313	+31 0424	+1730 2617	−37 9337	−14976
14	−94321	−3983 5310	−1730 8014	+3983 5907	−79350	+31 0481	+1730 6640	−37 9426	−14983
15	−94368	−3984 5159	−1731 2290	+3984 5755	−79389	+30 9943	+1731 0918	−37 8922	−14991
16	−94415	−3985 5066	−1731 6591	+3985 5660	−79429	+30 8737	+1731 5223	−37 7751	−14998
17	−94460	−3986 4483	−1732 0679	+3986 5074	−79466	+30 6884	+1731 9318	−37 5930	−15005
18	−94500	−3987 2914	−1732 4340	+3987 3502	−79500	+30 4504	+1732 2988	−37 3580	−15011
19	−94533	−3987 9996	−1732 7415	+3988 0579	−79528	+30 1801	+1732 6074	−37 0901	−15017
20	−94560	−3988 5562	−1732 9834	+3988 6140	−79550	+29 9040	+1732 8503	−36 8159	−15021
21	−94579	−3988 9688	−1733 1629	+3989 0262	−79566	+29 6509	+1733 0308	−36 5643	−15024
22	−94593	−3989 2711	−1733 2945	+3989 3281	−79578	+29 4479	+1733 1632	−36 3623	−15026
23	−94605	−3989 5207	−1733 4033	+3989 5776	−79588	+29 3151	+1733 2726	−36 2304	−15028
24	−94618	−3989 7934	−1733 5221	+3989 8501	−79599	+29 2616	+1733 3916	−36 1778	−15030
25	−94636	−3990 1725	−1733 6870	+3990 2293	−79614	+29 2808	+1733 5564	−36 1984	−15033
26	−94663	−3990 7333	−1733 9307	+3990 7902	−79637	+29 3487	+1733 7998	−36 2682	−15037
27	−94700	−3991 5219	−1734 2732	+3991 5789	−79668	+29 4239	+1734 1419	−36 3461	−15043
28	−94748	−3992 5330	−1734 7121	+3992 5901	−79709	+29 4548	+1734 5807	−36 3805	−15050
29	−94803	−3993 6966	−1735 2171	+3993 7536	−79755	+29 3932	+1735 0859	−36 3230	−15059
30	−94860	−3994 8854	−1735 7330	+3994 9421	−79802	+29 2124	+1735 6025	−36 1462	−15068
31	−94910	−3995 9514	−1736 1958	+3996 0077	−79845	+28 9212	+1736 0663	−35 8587	−15076
Feb. 1	−94950	−3996 7801	−1736 5556	+3996 8357	−79878	+28 5644	+1736 4275	−35 5049	−15082
2	−94976	−3997 3322	−1736 7955	+3997 3873	−79900	+28 2061	+1736 6689	−35 1485	−15086
3	−94991	−3997 6506	−1736 9341	+3997 7051	−79912	+27 9051	+1736 8087	−34 8486	−15089
4	−95000	−3997 8316	−1737 0132	+3997 8857	−79920	+27 6963	+1736 8885	−34 6404	−15090
5	−95007	−3997 9845	−1737 0800	+3998 0384	−79926	+27 5858	+1736 9559	−34 5304	−15091
6	−95017	−3998 1994	−1737 1738	+3998 2533	−79934	+27 5570	+1737 0497	−34 5024	−15093
7	−95033	−3998 5328	−1737 3189	+3998 5868	−79948	+27 5804	+1737 1948	−34 5270	−15095
8	−95056	−3999 0072	−1737 5252	+3999 0613	−79967	+27 6233	+1737 4008	−34 5715	−15099
9	−95085	−3999 6168	−1737 7900	+3999 6708	−79991	+27 6551	+1737 6655	−34 6055	−15103
10	−95119	−4000 3347	−1738 1018	+4000 3888	−80020	+27 6511	+1737 9773	−34 6039	−15109
11	−95156	−4001 1203	−1738 4429	+4001 1743	−80051	+27 5936	+1738 3186	−34 5492	−15115
12	−95194	−4001 9237	−1738 7918	+4001 9775	−80083	+27 4735	+1738 6679	−34 4318	−15121
13	−95231	−4002 6917	−1739 1253	+4002 7452	−80114	+27 2902	+1739 0022	−34 2512	−15127
14	−95263	−4003 3736	−1739 4215	+4003 4267	−80141	+27 0527	+1739 2993	−34 0161	−15132
15	−95290	−4003 9281	−1739 6625	+4003 9807	−80163	+26 7790	+1739 5413	−33 7443	−15136

$\mathbf{M} = \mathbf{NPB}$. Values are in units of 10^{-10}. Matrix used with GAST (B13–B20). CIP is $\mathcal{X} = M_{3,1}$, $\mathcal{Y} = M_{3,2}$.

MATRIX ELEMENTS FOR CONVERSION FROM
GCRS TO EQUATOR & CELESTIAL INTERMEDIATE ORIGIN OF DATE
FOR 0^h TERRESTRIAL TIME

Julian Date	$C_{1,1}-1$	$C_{1,2}$	$C_{1,3}$	$C_{2,1}$	$C_{2,2}-1$	$C_{2,3}$	$C_{3,1}$	$C_{3,2}$	$C_{3,3}-1$
245									
8118·5	− 14893	+ 67	− 1725 8375	+ 608	− 8	+ 39 1080	+ 1725 8375	− 39 1080	− 14900
8119·5	− 14902	+ 67	− 1726 3931	+ 610	− 8	+ 39 1757	+ 1726 3931	− 39 1757	− 14910
8120·5	− 14913	+ 67	− 1726 9934	+ 609	− 8	+ 39 1243	+ 1726 9934	− 39 1244	− 14920
8121·5	− 14922	+ 67	− 1727 5690	+ 606	− 8	+ 38 9456	+ 1727 5690	− 38 9456	− 14930
8122·5	− 14931	+ 67	− 1728 0585	+ 601	− 7	+ 38 6727	+ 1728 0585	− 38 6727	− 14938
8123·5	− 14937	+ 68	− 1728 4311	+ 596	− 7	+ 38 3653	+ 1728 4311	− 38 3653	− 14945
8124·5	− 14942	+ 68	− 1728 6924	+ 591	− 7	+ 38 0850	+ 1728 6924	− 38 0850	− 14949
8125·5	− 14945	+ 68	− 1728 8749	+ 587	− 7	+ 37 8753	+ 1728 8749	− 37 8753	− 14952
8126·5	− 14948	+ 68	− 1729 0217	+ 585	− 7	+ 37 7542	+ 1729 0217	− 37 7542	− 14955
8127·5	− 14950	+ 68	− 1729 1735	+ 584	− 7	+ 37 7172	+ 1729 1735	− 37 7173	− 14957
8128·5	− 14953	+ 68	− 1729 3608	+ 585	− 7	+ 37 7448	+ 1729 3608	− 37 7448	− 14961
8129·5	− 14958	+ 68	− 1729 6020	+ 586	− 7	+ 37 8094	+ 1729 6020	− 37 8095	− 14965
8130·5	− 14963	+ 68	− 1729 9036	+ 587	− 7	+ 37 8816	+ 1729 9036	− 37 8817	− 14970
8131·5	− 14969	+ 68	− 1730 2617	+ 588	− 7	+ 37 9336	+ 1730 2617	− 37 9337	− 14976
8132·5	− 14976	+ 68	− 1730 6640	+ 588	− 7	+ 37 9426	+ 1730 6640	− 37 9426	− 14983
8133·5	− 14983	+ 69	− 1731 0918	+ 587	− 7	+ 37 8922	+ 1731 0918	− 37 8922	− 14991
8134·5	− 14991	+ 69	− 1731 5223	+ 585	− 7	+ 37 7750	+ 1731 5223	− 37 7751	− 14998
8135·5	− 14998	+ 69	− 1731 9318	+ 582	− 7	+ 37 5930	+ 1731 9318	− 37 5930	− 15005
8136·5	− 15004	+ 69	− 1732 2988	+ 578	− 7	+ 37 3579	+ 1732 2988	− 37 3580	− 15011
8137·5	− 15010	+ 69	− 1732 6074	+ 573	− 7	+ 37 0901	+ 1732 6074	− 37 0901	− 15017
8138·5	− 15014	+ 69	− 1732 8503	+ 569	− 7	+ 36 8159	+ 1732 8503	− 36 8159	− 15021
8139·5	− 15017	+ 69	− 1733 0308	+ 564	− 7	+ 36 5643	+ 1733 0308	− 36 5643	− 15024
8140·5	− 15019	+ 69	− 1733 1632	+ 561	− 7	+ 36 3623	+ 1733 1632	− 36 3623	− 15026
8141·5	− 15021	+ 69	− 1733 2726	+ 559	− 7	+ 36 2303	+ 1733 2726	− 36 2304	− 15028
8142·5	− 15023	+ 69	− 1733 3916	+ 558	− 7	+ 36 1777	+ 1733 3916	− 36 1778	− 15030
8143·5	− 15026	+ 69	− 1733 5564	+ 558	− 7	+ 36 1983	+ 1733 5564	− 36 1984	− 15033
8144·5	− 15030	+ 70	− 1733 7998	+ 559	− 7	+ 36 2681	+ 1733 7998	− 36 2682	− 15037
8145·5	− 15036	+ 70	− 1734 1419	+ 561	− 7	+ 36 3460	+ 1734 1419	− 36 3461	− 15043
8146·5	− 15044	+ 70	− 1734 5807	+ 561	− 7	+ 36 3804	+ 1734 5807	− 36 3805	− 15050
8147·5	− 15053	+ 70	− 1735 0859	+ 560	− 7	+ 36 3229	+ 1735 0859	− 36 3230	− 15059
8148·5	− 15062	+ 70	− 1735 6025	+ 557	− 7	+ 36 1462	+ 1735 6025	− 36 1462	− 15068
8149·5	− 15070	+ 70	− 1736 0663	+ 552	− 6	+ 35 8587	+ 1736 0663	− 35 8587	− 15076
8150·5	− 15076	+ 71	− 1736 4275	+ 546	− 6	+ 35 5048	+ 1736 4275	− 35 5049	− 15082
8151·5	− 15080	+ 71	− 1736 6689	+ 540	− 6	+ 35 1485	+ 1736 6689	− 35 1485	− 15086
8152·5	− 15083	+ 71	− 1736 8087	+ 535	− 6	+ 34 8485	+ 1736 8087	− 34 8486	− 15089
8153·5	− 15084	+ 71	− 1736 8885	+ 531	− 6	+ 34 6403	+ 1736 8885	− 34 6404	− 15090
8154·5	− 15085	+ 71	− 1736 9559	+ 529	− 6	+ 34 5304	+ 1736 9559	− 34 5304	− 15091
8155·5	− 15087	+ 71	− 1737 0497	+ 529	− 6	+ 34 5023	+ 1737 0497	− 34 5024	− 15093
8156·5	− 15089	+ 71	− 1737 1948	+ 529	− 6	+ 34 5269	+ 1737 1948	− 34 5270	− 15095
8157·5	− 15093	+ 71	− 1737 4008	+ 530	− 6	+ 34 5715	+ 1737 4008	− 34 5715	− 15099
8158·5	− 15097	+ 71	− 1737 6655	+ 530	− 6	+ 34 6054	+ 1737 6655	− 34 6055	− 15103
8159·5	− 15103	+ 71	− 1737 9773	+ 530	− 6	+ 34 6039	+ 1737 9773	− 34 6039	− 15109
8160·5	− 15109	+ 71	− 1738 3186	+ 529	− 6	+ 34 5491	+ 1738 3186	− 34 5492	− 15115
8161·5	− 15115	+ 71	− 1738 6679	+ 527	− 6	+ 34 4318	+ 1738 6679	− 34 4318	− 15121
8162·5	− 15121	+ 71	− 1739 0022	+ 524	− 6	+ 34 2512	+ 1739 0022	− 34 2512	− 15127
8163·5	− 15126	+ 72	− 1739 2993	+ 520	− 6	+ 34 0161	+ 1739 2993	− 34 0161	− 15132
8164·5	− 15130	+ 72	− 1739 5413	+ 515	− 6	+ 33 7443	+ 1739 5413	− 33 7443	− 15136

Values are in units of 10^{-10}. Matrix used with ERA (B21–B24). CIP is $\mathcal{X} = C_{3,1}$, $\mathcal{Y} = C_{3,2}$

MATRIX ELEMENTS FOR CONVERSION FROM
GCRS TO EQUATOR AND EQUINOX OF DATE
FOR 0^h TERRESTRIAL TIME

Date 0^h TT	$M_{1,1}-1$	$M_{1,2}$	$M_{1,3}$	$M_{2,1}$	$M_{2,2}-1$	$M_{2,3}$	$M_{3,1}$	$M_{3,2}$	$M_{3,3}-1$
Feb. 15	−95290	−4003 9281	−1739 6625	+4003 9807	−80163	+26 7790	+1739 5413	−33 7443	−15136
16	−95309	−4004 3309	−1739 8377	+4004 3831	−80179	+26 4946	+1739 7177	−33 4614	−15139
17	−95321	−4004 5820	−1739 9472	+4004 6337	−80189	+26 2293	+1739 8282	−33 1969	−15141
18	−95327	−4004 7092	−1740 0029	+4004 7605	−80194	+26 0123	+1739 8847	−32 9803	−15141
19	−95330	−4004 7671	−1740 0285	+4004 8181	−80197	+25 8666	+1739 9110	−32 8348	−15142
20	−95333	−4004 8304	−1740 0566	+4004 8814	−80199	+25 8033	+1739 9393	−32 7718	−15142
21	−95340	−4004 9813	−1740 1226	+4005 0323	−80205	+25 8180	+1740 0052	−32 7870	−15143
22	−95355	−4005 2928	−1740 2582	+4005 3439	−80218	+25 8886	+1740 1406	−32 8587	−15146
23	−95379	−4005 8114	−1740 4836	+4005 8627	−80238	+25 9785	+1740 3656	−32 9503	−15150
24	−95414	−4006 5408	−1740 8004	+4006 5922	−80268	+26 0419	+1740 6821	−33 0163	−15155
25	−95457	−4007 4332	−1741 1878	+4007 4846	−80303	+26 0346	+1741 0695	−33 0121	−15162
26	−95502	−4008 3923	−1741 6042	+4008 4436	−80342	+25 9262	+1741 4863	−32 9070	−15169
27	−95545	−4009 2937	−1741 9955	+4009 3445	−80378	+25 7119	+1741 8785	−32 6959	−15176
28	−95580	−4010 0195	−1742 3108	+4010 0699	−80407	+25 4179	+1742 1949	−32 4045	−15181
Mar. 1	−95603	−4010 4985	−1742 5190	+4010 5483	−80426	+25 0957	+1742 4044	−32 0839	−15185
2	−95614	−4010 7305	−1742 6202	+4010 7798	−80435	+24 8051	+1742 5067	−31 7942	−15187
3	−95616	−4010 7828	−1742 6434	+4010 8317	−80437	+24 5947	+1742 5308	−31 5839	−15187
4	−95615	−4010 7611	−1742 6346	+4010 8099	−80436	+24 4871	+1742 5224	−31 4762	−15187
5	−95616	−4010 7715	−1742 6397	+4010 8203	−80437	+24 4770	+1742 5276	−31 4662	−15187
6	−95622	−4010 8922	−1742 6926	+4010 9410	−80442	+24 5387	+1742 5802	−31 5283	−15188
7	−95634	−4011 1619	−1742 8101	+4011 2109	−80452	+24 6366	+1742 6973	−31 6272	−15190
8	−95655	−4011 5832	−1742 9933	+4011 6324	−80469	+24 7358	+1742 8801	−31 7278	−15193
9	−95681	−4012 1315	−1743 2316	+4012 1808	−80491	+24 8069	+1743 1181	−31 8008	−15197
10	−95711	−4012 7655	−1743 5071	+4012 8149	−80517	+24 8294	+1743 3934	−31 8256	−15202
11	−95743	−4013 4352	−1743 7980	+4013 4845	−80544	+24 7919	+1743 6844	−31 7903	−15207
12	−95774	−4014 0875	−1744 0813	+4014 1367	−80570	+24 6919	+1743 9682	−31 6926	−15212
13	−95802	−4014 6719	−1744 3353	+4014 7209	−80593	+24 5359	+1744 2227	−31 5387	−15217
14	−95825	−4015 1450	−1744 5410	+4015 1936	−80612	+24 3391	+1744 4292	−31 3435	−15220
15	−95840	−4015 4769	−1744 6854	+4015 5251	−80625	+24 1242	+1744 5745	−31 1298	−15223
16	−95849	−4015 6584	−1744 7647	+4015 7062	−80633	+23 9202	+1744 6545	−30 9264	−15224
17	−95851	−4015 7072	−1744 7864	+4015 7547	−80635	+23 7580	+1744 6769	−30 7644	−15224
18	−95850	−4015 6709	−1744 7713	+4015 7183	−80633	+23 6649	+1744 6622	−30 6712	−15224
19	−95847	−4015 6233	−1744 7512	+4015 6707	−80631	+23 6577	+1744 6422	−30 6638	−15224
20	−95849	−4015 6513	−1744 7640	+4015 6989	−80632	+23 7362	+1744 6546	−30 7424	−15224
21	−95858	−4015 8358	−1744 8445	+4015 8836	−80640	+23 8808	+1744 7346	−30 8876	−15225
22	−95876	−4016 2297	−1745 0159	+4016 2778	−80656	+24 0546	+1744 9052	−31 0628	−15228
23	−95906	−4016 8408	−1745 2814	+4016 8891	−80680	+24 2113	+1745 1700	−31 2216	−15233
24	−95943	−4017 6256	−1745 6222	+4017 6741	−80712	+24 3063	+1745 5104	−31 3194	−15239
25	−95985	−4018 4961	−1746 0001	+4018 5447	−80747	+24 3086	+1745 8884	−31 3248	−15246
26	−96025	−4019 3400	−1746 3666	+4019 3884	−80781	+24 2101	+1746 2551	−31 2292	−15252
27	−96059	−4020 0484	−1746 6742	+4020 0965	−80809	+24 0289	+1746 5635	−31 0505	−15257
28	−96083	−4020 5457	−1746 8904	+4020 5934	−80829	+23 8059	+1746 7805	−30 8292	−15261
29	−96095	−4020 8114	−1747 0062	+4020 8588	−80840	+23 5939	+1746 8972	−30 6181	−15263
30	−96099	−4020 8854	−1747 0388	+4020 9325	−80843	+23 4425	+1746 9305	−30 4670	−15263
31	−96097	−4020 8537	−1747 0257	+4020 9007	−80841	+23 3842	+1746 9175	−30 4086	−15263
Apr. 1	−96096	−4020 8204	−1747 0119	+4020 8675	−80840	+23 4267	+1746 9035	−30 4509	−15263
2	−96098	−4020 8775	−1747 0372	+4020 9248	−80842	+23 5538	+1746 9283	−30 5782	−15263

$M = NPB$. Values are in units of 10^{-10}. Matrix used with GAST (B13–B20). CIP is $\mathcal{X} = M_{3,1}$, $\mathcal{Y} = M_{3,2}$.

MATRIX ELEMENTS FOR CONVERSION FROM
GCRS TO EQUATOR & CELESTIAL INTERMEDIATE ORIGIN OF DATE
FOR 0^h TERRESTRIAL TIME

Julian Date	$C_{1,1}-1$	$C_{1,2}$	$C_{1,3}$	$C_{2,1}$	$C_{2,2}-1$	$C_{2,3}$	$C_{3,1}$	$C_{3,2}$	$C_{3,3}-1$
245									
8164·5	− 15130	+ 72	− 1739 5413	+ 515	− 6	+ 33 7443	+ 1739 5413	− 33 7443	− 15136
8165·5	− 15133	+ 72	− 1739 7177	+ 510	− 6	+ 33 4613	+ 1739 7177	− 33 4614	− 15139
8166·5	− 15135	+ 72	− 1739 8282	+ 506	− 6	+ 33 1969	+ 1739 8282	− 33 1969	− 15141
8167·5	15136	+ 72	− 1739 8847	+ 502	− 5	+ 32 9803	+ 1739 8847	− 32 9803	− 15141
8168·5	− 15136	+ 72	− 1739 9110	+ 500	− 5	+ 32 8348	+ 1739 9110	− 32 8348	− 15142
8169·5	− 15137	+ 72	− 1739 9393	+ 498	− 5	+ 32 7718	+ 1739 9393	− 32 7718	− 15142
8170·5	− 15138	+ 72	− 1740 0052	+ 499	− 5	+ 32 7869	+ 1740 0052	− 32 7870	− 15143
8171·5	− 15140	+ 72	− 1740 1406	+ 500	− 5	+ 32 8587	+ 1740 1406	− 32 8587	− 15146
8172·5	− 15144	+ 72	− 1740 3656	+ 502	− 5	+ 32 9503	+ 1740 3656	− 32 9503	− 15150
8173·5	− 15150	+ 72	− 1740 6821	+ 503	− 5	+ 33 0163	+ 1740 6821	− 33 0163	− 15155
8174·5	− 15157	+ 72	− 1741 0695	+ 503	− 5	+ 33 0121	+ 1741 0695	− 33 0121	− 15162
8175·5	− 15164	+ 72	− 1741 4863	+ 501	− 5	+ 32 9070	+ 1741 4863	− 32 9070	− 15169
8176·5	− 15171	+ 72	− 1741 8785	+ 497	− 5	+ 32 6959	+ 1741 8785	− 32 6959	− 15176
8177·5	− 15176	+ 72	− 1742 1949	+ 492	− 5	+ 32 4044	+ 1742 1949	− 32 4045	− 15181
8178·5	− 15180	+ 73	− 1742 4044	+ 486	− 5	+ 32 0839	+ 1742 4044	− 32 0839	− 15185
8179·5	− 15182	+ 73	− 1742 5067	+ 481	− 5	+ 31 7941	+ 1742 5067	− 31 7942	− 15187
8180·5	− 15182	+ 73	− 1742 5308	+ 478	− 5	+ 31 5839	+ 1742 5308	− 31 5839	− 15187
8181·5	− 15182	+ 73	− 1742 5224	+ 476	− 5	+ 31 4762	+ 1742 5224	− 31 4762	− 15187
8182·5	− 15182	+ 73	− 1742 5276	+ 476	− 5	+ 31 4662	+ 1742 5276	− 31 4662	− 15187
8183·5	− 15183	+ 73	− 1742 5802	+ 477	− 5	+ 31 5282	+ 1742 5802	− 31 5283	− 15188
8184·5	− 15185	+ 73	− 1742 6973	+ 479	− 5	+ 31 6272	+ 1742 6973	− 31 6272	− 15190
8185·5	− 15188	+ 73	− 1742 8801	+ 480	− 5	+ 31 7278	+ 1742 8801	− 31 7278	− 15193
8186·5	− 15192	+ 73	− 1743 1181	+ 482	− 5	+ 31 8008	+ 1743 1181	− 31 8008	− 15197
8187·5	− 15197	+ 73	− 1743 3934	+ 482	− 5	+ 31 8255	+ 1743 3934	− 31 8256	− 15202
8188·5	− 15202	+ 73	− 1743 6844	+ 481	− 5	+ 31 7903	+ 1743 6844	− 31 7903	− 15207
8189·5	− 15207	+ 73	− 1743 9682	+ 480	− 5	+ 31 6926	+ 1743 9682	− 31 6926	− 15212
8190·5	− 15212	+ 73	− 1744 2227	+ 477	− 5	+ 31 5387	+ 1744 2227	− 31 5387	− 15217
8191·5	− 15215	+ 73	− 1744 4292	+ 474	− 5	+ 31 3435	+ 1744 4292	− 31 3435	− 15220
8192·5	− 15218	+ 73	− 1744 5745	+ 470	− 5	+ 31 1298	+ 1744 5745	− 31 1298	− 15223
8193·5	− 15219	+ 73	− 1744 6545	+ 466	− 5	+ 30 9264	+ 1744 6545	− 30 9264	− 15224
8194·5	− 15219	+ 73	− 1744 6769	+ 463	− 5	+ 30 7643	+ 1744 6769	− 30 7644	− 15224
8195·5	− 15219	+ 73	− 1744 6622	+ 462	− 5	+ 30 6712	+ 1744 6622	− 30 6712	− 15224
8196·5	− 15219	+ 73	− 1744 6422	+ 462	− 5	+ 30 6638	+ 1744 6422	− 30 6638	− 15224
8197·5	− 15219	+ 73	− 1744 6546	+ 463	− 5	+ 30 7424	+ 1744 6546	− 30 7424	− 15224
8198·5	− 15221	+ 73	− 1744 7346	+ 466	− 5	+ 30 8876	+ 1744 7346	− 30 8876	− 15225
8199·5	− 15223	+ 73	− 1744 9052	+ 469	− 5	+ 31 0628	+ 1744 9052	− 31 0628	− 15228
8200·5	− 15228	+ 73	− 1745 1700	+ 471	− 5	+ 31 2216	+ 1745 1700	− 31 2216	− 15233
8201·5	− 15234	+ 74	− 1745 5104	+ 473	− 5	+ 31 3193	+ 1745 5104	− 31 3194	− 15239
8202·5	− 15241	+ 74	− 1745 8884	+ 473	− 5	+ 31 3247	+ 1745 8884	− 31 3248	− 15246
8203·5	− 15247	+ 74	− 1746 2551	+ 472	− 5	+ 31 2292	+ 1746 2551	− 31 2292	− 15252
8204·5	− 15252	+ 74	− 1746 5635	+ 468	− 5	+ 31 0504	+ 1746 5635	− 31 0505	− 15257
8205·5	− 15256	+ 74	− 1746 7805	+ 465	− 5	+ 30 8292	+ 1746 7805	− 30 8292	− 15261
8206·5	− 15258	+ 74	− 1746 8972	+ 461	− 5	+ 30 6181	+ 1746 8972	− 30 6181	− 15263
8207·5	− 15259	+ 74	− 1746 9305	+ 458	− 5	+ 30 4669	+ 1746 9305	− 30 4670	− 15263
8208·5	− 15259	+ 74	− 1746 9175	+ 457	− 5	+ 30 4085	+ 1746 9175	− 30 4086	− 15263
8209·5	− 15258	+ 74	− 1746 9035	+ 458	− 5	+ 30 4509	+ 1746 9035	− 30 4509	− 15263
8210·5	− 15259	+ 74	− 1746 9283	+ 460	− 5	+ 30 5782	+ 1746 9283	− 30 5782	− 15263

Values are in units of 10^{-10}. Matrix used with ERA (B21–B24). CIP is $\mathcal{X} = C_{3,1}$, $\mathcal{Y} = C_{3,2}$

MATRIX ELEMENTS FOR CONVERSION FROM
GCRS TO EQUATOR AND EQUINOX OF DATE
FOR 0^h TERRESTRIAL TIME

Date 0^h TT	$M_{1,1}-1$	$M_{1,2}$	$M_{1,3}$	$M_{2,1}$	$M_{2,2}-1$	$M_{2,3}$	$M_{3,1}$	$M_{3,2}$	$M_{3,3}-1$
Apr. 1	−96096	−4020 8204	−1747 0119	+4020 8675	−80840	+23 4267	+1746 9035	−30 4509	−15263
2	−96098	−4020 8775	−1747 0372	+4020 9248	−80842	+23 5538	+1746 9283	−30 5782	−15263
3	−96108	−4021 0836	−1747 1271	+4021 1312	−80851	+23 7335	+1747 0175	−30 7587	−15265
4	−96126	−4021 4574	−1747 2897	+4021 5053	−80866	+23 9284	+1747 1794	−30 9549	−15268
5	−96151	−4021 9827	−1747 5180	+4022 0310	−80887	+24 1042	+1747 4070	−31 1325	−15272
6	−96182	−4022 6196	−1747 7947	+4022 6681	−80913	+24 2352	+1747 6831	−31 2658	−15277
7	−96215	−4023 3157	−1748 0971	+4023 3643	−80941	+24 3063	+1747 9851	−31 3393	−15282
8	−96248	−4024 0151	−1748 4009	+4024 0638	−80969	+24 3126	+1748 2889	−31 3480	−15287
9	−96280	−4024 6653	−1748 6833	+4024 7138	−80995	+24 2585	+1748 5715	−31 2962	−15292
10	−96306	−4025 2210	−1748 9248	+4025 2694	−81017	+24 1571	+1748 8134	−31 1967	−15297
11	−96327	−4025 6494	−1749 1111	+4025 6976	−81034	+24 0284	+1749 0002	−31 0696	−15300
12	−96340	−4025 9345	−1749 2353	+4025 9824	−81046	+23 8989	+1749 1249	−30 9410	−15302
13	−96347	−4026 0835	−1749 3005	+4026 1313	−81052	+23 7986	+1749 1905	−30 8413	−15303
14	−96350	−4026 1321	−1749 3221	+4026 1798	−81054	+23 7573	+1749 2123	−30 8002	−15303
15	−96350	−4026 1453	−1749 3284	+4026 1931	−81054	+23 7980	+1749 2184	−30 8409	−15304
16	−96354	−4026 2111	−1749 3575	+4026 2591	−81057	+23 9288	+1749 2470	−30 9719	−15304
17	−96364	−4026 4220	−1749 4495	+4026 4703	−81066	+24 1375	+1749 3382	−31 1814	−15306
18	−96384	−4026 8490	−1749 6353	+4026 8979	−81083	+24 3897	+1749 5229	−31 4351	−15309
19	−96416	−4027 5163	−1749 9251	+4027 5655	−81110	+24 6362	+1749 8117	−31 6839	−15314
20	−96458	−4028 3870	−1750 3032	+4028 4367	−81145	+24 8257	+1750 1890	−31 8765	−15321
21	−96505	−4029 3709	−1750 7303	+4029 4208	−81185	+24 9212	+1750 6157	−31 9754	−15328
22	−96552	−4030 3491	−1751 1549	+4030 3989	−81224	+24 9106	+1751 0403	−31 9682	−15336
23	−96593	−4031 2075	−1751 5276	+4031 2571	−81259	+24 8097	+1751 4134	−31 8703	−15342
24	−96624	−4031 8672	−1751 8142	+4031 9166	−81285	+24 6571	+1751 7005	−31 7200	−15347
25	−96645	−4032 3020	−1752 0033	+4032 3511	−81303	+24 5025	+1751 8902	−31 5669	−15351
26	−96657	−4032 5409	−1752 1074	+4032 5899	−81312	+24 3939	+1751 9948	−31 4592	−15352
27	−96662	−4032 6566	−1752 1581	+4032 7055	−81317	+24 3659	+1752 0456	−31 4316	−15353
28	−96667	−4032 7440	−1752 1966	+4032 7930	−81320	+24 4326	+1752 0838	−31 4986	−15354
29	−96674	−4032 8960	−1752 2631	+4032 9453	−81327	+24 5864	+1752 1497	−31 6529	−15355
30	−96688	−4033 1825	−1752 3879	+4033 2321	−81338	+24 8020	+1752 2736	−31 8695	−15357
May 1	−96709	−4033 6382	−1752 5860	+4033 6882	−81357	+25 0444	+1752 4707	−32 1136	−15361
2	−96739	−4034 2609	−1752 8566	+4034 3114	−81382	+25 2776	+1752 7403	−32 3490	−15366
3	−96776	−4035 0184	−1753 1855	+4035 0693	−81412	+25 4715	+1753 0685	−32 5455	−15372
4	−96816	−4035 8595	−1753 5508	+4035 9106	−81446	+25 6058	+1753 4331	−32 6827	−15378
5	−96858	−4036 7255	−1753 9267	+4036 7767	−81481	+25 6718	+1753 8088	−32 7518	−15385
6	−96898	−4037 5591	−1754 2887	+4037 6104	−81515	+25 6716	+1754 1708	−32 7545	−15391
7	−96934	−4038 3115	−1754 6154	+4038 3626	−81545	+25 6161	+1754 4977	−32 7016	−15397
8	−96964	−4038 9462	−1754 8912	+4038 9973	−81571	+25 5238	+1754 7738	−32 6116	−15401
9	−96988	−4039 4434	−1755 1073	+4039 4942	−81591	+25 4189	+1754 9903	−32 5084	−15405
10	−97005	−4039 8029	−1755 2637	+4039 8536	−81606	+25 3294	+1755 1471	−32 4201	−15408
11	−97017	−4040 0491	−1755 3710	+4040 0997	−81616	+25 2842	+1755 2546	−32 3758	−15410
12	−97026	−4040 2336	−1755 4516	+4040 2843	−81623	+25 3089	+1755 3351	−32 4012	−15411
13	−97036	−4040 4346	−1755 5394	+4040 4855	−81631	+25 4196	+1755 4223	−32 5126	−15413
14	−97051	−4040 7467	−1755 6752	+4040 7979	−81644	+25 6148	+1755 5574	−32 7089	−15415
15	−97075	−4041 2592	−1755 8980	+4041 3108	−81665	+25 8702	+1755 7791	−32 9661	−15419
16	−97112	−4042 0256	−1756 2308	+4042 0778	−81696	+26 1397	+1756 1108	−33 2383	−15425
17	−97161	−4043 0363	−1756 6695	+4043 0888	−81737	+26 3660	+1756 5486	−33 4681	−15433

$M = NPB$. Values are in units of 10^{-10}. Matrix used with GAST (B13–B20). CIP is $\mathcal{X} = M_{3,1}$, $\mathcal{Y} = M_{3,2}$.

MATRIX ELEMENTS FOR CONVERSION FROM
GCRS TO EQUATOR & CELESTIAL INTERMEDIATE ORIGIN OF DATE
FOR 0^h TERRESTRIAL TIME

Julian Date	$C_{1,1}-1$	$C_{1,2}$	$C_{1,3}$	$C_{2,1}$	$C_{2,2}-1$	$C_{2,3}$	$C_{3,1}$	$C_{3,2}$	$C_{3,3}-1$
245									
8209·5	− 15258	+ 74	− 1746 9035	+ 458	− 5	+ 30 4509	+ 1746 9035	− 30 4509	− 15263
8210·5	− 15259	+ 74	− 1746 9283	+ 460	− 5	+ 30 5782	+ 1746 9283	− 30 5782	− 15263
8211·5	− 15260	+ 74	− 1747 0175	+ 463	− 5	+ 30 7587	+ 1747 0175	− 30 7587	− 15265
8212·5	− 15263	+ 74	− 1747 1794	+ 467	− 5	+ 30 9549	+ 1747 1794	− 30 9549	− 15268
8213·5	− 15267	+ 74	− 1747 4070	+ 470	− 5	+ 31 1325	+ 1747 4070	− 31 1325	− 15272
8214·5	− 15272	+ 74	− 1747 6831	+ 472	− 5	+ 31 2657	+ 1747 6831	− 31 2658	− 15277
8215·5	− 15277	+ 74	− 1747 9851	+ 474	− 5	+ 31 3393	+ 1747 9851	− 31 3393	− 15282
8216·5	− 15283	+ 74	− 1748 2889	+ 474	− 5	+ 31 3480	+ 1748 2889	− 31 3480	− 15287
8217·5	− 15288	+ 74	− 1748 5715	+ 473	− 5	+ 31 2962	+ 1748 5715	− 31 2962	− 15292
8218·5	− 15292	+ 75	− 1748 8134	+ 471	− 5	+ 31 1967	+ 1748 8134	− 31 1967	− 15297
8219·5	− 15295	+ 75	− 1749 0002	+ 469	− 5	+ 31 0695	+ 1749 0002	− 31 0696	− 15300
8220·5	− 15297	+ 75	− 1749 1249	+ 467	− 5	+ 30 9410	+ 1749 1249	− 30 9410	− 15302
8221·5	− 15298	+ 75	− 1749 1905	+ 465	− 5	+ 30 8413	+ 1749 1905	− 30 8413	− 15303
8222·5	− 15299	+ 75	− 1749 2123	+ 464	− 5	+ 30 8002	+ 1749 2123	− 30 8002	− 15303
8223·5	− 15299	+ 75	− 1749 2184	+ 465	− 5	+ 30 8408	+ 1749 2184	− 30 8409	− 15304
8224·5	− 15299	+ 75	− 1749 2470	+ 467	− 5	+ 30 9719	+ 1749 2470	− 30 9719	− 15304
8225·5	− 15301	+ 75	− 1749 3382	+ 471	− 5	+ 31 1813	+ 1749 3382	− 31 1814	− 15306
8226·5	− 15304	+ 75	− 1749 5229	+ 475	− 5	+ 31 4351	+ 1749 5229	− 31 4351	− 15309
8227·5	− 15309	+ 75	− 1749 8117	+ 480	− 5	+ 31 6838	+ 1749 8117	− 31 6839	− 15314
8228·5	− 15316	+ 75	− 1750 1890	+ 483	− 5	+ 31 8764	+ 1750 1890	− 31 8765	− 15321
8229·5	− 15323	+ 75	− 1750 6157	+ 485	− 5	+ 31 9754	+ 1750 6157	− 31 9754	− 15328
8230·5	− 15331	+ 75	− 1751 0403	+ 485	− 5	+ 31 9682	+ 1751 0403	− 31 9682	− 15336
8231·5	− 15337	+ 75	− 1751 4134	+ 483	− 5	+ 31 8703	+ 1751 4134	− 31 8703	− 15342
8232·5	− 15342	+ 75	− 1751 7005	+ 480	− 5	+ 31 7200	+ 1751 7005	− 31 7200	− 15347
8233·5	− 15346	+ 76	− 1751 8902	+ 477	− 5	+ 31 5669	+ 1751 8902	− 31 5669	− 15351
8234·5	− 15347	+ 76	− 1751 9948	+ 476	− 5	+ 31 4592	+ 1751 9948	− 31 4592	− 15352
8235·5	− 15348	+ 76	− 1752 0456	+ 475	− 5	+ 31 4316	+ 1752 0456	− 31 4316	− 15353
8236·5	− 15349	+ 76	− 1752 0838	+ 476	− 5	+ 31 4986	+ 1752 0838	− 31 4986	− 15354
8237·5	− 15350	+ 76	− 1752 1497	+ 479	− 5	+ 31 6529	+ 1752 1497	− 31 6529	− 15355
8238·5	− 15352	+ 76	− 1752 2736	+ 483	− 5	+ 31 8695	+ 1752 2736	− 31 8695	− 15357
8239·5	− 15356	+ 76	− 1752 4707	+ 487	− 5	+ 32 1135	+ 1752 4707	− 32 1136	− 15361
8240·5	− 15361	+ 76	− 1752 7403	+ 491	− 5	+ 32 3489	+ 1752 7403	− 32 3490	− 15366
8241·5	− 15366	+ 76	− 1753 0685	+ 495	− 5	+ 32 5454	+ 1753 0685	− 32 5455	− 15372
8242·5	− 15373	+ 76	− 1753 4331	+ 497	− 5	+ 32 6827	+ 1753 4331	− 32 6827	− 15378
8243·5	− 15379	+ 76	− 1753 8088	+ 498	− 5	+ 32 7518	+ 1753 8088	− 32 7518	− 15385
8244·5	− 15386	+ 76	− 1754 1708	+ 498	− 5	+ 32 7544	+ 1754 1708	− 32 7545	− 15391
8245·5	− 15391	+ 76	− 1754 4977	+ 497	− 5	+ 32 7016	+ 1754 4977	− 32 7016	− 15397
8246·5	− 15396	+ 76	− 1754 7738	+ 496	− 5	+ 32 6116	+ 1754 7738	− 32 6116	− 15401
8247·5	− 15400	+ 77	− 1754 9903	+ 494	− 5	+ 32 5084	+ 1754 9903	− 32 5084	− 15405
8248·5	− 15403	+ 77	− 1755 1471	+ 492	− 5	+ 32 4201	+ 1755 1471	− 32 4201	− 15408
8249·5	− 15405	+ 77	− 1755 2546	+ 492	− 5	+ 32 3758	+ 1755 2546	− 32 3758	− 15410
8250·5	− 15406	+ 77	− 1755 3351	+ 492	− 5	+ 32 4012	+ 1755 3351	− 32 4012	− 15411
8251·5	− 15408	+ 77	− 1755 4223	+ 494	− 5	+ 32 5126	+ 1755 4223	− 32 5126	− 15413
8252·5	− 15410	+ 77	− 1755 5574	+ 498	− 5	+ 32 7088	+ 1755 5574	− 32 7089	− 15415
8253·5	− 15414	+ 77	− 1755 7791	+ 502	− 5	+ 32 9660	+ 1755 7791	− 32 9661	− 15419
8254·5	− 15420	+ 77	− 1756 1108	+ 507	− 6	+ 33 2382	+ 1756 1108	− 33 2383	− 15425
8255·5	− 15427	+ 77	− 1756 5486	+ 511	− 6	+ 33 4681	+ 1756 5486	− 33 4681	− 15433

Values are in units of 10^{-10}. Matrix used with ERA (B21–B24). CIP is $\mathcal{X} = C_{3,1}$, $\mathcal{Y} = C_{3,2}$

FRAME BIAS, PRECESSION AND NUTATION, 2018

MATRIX ELEMENTS FOR CONVERSION FROM
GCRS TO EQUATOR AND EQUINOX OF DATE
FOR 0^h TERRESTRIAL TIME

Date 0^h TT	$M_{1,1}-1$	$M_{1,2}$	$M_{1,3}$	$M_{2,1}$	$M_{2,2}-1$	$M_{2,3}$	$M_{3,1}$	$M_{3,2}$	$M_{3,3}-1$
May 17	−97161	−4043 0363	−1756 6695	+4043 0888	−81737	+26 3660	+1756 5486	−33 4681	−15433
18	−97217	−4044 2105	−1757 1792	+4044 2633	−81784	+26 4993	+1757 0576	−33 6055	−15442
19	−97275	−4045 4185	−1757 7034	+4045 4714	−81833	+26 5154	+1757 5818	−33 6259	−15451
20	−97328	−4046 5243	−1758 1834	+4046 5771	−81878	+26 4241	+1758 0621	−33 5385	−15460
21	−97372	−4047 4284	−1758 5759	+4047 4809	−81914	+26 2645	+1758 4552	−33 3820	−15466
22	−97404	−4048 0926	−1758 8644	+4048 1448	−81941	+26 0897	+1758 7444	−33 2096	−15471
23	−97425	−4048 5412	−1759 0595	+4048 5931	−81959	+25 9512	+1758 9400	−33 0726	−15475
24	−97440	−4048 8444	−1759 1915	+4048 8962	−81971	+25 8860	+1759 0723	−33 0085	−15477
25	−97452	−4049 0954	−1759 3009	+4049 1473	−81982	+25 9109	+1759 1816	−33 0343	−15479
26	−97466	−4049 3865	−1759 4277	+4049 4385	−81993	+26 0220	+1759 3079	−33 1464	−15481
27	−97486	−4049 7912	−1759 6037	+4049 8436	−82010	+26 1987	+1759 4832	−33 3245	−15484
28	−97513	−4050 3533	−1759 8479	+4050 4060	−82033	+26 4095	+1759 7265	−33 5374	−15489
29	−97548	−4051 0822	−1760 1645	+4051 1353	−82062	+26 6198	+1760 0422	−33 7502	−15494
30	−97590	−4051 9566	−1760 5442	+4052 0101	−82098	+26 7978	+1760 4211	−33 9312	−15501
31	−97637	−4052 9318	−1760 9675	+4052 9855	−82137	+26 9195	+1760 8440	−34 0564	−15509
June 1	−97686	−4053 9502	−1761 4096	+4054 0040	−82179	+26 9721	+1761 2857	−34 1126	−15516
2	−97734	−4054 9514	−1761 8442	+4055 0052	−82219	+26 9540	+1761 7204	−34 0980	−15524
3	−97779	−4055 8816	−1762 2480	+4055 9353	−82257	+26 8737	+1762 1245	−34 0210	−15531
4	−97818	−4056 6995	−1762 6032	+4056 7530	−82290	+26 7483	+1762 4802	−33 8985	−15537
5	−97851	−4057 3806	−1762 8990	+4057 4338	−82318	+26 6007	+1762 7766	−33 7533	−15543
6	−97877	−4057 9201	−1763 1335	+4057 9731	−82340	+26 4575	+1763 0116	−33 6120	−15547
7	−97897	−4058 3352	−1763 3140	+4058 3880	−82356	+26 3462	+1763 1926	−33 5021	−15550
8	−97913	−4058 6666	−1763 4583	+4058 7193	−82370	+26 2920	+1763 3370	−33 4491	−15552
9	−97928	−4058 9792	−1763 5944	+4059 0319	−82383	+26 3138	+1763 4730	−33 4720	−15555
10	−97947	−4059 3573	−1763 7589	+4059 4102	−82398	+26 4179	+1763 6371	−33 5774	−15558
11	−97972	−4059 8930	−1763 9917	+4059 9463	−82420	+26 5923	+1763 8692	−33 7537	−15562
12	−98010	−4060 6621	−1764 3257	+4060 7157	−82451	+26 8026	+1764 2023	−33 9668	−15568
13	−98059	−4061 6935	−1764 7734	+4061 7474	−82493	+26 9957	+1764 6492	−34 1635	−15576
14	−98120	−4062 9437	−1765 3159	+4062 9978	−82544	+27 1128	+1765 1912	−34 2850	−15585
15	−98185	−4064 2964	−1765 9029	+4064 3506	−82599	+27 1116	+1765 7782	−34 2886	−15596
16	−98248	−4065 5974	−1766 4675	+4065 6515	−82652	+26 9845	+1766 3432	−34 1661	−15606
17	−98302	−4066 7100	−1766 9504	+4066 7636	−82697	+26 7629	+1766 8270	−33 9484	−15614
18	−98343	−4067 5619	−1767 3203	+4067 6151	−82731	+26 5041	+1767 1978	−33 6926	−15621
19	−98372	−4068 1599	−1767 5801	+4068 2127	−82756	+26 2690	+1767 4586	−33 4596	−15625
20	−98392	−4068 5733	−1767 7599	+4068 6258	−82772	+26 1036	+1767 6391	−33 2957	−15628
21	−98408	−4068 9014	−1767 9027	+4068 9538	−82786	+26 0302	+1767 7822	−33 2234	−15631
22	−98424	−4069 2440	−1768 0518	+4069 2964	−82800	+26 0471	+1767 9312	−33 2415	−15633
23	−98445	−4069 6802	−1768 2415	+4069 7328	−82817	+26 1349	+1768 1205	−33 3309	−15637
24	−98473	−4070 2591	−1768 4931	+4070 3119	−82841	+26 2634	+1768 3715	−33 4614	−15641
25	−98509	−4070 9971	−1768 8136	+4071 0501	−82871	+26 3987	+1768 6914	−33 5994	−15647
26	−98552	−4071 8804	−1769 1971	+4071 9337	−82907	+26 5091	+1769 0745	−33 7129	−15654
27	−98600	−4072 8719	−1769 6275	+4072 9252	−82947	+26 5691	+1769 5046	−33 7764	−15661
28	−98650	−4073 9184	−1770 0817	+4073 9718	−82990	+26 5628	+1769 9588	−33 7738	−15669
29	−98701	−4074 9606	−1770 5341	+4075 0138	−83033	+26 4850	+1770 4115	−33 6996	−15677
30	−98748	−4075 9414	−1770 9599	+4075 9945	−83072	+26 3413	+1770 8378	−33 5594	−15685
July 1	−98791	−4076 8145	−1771 3390	+4076 8672	−83108	+26 1467	+1771 2176	−33 3680	−15692
2	−98826	−4077 5498	−1771 6583	+4077 6021	−83138	+25 9233	+1771 5379	−33 1472	−15697

$\mathbf{M} = \mathbf{NPB}$. Values are in units of 10^{-10}. Matrix used with GAST (B13–B20). CIP is $\mathcal{X} = \mathbf{M}_{3,1}$, $\mathcal{Y} = \mathbf{M}_{3,2}$.

MATRIX ELEMENTS FOR CONVERSION FROM
GCRS TO EQUATOR & CELESTIAL INTERMEDIATE ORIGIN OF DATE
FOR 0^h TERRESTRIAL TIME

Julian Date	$C_{1,1}-1$	$C_{1,2}$	$C_{1,3}$	$C_{2,1}$	$C_{2,2}-1$	$C_{2,3}$	$C_{3,1}$	$C_{3,2}$	$C_{3,3}-1$
245									
8255·5	− 15427	+ 77	− 1756 5486	+511	− 6	+33 4681	+1756 5486	− 33 4681	− 15433
8256·5	− 15436	+ 77	− 1757 0576	+513	− 6	+33 6055	+1757 0576	− 33 6055	− 15442
8257·5	− 15445	+ 77	− 1757 5818	+514	− 6	+33 6258	+1757 5818	− 33 6259	− 15451
8258·5	− 15454	78	− 1758 0621	+512	− 6	+33 5385	+1758 0621	− 33 5385	− 15460
8259·5	− 15461	+ 78	− 1758 4552	+509	− 6	+33 3820	+1758 4552	− 33 3820	− 15466
8260·5	− 15466	+ 78	− 1758 7444	+506	− 6	+33 2096	+1758 7444	− 33 2096	− 15471
8261·5	− 15469	+ 78	− 1758 9400	+504	− 5	+33 0726	+1758 9400	− 33 0726	− 15475
8262·5	− 15472	+ 78	− 1759 0723	+503	− 5	+33 0085	+1759 0723	− 33 0085	− 15477
8263·5	− 15474	+ 78	− 1759 1816	+503	− 5	+33 0342	+1759 1816	− 33 0343	− 15479
8264·5	− 15476	+ 78	− 1759 3079	+505	− 5	+33 1464	+1759 3079	− 33 1464	− 15481
8265·5	− 15479	+ 78	− 1759 4832	+508	− 6	+33 3245	+1759 4832	− 33 3245	− 15484
8266·5	− 15483	+ 78	− 1759 7265	+512	− 6	+33 5374	+1759 7265	− 33 5374	− 15489
8267·5	− 15489	+ 78	− 1760 0422	+516	− 6	+33 7502	+1760 0422	− 33 7502	− 15494
8268·5	− 15495	+ 78	− 1760 4211	+519	− 6	+33 9312	+1760 4211	− 33 9312	− 15501
8269·5	− 15503	+ 78	− 1760 8440	+521	− 6	+34 0564	+1760 8440	− 34 0564	− 15509
8270·5	− 15511	+ 79	− 1761 2857	+522	− 6	+34 1126	+1761 2857	− 34 1126	− 15516
8271·5	− 15518	+ 79	− 1761 7204	+522	− 6	+34 0979	+1761 7204	− 34 0980	− 15524
8272·5	− 15525	+ 79	− 1762 1245	+521	− 6	+34 0209	+1762 1245	− 34 0210	− 15531
8273·5	− 15532	+ 79	− 1762 4802	+518	− 6	+33 8984	+1762 4802	− 33 8985	− 15537
8274·5	− 15537	+ 79	− 1762 7766	+516	− 6	+33 7533	+1762 7766	− 33 7533	− 15543
8275·5	− 15541	+ 79	− 1763 0116	+513	− 6	+33 6120	+1763 0116	− 33 6120	− 15547
8276·5	− 15544	+ 79	− 1763 1926	+511	− 6	+33 5021	+1763 1926	− 33 5021	− 15550
8277·5	− 15547	+ 79	− 1763 3370	+510	− 6	+33 4491	+1763 3370	− 33 4491	− 15552
8278·5	− 15549	+ 79	− 1763 4730	+511	− 6	+33 4719	+1763 4730	− 33 4720	− 15555
8279·5	− 15552	+ 79	− 1763 6371	+513	− 6	+33 5774	+1763 6371	− 33 5774	− 15558
8280·5	− 15556	+ 80	− 1763 8692	+516	− 6	+33 7537	+1763 8692	− 33 7537	− 15562
8281·5	− 15562	+ 80	− 1764 2023	+520	− 6	+33 9668	+1764 2023	− 33 9668	− 15568
8282·5	− 15570	+ 80	− 1764 6492	+523	− 6	+34 1634	+1764 6492	− 34 1635	− 15576
8283·5	− 15580	+ 80	− 1765 1912	+525	− 6	+34 2850	+1765 1912	− 34 2850	− 15585
8284·5	− 15590	+ 80	− 1765 7782	+525	− 6	+34 2885	+1765 7782	− 34 2886	− 15596
8285·5	− 15600	+ 80	− 1766 3432	+523	− 6	+34 1660	+1766 3432	− 34 1661	− 15606
8286·5	− 15608	+ 81	− 1766 8270	+519	− 6	+33 9484	+1766 8270	− 33 9484	− 15614
8287·5	− 15615	+ 81	− 1767 1978	+515	− 6	+33 6926	+1767 1978	− 33 6926	− 15621
8288·5	− 15620	+ 81	− 1767 4586	+511	− 6	+33 4596	+1767 4586	− 33 4596	− 15625
8289·5	− 15623	+ 81	− 1767 6391	+508	− 6	+33 2957	+1767 6391	− 33 2957	− 15628
8290·5	− 15625	+ 81	− 1767 7822	+506	− 6	+33 2234	+1767 7822	− 33 2234	− 15631
8291·5	− 15628	+ 81	− 1767 9312	+507	− 6	+33 2415	+1767 9312	− 33 2415	− 15633
8292·5	− 15631	+ 81	− 1768 1205	+508	− 6	+33 3308	+1768 1205	− 33 3309	− 15637
8293·5	− 15636	+ 81	− 1768 3715	+511	− 6	+33 4614	+1768 3715	− 33 4614	− 15641
8294·5	− 15641	+ 81	− 1768 6914	+513	− 6	+33 5994	+1768 6914	− 33 5994	− 15647
8295·5	− 15648	+ 81	− 1769 0745	+515	− 6	+33 7129	+1769 0745	− 33 7129	− 15654
8296·5	− 15656	+ 81	− 1769 5046	+516	− 6	+33 7764	+1769 5046	− 33 7764	− 15661
8297·5	− 15664	+ 82	− 1769 9588	+516	− 6	+33 7738	+1769 9588	− 33 7738	− 15669
8298·5	− 15672	+ 82	− 1770 4115	+515	− 6	+33 6996	+1770 4115	− 33 6996	− 15677
8299·5	− 15679	+ 82	− 1770 8378	+512	− 6	+33 5594	+1770 8378	− 33 5594	− 15685
8300·5	− 15686	+ 82	− 1771 2176	+509	− 6	+33 3680	+1771 2176	− 33 3680	− 15692
8301·5	− 15692	+ 82	− 1771 5379	+505	− 5	+33 1472	+1771 5379	− 33 1472	− 15697

Values are in units of 10^{-10}. Matrix used with ERA (B21–B24). CIP is $\mathcal{X} = C_{3,1}$, $\mathcal{Y} = C_{3,2}$

MATRIX ELEMENTS FOR CONVERSION FROM
GCRS TO EQUATOR AND EQUINOX OF DATE
FOR 0^h TERRESTRIAL TIME

Date 0^h TT	$M_{1,1}-1$	$M_{1,2}$	$M_{1,3}$	$M_{2,1}$	$M_{2,2}-1$	$M_{2,3}$	$M_{3,1}$	$M_{3,2}$	$M_{3,3}-1$
July 1	− 98791	−4076 8145	−1771 3390	+4076 8672	−83108	+26 1467	+1771 2176	−33 3680	−15692
2	− 98826	−4077 5498	−1771 6583	+4077 6021	−83138	+25 9233	+1771 5379	−33 1472	−15697
3	− 98855	−4078 1375	−1771 9136	+4078 1894	−83162	+25 6971	+1771 7941	−32 9231	−15702
4	− 98877	−4078 5897	−1772 1103	+4078 6413	−83180	+25 4952	+1771 9916	−32 7227	−15705
5	− 98894	−4078 9411	−1772 2632	+4078 9924	−83194	+25 3423	+1772 1451	−32 5711	−15708
6	− 98909	−4079 2474	−1772 3966	+4079 2986	−83207	+25 2575	+1772 2788	−32 4874	−15710
7	− 98925	−4079 5819	−1772 5422	+4079 6331	−83221	+25 2500	+1772 4244	−32 4811	−15713
8	− 98947	−4080 0279	−1772 7361	+4080 0792	−83239	+25 3150	+1772 6180	−32 5477	−15716
9	− 98977	−4080 6640	−1773 0124	+4080 7155	−83265	+25 4295	+1772 8939	−32 6644	−15721
10	− 99020	−4081 5419	−1773 3936	+4081 5936	−83301	+25 5517	+1773 2745	−32 7897	−15728
11	− 99074	−4082 6595	−1773 8787	+4082 7114	−83346	+25 6271	+1773 7593	−32 8691	−15737
12	− 99137	−4083 9435	−1774 4359	+4083 9954	−83399	+25 6035	+1774 3165	−32 8501	−15746
13	− 99200	−4085 2565	−1775 0057	+4085 3081	−83452	+25 4519	+1774 8869	−32 7031	−15756
14	− 99258	−4086 4398	−1775 5192	+4086 4909	−83501	+25 1824	+1775 4015	−32 4378	−15766
15	− 99303	−4087 3733	−1775 9245	+4087 4239	−83539	+24 8439	+1775 8081	−32 1026	−15773
16	− 99335	−4088 0200	−1776 2054	+4088 0699	−83565	+24 5047	+1776 0904	−31 7657	−15778
17	− 99354	−4088 4288	−1776 3832	+4088 4783	−83582	+24 2258	+1776 2693	−31 4883	−15781
18	− 99368	−4088 7029	−1776 5026	+4088 7521	−83593	+24 0428	+1776 3895	−31 3063	−15783
19	− 99380	−4088 9568	−1776 6132	+4089 0058	−83603	+23 9612	+1776 5004	−31 2256	−15785
20	− 99396	−4089 2844	−1776 7559	+4089 3335	−83616	+23 9629	+1776 6430	−31 2284	−15787
21	− 99418	−4089 7447	−1776 9560	+4089 7939	−83635	+24 0163	+1776 8429	−31 2834	−15791
22	− 99448	−4090 3597	−1777 2232	+4090 4090	−83660	+24 0857	+1777 1098	−31 3550	−15796
23	− 99485	−4091 1199	−1777 5533	+4091 1692	−83692	+24 1380	+1777 4397	−31 4100	−15801
24	− 99528	−4091 9920	−1777 9320	+4092 0414	−83727	+24 1465	+1777 8183	−31 4216	−15808
25	− 99573	−4092 9272	−1778 3380	+4092 9765	−83766	+24 0935	+1778 2245	−31 3720	−15815
26	− 99619	−4093 8686	−1778 7466	+4093 9177	−83804	+23 9715	+1778 6336	−31 2533	−15823
27	− 99662	−4094 7591	−1779 1333	+4094 8079	−83840	+23 7833	+1779 0210	−31 0682	−15829
28	− 99701	−4095 5491	−1779 4764	+4095 5975	−83873	+23 5412	+1779 3650	−30 8290	−15835
29	− 99733	−4096 2033	−1779 7605	+4096 2512	−83899	+23 2659	+1779 6503	−30 5560	−15840
30	− 99757	−4096 7059	−1779 9790	+4096 7533	−83920	+22 9831	+1779 8699	−30 2750	−15844
31	− 99775	−4097 0637	−1780 1347	+4097 1106	−83935	+22 7203	+1780 0266	−30 0134	−15847
Aug. 1	− 99786	−4097 3069	−1780 2407	+4097 3534	−83944	+22 5030	+1780 1335	−29 7971	−15849
2	− 99795	−4097 4868	−1780 3193	+4097 5331	−83952	+22 3512	+1780 2127	−29 6459	−15850
3	− 99804	−4097 6711	−1780 3997	+4097 7172	−83959	+22 2751	+1780 2935	−29 5705	−15852
4	− 99817	−4097 9358	−1780 5151	+4097 9820	−83970	+22 2724	+1780 4089	−29 5687	−15854
5	− 99837	−4098 3545	−1780 6972	+4098 4007	−83987	+22 3258	+1780 5907	−29 6236	−15857
6	− 99868	−4098 9821	−1780 9698	+4099 0285	−84013	+22 4023	+1780 8630	−29 7023	−15862
7	− 99910	−4099 8366	−1781 3408	+4099 8831	−84048	+22 4565	+1781 2338	−29 7596	−15868
8	− 99961	−4100 8813	−1781 7943	+4100 9277	−84091	+22 4389	+1781 6873	−29 7457	−15876
9	−100016	−4102 0186	−1782 2879	+4102 0648	−84138	+22 3109	+1782 1814	−29 6217	−15885
10	−100069	−4103 1070	−1782 7604	+4103 1529	−84182	+22 0616	+1782 6548	−29 3763	−15894
11	−100113	−4104 0053	−1783 1503	+4104 0506	−84219	+21 7184	+1783 0462	−29 0363	−15900
12	−100143	−4104 6265	−1783 4202	+4104 6711	−84244	+21 3411	+1783 3176	−28 6612	−15905
13	−100160	−4104 9724	−1783 5708	+4105 0164	−84258	+20 9998	+1783 4695	−28 3212	−15908
14	−100168	−4105 1257	−1783 6378	+4105 1693	−84265	+20 7487	+1783 5376	−28 0706	−15909
15	−100172	−4105 2091	−1783 6746	+4105 2524	−84268	+20 6095	+1783 5749	−27 9317	−15910
16	−100178	−4105 3385	−1783 7312	+4105 3817	−84273	+20 5718	+1783 6317	−27 8945	−15911

M = NPB. Values are in units of 10^{-10}. Matrix used with GAST (B13–B20). CIP is $\mathcal{X} = M_{3,1}$, $\mathcal{Y} = M_{3,2}$.

MATRIX ELEMENTS FOR CONVERSION FROM
GCRS TO EQUATOR & CELESTIAL INTERMEDIATE ORIGIN OF DATE
FOR 0^h TERRESTRIAL TIME

Julian Date 245	$C_{1,1}-1$	$C_{1,2}$	$C_{1,3}$	$C_{2,1}$	$C_{2,2}-1$	$C_{2,3}$	$C_{3,1}$	$C_{3,2}$	$C_{3,3}-1$
8300·5	− 15686	+ 82	− 1771 2176	+509	− 6	+33 3680	+1771 2176	− 33 3680	− 15692
8301·5	− 15692	+ 82	− 1771 5379	+505	− 5	+33 1472	+1771 5379	− 33 1472	− 15697
8302·5	− 15696	+ 82	− 1771 7941	+501	− 5	+32 9230	+1771 7941	− 32 9231	− 15702
8303·5	− 15700	+ 82	− 1771 9916	+498	− 5	+32 7227	+1771 9916	− 32 7227	− 15705
8304·5	− 15703	+ 82	− 1772 1451	+495	− 5	+32 5710	+1772 1451	− 32 5711	− 15708
8305·5	− 15705	+ 82	− 1772 2788	+493	− 5	+32 4873	+1772 2788	− 32 4874	− 15710
8306·5	− 15707	+ 82	− 1772 4244	+493	− 5	+32 4811	+1772 4244	− 32 4811	− 15713
8307·5	− 15711	+ 82	− 1772 6180	+495	− 5	+32 5476	+1772 6180	− 32 5477	− 15716
8308·5	− 15716	+ 83	− 1772 8939	+497	− 5	+32 6644	+1772 8939	− 32 6644	− 15721
8309·5	− 15723	+ 83	− 1773 2745	+499	− 5	+32 7897	+1773 2745	− 32 7897	− 15728
8310·5	− 15731	+ 83	− 1773 7593	+500	− 5	+32 8691	+1773 7593	− 32 8691	− 15737
8311·5	− 15741	+ 83	− 1774 3165	+500	− 5	+32 8500	+1774 3165	− 32 8501	− 15746
8312·5	− 15751	+ 83	− 1774 8869	+497	− 5	+32 7030	+1774 8869	− 32 7031	− 15756
8313·5	− 15760	+ 83	− 1775 4015	+493	− 5	+32 4377	+1775 4015	− 32 4378	− 15766
8314·5	− 15767	+ 83	− 1775 8081	+487	− 5	+32 1026	+1775 8081	− 32 1026	− 15773
8315·5	− 15772	+ 84	− 1776 0904	+481	− 5	+31 7656	+1776 0904	− 31 7657	− 15778
8316·5	− 15776	+ 84	− 1776 2693	+476	− 5	+31 4882	+1776 2693	− 31 4883	− 15781
8317·5	− 15778	+ 84	− 1776 3895	+472	− 5	+31 3062	+1776 3895	− 31 3063	− 15783
8318·5	− 15780	+ 84	− 1776 5004	+471	− 5	+31 2255	+1776 5004	− 31 2256	− 15785
8319·5	− 15782	+ 84	− 1776 6430	+471	− 5	+31 2284	+1776 6430	− 31 2284	− 15787
8320·5	− 15786	+ 84	− 1776 8429	+472	− 5	+31 2834	+1776 8429	− 31 2834	− 15791
8321·5	− 15791	+ 84	− 1777 1098	+473	− 5	+31 3550	+1777 1098	− 31 3550	− 15796
8322·5	− 15796	+ 84	− 1777 4397	+474	− 5	+31 4100	+1777 4397	− 31 4100	− 15801
8323·5	− 15803	+ 84	− 1777 8183	+474	− 5	+31 4216	+1777 8183	− 31 4216	− 15808
8324·5	− 15810	+ 84	− 1778 2245	+474	− 5	+31 3719	+1778 2245	− 31 3720	− 15815
8325·5	− 15818	+ 84	− 1778 6336	+472	− 5	+31 2533	+1778 6336	− 31 2533	− 15823
8326·5	− 15825	+ 84	− 1779 0210	+468	− 5	+31 0682	+1779 0210	− 31 0682	− 15829
8327·5	− 15831	+ 85	− 1779 3650	+464	− 5	+30 8290	+1779 3650	− 30 8290	− 15835
8328·5	− 15836	+ 85	− 1779 6503	+459	− 5	+30 5560	+1779 6503	− 30 5560	− 15840
8329·5	− 15840	+ 85	− 1779 8699	+454	− 5	+30 2750	+1779 8699	− 30 2750	− 15844
8330·5	− 15842	+ 85	− 1780 0266	+449	− 5	+30 0134	+1780 0266	− 30 0134	− 15847
8331·5	− 15844	+ 85	− 1780 1335	+446	− 4	+29 7971	+1780 1335	− 29 7971	− 15849
8332·5	− 15846	+ 85	− 1780 2127	+443	− 4	+29 6459	+1780 2127	− 29 6459	− 15850
8333·5	− 15847	+ 85	− 1780 2935	+442	− 4	+29 5704	+1780 2935	− 29 5705	− 15852
8334·5	− 15849	+ 85	− 1780 4089	+442	− 4	+29 5687	+1780 4089	− 29 5687	− 15854
8335·5	− 15853	+ 85	− 1780 5907	+443	− 4	+29 6235	+1780 5907	− 29 6236	− 15857
8336·5	− 15857	+ 85	− 1780 8630	+444	− 4	+29 7023	+1780 8630	− 29 7023	− 15862
8337·5	− 15864	+ 85	− 1781 2338	+445	− 4	+29 7595	+1781 2338	− 29 7596	− 15868
8338·5	− 15872	+ 85	− 1781 6873	+445	− 4	+29 7457	+1781 6873	− 29 7457	− 15876
8339·5	− 15881	+ 85	− 1782 1814	+442	− 4	+29 6217	+1782 1814	− 29 6217	− 15885
8340·5	− 15889	+ 86	− 1782 6548	+438	− 4	+29 3763	+1782 6548	− 29 3763	− 15894
8341·5	− 15896	+ 86	− 1783 0462	+432	− 4	+29 0363	+1783 0462	− 29 0363	− 15900
8342·5	− 15901	+ 86	− 1783 3176	+425	− 4	+28 6612	+1783 3176	− 28 6612	− 15905
8343·5	− 15904	+ 86	− 1783 4695	+419	− 4	+28 3212	+1783 4695	− 28 3212	− 15908
8344·5	− 15905	+ 86	− 1783 5376	+415	− 4	+28 0706	+1783 5376	− 28 0706	− 15909
8345·5	− 15906	+ 86	− 1783 5749	+412	− 4	+27 9317	+1783 5749	− 27 9317	− 15910
8346·5	− 15907	+ 86	− 1783 6317	+412	− 4	+27 8945	+1783 6317	− 27 8945	− 15911

Values are in units of 10^{-10}. Matrix used with ERA (B21–B24). CIP is $\mathcal{X} = C_{3,1}$, $\mathcal{Y} = C_{3,2}$

MATRIX ELEMENTS FOR CONVERSION FROM
GCRS TO EQUATOR AND EQUINOX OF DATE
FOR 0ʰ TERRESTRIAL TIME

Date 0ʰ TT	$M_{1,1}-1$	$M_{1,2}$	$M_{1,3}$	$M_{2,1}$	$M_{2,2}-1$	$M_{2,3}$	$M_{3,1}$	$M_{3,2}$	$M_{3,3}-1$
Aug. 16	−100178	−4105 3385	−1783 7312	+4105 3817	−84273	+20 5718	+1783 6317	−27 8945	−15911
17	−100190	−4105 5930	−1783 8421	+4105 6363	−84284	+20 6041	+1783 7425	−27 9277	−15913
18	−100211	−4106 0068	−1784 0221	+4106 0502	−84301	+20 6669	+1783 9222	−27 9920	−15916
19	−100238	−4106 5753	−1784 2692	+4106 6188	−84324	+20 7225	+1784 1690	−28 0496	−15920
20	−100272	−4107 2664	−1784 5693	+4107 3100	−84352	+20 7412	+1784 4691	−28 0708	−15926
21	−100309	−4108 0315	−1784 9016	+4108 0750	−84384	+20 7031	+1784 8015	−28 0354	−15932
22	−100348	−4108 8146	−1785 2417	+4108 8579	−84416	+20 5988	+1785 1420	−27 9339	−15938
23	−100384	−4109 5592	−1785 5650	+4109 6022	−84447	+20 4292	+1785 4660	−27 7669	−15943
24	−100416	−4110 2144	−1785 8496	+4110 2570	−84473	+20 2043	+1785 7515	−27 5444	−15948
25	−100442	−4110 7414	−1786 0787	+4110 7835	−84495	+19 9426	+1785 9816	−27 2846	−15952
26	−100460	−4111 1184	−1786 2427	+4111 1601	−84510	+19 6689	+1786 1468	−27 0123	−15955
27	−100471	−4111 3459	−1786 3419	+4111 3872	−84520	+19 4111	+1786 2470	−26 7553	−15957
28	−100476	−4111 4486	−1786 3870	+4111 4895	−84524	+19 1965	+1786 2930	−26 5410	−15958
29	−100478	−4111 4745	−1786 3988	+4111 5151	−84525	+19 0472	+1786 3054	−26 3918	−15958
30	−100478	−4111 4896	−1786 4060	+4111 5300	−84526	+18 9755	+1786 3128	−26 3202	−15958
31	−100482	−4111 5690	−1786 4410	+4111 6094	−84529	+18 9812	+1786 3478	−26 3261	−15959
Sept. 1	−100493	−4111 7845	−1786 5350	+4111 8251	−84538	+19 0487	+1786 4416	−26 3944	−15960
2	−100513	−4112 1903	−1786 7115	+4112 2311	−84554	+19 1485	+1786 6176	−26 4956	−15964
3	−100543	−4112 8086	−1786 9801	+4112 8496	−84580	+19 2401	+1786 8859	−26 5895	−15968
4	−100583	−4113 6174	−1787 3313	+4113 6585	−84613	+19 2792	+1787 2369	−26 6314	−15975
5	−100628	−4114 5455	−1787 7342	+4114 5865	−84651	+19 2275	+1787 6400	−26 5831	−15982
6	−100674	−4115 4801	−1788 1400	+4115 5208	−84690	+19 0659	+1788 0464	−26 4249	−15989
7	−100713	−4116 2923	−1788 4927	+4116 3325	−84723	+18 8044	+1788 4001	−26 1663	−15995
8	−100742	−4116 8770	−1788 7467	+4116 9166	−84747	+18 4849	+1788 6554	−25 8488	−16000
9	−100757	−4117 1928	−1788 8842	+4117 2319	−84760	+18 1705	+1788 7942	−25 5356	−16002
10	−100762	−4117 2804	−1788 9228	+4117 3191	−84764	+17 9244	+1788 8338	−25 2897	−16003
11	−100760	−4117 2448	−1788 9079	+4117 2832	−84762	+17 7869	+1788 8195	−25 1521	−16003
12	−100758	−4117 2128	−1788 8947	+4117 2512	−84761	+17 7647	+1788 8063	−25 1298	−16002
13	−100762	−4117 2894	−1788 9284	+4117 3278	−84764	+17 8341	+1788 8398	−25 1995	−16003
14	−100774	−4117 5322	−1789 0343	+4117 5709	−84774	+17 9544	+1788 9452	−25 3207	−16005
15	−100795	−4117 9499	−1789 2159	+4117 9888	−84791	+18 0821	+1789 1263	−25 4499	−16008
16	−100822	−4118 5137	−1789 4609	+4118 5528	−84814	+18 1811	+1789 3709	−25 5509	−16013
17	−100854	−4119 1730	−1789 7473	+4119 2123	−84842	+18 2269	+1789 6571	−25 5991	−16018
18	−100888	−4119 8686	−1790 0495	+4119 9078	−84870	+18 2074	+1789 9593	−25 5820	−16023
19	−100921	−4120 5417	−1790 3418	+4120 5807	−84898	+18 1214	+1790 2519	−25 4985	−16028
20	−100951	−4121 1397	−1790 6017	+4121 1785	−84923	+17 9776	+1790 5124	−25 3568	−16033
21	−100974	−4121 6215	−1790 8111	+4121 6600	−84942	+17 7925	+1790 7225	−25 1734	−16037
22	−100991	−4121 9611	−1790 9589	+4121 9992	−84956	+17 5892	+1790 8712	−24 9713	−16039
23	−101000	−4122 1522	−1791 0424	+4122 1900	−84964	+17 3950	+1790 9554	−24 7778	−16041
24	−101003	−4122 2124	−1791 0690	+4122 2498	−84967	+17 2383	+1790 9827	−24 6214	−16041
25	−101002	−4122 1835	−1791 0571	+4122 2208	−84965	+17 1442	+1790 9712	−24 5271	−16041
26	−100999	−4122 1298	−1791 0344	+4122 1671	−84963	+17 1293	+1790 9486	−24 5121	−16041
27	−100999	−4122 1287	−1791 0345	+4122 1661	−84963	+17 1970	+1790 9484	−24 5798	−16041
28	−101006	−4122 2570	−1791 0907	+4122 2947	−84968	+17 3344	+1791 0040	−24 7177	−16042
29	−101021	−4122 5743	−1791 2289	+4122 6123	−84982	+17 5129	+1791 1414	−24 8972	−16044
30	−101047	−4123 1065	−1791 4601	+4123 1448	−85004	+17 6919	+1791 3719	−25 0782	−16048
Oct. 1	−101083	−4123 8351	−1791 7766	+4123 8737	−85034	+17 8276	+1791 6878	−25 2165	−16054

$M = NPB$. Values are in units of 10^{-10}. Matrix used with GAST (B13–B20). CIP is $\mathcal{X} = M_{3,1}$, $\mathcal{Y} = M_{3,2}$.

MATRIX ELEMENTS FOR CONVERSION FROM
GCRS TO EQUATOR & CELESTIAL INTERMEDIATE ORIGIN OF DATE
FOR 0^h TERRESTRIAL TIME

Julian Date	$C_{1,1}-1$	$C_{1,2}$	$C_{1,3}$	$C_{2,1}$	$C_{2,2}-1$	$C_{2,3}$	$C_{3,1}$	$C_{3,2}$	$C_{3,3}-1$
245									
8346.5	− 15907	+ 86	− 1783 6317	+412	− 4	+27 8945	+1783 6317	− 27 8945	− 15911
8347.5	− 15909	+ 86	− 1783 7425	+412	− 4	+27 9277	+1783 7425	− 27 9277	− 15913
8348.5	− 15912	+ 86	− 1783 9222	+413	− 4	+27 9919	+1783 9222	− 27 9920	− 15916
8349.5	− 15916	+ 86	− 1784 1690	+414	− 4	+28 0496	+1784 1690	− 28 0496	− 15920
8350.5	− 15922	+ 86	− 1784 4691	+415	− 4	+28 0707	+1784 4691	− 28 0708	− 15926
8351.5	− 15928	+ 86	− 1784 8015	+414	− 4	+28 0354	+1784 8015	− 28 0354	− 15932
8352.5	− 15934	+ 86	− 1785 1420	+412	− 4	+27 9339	+1785 1420	− 27 9339	− 15938
8353.5	− 15939	+ 86	− 1785 4660	+409	− 4	+27 7669	+1785 4660	− 27 7669	− 15943
8354.5	− 15945	+ 86	− 1785 7515	+405	− 4	+27 5443	+1785 7515	− 27 5444	− 15948
8355.5	− 15949	+ 87	− 1785 9816	+401	− 4	+27 2846	+1785 9816	− 27 2846	− 15952
8356.5	− 15952	+ 87	− 1786 1468	+396	− 4	+27 0122	+1786 1468	− 27 0123	− 15955
8357.5	− 15953	+ 87	− 1786 2470	+391	− 4	+26 7553	+1786 2470	− 26 7553	− 15957
8358.5	− 15954	+ 87	− 1786 2930	+387	− 4	+26 5410	+1786 2930	− 26 5410	− 15958
8359.5	− 15954	+ 87	− 1786 3054	+385	− 3	+26 3917	+1786 3054	− 26 3918	− 15958
8360.5	− 15955	+ 87	− 1786 3128	+384	− 3	+26 3202	+1786 3128	− 26 3202	− 15958
8361.5	− 15955	+ 87	− 1786 3478	+384	− 3	+26 3261	+1786 3478	− 26 3261	− 15959
8362.5	− 15957	+ 87	− 1786 4416	+385	− 3	+26 3944	+1786 4416	− 26 3944	− 15960
8363.5	− 15960	+ 87	− 1786 6176	+387	− 4	+26 4956	+1786 6176	− 26 4956	− 15964
8364.5	− 15965	+ 87	− 1786 8859	+388	− 4	+26 5895	+1786 8859	− 26 5895	− 15968
8365.5	− 15971	+ 87	− 1787 2369	+389	− 4	+26 6314	+1787 2369	− 26 6314	− 15975
8366.5	− 15978	+ 87	− 1787 6400	+388	− 4	+26 5831	+1787 6400	− 26 5831	− 15982
8367.5	− 15986	+ 87	− 1788 0464	+385	− 3	+26 4248	+1788 0464	− 26 4249	− 15989
8368.5	− 15992	+ 87	− 1788 4001	+381	− 3	+26 1662	+1788 4001	− 26 1663	− 15995
8369.5	− 15996	+ 87	− 1788 6554	+375	− 3	+25 8488	+1788 6554	− 25 8488	− 16000
8370.5	− 15999	+ 87	− 1788 7942	+370	− 3	+25 5356	+1788 7942	− 25 5356	− 16002
8371.5	− 16000	+ 87	− 1788 8338	+365	− 3	+25 2897	+1788 8338	− 25 2897	− 16003
8372.5	− 15999	+ 87	− 1788 8195	+363	− 3	+25 1521	+1788 8195	− 25 1521	− 16003
8373.5	− 15999	+ 87	− 1788 8063	+362	− 3	+25 1298	+1788 8063	− 25 1298	− 16002
8374.5	− 16000	+ 87	− 1788 8398	+363	− 3	+25 1995	+1788 8398	− 25 1995	− 16003
8375.5	− 16002	+ 87	− 1788 9452	+366	− 3	+25 3206	+1788 9452	− 25 3207	− 16005
8376.5	− 16005	+ 87	− 1789 1263	+368	− 3	+25 4499	+1789 1263	− 25 4499	− 16008
8377.5	− 16009	+ 87	− 1789 3709	+370	− 3	+25 5509	+1789 3709	− 25 5509	− 16013
8378.5	− 16014	+ 87	− 1789 6571	+371	− 3	+25 5991	+1789 6571	− 25 5991	− 16018
8379.5	− 16020	+ 88	− 1789 9593	+370	− 3	+25 5820	+1789 9593	− 25 5820	− 16023
8380.5	− 16025	+ 88	− 1790 2519	+369	− 3	+25 4985	+1790 2519	− 25 4985	− 16028
8381.5	− 16030	+ 88	− 1790 5124	+366	− 3	+25 3568	+1790 5124	− 25 3568	− 16033
8382.5	− 16033	+ 88	− 1790 7225	+363	− 3	+25 1734	+1790 7225	− 25 1734	− 16037
8383.5	− 16036	+ 88	− 1790 8712	+359	− 3	+24 9713	+1790 8712	− 24 9713	− 16039
8384.5	− 16038	+ 88	− 1790 9554	+356	− 3	+24 7778	+1790 9554	− 24 7778	− 16041
8385.5	− 16038	+ 88	− 1790 9827	+353	− 3	+24 6213	+1790 9827	− 24 6214	− 16041
8386.5	− 16038	+ 88	− 1790 9712	+351	− 3	+24 5271	+1790 9712	− 24 5271	− 16041
8387.5	− 16037	+ 88	− 1790 9486	+351	− 3	+24 5120	+1790 9486	− 24 5121	− 16041
8388.5	− 16037	+ 88	− 1790 9484	+352	− 3	+24 5797	+1790 9484	− 24 5798	− 16041
8389.5	− 16038	+ 88	− 1791 0040	+355	− 3	+24 7176	+1791 0040	− 24 7177	− 16042
8390.5	− 16041	+ 88	− 1791 1414	+358	− 3	+24 8972	+1791 1414	− 24 8972	− 16044
8391.5	− 16045	+ 88	− 1791 3719	+361	− 3	+25 0782	+1791 3719	− 25 0782	− 16048
8392.5	− 16051	+ 88	− 1791 6878	+364	− 3	+25 2165	+1791 6878	− 25 2165	− 16054

Values are in units of 10^{-10}. Matrix used with ERA (B21–B24). CIP is $\mathcal{X} = C_{3,1}$, $\mathcal{Y} = C_{3,2}$

FRAME BIAS, PRECESSION AND NUTATION, 2018

MATRIX ELEMENTS FOR CONVERSION FROM
GCRS TO EQUATOR AND EQUINOX OF DATE
FOR 0^h TERRESTRIAL TIME

Date 0^h TT	$M_{1,1}-1$	$M_{1,2}$	$M_{1,3}$	$M_{2,1}$	$M_{2,2}-1$	$M_{2,3}$	$M_{3,1}$	$M_{3,2}$	$M_{3,3}-1$
Oct. 1	−101083	−4123 8351	−1791 7766	+4123 8737	−85034	+17 8276	+1791 6878	−25 2165	−16054
2	−101125	−4124 6965	−1792 1506	+4124 7352	−85069	+17 8824	+1792 0616	−25 2743	−16061
3	−101169	−4125 5906	−1792 5388	+4125 6292	−85106	+17 8353	+1792 4499	−25 2305	−16068
4	−101209	−4126 4025	−1792 8913	+4126 4408	−85139	+17 6901	+1792 8030	−25 0882	−16074
5	−101240	−4127 0313	−1793 1645	+4127 0693	−85165	+17 4772	+1793 0771	−24 8776	−16079
6	−101259	−4127 4212	−1793 3341	+4127 4588	−85181	+17 2481	+1793 2476	−24 6499	−16082
7	−101267	−4127 5815	−1793 4042	+4127 6187	−85188	+17 0618	+1793 3185	−24 4641	−16083
8	−101267	−4127 5865	−1793 4069	+4127 6236	−85188	+16 9664	+1793 3216	−24 3687	−16083
9	−101265	−4127 5509	−1793 3921	+4127 5880	−85187	+16 9842	+1793 3067	−24 3864	−16083
10	−101267	−4127 5911	−1793 4101	+4127 6284	−85188	+17 1065	+1793 3242	−24 5089	−16083
11	−101277	−4127 7904	−1793 4971	+4127 8281	−85197	+17 2999	+1793 4104	−24 7030	−16085
12	−101296	−4128 1815	−1793 6672	+4128 2196	−85213	+17 5194	+1793 5796	−24 9239	−16088
13	−101324	−4128 7492	−1793 9139	+4128 7876	−85236	+17 7221	+1793 8254	−25 1286	−16092
14	−101358	−4129 4451	−1794 2162	+4129 4838	−85265	+17 8761	+1794 1270	−25 2851	−16098
15	−101395	−4130 2055	−1794 5464	+4130 2444	−85297	+17 9636	+1794 4569	−25 3753	−16104
16	−101433	−4130 9652	−1794 8763	+4131 0041	−85328	+17 9803	+1794 7867	−25 3947	−16110
17	−101467	−4131 6665	−1795 1809	+4131 7054	−85357	+17 9330	+1795 0915	−25 3500	−16115
18	−101497	−4132 2644	−1795 4407	+4132 3031	−85382	+17 8372	+1795 3516	−25 2563	−16120
19	−101519	−4132 7294	−1795 6429	+4132 7679	−85401	+17 7144	+1795 5543	−25 1352	−16123
20	−101535	−4133 0503	−1795 7825	+4133 0885	−85414	+17 5907	+1795 6945	−25 0126	−16126
21	−101544	−4133 2368	−1795 8640	+4133 2749	−85422	+17 4940	+1795 7763	−24 9166	−16127
22	−101549	−4133 3224	−1795 9017	+4133 3604	−85425	+17 4511	+1795 8142	−24 8740	−16128
23	−101551	−4133 3643	−1795 9205	+4133 4024	−85427	+17 4829	+1795 8328	−24 9060	−16128
24	−101554	−4133 4391	−1795 9534	+4133 4774	−85430	+17 5992	+1795 8654	−25 0225	−16129
25	−101564	−4133 6305	−1796 0370	+4133 6691	−85438	+17 7932	+1795 9481	−25 2173	−16130
26	−101582	−4134 0113	−1796 2027	+4134 0503	−85454	+18 0398	+1796 1127	−25 4652	−16133
27	−101612	−4134 6212	−1796 4676	+4134 6607	−85479	+18 2978	+1796 3766	−25 7254	−16138
28	−101653	−4135 4508	−1796 8279	+4135 4908	−85513	+18 5191	+1796 7359	−25 9497	−16145
29	−101702	−4136 4378	−1797 2563	+4136 4780	−85554	+18 6612	+1797 1638	−26 0953	−16152
30	−101753	−4137 4792	−1797 7083	+4137 5195	−85597	+18 6993	+1797 6156	−26 1371	−16161
31	−101801	−4138 4573	−1798 1330	+4138 4975	−85638	+18 6344	+1798 0404	−26 0757	−16168
Nov. 1	−101841	−4139 2705	−1798 4861	+4139 3104	−85672	+18 4938	+1798 3941	−25 9381	−16174
2	−101870	−4139 8597	−1798 7421	+4139 8994	−85696	+18 3244	+1798 6508	−25 7708	−16179
3	−101888	−4140 2240	−1798 9006	+4140 2634	−85711	+18 1804	+1798 8099	−25 6281	−16182
4	−101898	−4140 4197	−1798 9860	+4140 4590	−85719	+18 1093	+1798 8956	−25 5577	−16183
5	−101904	−4140 5441	−1799 0405	+4140 5835	−85724	+18 1393	+1798 9500	−25 5882	−16184
6	−101912	−4140 7082	−1799 1122	+4140 7478	−85731	+18 2729	+1799 0212	−25 7223	−16186
7	−101927	−4141 0057	−1799 2418	+4141 0457	−85743	+18 4874	+1799 1498	−25 9379	−16188
8	−101950	−4141 4910	−1799 4528	+4141 5315	−85764	+18 7437	+1799 3597	−26 1960	−16192
9	−101984	−4142 1705	−1799 7479	+4142 2114	−85792	+18 9976	+1799 6538	−26 4524	−16197
10	−102025	−4143 0089	−1800 1120	+4143 0502	−85827	+19 2112	+1800 0169	−26 6689	−16204
11	−102071	−4143 9446	−1800 5182	+4143 9862	−85865	+19 3591	+1800 4225	−26 8202	−16211
12	−102119	−4144 9070	−1800 9360	+4144 9487	−85905	+19 4311	+1800 8400	−26 8957	−16219
13	−102164	−4145 8302	−1801 3368	+4145 8719	−85944	+19 4307	+1801 2407	−26 8986	−16226
14	−102205	−4146 6616	−1801 6978	+4146 7033	−85978	+19 3717	+1801 6020	−26 8426	−16232
15	−102240	−4147 3662	−1802 0038	+4147 4076	−86007	+19 2750	+1801 9084	−26 7484	−16238
16	−102268	−4147 9279	−1802 2479	+4147 9692	−86030	+19 1656	+1802 1529	−26 6411	−16242

$M = NPB$. Values are in units of 10^{-10}. Matrix used with GAST (B13–B20). CIP is $\mathcal{X} = M_{3,1}$, $\mathcal{Y} = M_{3,2}$.

MATRIX ELEMENTS FOR CONVERSION FROM
GCRS TO EQUATOR & CELESTIAL INTERMEDIATE ORIGIN OF DATE
FOR 0ʰ TERRESTRIAL TIME

Julian Date	$C_{1,1}-1$	$C_{1,2}$	$C_{1,3}$	$C_{2,1}$	$C_{2,2}-1$	$C_{2,3}$	$C_{3,1}$	$C_{3,2}$	$C_{3,3}-1$
245									
8392·5	− 16051	+ 88	− 1791 6878	+ 364	− 3	+ 25 2165	+ 1791 6878	− 25 2165	− 16054
8393·5	− 16057	+ 88	− 1792 0616	+ 365	− 3	+ 25 2743	+ 1792 0616	− 25 2743	− 16061
8394·5	− 16064	+ 88	− 1792 4499	+ 364	− 3	+ 25 2305	+ 1792 4499	− 25 2305	− 16068
8395·5	− 16071	+ 88	− 1792 8030	+ 362	− 3	+ 25 0882	+ 1792 8030	− 25 0882	− 16074
8396·5	− 16076	+ 88	− 1793 0771	+ 358	− 3	+ 24 8775	+ 1793 0771	− 24 8776	− 16079
8397·5	− 16079	+ 88	− 1793 2476	+ 354	− 3	+ 24 6498	+ 1793 2476	− 24 6499	− 16082
8398·5	− 16080	+ 88	− 1793 3185	+ 350	− 3	+ 24 4641	+ 1793 3185	− 24 4641	− 16083
8399·5	− 16080	+ 88	− 1793 3216	+ 349	− 3	+ 24 3687	+ 1793 3216	− 24 3687	− 16083
8400·5	− 16080	+ 88	− 1793 3067	+ 349	− 3	+ 24 3864	+ 1793 3067	− 24 3864	− 16083
8401·5	− 16080	+ 88	− 1793 3242	+ 351	− 3	+ 24 5089	+ 1793 3242	− 24 5089	− 16083
8402·5	− 16082	+ 88	− 1793 4104	+ 355	− 3	+ 24 7030	+ 1793 4104	− 24 7030	− 16085
8403·5	− 16085	+ 88	− 1793 5796	+ 359	− 3	+ 24 9238	+ 1793 5796	− 24 9239	− 16088
8404·5	− 16089	+ 89	− 1793 8254	+ 362	− 3	+ 25 1286	+ 1793 8254	− 25 1286	− 16092
8405·5	− 16094	+ 89	− 1794 1270	+ 365	− 3	+ 25 2851	+ 1794 1270	− 25 2851	− 16098
8406·5	− 16100	+ 89	− 1794 4569	+ 367	− 3	+ 25 3753	+ 1794 4569	− 25 3753	− 16104
8407·5	− 16106	+ 89	− 1794 7867	+ 367	− 3	+ 25 3947	+ 1794 7867	− 25 3947	− 16110
8408·5	− 16112	+ 89	− 1795 0915	+ 366	− 3	+ 25 3500	+ 1795 0915	− 25 3500	− 16115
8409·5	− 16116	+ 89	− 1795 3516	+ 365	− 3	+ 25 2563	+ 1795 3516	− 25 2563	− 16120
8410·5	− 16120	+ 89	− 1795 5543	+ 362	− 3	+ 25 1352	+ 1795 5543	− 25 1352	− 16123
8411·5	− 16123	+ 89	− 1795 6945	+ 360	− 3	+ 25 0126	+ 1795 6945	− 25 0126	− 16126
8412·5	− 16124	+ 89	− 1795 7763	+ 358	− 3	+ 24 9166	+ 1795 7763	− 24 9166	− 16127
8413·5	− 16125	+ 89	− 1795 8142	+ 358	− 3	+ 24 8740	+ 1795 8142	− 24 8740	− 16128
8414·5	− 16125	+ 89	− 1795 8328	+ 358	− 3	+ 24 9060	+ 1795 8328	− 24 9060	− 16128
8415·5	− 16126	+ 89	− 1795 8654	+ 360	− 3	+ 25 0225	+ 1795 8654	− 25 0225	− 16129
8416·5	− 16127	+ 89	− 1795 9481	+ 364	− 3	+ 25 2172	+ 1795 9481	− 25 2173	− 16130
8417·5	− 16130	+ 89	− 1796 1127	+ 368	− 3	+ 25 4651	+ 1796 1127	− 25 4652	− 16133
8418·5	− 16135	+ 89	− 1796 3766	+ 373	− 3	+ 25 7254	+ 1796 3766	− 25 7254	− 16138
8419·5	− 16141	+ 89	− 1796 7359	+ 377	− 3	+ 25 9497	+ 1796 7359	− 25 9497	− 16145
8420·5	− 16149	+ 89	− 1797 1638	+ 380	− 3	+ 26 0953	+ 1797 1638	− 26 0953	− 16152
8421·5	− 16157	+ 89	− 1797 6156	+ 380	− 3	+ 26 1371	+ 1797 6156	− 26 1371	− 16161
8422·5	− 16165	+ 90	− 1798 0404	+ 379	− 3	+ 26 0757	+ 1798 0404	− 26 0757	− 16168
8423·5	− 16171	+ 90	− 1798 3941	+ 377	− 3	+ 25 9380	+ 1798 3941	− 25 9381	− 16174
8424·5	− 16176	+ 90	− 1798 6508	+ 374	− 3	+ 25 7707	+ 1798 6508	− 25 7708	− 16179
8425·5	− 16179	+ 90	− 1798 8099	+ 371	− 3	+ 25 6281	+ 1798 8099	− 25 6281	− 16182
8426·5	− 16180	+ 90	− 1798 8956	+ 370	− 3	+ 25 5577	+ 1798 8956	− 25 5577	− 16183
8427·5	− 16181	+ 90	− 1798 9500	+ 370	− 3	+ 25 5882	+ 1798 9500	− 25 5882	− 16184
8428·5	− 16182	+ 90	− 1799 0212	+ 373	− 3	+ 25 7223	+ 1799 0212	− 25 7223	− 16186
8429·5	− 16185	+ 90	− 1799 1498	+ 377	− 3	+ 25 9379	+ 1799 1498	− 25 9379	− 16188
8430·5	− 16188	+ 90	− 1799 3597	+ 381	− 3	+ 26 1959	+ 1799 3597	− 26 1960	− 16192
8431·5	− 16194	+ 90	− 1799 6538	+ 386	− 3	+ 26 4524	+ 1799 6538	− 26 4524	− 16197
8432·5	− 16200	+ 90	− 1800 0169	+ 390	− 4	+ 26 6689	+ 1800 0169	− 26 6689	− 16204
8433·5	− 16208	+ 90	− 1800 4225	+ 393	− 4	+ 26 8202	+ 1800 4225	− 26 8202	− 16211
8434·5	− 16215	+ 90	− 1800 8400	+ 394	− 4	+ 26 8957	+ 1800 8400	− 26 8957	− 16219
8435·5	− 16222	+ 90	− 1801 2407	+ 394	− 4	+ 26 8986	+ 1801 2407	− 26 8986	− 16226
8436·5	− 16229	+ 91	− 1801 6020	+ 393	− 4	+ 26 8426	+ 1801 6020	− 26 8426	− 16232
8437·5	− 16234	+ 91	− 1801 9084	+ 391	− 4	+ 26 7484	+ 1801 9084	− 26 7484	− 16238
8438·5	− 16239	+ 91	− 1802 1529	+ 389	− 4	+ 26 6411	+ 1802 1529	− 26 6411	− 16242

Values are in units of 10^{-10}. Matrix used with ERA (B21–B24). CIP is $\mathcal{X} = C_{3,1}$, $\mathcal{Y} = C_{3,2}$

MATRIX ELEMENTS FOR CONVERSION FROM
GCRS TO EQUATOR AND EQUINOX OF DATE
FOR 0^h TERRESTRIAL TIME

Date 0^h TT	$M_{1,1}-1$	$M_{1,2}$	$M_{1,3}$	$M_{2,1}$	$M_{2,2}-1$	$M_{2,3}$	$M_{3,1}$	$M_{3,2}$	$M_{3,3}-1$
Nov. 16	−102268	−4147 9279	−1802 2479	+4147 9692	−86030	+19 1656	+1802 1529	−26 6411	−16242
17	−102288	−4148 3511	−1802 4319	+4148 3922	−86048	+19 0707	+1802 3373	−26 5477	−16246
18	−102304	−4148 6609	−1802 5668	+4148 7019	−86061	+19 0167	+1802 4724	−26 4948	−16248
19	−102316	−4148 9048	−1802 6731	+4148 9458	−86071	+19 0263	+1802 5787	−26 5053	−16250
20	−102328	−4149 1507	−1802 7803	+4149 1919	−86081	+19 1146	+1802 6855	−26 5945	−16252
21	−102344	−4149 4815	−1802 9243	+4149 5231	−86095	+19 2833	+1802 8288	−26 7644	−16255
22	−102369	−4149 9809	−1803 1414	+4150 0228	−86116	+19 5161	+1803 0449	−26 9990	−16259
23	−102405	−4150 7110	−1803 4585	+4150 7534	−86146	+19 7773	+1803 3609	−27 2628	−16264
24	−102453	−4151 6881	−1803 8826	+4151 7309	−86187	+20 0166	+1803 7840	−27 5056	−16272
25	−102511	−4152 8658	−1804 3938	+4152 9090	−86236	+20 1824	+1804 2944	−27 6757	−16281
26	−102574	−4154 1401	−1804 9468	+4154 1834	−86289	+20 2384	+1804 8471	−27 7363	−16291
27	−102635	−4155 3772	−1805 4836	+4155 4204	−86340	+20 1771	+1805 3842	−27 6795	−16301
28	−102688	−4156 4551	−1805 9515	+4156 4980	−86385	+20 0235	+1805 8527	−27 5297	−16309
29	−102730	−4157 2998	−1806 3183	+4157 3424	−86420	+19 8261	+1806 2202	−27 3353	−16316
30	−102760	−4157 9027	−1806 5802	+4157 9450	−86445	+19 6419	+1806 4829	−27 1534	−16321
Dec. 1	−102780	−4158 3159	−1806 7599	+4158 3579	−86462	+19 5204	+1806 6631	−27 0333	−16324
2	−102796	−4158 6319	−1806 8975	+4158 6739	−86475	+19 4916	+1806 8008	−27 0057	−16326
3	−102812	−4158 9570	−1807 0390	+4158 9991	−86489	+19 5620	+1806 9420	−27 0773	−16329
4	−102833	−4159 3854	−1807 2253	+4159 4278	−86507	+19 7152	+1807 1277	−27 2320	−16332
5	−102863	−4159 9804	−1807 4838	+4160 0232	−86531	+19 9182	+1807 3853	−27 4372	−16337
6	−102901	−4160 7639	−1807 8241	+4160 8071	−86564	+20 1304	+1807 7247	−27 6522	−16343
7	−102949	−4161 7174	−1808 2380	+4161 7609	−86604	+20 3128	+1808 1378	−27 8381	−16351
8	−103002	−4162 7903	−1808 7037	+4162 8341	−86648	+20 4354	+1808 6030	−27 9645	−16359
9	−103057	−4163 9149	−1809 1918	+4163 9588	−86695	+20 4817	+1809 0908	−28 0149	−16368
10	−103112	−4165 0206	−1809 6717	+4165 0645	−86741	+20 4498	+1809 5708	−27 9870	−16377
11	−103163	−4166 0465	−1810 1170	+4166 0902	−86784	+20 3501	+1810 0165	−27 8910	−16385
12	−103208	−4166 9489	−1810 5088	+4166 9923	−86822	+20 2022	+1810 4089	−27 7464	−16392
13	−103245	−4167 7052	−1810 8373	+4167 7483	−86853	+20 0310	+1810 7380	−27 5779	−16398
14	−103275	−4168 3142	−1811 1018	+4168 3570	−86878	+19 8635	+1811 0033	−27 4126	−16402
15	−103299	−4168 7955	−1811 3111	+4168 8381	−86898	+19 7256	+1811 2131	−27 2765	−16406
16	−103319	−4169 1888	−1811 4821	+4169 2312	−86915	+19 6404	+1811 3845	−27 1927	−16409
17	−103337	−4169 5521	−1811 6402	+4169 5945	−86930	+19 6244	+1811 5426	−27 1780	−16412
18	−103357	−4169 9588	−1811 8171	+4170 0013	−86947	+19 6846	+1811 7193	−27 2397	−16415
19	−103383	−4170 4902	−1812 0481	+4170 5330	−86969	+19 8142	+1811 9497	−27 3712	−16420
20	−103419	−4171 2212	−1812 3655	+4171 2642	−87000	+19 9884	+1812 2664	−27 5481	−16425
21	−103468	−4172 1973	−1812 7893	+4172 2407	−87040	+20 1647	+1812 6894	−27 7279	−16433
22	−103528	−4173 4102	−1813 3156	+4173 4538	−87091	+20 2891	+1813 2152	−27 8567	−16443
23	−103596	−4174 7824	−1813 9111	+4174 8261	−87148	+20 3119	+1813 8105	−27 8844	−16453
24	−103665	−4176 1792	−1814 5172	+4176 2228	−87207	+20 2068	+1814 4170	−27 7844	−16464
25	−103728	−4177 4493	−1815 0684	+4177 4925	−87260	+19 9850	+1814 9691	−27 5672	−16474
26	−103779	−4178 4794	−1815 5155	+4178 5220	−87303	+19 6933	+1815 4174	−27 2792	−16482
27	−103817	−4179 2321	−1815 8424	+4179 2742	−87334	+19 3965	+1815 7455	−26 9852	−16488
28	−103843	−4179 7501	−1816 0676	+4179 7918	−87356	+19 1551	+1815 9716	−26 7456	−16492
29	−103861	−4180 1303	−1816 2330	+4180 1717	−87371	+19 0069	+1816 1376	−26 5989	−16495
30	−103879	−4180 4871	−1816 3882	+4180 5285	−87386	+18 9620	+1816 2931	−26 5553	−16498
31	−103901	−4180 9213	−1816 5770	+4180 9627	−87404	+19 0055	+1816 4817	−26 6003	−16502
32	−103930	−4181 5011	−1816 8289	+4181 5427	−87429	+19 1057	+1816 7332	−26 7027	−16506

M = NPB. Values are in units of 10^{-10}. Matrix used with GAST (B13–B20). CIP is $\mathcal{X} = M_{3,1}$, $\mathcal{Y} = M_{3,2}$.

MATRIX ELEMENTS FOR CONVERSION FROM
GCRS TO EQUATOR & CELESTIAL INTERMEDIATE ORIGIN OF DATE
FOR 0^h TERRESTRIAL TIME

Julian Date	$C_{1,1}-1$	$C_{1,2}$	$C_{1,3}$	$C_{2,1}$	$C_{2,2}-1$	$C_{2,3}$	$C_{3,1}$	$C_{3,2}$	$C_{3,3}-1$
245									
8438·5	− 16239	+ 91	− 1802 1529	+ 389	− 4	+ 26 6411	+ 1802 1529	− 26 6411	− 16242
8439·5	− 16242	+ 91	− 1802 3373	+ 388	− 4	+ 26 5477	+ 1802 3373	− 26 5477	− 16246
8440·5	− 16245	+ 91	− 1802 4724	+ 387	− 4	+ 26 4947	+ 1802 4724	− 26 4948	− 16248
8441·5	− 16246	+ 91	− 1802 5787	+ 387	− 4	+ 26 5053	+ 1802 5787	− 26 5053	− 16250
8442·5	− 16248	+ 91	− 1802 6855	+ 389	− 4	+ 26 5945	+ 1802 6855	− 26 5945	− 16252
8443·5	− 16251	+ 91	− 1802 8288	+ 392	− 4	+ 26 7644	+ 1802 8288	− 26 7644	− 16255
8444·5	− 16255	+ 91	− 1803 0449	+ 396	− 4	+ 26 9990	+ 1803 0449	− 26 9990	− 16259
8445·5	− 16261	+ 91	− 1803 3609	+ 401	− 4	+ 27 2627	+ 1803 3609	− 27 2628	− 16264
8446·5	− 16268	+ 91	− 1803 7840	+ 405	− 4	+ 27 5056	+ 1803 7840	− 27 5056	− 16272
8447·5	− 16277	+ 91	− 1804 2944	+ 408	− 4	+ 27 6756	+ 1804 2944	− 27 6757	− 16281
8448·5	− 16287	+ 91	− 1804 8471	+ 409	− 4	+ 27 7362	+ 1804 8471	− 27 7363	− 16291
8449·5	− 16297	+ 92	− 1805 3842	+ 408	− 4	+ 27 6795	+ 1805 3842	− 27 6795	− 16301
8450·5	− 16306	+ 92	− 1805 8527	+ 405	− 4	+ 27 5297	+ 1805 8527	− 27 5297	− 16309
8451·5	− 16312	+ 92	− 1806 2202	+ 402	− 4	+ 27 3353	+ 1806 2202	− 27 3353	− 16316
8452·5	− 16317	+ 92	− 1806 4829	+ 399	− 4	+ 27 1533	+ 1806 4829	− 27 1534	− 16321
8453·5	− 16320	+ 92	− 1806 6631	+ 396	− 4	+ 27 0333	+ 1806 6631	− 27 0333	− 16324
8454·5	− 16323	+ 92	− 1806 8008	+ 396	− 4	+ 27 0057	+ 1806 8008	− 27 0057	− 16326
8455·5	− 16325	+ 92	− 1806 9420	+ 397	− 4	+ 27 0773	+ 1806 9420	− 27 0773	− 16329
8456·5	− 16329	+ 92	− 1807 1277	+ 400	− 4	+ 27 2320	+ 1807 1277	− 27 2320	− 16332
8457·5	− 16333	+ 92	− 1807 3853	+ 404	− 4	+ 27 4371	+ 1807 3853	− 27 4372	− 16337
8458·5	− 16339	+ 92	− 1807 7247	+ 408	− 4	+ 27 6522	+ 1807 7247	− 27 6522	− 16343
8459·5	− 16347	+ 92	− 1808 1378	+ 411	− 4	+ 27 8381	+ 1808 1378	− 27 8381	− 16351
8460·5	− 16355	+ 92	− 1808 6030	+ 413	− 4	+ 27 9645	+ 1808 6030	− 27 9645	− 16359
8461·5	− 16364	+ 93	− 1809 0908	+ 414	− 4	+ 28 0149	+ 1809 0908	− 28 0149	− 16368
8462·5	− 16373	+ 93	− 1809 5708	+ 414	− 4	+ 27 9869	+ 1809 5708	− 27 9870	− 16377
8463·5	− 16381	+ 93	− 1810 0165	+ 412	− 4	+ 27 8910	+ 1810 0165	− 27 8910	− 16385
8464·5	− 16388	+ 93	− 1810 4089	+ 409	− 4	+ 27 7463	+ 1810 4089	− 27 7464	− 16392
8465·5	− 16394	+ 93	− 1810 7380	+ 406	− 4	+ 27 5779	+ 1810 7380	− 27 5779	− 16398
8466·5	− 16399	+ 93	− 1811 0033	+ 403	− 4	+ 27 4126	+ 1811 0033	− 27 4126	− 16402
8467·5	− 16402	+ 93	− 1811 2131	+ 401	− 4	+ 27 2765	+ 1811 2131	− 27 2765	− 16406
8468·5	− 16406	+ 93	− 1811 3845	+ 399	− 4	+ 27 1926	+ 1811 3845	− 27 1927	− 16409
8469·5	− 16408	+ 93	− 1811 5426	+ 399	− 4	+ 27 1780	+ 1811 5426	− 27 1780	− 16412
8470·5	− 16412	+ 93	− 1811 7193	+ 400	− 4	+ 27 2397	+ 1811 7193	− 27 2397	− 16415
8471·5	− 16416	+ 93	− 1811 9497	+ 403	− 4	+ 27 3712	+ 1811 9497	− 27 3712	− 16420
8472·5	− 16422	+ 93	− 1812 2664	+ 406	− 4	+ 27 5480	+ 1812 2664	− 27 5481	− 16425
8473·5	− 16429	+ 94	− 1812 6894	+ 409	− 4	+ 27 7278	+ 1812 6894	− 27 7279	− 16433
8474·5	− 16439	+ 94	− 1813 2152	+ 411	− 4	+ 27 8567	+ 1813 2152	− 27 8567	− 16443
8475·5	− 16450	+ 94	− 1813 8105	+ 412	− 4	+ 27 8844	+ 1813 8105	− 27 8844	− 16453
8476·5	− 16461	+ 94	− 1814 4170	+ 410	− 4	+ 27 7844	+ 1814 4170	− 27 7844	− 16464
8477·5	− 16471	+ 94	− 1814 9691	+ 406	− 4	+ 27 5672	+ 1814 9691	− 27 5672	− 16474
8478·5	− 16479	+ 94	− 1815 4174	+ 401	− 4	+ 27 2792	+ 1815 4174	− 27 2792	− 16482
8479·5	− 16485	+ 94	− 1815 7455	+ 396	− 4	+ 26 9852	+ 1815 7455	− 26 9852	− 16488
8480·5	− 16489	+ 95	− 1815 9716	+ 391	− 4	+ 26 7456	+ 1815 9716	− 26 7456	− 16492
8481·5	− 16492	+ 95	− 1816 1376	+ 389	− 4	+ 26 5988	+ 1816 1376	− 26 5989	− 16495
8482·5	− 16495	+ 95	− 1816 2931	+ 388	− 4	+ 26 5552	+ 1816 2931	− 26 5553	− 16498
8483·5	− 16498	+ 95	− 1816 4817	+ 389	− 4	+ 26 6003	+ 1816 4817	− 26 6003	− 16502
8484·5	− 16503	+ 95	− 1816 7332	+ 390	− 4	+ 26 7027	+ 1816 7332	− 26 7027	− 16506

Values are in units of 10^{-10}. Matrix used with ERA (B21–B24). CIP is $\mathcal{X} = C_{3,1}$, $\mathcal{Y} = C_{3,2}$

The Celestial Intermediate Reference System

The IAU 2000 and 2006 resolutions very precisely define the Celestial Intermediate Reference System by the direction of its pole (CIP) and the location of its origin of right ascension (CIO) at any date in the Geocentric Celestial Reference System (GCRS). This system is often denoted as the "equator and CIO of date" which has the same pole and equator as the equator and equinox of date, however, they have different origins for right ascension. This section includes the transformations using both origins and the relationships between them.

Pole of the Celestial Intermediate Reference System

The direction of the celestial intermediate pole (CIP), which is the pole of the Celestial Intermediate Reference System (the true celestial pole of date), at any instant is defined by the transformation from the GCRS that involves the rotations implementing frame bias and precession-nutation.

The unit vector components of the CIP (in radians) are given by elements one and two from the third row of the following rotation matrices, namely

$$\mathcal{X} = \mathbf{C}_{3,1} = \mathbf{M}_{3,1} \quad \text{and} \quad \mathcal{Y} = \mathbf{C}_{3,2} = \mathbf{M}_{3,2}$$

and the equations for calculating $\mathbf{C}$ are given on page B49, while those for $\mathbf{M}$ are given on page B50. Alternatively, $\mathcal{X}$ and $\mathcal{Y}$ may be calculated directly using

$$\mathcal{X} = \sin\epsilon \sin\psi \cos\bar{\gamma} - (\sin\epsilon \cos\psi \cos\bar{\phi} - \cos\epsilon \sin\bar{\phi}) \sin\bar{\gamma}$$
$$\mathcal{Y} = \sin\epsilon \sin\psi \sin\bar{\gamma} + (\sin\epsilon \cos\psi \cos\bar{\phi} - \cos\epsilon \sin\bar{\phi}) \cos\bar{\gamma}$$

where $\bar{\gamma}$, $\bar{\phi}$, ψ and ϵ include the effects of frame bias, precession and nutation (see page B56). $\mathcal{X}$ and $\mathcal{Y}$ are tabulated, in radians, at 0^h TT on even pages B30–B44, on odd pages B31–B45, and in arcseconds on pages B58–B65. The equations above may also be used to calculate the coordinates of the mean pole by ignoring nutation, that is by replacing ψ by $\bar{\psi}$ and ϵ by ϵ_A.

The position $(\mathcal{X}, \mathcal{Y})$ of the CIP, expressed in arcseconds, accurate to $0\rlap{.}''0001$, may also be calculated from the following series expansions,

$$\mathcal{X} = -0\rlap{.}''016\,617 + 2004\rlap{.}''191\,898\,T - 0\rlap{.}''429\,7829\,T^2$$
$$- 0\rlap{.}''198\,618\,34\,T^3 + 7\rlap{.}''578 \times 10^{-6}\,T^4 + 5\rlap{.}''9285 \times 10^{-6}\,T^5$$
$$+ \sum_{j,i}[(a_{s,j})_i\,T^j\,\sin(\text{ARGUMENT}) + (a_{c,j})_i\,T^j\,\cos(\text{ARGUMENT})] + \cdots$$

$$\mathcal{Y} = -0\rlap{.}''006\,951 - 0\rlap{.}''025\,896\,T - 22\rlap{.}''407\,2747\,T^2$$
$$+ 0\rlap{.}''001\,900\,59\,T^3 + 0\rlap{.}''001\,112\,526\,T^4 + 0\rlap{.}''1358 \times 10^{-6}\,T^5$$
$$+ \sum_{j,i}[(b_{c,j})_i\,T^j\,\cos(\text{ARGUMENT}) + (b_{s,j})_i\,T^j\,\sin(\text{ARGUMENT})] + \cdots$$

where T is measured in TT Julian centuries from J2000·0 and the coefficients and arguments may be downloaded from the CDS (see *The Astronomical Almanac Online* for the web link).

Approximate formulae for the Celestial Intermediate Pole

The following formulae may be used to compute $\mathcal{X}$ and $\mathcal{Y}$ to a precision of $0\rlap{.}''3$ during 2018:

$$\mathcal{X} = 360\rlap{.}''66 + 0\rlap{.}''0549\,d \qquad\qquad \mathcal{Y} = -0\rlap{.}''74$$
$$- 6\rlap{.}''8 \sin\Omega - 0\rlap{.}''5 \sin 2L \qquad\qquad + 9\rlap{.}''2 \cos\Omega + 0\rlap{.}''6 \cos 2L$$

where $\Omega = 137\rlap{.}°0 - 0·053\,d$, $L = 279\rlap{.}°6 + 0·986\,d$ and d is the day of the year and fraction of the day in the TT time scale.

Origin of the Celestial Intermediate Reference System

The CIO locator s, positions the celestial intermediate origin (CIO) on the equator of the Celestial Intermediate Reference System. It is the difference in the right ascension of the node of the equators in the GCRS and the Celestial Intermediate Reference System (see page B9). The CIO locator s is tabulated daily at 0^h TT, in arcseconds, on pages B58–B65.

The location of the CIO may be represented by $s + \mathcal{XY}/2$, the series of which is downloadable from the CDS (see *The Astronomical Almanac Online* for the web link). However, the definition below includes all terms exceeding 0.5μas during the interval 1975–2025.

$$s = -\mathcal{XY}/2 + 94'' \times 10^{-6} + \sum_k C_k \sin A_k$$
$$+ (+0.''003\,808\,65 + 1.''73 \times 10^{-6} \sin \Omega + 3.''57 \times 10^{-6} \cos 2\Omega)\, T$$
$$+ (-0.''000\,122\,68 + 743.''52 \times 10^{-6} \sin \Omega - 8.''85 \times 10^{-6} \sin 2\Omega$$
$$+ 56.''91 \times 10^{-6} \sin 2(F - D + \Omega) + 9.''84 \times 10^{-6} \sin 2(F + \Omega))\, T^2$$
$$- 0.''072\,574\,11\, T^3 + 27.''98 \times 10^{-6}\, T^4 + 15.''62 \times 10^{-6}\, T^5$$

		Terms for $C_k \sin A_k$			
k	Argument A_k	Coefficient C_k ('')	k	Argument A_k	Coefficient C_k ('')
1	Ω	−0·002 640 73	7	$2F + \Omega$	−0·000 001 98
2	2Ω	−0·000 063 53	8	3Ω	+0·000 001 72
3	$2F - 2D + 3\Omega$	−0·000 011 75	9	$l' + \Omega$	+0·000 001 41
4	$2F - 2D + \Omega$	−0·000 011 21	10	$l' - \Omega$	+0·000 001 26
5	$2F - 2D + 2\Omega$	+0·000 004 57	11	$l + \Omega$	+0·000 000 63
6	$2F + 3\Omega$	−0·000 002 02	12	$l - \Omega$	+0·000 000 63

$\mathcal{X}$, $\mathcal{Y}$ (expressed in radians) is the position of the CIP at the required TT instant. The coefficients and arguments (C_k, A_k) are tabulated above and the expressions for the fundamental arguments are

$$l = 134°963\,402\,51 + 1\,717\,915\,923.''2178T + 31.''8792T^2 + 0.''051\,635T^3 - 0.''000\,244\,70T^4$$
$$l' = 357°529\,109\,18 + 129\,596\,581.''0481T - 0.''5532T^2 + 0.''000\,136T^3 - 0.''000\,011\,49T^4$$
$$F = 93°272\,090\,62 + 1\,739\,527\,262.''8478T - 12.''7512T^2 - 0.''001\,037T^3 + 0.''000\,004\,17T^4$$
$$D = 297°850\,195\,47 + 1\,602\,961\,601.''2090T - 6.''3706T^2 + 0.''006\,593T^3 - 0.''000\,031\,69T^4$$
$$\Omega = 125°044\,555\,01 - 6\,962\,890.''5431T + 7.''4722T^2 + 0.''007\,702T^3 - 0.''000\,059\,39T^4$$

where T is the interval in TT Julian centuries from J2000·0 and is used in both the fundamental arguments and the expression for s itself.

These fundamental arguments are also used with the series expression for the complementary terms of the equation of the equinoxes (see page B10).

Approximate position of the Celestial Intermediate Origin

The CIO locator s may be ignored (i.e. set $s = 0$) in the interval 1963 to 2031 if accuracies no better than $0.''01$ are acceptable.

During 2018, $s + \mathcal{XY}/2$ may be computed to a precision of 9×10^{-5} arcseconds from

$$s + \mathcal{XY}/2 = 0.''000\,35 - 0.''0026 \sin(137°0 - 0·053\,d) - 0.''0001 \sin(273°9 - 0·106\,d)$$

where $\mathcal{X}$ and $\mathcal{Y}$ are expressed in radians (page B46 gives an approximation) and d is the day of the year and fraction of the day in the TT time scale.

Reduction from the GCRS

The transformation from the GCRS to the terrestrial reference system applies rotations implementing frame bias, the effects of precession and nutation, and Earth rotation. It is only the origin of right ascension and whether ERA or GAST is used to obtain a position with respect to the terrestrial system, that differ.

The following shows the matrix transformations to both the Celestial Intermediate Reference System (based on the CIP and CIO) and the traditional equator and equinox of date system (based on the CIP and equinox). This is followed by considering frame bias, precession, nutation, and the angles and rotations that represent these effects.

Summary of the CIP and the relationships between various origins

The CIP is the pole of both the Celestial Intermediate Reference System and the system of the the equator and equinox of date. The transformation from the GCRS to either of these systems and to the Terrestrial Intermediate Reference System may be represented by

$$\mathcal{R}_\beta = \mathbf{R}_3(-\beta)\, \mathcal{R}_\Sigma$$

where the matrix $\mathcal{R}_\Sigma$ transforms position vectors from the GCRS equator and origin (see diagram on page B9) to the "of date" system defined by the CIP and β determines the origin to be used and thus the method (see Capitaine, N., and Wallace, P.T., *Astron. Astrophys.*, **450**, 855-872, 2006). Thus listing the matrix relationships by method (i.e. value of β) gives:

CIO Method	Equinox Method
$\beta = s$	$\beta = s - E_o$
$\mathcal{R}_\beta = \mathbf{R}_3(-s)\, \mathcal{R}_\Sigma$	$\mathcal{R}_\beta = \mathbf{R}_3(-s + E_o)\, \mathcal{R}_\Sigma$
$= \mathbf{C}$	$= \mathbf{M} \equiv \mathbf{NPB}$

where s is the CIO locator (see page B47), E_o is the equation of the origins (see page B10), and the matrices $\mathbf{C}$, $\mathcal{R}_\Sigma$ and $\mathbf{M}$ are defined on pages B49 and B50, respectively.

When β includes the Earth rotation angle, or Greenwich apparent sidereal time, then coordinates with respect to the terrestrial intermediate origin are the result. Finally, longitude may be included, then the coordinates will be relative to the observers prime meridian.

CIO Method	Equinox Method
$\beta = s - \theta - \lambda$	$\beta = s - E_o - \text{GAST} - \lambda$
$\mathcal{R}_\beta = \mathbf{R}_3(\lambda + \theta - s)\, \mathcal{R}_\Sigma$	$\mathcal{R}_\beta = \mathbf{R}_3(\lambda + \text{GAST} - s + E_o)\, \mathcal{R}_\Sigma$
$= \mathbf{R}_3(\lambda + \theta)\, \mathbf{C}$	$= \mathbf{R}_3(\lambda + \text{GAST})\, \mathbf{M}$
$= \mathbf{Q}$	$= \mathbf{Q}$

where east longitudes are positive. The above ignores the small corrections for polar motion that are required in the reduction of very precise observations; they are (i) alignment of the terrestrial intermediate origin onto the longitude origin ($\lambda_{\text{ITRS}} = 0$) of the International Terrestrial Reference System, and (ii) for the positioning of the CIP within ITRS, (see page B84).

The equation of the origins, the relationship between the two systems may be calculated using

$$\mathbf{M} = \mathbf{R}_3(-s + E_o)\, \mathcal{R}_\Sigma \qquad \text{and thus} \qquad E_o = s - \tan^{-1} \frac{\mathbf{M}_j \cdot \mathcal{R}_{\Sigma_i}}{\mathbf{M}_i \cdot \mathcal{R}_{\Sigma_i}}$$

where $\mathbf{M}_i$ and $\mathbf{M}_j$ are the first two rows of $\mathbf{M}$, $\mathcal{R}_{\Sigma_i}$ is the first row of $\mathcal{R}_\Sigma$ and $\cdot$ denotes the dot or scalar product. See also page B10 for an alternative method.

CIO method of reduction from the GCRS—rigorous formulae

Given an equatorial geocentric position vector $\mathbf{r}$ of an object with respect to the GCRS, then $\mathbf{r}_i$, its position with respect to the Celestial Intermediate Reference System, is given by

$$\mathbf{r}_i = \mathbf{C}\,\mathbf{r} \quad\text{and}\quad \mathbf{r} = \mathbf{C}^{-1}\,\mathbf{r}_i = \mathbf{C}'\,\mathbf{r}_i$$

The matrix $\mathbf{C}$ is tabulated daily at 0^h TT on odd numbered pages B31–B45, and is calculated thus

$$\mathbf{C}(\mathcal{X}, \mathcal{Y}, s) = \mathbf{R}_3(-[E + s])\,\mathbf{R}_2(d)\,\mathbf{R}_3(E) = \mathbf{R}_3(-s)\,\mathcal{R}_\Sigma$$

where the quantities $\mathcal{X}$, $\mathcal{Y}$, are the coordinates of the CIP, (expressed in radians), and the relationships between $\mathcal{X}$, $\mathcal{Y}$, $\mathcal{Z}$, E and d are.

$$\mathcal{X} = \sin d \cos E = \mathbf{M}_{3,1} = \mathbf{C}_{3,1} \qquad\qquad E = \tan^{-1}(\mathcal{Y}/\mathcal{X})$$
$$\mathcal{Y} = \sin d \sin E = \mathbf{M}_{3,2} = \mathbf{C}_{3,2}$$
$$\mathcal{Z} = \cos d = \sqrt{(1 - \mathcal{X}^2 - \mathcal{Y}^2)} \qquad\qquad d = \tan^{-1}\left(\frac{\mathcal{X}^2 + \mathcal{Y}^2}{1 - \mathcal{X}^2 - \mathcal{Y}^2}\right)^{\frac{1}{2}}$$

$\mathcal{X}$, $\mathcal{Y}$ and s are given on pages B46-B47 and tabulated, in arcseconds, daily at 0^h TT on pages B58–B65.

The matrix $\mathbf{C}$ transforms positions to the Celestial Intermediate Reference System, with the CIO being located by the rotation $\mathbf{R}_3(-s)$, and $\mathcal{R}_\Sigma$, the transformation from the GCRS equator to the equator of date being given by

$$\mathcal{R}_\Sigma = \begin{pmatrix} 1 - a\mathcal{X}^2 & -a\mathcal{X}\mathcal{Y} & -\mathcal{X} \\ -a\mathcal{X}\mathcal{Y} & 1 - a\mathcal{Y}^2 & -\mathcal{Y} \\ \mathcal{X} & \mathcal{Y} & 1 - a(\mathcal{X}^2 + \mathcal{Y}^2) \end{pmatrix} = \begin{pmatrix} \mathcal{R}_{\Sigma_i} \\ \mathcal{R}_{\Sigma_k} \times \mathcal{R}_{\Sigma_i} \\ \mathcal{R}_{\Sigma_k} \end{pmatrix}$$

where $a = 1/(1 + \mathcal{Z})$. $\mathcal{R}_{\Sigma_i}$ is the unit vector pointing towards Σ (see diagram on page B9) that is obtained from the elements of the first row of $\mathcal{R}_\Sigma$ and similarly $\mathcal{R}_{\Sigma_k}$ is the unit vector pointing towards the CIP. Note that $\mathcal{R}_{\Sigma_k} = \mathbf{M}_k$ (see page B50).

Approximate reduction from GCRS to the Celestial Intermediate Reference System

The matrix $\mathbf{C}$ given below together with the approximate formulae for $\mathcal{X}$ and $\mathcal{Y}$ on page B46 (expressed in radians) may be used when the resulting position is required to no better than $0''\!.3$ during 2018:

$$\mathbf{C} = \begin{pmatrix} 1 - \mathcal{X}^2/2 & 0 & -\mathcal{X} \\ 0 & 1 & -\mathcal{Y} \\ \mathcal{X} & \mathcal{Y} & 1 - \mathcal{X}^2/2 \end{pmatrix}$$

Thus the position vector $\mathbf{r}_i = (x_i, y_i, z_i)$ with respect to the Celestial Intermediate Reference System (equator and CIO of date) may be calculated from the geocentric position vector $\mathbf{r} = (r_x, r_y, r_z)$ with respect to the GCRS using

$$\mathbf{r}_i = \mathbf{C}\,\mathbf{r}$$

therefore using the approximate matrix

$$x_i = (1 - \mathcal{X}^2/2)\,r_x \qquad\qquad\qquad - \mathcal{X}\,r_z$$
$$y_i = \qquad\qquad\qquad r_y \qquad\qquad - \mathcal{Y}\,r_z$$
$$z_i = \qquad\quad \mathcal{X}\,r_x + \mathcal{Y}\,r_y + (1 - \mathcal{X}^2/2)\,r_z$$

and thus

$$\alpha_i = \tan^{-1}(y_i/x_i) \qquad \delta = \tan^{-1}\left(z_i/\sqrt{(x_i^2 + y_i^2)}\right)$$

where α_i, δ, are the intermediate right ascension and declination, and the quadrant of α_i is determined by the signs of x_i and y_i.

During 2018, the $\mathcal{X}^2$ term may be dropped without significant loss of accuracy.

Equinox method of reduction from the GCRS—rigorous formulae

The reduction from a geocentric position $\mathbf{r}$ with respect to the Geocentric Celestial Reference System (GCRS) to a position $\mathbf{r}_t$ with respect to the equator and equinox of date, and vice versa, is given by:

$$\mathbf{r}_t = \mathbf{M}\,\mathbf{r} \quad \text{and} \quad \mathbf{r} = \mathbf{M}^{-1}\,\mathbf{r}_t = \mathbf{M}'\,\mathbf{r}_t$$

Using the 4-rotation Fukushima-Williams (F-W) method, the rotation matrix $\mathbf{M}$ may be written as

$$\mathbf{M} = \mathbf{R}_1(-[\epsilon_A + \Delta\epsilon])\,\mathbf{R}_3(-[\bar{\psi} + \Delta\psi])\,\mathbf{R}_1(\bar{\phi})\,\mathbf{R}_3(\bar{\gamma}) = \begin{pmatrix} \mathbf{M}_i \\ \mathbf{M}_j \\ \mathbf{M}_k \end{pmatrix} = \mathbf{N\,P\,B}$$

where the angles $\bar{\gamma}$, $\bar{\phi}$, $\bar{\psi}$ combine the frame bias with the effects of precession (see page B56). Nutation is applied by adding the nutations in longitude ($\Delta\psi$) and obliquity ($\Delta\epsilon$) (see page B55) to $\bar{\psi}$ and ϵ_A, respectively. Pages B50–B56 give the formulae for calculating the matrices $\mathbf{B}$, $\mathbf{P}$ and $\mathbf{N}$ individually using the traditional angles and rotations.

The elements of the rows of $\mathbf{M}$ represent unit vectors pointing in the directions of the x, y and z axes of the equator and equinox of date system. Thus the elements of the first row are the components of the unit vector in the direction of the true equinox,

$$\mathbf{M}_i = \begin{pmatrix} \mathbf{M}_{1,1} \\ \mathbf{M}_{1,2} \\ \mathbf{M}_{1,3} \end{pmatrix} = \begin{pmatrix} \cos\psi\cos\bar{\gamma} + \sin\psi\cos\bar{\phi}\sin\bar{\gamma} \\ \cos\psi\sin\bar{\gamma} - \sin\psi\cos\bar{\phi}\cos\bar{\gamma} \\ -\sin\psi\sin\bar{\phi} \end{pmatrix}$$

The second row of elements defines the unit vector in the direction of the y-axis, in the plane $90°$ from the x-z plane, i.e. the plane of the equator of date, and is given by

$$\mathbf{M}_j = \mathbf{M}_k \times \mathbf{M}_i$$
$$= \begin{pmatrix} \mathbf{M}_{2,1} \\ \mathbf{M}_{2,2} \\ \mathbf{M}_{2,3} \end{pmatrix} = \begin{pmatrix} \cos\epsilon\sin\psi\cos\bar{\gamma} - (\cos\epsilon\cos\psi\cos\bar{\phi} + \sin\epsilon\sin\bar{\phi})\sin\bar{\gamma} \\ \cos\epsilon\sin\psi\sin\bar{\gamma} + (\cos\epsilon\cos\psi\cos\bar{\phi} + \sin\epsilon\sin\bar{\phi})\cos\bar{\gamma} \\ \cos\epsilon\cos\psi\sin\bar{\phi} - \sin\epsilon\cos\bar{\phi} \end{pmatrix}$$

Lastly, the elements of the third row are the components of the unit vector pointing in the direction of the celestial intermediate pole, thus

$$\mathbf{M}_k = \begin{pmatrix} \mathbf{M}_{3,1} \\ \mathbf{M}_{3,2} \\ \mathbf{M}_{3,3} \end{pmatrix} = \begin{pmatrix} \mathcal{X} \\ \mathcal{Y} \\ \mathcal{Z} \end{pmatrix} = \begin{pmatrix} \sin\epsilon\sin\psi\cos\bar{\gamma} - (\sin\epsilon\cos\psi\cos\bar{\phi} - \cos\epsilon\sin\bar{\phi})\sin\bar{\gamma} \\ \sin\epsilon\sin\psi\sin\bar{\gamma} + (\sin\epsilon\cos\psi\cos\bar{\phi} - \cos\epsilon\sin\bar{\phi})\cos\bar{\gamma} \\ \sin\epsilon\cos\psi\sin\bar{\phi} + \cos\epsilon\cos\bar{\phi} \end{pmatrix}$$

Reduction from GCRS to J2000—frame bias—rigorous formulae

Positions of objects with respect to the GCRS must be rotated to the J2000·0 dynamical system before precession and nutation are applied. Objects whose positions are given with respect to another system, e.g. FK5, may first be transformed to the GCRS before using the methods given here. An GCRS position $\mathbf{r}$ may be transformed to a J2000·0 or FK5 position $\mathbf{r}_0$ and vice versa, as follows,

$$\mathbf{r}_0 = \mathbf{B}\,\mathbf{r} \quad \text{and} \quad \mathbf{r} = \mathbf{B}^{-1}\mathbf{r}_0 = \mathbf{B}'\mathbf{r}_0$$

where $\mathbf{B}$ is the frame bias matrix.

Reduction from GCRS to J2000—frame bias—rigorous formulae (continued)

There are two sets of parameters that may be used to generate **B**. There are η_0, ξ_0 and $d\alpha_0$ which appeared in the literature first, or those consistent with the Fukushima-Williams precession parameterization, γ_B, ϕ_B and ψ_B.

Offsets of the Pole and Origin at J2000·0

Rotation	η_0	ξ_0	$d\alpha_0$	γ_B	ϕ_B	ψ_B
From	mas	mas	mas	mas	mas	mas
GCRS to J2000·0	$-$ 6·8192	$-16·617$	$-14·6$	52·928	6·819	41·775
GCRS to FK5	$-19·9$	$+$ 9·1	$-22·9$			

where η_0, ξ_0 are the offsets from the pole together with $d\alpha_0$, the shift in right ascension origin. The IAU 2006 offsets, γ_B, ϕ_B and ψ_B are extracted from the IAU WGPE report and are consistent with F-W method of rotations:

$$\mathbf{B} = \mathbf{R}_3(-\psi_B)\,\mathbf{R}_1(\phi_B)\,\mathbf{R}_3(\gamma_B)$$

Alternatively

$$\mathbf{B} = \mathbf{R}_1(-\eta_0)\,\mathbf{R}_2(\xi_0)\,\mathbf{R}_3(d\alpha_0) \qquad \mathbf{B}^{-1} = \mathbf{R}_3(-d\alpha_0)\,\mathbf{R}_2(-\xi_0)\,\mathbf{R}_1(+\eta_0)$$

where in terms of corrections provided by the IAU 2000 precession-nutation theory, $\delta\epsilon_0 = \eta_0$ and $\xi_0 = -41·775\sin(23° 26' 21''·448) = -16·617$ mas.

Evaluating the matrix for GCRS to J2000·0 gives

$$\mathbf{B} = \begin{pmatrix} +0·9999\ 9999\ 9999\ 9942 & -0·0000\ 0007\ 1 & +0·0000\ 0008\ 056 \\ +0·0000\ 0007\ 1 & +0·9999\ 9999\ 9999\ 9969 & +0·0000\ 0003\ 306 \\ -0·0000\ 0008\ 056 & -0·0000\ 0003\ 306 & +0·9999\ 9999\ 9999\ 9962 \end{pmatrix}$$

where the number of digits is determined by the accuracy of the offsets.

Approximate reduction from GCRS to J2000

Since the rotations to orient the GCRS to J2000·0 system are small the following approximate matrix, accurate to $2'' \times 10^{-9}$ (1×10^{-14} radians), may be used:

$$\mathbf{B} = \begin{pmatrix} 1 & d\alpha_0 & -\xi_0 \\ -d\alpha_0 & 1 & -\eta_0 \\ \xi_0 & \eta_0 & 1 \end{pmatrix}$$

where η_0, ξ_0 and $d\alpha_0$ are the offsets of the pole and the origin (expressed in radians) from J2000·0 given in the table above.

Reduction for precession—rigorous formulae

Rigorous formulae for the reduction of mean equatorial positions from J2000·0 (t_0) to epoch of date t, and vice versa, are as follows:

For equatorial rectangular coordinates (x_0, y_0, z_0), or direction cosines $(\mathbf{r}_0)$,

$$\mathbf{r}_m = \mathbf{P}\,\mathbf{r}_0 \qquad\qquad \mathbf{r}_0 = \mathbf{P}^{-1}\,\mathbf{r}_m = \mathbf{P}'\mathbf{r}_m$$

where

$$\mathbf{P} = \mathbf{R}_1(-\epsilon_A)\,\mathbf{R}_3(-\psi_J)\,\mathbf{R}_1(\phi_J)\,\mathbf{R}_3(\gamma_J)$$
$$= \mathbf{R}_3(\chi_A)\,\mathbf{R}_1(-\omega_A)\,\mathbf{R}_3(-\psi_A)\,\mathbf{R}_1(\epsilon_0)$$
$$= \mathbf{R}_3(-z_A)\,\mathbf{R}_2(\theta_A)\,\mathbf{R}_3(-\zeta_A)$$

and $\mathbf{r}_m$ is the position vector precessed from t_0 to the mean equinox at t.

The angles given in this section precess positions from J2000·0 to date and therefore do not include the frame bias, which is only needed when positions are with respect to the GCRS.

Reduction for precession—rigorous formulae (continued)

For all the precession angles given in this section the time argument T is given by

$$T = (t - 2000 \cdot 0)/100 = (\text{JD}_{\text{TT}} - 245\ 1545 \cdot 0)/36\ 525$$

which is a function of TT. Strictly speaking precession angles should be a function of TDB, but this makes no significant difference.

The 4-rotation Fukushima-Williams (F-W) method using angles γ_{J}, ϕ_{J}, ψ_{J}, and ϵ_{A}, are

$$\gamma_{\text{J}} = 10\rlap{.}''556\ 403\ T + 0\rlap{.}''493\ 2044\ T^2 - 0\rlap{.}''000\ 312\ 38\ T^3$$
$$- 2\rlap{.}''788 \times 10^{-6}\ T^4 + 2\rlap{.}''60 \times 10^{-8}\ T^5$$

$$\phi_{\text{J}} = \epsilon_0 - 46\rlap{.}''811\ 015\ T + 0\rlap{.}''051\ 1269\ T^2 + 0\rlap{.}''000\ 532\ 89\ T^3$$
$$- 0\rlap{.}''440 \times 10^{-6}\ T^4 - 1\rlap{.}''76 \times 10^{-8}\ T^5$$

$$\psi_{\text{J}} = 5038\rlap{.}''481\ 507\ T + 1\rlap{.}''558\ 4176\ T^2 - 0\rlap{.}''000\ 185\ 22\ T^3$$
$$- 26\rlap{.}''452 \times 10^{-6}\ T^4 - 1\rlap{.}''48 \times 10^{-8}\ T^5$$

$$\epsilon_{\text{A}} = \epsilon_0 - 46\rlap{.}''836\ 769\ T - 0\rlap{.}''000\ 1831\ T^2 + 0\rlap{.}''002\ 003\ 40\ T^3$$
$$- 0\rlap{.}''576 \times 10^{-6}\ T^4 - 4\rlap{.}''34 \times 10^{-8}\ T^5$$

where $\epsilon_0 = 84\ 381\rlap{.}''406 = 23° 26' 21\rlap{.}''406$ is the obliquity of the ecliptic with respect to the dynamical equinox at J2000 and ϵ_{A} is the obliquity of the ecliptic with respect to the mean equator of date; equivalently

$$\epsilon_{\text{A}} = 23\rlap{.}°439\ 279\ 4444 - 0\rlap{.}°013\ 010\ 213\ 61\ T - 5\rlap{.}°0861 \times 10^{-8}\ T^2$$
$$+ 5\rlap{.}°565 \times 10^{-7}\ T^3 - 1\rlap{.}°6 \times 10^{-10}\ T^4 - 1\rlap{.}°2056 \times 10^{-11}\ T^5$$

The precession matrix for the F-W precession angles, which includes how to incorporate the frame bias and nutation, is described on page B56.

The Capitaine *et al.* method, the formulation of which cleanly separates precession of the equator from precession of the ecliptic, is via the precession angles χ_{A}, ω_{A}, ψ_{A}, which are

$$\psi_{\text{A}} = 5038\rlap{.}''481\ 507\ T - 1\rlap{.}''079\ 0069\ T^2 - 0\rlap{.}''001\ 140\ 45\ T^3$$
$$+ 0\rlap{.}''000\ 132\ 851\ T^4 - 9\rlap{.}''51 \times 10^{-8}\ T^5$$

$$\omega_{\text{A}} = \epsilon_0 - 0\rlap{.}''025\ 754\ T + 0\rlap{.}''051\ 2623\ T^2 - 0\rlap{.}''007\ 725\ 03\ T^3$$
$$- 0\rlap{.}''000\ 000\ 467\ T^4 + 33\rlap{.}''37 \times 10^{-8}\ T^5$$

$$\chi_{\text{A}} = 10\rlap{.}''556\ 403\ T - 2\rlap{.}''381\ 4292\ T^2 - 0\rlap{.}''001\ 211\ 97\ T^3$$
$$+ 0\rlap{.}''000\ 170\ 663\ T^4 - 5\rlap{.}''60 \times 10^{-8}\ T^5$$

where the precession matrix using χ_{A}, ω_{A}, ψ_{A} and ϵ_0 is

$$\mathbf{P} = \begin{pmatrix} C_4C_2 - S_2S_4C_3 & C_4S_2C_1 + S_4C_3C_2C_1 - S_1S_4S_3 & C_4S_2S_1 + S_4C_3C_2S_1 + C_1S_4S_3 \\ -S_4C_2 - S_2C_4C_3 & -S_4S_2C_1 + C_4C_3C_2C_1 - S_1C_4S_3 & -S_4S_2S_1 + C_4C_3C_2S_1 + C_1C_4S_3 \\ S_2S_3 & -S_3C_2C_1 - S_1C_3 & -S_3C_2S_1 + C_3C_1 \end{pmatrix}$$

where
$$\begin{array}{llll} S_1 = \sin\epsilon_0 & S_2 = \sin(-\psi_{\text{A}}) & S_3 = \sin(-\omega_{\text{A}}) & S_4 = \sin\chi_{\text{A}} \\ C_1 = \cos\epsilon_0 & C_2 = \cos(-\psi_{\text{A}}) & C_3 = \cos(-\omega_{\text{A}}) & C_4 = \cos\chi_{\text{A}} \end{array}$$

The traditional equatorial precession angles ζ_{A}, z_{A}, θ_{A} are

$$\zeta_{\text{A}} = +2\rlap{.}''650\ 545 + 2306\rlap{.}''083\ 227\ T + 0\rlap{.}''298\ 8499\ T^2 + 0\rlap{.}''018\ 018\ 28\ T^3$$
$$- 5\rlap{.}''971 \times 10^{-6}\ T^4 - 3\rlap{.}''173 \times 10^{-7}\ T^5$$

$$z_{\text{A}} = -2\rlap{.}''650\ 545 + 2306\rlap{.}''077\ 181\ T + 1\rlap{.}''092\ 7348\ T^2 + 0\rlap{.}''018\ 268\ 37\ T^3$$
$$- 28\rlap{.}''596 \times 10^{-6}\ T^4 - 2\rlap{.}''904 \times 10^{-7}\ T^5$$

$$\theta_{\text{A}} = 2004\rlap{.}''191\ 903\ T - 0\rlap{.}''429\ 4934\ T^2 - 0\rlap{.}''041\ 822\ 64\ T^3$$
$$- 7\rlap{.}''089 \times 10^{-6}\ T^4 - 1\rlap{.}''274 \times 10^{-7}\ T^5$$

Reduction for precession—rigorous formulae (continued)

The precession matrix using ζ_A, z_A, θ_A is

$$\mathbf{P} = \begin{pmatrix} \cos\zeta_A\cos\theta_A\cos z_A - \sin\zeta_A\sin z_A & -\sin\zeta_A\cos\theta_A\cos z_A - \cos\zeta_A\sin z_A & -\sin\theta_A\cos z_A \\ \cos\zeta_A\cos\theta_A\sin z_A + \sin\zeta_A\cos z_A & -\sin\zeta_A\cos\theta_A\sin z_A + \cos\zeta_A\cos z_A & -\sin\theta_A\sin z_A \\ \cos\zeta_A\sin\theta_A & -\sin\zeta_A\sin\theta_A & \cos\theta_A \end{pmatrix}$$

For right ascension and declination in terms of ζ_A, z_A, θ_A:

$$\sin(\alpha - z_A)\cos\delta = \sin(\alpha_0 + \zeta_A)\cos\delta_0$$
$$\cos(\alpha - z_A)\cos\delta = \cos(\alpha_0 + \zeta_A)\cos\theta_A\cos\delta_0 - \sin\theta_A\sin\delta_0$$
$$\sin\delta = \cos(\alpha_0 + \zeta_A)\sin\theta_A\cos\delta_0 + \cos\theta_A\sin\delta_0$$

$$\sin(\alpha_0 + \zeta_A)\cos\delta_0 = \sin(\alpha - z_A)\cos\delta$$
$$\cos(\alpha_0 + \zeta_A)\cos\delta_0 = \cos(\alpha - z_A)\cos\theta_A\cos\delta + \sin\theta_A\sin\delta$$
$$\sin\delta_0 = -\cos(\alpha - z_A)\sin\theta_A\cos\delta + \cos\theta_A\sin\delta$$

where ζ_A, z_A, θ_A, given above, are angles that serve to specify the position of the mean equator and equinox of date with respect to the mean equator and equinox of J2000·0.

Values of all the angles and the elements of $\mathbf{P}$ for reduction from J2000·0 to epoch and mean equinox of the middle of the year (J2018·5) are as follows:

F-W Precession Angles γ_J, ϕ_J, ψ_J, and ϵ_A

γ_J	=	$+1''\!97 = +0°\!.000\,547$	ϕ_J	=	$+843\,72''\!75 = +23°\!.436\,874$
ψ_J	=	$+932''\!17 = +0°\!.258\,937$	ϵ_A	=	$23°\,26'\,12''\!74 = 23°\!.436\,873$

Precession Angles ζ_A, z_A, θ_A Precession Angles ψ_A, ω_A, χ_A

ζ_A	=	$+429''\!29 = +0°\!.119\,246$	ψ_A	=	$+932''\!08 = +0°\!.258\,912$
z_A	=	$+424''\!01 = +0°\!.117\,781$	ω_A	=	$+843\,81''\!40 = +23°\!.439\,279$
θ_A	=	$+370''\!76 = +0°\!.102\,989$	χ_A	=	$+1''\!87 = +0°\!.000\,520$

The rotation matrix for precession from J2000·0 to J2018·5 is

$$\mathbf{P} = \begin{pmatrix} +0·999\,989\,828 & -0·004\,136\,888 & -0·001\,797\,493 \\ +0·004\,136\,888 & +0·999\,991\,443 & -0·000\,003\,695 \\ +0·001\,797\,493 & -0·000\,003\,741 & +0·999\,998\,385 \end{pmatrix}$$

The precessional motion of the ecliptic is specified by the inclination (π_A) and longitude of the node (Π_A) of the ecliptic of date with respect to the ecliptic and equinox of J2000·0; they are given by:

$$\sin\pi_A\sin\Pi_A = +4''\!199\,094\,T + 0''\!193\,9873\,T^2 - 0''\!000\,224\,66\,T^3$$
$$- 9''\!12\times10^{-7}\,T^4 + 1''\!20\times10^{-8}\,T^5$$

$$\sin\pi_A\cos\Pi_A = -46''\!811\,015\,T + 0''\!051\,0283\,T^2 + 0''\!000\,524\,13\,T^3$$
$$- 6''\!46\times10^{-7}\,T^4 - 1''\!72\times10^{-8}\,T^5$$

π_A is a small angle, and often π_A replaces $\sin\pi_A$.

For epoch J2018·5 $\pi_A = +8''\!694 = 0°\!.002\,4149$
$\Pi_A = 174°\,49'\!.8 = 174°\!.830$

Reduction for precession—approximate formulae

Approximate formulae for the reduction of coordinates and orbital elements referred to the mean equinox and equator or ecliptic of date (t) are as follows:

<table>
<tr><td>For reduction to J2000·0</td><td>For reduction from J2000·0</td></tr>
<tr><td>$\alpha_0 = \alpha - M - N \sin \alpha_m \tan \delta_m$</td><td>$\alpha = \alpha_0 + M + N \sin \alpha_m \tan \delta_m$</td></tr>
<tr><td>$\delta_0 = \delta - N \cos \alpha_m$</td><td>$\delta = \delta_0 + N \cos \alpha_m$</td></tr>
<tr><td>$\lambda_0 = \lambda - a + b \cos (\lambda + c') \tan \beta_0$</td><td>$\lambda = \lambda_0 + a - b \cos (\lambda_0 + c) \tan \beta$</td></tr>
<tr><td>$\beta_0 = \beta - b \sin (\lambda + c')$</td><td>$\beta = \beta_0 + b \sin (\lambda_0 + c)$</td></tr>
<tr><td>$\Omega_0 = \Omega - a + b \sin (\Omega + c') \cot i_0$</td><td>$\Omega = \Omega_0 + a - b \sin (\Omega_0 + c) \cot i$</td></tr>
<tr><td>$i_0 = i - b \cos (\Omega + c')$</td><td>$i = i_0 + b \cos (\Omega_0 + c)$</td></tr>
<tr><td>$\omega_0 = \omega - b \sin (\Omega + c') \operatorname{cosec} i_0$</td><td>$\omega = \omega_0 + b \sin (\Omega_0 + c) \operatorname{cosec} i$</td></tr>
</table>

where the subscript zero refers to epoch J2000·0 and α_m, δ_m refer to the mean epoch; with sufficient accuracy:

$$\alpha_m = \alpha - \tfrac{1}{2}(M + N \sin \alpha \tan \delta)$$
$$\delta_m = \delta - \tfrac{1}{2} N \cos \alpha_m$$

or

$$\alpha_m = \alpha_0 + \tfrac{1}{2}(M + N \sin \alpha_0 \tan \delta_0)$$
$$\delta_m = \delta_0 + \tfrac{1}{2} N \cos \alpha_m$$

The precessional constants M, N, etc., are given by:

$$M = 1°.2811\ 5566\ 89\ T + 0°.0003\ 8655\ 131\ T^2 + 0°.0000\ 1007\ 9625\ T^3$$
$$- 9°.60194 \times 10^{-9}\ T^4 - 1°.68806 \times 10^{-10}\ T^5$$

$$N = 0°.5567\ 1997\ 31\ T - 0°.0001\ 1930\ 372\ T^2 - 0°.0000\ 1161\ 7400\ T^3$$
$$- 1°.96917 \times 10^{-9}\ T^4 - 3°.5389 \times 10^{-11}\ T^5$$

$$a = 1°.3968\ 8783\ 19\ T + 0°.0003\ 0706\ 522\ T^2 + 2°.2122 \times 10^{-8}\ T^3$$
$$- 6°.62694 \times 10^{-9}\ T^4 + 1°.0639 \times 10^{-11}\ T^5$$

$$b = 0°.0130\ 5527\ 03\ T - 0°.0000\ 0930\ 350\ T^2 + 3°.4886 \times 10^{-8}\ T^3$$
$$+ 3°.13889 \times 10^{-11}\ T^4 - 6°.11 \times 10^{-13}\ T^5$$

$$c = 5°.1258\ 9067 + 0°.8189\ 93580\ T + 0°.0001\ 4256\ 094\ T^2 + 2°.971\ 04 \times 10^{-8}\ T^3$$
$$- 2°.480\ 66 \times 10^{-9}\ T^4 + 4°.694 \times 10^{-12}\ T^5$$

$$c' = 5°.1258\ 9067 - 0°.5778\ 94252\ T - 0°.0001\ 6450\ 428\ T^2 + 7°.588\ 19 \times 10^{-9}\ T^3$$
$$+ 4°.146\ 28 \times 10^{-9}\ T^4 - 5°.944 \times 10^{-12}\ T^5$$

Formulae for the reduction from the mean equinox and equator or ecliptic of the middle of year (t_1) to date (t) are as follows:

<table>
<tr><td>$\alpha = \alpha_1 + \tau (m + n \sin \alpha_1 \tan \delta_1)$</td><td>$\delta = \delta_1 + \tau n \cos \alpha_1$</td></tr>
<tr><td>$\lambda = \lambda_1 + \tau (p - \pi \cos (\lambda_1 + 6°) \tan \beta)$</td><td>$\beta = \beta_1 + \tau \pi \sin (\lambda_1 + 6°)$</td></tr>
<tr><td>$\Omega = \Omega_1 + \tau (p - \pi \sin (\Omega_1 + 6°) \cot i)$</td><td>$i = i_1 + \tau \pi \cos (\Omega_1 + 6°)$</td></tr>
<tr><td>$\omega = \omega_1 + \tau \pi \sin (\Omega_1 + 6°) \operatorname{cosec} i$</td><td></td></tr>
</table>

where $\tau = t - t_1$ and π is the annual rate of rotation of the ecliptic.

Reduction for precession—approximate formulae (continued)

The precessional constants p, m, etc., are as follows:

Annual	Epoch J2018·5		Epoch J2018·5
general precession $p = +0°013\ 9700$		Annual rate of rotation	$\pi = +0°000\ 1305$
precession in R.A. $m = +0°012\ 8130$		Longitude of axis	$\Pi = +174°8295$
precession in Dec. $n = +0°005\ 5667$		$\gamma = 180° - \Pi = +5°1705$	

where Π is the longitude of the instantaneous rotation axis of the ecliptic, measured from the mean equinox of date.

Reduction for nutation—rigorous formulae

Nutations in longitude ($\Delta\psi$) and obliquity ($\Delta\epsilon$) have been calculated using the IAU 2000A series definitions (order of 1μas) with the following adjustments which are required for use at the highest precision with the IAU 2006 precession, viz:

$$\Delta\psi = \Delta\psi_{2000A} + (0\cdot4697\times10^{-6} - 2\cdot7774\times10^{-6}\ T)\ \Delta\psi_{2000A}$$

$$\Delta\epsilon = \Delta\epsilon_{2000A} - 2\cdot7774\times10^{-6}\ T\ \Delta\epsilon_{2000A}$$

where T is measured in Julian centuries from 245 1545·0 TT. $\Delta\psi$ and $\Delta\epsilon$ together with the true obliquity of the ecliptic (ϵ) are tabulated, daily at 0^h TT, on pages B58–B65. Web links are given on page x or on *The Astronomical Almanac Online* for series for evaluating $\Delta\psi_{2000A}$, $\Delta\epsilon_{2000A}$, and $\Delta\psi$, $\Delta\epsilon$.

A mean place ($\mathbf{r}_m$) may be transformed to a true place ($\mathbf{r}_t$), and vice versa, as follows:

$$\mathbf{r}_t = \mathbf{N}\,\mathbf{r}_m \qquad \mathbf{r}_m = \mathbf{N}^{-1}\,\mathbf{r}_t = \mathbf{N}'\,\mathbf{r}_t$$

where
$$\mathbf{N} = \mathbf{R}_1(-\epsilon)\ \mathbf{R}_3(-\Delta\psi)\ \mathbf{R}_1(+\epsilon_A)$$

$$\epsilon = \epsilon_A + \Delta\epsilon$$

and ϵ_A is given on page B52. The matrix for nutation is given by

$$\mathbf{N} = \begin{pmatrix} \cos\Delta\psi & -\sin\Delta\psi\cos\epsilon_A & -\sin\Delta\psi\sin\epsilon_A \\ \sin\Delta\psi\cos\epsilon & \cos\Delta\psi\cos\epsilon_A\cos\epsilon+\sin\epsilon_A\sin\epsilon & \cos\Delta\psi\sin\epsilon_A\cos\epsilon-\cos\epsilon_A\sin\epsilon \\ \sin\Delta\psi\sin\epsilon & \cos\Delta\psi\cos\epsilon_A\sin\epsilon-\sin\epsilon_A\cos\epsilon & \cos\Delta\psi\sin\epsilon_A\sin\epsilon+\cos\epsilon_A\cos\epsilon \end{pmatrix}$$

Approximate reduction for nutation

To first order, the contributions of the nutations in longitude ($\Delta\psi$) and in obliquity ($\Delta\epsilon$) to the reduction from mean place to true place are given by:

$$\Delta\alpha = (\cos\epsilon + \sin\epsilon\,\sin\alpha\,\tan\delta)\,\Delta\psi - \cos\alpha\,\tan\delta\,\Delta\epsilon \qquad \Delta\lambda = \Delta\psi$$

$$\Delta\delta = \sin\epsilon\,\cos\alpha\,\Delta\psi + \sin\alpha\,\Delta\epsilon \qquad\qquad\qquad \Delta\beta = 0$$

The following formulae may be used to compute $\Delta\psi$ and $\Delta\epsilon$ to a precision of about $0°0002$ ($1''$) during 2018.

$$\Delta\psi = -\ 0°0048\,\sin\,(137°0 - 0\cdot053\,d) \qquad \Delta\epsilon = +\ 0°0026\,\cos\,(137°0 - 0\cdot053\,d)$$

$$-\ 0°0004\,\sin\,(199°2 + 1\cdot971\,d) \qquad\qquad +\ 0°0002\,\cos\,(199°2 + 1\cdot971\,d)$$

where $d = \text{JD}_{TT} - 245\ 8118\cdot5$ is the day of the year and fraction; for this precision

$$\epsilon = 23°44 \qquad \cos\epsilon = 0\cdot917 \qquad \sin\epsilon = 0\cdot398$$

Approximate reduction for nutation (continued)

The corrections to be added to the mean rectangular coordinates (x, y, z) to produce the true rectangular coordinates are given by:

$$\Delta x = -(y \cos \epsilon + z \sin \epsilon)\, \Delta\psi \qquad \Delta y = +x\, \Delta\psi \, \cos \epsilon - z\, \Delta\epsilon \qquad \Delta z = +x\, \Delta\psi \, \sin \epsilon + y\, \Delta\epsilon$$

where $\Delta\psi$ and $\Delta\epsilon$ are expressed in radians. The corresponding rotation matrix is

$$\mathbf{N} = \begin{pmatrix} 1 & -\Delta\psi \, \cos \epsilon & -\Delta\psi \, \sin \epsilon \\ +\Delta\psi \, \cos \epsilon & 1 & -\Delta\epsilon \\ +\Delta\psi \, \sin \epsilon & +\Delta\epsilon & 1 \end{pmatrix}$$

Combined reduction for frame bias, precession and nutation—rigorous formulae

The angles $\bar{\gamma}, \bar{\phi}, \bar{\psi}$ which combine frame bias with the effects of precession are given by

$$\bar{\gamma} = -0\rlap{.}''052\,928 + 10\rlap{.}''556\,378\, T + 0\rlap{.}''493\,2044\, T^2 - 0\rlap{.}''000\,312\,38\, T^3$$
$$- 2\rlap{.}''788 \times 10^{-6}\, T^4 + 2\rlap{.}''60 \times 10^{-8}\, T^5$$

$$\bar{\phi} = 84381\rlap{.}''412\,819 - 46\rlap{.}''811\,016\, T + 0\rlap{.}''051\,1268\, T^2 + 0\rlap{.}''000\,532\,89\, T^3$$
$$- 0\rlap{.}''440 \times 10^{-6}\, T^4 - 1\rlap{.}''76 \times 10^{-8}\, T^5$$

$$\bar{\psi} = -0\rlap{.}''041\,775 + 5038\rlap{.}''481\,484\, T + 1\rlap{.}''558\,4175\, T^2 - 0\rlap{.}''000\,185\,22\, T^3$$
$$- 26\rlap{.}''452 \times 10^{-6}\, T^4 - 1\rlap{.}''48 \times 10^{-8}\, T^5$$

Nutation (see page B55) is applied by adding the nutations in longitude ($\Delta\psi$) and obliquity ($\Delta\epsilon$) thus

$$\psi = \bar{\psi} + \Delta\psi \qquad \text{and} \qquad \epsilon = \epsilon_A + \Delta\epsilon$$

Values for $\Delta\psi$ and $\Delta\epsilon$ are tabulated daily on pages B58–B65 with ϵ, the true obliquity of the ecliptic, while ϵ_A is given on page B52.

Thus the reduction from a geocentric position $\mathbf{r}$ with respect to the GCRS to a position $\mathbf{r}_t$ with respect to the (true) equator and equinox of date, and vice versa, is given by:

$$\mathbf{r}_t = \mathbf{M}\,\mathbf{r} = \mathbf{N}\mathbf{P}\mathbf{B}\,\mathbf{r} \qquad \mathbf{r} = \mathbf{B}^{-1}\mathbf{P}^{-1}\mathbf{N}^{-1}\,\mathbf{r}_t = \mathbf{B}'\,\mathbf{P}'\,\mathbf{N}'\,\mathbf{r}_t$$

or where $\qquad \mathbf{M} = \mathbf{R}_1(-\epsilon)\,\mathbf{R}_3(-\psi)\,\mathbf{R}_1(\bar{\phi})\,\mathbf{R}_3(\bar{\gamma})$

and the matrices $\mathbf{B}$, $\mathbf{P}$ and $\mathbf{N}$ are defined in the preceding sections. The combined matrix $\mathbf{M}$ (see page B50) is tabulated daily at 0^h TT on even numbered pages B30–B44. There should be no significant difference between the various methods of calculating $\mathbf{M}$.

Values for the middle of the year, epoch J2018·5 for $\bar{\gamma}, \bar{\phi}, \bar{\psi}, \epsilon_A$, and the combined bias and precession matrices are

F-W Bias and Precession Angles $\bar{\gamma}, \bar{\phi}, \bar{\psi}$, and ϵ_A

$$\bar{\gamma} = +1\rlap{.}''92 = +0\rlap{.}°000\,532 \qquad \bar{\phi} = +843\,72\rlap{.}''75 = +23\rlap{.}°436\,876$$
$$\bar{\psi} = +932\rlap{.}''13 = +0\rlap{.}°258\,925 \qquad \epsilon_A = 23°\,26'\,12\rlap{.}''74 = 23\rlap{.}°436\,873$$

$$\mathbf{PB} = \begin{pmatrix} +0\cdot999\,989\,827 & -0\cdot004\,136\,959 & -0\cdot001\,797\,413 \\ +0\cdot004\,136\,959 & +0\cdot999\,991\,443 & -0\cdot000\,003\,662 \\ +0\cdot001\,797\,412 & -0\cdot000\,003\,774 & +0\cdot999\,998\,385 \end{pmatrix}$$

where the combined frame bias and precession matrix has been calculated by ignoring the nutation terms $\Delta\psi$ and $\Delta\epsilon$.

Approximate reduction for precession and nutation

The following formulae and table may be used for the approximate reduction from the equator and equinox of J2000·0 (or from the GCRS if the small frame bias correction is ignored) to the true equator and equinox of date during 2018:

$$\alpha = \alpha_0 + f + g \, \sin(G + \alpha_0) \tan \delta_0$$
$$\delta = \delta_0 + g \, \cos(G + \alpha_0)$$

where the units of the correction to α_0 and δ_0 are seconds and arcminutes, respectively.

Date	f	g	g	G	Date	f	g	g	G
	s	s	′	h m		s	s	′	h m
Jan. −8	+54·6	23·7	5·93	00 05	July 1	+56·1	24·4	6·09	00 04
2*	+54·7	23·8	5·94	00 05	11	+56·1	24·4	6·10	00 04
12	+54·8	23·8	5·95	00 05	21*	+56·2	24·4	6·11	00 04
22	+54·9	23·8	5·96	00 05	31	+56·3	24·5	6·12	00 04
Feb. 1	+55·0	23·9	5·97	00 05	Aug. 10	+56·4	24·5	6·13	00 04
11*	+55·0	23·9	5·98	00 05	20	+56·5	24·5	6·14	00 04
21	+55·1	23·9	5·98	00 04	30*	+56·5	24·6	6·14	00 03
Mar. 3	+55·2	24·0	5·99	00 04	Sept. 9	+56·6	24·6	6·15	00 03
13	+55·2	24·0	6·00	00 04	19	+56·7	24·6	6·16	00 03
23*	+55·2	24·0	6·00	00 04	29	+56·7	24·6	6·16	00 03
Apr. 2	+55·3	24·0	6·01	00 04	Oct. 9*†	+56·8	24·7	6·17	00 03
12	+55·4	24·1	6·01	00 04	19	+56·8	24·7	6·17	00 03
22	+55·4	24·1	6·02	00 04	29	+56·9	24·7	6·18	00 03
May 2*	+55·5	24·1	6·03	00 04	Nov. 8	+56·9	24·7	6·19	00 03
12	+55·6	24·1	6·04	00 04	18*	+57·0	24·8	6·20	00 03
22	+55·7	24·2	6·05	00 04	28	+57·2	24·8	6·21	00 03
June 1	+55·7	24·2	6·06	00 04	Dec. 8	+57·2	24·9	6·22	00 04
11*	+55·8	24·3	6·07	00 04	18	+57·3	24·9	6·23	00 03
21	+55·9	24·3	6·08	00 04	28*	+57·5	25·0	6·24	00 03
July 1	+56·1	24·4	6·09	00 04	38	+57·6	25·0	6·26	00 03

* 40-day date   † 400-day date for osculation epoch

Differential precession and nutation

The corrections for differential precession and nutation are given below. These are to be added to the observed differences of the right ascension and declination, $\Delta\alpha$ and $\Delta\delta$, of an object relative to a comparison star to obtain the differences in the mean place for a standard epoch (e.g. J2000·0 or the beginning of the year). The differences $\Delta\alpha$ and $\Delta\delta$ are measured in the sense "object – comparison star", and the corrections are in the same units as $\Delta\alpha$ and $\Delta\delta$.

In the correction to right ascension the same units must be used for $\Delta\alpha$ and $\Delta\delta$.

$$\text{correction to right ascension} \quad e \tan\delta \, \Delta\alpha - f \sec^2\delta \, \Delta\delta$$
$$\text{correction to declination} \quad f \, \Delta\alpha$$

where
$$e = -\cos\alpha \, (nt + \sin\epsilon \, \Delta\psi) - \sin\alpha \, \Delta\epsilon$$
$$f = +\sin\alpha \, (nt + \sin\epsilon \, \Delta\psi) - \cos\alpha \, \Delta\epsilon$$
$$\epsilon = 23°44, \sin\epsilon = 0·3977, \text{ and } n = 0·000\,0972 \text{ radians for epoch J2018·5}$$

t is the time in years *from* the standard epoch *to* the time of observation. $\Delta\psi$, $\Delta\epsilon$ are nutations in longitude and obliquity at the time of observation, *expressed in radians*. ($1'' = 0·000\,004\,8481$ rad).

The errors in arc units caused by using these formulae are of order $10^{-8} \, t^2 \sec^2\delta$ multiplied by the displacement in arc from the comparison star.

FOR 0ʰ TERRESTRIAL TIME

Date 0ʰ TT	NUTATION in Long. $\Delta\psi$	in Obl. $\Delta\epsilon$	True Obl. of Ecliptic ϵ 23° 26′	Julian Date 0ʰ TT 245	CELESTIAL INTERMEDIATE Pole x	y	Origin s
	″	″	″		″	″	″
Jan. 0	− 11·714 41	− 7·348 05	05·628 62	**8118·5**	+ 355·979 55	− 8·066 60	+ 0·005 59
1	− 11·564 10	− 7·361 56	05·613 82	**8119·5**	+ 356·094 13	− 8·080 57	+ 0·005 60
2	− 11·390 82	− 7·350 48	05·623 63	**8120·5**	+ 356·217 96	− 8·069 98	+ 0·005 59
3	− 11·230 61	− 7·313 14	05·659 68	**8121·5**	+ 356·336 68	− 8·033 11	+ 0·005 55
4	− 11·115 24	− 7·256 44	05·715 10	**8122·5**	+ 356·437 65	− 7·976 82	+ 0·005 50
5	− 11·060 60	− 7·192 74	05·777 52	**8123·5**	+ 356·514 50	− 7·913 42	+ 0·005 45
6	− 11·063 60	− 7·134 71	05·834 27	**8124·5**	+ 356·568 40	− 7·855 60	+ 0·005 39
7	− 11·107 33	− 7·091 29	05·876 40	**8125·5**	+ 356·606 04	− 7·812 34	+ 0·005 36
8	− 11·169 38	− 7·066 19	05·900 22	**8126·5**	+ 356·636 33	− 7·787 36	+ 0·005 33
9	− 11·228 70	− 7·058 45	05·906 68	**8127·5**	+ 356·667 63	− 7·779 75	+ 0·005 33
10	− 11·269 45	− 7·063 99	05·899 86	**8128·5**	+ 356·706 27	− 7·785 43	+ 0·005 33
11	− 11·282 16	− 7·077 12	05·885 44	**8129·5**	+ 356·756 02	− 7·798 77	+ 0·005 34
12	− 11·263 54	− 7·091 76	05·869 52	**8130·5**	+ 356·818 23	− 7·813 65	+ 0·005 35
13	− 11·215 65	− 7·102 19	05·857 81	**8131·5**	+ 356·892 10	− 7·824 39	+ 0·005 36
14	− 11·144 94	− 7·103 70	05·855 02	**8132·5**	+ 356·975 08	− 7·826 22	+ 0·005 36
15	− 11·061 15	− 7·092 96	05·864 47	**8133·5**	+ 357·063 31	− 7·815 84	+ 0·005 35
16	− 10·976 07	− 7·068 43	05·887 72	**8134·5**	+ 357·152 10	− 7·791 66	+ 0·005 33
17	− 10·902 01	− 7·030 55	05·924 32	**8135·5**	+ 357·236 57	− 7·754 12	+ 0·005 29
18	− 10·850 11	− 6·981 76	05·971 83	**8136·5**	+ 357·312 27	− 7·705 63	+ 0·005 25
19	− 10·828 54	− 6·926 26	06·026 04	**8137·5**	+ 357·375 93	− 7·650 38	+ 0·005 20
20	− 10·841 06	− 6·869 51	06·081 52	**8138·5**	+ 357·426 04	− 7·593 83	+ 0·005 15
21	− 10·885 94	− 6·817 46	06·132 28	**8139·5**	+ 357·463 26	− 7·541 93	+ 0·005 11
22	− 10·955 62	− 6·775 68	06·172 78	**8140·5**	+ 357·490 58	− 7·500 26	+ 0·005 07
23	− 11·037 14	− 6·748 38	06·198 79	**8141·5**	+ 357·513 13	− 7·473 05	+ 0·005 05
24	− 11·113 48	− 6·737 43	06·208 46	**8142·5**	+ 357·537 67	− 7·462 20	+ 0·005 04
25	− 11·165 90	− 6·741 54	06·203 07	**8143·5**	+ 357·571 68	− 7·466 45	+ 0·005 04
26	− 11·177 46	− 6·755 74	06·187 59	**8144·5**	+ 357·621 88	− 7·480 85	+ 0·005 05
27	− 11·137 83	− 6·771 53	06·170 52	**8145·5**	+ 357·692 45	− 7·496 91	+ 0·005 06
28	− 11·048 15	− 6·778 26	06·162 50	**8146·5**	+ 357·782 95	− 7·504 01	+ 0·005 07
29	− 10·924 20	− 6·765 98	06·173 50	**8147·5**	+ 357·887 15	− 7·492 15	+ 0·005 05
30	− 10·794 60	− 6·729 10	06·209 10	**8148·5**	+ 357·993 71	− 7·455 70	+ 0·005 02
31	− 10·692 58	− 6·669 42	06·267 50	**8149·5**	+ 358·089 38	− 7·396 40	+ 0·004 97
Feb. 1	− 10·643 92	− 6·596 13	06·339 51	**8150·5**	+ 358·163 89	− 7·323 40	+ 0·004 90
2	− 10·657 44	− 6·522 43	06·411 93	**8151·5**	+ 358·213 67	− 7·249 90	+ 0·004 84
3	− 10·723 52	− 6·460 44	06·472 63	**8152·5**	+ 358·242 50	− 7·188 03	+ 0·004 78
4	− 10·820 47	− 6·417 44	06·514 35	**8153·5**	+ 358·258 98	− 7·145 09	+ 0·004 75
5	− 10·923 74	− 6·394 70	06·535 80	**8154·5**	+ 358·272 86	− 7·122 41	+ 0·004 73
6	− 11·013 07	− 6·388 83	06·540 39	**8155·5**	+ 358·292 22	− 7·116 62	+ 0·004 72
7	− 11·075 75	− 6·393 79	06·534 15	**8156·5**	+ 358·322 14	− 7·121 70	+ 0·004 73
8	− 11·106 74	− 6·402 81	06·523 85	**8157·5**	+ 358·364 64	− 7·130 89	+ 0·004 73
9	− 11·107 35	− 6·409 59	06·515 79	**8158·5**	+ 358·419 23	− 7·137 89	+ 0·004 74
10	− 11·083 59	− 6·409 01	06·515 09	**8159·5**	+ 358·483 55	− 7·137 57	+ 0·004 74
11	− 11·044 63	− 6·397 44	06·525 37	**8160·5**	+ 358·553 95	− 7·126 28	+ 0·004 73
12	− 11·001 66	− 6·372 94	06·548 59	**8161·5**	+ 358·626 00	− 7·102 07	+ 0·004 70
13	− 10·966 63	− 6·335 41	06·584 84	**8162·5**	+ 358·694 95	− 7·064 82	+ 0·004 67
14	− 10·950 97	− 6·286 67	06·632 29	**8163·5**	+ 358·756 23	− 7·016 32	+ 0·004 63
15	− 10·963 97	− 6·230 42	06·687 26	**8164·5**	+ 358·806 15	− 6·960 27	+ 0·004 58

FOR 0ʰ TERRESTRIAL TIME

Date 0ʰ TT	NUTATION in Long. $\Delta\psi$	in Obl. $\Delta\epsilon$	True Obl. of Ecliptic ϵ 23° 26′	Julian Date 0ʰ TT 245	CELESTIAL INTERMEDIATE Pole x	y	Origin s
	"	"	"		"	"	"
Feb. 15	− 10·963 97	− 6·230 42	06·687 26	8164·5	+ 358·806 15	− 6·960 27	+ 0·004 58
16	− 11·011 05	− 6·171 90	06·744 50	8165·5	+ 358·842 53	− 6·901 90	+ 0·004 53
17	− 11·092 24	− 6·117 26	06·797 86	8166·5	+ 358·865 32	− 6·847 35	+ 0·004 48
18	− 11·201 29	− 6·072 54	06·841 29	8167·5	+ 358·876 99	6 802 68	+ 0·004 44
19	− 11·325 92	− 6·042 51	06·870 05	8168·5	+ 358·882 41	− 6·772 66	+ 0·004 41
20	− 11·449 33	− 6·029 49	06·881 78	8169·5	+ 358·888 24	− 6·759 67	+ 0·004 40
21	− 11·553 06	− 6·032 56	06·877 43	8170·5	+ 358·901 84	− 6·762 80	+ 0·004 40
22	− 11·620 66	− 6·047 24	06·861 46	8171·5	+ 358·929 76	− 6·777 59	+ 0·004 42
23	− 11·641 72	− 6·065 96	06·841 46	8172·5	+ 358·976 17	− 6·796 50	+ 0·004 43
24	− 11·615 38	− 6·079 30	06·826 84	8173·5	+ 359·041 45	− 6·810 10	+ 0·004 44
25	− 11·552 41	− 6·078 11	06·826 75	8174·5	+ 359·121 37	− 6·809 23	+ 0·004 44
26	− 11·474 42	− 6·056 10	06·847 48	8175·5	+ 359·207 34	− 6·787 56	+ 0·004 42
27	− 11·409 43	− 6·012 22	06·890 07	8176·5	+ 359·288 22	− 6·744 01	+ 0·004 38
28	− 11·383 90	− 5·951 85	06·949 16	8177·5	+ 359·353 48	− 6·683 90	+ 0·004 33
Mar. 1	− 11·413 85	− 5·885 55	07·014 18	8178·5	+ 359·396 70	− 6·617 78	+ 0·004 27
2	− 11·499 35	− 5·825 70	07·072 74	8179·5	+ 359·417 80	− 6·558 01	+ 0·004 22
3	− 11·625 23	− 5·782 32	07·114 85	8180·5	+ 359·422 77	− 6·514 65	+ 0·004 18
4	− 11·767 75	− 5·760 11	07·135 77	8181·5	+ 359·421 04	− 6·492 44	+ 0·004 16
5	− 11·903 05	− 5·758 05	07·136 56	8182·5	+ 359·422 11	− 6·490 37	+ 0·004 16
6	− 12·013 57	− 5·770 80	07·122 52	8183·5	+ 359·432 96	− 6·503 17	+ 0·004 17
7	− 12·090 58	− 5·791 11	07·100 93	8184·5	+ 359·457 12	− 6·523 58	+ 0·004 19
8	− 12·133 51	− 5·811 71	07·079 05	8185·5	+ 359·494 82	− 6·544 33	+ 0·004 20
9	− 12·147 88	− 5·826 57	07·062 90	8186·5	+ 359·543 91	− 6·559 40	+ 0·004 22
10	− 12·142 99	− 5·831 44	07·056 75	8187·5	+ 359·600 70	− 6·564 49	+ 0·004 22
11	− 12·130 09	− 5·823 94	07·062 97	8188·5	+ 359·660 73	− 6·557 23	+ 0·004 21
12	− 12·121 07	− 5·803 55	07·082 08	8189·5	+ 359·719 26	− 6·537 07	+ 0·004 19
13	− 12·127 33	− 5·771 59	07·112 75	8190·5	+ 359·771 76	− 6·505 33	+ 0·004 17
14	− 12·158 61	− 5·731 15	07·151 91	8191·5	+ 359·814 34	− 6·465 06	+ 0·004 13
15	− 12·221 64	− 5·686 95	07·194 83	8192·5	+ 359·844 32	− 6·420 98	+ 0·004 09
16	− 12·318 49	− 5·644 93	07·235 57	8193·5	+ 359·860 83	− 6·379 03	+ 0·004 05
17	− 12·445 17	− 5·611 49	07·267 72	8194·5	+ 359·865 45	− 6·345 61	+ 0·004 02
18	− 12·590 96	− 5·592 29	07·285 64	8195·5	+ 359·862 41	− 6·326 39	+ 0·004 01
19	− 12·739 31	− 5·590 78	07·285 87	8196·5	+ 359·858 28	− 6·324 87	+ 0·004 01
20	− 12·870 66	− 5·606 98	07·268 38	8197·5	+ 359·860 84	− 6·341 08	+ 0·004 02
21	− 12·966 82	− 5·636 87	07·237 22	8198·5	+ 359·877 34	− 6·371 03	+ 0·004 05
22	− 13·015 92	− 5·672 86	07·199 94	8199·5	+ 359·912 53	− 6·407 17	+ 0·004 08
23	− 13·016 18	− 5·705 40	07·166 12	8200·5	+ 359·967 16	− 6·439 92	+ 0·004 11
24	− 12·977 40	− 5·725 27	07·144 96	8201·5	+ 360·037 37	− 6·460 08	+ 0·004 12
25	− 12·919 32	− 5·726 07	07·142 88	8202·5	+ 360·115 32	− 6·461 20	+ 0·004 12
26	− 12·867 25	− 5·706 05	07·161 62	8203·5	+ 360·190 98	− 6·441 48	+ 0·004 10
27	− 12·845 65	− 5·668 93	07·197 46	8204·5	+ 360·254 58	− 6·404 62	+ 0·004 07
28	− 12·871 49	− 5·623 11	07·242 00	8205·5	+ 360·299 35	− 6·358 98	+ 0·004 03
29	− 12·949 39	− 5·579 47	07·284 35	8206·5	+ 360·323 41	− 6·315 44	+ 0·003 99
30	− 13·070 40	− 5·548 27	07·314 27	8207·5	+ 360·330 27	− 6·284 27	+ 0·003 96
31	− 13·215 16	− 5·536 24	07·325 02	8208·5	+ 360·327 61	− 6·272 22	+ 0·003 95
Apr. 1	− 13·360 29	− 5·544 99	07·314 99	8209·5	+ 360·324 72	− 6·280 96	+ 0·003 96
2	− 13·485 10	− 5·571 22	07·287 47	8210·5	+ 360·329 84	− 6·307 22	+ 0·003 98

FOR 0ʰ TERRESTRIAL TIME

Date 0ʰ TT		NUTATION		True Obl. of Ecliptic ε 23° 26′	Julian Date 0ʰ TT 245	CELESTIAL INTERMEDIATE		
		in Long. $\Delta\psi$	in Obl. $\Delta\epsilon$			Pole		Origin
						x	y	s
		"	"	"		"	"	"
Apr.	1	− 13·360 29	− 5·544 99	07·314 99	8209·5	+ 360·324 72	− 6·280 96	+ 0·003 96
	2	− 13·485 10	− 5·571 22	07·287 47	8210·5	+ 360·329 84	− 6·307 22	+ 0·003 98
	3	− 13·576 42	− 5·608 37	07·249 04	8211·5	+ 360·348 23	− 6·344 44	+ 0·004 02
	4	− 13·630 03	− 5·648 70	07·207 43	8212·5	+ 360·381 61	− 6·384 90	+ 0·004 05
	5	− 13·649 57	− 5·685 15	07·169 70	8213·5	+ 360·428 56	− 6·421 54	+ 0·004 08
	6	− 13·644 03	− 5·712 41	07·141 16	8214·5	+ 360·485 52	− 6·449 03	+ 0·004 10
	7	− 13·625 19	− 5·727 32	07·124 97	8215·5	+ 360·547 81	− 6·464 19	+ 0·004 12
	8	− 13·605 59	− 5·728 86	07·122 14	8216·5	+ 360·610 47	− 6·465 99	+ 0·004 12
	9	− 13·597 07	− 5·717 95	07·131 77	8217·5	+ 360·668 76	− 6·455 31	+ 0·004 11
	10	− 13·609 77	− 5·697 22	07·151 21	8218·5	+ 360·718 66	− 6·434 79	+ 0·004 09
	11	− 13·651 11	− 5·670 84	07·176 32	8219·5	+ 360·757 19	− 6·408 56	+ 0·004 07
	12	− 13·724 67	− 5·644 22	07·201 65	8220·5	+ 360·782 90	− 6·382 04	+ 0·004 04
	13	− 13·828 81	− 5·623 59	07·221 00	8221·5	+ 360·796 43	− 6·361 47	+ 0·004 02
	14	− 13·955 53	− 5·615 10	07·228 21	8222·5	+ 360·800 93	− 6·353 00	+ 0·004 02
	15	− 14·090 19	− 5·623 48	07·218 54	8223·5	+ 360·802 20	− 6·361 38	+ 0·004 02
	16	− 14·213 05	− 5·650 50	07·190 25	8224·5	+ 360·808 10	− 6·388 42	+ 0·004 05
	17	− 14·303 29	− 5·693 61	07·145 85	8225·5	+ 360·826 90	− 6·431 62	+ 0·004 08
	18	− 14·344 92	− 5·745 80	07·092 38	8226·5	+ 360·864 99	− 6·483 96	+ 0·004 13
	19	− 14·332 56	− 5·796 87	07·040 03	8227·5	+ 360·924 57	− 6·535 27	+ 0·004 17
	20	− 14·274 44	− 5·836 28	06·999 33	8228·5	+ 361·002 39	− 6·575 00	+ 0·004 21
	21	− 14·190 89	− 5·856 34	06·978 00	8229·5	+ 361·090 40	− 6·595 41	+ 0·004 22
	22	− 14·108 64	− 5·854 49	06·978 56	8230·5	+ 361·177 98	− 6·593 91	+ 0·004 22
	23	− 14·053 30	− 5·833 99	06·997 78	8231·5	+ 361·254 94	− 6·573 73	+ 0·004 20
	24	− 14·042 63	− 5·802 75	07·027 74	8232·5	+ 361·314 17	− 6·542 72	+ 0·004 17
	25	− 14·082 52	− 5·771 02	07·058 18	8233·5	+ 361·353 30	− 6·511 15	+ 0·004 15
	26	− 14·166 45	− 5·748 71	07·079 21	8234·5	+ 361·374 87	− 6·488 93	+ 0·004 13
	27	− 14·278 09	− 5·742 98	07·083 66	8235·5	+ 361·385 35	− 6·483 24	+ 0·004 12
	28	− 14·396 09	− 5·756 77	07·068 59	8236·5	+ 361·393 23	− 6·497 06	+ 0·004 13
	29	− 14·499 56	− 5·788 53	07·035 54	8237·5	+ 361·406 82	− 6·528 88	+ 0·004 16
	30	− 14·572 80	− 5·833 10	06·989 69	8238·5	+ 361·432 38	− 6·573 56	+ 0·004 20
May	1	− 14·608 00	− 5·883 28	06·938 23	8239·5	+ 361·473 04	− 6·623 90	+ 0·004 24
	2	− 14·605 65	− 5·931 61	06·888 62	8240·5	+ 361·528 64	− 6·672 45	+ 0·004 28
	3	− 14·572 99	− 5·971 86	06·847 08	8241·5	+ 361·596 33	− 6·712 98	+ 0·004 32
	4	− 14·521 53	− 5·999 87	06·817 79	8242·5	+ 361·671 55	− 6·741 29	+ 0·004 34
	5	− 14·464 50	− 6·013 81	06·802 57	8243·5	+ 361·749 03	− 6·755 54	+ 0·004 35
	6	− 14·414 73	− 6·014 06	06·801 04	8244·5	+ 361·823 69	− 6·756 10	+ 0·004 35
	7	− 14·383 23	− 6·002 88	06·810 93	8245·5	+ 361·891 13	− 6·745 19	+ 0·004 34
	8	− 14·378 17	− 5·984 08	06·828 45	8246·5	+ 361·948 08	− 6·726 62	+ 0·004 32
	9	− 14·404 05	− 5·962 62	06·848 63	8247·5	+ 361·992 73	− 6·705 35	+ 0·004 31
	10	− 14·460 88	− 5·944 28	06·865 69	8248·5	+ 362·025 07	− 6·687 14	+ 0·004 29
	11	− 14·543 17	− 5·935 04	06·873 64	8249·5	+ 362·047 24	− 6·677 99	+ 0·004 28
	12	− 14·639 32	− 5·940 22	06·867 19	8250·5	+ 362·063 85	− 6·683 23	+ 0·004 28
	13	− 14·731 78	− 5·963 12	06·843 00	8251·5	+ 362·081 85	− 6·706 20	+ 0·004 30
	14	− 14·799 27	− 6·003 49	06·801 35	8252·5	+ 362·109 71	− 6·746 69	+ 0·004 34
	15	− 14·821 70	− 6·056 35	06·747 20	8253·5	+ 362·155 44	− 6·799 74	+ 0·004 39
	16	− 14·787 03	− 6·112 22	06·690 05	8254·5	+ 362·223 86	− 6·855 88	+ 0·004 43
	17	− 14·697 47	− 6·159 27	06·641 73	8255·5	+ 362·314 15	− 6·903 30	+ 0·004 47

FOR 0ʰ TERRESTRIAL TIME

Date 0ʰ TT	NUTATION in Long. $\Delta\psi$	in Obl. $\Delta\epsilon$	True Obl. of Ecliptic ϵ 23° 26′	Julian Date 0ʰ TT 245	CELESTIAL INTERMEDIATE Pole x	Pole y	Origin s
	″	″	″		″	″	″
May 17	− 14·697 47	− 6·159 27	06·641 73	**8255·5**	+ 362·314 15	− 6·903 30	+ 0·004 47
18	− 14·571 13	− 6·187 18	06·612 53	**8256·5**	+ 362·419 15	− 6·931 64	+ 0·004 50
19	− 14·437 19	− 6·190 94	06·607 49	**8257·5**	+ 362·527 27	− 6·935 83	+ 0·004 50
20	− 14·326 23	− 6·172 52	06·624 63	**8258·5**	+ 362·626 33	− 6·917 81	+ 0·004 48
21	− 14·260 62	− 6·139 92	06·655 95	**8259·5**	+ 362·707 42	− 6·885 54	+ 0·004 45
22	− 14·248 94	− 6·104 11	06·690 48	**8260·5**	+ 362·767 07	− 6·849 97	+ 0·004 42
23	− 14·285 75	− 6·075 69	06·717 61	**8261·5**	+ 362·807 41	− 6·821 72	+ 0·004 39
24	− 14·355 22	− 6·062 35	06·729 66	**8262·5**	+ 362·834 70	− 6·808 49	+ 0·004 38
25	− 14·436 44	− 6·067 58	06·723 15	**8263·5**	+ 362·857 24	− 6·813 81	+ 0·004 39
26	− 14·508 65	− 6·090 61	06·698 85	**8264·5**	+ 362·883 30	− 6·836 94	+ 0·004 41
27	− 14·555 29	− 6·127 19	06·660 98	**8265·5**	+ 362·919 46	− 6·873 68	+ 0·004 44
28	− 14·566 58	− 6·170 89	06·615 99	**8266·5**	+ 362·969 65	− 6·917 58	+ 0·004 48
29	− 14·540 36	− 6·214 53	06·571 07	**8267·5**	+ 363·034 77	− 6·961 49	+ 0·004 51
30	− 14·481 42	− 6·251 55	06·532 77	**8268·5**	+ 363·112 93	− 6·998 82	+ 0·004 54
31	− 14·399 82	− 6·277 02	06·506 02	**8269·5**	+ 363·200 14	− 7·024 65	+ 0·004 57
June 1	− 14·308 53	− 6·288 24	06·493 52	**8270·5**	+ 363·291 26	− 7·036 24	+ 0·004 57
2	− 14·221 08	− 6·284 85	06·495 62	**8271·5**	+ 363·380 92	− 7·033 21	+ 0·004 57
3	− 14·149 59	− 6·268 63	06·510 56	**8272·5**	+ 363·464 28	− 7·017 33	+ 0·004 55
4	− 14·103 36	− 6·243 06	06·534 85	**8273·5**	+ 363·537 63	− 6·992 06	+ 0·004 53
5	− 14·087 88	− 6·212 87	06·563 76	**8274·5**	+ 363·598 77	− 6·962 12	+ 0·004 50
6	− 14·104 24	− 6·183 53	06·591 81	**8275·5**	+ 363·647 25	− 6·932 98	+ 0·004 48
7	− 14·148 57	− 6·160 72	06·613 35	**8276·5**	+ 363·684 57	− 6·910 31	+ 0·004 46
8	− 14·211 71	− 6·149 66	06·623 12	**8277·5**	+ 363·714 37	− 6·899 38	+ 0·004 45
9	− 14·279 09	− 6·154 26	06·617 24	**8278·5**	+ 363·742 42	− 6·904 09	+ 0·004 45
10	− 14·331 71	− 6·175 87	06·594 35	**8279·5**	+ 363·776 27	− 6·925 84	+ 0·004 47
11	− 14·348 92	− 6·212 04	06·556 89	**8280·5**	+ 363·824 14	− 6·962 21	+ 0·004 50
12	− 14·313 67	− 6·255 71	06·511 94	**8281·5**	+ 363·892 85	− 7·006 16	+ 0·004 54
13	− 14·219 44	− 6·295 90	06·470 47	**8282·5**	+ 363·985 02	− 7·046 72	+ 0·004 57
14	− 14·076 03	− 6·320 52	06·444 57	**8283·5**	+ 364·096 82	− 7·071 79	+ 0·004 59
15	− 13·909 55	− 6·320 76	06·443 05	**8284·5**	+ 364·217 89	− 7·072 53	+ 0·004 59
16	− 13·754 71	− 6·295 01	06·467 51	**8285·5**	+ 364·334 44	− 7·047 26	+ 0·004 57
17	− 13·642 23	− 6·249 71	06·511 53	**8286·5**	+ 364·434 22	− 7·002 36	+ 0·004 53
18	− 13·588 37	− 6·196 64	06·563 32	**8287·5**	+ 364·510 72	− 6·949 60	+ 0·004 48
19	− 13·591 56	− 6·148 36	06·610 31	**8288·5**	+ 364·564 51	− 6·901 54	+ 0·004 43
20	− 13·636 28	− 6·114 41	06·642 98	**8289·5**	+ 364·601 73	− 6·867 74	+ 0·004 40
21	− 13·700 15	− 6·099 37	06·656 74	**8290·5**	+ 364·631 25	− 6·852 83	+ 0·004 39
22	− 13·760 79	− 6·102 98	06·651 85	**8291·5**	+ 364·661 98	− 6·856 56	+ 0·004 39
23	− 13·800 36	− 6·121 25	06·632 30	**8292·5**	+ 364·701 03	− 6·874 98	+ 0·004 41
24	− 13·807 85	− 6·147 96	06·604 30	**8293·5**	+ 364·752 81	− 6·901 91	+ 0·004 43
25	− 13·779 59	− 6·176 16	06·574 83	**8294·5**	+ 364·818 80	− 6·930 38	+ 0·004 46
26	− 13·718 65	− 6·199 25	06·550 45	**8295·5**	+ 364·897 80	− 6·953 79	+ 0·004 47
27	− 13·633 40	− 6·211 98	06·536 43	**8296·5**	+ 364·986 52	− 6·966 89	+ 0·004 48
28	− 13·535 77	− 6·211 06	06·536 08	**8297·5**	+ 365·080 21	− 6·966 34	+ 0·004 48
29	− 13·439 12	− 6·195 38	06·550 47	**8298·5**	+ 365·173 58	− 6·951 05	+ 0·004 47
30	− 13·356 25	− 6·166 10	06·578 47	**8299·5**	+ 365·261 52	− 6·922 13	+ 0·004 44
July 1	− 13·297 62	− 6·126 30	06·616 99	**8300·5**	+ 365·339 86	− 6·882 64	+ 0·004 40
2	− 13·269 95	− 6·080 49	06·661 52	**8301·5**	+ 365·405 91	− 6·837 10	+ 0·004 36

FOR 0ʰ TERRESTRIAL TIME

Date 0ʰ TT		NUTATION in Long. $\Delta\psi$	NUTATION in Obl. $\Delta\epsilon$	True Obl. of Ecliptic ϵ 23° 26′	Julian Date 0ʰ TT 245	CELESTIAL INTERMEDIATE Pole x	CELESTIAL INTERMEDIATE Pole y	Origin s
		"	"	"		"	"	"
July	1	− 13·297 62	− 6·126 30	06·616 99	8300·5	+ 365·339 86	− 6·882 64	+ 0·004 40
	2	− 13·269 95	− 6·080 49	06·661 52	8301·5	+ 365·405 91	− 6·837 10	+ 0·004 36
	3	− 13·275 48	− 6·034 04	06·706 68	8302·5	+ 365·458 77	− 6·790 87	+ 0·004 32
	4	− 13·311 45	− 5·992 55	06·746 89	8303·5	+ 365·499 50	− 6·749 55	+ 0·004 28
	5	− 13·370 09	− 5·961 14	06·777 02	8304·5	+ 365·531 16	− 6·718 27	+ 0·004 26
	6	− 13·438 88	− 5·943 76	06·793 12	8305·5	+ 365·558 74	− 6·701 00	+ 0·004 24
	7	− 13·501 33	− 5·942 34	06·793 25	8306·5	+ 365·588 77	− 6·699 71	+ 0·004 24
	8	− 13·538 71	− 5·955 91	06·778 40	8307·5	+ 365·628 72	− 6·713 44	+ 0·004 25
	9	− 13·533 34	− 5·979 75	06·753 28	8308·5	+ 365·685 62	− 6·737 51	+ 0·004 27
	10	− 13·473 63	− 6·005 28	06·726 47	8309·5	+ 365·764 12	− 6·763 36	+ 0·004 29
	11	− 13·360 01	− 6·021 25	06·709 22	8310·5	+ 365·864 11	− 6·779 74	+ 0·004 30
	12	− 13·208 99	− 6·016 85	06·712 33	8311·5	+ 365·979 05	− 6·775 81	+ 0·004 30
	13	− 13·051 45	− 5·986 05	06·741 85	8312·5	+ 366·096 70	− 6·745 49	+ 0·004 27
	14	− 12·923 09	− 5·930 89	06·795 72	8313·5	+ 366·202 84	− 6·690 77	+ 0·004 22
	15	− 12·850 86	− 5·861 42	06·863 92	8314·5	+ 366·286 71	− 6·621 64	+ 0·004 16
	16	− 12·843 12	− 5·791 68	06·932 37	8315·5	+ 366·344 93	− 6·552 14	+ 0·004 09
	17	− 12·888 85	− 5·734 31	06·988 46	8316·5	+ 366·381 85	− 6·494 92	+ 0·004 04
	18	− 12·964 88	− 5·696 67	07·024 82	8317·5	+ 366·406 63	− 6·457 38	+ 0·004 01
	19	− 13·045 45	− 5·679 94	07·040 27	8318·5	+ 366·429 51	− 6·440 74	+ 0·003 99
	20	− 13·109 43	− 5·680 40	07·038 52	8319·5	+ 366·458 93	− 6·441 32	+ 0·003 99
	21	− 13·143 59	− 5·691 58	07·026 07	8320·5	+ 366·500 16	− 6·452 67	+ 0·004 00
	22	− 13·142 98	− 5·706 12	07·010 24	8321·5	+ 366·555 21	− 6·467 44	+ 0·004 02
	23	− 13·109 73	− 5·717 18	06·997 90	8322·5	+ 366·623 25	− 6·478 78	+ 0·004 03
	24	− 13·051 30	− 5·719 25	06·994 54	8323·5	+ 366·701 35	− 6·481 17	+ 0·004 03
	25	− 12·978 70	− 5·708 67	07·003 84	8324·5	+ 366·785 13	− 6·470 94	+ 0·004 02
	26	− 12·904 71	− 5·683 85	07·027 38	8325·5	+ 366·869 52	− 6·446 46	+ 0·003 99
	27	− 12·842 16	− 5·645 35	07·064 60	8326·5	+ 366·949 42	− 6·408 28	+ 0·003 96
	28	− 12·802 18	− 5·595 71	07·112 95	8327·5	+ 367·020 38	− 6·358 94	+ 0·003 91
	29	− 12·792 76	− 5·539 17	07·168 21	8328·5	+ 367·079 22	− 6·302 64	+ 0·003 86
	30	− 12·817 43	− 5·481 01	07·225 09	8329·5	+ 367·124 51	− 6·244 67	+ 0·003 81
	31	− 12·874 63	− 5·426 93	07·277 89	8330·5	+ 367·156 85	− 6·190 72	+ 0·003 76
Aug.	1	− 12·957 60	− 5·382 21	07·321 32	8331·5	+ 367·178 90	− 6·146 09	+ 0·003 72
	2	− 13·054 79	− 5·350 96	07·351 29	8332·5	+ 367·195 24	− 6·114 91	+ 0·003 69
	3	− 13·151 01	− 5·335 33	07·365 64	8333·5	+ 367·211 90	− 6·099 35	+ 0·003 68
	4	− 13·229 13	− 5·334 87	07·364 82	8334·5	+ 367·235 69	− 6·098 99	+ 0·003 68
	5	− 13·272 66	− 5·346 03	07·352 37	8335·5	+ 367·273 20	− 6·110 30	+ 0·003 69
	6	− 13·269 21	− 5·362 05	07·335 08	8336·5	+ 367·329 37	− 6·126 55	+ 0·003 70
	7	− 13·214 75	− 5·373 54	07·322 31	8337·5	+ 367·405 84	− 6·138 35	+ 0·003 71
	8	− 13·117 53	− 5·370 29	07·324 27	8338·5	+ 367·499 39	− 6·135 49	+ 0·003 71
	9	− 12·999 50	− 5·344 30	07·348 97	8339·5	+ 367·601 30	− 6·109 92	+ 0·003 68
	10	− 12·892 43	− 5·293 29	07·398 71	8340·5	+ 367·698 95	− 6·059 30	+ 0·003 64
	11	− 12·828 14	− 5·222 83	07·467 89	8341·5	+ 367·779 68	− 5·989 18	+ 0·003 57
	12	− 12·826 12	− 5·145 23	07·544 20	8342·5	+ 367·835 66	− 5·911 81	+ 0·003 50
	13	− 12·886 00	− 5·074 97	07·613 18	8343·5	+ 367·867 00	− 5·841 67	+ 0·003 44
	14	− 12·989 18	− 5·023 22	07·663 65	8344·5	+ 367·881 04	− 5·789 98	+ 0·003 39
	15	− 13·108 08	− 4·994 53	07·691 06	8345·5	+ 367·888 73	− 5·761 32	+ 0·003 37
	16	− 13·216 64	− 4·986 81	07·697 49	8346·5	+ 367·900 46	− 5·753 65	+ 0·003 36

FOR 0ʰ TERRESTRIAL TIME

Date 0ʰ TT	NUTATION in Long. $\Delta\psi$	NUTATION in Obl. $\Delta\epsilon$	True Obl. of Ecliptic ϵ 23° 26′	Julian Date 0ʰ TT 245	CELESTIAL INTERMEDIATE Pole x	Pole y	Origin s
	″	″	″		″	″	″
Aug. 16	− 13·216 64	− 4·986 81	07·697 49	**8346·5**	+ 367·900 46	− 5·753 65	+ 0·003 36
17	− 13·297 06	− 4·993 57	07·689 45	**8347·5**	+ 367·923 30	− 5·760 51	+ 0·003 37
18	− 13·341 67	− 5·006 66	07·675 07	**8348·5**	+ 367·960 37	− 5·773 75	+ 0·003 38
19	− 13·351 51	− 5·018 34	07·662 11	**8349·5**	+ 368·011 28	− 5·785 65	+ 0·003 39
20	− 13·333 79	− 5·022 45	07·656 72	**8350·5**	+ 368·073 17	− 5·790 01	+ 0·003 39
21	− 13·299 42	− 5·014 88	07·663 01	**8351·5**	+ 368·141 73	− 5·782 72	+ 0·003 38
22	− 13·261 02	− 4·993 66	07·682 95	**8352·5**	+ 368·211 96	− 5·761 79	+ 0·003 36
23	− 13·231 28	− 4·958 93	07·716 39	**8353·5**	+ 368·278 79	− 5·727 34	+ 0·003 33
24	− 13·221 61	− 4·912 79	07·761 26	**8354·5**	+ 368·337 69	− 5·681 43	+ 0·003 29
25	− 13·240 79	− 4·859 01	07·813 75	**8355·5**	+ 368·385 15	− 5·627 85	+ 0·003 24
26	− 13·293 67	− 4·802 70	07·868 78	**8356·5**	+ 368·419 21	− 5·571 68	+ 0·003 19
27	− 13·380 16	− 4·749 61	07·920 59	**8357·5**	+ 368·439 90	− 5·518 67	+ 0·003 14
28	− 13·494 72	− 4·705 38	07·963 54	**8358·5**	+ 368·449 38	− 5·474 48	+ 0·003 10
29	− 13·626 55	− 4·674 58	07·993 05	**8359·5**	+ 368·451 94	− 5·443 69	+ 0·003 08
30	− 13·760 80	− 4·659 81	08·006 54	**8360·5**	+ 368·453 47	− 5·428 94	+ 0·003 06
31	− 13·880 59	− 4·661 00	08·004 07	**8361·5**	+ 368·460 69	− 5·430 15	+ 0·003 06
Sept. 1	− 13·969 79	− 4·675 00	07·988 78	**8362·5**	+ 368·480 02	− 5·444 24	+ 0·003 08
2	− 14·016 20	− 4·695 73	07·966 77	**8363·5**	+ 368·516 34	− 5·465 12	+ 0·003 09
3	− 14·014 84	− 4·714 87	07·946 35	**8364·5**	+ 368·571 67	− 5·484 48	+ 0·003 11
4	− 13·970 65	− 4·723 22	07·936 72	**8365·5**	+ 368·644 07	− 5·493 13	+ 0·003 12
5	− 13·899 65	− 4·712 91	07·945 75	**8366·5**	+ 368·727 22	− 5·483 16	+ 0·003 11
6	− 13·827 17	− 4·679 92	07·977 46	**8367·5**	+ 368·811 04	− 5·450 52	+ 0·003 08
7	− 13·782 23	− 4·626 28	08·029 81	**8368·5**	+ 368·884 00	− 5·397 18	+ 0·003 03
8	− 13·788 43	− 4·560 59	08·094 22	**8369·5**	+ 368·936 67	− 5·331 70	+ 0·002 97
9	− 13·855 06	− 4·495 86	08·157 67	**8370·5**	+ 368·965 30	− 5·267 10	+ 0·002 91
10	− 13·973 02	− 4·445 11	08·207 13	**8371·5**	+ 368·973 46	− 5·216 38	+ 0·002 87
11	− 14·118 67	− 4·416 74	08·234 22	**8372·5**	+ 368·970 51	− 5·188 00	+ 0·002 84
12	− 14·263 50	− 4·412 16	08·237 52	**8373·5**	+ 368·967 79	− 5·183 40	+ 0·002 84
13	− 14·383 94	− 4·426 50	08·221 90	**8374·5**	+ 368·974 70	− 5·197 78	+ 0·002 85
14	− 14·467 00	− 4·451 40	08·195 72	**8375·5**	+ 368·996 43	− 5·222 76	+ 0·002 87
15	− 14·510 74	− 4·477 89	08·167 94	**8376·5**	+ 369·033 79	− 5·249 42	+ 0·002 89
16	− 14·521 63	− 4·498 53	08·146 02	**8377·5**	+ 369·084 23	− 5·270 26	+ 0·002 91
17	− 14·511 04	− 4·508 22	08·135 05	**8378·5**	+ 369·143 27	− 5·280 20	+ 0·002 92
18	− 14·492 30	− 4·504 44	08·137 54	**8379·5**	+ 369·205 60	− 5·276 68	+ 0·002 92
19	− 14·478 64	− 4·486 96	08·153 75	**8380·5**	+ 369·265 97	− 5·259 44	+ 0·002 90
20	− 14·481 84	− 4·457 51	08·181 91	**8381·5**	+ 369·319 69	− 5·230 21	+ 0·002 87
21	− 14·511 17	− 4·419 51	08·218 63	**8382·5**	+ 369·363 04	− 5·192 39	+ 0·002 84
22	− 14·572 48	− 4·377 70	08·259 16	**8383·5**	+ 369·393 69	− 5·150 70	+ 0·002 80
23	− 14·667 14	− 4·337 71	08·297 86	**8384·5**	+ 369·411 08	− 5·110 79	+ 0·002 77
24	− 14·791 27	− 4·305 41	08·328 88	**8385·5**	+ 369·416 71	− 5·078 52	+ 0·002 74
25	− 14·935 39	− 4·285 99	08·347 02	**8386·5**	+ 369·414 33	− 5·059 09	+ 0·002 72
26	− 15·085 12	− 4·282 90	08·348 83	**8387·5**	+ 369·409 66	− 5·055 98	+ 0·002 72
27	− 15·223 02	− 4·296 86	08·333 58	**8388·5**	+ 369·409 62	− 5·069 94	+ 0·002 73
28	− 15·331 80	− 4·325 26	08·303 91	**8389·5**	+ 369·421 10	− 5·098 38	+ 0·002 75
29	− 15·398 11	− 4·362 18	08·265 70	**8390·5**	+ 369·449 44	− 5·135 42	+ 0·002 79
30	− 15·416 12	− 4·399 31	08·227 29	**8391·5**	+ 369·496 99	− 5·172 75	+ 0·002 82
Oct. 1	− 15·389 95	− 4·427 57	08·197 75	**8392·5**	+ 369·562 15	− 5·201 28	+ 0·002 84

FOR 0^h TERRESTRIAL TIME

Date 0^h TT	NUTATION in Long. $\Delta\psi$	in Obl. $\Delta\epsilon$	True Obl. of Ecliptic ϵ 23° 26′	Julian Date 0^h TT 245	CELESTIAL INTERMEDIATE Pole x	y	Origin s
	″	″	″		″	″	″
Oct. 1	− 15·389 95	− 4·427 57	08·197 75	8392·5	+ 369·562 15	− 5·201 28	+ 0·002 84
2	− 15·333 95	− 4·439 18	08·184 85	8393·5	+ 369·639 24	− 5·213 21	+ 0·002 85
3	− 15·270 58	− 4·429 81	08·192 94	8394·5	+ 369·719 34	− 5·204 17	+ 0·002 85
4	− 15·225 71	− 4·400 16	08·221 31	8395·5	+ 369·792 17	− 5·174 82	+ 0·002 82
5	− 15·221 98	− 4·356 47	08·263 71	8396·5	+ 369·848 70	− 5·131 37	+ 0·002 78
6	− 15·271 98	− 4·309 36	08·309 54	8397·5	+ 369·883 87	− 5·084 40	+ 0·002 74
7	− 15·373 58	− 4·270 98	08·346 64	8398·5	+ 369·898 49	− 5·046 08	+ 0·002 70
8	− 15·510 10	− 4·251 30	08·365 04	8399·5	+ 369·899 14	− 5·026 40	+ 0·002 68
9	− 15·655 74	− 4·254 96	08·360 09	8400·5	+ 369·896 06	− 5·030 06	+ 0·002 69
10	− 15·784 35	− 4·280 21	08·333 56	8401·5	+ 369·899 67	− 5·055 32	+ 0·002 71
11	− 15·877 19	− 4·320 17	08·292 32	8402·5	+ 369·917 45	− 5·095 36	+ 0·002 74
12	− 15·926 91	− 4·365 59	08·245 62	8403·5	+ 369·952 35	− 5·140 91	+ 0·002 79
13	− 15·936 94	− 4·407 61	08·202 32	8404·5	+ 370·003 05	− 5·183 15	+ 0·002 82
14	− 15·918 12	− 4·439 63	08·169 01	8405·5	+ 370·065 27	− 5·215 43	+ 0·002 85
15	− 15·884 82	− 4·457 96	08·149 41	8406·5	+ 370·133 30	− 5·234 03	+ 0·002 87
16	− 15·851 68	− 4·461 68	08·144 40	8407·5	+ 370·201 33	− 5·238 04	+ 0·002 87
17	− 15·831 65	− 4·452 19	08·152 61	8408·5	+ 370·264 20	− 5·228 81	+ 0·002 86
18	− 15·834 88	− 4·432 64	08·170 87	8409·5	+ 370·317 86	− 5·209 48	+ 0·002 84
19	− 15·867 99	− 4·407 49	08·194 74	8410·5	+ 370·359 66	− 5·184 51	+ 0·002 82
20	− 15·933 50	− 4·382 09	08·218 86	8411·5	+ 370·388 58	− 5·159 23	+ 0·002 80
21	− 16·029 21	− 4·362 22	08·237 45	8412·5	+ 370·405 46	− 5·139 42	+ 0·002 78
22	− 16·147 61	− 4·353 40	08·244 99	8413·5	+ 370·413 27	− 5·130 64	+ 0·002 77
23	− 16·275 82	− 4·359 98	08·237 12	8414·5	+ 370·417 11	− 5·137 23	+ 0·002 78
24	− 16·396 66	− 4·383 99	08·211 84	8415·5	+ 370·423 82	− 5·161 27	+ 0·002 80
25	− 16·491 27	− 4·424 08	08·170 46	8416·5	+ 370·440 89	− 5·201 43	+ 0·002 83
26	− 16·543 31	− 4·475 07	08·118 18	8417·5	+ 370·474 85	− 5·252 57	+ 0·002 88
27	− 16·543 84	− 4·528 52	08·063 46	8418·5	+ 370·529 28	− 5·306 24	+ 0·002 93
28	− 16·494 97	− 4·574 48	08·016 21	8419·5	+ 370·603 39	− 5·352 51	+ 0·002 97
29	− 16·410 73	− 4·604 15	07·985 26	8420·5	+ 370·691 63	− 5·382 55	+ 0·002 99
30	− 16·314 26	− 4·612 39	07·975 74	8421·5	+ 370·784 83	− 5·391 17	+ 0·003 00
31	− 16·232 01	− 4·599 36	07·987 48	8422·5	+ 370·872 46	− 5·378 51	+ 0·002 99
Nov. 1	− 16·186 84	− 4·570 66	08·014 90	8423·5	+ 370·945 41	− 5·350 11	+ 0·002 96
2	− 16·192 01	− 4·535 94	08·048 34	8424·5	+ 370·998 36	− 5·315 60	+ 0·002 93
3	− 16·247 75	− 4·506 37	08·076 62	8425·5	+ 371·031 18	− 5·286 18	+ 0·002 90
4	− 16·341 41	− 4·491 78	08·089 93	8426·5	+ 371·048 85	− 5·271 66	+ 0·002 89
5	− 16·451 07	− 4·498 03	08·082 41	8427·5	+ 371·060 08	− 5·277 95	+ 0·002 89
6	− 16·551 84	− 4·525 63	08·053 53	8428·5	+ 371·074 75	− 5·305 61	+ 0·002 92
7	− 16·622 59	− 4·569 98	08·007 89	8429·5	+ 371·101 29	− 5·350 08	+ 0·002 96
8	− 16·651 13	− 4·623 03	07·953 56	8430·5	+ 371·144 59	− 5·403 31	+ 0·003 01
9	− 16·636 01	− 4·675 67	07·899 64	8431·5	+ 371·205 25	− 5·456 20	+ 0·003 05
10	− 16·585 18	− 4·720 02	07·854 00	8432·5	+ 371·280 14	− 5·500 86	+ 0·003 09
11	− 16·512 46	− 4·750 87	07·821 87	8433·5	+ 371·363 80	− 5·532 06	+ 0·003 12
12	− 16·433 75	− 4·766 09	07·805 37	8434·5	+ 371·449 91	− 5·547 64	+ 0·003 13
13	− 16·363 84	− 4·766 35	07·803 82	8435·5	+ 371·532 57	− 5·548 24	+ 0·003 13
14	− 16·314 57	− 4·754 49	07·814 40	8436·5	+ 371·607 08	− 5·536 69	+ 0·003 12
15	− 16·293 82	− 4·734 79	07·832 82	8437·5	+ 371·670 28	− 5·517 26	+ 0·003 10
16	− 16·305 17	− 4·712 45	07·853 88	8438·5	+ 371·720 72	− 5·495 12	+ 0·003 08

FOR 0ʰ TERRESTRIAL TIME

Date 0ʰ TT		NUTATION in Long. $\Delta\psi$	in Obl. $\Delta\epsilon$	True Obl. of Ecliptic ϵ 23° 26′	Julian Date 0ʰ TT 245	CELESTIAL INTERMEDIATE		
						Pole x	y	Origin s
		″	″	″		″	″	″
Nov.	16	− 16·305 17	− 4·712 45	07·853 88	8438·5	+ 371·720 72	− 5·495 12	+ 0·003 08
	17	− 16·347 69	− 4·693 03	07·872 02	8439·5	+ 371·758 75	− 5·475 86	+ 0·003 06
	18	− 16·415 68	− 4·681 99	07·881 77	8440·5	+ 371·786 62	− 5·464 94	+ 0·003 05
	19	− 16·498 50	− 4·684 07	07·878 41	8441·5	+ 371·808 54	− 5·467 11		0·003 03
	20	− 16·580 86	− 4·702 38	07·858 82	8442·5	+ 371·830 57	− 5·485 51	+ 0·003 07
	21	− 16·644 12	− 4·737 30	07·822 62	8443·5	+ 371·860 13	− 5·520 56	+ 0·003 10
	22	− 16·669 51	− 4·785 50	07·773 13	8444·5	+ 371·904 70	− 5·568 95	+ 0·003 14
	23	− 16·643 01	− 4·839 64	07·717 72	8445·5	+ 371·969 88	− 5·623 35	+ 0·003 19
	24	− 16·561 00	− 4·889 36	07·666 71	8446·5	+ 372·057 15	− 5·673 44	+ 0·003 24
	25	− 16·433 87	− 4·924 00	07·630 78	8447·5	+ 372·162 43	− 5·708 52	+ 0·003 27
	26	− 16·285 03	− 4·936 03	07·617 48	8448·5	+ 372·276 44	− 5·721 02	+ 0·003 28
	27	− 16·144 56	− 4·923 85	07·628 37	8449·5	+ 372·387 22	− 5·709 30	+ 0·003 26
	28	− 16·039 88	− 4·892 56	07·658 38	8450·5	+ 372·483 85	− 5·678 41	+ 0·003 24
	29	− 15·987 62	− 4·852 15	07·697 51	8451·5	+ 372·559 66	− 5·638 32	+ 0·003 20
	30	− 15·989 72	− 4·814 39	07·733 98	8452·5	+ 372·613 85	− 5·600 78	+ 0·003 16
Dec.	1	− 16·034 48	− 4·789 47	07·757 62	8453·5	+ 372·651 02	− 5·576 02	+ 0·003 14
	2	− 16·101 08	− 4·783 66	07·762 15	8454·5	+ 372·679 42	− 5·570 33	+ 0·003 14
	3	− 16·165 65	− 4·798 31	07·746 22	8455·5	+ 372·708 54	− 5·585 09	+ 0·003 15
	4	− 16·206 97	− 4·830 05	07·713 19	8456·5	+ 372·746 84	− 5·617 00	+ 0·003 18
	5	− 16·210 86	− 4·872 15	07·669 81	8457·5	+ 372·799 98	− 5·659 32	+ 0·003 21
	6	− 16·172 35	− 4·916 22	07·624 46	8458·5	+ 372·869 98	− 5·703 69	+ 0·003 25
	7	− 16·095 64	− 4·954 20	07·585 20	8459·5	+ 372·955 19	− 5·742 02	+ 0·003 29
	8	− 15·992 07	− 4·979 88	07·558 24	8460·5	+ 373·051 14	− 5·768 10	+ 0·003 31
	9	− 15·876 89	− 4·989 85	07·546 98	8461·5	+ 373·151 77	− 5·778 49	+ 0·003 32
	10	− 15·765 95	− 4·983 68	07·551 88	8462·5	+ 373·250 78	− 5·772 73	+ 0·003 31
	11	− 15·672 97	− 4·963 49	07·570 78	8463·5	+ 373·342 71	− 5·752 93	+ 0·003 29
	12	− 15·607 73	− 4·933 33	07·599 66	8464·5	+ 373·423 64	− 5·723 10	+ 0·003 26
	13	− 15·575 35	− 4·898 30	07·633 40	8465·5	+ 373·491 53	− 5·688 36	+ 0·003 23
	14	− 15·576 09	− 4·863 97	07·666 46	8466·5	+ 373·546 24	− 5·654 25	+ 0·003 20
	15	− 15·605 53	− 4·835 72	07·693 42	8467·5	+ 373·589 52	− 5·626 18	+ 0·003 17
	16	− 15·654 76	− 4·818 28	07·709 58	8468·5	+ 373·624 88	− 5·608 89	+ 0·003 16
	17	− 15·710 73	− 4·815 11	07·711 47	8469·5	+ 373·657 49	− 5·605 86	+ 0·003 15
	18	− 15·756 94	− 4·827 69	07·697 60	8470·5	+ 373·693 92	− 5·618 60	+ 0·003 16
	19	− 15·775 11	− 4·854 62	07·669 40	8471·5	+ 373·741 45	− 5·645 72	+ 0·003 19
	20	− 15·748 43	− 4·890 82	07·631 91	8472·5	+ 373·806 77	− 5·682 20	+ 0·003 22
	21	− 15·666 62	− 4·927 54	07·593 91	8473·5	+ 373·894 02	− 5·719 28	+ 0·003 25
	22	− 15·531 60	− 4·953 66	07·566 51	8474·5	+ 374·002 48	− 5·745 85	+ 0·003 28
	23	− 15·360 74	− 4·958 87	07·560 01	8475·5	+ 374·125 27	− 5·751 58	+ 0·003 28
	24	− 15·184 36	− 4·937 72	07·579 88	8476·5	+ 374·250 37	− 5·730 95	+ 0·003 26
	25	− 15·036 47	− 4·892 44	07·623 87	8477·5	+ 374·364 24	− 5·686 15	+ 0·003 22
	26	− 14·942 54	− 4·832 65	07·682 39	8478·5	+ 374·456 71	− 5·626 74	+ 0·003 16
	27	− 14·910 96	− 4·771 73	07·742 02	8479·5	+ 374·524 39	− 5·566 11	+ 0·003 11
	28	− 14·932 15	− 4·722 11	07·790 36	8480·5	+ 374·571 04	− 5·516 69	+ 0·003 06
	29	− 14·984 32	− 4·691 70	07·819 49	8481·5	+ 374·605 28	− 5·486 41	+ 0·003 03
	30	− 15·041 75	− 4·682 57	07·827 34	8482·5	+ 374·637 34	− 5·477 42	+ 0·003 02
	31	− 15·081 78	− 4·691 69	07·816 93	8483·5	+ 374·676 24	− 5·486 71	+ 0·003 03
	32	− 15·089 09	− 4·712 59	07·794 75	8484·5	+ 374·728 11	− 5·507 82	+ 0·003 05

Planetary reduction overview

Data and formulae are provided for the precise computation of the geocentric apparent right ascension, intermediate right ascension, declination, and hour angle, at an instant of time, for an object within the solar system, ignoring polar motion (see page B84), from a barycentric ephemeris in rectangular coordinates and relativistic coordinate time referred to the International Celestial Reference System (ICRS).

1. Given an instant for which the position of the planet is required, obtain the dynamical time (TDB) to use with the ephemeris. If the position is required at a given Universal Time (UT1), or the hour angle is required, then obtain a value for ΔT, which may have to be predicted.

2. Calculate the geocentric rectangular coordinates of the planet from barycentric ephemerides of the planet and the Earth at coordinate time argument TDB, allowing for light time calculated from heliocentric coordinates.

3. Calculate the geocentric direction of the planet by allowing for light-deflection due to solar gravitation.

4. Calculate the proper direction of the planet by applying the correction for the Earth's orbital velocity about the barycentre (i.e. annual aberration). The resulting vector (from steps 2-4) is in the Geocentric Celestial Reference System (GCRS), and is sometimes called the proper or virtual place.

Equinox Method	*CIO Method*
5. Apply frame bias, precession and nutation to convert from the GCRS to the system defined by the true equator and equinox of date.	5. Rotate from the GCRS to the intermediate system using $\mathcal{X}, \mathcal{Y}$ and s to apply frame bias and precession-nutation.
6. Convert to spherical coordinates, giving the geocentric apparent right ascension and declination with respect to the true equator and equinox of date.	6. Convert to spherical coordinates, giving the geocentric intermediate right ascension and declination with respect to the CIO and equator of date.
7. Calculate Greenwich apparent sidereal time and form the Greenwich hour angle for the given UT1.	7. Calculate the Earth rotation angle and form the Greenwich hour angle for the given UT1.

Alternatively, if right ascension is not required, combine Steps 5 and 7

*5. Apply frame bias, precession, nutation, and Greenwich apparent sidereal time to convert from the GCRS to the Terrestrial Intermediate Reference System; with origin of longitude at the TIO, and the equator of date.	*5. Rotate, using $\mathcal{X}$, $\mathcal{Y}$, s and θ to apply frame bias, precession-nutation and Earth rotation, from the GCRS to the Terrestrial Intermediate Reference System; with origin of longitude at the TIO, and equator of date.

*6. Convert to spherical coordinates, giving the Greenwich hour angle (H) and declination (δ) with respect Terrestrial Intermediate Reference System (TIO and equator of date).

Note: In *Steps 7* and *Steps *5* the effects of polar motion (see page B84) have been ignored; they are the very small difference between the International Terrestrial Reference Frame (ITRF) zero meridian and the TIO, and the position of the CIP within the ITRS.

Formulae and method for planetary reduction

Step 1. Depending on the instant at which the planetary position is required, obtain the terrestrial or proper time (TT) and the barycentric dynamical time (TDB). Terrestrial time is related to UT1, whereas TDB is used as the time argument for the barycentric ephemeris. For calculating an apparent place the following approximate formulae are sufficient for converting from UT1 to TT and TDB:

$$TT = UT1 + \Delta T, \qquad TDB = TT + 0\overset{s}{\cdot}001\ 656\ 67 \sin g + 0\cdot000\ 022\ 42 \sin(L - L_J)$$

$$g = 357\overset{\circ}{\cdot}53 + 0\cdot985\ 600\ 28\ D \quad \text{and} \quad L - L_J = 246\overset{\circ}{\cdot}11 + 0\cdot902\ 517\ 92\ D$$

where $D = \text{JD} - 245\ 1545\cdot0$ and ΔT may be obtained from page K9 and JD is the Julian date to two decimals of a day. The difference between TT and TDB may be ignored.

Step 2. Obtain the Earth's barycentric position $\mathbf{E}_B(t)$ in au and velocity $\dot{\mathbf{E}}_B(t)$ in au/d, at coordinate time $t = \text{TDB}$, referred to the ICRS.

Using an ephemeris, obtain the barycentric ICRS position of the planet $\mathbf{Q}_B$ in au at time $(t - \tau)$ where τ is the light time, so that light emitted by the planet at the event $\mathbf{Q}_B(t - \tau)$ arrives at the Earth at the event $\mathbf{E}_B(t)$.

The light time equation is solved iteratively using the heliocentric position of the Earth (**E**) and the planet (**Q**), starting with the approximation $\tau = 0$, as follows:

Form **P**, the vector from the Earth to the planet from the equation:

$$\mathbf{P} = \mathbf{Q}_B(t - \tau) - \mathbf{E}_B(t)$$

Form **E** and **Q** from the equations: $\mathbf{E} = \mathbf{E}_B(t) - \mathbf{S}_B(t)$

$$\mathbf{Q} = \mathbf{Q}_B(t - \tau) - \mathbf{S}_B(t - \tau)$$

where $\mathbf{S}_B$ is the barycentric position of the Sun.

Calculate τ from: $c\tau = P + (2\mu/c^2)\ln[(E + P + Q)/(E - P + Q)]$

where the light time (τ) includes the effect of gravitational retardation due to the Sun, and

$$\mu = \text{solar mass parameter} = GM_S \qquad c = \text{velocity of light} = 173\cdot1446\ \text{au/d}$$
$$\mu/c^2 = 9\cdot87 \times 10^{-9}\ \text{au} \qquad\qquad P = |\mathbf{P}|, \ \ Q = |\mathbf{Q}|, \ \ E = |\mathbf{E}|$$

where | | means calculate the square root of the sum of the squares of the components.

After convergence, form unit vectors **p**, **q**, **e** by dividing **P**, **Q**, **E** by P, Q, E respectively.

Step 3. Calculate the geocentric direction ($\mathbf{p}_1$) of the planet, corrected for light-deflection due to solar gravitation, from:

$$\mathbf{p}_1 = \mathbf{p} + (2\mu/c^2 E)((\mathbf{p} \cdot \mathbf{q})\,\mathbf{e} - (\mathbf{e} \cdot \mathbf{p})\,\mathbf{q})/(1 + \mathbf{q} \cdot \mathbf{e})$$

where the dot indicates a scalar product.

The vector $\mathbf{p}_1$ is a unit vector to order μ/c^2.

Step 4. Calculate the proper direction of the planet ($\mathbf{p}_2$) in the GCRS that is moving with the instantaneous velocity (**V**) of the Earth, from:

$$\mathbf{p}_2 = (\beta^{-1}\mathbf{p}_1 + (1 + (\mathbf{p}_1 \cdot \mathbf{V})/(1 + \beta^{-1}))\,\mathbf{V})/(1 + \mathbf{p}_1 \cdot \mathbf{V})$$

where $\mathbf{V} = \dot{\mathbf{E}}_B/c = 0\cdot005\ 7755\,\dot{\mathbf{E}}_B$ and $\beta = (1 - V^2)^{-1/2}$; the velocity (**V**) is expressed in units of the velocity of light.

Formulae and method for planetary reduction (continued)

Equinox method

CIO method

Step 5. Apply frame bias, precession and nutation to the proper direction ($\mathbf{p}_2$) by multiplying by the rotation matrix $\mathbf{M} = \mathbf{NPB}$ given on the even pages B30–B44 to obtain the apparent direction $\mathbf{p}_3$ from:

Step 5. Apply the rotation from the GCRS to the Celestial Intermediate System by multiplying the proper direction ($\mathbf{p}_2$) by the matrix $\mathbf{C}(\mathcal{X}, \mathcal{Y}, s)$ given on the odd pages B31–B45 to obtain the intermediate direction $\mathbf{p}_3$ from:

$$\mathbf{p}_3 = \mathbf{M}\,\mathbf{p}_2 \qquad\qquad \mathbf{p}_3 = \mathbf{C}\,\mathbf{p}_2$$

Step 6. Convert to spherical coordinates α_e, δ using:

Step 6. Convert to spherical coordinates α_i, δ using:

$$\alpha_e = \tan^{-1}(\eta/\xi) \quad \delta = \tan^{-1}(\zeta/\beta) \qquad \alpha_i = \tan^{-1}(\eta/\xi) \quad \delta = \tan^{-1}(\zeta/\beta)$$

where $\mathbf{p}_3 = (\xi, \eta, \zeta)$, $\beta = \sqrt{(\xi^2 + \eta^2)}$ and the quadrant of α_e or α_i is determined by the signs of ξ and η.

Step 7. Calculate Greenwich apparent sidereal time (GAST) for the required UT1 (B13–B20), and then form

Step 7. Calculate the Earth rotation angle (θ) for the required UT1 (B21–B24), and then form

$$H = \text{GAST} - \alpha_e \qquad\qquad H = \theta - \alpha_i$$

Note: H is usually given in arc measure, while GAST and right ascension are given in units of time.

Note: H and θ are usually given in arc measure, while right ascension is given in units of time.

Alternatively combining steps 5 and 7 before forming spherical coordinates

Step *5. Apply frame bias, precession, nutation, and sidereal time, to the proper direction ($\mathbf{p}_2$) by multiplying by the rotation matrix $\mathbf{R}_3(\text{GAST})\mathbf{M}$ to obtain the position ($\mathbf{p}_4$) measured relative to the Terrestrial Intermediate Reference System:

Step *5. Apply the rotation from the GCRS to the terrestrial system by multiplying the proper direction ($\mathbf{p}_2$) by the matrix $\mathbf{R}_3(\theta)\mathbf{C}(\mathcal{X}, \mathcal{Y}, s)$ to obtain the position ($\mathbf{p}_4$) measured with respect to the Terrestrial Intermediate Reference System:

$$\mathbf{p}_4 = \mathbf{R}_3(\text{GAST})\mathbf{M}\,\mathbf{p}_2 \qquad\qquad \mathbf{p}_4 = \mathbf{R}_3(\theta)\,\mathbf{C}\,\mathbf{p}_2$$

Step *6. Convert to spherical coordinates Greenwich hour angle (H) and declination δ using:

$$H = \tan^{-1}(-\eta/\xi), \quad \delta = \tan^{-1}(\zeta/\beta)$$

where $\mathbf{p}_4 = (\xi, \eta, \zeta)$, $\beta = \sqrt{(\xi^2 + \eta^2)}$, and H is measured from the TIO meridian positive to the west, and the quadrant is determined by the signs of ξ and $-\eta$.

Example of planetary reduction: Equinox method

Calculate the apparent place, the apparent right ascension (right ascension with respect to the equinox) and declination and the Greenwich hour angle, of Venus on 2018 February 20 at $12^\text{h}\ 00^\text{m}\ 00^\text{s}$ UT1. Assume that $\Delta T = 69\overset{s}{.}0$.

Example of planetary reduction: Equinox method (continued)

Step 1.   From page B14, on 2018 February 20 the tabular JD = 245 8169·5 UT1.

$$\Delta T = \text{TT} - \text{UT1} = 69^{s}\!\cdot\!0 = 7\cdot986\ 111 \times 10^{-4}\ \text{days}.$$

At $12^{h}\ 00^{m}\ 00^{s}$ UT1 the required TT instant is therefore

$$\text{TT} = 245\ 8170\cdot000\ 799 = 245\ 8169\cdot5 + 0\cdot500\ 00 + 7\cdot986\ 111 \times 10^{-4}$$

and the equivalent TDB instant is

$$\text{TDB} = 245\ 8170\cdot000\ 798\ 625 = 14\cdot30 \times 10^{-9} + \text{TT}$$

where $g = 47^{\circ}\!\cdot\!13$, and $L - L_J = 105^{\circ}\!\cdot\!29$. Thus the difference between TDB and TT is small and may be neglected.

Step 2.   Tabular values, taken from the JPL DE430/LE430 barycentric ephemeris, referred to the ICRS at J2000·0, which are required for the calculation, are as follows:

Vector	Julian date (0^h TDB)	Rectangular components x	y	z
$\mathbf{Q_B}$	245 8167·5	+0·719 522 778	−0·074 411 783	−0·079 131 642
	245 8168·5	+0·722 099 811	−0·056 148 351	−0·071 077 432
	245 8169·5	+0·724 121 890	−0·037 837 150	−0·062 966 615
	245 8170·5	+0·725 587 239	−0·019 492 266	−0·054 805 416
	245 8171·5	+0·726 494 504	−0·001 127 820	−0·046 600 104
	245 8172·5	+0·726 842 753	+0·017 242 038	−0·038 356 987
$\mathbf{S_B}$	245 8168·5	+0·001 507 443	+0·005 887 234	+0·002 429 171
	245 8169·5	+0·001 501 250	+0·005 891 449	+0·002 431 160
	245 8170·5	+0·001 495 051	+0·005 895 658	+0·002 433 146
	245 8171·5	+0·001 488 845	+0·005 899 860	+0·002 435 129

Interpolating to the instant JD 245 8170·000 798 625 TDB gives:

$$\mathbf{S_B} = (+0\cdot001\ 498\ 146,\quad +0\cdot005\ 893\ 558,\quad +0\cdot002\ 432\ 155)$$
$$\mathbf{E_B} = (-0\cdot867\ 916\ 126,\quad +0\cdot438\ 100\ 114,\quad +0\cdot189\ 801\ 744)$$
$$\mathbf{\dot{E}_B} = (-0\cdot008\ 478\ 920,\quad -0\cdot013\ 939\ 135,\quad -0\cdot006\ 042\ 253)$$

where Bessel's interpolation formula (see page K14) has been used up to δ^2 for $\mathbf{S_B}$ and δ^4 for $\mathbf{E_B}$ and $\mathbf{\dot{E}_B}$, the tabular values of which may be found on page B77.

$$\mathbf{E} = (-0\cdot869\ 414\ 272,\quad +0\cdot432\ 206\ 556,\quad +0\cdot187\ 369\ 590)\qquad E = 0\cdot988\ 833\ 175$$

The first iteration, with $\tau = 0$, gives:

$$\mathbf{P} = (+1\cdot592\ 841\ 546,\quad -0\cdot466\ 753\ 499,\quad -0\cdot248\ 687\ 148)\qquad P = 1\cdot678\ 346\ 900$$
$$\mathbf{Q} = (+0\cdot723\ 427\ 274,\quad -0\cdot034\ 546\ 943,\quad -0\cdot061\ 317\ 559)\qquad Q = 0\cdot726\ 842\ 731$$
$$\tau = 0^{d}\!\cdot\!009\ 693\ 3238$$

The second iteration, with $\tau = 0^{d}\!\cdot\!009\ 693\ 3238$ using Bessel's interpolation formula up to δ^4 to interpolate $\mathbf{Q_B}$, and up to δ^2 to interpolate $\mathbf{S_B}$, gives:

$$\mathbf{P} = (+1\cdot592\ 827\ 320,\quad -0\cdot466\ 931\ 326,\quad -0\cdot248\ 766\ 258)\qquad P = 1\cdot678\ 394\ 586$$
$$\mathbf{Q} = (+0\cdot723\ 412\ 987,\quad -0\cdot034\ 724\ 729,\quad -0\cdot061\ 396\ 649)\qquad Q = 0\cdot726\ 843\ 660$$
$$\tau = 0^{d}\!\cdot\!009\ 693\ 5992$$

Iterate until P changes by less than 10^{-9}. Hence the unit vectors are:

$$\mathbf{p} = (+0\cdot949\ 018\ 384,\quad -0\cdot278\ 201\ 166,\quad -0\cdot148\ 216\ 791)$$
$$\mathbf{q} = (+0\cdot995\ 280\ 040,\quad -0\cdot047\ 774\ 695,\quad -0\cdot084\ 470\ 231)$$
$$\mathbf{e} = (-0\cdot879\ 232\ 508,\quad +0\cdot437\ 087\ 435,\quad +0\cdot189\ 485\ 542)$$

Example of planetary reduction: Equinox method (continued)

Step 3.   Calculate the scalar products:

$\mathbf{p} \cdot \mathbf{q} = +0.970\,349\,938$ $\mathbf{e} \cdot \mathbf{p} = -0.984\,090\,988$ $\mathbf{q} \cdot \mathbf{e} = -0.911\,970\,173$ then

$$\frac{(2\mu/c^2 E)}{1 + \mathbf{q} \cdot \mathbf{e}}((\mathbf{p} \cdot \mathbf{q})\mathbf{e} - (\mathbf{e} \cdot \mathbf{p})\mathbf{q}) = (+0.000\,000\,029, +0.000\,000\,086, +0.000\,000\,023)$$

and $\mathbf{p}_1 = (+0.949\,018\,413, -0.278\,201\,081, -0.148\,216\,769)$

Step 4.   Take $\dot{\mathbf{E}}_B$, interpolated to JD 245 8170.000 799 TT from *Step* 2 and calculate:

$\mathbf{V} = 0.005\,775\,518\,\dot{\mathbf{E}}_B = (-0.000\,048\,970, \quad -0.000\,080\,506, \quad -0.000\,034\,897)$

Then $V = 0.000\,100\,484$, $\beta = 1.000\,000\,005$ and $\beta^{-1} = 0.999\,999\,995$

Calculate the scalar product $\mathbf{p}_1 \cdot \mathbf{V} = -0.000\,018\,904$

Then $1 + (\mathbf{p}_1 \cdot \mathbf{V})/(1 + \beta^{-1}) = 0.999\,990\,548$

Hence $\mathbf{p}_2 = (+0.948\,987\,379, \quad -0.278\,286\,845, \quad -0.148\,254\,467)$

Step 5.   From page B32, the bias, precession and nutation matrix $\mathbf{M}$, interpolated to the required instant JD 245 8170.000 799 TT, is given by:

$$\mathbf{M} = \mathbf{NPB} = \begin{bmatrix} +0.999\,990\,466 & -0.004\,004\,890 & -0.001\,740\,083 \\ +0.004\,004\,941 & +0.999\,991\,980 & +0.000\,025\,802 \\ +0.001\,739\,965 & -0.000\,032\,771 & +0.999\,998\,486 \end{bmatrix}$$

Hence $\mathbf{p}_3 = \mathbf{M}\mathbf{p}_2 = (+0.950\,350\,815, -0.274\,487\,800, -0.146\,593\,918)$

Step 6.   Converting to spherical coordinates $\alpha_e = 22^h\,55^m\,33^s\!.5541$, $\delta = -8° 25' 46''\!.525$.

Step 7.   From page B14, interpolating in the daily values to the required UT1 instant gives
$$\text{GAST} - \text{UT1} = 10^h\,01^m\,29^s\!.1579, \qquad \text{and thus}$$
$$H = (\text{GAST} - \text{UT1}) - \alpha_e + \text{UT1}$$
$$= 10^h\,01^m\,29^s\!.1579 - 22^h\,55^m\,33^s\!.5541 + 12^h\,00^m\,00^s$$
$$= 346° 28' 54''\!.057$$

where H, the Greenwich hour angle of Venus, is expressed in angular measure.

Example of planetary reduction: CIO method

Step 1-4.   Repeat Steps 1-4 of the planetary reduction given on page B66, calculating the proper direction of the planet ($\mathbf{p}_2$) in the GCRS, hence

$\mathbf{p}_2 = (+0.948\,987\,379, \quad -0.278\,286\,845, \quad -0.148\,254\,467)$

Step 5. From pages B33 extract $\mathbf{C}$, interpolated to the required TT time, that rotates the GCRS to the Celestial Intermediate Reference System, viz:

$$\mathbf{C} = \begin{bmatrix} +0.999\,998\,486 & +0.000\,000\,007 & -0.001\,739\,965 \\ +0.000\,000\,050 & +0.999\,999\,999 & +0.000\,032\,771 \\ +0.001\,739\,965 & -0.000\,032\,771 & +0.999\,998\,486 \end{bmatrix}$$

Hence $\mathbf{p}_3 = \mathbf{C}\mathbf{p}_2 = (+0.949\,243\,898, -0.278\,291\,656, -0.146\,593\,918)$

Example of planetary reduction: CIO method   **(continued)**

Step 6. Converting to spherical coordinates $\alpha_i = 22^h 54^m 38\overset{s}{.}4827$, $\delta = -8° 25' 46\overset{''}{.}525$.

Step 7. From page B21, interpolating to the required UT1, gives

$$\theta - \text{UT1} = 150° 08' 31\overset{''}{.}297$$

and thus the Greenwich hour angle (H) of Venus is

$$
\begin{aligned}
H &= (\theta - \text{UT1}) - \alpha_i + \text{UT1} \\
&= 150° 08' 31\overset{''}{.}297 - 22^h 54^m 38\overset{s}{.}4827 \times 15 + 12^h 00^m 00^s \times 15 \\
&= 346° 28' 54\overset{''}{.}057
\end{aligned}
$$

Summary of planetary reduction examples

Thus on 2018 February 20 at $12^h 00^m 00^s$ UT1, the position of Venus is

$H = 346° 28' 54\overset{''}{.}057$ is the Greenwich hour angle ignoring polar motion,

$\delta = -8° 25' 46\overset{''}{.}525$ is the apparent and intermediate declination,

$\alpha_e = 22^h 55^m 33\overset{s}{.}5541$ is the apparent (equinox) right ascension, and

$\alpha_i = 22^h 54^m 38\overset{s}{.}4827$ is the intermediate right ascension

The geometric distance between the Earth and Venus at time $t = \text{JD } 245\,8170 \cdot 000\,799\,\text{TT}$ is the value of $P = 1 \cdot 678\,346\,900$ au in the first iteration in *Step* 2, where $\tau = 0$. The distance between the Earth at time t and Venus at time $(t - \tau)$ is the value of $P = 1 \cdot 678\,394\,587$ au in the final iteration in *Step* 2, where $\tau = 0\overset{d}{.}009\,693\,5992$.

Solar reduction

The method for solar reduction is identical to the method for planetary reduction, except for the following differences:

In *Step* 2 set $\mathbf{Q}_B = \mathbf{S}_B$ and hence $\mathbf{P} = \mathbf{S}_B(t - \tau) - \mathbf{E}_B(t)$. Calculate the light time (τ) by iteration from $\tau = P/c$ and form the unit vector $\mathbf{p}$ only.

In *Step* 3 set $\mathbf{p}_1 = \mathbf{p}$ since there is no light-deflection from the centre of the Sun's disk.

Stellar reduction overview

The method for planetary reduction may be applied with some modification to the calculation of the apparent places of stars.

The barycentric direction of a star at a particular epoch is calculated from its right ascension, declination and space motion at the catalogue epoch with respect to the ICRS. If the position of the star is not on the ICRS, and the accuracy of the data warrants it, convert it to the ICRS. See page B50 for FK5 to ICRS conversion.

The main modifications to the planetary reduction in the stellar case are: in *Step* 1, the distinction between TDB and TT is not significant; in *Step* 2, the space motion of the star is included but light time is ignored; in *Step* 3, the relativity term for light-deflection is modified to the asymptotic case where the star is assumed to be at infinity.

Formulae and method for stellar reduction

The steps in the stellar reduction are as follows:

Step 1. Set TDB = TT.

Step 2. Obtain the Earth's barycentric position $\mathbf{E}_B$ in au and velocity $\dot{\mathbf{E}}_B$ in au/d, at coordinate time $t =$ TDB, referred to the ICRS.

The barycentric direction (**q**) of a star at epoch J2000·0, referred to the ICRS, is given by:

$$\mathbf{q} = (\cos\alpha_0 \cos\delta_0, \ \sin\alpha_0 \cos\delta_0, \ \sin\delta_0)$$

where α_0 and δ_0 are the ICRS right ascension and declination at epoch J2000·0.

The space motion vector $\mathbf{m} = (m_x, m_y, m_z)$ of the star, expressed in radians per century, is given by:

$$
\begin{aligned}
m_x &= -\mu_\alpha \sin\alpha_0 \ - \ \mu_\delta \sin\delta_0 \cos\alpha_0 \ + v\,\pi \cos\delta_0 \cos\alpha_0 \\
m_y &= \quad \mu_\alpha \cos\alpha_0 \ - \ \mu_\delta \sin\delta_0 \sin\alpha_0 \ + v\,\pi \cos\delta_0 \sin\alpha_0 \\
m_z &= \qquad\qquad\qquad \mu_\delta \cos\delta_0 \qquad\quad + v\,\pi \sin\delta_0
\end{aligned}
$$

where (μ_α, μ_δ), the proper motion in right ascension and declination, are in radians/century; μ_α is the measurement in units of a great circle, and so **includes** the $\cos\delta_0$ factor. Note: catalogues give proper motions in various units, e.g., arcseconds per century ("/cy), milliarcseconds per year (mas/yr). Use the factor $1/10$ to convert from mas/yr to "/cy. The radial velocity (v) is in au/century (1 km/s = 21·095 au/century), measured positively away from the Earth.

Calculate **P**, the geocentric vector of the star at the required epoch, from:

$$\mathbf{P} = \mathbf{q} + T\,\mathbf{m} - \pi\,\mathbf{E}_B$$

where $T = (\mathrm{JD}_{TT} - 245\ 1545\cdot0)/36\ 525$, which is the interval in Julian centuries from J2000·0, and JD_{TT} is the Julian date to one decimal of a day.

Form the heliocentric position of the Earth (**E**) from:

$$\mathbf{E} = \mathbf{E}_B - \mathbf{S}_B$$

where $\mathbf{S}_B$ is the barycentric position of the Sun at time t.

Form the geocentric direction (**p**) of the star and the unit vector (**e**) from $\mathbf{p} = \mathbf{P}/|\mathbf{P}|$ and $\mathbf{e} = \mathbf{E}/|\mathbf{E}|$.

Step 3. Calculate the geocentric direction ($\mathbf{p}_1$) of the star, corrected for light-deflection, from:

$$\mathbf{p}_1 = \mathbf{p} + (2\mu/c^2 E)(\mathbf{e} - (\mathbf{p} \cdot \mathbf{e})\mathbf{p})/(1 + \mathbf{p} \cdot \mathbf{e})$$

where the dot indicates a scalar product, $\mu/c^2 = 9\cdot87 \times 10^{-9}$ au and $E = |\mathbf{E}|$. Note that the expression is derived from the planetary case by substituting $\mathbf{q} = \mathbf{p}$ in the equation for light-deflection (*Step* 3) given on page B67.

The vector $\mathbf{p}_1$ is a unit vector to order μ/c^2.

Step 4. Calculate the proper direction ($\mathbf{p}_2$) in the GCRS that is moving with the instantaneous velocity (**V**) of the Earth, from:

$$\mathbf{p}_2 = (\beta^{-1}\mathbf{p}_1 + (1 + (\mathbf{p}_1 \cdot \mathbf{V})/(1 + \beta^{-1}))\mathbf{V})/(1 + \mathbf{p}_1 \cdot \mathbf{V})$$

where $\mathbf{V} = \dot{\mathbf{E}}_B/c = 0\cdot005\ 7755\ \dot{\mathbf{E}}_B$ and $\beta = (1 - V^2)^{-1/2}$; the velocity (**V**) is expressed in units of velocity of light.

Equinox method	*CIO method*

Step 5. Follow the left-hand *Steps* 5–7 or   *Step* 5. Follow the right-hand *Steps* 5–7 or
        Steps *5–*6 on page B68.   *Steps* *5–*6 on page B68.

Example of stellar reduction: Equinox method

Calculate the apparent position of a fictitious star on 2018 January 1 at $0^h\ 00^m\ 00^s$ TT. The ICRS right ascension (α_0), declination (δ_0), proper motions (μ_α, μ_δ), parallax (π) and radial velocity (v) of the star at J2000·0 are given by:

$$\alpha_0 = 14^h\ 39^m\ 36^s\!\!\cdot\!4958 \qquad\qquad \delta_0 = -60°\ 50'\ 02''\!\!\cdot\!309 \qquad\qquad \pi = 0''\!\!\cdot\!742 = 3\!\cdot\!5973 \times 10^{-6}\ \text{rad}$$
$$\mu_\alpha = -367\ 8\!\cdot\!06\ \text{mas/yr} \qquad\quad \mu_\delta = +482\!\cdot\!87\ \text{mas/yr} \qquad\quad v = -21\!\cdot\!6\ \text{km/s}$$
$$= -0\!\cdot\!001\ 783\ 174\ \text{rad/cy}, \qquad = +0\!\cdot\!000\ 234\ 102\ \text{rad/cy}, \quad v\pi = -0\!\cdot\!001\ 639\ 121\ \text{rad/cy}$$

Note; $\mu_\alpha = -367\ 8\!\cdot\!06$ mas/yr is the arc proper motion in right ascension on a great circle in milliarcseconds per year; it includes the $\cos \delta_0$ factor.

Step 1.   TDB = TT = JD 245 8119·5 TT.

Step 2.   Tabular values of $\mathbf{E_B}$, $\mathbf{\dot{E}_B}$ and $\mathbf{S_B}$, taken from the JPL DE430/LE430 barycentric ephemeris, referred to the ICRS, which are required for the calculation, are as follows:

Vector	Julian date (0^h TDB)	x	y	z
$\mathbf{E_B}$	245 8119·5	−0·173 417 346	+0·893 409 491	+0·387 167 979
$\mathbf{\dot{E}_B}$	245 8119·5	−0·017 207 097	−0·002 867 324	−0·001 243 259
$\mathbf{S_B}$	245 8119·5	+0·001 802 715	+0·005 672 375	+0·002 328 250

From the positional data, calculate:

$$\mathbf{q} = (-0\!\cdot\!373\ 860\ 494,\ -0\!\cdot\!312\ 618\ 798,\ -0\!\cdot\!873\ 211\ 210)$$
$$\mathbf{m} = (-0\!\cdot\!000\ 687\ 882,\ +0\!\cdot\!001\ 749\ 237,\ +0\!\cdot\!001\ 545\ 387)$$

Form $\mathbf{P} = \mathbf{q} + T\,\mathbf{m} - \pi\,\mathbf{E_B} = (-0\!\cdot\!373\ 983\ 689,\ -0\!\cdot\!312\ 307\ 149,\ -0\!\cdot\!872\ 934\ 433)$

where $T = (245\ 8119\!\cdot\!5 - 245\ 1545\!\cdot\!0)/36\ 525 = +0\!\cdot\!180\ 000\ 000,$

and form $\mathbf{E} = \mathbf{E_B} - \mathbf{S_B} = (-0\!\cdot\!175\ 220\ 060,\ +0\!\cdot\!887\ 737\ 116,\ +0\!\cdot\!384\ 839\ 728),$

$$E = 0\!\cdot\!983\ 301\ 008$$

Hence the unit vectors are:

$$\mathbf{p} = (-0\!\cdot\!374\ 093\ 300,\ -0\!\cdot\!312\ 398\ 683,\ -0\!\cdot\!873\ 190\ 280)$$
$$\mathbf{e} = (-0\!\cdot\!178\ 195\ 750,\ +0\!\cdot\!902\ 813\ 186,\ +0\!\cdot\!391\ 375\ 301)$$

Step 3.   Calculate the scalar product $\mathbf{p} \cdot \mathbf{e} = -0\!\cdot\!557\ 120\ 923$, then

$$\frac{(2\mu/c^2 E)}{(1 + \mathbf{p} \cdot \mathbf{e})}(\mathbf{e} - (\mathbf{p} \cdot \mathbf{e})\mathbf{p}) = (-0\!\cdot\!000\ 000\ 018,\ +0\!\cdot\!000\ 000\ 033,\ -0\!\cdot\!000\ 000\ 004)$$

and $\mathbf{p_1} = (-0\!\cdot\!374\ 093\ 317,\ -0\!\cdot\!312\ 398\ 650,\ -0\!\cdot\!873\ 190\ 285)$

Step 4.   Using $\mathbf{\dot{E}_B}$ given in the table in *Step* 2, calculate

$\mathbf{V} = 0\!\cdot\!005\ 775\ 518\,\mathbf{\dot{E}_B} = (-0\!\cdot\!000\ 099\ 380,\ -0\!\cdot\!000\ 016\ 560,\ -0\!\cdot\!000\ 007\ 180)$

Then $V = 0\!\cdot\!000\ 101\ 006$, $\beta = 1\!\cdot\!000\ 000\ 005$ and $\beta^{-1} = 0\!\cdot\!999\ 999\ 995$

Calculate the scalar product $\mathbf{p_1} \cdot \mathbf{V} = +0\!\cdot\!000\ 048\ 621$

Then $1 + (\mathbf{p_1} \cdot \mathbf{V})/(1 + \beta^{-1}) = 1\!\cdot\!000\ 024\ 310$

Hence $\mathbf{p_2} = (-0\!\cdot\!374\ 174\ 505,\ -0\!\cdot\!312\ 400\ 020,\ -0\!\cdot\!873\ 155\ 008)$

Example of stellar reduction: Equinox method (continued)

Step 5.   From page B30, the bias, precession and nutation matrix **M** is given by:

$$\mathbf{M} = \mathbf{NPB} = \begin{bmatrix} +0{\cdot}999\ 990\ 614 & -0{\cdot}003\ 973\ 707 & -0{\cdot}001\ 726\ 535 \\ +0{\cdot}003\ 973\ 769 & +0{\cdot}999\ 992\ 104 & +0{\cdot}000\ 032\ 315 \\ +0{\cdot}001\ 726\ 393 & -0{\cdot}000\ 039\ 176 & +0{\cdot}999\ 998\ 509 \end{bmatrix}$$

hence $\mathbf{p}_3 = \mathbf{M}\,\mathbf{p}_2 = (-0{\cdot}371\ 422\ 074,\ -0{\cdot}313\ 912\ 653,\ -0{\cdot}873\ 787\ 440)$

Step 6.   Converting to spherical coordinates: $\alpha_e = 14^{\mathrm{h}}\ 40^{\mathrm{m}}\ 48{\overset{\mathrm{s}}{\cdot}}7919,\ \delta = -60°\ 54'\ 06{\cdot}''454$

Example of stellar reduction: ▮CIO method▮

Steps 1-4.   Repeat Steps 1-4 above, calculating the proper direction of the star ($\mathbf{p}_2$) in the GCRS. Hence

$$\mathbf{p}_2 = (-0{\cdot}374\ 174\ 505,\quad -0{\cdot}312\ 400\ 020,\quad -0{\cdot}873\ 155\ 008)$$

▮*Step* 5.▮ From page B31 extract **C** that rotates the GCRS to the CIO and equator of date,

$$\mathbf{C} = \begin{bmatrix} +0{\cdot}999\ 998\ 510 & +0{\cdot}000\ 000\ 007 & -0{\cdot}001\ 726\ 393 \\ +0{\cdot}000\ 000\ 061 & +0{\cdot}999\ 999\ 999 & +0{\cdot}000\ 039\ 176 \\ +0{\cdot}001\ 726\ 393 & -0{\cdot}000\ 039\ 176 & +0{\cdot}999\ 998\ 509 \end{bmatrix}$$

hence $\mathbf{p}_3 = \mathbf{C}\,\mathbf{p}_2 = (-0{\cdot}372\ 666\ 541,\ -0{\cdot}312\ 434\ 249,\ -0{\cdot}873\ 787\ 440)$

▮*Step* 6.▮ Converting to spherical coordinates $\alpha_i = 14^{\mathrm{h}}\ 39^{\mathrm{m}}\ 54{\overset{\mathrm{s}}{\cdot}}1492,\ \delta = -60°\ 54'\ 06{\cdot}''454$.

Note: the intermediate right ascension (α_i) may also be calculated thus

$$\alpha_i = \alpha_e + E_o = 14^{\mathrm{h}}\ 40^{\mathrm{m}}\ 48{\overset{\mathrm{s}}{\cdot}}7919 - 54{\overset{\mathrm{s}}{\cdot}}6426$$

where α_e is the apparent (equinox) right ascension and E_o is the equation of the origins, which is tabulated daily at 0^{h} UT1 on pages B21–B24.

Approximate reduction to apparent geocentric altitude and azimuth

The following example illustrates an approximate procedure based on the CIO method for calculating the altitude and azimuth of a star for a specified UT1 instant. The procedure given is accurate to about $\pm 1''$. It is valid for 2018 as it uses the relevant annual equations given earlier in this section. Strictly, all the parameters, except the Earth rotation angle (θ), should be evaluated for the equivalent TT (UT1+$\varDelta T$) instant.

Example On 2018 January 1 at $0^{\mathrm{h}}\ 00^{\mathrm{m}}\ 00^{\mathrm{s}}$ UT1 calculate the local hour angle (h), declination (δ), and altitude and azimuth of the fictitious star given in the example on page B73, for an observer at W $60°0$, S $30°0$.

Step A The day of the year is 1; the time is $0^{\mathrm{h}}000\ 00$ UT1; the ICRS barycentric direction (**q**) and space motion (**m**) of the star at epoch J2000·0 (see page B73) are

$$\mathbf{q} = (-0{\cdot}373\ 860\ 494,\ -0{\cdot}312\ 618\ 798,\ -0{\cdot}873\ 211\ 210),$$

$$\mathbf{m} = (-0{\cdot}000\ 687\ 882,\ +0{\cdot}001\ 749\ 237,\ +0{\cdot}001\ 545\ 387){\cdot}$$

Apply space motion and ignore parallax to give the approximate geocentric position of the star at the epoch of date with respect to the GCRS

$$\mathbf{p} = \mathbf{q} + T\mathbf{m} = (-0{\cdot}373\ 984\ 313,\ -0{\cdot}312\ 303\ 936,\ -0{\cdot}872\ 933\ 041)$$

where $T = +0{\cdot}180\ 000\ 000$ centuries from 245 1545·0 TT and $\mathbf{p} = (p_x, p_y, p_z)$ is a column vector.

Approximate reduction to apparent geocentric altitude and azimuth (continued)

Step B Apply aberration and precession-nutation to form

$$x_i = v_x + (1 - \mathcal{X}^2/2)\, p_x \quad\quad\quad - \quad\quad\quad \mathcal{X}\, p_z = -0.372\ 574$$
$$y_i = v_y + \quad\quad\quad\quad\quad\quad p_y - \quad\quad\quad \mathcal{Y}\, p_z = -0.312\ 355$$
$$z_i = v_z + \quad\quad \mathcal{X}\, p_x + \mathcal{Y}\, p_y + (1 - \mathcal{X}^2/2)\, p_z = -0.873\ 573$$

where

$$\mathbf{v} = \frac{1}{c}(0.0172 \sin L, \ -0.0158 \cos L, \ -0.0068 \cos L)$$

$$= \frac{1}{173.14}(-0.016\ 91, \ -0.002\ 90, \ -0.001\ 25)$$

where $\mathbf{v}$ in au/day is the approximate barycentric velocity of the Earth, $L = 280°6$ is the ecliptic longitude of the Sun, and the speed of light is given by $c = 173.14\ \text{au/d}$.

$\mathcal{X}, \mathcal{Y}$ are the approximate coordinates of the CIP, given in radians, and are evaluated using the approximate formulae on page B46, with arguments $\Omega = 136°9$ and $2L = 201°2$, thus giving

$$\mathcal{X} = +0.001\ 727 \quad\text{and}\quad \mathcal{Y} = -0.000\ 039$$

Therefore (x_i, y_i, z_i) is the position vector of the star with respect to the equator and CIO of date, i.e., the position of the star in the Celestial Intermediate Reference System.

Converting to spherical coordinates gives $\alpha_i = 14^h\ 39^m\ 54^s1$ and $\delta = -60°\ 54'\ 07''$ (see page B68 *Step 6*).

Step C Transform from the celestial intermediate origin and equator of date to the observer's meridian at longitude $\lambda = -60°0$ (west longitudes are negative)

$$x_g = +x_i \cos(\theta + \lambda) + y_i \sin(\theta + \lambda) = -0.486\ 174$$
$$y_g = -x_i \sin(\theta + \lambda) + y_i \cos(\theta + \lambda) = +0.003\ 336$$
$$z_g = +z_i \quad\quad\quad\quad\quad\quad\quad\quad\quad\quad = -0.873\ 573$$

where the Earth rotation angle (see page B8) is

$$\theta = 99°382\ 994 + 0°985\ 6123 \times \text{day of year} + 15°041\ 067 \times \text{UT1}$$

$$= 100°368\ 606$$

Thus the local hour angle (h) and declination (δ) are calculated using

$$h = \tan^{-1}(-y_g/x_g)$$

$$= 180°\ 23'\ 35''$$

$$\delta = -60°\ 54'\ 07''$$

h is measured positive to the west of the local meridian and the declination is unchanged (from Step B) by the rotation.

Step D Transform to altitude and azimuth (also see page B86), for the observer at latitude $\phi = -30°0$:

$$x_t \quad = -x_g \sin\phi + z_g \cos\phi = -0.999\ 623$$
$$y_t \quad = +y_g \quad\quad\quad\quad\quad\quad = +0.003\ 336$$
$$z_t \quad = +x_g \cos\phi + z_g \sin\phi = +0.015\ 747$$

Thus

$$\text{Altitude} = \tan^{-1}\left(\frac{z_t}{\sqrt{x_t^2 + y_t^2}}\right) = +0°\ 54'\ 09''$$

$$\text{Azimuth} = \tan^{-1}\left(\frac{y_t}{x_t}\right) = 179°\ 48'\ 32''$$

where azimuth is measured from north through east in the plane of the horizon.

POSITION AND VELOCITY OF THE EARTH, 2018

ICRS, ORIGIN AT SOLAR SYSTEM BARYCENTRE
FOR 0^h BARYCENTRIC DYNAMICAL TIME

Date 0^h TDB		X	Y	Z	$\dot{X}$	$\dot{Y}$	$\dot{Z}$
Jan.	0	−0·156 183 703	+0·896 139 401	+0·388 351 591	−1725 9374	− 259 2337	− 112 3891
	1	−0·173 417 346	+0·893 409 491	+0·387 167 979	−1720 7097	− 286 7324	− 124 3259
	2	−0·190 596 280	+0·890 405 064	+0·385 865 217	−1714 9964	− 314 1379	− 136 2193
	3	−0·207 715 663	+0·887 127 025	+0·384 443 734	−1708 7994	− 341 4556	− 148 0704
	4	−0·224 770 645	+0·883 576 229	+0·382 903 945	−1702 1152	− 368 6900	− 159 8806
	5	−0·241 756 318	+0·879 753 499	+0·381 246 256	−1694 9360	− 395 8422	− 171 6504
	6	−0·258 667 683	+0·875 659 670	+0·379 471 075	−1687 2521	− 422 9089	− 183 3787
	7	−0·275 499 644	+0·871 295 631	+0·377 578 830	−1679 0537	− 449 8826	− 195 0629
	8	−0·292 247 015	+0·866 662 362	+0·375 569 977	−1670 3329	− 476 7528	− 206 6994
	9	−0·308 904 541	+0·861 760 961	+0·373 445 017	−1661 0839	− 503 5069	− 218 2835
	10	−0·325 466 920	+0·856 592 655	+0·371 204 497	−1651 3032	− 530 1314	− 229 8104
	11	−0·341 928 826	+0·851 158 811	+0·368 849 018	−1640 9891	− 556 6124	− 241 2746
	12	−0·358 284 922	+0·845 460 931	+0·366 379 232	−1630 1414	− 582 9362	− 252 6709
	13	−0·374 529 879	+0·839 500 657	+0·363 795 844	−1618 7613	− 609 0890	− 263 9939
	14	−0·390 658 380	+0·833 279 767	+0·361 099 616	−1606 8507	− 635 0571	− 275 2382
	15	−0·406 665 134	+0·826 800 177	+0·358 291 362	−1594 4126	− 660 8269	− 286 3983
	16	−0·422 544 886	+0·820 063 936	+0·355 371 949	−1581 4509	− 686 3848	− 297 4688
	17	−0·438 292 424	+0·813 073 232	+0·352 342 303	−1567 9708	− 711 7172	− 308 4442
	18	−0·453 902 593	+0·805 830 388	+0·349 203 402	−1553 9781	− 736 8107	− 319 3189
	19	−0·469 370 303	+0·798 337 859	+0·345 956 280	−1539 4804	− 761 6522	− 330 0874
	20	−0·484 690 544	+0·790 598 228	+0·342 602 025	−1524 4859	− 786 2289	− 340 7445
	21	−0·499 858 398	+0·782 614 203	+0·339 141 779	−1509 0045	− 810 5290	− 351 2848
	22	−0·514 869 047	+0·774 388 608	+0·335 576 735	−1493 0469	− 834 5410	− 361 7034
	23	−0·529 717 788	+0·765 924 377	+0·331 908 133	−1476 6250	− 858 2548	− 371 9955
	24	−0·544 400 044	+0·757 224 537	+0·328 137 261	−1459 7520	− 881 6612	− 382 1568
	25	−0·558 911 371	+0·748 292 203	+0·324 265 446	−1442 4419	− 904 7526	− 392 1835
	26	−0·573 247 474	+0·739 130 553	+0·320 294 051	−1424 7097	− 927 5235	− 402 0723
	27	−0·587 404 209	+0·729 742 812	+0·316 224 468	−1406 5709	− 949 9707	− 411 8209
	28	−0·601 377 588	+0·720 132 219	+0·312 058 105	−1388 0407	− 972 0943	− 421 4281
	29	−0·615 163 763	+0·710 301 996	+0·307 796 377	−1369 1323	− 993 8972	− 430 8941
	30	−0·628 759 007	+0·700 255 324	+0·303 440 690	−1349 8556	−1015 3853	− 440 2201
	31	−0·642 159 667	+0·689 995 316	+0·298 992 435	−1330 2161	−1036 5654	− 449 4081
Feb.	1	−0·655 362 120	+0·679 525 024	+0·294 452 982	−1310 2139	−1057 4430	− 458 4601
	2	−0·668 362 724	+0·668 847 454	+0·289 823 682	−1289 8455	−1078 0210	− 467 3773
	3	−0·681 157 789	+0·657 965 608	+0·285 105 885	−1269 1050	−1098 2976	− 476 1595
	4	−0·693 743 564	+0·646 882 526	+0·280 300 947	−1247 9868	−1118 2670	− 484 8051
	5	−0·706 116 253	+0·635 601 322	+0·275 410 248	−1226 4871	−1137 9201	− 493 3111
	6	−0·718 272 031	+0·624 125 215	+0·270 435 203	−1204 6048	−1157 2458	− 501 6736
	7	−0·730 207 076	+0·612 457 538	+0·265 377 268	−1182 3409	−1176 2321	− 509 8885
	8	−0·741 917 589	+0·600 601 743	+0·260 237 941	−1159 6990	−1194 8674	− 517 9512
	9	−0·753 399 813	+0·588 561 399	+0·255 018 765	−1136 6841	−1213 1400	− 525 8576
	10	−0·764 650 047	+0·576 340 188	+0·249 721 325	−1113 3022	−1231 0390	− 533 6032
	11	−0·775 664 657	+0·563 941 899	+0·244 347 249	−1089 5605	−1248 5539	− 541 1841
	12	−0·786 440 082	+0·551 370 426	+0·238 898 205	−1065 4665	−1265 6742	− 548 5962
	13	−0·796 972 841	+0·538 629 764	+0·233 375 902	−1041 0288	−1282 3898	− 555 8354
	14	−0·807 259 542	+0·525 724 012	+0·227 782 088	−1016 2566	−1298 6906	− 562 8975
	15	−0·817 296 891	+0·512 657 368	+0·222 118 554	− 991 1602	−1314 5666	− 569 7787

$\dot{X}, \dot{Y}, \dot{Z}$ are in units of 10^{-9} au / d.

ICRS, ORIGIN AT SOLAR SYSTEM BARYCENTRE
FOR 0ʰ BARYCENTRIC DYNAMICAL TIME

Date 0^h TDB	X	Y	Z	$\dot{X}$	$\dot{Y}$	$\dot{Z}$
Feb. 15	−0·817 296 891	+0·512 657 368	+0·222 118 554	− 991 1602	−1314 5666	− 569 7787
16	−0·827 081 703	+0·499 434 128	+0·216 387 130	− 965 7511	−1330 0083	− 576 4748
17	−0·836 610 913	+0·486 058 680	+0·210 589 687	− 940 0421	−1345 0066	− 582 9821
18	−0·845 881 592	+0·472 535 502	+0·204 728 131	− 914 0474	−1359 5533	− 589 2967
19	−0·854 890 959	+0·458 869 143	+0·198 804 405	− 887 7822	−1373 6415	− 595 4155
20	−0·863 636 389	+0·445 064 217	+0·192 820 482	− 861 2630	−1387 2660	− 601 3358
21	−0·872 115 428	+0·431 125 382	+0·186 778 359	− 834 5066	−1400 4230	− 607 0553
22	−0·880 325 790	+0·417 057 321	+0·180 680 050	− 807 5306	−1413 1110	− 612 5727
23	−0·888 265 365	+0·402 864 723	+0·174 527 581	− 780 3521	−1425 3308	− 617 8872
24	−0·895 932 213	+0·388 552 256	+0·168 322 980	− 752 9878	−1437 0853	− 622 9993
25	−0·903 324 552	+0·374 124 551	+0·162 068 266	− 725 4527	−1448 3797	− 627 9101
26	−0·910 440 741	+0·359 586 172	+0·155 765 442	− 697 7599	−1459 2214	− 632 6217
27	−0·917 279 256	+0·344 941 603	+0·149 416 486	− 669 9189	−1469 6192	− 637 1371
28	−0·923 838 645	+0·330 195 237	+0·143 023 343	− 641 9356	−1479 5822	− 641 4595
Mar. 1	−0·930 117 500	+0·315 351 384	+0·136 587 928	− 613 8118	−1489 1179	− 645 5921
2	−0·936 114 408	+0·300 414 286	+0·130 112 127	− 585 5461	−1498 2315	− 649 5370
3	−0·941 827 937	+0·285 388 157	+0·123 597 808	− 557 1353	−1506 9241	− 653 2956
4	−0·947 256 622	+0·270 277 215	+0·117 046 836	− 528 5767	−1515 1933	− 656 8677
5	−0·952 398 973	+0·255 085 721	+0·110 461 081	− 499 8687	−1523 0335	− 660 2517
6	−0·957 253 500	+0·239 817 999	+0·103 842 436	− 471 0123	−1530 4374	− 663 4455
7	−0·961 818 736	+0·224 478 455	+0·097 192 813	− 442 0112	−1537 3966	− 666 4465
8	−0·966 093 261	+0·209 071 576	+0·090 514 157	− 412 8710	−1543 9030	− 669 2519
9	−0·970 075 718	+0·193 601 929	+0·083 808 437	− 383 5992	−1549 9491	− 671 8588
10	−0·973 764 834	+0·178 074 152	+0·077 077 650	− 354 2042	−1555 5278	− 674 2650
11	−0·977 159 421	+0·162 492 951	+0·070 323 816	− 324 6951	−1560 6329	− 676 4679
12	−0·980 258 389	+0·146 863 092	+0·063 548 978	− 295 0819	−1565 2585	− 678 4653
13	−0·983 060 747	+0·131 189 399	+0·056 755 201	− 265 3748	−1569 3987	− 680 2552
14	−0·985 565 609	+0·115 476 753	+0·049 944 573	− 235 5847	−1573 0482	− 681 8353
15	−0·987 772 204	+0·099 730 088	+0·043 119 202	− 205 7235	−1576 2016	− 683 2035
16	−0·989 679 884	+0·083 954 393	+0·036 281 217	− 175 8040	−1578 8536	− 684 3576
17	−0·991 288 137	+0·068 154 704	+0·029 432 770	− 145 8406	−1580 9997	− 685 2957
18	−0·992 596 601	+0·052 336 098	+0·022 576 030	− 115 8490	−1582 6363	− 686 0159
19	−0·993 605 080	+0·036 503 682	+0·015 713 182	− 85 8463	−1583 7616	− 686 5172
20	−0·994 313 551	+0·020 662 570	+0·008 846 419	− 55 8506	−1584 3757	− 686 7988
21	−0·994 722 176	+0·004 817 863	+0·001 977 937	− 25 8801	−1584 4811	− 686 8611
22	−0·994 831 297	−0·011 025 374	−0·004 890 076	+ 4 0472	−1584 0829	− 686 7054
23	−0·994 641 430	−0·026 862 141	−0·011 755 452	+ 33 9148	−1583 1887	− 686 3340
24	−0·994 153 250	−0·042 687 525	−0·018 616 047	+ 63 7078	−1581 8078	− 685 7498
25	−0·993 367 565	−0·058 496 712	−0·025 469 752	+ 93 4139	−1579 9514	− 684 9568
26	−0·992 285 292	−0·074 285 006	−0·032 314 501	+ 123 0239	−1577 6312	− 683 9593
27	−0·990 907 429	−0·090 047 830	−0·039 148 272	+ 152 5313	−1574 8591	− 682 7618
28	−0·989 235 018	−0·105 780 719	−0·045 969 086	+ 181 9332	−1571 6462	− 681 3689
29	−0·987 269 120	−0·121 479 315	−0·052 775 012	+ 211 2289	−1568 0016	− 679 7846
30	−0·985 010 787	−0·137 139 335	−0·059 564 152	+ 240 4203	−1563 9321	− 678 0122
31	−0·982 461 053	−0·152 756 552	−0·066 334 637	+ 269 5098	−1559 4411	− 676 0540
Apr. 1	−0·979 620 924	−0·168 326 756	−0·073 084 616	+ 298 4996	−1554 5295	− 673 9109
2	−0·976 491 390	−0·183 845 733	−0·079 812 241	+ 327 3907	−1549 1952	− 671 5833

$\dot{X}, \dot{Y}, \dot{Z}$ are in units of 10^{-9} au / d.

POSITION AND VELOCITY OF THE EARTH, 2018

ICRS, ORIGIN AT SOLAR SYSTEM BARYCENTRE
FOR 0^h BARYCENTRIC DYNAMICAL TIME

Date 0^h TDB	X	Y	Z	$\dot{X}$	$\dot{Y}$	$\dot{Z}$
Apr. 1	−0·979 620 924	−0·168 326 756	−0·073 084 616	+ 298 4996	−1554 5295	− 673 9109
2	−0·976 491 390	−0·183 845 733	−0·079 812 241	+ 327 3907	−1549 1952	− 671 5833
3	−0·973 073 443	−0·199 309 239	−0·086 515 665	+ 356 1818	−1543 4348	− 669 0706
4	−0·969 368 098	−0·214 712 994	−0·093 193 032	+ 384 8695	−1537 2440	− 666 3716
5	−0·965 376 415	−0·230 052 671	−0·099 842 474	+ 413 4485	−1530 6187	− 663 4854
6	−0·961 099 514	−0·245 323 907	−0·106 462 112	+ 441 9118	−1523 5550	− 660 4108
7	−0·956 538 592	−0·260 522 301	−0·113 050 059	+ 470 2511	−1516 0500	− 657 1469
8	−0·951 694 933	−0·275 643 427	−0·119 604 417	+ 498 4578	−1508 1010	− 653 6930
9	−0·946 569 909	−0·290 682 836	−0·126 123 284	+ 526 5225	−1499 7064	− 650 0486
10	−0·941 164 988	−0·305 636 063	−0·132 604 751	+ 554 4356	−1490 8644	− 646 2131
11	−0·935 481 736	−0·320 498 628	−0·139 046 907	+ 582 1868	−1481 5736	− 642 1861
12	−0·929 521 827	−0·335 266 035	−0·145 447 833	+ 609 7653	−1471 8328	− 637 9671
13	−0·923 287 046	−0·349 933 779	−0·151 805 608	+ 637 1590	−1461 6407	− 633 5558
14	−0·916 779 307	−0·364 497 343	−0·158 118 305	+ 664 3546	−1450 9968	− 628 9516
15	−0·910 000 663	−0·378 952 210	−0·164 383 996	+ 691 3373	−1439 9016	− 624 1545
16	−0·902 953 324	−0·393 293 877	−0·170 600 753	+ 718 0908	−1428 3572	− 619 1649
17	−0·895 639 669	−0·407 517 873	−0·176 766 656	+ 744 5976	−1416 3685	− 613 9842
18	−0·888 062 251	−0·421 619 791	−0·182 879 806	+ 770 8406	−1403 9432	− 608 6146
19	−0·880 223 790	−0·435 595 316	−0·188 938 331	+ 796 8036	−1391 0920	− 603 0598
20	−0·872 127 160	−0·449 440 255	−0·194 940 401	+ 822 4725	−1377 8282	− 597 3245
21	−0·863 775 356	−0·463 150 556	−0·200 884 238	+ 847 8369	−1364 1670	− 591 4142
22	−0·855 171 462	−0·476 722 322	−0·206 768 121	+ 872 8894	−1350 1239	− 585 3348
23	−0·846 318 620	−0·490 151 812	−0·212 590 390	+ 897 6263	−1335 7140	− 579 0924
24	−0·837 219 992	−0·503 435 426	−0·218 349 444	+ 922 0467	−1320 9511	− 572 6927
25	−0·827 878 736	−0·516 569 695	−0·224 043 738	+ 946 1521	−1305 8468	− 566 1410
26	−0·818 297 990	−0·529 551 256	−0·229 671 773	+ 969 9454	−1290 4107	− 559 4418
27	−0·808 480 857	−0·542 376 827	−0·235 232 094	+ 993 4302	−1274 6497	− 552 5986
28	−0·798 430 402	−0·555 043 184	−0·240 723 274	+1016 6103	−1258 5685	− 545 6141
29	−0·788 149 656	−0·567 547 137	−0·246 143 912	+1039 4888	−1242 1692	− 538 4903
30	−0·777 641 627	−0·579 885 511	−0·251 492 620	+1062 0671	−1225 4526	− 531 2283
May 1	−0·766 909 314	−0·592 055 129	−0·256 768 020	+1084 3454	−1208 4180	− 523 8286
2	−0·755 955 725	−0·604 052 807	−0·261 968 735	+1106 3218	−1191 0643	− 516 2915
3	−0·744 783 896	−0·615 875 347	−0·267 093 393	+1127 9928	−1173 3901	− 508 6171
4	−0·733 396 904	−0·627 519 538	−0·272 140 619	+1149 3534	−1155 3947	− 500 8054
5	−0·721 797 883	−0·638 982 169	−0·277 109 044	+1170 3976	−1137 0778	− 492 8567
6	−0·709 990 029	−0·650 260 023	−0·281 997 299	+1191 1187	−1118 4396	− 484 7715
7	−0·697 976 610	−0·661 349 893	−0·286 804 021	+1211 5095	−1099 4811	− 476 5502
8	−0·685 760 967	−0·672 248 581	−0·291 527 852	+1231 5622	−1080 2034	− 468 1936
9	−0·673 346 519	−0·682 952 903	−0·296 167 443	+1251 2690	−1060 6081	− 459 7022
10	−0·660 736 769	−0·693 459 688	−0·300 721 450	+1270 6210	−1040 6965	− 451 0769
11	−0·647 935 313	−0·703 765 785	−0·305 188 536	+1289 6087	−1020 4706	− 442 3182
12	−0·634 945 847	−0·713 868 061	−0·309 567 373	+1308 2210	− 999 9326	− 433 4271
13	−0·621 772 184	−0·723 763 409	−0·313 856 639	+1326 4457	− 979 0859	− 424 4044
14	−0·608 418 272	−0·733 448 766	−0·318 055 028	+1344 2686	− 957 9355	− 415 2518
15	−0·594 888 200	−0·742 921 132	−0·322 161 251	+1361 6750	− 936 4893	− 405 9719
16	−0·581 186 211	−0·752 177 602	−0·326 174 053	+1378 6498	− 914 7585	− 396 5682
17	−0·567 316 687	−0·761 215 402	−0·330 092 221	+1395 1799	− 892 7579	− 387 0461

$\dot{X}, \dot{Y}, \dot{Z}$ are in units of 10^{-9} au / d.

ICRS, ORIGIN AT SOLAR SYSTEM BARYCENTRE
FOR 0ʰ BARYCENTRIC DYNAMICAL TIME

Date 0^h TDB	X	Y	Z	$\dot{X}$	$\dot{Y}$	$\dot{Z}$
May 17	−0·567 316 687	−0·761 215 402	−0·330 092 221	+1395 1799	− 892 7579	− 387 0461
18	−0·553 284 128	−0·770 031 919	−0·333 914 601	+1411 2554	− 870 5049	− 377 4119
19	−0·539 093 113	−0·778 624 722	−0·337 640 109	+1426 8706	− 848 0183	− 367 6728
20	−0·524 748 255	−0·786 991 569	−0·341 267 732	+1442 0243	− 825 3167	− 357 8362
21	−0·510 254 158	−0·795 130 394	−0·344 796 532	+1456 7190	− 802 4165	− 347 9092
22	−0·495 615 387	−0·803 039 285	−0·348 225 636	+1470 9600	− 779 3319	− 337 8980
23	−0·480 836 448	−0·810 716 455	−0·351 554 229	+1484 7539	− 756 0739	− 327 8079
24	−0·465 921 776	−0·818 160 213	−0·354 781 544	+1498 1076	− 732 6508	− 317 6430
25	−0·450 875 741	−0·825 368 940	−0·357 906 852	+1511 0276	− 709 0685	− 307 4068
26	−0·435 702 651	−0·832 341 066	−0·360 929 452	+1523 5195	− 685 3311	− 297 1019
27	−0·420 406 764	−0·839 075 054	−0·363 848 667	+1535 5877	− 661 4412	− 286 7302
28	−0·404 992 298	−0·845 569 387	−0·366 663 838	+1547 2354	− 637 4004	− 276 2932
29	−0·389 463 451	−0·851 822 561	−0·369 374 316	+1558 4644	− 613 2094	− 265 7919
30	−0·373 824 406	−0·857 833 077	−0·371 979 465	+1569 2747	− 588 8689	− 255 2272
31	−0·358 079 355	−0·863 599 443	−0·374 478 652	+1579 6654	− 564 3794	− 244 6000
June 1	−0·342 232 506	−0·869 120 171	−0·376 871 257	+1589 6340	− 539 7416	− 233 9108
2	−0·326 288 093	−0·874 393 785	−0·379 156 665	+1599 1774	− 514 9568	− 223 1606
3	−0·310 250 389	−0·879 418 824	−0·381 334 269	+1608 2915	− 490 0268	− 212 3503
4	−0·294 123 709	−0·884 193 845	−0·383 403 475	+1616 9717	− 464 9538	− 201 4811
5	−0·277 912 418	−0·888 717 433	−0·385 363 698	+1625 2130	− 439 7405	− 190 5540
6	−0·261 620 930	−0·892 988 198	−0·387 214 366	+1633 0099	− 414 3899	− 179 5704
7	−0·245 253 720	−0·897 004 784	−0·388 954 921	+1640 3564	− 388 9052	− 168 5315
8	−0·228 815 326	−0·900 765 866	−0·390 584 817	+1647 2456	− 363 2899	− 157 4388
9	−0·212 310 360	−0·904 270 160	−0·392 103 523	+1653 6693	− 337 5482	− 146 2937
10	−0·195 743 522	−0·907 516 425	−0·393 510 522	+1659 6183	− 311 6852	− 135 0979
11	−0·179 119 612	−0·910 503 482	−0·394 805 319	+1665 0818	− 285 7078	− 123 8536
12	−0·162 443 543	−0·913 230 232	−0·395 987 444	+1670 0482	− 259 6258	− 112 5641
13	−0·145 720 344	−0·915 695 691	−0·397 056 466	+1674 5060	− 233 4521	− 101 2339
14	−0·128 955 151	−0·917 899 024	−0·398 012 006	+1678 4457	− 207 2036	− 89 8689
15	−0·112 153 177	−0·919 839 579	−0·398 853 753	+1681 8616	− 180 8998	− 78 4765
16	−0·095 319 668	−0·921 516 906	−0·399 581 471	+1684 7531	− 154 5615	− 67 0647
17	−0·078 459 848	−0·922 930 760	−0·400 195 009	+1687 1248	− 128 2083	− 55 6417
18	−0·061 578 876	−0·924 081 079	−0·400 694 292	+1688 9853	− 101 8569	− 44 2147
19	−0·044 681 809	−0·924 967 947	−0·401 079 312	+1690 3457	− 75 5201	− 32 7900
20	−0·027 773 590	−0·925 591 562	−0·401 350 116	+1691 2174	− 49 2073	− 21 3723
21	−0·010 859 053	−0·925 952 194	−0·401 506 792	+1691 6112	− 22 9245	− 9 9650
22	+0·006 057 071	−0·926 050 164	−0·401 549 460	+1691 5363	+ 3 3244	+ 1 4291
23	+0·022 970 136	−0·925 885 826	−0·401 478 261	+1691 0004	+ 29 5369	+ 12 8081
24	+0·039 875 562	−0·925 459 554	−0·401 293 354	+1690 0096	+ 55 7111	+ 24 1704
25	+0·056 768 827	−0·924 771 737	−0·400 994 912	+1688 5687	+ 81 8458	+ 35 5148
26	+0·073 645 447	−0·923 822 774	−0·400 583 121	+1686 6811	+ 107 9399	+ 46 8402
27	+0·090 500 968	−0·922 613 077	−0·400 058 174	+1684 3492	+ 133 9925	+ 58 1457
28	+0·107 330 954	−0·921 143 067	−0·399 420 276	+1681 5742	+ 160 0024	+ 69 4303
29	+0·124 130 977	−0·919 413 176	−0·398 669 640	+1678 3566	+ 185 9683	+ 80 6932
30	+0·140 896 608	−0·917 423 852	−0·397 806 487	+1674 6956	+ 211 8887	+ 91 9334
July 1	+0·157 623 408	−0·915 175 561	−0·396 831 050	+1670 5902	+ 237 7613	+ 103 1499
2	+0·174 306 924	−0·912 668 793	−0·395 743 572	+1666 0383	+ 263 5837	+ 114 3416

$\dot{X}$, $\dot{Y}$, $\dot{Z}$ are in units of 10^{-9} au / d.

POSITION AND VELOCITY OF THE EARTH, 2018

ICRS, ORIGIN AT SOLAR SYSTEM BARYCENTRE
FOR 0ʰ BARYCENTRIC DYNAMICAL TIME

Date 0ʰ TDB	X	Y	Z	$\dot{X}$	$\dot{Y}$	$\dot{Z}$
July 1	+0·157 623 408	−0·915 175 561	−0·396 831 050	+1670 5902	+ 237 7613	+ 103 1499
2	+0·174 306 924	−0·912 668 793	−0·395 743 572	+1666 0383	+ 263 5837	+ 114 3416
3	+0·190 942 678	−0·909 904 064	−0·394 544 306	+1661 0375	+ 289 3530	+ 125 5072
4	+0·207 526 168	−0·906 881 923	−0·393 233 520	+1655 5849	+ 315 0655	+ 136 6453
5	+0·224 052 858	−0·903 602 955	−0·391 811 496	+1649 6769	+ 340 7176	+ 147 7545
6	+0·240 518 173	−0·900 067 787	−0·390 278 532	+1643 3092	+ 366 3047	+ 158 8332
7	+0·256 917 492	−0·896 277 093	−0·388 634 940	+1636 4767	+ 391 8219	+ 169 8796
8	+0·273 246 137	−0·892 231 604	−0·386 881 054	+1629 1732	+ 417 2627	+ 180 8916
9	+0·289 499 362	−0·887 932 120	−0·385 017 231	+1621 3915	+ 442 6193	+ 191 8666
10	+0·305 672 347	−0·883 379 533	−0·383 043 857	+1613 1238	+ 467 8812	+ 202 8010
11	+0·321 760 194	−0·878 574 856	−0·380 961 361	+1604 3629	+ 493 0346	+ 213 6901
12	+0·337 757 943	−0·873 519 259	−0·378 770 226	+1595 1036	+ 518 0624	+ 224 5278
13	+0·353 660 599	−0·868 214 093	−0·376 471 002	+1585 3445	+ 542 9449	+ 235 3064
14	+0·369 463 181	−0·862 660 915	−0·374 064 321	+1575 0898	+ 567 6614	+ 246 0180
15	+0·385 160 775	−0·856 861 483	−0·371 550 893	+1564 3490	+ 592 1928	+ 256 6544
16	+0·400 748 587	−0·850 817 728	−0·368 931 507	+1553 1360	+ 616 5236	+ 267 2086
17	+0·416 221 974	−0·844 531 717	−0·366 207 013	+1541 4666	+ 640 6428	+ 277 6751
18	+0·431 576 450	−0·838 005 599	−0·363 378 311	+1529 3564	+ 664 5440	+ 288 0499
19	+0·446 807 681	−0·831 241 575	−0·360 446 329	+1516 8197	+ 688 2237	+ 298 3307
20	+0·461 911 461	−0·824 241 867	−0·357 412 016	+1503 8681	+ 711 6807	+ 308 5158
21	+0·476 883 693	−0·817 008 704	−0·354 276 335	+1490 5114	+ 734 9147	+ 318 6042
22	+0·491 720 365	−0·809 544 317	−0·351 040 258	+1476 7573	+ 757 9256	+ 328 5951
23	+0·506 417 535	−0·801 850 935	−0·347 704 761	+1462 6120	+ 780 7135	+ 338 4879
24	+0·520 971 319	−0·793 930 791	−0·344 270 828	+1448 0808	+ 803 2780	+ 348 2820
25	+0·535 377 879	−0·785 786 121	−0·340 739 451	+1433 1679	+ 825 6188	+ 357 9768
26	+0·549 633 416	−0·777 419 163	−0·337 111 625	+1417 8768	+ 847 7352	+ 367 5717
27	+0·563 734 163	−0·768 832 167	−0·333 388 352	+1402 2102	+ 869 6264	+ 377 0661
28	+0·577 676 374	−0·760 027 388	−0·329 570 641	+1386 1701	+ 891 2915	+ 386 4594
29	+0·591 456 323	−0·751 007 097	−0·325 659 504	+1369 7577	+ 912 7288	+ 395 7509
30	+0·605 070 290	−0·741 773 576	−0·321 655 964	+1352 9737	+ 933 9368	+ 404 9399
31	+0·618 514 558	−0·732 329 133	−0·317 561 051	+1335 8179	+ 954 9131	+ 414 0255
Aug. 1	+0·631 785 406	−0·722 676 097	−0·313 375 803	+1318 2895	+ 975 6546	+ 423 0067
2	+0·644 879 102	−0·712 816 834	−0·309 101 270	+1300 3873	+ 996 1580	+ 431 8822
3	+0·657 791 899	−0·702 753 746	−0·304 738 516	+1282 1092	+1016 4187	+ 440 6506
4	+0·670 520 025	−0·692 489 286	−0·300 288 621	+1263 4527	+1036 4314	+ 449 3101
5	+0·683 059 682	−0·682 025 966	−0·295 752 684	+1244 4148	+1056 1895	+ 457 8586
6	+0·695 407 038	−0·671 366 372	−0·291 131 829	+1224 9918	+1075 6845	+ 466 2932
7	+0·707 558 223	−0·660 513 187	−0·286 427 212	+1205 1802	+1094 9058	+ 474 6104
8	+0·719 509 338	−0·649 469 212	−0·281 640 029	+1184 9774	+1113 8402	+ 482 8054
9	+0·731 256 466	−0·638 237 393	−0·276 771 529	+1164 3830	+1132 4715	+ 490 8726
10	+0·742 795 704	−0·626 820 852	−0·271 823 027	+1143 4005	+1150 7817	+ 498 8049
11	+0·754 123 209	−0·615 222 892	−0·266 795 906	+1122 0382	+1168 7523	+ 506 5949
12	+0·765 235 247	−0·603 446 994	−0·261 691 626	+1100 3099	+1186 3666	+ 514 2355
13	+0·776 128 245	−0·591 496 792	−0·256 511 714	+1078 2331	+1203 6116	+ 521 7206
14	+0·786 798 813	−0·579 376 021	−0·251 257 749	+1055 8273	+1220 4792	+ 529 0456
15	+0·797 243 757	−0·567 088 478	−0·245 931 345	+1033 1114	+1236 9658	+ 536 2080
16	+0·807 460 064	−0·554 637 975	−0·240 534 136	+1010 1022	+1253 0715	+ 543 2065

$\dot{X}, \dot{Y}, \dot{Z}$ are in units of 10^{-9} au / d.

ICRS, ORIGIN AT SOLAR SYSTEM BARYCENTRE
FOR 0^h BARYCENTRIC DYNAMICAL TIME

Date 0^h TDB	X	Y	Z	$\dot{X}$	$\dot{Y}$	$\dot{Z}$
Aug. 16	+0·807 460 064	−0·554 637 975	−0·240 534 136	+1010 1022	+1253 0715	+ 543 2065
17	+0·817 444 871	−0·542 028 313	−0·235 067 763	+ 986 8137	+1268 7979	+ 550 0408
18	+0·827 195 446	−0·529 263 272	−0·229 533 866	+ 963 2573	+1284 1477	+ 556 7112
19	+0·836 709 156	−0·516 346 606	−0·223 934 083	+ 939 4422	+1299 1234	+ 563 2181
20	+0·845 983 453	−0·503 282 044	−0·218 270 048	+ 915 3760	+1313 7270	+ 569 5618
21	+0·855 015 861	0 490 073 300	−0·212 543 391	+ 891 0654	+1327 9601	+ 575 7425
22	+0·863 803 966	−0·476 724 072	−0·206 755 740	+ 866 5163	+1341 8239	+ 581 7606
23	+0·872 345 410	−0·463 238 049	−0·200 908 720	+ 841 7340	+1355 3194	+ 587 6162
24	+0·880 637 886	−0·449 618 911	−0·195 003 958	+ 816 7233	+1368 4471	+ 593 3093
25	+0·888 679 129	−0·435 870 331	−0·189 043 074	+ 791 4882	+1381 2077	+ 598 8403
26	+0·896 466 913	−0·421 995 978	−0·183 027 692	+ 766 0322	+1393 6016	+ 604 2092
27	+0·903 999 044	−0·407 999 522	−0·176 959 431	+ 740 3577	+1405 6286	+ 609 4160
28	+0·911 273 346	−0·393 884 631	−0·170 839 912	+ 714 4666	+1417 2882	+ 614 4609
29	+0·918 287 658	−0·379 654 987	−0·164 670 755	+ 688 3599	+1428 5790	+ 619 3434
30	+0·925 039 825	−0·365 314 288	−0·158 453 586	+ 662 0378	+1439 4987	+ 624 0631
31	+0·931 527 695	−0·350 866 261	−0·152 190 038	+ 635 5003	+1450 0439	+ 628 6191
Sept. 1	+0·937 749 111	−0·336 314 674	−0·145 881 755	+ 608 7468	+1460 2098	+ 633 0099
2	+0·943 701 910	−0·321 663 351	−0·139 530 397	+ 581 7770	+1469 9900	+ 637 2337
3	+0·949 383 929	−0·306 916 186	−0·133 137 647	+ 554 5906	+1479 3766	+ 641 2878
4	+0·954 793 003	−0·292 077 163	−0·126 705 218	+ 527 1883	+1488 3597	+ 645 1689
5	+0·959 926 981	−0·277 150 376	−0·120 234 860	+ 499 5721	+1496 9274	+ 648 8728
6	+0·964 783 747	−0·262 140 044	−0·113 728 369	+ 471 7467	+1505 0662	+ 652 3946
7	+0·969 361 246	−0·247 050 531	−0·107 187 595	+ 443 7204	+1512 7613	+ 655 7284
8	+0·973 657 525	−0·231 886 346	−0·100 614 447	+ 415 5054	+1519 9984	+ 658 8685
9	+0·977 670 781	−0·216 652 132	−0·094 010 890	+ 387 1186	+1526 7651	+ 661 8092
10	+0·981 399 390	−0·201 352 641	−0·087 378 941	+ 358 5798	+1533 0528	+ 664 5463
11	+0·984 841 941	−0·185 992 687	−0·080 720 652	+ 329 9103	+1538 8573	+ 667 0770
12	+0·987 997 231	−0·170 577 105	−0·074 038 094	+ 301 1309	+1544 1787	+ 669 4000
13	+0·990 864 254	−0·155 110 712	−0·067 333 342	+ 272 2598	+1549 0205	+ 671 5159
14	+0·993 442 174	−0·139 598 276	−0·060 608 463	+ 243 3126	+1553 3882	+ 673 4258
15	+0·995 730 294	−0·124 044 509	−0·053 865 507	+ 214 3017	+1557 2877	+ 675 1315
16	+0·997 728 030	−0·108 454 064	−0·047 106 507	+ 185 2373	+1560 7248	+ 676 6350
17	+0·999 434 890	−0·092 831 537	−0·040 333 476	+ 156 1279	+1563 7047	+ 677 9379
18	+1·000 850 463	−0·077 181 478	−0·033 548 411	+ 126 9811	+1566 2319	+ 679 0420
19	+1·001 974 411	−0·061 508 396	−0·026 753 293	+ 97 8038	+1568 3101	+ 679 9487
20	+1·002 806 459	−0·045 816 761	−0·019 950 091	+ 68 6022	+1569 9430	+ 680 6593
21	+1·003 346 395	−0·030 111 010	−0·013 140 756	+ 39 3824	+1571 1338	+ 681 1753
22	+1·003 594 065	−0·014 395 548	−0·006 327 228	+ 10 1498	+1571 8858	+ 681 4981
23	+1·003 549 363	+0·001 325 253	+0·000 488 567	− 19 0912	+1572 2021	+ 681 6290
24	+1·003 212 226	+0·017 047 051	+0·007 304 718	− 48 3367	+1572 0855	+ 681 5695
25	+1·002 582 624	+0·032 765 528	+0·014 119 326	− 77 5839	+1571 5382	+ 681 3208
26	+1·001 660 547	+0·048 476 384	+0·020 930 506	− 106 8312	+1570 5615	+ 680 8839
27	+1·000 446 003	+0·064 175 328	+0·027 736 378	− 136 0775	+1569 1556	+ 680 2594
28	+0·998 939 003	+0·079 858 060	+0·034 535 069	− 165 3222	+1567 3189	+ 679 4474
29	+0·997 139 566	+0·095 520 259	+0·041 324 700	− 194 5648	+1565 0482	+ 678 4474
30	+0·995 047 719	+0·111 157 561	+0·048 103 386	− 223 8040	+1562 3384	+ 677 2580
Oct. 1	+0·992 663 506	+0·126 765 542	+0·054 869 223	− 253 0375	+1559 1829	+ 675 8772

$\dot{X}, \dot{Y}, \dot{Z}$ are in units of 10^{-9} au / d.

POSITION AND VELOCITY OF THE EARTH, 2018

ICRS, ORIGIN AT SOLAR SYSTEM BARYCENTRE
FOR 0^h BARYCENTRIC DYNAMICAL TIME

Date 0^h TDB	X	Y	Z	$\dot{X}$	$\dot{Y}$	$\dot{Z}$
Oct. 1	+0·992 663 506	+0·126 765 542	+0·054 869 223	− 253 0375	+1559 1829	+ 675 8772
2	+0·989 987 001	+0·142 339 707	+0·061 620 284	− 282 2613	+1555 5735	+ 674 3024
3	+0·987 018 332	+0·157 875 468	+0·068 354 613	− 311 4693	+1551 5008	+ 672 5302
4	+0·983 757 698	+0·173 368 145	+0·075 070 217	− 340 6523	+1546 9549	+ 670 5569
5	+0·980 205 408	+0·188 812 958	+0·081 765 067	− 369 7983	+1541 9263	+ 668 3786
6	+0·976 361 906	+0·204 205 033	+0·088 437 094	− 398 8919	+1536 4063	+ 665 9917
7	+0·972 227 806	+0·219 539 424	+0·095 084 194	− 427 9147	+1530 3887	+ 663 3930
8	+0·967 803 916	+0·234 811 139	+0·101 704 241	− 456 8463	+1523 8709	+ 660 5806
9	+0·963 091 253	+0·250 015 177	+0·108 295 092	− 485 6656	+1516 8537	+ 657 5539
10	+0·958 091 045	+0·265 146 563	+0·114 854 608	− 514 3525	+1509 3418	+ 654 3140
11	+0·952 804 706	+0·280 200 389	+0·121 380 667	− 542 8889	+1501 3428	+ 650 8628
12	+0·947 233 820	+0·295 171 828	+0·127 871 171	− 571 2596	+1492 8661	+ 647 2036
13	+0·941 380 108	+0·310 056 151	+0·134 324 057	− 599 4523	+1483 9215	+ 643 3398
14	+0·935 245 401	+0·324 848 730	+0·140 737 298	− 627 4570	+1474 5187	+ 639 2751
15	+0·928 831 622	+0·339 545 027	+0·147 108 902	− 655 2655	+1464 6665	+ 635 0130
16	+0·922 140 768	+0·354 140 591	+0·153 436 912	− 682 8708	+1454 3733	+ 630 5569
17	+0·915 174 906	+0·368 631 047	+0·159 719 403	− 710 2663	+1443 6464	+ 625 9097
18	+0·907 936 161	+0·383 012 096	+0·165 954 480	− 737 4462	+1432 4928	+ 621 0747
19	+0·900 426 719	+0·397 279 504	+0·172 140 279	− 764 4049	+1420 9194	+ 616 0546
20	+0·892 648 818	+0·411 429 106	+0·178 274 966	− 791 1374	+1408 9328	+ 610 8526
21	+0·884 604 740	+0·425 456 805	+0·184 356 734	− 817 6394	+1396 5397	+ 605 4715
22	+0·876 296 810	+0·439 358 566	+0·190 383 810	− 843 9075	+1383 7464	+ 599 9145
23	+0·867 727 376	+0·453 130 418	+0·196 354 447	− 869 9398	+1370 5587	+ 594 1843
24	+0·858 898 805	+0·466 768 441	+0·202 266 929	− 895 7351	+1356 9815	+ 588 2838
25	+0·849 813 465	+0·480 268 760	+0·208 119 561	− 921 2935	+1343 0180	+ 582 2148
26	+0·840 473 722	+0·493 627 519	+0·213 910 669	− 946 6156	+1328 6697	+ 575 9790
27	+0·830 881 940	+0·506 840 867	+0·219 638 587	− 971 7016	+1313 9354	+ 569 5768
28	+0·821 040 481	+0·519 904 931	+0·225 301 650	− 996 5505	+1298 8122	+ 563 0079
29	+0·810 951 730	+0·532 815 798	+0·230 898 184	−1021 1592	+1283 2951	+ 556 2710
30	+0·800 618 115	+0·545 569 501	+0·236 426 503	−1045 5221	+1267 3783	+ 549 3643
31	+0·790 042 135	+0·558 162 012	+0·241 884 897	−1069 6305	+1251 0558	+ 542 2857
Nov. 1	+0·779 226 391	+0·570 589 245	+0·247 271 637	−1093 4729	+1234 3221	+ 535 0331
2	+0·768 173 612	+0·582 847 071	+0·252 584 973	−1117 0349	+1217 1736	+ 527 6048
3	+0·756 886 682	+0·594 931 329	+0·257 823 144	−1140 3002	+1199 6084	+ 519 9997
4	+0·745 368 656	+0·606 837 853	+0·262 984 376	−1163 2510	+1181 6275	+ 512 2174
5	+0·733 622 773	+0·618 562 505	+0·268 066 904	−1185 8686	+1163 2346	+ 504 2589
6	+0·721 652 454	+0·630 101 196	+0·273 068 972	−1208 1350	+1144 4368	+ 496 1260
7	+0·709 461 301	+0·641 449 923	+0·277 988 854	−1230 0330	+1125 2435	+ 487 8221
8	+0·697 053 073	+0·652 604 788	+0·282 824 857	−1251 5477	+1105 6666	+ 479 3511
9	+0·684 431 666	+0·663 562 020	+0·287 575 336	−1272 6668	+1085 7192	+ 470 7180
10	+0·671 601 089	+0·674 317 981	+0·292 238 694	−1293 3802	+1065 4147	+ 461 9279
11	+0·658 565 439	+0·684 869 168	+0·296 813 389	−1313 6805	+1044 7665	+ 452 9862
12	+0·645 328 877	+0·695 212 208	+0·301 297 931	−1333 5616	+1023 7873	+ 443 8981
13	+0·631 895 619	+0·705 343 851	+0·305 690 881	−1353 0190	+1002 4890	+ 434 6687
14	+0·618 269 923	+0·715 260 961	+0·309 990 850	−1372 0487	+ 980 8826	+ 425 3027
15	+0·604 456 081	+0·724 960 512	+0·314 196 495	−1390 6477	+ 958 9789	+ 415 8047
16	+0·590 458 416	+0·734 439 581	+0·318 306 520	−1408 8128	+ 936 7878	+ 406 1794

$\dot{X}, \dot{Y}, \dot{Z}$ are in units of 10^{-9} au / d.

ICRS, ORIGIN AT SOLAR SYSTEM BARYCENTRE
FOR 0^h BARYCENTRIC DYNAMICAL TIME

Date 0^h TDB	X	Y	Z	$\dot{X}$	$\dot{Y}$	$\dot{Z}$
Nov. 16	+0·590 458 416	+0·734 439 581	+0·318 306 520	−1408 8128	+ 936 7878	+ 406 1794
17	+0·576 281 278	+0·743 695 345	+0·322 319 672	−1426 5419	+ 914 3196	+ 396 4311
18	+0·561 929 036	+0·752 725 081	+0·326 234 747	−1443 8333	+ 891 5839	+ 386 5644
19	+0·547 406 072	+0·761 526 165	+0·330 050 581	−1460 6864	+ 868 5906	+ 376 5838
20	+0·532 716 767	+0·770 096 064	+0·333 766 058	−1477 1017	+ 845 3486	+ 366 4938
21	+0·517 865 490	+0·778 432 335	+0·337 380 105	−1493 0813	+ 821 8661	+ 356 2983
22	+0·502 856 583	+0·786 532 606	+0·340 891 685	−1508 6283	+ 798 1494	+ 346 0010
23	+0·487 694 352	+0·794 394 557	+0·344 299 795	−1523 7466	+ 774 2027	+ 335 6046
24	+0·472 383 068	+0·802 015 896	+0·347 603 453	−1538 4396	+ 750 0270	+ 325 1107
25	+0·456 926 973	+0·809 394 330	+0·350 801 686	−1552 7089	+ 725 6211	+ 314 5197
26	+0·441 330 305	+0·816 527 540	+0·353 893 522	−1566 5535	+ 700 9816	+ 303 8312
27	+0·425 597 334	+0·823 413 169	+0·356 877 980	−1579 9685	+ 676 1045	+ 293 0438
28	+0·409 732 396	+0·830 048 826	+0·359 754 065	−1592 9451	+ 650 9866	+ 282 1565
29	+0·393 739 930	+0·836 432 095	+0·362 520 775	−1605 4718	+ 625 6268	+ 271 1687
30	+0·377 624 506	+0·842 560 560	+0·365 177 104	−1617 5347	+ 600 0265	+ 260 0804
Dec. 1	+0·361 390 832	+0·848 431 838	+0·367 722 053	−1629 1190	+ 574 1903	+ 248 8930
2	+0·345 043 770	+0·854 043 603	+0·370 154 641	−1640 2100	+ 548 1253	+ 237 6087
3	+0·328 588 323	+0·859 393 615	+0·372 473 915	−1650 7936	+ 521 8416	+ 226 2309
4	+0·312 029 631	+0·864 479 745	+0·374 678 960	−1660 8571	+ 495 3509	+ 214 7637
5	+0·295 372 953	+0·869 299 990	+0·376 768 908	−1670 3892	+ 468 6672	+ 203 2122
6	+0·278 623 648	+0·873 852 494	+0·378 742 943	−1679 3810	+ 441 8052	+ 191 5821
7	+0·261 787 158	+0·878 135 551	+0·380 600 309	−1687 8253	+ 414 7805	+ 179 8795
8	+0·244 868 983	+0·882 147 615	+0·382 340 312	−1695 7174	+ 387 6092	+ 168 1107
9	+0·227 874 661	+0·885 887 297	+0·383 962 324	−1703 0543	+ 360 3065	+ 156 2821
10	+0·210 809 751	+0·889 353 359	+0·385 465 776	−1709 8347	+ 332 8877	+ 144 4000
11	+0·193 679 821	+0·892 544 711	+0·386 850 166	−1716 0587	+ 305 3668	+ 132 4706
12	+0·176 490 430	+0·895 460 399	+0·388 115 050	−1721 7270	+ 277 7573	+ 120 4996
13	+0·159 247 128	+0·898 099 603	+0·389 260 039	−1726 8412	+ 250 0718	+ 108 4928
14	+0·141 955 446	+0·900 461 622	+0·390 284 803	−1731 4035	+ 222 3225	+ 96 4555
15	+0·124 620 889	+0·902 545 880	+0·391 189 065	−1735 4165	+ 194 5212	+ 84 3932
16	+0·107 248 936	+0·904 351 912	+0·391 972 601	−1738 8833	+ 166 6794	+ 72 3111
17	+0·089 845 029	+0·905 879 369	+0·392 635 239	−1741 8083	+ 138 8080	+ 60 2144
18	+0·072 414 560	+0·907 128 009	+0·393 176 857	−1744 1966	+ 110 9177	+ 48 1082
19	+0·054 962 864	+0·908 097 690	+0·393 597 386	−1746 0550	+ 83 0176	+ 35 9972
20	+0·037 495 201	+0·908 788 356	+0·393 896 799	−1747 3913	+ 55 1157	+ 23 8855
21	+0·020 016 750	+0·909 200 016	+0·394 075 106	−1748 2141	+ 27 2170	+ 11 7765
22	+0·002 532 602	+0·909 332 714	+0·394 132 345	−1748 5318	− 6764	− 3278
23	−0·014 952 224	+0·909 186 503	+0·394 068 569	−1748 3507	− 28 5654	− 12 4267
24	−0·032 432 760	+0·908 761 411	+0·393 883 828	−1747 6738	− 56 4532	− 24 5208
25	−0·049 904 042	+0·908 057 430	+0·393 578 164	−1746 4992	− 84 3437	− 36 6113
26	−0·067 361 065	+0·907 074 520	+0·393 151 610	−1744 8207	− 112 2392	− 48 6991
27	−0·084 798 745	+0·905 812 632	+0·392 604 190	−1742 6287	− 140 1388	− 60 7844
28	−0·102 211 890	+0·904 271 745	+0·391 935 934	−1739 9119	− 168 0380	− 72 8661
29	−0·119 595 195	+0·902 451 902	+0·391 146 890	−1736 6590	− 195 9284	− 84 9414
30	−0·136 943 249	+0·900 353 244	+0·390 237 139	−1732 8602	− 223 7987	− 97 0067
31	−0·154 250 552	+0·897 976 039	+0·389 206 807	−1728 5075	− 251 6355	− 109 0570
32	−0·171 511 534	+0·895 320 694	+0·388 056 068	−1723 5952	− 279 4241	− 121 0869

$\dot{X}, \dot{Y}, \dot{Z}$ are in units of 10^{-9} au / d.

Reduction for polar motion

The rotation of the Earth can be represented by a diurnal rotation about a reference axis whose motion with respect to a space-fixed system is given by the theories of precession and nutation plus very small (< 1 mas) corrections from observations. The pole of the reference axis is the celestial intermediate pole (CIP) and the system within which it moves is the GCRS (see page B25). The equator of date is orthogonal to the axis of the CIP. The axis of the CIP also moves with respect to the standard geodetic coordinate system, the ITRS (see below), which is fixed (in a specifically defined sense) with respect to the crust of the Earth. The motion of the CIP within the ITRS is known as polar motion; the path of the pole is quasi-circular with a maximum radius of about 10 m (0″3) and principal periods of 365 and 428 days. The longer period component of the spin axis relative to the mean figure axis is called the Chandler wobble. It is the free nutation of the nonrigid triaxial mantle and crust of the Earth. The Chandler wobble is excited primarily by transfer of angular momentum from the atmosphere and oceans to the Earth's crust and mantle. The annual component is driven by seasonal effects. Polar motion as a whole is affected by unpredictable geophysical forces and must be determined continuously from various kinds of observations.

The origin of the International Terrestrial Reference System (ITRS) is the geocentre and the directions of its axes are defined implicitly by the adoption of a set of coordinates of stations (instruments) used to determine UT1 and polar motion from observations. The ITRS is systematically within a few centimetres of WGS 84, the geodetic system provided by GPS. The orientation of the Terrestrial Intermediate Reference System (see page B26) with respect to the ITRS is given by successive rotations through the three small angles y, x, and $-s'$. The celestial reference system is then obtained by a rotation about the z-axis, either by Greenwich apparent sidereal time (GAST) if the celestial coordinates are with respect to the true equator and equinox of date; or by the Earth rotation angle (θ) if the celestial coordinates are with respect to the Celestial Intermediate Reference System.

The small angle s', called the TIO locator, is a measure of the secular drift of the terrestrial intermediate origin (TIO), with respect to geodetic zero longitude, that is, the very slow systematic rotation of the Terrestrial Intermediate Reference System with respect to the ITRS (due to polar motion). The value of s' (see below) is minuscule and may be set to zero unless very precise results are needed.

The quantities x, y correspond to the coordinates of the CIP with respect to the ITRS, measured along the meridians at longitudes $0°$ and $270°$ ($90°$ west). Current values of the coordinates, x, y, of the pole for use in the reduction of observations are published by the Central Bureau of the IERS (see *The Astronomical Almanac Online* for web links). Previous values, from 1970 January 1 onwards, are given on page K10 at 3-monthly intervals. For precise work the values at 5-day intervals from the IERS should be used. The coordinates x and y are usually measured in arcseconds.

The longitude and latitude of a terrestrial observer, λ and ϕ, used in astronomical formulae (e.g., for hour angle or the determination of astronomical time), should be expressed in the Terrestrial Intermediate Reference System, that is, corrected for polar motion:

$$\lambda = \lambda_{\text{ITRS}} + \left(x \sin \lambda_{\text{ITRS}} + y \cos \lambda_{\text{ITRS}} \right) \tan \phi_{\text{ITRS}}$$

$$\phi = \phi_{\text{ITRS}} + \left(x \cos \lambda_{\text{ITRS}} - y \sin \lambda_{\text{ITRS}} \right)$$

where λ_{ITRS} and ϕ_{ITRS} are the ITRS (geodetic) longitude and latitude of the observer, and x and y are the ITRS coordinates of the CIP, in the same units as λ and ϕ. These formulae are approximate and should not be used for places at polar latitudes.

Reduction for polar motion (continued)

The rigorous transformation of a vector $\mathbf{p}_3$ with respect to the celestial system to the corresponding vector $\mathbf{p}_4$ with respect to the ITRS is given by the formula:

$$\mathbf{p}_4 = \mathbf{R}_1(-y)\,\mathbf{R}_2(-x)\,\mathbf{R}_3(s')\,\mathbf{R}_3(\beta)\,\mathbf{p}_3$$

and conversely,

$$\mathbf{p}_3 = \mathbf{R}_3(-\beta)\,\mathbf{R}_3(-s')\,\mathbf{R}_2(x)\,\mathbf{R}_1(y)\,\mathbf{p}_4$$

where the TIO locator

$$s' = -0\rlap{.}''000\,047\,T$$

and T is measured in Julian centuries of 365 25 days from 245 1545·0 TT. Some previous values of x and y are tabulated on page K10. Note, the standard rotation matrices $\mathbf{R}_1$, $\mathbf{R}_2$, $\mathbf{R}_3$ are given on page K19 and correspond to rotations about the x, y and z axes, respectively.

The method to form the vector $\mathbf{p}_3$ for celestial objects is given on page B68. However, the vectors given above could represent, for example, the coordinates of a point on the Earth's surface or of a satellite in orbit around the Earth. The quantity β depends on whether the true equinox or the celestial intermediate origin (CIO) is used, viz:

Equinox method	*CIO method*
where β = GAST, Greenwich apparent sidereal time, tabulated daily at 0^h UT1 on pages B13–B20. GAST must be used if $\mathbf{p}_3$ is an equinox based position,	or $\beta = \theta$, the Earth rotation angle, tabulated daily at 0^h UT1 on pages B21–B24. ERA must be used when $\mathbf{p}_3$ is a CIO based position.

Reduction for diurnal parallax and diurnal aberration

The computation of diurnal parallax and aberration due to the displacement of the observer from the centre of the Earth requires a knowledge of the geocentric coordinates (ρ, geocentric distance in units of the Earth's equatorial radius, and ϕ', geocentric latitude, see the explanation beginning on page K11) of the place of observation, and the local hour angle (h).

For bodies whose equatorial horizontal parallax (π) normally amounts to only a few arcseconds the corrections for diurnal parallax in right ascension and declination (in the sense geocentric place *minus* topocentric place) are given by:

$$\Delta\alpha = \pi(\rho\cos\phi'\sin h\,\sec\delta)$$
$$\Delta\delta = \pi(\rho\sin\phi'\cos\delta - \rho\cos\phi'\cos h\sin\delta)$$

and

$$h = \mathrm{GAST} - \alpha_e + \lambda$$
$$= \theta - \alpha_i + \lambda$$

where λ is the longitude. GAST $-\alpha_e$ is the hour angle calculated from the Greenwich apparent sidereal time and the equinox right ascension, whereas $\theta - \alpha_i$ is the hour angle formed from the Earth rotation angle and the CIO right ascension. π may be calculated from $8\rlap{.}''794$ divided by the geocentric distance of the body (in au). For the Moon (and other very close bodies) more precise formulae are required (see page D3).

The corrections for diurnal aberration in right ascension and declination (in the sense apparent place *minus* mean place) are given by:

$$\Delta\alpha = 0\rlap{.}^\mathrm{s}0213\,\rho\,\cos\phi'\,\cos h\,\sec\delta$$
$$\Delta\delta = 0\rlap{.}''319\,\rho\,\cos\phi'\,\sin h\,\sin\delta$$

Reduction for diurnal parallax and diurnal aberration (continued)

For a body at transit the local hour angle (h) is zero and so $\Delta\delta$ is zero, but

$$\Delta\alpha = \pm 0\overset{s}{\cdot}0213\,\rho\cos\phi'\sec\delta$$

where the plus and minus signs are used for the upper and lower transits, respectively; this may be regarded as a correction to the time of transit.

Alternatively, the effects may be computed in rectangular coordinates using the following expressions for the geocentric coordinates and velocity components of the observer with respect to the celestial equatorial reference system:

$$\text{position:} \quad (\ a_e\rho\cos\phi'\cos(\beta+\lambda),\ a_e\rho\cos\phi'\sin(\beta+\lambda),\ a_e\rho\sin\phi')$$
$$\text{velocity:} \quad (-a_e\omega\rho\cos\phi'\sin(\beta+\lambda),\ a_e\omega\rho\cos\phi'\cos(\beta+\lambda),\ 0)$$

where β is the Greenwich sidereal time (mean or apparent) or the Earth rotation angle (as appropriate), λ is the longitude of the observer (east longitudes are positive), a_e is the equatorial radius of the Earth and ω the angular velocity of the Earth.

$$a_e\omega = 0\cdot465\,\text{km/s} = 0\cdot269 \times 10^{-3}\,\text{au/d} \qquad c = 2\cdot998 \times 10^5\,\text{km/s} = 173\cdot14\,\text{au/d}$$

$$a_e\omega/c = 1\cdot55 \times 10^{-6}\,\text{rad} = 0''320 = 0\overset{s}{\cdot}0213$$

These geocentric position and velocity vectors of the observer are added to the barycentric position and velocity of the Earth's centre, respectively, to obtain the corresponding barycentric vectors of the observer. Then, the procedures on pages B66–B75 may be followed using the barycentric position and velocity of the observer rather than $\mathbf{E}_B$ and $\dot{\mathbf{E}}_B$.

Conversion to altitude and azimuth

It is convenient to use the local hour angle (h) as an intermediary in the conversion from the right ascension (α_e or α_i) and declination (δ) to the azimuth (A_z) and altitude (a).

In order to determine the local hour angle (see page B11) corresponding to the UT1 of the observation, first obtain either Greenwich apparent sidereal time (GAST), see pages B13–B20, or the Earth rotation angle (θ) tabulated on pages B21–B24. This choice depends on whether the right ascension is with respect to the equinox or the CIO, respectively. The formulae are:

Then
$$h = \text{GAST} + \lambda - \alpha_e = \theta + \lambda - \alpha_i$$

$$\cos a \sin A_z = -\cos\delta\sin h$$
$$\cos a \cos A_z = \quad \sin\delta\cos\phi - \cos\delta\cos h\sin\phi$$
$$\sin a = \quad \sin\delta\sin\phi + \cos\delta\cos h\cos\phi$$

where azimuth (A_z) is measured from the north through east in the plane of the horizon, altitude (a) is measured perpendicular to the horizon, and λ, ϕ are the astronomical values (see page K13) of the east longitude and latitude of the place of observation. The plane of the horizon is defined to be perpendicular to the apparent direction of gravity. Zenith distance is given by $z = 90° - a$.

For most purposes the values of the geodetic longitude and latitude may be used but in some cases the effects of local gravity anomalies and polar motion (see page B84) must be included. For full precision, the values of α, δ must be corrected for diurnal parallax and diurnal aberration. The inverse formulae are:

$$\cos\delta\sin h = -\cos a\sin A_z$$
$$\cos\delta\cos h = \quad \sin a\cos\phi - \cos a\cos A_z\sin\phi$$
$$\sin\delta = \quad \sin a\sin\phi + \cos a\cos A_z\cos\phi$$

Correction for refraction

For most astronomical purposes the effect of refraction in the Earth's atmosphere is to decrease the zenith distance (computed by the formulae of the previous section) by an amount R that depends on the zenith distance and on the meteorological conditions at the site. A simple expression for R for zenith distances less than $75°$ (altitudes greater than $15°$) is:

$$R = 0\overset{\circ}{.}004\ 52\ P \tan z/(273 + T)$$
$$= 0\overset{\circ}{.}004\ 52\ P/((273 + T) \tan a)$$

where T is the temperature (°C) and P is the barometric pressure (millibars). This formula is usually accurate to about $0\overset{\prime}{.}1$ for altitudes above $15°$, but the error increases rapidly at lower altitudes, especially in abnormal meteorological conditions. For observed apparent altitudes below $15°$ use the approximate formula:

$$R = P(0{\cdot}1594 + 0{\cdot}0196a + 0{\cdot}000\ 02a^2)/[(273 + T)(1 + 0{\cdot}505a + 0{\cdot}0845a^2)]$$

where the altitude a is in degrees.

DETERMINATION OF LATITUDE AND AZIMUTH

Use of the Polaris table

The table on pages B88-B91 gives data for obtaining latitude from an observed altitude of Polaris (suitably corrected for instrumental errors and refraction) and the azimuth of this star (measured from north, positive to the east and negative to the west), for all hour angles and northern latitudes. The six tabulated quantities, each given to a precision of $0\overset{\prime}{.}1$, are a_0, a_1, a_2, referring to the correction to altitude, and b_0, b_1, b_2, to the azimuth.

$$\text{latitude} = \text{corrected observed altitude} + a_0 + a_1 + a_2$$
$$\text{azimuth} = (b_0 + b_1 + b_2)/\cos(\text{latitude})$$

The table is to be entered with the local apparent sidereal time of observation (LAST), and gives the values of a_0, b_0 directly; interpolation, with maximum differences of $0\overset{\prime}{.}7$, can be done mentally. To the precision of these tables local mean sidereal time may be used instead of LAST. In the same vertical column, the values of a_1, b_1 are found with the latitude, and those of a_2, b_2 with the date, as argument. Thus all six quantities can, if desired, be extracted together. The errors due to the adoption of a mean value of the local sidereal time for each of the subsidiary tables have been reduced to a minimum, and the total error is not likely to exceed $0\overset{\prime}{.}2$. Interpolation between columns should not be attempted.

The observed altitude must be corrected for refraction before being used to determine the astronomical latitude of the place of observation. Both the latitude and the azimuth so obtained are affected by local gravity anomalies if the altitude is measured with respect to a plane orthogonal to the local gravity vector, e.g., a liquid surface.

POLARIS TABLE, 2018

LST	0ʰ a_0	0ʰ b_0	1ʰ a_0	1ʰ b_0	2ʰ a_0	2ʰ b_0	3ʰ a_0	3ʰ b_0	4ʰ a_0	4ʰ b_0	5ʰ a_0	5ʰ b_0
m	′	′	′	′	′	′	′	′	′	′	′	′
0	−28·5	+27·7	−34·6	+19·3	−38·4	+9·6	−39·6	− 0·9	−38·0	−11·2	−33·8	−20·8
3	−28·8	+27·3	−34·9	+18·8	−38·6	+9·0	−39·6	− 1·4	−37·9	−11·7	−33·5	−21·2
6	−29·2	+26·9	−35·1	+18·4	−38·7	+8·5	−39·6	− 1·9	−37·7	−12·2	−33·2	−21·7
9	−29·5	+26·5	−35·4	+17·9	−38·8	+8·0	−39·5	− 2·4	−37·5	−12·7	−32·9	−22·1
12	−29·9	+26·1	−35·6	+17·4	−38·9	+7·5	−39·5	− 3·0	−37·4	−13·2	−32·7	−22·5
15	−30·2	+25·7	−35·8	+17·0	−39·0	+7·0	−39·4	− 3·5	−37·2	−13·7	−32·4	−23·0
18	−30·5	+25·3	−36·1	+16·5	−39·1	+6·5	−39·4	− 4·0	−37·0	−14·2	−32·1	−23·4
21	−30·9	+24·9	−36·3	+16·0	−39·2	+6·0	−39·3	− 4·5	−36·8	−14·7	−31·7	−23·8
24	−31·2	+24·5	−36·5	+15·5	−39·2	+5·4	−39·3	− 5·0	−36·6	−15·2	−31·4	−24·2
27	−31·5	+24·1	−36·7	+15·0	−39·3	+4·9	−39·2	− 5·6	−36·4	−15·7	−31·1	−24·6
30	−31·8	+23·7	−36·9	+14·6	−39·4	+4·4	−39·1	− 6·1	−36·2	−16·1	−30·8	−25·0
33	−32·1	+23·3	−37·1	+14·1	−39·4	+3·9	−39·1	− 6·6	−36·0	−16·6	−30·5	−25·4
36	−32·4	+22·8	−37·2	+13·6	−39·5	+3·3	−39·0	− 7·1	−35·8	−17·1	−30·1	−25·8
39	−32·7	+22·4	−37·4	+13·1	−39·5	+2·8	−38·9	− 7·6	−35·5	−17·6	−29·8	−26·2
42	−33·0	+22·0	−37·6	+12·6	−39·5	+2·3	−38·8	− 8·2	−35·3	−18·0	−29·4	−26·6
45	−33·3	+21·5	−37·7	+12·1	−39·6	+1·8	−38·7	− 8·7	−35·1	−18·5	−29·1	−27·0
48	−33·6	+21·1	−37·9	+11·6	−39·6	+1·2	−38·5	− 9·2	−34·8	−19·0	−28·7	−27·4
51	−33·9	+20·7	−38·0	+11·1	−39·6	+0·7	−38·4	− 9·7	−34·6	−19·4	−28·4	−27·8
54	−34·1	+20·2	−38·2	+10·6	−39·6	+0·2	−38·3	−10·2	−34·3	−19·9	−28·0	−28·1
57	−34·4	+19·7	−38·3	+10·1	−39·6	−0·3	−38·1	−10·7	−34·1	−20·3	−27·6	−28·5
60	−34·6	+19·3	−38·4	+ 9·6	−39·6	−0·9	−38·0	−11·2	−33·8	−20·8	−27·3	−28·9

Lat.	a_1	b_1	a_1	b_1	a_1	b_1	a_1	b_1	a_1	b_1	a_1	b_1
°												
0	− 0·1	− 0·3	0·0	− 0·2	0·0	− 0·1	0·0	+ 0·1	0·0	+ 0·2	− 0·1	+ 0·3
10	− 0·1	− 0·2	0·0	− 0·2	0·0	− 0·1	0·0	+ 0·1	0·0	+ 0·2	− 0·1	+ 0·2
20	− 0·1	− 0·2	0·0	− 0·1	0·0	0·0	0·0	+ 0·1	0·0	+ 0·1	− 0·1	+ 0·2
30	0·0	− 0·1	0·0	− 0·1	0·0	0·0	0·0	0·0	0·0	+ 0·1	− 0·1	+ 0·1
40	0·0	− 0·1	0·0	− 0·1	0·0	0·0	0·0	0·0	0·0	+ 0·1	0·0	+ 0·1
45	0·0	0·0	0·0	0·0	0·0	0·0	0·0	0·0	0·0	0·0	0·0	0·0
50	0·0	0·0	0·0	0·0	0·0	0·0	0·0	0·0	0·0	0·0	0·0	0·0
55	0·0	+ 0·1	0·0	0·0	0·0	0·0	0·0	0·0	0·0	0·0	0·0	− 0·1
60	0·0	+ 0·1	0·0	+ 0·1	0·0	0·0	0·0	0·0	0·0	− 0·1	0·0	− 0·1
62	+ 0·1	+ 0·1	0·0	+ 0·1	0·0	0·0	0·0	0·0	0·0	− 0·1	+ 0·1	− 0·2
64	+ 0·1	+ 0·2	0·0	+ 0·1	0·0	0·0	0·0	− 0·1	0·0	− 0·1	+ 0·1	− 0·2
66	+ 0·1	+ 0·2	0·0	+ 0·2	0·0	+0·1	0·0	− 0·1	0·0	− 0·2	+ 0·1	− 0·2

Month	a_2	b_2	a_2	b_2	a_2	b_2	a_2	b_2	a_2	b_2	a_2	b_2
Jan.	+ 0·2	− 0·1	+ 0·2	− 0·1	+ 0·2	0·0	+ 0·2	0·0	+ 0·2	+ 0·1	+ 0·1	+ 0·1
Feb.	+ 0·1	− 0·2	+ 0·2	− 0·2	+ 0·2	−0·2	+ 0·2	− 0·1	+ 0·3	0·0	+ 0·3	0·0
Mar.	0·0	− 0·3	0·0	− 0·3	+ 0·1	−0·3	+ 0·2	− 0·3	+ 0·3	− 0·2	+ 0·3	− 0·1
Apr.	− 0·2	− 0·3	− 0·1	− 0·3	0·0	−0·4	+ 0·1	− 0·4	+ 0·2	− 0·3	+ 0·2	− 0·3
May	− 0·3	− 0·2	− 0·2	− 0·3	− 0·2	−0·3	− 0·1	− 0·4	0·0	− 0·4	+ 0·1	− 0·4
June	− 0·4	− 0·1	− 0·3	− 0·2	− 0·3	−0·2	− 0·2	− 0·3	− 0·1	− 0·3	0·0	− 0·4
July	− 0·3	+ 0·1	− 0·3	0·0	− 0·3	−0·1	− 0·3	− 0·2	− 0·2	− 0·2	− 0·2	− 0·3
Aug.	− 0·2	+ 0·2	− 0·2	+ 0·1	− 0·3	+0·1	− 0·3	0·0	− 0·3	− 0·1	− 0·2	− 0·1
Sept.	0·0	+ 0·3	− 0·1	+ 0·3	− 0·2	+0·2	− 0·2	+ 0·2	− 0·3	+ 0·1	− 0·3	0·0
Oct.	+ 0·2	+ 0·3	+ 0·1	+ 0·3	0·0	+0·3	− 0·1	+ 0·3	− 0·2	+ 0·3	− 0·2	+ 0·2
Nov.	+ 0·3	+ 0·2	+ 0·3	+ 0·3	+ 0·2	+0·4	+ 0·1	+ 0·4	0·0	+ 0·4	− 0·1	+ 0·4
Dec.	+ 0·5	+ 0·1	+ 0·4	+ 0·2	+ 0·4	+0·3	+ 0·3	+ 0·4	+ 0·2	+ 0·4	0·0	+ 0·5

Latitude = Corrected observed altitude of *Polaris* + $a_0 + a_1 + a_2$

Azimuth of *Polaris* = $(b_0 + b_1 + b_2) / \cos(\text{latitude})$

LST	6ʰ a_0	6ʰ b_0	7ʰ a_0	7ʰ b_0	8ʰ a_0	8ʰ b_0	9ʰ a_0	9ʰ b_0	10ʰ a_0	10ʰ b_0	11ʰ a_0	11ʰ b_0
m	′	′	′	′	′	′	′	′	′	′	′	′
0	−27·3	−28·9	−18·9	−34·9	−9·2	−38·6	+1·1	−39·6	+11·3	−37·9	+20·7	−33·6
3	−26·9	−29·2	−18·4	−35·2	−8·7	−38·7	+1·6	−39·6	+11·8	−37·7	+21·2	−33·3
6	−26·5	−29·6	−17·9	−35·4	−8·2	−38·8	+2·2	−39·5	+12·3	−37·6	+21·6	−33·1
9	−26·1	−29·9	−17·5	−35·6	−7·7	−38·9	+2·7	−39·5	+12·8	−37·4	+22·0	−32·8
12	−25·7	−30·3	−17·0	−35·9	−7·1	−39·0	+3·2	−39·5	+13·3	−37·2	+22·5	−32·5
15	−25·3	−30·6	−16·5	−36·1	−6·6	−39·1	+3·7	−39·4	+13·8	−37·0	+22·9	−32·2
18	−24·9	−30·9	−16·1	−36·3	−6·1	−39·2	+4·2	−39·3	+14·3	−36·9	+23·3	−31·9
21	−24·5	−31·2	−15·6	−36·5	−5·6	−39·2	+4·7	39·3	14·7	−36·7	+23·7	−31·6
24	−24·1	−31·6	−15·1	−36·7	−5·1	−39·3	+5·2	−39·2	+15·2	−36·5	+24·1	−31·3
27	−23·7	−31·9	−14·6	−36·9	−4·6	−39·4	+5·8	−39·1	+15·7	−36·3	+24·5	−31·0
30	−23·3	−32·2	−14·1	−37·1	−4·1	−39·4	+6·3	−39·1	+16·2	−36·1	+24·9	−30·6
33	−22·8	−32·5	−13·6	−37·3	−3·5	−39·5	+6·8	−39·0	+16·6	−35·8	+25·3	−30·3
36	−22·4	−32·8	−13·2	−37·4	−3·0	−39·5	+7·3	−38·9	+17·1	−35·6	+25·7	−30·0
39	−22·0	−33·1	−12·7	−37·6	−2·5	−39·5	+7·8	−38·8	+17·6	−35·4	+26·1	−29·6
42	−21·5	−33·4	−12·2	−37·8	−2·0	−39·6	+8·3	−38·7	+18·0	−35·2	+26·5	−29·3
45	−21·1	−33·6	−11·7	−37·9	−1·5	−39·6	+8·8	−38·6	+18·5	−34·9	+26·9	−28·9
48	−20·7	−33·9	−11·2	−38·1	−1·0	−39·6	+9·3	−38·4	+18·9	−34·7	+27·3	−28·6
51	−20·2	−34·2	−10·7	−38·2	−0·4	−39·6	+9·8	−38·3	+19·4	−34·4	+27·6	−28·2
54	−19·8	−34·4	−10·2	−38·3	+0·1	−39·6	+10·3	−38·2	+19·8	−34·2	+28·0	−27·9
57	−19·3	−34·7	−9·7	−38·5	+0·6	−39·6	+10·8	−38·0	+20·3	−33·9	+28·4	−27·5
60	−18·9	−34·9	−9·2	−38·6	+1·1	−39·6	+11·3	−37·9	+20·7	−33·6	+28·7	−27·1

Lat.	a_1	b_1	a_1	b_1	a_1	b_1	a_1	b_1	a_1	b_1	a_1	b_1
°												
0	−0·2	+0·3	−0·2	+0·2	−0·3	+0·1	−0·3	−0·1	−0·2	−0·2	−0·2	−0·3
10	−0·2	+0·2	−0·2	+0·2	−0·2	+0·1	−0·2	−0·1	−0·2	−0·2	−0·1	−0·2
20	−0·1	+0·2	−0·2	+0·1	−0·2	0·0	−0·2	−0·1	−0·2	−0·1	−0·1	−0·2
30	−0·1	+0·1	−0·1	+0·1	−0·1	0·0	−0·1	0·0	−0·1	−0·1	−0·1	−0·1
40	−0·1	+0·1	−0·1	+0·1	−0·1	0·0	−0·1	0·0	−0·1	−0·1	0·0	−0·1
45	0·0	0·0	0·0	0·0	0·0	0·0	0·0	0·0	0·0	0·0	0·0	0·0
50	0·0	0·0	0·0	0·0	0·0	0·0	0·0	0·0	0·0	0·0	0·0	0·0
55	0·0	−0·1	0·0	0·0	+0·1	0·0	+0·1	0·0	0·0	0·0	0·0	+0·1
60	+0·1	−0·1	+0·1	−0·1	+0·1	0·0	+0·1	0·0	+0·1	+0·1	+0·1	+0·1
62	+0·1	−0·1	+0·1	−0·1	+0·2	0·0	+0·2	0·0	+0·1	+0·1	+0·1	+0·2
64	+0·1	−0·2	+0·2	−0·1	+0·2	0·0	+0·2	+0·1	+0·2	+0·1	+0·1	+0·2
66	+0·2	−0·2	+0·2	−0·2	+0·2	−0·1	+0·2	+0·1	+0·2	+0·2	+0·1	+0·2

Month	a_2	b_2	a_2	b_2	a_2	b_2	a_2	b_2	a_2	b_2	a_2	b_2
Jan.	+0·1	+0·2	+0·1	+0·2	0·0	+0·2	0·0	+0·2	−0·1	+0·2	−0·1	+0·1
Feb.	+0·2	+0·1	+0·2	+0·2	+0·2	+0·2	+0·1	+0·2	0·0	+0·3	0·0	+0·3
Mar.	+0·3	0·0	+0·3	0·0	+0·3	+0·1	+0·3	+0·2	+0·2	+0·3	+0·1	+0·3
Apr.	+0·3	−0·2	+0·3	−0·1	+0·4	0·0	+0·4	+0·1	+0·3	+0·2	+0·3	+0·2
May	+0·2	−0·3	+0·3	−0·2	+0·3	−0·2	+0·4	−0·1	+0·4	0·0	+0·4	+0·1
June	+0·1	−0·4	+0·2	−0·3	+0·2	−0·3	+0·3	−0·2	+0·3	−0·1	+0·4	0·0
July	−0·1	−0·3	0·0	−0·3	+0·1	−0·3	+0·2	−0·3	+0·2	−0·2	+0·3	−0·2
Aug.	−0·2	−0·2	−0·1	−0·2	−0·1	−0·3	0·0	−0·3	+0·1	−0·3	+0·1	−0·2
Sept.	−0·3	0·0	−0·3	−0·1	−0·2	−0·2	−0·2	−0·2	−0·1	−0·3	0·0	−0·3
Oct.	−0·3	+0·2	−0·3	+0·1	−0·3	0·0	−0·3	−0·1	−0·3	−0·2	−0·2	−0·2
Nov.	−0·2	+0·3	−0·3	+0·3	−0·4	+0·2	−0·4	+0·1	−0·4	0·0	−0·4	−0·1
Dec.	−0·1	+0·5	−0·2	+0·4	−0·3	+0·4	−0·4	+0·3	−0·4	+0·2	−0·5	0·0

Latitude = Corrected observed altitude of *Polaris* + a_0 + a_1 + a_2

Azimuth of *Polaris* = $(b_0 + b_1 + b_2)$ / cos (latitude)

POLARIS TABLE, 2018

LST (m)	12^h a_0	b_0	13^h a_0	b_0	14^h a_0	b_0	15^h a_0	b_0	16^h a_0	b_0	17^h a_0	b_0
0	+28.7	−27.1	+34.8	−18.8	+38.5	−9.3	+39.6	+0.8	+38.0	+10.9	+33.9	+20.3
3	+29.1	−26.7	+35.0	−18.4	+38.6	−8.8	+39.6	+1.3	+37.9	+11.4	+33.7	+20.7
6	+29.4	−26.4	+35.3	−17.9	+38.7	−8.3	+39.6	+1.9	+37.7	+11.9	+33.4	+21.2
9	+29.8	−26.0	+35.5	−17.5	+38.8	−7.8	+39.5	+2.4	+37.6	+12.4	+33.1	+21.6
12	+30.1	−25.6	+35.7	−17.0	+38.9	−7.3	+39.5	+2.9	+37.4	+12.9	+32.8	+22.0
15	+30.4	−25.2	+35.9	−16.5	+39.0	−6.8	+39.5	+3.4	+37.2	+13.4	+32.5	+22.4
18	+30.8	−24.8	+36.1	−16.1	+39.1	−6.3	+39.4	+3.9	+37.1	+13.8	+32.2	+22.9
21	+31.1	−24.4	+36.4	−15.6	+39.2	−5.8	+39.4	+4.4	+36.9	+14.3	+31.9	+23.3
24	+31.4	−24.0	+36.6	−15.1	+39.2	−5.3	+39.3	+4.9	+36.7	+14.8	+31.6	+23.7
27	+31.7	−23.6	+36.7	−14.7	+39.3	−4.8	+39.2	+5.4	+36.5	+15.3	+31.3	+24.1
30	+32.0	−23.2	+36.9	−14.2	+39.4	−4.3	+39.1	+5.9	+36.3	+15.7	+31.0	+24.5
33	+32.3	−22.8	+37.1	−13.7	+39.4	−3.8	+39.1	+6.4	+36.1	+16.2	+30.7	+24.9
36	+32.6	−22.3	+37.3	−13.2	+39.5	−3.3	+39.0	+6.9	+35.9	+16.7	+30.3	+25.3
39	+32.9	−21.9	+37.5	−12.7	+39.5	−2.7	+38.9	+7.4	+35.7	+17.1	+30.0	+25.7
42	+33.2	−21.5	+37.6	−12.3	+39.5	−2.2	+38.8	+7.9	+35.4	+17.6	+29.7	+26.1
45	+33.5	−21.0	+37.8	−11.8	+39.6	−1.7	+38.7	+8.4	+35.2	+18.0	+29.3	+26.5
48	+33.7	−20.6	+37.9	−11.3	+39.6	−1.2	+38.6	+8.9	+35.0	+18.5	+29.0	+26.8
51	+34.0	−20.2	+38.1	−10.8	+39.6	−0.7	+38.4	+9.4	+34.7	+19.0	+28.6	+27.2
54	+34.3	−19.7	+38.2	−10.3	+39.6	−0.2	+38.3	+9.9	+34.5	+19.4	+28.3	+27.6
57	+34.5	−19.3	+38.4	−9.8	+39.6	+0.3	+38.2	+10.4	+34.2	+19.8	+27.9	+28.0
60	+34.8	−18.8	+38.5	−9.3	+39.6	+0.8	+38.0	+10.9	+33.9	+20.3	+27.5	+28.3

Lat. °	a_1	b_1	a_1	b_1	a_1	b_1	a_1	b_1	a_1	b_1	a_1	b_1
0	−0.1	−0.3	0.0	−0.2	0.0	−0.1	0.0	+0.1	0.0	+0.2	−0.1	+0.3
10	−0.1	−0.2	0.0	−0.2	0.0	−0.1	0.0	+0.1	0.0	+0.1	−0.1	+0.2
20	−0.1	−0.2	0.0	−0.1	0.0	0.0	0.0	+0.1	0.0	+0.1	−0.1	+0.1
30	0.0	−0.1	0.0	−0.1	0.0	0.0	0.0	0.0	0.0	+0.1	−0.1	+0.1
40	0.0	−0.1	0.0	−0.1	0.0	0.0	0.0	0.0	0.0	+0.1	0.0	+0.1
45	0.0	0.0	0.0	0.0	0.0	0.0	0.0	0.0	0.0	0.0	0.0	0.0
50	0.0	0.0	0.0	0.0	0.0	0.0	0.0	0.0	0.0	0.0	0.0	0.0
55	0.0	+0.1	0.0		0.0	0.0	0.0	0.0	0.0	0.0	0.0	−0.1
60	0.0	+0.1	0.0	+0.1	0.0	0.0	0.0	0.0	0.0	−0.1	0.0	−0.1
62	+0.1	+0.1	0.0	+0.1	0.0	0.0	0.0	0.0	0.0	−0.1	+0.1	−0.2
64	+0.1	+0.2	0.0	+0.1	0.0	0.0	0.0	−0.1	0.0	−0.1	+0.1	−0.2
66	+0.1	+0.2	0.0	+0.2	0.0	+0.1	0.0	−0.1	0.0	−0.2	+0.1	−0.2

Month	a_2	b_2	a_2	b_2	a_2	b_2	a_2	b_2	a_2	b_2	a_2	b_2
Jan.	−0.2	+0.1	−0.2	+0.1	−0.2	0.0	−0.2	0.0	−0.2	−0.1	−0.1	−0.1
Feb.	−0.1	+0.2	−0.2	+0.2	−0.2	+0.2	−0.2	+0.1	−0.3	0.0	−0.3	0.0
Mar.	0.0	+0.3	0.0	+0.3	−0.1	+0.3	−0.2	+0.3	−0.3	+0.2	−0.3	+0.1
Apr.	+0.2	+0.3	+0.1	+0.3	0.0	+0.4	−0.1	+0.4	−0.2	+0.3	−0.2	+0.3
May	+0.3	+0.2	+0.2	+0.3	+0.2	+0.3	+0.1	+0.4	0.0	+0.4	−0.1	+0.4
June	+0.4	+0.1	+0.3	+0.2	+0.3	+0.2	+0.2	+0.3	+0.1	+0.3	0.0	+0.4
July	+0.3	−0.1	+0.3	0.0	+0.3	+0.1	+0.3	+0.2	+0.2	+0.2	+0.2	+0.3
Aug.	+0.2	−0.2	+0.2	−0.1	+0.3	−0.1	+0.3	0.0	+0.3	+0.1	+0.2	+0.1
Sept.	0.0	−0.3	+0.1	−0.3	+0.2	−0.2	+0.2	−0.2	+0.3	−0.1	+0.3	0.0
Oct.	−0.2	−0.3	−0.1	−0.3	0.0	−0.3	+0.1	−0.3	+0.2	−0.3	+0.2	−0.2
Nov.	−0.3	−0.2	−0.3	−0.3	−0.2	−0.4	−0.1	−0.4	0.0	−0.4	+0.1	−0.4
Dec.	−0.5	−0.1	−0.4	−0.2	−0.4	−0.3	−0.3	−0.4	−0.2	−0.4	0.0	−0.5

Latitude = Corrected observed altitude of *Polaris* + $a_0 + a_1 + a_2$

Azimuth of *Polaris* = $(b_0 + b_1 + b_2)$ / cos (latitude)

LST	18ʰ a_0	18ʰ b_0	19ʰ a_0	19ʰ b_0	20ʰ a_0	20ʰ b_0	21ʰ a_0	21ʰ b_0	22ʰ a_0	22ʰ b_0	23ʰ a_0	23ʰ b_0
m	′	′	′	′	′	′	′	′	′	′	′	′
0	+27·5	+28·3	+19·3	+34·5	+9·7	+38·3	− 0·6	+39·6	−10·8	+38·2	−20·3	+34·1
3	+27·2	+28·7	+18·8	+34·7	+9·2	+38·5	− 1·1	+39·6	−11·3	+38·0	−20·8	+33·8
6	+26·8	+29·0	+18·4	+35·0	+8·7	+38·6	− 1·6	+39·6	−11·8	+37·9	−21·2	+33·6
9	+26·4	+29·4	+17·9	+35·2	+8·2	+38·7	− 2·1	+39·6	−12·3	+37·7	−21·7	+33·3
12	+26·0	+29·7	+17·4	+35·4	+7·7	+38·8	− 2·6	+39·5	−12·8	+37·6	−22·1	+33·0
15	+25·6	+30·1	+17·0	+35·7	+7·2	+38·9	− 3·2	+39·5	−13·3	+37·4	−22·5	+32·7
18	+25·2	+30·4	+16·5	+35·9	+6·6	+39·0	− 3·7	+39·5	−13·8	+37·2	−22·9	+32·4
21	+24·8	+30·7	+16·0	+36·1	+6·1	+39·1	− 4·2	+39·4	−14·3	+37·0	−23·4	+32·1
24	+24·4	+31·0	+15·6	+36·3	+5·6	+39·2	− 4·7	+39·4	−14·7	+36·8	−23·8	+31·8
27	+24·0	+31·4	+15·1	+36·5	+5·1	+39·2	− 5·2	+39·3	−15·2	+36·7	−24·2	+31·5
30	+23·6	+31·7	+14·6	+36·7	+4·6	+39·3	− 5·7	+39·2	−15·7	+36·5	−24·6	+31·2
33	+23·2	+32·0	+14·1	+36·9	+4·1	+39·4	− 6·3	+39·1	−16·2	+36·2	−25·0	+30·8
36	+22·8	+32·3	+13·6	+37·1	+3·6	+39·4	− 6·8	+39·1	−16·7	+36·0	−25·4	+30·5
39	+22·3	+32·6	+13·2	+37·3	+3·1	+39·5	− 7·3	+39·0	−17·1	+35·8	−25·8	+30·2
42	+21·9	+32·9	+12·7	+37·4	+2·5	+39·5	− 7·8	+38·9	−17·6	+35·6	−26·2	+29·8
45	+21·5	+33·1	+12·2	+37·6	+2·0	+39·5	− 8·3	+38·8	−18·1	+35·4	−26·6	+29·5
48	+21·0	+33·4	+11·7	+37·8	+1·5	+39·6	− 8·8	+38·7	−18·5	+35·1	−27·0	+29·1
51	+20·6	+33·7	+11·2	+37·9	+1·0	+39·6	− 9·3	+38·6	−19·0	+34·9	−27·4	+28·8
54	+20·2	+34·0	+10·7	+38·1	+0·5	+39·6	− 9·8	+38·4	−19·4	+34·6	−27·7	+28·4
57	+19·7	+34·2	+10·2	+38·2	−0·1	+39·6	−10·3	+38·3	−19·9	+34·4	−28·1	+28·0
60	+19·3	+34·5	+ 9·7	+38·3	−0·6	+39·6	−10·8	+38·2	−20·3	+34·1	−28·5	+27·7

Lat. °	a_1	b_1	a_1	b_1	a_1	b_1	a_1	b_1	a_1	b_1	a_1	b_1
0	− 0·2	+ 0·3	− 0·2	+ 0·2	−0·3	+ 0·1	− 0·3	− 0·1	− 0·2	− 0·2	− 0·2	− 0·3
10	− 0·2	+ 0·2	− 0·2	+ 0·2	−0·2	+ 0·1	− 0·2	− 0·1	− 0·2	− 0·2	− 0·1	− 0·2
20	− 0·1	+ 0·2	− 0·2	+ 0·1	−0·2		− 0·2	− 0·1	− 0·2	− 0·1	− 0·1	− 0·2
30	− 0·1	+ 0·1	− 0·1	+ 0·1	−0·1		− 0·1	0·0	− 0·1	− 0·1	− 0·1	− 0·1
40	− 0·1	+ 0·1	− 0·1	+ 0·1	−0·1	0·0	− 0·1	0·0	− 0·1	− 0·1	0·0	− 0·1
45	0·0	0·0	0·0	0·0	0·0	0·0	0·0	0·0	0·0	0·0	0·0	0·0
50	0·0	0·0	0·0	0·0	0·0	0·0	0·0	0·0	0·0	0·0	0·0	0·0
55	0·0	− 0·1	0·0	0·0	+0·1	0·0	+ 0·1	0·0	0·0	0·0	0·0	+ 0·1
60	+ 0·1	− 0·1	+ 0·1	− 0·1	+0·1	0·0	+ 0·1	0·0	+ 0·1	+ 0·1	+ 0·1	+ 0·1
62	+ 0·1	− 0·1	+ 0·1	− 0·1	+0·2	0·0	+ 0·2	0·0	+ 0·1	+ 0·1	+ 0·1	+ 0·2
64	+ 0·1	− 0·2	+ 0·2	− 0·1	+0·2	0·0	+ 0·2	+ 0·1	+ 0·2	+ 0·1	+ 0·1	+ 0·2
66	+ 0·2	− 0·2	+ 0·2	− 0·2	+0·2	− 0·1	+ 0·2	+ 0·1	+ 0·2	+ 0·2	+ 0·1	+ 0·2

Month	a_2	b_2	a_2	b_2	a_2	b_2	a_2	b_2	a_2	b_2	a_2	b_2
Jan.	− 0·1	− 0·2	− 0·1	− 0·2	0·0	− 0·2	0·0	− 0·2	+ 0·1	− 0·2	+ 0·1	− 0·1
Feb.	− 0·2	− 0·1	− 0·2	− 0·2	−0·2	− 0·2	− 0·1	− 0·2	0·0	− 0·3	0·0	− 0·3
Mar.	− 0·3	0·0	− 0·3	0·0	−0·3	− 0·1	− 0·3	− 0·2	− 0·2	− 0·3	− 0·1	− 0·3
Apr.	− 0·3	+ 0·2	− 0·3	+ 0·1	−0·4	0·0	− 0·4	− 0·1	− 0·3	− 0·2	− 0·3	− 0·2
May	− 0·2	+ 0·3	− 0·3	+ 0·2	−0·3	+ 0·2	− 0·4	+ 0·1	− 0·4	0·0	− 0·4	− 0·1
June	− 0·1	+ 0·4	− 0·2	+ 0·3	−0·2	+ 0·3	− 0·3	+ 0·2	− 0·3	+ 0·1	− 0·4	0·0
July	+ 0·1	+ 0·3	0·0	+ 0·3	−0·1	+ 0·3	− 0·2	+ 0·3	− 0·2	+ 0·2	− 0·3	+ 0·2
Aug.	+ 0·2	+ 0·2	+ 0·1	+ 0·2	+0·1	+ 0·3	0·0	+ 0·3	− 0·1	+ 0·3	− 0·1	+ 0·2
Sept.	+ 0·3	0·0	+ 0·3	+ 0·1	+0·2	+ 0·2	+ 0·2	+ 0·2	+ 0·1	+ 0·3	0·0	+ 0·3
Oct.	+ 0·3	− 0·2	+ 0·3	− 0·1	+0·3	0·0	+ 0·3	+ 0·1	+ 0·3	+ 0·2	+ 0·2	+ 0·2
Nov.	+ 0·2	− 0·3	+ 0·3	− 0·3	+0·4	− 0·2	+ 0·4	− 0·1	+ 0·4	0·0	+ 0·4	+ 0·1
Dec.	+ 0·1	− 0·5	+ 0·2	− 0·4	+0·3	− 0·4	+ 0·4	− 0·3	+ 0·4	− 0·2	+ 0·5	0·0

Latitude = Corrected observed altitude of *Polaris* + $a_0 + a_1 + a_2$

Azimuth of *Polaris* = $(b_0 + b_1 + b_2) / \cos(\text{latitude})$

Pole star formulae

The formulae below provide a method for obtaining latitude from the observed altitude of one of the pole stars, *Polaris* or σ Octantis, and an assumed *east* longitude of the observer λ. In addition, the azimuth of a pole star may be calculated from an assumed *east* longitude λ and the observed altitude a, or from λ and an assumed latitude ϕ. An error of $0°002$ in a or $0°1$ in λ will produce an error of about $0°002$ in the calculated latitude. Likewise an error of $0°03$ in λ, a or ϕ will produce an error of about $0°002$ in the calculated azimuth for latitudes below $70°$.

Step 1. Calculate the hour angle HA and polar distance p, in degrees, from expressions of the form:

$$HA = a_0 + a_1 L + a_2 \sin L + a_3 \cos L + 15\,t$$
$$p = a_0 + a_1 L + a_2 \sin L + a_3 \cos L$$

where
$$L = 0°985\,65\,d$$
$$d = \text{day of year (from pages B4–B5)} + t/24$$

and where the coefficients a_0, a_1, a_2, a_3 are given in the table below, t is the universal time in hours, d is the interval in days from 2018 January 0 at 0^h UT1 to the time of observation, and the quantity L is in degrees. In the above formulae d is required to two decimals of a day, L to two decimals of a degree and t to three decimals of an hour.

Step 2. Calculate the local hour angle *LHA* from:

$$LHA = HA + \lambda \quad \text{(add or subtract multiples of } 360°)$$

where λ is the assumed longitude measured east from the Greenwich meridian.

Form the quantities: $S = p \sin(LHA)$ $C = p \cos(LHA)$

Step 3. The latitude of the place of observation, in degrees, is given by:

$$\text{latitude} = a - C + 0·0087\,S^2 \tan a$$

where a is the observed altitude of the pole star after correction for instrument error and atmospheric refraction.

Step 4. The azimuth of the pole star, in degrees, is given by:

$$\text{azimuth of } Polaris = -S/\cos a$$
$$\text{azimuth of } \sigma \text{ Octantis} = 180° + S/\cos a$$

where azimuth is measured eastwards around the horizon from north.

In *Step 4*, if a has not been observed, use the quantity:

$$a = \phi + C - 0·0087\,S^2 \tan \phi$$

where ϕ is an assumed latitude, taken to be positive in either hemisphere.

POLE STAR COEFFICIENTS FOR 2018

	Polaris		σ Octantis	
	GHA	p	GHA	p
	°	°	°	°
a_0	56·00	0·6620	138·82	1·1196
a_1	0·999 20	−0·0000 103	0·999 44	0·0000 089
a_2	0·38	−0·0027	0·18	0·0038
a_3	−0·28	−0·0047	0·21	−0·0038

CONTENTS OF SECTION C

NOTES AND FORMULAS

Mean orbital elements of the Sun

Mean elements of the orbit of the Sun, referred to the mean equinox and ecliptic of date, are given by the following expressions. The time argument d is the interval in days from 2018 January 0, 0^h TT. These expressions are intended for use only during the year of this volume.

d = JD − 245 8118.5 = day of year (from B4–B5) + fraction of day from 0^h TT.

Geometric mean longitude:	$279°619\,367 + 0.985\,647\,36\,d$
Mean longitude of perigee:	$283°246\,811 + 0.000\,047\,08\,d$
Mean anomaly:	$356°372\,556 + 0.985\,600\,28\,d$
Eccentricity:	$0.016\,701\,06 − 0.000\,000\,0012\,d$
Mean obliquity of the ecliptic (w.r.t. mean equator of date):	$23°436\,938 − 0.000\,000\,36\,d$

The position of the ecliptic of date with respect to the ecliptic of the standard epoch is given by formulas on page B53. Osculating elements of the Earth/Moon barycenter are on page E8.

NOTES AND FORMULAS

Lengths of principal years

The lengths of the principal years at 2018.0 as derived from the Sun's mean motion are:

		d	d h m s
tropical year	(equinox to equinox)	365.242 189	365 05 48 45.2
sidereal year	(fixed star to fixed star)	365.256 363	365 06 09 09.8
anomalistic year	(perigee to perigee)	365.259 636	365 06 13 52.6
eclipse year	(node to node)	346.620 082	346 14 52 55.1

Apparent ecliptic coordinates of the Sun

The apparent ecliptic longitude may be computed from the geometric ecliptic longitude tabulated on pages C6–C20 using:

$$\text{apparent longitude} = \text{tabulated longitude} + \text{nutation in longitude } (\Delta\psi) - 20''.496/R$$

where $\Delta\psi$ is tabulated on pages B58–B65 and R is the true geocentric distance tabulated on pages C6–C20. The apparent ecliptic latitude is equal to the geometric ecliptic latitude found on pages C6–C20 to the precision of tabulation.

Time of transit of the Sun

The quantity tabulated as "Ephemeris Transit" on pages C7–C21 is the TT of transit of the Sun over the ephemeris meridian, which is at the longitude $1.002\,738\,\Delta T$ east of the prime (Greenwich) meridian; in this expression ΔT is the difference TT – UT. The TT of transit of the Sun over a local meridian is obtained by interpolation where the first differences are about 24 hours. The interpolation factor p is given by:

$$p = -\lambda + 1.002\,738\,\Delta T$$

where λ is the east longitude and the right-hand side of the equation is expressed in days. (Divide longitude in degrees by 360 and ΔT in seconds by 86 400). During 2018 it is expected that ΔT will be about 69 seconds, so that the second term is about +0.000 80 days.

The UT of transit is obtained by subtracting ΔT from the TT of transit obtained by interpolation.

Equation of Time

Apparent solar time is the timescale based on the diurnal motion of the true Sun. The rate of solar diurnal motion has seasonal variations caused by the obliquity of the ecliptic and by the eccentricity of the Earth's orbit. Additional small variations arise from irregularities in the rotation of the Earth on its axis. Mean solar time is the timescale based on the diurnal motion of the fictitious mean Sun, a point with uniform motion along the celestial equator. The difference between apparent solar time and mean solar time is the Equation of Time.

Equation of Time = apparent solar time – mean solar time

To obtain the Equation of Time to a precision of about 1 second it is sufficient to use:

Equation of Time at 12^h UT = 12^h – tabulated value of ephem. transit found on C7–C21.

NOTES AND FORMULAS

Equation of Time (continued)

Alternatively, Equation of Time may be calculated for any instant during 2018 in seconds of time to a precision of about 3 seconds directly from the expression:

$$\text{Equation of Time} = -109.8 \sin L + 595.9 \sin 2L + 4.5 \sin 3L - 12.7 \sin 4L$$
$$- 427.9 \cos L - 2.1 \cos 2L + 19.2 \cos 3L$$

where L is the mean longitude of the Sun, corrected for aberration, given by:

$$L = 279°\!.614 + 0.985\,647\,d$$

and where d is the interval in days from 2018 January 0 at 0^h UT, given by:

$$d = \text{day of year (from B4–B5)} + \text{fraction of day from } 0^h \text{ UT.}$$

ICRS geocentric rectangular coordinates of the Sun

The geocentric equatorial rectangular coordinates of the Sun in au, referred to the ICRS axes, are given on pages C22–C25. The direction of these axes have been defined by the International Astronomical Union and are realized in practice by the coordinates of several hundred extragalactic radio sources. A rigorous method of determining the apparent place of a solar system object is described beginning on page B66.

Elements of the rotation of the Sun

The mean elements of the rotation of the Sun for 2018.0 are given below. With the exception of the position of the ascending node of the solar equator on the ecliptic whose rate is $0°\!.014$ per year, the values change less than $0°\!.01$ per year and can be used for the entire year for most applications. Linear interpolation using values found in recent editions can be made if needed.

Position of the ascending node of the solar equator:
    on the ecliptic (longitude) = $76°\!.01$
    on the mean equator of 2018.0 (right ascension) = $16°\!.16$
Inclination of the solar equator:
    with respect to the "Carrington" ecliptic (1850) = $7°\!.25$
    with respect to the mean equator of 2018.0 = $26°\!.10$
Position of the pole of the solar equator, w.r.t. the mean equinox and equator of 2018.0:
    Right ascension = $286°\!.16$
    Declination = $63°\!.90$
Sidereal rotation rate of the prime meridian = $14°\!.1844$ per day.
Mean synodic period of rotation of the prime meridian = 27.2753 days.

These data are derived from elements originally given by R. C. Carrington, 1863, *Observations of the Spots on the Sun*, p. 244. They have been updated using values from Urban and Seidelmann, 2012, *Explanatory Supplement to the Astronomical Almanac*, p. 426, and Archinal et al., Celestial Mech Dyn Astr, 2011, **110** 401.

NOTES AND FORMULAS

Heliographic coordinates

Except for Ephemeris Transit, the quantities on the right-hand pages of C7–C21 are tabulated for 0^h TT. Except for L_0, the values are, to the accuracy given, essentially the same for 0^h UT. The value of L_0 at 0^h TT is approximately $0°01$ greater than its value at 0^h UT.

If ρ_1, θ are the observed angular distance and position angle of a sunspot from the center of the disk of the Sun as seen from the Earth, and ρ is the heliocentric angular distance of the spot on the solar surface from the center of the Sun's disk, then

$$\sin(\rho + \rho_1) = \rho_1/S$$

where S is the semidiameter of the Sun. The position angle is measured from the north point of the disk towards the east.

The formulas for the computation of the heliographic coordinates (L, B) of a sunspot (or other feature on the surface of the Sun) from (ρ, θ) are as follows:

$$\sin B = \sin B_0 \cos \rho + \cos B_0 \sin \rho \cos(P - \theta)$$
$$\cos B \sin(L - L_0) = \sin \rho \sin(P - \theta)$$
$$\cos B \cos(L - L_0) = \cos \rho \cos B_0 - \sin B_0 \sin \rho \cos(P - \theta)$$

where B is measured positive to the north of the solar equator and L is measured from $0°$ to $360°$ in the direction of rotation of the Sun, i.e., westwards on the apparent disk as seen from the Earth. Daily values for B_0 and L_0 are tabulated on pages C7–C21.

SYNODIC ROTATION NUMBERS, 2018

Number	Date of Commencement			Number	Date of Commencement		
2199	2017	Dec.	30.94	2207	2018	Aug.	6.07
2200	2018	Jan.	27.27	2208		Sept	2.31
2201		Feb.	23.61	2209		Sept	29.58
2202		Mar.	22.94	2210		Oct.	26.87
2203		Apr.	19.22	2211		Nov.	23.17
2204		May	16.45	2212	2018	Dec.	20.49
2205		June	12.66	2213	2019	Jan.	16.83
2206		July	9.86	2214		Feb.	13.17

At the date of commencement of each synodic rotation period, the value of L_0 is zero; that is, the prime meridian passes through the central point of the disk.

NOTES AND FORMULAS

Low precision formulas for the Sun

The following are low precision formulas for the Sun. On this page, the time argument n is the number of days of TT from J2000.0. UT can be used with negligible error.

The low precision formulas for the apparent right ascension and declination of the Sun yield a precision better than $1''\!.0$ between the years 1950 and 2050.

n = JD – 2451545.0 = 6573.5 + day of year (from B4–B5) + fraction of day from 0^h TT
Mean longitude of Sun, corrected for aberration: $L = 280°\!.460 + 0°\!.985\,6474\,n$
Mean anomaly: $g = 357°\!.528 + 0°\!.985\,6003\,n$

Put L and g in the range $0°$ to $360°$ by adding multiples of $360°$.

Ecliptic longitude: $\lambda = L + 1°\!.915 \sin g + 0°\!.020 \sin 2g$
Ecliptic latitude: $\beta = 0°$
Obliquity of ecliptic: $\epsilon = 23°\!.439 - 0°\!.000\,0004\,n$
Right ascension: $\alpha = \tan^{-1}(\cos \epsilon \tan \lambda)$; ($\alpha$ in same quadrant as λ)

Alternatively, right ascension, α, may be calculated directly from:

Right ascension: $\alpha = \lambda - ft \sin 2\lambda + (f/2)t^2 \sin 4\lambda$
    where $f = 180/\pi$ and $t = \tan^2(\epsilon/2)$
Declination: $\delta = \sin^{-1}(\sin \epsilon \sin \lambda)$

The low precision formula for the distance of the Sun from Earth, R, in au, yields a precision better than 0.0003 au between the years 1950 and 2050.

$R = 1.000\,14 - 0.016\,71 \cos g - 0.000\,14 \cos 2g$

The low precision formulas for the equatorial rectangular coordinates of the Sun, in au, yield a precision better than 0.015 au between the years 1950 and 2050.

$x = R \cos \lambda$
$y = R \cos \epsilon \sin \lambda$
$z = R \sin \epsilon \sin \lambda$

The low precision formula for the Equation of Time, E, in minutes, yields a precision better than $3^s\!.5$ between 1950 and 2050.

$E = (L - \alpha)$, in degrees, multiplied by 4

Other useful quantities:

Horizontal parallax: $0°\!.0024$
Semidiameter: $0°\!.2666/R$
Light-time: $0^d\!.0058$

SUN, 2018

FOR 0ʰ TERRESTRIAL TIME

Date		Julian Date	Geometric Ecliptic Coords. Mn Equinox & Ecliptic of Date		Apparent R. A.	Apparent Declination	True Geocentric Distance
			Longitude	Latitude			
		245	° ′ ″	″	h m s	° ′ ″	au
Jan.	0	8118.5	279 29 50.42	−0.30	18 41 17.69	−23 05 44.3	0.983 3193
	1	8119.5	280 30 58.09	−0.22	18 45 42.70	−23 01 09.0	0.983 3010
	2	8120.5	281 32 05.76	−0.12	18 50 07.39	−22 56 06.1	0.983 2894
	3	8121.5	282 33 13.49	+0.01	18 54 31.73	−22 50 35.9	0.983 2844
	4	8122.5	283 34 21.31	+0.15	18 58 55.71	−22 44 38.4	0.983 2862
	5	8123.5	284 35 29.27	+0.29	19 03 19.30	−22 38 13.8	0.983 2945
	6	8124.5	285 36 37.39	+0.42	19 07 42.48	−22 31 22.4	0.983 3090
	7	8125.5	286 37 45.68	+0.55	19 12 05.21	−22 24 04.2	0.983 3296
	8	8126.5	287 38 54.13	+0.65	19 16 27.48	−22 16 19.6	0.983 3558
	9	8127.5	288 40 02.69	+0.72	19 20 49.26	−22 08 08.7	0.983 3873
	10	8128.5	289 41 11.34	+0.77	19 25 10.52	−21 59 31.7	0.983 4238
	11	8129.5	290 42 20.01	+0.79	19 29 31.25	−21 50 29.0	0.983 4652
	12	8130.5	291 43 28.66	+0.78	19 33 51.42	−21 41 00.7	0.983 5111
	13	8131.5	292 44 37.20	+0.74	19 38 11.00	−21 31 07.2	0.983 5613
	14	8132.5	293 45 45.57	+0.68	19 42 29.98	−21 20 48.7	0.983 6156
	15	8133.5	294 46 53.69	+0.59	19 46 48.31	−21 10 05.5	0.983 6740
	16	8134.5	295 48 01.48	+0.48	19 51 05.99	−20 58 58.0	0.983 7362
	17	8135.5	296 49 08.85	+0.36	19 55 22.99	−20 47 26.4	0.983 8022
	18	8136.5	297 50 15.73	+0.22	19 59 39.29	−20 35 31.1	0.983 8719
	19	8137.5	298 51 22.01	+0.09	20 03 54.87	−20 23 12.4	0.983 9453
	20	8138.5	299 52 27.63	−0.05	20 08 09.70	−20 10 30.7	0.984 0224
	21	8139.5	300 53 32.48	−0.17	20 12 23.79	−19 57 26.2	0.984 1033
	22	8140.5	301 54 36.49	−0.28	20 16 37.10	−19 43 59.4	0.984 1881
	23	8141.5	302 55 39.59	−0.37	20 20 49.62	−19 30 10.6	0.984 2770
	24	8142.5	303 56 41.70	−0.43	20 25 01.36	−19 16 00.2	0.984 3701
	25	8143.5	304 57 42.76	−0.47	20 29 12.28	−19 01 28.4	0.984 4676
	26	8144.5	305 58 42.72	−0.47	20 33 22.40	−18 46 35.8	0.984 5699
	27	8145.5	306 59 41.54	−0.44	20 37 31.70	−18 31 22.8	0.984 6772
	28	8146.5	308 00 39.22	−0.37	20 41 40.17	−18 15 49.6	0.984 7899
	29	8147.5	309 01 35.74	−0.28	20 45 47.83	−17 59 56.7	0.984 9082
	30	8148.5	310 02 31.14	−0.16	20 49 54.65	−17 43 44.5	0.985 0323
	31	8149.5	311 03 25.44	−0.02	20 54 00.65	−17 27 13.4	0.985 1624
Feb.	1	8150.5	312 04 18.70	+0.12	20 58 05.83	−17 10 23.7	0.985 2986
	2	8151.5	313 05 10.98	+0.26	21 02 10.19	−16 53 16.0	0.985 4409
	3	8152.5	314 06 02.30	+0.39	21 06 13.74	−16 35 50.4	0.985 5890
	4	8153.5	315 06 52.71	+0.50	21 10 16.49	−16 18 07.5	0.985 7427
	5	8154.5	316 07 42.22	+0.59	21 14 18.44	−16 00 07.6	0.985 9017
	6	8155.5	317 08 30.83	+0.65	21 18 19.60	−15 41 51.1	0.986 0657
	7	8156.5	318 09 18.53	+0.68	21 22 19.97	−15 23 18.4	0.986 2343
	8	8157.5	319 10 05.29	+0.68	21 26 19.57	−15 04 30.0	0.986 4072
	9	8158.5	320 10 51.08	+0.65	21 30 18.40	−14 45 26.2	0.986 5842
	10	8159.5	321 11 35.85	+0.59	21 34 16.47	−14 26 07.5	0.986 7648
	11	8160.5	322 12 19.56	+0.51	21 38 13.77	−14 06 34.3	0.986 9489
	12	8161.5	323 13 02.14	+0.40	21 42 10.32	−13 46 46.9	0.987 1362
	13	8162.5	324 13 43.54	+0.28	21 46 06.13	−13 26 46.0	0.987 3265
	14	8163.5	325 14 23.68	+0.15	21 50 01.19	−13 06 31.7	0.987 5195
	15	8164.5	326 15 02.51	+0.02	21 53 55.52	−12 46 04.7	0.987 7151

FOR 0^h TERRESTRIAL TIME

Date		Pos. Angle of Axis P	Heliographic		Horiz. Parallax	Semi-Diameter	Ephemeris Transit
			Latitude B_0	Longitude L_0			
		°	°	°	″	′ ″	h m s
Jan.	0	+ 2.57	− 2.88	359.16	8.94	16 15.92	12 03 05.47
	1	+ 2.09	− 3.00	345.99	8.94	16 15.94	12 03 33.76
	2	+ 1.60	− 3.12	332.82	8.94	16 15.95	12 04 01.72
	3	+ 1.12	− 3.23	319.65	8.94	16 15.96	12 04 29.34
	4	+ 0.63	− 3.35	306.48	8.94	16 15.96	12 04 56.57
	5	+ 0.15	− 3.46	293.30	8.94	16 15.95	12 05 23.40
	6	− 0.34	− 3.58	280.14	8.94	16 15.93	12 05 49.81
	7	− 0.82	− 3.69	266.97	8.94	16 15.91	12 06 15.77
	8	− 1.30	− 3.80	253.80	8.94	16 15.89	12 06 41.25
	9	− 1.78	− 3.91	240.63	8.94	16 15.86	12 07 06.23
	10	− 2.26	− 4.01	227.46	8.94	16 15.82	12 07 30.68
	11	− 2.74	− 4.12	214.29	8.94	16 15.78	12 07 54.58
	12	− 3.21	− 4.23	201.12	8.94	16 15.73	12 08 17.91
	13	− 3.69	− 4.33	187.95	8.94	16 15.68	12 08 40.63
	14	− 4.16	− 4.43	174.79	8.94	16 15.63	12 09 02.73
	15	− 4.63	− 4.53	161.62	8.94	16 15.57	12 09 24.18
	16	− 5.10	− 4.63	148.45	8.94	16 15.51	12 09 44.96
	17	− 5.56	− 4.73	135.28	8.94	16 15.45	12 10 05.05
	18	− 6.02	− 4.83	122.12	8.94	16 15.38	12 10 24.43
	19	− 6.48	− 4.93	108.95	8.94	16 15.30	12 10 43.09
	20	− 6.94	− 5.02	95.78	8.94	16 15.23	12 11 00.99
	21	− 7.39	− 5.11	82.62	8.94	16 15.15	12 11 18.14
	22	− 7.84	− 5.20	69.45	8.94	16 15.06	12 11 34.50
	23	− 8.29	− 5.29	56.28	8.93	16 14.97	12 11 50.08
	24	− 8.73	− 5.38	43.12	8.93	16 14.88	12 12 04.86
	25	− 9.17	− 5.46	29.95	8.93	16 14.79	12 12 18.82
	26	− 9.61	− 5.55	16.79	8.93	16 14.68	12 12 31.97
	27	− 10.04	− 5.63	3.62	8.93	16 14.58	12 12 44.29
	28	− 10.46	− 5.71	350.45	8.93	16 14.47	12 12 55.79
	29	− 10.89	− 5.79	337.29	8.93	16 14.35	12 13 06.46
	30	− 11.31	− 5.86	324.12	8.93	16 14.23	12 13 16.30
	31	− 11.72	− 5.94	310.95	8.93	16 14.10	12 13 25.32
Feb.	1	− 12.13	− 6.01	297.79	8.93	16 13.96	12 13 33.53
	2	− 12.54	− 6.08	284.62	8.92	16 13.82	12 13 40.92
	3	− 12.94	− 6.15	271.45	8.92	16 13.68	12 13 47.51
	4	− 13.33	− 6.22	258.28	8.92	16 13.52	12 13 53.30
	5	− 13.72	− 6.28	245.12	8.92	16 13.37	12 13 58.30
	6	− 14.11	− 6.35	231.95	8.92	16 13.21	12 14 02.51
	7	− 14.49	− 6.41	218.78	8.92	16 13.04	12 14 05.94
	8	− 14.87	− 6.47	205.62	8.92	16 12.87	12 14 08.59
	9	− 15.24	− 6.52	192.45	8.91	16 12.69	12 14 10.47
	10	− 15.61	− 6.58	179.28	8.91	16 12.52	12 14 11.59
	11	− 15.97	− 6.63	166.12	8.91	16 12.33	12 14 11.95
	12	− 16.32	− 6.68	152.95	8.91	16 12.15	12 14 11.57
	13	− 16.67	− 6.73	139.78	8.91	16 11.96	12 14 10.43
	14	− 17.02	− 6.78	126.62	8.91	16 11.77	12 14 08.57
	15	− 17.36	− 6.82	113.45	8.90	16 11.58	12 14 05.97

SUN, 2018

FOR 0ʰ TERRESTRIAL TIME

Date		Julian Date	Geometric Ecliptic Coords. Mn Equinox & Ecliptic of Date		Apparent R. A.	Apparent Declination	True Geocentric Distance
			Longitude	Latitude			
		245	° ′ ″	″	h m s	° ′ ″	au
Feb.	15	8164.5	326 15 02.51	+0.02	21 53 55.52	− 12 46 04.7	0.987 7151
	16	8165.5	327 15 39.94	−0.12	21 57 49.12	− 12 25 25.3	0.987 9131
	17	8166.5	328 16 15.90	−0.25	22 01 42.01	− 12 04 33.9	0.988 1135
	18	8167.5	329 16 50.30	−0.36	22 05 34.19	− 11 43 31.0	0.988 3162
	19	8168.5	330 17 23.07	−0.46	22 09 25.67	− 11 22 17.0	0.988 5212
	20	8169.5	331 17 54.13	−0.53	22 13 16.46	− 11 00 52.2	0.988 7285
	21	8170.5	332 18 23.40	−0.57	22 17 06.58	− 10 39 17.2	0.988 9382
	22	8171.5	333 18 50.82	−0.58	22 20 56.04	− 10 17 32.4	0.989 1505
	23	8172.5	334 19 16.34	−0.56	22 24 44.86	− 9 55 38.1	0.989 3657
	24	8173.5	335 19 39.90	−0.51	22 28 33.04	− 9 33 34.8	0.989 5838
	25	8174.5	336 20 01.50	−0.43	22 32 20.60	− 9 11 22.9	0.989 8053
	26	8175.5	337 20 21.12	−0.32	22 36 07.57	− 8 49 02.9	0.990 0304
	27	8176.5	338 20 38.76	−0.19	22 39 53.95	− 8 26 35.1	0.990 2592
	28	8177.5	339 20 54.48	−0.05	22 43 39.77	− 8 03 59.9	0.990 4922
Mar.	1	8178.5	340 21 08.29	+0.09	22 47 25.04	− 7 41 17.7	0.990 7293
	2	8179.5	341 21 20.28	+0.22	22 51 09.80	− 7 18 29.0	0.990 9706
	3	8180.5	342 21 30.48	+0.34	22 54 54.06	− 6 55 34.0	0.991 2162
	4	8181.5	343 21 38.97	+0.43	22 58 37.85	− 6 32 33.1	0.991 4657
	5	8182.5	344 21 45.78	+0.50	23 02 21.19	− 6 09 26.7	0.991 7190
	6	8183.5	345 21 50.94	+0.54	23 06 04.11	− 5 46 15.2	0.991 9759
	7	8184.5	346 21 54.49	+0.55	23 09 46.63	− 5 22 58.9	0.992 2359
	8	8185.5	347 21 56.43	+0.53	23 13 28.76	− 4 59 38.2	0.992 4988
	9	8186.5	348 21 56.76	+0.49	23 17 10.54	− 4 36 13.4	0.992 7643
	10	8187.5	349 21 55.47	+0.41	23 20 51.97	− 4 12 45.1	0.993 0319
	11	8188.5	350 21 52.55	+0.32	23 24 33.09	− 3 49 13.5	0.993 3015
	12	8189.5	351 21 47.96	+0.20	23 28 13.89	− 3 25 39.0	0.993 5726
	13	8190.5	352 21 41.69	+0.08	23 31 54.42	− 3 02 02.0	0.993 8450
	14	8191.5	353 21 33.68	−0.05	23 35 34.67	− 2 38 23.0	0.994 1184
	15	8192.5	354 21 23.90	−0.18	23 39 14.68	− 2 14 42.2	0.994 3925
	16	8193.5	355 21 12.31	−0.31	23 42 54.45	− 1 51 00.0	0.994 6671
	17	8194.5	356 20 58.83	−0.43	23 46 34.01	− 1 27 17.0	0.994 9420
	18	8195.5	357 20 43.40	−0.52	23 50 13.37	− 1 03 33.3	0.995 2171
	19	8196.5	358 20 25.97	−0.60	23 53 52.55	− 0 39 49.5	0.995 4921
	20	8197.5	359 20 06.45	−0.65	23 57 31.56	− 0 16 05.8	0.995 7670
	21	8198.5	0 19 44.79	−0.66	0 01 10.44	+ 0 07 37.3	0.996 0420
	22	8199.5	1 19 20.91	−0.65	0 04 49.18	+ 0 31 19.4	0.996 3169
	23	8200.5	2 18 54.76	−0.60	0 08 27.82	+ 0 55 00.2	0.996 5921
	24	8201.5	3 18 26.31	−0.53	0 12 06.37	+ 1 18 39.3	0.996 8676
	25	8202.5	4 17 55.52	−0.43	0 15 44.84	+ 1 42 16.3	0.997 1438
	26	8203.5	5 17 22.38	−0.31	0 19 23.26	+ 2 05 50.8	0.997 4208
	27	8204.5	6 16 46.91	−0.18	0 23 01.64	+ 2 29 22.6	0.997 6990
	28	8205.5	7 16 09.13	−0.04	0 26 40.00	+ 2 52 51.1	0.997 9786
	29	8206.5	8 15 29.09	+0.09	0 30 18.38	+ 3 16 16.1	0.998 2598
	30	8207.5	9 14 46.84	+0.21	0 33 56.79	+ 3 39 37.2	0.998 5426
	31	8208.5	10 14 02.45	+0.31	0 37 35.25	+ 4 02 54.2	0.998 8272
Apr.	1	8209.5	11 13 15.98	+0.38	0 41 13.80	+ 4 26 06.6	0.999 1135
	2	8210.5	12 12 27.51	+0.43	0 44 52.45	+ 4 49 14.3	0.999 4014

FOR 0^h TERRESTRIAL TIME

Date		Pos. Angle of Axis P	Heliographic		Horiz. Parallax	Semi-Diameter	Ephemeris Transit
			Latitude B_0	Longitude L_0			
		°	°	°	"	′ "	h m s
Feb.	15	− 17.36	− 6.82	113.45	8.90	16 11.58	12 14 05.97
	16	− 17.69	− 6.87	100.28	8.90	16 11.39	12 14 02.66
	17	− 18.02	− 6.91	87.11	8.90	16 11.19	12 13 58.63
	18	− 18.34	− 6.94	73.94	8.90	16 10.99	12 13 53.90
	19	− 18.65	− 6.98	60.78	8.90	16 10.79	12 13 48.49
	20	− 18.97	− 7.01	47.61	8.89	16 10.58	12 13 42.39
	21	− 19.27	− 7.04	34.44	8.89	16 10.38	12 13 35.62
	22	− 19.57	− 7.07	21.27	8.89	16 10.17	12 13 28.20
	23	− 19.86	− 7.10	8.10	8.89	16 09.96	12 13 20.13
	24	− 20.15	− 7.13	354.93	8.89	16 09.75	12 13 11.44
	25	− 20.43	− 7.15	341.76	8.88	16 09.53	12 13 02.14
	26	− 20.70	− 7.17	328.59	8.88	16 09.31	12 12 52.24
	27	− 20.97	− 7.19	315.41	8.88	16 09.08	12 12 41.78
	28	− 21.23	− 7.20	302.24	8.88	16 08.86	12 12 30.77
Mar.	1	− 21.49	− 7.22	289.07	8.88	16 08.62	12 12 19.22
	2	− 21.74	− 7.23	275.90	8.87	16 08.39	12 12 07.18
	3	− 21.98	− 7.24	262.72	8.87	16 08.15	12 11 54.65
	4	− 22.22	− 7.24	249.55	8.87	16 07.91	12 11 41.66
	5	− 22.45	− 7.25	236.37	8.87	16 07.66	12 11 28.24
	6	− 22.67	− 7.25	223.20	8.87	16 07.41	12 11 14.41
	7	− 22.89	− 7.25	210.02	8.86	16 07.15	12 11 00.18
	8	− 23.10	− 7.25	196.85	8.86	16 06.90	12 10 45.58
	9	− 23.30	− 7.25	183.67	8.86	16 06.64	12 10 30.63
	10	− 23.50	− 7.24	170.50	8.86	16 06.38	12 10 15.34
	11	− 23.69	− 7.23	157.32	8.85	16 06.12	12 09 59.75
	12	− 23.88	− 7.22	144.14	8.85	16 05.85	12 09 43.86
	13	− 24.06	− 7.21	130.96	8.85	16 05.59	12 09 27.69
	14	− 24.23	− 7.19	117.78	8.85	16 05.32	12 09 11.27
	15	− 24.39	− 7.17	104.60	8.84	16 05.06	12 08 54.60
	16	− 24.55	− 7.16	91.42	8.84	16 04.79	12 08 37.72
	17	− 24.70	− 7.13	78.24	8.84	16 04.52	12 08 20.63
	18	− 24.85	− 7.11	65.06	8.84	16 04.26	12 08 03.35
	19	− 24.98	− 7.08	51.88	8.83	16 03.99	12 07 45.91
	20	− 25.11	− 7.06	38.70	8.83	16 03.72	12 07 28.30
	21	− 25.24	− 7.03	25.51	8.83	16 03.46	12 07 10.56
	22	− 25.35	− 6.99	12.33	8.83	16 03.19	12 06 52.70
	23	− 25.46	− 6.96	359.15	8.82	16 02.93	12 06 34.74
	24	− 25.57	− 6.92	345.96	8.82	16 02.66	12 06 16.69
	25	− 25.66	− 6.88	332.77	8.82	16 02.39	12 05 58.58
	26	− 25.75	− 6.84	319.59	8.82	16 02.13	12 05 40.42
	27	− 25.83	− 6.80	306.40	8.81	16 01.86	12 05 22.24
	28	− 25.91	− 6.76	293.21	8.81	16 01.59	12 05 04.06
	29	− 25.98	− 6.71	280.02	8.81	16 01.32	12 04 45.90
	30	− 26.04	− 6.66	266.83	8.81	16 01.05	12 04 27.79
	31	− 26.09	− 6.61	253.64	8.80	16 00.77	12 04 09.75
Apr.	1	− 26.14	− 6.56	240.45	8.80	16 00.50	12 03 51.80
	2	− 26.18	− 6.50	227.25	8.80	16 00.22	12 03 33.98

SUN, 2018

FOR 0ʰ TERRESTRIAL TIME

Date		Julian Date	Geometric Ecliptic Coords. Mn Equinox & Ecliptic of Date		Apparent R. A.	Apparent Declination	True Geocentric Distance
			Longitude	Latitude			
		245	° ′ ″	″	h m s	° ′ ″	au
Apr.	1	8209.5	11 13 15.98	+0.38	0 41 13.80	+ 4 26 06.6	0.999 1135
	2	8210.5	12 12 27.51	+0.43	0 44 52.45	+ 4 49 14.3	0.999 4014
	3	8211.5	13 11 37.10	+0.45	0 48 31.23	+ 5 12 16.7	0.999 6907
	4	8212.5	14 10 44.80	+0.44	0 52 10.17	+ 5 35 13.7	0.999 9811
	5	8213.5	15 09 50.65	+0.40	0 55 49.28	+ 5 58 05.0	1.000 2724
	6	8214.5	16 08 54.69	+0.33	0 59 28.59	+ 6 20 50.0	1.000 5643
	7	8215.5	17 07 56.95	+0.24	1 03 08.11	+ 6 43 28.6	1.000 8565
	8	8216.5	18 06 57.43	+0.14	1 06 47.86	+ 7 06 00.4	1.001 1487
	9	8217.5	19 05 56.16	+0.02	1 10 27.86	+ 7 28 25.1	1.001 4405
	10	8218.5	20 04 53.14	−0.10	1 14 08.12	+ 7 50 42.3	1.001 7317
	11	8219.5	21 03 48.36	−0.23	1 17 48.67	+ 8 12 51.6	1.002 0219
	12	8220.5	22 02 41.82	−0.35	1 21 29.51	+ 8 34 52.7	1.002 3107
	13	8221.5	23 01 33.48	−0.46	1 25 10.66	+ 8 56 45.3	1.002 5980
	14	8222.5	24 00 23.33	−0.56	1 28 52.14	+ 9 18 29.1	1.002 8834
	15	8223.5	24 59 11.33	−0.63	1 32 33.96	+ 9 40 03.6	1.003 1667
	16	8224.5	25 57 57.42	−0.68	1 36 16.13	+10 01 28.5	1.003 4476
	17	8225.5	26 56 41.56	−0.70	1 39 58.67	+10 22 43.5	1.003 7259
	18	8226.5	27 55 23.67	−0.69	1 43 41.59	+10 43 48.2	1.004 0017
	19	8227.5	28 54 03.71	−0.65	1 47 24.90	+11 04 42.3	1.004 2749
	20	8228.5	29 52 41.62	−0.57	1 51 08.60	+11 25 25.5	1.004 5456
	21	8229.5	30 51 17.36	−0.48	1 54 52.70	+11 45 57.2	1.004 8139
	22	8230.5	31 49 50.90	−0.36	1 58 37.22	+12 06 17.3	1.005 0801
	23	8231.5	32 48 22.22	−0.23	2 02 22.17	+12 26 25.3	1.005 3444
	24	8232.5	33 46 51.34	−0.10	2 06 07.55	+12 46 21.0	1.005 6072
	25	8233.5	34 45 18.29	+0.03	2 09 53.37	+13 06 03.9	1.005 8686
	26	8234.5	35 43 43.10	+0.14	2 13 39.66	+13 25 33.8	1.006 1289
	27	8235.5	36 42 05.83	+0.24	2 17 26.41	+13 44 50.3	1.006 3883
	28	8236.5	37 40 26.55	+0.32	2 21 13.66	+14 03 53.1	1.006 6469
	29	8237.5	38 38 45.33	+0.37	2 25 01.41	+14 22 41.9	1.006 9047
	30	8238.5	39 37 02.24	+0.39	2 28 49.68	+14 41 16.5	1.007 1618
May	1	8239.5	40 35 17.38	+0.39	2 32 38.48	+14 59 36.6	1.007 4182
	2	8240.5	41 33 30.80	+0.35	2 36 27.82	+15 17 41.7	1.007 6736
	3	8241.5	42 31 42.58	+0.29	2 40 17.71	+15 35 31.8	1.007 9279
	4	8242.5	43 29 52.77	+0.21	2 44 08.16	+15 53 06.3	1.008 1808
	5	8243.5	44 28 01.45	+0.11	2 47 59.17	+16 10 25.2	1.008 4322
	6	8244.5	45 26 08.64	0.00	2 51 50.76	+16 27 27.9	1.008 6818
	7	8245.5	46 24 14.40	−0.12	2 55 42.92	+16 44 14.4	1.008 9294
	8	8246.5	47 22 18.75	−0.24	2 59 35.66	+17 00 44.1	1.009 1745
	9	8247.5	48 20 21.73	−0.36	3 03 28.99	+17 16 56.9	1.009 4169
	10	8248.5	49 18 23.36	−0.47	3 07 22.91	+17 32 52.4	1.009 6563
	11	8249.5	50 16 23.64	−0.57	3 11 17.41	+17 48 30.4	1.009 8925
	12	8250.5	51 14 22.58	−0.64	3 15 12.50	+18 03 50.5	1.010 1250
	13	8251.5	52 12 20.18	−0.70	3 19 08.18	+18 18 52.4	1.010 3535
	14	8252.5	53 10 16.40	−0.72	3 23 04.44	+18 33 35.9	1.010 5778
	15	8253.5	54 08 11.21	−0.71	3 27 01.28	+18 48 00.6	1.010 7976
	16	8254.5	55 06 04.57	−0.67	3 30 58.70	+19 02 06.3	1.011 0128
	17	8255.5	56 03 56.42	−0.59	3 34 56.68	+19 15 52.7	1.011 2232

FOR 0ʰ TERRESTRIAL TIME

Date	Pos. Angle of Axis P	Heliographic Latitude B_0	Heliographic Longitude L_0	Horiz. Parallax	Semi-Diameter	Ephemeris Transit
	°	°	°	″	′ ″	h m s
Apr. 1	− 26.14	− 6.56	240.45	8.80	16 00.50	12 03 51.80
2	− 26.18	− 6.50	227.25	8.80	16 00.22	12 03 33.98
3	− 26.21	− 6.45	214.06	8.80	15 59.94	12 03 16.29
4	− 26.23	− 6.39	200.86	8.79	15 59.66	12 02 58.76
5	− 26.25	− 6.33	187.67	8.79	15 59.38	12 02 41.42
6	− 26.26	− 6.27	174.47	8.79	15 59.10	12 02 24.27
7	− 26.27	− 6.20	161.28	8.79	15 58.82	12 02 07.35
8	− 26.26	− 6.14	148.08	8.78	15 58.54	12 01 50.67
9	− 26.25	− 6.07	134.88	8.78	15 58.26	12 01 34.25
10	− 26.23	− 6.00	121.68	8.78	15 57.99	12 01 18.10
11	− 26.21	− 5.93	108.48	8.78	15 57.71	12 01 02.24
12	− 26.17	− 5.86	95.28	8.77	15 57.43	12 00 46.69
13	− 26.13	− 5.78	82.08	8.77	15 57.16	12 00 31.46
14	− 26.08	− 5.71	68.88	8.77	15 56.89	12 00 16.57
15	− 26.03	− 5.63	55.68	8.77	15 56.62	12 00 02.02
16	− 25.97	− 5.55	42.47	8.76	15 56.35	11 59 47.83
17	− 25.90	− 5.47	29.27	8.76	15 56.08	11 59 34.00
18	− 25.82	− 5.39	16.06	8.76	15 55.82	11 59 20.56
19	− 25.73	− 5.31	2.86	8.76	15 55.56	11 59 07.51
20	− 25.64	− 5.22	349.65	8.75	15 55.30	11 58 54.85
21	− 25.54	− 5.13	336.44	8.75	15 55.05	11 58 42.60
22	− 25.43	− 5.05	323.23	8.75	15 54.79	11 58 30.78
23	− 25.32	− 4.96	310.02	8.75	15 54.54	11 58 19.38
24	− 25.20	− 4.87	296.81	8.75	15 54.29	11 58 08.43
25	− 25.07	− 4.77	283.60	8.74	15 54.05	11 57 57.93
26	− 24.93	− 4.68	270.39	8.74	15 53.80	11 57 47.90
27	− 24.79	− 4.59	257.18	8.74	15 53.55	11 57 38.35
28	− 24.64	− 4.49	243.96	8.74	15 53.31	11 57 29.30
29	− 24.48	− 4.39	230.75	8.73	15 53.06	11 57 20.76
30	− 24.32	− 4.30	217.53	8.73	15 52.82	11 57 12.74
May 1	− 24.14	− 4.20	204.32	8.73	15 52.58	11 57 05.25
2	− 23.96	− 4.10	191.10	8.73	15 52.34	11 56 58.31
3	− 23.78	− 3.99	177.88	8.72	15 52.10	11 56 51.92
4	− 23.58	− 3.89	164.67	8.72	15 51.86	11 56 46.09
5	− 23.38	− 3.79	151.45	8.72	15 51.62	11 56 40.83
6	− 23.17	− 3.68	138.23	8.72	15 51.38	11 56 36.14
7	− 22.96	− 3.58	125.01	8.72	15 51.15	11 56 32.04
8	− 22.74	− 3.47	111.79	8.71	15 50.92	11 56 28.52
9	− 22.51	− 3.36	98.57	8.71	15 50.69	11 56 25.59
10	− 22.27	− 3.25	85.34	8.71	15 50.47	11 56 23.24
11	− 22.03	− 3.14	72.12	8.71	15 50.24	11 56 21.49
12	− 21.78	− 3.03	58.90	8.71	15 50.03	11 56 20.32
13	− 21.52	− 2.92	45.68	8.70	15 49.81	11 56 19.74
14	− 21.26	− 2.81	32.45	8.70	15 49.60	11 56 19.74
15	− 20.99	− 2.70	19.23	8.70	15 49.39	11 56 20.31
16	− 20.71	− 2.58	6.00	8.70	15 49.19	11 56 21.45
17	− 20.43	− 2.47	352.78	8.70	15 48.99	11 56 23.14

SUN, 2018

FOR 0ʰ TERRESTRIAL TIME

Date	Julian Date	Geometric Ecliptic Coords. Mn Equinox & Ecliptic of Date		Apparent R. A.	Apparent Declination	True Geocentric Distance
		Longitude	Latitude			
	245	° ′ ″	″	h m s	° ′ ″	au
May 17	8255.5	56 03 56.42	−0.59	3 34 56.68	+19 15 52.7	1.011 2232
18	8256.5	57 01 46.72	−0.50	3 38 55.21	+19 29 19.5	1.011 4289
19	8257.5	57 59 35.40	−0.38	3 42 54.29	+19 42 26.4	1.011 6299
20	8258.5	58 57 22.45	−0.25	3 46 53.90	+19 55 13.1	1.011 8265
21	8259.5	59 55 07.84	−0.12	3 50 54.02	+20 07 39.4	1.012 0189
22	8260.5	60 52 51.58	+0.02	3 54 54.66	+20 19 44.9	1.012 2074
23	8261.5	61 50 33.68	+0.14	3 58 55.80	+20 31 29.5	1.012 3923
24	8262.5	62 48 14.18	+0.24	4 02 57.43	+20 42 52.8	1.012 5739
25	8263.5	63 45 53.14	+0.32	4 06 59.55	+20 53 54.7	1.012 7524
26	8264.5	64 43 30.62	+0.37	4 11 02.16	+21 04 34.9	1.012 9281
27	8265.5	65 41 06.68	+0.40	4 15 05.24	+21 14 53.2	1.013 1010
28	8266.5	66 38 41.41	+0.39	4 19 08.78	+21 24 49.4	1.013 2712
29	8267.5	67 36 14.89	+0.36	4 23 12.78	+21 34 23.4	1.013 4389
30	8268.5	68 33 47.20	+0.30	4 27 17.23	+21 43 34.9	1.013 6039
31	8269.5	69 31 18.42	+0.23	4 31 22.11	+21 52 23.8	1.013 7663
June 1	8270.5	70 28 48.62	+0.13	4 35 27.41	+22 00 49.9	1.013 9259
2	8271.5	71 26 17.88	+0.02	4 39 33.12	+22 08 53.0	1.014 0826
3	8272.5	72 23 46.28	−0.10	4 43 39.23	+22 16 32.9	1.014 2362
4	8273.5	73 21 13.86	−0.23	4 47 45.72	+22 23 49.6	1.014 3865
5	8274.5	74 18 40.70	−0.35	4 51 52.57	+22 30 42.7	1.014 5333
6	8275.5	75 16 06.84	−0.46	4 55 59.76	+22 37 12.3	1.014 6763
7	8276.5	76 13 32.33	−0.55	5 00 07.29	+22 43 18.1	1.014 8153
8	8277.5	77 10 57.20	−0.63	5 04 15.12	+22 48 59.9	1.014 9500
9	8278.5	78 08 21.49	−0.69	5 08 23.25	+22 54 17.8	1.015 0801
10	8279.5	79 05 45.22	−0.71	5 12 31.64	+22 59 11.5	1.015 2053
11	8280.5	80 03 08.38	−0.71	5 16 40.29	+23 03 41.0	1.015 3252
12	8281.5	81 00 30.97	−0.67	5 20 49.16	+23 07 46.1	1.015 4395
13	8282.5	81 57 52.96	−0.60	5 24 58.24	+23 11 26.8	1.015 5480
14	8283.5	82 55 14.30	−0.51	5 29 07.48	+23 14 43.0	1.015 6505
15	8284.5	83 52 34.96	−0.39	5 33 16.87	+23 17 34.6	1.015 7469
16	8285.5	84 49 54.87	−0.26	5 37 26.37	+23 20 01.6	1.015 8372
17	8286.5	85 47 14.00	−0.12	5 41 35.95	+23 22 03.8	1.015 9217
18	8287.5	86 44 32.31	+0.02	5 45 45.58	+23 23 41.3	1.016 0004
19	8288.5	87 41 49.80	+0.15	5 49 55.24	+23 24 54.0	1.016 0737
20	8289.5	88 39 06.47	+0.26	5 54 04.90	+23 25 41.8	1.016 1420
21	8290.5	89 36 22.34	+0.35	5 58 14.53	+23 26 04.8	1.016 2054
22	8291.5	90 33 37.47	+0.41	6 02 24.12	+23 26 02.9	1.016 2645
23	8292.5	91 30 51.89	+0.44	6 06 33.65	+23 25 36.2	1.016 3193
24	8293.5	92 28 05.68	+0.44	6 10 43.10	+23 24 44.7	1.016 3701
25	8294.5	93 25 18.91	+0.42	6 14 52.43	+23 23 28.5	1.016 4172
26	8295.5	94 22 31.65	+0.36	6 19 01.65	+23 21 47.5	1.016 4606
27	8296.5	95 19 43.98	+0.29	6 23 10.71	+23 19 41.9	1.016 5004
28	8297.5	96 16 55.98	+0.19	6 27 19.61	+23 17 11.7	1.016 5368
29	8298.5	97 14 07.74	+0.08	6 31 28.32	+23 14 17.0	1.016 5696
30	8299.5	98 11 19.33	−0.04	6 35 36.83	+23 10 57.9	1.016 5989
July 1	8300.5	99 08 30.83	−0.16	6 39 45.11	+23 07 14.4	1.016 6247
2	8301.5	100 05 42.33	−0.29	6 43 53.15	+23 03 06.7	1.016 6467

FOR 0^h TERRESTRIAL TIME

Date		Pos. Angle of Axis P	Heliographic		Horiz. Parallax	Semi- Diameter	Ephemeris Transit
			Latitude B_0	Longitude L_0			
		°	°	°	''	' ''	h m s
May	17	− 20.43	− 2.47	352.78	8.70	15 48.99	11 56 23.14
	18	− 20.14	− 2.35	339.55	8.69	15 48.80	11 56 25.39
	19	− 19.84	− 2.24	326.32	8.69	15 48.61	11 56 28.17
	20	− 19.54	− 2.12	313.09	8.69	15 48.43	11 56 31.47
	21	− 19.23	− 2.00	299.87	8.69	15 48.25	11 56 35.30
	22	− 18.92	− 1.89	286.64	8.69	15 48.07	11 56 39.63
	23	− 18.60	− 1.77	273.41	8.69	15 47.90	11 56 44.46
	24	− 18.27	− 1.65	260.18	8.68	15 47.73	11 56 49.79
	25	− 17.94	− 1.53	246.95	8.68	15 47.56	11 56 55.60
	26	− 17.60	− 1.42	233.72	8.68	15 47.40	11 57 01.89
	27	− 17.26	− 1.30	220.48	8.68	15 47.24	11 57 08.65
	28	− 16.91	− 1.18	207.25	8.68	15 47.08	11 57 15.87
	29	− 16.56	− 1.06	194.02	8.68	15 46.92	11 57 23.53
	30	− 16.20	− 0.94	180.79	8.68	15 46.77	11 57 31.64
	31	− 15.83	− 0.82	167.55	8.67	15 46.61	11 57 40.17
June	1	− 15.46	− 0.70	154.32	8.67	15 46.46	11 57 49.12
	2	− 15.09	− 0.58	141.09	8.67	15 46.32	11 57 58.47
	3	− 14.71	− 0.46	127.85	8.67	15 46.17	11 58 08.22
	4	− 14.33	− 0.34	114.62	8.67	15 46.03	11 58 18.33
	5	− 13.94	− 0.21	101.38	8.67	15 45.90	11 58 28.80
	6	− 13.55	− 0.09	88.15	8.67	15 45.76	11 58 39.61
	7	− 13.15	+ 0.03	74.91	8.67	15 45.63	11 58 50.74
	8	− 12.75	+ 0.15	61.68	8.66	15 45.51	11 59 02.17
	9	− 12.34	+ 0.27	48.44	8.66	15 45.39	11 59 13.88
	10	− 11.93	+ 0.39	35.21	8.66	15 45.27	11 59 25.86
	11	− 11.52	+ 0.51	21.97	8.66	15 45.16	11 59 38.07
	12	− 11.10	+ 0.63	8.74	8.66	15 45.05	11 59 50.48
	13	− 10.68	+ 0.75	355.50	8.66	15 44.95	12 00 03.09
	14	− 10.26	+ 0.87	342.26	8.66	15 44.86	12 00 15.85
	15	− 9.84	+ 0.99	329.03	8.66	15 44.77	12 00 28.73
	16	− 9.41	+ 1.11	315.79	8.66	15 44.68	12 00 41.71
	17	− 8.98	+ 1.23	302.56	8.66	15 44.61	12 00 54.76
	18	− 8.54	+ 1.35	289.32	8.66	15 44.53	12 01 07.86
	19	− 8.11	+ 1.47	276.08	8.66	15 44.46	12 01 20.96
	20	− 7.67	+ 1.58	262.85	8.65	15 44.40	12 01 34.06
	21	− 7.23	+ 1.70	249.61	8.65	15 44.34	12 01 47.13
	22	− 6.78	+ 1.82	236.37	8.65	15 44.29	12 02 00.14
	23	− 6.34	+ 1.93	223.14	8.65	15 44.24	12 02 13.08
	24	− 5.89	+ 2.05	209.90	8.65	15 44.19	12 02 25.92
	25	− 5.45	+ 2.16	196.66	8.65	15 44.14	12 02 38.64
	26	− 5.00	+ 2.28	183.42	8.65	15 44.10	12 02 51.22
	27	− 4.55	+ 2.39	170.19	8.65	15 44.07	12 03 03.65
	28	− 4.10	+ 2.51	156.95	8.65	15 44.03	12 03 15.90
	29	− 3.64	+ 2.62	143.71	8.65	15 44.00	12 03 27.95
	30	− 3.19	+ 2.73	130.48	8.65	15 43.98	12 03 39.79
July	1	− 2.74	+ 2.84	117.24	8.65	15 43.95	12 03 51.39
	2	− 2.29	+ 2.95	104.00	8.65	15 43.93	12 04 02.74

SUN, 2018

FOR 0ʰ TERRESTRIAL TIME

Date		Julian Date	Geometric Ecliptic Coords. Mn Equinox & Ecliptic of Date		Apparent R. A.	Apparent Declination	True Geocentric Distance
			Longitude	Latitude			
		245	° ′ ″	″	h m s	° ′ ″	au
July	1	8300.5	99 08 30.83	−0.16	6 39 45.11	+23 07 14.4	1.016 6247
	2	8301.5	100 05 42.33	−0.29	6 43 53.15	+23 03 06.7	1.016 6467
	3	8302.5	101 02 53.89	−0.40	6 48 00.92	+22 58 34.8	1.016 6650
	4	8303.5	102 00 05.58	−0.50	6 52 08.41	+22 53 38.9	1.016 6792
	5	8304.5	102 57 17.46	−0.59	6 56 15.60	+22 48 19.1	1.016 6893
	6	8305.5	103 54 29.59	−0.65	7 00 22.47	+22 42 35.4	1.016 6949
	7	8306.5	104 51 42.03	−0.68	7 04 29.01	+22 36 28.1	1.016 6958
	8	8307.5	105 48 54.80	−0.68	7 08 35.20	+22 29 57.3	1.016 6918
	9	8308.5	106 46 07.94	−0.66	7 12 41.03	+22 23 03.1	1.016 6826
	10	8309.5	107 43 21.45	−0.60	7 16 46.46	+22 15 45.7	1.016 6677
	11	8310.5	108 40 35.34	−0.51	7 20 51.49	+22 08 05.3	1.016 6470
	12	8311.5	109 37 49.57	−0.39	7 24 56.09	+22 00 02.1	1.016 6201
	13	8312.5	110 35 04.10	−0.26	7 29 00.24	+21 51 36.3	1.016 5870
	14	8313.5	111 32 18.90	−0.11	7 33 03.92	+21 42 48.0	1.016 5474
	15	8314.5	112 29 33.90	+0.03	7 37 07.10	+21 33 37.5	1.016 5016
	16	8315.5	113 26 49.05	+0.17	7 41 09.76	+21 24 04.9	1.016 4495
	17	8316.5	114 24 04.34	+0.29	7 45 11.89	+21 14 10.6	1.016 3916
	18	8317.5	115 21 19.75	+0.39	7 49 13.48	+21 03 54.6	1.016 3281
	19	8318.5	116 18 35.28	+0.46	7 53 14.51	+20 53 17.3	1.016 2593
	20	8319.5	117 15 50.95	+0.50	7 57 14.97	+20 42 18.9	1.016 1856
	21	8320.5	118 13 06.81	+0.51	8 01 14.86	+20 30 59.5	1.016 1073
	22	8321.5	119 10 22.90	+0.49	8 05 14.16	+20 19 19.5	1.016 0248
	23	8322.5	120 07 39.28	+0.45	8 09 12.88	+20 07 19.1	1.015 9382
	24	8323.5	121 04 56.00	+0.37	8 13 11.01	+19 54 58.6	1.015 8478
	25	8324.5	122 02 13.15	+0.28	8 17 08.54	+19 42 18.3	1.015 7539
	26	8325.5	122 59 30.79	+0.17	8 21 05.46	+19 29 18.3	1.015 6564
	27	8326.5	123 56 49.00	+0.05	8 25 01.79	+19 15 59.0	1.015 5556
	28	8327.5	124 54 07.85	−0.07	8 28 57.51	+19 02 20.6	1.015 4516
	29	8328.5	125 51 27.43	−0.20	8 32 52.63	+18 48 23.5	1.015 3443
	30	8329.5	126 48 47.81	−0.31	8 36 47.14	+18 34 07.8	1.015 2338
	31	8330.5	127 46 09.06	−0.42	8 40 41.05	+18 19 33.8	1.015 1201
Aug.	1	8331.5	128 43 31.28	−0.51	8 44 34.36	+18 04 41.8	1.015 0031
	2	8332.5	129 40 54.52	−0.58	8 48 27.08	+17 49 32.1	1.014 8826
	3	8333.5	130 38 18.86	−0.62	8 52 19.20	+17 34 04.9	1.014 7586
	4	8334.5	131 35 44.36	−0.63	8 56 10.74	+17 18 20.6	1.014 6308
	5	8335.5	132 33 11.06	−0.62	9 00 01.70	+17 02 19.4	1.014 4991
	6	8336.5	133 30 39.02	−0.57	9 03 52.08	+16 46 01.5	1.014 3630
	7	8337.5	134 28 08.25	−0.49	9 07 41.89	+16 29 27.4	1.014 2225
	8	8338.5	135 25 38.77	−0.38	9 11 31.12	+16 12 37.3	1.014 0771
	9	8339.5	136 23 10.57	−0.26	9 15 19.79	+15 55 31.5	1.013 9265
	10	8340.5	137 20 43.63	−0.12	9 19 07.88	+15 38 10.4	1.013 7707
	11	8341.5	138 18 17.91	+0.03	9 22 55.41	+15 20 34.2	1.013 6093
	12	8342.5	139 15 53.34	+0.17	9 26 42.36	+15 02 43.3	1.013 4423
	13	8343.5	140 13 29.87	+0.30	9 30 28.75	+14 44 38.0	1.013 2699
	14	8344.5	141 11 07.46	+0.41	9 34 14.57	+14 26 18.7	1.013 0921
	15	8345.5	142 08 46.06	+0.49	9 37 59.83	+14 07 45.5	1.012 9093
	16	8346.5	143 06 25.66	+0.55	9 41 44.54	+13 48 59.0	1.012 7217

FOR 0ʰ TERRESTRIAL TIME

Date	Pos. Angle of Axis P	Heliographic Latitude B_0	Heliographic Longitude L_0	Horiz. Parallax	Semi-Diameter	Ephemeris Transit
	°	°	°	″	′ ″	h m s
July 1	− 2.74	+ 2.84	117.24	8.65	15 43.95	12 03 51.39
2	− 2.29	+ 2.95	104.00	8.65	15 43.93	12 04 02.74
3	− 1.83	+ 3.06	90.77	8.65	15 43.91	12 04 13.82
4	− 1.38	+ 3.17	77.53	8.65	15 43.90	12 04 24.61
5	− 0.93	+ 3.28	64.30	8.65	15 43.89	12 04 35.09
6	− 0.47	+ 3.39	51.06	8.65	15 43.89	12 04 45.25
7	− 0.02	+ 3.49	37.82	8.65	15 43.89	12 04 55.07
8	+ 0.43	+ 3.60	24.59	8.65	15 43.89	12 05 04.52
9	+ 0.88	+ 3.70	11.36	8.65	15 43.90	12 05 13.59
10	+ 1.33	+ 3.80	358.12	8.65	15 43.91	12 05 22.27
11	+ 1.78	+ 3.91	344.89	8.65	15 43.93	12 05 30.52
12	+ 2.23	+ 4.01	331.65	8.65	15 43.96	12 05 38.33
13	+ 2.68	+ 4.11	318.42	8.65	15 43.99	12 05 45.68
14	+ 3.13	+ 4.21	305.19	8.65	15 44.02	12 05 52.55
15	+ 3.57	+ 4.30	291.95	8.65	15 44.07	12 05 58.91
16	+ 4.01	+ 4.40	278.72	8.65	15 44.11	12 06 04.76
17	+ 4.45	+ 4.50	265.49	8.65	15 44.17	12 06 10.06
18	+ 4.89	+ 4.59	252.26	8.65	15 44.23	12 06 14.82
19	+ 5.33	+ 4.68	239.03	8.65	15 44.29	12 06 19.01
20	+ 5.76	+ 4.77	225.80	8.65	15 44.36	12 06 22.63
21	+ 6.19	+ 4.86	212.56	8.65	15 44.43	12 06 25.68
22	+ 6.62	+ 4.95	199.33	8.66	15 44.51	12 06 28.13
23	+ 7.05	+ 5.04	186.10	8.66	15 44.59	12 06 29.99
24	+ 7.48	+ 5.13	172.87	8.66	15 44.67	12 06 31.26
25	+ 7.90	+ 5.21	159.64	8.66	15 44.76	12 06 31.92
26	+ 8.32	+ 5.30	146.41	8.66	15 44.85	12 06 31.99
27	+ 8.73	+ 5.38	133.19	8.66	15 44.95	12 06 31.45
28	+ 9.14	+ 5.46	119.96	8.66	15 45.04	12 06 30.31
29	+ 9.55	+ 5.54	106.73	8.66	15 45.14	12 06 28.57
30	+ 9.96	+ 5.61	93.50	8.66	15 45.25	12 06 26.22
31	+ 10.36	+ 5.69	80.28	8.66	15 45.35	12 06 23.28
Aug. 1	+ 10.76	+ 5.76	67.05	8.66	15 45.46	12 06 19.74
2	+ 11.16	+ 5.84	53.82	8.67	15 45.57	12 06 15.61
3	+ 11.55	+ 5.91	40.60	8.67	15 45.69	12 06 10.89
4	+ 11.94	+ 5.98	27.37	8.67	15 45.81	12 06 05.58
5	+ 12.32	+ 6.05	14.15	8.67	15 45.93	12 05 59.69
6	+ 12.70	+ 6.11	0.93	8.67	15 46.06	12 05 53.23
7	+ 13.08	+ 6.18	347.70	8.67	15 46.19	12 05 46.19
8	+ 13.45	+ 6.24	334.48	8.67	15 46.32	12 05 38.57
9	+ 13.82	+ 6.30	321.26	8.67	15 46.46	12 05 30.39
10	+ 14.19	+ 6.36	308.04	8.67	15 46.61	12 05 21.64
11	+ 14.55	+ 6.42	294.82	8.68	15 46.76	12 05 12.32
12	+ 14.90	+ 6.47	281.60	8.68	15 46.92	12 05 02.43
13	+ 15.25	+ 6.53	268.38	8.68	15 47.08	12 04 51.98
14	+ 15.60	+ 6.58	255.16	8.68	15 47.24	12 04 40.98
15	+ 15.94	+ 6.63	241.94	8.68	15 47.41	12 04 29.41
16	+ 16.28	+ 6.68	228.72	8.68	15 47.59	12 04 17.30

SUN, 2018

FOR 0ʰ TERRESTRIAL TIME

Date		Julian Date	Geometric Ecliptic Coords. Mn Equinox & Ecliptic of Date		Apparent R. A.	Apparent Declination	True Geocentric Distance
			Longitude	Latitude			
		245	° ′ ″	″	h m s	° ′ ″	au
Aug.	16	8346.5	143 06 25.66	+0.55	9 41 44.54	+13 48 59.0	1.012 7217
	17	8347.5	144 04 06.26	+0.57	9 45 28.71	+13 29 59.3	1.012 5298
	18	8348.5	145 01 47.86	+0.56	9 49 12.35	+13 10 46.9	1.012 3339
	19	8349.5	145 59 30.48	+0.52	9 52 55.47	+12 51 21.9	1.012 1343
	20	8350.5	146 57 14.18	+0.45	9 56 38.08	+12 31 44.9	1.011 9314
	21	8351.5	147 54 58.98	+0.37	10 00 20.20	+12 11 56.0	1.011 7254
	22	8352.5	148 52 44.93	+0.26	10 04 01.83	+11 51 55.6	1.011 5165
	23	8353.5	149 50 32.10	+0.15	10 07 43.00	+11 31 44.0	1.011 3052
	24	8354.5	150 48 20.53	+0.02	10 11 23.72	+11 11 21.6	1.011 0914
	25	8355.5	151 46 10.31	−0.10	10 15 04.00	+10 50 48.6	1.010 8755
	26	8356.5	152 44 01.48	−0.22	10 18 43.86	+10 30 05.3	1.010 6577
	27	8357.5	153 41 54.13	−0.33	10 22 23.31	+10 09 12.1	1.010 4379
	28	8358.5	154 39 48.33	−0.43	10 26 02.39	+ 9 48 09.3	1.010 2163
	29	8359.5	155 37 44.15	−0.50	10 29 41.10	+ 9 26 57.1	1.009 9929
	30	8360.5	156 35 41.66	−0.55	10 33 19.47	+ 9 05 35.9	1.009 7677
	31	8361.5	157 33 40.94	−0.57	10 36 57.52	+ 8 44 06.0	1.009 5406
Sept.	1	8362.5	158 31 42.04	−0.56	10 40 35.26	+ 8 22 27.6	1.009 3115
	2	8363.5	159 29 45.03	−0.53	10 44 12.72	+ 8 00 41.0	1.009 0803
	3	8364.5	160 27 49.97	−0.46	10 47 49.92	+ 7 38 46.7	1.008 8468
	4	8365.5	161 25 56.87	−0.36	10 51 26.87	+ 7 16 44.8	1.008 6106
	5	8366.5	162 24 05.77	−0.24	10 55 03.59	+ 6 54 35.7	1.008 3716
	6	8367.5	163 22 16.67	−0.11	10 58 40.09	+ 6 32 19.8	1.008 1295
	7	8368.5	164 20 29.55	+0.03	11 02 16.40	+ 6 09 57.4	1.007 8840
	8	8369.5	165 18 44.38	+0.17	11 05 52.51	+ 5 47 28.8	1.007 6349
	9	8370.5	166 17 01.11	+0.30	11 09 28.46	+ 5 24 54.3	1.007 3820
	10	8371.5	167 15 19.68	+0.42	11 13 04.24	+ 5 02 14.4	1.007 1253
	11	8372.5	168 13 40.02	+0.51	11 16 39.88	+ 4 39 29.3	1.006 8650
	12	8373.5	169 12 02.08	+0.57	11 20 15.39	+ 4 16 39.4	1.006 6011
	13	8374.5	170 10 25.81	+0.60	11 23 50.80	+ 3 53 45.1	1.006 3340
	14	8375.5	171 08 51.17	+0.60	11 27 26.10	+ 3 30 46.6	1.006 0639
	15	8376.5	172 07 18.14	+0.57	11 31 01.33	+ 3 07 44.4	1.005 7912
	16	8377.5	173 05 46.73	+0.51	11 34 36.51	+ 2 44 38.7	1.005 5162
	17	8378.5	174 04 16.92	+0.43	11 38 11.64	+ 2 21 30.0	1.005 2393
	18	8379.5	175 02 48.75	+0.33	11 41 46.76	+ 1 58 18.5	1.004 9608
	19	8380.5	176 01 22.22	+0.22	11 45 21.87	+ 1 35 04.6	1.004 6810
	20	8381.5	176 59 57.37	+0.10	11 48 57.01	+ 1 11 48.7	1.004 4002
	21	8382.5	177 58 34.23	−0.03	11 52 32.18	+ 0 48 31.0	1.004 1187
	22	8383.5	178 57 12.84	−0.15	11 56 07.43	+ 0 25 12.0	1.003 8369
	23	8384.5	179 55 53.26	−0.26	11 59 42.76	+ 0 01 51.8	1.003 5548
	24	8385.5	180 54 35.52	−0.35	12 03 18.19	− 0 21 29.0	1.003 2727
	25	8386.5	181 53 19.70	−0.43	12 06 53.77	− 0 44 50.3	1.002 9909
	26	8387.5	182 52 05.85	−0.48	12 10 29.50	− 1 08 11.7	1.002 7094
	27	8388.5	183 50 54.03	−0.51	12 14 05.42	− 1 31 32.8	1.002 4283
	28	8389.5	184 49 44.32	−0.50	12 17 41.54	− 1 54 53.5	1.002 1476
	29	8390.5	185 48 36.78	−0.47	12 21 17.90	− 2 18 13.2	1.001 8674
	30	8391.5	186 47 31.46	−0.41	12 24 54.52	− 2 41 31.8	1.001 5875
Oct.	1	8392.5	187 46 28.41	−0.32	12 28 31.42	− 3 04 48.9	1.001 3078

FOR 0ʰ TERRESTRIAL TIME

Date		Pos. Angle of Axis P	Heliographic		Horiz. Parallax	Semi-Diameter	Ephemeris Transit
			Latitude B_0	Longitude L_0			
		°	°	°	"	′ "	h m s
Aug.	16	+ 16.28	+ 6.68	228.72	8.68	15 47.59	12 04 17.30
	17	+ 16.62	+ 6.72	215.50	8.69	15 47.77	12 04 04.65
	18	+ 16.94	+ 6.77	202.29	8.69	15 47.95	12 03 51.48
	19	+ 17.27	+ 6.81	189.07	8.69	15 48.14	12 03 37.79
	20	+ 17.59	+ 6.85	175.85	8.69	15 48.33	12 03 23.60
	21	+ 17.90	+ 6.89	162.64	8.69	15 48.52	12 03 08.91
	22	+ 18.21	+ 6.93	149.42	8.69	15 48.72	12 02 53.76
	23	+ 18.51	+ 6.96	136.21	8.70	15 48.92	12 02 38.14
	24	+ 18.81	+ 7.00	122.99	8.70	15 49.12	12 02 22.09
	25	+ 19.11	+ 7.03	109.78	8.70	15 49.32	12 02 05.60
	26	+ 19.40	+ 7.06	96.57	8.70	15 49.53	12 01 48.71
	27	+ 19.68	+ 7.08	83.35	8.70	15 49.73	12 01 31.43
	28	+ 19.96	+ 7.11	70.14	8.71	15 49.94	12 01 13.78
	29	+ 20.23	+ 7.13	56.93	8.71	15 50.15	12 00 55.77
	30	+ 20.50	+ 7.15	43.72	8.71	15 50.36	12 00 37.43
	31	+ 20.76	+ 7.17	30.51	8.71	15 50.58	12 00 18.78
Sept.	1	+ 21.02	+ 7.19	17.30	8.71	15 50.79	11 59 59.83
	2	+ 21.27	+ 7.21	4.09	8.72	15 51.01	11 59 40.61
	3	+ 21.51	+ 7.22	350.88	8.72	15 51.23	11 59 21.13
	4	+ 21.75	+ 7.23	337.67	8.72	15 51.45	11 59 01.41
	5	+ 21.99	+ 7.24	324.46	8.72	15 51.68	11 58 41.46
	6	+ 22.22	+ 7.24	311.26	8.72	15 51.91	11 58 21.31
	7	+ 22.44	+ 7.25	298.05	8.73	15 52.14	11 58 00.97
	8	+ 22.66	+ 7.25	284.84	8.73	15 52.37	11 57 40.45
	9	+ 22.87	+ 7.25	271.64	8.73	15 52.61	11 57 19.77
	10	+ 23.08	+ 7.25	258.43	8.73	15 52.86	11 56 58.94
	11	+ 23.28	+ 7.25	245.23	8.73	15 53.10	11 56 37.97
	12	+ 23.47	+ 7.24	232.03	8.74	15 53.35	11 56 16.88
	13	+ 23.66	+ 7.23	218.82	8.74	15 53.60	11 55 55.69
	14	+ 23.84	+ 7.22	205.62	8.74	15 53.86	11 55 34.41
	15	+ 24.01	+ 7.21	192.42	8.74	15 54.12	11 55 13.06
	16	+ 24.18	+ 7.20	179.21	8.75	15 54.38	11 54 51.66
	17	+ 24.35	+ 7.18	166.01	8.75	15 54.64	11 54 30.24
	18	+ 24.50	+ 7.16	152.81	8.75	15 54.91	11 54 08.80
	19	+ 24.65	+ 7.14	139.61	8.75	15 55.17	11 53 47.37
	20	+ 24.80	+ 7.12	126.41	8.76	15 55.44	11 53 25.97
	21	+ 24.93	+ 7.09	113.21	8.76	15 55.71	11 53 04.63
	22	+ 25.06	+ 7.07	100.01	8.76	15 55.98	11 52 43.37
	23	+ 25.19	+ 7.04	86.81	8.76	15 56.25	11 52 22.21
	24	+ 25.31	+ 7.01	73.61	8.77	15 56.51	11 52 01.17
	25	+ 25.42	+ 6.97	60.41	8.77	15 56.78	11 51 40.27
	26	+ 25.52	+ 6.94	47.21	8.77	15 57.05	11 51 19.55
	27	+ 25.62	+ 6.90	34.01	8.77	15 57.32	11 50 59.03
	28	+ 25.71	+ 6.86	20.82	8.78	15 57.59	11 50 38.72
	29	+ 25.80	+ 6.82	7.62	8.78	15 57.86	11 50 18.66
	30	+ 25.87	+ 6.78	354.42	8.78	15 58.12	11 49 58.86
Oct.	1	+ 25.94	+ 6.73	341.23	8.78	15 58.39	11 49 39.36

SUN, 2018

FOR 0ʰ TERRESTRIAL TIME

Date		Julian Date	Geometric Ecliptic Coords. Mn Equinox & Ecliptic of Date		Apparent R. A.	Apparent Declination	True Geocentric Distance
			Longitude	Latitude			
		245	° ′ ″	″	h m s	° ′ ″	au
Oct.	1	8392.5	187 46 28.41	−0.32	12 28 31.42	− 3 04 48.9	1.001 3078
	2	8393.5	188 45 27.68	−0.21	12 32 08.63	− 3 28 04.1	1.001 0281
	3	8394.5	189 44 29.29	−0.08	12 35 46.15	− 3 51 17.1	1.000 7482
	4	8395.5	190 43 33.25	+0.06	12 39 24.02	− 4 14 27.6	1.000 4677
	5	8396.5	191 42 39.54	+0.20	12 43 02.24	− 4 37 35.1	1.000 1864
	6	8397.5	192 41 48.14	+0.33	12 46 40.84	− 5 00 39.4	0.999 9042
	7	8398.5	193 40 59.00	+0.44	12 50 19.84	− 5 23 39.9	0.999 6207
	8	8399.5	194 40 12.05	+0.54	12 53 59.24	− 5 46 36.5	0.999 3360
	9	8400.5	195 39 27.23	+0.61	12 57 39.07	− 6 09 28.6	0.999 0499
	10	8401.5	196 38 44.47	+0.64	13 01 19.34	− 6 32 15.9	0.998 7625
	11	8402.5	197 38 03.70	+0.65	13 05 00.07	− 6 54 57.9	0.998 4739
	12	8403.5	198 37 24.84	+0.63	13 08 41.28	− 7 17 34.4	0.998 1844
	13	8404.5	199 36 47.86	+0.58	13 12 22.98	− 7 40 04.9	0.997 8943
	14	8405.5	200 36 12.70	+0.50	13 16 05.18	− 8 02 29.1	0.997 6039
	15	8406.5	201 35 39.35	+0.41	13 19 47.90	− 8 24 46.4	0.997 3134
	16	8407.5	202 35 07.77	+0.30	13 23 31.16	− 8 46 56.6	0.997 0232
	17	8408.5	203 34 37.96	+0.18	13 27 14.98	− 9 08 59.2	0.996 7336
	18	8409.5	204 34 09.91	+0.06	13 30 59.36	− 9 30 53.9	0.996 4450
	19	8410.5	205 33 43.63	−0.05	13 34 44.33	− 9 52 40.2	0.996 1576
	20	8411.5	206 33 19.12	−0.16	13 38 29.91	−10 14 17.8	0.995 8718
	21	8412.5	207 32 56.40	−0.25	13 42 16.11	−10 35 46.3	0.995 5879
	22	8413.5	208 32 35.50	−0.33	13 46 02.95	−10 57 05.3	0.995 3061
	23	8414.5	209 32 16.44	−0.38	13 49 50.45	−11 18 14.4	0.995 0267
	24	8415.5	210 31 59.27	−0.41	13 53 38.63	−11 39 13.3	0.994 7500
	25	8416.5	211 31 44.03	−0.40	13 57 27.51	−12 00 01.5	0.994 4761
	26	8417.5	212 31 30.78	−0.37	14 01 17.11	−12 20 38.8	0.994 2051
	27	8418.5	213 31 19.58	−0.30	14 05 07.45	−12 41 04.7	0.993 9372
	28	8419.5	214 31 10.47	−0.21	14 08 58.53	−13 01 18.9	0.993 6723
	29	8420.5	215 31 03.51	−0.10	14 12 50.39	−13 21 20.9	0.993 4102
	30	8421.5	216 30 58.73	+0.03	14 16 43.02	−13 41 10.5	0.993 1510
	31	8422.5	217 30 56.16	+0.17	14 20 36.45	−14 00 47.1	0.992 8942
Nov.	1	8423.5	218 30 55.81	+0.32	14 24 30.68	−14 20 10.5	0.992 6398
	2	8424.5	219 30 57.67	+0.45	14 28 25.73	−14 39 20.2	0.992 3874
	3	8425.5	220 31 01.70	+0.57	14 32 21.60	−14 58 15.7	0.992 1367
	4	8426.5	221 31 07.87	+0.67	14 36 18.29	−15 16 56.8	0.991 8876
	5	8427.5	222 31 16.11	+0.74	14 40 15.82	−15 35 22.8	0.991 6399
	6	8428.5	223 31 26.35	+0.79	14 44 14.19	−15 53 33.6	0.991 3933
	7	8429.5	224 31 38.51	+0.80	14 48 13.40	−16 11 28.5	0.991 1480
	8	8430.5	225 31 52.51	+0.78	14 52 13.45	−16 29 07.2	0.990 9039
	9	8431.5	226 32 08.26	+0.74	14 56 14.35	−16 46 29.3	0.990 6611
	10	8432.5	227 32 25.68	+0.67	15 00 16.09	−17 03 34.4	0.990 4198
	11	8433.5	228 32 44.71	+0.58	15 04 18.68	−17 20 22.1	0.990 1801
	12	8434.5	229 33 05.29	+0.47	15 08 22.10	−17 36 51.8	0.989 9423
	13	8435.5	230 33 27.34	+0.35	15 12 26.35	−17 53 03.3	0.989 7068
	14	8436.5	231 33 50.84	+0.24	15 16 31.44	−18 08 56.1	0.989 4737
	15	8437.5	232 34 15.74	+0.12	15 20 37.35	−18 24 29.7	0.989 2433
	16	8438.5	233 34 42.01	+0.01	15 24 44.10	−18 39 43.9	0.989 0160

SUN, 2018

FOR 0^h TERRESTRIAL TIME

Date		Pos. Angle of Axis P	Heliographic Latitude B_0	Heliographic Longitude L_0	Horiz. Parallax	Semi-Diameter	Ephemeris Transit
		°	°	°	″	′ ″	h m s
Oct.	1	+ 25.94	+ 6.73	341.23	8.78	15 58.39	11 49 39.36
	2	+ 26.01	+ 6.69	328.03	8.79	15 58.66	11 49 20.16
	3	+ 26.07	+ 6.64	314.84	8.79	15 58.93	11 49 01.30
	4	+ 26.12	+ 6.58	301.64	8.79	15 59.20	11 48 42.78
	5	+ 26.16	+ 6.53	288.45	8.79	15 59.47	11 48 24.64
	6	+ 26.19	+ 6.48	275.25	8.79	15 59.74	11 48 06.88
	7	+ 26.22	+ 6.42	262.06	8.80	16 00.01	11 47 49.53
	8	+ 26.24	+ 6.36	248.87	8.80	16 00.28	11 47 32.60
	9	+ 26.26	+ 6.30	235.67	8.80	16 00.56	11 47 16.10
	10	+ 26.26	+ 6.24	222.48	8.81	16 00.83	11 47 00.05
	11	+ 26.26	+ 6.17	209.29	8.81	16 01.11	11 46 44.47
	12	+ 26.26	+ 6.10	196.10	8.81	16 01.39	11 46 29.36
	13	+ 26.24	+ 6.04	182.91	8.81	16 01.67	11 46 14.75
	14	+ 26.22	+ 5.96	169.71	8.82	16 01.95	11 46 00.65
	15	+ 26.19	+ 5.89	156.52	8.82	16 02.23	11 45 47.08
	16	+ 26.15	+ 5.82	143.33	8.82	16 02.51	11 45 34.06
	17	+ 26.10	+ 5.74	130.14	8.82	16 02.79	11 45 21.59
	18	+ 26.05	+ 5.67	116.95	8.83	16 03.07	11 45 09.71
	19	+ 25.99	+ 5.59	103.76	8.83	16 03.35	11 44 58.42
	20	+ 25.92	+ 5.51	90.57	8.83	16 03.62	11 44 47.76
	21	+ 25.85	+ 5.42	77.38	8.83	16 03.90	11 44 37.72
	22	+ 25.76	+ 5.34	64.19	8.84	16 04.17	11 44 28.33
	23	+ 25.67	+ 5.25	51.00	8.84	16 04.44	11 44 19.62
	24	+ 25.57	+ 5.16	37.81	8.84	16 04.71	11 44 11.59
	25	+ 25.47	+ 5.08	24.63	8.84	16 04.98	11 44 04.27
	26	+ 25.35	+ 4.98	11.44	8.85	16 05.24	11 43 57.67
	27	+ 25.23	+ 4.89	358.25	8.85	16 05.50	11 43 51.82
	28	+ 25.10	+ 4.80	345.06	8.85	16 05.76	11 43 46.72
	29	+ 24.96	+ 4.70	331.87	8.85	16 06.01	11 43 42.39
	30	+ 24.82	+ 4.61	318.69	8.85	16 06.26	11 43 38.85
	31	+ 24.66	+ 4.51	305.50	8.86	16 06.51	11 43 36.12
Nov.	1	+ 24.50	+ 4.41	292.31	8.86	16 06.76	11 43 34.19
	2	+ 24.33	+ 4.31	279.13	8.86	16 07.01	11 43 33.08
	3	+ 24.16	+ 4.20	265.94	8.86	16 07.25	11 43 32.80
	4	+ 23.97	+ 4.10	252.76	8.87	16 07.49	11 43 33.35
	5	+ 23.78	+ 3.99	239.57	8.87	16 07.74	11 43 34.74
	6	+ 23.58	+ 3.89	226.39	8.87	16 07.98	11 43 36.97
	7	+ 23.37	+ 3.78	213.20	8.87	16 08.22	11 43 40.04
	8	+ 23.15	+ 3.67	200.02	8.87	16 08.45	11 43 43.96
	9	+ 22.93	+ 3.56	186.83	8.88	16 08.69	11 43 48.71
	10	+ 22.70	+ 3.45	173.65	8.88	16 08.93	11 43 54.30
	11	+ 22.46	+ 3.34	160.46	8.88	16 09.16	11 44 00.73
	12	+ 22.21	+ 3.22	147.28	8.88	16 09.39	11 44 08.00
	13	+ 21.95	+ 3.11	134.10	8.89	16 09.63	11 44 16.11
	14	+ 21.69	+ 3.00	120.91	8.89	16 09.85	11 44 25.04
	15	+ 21.42	+ 2.88	107.73	8.89	16 10.08	11 44 34.81
	16	+ 21.14	+ 2.76	94.55	8.89	16 10.30	11 44 45.40

SUN, 2018

FOR 0ʰ TERRESTRIAL TIME

Date		Julian Date	Geometric Ecliptic Coords. Mn Equinox & Ecliptic of Date		Apparent R. A.	Apparent Declination	True Geocentric Distance
			Longitude	Latitude			
		245	° ′ ″	″	h m s	° ′ ″	au
Nov.	16	8438.5	233 34 42.01	+0.01	15 24 44.10	−18 39 43.9	0.989 0160
	17	8439.5	234 35 09.62	−0.09	15 28 51.66	−18 54 38.2	0.988 7921
	18	8440.5	235 35 38.56	−0.16	15 33 00.04	−19 09 12.2	0.988 5718
	19	8441.5	236 36 08.82	−0.22	15 37 09.23	−19 23 25.6	0.988 3555
	20	8442.5	237 36 40.39	−0.24	15 41 19.24	−19 37 18.0	0.988 1434
	21	8443.5	238 37 13.28	−0.24	15 45 30.04	−19 50 48.9	0.987 9360
	22	8444.5	239 37 47.52	−0.21	15 49 41.65	−20 03 58.2	0.987 7333
	23	8445.5	240 38 23.13	−0.15	15 53 54.05	−20 16 45.4	0.987 5357
	24	8446.5	241 39 00.16	−0.06	15 58 07.24	−20 29 10.2	0.987 3433
	25	8447.5	242 39 38.66	+0.06	16 02 21.21	−20 41 12.4	0.987 1562
	26	8448.5	243 40 18.66	+0.19	16 06 35.95	−20 52 51.5	0.986 9743
	27	8449.5	244 41 00.22	+0.33	16 10 51.44	−21 04 07.2	0.986 7975
	28	8450.5	245 41 43.35	+0.48	16 15 07.67	−21 14 59.3	0.986 6258
	29	8451.5	246 42 28.07	+0.62	16 19 24.64	−21 25 27.4	0.986 4587
	30	8452.5	247 43 14.37	+0.74	16 23 42.31	−21 35 31.3	0.986 2961
Dec.	1	8453.5	248 44 02.23	+0.84	16 28 00.68	−21 45 10.5	0.986 1376
	2	8454.5	249 44 51.60	+0.92	16 32 19.72	−21 54 24.9	0.985 9830
	3	8455.5	250 45 42.43	+0.96	16 36 39.41	−22 03 14.0	0.985 8320
	4	8456.5	251 46 34.63	+0.98	16 40 59.72	−22 11 37.8	0.985 6844
	5	8457.5	252 47 28.14	+0.96	16 45 20.64	−22 19 35.8	0.985 5401
	6	8458.5	253 48 22.87	+0.92	16 49 42.14	−22 27 07.8	0.985 3989
	7	8459.5	254 49 18.72	+0.84	16 54 04.17	−22 34 13.7	0.985 2610
	8	8460.5	255 50 15.60	+0.75	16 58 26.72	−22 40 53.1	0.985 1261
	9	8461.5	256 51 13.43	+0.64	17 02 49.75	−22 47 05.8	0.984 9946
	10	8462.5	257 52 12.12	+0.52	17 07 13.22	−22 52 51.6	0.984 8664
	11	8463.5	258 53 11.58	+0.39	17 11 37.11	−22 58 10.4	0.984 7417
	12	8464.5	259 54 11.76	+0.27	17 16 01.38	−23 03 01.9	0.984 6208
	13	8465.5	260 55 12.57	+0.15	17 20 25.99	−23 07 25.9	0.984 5037
	14	8466.5	261 56 13.96	+0.05	17 24 50.92	−23 11 22.4	0.984 3909
	15	8467.5	262 57 15.87	−0.04	17 29 16.13	−23 14 51.1	0.984 2825
	16	8468.5	263 58 18.26	−0.11	17 33 41.58	−23 17 52.0	0.984 1787
	17	8469.5	264 59 21.08	−0.15	17 38 07.26	−23 20 24.9	0.984 0798
	18	8470.5	266 00 24.30	−0.15	17 42 33.12	−23 22 29.7	0.983 9862
	19	8471.5	267 01 27.91	−0.13	17 46 59.13	−23 24 06.4	0.983 8981
	20	8472.5	268 02 31.88	−0.08	17 51 25.26	−23 25 15.0	0.983 8159
	21	8473.5	269 03 36.23	0.00	17 55 51.49	−23 25 55.3	0.983 7397
	22	8474.5	270 04 40.98	+0.11	18 00 17.77	−23 26 07.4	0.983 6699
	23	8475.5	271 05 46.15	+0.24	18 04 44.09	−23 25 51.3	0.983 6065
	24	8476.5	272 06 51.80	+0.38	18 09 10.41	−23 25 06.9	0.983 5498
	25	8477.5	273 07 57.96	+0.53	18 13 36.70	−23 23 54.3	0.983 4996
	26	8478.5	274 09 04.67	+0.68	18 18 02.93	−23 22 13.6	0.983 4557
	27	8479.5	275 10 11.96	+0.81	18 22 29.07	−23 20 04.7	0.983 4181
	28	8480.5	276 11 19.84	+0.91	18 26 55.09	−23 17 27.7	0.983 3863
	29	8481.5	277 12 28.28	+1.00	18 31 20.96	−23 14 22.7	0.983 3600
	30	8482.5	278 13 37.27	+1.05	18 35 46.64	−23 10 49.8	0.983 3390
	31	8483.5	279 14 46.74	+1.06	18 40 12.12	−23 06 48.9	0.983 3228
	32	8484.5	280 15 56.64	+1.05	18 44 37.34	−23 02 20.3	0.983 3113

FOR 0ʰ TERRESTRIAL TIME

Date	Pos. Angle of Axis P	Heliographic Latitude B_0	Heliographic Longitude L_0	Horiz. Parallax	Semi-Diameter	Ephemeris Transit
	°	°	°	″	′ ″	h m s
Nov. 16	+ 21.14	+ 2.76	94.55	8.89	16 10.30	11 44 45.40
17	+ 20.86	+ 2.64	81.37	8.89	16 10.52	11 44 56.81
18	+ 20.57	+ 2.52	68.18	8.90	16 10.74	11 45 09.04
19	+ 20.27	+ 2.40	55.00	8.90	16 10.95	11 45 22.09
20	+ 19.96	+ 2.28	41.82	8.90	16 11.16	11 45 35.94
21	+ 19.65	+ 2.16	28.64	8.90	16 11.36	11 45 50.59
22	+ 19.33	+ 2.04	15.46	8.90	16 11.56	11 46 06.03
23	+ 19.00	+ 1.92	2.27	8.91	16 11.76	11 46 22.26
24	+ 18.66	+ 1.79	349.09	8.91	16 11.95	11 46 39.28
25	+ 18.32	+ 1.67	335.91	8.91	16 12.13	11 46 57.06
26	+ 17.97	+ 1.55	322.73	8.91	16 12.31	11 47 15.61
27	+ 17.62	+ 1.42	309.55	8.91	16 12.48	11 47 34.91
28	+ 17.26	+ 1.30	296.37	8.91	16 12.65	11 47 54.95
29	+ 16.89	+ 1.17	283.19	8.91	16 12.82	11 48 15.72
30	+ 16.51	+ 1.04	270.01	8.92	16 12.98	11 48 37.18
Dec. 1	+ 16.13	+ 0.92	256.83	8.92	16 13.13	11 48 59.34
2	+ 15.75	+ 0.79	243.65	8.92	16 13.29	11 49 22.15
3	+ 15.35	+ 0.66	230.48	8.92	16 13.44	11 49 45.61
4	+ 14.96	+ 0.53	217.30	8.92	16 13.58	11 50 09.68
5	+ 14.55	+ 0.41	204.12	8.92	16 13.72	11 50 34.34
6	+ 14.14	+ 0.28	190.94	8.92	16 13.86	11 50 59.55
7	+ 13.73	+ 0.15	177.77	8.93	16 14.00	11 51 25.29
8	+ 13.31	+ 0.02	164.59	8.93	16 14.13	11 51 51.53
9	+ 12.89	− 0.11	151.41	8.93	16 14.26	11 52 18.22
10	+ 12.46	− 0.23	138.24	8.93	16 14.39	11 52 45.35
11	+ 12.02	− 0.36	125.06	8.93	16 14.51	11 53 12.88
12	+ 11.59	− 0.49	111.89	8.93	16 14.63	11 53 40.78
13	+ 11.14	− 0.62	98.71	8.93	16 14.75	11 54 09.00
14	+ 10.70	− 0.75	85.53	8.93	16 14.86	11 54 37.53
15	+ 10.25	− 0.87	72.36	8.93	16 14.97	11 55 06.32
16	+ 9.79	− 1.00	59.18	8.94	16 15.07	11 55 35.35
17	+ 9.34	− 1.13	46.01	8.94	16 15.17	11 56 04.58
18	+ 8.88	− 1.25	32.83	8.94	16 15.26	11 56 33.97
19	+ 8.41	− 1.38	19.66	8.94	16 15.35	11 57 03.50
20	+ 7.95	− 1.51	6.49	8.94	16 15.43	11 57 33.14
21	+ 7.48	− 1.63	353.31	8.94	16 15.51	11 58 02.85
22	+ 7.01	− 1.76	340.14	8.94	16 15.58	11 58 32.60
23	+ 6.53	− 1.88	326.97	8.94	16 15.64	11 59 02.37
24	+ 6.06	− 2.01	313.79	8.94	16 15.70	11 59 32.12
25	+ 5.58	− 2.13	300.62	8.94	16 15.75	12 00 01.83
26	+ 5.10	− 2.25	287.45	8.94	16 15.79	12 00 31.47
27	+ 4.62	− 2.37	274.27	8.94	16 15.83	12 01 01.01
28	+ 4.14	− 2.50	261.10	8.94	16 15.86	12 01 30.41
29	+ 3.66	− 2.62	247.93	8.94	16 15.88	12 01 59.65
30	+ 3.17	− 2.74	234.76	8.94	16 15.90	12 02 28.69
31	+ 2.69	− 2.85	221.59	8.94	16 15.92	12 02 57.50
32	+ 2.21	− 2.97	208.42	8.94	16 15.93	12 03 26.04

SUN, 2018

ICRS GEOCENTRIC RECTANGULAR COORDINATES
FOR 0ʰ TERRESTRIAL TIME

Date		x	y	z	Date		x	y	z
		au	au	au			au	au	au
Jan.	0	+0.157 9923	−0.890 4716	−0.386 0255	Feb.	15	+0.818 8290	−0.506 7871	−0.219 6974
	1	+0.175 2201	−0.887 7371	−0.384 8397		16	+0.828 6077	−0.493 5596	−0.213 9639
	2	+0.192 3931	−0.884 7281	−0.383 5348		17	+0.838 1307	−0.480 1799	−0.208 1645
	3	+0.209 5067	−0.881 4456	−0.382 1112		18	+0.847 3952	−0.466 6525	−0.202 3010
	4	+0.226 5558	−0.877 8902	−0.380 5693		19	+0.856 3984	−0.452 9819	−0.196 3752
	5	+0.243 5356	−0.874 0630	−0.378 9095		20	+0.865 1376	−0.439 1728	−0.190 3893
	6	+0.260 4411	−0.869 9646	−0.377 1322		21	+0.873 6105	−0.425 2297	−0.184 3452
	7	+0.277 2671	−0.865 5961	−0.375 2379		22	+0.881 8146	−0.411 1575	−0.178 2449
	8	+0.294 0086	−0.860 9583	−0.373 2269		23	+0.889 7480	−0.396 9607	−0.172 0905
	9	+0.310 6602	−0.856 0524	−0.371 0998		24	+0.897 4086	−0.382 6440	−0.165 8839
	10	+0.327 2167	−0.850 8796	−0.368 8572		25	+0.904 7947	−0.368 2121	−0.159 6272
	11	+0.343 6727	−0.845 4412	−0.366 4996		26	+0.911 9047	−0.353 6696	−0.153 3224
	12	+0.360 0228	−0.839 7389	−0.364 0277		27	+0.918 7370	−0.339 0208	−0.146 9715
	13	+0.376 2619	−0.833 7741	−0.361 4423		28	+0.925 2901	−0.324 2703	−0.140 5764
	14	+0.392 3844	−0.827 5488	−0.358 7439	Mar.	1	+0.931 5627	−0.309 4223	−0.134 1390
	15	+0.408 3852	−0.821 0647	−0.355 9336		2	+0.937 5534	−0.294 4810	−0.127 6612
	16	+0.424 2590	−0.814 3240	−0.353 0121		3	+0.943 2607	−0.279 4508	−0.121 1449
	17	+0.440 0006	−0.807 3289	−0.349 9804		4	+0.948 6831	−0.264 3357	−0.114 5920
	18	+0.455 6048	−0.800 0816	−0.346 8394		5	+0.953 8192	−0.249 1401	−0.108 0043
	19	+0.471 0665	−0.792 5846	−0.343 5902		6	+0.958 6674	−0.233 8682	−0.101 3837
	20	+0.486 3808	−0.784 8406	−0.340 2338		7	+0.963 2264	−0.218 5245	−0.094 7321
	21	+0.501 5426	−0.776 8521	−0.336 7715		8	+0.967 4946	−0.203 1135	−0.088 0515
	22	+0.516 5473	−0.768 6221	−0.333 2044		9	+0.971 4707	−0.187 6398	−0.081 3439
	23	+0.531 3900	−0.760 1535	−0.329 5337		10	+0.975 1536	−0.172 1079	−0.074 6111
	24	+0.546 0662	−0.751 4493	−0.325 7608		11	+0.978 5418	−0.156 5226	−0.067 8554
	25	+0.560 5715	−0.742 5125	−0.321 8869		12	+0.981 6345	−0.140 8887	−0.061 0786
	26	+0.574 9016	−0.733 3465	−0.317 9135		13	+0.984 4305	−0.125 2109	−0.054 2829
	27	+0.589 0523	−0.723 9544	−0.313 8418		14	+0.986 9290	−0.109 4942	−0.047 4703
	28	+0.603 0197	−0.714 3394	−0.309 6734		15	+0.989 1293	−0.093 7434	−0.040 6430
	29	+0.616 7998	−0.704 5048	−0.305 4096		16	+0.991 0306	−0.077 9636	−0.033 8031
	30	+0.630 3890	−0.694 4538	−0.301 0519		17	+0.992 6325	−0.062 1599	−0.026 9527
	31	+0.643 7836	−0.684 1894	−0.296 6016		18	+0.993 9347	−0.046 3372	−0.020 0941
Feb.	1	+0.656 9799	−0.673 7148	−0.292 0601		19	+0.994 9368	−0.030 5008	−0.013 2293
	2	+0.669 9745	−0.663 0329	−0.287 4288		20	+0.995 6389	−0.014 6556	−0.006 3606
	3	+0.682 7635	−0.652 1467	−0.282 7089		21	+0.996 0411	+0.001 1931	+0.000 5098
	4	+0.695 3431	−0.641 0593	−0.277 9019		22	+0.996 1438	+0.017 0404	+0.007 3797
	5	+0.707 7097	−0.629 7738	−0.273 0092		23	+0.995 9476	+0.032 8812	+0.014 2470
	6	+0.719 8594	−0.618 2934	−0.268 0321		24	+0.995 4530	+0.048 7106	+0.021 1095
	7	+0.731 7883	−0.606 6214	−0.262 9722		25	+0.994 6609	+0.064 5238	+0.027 9651
	8	+0.743 4927	−0.594 7613	−0.257 8308		26	+0.993 5722	+0.080 3161	+0.034 8118
	9	+0.754 9688	−0.582 7167	−0.252 6096		27	+0.992 1879	+0.096 0829	+0.041 6475
	10	+0.766 2129	−0.570 4912	−0.247 3102		28	+0.990 5091	+0.111 8198	+0.048 4702
	11	+0.777 2214	−0.558 0886	−0.241 9341		29	+0.988 5368	+0.127 5224	+0.055 2780
	12	+0.787 9907	−0.545 5129	−0.236 4830		30	+0.986 2720	+0.143 1864	+0.062 0690
	13	+0.798 5173	−0.532 7680	−0.230 9587		31	+0.983 7158	+0.158 8076	+0.068 8414
	14	+0.808 7979	−0.519 8580	−0.225 3629	Apr.	1	+0.980 8692	+0.174 3818	+0.075 5933
	15	+0.818 8290	−0.506 7871	−0.219 6974		2	+0.977 7332	+0.189 9047	+0.082 3228

ICRS GEOCENTRIC RECTANGULAR COORDINATES
FOR 0^h TERRESTRIAL TIME

Date	x	y	z	Date	x	y	z
	au	au	au		au	au	au
Apr. 1	+0.980 8692	+0.174 3818	+0.075 5933	May 17	+0.568 2601	+0.767 4461	+0.332 6850
2	+0.977 7332	+0.189 9047	+0.082 3228	18	+0.554 2207	+0.776 2663	+0.336 5091
3	+0.974 3088	+0.205 3722	+0.089 0281	19	+0.540 0229	+0.784 8627	+0.340 2364
4	+0.970 5970	+0.220 7799	+0.095 7073	20	+0.525 6712	+0.793 2332	+0.343 8658
5	+0.966 5988	+0.236 1235	+0.102 3587	21	+0.511 1703	+0.801 3757	+0.347 3963
6	+0.962 3154	+0.251 3987	+0.108 9802	22	+0.496 5247	+0.809 2882	+0.350 8272
7	+0.957 7480	+0.266 6010	+0.115 5700	23	+0.481 7389	+0.816 9690	+0.354 1575
8	+0.952 8978	+0.281 7261	+0.122 1262	24	+0.466 8174	+0.824 4164	+0.357 3866
9	+0.947 7663	+0.296 7694	+0.128 6470	25	+0.451 7645	+0.831 6287	+0.360 5136
10	+0.942 3549	+0.311 7266	+0.135 1303	26	+0.436 5845	+0.838 6044	+0.363 5380
11	+0.936 6651	+0.326 5931	+0.141 5743	27	+0.421 2818	+0.845 3420	+0.366 4589
12	+0.930 6986	+0.341 3644	+0.147 9771	28	+0.405 8604	+0.851 8399	+0.369 2758
13	+0.924 4573	+0.356 0360	+0.154 3368	29	+0.390 3247	+0.858 0966	+0.371 9881
14	+0.917 9430	+0.370 6035	+0.160 6513	30	+0.374 6788	+0.864 1107	+0.374 5949
15	+0.911 1578	+0.385 0622	+0.166 9189	31	+0.358 9268	+0.869 8806	+0.377 0958
16	+0.904 1039	+0.399 4078	+0.173 1375	June 1	+0.343 0731	+0.875 4049	+0.379 4902
17	+0.896 7837	+0.413 6356	+0.179 3052	2	+0.327 1217	+0.880 6821	+0.381 7773
18	+0.889 1997	+0.427 7414	+0.185 4202	3	+0.311 0771	+0.885 7106	+0.383 9566
19	+0.881 3546	+0.441 7208	+0.191 4806	4	+0.294 9435	+0.890 4892	+0.386 0275
20	+0.873 2514	+0.455 5696	+0.197 4845	5	+0.278 7253	+0.895 0163	+0.387 9895
21	+0.864 8930	+0.469 2837	+0.203 4302	6	+0.262 4269	+0.899 2906	+0.389 8418
22	+0.856 2825	+0.482 8593	+0.209 3159	7	+0.246 0527	+0.903 3107	+0.391 5841
23	+0.847 4231	+0.496 2926	+0.215 1400	8	+0.229 6073	+0.907 0752	+0.393 2157
24	+0.838 3178	+0.509 5801	+0.220 9009	9	+0.213 0954	+0.910 5830	+0.394 7361
25	+0.828 9699	+0.522 7182	+0.226 5970	10	+0.196 5216	+0.913 8328	+0.396 1448
26	+0.819 3825	+0.535 7035	+0.232 2269	11	+0.179 8907	+0.916 8233	+0.397 4413
27	+0.809 5588	+0.548 5329	+0.237 7890	12	+0.163 2076	+0.919 5535	+0.398 6251
28	+0.799 5016	+0.561 2031	+0.243 2820	13	+0.146 4774	+0.922 0224	+0.399 6958
29	+0.789 2142	+0.573 7108	+0.248 7045	14	+0.129 7053	+0.924 2292	+0.400 6530
30	+0.778 6995	+0.586 0530	+0.254 0550	15	+0.112 8963	+0.926 1732	+0.401 4964
May 1	+0.767 9605	+0.598 2264	+0.259 3322	16	+0.096 0557	+0.927 8540	+0.402 2258
2	+0.757 0003	+0.610 2278	+0.264 5347	17	+0.079 1889	+0.929 2712	+0.402 8410
3	+0.745 8218	+0.622 0541	+0.269 6612	18	+0.062 3009	+0.930 4250	+0.403 3420
4	+0.734 4281	+0.633 7021	+0.274 7102	19	+0.045 3968	+0.931 3152	+0.403 7287
5	+0.722 8223	+0.645 1684	+0.279 6804	20	+0.028 4815	+0.931 9423	+0.404 0011
6	+0.711 0078	+0.656 4500	+0.284 5705	21	+0.011 5599	+0.932 3063	+0.404 1595
7	+0.698 9876	+0.667 5436	+0.289 3790	22	−0.005 3633	+0.932 4076	+0.404 2038
8	+0.686 7653	+0.678 4461	+0.294 1046	23	−0.022 2834	+0.932 2467	+0.404 1342
9	+0.674 3441	+0.689 1541	+0.298 7460	24	−0.039 1959	+0.931 8238	+0.403 9510
10	+0.661 7276	+0.699 6646	+0.303 3018	25	−0.056 0963	+0.931 1393	+0.403 6542
11	+0.648 9194	+0.709 9744	+0.307 7707	26	−0.072 9800	+0.930 1937	+0.403 2440
12	+0.635 9231	+0.720 0804	+0.312 1513	27	−0.089 8426	+0.928 9873	+0.402 7207
13	+0.622 7427	+0.729 9794	+0.316 4423	28	−0.106 6797	+0.927 5206	+0.402 0844
14	+0.609 3820	+0.739 6685	+0.320 6425	29	−0.123 4869	+0.925 7940	+0.401 3354
15	+0.595 8452	+0.749 1445	+0.324 7505	30	−0.140 2596	+0.923 8080	+0.400 4739
16	+0.582 1364	+0.758 4046	+0.328 7651	July 1	−0.156 9936	+0.921 5630	+0.399 5001
17	+0.568 2601	+0.767 4461	+0.332 6850	2	−0.173 6842	+0.919 0596	+0.398 4142

SUN, 2018

ICRS GEOCENTRIC RECTANGULAR COORDINATES
FOR 0ʰ TERRESTRIAL TIME

Date		x	y	z	Date		x	y	z
		au	au	au			au	au	au
July	1	−0.156 9936	+0.921 5630	+0.399 5001	Aug.	16	−0.807 1651	+0.561 1665	+0.243 2734
	2	−0.173 6842	+0.919 0596	+0.398 4142		17	−0.817 1573	+0.548 5597	+0.237 8084
	3	−0.190 3271	+0.916 2981	+0.397 2166		18	−0.826 9153	+0.535 7975	+0.232 2760
	4	−0.206 9178	+0.913 2792	+0.395 9074		19	−0.836 4364	+0.522 8836	+0.226 6776
	5	−0.223 4516	+0.910 0035	+0.394 4870		20	−0.845 7181	+0.509 8219	+0.221 0150
	6	−0.239 9241	+0.906 4716	+0.392 9556		21	−0.854 7579	+0.496 6159	+0.215 2897
	7	−0.256 3306	+0.902 6842	+0.391 3136		22	−0.863 5535	+0.483 2695	+0.209 5035
	8	−0.272 6664	+0.898 6419	+0.389 5613		23	−0.872 1023	+0.469 7862	+0.203 6579
	9	−0.288 9268	+0.894 3456	+0.387 6991		24	−0.880 4022	+0.456 1698	+0.197 7545
	10	−0.305 1070	+0.889 7963	+0.385 7273		25	−0.888 4509	+0.442 4240	+0.191 7950
	11	−0.321 2021	+0.884 9948	+0.383 6464		26	−0.896 2461	+0.428 5524	+0.185 7810
	12	−0.337 2070	+0.879 9424	+0.381 4569		27	−0.903 7857	+0.414 5587	+0.179 7142
	13	−0.353 1169	+0.874 6404	+0.379 1592		28	−0.911 0675	+0.400 4465	+0.173 5960
	14	−0.368 9267	+0.869 0904	+0.376 7541		29	−0.918 0892	+0.386 2196	+0.167 4282
	15	−0.384 6315	+0.863 2941	+0.374 2422		30	−0.924 8488	+0.371 8816	+0.161 2124
	16	−0.400 2266	+0.857 2535	+0.371 6244		31	−0.931 3441	+0.357 4363	+0.154 9503
	17	−0.415 7072	+0.850 9707	+0.368 9015	Sept.	1	−0.937 5730	+0.342 8874	+0.148 6433
	18	−0.431 0689	+0.844 4477	+0.366 0743		2	−0.943 5333	+0.328 2387	+0.142 2934
	19	−0.446 3074	+0.837 6868	+0.363 1439		3	−0.949 2228	+0.313 4942	+0.135 9020
	20	−0.461 4184	+0.830 6902	+0.360 1111		4	−0.954 6393	+0.298 6578	+0.129 4709
	21	−0.476 3979	+0.823 4601	+0.356 9770		5	−0.959 7807	+0.283 7337	+0.123 0019
	22	−0.491 2419	+0.815 9988	+0.353 7424		6	−0.964 6450	+0.268 7260	+0.116 4967
	23	−0.505 9463	+0.808 3085	+0.350 4085		7	−0.969 2300	+0.253 6391	+0.109 9573
	24	−0.520 5074	+0.800 3915	+0.346 9761		8	−0.973 5337	+0.238 4776	+0.103 3855
	25	−0.534 9213	+0.792 2499	+0.343 4462		9	−0.977 5544	+0.223 2460	+0.096 7833
	26	−0.549 1841	+0.783 8860	+0.339 8199		10	−0.981 2905	+0.207 9491	+0.090 1527
	27	−0.563 2921	+0.775 3020	+0.336 0982		11	−0.984 7406	+0.192 5917	+0.083 4957
	28	−0.577 2416	+0.766 5003	+0.332 2820		12	−0.987 9034	+0.177 1787	+0.076 8145
	29	−0.591 0289	+0.757 4830	+0.328 3723		13	−0.990 7779	+0.161 7149	+0.070 1110
	30	−0.604 6502	+0.748 2525	+0.324 3703		14	−0.993 3633	+0.146 2050	+0.063 3875
	31	−0.618 1018	+0.738 8110	+0.320 2769		15	−0.995 6589	+0.130 6538	+0.056 6458
Aug.	1	−0.631 3800	+0.729 1610	+0.316 0931		16	−0.997 6642	+0.115 0659	+0.049 8881
	2	−0.644 4810	+0.719 3047	+0.311 8201		17	−0.999 3785	+0.099 4460	+0.043 1164
	3	−0.657 4011	+0.709 2446	+0.307 4588		18	−1.000 8016	+0.083 7984	+0.036 3326
	4	−0.670 1366	+0.698 9831	+0.303 0104		19	−1.001 9331	+0.068 1279	+0.029 5388
	5	−0.682 6836	+0.688 5227	+0.298 4760		20	−1.002 7726	+0.052 4387	+0.022 7369
	6	−0.695 0383	+0.677 8661	+0.293 8566		21	−1.003 3201	+0.036 7355	+0.015 9289
	7	−0.707 1968	+0.667 0158	+0.289 1534		22	−1.003 5753	+0.021 0225	+0.009 1166
	8	−0.719 1553	+0.655 9748	+0.284 3677		23	−1.003 5381	+0.005 3042	+0.002 3021
	9	−0.730 9098	+0.644 7459	+0.279 5007		24	−1.003 2085	−0.010 4151	−0.004 5128
	10	−0.742 4564	+0.633 3322	+0.274 5536		25	−1.002 5864	−0.026 1311	−0.011 3261
	11	−0.753 7913	+0.621 7372	+0.269 5280		26	−1.001 6719	−0.041 8395	−0.018 1360
	12	−0.764 9107	+0.609 9641	+0.264 4251		27	−1.000 4649	−0.057 5360	−0.024 9406
	13	−0.775 8111	+0.598 0168	+0.259 2467		28	−0.998 9654	−0.073 2163	−0.031 7380
	14	−0.786 4891	+0.585 8989	+0.253 9941		29	−0.997 1736	−0.088 8761	−0.038 5264
	15	−0.796 9414	+0.573 6142	+0.248 6692		30	−0.995 0893	−0.104 5109	−0.045 3038
	16	−0.807 1651	+0.561 1665	+0.243 2734	Oct.	1	−0.992 7126	−0.120 1165	−0.052 0684

ICRS GEOCENTRIC RECTANGULAR COORDINATES
FOR 0ʰ TERRESTRIAL TIME

Date		x	y	z	Date		x	y	z
		au	au	au			au	au	au
Oct.	1	−0.992 7126	−0.120 1165	−0.052 0684	Nov.	16	−0.590 8576	−0.727 6882	−0.315 4518
	2	−0.990 0436	−0.135 6883	−0.058 8182		17	−0.576 6881	−0.736 9419	−0.319 4639
	3	−0.987 0825	−0.151 2216	−0.065 5513		18	−0.562 3436	−0.745 9696	−0.323 3778
	4	−0.983 8294	−0.166 7119	−0.072 2657		19	−0.547 8283	−0.754 7687	−0.327 1926
	5	−0.980 2847	−0.182 1543	−0.078 9593		20	−0.533 1466	−0.763 3365	−0.330 9070
	6	−0.976 4488	−0.197 5440	−0.085 6301		21	−0.518 3030	−0.771 6708	−0.334 5199
	7	−0.972 3222	−0.212 8761	−0.092 2759		22	−0.503 3018	−0.779 7691	−0.338 0304
	8	−0.967 9059	−0.228 1454	−0.098 8948		23	−0.488 1473	−0.787 6290	−0.341 4375
	9	−0.963 2008	−0.243 3471	−0.105 4844		24	−0.472 8437	−0.795 2483	−0.344 7400
	10	−0.958 2082	−0.258 4762	−0.112 0427		25	−0.457 3953	−0.802 6248	−0.347 9372
	11	−0.952 9294	−0.273 5277	−0.118 5675		26	−0.441 8063	−0.809 7560	−0.351 0280
	12	−0.947 3661	−0.288 4968	−0.125 0568		27	−0.426 0810	−0.816 6396	−0.354 0113
	13	−0.941 5200	−0.303 3788	−0.131 5085		28	−0.410 2238	−0.823 2733	−0.356 8864
	14	−0.935 3929	−0.318 1691	−0.137 9205		29	−0.394 2391	−0.829 6546	−0.359 6520
	15	−0.928 9867	−0.332 8631	−0.144 2909		30	−0.378 1313	−0.835 7811	−0.362 3073
	16	−0.922 3034	−0.347 4563	−0.150 6177	Dec.	1	−0.361 9054	−0.841 6505	−0.364 8512
	17	−0.915 3452	−0.361 9445	−0.156 8990		2	−0.345 5660	−0.847 2603	−0.367 2827
	18	−0.908 1140	−0.376 3233	−0.163 1329		3	−0.329 1183	−0.852 6083	−0.369 6009
	19	−0.900 6122	−0.390 5884	−0.169 3175		4	−0.312 5673	−0.857 6925	−0.371 8049
	20	−0.892 8419	−0.404 7358	−0.175 4510		5	−0.295 9184	−0.862 5108	−0.373 8938
	21	−0.884 8054	−0.418 7612	−0.181 5316		6	−0.279 1768	−0.867 0614	−0.375 8668
	22	−0.876 5051	−0.432 6607	−0.187 5575		7	−0.262 3481	−0.871 3426	−0.377 7231
	23	−0.867 9432	−0.446 4304	−0.193 5270		8	−0.245 4376	−0.875 3527	−0.379 4621
	24	−0.859 1223	−0.460 0662	−0.199 4383		9	−0.228 4511	−0.879 0905	−0.381 0831
	25	−0.850 0445	−0.473 5643	−0.205 2897		10	−0.211 3939	−0.882 5547	−0.382 5855
	26	−0.840 7124	−0.486 9208	−0.211 0797		11	−0.194 2717	−0.885 7441	−0.383 9688
	27	−0.831 1282	−0.500 1320	−0.216 8064		12	−0.177 0901	−0.888 6579	−0.385 2327
	28	−0.821 2944	−0.513 1938	−0.222 4683		13	−0.159 8546	−0.891 2953	−0.386 3766
	29	−0.811 2133	−0.526 1025	−0.228 0637		14	−0.142 5707	−0.893 6554	−0.387 4004
	30	−0.800 8873	−0.538 8540	−0.233 5909		15	−0.125 2439	−0.895 7378	−0.388 3036
	31	−0.790 3189	−0.551 4444	−0.239 0481		16	−0.107 8797	−0.897 5420	−0.389 0861
Nov.	1	−0.779 5108	−0.563 8694	−0.244 4337		17	−0.090 4836	−0.899 0676	−0.389 7478
	2	−0.768 4657	−0.576 1251	−0.249 7459		18	−0.073 0609	−0.900 3144	−0.390 2884
	3	−0.757 1864	−0.588 2072	−0.254 9830		19	−0.055 6170	−0.901 2822	−0.390 7079
	4	−0.745 6760	−0.600 1116	−0.260 1431		20	−0.038 1571	−0.901 9711	−0.391 0063
	5	−0.733 9377	−0.611 8341	−0.265 2244		21	−0.020 6865	−0.902 3809	−0.391 1836
	6	−0.721 9751	−0.623 3707	−0.270 2254		22	−0.003 2101	−0.902 5118	−0.391 2398
	7	−0.709 7916	−0.634 7173	−0.275 1441		23	+0.014 2669	−0.902 3638	−0.391 1750
	8	−0.697 3910	−0.645 8701	−0.279 9790		24	+0.031 7396	−0.901 9369	−0.390 9893
	9	−0.684 7772	−0.656 8252	−0.284 7284		25	+0.049 2031	−0.901 2311	−0.390 6826
	10	−0.671 9543	−0.667 5790	−0.289 3906		26	+0.066 6523	−0.900 2464	−0.390 2551
	11	−0.658 9263	−0.678 1281	−0.293 9642		27	+0.084 0821	−0.898 9827	−0.389 7067
	12	−0.645 6974	−0.688 4691	−0.298 4476		28	+0.101 4874	−0.897 4401	−0.389 0375
	13	−0.632 2718	−0.698 5987	−0.302 8395		29	+0.118 8629	−0.895 6185	−0.388 2474
	14	−0.618 6538	−0.708 5137	−0.307 1383		30	+0.136 2031	−0.893 5181	−0.387 3367
	15	−0.604 8476	−0.718 2112	−0.311 3429		31	+0.153 5025	−0.891 1391	−0.386 3054
	16	−0.590 8576	−0.727 6882	−0.315 4518		32	+0.170 7557	−0.888 4820	−0.385 1537

CONTENTS OF SECTION D

NOTE: All the times on this page are expressed in Universal Time (UT1).

PHASES OF THE MOON

Lunation	New Moon	First Quarter	Full Moon	Last Quarter
	d h m	d h m	d h m	d h m
1175			Jan. 2 02 24	Jan. 8 22 25
1176	Jan. 17 02 17	Jan. 24 22 20	Jan. 31 13 27	Feb. 7 15 54
1177	Feb. 15 21 05	Feb. 23 08 09	Mar. 2 00 51	Mar. 9 11 20
1178	Mar. 17 13 12	Mar. 24 15 35	Mar. 31 12 37	Apr. 8 07 18
1179	Apr. 16 01 57	Apr. 22 21 46	Apr. 30 00 58	May 8 02 09
1180	May 15 11 48	May 22 03 49	May 29 14 20	June 6 18 32
1181	June 13 19 43	June 20 10 51	June 28 04 53	July 6 07 51
1182	July 13 02 48	July 19 19 52	July 27 20 20	Aug. 4 18 18
1183	Aug. 11 09 58	Aug. 18 07 49	Aug. 26 11 56	Sept. 3 02 37
1184	Sept. 9 18 01	Sept. 16 23 15	Sept. 25 02 52	Oct. 2 09 45
1185	Oct. 9 03 47	Oct. 16 18 02	Oct. 24 16 45	Oct. 31 16 40
1186	Nov. 7 16 02	Nov. 15 14 54	Nov. 23 05 39	Nov. 30 00 19
1187	Dec. 7 07 20	Dec. 15 11 49	Dec. 22 17 49	Dec. 29 09 34

MOON AT PERIGEE

d h	d h	d h
Jan. 1 22	May 17 21	Oct. 5 22
Jan. 30 10	June 15 00	Oct. 31 20
Feb. 27 15	July 13 08	Nov. 26 12
Mar. 26 17	Aug. 10 18	Dec. 24 10
Apr. 20 15	Sept. 8 01	

MOON AT APOGEE

d h	d h	d h
Jan. 15 02	June 2 17	Oct. 17 19
Feb. 11 14	June 30 03	Nov. 14 16
Mar. 11 09	July 27 06	Dec. 12 12
Apr. 8 06	Aug. 23 11	
May 6 01	Sept. 20 01	

NOTES AND FORMULAE

Mean elements of the orbit of the Moon

The following expressions for the mean elements of the Moon are based on the fundamental arguments developed by Simon *et al.* (*Astron. & Astrophys.*, **282**, 663, 1994). The angular elements are referred to the mean equinox and ecliptic of date. The time argument (d) is the interval in days from 2018 January 0 at 0^h TT. These expressions are intended for use during 2018 only.

$$d = \text{JD} - 245\ 8118{\cdot}5 = \text{day of year (from B4–B5)} + \text{fraction of day from } 0^h \text{ TT}$$

Mean longitude of the Moon, measured in the ecliptic to the mean ascending node and then along the mean orbit:
$$L' = 73^{\circ}{\cdot}358\ 817 + 13{\cdot}176\ 396\ 46\,d$$

Mean longitude of the lunar perigee, measured as for L':
$$\Gamma' = 95^{\circ}{\cdot}663\ 960 + 0{\cdot}111\ 403\ 42\,d$$

Mean longitude of the mean ascending node of the lunar orbit on the ecliptic:
$$\Omega = 136^{\circ}{\cdot}953\ 049 - 0{\cdot}052\ 953\ 74\,d$$

Mean elongation of the Moon from the Sun:
$$D = L' - L = 153^{\circ}{\cdot}739\ 449 + 12{\cdot}190\ 749\ 10\,d$$

Mean inclination of the lunar orbit to the ecliptic: $5^{\circ}{\cdot}156\ 6898$.

Mean elements of the rotation of the Moon

The following expressions give the mean elements of the mean equator of the Moon, referred to the true equator of the Earth, during 2018 to a precision of about $0^{\circ}{\cdot}001$; the time-argument d is as defined above for the orbital elements.

Inclination of the mean equator of the Moon to the true equator of the Earth:
$$i = 24^{\circ}{\cdot}5840 - 0{\cdot}000\ 939\,d - 0{\cdot}000\ 000\ 408\,d^2$$

Arc of the mean equator of the Moon from its ascending node on the true equator of the Earth to its ascending node on the ecliptic of date:
$$\Delta = 319^{\circ}{\cdot}2622 - 0{\cdot}050\ 554\,d - 0{\cdot}000\ 001\ 014\,d^2$$

Arc of the true equator of the Earth from the true equinox of date to the ascending node of the mean equator of the Moon:
$$\Omega' = -2^{\circ}{\cdot}5310 - 0{\cdot}002\ 623\,d + 0{\cdot}000\ 001\ 127\,d^2$$

The inclination (I) of the mean lunar equator to the ecliptic: $1^{\circ}\ 32'\ 33''{\cdot}6$

The ascending node of the mean lunar equator on the ecliptic is at the descending node of the mean lunar orbit on the ecliptic, that is at longitude $\Omega + 180^{\circ}$.

Lengths of mean months

The lengths of the mean months at 2018·0, as derived from the mean orbital elements are:

		d	d	h	m	s
synodic month	(new moon to new moon)	29·530 589	29	12	44	02·9
tropical month	(equinox to equinox)	27·321 582	27	07	43	04·7
sidereal month	(fixed star to fixed star)	27·321 662	27	07	43	11·6
anomalistic month	(perigee to perigee)	27·554 550	27	13	18	33·1
draconic month	(node to node)	27·212 221	27	05	05	35·9

NOTES AND FORMULAE

Geocentric coordinates

The apparent longitude (λ) and latitude (β) of the Moon given on pages D6–D20 are referred to the true ecliptic and equinox of date: the apparent right ascension (α) and declination (δ) are referred to the true equator and equinox of date. These coordinates are primarily intended for planning purposes. The true distance r in kilometres and the horizonal parallax (π) are also tabulated. The semidiameter s may be formed from

$$\sin s = \frac{R_M}{r} = \frac{R_M}{a_E} \sin \pi = 0 \cdot 272\,399 \sin \pi$$

where π is the horizontal parallax, $R_M = 1737 \cdot 4\,\text{km}$ is the mean radius of the Moon, and $a_E = 6378 \cdot 1366\,\text{km}$ is the equatorial radius of the Earth. The semidiameter is tabulated on pages D7–D21. The distance r_e in Earth radii may be obtained from

$$r_e = \frac{r}{a_E} = r/6378 \cdot 1366$$

More precise values of right ascension, declination and horizontal parallax for any time may be obtained by using the polynomial coefficients given on *The Astronomical Almanac Online*.

The tabulated values are all referred to the centre of the Earth, and may differ from the topocentric values by up to about 1 degree in angle and 2 per cent in distance.

Time of transit of the Moon

The TT of upper (or lower) transit of the Moon over a local meridian may be obtained by interpolation in the tabulation of the time of upper (or lower) transit over the ephemeris meridian given on pages D6–D20, where the first differences are about 25 hours. The interpolation factor p is given by:

$$p = -\lambda + 1 \cdot 002\,738\,\Delta T$$

where λ is the *east* longitude and the right-hand side is expressed in days. (Divide longitude in degrees by 360 and ΔT in seconds by 86 400). During 2018 it is expected that ΔT will be about 69 seconds, so that the second term is about $+0 \cdot 000\,80$ days. In general, second-order differences are sufficient to give times to a few seconds, but higher-order differences must be taken into account if a precision of better than 1 second is required. The UT1 of transit is obtained by subtracting ΔT from the TT of transit, which is obtained by interpolation.

Topocentric coordinates

The topocentric equatorial rectangular coordinates of the Moon (x', y', z'), referred to the true equinox of date, are equal to the geocentric equatorial rectangular coordinates of the Moon *minus* the geocentric equatorial rectangular coordinates of the observer. Hence, the topocentric right ascension (α'), declination (δ') and distance (r') of the Moon may be calculated from the formulae:

$$
\begin{aligned}
x' &= r' \cos \delta' \cos \alpha' = r \cos \delta \cos \alpha - \rho \cos \phi' \cos \theta_0 \\
y' &= r' \cos \delta' \sin \alpha' = r \cos \delta \sin \alpha - \rho \cos \phi' \sin \theta_0 \\
z' &= r' \sin \delta' \qquad\quad = r \sin \delta \qquad\quad - \rho \sin \phi'
\end{aligned}
$$

where θ_0 is the local apparent sidereal time (see B11) and ρ and ϕ' are the geocentric distance and latitude of the observer.

Then $\qquad r'^2 = x'^2 + y'^2 + z'^2, \quad \alpha' = \tan^{-1}(y'/x'), \quad \delta' = \sin^{-1}(z'/r')$

The topocentric hour angle (h') may be calculated from $h' = \theta_0 - \alpha'$.

Physical ephemeris

See page D4 for notes on the physical ephemeris of the Moon on pages D7–D21.

NOTES AND FORMULAE

Appearance of the Moon

The quantities tabulated in the ephemeris for physical observations of the Moon on odd pages D7–D21 represent the geocentric aspect and illumination of the Moon's disk. The semidiameter of the Moon is also included on these pages. For most purposes it is sufficient to regard the instant of tabulation as 0^h UT1. The fraction illuminated (or phase) is the ratio of the illuminated area to the total area of the lunar disk; it is also the fraction of the diameter illuminated perpendicular to the line of cusps. This quantity indicates the general aspect of the Moon, while the precise times of the four principal phases are given on pages A1 and D1; they are the times when the apparent longitudes of the Moon and Sun differ by $0°$, $90°$, $180°$ and $270°$.

The position angle of the bright limb is measured anticlockwise around the disk from the north point (of the hour circle through the centre of the apparent disk) to the midpoint of the bright limb. Before full moon the morning terminator is visible and the position angle of the northern cusp is $90°$ greater than the position angle of the bright limb; after full moon the evening terminator is visible and the position angle of the northern cusp is $90°$ less than the position angle of the bright limb.

The brightness of the Moon is determined largely by the fraction illuminated, but it also depends on the distance of the Moon, on the nature of the part of the lunar surface that is illuminated, and on other factors. The integrated visual magnitude of the full Moon at mean distance is about -12.7. The crescent Moon is not normally visible to the naked eye when the phase is less than 0.01, but much depends on the conditions of observation.

Selenographic coordinates

The positions of points on the Moon's surface are specified by a system of selenographic coordinates, in which latitude is measured positively to the north from the equator of the pole of rotation, and longitude is measured positively to the east on the selenocentric celestial sphere from the lunar meridian through the mean centre of the apparent disk. Selenographic longitudes are measured positive to the west (towards Mare Crisium) on the apparent disk; this sign convention implies that the longitudes of the Sun and of the terminators are decreasing functions of time, and so for some purposes it is convenient to use colongitude which is $90°$ (or $450°$) minus longitude.

The tabulated values of the Earth's selenographic longitude and latitude specify the sub-terrestrial point on the Moon's surface (that is, the centre of the apparent disk). The position angle of the axis of rotation is measured anticlockwise from the north point, and specifies the orientation of the lunar meridian through the sub-terrestrial point, which is the pole of the great circle that corresponds to the limb of the Moon.

The tabulated values of the Sun's selenographic colongitude and latitude specify the sub-solar point of the Moon's surface (that is at the pole of the great circle that bounds the illuminated hemisphere). The following relations hold approximately:

longitude of morning terminator $= 360° -$ colongitude of Sun
longitude of evening terminator $= 180°$ (or $540°$) $-$ colongitude of Sun

The altitude (a) of the Sun above the lunar horizon at a point at selenographic longitude and latitude (l, b) may be calculated from:

$$\sin a = \sin b_0 \sin b + \cos b_0 \cos b \sin (c_0 + l)$$

where (c_0, b_0) are the Sun's colongitude and latitude at the time.

NOTES AND FORMULAE

Librations of the Moon

On average the same hemisphere of the Moon is always turned to the Earth but there is a periodic oscillation or libration of the apparent position of the lunar surface that allows about 59 per cent of the surface to be seen from the Earth. The libration is due partly to a physical libration, which is an oscillation of the actual rotational motion about its mean rotation, but mainly to the much larger geocentric optical libration, which results from the non-uniformity of the revolution of the Moon around the centre of the Earth. Both of these effects are taken into account in the computation of the Earth's selenographic longitude (l) and latitude (b) and of the position angle (C) of the axis of rotation. There is a further contribution to the optical libration due to the difference between the viewpoints of the observer on the surface of the Earth and of the hypothetical observer at the centre of the Earth. These topocentric optical librations may be as much as $1°$ and have important effects on the apparent contour of the limb.

When the libration in longitude, that is the selenographic longitude of the Earth, is positive the mean centre of the disk is displaced eastwards on the celestial sphere, exposing to view a region on the west limb. When the libration in latitude, or selenographic latitude of the Earth, is positive the mean centre of the disk is displaced towards the south, and a region on the north limb is exposed to view. In a similar way the selenographic coordinates of the Sun show which regions of the lunar surface are illuminated.

Differential corrections to be applied to the tabular geocentric librations to form the topocentric librations may be computed from the following formulae:

$$\Delta l = -\pi' \sin(Q - C) \sec b$$
$$\Delta b = +\pi' \cos(Q - C)$$
$$\Delta C = + \sin(b + \Delta b) \, \Delta l - \pi' \sin Q \tan \delta$$

where Q is the geocentric parallactic angle of the Moon and π' is the geocentric parallax (diurnal parallax). The latter is obtained from the Moon's horizontal parallax (π), which is tabulated on even pages D6–D20 by using:

$$\pi' = \pi (\sin z + 0{\cdot}0084 \sin 2z)$$

where z is the geocentric zenith distance of the Moon. The values of z and Q may be calculated from the geocentric right ascension (α) and declination (δ) of the Moon by using:

$$\sin z \sin Q = \cos \phi \sin h$$
$$\sin z \cos Q = \cos \delta \sin \phi - \sin \delta \cos \phi \cos h$$
$$\cos z = \sin \delta \sin \phi + \cos \delta \cos \phi \cos h$$

where ϕ is the geocentric latitude of the observer and h is the local hour angle of the Moon, given by:

$$h = \text{local apparent sidereal time} - \alpha$$

Second differences must be taken into account in the interpolation of the tabular geocentric librations to the time of observation.

MOON, 2018

FOR 0ʰ TERRESTRIAL TIME

Date 0ʰ TT	Apparent Longitude	Apparent Latitude	Apparent R.A.	Apparent Dec.	True Distance	Horiz. Parallax	Ephemeris Transit for date Upper	Ephemeris Transit for date Lower
	° ′ ″	° ′ ″	h m s	° ′ ″	km	′ ″	h	h
Jan. 0	69 37 28	−4 44 13	4 34 48·20	+17 12 15·8	360 136·083	60 53·21	22·8792	10·3600
1	84 47 15	−4 01 01	5 37 57·38	+19 19 06·1	357 400·877	61 21·17	23·9406	11·4076
2	100 05 07	−3 00 14	6 42 54·95	+20 03 22·8	356 573·150	61 29·72	...	12·4734
3	115 20 16	−1 46 38	7 47 48·88	+19 19 06·8	357 768·243	61 17·39	01·0009	13·5189
4	130 22 31	−0 26 27	8 50 47·71	+17 12 44·2	360 860·520	60 45·88	02·0238	14·5132
5	145 03 55	+0 53 50	9 50 37·00	+14 00 34·7	365 510·485	59 59·49	02·9861	15·4421
6	159 19 32	+2 08 31	10 46 52·77	+10 03 21·1	371 236·046	59 03·97	03·8820	16·3071
7	173 07 31	+3 13 17	11 39 52·00	+ 5 41 11·8	377 501·351	58 05·15	04·7190	17·1196
8	186 28 37	+4 05 19	12 30 15·15	+ 1 11 03·8	383 796·877	57 07·97	05·5109	17·8949
9	199 25 21	+4 43 07	13 18 51·30	− 3 13 43·9	389 695·439	56 16·08	06·2735	18·6487
10	212 01 20	+5 06 07	14 06 28·99	− 7 22 49·1	394 881·016	55 31·74	07·0220	19·3950
11	224 20 37	+5 14 24	14 53 51·04	−11 07 46·0	399 154·784	54 56·07	07·7690	20·1451
12	236 27 13	+5 08 27	15 41 31·28	−14 21 16·2	402 425·145	54 29·28	08·5241	20·9067
13	248 24 54	+4 49 05	16 29 52·03	−16 56 40·9	404 687·955	54 11·00	09·2931	21·6832
14	260 16 59	+4 17 24	17 19 02·09	−18 48 00·7	406 001·676	54 00·48	10·0769	22·4735
15	272 06 19	+3 34 48	18 08 56·09	−19 50 19·2	406 460·952	53 56·82	10·8723	23·2723
16	283 55 18	+2 42 58	18 59 16·42	−20 00 20·9	406 171·445	53 59·12	11·6725	...
17	295 46 02	+1 43 54	19 49 38·30	−19 17 07·7	405 228·475	54 06·66	12·4693	00·0718
18	307 40 25	+0 39 55	20 39 36·98	−17 42 17·5	403 701·834	54 18·94	13·2559	00·8642
19	319 40 21	−0 26 24	21 28 55·06	−15 19 56·5	401 628·752	54 35·76	14·0287	01·6441
20	331 47 54	−1 32 18	22 17 27·46	−12 16 10·3	399 016·207	54 57·21	14·7887	02·4100
21	344 05 21	−2 34 52	23 05 23·28	− 8 38 26·8	395 852·667	55 23·56	15·5413	03·1654
22	356 35 19	−3 31 11	23 53 05·04	− 4 35 08·6	392 128·025	55 55·14	16·2960	03·9177
23	9 20 40	−4 18 18	0 41 06·50	− 0 15 23·8	387 859·213	56 32·07	17·0652	04·6779
24	22 24 16	−4 53 18	1 30 09·74	+ 4 10 39·5	383 117·755	57 14·05	17·8634	05·4597
25	35 48 44	−5 13 29	2 21 01·31	+ 8 31 20·5	378 054·380	58 00·05	18·7053	06·2780
26	49 35 53	−5 16 30	3 14 26·24	+12 32 46·4	372 914·637	58 48·02	19·6033	07·1467
27	63 46 08	−5 00 42	4 10 58·16	+15 58 34·3	368 038·559	59 34·76	20·5622	08·0752
28	78 17 56	−4 25 33	5 10 45·15	+18 30 38·6	363 837·739	60 16·04	21·5744	09·0627
29	93 07 21	−3 32 09	6 13 15·31	+19 51 47·5	360 746·319	60 47·03	22·6171	10·0939
30	108 08 03	−2 23 36	7 17 13·01	+19 50 05·6	359 149·901	61 03·25	23·6570	11·1396
31	123 11 55	−1 04 49	8 20 55·83	+18 23 13·9	359 307·077	61 01·64	...	12·1657
Feb. 1	138 10 03	+0 17 59	9 22 47·94	+15 40 02·0	361 286·906	60 41·58	00·6626	13·1458
2	152 54 05	+1 38 18	10 21 48·83	+11 57 56·5	364 944·698	60 05·07	01·6143	14·0680
3	167 17 21	+2 50 28	11 17 41·66	+ 7 38 09·5	369 945·166	59 16·34	02·5076	14·9342
4	181 15 36	+3 50 14	12 10 43·95	+ 3 01 10·6	375 823·483	58 20·71	03·3493	15·7545
5	194 47 11	+4 35 06	13 01 32·45	− 1 35 41·7	382 062·567	57 23·54	04·1516	16·5425
6	207 52 45	+5 04 00	13 50 50·70	− 5 58 55·3	388 164·877	56 29·40	04·9287	17·3119
7	220 34 49	+5 17 00	14 39 21·02	− 9 58 12·4	393 705·470	55 41·69	05·6935	18·0749
8	232 57 07	+5 14 49	15 27 39·79	−13 25 34·0	398 362·825	55 02·62	06·4571	18·8410
9	245 04 01	+4 58 35	16 16 14·39	−16 14 31·7	401 930·221	54 33·31	07·2272	19·6161
10	257 00 10	+4 29 37	17 05 21·10	−18 19 38·6	404 312·658	54 14·02	08·0078	20·4023
11	268 50 06	+3 49 24	17 55 03·88	−19 36 24·7	405 514·027	54 04·37	08·7991	21·1976
12	280 38 05	+2 59 33	18 45 14·90	−20 01 33·5	405 618·006	54 03·54	09·5973	21·9972
13	292 27 49	+2 01 56	19 35 37·47	−19 33 29·9	404 765·135	54 10·38	10·3966	22·7946
14	304 22 32	+0 58 39	20 25 51·17	−18 12 47·2	403 127·999	54 23·58	11·1906	23·5841
15	316 24 48	−0 07 51	21 15 38·20	−16 02 21·5	400 886·538	54 41·83	11·9747	...

EPHEMERIS FOR PHYSICAL OBSERVATIONS
FOR 0ʰ TERRESTRIAL TIME

Julian Date	The Earth's Selenographic		The Sun's Selenographic		Position Angle		Semi-diameter	Fraction Illum.
	Long.	Lat.	Colong.	Lat.	Axis	Bright Limb		
245	°	°	°	°	°	°	′ ″	
8118·5	−3·684	+6·137	63·93	+0·94	352·248	253·48	16 35·08	0·932
8119·5	−1·676	+5·210	76·06	+0·91	358·740	253·83	16 42·70	0·980
8120·5	+0·445	+3·902	88·18	+0·88	5·472	209·89	16 45·03	0·999
8121·5	+2·499	+2·317	100·30	+0·84	11·807	108·17	16 41·67	0·987
8122·5	+4·323	+0·587	112·43	+0·81	17·158	106·52	16 33·09	0·946
8123·5	+5·797	−1·146	124·56	+0·78	21·138	108·58	16 20·45	0·881
8124·5	+6·848	−2·761	136·69	+0·75	23·604	110·63	16 05·33	0·796
8125·5	+7·453	−4·163	148·83	+0·73	24·595	111·98	15 49·31	0·700
8126·5	+7·627	−5·293	160·98	+0·70	24·253	112·48	15 33·74	0·598
8127·5	+7·411	−6·116	173·13	+0·68	22·746	112·13	15 19·60	0·495
8128·5	+6·861	−6·619	185·29	+0·66	20·239	110·99	15 07·53	0·395
8129·5	+6·038	−6·804	197·46	+0·64	16·882	109·14	14 57·81	0·301
8130·5	+5·004	−6·682	209·63	+0·62	12·817	106·67	14 50·51	0·217
8131·5	+3·816	−6·269	221·81	+0·60	8·192	103·71	14 45·54	0·144
8132·5	+2·524	−5·589	233·99	+0·58	3·179	100·52	14 42·67	0·085
8133·5	+1·173	−4·673	246·17	+0·56	357·981	97·61	14 41·67	0·040
8134·5	−0·198	−3·558	258·36	+0·54	352·832	96·86	14 42·30	0·011
8135·5	−1·551	−2·287	270·55	+0·52	347·984	138·37	14 44·35	0·000
8136·5	−2·853	−0·909	282·74	+0·50	343·678	251·39	14 47·70	0·007
8137·5	−4·066	+0·520	294·93	+0·48	340·125	252·83	14 52·28	0·033
8138·5	−5·151	+1·940	307·11	+0·46	337·485	251·45	14 58·12	0·076
8139·5	−6·062	+3·290	319·30	+0·43	335·869	249·99	15 05·30	0·137
8140·5	−6·752	+4·507	331·48	+0·40	335·347	249·02	15 13·90	0·212
8141·5	−7·171	+5·525	343·65	+0·38	335·963	248·77	15 23·96	0·302
8142·5	−7·269	+6·284	355·82	+0·35	337·741	249·36	15 35·39	0·402
8143·5	−7·005	+6·724	7·98	+0·32	340·689	250·89	15 47·92	0·509
8144·5	−6·357	+6·792	20·13	+0·28	344·783	253·41	16 00·99	0·619
8145·5	−5·325	+6·455	32·28	+0·25	349·935	256·94	16 13·72	0·725
8146·5	−3·945	+5·699	44·42	+0·21	355·944	261·38	16 24·96	0·823
8147·5	−2·291	+4·551	56·55	+0·18	2·446	266·45	16 33·40	0·905
8148·5	−0·470	+3·076	68·69	+0·14	8·915	271·63	16 37·82	0·964
8149·5	+1·387	+1·381	80·81	+0·10	14·753	275·48	16 37·38	0·995
8150·5	+3·139	−0·401	92·94	+0·06	19·442	105·12	16 31·91	0·997
8151·5	+4·659	−2·129	105·07	+0·02	22·663	106·68	16 21·97	0·970
8152·5	+5·845	−3·683	117·20	−0·01	24·327	108·71	16 08·70	0·918
8153·5	+6·632	−4·971	129·34	−0·05	24·509	109·79	15 53·55	0·846
8154·5	+6·993	−5·938	141·48	−0·08	23·379	109·84	15 37·98	0·760
8155·5	+6·935	−6·561	153·63	−0·11	21·131	108·93	15 23·23	0·665
8156·5	+6·493	−6·841	165·78	−0·13	17·953	107·16	15 10·24	0·567
8157·5	+5·722	−6·793	177·94	−0·16	14·020	104·61	14 59·60	0·468
8158·5	+4·690	−6·442	190·11	−0·18	9·498	101·38	14 51·61	0·373
8159·5	+3·469	−5·816	202·29	−0·20	4·559	97·58	14 46·36	0·284
8160·5	+2·131	−4·948	214·47	−0·22	359·395	93·33	14 43·73	0·203
8161·5	+0·747	−3·873	226·65	−0·24	354·221	88·77	14 43·51	0·133
8162·5	−0·621	−2·630	238·84	−0·26	349·274	84·00	14 45·37	0·076
8163·5	−1·915	−1·267	251·04	−0·28	344·793	78·89	14 48·96	0·033
8164·5	−3·089	+0·165	263·23	−0·30	341·003	71·80	14 53·93	0·007

MOON, 2018

FOR 0ʰ TERRESTRIAL TIME

Date 0ʰ TT	Apparent Longitude	Apparent Latitude	R.A.	Dec.	True Distance	Horiz. Parallax	Ephemeris Transit for date Upper	Lower
	° ′ ″	° ′ ″	h m s	° ′ ″	km	′ ″	h	h
Feb. 15	316 24 48	−0 07 51	21 15 38·20	−16 02 21·5	400 886·538	54 41·83	11·9747	...
16	328 36 38	−1 14 48	22 04 48·81	−13 07 26·9	398 205·934	55 03·92	12·7475	00·3625
17	340 59 33	−2 19 11	22 53 24·55	− 9 35 16·8	395 219·880	55 28·89	13·5114	01·1302
18	353 34 36	−3 17 49	23 41 39·03	− 5 34 37·8	392 022·032	55 56·04	14·2726	01·8918
19	6 22 36	−4 07 33	0 29 56·67	− 1 15 29·0	388 667·595	56 25·01	15·0406	02·6551
20	19 24 10	−4 45 25	1 18 50·38	+ 3 11 09·7	385 185·470	56 55·61	15·8267	03·4306
21	32 39 50	−5 08 51	2 08 58·20	+ 7 33 15·4	381 599·260	57 27·72	16·6435	04·2305
22	46 10 02	−5 15 48	3 00 58·71	+11 37 32·8	377 953·287	58 00·98	17·5022	05·0670
23	59 55 02	−5 05 01	3 55 24·04	+15 09 30·1	374 337·961	58 34·60	18·4100	05·9498
24	73 54 41	−4 36 09	4 52 30·16	+17 53 43·1	370 907·802	59 07·11	19·3660	06·8824
25	88 08 09	−3 50 03	5 52 06·17	+19 35 17·4	367 885·273	59 36·25	20·3586	07·8589
26	102 33 32	−2 48 54	6 53 27·95	+20 02 22·1	365 545·133	59 59·15	21·3656	08·8619
27	117 07 39	−1 36 17	7 55 23·88	+19 09 18·5	364 177·710	60 12·67	22·3609	09·8662
28	131 45 57	−0 17 06	8 56 34·22	+16 58 56·4	364 035·708	60 14·08	23·3231	10·8471
Mar. 1	146 22 40	+1 02 58	9 55 55·04	+13 42 31·8	365 276·422	60 01·80	...	11·7879
2	160 51 33	+2 18 09	10 52 53·00	+ 9 37 22·1	367 915·962	59 35·96	00·2410	12·6829
3	175 06 29	+3 23 20	11 47 25·95	+ 5 03 14·4	371 810·392	58 58·50	01·1141	13·5357
4	189 02 25	+4 14 48	12 39 54·07	+ 0 19 19·7	376 669·907	58 12·84	01·9490	14·3554
5	202 36 00	+4 50 22	13 30 49·01	− 4 17 41·7	382 100·581	57 23·19	02·7562	15·1528
6	215 45 57	+5 09 21	14 20 45·23	− 8 34 21·1	387 660·281	56 33·81	03·5465	15·9385
7	228 32 57	+5 12 12	15 10 14·16	−12 20 12·3	392 914·322	55 48·42	04·3297	16·7211
8	240 59 28	+5 00 08	15 59 40·57	−15 27 20·5	397 480·861	55 09·95	05·1133	17·5067
9	253 09 13	+4 34 42	16 49 20·34	−17 49 48·1	401 061·913	54 40·39	05·9015	18·2979
10	265 06 48	+3 57 39	17 39 19·51	−19 23 12·7	403 460·336	54 20·89	06·6957	19·0946
11	276 57 14	+3 10 47	18 29 34·74	−20 04 38·5	404 585·171	54 11·82	07·4941	19·8937
12	288 45 38	+2 15 56	19 19 55·61	−19 52 40·6	404 447·993	54 12·93	08·2929	20·6912
13	300 36 54	+1 15 06	20 10 08·44	−18 47 35·2	403 152·235	54 23·38	09·0879	21·4828
14	312 35 31	+0 10 27	21 00 00·98	−16 51 29·5	400 876·695	54 41·91	09·8756	22·2663
15	324 45 13	−0 55 31	21 49 26·70	−14 08 27·0	397 853·995	55 06·84	10·6551	23·0422
16	337 08 52	−1 59 58	22 38 27·59	−10 44 28·4	394 344·975	55 36·27	11·4282	23·8138
17	349 48 17	−2 59 45	23 27 15·24	− 6 47 28·8	390 610·834	56 08·17	12·1999	...
18	2 44 03	−3 51 31	0 16 10·19	− 2 27 13·5	386 886·095	56 40·60	12·9780	00·5876
19	15 55 41	−4 31 59	1 05 40·06	+ 2 04 47·3	383 356·621	57 11·91	13·7719	01·3723
20	29 21 44	−4 58 14	1 56 16·55	+ 6 35 27·4	380 147·168	57 40·89	14·5919	02·1780
21	43 00 06	−5 08 06	2 48 31·13	+10 50 18·8	377 321·719	58 06·81	15·4471	03·0146
22	56 48 27	−5 00 19	3 42 48·80	+14 33 58·8	374 897·084	58 29·36	16·3431	03·8899
23	70 44 34	−4 34 50	4 39 20·12	+17 31 00·9	372 866·702	58 48·47	17·2790	04·8065
24	84 46 35	−3 52 46	5 37 53·27	+19 27 20·5	371 228·432	59 04·04	18·2452	05·7593
25	98 53 04	−2 56 24	6 37 50·32	+20 12 15·1	370 008·550	59 15·73	19·2240	06·7343
26	113 02 45	−1 49 02	7 38 12·69	+19 40 31·8	369 274·653	59 22·80	20·1945	07·7115
27	127 14 17	−0 34 52	8 37 56·22	+17 53 49·9	369 132·588	59 24·17	21·1389	08·6708
28	141 25 49	+0 41 21	9 36 09·14	+15 00 34·5	369 706·546	59 18·63	22·0471	09·5978
29	155 34 47	+1 54 39	10 32 23·74	+11 14 25·5	371 106·242	59 05·21	22·9178	10·4870
30	169 37 52	+3 00 17	11 26 37·61	+ 6 52 04·0	373 389·417	58 43·53	23·7561	11·3405
31	183 31 13	+3 54 17	12 19 07·49	+ 2 11 03·7	376 530·187	58 14·14	...	12·1657
Apr. 1	197 10 59	+4 33 47	13 10 20·58	− 2 31 45·5	380 402·485	57 38·57	00·5707	12·9721
2	210 33 56	+4 57 15	14 00 46·92	− 7 01 20·3	384 783·233	56 59·19	01·3711	13·7688

EPHEMERIS FOR PHYSICAL OBSERVATIONS
FOR 0ʰ TERRESTRIAL TIME

Julian Date	The Earth's Selenographic		The Sun's Selenographic		Position Angle		Semi-diameter	Fraction Illum.
	Long.	Lat.	Colong.	Lat.	Axis	Bright Limb		
245	°	°	°	°	°	°	′ ″	
8164·5	− 3·089	+ 0·165	263·23	− 0·30	341·003	71·80	14 53·93	0·007
8165·5	− 4·103	+ 1·607	275·43	− 0·32	338·089	292·13	14 59·95	0·000
8166·5	− 4·926	+ 2·993	287·63	− 0·34	336·189	257·74	15 06·75	0·013
8167·5	− 5·534	+ 4·255	299·83	− 0·37	335·393	253·86	15 14·15	0·045
8168·5	− 5·911	+ 5·325	312·02	− 0·39	335·748	252·35	15 22·04	0·097
8169·5	− 6·045	+ 6·139	324·21	− 0·42	337·268	252·19	15 30·37	0·168
8170·5	− 5·931	+ 6·641	336·40	− 0·44	339·937	253·18	15 39·12	0·255
8171·5	− 5·566	+ 6·787	348·58	− 0·47	343·708	255·29	15 48·17	0·354
8172·5	− 4·955	+ 6·549	0·75	− 0·50	348·488	258·47	15 57·33	0·463
8173·5	− 4·109	+ 5·920	12·92	− 0·53	354·105	262·65	16 06·19	0·576
8174·5	− 3·049	+ 4·920	25·08	− 0·56	0·273	267·68	16 14·12	0·686
8175·5	− 1·810	+ 3·596	37·23	− 0·60	6·582	273·30	16 20·36	0·789
8176·5	− 0·443	+ 2·028	49·38	− 0·63	12·525	279·24	16 24·04	0·877
8177·5	+ 0·981	+ 0·319	61·53	− 0·67	17·599	285·53	16 24·42	0·943
8178·5	+ 2·378	− 1·407	73·67	− 0·71	21·413	294·14	16 21·08	0·985
8179·5	+ 3·653	− 3·027	85·81	− 0·74	23·750	10·44	16 14·04	1·000
8180·5	+ 4·711	− 4·430	97·95	− 0·78	24·575	98·81	16 03·84	0·987
8181·5	+ 5·472	− 5·536	110·09	− 0·81	23·980	104·38	15 51·41	0·950
8182·5	+ 5·876	− 6·299	122·24	− 0·84	22·134	105·50	15 37·88	0·892
8183·5	+ 5·898	− 6·703	134·39	− 0·86	19·231	104·80	15 24·43	0·818
8184·5	+ 5·541	− 6·757	146·55	− 0·88	15·472	102·90	15 12·07	0·733
8185·5	+ 4·838	− 6·489	158·71	− 0·91	11·050	100·08	15 01·59	0·642
8186·5	+ 3·847	− 5·932	170·88	− 0·92	6·161	96·54	14 53·54	0·547
8187·5	+ 2·640	− 5·125	183·06	− 0·94	1·005	92·46	14 48·23	0·451
8188·5	+ 1·300	− 4·107	195·24	− 0·96	355·796	88·01	14 45·76	0·359
8189·5	− 0·087	− 2·917	207·43	− 0·97	350·759	83·36	14 46·06	0·271
8190·5	− 1·436	− 1·600	219·62	− 0·98	346·124	78·63	14 48·91	0·191
8191·5	− 2·669	− 0·201	231·83	− 1·00	342·108	73·87	14 53·95	0·122
8192·5	− 3·719	+ 1·225	244·03	− 1·01	338·906	68·80	15 00·75	0·066
8193·5	− 4·530	+ 2·617	256·24	− 1·03	336·675	62·04	15 08·76	0·025
8194·5	− 5·068	+ 3·907	268·45	− 1·04	335·534	42·26	15 17·45	0·004
8195·5	− 5·318	+ 5·023	280·66	− 1·06	335·559	282·03	15 26·28	0·003
8196·5	− 5·288	+ 5·894	292·87	− 1·07	336·785	261·49	15 34·81	0·025
8197·5	− 5·002	+ 6·457	305·08	− 1·09	339·205	258·10	15 42·70	0·069
8198·5	− 4·502	+ 6·663	317·29	− 1·10	342·767	258·32	15 49·76	0·134
8199·5	− 3·835	+ 6·485	329·49	− 1·12	347·363	260·43	15 55·90	0·219
8200·5	− 3·047	+ 5·924	341·69	− 1·14	352·809	263·90	16 01·11	0·318
8201·5	− 2·175	+ 5·004	353·88	− 1·16	358·822	268·38	16 05·35	0·427
8202·5	− 1·248	+ 3·775	6·07	− 1·18	5·021	273·52	16 08·53	0·541
8203·5	− 0·284	+ 2·310	18·25	− 1·21	10·953	278·94	16 10·46	0·654
8204·5	+ 0·697	+ 0·700	30·42	− 1·23	16·164	284·30	16 10·83	0·758
8205·5	+ 1·676	− 0·952	42·58	− 1·26	20·280	289·45	16 09·32	0·849
8206·5	+ 2·617	− 2·540	54·75	− 1·29	23·061	294·64	16 05·67	0·921
8207·5	+ 3·474	− 3·960	66·90	− 1·31	24·410	301·58	15 59·76	0·971
8208·5	+ 4·186	− 5·128	79·06	− 1·33	24·348	323·49	15 51·76	0·995
8209·5	+ 4·689	− 5·980	91·22	− 1·36	22·982	75·10	15 42·07	0·996
8210·5	+ 4·924	− 6·483	103·38	− 1·38	20·468	95·60	15 31·34	0·973

MOON, 2018

FOR 0ʰ TERRESTRIAL TIME

Date 0ʰ TT	Apparent Longitude	Apparent Latitude	Apparent R.A.	Apparent Dec.	True Distance	Horiz. Parallax	Ephemeris Transit for date Upper	Lower
	° ′ ″	° ′ ″	h m s	° ′ ″	km	′ ″	h	h
Apr. 1	197 10 59	+4 33 47	13 10 20·58	− 2 31 45·5	380 402·485	57 38·57	00·5707	12·9721
2	210 33 56	+4 57 15	14 00 46·92	− 7 01 20·3	384 783·233	56 59·19	01·3711	13·7688
3	223 37 59	+5 04 27	14 50 53·63	−11 04 54·9	389 373·815	56 18·87	02·1659	14·5633
4	236 22 34	+4 56 10	15 41 01·15	−14 32 12·0	393 833·673	55 40·60	02·9614	15·3606
5	248 48 47	+4 33 53	16 31 20·86	−17 15 20·2	397 818·171	55 07·14	03·7609	16·1622
6	260 59 10	+3 59 29	17 21 54·47	−19 08 47·0	401 014·026	54 40·78	04·5644	16·9670
7	272 57 30	+3 15 01	18 12 35·15	−20 09 09·5	403 168·284	54 23·25	05·3694	17·7713
8	284 48 27	+2 22 32	19 03 10·56	−20 15 06·0	404 109·297	54 15·65	06·1719	18·5709
9	296 37 14	+1 24 05	19 53 27·19	−19 27 05·7	403 759·800	54 18·47	06·9677	19·3622
10	308 29 17	+0 21 45	20 43 14·95	−17 47 16·6	402 142·689	54 31·58	07·7542	20·1437
11	320 29 55	−0 42 12	21 32 30·82	−15 19 15·9	399 379·892	54 54·21	08·5311	20·9169
12	332 44 01	−1 45 17	22 21 20·82	−12 08 04·9	395 684·090	55 24·98	09·3016	21·6861
13	345 15 37	−2 44 39	23 10 00·29	− 8 20 14·2	391 342·594	56 01·87	10·0713	22·4585
14	358 07 28	−3 37 10	23 58 52·97	− 4 03 58·7	386 692·736	56 42·30	10·8488	23·2436
15	11 20 42	−4 19 28	0 48 28·95	+ 0 30 21·1	382 089·156	57 23·30	11·6441	...
16	24 54 31	−4 48 19	1 39 21·73	+ 5 10 01·1	377 865·615	58 01·79	12·4680	00·0518
17	38 46 16	−5 00 58	2 32 03·61	+ 9 39 51·4	374 296·793	58 34·99	13·3298	00·8937
18	52 51 43	−4 55 42	3 26 58·97	+13 42 46·1	371 567·965	59 00·81	14·2350	01·7769
19	67 05 49	−4 32 10	4 24 15·33	+17 01 00·0	369 760·414	59 18·12	15·1818	02·7037
20	81 23 27	−3 51 32	5 23 34·71	+19 18 17·5	368 857·158	59 26·83	16·1587	03·6676
21	95 40 19	−2 56 24	6 24 10·56	+20 22 34·5	368 767·565	59 27·70	17·1458	04·6525
22	109 53 18	−1 50 30	7 24 55·82	+20 08 23·1	369 363·469	59 21·94	18·1201	05·6359
23	124 00 31	−0 38 12	8 24 41·30	+18 37 50·9	370 516·174	59 10·86	19·0629	06·5963
24	138 01 06	+0 35 51	9 22 35·40	+15 59 48·0	372 124·393	58 55·51	19·9646	07·5190
25	151 54 36	+1 47 06	10 18 14·85	+12 27 35·1	374 126·909	58 36·58	20·8251	08·3997
26	165 40 37	+2 51 20	11 11 43·76	+ 8 16 41·0	376 498·602	58 14·43	21·6515	09·2420
27	179 18 19	+3 45 00	12 03 25·46	+ 3 42 59·2	379 232·932	57 49·23	22·4541	10·0551
28	192 46 24	+4 25 20	12 53 53·02	− 0 58 11·1	382 317·059	57 21·24	23·2440	10·8500
29	206 03 10	+4 50 36	13 43 41·39	− 5 32 32·8	385 706·964	56 51·00	...	11·6374
30	219 06 52	+5 00 07	14 33 21·60	− 9 47 06·4	389 309·268	56 19·43	00·0312	12·4261
May 1	231 56 06	+4 54 10	15 23 16·57	−13 30 25·3	392 974·146	55 47·91	00·8228	13·2216
2	244 30 16	+4 33 54	16 13 38·23	−16 32 53·5	396 500·534	55 18·13	01·6226	14·0257
3	256 49 49	+4 01 03	17 04 26·30	−18 47 06·5	399 651·919	54 51·97	02·4304	14·8362
4	268 56 21	+3 17 42	17 55 29·29	−20 08 09·5	402 179·171	54 31·28	03·2422	15·6478
5	280 52 41	+2 26 07	18 46 28·26	−20 33 44·4	403 846·397	54 17·77	04·0520	16·4540
6	292 42 38	+1 28 32	19 37 02·67	−20 04 02·8	404 456·437	54 12·86	04·8532	17·2491
7	304 30 50	+0 27 12	20 26 56·65	−18 41 22·2	403 873·707	54 17·55	05·6414	18·0301
8	316 22 29	−0 35 40	21 16 03·76	−16 29 35·1	402 043·004	54 32·39	06·4154	18·7977
9	328 23 03	−1 37 44	22 04 29·33	−13 33 40·4	399 003·359	54 57·32	07·1777	19·5564
10	340 37 58	−2 36 30	22 52 30·42	− 9 59 31·1	394 895·858	55 31·62	07·9348	20·3142
11	353 12 06	−3 29 14	23 40 34·34	− 5 54 01·3	389 963·773	56 13·76	08·6961	21·0819
12	6 09 20	−4 12 51	0 29 16·42	− 1 25 34·7	384 542·565	57 01·33	09·4734	21·8721
13	19 31 54	−4 44 10	1 19 17·07	+ 3 15 12·8	379 037·072	57 51·03	10·2798	22·6980
14	33 19 46	−5 00 09	2 11 17·62	+ 7 54 50·6	373 884·247	58 38·87	11·1281	23·5712
15	47 30 25	−4 58 22	3 05 53·34	+12 16 33·9	369 503·005	59 20·59	12·0279	...
16	61 58 47	−4 37 38	4 03 22·96	+16 01 03·0	366 238·036	59 52·34	12·9815	00·4982
17	76 38 02	−3 58 29	5 03 35·84	+18 48 30·9	364 309·944	60 11·35	13·9793	01·4760

EPHEMERIS FOR PHYSICAL OBSERVATIONS
FOR 0^h TERRESTRIAL TIME

Julian Date	The Earth's Selenographic Long.	Lat.	The Sun's Selenographic Colong.	Lat.	Position Angle Axis	Bright Limb	Semi-diameter	Fraction Illum.
245	°	°	°	°	°	°	′ ″	
8209·5	+4·689	−5·980	91·22	−1·36	22·982	75·10	15 42·07	0·996
8210·5	+4·924	−6·483	103·38	−1·38	20·468	95·60	15 31·34	0·973
8211·5	+4·851	−6·633	115·54	−1·39	16·988	98·50	15 20·36	0·930
8212·5	+4·451	−6·446	127·70	−1·41	12·740	97·73	15 09·94	0·870
8213·5	+3·737	−5·955	139·87	−1·42	7·932	95·31	15 00·83	0·796
8214·5	+2·747	−5·202	152·05	−1·43	2·783	91·91	14 53·65	0·713
8215·5	+1·542	−4·231	164·23	−1·43	357·523	87·93	14 48·87	0·623
8216·5	+0·200	−3·087	176·42	−1·44	352·385	83·64	14 46·80	0·530
8217·5	−1·188	−1·815	188·62	−1·44	347·598	79·29	14 47·57	0·436
8218·5	−2·529	−0·460	200·82	−1·45	343·377	75·05	14 51·14	0·343
8219·5	−3·728	+0·930	213·02	−1·45	339·907	71·05	14 57·31	0·255
8220·5	−4·699	+2·300	225·24	−1·45	337·347	67·29	15 05·69	0·175
8221·5	−5·370	+3·589	237·46	−1·46	335·825	63·59	15 15·73	0·106
8222·5	−5·689	+4·729	249·68	−1·46	335·439	59·10	15 26·75	0·051
8223·5	−5·635	+5·648	261·91	−1·46	336·258	49·78	15 37·91	0·016
8224·5	−5·222	+6·273	274·13	−1·46	338·312	351·08	15 48·39	0·002
8225·5	−4·500	+6·545	286·36	−1·47	341·583	274·31	15 57·44	0·013
8226·5	−3·547	+6·426	298·59	−1·47	345·987	266·15	16 04·47	0·049
8227·5	−2·457	+5·910	310·81	−1·47	351·345	266·42	16 09·18	0·109
8228·5	−1·322	+5·021	323·03	−1·48	357·366	269·44	16 11·56	0·190
8229·5	−0·220	+3·818	335·25	−1·49	3·644	273·78	16 11·79	0·289
8230·5	+0·801	+2·382	347·46	−1·49	9·705	278·67	16 10·23	0·398
8231·5	+1·712	+0·807	359·66	−1·50	15·086	283·56	16 07·21	0·512
8232·5	+2·509	−0·805	11·86	−1·51	19·420	288·06	16 03·03	0·624
8233·5	+3·193	−2·356	24·05	−1·52	22·476	291·97	15 57·87	0·729
8234·5	+3·763	−3·754	36·23	−1·54	24·161	295·31	15 51·84	0·821
8235·5	+4·212	−4·923	48·41	−1·55	24·485	298·38	15 44·98	0·897
8236·5	+4·517	−5·802	60·59	−1·56	23·526	302·26	15 37·35	0·952
8237·5	+4·647	−6·353	72·77	−1·56	21·403	311·76	15 29·11	0·986
8238·5	+4·567	−6·560	84·94	−1·57	18·264	12·61	15 20·52	0·998
8239·5	+4·245	−6·430	97·11	−1·57	14·276	81·56	15 11·93	0·988
8240·5	+3·665	−5·988	109·29	−1·58	9·633	89·65	15 03·82	0·959
8241·5	+2·830	−5·272	121·47	−1·58	4·551	89·63	14 56·69	0·912
8242·5	+1·764	−4·328	133·66	−1·57	359·269	87·21	14 51·06	0·851
8243·5	+0·515	−3·205	145·84	−1·57	354·037	83·79	14 47·38	0·777
8244·5	−0·852	−1·953	158·04	−1·56	349·102	79·97	14 46·04	0·694
8245·5	−2·256	−0·618	170·24	−1·55	344·686	76·14	14 47·32	0·604
8246·5	−3·605	+0·750	182·44	−1·55	340·978	72·54	14 51·36	0·510
8247·5	−4·802	+2·101	194·66	−1·54	338·129	69·32	14 58·15	0·414
8248·5	−5·752	+3·382	206·87	−1·53	336·259	66·59	15 07·49	0·319
8249·5	−6·369	+4·532	219·10	−1·52	335·464	64·35	15 18·97	0·230
8250·5	−6·585	+5·485	231·33	−1·51	335·822	62·51	15 31·93	0·149
8251·5	−6·364	+6·172	243·57	−1·49	337·393	60·61	15 45·46	0·081
8252·5	−5·708	+6·524	255·80	−1·48	340·204	56·81	15 58·49	0·032
8253·5	−4·668	+6·490	268·05	−1·47	344·232	37·29	16 09·86	0·005
8254·5	−3·336	+6·044	280·29	−1·46	349·360	292·52	16 18·51	0·005
8255·5	−1·837	+5·196	292·53	−1·45	355·338	274·89	16 23·68	0·033

MOON, 2018

FOR 0ʰ TERRESTRIAL TIME

Date 0ʰ TT	Apparent Longitude	Apparent Latitude	Apparent R.A.	Dec.	True Distance	Horiz. Parallax	Ephemeris Transit for date Upper	Lower
	° ′ ″	° ′ ″	h m s	° ′ ″	km	′ ″	h	h
May 17	76 38 02	− 3 58 29	5 03 35·84	+18 48 30·9	364 309·944	60 11·35	13·9793	01·4760
18	91 20 35	− 3 03 20	6 05 43·32	+20 22 22·8	363 786·121	60 16·56	14·9991	02·4883
19	105 59 24	− 1 56 10	7 08 23·85	+20 33 18·2	364 582·325	60 08·66	16·0110	03·5079
20	120 28 59	− 0 42 01	8 10 05·66	+19 21 35·9	366 494·783	59 49·82	16·9883	04·5053
21	134 45 48	+0 33 51	9 09 35·89	+16 56 31·5	369 251·951	59 23·02	17·9153	05·4585
22	148 48 10	+1 46 27	10 06 18·63	+13 33 04·9	372 569·758	58 51·28	18·7897	06·3588
23	162 35 48	+2 51 32	11 00 15·10	+ 9 28 20·0	376 195·990	58 17·24	19·6191	07·2093
24	176 09 16	+3 45 46	11 51 52·60	+ 4 58 52·1	379 935·883	57 42·81	20·4157	08·0206
25	189 29 21	+4 26 42	12 41 51·55	+ 0 19 43·6	383 657·852	57 09·22	21·1936	08·8062
26	202 36 46	+4 52 49	13 30 55·47	− 4 15 41·6	387 283·143	56 37·11	21·9655	09·5796
27	215 31 58	+5 03 29	14 19 44·26	− 8 35 20·6	390 765·517	56 06·84	22·7417	10·3526
28	228 15 10	+4 58 51	15 08 49·54	−12 28 16·3	394 067·498	55 38·62	23·5288	11·1337
29	240 46 31	+4 39 48	15 58 31·12	−15 44 39·0	397 138·917	55 12·80	…	11·9272
30	253 06 19	+4 07 51	16 48 54·55	−18 16 05·4	399 902·013	54 49·91	00·3287	12·7327
31	265 15 20	+3 24 56	17 39 50·70	−19 56 12·0	402 245·468	54 30·74	01·1385	13·5452
June 1	277 14 55	+2 33 17	18 30 58·43	−20 41 08·5	404 027·828	54 16·31	01·9515	14·3565
2	289 07 15	+1 35 19	19 21 50·67	−20 29 56·0	405 089·227	54 07·78	02·7591	15·1584
3	300 55 17	+0 33 25	20 12 02·42	−19 24 19·7	405 269·283	54 06·33	03·5536	15·9443
4	312 42 45	−0 30 01	21 01 17·84	−17 28 15·4	404 428·732	54 13·08	04·3304	16·7121
5	324 34 04	−1 32 35	21 49 34·63	−14 47 05·7	402 472·445	54 28·90	05·0898	17·4641
6	336 34 09	−2 31 55	22 37 04·88	−11 27 01·9	399 371·822	54 54·28	05·8362	18·2072
7	348 48 10	−3 25 30	23 24 13·74	− 7 34 46·6	395 184·598	55 29·18	06·5786	18·9519
8	1 21 10	−4 10 40	0 11 36·96	− 3 17 42·5	390 069·864	56 12·84	07·3288	19·7112
9	14 17 36	−4 44 38	0 59 58·27	+ 1 15 33·0	384 295·231	57 03·53	08·1011	20·5005
10	27 40 40	−5 04 28	1 50 06·06	+ 5 54 13·6	378 232·019	57 58·41	08·9111	21·3350
11	41 31 37	−5 07 32	2 42 48·23	+10 24 26·9	372 333·651	58 53·52	09·7736	22·2280
12	55 49 08	−4 51 54	3 38 43·09	+14 28 41·7	367 093·611	59 43·97	10·6987	23·1854
13	70 28 56	−4 17 00	4 38 05·00	+17 46 31·0	362 983·662	60 24·55	11·6866	…
14	85 24 09	−3 24 06	5 40 28·01	+19 57 19·8	360 381·174	60 50·73	12·7218	00·1999
15	100 26 06	−2 16 38	6 44 38·20	+20 45 16·3	359 503·226	60 59·64	13·7735	01·2479
16	115 25 46	−0 59 45	7 48 47·96	+20 04 14·2	360 368·826	60 50·85	14·8050	02·2939
17	130 15 12	+0 20 30	8 51 11·33	+17 59 55·3	362 803·525	60 26·35	15·7879	03·3038
18	144 48 27	+1 38 05	9 50 38·29	+14 47 27·2	366 484·948	59 49·92	16·7098	04·2566
19	159 01 58	+2 47 53	10 46 47·22	+10 46 25·6	371 012·469	59 06·11	17·5732	05·1482
20	172 54 26	+3 46 01	11 39 56·04	+ 6 16 26·0	375 978·532	58 19·26	18·3899	05·9865
21	186 26 11	+4 29 59	12 30 45·26	+ 1 34 40·8	381 024·016	57 32·92	19·1753	06·7855
22	199 38 41	+4 58 27	13 20 03·66	− 3 04 30·6	385 869·902	56 49·56	19·9445	07·5610
23	212 33 55	+5 11 02	14 08 38·84	− 7 29 12·4	390 326·011	56 10·63	20·7111	08·3275
24	225 14 02	+5 08 05	14 57 11·46	−11 29 08·5	394 282·216	55 36·80	21·4850	09·0967
25	237 41 05	+4 50 32	15 46 11·28	−14 55 11·3	397 688·824	55 08·22	22·2717	09·8766
26	249 56 58	+4 19 47	16 35 54·10	−17 39 14·6	400 532·243	54 44·73	23·0717	10·6702
27	262 03 23	+3 37 40	17 26 19·86	−19 34 31·9	402 810·970	54 26·15	23·8804	11·4754
28	274 02 04	+2 46 17	18 17 13·31	−20 36 12·5	404 515·685	54 12·38	…	12·2855
29	285 54 46	+1 47 58	19 08 08·30	−20 41 59·3	405 616·099	54 03·56	00·6896	13·0915
30	297 43 32	+0 45 11	19 58 35·36	−19 52 27·4	406 055·998	54 00·04	01·4900	13·8845
July 1	309 30 48	−0 19 30	20 48 10·23	−18 10 53·0	405 756·793	54 02·43	02·2741	14·6588
2	321 19 26	−1 23 36	21 36 40·54	−15 42 36·7	404 628·873	54 11·47	03·0384	15·4134

EPHEMERIS FOR PHYSICAL OBSERVATIONS
FOR 0^h TERRESTRIAL TIME

Julian Date	The Earth's Selenographic Long.	Lat.	The Sun's Selenographic Colong.	Lat.	Position Angle Axis	Bright Limb	Semi-diameter	Fraction Illum.
245	°	°	°	°	°	°	′ ″	
8255·5	−1·837	+5·196	292·53	−1·45	355·338	274·89	16 23·68	0·033
8256·5	−0·303	+3·999	304·77	−1·44	1·763	275·03	16 25·10	0·088
8257·5	+1·150	+2·540	317·01	−1·44	8·113	278·46	16 22·95	0·166
8258·5	+2·435	+0·929	329·24	−1·43	13·848	282·73	16 17·82	0·263
8259·5	+3·502	−0·720	341·46	−1·42	18·536	286·87	16 10·52	0·371
8260·5	+4·332	−2·299	353·68	−1·42	21·915	290·42	16 01·88	0·483
8261·5	+4·929	−3·718	5·89	−1·41	23·896	293·17	15 52·60	0·594
8262·5	+5·306	−4·901	18·10	−1·41	24·507	295·10	15 43·23	0·699
8263·5	+5·476	−5·797	30·30	−1·40	23·841	296·29	15 34·08	0·792
8264·5	+5·449	−6·372	42·50	−1·40	22·020	296·98	15 25·33	0·870
8265·5	+5·227	−6·611	54·69	−1·39	19·180	297·74	15 17·09	0·931
8266·5	+4·805	−6·516	66·88	−1·39	15·466	300·38	15 09·40	0·973
8267·5	+4·179	−6·108	79·07	−1·38	11·042	315·85	15 02·37	0·995
8268·5	+3·351	−5·419	91·25	−1·37	6·100	54·85	14 56·13	0·997
8269·5	+2·328	−4·491	103·44	−1·35	0·866	80·07	14 50·91	0·980
8270·5	+1·135	−3·374	115·63	−1·34	355·590	81·88	14 46·98	0·946
8271·5	−0·191	−2·119	127·83	−1·32	350·534	79·95	14 44·66	0·896
8272·5	−1·597	−0·778	140·03	−1·30	345·940	76·99	14 44·27	0·832
8273·5	−3·016	+0·597	152·23	−1·29	342·015	73·87	14 46·10	0·756
8274·5	−4·369	+1·955	164·44	−1·27	338·917	70·97	14 50·41	0·670
8275·5	−5·568	+3·244	176·65	−1·25	336·759	68·53	14 57·32	0·577
8276·5	−6·523	+4·411	188·87	−1·23	335·625	66·67	15 06·83	0·479
8277·5	−7·147	+5·397	201·09	−1·21	335·578	65·48	15 18·72	0·379
8278·5	−7·365	+6·141	213·33	−1·18	336·673	65·00	15 32·53	0·281
8279·5	−7·125	+6·581	225·56	−1·16	338·956	65·23	15 47·48	0·190
8280·5	−6·414	+6·656	237·81	−1·14	342·446	65·97	16 02·49	0·111
8281·5	−5·260	+6·327	250·05	−1·12	347·105	66·43	16 16·22	0·049
8282·5	−3·746	+5·578	262·31	−1·10	352·785	61·78	16 27·28	0·011
8283·5	−1·994	+4·439	274·56	−1·08	359·170	321·80	16 34·41	0·001
8284·5	−0·151	+2·984	286·81	−1·06	5·762	282·03	16 36·84	0·021
8285·5	+1·637	+1·323	299·06	−1·04	11·957	282·16	16 34·44	0·070
8286·5	+3·246	−0·411	311·31	−1·02	17·193	285·33	16 27·77	0·144
8287·5	+4·588	−2·091	323·55	−1·00	21·095	288·62	16 17·85	0·237
8288·5	+5·613	−3·604	335·78	−0·98	23·510	291·27	16 05·91	0·341
8289·5	+6·304	−4·868	348·01	−0·96	24·461	293·02	15 53·15	0·451
8290·5	+6·668	−5·826	0·23	−0·94	24·069	293·83	15 40·53	0·561
8291·5	+6·725	−6·450	12·45	−0·93	22·488	293·75	15 28·72	0·664
8292·5	+6·503	−6·729	24·66	−0·91	19·873	292·87	15 18·12	0·758
8293·5	+6·031	−6·672	36·87	−0·89	16·377	291·34	15 08·91	0·839
8294·5	+5·336	−6·299	49·07	−0·87	12·154	289·40	15 01·12	0·905
8295·5	+4·444	−5·640	61·27	−0·86	7·374	287·67	14 54·72	0·954
8296·5	+3·380	−4·734	73·46	−0·83	2·237	288·37	14 49·66	0·986
8297·5	+2·174	−3·627	85·66	−0·81	356·977	319·33	14 45·91	0·999
8298·5	+0·855	−2·371	97·85	−0·79	351·851	71·69	14 43·51	0·994
8299·5	−0·539	−1·018	110·05	−0·77	347·114	76·53	14 42·55	0·971
8300·5	−1·961	+0·378	122·25	−0·74	342·994	75·11	14 43·20	0·932
8301·5	−3·360	+1·761	134·45	−0·71	339·670	72·77	14 45·66	0·876

MOON, 2018

FOR 0ʰ TERRESTRIAL TIME

Date 0ʰ TT	Apparent Longitude	Apparent Latitude	Apparent R.A.	Dec.	True Distance	Horiz. Parallax	Ephemeris Transit for date Upper	Lower
	° ′ ″	° ′ ″	h m s	° ′ ″	km	′ ″	h	h
July 1	309 30 48	− 0 19 30	20 48 10·23	− 18 10 53·0	405 756·793	54 02·43	02·2741	14·6588
2	321 19 26	− 1 23 36	21 36 40·54	− 15 42 36·7	404 628·873	54 11·47	03·0384	15·4134
3	333 12 49	− 2 24 34	22 24 08·95	− 12 34 15·2	402 589·242	54 27·95	03·7843	16·1521
4	345 14 49	− 3 19 56	23 10 52·86	− 8 53 03·1	399 583·516	54 52·53	04·5178	16·8830
5	357 29 41	− 4 07 14	23 57 22·36	− 4 46 35·4	395 609·974	55 25·60	05·2491	17·6179
6	10 01 46	− 4 43 59	0 44 17·59	− 0 22 57·5	390 743·104	56 07·03	05·9912	18·3711
7	22 55 16	− 5 07 39	1 32 26·11	+ 4 08 40·3	385 153·411	56 55·90	06·7596	19·1587
8	36 13 39	− 5 15 53	2 22 39·39	+ 8 37 09·1	379 119·218	57 50·27	07·5705	19·9969
9	49 59 05	− 5 06 37	3 15 46·99	+ 12 48 24·0	373 024·846	58 46·97	08·4394	20·8989
10	64 11 42	− 4 38 37	4 12 25·82	+ 16 24 55·1	367 338·859	59 41·57	09·3759	21·8696
11	78 49 02	− 3 51 59	5 12 43·97	+ 19 06 40·8	362 567·613	60 28·71	10·3782	22·8988
12	93 45 49	− 2 48 41	6 16 03·70	+ 20 34 17·4	359 185·187	61 02·89	11·4274	23·9591
13	108 54 16	− 1 32 44	7 20 57·25	+ 20 34 17·0	357 551·181	61 19·63	12·4890	. . .
14	124 05 07	− 0 09 59	8 25 28·26	+ 19 04 11·7	357 838·585	61 16·67	13·5252	01·0124
15	139 08 59	+ 1 12 55	9 27 51·98	+ 16 13 57·9	359 997·002	60 54·62	14·5087	02·0245
16	153 57 42	+ 2 29 34	10 27 07·46	+ 12 22 33·1	363 765·861	60 16·76	15·4297	02·9770
17	168 25 18	+ 3 34 45	11 23 03·75	+ 7 52 16·5	368 732·338	59 28·04	16·2933	03·8680
18	182 28 28	+ 4 25 04	12 16 06·50	+ 3 04 11·6	374 412·093	58 33·91	17·1123	04·7074
19	196 06 15	+ 4 58 43	13 06 59·93	− 1 44 06·3	380 327·341	57 39·25	17·9024	05·5100
20	209 19 45	+ 5 15 22	13 56 33·13	− 6 18 43·2	386 064·833	56 47·83	18·6785	06·2914
21	222 11 21	+ 5 15 35	14 45 31·53	− 10 28 41·7	391 307·931	56 02·17	19·4530	07·0654
22	234 44 11	+ 5 00 37	15 34 31·85	− 14 05 07·0	395 845·405	55 23·63	20·2345	07·8425
23	247 01 45	+ 4 32 02	16 23 58·56	− 17 00 27·8	399 563·240	54 52·70	21·0268	08·6292
24	259 07 29	+ 3 51 43	17 14 01·54	− 19 08 25·6	402 425·959	54 29·27	21·8291	09·4270
25	271 04 36	+ 3 01 42	18 04 35·35	− 20 24 09·3	404 452·846	54 12·89	22·6357	10·2323
26	282 56 04	+ 2 04 12	18 55 21·42	− 20 44 46·0	405 693·161	54 02·94	23·4385	11·0381
27	294 44 30	+ 1 01 35	19 45 53·61	− 20 09 50·6	406 203·532	53 58·87	. . .	11·8358
28	306 32 20	− 0 03 37	20 35 45·98	− 18 41 37·5	406 030·032	54 00·25	00·2293	12·6182
29	318 21 53	− 1 08 50	21 24 40·21	− 16 24 45·4	405 196·906	54 06·91	01·0023	13·3815
30	330 15 27	− 2 11 25	22 12 30·63	− 13 25 42·3	403 703·248	54 18·93	01·7559	14·1262
31	342 15 25	− 3 08 46	22 59 25·72	− 9 52 04·2	401 528·094	54 36·58	02·4930	14·8575
Aug. 1	354 24 24	− 3 58 20	23 45 47·09	− 5 52 03·4	398 643·468	55 00·30	03·2208	15·5844
2	6 45 14	− 4 37 42	0 32 07·31	− 1 34 15·7	395 033·988	55 30·45	03·9498	16·3188
3	19 20 58	− 5 04 37	1 19 07·41	+ 2 52 10·6	390 720·773	56 07·22	04·6932	17·0749
4	32 14 38	− 5 17 01	2 07 34·13	+ 7 17 04·5	385 786·510	56 50·29	05·4658	17·8680
5	45 29 05	− 5 13 12	2 58 16·06	+ 11 28 30·6	380 397·596	57 38·61	06·2832	18·7130
6	59 06 31	− 4 51 59	3 51 56·85	+ 15 12 08·3	374 818·010	58 30·10	07·1586	19·6205
7	73 07 55	− 4 13 03	4 49 03·88	+ 18 11 07·8	369 408·430	59 21·51	08·0987	20·5921
8	87 32 35	− 3 17 20	5 49 33·00	+ 20 07 26·7	364 603·918	60 08·44	09·0986	21·6150
9	102 17 31	− 2 07 25	6 52 36·07	+ 20 45 08·6	360 866·010	60 45·82	10·1373	22·6613
10	117 17 18	− 0 47 41	7 56 43·86	+ 19 55 09·0	358 612·012	61 08·74	11·1825	23·6967
11	132 24 23	+ 0 35 59	9 00 11·01	+ 17 39 10·8	358 135·101	61 13·63	12·2009	. . .
12	147 29 52	+ 1 56 55	10 01 31·41	+ 14 10 07·8	359 538·436	60 59·29	13·1708	00·6926
13	162 24 46	+ 3 08 50	11 00 00·86	+ 9 48 32·6	362 706·952	60 27·32	14·0857	01·6350
14	177 01 20	+ 4 06 49	11 55 37·56	+ 4 57 28·5	367 327·834	59 41·68	14·9513	02·5240
15	191 14 00	+ 4 47 49	12 48 48·59	− 0 01 38·9	372 951·358	58 47·67	15·7796	03·3693
16	204 59 55	+ 5 10 44	13 40 14·47	− 4 51 04·5	379 069·903	57 50·72	16·5842	04·1840

EPHEMERIS FOR PHYSICAL OBSERVATIONS
FOR 0ʰ TERRESTRIAL TIME

Julian Date	The Earth's Selenographic Long.	Lat.	The Sun's Selenographic Colong.	Lat.	Position Angle Axis	Bright Limb	Semi-diameter	Fraction Illum.
245	°	°	°	°	°	°	′ ″	
8300·5	−1·961	+0·378	122·25	−0·74	342·994	75·11	14 43·20	0·932
8301·5	−3·360	+1·761	134·45	−0·71	339·670	72·77	14 45·66	0·876
8302·5	−4·673	+3·079	146·65	−0·69	337·264	70·54	14 50·15	0·807
8303·5	−5·831	+4·277	158·86	−0·66	335·857	68·77	14 56·85	0 726
8304 5	−6·760	+5·302	171·08	−0·64	335·497	67·64	15 05·86	0·634
8305·5	−7·387	+6·100	183·30	−0·61	336·221	67·26	15 17·14	0·535
8306·5	−7·644	+6·616	195·52	−0·58	338·057	67·73	15 30·45	0·431
8307·5	−7·477	+6·799	207·75	−0·56	341·027	69·11	15 45·26	0·327
8308·5	−6·858	+6·605	219·99	−0·53	345·128	71·46	16 00·70	0·228
8309·5	−5·792	+6·005	232·24	−0·50	350·294	74·73	16 15·57	0·139
8310·5	−4·331	+5·003	244·49	−0·47	356·332	78·62	16 28·41	0·068
8311·5	−2·566	+3·641	256·74	−0·44	2·871	81·80	16 37·72	0·020
8312·5	−0·627	+2·007	268·99	−0·42	9·356	55·15	16 42·28	0·000
8313·5	+1·340	+0·226	281·25	−0·39	15·156	284·39	16 41·47	0·012
8314·5	+3·188	−1·559	293·50	−0·36	19·740	285·84	16 35·47	0·054
8315·5	+4·794	−3·211	305·75	−0·33	22·803	288·55	16 25·16	0·121
8316·5	+6·066	−4·617	317·99	−0·31	24·285	290·57	16 11·89	0·208
8317·5	+6·950	−5·704	330·23	−0·28	24·285	291·59	15 57·14	0·307
8318·5	+7·427	−6·432	342·46	−0·26	22·985	291·58	15 42·26	0·413
8319·5	+7·510	−6·793	354·69	−0·23	20·579	290·61	15 28·25	0·519
8320·5	+7·230	−6·799	6·91	−0·21	17·251	288·75	15 15·81	0·621
8321·5	+6·634	−6·477	19·12	−0·18	13·175	286·09	15 05·32	0·716
8322·5	+5·772	−5·861	31·33	−0·16	8·522	282·74	14 56·89	0·800
8323·5	+4·700	−4·992	43·53	−0·14	3·477	278·84	14 50·51	0·872
8324·5	+3·469	−3·914	55·73	−0·11	358·255	274·58	14 46·05	0·929
8325·5	+2·132	−2·676	67·93	−0·08	353·097	270·19	14 43·34	0·970
8326·5	+0·734	−1·328	80·13	−0·06	348·254	266·10	14 42·23	0·994
8327·5	−0·680	+0·076	92·32	−0·03	343·964	77·62	14 42·61	1·000
8328·5	−2·064	+1·480	104·51	0·00	340·425	77·10	14 44·42	0·988
8329·5	−3·376	+2·827	116·71	+0·03	337·783	74·24	14 47·70	0·959
8330·5	−4·570	+4·061	128·90	+0·05	336·129	71·95	14 52·50	0·912
8331·5	−5·601	+5·128	141·10	+0·08	335·514	70·42	14 58·96	0·849
8332·5	−6·418	+5·976	153·31	+0·11	335·962	69·72	15 07·18	0·772
8333·5	−6·974	+6·554	165·51	+0·13	337·480	69·91	15 17·19	0·682
8334·5	−7·221	+6·819	177·73	+0·16	340·070	71·04	15 28·92	0·582
8335·5	−7·119	+6·734	189·95	+0·19	343·720	73·20	15 42·08	0·476
8336·5	−6·639	+6·273	202·17	+0·21	348·387	76·43	15 56·11	0·367
8337·5	−5·771	+5·430	214·40	+0·24	353·950	80·72	16 10·11	0·262
8338·5	−4·534	+4·226	226·64	+0·27	0·160	85·99	16 22·89	0·166
8339·5	−2·980	+2·718	238·88	+0·30	6·593	92·06	16 33·07	0·087
8340·5	−1·194	+1·000	251·13	+0·33	12·686	99·01	16 39·31	0·030
8341·5	+0·707	−0·801	263·38	+0·35	17·852	112·14	16 40·64	0·003
8342·5	+2·588	−2·543	275·62	+0·38	21·640	277·03	16 36·74	0·005
8343·5	+4·307	−4·089	287·87	+0·41	23·829	284·96	16 28·03	0·038
8344·5	+5·740	−5·334	300·12	+0·44	24·420	287·82	16 15·60	0·096
8345·5	+6·795	−6·213	312·36 ·	+0·47	23·556	288·82	16 00·89	0·174
8346·5	+7·418	−6·701	324·59	+0·49	21·447	288·45	15 45·38	0·266

MOON, 2018

FOR 0ʰ TERRESTRIAL TIME

Date 0ʰ TT	Apparent Longitude	Latitude	Apparent R.A.	Dec.	True Distance	Horiz. Parallax	Ephemeris Transit for date Upper	Lower
	o ′ ″	o ′ ″	h m s	o ′ ″	km	′ ″	h	h
Aug. 16	204 59 55	+5 10 44	13 40 14·47	− 4 51 04·5	379 069·903	57 50·72	16·5842	04·1840
17	218 18 50	+5 15 58	14 30 37·67	− 9 17 01·2	385 191·930	56 55·56	17·3778	04·9817
18	231 12 36	+5 04 54	15 20 35·45	−13 09 02·3	390 896·313	56 05·71	18·1700	05·7736
19	243 44 31	+4 39 27	16 10 35·39	−16 19 11·1	395 862·925	55 23·48	18·9668	06·5677
20	255 58 48	+4 01 45	17 00 52·71	−18 41 23·4	399 882·418	54 50·07	19·7697	07·3676
21	267 59 58	+3 14 01	17 51 29·23	−20 11 13·1	402 850·765	54 25·82	20·5760	08·1727
22	279 52 31	+2 18 29	18 42 14·45	−20 45 58·5	404 753·971	54 10·47	21·3800	08·9787
23	291 40 38	+1 17 24	19 32 49·45	−20 24 59·0	405 647·155	54 03·31	22·1751	09·7791
24	303 28 07	+0 13 08	20 22 52·82	−19 09 47·7	405 631·096	54 03·44	22·9556	10·5674
25	315 18 08	−0 51 49	21 12 07·26	−17 04 11·2	404 828·663	54 09·87	23·7186	11·3393
26	327 13 22	−1 54 51	22 00 24·61	−14 13 53·7	403 363·368	54 21·67	...	12·0938
27	339 15 58	−2 53 19	22 47 48·35	−10 46 11·1	401 342·286	54 38·10	00·4654	12·8339
28	351 27 40	−3 44 33	23 34 33·72	− 6 49 25·1	398 845·469	54 58·62	01·2005	13·5662
29	3 49 53	−4 25 58	0 21 06·24	− 2 32 44·6	395 923·552	55 22·97	01·9323	14·3001
30	16 23 52	−4 55 16	1 07 59·53	+ 1 54 00·6	392 604·374	55 51·07	02·6712	15·0473
31	29 10 52	−5 10 29	1 55 52·89	+ 6 20 12·6	388 908·112	56 22·92	03·4299	15·8208
Sept. 1	42 12 10	−5 10 09	2 45 28·07	+10 34 08·0	384 868·959	56 58·42	04·2215	16·6336
2	55 29 07	−4 53 24	3 37 24·38	+14 22 38·3	380 559·842	57 37·13	05·0583	17·4965
3	69 02 58	−4 20 07	4 32 10·79	+17 31 04·4	376 115·262	58 17·99	05·9488	18·4148
4	82 54 38	−3 31 07	5 29 55·26	+19 43 55·9	371 746·177	58 59·11	06·8937	19·3838
5	97 04 17	−2 28 20	6 30 14·14	+20 46 41·2	367 740·290	59 37·66	07·8827	20·3872
6	111 30 45	−1 15 01	7 32 09·34	+20 28 53·5	364 441·936	60 10·05	08·8940	21·3995
7	126 11 11	+0 04 17	8 34 20·14	+18 47 32·9	362 209·248	60 32·30	09·9005	22·3943
8	141 00 44	+1 23 58	9 35 27·52	+15 48 59·3	361 353·091	60 40·91	10·8789	23·3532
9	155 52 45	+2 38 00	10 34 37·29	+11 48 04·1	362 071·058	60 33·69	11·8166	...
10	170 39 24	+3 40 51	11 31 29·55	+ 7 05 05·2	364 396·023	60 10·50	12·7121	00·2693
11	185 12 51	+4 28 14	12 26 13·79	+ 2 02 00·5	368 177·012	59 33·42	13·5720	01·1458
12	199 26 25	+4 57 45	13 19 17·26	− 3 00 35·3	373 099·191	58 46·27	14·4066	01·9918
13	213 15 36	+5 08 51	14 11 13·62	− 7 45 15·5	378 735·260	57 53·79	15·2267	02·8179
14	226 38 27	+5 02 31	15 02 34·50	−11 58 14·8	384 611·066	57 00·72	16·0409	03·6341
15	239 35 30	+4 40 41	15 53 44·10	−15 29 16·4	390 267·933	56 11·13	16·8547	04·4476
16	252 09 21	+4 05 48	16 44 56·04	−18 11 02·9	395 310·495	55 28·12	17·6701	05·2623
17	264 24 04	+3 20 23	17 36 12·35	−19 58 49·2	399 436·399	54 53·74	18·4852	06·0780
18	276 24 32	+2 26 55	18 27 24·71	−20 50 04·4	402 449·435	54 29·08	19·2956	06·8914
19	288 15 58	+1 27 47	19 18 17·99	−20 44 24·0	404 259·796	54 14·44	20·0960	07·6974
20	300 03 34	+0 25 16	20 08 35·37	−19 43 23·0	404 875·114	54 09·49	20·8819	08·4910
21	311 52 09	−0 38 18	20 58 03·75	−17 50 26·8	404 385·099	54 13·43	21·6513	09·2687
22	323 45 57	−1 40 31	21 46 37·88	−15 10 38·6	402 941·691	54 25·09	22·4053	10·0300
23	335 48 28	−2 38 51	22 34 22·36	−11 50 26·4	400 736·249	54 43·06	23·1482	10·7777
24	348 02 15	−3 30 39	23 21 31·79	− 7 57 32·8	397 975·386	55 05·84	23·8873	11·5177
25	0 28 55	−4 13 16	0 08 29·54	− 3 40 50·5	394 857·626	55 31·94	...	12·2583
26	13 09 08	−4 44 10	0 55 45·81	+ 0 49 36·7	391 553·693	56 00·06	00·6320	13·0098
27	26 02 48	−5 01 13	1 43 55·35	+ 5 22 31·0	388 193·593	56 29·14	01·3932	13·7836
28	39 09 16	−5 02 51	2 33 34·30	+ 9 45 16·6	384 863·175	56 58·48	02·1824	14·5908
29	52 27 39	−4 48 14	3 25 15·69	+13 44 03·4	381 611·492	57 27·61	03·0099	15·4404
30	65 57 09	−4 17 31	4 19 22·74	+17 04 06·7	378 468·001	57 56·24	03·8828	16·3369
Oct. 1	79 37 14	−3 31 47	5 16 00·44	+19 30 37·9	375 466·197	58 24·04	04·8020	17·2767

EPHEMERIS FOR PHYSICAL OBSERVATIONS
FOR 0ʰ TERRESTRIAL TIME

Julian Date	The Earth's Selenographic Long.	Lat.	The Sun's Selenographic Colong.	Lat.	Position Angle Axis	Bright Limb	Semi-diameter	Fraction Illum.
	°	°	°	°	°	°	′ ″	
245								
8346.5	+ 7.418	− 6.701	324.59	+ 0.49	21.447	288.45	15 45.38	0.266
8347.5	+ 7.595	− 6.808	336.82	+ 0.52	18.312	286.95	15 30.36	0.366
8348.5	+ 7.349	− 6.562	349.04	+ 0.54	14.360	284.49	15 16.78	0.468
8349.5	+ 6.729	− 6.006	1.26	+ 0.57	9.788	281.20	15 05.28	0.569
8350.5	+ 5.802	− 5.186	13.47	+ 0.59	4.792	277.23	14 56.18	0.664
8351.5	+ 4.642	− 4.151	25.67	+ 0.62	359.584	272.72	14 49.57	0.751
8352.5	+ 3.325	− 2.950	37.87	+ 0.64	354.393	267.82	14 45.39	0.829
8353.5	+ 1.924	− 1.630	50.06	+ 0.67	349.457	262.62	14 43.44	0.894
8354.5	+ 0.505	− 0.243	62.25	+ 0.69	345.013	257.00	14 43.48	0.944
8355.5	− 0.872	+ 1.157	74.44	+ 0.72	341.266	249.88	14 45.23	0.980
8356.5	− 2.157	+ 2.515	86.62	+ 0.74	338.380	230.69	14 48.44	0.997
8357.5	− 3.310	+ 3.774	98.81	+ 0.77	336.468	95.05	14 52.92	0.997
8358.5	− 4.297	+ 4.875	110.99	+ 0.79	335.596	78.86	14 58.51	0.978
8359.5	− 5.095	+ 5.764	123.17	+ 0.81	335.795	74.79	15 05.14	0.940
8360.5	− 5.682	+ 6.390	135.36	+ 0.83	337.067	73.43	15 12.79	0.883
8361.5	− 6.043	+ 6.711	147.55	+ 0.85	339.400	73.64	15 21.47	0.810
8362.5	− 6.161	+ 6.695	159.75	+ 0.87	342.762	75.11	15 31.14	0.722
8363.5	− 6.021	+ 6.323	171.94	+ 0.89	347.097	77.77	15 41.68	0.622
8364.5	− 5.611	+ 5.594	184.15	+ 0.91	352.295	81.53	15 52.81	0.513
8365.5	− 4.920	+ 4.526	196.36	+ 0.93	358.158	86.30	16 04.01	0.402
8366.5	− 3.949	+ 3.161	208.58	+ 0.95	4.359	91.87	16 14.51	0.292
8367.5	− 2.713	+ 1.572	220.80	+ 0.97	10.441	97.97	16 23.33	0.192
8368.5	− 1.254	− 0.143	233.03	+ 0.99	15.878	104.45	16 29.39	0.107
8369.5	+ 0.359	− 1.864	245.26	+ 1.02	20.189	111.84	16 31.73	0.045
8370.5	+ 2.024	− 3.461	257.50	+ 1.04	23.047	125.83	16 29.77	0.009
8371.5	+ 3.618	− 4.814	269.73	+ 1.06	24.321	246.17	16 23.45	0.002
8372.5	+ 5.013	− 5.831	281.97	+ 1.08	24.056	279.04	16 13.35	0.023
8373.5	+ 6.093	− 6.461	294.20	+ 1.11	22.408	283.62	16 00.51	0.070
8374.5	+ 6.774	− 6.691	306.43	+ 1.13	19.588	284.13	15 46.22	0.137
8375.5	+ 7.015	− 6.542	318.66	+ 1.15	15.825	282.75	15 31.76	0.219
8376.5	+ 6.817	− 6.059	330.88	+ 1.17	11.346	280.12	15 18.26	0.310
8377.5	+ 6.220	− 5.293	343.09	+ 1.19	6.373	276.58	15 06.54	0.407
8378.5	+ 5.289	− 4.301	355.29	+ 1.21	1.138	272.39	14 57.18	0.504
8379.5	+ 4.106	− 3.137	7.49	+ 1.23	355.876	267.77	14 50.46	0.600
8380.5	+ 2.762	− 1.852	19.69	+ 1.25	350.828	262.94	14 46.47	0.690
8381.5	+ 1.346	− 0.495	31.88	+ 1.26	346.223	258.06	14 45.13	0.774
8382.5	− 0.054	+ 0.882	44.06	+ 1.28	342.265	253.19	14 46.20	0.847
8383.5	− 1.364	+ 2.229	56.23	+ 1.30	339.125	248.21	14 49.37	0.909
8384.5	− 2.519	+ 3.491	68.41	+ 1.31	336.928	242.35	14 54.27	0.956
8385.5	− 3.475	+ 4.610	80.58	+ 1.33	335.760	231.85	15 00.47	0.987
8386.5	− 4.201	+ 5.530	92.74	+ 1.34	335.669	174.85	15 07.58	0.999
8387.5	− 4.686	+ 6.194	104.91	+ 1.35	336.675	91.66	15 15.24	0.990
8388.5	− 4.937	+ 6.556	117.08	+ 1.36	338.771	81.07	15 23.16	0.961
8389.5	− 4.970	+ 6.583	129.25	+ 1.37	341.923	79.10	15 31.15	0.912
8390.5	− 4.807	+ 6.256	141.42	+ 1.38	346.063	80.07	15 39.09	0.843
8391.5	− 4.468	+ 5.580	153.60	+ 1.39	351.074	82.80	15 46.89	0.756
8392.5	− 3.969	+ 4.578	165.78	+ 1.39	356.754	86.80	15 54.46	0.657

MOON, 2018

FOR 0^h TERRESTRIAL TIME

Date 0^h TT	Apparent Longitude	Apparent Latitude	R.A.	Dec.	True Distance	Horiz. Parallax	Ephemeris Transit for date Upper	Lower
	° ′ ″	° ′ ″	h m s	° ′ ″	km	′ ″	h	h
Oct. 1	79 37 14	−3 31 47	5 16 00·44	+19 30 37·9	375 466·197	58 24·04	04·8020	17·2767
2	93 27 41	−2 33 07	6 14 48·07	+20 50 21·0	372 668·053	58 50·35	05·7592	18·2471
3	107 28 23	−1 24 35	7 14 57·95	+20 53 47·6	370 182·489	59 14·06	06·7376	19·2279
4	121 38 57	−0 10 05	8 15 24·96	+19 37 32·6	368 171·217	59 33·48	07·7154	20·1977
5	135 58 16	+1 05 42	9 15 04·90	+17 05 30·8	366 837·151	59 46·47	08·6731	21·1404
6	150 23 56	+2 17 42	10 13 12·44	+13 28 34·1	366 394·431	59 50·81	09·5991	22·0491
7	164 52 04	+3 20 54	11 09 29·64	+ 9 02 47·4	367 024·602	59 44·64	10·4909	22·9253
8	179 17 23	+4 10 56	12 04 03·50	+ 4 07 08·3	368 829·283	59 27·10	11·3534	23·7764
9	193 33 51	+4 44 37	12 57 17·33	− 0 58 44·2	371 792·894	58 58·66	12·1956	...
10	207 35 31	+5 00 24	13 49 40·96	− 5 56 13·8	375 767·179	58 21·23	13·0269	00·6120
11	221 17 34	+4 58 21	14 41 42·62	−10 28 58·4	380 482·314	57 37·84	13·8552	01·4410
12	234 37 02	+4 39 54	15 33 42·99	−14 23 33·2	385 580·599	56 52·11	14·6853	02·2699
13	247 33 11	+4 07 24	16 25 51·50	−17 29 50·5	390 662·621	56 07·72	15·5177	03·1013
14	260 07 22	+3 23 34	17 18 05·19	−19 41 03·6	395 334·668	55 27·92	16·3493	03·9339
15	272 22 42	+2 31 14	18 10 10·44	−20 53 38·9	399 249·137	54 55·29	17·1743	04·7630
16	284 23 36	+1 33 03	19 01 47·63	−21 06 58·2	402 133·977	54 31·65	17·9862	05·5822
17	296 15 13	+0 31 32	19 52 37·31	−20 22 51·5	403 810·763	54 18·06	18·7803	06·3857
18	308 03 06	−0 31 01	20 42 26·11	−18 45 02·4	404 202·746	54 14·90	19·5547	07·1699
19	319 52 45	−1 32 19	21 31 10·53	−16 18 35·9	403 334·630	54 21·91	20·3111	07·9349
20	331 49 22	−2 30 04	22 18 58·27	−13 09 34·7	401 325·345	54 38·24	21·0547	08·6840
21	343 57 25	−3 21 52	23 06 07·42	− 9 24 50·6	398 374·406	55 02·52	21·7936	09·4241
22	356 20 26	−4 05 09	23 53 04·67	− 5 12 12·4	394 742·050	55 32·92	22·5380	10·1644
23	9 00 40	−4 37 22	0 40 23·12	− 0 40 45·7	390 723·552	56 07·20	23·2994	10·9158
24	21 58 54	−4 56 07	1 28 39·72	+ 3 58 42·5	386 619·084	56 42·95	...	11·6902
25	35 14 25	−4 59 29	2 18 32·13	+ 8 33 24·1	382 702·159	57 17·78	00·0897	12·4992
26	48 45 12	−4 46 17	3 10 33·67	+12 48 27·7	379 191·493	57 49·61	00·9197	13·3520
27	62 28 17	−4 16 29	4 05 06·11	+16 27 30·1	376 232·048	58 16·91	01·7963	14·2525
28	76 20 24	−3 31 14	5 02 10·43	+19 13 56·0	373 890·161	58 38·81	02·7197	15·1963
29	90 18 33	−2 32 57	6 01 19·36	+20 53 09·4	372 164·577	58 55·13	03·6803	16·1690
30	104 20 23	−1 25 05	7 01 37·55	+21 15 14·6	371 010·825	59 06·12	04·6593	17·1484
31	118 24 21	−0 11 46	8 01 54·02	+20 17 06·1	370 372·291	59 12·24	05·6335	18·1122
Nov. 1	132 29 31	+1 02 25	9 01 03·00	+18 03 05·8	370 209·280	59 13·80	06·5827	19·0441
2	146 35 12	+2 12 48	9 58 22·19	+14 43 52·3	370 517·906	59 10·84	07·4959	19·9382
3	160 40 28	+3 15 00	10 53 39·52	+10 34 09·4	371 333·482	59 03·04	08·3719	20·7978
4	174 43 38	+4 05 09	11 47 08·76	+ 5 50 40·6	372 717·309	58 49·89	09·2173	21·6319
5	188 42 10	+4 40 16	12 39 19·88	+ 0 50 40·7	374 730·299	58 30·92	10·0430	22·4520
6	202 32 46	+4 58 31	13 30 49·02	− 4 08 55·7	377 400·645	58 06·08	10·8603	23·2690
7	216 11 44	+4 59 22	14 22 10·34	− 8 52 09·2	380 694·648	57 35·91	11·6792	...
8	229 35 39	+4 43 34	15 13 49·61	−13 04 29·5	384 498·934	57 01·71	12·5060	00·0914
9	242 42 01	+4 12 57	16 05 59·41	−16 33 34·6	388 618·814	56 25·44	13·3423	00·9231
10	255 29 39	+3 30 04	16 58 36·52	−19 09 53·5	392 792·718	55 49·46	14·1844	01·7631
11	267 58 59	+2 37 51	17 51 22·76	−20 47 22·1	396 718·597	55 16·31	15·0244	02·6053
12	280 11 58	+1 39 16	18 43 50·08	−21 23 38·4	400 086·210	54 48·39	15·8528	03·4406
13	292 11 54	+0 37 06	19 35 28·78	−20 59 48·4	402 609·541	54 27·78	16·6612	04·2599
14	304 03 08	−0 26 04	20 25 56·17	−19 39 42·1	404 055·350	54 16·09	17·4453	05·0564
15	315 50 43	−1 27 52	21 15 02·47	−17 28 55·1	404 265·801	54 14·39	18·2053	05·8281
16	327 40 06	−2 26 04	22 02 52·75	−14 33 56·1	403 174·577	54 23·20	18·9461	06·5776

EPHEMERIS FOR PHYSICAL OBSERVATIONS
FOR 0ʰ TERRESTRIAL TIME

Julian Date	The Earth's Selenographic Long.	Lat.	The Sun's Selenographic Colong.	Lat.	Position Angle Axis	Bright Limb	Semi-diameter	Fraction Illum.
245	°	°	°	°	°	°	′ ″	
8392·5	−3·969	+4·578	165·78	+1·39	356·754	86·80	15 54·46	0·657
8393·5	−3·315	+3·297	177·96	+1·40	2·803	91·71	16 01·62	0·547
8394·5	−2·506	+1·803	190·16	+1·41	8·813	97·15	16 08·08	0·434
8395·5	−1·541	+0·183	202·35	+1·42	14·320	102·74	16 13·37	0·322
8396·5	−0·432	−1·464	214·56	+1·42	18·882	108·15	16 16·91	0·219
8397·5	+0·791	−3·026	226·77	+1·43	22·166	113·35	16 18·09	0·131
8398·5	+2·071	−4·397	238·99	+1·45	23·988	118·94	16 16·41	0·063
8399·5	+3·324	−5·480	251·20	+1·46	24·311	128·36	16 11·63	0·019
8400·5	+4·447	−6·207	263·43	+1·47	23·213	179·00	16 03·89	0·002
8401·5	+5·334	−6·544	275·65	+1·48	20·849	266·49	15 53·69	0·011
8402·5	+5·896	−6·493	287·86	+1·49	17·414	276·51	15 41·87	0·044
8403·5	+6·075	−6·085	300·08	+1·50	13·130	277·37	15 29·42	0·097
8404·5	+5·853	−5·371	312·29	+1·51	8·234	275·45	15 17·33	0·167
8405·5	+5·249	−4·412	324·50	+1·52	2·977	272·16	15 06·49	0·248
8406·5	+4·317	−3·269	336·69	+1·53	357·619	268·11	14 57·60	0·337
8407·5	+3·132	−2·001	348·89	+1·54	352·422	263·69	14 51·16	0·430
8408·5	+1·785	−0·662	1·08	+1·55	347·627	259·21	14 47·46	0·525
8409·5	+0·373	+0·699	13·26	+1·55	343·445	254·87	14 46·60	0·618
8410·5	−1·006	+2·032	25·43	+1·56	340·043	250·83	14 48·51	0·707
8411·5	−2·262	+3·288	37·60	+1·56	337·547	247·13	14 52·96	0·789
8412·5	−3·315	+4·415	49·76	+1·57	336·047	243·68	14 59·57	0·862
8413·5	−4·105	+5·356	61·92	+1·57	335·606	240·06	15 07·85	0·922
8414·5	−4·593	+6·057	74·07	+1·57	336·263	234·71	15 17·18	0·967
8415·5	−4·769	+6·464	86·22	+1·56	338·035	218·50	15 26·92	0·993
8416·5	−4·651	+6·536	98·37	+1·56	340·914	124·04	15 36·41	0·997
8417·5	−4·281	+6·247	110·52	+1·55	344·851	90·34	15 45·08	0·978
8418·5	−3·714	+5·595	122·67	+1·55	349·737	86·62	15 52·51	0·937
8419·5	−3·013	+4·608	134·82	+1·54	355·371	88·22	15 58·48	0·872
8420·5	−2·229	+3·338	146·98	+1·53	1·440	91·93	16 02·92	0·789
8421·5	−1·399	+1·859	159·14	+1·52	7·524	96·64	16 05·92	0·690
8422·5	−0·545	+0·263	171·31	+1·51	13·155	101·67	16 07·58	0·580
8423·5	+0·329	−1·352	183·48	+1·50	17·901	106·49	16 08·01	0·466
8424·5	+1·218	−2·885	195·66	+1·50	21·442	110·76	16 07·20	0·354
8425·5	+2·115	−4·240	207·85	+1·49	23·605	114·33	16 05·08	0·250
8426·5	+2·995	−5·334	220·04	+1·49	24·344	117·29	16 01·49	0·159
8427·5	+3·815	−6·101	232·24	+1·48	23·706	120·09	15 56·33	0·086
8428·5	+4·515	−6·501	244·44	+1·48	21·801	124·36	15 49·56	0·035
8429·5	+5·025	−6·522	256·64	+1·48	18·778	139·69	15 41·35	0·007
8430·5	+5·280	−6·179	268·85	+1·48	14·814	236·18	15 32·03	0·003
8431·5	+5·231	−5·514	281·05	+1·47	10·120	266·75	15 22·15	0·021
8432·5	+4·855	−4·582	293·25	+1·47	4·935	269·49	15 12·35	0·060
8433·5	+4·158	−3·447	305·45	+1·47	359·531	267·67	15 03·32	0·115
8434·5	+3·176	−2·174	317·64	+1·46	354·192	264·31	14 55·72	0·184
8435·5	+1·968	−0·824	329·83	+1·46	349·191	260·40	14 50·11	0·264
8436·5	+0·612	+0·549	342·02	+1·45	344·763	256·46	14 46·92	0·351
8437·5	−0·803	+1·892	354·19	+1·45	341·089	252·77	14 46·46	0·443
8438·5	−2·181	+3·159	6·36	+1·44	338·296	249·51	14 48·86	0·537

MOON, 2018

FOR 0ʰ TERRESTRIAL TIME

Date 0ʰ TT	Apparent Longitude	Apparent Latitude	R.A.	Dec.	True Distance	Horiz. Parallax	Ephemeris Transit for date Upper	Lower
	° ′ ″	° ′ ″	h m s	° ′ ″	km	′ ″	h	h
Nov. 16	327 40 06	− 2 26 04	22 02 52·75	− 14 33 56·1	403 174·577	54 23·20	18·9461	06·5776
17	339 36 50	− 3 18 30	22 49 45·74	− 11 01 34·8	400 816·393	54 42·40	19·6765	07·3120
18	351 46 07	− 4 02 53	23 36 11·11	− 6 58 57·4	397 329·679	55 11·21	20·4077	08·0412
19	4 12 32	− 4 36 53	0 22 46·61	− 2 33 47·5	392 951·563	55 48·10	21·1531	08·7777
20	16 59 31	− 4 58 08	1 10 15·36	+ 2 04 53·8	388 003·627	56 30·80	21·9269	09·5355
21	30 08 57	− 5 04 26	1 59 22·82	+ 6 45 59·7	382 866·836	57 16·30	22·7431	10·3289
22	43 40 46	− 4 54 08	2 50 52·11	+ 11 15 35·8	377 945·135	58 01·05	23·6128	11·1708
23	57 32 51	− 4 26 28	3 45 16·12	+ 15 16 51·4	373 620·026	58 41·36	...	12·0693
24	71 41 16	− 3 42 03	4 42 45·91	+ 18 30 56·4	370 202·549	59 13·87	00·5400	13·0234
25	86 00 44	− 2 43 04	5 42 58·20	+ 20 39 31·9	367 893·007	59 36·18	01·5175	14·0191
26	100 25 37	− 1 33 10	6 44 50·57	+ 21 28 40·6	366 759·615	59 47·23	02·5247	15·0303
27	114 50 42	− 0 17 07	7 46 53·52	+ 20 52 30·4	366 743·224	59 47·39	03·5322	16·0268
28	129 11 48	+ 0 59 49	8 47 38·23	+ 18 54 48·0	367 687·147	59 38·18	04·5116	16·9849
29	143 26 04	+ 2 12 30	9 46 04·16	+ 15 47 24·5	369 382·778	59 21·75	05·4457	17·8941
30	157 31 48	+ 3 16 25	10 41 50·90	+ 11 46 47·6	371 617·426	59 00·33	06·3306	18·7565
Dec. 1	171 28 08	+ 4 07 55	11 35 12·76	+ 7 10 42·0	374 211·979	58 35·78	07·1732	19·5826
2	185 14 34	+ 4 44 24	12 26 45·77	+ 2 16 10·6	377 040·979	58 09·40	07·9864	20·3865
3	198 50 38	+ 5 04 20	13 17 14·88	− 2 41 04·5	380 033·611	57 41·92	08·7846	21·1824
4	212 15 39	+ 5 07 13	14 07 24·52	− 7 26 38·6	383 158·858	57 13·68	09·5813	21·9826
5	225 28 41	+ 4 53 35	14 57 51·69	− 11 47 12·6	386 400·974	56 44·87	10·3869	22·7950
6	238 28 48	+ 4 24 52	15 49 00·51	− 15 30 36·8	389 732·548	56 15·76	11·2069	23·6224
7	251 15 13	+ 3 43 13	16 40 57·93	− 18 26 19·1	393 091·912	55 46·91	12·0408	...
8	263 47 37	+ 2 51 20	17 33 31·94	− 20 26 14·8	396 369·867	55 19·23	12·8820	00·4611
9	276 06 27	+ 1 52 09	18 26 14·23	− 21 25 38·3	399 408·105	54 53·98	13·7199	01·3021
10	288 13 01	+ 0 48 40	19 18 27·87	− 21 23 33·4	402 008·912	54 32·66	14·5425	02·1337
11	300 09 37	− 0 16 17	20 09 38·11	− 20 22 41·5	403 953·708	54 16·91	15·3408	02·9451
12	311 59 21	− 1 20 02	20 59 22·03	− 18 28 29·8	405 026·953	54 08·28	16·1110	03·7295
13	323 46 12	− 2 20 13	21 47 33·68	− 15 47 59·8	405 042·003	54 08·16	16·8549	04·4859
14	335 34 43	− 3 14 37	22 34 24·43	− 12 28 45·3	403 866·202	54 17·61	17·5793	05·2190
15	347 29 54	− 4 01 10	23 20 20·24	− 8 38 16·9	401 443·316	54 37·28	18·2951	05·9375
16	359 36 56	− 4 37 47	0 05 58·13	− 4 23 59·3	397 811·838	55 07·20	19·0156	06·6538
17	12 00 48	− 5 02 25	0 52 03·13	+ 0 06 22·0	393 117·615	55 46·69	19·7564	07·3824
18	24 45 55	− 5 13 03	1 39 25·64	+ 4 43 51·9	387 618·498	56 34·17	20·5341	08·1396
19	37 55 34	− 5 07 51	2 28 58·15	+ 9 17 22·4	381 677·706	57 27·01	21·3646	08·9418
20	51 31 22	− 4 45 28	3 21 29·37	+ 13 32 35·3	375 741·873	58 21·47	22·2600	09·8037
21	65 32 41	− 4 05 35	4 17 33·52	+ 17 11 41·6	370 300·599	59 12·92	23·2231	10·7334
22	79 56 26	− 3 09 15	5 17 14·43	+ 19 54 31·3	365 828·022	59 56·37	...	11·7268
23	94 37 10	− 1 59 23	6 19 49·97	+ 21 21 58·5	362 713·949	60 27·25	00·2415	12·7629
24	109 27 45	− 0 40 36	7 23 50·51	+ 21 21 14·3	361 200·175	60 42·45	01·2863	13·8069
25	124 20 19	+ 0 41 14	8 27 22·42	+ 19 50 21·4	361 341·567	60 41·02	02·3202	14·8228
26	139 07 27	+ 1 59 54	9 28 47·49	+ 16 59 03·5	363 006·228	60 24·33	03·3121	15·7868
27	153 43 07	+ 3 09 46	10 27 12·21	+ 13 05 18·0	365 915·264	59 55·51	04·2466	16·6922
28	168 03 05	+ 4 06 26	11 22 31·73	+ 8 30 07·0	369 707·940	59 18·62	05·1247	17·5459
29	182 05 04	+ 4 47 03	12 15 15·87	+ 3 33 38·9	374 011·155	58 37·67	05·9578	18·3622
30	195 48 22	+ 5 10 15	13 06 11·73	− 1 26 38·1	378 495·216	57 55·99	06·7614	19·1573
31	209 13 29	+ 5 15 53	13 56 10·34	− 6 16 03·0	382 906·734	57 15·94	07·5517	19·9463
32	222 21 35	+ 5 04 45	14 45 57·96	− 10 42 05·3	387 078·002	56 38·91	08·3425	20·7413

EPHEMERIS FOR PHYSICAL OBSERVATIONS
FOR 0ʰ TERRESTRIAL TIME

Julian Date	The Earth's Selenographic Long.	The Earth's Selenographic Lat.	The Sun's Selenographic Colong.	The Sun's Selenographic Lat.	Position Angle Axis	Position Angle Bright Limb	Semi-diameter	Fraction Illum.
	°	°	°	°	°	°	′ ″	
245								
8438·5	− 2·181	+ 3·159	6·36	+ 1·44	338·296	249·51	14 48·86	0·537
8439·5	− 3·425	+ 4·301	18·52	+ 1·43	336·468	246·79	14 54·09	0·631
8440·5	− 4·447	+ 5·269	30·68	+ 1·42	335·662	244·65	15 01·94	0·721
8441·5	− 5·168	+ 6·013	42·83	+ 1·41	335·917	243·06	15 11·98	0·805
8442·5	− 5·534	+ 6·481	54·98	+ 1·40	337·265	241·86	15 23·61	0·879
8443·5	− 5·519	+ 6·624	67·12	+ 1·38	339·728	240·47	15 36·01	0·938
8444·5	− 5·129	+ 6·406	79·25	+ 1·36	343·300	236·29	15 48·20	0·979
8445·5	− 4·409	+ 5·811	91·39	+ 1·34	347·923	202·03	15 59·17	0·998
8446·5	− 3·432	+ 4·851	103·52	+ 1·32	353·444	102·44	16 08·03	0·991
8447·5	− 2·290	+ 3·574	115·66	+ 1·29	359·573	94·57	16 14·10	0·959
8448·5	− 1·075	+ 2·061	127·79	+ 1·27	5·873	96·51	16 17·11	0·901
8449·5	+ 0·131	+ 0·413	139·93	+ 1·24	11·817	100·54	16 17·16	0·821
8450·5	+ 1·268	− 1·256	152·08	+ 1·22	16·905	104·91	16 14·65	0·724
8451·5	+ 2·299	− 2·834	164·23	+ 1·20	20·774	108·87	16 10·17	0·616
8452·5	+ 3·201	− 4·225	176·39	+ 1·17	23·241	112·04	16 04·34	0·503
8453·5	+ 3·966	− 5·348	188·55	+ 1·15	24·279	114·29	15 57·65	0·391
8454·5	+ 4·582	− 6·146	200·72	+ 1·13	23·956	115·61	15 50·47	0·286
8455·5	+ 5·039	− 6·585	212·90	+ 1·12	22·389	116·10	15 42·98	0·194
8456·5	+ 5·316	− 6·655	225·09	+ 1·10	19·717	116·00	15 35·29	0·116
8457·5	+ 5·391	− 6·366	237·27	+ 1·08	16·089	115·93	15 27·45	0·058
8458·5	+ 5·240	− 5·749	249·46	+ 1·07	11·676	118·16	15 19·52	0·019
8459·5	+ 4·846	− 4·851	261·66	+ 1·05	6·680	143·96	15 11·66	0·002
8460·5	+ 4·203	− 3·732	273·85	+ 1·04	1·345	253·04	15 04·12	0·005
8461·5	+ 3·320	− 2·454	286·04	+ 1·02	355·951	262·06	14 57·24	0·028
8462·5	+ 2·223	− 1·082	298·23	+ 1·01	350·791	260·94	14 51·44	0·069
8463·5	+ 0·955	+ 0·321	310·41	+ 0·99	346·132	258·00	14 47·15	0·125
8464·5	− 0·426	+ 1·700	322·60	+ 0·98	342·189	254·75	14 44·79	0·194
8465·5	− 1·849	+ 3·003	334·77	+ 0·96	339·108	251·72	14 44·76	0·273
8466·5	− 3·233	+ 4·183	346·94	+ 0·95	336·977	249·18	14 47·34	0·361
8467·5	− 4·492	+ 5·193	359·11	+ 0·93	335·841	247·26	14 52·69	0·454
8468·5	− 5·541	+ 5·991	11·27	+ 0·91	335·726	246·03	15 00·84	0·550
8469·5	− 6·295	+ 6·530	23·42	+ 0·89	336·651	245·57	15 11·60	0·647
8470·5	− 6·686	+ 6·766	35·56	+ 0·86	338·638	245·90	15 24·53	0·741
8471·5	− 6·665	+ 6·660	47·70	+ 0·84	341·705	247·03	15 38·92	0·827
8472·5	− 6·213	+ 6·182	59·84	+ 0·81	345·846	248·86	15 53·76	0·901
8473·5	− 5·349	+ 5·326	71·97	+ 0·78	350·994	250·76	16 07·77	0·958
8474·5	− 4·129	+ 4·114	84·09	+ 0·74	356·956	248·64	16 19·60	0·992
8475·5	− 2·646	+ 2·609	96·22	+ 0·71	3·365	121·32	16 28·01	0·999
8476·5	− 1·013	+ 0·912	108·34	+ 0·67	9·682	100·34	16 32·15	0·977
8477·5	+ 0·646	− 0·853	120·47	+ 0·64	15·307	102·66	16 31·76	0·928
8478·5	+ 2·220	− 2·550	132·60	+ 0·60	19·742	106·33	16 27·22	0·854
8479·5	+ 3·617	− 4·060	144·74	+ 0·57	22·704	109·54	16 19·37	0·761
8480·5	+ 4·773	− 5·286	156·88	+ 0·53	24·133	111·82	16 09·32	0·656
8481·5	+ 5·647	− 6·167	169·03	+ 0·50	24·114	113·04	15 58·17	0·546
8482·5	+ 6·224	− 6·672	181·18	+ 0·47	22·803	113·19	15 46·82	0·435
8483·5	+ 6·503	− 6·798	193·35	+ 0·44	20·370	112·35	15 35·91	0·331
8484·5	+ 6·497	− 6·561	205·52	+ 0·42	16·984	110·58	15 25·82	0·236

NOTES AND FORMULAE

Low-precision formulae for geocentric coordinates of the Moon

The following formulae give approximate geocentric coordinates of the Moon. During the period 1900 to 2100 the errors will rarely exceed $0°3$ in ecliptic longitude (λ), $0°2$ in ecliptic latitude (β), $0°003$ in horizontal parallax (π), $0°001$ in semidiameter (SD), $0\cdot2$ Earth radii in distance (r), $0°3$ in right ascension (α) and $0°2$ in declination (δ).

On this page the time argument T is the number of Julian centuries from J2000·0.

$$T = (\text{JD} - 245\ 1545\cdot0)/36\ 525 = (6573\cdot5 + \text{day of year} + (\text{UT1} + \Delta T)/24)/36\ 525$$

where day of year is given on pages B4–B5. The Universal Time (UT1) and $\Delta T = \text{TT} - \text{UT1}$ (see pages K8–K9), are expressed in hours. To the precision quoted ΔT may be ignored.

$$\lambda = 218°32 + 481\ 267°881\ T$$
$$+\ 6°29 \sin(135°0 + 477\ 198°87\ T) - 1°27 \sin(259°3 - 413\ 335°36\ T)$$
$$+\ 0°66 \sin(235°7 + 890\ 534°22\ T) + 0°21 \sin(269°9 + 954\ 397°74\ T)$$
$$-\ 0°19 \sin(357°5 + 35\ 999°05\ T) - 0°11 \sin(186°5 + 966\ 404°03\ T)$$
$$\beta = +\ 5°13 \sin(93°3 + 483\ 202°02\ T) + 0°28 \sin(228°2 + 960\ 400°89\ T)$$
$$-\ 0°28 \sin(318°3 + 6\ 003°15\ T) - 0°17 \sin(217°6 - 407\ 332°21\ T)$$
$$\pi = +\ 0°9508 + 0°0518 \cos(135°0 + 477\ 198°87\ T) + 0°0095 \cos(259°3 - 413\ 335°36\ T)$$
$$+\ 0°0078 \cos(235°7 + 890\ 534°22\ T) + 0°0028 \cos(269°9 + 954\ 397°74\ T)$$

$$SD = 0\cdot2724\,\pi \qquad \text{and} \qquad r = 1/\sin\pi$$

Form the geocentric direction cosines (l, m, n) from:

$$l = \cos\beta \cos\lambda \qquad\qquad\qquad = \cos\delta \cos\alpha$$
$$m = +0\cdot9175 \cos\beta \sin\lambda - 0\cdot3978 \sin\beta = \cos\delta \sin\alpha$$
$$n = +0\cdot3978 \cos\beta \sin\lambda + 0\cdot9175 \sin\beta = \sin\delta$$

Then
$$\alpha = \tan^{-1}(m/l) \qquad \text{and} \qquad \delta = \sin^{-1}(n)$$

where the quadrant of α is determined by the signs of l and m, and where α, δ are referred to the mean equator and equinox of date.

Low-precision formulae for topocentric coordinates of the Moon

The following formulae give approximate topocentric values of right ascension (α'), declination (δ'), distance (r'), parallax (π') and semidiameter (SD').

Form the geocentric rectangular coordinates (x, y, z) from:

$$x = rl = r \cos\delta \cos\alpha$$
$$y = rm = r \cos\delta \sin\alpha$$
$$z = rn = r \sin\delta$$

Form the topocentric rectangular coordinates (x', y', z') from:

$$x' = x - \cos\phi' \cos\theta_0$$
$$y' = y - \cos\phi' \sin\theta_0$$
$$z' = z - \sin\phi'$$

where (ϕ', λ') are the observer's geocentric latitude and longitude (east positive). The local sidereal time (see page B8) may be approximated by

$$\theta_0 = 100°46 + 36\ 000°77\ T_U + \lambda' + 15\,\text{UT1}$$

where
$$T_U = (\text{JD} - 245\ 1545\cdot0)/36\ 525 = (6573\cdot5 + \text{day of year} + \text{UT1}/24)/36\ 525$$

Then
$$r' = (x'^2 + y'^2 + z'^2)^{1/2} \qquad \alpha' = \tan^{-1}(y'/x') \quad \delta' = \sin^{-1}(z'/r')$$
$$\pi' = \sin^{-1}(1/r') \qquad\qquad SD' = 0\cdot2724\pi'$$

CONTENTS OF SECTION E

PLANETS
NOTES AND FORMULAS

Orbital elements

The heliocentric osculating orbital elements for the Earth given on page E8 and the heliocentric coordinates and velocity of the Earth on page E7 actually refer to the Earth-Moon barycenter. The heliocentric coordinates and velocity of the Earth itself are given by:

$$(\text{Earth's center}) = (\text{Earth-Moon barycenter}) - (0.000\,0312 \cos L, 0.000\,0286 \sin L,$$
$$0.000\,0124 \sin L, - 0.000\,00718 \sin L, 0.000\,00657 \cos L, 0.000\,00285 \cos L)$$

where $L = 218° + 481\,268° T$, with T in Julian centuries from JD 245 1545.0. This estimate is accurate to the fifth decimal place in position and the sixth decimal place in velocity. The units of position are in au and the units of velocity are in au/day. The position and velocity are in the mean equator and equinox coordinate system.

Linear interpolation of the heliocentric osculating orbital elements usually leads to errors of about $1''$ or $2''$ in the resulting geocentric positions of the Sun and planets; the errors may, however, reach about $7''$ for Venus at inferior conjunction and about $3''$ for Mars at opposition.

Heliocentric coordinates

The heliocentric ecliptic coordinates of the Earth may be obtained from the geocentric ecliptic coordinates of the Sun given on pages C6–C20 by adding $\pm 180°$ to the longitude, and reversing the sign of the latitude.

Invariable plane of the solar system

Approximate coordinates of the north pole of the invariable plane are:

$$\alpha_0 = 273°8527 \qquad \delta_0 = 66°9911$$

This is the direction of the total angular momentum vector of the solar system (Sun and major planets) with respect to the ICRS coordinate axes.

Semidiameter and horizontal parallax

The apparent angular semidiameter, s, of a planet is given by:

$$s = \text{semidiameter at 1 au} / \text{distance in au}$$

where the distance in au is given in the daily geocentric ephemeris on pages E18–E45. Unless otherwise specified, the semidiameters at unit distance (1 au) are for equatorial radii. They are:

	$''$			$''$			$''$
Mercury	3.36	Jupiter: equatorial	98.57		Uranus: equatorial	35.24	
Venus	8.34	polar	92.18		polar	34.43	
Mars	4.68	Saturn: equatorial	83.10		Neptune: equatorial	34.14	
		polar	74.96		polar	33.56	

The difference in transit times of the limb and center of a planet in seconds of time is given approximately by:

$$\text{difference in transit time} = (s \text{ in seconds of arc}) / 15 \cos \delta$$

where the sidereal motion of the planet is ignored.

The equatorial horizontal parallax of a planet is given by $8''.794\,143$ divided by its distance in au; formulas for the corrections for diurnal parallax are given on page B85.

PLANETS

E3

NOTES AND FORMULAS

Time of transit of a planet

The transit times that are tabulated on pages E46–E53 are expressed in terrestrial time (TT) and refer to the transits over the ephemeris meridian; for most purposes this may be regarded as giving the universal time (UT) of transit over the Greenwich meridian.

The UT of transit over a local meridian is given by:

$$\text{time of ephemeris transit} - (\lambda/24) \times \text{first difference}$$

with an error that is usually less than 1 second, where λ is the *east* longitude in hours and the first difference is about 24 hours.

Times of rising and setting

Approximate times of the rising and setting of a planet at a place with latitude φ may be obtained from the time of transit by applying the value of the hour angle h of the point on the horizon at the same declination δ as the planet; h is given by:

$$\cos h = -\tan \varphi \tan \delta$$

This ignores the sidereal motion of the planet during the interval between transit and rising or setting and the effects of refraction (~ 2.25 minutes). Similarly, the time at which a planet reaches a zenith distance z may be obtained by determining the corresponding hour angle h:

$$\cos h = -\tan \varphi \tan \delta + \sec \varphi \sec \delta \cos z$$

and applying h to the time of transit.

Ephemeris for physical observations

Explanatory information for data presented in the ephemeris for physical observations (E54–E79) of the planets and the planetary central meridians (E80–E87) is given here. Additional information is given in the Notes and References section, on page L12.

The tabulated surface brightness is the average visual magnitude of an area of one square arcsecond of the illuminated portion of the apparent disk. For a few days around inferior and superior conjunctions, the tabulated surface brightness and magnitude of Mercury and Venus are unknown; surface brightness values are given for phase angles $2°\!.1 < \phi < 169°\!.5$ for Mercury and $2°\!.2 < \phi < 170°\!.2$ for Venus. For Saturn the magnitude includes the contribution due to the rings, but the surface brightness applies only to the disk of the planet.

The diagram on the next page illustrates many of the quantities tabulated. The primary reference points are the sub-Earth point, e (center of the apparent disk); the sub-solar point, s; and the north pole of the planet, n. Points e and s are on the lines of sight (taking into account light-time and aberration) between the center of a planet and the centers of the Earth and Sun, respectively. An observer on the body's surface at point e or point s would see the apparent center of the Earth or the Sun at the at the planetocentric zenith, respectively.

For points e and s, planetographic longitudes, λ_e and λ_s, and planetographic latitudes, β_e and β_s, are given. Planetographic longitude is reckoned from the prime meridian and increases from $0°$ to $360°$ in the direction opposite rotation. Planetographic latitude is the angle between the planet's equator and the normal to the reference spheroid at the point. Latitudes north of the equator are positive for planets.

For points s and n, apparent distances from the center of the disk, d_s and d_n, and apparent position angles, p_s and p_n, are given. Position angles are measured east from north on the celestial sphere, with north defined by the great circle on the celestial sphere passing through the center of the planet's apparent disk and the true celestial pole of date. Apparent distances are positive in the visible hemisphere and negative on the far side of the planet, so the sign of the distance may change abruptly for points near the limb. Points close to e may appear to be discontinuous in the tables because distance and position angle can vary rapidly and the tabular interval is fixed.

PLANETS
NOTES AND FORMULAS

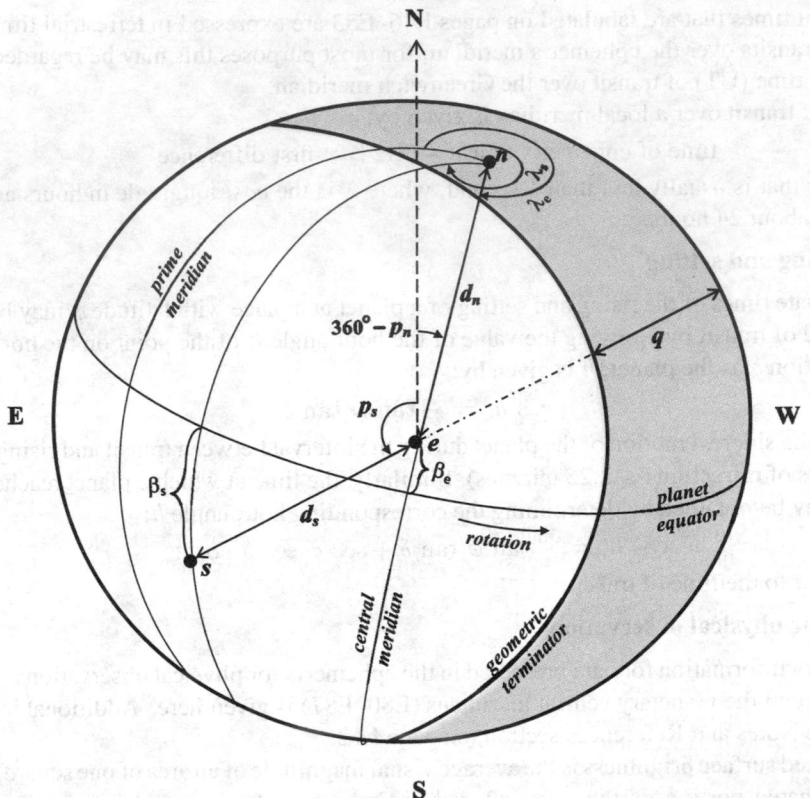

Diagram illustrating many of the physical ephemeris values

The phase is the ratio of the illuminated area of the disk to the total area of the disk, as seen from the Earth. The phase angle, ϕ, is the planetocentric elongation of the Earth from the Sun. The defect of illumination, q, is the length of the unilluminated section of the diameter passing through e and s. The position angle of q can be computed by adding $180°$ to p_s. Phase and q are based on the geometric terminator, defined by the plane crossing through the planet's center of mass, orthogonal to the direction of the Sun. Both the phase and q assume that the change in their values caused by the flattening of the planet is insignificant.

The planetocentric orbital longitude of the Sun, L_s, is measured eastward in the planet's orbital plane from the planet's vernal equinox. Instantaneous orbital and equatorial planes are used in computing L_s. Values of L_s of $0°$, $90°$, $180°$, and $270°$ correspond to the beginning of spring, summer, autumn and winter, for the northern hemisphere of a planet. For small solar system bodies, such as dwarf planets and minor planets, $L_s=0$ corresponds to the beginning of spring in the hemisphere in which the rotation about the pole is counterclockwise.

The angle W of the prime meridian is measured counterclockwise (when viewed from above the planet's north pole) along the planet's equator from the ascending node of the planet's equator on the ICRS equator. For a planet with direct rotation (counterclockwise viewed from the planet's north pole), W increases with time. Values of W and its rate of change are given on page E5.

Longitudes of the planetary central meridians are sub-Earth planetographic longitudes, λ_e, measured from the planet's prime meridian. None are given for Uranus and Neptune since their rotational periods are not well known. Cassini mission data calls into question Saturn's rotation rate.

ROTATION ELEMENTS REFERRED TO THE ICRS
at 2018 JANUARY 0, 0^h TDB

Planet	North Pole		Argument of Prime Meridian		Longitude of Central Meridian	Inclination of Equator to Orbit
	Right Ascension	Declin- ation	at epoch	var./day		
	α_1	δ_1	W_0	$\dot{W}$	λ_e	
	°	°	°	°	°	°
Mercury	281.00	+ 61.41	1.00	+ 6.1385025	294.51	+ 0.04
Venus	272.76	+ 67.16	142.42	− 1.4813688	312.06	+ 2.64
Mars	317.66	+ 52.88	245.08	+ 350.8919823	237.03	+ 25.19
Jupiter I	268.06	+ 64.50	142.75	+ 877.9000000	64.22	+ 3.12
II	268.06	+ 64.50	3.15	+ 870.2700000	284.88	+ 3.12
III	268.06	+ 64.50	193.35	+ 870.5360000	115.07	+ 3.12
Saturn	40.58	+ 83.54	352.62	+ 810.7939024	338.09	+ 26.73
Uranus	257.31	− 15.18	187.94	− 501.1600928	295.21	+ 82.23
Neptune	299.44	+ 42.95	225.63	+ 536.3128492	352.06	+ 28.34

Rotational elements definitions and formulas

α_1, δ_1 right ascension and declination of the north pole of the planet; variations during one year are negligible.

W_0 the angle measured from the planet's equator in the positive sense with respect to the planet's north pole from the ascending node of the planet's equator on the Earth's mean equator of date to the prime meridian of the planet.

$\dot{W}$ the daily rate of change of W_0. Sidereal periods of rotation are given on page E6.

Given:

α, δ: apparent right ascension and declination of planet (pages E18–E45).

s: apparent equatorial diameter (pages E54–E79).

p_n: position angle of north pole (or central meridian or axis) (pages E54–E79).

λ_e: planetographic longitude of sub-Earth point (or central meridian) (pages E54–E77 or E80–E87).

β_e: planetographic latitude of sub-Earth point (pages E54–E79).

$\dot{W}$: from the above table.

f: geometric flattening (from page E6).

To compute the displacements $\Delta\alpha$, $\Delta\delta$ in right ascension and declination, measured from the center of the disk, of a feature at planetographic longitude λ and planetographic latitude ϕ, first compute the planetocentric quantities ϕ', β'_e, λ', and λ'_e, and the quantity s'. The formulas on the right may be used for planets where the flattening f is small and can be ignored [1]:

$$\tan\phi' = (1-f)^2 \tan\phi \qquad\qquad \phi' = \phi$$

$$\tan\beta'_e = (1-f)^2 \tan\beta_e \qquad\qquad \beta'_e = \beta_e$$

$$\lambda' = 360° - \lambda \ \ \text{if } \dot{W} \text{ is positive}; \quad \lambda' = \lambda \ \ \text{if } \dot{W} \text{ is negative} \qquad \lambda' \quad \text{as at left}$$

$$\lambda'_e = 360° - \lambda_e \ \ \text{if } \dot{W} \text{ is positive}; \quad \lambda'_e = \lambda_e \ \ \text{if } \dot{W} \text{ is negative} \qquad \lambda'_e \quad \text{as at left}$$

$$s' = \tfrac{1}{2} s \, (1 - f \sin^2 \phi') \qquad\qquad s' = \tfrac{1}{2} s$$

Then compute the quantities X, Y, and Z:

$$X = s' \cos\phi' \sin(\lambda' - \lambda'_e)$$

$$Y = s' \left(\sin\phi' \cos\beta'_e - \cos\phi' \sin\beta'_e \cos(\lambda' - \lambda'_e)\right)$$

$$Z = s' \left(\sin\phi' \sin\beta'_e + \cos\phi' \cos\beta'_e \cos(\lambda' - \lambda'_e)\right)$$

Finally,

$$\Delta\alpha \cos\delta = -X \cos p_n + Y \sin p_n$$

$$\Delta\delta = X \sin p_n + Y \cos p_n$$

If Z is positive, the feature is on the near (visible) side of the planet; if Z is negative, it is on the far side. If $|Z| < 0.1 \, s'$, the feature is on or very near the limb.

---

[1] The flattening is negligible if only one apparent diameter is given, or if the difference between the apparent equatorial and polar diameters is not significant to the precision required.

PLANETS

PHYSICAL AND PHOTOMETRIC DATA

Planet	Mass[1]	Mean Equatorial Radius	Minimum Geocentric Distance[2]	Flattening[3] (geometric)	Coefficients of the Potential		
					J_2	J_3	J_4
	kg	km	au		10^{-3}	10^{-6}	10^{-6}
Mercury	3.3010×10^{23}	2439.7	0.549	0	—	—	—
Venus	4.8673×10^{24}	6051.8	0.265	0	0.027	—	—
Earth	5.9721×10^{24}	6378.14	—	0.003 352 81	1.082 64	− 2.54	− 1.61
(Moon)	7.3458×10^{22}	1737.4	0.002 38	0	0.202 7	—	—
Mars	6.4169×10^{23}	3396.19	0.373	0.005 886	1.964	36	—
Jupiter	1.8981×10^{27}	71492	3.945	0.064 874	14.75	—	− 580
Saturn	5.6831×10^{26}	60268	8.032	0.097 962	16.45	—	− 1000
Uranus	8.6809×10^{25}	25559	17.292	0.022 927	12	—	—
Neptune	1.0241×10^{26}	24764	28.814	0.017 081	4	—	—

Planet	Period of Rotation	Mean Density	Maximum Angular Diameter	Geometric Albedo	Visual Magnitude		Color Indices	
					$V(1,0)$	V_0	$B-V$	$U-B$
	d	g/cm³	″					
Mercury	+ 58.646 225 2	5.43	12.3	0.106	− 0.60	—	0.93	0.41
Venus	− 243.018 5	5.24	63.0	0.65	− 4.47	—	0.82	0.50
Earth	+ 0.997 269 566	5.513	—	0.367	− 3.86	—	—	—
(Moon)	+ 27.321 66	3.34	2010.8	0.12	+ 0.21	− 12.74	0.92	0.46
Mars	+ 1.025 956 76	3.93	25.1	0.150	− 1.52	− 2.01	1.36	0.58
Jupiter	+ 0.413 54 (System III)	1.33	49.9	0.52	− 9.40	− 2.70	0.83	0.49
Saturn	+ 0.444 01	0.69	20.7	0.47	− 8.88	+ 0.67	1.04	0.58
Uranus	− 0.718 33	1.27	4.1	0.51	− 7.19	+ 5.52	0.56	0.28
Neptune	+ 0.671 25	1.64	2.4	0.41	− 6.87	+ 7.84	0.41	0.21

NOTES TO TABLE

[1] Values for the masses include the atmospheres but exclude satellites.

[2] The tabulated minimum geocentric distance applies to the interval 1950 to 2050.

[3] The flattening for Mars is calculated by using the average of its north and south polar radii.

HELIOCENTRIC COORDINATES AND VELOCITY COMPONENTS REFERRED TO THE MEAN EQUATOR AND EQUINOX OF J2000.0

Julian Date (TDB) 245	x	y	z	$\dot{x}$	$\dot{y}$	$\dot{z}$
MERCURY	au	au	au	au/day	au/day	au/day
8080.5	+ 0.348 1089	− 0.135 9933	− 0.108 7325	+ 0.006 730 44	+ 0.023 799 26	+ 0.012 015 64
8160.5	+ 0.248 0747	− 0.298 0916	− 0.184 9539	+ 0.017 280 10	+ 0.016 321 64	+ 0.006 927 56
8240.5	+ 0.088 2922	− 0.391 2190	− 0.218 1384	+ 0.021 955 87	+ 0.006 914 43	+ 0.001 417 62
8320.5	− 0.089 5418	− 0.407 7529	− 0.208 5358	+ 0.021 964 11	− 0.002 726 22	− 0.003 733 18
8400.5	− 0.250 9531	− 0.349 3323	− 0.160 5961	+ 0.017 874 62	− 0.011 778 42	− 0.008 144 84
8480.5	− 0.363 4299	− 0.223 8096	− 0.081 8835	+ 0.009 633 64	− 0.019 381 71	− 0.011 352 18
8560.5	− 0.392 5274	− 0.048 6593	+ 0.014 6963	− 0.003 085 17	− 0.023 820 32	− 0.012 404 80
VENUS						
8080.5	− 0.601 9131	− 0.377 5160	− 0.131 7771	+ 0.011 028 39	− 0.015 211 56	− 0.007 542 18
8160.5	+ 0.684 6247	− 0.205 6007	− 0.135 8275	+ 0.006 647 02	+ 0.017 458 86	+ 0.007 434 98
8240.5	− 0.230 3559	+ 0.615 3474	+ 0.291 4488	− 0.019 227 27	− 0.006 459 22	− 0.001 689 73
8320.5	− 0.384 0193	− 0.569 1898	− 0.231 8069	+ 0.017 010 93	− 0.009 470 77	− 0.005 337 68
8400.5	+ 0.722 5606	+ 0.071 8258	− 0.013 4004	− 0.001 771 05	+ 0.018 257 67	+ 0.008 327 07
8480.5	− 0.494 2639	+ 0.463 0943	+ 0.239 6440	− 0.014 735 29	− 0.013 141 81	− 0.004 980 80
8560.5	− 0.097 3202	− 0.658 8270	− 0.290 2820	+ 0.019 908 66	− 0.002 086 03	− 0.002 198 32
EARTH*						
8080.5	+ 0.484 2053	+ 0.789 6602	+ 0.342 3179	− 0.015 274 28	+ 0.007 681 05	+ 0.003 329 83
8160.5	− 0.777 2223	+ 0.558 0576	+ 0.241 9231	− 0.010 882 70	− 0.012 489 87	− 0.005 414 35
8240.5	− 0.757 0142	− 0.610 2554	− 0.264 5438	+ 0.011 076 06	− 0.011 917 34	− 0.005 166 24
8320.5	+ 0.476 3744	− 0.823 4807	− 0.356 9827	+ 0.014 916 77	+ 0.007 341 03	+ 0.003 182 29
8400.5	+ 0.963 1715	+ 0.243 3398	+ 0.105 4838	− 0.004 847 63	+ 0.015 159 40	+ 0.006 571 63
8480.5	− 0.101 5167	+ 0.897 4451	+ 0.389 0419	− 0.017 393 14	− 0.001 688 92	− 0.000 732 09
8560.5	− 0.993 5791	+ 0.050 3031	+ 0.021 8095	− 0.001 228 25	− 0.015 820 50	− 0.006 858 17
MARS						
8080.5	− 1.651 650	+ 0.080 157	+ 0.081 352	− 0.000 372 713	− 0.011 612 883	− 0.005 316 483
8160.5	− 1.336 575	− 0.799 126	− 0.330 459	+ 0.008 124 925	− 0.009 515 428	− 0.004 583 804
8240.5	− 0.421 347	− 1.305 529	− 0.587 437	+ 0.013 951 750	− 0.002 364 640	− 0.001 461 189
8320.5	+ 0.703 214	− 1.097 738	− 0.522 483	+ 0.012 639 412	+ 0.007 587 327	+ 0.003 138 949
8400.5	+ 1.365 274	− 0.195 927	− 0.126 715	+ 0.002 860 465	+ 0.013 660 262	+ 0.006 188 405
8480.5	+ 1.124 255	+ 0.841 742	+ 0.355 742	− 0.008 294 342	+ 0.010 877 410	+ 0.005 213 046
8560.5	+ 0.208 840	+ 1.398 631	+ 0.635 878	− 0.013 337 406	+ 0.002 664 786	+ 0.001 582 231
JUPITER						
8080.5	− 4.434 279	− 2.930 574	− 1.148 175	+ 0.004 278 695	− 0.005 296 977	− 0.002 374 602
8160.5	− 4.066 487	− 3.336 204	− 1.330 994	+ 0.004 907 734	− 0.004 833 242	− 0.002 191 143
8240.5	− 3.650 475	− 3.702 269	− 1.498 027	+ 0.005 483 051	− 0.004 308 576	− 0.001 980 259
8320.5	− 3.190 814	− 4.024 066	− 1.647 149	+ 0.005 997 789	− 0.003 727 318	− 0.001 743 648
8400.5	− 2.692 634	− 4.297 269	− 1.776 379	+ 0.006 444 909	− 0.003 094 693	− 0.001 483 368
8480.5	− 2.161 598	− 4.518 010	− 1.883 922	+ 0.006 818 205	− 0.002 416 798	− 0.001 201 891
8560.5	− 1.603 847	− 4.682 913	− 1.968 183	+ 0.007 111 756	− 0.001 699 859	− 0.000 901 737
SATURN						
8080.5	− 0.159 746	− 9.302 930	− 3.835 782	+ 0.005 277 320	− 0.000 018 814	− 0.000 234 999
8160.5	+ 0.262 475	− 9.295 764	− 3.851 001	+ 0.005 276 540	+ 0.000 197 944	− 0.000 145 417
8240.5	+ 0.684 236	− 9.271 271	− 3.859 043	+ 0.005 265 878	+ 0.000 414 283	− 0.000 055 584
8320.5	+ 1.104 755	− 9.229 494	− 3.859 890	+ 0.005 245 439	+ 0.000 630 049	+ 0.000 034 430
8400.5	+ 1.523 237	− 9.170 489	− 3.853 533	+ 0.005 214 937	+ 0.000 844 835	+ 0.000 124 473
8480.5	+ 1.938 883	− 9.094 363	− 3.839 981	+ 0.005 174 644	+ 0.001 058 044	+ 0.000 214 278
8560.5	+ 2.350 925	− 9.001 243	− 3.819 254	+ 0.005 124 771	+ 0.001 269 672	+ 0.000 303 847
URANUS						
8080.5	+17.791 72	+ 8.269 17	+ 3.370 17	− 0.001 787 973	+ 0.003 037 766	+ 0.001 355 702
8160.5	+17.646 57	+ 8.511 21	+ 3.478 22	− 0.001 840 614	+ 0.003 013 068	+ 0.001 345 619
8240.5	+17.497 23	+ 8.751 24	+ 3.585 46	− 0.001 892 937	+ 0.002 987 594	+ 0.001 335 193
8320.5	+17.343 71	+ 8.989 21	+ 3.691 85	− 0.001 944 841	+ 0.002 961 528	+ 0.001 324 495
8400.5	+17.186 05	+ 9.225 07	+ 3.797 37	− 0.001 996 622	+ 0.002 934 797	+ 0.001 313 510
8480.5	+17.024 26	+ 9.458 75	+ 3.902 00	− 0.002 048 031	+ 0.002 907 140	+ 0.001 302 114
8560.5	+16.858 38	+ 9.690 20	+ 4.005 70	− 0.002 098 890	+ 0.002 878 886	+ 0.001 290 445
NEPTUNE						
8080.5	+28.645 05	− 7.805 11	− 3.907 89	+ 0.000 897 780	+ 0.002 800 818	+ 0.001 123 916
8160.5	+28.715 88	− 7.580 76	− 3.817 83	+ 0.000 873 068	+ 0.002 808 126	+ 0.001 127 534
8240.5	+28.784 73	− 7.355 82	− 3.727 48	+ 0.000 848 234	+ 0.002 815 221	+ 0.001 131 068
8320.5	+28.851 60	− 7.130 32	− 3.636 86	+ 0.000 823 370	+ 0.002 822 279	+ 0.001 134 586
8400.5	+28.916 46	− 6.904 26	− 3.545 95	+ 0.000 798 166	+ 0.002 829 227	+ 0.001 138 073
8480.5	+28.979 30	− 6.677 65	− 3.454 77	+ 0.000 772 863	+ 0.002 835 797	+ 0.001 141 401
8560.5	+29.040 12	− 6.450 53	− 3.363 33	+ 0.000 747 628	+ 0.002 842 314	+ 0.001 144 708

*Values labeled for the Earth are actually for the Earth-Moon barycenter; shading is given on the 400-day date.

PLANETS, 2018

HELICENTRIC OSCULATING ORBITAL ELEMENTS
REFERRED TO THE MEAN EQUINOX AND ECLIPTIC OF J2000.0

Julian Date (TDB) 245	Inclin- ation i	Longitude Asc. Node Ω	Longitude Perihelion ϖ	Semimajor Axis a	Daily Motion n	Eccen- tricity e	Mean Longitude L
MERCURY	°	°	°	au	°		°
8080.5	7.003 95	48.3084	77.4837	0.387 0979	4.092 352	0. 205 6396	357.729 95
8120.5	7.003 95	48.3084	77.4829	0.387 0979	4.092 351	0. 205 6386	161.423 74
8160.5	7.003 94	48.3083	77.4829	0.387 0985	4.092 342	0. 205 6380	325.117 59
8200.5	7.003 95	48.3082	77.4823	0.387 0985	4.092 342	0. 205 6337	128.810 81
8240.5	7.003 95	48.3082	77.4835	0.387 0989	4.092 336	0. 205 6373	292.503 62
8280.5	7.003 95	48.3081	77.4834	0.387 0985	4.092 342	0. 205 6369	96.197 08
8320.5	7.003 92	48.3081	77.4854	0.387 0993	4.092 329	0. 205 6432	259.889 37
8360.5	7.003 91	48.3078	77.4863	0.387 0977	4.092 354	0. 205 6468	63.583 17
8400.5	7.003 91	48.3078	77.4866	0.387 0981	4.092 348	0. 205 6481	227.276 97
8440.5	7.003 90	48.3077	77.4870	0.387 0971	4.092 363	0. 205 6525	30.971 34
8480.5	7.003 89	48.3077	77.4860	0.387 0972	4.092 362	0. 205 6514	194.665 60
8520.5	7.003 88	48.3076	77.4868	0.387 0976	4.092 356	0. 205 6501	358.359 59
VENUS							
8080.5	3.394 49	76.6284	131.415	0.723 3338	1.602 125	0. 006 7947	212.704 64
8120.5	3.394 50	76.6283	131.391	0.723 3302	1.602 137	0. 006 8021	276.789 23
8160.5	3.394 50	76.6283	131.376	0.723 3304	1.602 137	0. 006 8018	340.874 89
8200.5	3.394 50	76.6281	131.366	0.723 3323	1.602 130	0. 006 7973	44.959 85
8240.5	3.394 51	76.6281	131.397	0.723 3271	1.602 148	0. 006 7898	109.044 94
8280.5	3.394 51	76.6281	131.421	0.723 3261	1.602 151	0. 006 7877	173.131 24
8320.5	3.394 51	76.6281	131.471	0.723 3307	1.602 136	0. 006 7914	237.216 76
8360.5	3.394 50	76.6280	131.458	0.723 3283	1.602 144	0. 006 7951	301.302 19
8400.5	3.394 50	76.6268	131.406	0.723 3400	1.602 105	0. 006 7796	5.387 06
8440.5	3.394 61	76.6250	131.405	0.723 3414	1.602 100	0. 006 7543	69.468 31
8480.5	3.394 62	76.6250	131.470	0.723 3269	1.602 148	0. 006 7353	133.552 89
8520.5	3.394 62	76.6249	131.490	0.723 3245	1.602 156	0. 006 7300	197.639 51
EARTH*							
8080.5	0.002 41	174.2	102.8985	0.999 9930	0.985 6208	0. 016 6828	61.911 93
8120.5	0.002 41	174.5	102.8926	0.999 9819	0.985 6372	0. 016 6703	101.336 39
8160.5	0.002 42	174.4	102.8838	0.999 9767	0.985 6449	0. 016 6657	140.761 89
8200.5	0.002 43	174.3	102.9218	0.999 9905	0.985 6245	0. 016 6736	180.187 13
8240.5	0.002 45	174.5	102.9856	1.000 0078	0.985 5989	0. 016 6806	219.610 49
8280.5	0.002 45	174.7	103.0155	1.000 0071	0.985 5999	0. 016 6903	259.032 98
8320.5	0.002 45	174.7	103.0198	0.999 9993	0.985 6115	0. 016 6989	298.456 98
8360.5	0.002 46	174.6	103.0082	0.999 9965	0.985 6157	0. 016 7049	337.882 25
8400.5	0.002 51	174.8	103.0051	0.999 9955	0.985 6171	0. 016 7132	17.307 87
8440.5	0.002 60	176.1	102.9956	1.000 0060	0.985 6016	0. 016 7329	56.734 18
8480.5	0.002 60	176.2	102.9902	1.000 0104	0.985 5951	0. 016 7375	96.158 24
8520.5	0.002 60	176.2	102.9806	0.999 9990	0.985 6119	0. 016 7268	135.582 36

*Values labeled for the Earth are actually for the Earth-Moon barycenter (see note on page E2).

FORMULAS

Mean anomaly, $M = L - \varpi$

Argument of perihelion, measured from node, $\omega = \varpi - \Omega$

True anomaly, $\quad \nu = M + (2e - e^3/4)\sin M + (5e^2/4)\sin 2M + (13e^3/12)\sin 3M + \ldots$ in radians.

Planet-Sun distance, $\quad r = a(1 - e^2)/(1 + e\cos\nu)$

Heliocentric rectangular coordinates, referred to the ecliptic, may be computed from these elements by:

$$x = r\{\cos(\nu + \omega)\cos\Omega - \sin(\nu + \omega)\cos i \sin\Omega\}$$
$$y = r\{\cos(\nu + \omega)\sin\Omega + \sin(\nu + \omega)\cos i \cos\Omega\}$$
$$z = r\sin(\nu + \omega)\sin i$$

PLANETS, 2018 E9

HELIOCENTRIC OSCULATING ORBITAL ELEMENTS
REFERRED TO THE MEAN EQUINOX AND ECLIPTIC OF J2000.0

Julian Date (TDB) 245	Inclination i	Longitude Asc. Node Ω	Longitude Perihelion ϖ	Semimajor Axis a	Daily Motion n	Eccentricity e	Mean Longitude L
	°	°	°	au	°		°
MARS							
8080.5	1.848 37	49.5072	336.1186	1.523 6901	0.524 0351	0.093 4572	180.272 54
8120.5	1.848 35	49.5077	336.1125	1.523 7401	0.524 0093	0.093 4209	201.232 17
8160.5	1.848 31	49.5084	336.1114	1.523 7678	0.523 9950	0.093 3891	222.189 47
8200.5	1.848 25	49.5086	336.1181	1.523 7615	0.523 9983	0.093 3612	243.145 80
8240.5	1.848 21	49.5083	336.1313	1.523 7249	0.524 0172	0.093 3396	264.103 67
8280.5	1.848 18	49.5078	336.1479	1.523 6752	0.524 0428	0.093 3235	285.064 34
8320.5	1.848 16	49.5066	336.1641	1.523 6443	0.524 0588	0.093 3205	306.028 17
8360.5	1.848 15	49.5045	336.1794	1.523 6522	0.524 0547	0.093 3346	326.993 49
8400.5	1.848 15	49.5040	336.1921	1.523 6824	0.524 0391	0.093 3522	347.957 54
8440.5	1.848 15	49.5041	336.2019	1.523 7129	0.524 0234	0.093 3657	8.919 74
8480.5	1.848 13	49.5043	336.2043	1.523 7251	0.524 0171	0.093 3728	29.880 26
8520.5	1.848 11	49.5043	336.2026	1.523 7289	0.524 0151	0.093 3841	50.839 60
JUPITER							
8080.5	1.303 74	100.5129	14.2332	5.202 235	0.083 105 10	0.048 8825	217.433 06
8120.5	1.303 74	100.5127	14.2250	5.202 278	0.083 104 06	0.048 8762	220.757 71
8160.5	1.303 73	100.5136	14.2211	5.202 290	0.083 103 77	0.048 8751	224.082 16
8200.5	1.303 72	100.5144	14.2186	5.202 337	0.083 102 64	0.048 8654	227.405 93
8240.5	1.303 71	100.5147	14.2048	5.202 438	0.083 100 22	0.048 8490	230.730 10
8280.5	1.303 72	100.5146	14.1860	5.202 541	0.083 097 75	0.048 8355	234.054 65
8320.5	1.303 72	100.5143	14.1671	5.202 603	0.083 096 27	0.048 8333	237.379 84
8360.5	1.303 71	100.5148	14.1677	5.202 564	0.083 097 22	0.048 8438	240.704 50
8400.5	1.303 70	100.5150	14.1765	5.202 523	0.083 098 18	0.048 8474	244.028 10
8440.5	1.303 69	100.5154	14.1845	5.202 522	0.083 098 22	0.048 8392	247.350 77
8480.5	1.303 70	100.5151	14.1704	5.202 646	0.083 095 26	0.048 8139	250.673 17
8520.5	1.303 70	100.5151	14.1395	5.202 819	0.083 091 11	0.048 7916	253.996 50
SATURN							
8080.5	2.486 89	113.5902	93.6341	9.565 492	0.033 336 01	0.052 2949	268.573 80
8120.5	2.486 84	113.5908	93.5874	9.566 226	0.033 332 17	0.052 2107	269.912 95
8160.5	2.486 75	113.5915	93.5317	9.566 847	0.033 328 93	0.052 1397	271.252 63
8200.5	2.486 68	113.5922	93.4792	9.567 385	0.033 326 12	0.052 0792	272.591 60
8240.5	2.486 63	113.5927	93.4229	9.568 048	0.033 322 65	0.052 0061	273.930 70
8280.5	2.486 58	113.5930	93.3558	9.568 749	0.033 318 99	0.051 9303	275.270 61
8320.5	2.486 53	113.5934	93.2710	9.569 437	0.033 315 40	0.051 8582	276.612 08
8360.5	2.486 47	113.5938	93.1767	9.569 822	0.033 313 39	0.051 8219	277.954 52
8400.5	2.486 43	113.5941	93.0898	9.570 015	0.033 312 38	0.051 8082	279.296 21
8440.5	2.486 40	113.5943	93.0122	9.570 125	0.033 311 81	0.051 8045	280.636 96
8480.5	2.486 41	113.5942	92.9396	9.570 422	0.033 310 26	0.051 7812	281.976 77
8520.5	2.486 38	113.5944	92.8496	9.570 913	0.033 307 70	0.051 7405	283.317 91
URANUS							
8080.5	0.771 48	74.0175	174.1778	19.109 26	0.011 806 42	0.050 3745	29.843 60
8160.5	0.771 39	74.0250	174.3084	19.111 07	0.011 804 74	0.050 1691	30.763 20
8240.5	0.771 31	74.0312	174.4241	19.112 88	0.011 803 07	0.049 9704	31.684 29
8320.5	0.771 15	74.0429	174.5233	19.115 81	0.011 800 36	0.049 7022	32.601 68
8400.5	0.771 06	74.0494	174.5012	19.120 76	0.011 795 77	0.049 3735	33.524 27
8480.5	0.770 96	74.0567	174.5004	19.124 24	0.011 792 55	0.049 1290	34.450 37
8560.5	0.770 82	74.0658	174.5193	19.128 24	0.011 788 86	0.048 8304	35.370 31
NEPTUNE							
8080.5	1.772 03	131.8148	54.921	30.002 49	0.006 001 494	0.005 9931	343.740 90
8160.5	1.771 87	131.8116	50.456	30.015 98	0.005 997 446	0.006 0274	344.205 41
8240.5	1.771 70	131.8082	46.320	30.028 82	0.005 993 600	0.006 1031	344.671 18
8320.5	1.771 57	131.8055	41.476	30.045 01	0.005 988 758	0.006 2755	345.136 95
8400.5	1.771 35	131.8008	37.338	30.061 64	0.005 983 790	0.006 5748	345.612 79
8480.5	1.771 22	131.7982	34.367	30.074 42	0.005 979 974	0.006 8199	346.087 59
8560.5	1.771 06	131.7946	30.796	30.090 77	0.005 975 101	0.007 1476	346.558 84

Shading is given on the 400-day date.

MERCURY, 2018

HELICENTRIC POSITIONS FOR 0ʰ BARYCENTRIC DYNAMICAL TIME
MEAN EQUINOX AND ECLIPTIC OF J2000.0

Date		Longitude	Latitude	True Heliocentric Distance	Date		Longitude	Latitude	True Heliocentric Distance
		° ′ ″	° ′ ″	au			° ′ ″	° ′ ″	au
Jan.	0	177 07 43.1	+ 5 28 03.3	0.383 6637	Feb.	15	319 14 30.0	− 7 00 10.9	0.410 7016
	1	181 09 01.0	+ 5 08 50.5	0.389 3565		16	322 52 18.5	− 6 58 55.0	0.405 5010
	2	185 03 10.3	+ 4 48 43.9	0.394 9562		17	326 35 49.7	− 6 55 53.4	0.400 1464
	3	188 50 36.9	+ 4 27 53.9	0.400 4398		18	330 25 25.7	− 6 50 58.0	0.394 6560
	4	192 31 46.5	+ 4 06 30.2	0.405 7866		19	334 21 28.8	− 6 44 00.6	0.389 0507
	5	196 07 04.1	+ 3 44 40.6	0.410 9783		20	338 24 21.6	− 6 34 52.7	0.383 3535
	6	199 36 53.9	+ 3 22 32.5	0.415 9986		21	342 34 26.6	− 6 23 25.8	0.377 5903
	7	203 01 39.5	+ 3 00 11.9	0.420 8329		22	346 52 05.7	− 6 09 31.2	0.371 7896
	8	206 21 43.4	+ 2 37 44.1	0.425 4685		23	351 17 40.2	− 5 53 00.9	0.365 9831
	9	209 37 27.1	+ 2 15 13.7	0.429 8938		24	355 51 29.8	− 5 33 47.3	0.360 2055
	10	212 49 11.4	+ 1 52 44.7	0.434 0989		25	0 33 52.4	− 5 11 44.2	0.354 4948
	11	215 57 16.1	+ 1 30 20.4	0.438 0748		26	5 25 03.0	− 4 46 46.8	0.348 8922
	12	219 01 59.8	+ 1 08 03.7	0.441 8137		27	10 25 13.2	− 4 18 52.7	0.343 4421
	13	222 03 40.7	+ 0 45 57.3	0.445 3089		28	15 34 29.9	− 3 48 02.3	0.338 1914
	14	225 02 35.9	+ 0 24 03.3	0.448 5541	Mar.	1	20 52 54.3	− 3 14 19.7	0.333 1899
	15	227 59 02.0	+ 0 02 23.5	0.451 5443		2	26 20 20.9	− 2 37 53.4	0.328 4888
	16	230 53 14.6	− 0 19 00.2	0.454 2747		3	31 56 36.4	− 1 58 56.9	0.324 1403
	17	233 45 29.0	− 0 40 06.5	0.456 7415		4	37 41 18.3	− 1 17 49.2	0.320 1965
	18	236 35 59.7	− 1 00 54.0	0.458 9412		5	43 33 54.6	− 0 34 55.3	0.316 7079
	19	239 25 00.9	− 1 21 21.4	0.460 8709		6	49 33 42.5	+ 0 09 14.4	0.313 7222
	20	242 12 46.3	− 1 41 27.7	0.462 5282		7	55 39 48.8	+ 0 54 03.9	0.311 2824
	21	244 59 29.1	− 2 01 11.7	0.463 9109		8	61 51 09.7	+ 1 38 53.1	0.309 4251
	22	247 45 22.4	− 2 20 32.4	0.465 0175		9	68 06 32.1	+ 2 22 59.1	0.308 1793
	23	250 30 38.8	− 2 39 28.8	0.465 8467		10	74 24 34.7	+ 3 05 38.0	0.307 5652
	24	253 15 30.9	− 2 57 59.9	0.466 3974		11	80 43 50.2	+ 3 46 06.9	0.307 5926
	25	256 00 11.0	− 3 16 04.5	0.466 6692		12	87 02 48.3	+ 4 23 46.2	0.308 2611
	26	258 44 51.3	− 3 33 41.6	0.466 6616		13	93 19 57.9	+ 4 58 01.2	0.309 5598
	27	261 29 44.1	− 3 50 50.0	0.466 3748		14	99 33 50.7	+ 5 28 24.2	0.311 4680
	28	264 15 01.6	− 4 07 28.4	0.465 8089		15	105 43 03.8	+ 5 54 34.7	0.313 9559
	29	267 00 56.0	− 4 23 35.4	0.464 9647		16	111 46 22.0	+ 6 16 20.5	0.316 9861
	30	269 47 39.6	− 4 39 09.6	0.463 8432		17	117 42 40.1	+ 6 33 37.0	0.320 5153
	31	272 35 25.0	− 4 54 09.3	0.462 4455		18	123 31 03.9	+ 6 46 26.6	0.324 4956
Feb.	1	275 24 25.0	− 5 08 32.7	0.460 7735		19	129 10 50.7	+ 6 54 58.1	0.328 8761
	2	278 14 52.3	− 5 22 17.9	0.458 8291		20	134 41 29.2	+ 6 59 24.5	0.333 6048
	3	281 07 00.4	− 5 35 22.7	0.456 6149		21	140 02 39.3	+ 7 00 02.7	0.338 6295
	4	284 01 02.9	− 5 47 44.6	0.454 1337		22	145 14 10.5	+ 6 57 11.9	0.343 8990
	5	286 57 13.7	− 5 59 21.0	0.451 3891		23	150 16 01.3	+ 6 51 12.2	0.349 3639
	6	289 55 47.4	− 6 10 09.1	0.448 3850		24	155 08 17.4	+ 6 42 24.3	0.354 9773
	7	292 56 58.9	− 6 20 05.5	0.445 1261		25	159 51 10.6	+ 6 31 08.2	0.360 6951
	8	296 01 03.9	− 6 29 06.7	0.441 6176		26	164 24 57.4	+ 6 17 43.4	0.366 4765
	9	299 08 18.3	− 6 37 08.8	0.437 8656		27	168 49 58.0	+ 6 02 27.7	0.372 2838
	10	302 18 58.9	− 6 44 07.6	0.433 8771		28	173 06 35.0	+ 5 45 37.8	0.378 0824
	11	305 33 23.2	− 6 49 58.2	0.429 6599		29	177 15 12.9	+ 5 27 28.8	0.383 8410
	12	308 51 49.3	− 6 54 35.7	0.425 2229		30	181 16 17.2	+ 5 08 14.3	0.389 5313
	13	312 14 36.0	− 6 57 54.4	0.420 5763		31	185 10 13.7	+ 4 48 06.1	0.395 1276
	14	315 42 02.8	− 6 59 48.3	0.415 7315	Apr.	1	188 57 28.3	+ 4 27 15.1	0.400 6071
	15	319 14 30.0	− 7 00 10.9	0.410 7016		2	192 38 26.7	+ 4 05 50.4	0.405 9493

MERCURY, 2018

HELIOCENTRIC POSITIONS FOR 0ʰ BARYCENTRIC DYNAMICAL TIME
MEAN EQUINOX AND ECLIPTIC OF J2000.0

Date	Longitude	Latitude	True Heliocentric Distance	Date	Longitude	Latitude	True Heliocentric Distance
	° ′ ″	° ′ ″	au		° ′ ″	° ′ ″	au
Apr. 1	188 57 28.3	+ 4 27 15.1	0.400 6071	May 17	330 32 31.6	− 6 50 47.1	0.394 4879
2	192 38 26.7	+ 4 05 50.4	0.405 9493	18	334 28 46.8	− 6 43 45.9	0.388 8794
3	196 13 33.8	+ 3 44 00.2	0.411 1359	19	338 31 52.4	− 6 34 33.9	0.383 1798
4	199 43 13.9	+ 3 21 51.6	0.416 1506	20	342 42 10.8	− 6 23 02.6	0.377 4150
5	203 07 50.5	+ 2 59 30.7	0.420 9789	21	347 00 04.0	− 6 09 03.4	0.371 6136
6	206 27 46.1	+ 2 37 02.7	0.425 6080	22	351 25 53.1	− 5 52 28.2	0.365 8074
7	209 43 22.2	+ 2 14 32.3	0.430 0267	23	355 59 58.0	− 5 33 09.6	0.360 0312
8	212 54 59.5	+ 1 52 03.4	0.434 2248	24	0 42 36.4	− 5 11 01.2	0.354 3231
9	216 02 57.7	+ 1 29 39.3	0.438 1935	25	5 34 03.2	− 4 45 58.4	0.348 7244
10	219 07 35.6	+ 1 07 22.9	0.441 9250	26	10 34 29.9	− 4 17 58.9	0.343 2795
11	222 09 11.1	+ 0 45 16.9	0.445 4125	27	15 44 03.2	− 3 47 03.2	0.338 0356
12	225 08 01.6	+ 0 23 23.2	0.448 6500	28	21 02 44.2	− 3 13 15.5	0.333 0424
13	228 04 23.3	+ 0 01 44.0	0.451 6322	29	26 30 27.1	− 2 36 44.4	0.328 3510
14	230 58 32.1	− 0 19 39.3	0.454 3546	30	32 06 58.3	− 1 57 43.6	0.324 0140
15	233 50 43.1	− 0 40 45.0	0.456 8132	31	37 51 55.2	− 1 16 32.3	0.320 0831
16	236 41 10.9	− 1 01 31.9	0.459 0047	June 1	43 44 45.3	− 0 33 35.6	0.316 6091
17	239 30 09.6	− 1 21 58.7	0.460 9261	2	49 44 45.7	+ 0 10 35.9	0.313 6392
18	242 17 52.8	− 1 42 04.3	0.462 5749	3	55 51 02.6	+ 0 55 26.0	0.311 2164
19	245 04 34.0	− 2 01 47.6	0.463 9492	4	62 02 32.1	+ 1 40 14.6	0.309 3772
20	247 50 25.9	− 2 21 07.6	0.465 0474	5	68 18 00.7	+ 2 24 18.6	0.308 1503
21	250 35 41.4	− 2 40 03.2	0.465 8680	6	74 36 06.9	+ 3 06 54.1	0.307 5554
22	253 20 32.9	− 2 58 33.5	0.466 4103	7	80 55 23.5	+ 3 47 18.5	0.307 6023
23	256 05 12.9	− 3 16 37.3	0.466 6735	8	87 14 19.7	+ 4 24 52.0	0.308 2901
24	258 49 53.4	− 3 34 13.5	0.466 6575	9	93 31 24.8	+ 4 59 00.3	0.309 6076
25	261 34 46.8	− 3 51 21.0	0.466 3621	10	99 45 10.5	+ 5 29 15.9	0.311 5339
26	264 20 05.2	− 4 07 58.5	0.465 7878	11	105 54 14.0	+ 5 55 18.5	0.314 0388
27	267 06 00.9	− 4 24 04.5	0.464 9351	12	111 57 20.6	+ 6 16 56.1	0.317 0849
28	269 52 46.2	− 4 39 37.7	0.463 8051	13	117 53 25.2	+ 6 34 04.4	0.320 6286
29	272 40 33.7	− 4 54 36.3	0.462 3991	14	123 41 34.0	+ 6 46 46.0	0.324 6218
30	275 29 36.1	− 5 08 58.6	0.460 7187	15	129 21 04.6	+ 6 55 09.7	0.329 0137
May 1	278 20 06.4	− 5 22 42.6	0.458 7661	16	134 51 26.3	+ 6 59 28.9	0.333 7522
2	281 12 17.7	− 5 35 46.1	0.456 5437	17	140 12 19.0	+ 7 00 00.5	0.338 7852
3	284 06 23.9	− 5 48 06.6	0.454 0545	18	145 23 32.7	+ 6 57 03.6	0.344 0614
4	287 02 38.8	− 5 59 41.6	0.451 3020	19	150 25 06.0	+ 6 50 58.5	0.349 5315
5	290 01 17.1	− 6 10 28.1	0.448 2901	20	155 17 04.9	+ 6 42 05.7	0.355 1488
6	293 02 33.7	− 6 20 22.9	0.445 0235	21	159 59 41.3	+ 6 30 45.4	0.360 8693
7	296 06 44.1	− 6 29 22.3	0.441 5076	22	164 33 11.8	+ 6 17 16.9	0.366 6521
8	299 14 04.5	− 6 37 22.6	0.437 7483	23	168 57 56.8	+ 6 01 58.1	0.372 4597
9	302 24 51.6	− 6 44 19.3	0.433 7527	24	173 14 18.9	+ 5 45 05.6	0.378 2576
10	305 39 23.0	− 6 50 07.9	0.429 5287	25	177 22 42.7	+ 5 26 54.4	0.384 0147
11	308 57 56.7	− 6 54 43.0	0.425 0852	26	181 23 33.6	+ 5 07 38.0	0.389 7025
12	312 20 51.6	− 6 57 59.2	0.420 4325	27	185 17 17.5	+ 4 47 28.3	0.395 2957
13	315 48 27.2	− 6 59 50.4	0.415 5819	28	189 04 20.3	+ 4 26 36.1	0.400 7714
14	319 21 03.8	− 7 00 10.1	0.410 5466	29	192 45 07.7	+ 4 05 10.5	0.406 1093
15	322 59 02.3	− 6 58 51.1	0.405 3411	30	196 20 04.5	+ 3 43 19.6	0.411 2910
16	326 42 44.2	− 6 55 46.1	0.399 9820	July 1	199 49 35.0	+ 3 21 10.6	0.416 3003
17	330 32 31.6	− 6 50 47.1	0.394 4879	2	203 14 02.7	+ 2 58 49.4	0.421 1228

MERCURY, 2018

HELIOCENTRIC POSITIONS FOR 0ʰ BARYCENTRIC DYNAMICAL TIME
MEAN EQUINOX AND ECLIPTIC OF J2000.0

Date	Longitude	Latitude	True Heliocentric Distance	Date	Longitude	Latitude	True Heliocentric Distance
	° ′ ″	° ′ ″	au		° ′ ″	° ′ ″	au
July 1	199 49 35.0	+ 3 21 10.6	0.416 3003	Aug. 16	342 49 50.6	− 6 22 39.3	0.377 2420
2	203 14 02.7	+ 2 58 49.4	0.421 1228	17	347 07 57.6	− 6 08 35.5	0.371 4398
3	206 33 50.1	+ 2 36 21.3	0.425 7459	18	351 34 01.3	− 5 51 55.5	0.365 6337
4	209 49 18.6	+ 2 13 50.9	0.430 1581	19	356 08 21.3	− 5 32 31.9	0.359 8587
5	213 00 48.9	+ 1 51 22.0	0.434 3494	20	0 51 15.3	− 5 10 18.3	0.354 1529
6	216 08 40.7	+ 1 28 58.1	0.438 3112	21	5 42 58.2	− 4 45 10.2	0.348 5579
7	219 13 12.8	+ 1 06 42.0	0.442 0355	22	10 43 41.2	− 4 17 05.4	0.343 1180
8	222 14 43.0	+ 0 44 36.3	0.445 5156	23	15 53 31.0	− 3 46 04.4	0.337 8805
9	225 13 28.6	+ 0 22 43.1	0.448 7455	24	21 12 28.5	− 3 12 11.6	0.332 8952
10	228 09 46.0	+ 0 01 04.3	0.451 7200	25	26 40 27.7	− 2 35 35.8	0.328 2134
11	231 03 51.0	− 0 20 18.4	0.454 4346	26	32 17 14.6	− 1 56 30.8	0.323 8874
12	233 55 58.5	− 0 41 23.6	0.456 8853	27	38 02 26.5	− 1 15 15.9	0.319 9692
13	236 46 23.3	− 1 02 09.9	0.459 0687	28	43 55 30.5	− 0 32 16.4	0.316 5092
14	239 35 19.5	− 1 22 36.0	0.460 9820	29	49 55 43.4	+ 0 11 56.8	0.313 5549
15	242 23 00.6	− 1 42 40.9	0.462 6227	30	56 02 11.1	+ 0 56 47.5	0.311 1488
16	245 09 39.9	− 2 02 23.5	0.463 9888	31	62 13 49.4	+ 1 41 35.4	0.309 3273
17	247 55 30.5	− 2 21 42.8	0.465 0787	Sept. 1	68 29 24.5	+ 2 25 37.4	0.308 1190
18	250 40 45.0	− 2 40 37.7	0.465 8910	2	74 47 34.7	+ 3 08 09.7	0.307 5431
19	253 25 35.9	− 2 59 07.1	0.466 4250	3	81 06 52.5	+ 3 48 29.4	0.307 6091
20	256 10 15.5	− 3 17 10.1	0.466 6799	4	87 25 47.4	+ 4 25 57.2	0.308 3160
21	258 54 56.1	− 3 34 45.4	0.466 6554	5	93 42 48.4	+ 4 59 59.0	0.309 6521
22	261 39 50.0	− 3 51 52.0	0.466 3517	6	99 56 27.4	+ 5 30 07.1	0.311 5962
23	264 25 09.2	− 4 08 28.5	0.465 7690	7	106 05 21.8	+ 5 56 01.8	0.314 1181
24	267 11 06.1	− 4 24 33.5	0.464 9081	8	112 08 17.1	+ 6 17 31.3	0.317 1799
25	269 57 52.9	− 4 40 05.6	0.463 7698	9	118 04 08.7	+ 6 34 31.4	0.320 7379
26	272 45 42.4	− 4 55 03.2	0.462 3555	10	123 52 03.0	+ 6 47 05.0	0.324 7440
27	275 34 47.1	− 5 09 24.3	0.460 6669	11	129 31 18.0	+ 6 55 21.1	0.329 1473
28	278 25 20.0	− 5 23 07.0	0.458 7062	12	135 01 23.2	+ 6 59 33.0	0.333 8957
29	281 17 34.5	− 5 36 09.2	0.456 4757	13	140 21 58.9	+ 6 59 57.9	0.338 9370
30	284 11 44.1	− 5 48 28.4	0.453 9786	14	145 32 55.5	+ 6 56 54.9	0.344 2200
31	287 08 03.0	− 6 00 02.0	0.451 2181	15	150 34 11.7	+ 6 50 44.4	0.349 6955
Aug. 1	290 06 45.6	− 6 10 46.9	0.448 1985	16	155 25 53.6	+ 6 41 46.7	0.355 3168
2	293 08 07.0	− 6 20 40.0	0.444 9243	17	160 08 13.5	+ 6 30 22.2	0.361 0401
3	296 12 22.7	− 6 29 37.7	0.441 4009	18	164 41 28.1	+ 6 16 50.0	0.366 8245
4	299 19 49.0	− 6 37 36.1	0.437 6344	19	169 05 57.7	+ 6 01 28.0	0.372 6326
5	302 30 42.4	− 6 44 30.8	0.433 6318	20	173 22 05.2	+ 5 44 32.8	0.378 4300
6	305 45 20.6	− 6 50 17.2	0.429 4009	21	177 30 15.0	+ 5 26 19.4	0.384 1856
7	309 04 01.7	− 6 54 50.0	0.424 9509	22	181 30 52.7	+ 5 07 01.1	0.389 8713
8	312 27 04.6	− 6 58 03.8	0.420 2919	23	185 24 24.1	+ 4 46 50.0	0.395 4616
9	315 54 48.8	− 6 59 52.3	0.415 4355	24	189 11 15.3	+ 4 25 56.6	0.400 9337
10	319 27 34.6	− 7 00 09.0	0.410 3947	25	192 51 51.6	+ 4 04 30.1	0.406 2673
11	323 05 42.9	− 6 58 47.0	0.405 1842	26	196 26 38.2	+ 3 42 38.5	0.411 4442
12	326 49 35.3	− 6 55 38.6	0.399 8206	27	199 55 59.3	+ 3 20 29.0	0.416 4484
13	330 39 33.8	− 6 50 36.0	0.394 3225	28	203 20 18.2	+ 2 58 07.5	0.421 2653
14	334 36 00.9	− 6 43 31.0	0.388 7108	29	206 39 57.3	+ 2 35 39.2	0.425 8823
15	338 39 19.0	− 6 34 14.9	0.383 0086	30	209 55 18.3	+ 2 13 08.8	0.430 2881
16	342 49 50.6	− 6 22 39.3	0.377 2420	Oct. 1	213 06 41.7	+ 1 50 40.1	0.434 4729

MERCURY, 2018

HELIOCENTRIC POSITIONS FOR 0ʰ BARYCENTRIC DYNAMICAL TIME
MEAN EQUINOX AND ECLIPTIC OF J2000.0

Date	Longitude	Latitude	True Heliocentric Distance	Date	Longitude	Latitude	True Heliocentric Distance
	° ′ ″	° ′ ″	au		° ′ ″	° ′ ″	au
Oct. 1	213 06 41.7	+ 1 50 40.1	0.434 4729	Nov. 16	1 00 07.5	− 5 09 34.3	0.353 9774
2	216 14 27.1	+ 1 28 16.3	0.438 4277	17	5 52 07.0	− 4 44 20.8	0.348 3862
3	219 18 53.3	+ 1 06 00.5	0.442 1448	18	10 53 06.9	− 4 16 10.5	0.342 9517
4	222 20 18.2	+ 0 43 55.2	0.445 6175	19	16 03 13.8	− 3 45 04.1	0.337 7211
5	225 18 59.1	+ 0 22 02.4	0.448 8399	20	21 22 28.2	− 3 11 06.1	0.332 7442
6	228 15 12.1	+ 0 00 24.1	0.451 8067	21	26 50 44.1	− 2 34 25.5	0.328 0724
7	231 09 13.2	− 0 20 58.1	0.454 5134	22	32 27 47.3	− 1 55 16.1	0.323 7580
8	234 01 17.4	− 0 42 02.7	0.456 9561	23	38 13 14.5	− 1 13 57.5	0.319 8531
9	236 51 39.2	− 1 02 48.4	0.459 1314	24	44 06 32.7	− 0 30 55.2	0.316 4080
10	239 40 32.8	− 1 23 13.9	0.461 0365	25	50 06 58.3	+ 0 13 19.7	0.313 4698
11	242 28 11.8	− 1 43 18.1	0.462 6689	26	56 13 37.0	+ 0 58 11.0	0.311 0812
12	245 14 49.4	− 2 03 00.0	0.464 0266	27	62 25 24.0	+ 1 42 58.1	0.309 2783
13	248 00 38.6	− 2 22 18.5	0.465 1081	28	68 41 05.5	+ 2 26 58.1	0.308 0892
14	250 45 52.2	− 2 41 12.6	0.465 9120	29	74 59 19.5	+ 3 09 26.9	0.307 5331
15	253 30 42.5	− 2 59 41.2	0.466 4374	30	81 18 38.3	+ 3 49 41.9	0.307 6190
16	256 15 21.9	− 3 17 43.3	0.466 6838	Dec. 1	87 37 31.3	+ 4 27 03.8	0.308 3456
17	259 00 02.7	− 3 35 17.8	0.466 6508	2	93 54 27.7	+ 5 00 58.7	0.309 7010
18	261 44 57.1	− 3 52 23.4	0.466 3386	3	100 07 59.4	+ 5 30 59.3	0.311 6636
19	264 30 17.2	− 4 08 59.0	0.465 7474	4	106 16 44.0	+ 5 56 45.9	0.314 2029
20	267 16 15.4	− 4 25 03.0	0.464 8779	5	112 19 27.4	+ 6 18 07.0	0.317 2809
21	270 03 04.0	− 4 40 34.0	0.463 7311	6	118 15 05.2	+ 6 34 58.8	0.320 8537
22	272 50 55.4	− 4 55 30.4	0.462 3084	7	124 02 44.2	+ 6 47 24.3	0.324 8731
23	275 40 02.6	− 5 09 50.4	0.460 6114	8	129 41 42.7	+ 6 55 32.5	0.329 2880
24	278 30 38.4	− 5 23 31.9	0.458 6423	9	135 11 30.6	+ 6 59 37.1	0.334 0465
25	281 22 56.1	− 5 36 32.8	0.456 4036	10	140 31 48.6	+ 6 59 55.2	0.339 0962
26	284 17 09.5	− 5 48 50.6	0.453 8983	11	145 42 27.2	+ 6 56 46.1	0.344 3861
27	287 13 32.5	− 6 00 22.7	0.451 1298	12	150 43 25.5	+ 6 50 30.0	0.349 8670
28	290 12 19.8	− 6 11 06.1	0.448 1022	13	155 34 49.9	+ 6 41 27.4	0.355 4923
29	293 13 46.2	− 6 20 57.5	0.444 8203	14	160 16 52.6	+ 6 29 58.6	0.361 2182
30	296 18 07.5	− 6 29 53.4	0.441 2892	15	164 49 50.6	+ 6 16 22.7	0.367 0041
31	299 25 39.8	− 6 37 49.9	0.437 5153	16	169 14 04.3	+ 6 00 57.6	0.372 8125
Nov. 1	302 36 39.9	− 6 44 42.6	0.433 5054	17	173 29 56.5	+ 5 43 59.8	0.378 6092
2	305 51 25.2	− 6 50 26.7	0.429 2677	18	177 37 51.9	+ 5 25 44.1	0.384 3632
3	309 10 14.0	− 6 54 57.2	0.424 8110	19	181 38 15.9	+ 5 06 24.1	0.390 0464
4	312 33 25.2	− 6 58 08.4	0.420 1456	20	185 31 34.5	+ 4 46 11.5	0.395 6334
5	316 01 18.3	− 6 59 54.2	0.415 2832	21	189 18 13.6	+ 4 25 16.9	0.401 1017
6	319 34 13.7	− 7 00 08.0	0.410 2368	22	192 58 38.7	+ 4 03 49.5	0.406 4308
7	323 12 32.2	− 6 58 42.8	0.405 0213	23	196 33 14.7	+ 3 41 57.3	0.411 6027
8	326 56 35.6	− 6 55 31.0	0.399 6531	24	200 02 26.0	+ 3 19 47.2	0.416 6012
9	330 46 45.7	− 6 50 24.8	0.394 1511	25	203 26 35.8	+ 2 57 25.4	0.421 4122
10	334 43 25.1	− 6 43 15.8	0.388 5360	26	206 46 06.6	+ 2 34 57.1	0.426 0229
11	338 46 56.2	− 6 33 55.6	0.382 8313	27	210 01 19.8	+ 2 12 26.7	0.430 4220
12	342 57 41.5	− 6 22 15.5	0.377 0630	28	213 12 36.1	+ 1 49 58.0	0.434 5998
13	347 16 03.0	− 6 08 07.0	0.371 2600	29	216 20 15.0	+ 1 27 34.5	0.438 5473
14	351 42 21.7	− 5 51 22.1	0.365 4541	30	219 24 35.2	+ 1 05 19.0	0.442 2570
15	356 16 57.3	− 5 31 53.2	0.359 6805	31	222 25 54.8	+ 0 43 14.0	0.445 7221
16	1 00 07.5	− 5 09 34.3	0.353 9774	32	225 24 30.7	+ 0 21 21.6	0.448 9366

VENUS, 2018

HELIOCENTRIC POSITIONS FOR 0ʰ BARYCENTRIC DYNAMICAL TIME
MEAN EQUINOX AND ECLIPTIC OF J2000.0

Date	Longitude	Latitude	True Heliocentric Distance	Date	Longitude	Latitude	True Heliocentric Distance
	° ′ ″	° ′ ″	au		° ′ ″	° ′ ″	au
Jan. 0	274 01 51.0	− 1 00 58.7	0.727 2301	Apr. 2	60 16 21.2	− 0 57 24.9	0.721 7117
2	277 11 44.4	− 1 11 37.5	0.727 3908	4	63 29 14.6	− 0 46 21.3	0.721 4542
4	280 21 34.4	− 1 22 02.8	0.727 5390	6	66 42 15.1	− 0 35 08.4	0.721 2025
6	283 31 21.7	− 1 32 12.9	0.727 6741	8	69 55 22.9	− 0 23 48.5	0.720 9575
8	286 41 06.6	− 1 42 06.0	0.727 7957	10	73 08 37.9	− 0 12 23.5	0.720 7198
10	289 50 49.9	− 1 51 40.2	0.727 9036	12	76 22 00.1	− 0 00 55.8	0.720 4903
12	293 00 32.1	− 2 00 53.9	0.727 9973	14	79 35 29.5	+ 0 10 32.5	0.720 2697
14	296 10 13.7	− 2 09 45.3	0.728 0766	16	82 49 06.2	+ 0 21 59.2	0.720 0587
16	299 19 55.2	− 2 18 13.1	0.728 1412	18	86 02 50.0	+ 0 33 22.2	0.719 8579
18	302 29 37.0	− 2 26 15.5	0.728 1910	20	89 16 40.8	+ 0 44 39.1	0.719 6681
20	305 39 19.8	− 2 33 51.1	0.728 2258	22	92 30 38.6	+ 0 55 47.9	0.719 4898
22	308 49 03.9	− 2 40 58.7	0.728 2454	24	95 44 43.1	+ 1 06 46.3	0.719 3236
24	311 58 49.8	− 2 47 36.9	0.728 2499	26	98 58 54.3	+ 1 17 32.3	0.719 1700
26	315 08 37.8	− 2 53 44.5	0.728 2392	28	102 13 11.9	+ 1 28 03.6	0.719 0295
28	318 18 28.3	− 2 59 20.4	0.728 2134	30	105 27 35.6	+ 1 38 18.4	0.718 9026
30	321 28 21.8	− 3 04 23.5	0.728 1725	May 2	108 42 05.1	+ 1 48 14.4	0.718 7897
Feb. 1	324 38 18.4	− 3 08 53.0	0.728 1167	4	111 56 40.2	+ 1 57 49.9	0.718 6912
3	327 48 18.6	− 3 12 48.1	0.728 0460	6	115 11 20.4	+ 2 07 02.9	0.718 6073
5	330 58 22.5	− 3 16 07.9	0.727 9608	8	118 26 05.3	+ 2 15 51.5	0.718 5384
7	334 08 30.5	− 3 18 51.8	0.727 8613	10	121 40 54.6	+ 2 24 14.1	0.718 4846
9	337 18 42.8	− 3 20 59.4	0.727 7478	12	124 55 47.7	+ 2 32 09.1	0.718 4462
11	340 28 59.6	− 3 22 30.1	0.727 6206	14	128 10 44.1	+ 2 39 34.7	0.718 4232
13	343 39 21.0	− 3 23 23.8	0.727 4801	16	131 25 43.2	+ 2 46 29.6	0.718 4158
15	346 49 47.3	− 3 23 40.1	0.727 3268	18	134 40 44.6	+ 2 52 52.5	0.718 4239
17	350 00 18.6	− 3 23 19.0	0.727 1611	20	137 55 47.5	+ 2 58 42.0	0.718 4476
19	353 10 55.0	− 3 22 20.5	0.726 9835	22	141 10 51.3	+ 3 03 57.0	0.718 4867
21	356 21 36.7	− 3 20 44.7	0.726 7945	24	144 25 55.5	+ 3 08 36.6	0.718 5411
23	359 32 23.8	− 3 18 31.9	0.726 5948	26	147 40 59.2	+ 3 12 39.7	0.718 6107
25	2 43 16.3	− 3 15 42.4	0.726 3849	28	150 56 01.8	+ 3 16 05.6	0.718 6952
27	5 54 14.5	− 3 12 16.6	0.726 1655	30	154 11 02.7	+ 3 18 53.8	0.718 7944
Mar. 1	9 05 18.3	− 3 08 15.2	0.725 9372	June 1	157 26 01.1	+ 3 21 03.6	0.718 9079
3	12 16 27.9	− 3 03 38.7	0.725 7008	3	160 40 56.3	+ 3 22 34.6	0.719 0353
5	15 27 43.3	− 2 58 28.1	0.725 4569	5	163 55 47.6	+ 3 23 26.7	0.719 1763
7	18 39 04.7	− 2 52 44.1	0.725 2063	7	167 10 34.3	+ 3 23 39.7	0.719 3304
9	21 50 32.1	− 2 46 27.8	0.724 9499	9	170 25 15.8	+ 3 23 13.5	0.719 4970
11	25 02 05.6	− 2 39 40.3	0.724 6883	11	173 39 51.4	+ 3 22 08.4	0.719 6757
13	28 13 45.3	− 2 32 22.8	0.724 4224	13	176 54 20.4	+ 3 20 24.6	0.719 8659
15	31 25 31.2	− 2 24 36.6	0.724 1530	15	180 08 42.3	+ 3 18 02.5	0.720 0670
17	34 37 23.5	− 2 16 23.0	0.723 8810	17	183 22 56.5	+ 3 15 02.6	0.720 2783
19	37 49 22.2	− 2 07 43.5	0.723 6072	19	186 37 02.3	+ 3 11 25.6	0.720 4991
21	41 01 27.5	− 1 58 39.8	0.723 3324	21	189 50 59.5	+ 3 07 12.3	0.720 7288
23	44 13 39.4	− 1 49 13.5	0.723 0575	23	193 04 47.4	+ 3 02 23.4	0.720 9666
25	47 25 58.0	− 1 39 26.2	0.722 7834	25	196 18 25.7	+ 2 57 00.1	0.721 2117
27	50 38 23.4	− 1 29 19.8	0.722 5109	27	199 31 54.0	+ 2 51 03.5	0.721 4634
29	53 50 55.7	− 1 18 56.2	0.722 2409	29	202 45 12.1	+ 2 44 34.7	0.721 7209
31	57 03 34.9	− 1 08 17.2	0.721 9742	July 1	205 58 19.6	+ 2 37 35.0	0.721 9833
Apr. 2	60 16 21.2	− 0 57 24.9	0.721 7117	3	209 11 16.4	+ 2 30 05.9	0.722 2499

VENUS, 2018

HELIOCENTRIC POSITIONS FOR 0ʰ BARYCENTRIC DYNAMICAL TIME
MEAN EQUINOX AND ECLIPTIC OF J2000.0

Date		Longitude	Latitude	True Heliocentric Distance	Date		Longitude	Latitude	True Heliocentric Distance
		° ′ ″	° ′ ″	au			° ′ ″	° ′ ″	au
July	1	205 58 19.6	+ 2 37 35.0	0.721 9833	Oct.	1	352 04 17.8	− 3 22 45.2	0.727 0462
	3	209 11 16.4	+ 2 30 05.9	0.722 2499		3	355 14 57.7	− 3 21 22.4	0.726 8618
	5	212 24 02.4	+ 2 22 08.8	0.722 5197		5	358 25 43.0	− 3 19 22.5	0.726 6665
	7	215 36 37.4	+ 2 13 45.4	0.722 7920		7	1 36 33.6	− 3 16 45.7	0.726 4608
	9	218 49 01.4	+ 2 04 57.2	0.723 0659		9	4 47 29.8	− 3 13 32.5	0.726 2454
	11	222 01 14.5	+ 1 55 46.0	0.723 3405		11	7 58 31.6	− 3 09 43.4	0.726 0209
	13	225 13 16.7	+ 1 46 13.5	0.723 6150		13	11 09 39.1	− 3 05 19.1	0.725 7881
	15	228 25 08.2	+ 1 36 21.7	0.723 8885		15	14 20 52.5	− 3 00 20.3	0.725 5476
	17	231 36 49.1	+ 1 26 12.3	0.724 1602		17	17 32 11.7	− 2 54 47.9	0.725 3003
	19	234 48 19.7	+ 1 15 47.3	0.724 4291		19	20 43 36.9	− 2 48 42.7	0.725 0468
	21	237 59 40.3	+ 1 05 08.6	0.724 6946		21	23 55 08.1	− 2 42 06.0	0.724 7879
	23	241 10 51.2	+ 0 54 18.4	0.724 9557		23	27 06 45.4	− 2 34 58.8	0.724 5246
	25	244 21 52.8	+ 0 43 18.6	0.725 2117		25	30 18 29.0	− 2 27 22.4	0.724 2575
	27	247 32 45.4	+ 0 32 11.2	0.725 4618		27	33 30 18.8	− 2 19 18.2	0.723 9875
	29	250 43 29.6	+ 0 20 58.3	0.725 7051		29	36 42 15.0	− 2 10 47.7	0.723 7154
	31	253 54 05.7	+ 0 09 42.0	0.725 9410		31	39 54 17.7	− 2 01 52.2	0.723 4422
Aug.	2	257 04 34.4	− 0 01 35.7	0.726 1687	Nov.	2	43 06 26.9	− 1 52 33.6	0.723 1686
	4	260 14 56.0	− 0 12 52.6	0.726 3876		4	46 18 42.8	− 1 42 53.4	0.722 8955
	6	263 25 11.2	− 0 24 06.8	0.726 5969		6	49 31 05.3	− 1 32 53.5	0.722 6237
	8	266 35 20.4	− 0 35 16.2	0.726 7961		8	52 43 34.7	− 1 22 35.7	0.722 3542
	10	269 45 24.4	− 0 46 18.8	0.726 9844		10	55 56 11.0	− 1 12 01.8	0.722 0877
	12	272 55 23.6	− 0 57 12.5	0.727 1614		12	59 08 54.2	− 1 01 14.0	0.721 8251
	14	276 05 18.6	− 1 07 55.5	0.727 3265		14	62 21 44.5	− 0 50 14.1	0.721 5672
	16	279 15 10.1	− 1 18 25.7	0.727 4793		16	65 34 41.8	− 0 39 04.2	0.721 3148
	18	282 24 58.5	− 1 28 41.4	0.727 6191		18	68 47 46.3	− 0 27 46.5	0.721 0688
	20	285 34 44.5	− 1 38 40.6	0.727 7457		20	72 00 58.0	− 0 16 23.1	0.720 8298
	22	288 44 28.6	− 1 48 21.7	0.727 8586		22	75 14 16.8	− 0 04 56.1	0.720 5987
	24	291 54 11.3	− 1 57 42.7	0.727 9575		24	78 27 42.9	+ 0 06 32.2	0.720 3762
	26	295 03 53.3	− 2 06 42.2	0.728 0421		26	81 41 16.1	+ 0 17 59.7	0.720 1630
	28	298 13 35.0	− 2 15 18.4	0.728 1121		28	84 54 56.4	+ 0 29 24.2	0.719 9597
	30	301 23 16.9	− 2 23 29.8	0.728 1674		30	88 08 43.8	+ 0 40 43.4	0.719 7671
Sept.	1	304 32 59.6	− 2 31 15.0	0.728 2077	Dec.	2	91 22 38.1	+ 0 51 55.3	0.719 5857
	3	307 42 43.4	− 2 38 32.5	0.728 2330		4	94 36 39.2	+ 1 02 57.5	0.719 4161
	5	310 52 28.8	− 2 45 21.1	0.728 2432		6	97 50 46.9	+ 1 13 48.0	0.719 2589
	7	314 02 16.2	− 2 51 39.6	0.728 2381		8	101 05 01.1	+ 1 24 24.7	0.719 1146
	9	317 12 06.1	− 2 57 26.7	0.728 2180		10	104 19 21.5	+ 1 34 45.4	0.718 9835
	11	320 21 58.6	− 3 02 41.4	0.728 1827		12	107 33 47.9	+ 1 44 48.2	0.718 8663
	13	323 31 54.3	− 3 07 22.7	0.728 1325		14	110 48 19.8	+ 1 54 31.1	0.718 7631
	15	326 41 53.4	− 3 11 29.9	0.728 0674		16	114 02 57.0	+ 2 03 52.1	0.718 6744
	17	329 51 56.1	− 3 15 02.1	0.727 9878		18	117 17 39.1	+ 2 12 49.4	0.718 6004
	19	333 02 02.8	− 3 17 58.6	0.727 8937		20	120 32 25.7	+ 2 21 21.3	0.718 5414
	21	336 12 13.7	− 3 20 19.0	0.727 7855		22	123 47 16.2	+ 2 29 26.1	0.718 4976
	23	339 22 29.0	− 3 22 02.6	0.727 6636		24	127 02 10.3	+ 2 37 02.2	0.718 4691
	25	342 32 48.9	− 3 23 09.3	0.727 5283		26	130 17 07.2	+ 2 44 08.0	0.718 4560
	27	345 43 13.6	− 3 23 38.6	0.727 3800		28	133 32 06.6	+ 2 50 42.2	0.718 4583
	29	348 53 43.2	− 3 23 30.6	0.727 2191		30	136 47 07.8	+ 2 56 43.5	0.718 4761
Oct.	1	352 04 17.8	− 3 22 45.2	0.727 0462		32	140 02 10.2	+ 3 02 10.7	0.718 5092

MARS, 2018

HELIOCENTRIC POSITIONS FOR 0ʰ BARYCENTRIC DYNAMICAL TIME
MEAN EQUINOX AND ECLIPTIC OF J2000.0

Date	Longitude	Latitude	True Heliocentric Distance	Date	Longitude	Latitude	True Heliocentric Distance
	° ′ ″	° ′ ″	au		° ′ ″	° ′ ″	au
Jan. −2	192 26 15.4	+ 1 06 51.9	1.633 4047	July 1	287 55 16.8	− 1 34 28.3	1.421 9759
2	194 15 24.8	+ 1 04 01.3	1.630 2411	5	290 19 28.8	− 1 36 49.4	1.418 1536
6	196 04 59.9	+ 1 01 06.2	1.626 9466	9	292 44 26.9	− 1 39 00.9	1.414 4843
10	197 55 02.1	+ 0 58 06.6	1.623 5242	13	295 10 09.6	− 1 41 02.5	1.410 9754
14	199 45 32.5	+ 0 55 02.6	1.619 9767	17	297 36 35.1	− 1 42 53.7	1.407 6338
18	201 36 32.4	+ 0 51 54.4	1.616 3075	21	300 03 41.6	− 1 44 34.1	1.404 4664
22	203 28 02.8	+ 0 48 42.0	1.612 5196	25	302 31 27.1	− 1 46 03.4	1.401 4799
26	205 20 05.1	+ 0 45 25.6	1.608 6167	29	304 59 49.5	− 1 47 21.3	1.398 6806
30	207 12 40.4	+ 0 42 05.3	1.604 6023	Aug. 2	307 28 46.5	− 1 48 27.4	1.396 0743
Feb. 3	209 05 49.8	+ 0 38 41.3	1.600 4802	6	309 58 15.9	− 1 49 21.5	1.393 6667
7	210 59 34.7	+ 0 35 13.7	1.596 2543	10	312 28 15.2	− 1 50 03.3	1.391 4630
11	212 53 56.0	+ 0 31 42.6	1.591 9287	14	314 58 41.7	− 1 50 32.6	1.389 4681
15	214 48 55.1	+ 0 28 08.3	1.587 5076	18	317 29 32.9	− 1 50 49.2	1.387 6864
19	216 44 32.9	+ 0 24 30.8	1.582 9956	22	320 00 46.0	− 1 50 53.1	1.386 1219
23	218 40 50.7	+ 0 20 50.4	1.578 3973	26	322 32 18.1	− 1 50 44.0	1.384 7781
27	220 37 49.6	+ 0 17 07.3	1.573 7173	30	325 04 06.4	− 1 50 22.0	1.383 6580
Mar. 3	222 35 30.6	+ 0 13 21.6	1.568 9607	Sept. 3	327 36 07.9	− 1 49 47.0	1.382 7642
7	224 33 54.8	+ 0 09 33.6	1.564 1326	7	330 08 19.6	− 1 48 59.1	1.382 0988
11	226 33 03.2	+ 0 05 43.4	1.559 2383	11	332 40 38.4	− 1 47 58.4	1.381 6633
15	228 32 57.0	+ 0 01 51.5	1.554 2833	15	335 13 01.2	− 1 46 44.9	1.381 4587
19	230 33 37.0	− 0 02 02.2	1.549 2733	19	337 45 25.0	− 1 45 18.8	1.381 4855
23	232 35 04.2	− 0 05 57.2	1.544 2140	23	340 17 46.7	− 1 43 40.3	1.381 7436
27	234 37 19.6	− 0 09 53.2	1.539 1115	27	342 50 03.2	− 1 41 49.7	1.382 2324
31	236 40 24.0	− 0 13 50.1	1.533 9720	Oct. 1	345 22 11.4	− 1 39 47.2	1.382 9509
Apr. 4	238 44 18.3	− 0 17 47.6	1.528 8019	5	347 54 08.3	− 1 37 33.2	1.383 8973
8	240 49 03.2	− 0 21 45.2	1.523 6076	9	350 25 50.9	− 1 35 07.9	1.385 0696
12	242 54 39.5	− 0 25 42.7	1.518 3959	13	352 57 16.3	− 1 32 31.9	1.386 4651
16	245 01 07.9	− 0 29 39.8	1.513 1735	17	355 28 21.6	− 1 29 45.5	1.388 0807
20	247 08 29.1	− 0 33 36.1	1.507 9476	21	357 59 04.0	− 1 26 49.1	1.389 9127
24	249 16 43.5	− 0 37 31.3	1.502 7253	25	0 29 20.9	− 1 23 43.2	1.391 9571
28	251 25 51.8	− 0 41 24.9	1.497 5139	29	2 59 09.5	− 1 20 28.4	1.394 2094
May 2	253 35 54.3	− 0 45 16.6	1.492 3208	Nov. 2	5 28 27.5	− 1 17 05.1	1.396 6646
6	255 46 51.3	− 0 49 06.0	1.487 1537	6	7 57 12.4	− 1 13 33.9	1.399 3174
10	257 58 43.2	− 0 52 52.6	1.482 0201	10	10 25 21.8	− 1 09 55.3	1.402 1622
14	260 11 30.2	− 0 56 36.1	1.476 9280	14	12 52 53.8	− 1 06 09.9	1.405 1928
18	262 25 12.3	− 1 00 16.1	1.471 8852	18	15 19 46.1	− 1 02 18.2	1.408 4030
22	264 39 49.5	− 1 03 52.0	1.466 8996	22	17 45 56.9	− 0 58 20.8	1.411 7860
26	266 55 21.8	− 1 07 23.4	1.461 9794	26	20 11 24.4	− 0 54 18.3	1.415 3349
30	269 11 48.9	− 1 10 49.9	1.457 1326	30	22 36 06.9	− 0 50 11.3	1.419 0427
June 3	271 29 10.5	− 1 14 11.0	1.452 3673	Dec. 4	25 00 02.9	− 0 46 00.2	1.422 9019
7	273 47 26.2	− 1 17 26.3	1.447 6918	8	27 23 11.1	− 0 41 45.8	1.426 9049
11	276 06 35.4	− 1 20 35.2	1.443 1141	12	29 45 30.2	− 0 37 28.5	1.431 0440
15	278 26 37.5	− 1 23 37.3	1.438 6424	16	32 06 59.0	− 0 33 08.9	1.435 3115
19	280 47 31.7	− 1 26 32.1	1.434 2847	20	34 27 36.5	− 0 28 47.5	1.439 6992
23	283 09 17.0	− 1 29 19.2	1.430 0492	24	36 47 22.0	− 0 24 24.9	1.444 1993
27	285 31 52.5	− 1 31 58.1	1.425 9436	28	39 06 14.6	− 0 20 01.5	1.448 8034
July 1	287 55 16.8	− 1 34 28.3	1.421 9759	32	41 24 13.7	− 0 15 37.8	1.453 5036

HELIOCENTRIC POSITIONS FOR 0ʰ BARYCENTRIC DYNAMICAL TIME
MEAN EQUINOX AND ECLIPTIC OF J2000.0

Date		Longitude	Latitude	True Heliocentric Distance	Date		Longitude	Latitude	True Heliocentric Distance
		JUPITER					**SATURN**		
		° ′ ″	° ′ ″	au			° ′ ″	° ′ ″	au
Jan.	2	218 23 33.0	+ 1 09 08.9	5.432 091	Jan.	2	270 17 33.0	+ 0 59 02.8	10.064 758
	12	219 09 14.8	+ 1 08 39.3	5.430 558		12	270 35 34.8	+ 0 58 19.6	10.064 919
	22	219 54 58.2	+ 1 08 09.0	5.428 979		22	270 53 36.6	+ 0 57 36.3	10.065 063
Feb.	1	220 40 43.2	+ 1 07 38.0	5.427 357	Feb.	1	271 11 38.4	+ 0 56 52.9	10.065 191
	11	221 26 29.9	+ 1 07 06.3	5.425 690		11	271 29 40.1	+ 0 56 09.5	10.065 303
	21	222 12 18.2	+ 1 06 33.8	5.423 980		21	271 47 41.9	+ 0 55 25.9	10.065 400
Mar.	3	222 58 08.3	+ 1 06 00.6	5.422 226	Mar.	3	272 05 43.6	+ 0 54 42.3	10.065 480
	13	223 44 00.2	+ 1 05 26.6	5.420 429		13	272 23 45.3	+ 0 53 58.5	10.065 544
	23	224 29 53.9	+ 1 04 51.9	5.418 589		23	272 41 47.0	+ 0 53 14.7	10.065 593
Apr.	2	225 15 49.5	+ 1 04 16.6	5.416 707	Apr.	2	272 59 48.7	+ 0 52 30.8	10.065 625
	12	226 01 47.0	+ 1 03 40.4	5.414 783		12	273 17 50.3	+ 0 51 46.8	10.065 642
	22	226 47 46.5	+ 1 03 03.6	5.412 816		22	273 35 52.0	+ 0 51 02.7	10.065 643
May	2	227 33 48.0	+ 1 02 26.1	5.410 808	May	2	273 53 53.7	+ 0 50 18.5	10.065 628
	12	228 19 51.6	+ 1 01 47.9	5.408 759		12	274 11 55.4	+ 0 49 34.2	10.065 597
	22	229 05 57.2	+ 1 01 09.0	5.406 668		22	274 29 57.1	+ 0 48 49.9	10.065 549
June	1	229 52 05.1	+ 1 00 29.4	5.404 537	June	1	274 47 58.8	+ 0 48 05.5	10.065 486
	11	230 38 15.1	+ 0 59 49.1	5.402 366		11	275 06 00.6	+ 0 47 21.0	10.065 407
	21	231 24 27.3	+ 0 59 08.1	5.400 154		21	275 24 02.3	+ 0 46 36.4	10.065 312
July	1	232 10 41.8	+ 0 58 26.5	5.397 903	July	1	275 42 04.1	+ 0 45 51.7	10.065 200
	11	232 56 58.7	+ 0 57 44.2	5.395 612		11	276 00 06.0	+ 0 45 07.0	10.065 073
	21	233 43 17.9	+ 0 57 01.2	5.393 283		21	276 18 07.8	+ 0 44 22.2	10.064 929
	31	234 29 39.5	+ 0 56 17.6	5.390 915		31	276 36 09.7	+ 0 43 37.3	10.064 768
Aug.	10	235 16 03.6	+ 0 55 33.3	5.388 509	Aug.	10	276 54 11.6	+ 0 42 52.3	10.064 592
	20	236 02 30.1	+ 0 54 48.3	5.386 065		20	277 12 13.6	+ 0 42 07.3	10.064 399
	30	236 48 59.2	+ 0 54 02.8	5.383 584		30	277 30 15.6	+ 0 41 22.2	10.064 190
Sept.	9	237 35 30.8	+ 0 53 16.5	5.381 066	Sept.	9	277 48 17.7	+ 0 40 37.0	10.063 965
	19	238 22 05.0	+ 0 52 29.7	5.378 512		19	278 06 19.8	+ 0 39 51.8	10.063 724
	29	239 08 41.9	+ 0 51 42.2	5.375 922		29	278 24 21.9	+ 0 39 06.5	10.063 466
Oct.	9	239 55 21.5	+ 0 50 54.1	5.373 297	Oct.	9	278 42 24.2	+ 0 38 21.1	10.063 192
	19	240 42 03.8	+ 0 50 05.4	5.370 637		19	279 00 26.4	+ 0 37 35.6	10.062 902
	29	241 28 48.9	+ 0 49 16.1	5.367 942		29	279 18 28.8	+ 0 36 50.1	10.062 596
Nov.	8	242 15 36.8	+ 0 48 26.2	5.365 214	Nov.	8	279 36 31.1	+ 0 36 04.6	10.062 274
	18	243 02 27.6	+ 0 47 35.7	5.362 452		18	279 54 33.6	+ 0 35 18.9	10.061 936
	28	243 49 21.3	+ 0 46 44.7	5.359 658		28	280 12 36.1	+ 0 34 33.2	10.061 582
Dec.	8	244 36 17.9	+ 0 45 53.0	5.356 831	Dec.	8	280 30 38.7	+ 0 33 47.5	10.061 212
	18	245 23 17.4	+ 0 45 00.8	5.353 972		18	280 48 41.4	+ 0 33 01.6	10.060 827
	28	246 10 20.1	+ 0 44 08.0	5.351 082		28	281 06 44.2	+ 0 32 15.8	10.060 425
	38	246 57 25.7	+ 0 43 14.7	5.348 161		38	281 24 47.1	+ 0 31 29.8	10.060 008
		URANUS					**NEPTUNE**		
		° ′ ″	° ′ ″	au			° ′ ″	° ′ ″	au
Jan.	−38	26 38 46.5	− 0 34 03.5	19.906 84	Jan.	−38	343 04 37.7	− 0 55 11.4	29.945 45
Jan.	2	27 04 51.5	− 0 33 49.2	19.902 56	Jan.	2	343 19 05.0	− 0 55 34.3	29.944 74
Feb.	11	27 30 57.2	− 0 33 34.7	19.898 25	Feb.	11	343 33 32.6	− 0 55 57.1	29.944 04
Mar.	23	27 57 03.6	− 0 33 20.1	19.893 90	Mar.	23	343 48 00.2	− 0 56 19.9	29.943 35
May	2	28 23 10.8	− 0 33 05.5	19.889 51	May	2	344 02 28.0	− 0 56 42.6	29.942 66
June	11	28 49 18.7	− 0 32 50.6	19.885 09	June	11	344 16 55.9	− 0 57 05.3	29.941 99
July	21	29 15 27.4	− 0 32 35.7	19.880 65	July	21	344 31 24.0	− 0 57 27.9	29.941 32
Aug.	30	29 41 36.9	− 0 32 20.7	19.876 16	Aug.	30	344 45 52.3	− 0 57 50.5	29.940 67
Oct.	9	30 07 47.2	− 0 32 05.5	19.871 65	Oct.	9	345 00 20.7	− 0 58 13.0	29.940 01
Nov.	18	30 33 58.3	− 0 31 50.2	19.867 10	Nov.	18	345 14 49.3	− 0 58 35.4	29.939 36
Dec.	28	31 00 10.3	− 0 31 34.8	19.862 51	Dec.	28	345 29 18.0	− 0 58 57.8	29.938 71

MERCURY, 2018

GEOCENTRIC COORDINATES FOR 0^h TERRESTRIAL TIME

Date	Apparent Right Ascension	Apparent Declination	True Geocentric Distance	Date	Apparent Right Ascension	Apparent Declination	True Geocentric Distance
	h m s	o ′ ″	au		h m s	o ′ ″	au
Jan. 0	17 04 30.335	−20 40 10.29	0.977 9839	Feb. 15	21 49 05.758	−15 22 24.91	1.394 2465
1	17 08 23.625	−20 53 31.87	0.998 8383	16	21 56 00.926	−14 44 43.19	1.390 5354
2	17 12 33.504	−21 07 02.22	1.019 2406	17	22 02 56.398	−14 05 37.18	1.386 0890
3	17 16 58.295	−21 20 31.09	1.039 1531	18	22 09 52.107	−13 25 07.79	1.380 8740
4	17 21 36.507	−21 33 49.40	1.058 5473	19	22 16 47.968	−12 43 16.17	1.374 8547
5	17 26 26.817	−21 46 49.08	1.077 4023	20	22 23 43.874	−12 00 03.81	1.367 9934
6	17 31 28.051	−21 59 23.00	1.095 7033	21	22 30 39.693	−11 15 32.58	1.360 2503
7	17 36 39.168	−22 11 24.82	1.113 4408	22	22 37 35.256	−10 29 44.76	1.351 5844
8	17 41 59.243	−22 22 48.96	1.130 6093	23	22 44 30.354	− 9 42 43.16	1.341 9534
9	17 47 27.454	−22 33 30.45	1.147 2066	24	22 51 24.725	− 8 54 31.18	1.331 3145
10	17 53 03.067	−22 43 24.90	1.163 2333	25	22 58 18.046	− 8 05 12.93	1.319 6256
11	17 58 45.428	−22 52 28.39	1.178 6919	26	23 05 09.923	− 7 14 53.34	1.306 8460
12	18 04 33.950	−23 00 37.45	1.193 5865	27	23 11 59.880	− 6 23 38.21	1.292 9379
13	18 10 28.108	−23 07 48.96	1.207 9223	28	23 18 47.349	− 5 31 34.38	1.277 8679
14	18 16 27.425	−23 14 00.14	1.221 7055	Mar. 1	23 25 31.654	− 4 38 49.79	1.261 6092
15	18 22 31.475	−23 19 08.49	1.234 9426	2	23 32 12.007	− 3 45 33.58	1.244 1432
16	18 28 39.868	−23 23 11.75	1.247 6406	3	23 38 47.495	− 2 51 56.20	1.225 4625
17	18 34 52.252	−23 26 07.90	1.259 8068	4	23 45 17.073	− 1 58 09.39	1.205 5725
18	18 41 08.304	−23 27 55.10	1.271 4480	5	23 51 39.560	− 1 04 26.27	1.184 4946
19	18 47 27.732	−23 28 31.68	1.282 5714	6	23 57 53.641	− 0 11 01.23	1.162 2677
20	18 53 50.265	−23 27 56.11	1.293 1835	7	0 03 57.872	+ 0 41 50.15	1.138 9502
21	19 00 15.657	−23 26 07.03	1.303 2906	8	0 09 50.695	+ 1 33 51.21	1.114 6210
22	19 06 43.682	−23 23 03.15	1.312 8987	9	0 15 30.458	+ 2 24 44.51	1.089 3799
23	19 13 14.130	−23 18 43.33	1.322 0130	10	0 20 55.438	+ 3 14 12.03	1.063 3466
24	19 19 46.810	−23 13 06.49	1.330 6383	11	0 26 03.874	+ 4 01 55.45	1.036 6591
25	19 26 21.545	−23 06 11.67	1.338 7786	12	0 30 54.000	+ 4 47 36.50	1.009 4712
26	19 32 58.172	−22 57 57.97	1.346 4373	13	0 35 24.082	+ 5 30 57.23	0.981 9491
27	19 39 36.541	−22 48 24.58	1.353 6171	14	0 39 32.451	+ 6 11 40.27	0.954 2675
28	19 46 16.511	−22 37 30.72	1.360 3195	15	0 43 17.546	+ 6 49 29.04	0.926 6059
29	19 52 57.955	−22 25 15.71	1.366 5454	16	0 46 37.941	+ 7 24 07.98	0.899 1440
30	19 59 40.755	−22 11 38.89	1.372 2946	17	0 49 32.382	+ 7 55 22.64	0.872 0590
31	20 06 24.801	−21 56 39.67	1.377 5658	18	0 51 59.819	+ 8 22 59.85	0.845 5220
Feb. 1	20 13 09.995	−21 40 17.47	1.382 3564	19	0 53 59.437	+ 8 46 47.78	0.819 6957
2	20 19 56.246	−21 22 31.77	1.386 6626	20	0 55 30.685	+ 9 06 36.10	0.794 7328
3	20 26 43.476	−21 03 22.09	1.390 4796	21	0 56 33.312	+ 9 22 16.11	0.770 7743
4	20 33 31.611	−20 42 47.98	1.393 8008	22	0 57 07.394	+ 9 33 40.96	0.747 9492
5	20 40 20.586	−20 20 49.04	1.396 6185	23	0 57 13.368	+ 9 40 45.93	0.726 3736
6	20 47 10.343	−19 57 24.93	1.398 9235	24	0 56 52.059	+ 9 43 28.73	0.706 1507
7	20 54 00.828	−19 32 35.34	1.400 7050	25	0 56 04.698	+ 9 41 49.91	0.687 3703
8	21 00 51.992	−19 06 20.02	1.401 9507	26	0 54 52.942	+ 9 35 53.24	0.670 1087
9	21 07 43.790	−18 38 38.78	1.402 6465	27	0 53 18.864	+ 9 25 46.12	0.654 4282
10	21 14 36.182	−18 09 31.49	1.402 7766	28	0 51 24.944	+ 9 11 39.88	0.640 3774
11	21 21 29.130	−17 38 58.07	1.402 3231	29	0 49 14.028	+ 8 53 49.96	0.627 9901
12	21 28 22.599	−17 06 58.54	1.401 2663	30	0 46 49.273	+ 8 32 35.93	0.617 2859
13	21 35 16.552	−16 33 33.01	1.399 5844	31	0 44 14.071	+ 8 08 21.26	0.608 2692
14	21 42 10.952	−15 58 41.69	1.397 2532	Apr. 1	0 41 31.960	+ 7 41 32.90	0.600 9303
15	21 49 05.758	−15 22 24.91	1.394 2465	2	0 38 46.523	+ 7 12 40.55	0.595 2453

GEOCENTRIC COORDINATES FOR 0^h TERRESTRIAL TIME

Date	Apparent Right Ascension	Apparent Declination	True Geocentric Distance	Date	Apparent Right Ascension	Apparent Declination	True Geocentric Distance
	h m s	° ′ ″	au		h m s	° ′ ″	au
Apr. 1	0 41 31.960	+ 7 41 32.90	0.600 9303	May 17	2 16 15.249	+11 05 08.38	1.115 1501
2	0 38 46.523	+ 7 12 40.55	0.595 2453	18	2 22 34.019	+11 44 03.06	1.130 9216
3	0 36 01.286	+ 6 42 15.80	0.591 1771	19	2 29 02.320	+12 23 27.80	1.146 5043
4	0 33 19.620	+ 6 10 51.18	0.588 6765	20	2 35 40.397	+13 03 17.54	1.161 8551
5	0 30 44.657	+ 5 38 59.05	0.587 6839	21	2 42 28.501	+13 43 26.80	1.176 9259
6	0 28 19.218	+ 5 07 10.70	0.588 1309	22	2 49 26.889	+14 23 49.66	1.191 6632
7	0 26 05.765	+ 4 35 55.42	0.589 9421	23	2 56 35.808	+15 04 19.70	1.206 0078
8	0 24 06.370	+ 4 05 39.85	0.593 0373	24	3 03 55.492	+15 44 49.93	1.219 8945
9	0 22 22.712	+ 3 36 47.49	0.597 3335	25	3 11 26.143	+16 25 12.75	1.233 2523
10	0 20 56.080	+ 3 09 38.39	0.602 7463	26	3 19 07.918	+17 05 19.89	1.246 0045
11	0 19 47.395	+ 2 44 29.13	0.609 1918	27	3 27 00.916	+17 45 02.38	1.258 0689
12	0 18 57.251	+ 2 21 32.87	0.616 5879	28	3 35 05.156	+18 24 10.54	1.269 3593
13	0 18 25.944	+ 2 00 59.56	0.624 8555	29	3 43 20.560	+19 02 34.00	1.279 7858
14	0 18 13.524	+ 1 42 56.26	0.633 9191	30	3 51 46.937	+19 40 01.75	1.289 2572
15	0 18 19.831	+ 1 27 27.49	0.643 7077	31	4 00 23.958	+20 16 22.22	1.297 6823
16	0 18 44.539	+ 1 14 35.56	0.654 1552	June 1	4 09 11.147	+20 51 23.44	1.304 9731
17	0 19 27.194	+ 1 04 20.98	0.665 2001	2	4 18 07.866	+21 24 53.19	1.311 0469
18	0 20 27.245	+ 0 56 42.76	0.676 7864	3	4 27 13.306	+21 56 39.29	1.315 8295
19	0 21 44.079	+ 0 51 38.75	0.688 8626	4	4 36 26.491	+22 26 29.83	1.319 2582
20	0 23 17.038	+ 0 49 05.86	0.701 3824	5	4 45 46.284	+22 54 13.49	1.321 2845
21	0 25 05.448	+ 0 49 00.36	0.714 3037	6	4 55 11.412	+23 19 39.92	1.321 8764
22	0 27 08.628	+ 0 51 18.03	0.727 5886	7	5 04 40.475	+23 42 39.57	1.321 0202
23	0 29 25.910	+ 0 55 54.30	0.741 2032	8	5 14 11.978	+24 03 04.88	1.318 7207
24	0 31 56.649	+ 1 02 44.45	0.755 1171	9	5 23 44.392	+24 20 49.65	1.315 0017
25	0 34 40.225	+ 1 11 43.63	0.769 3029	10	5 33 16.172	+24 35 49.46	1.309 9046
26	0 37 36.055	+ 1 22 46.98	0.783 7362	11	5 42 45.796	+24 48 01.72	1.303 4864
27	0 40 43.595	+ 1 35 49.68	0.798 3949	12	5 52 11.799	+24 57 25.64	1.295 8175
28	0 44 02.338	+ 1 50 46.97	0.813 2592	13	6 01 32.806	+25 04 02.12	1.286 9787
29	0 47 31.821	+ 2 07 34.21	0.828 3111	14	6 10 47.550	+25 07 53.59	1.277 0579
30	0 51 11.624	+ 2 26 06.83	0.843 5342	15	6 19 54.885	+25 09 03.86	1.266 1480
May 1	0 55 01.366	+ 2 46 20.43	0.858 9136	16	6 28 53.800	+25 07 37.86	1.254 3431
2	0 59 00.711	+ 3 08 10.71	0.874 4351	17	6 37 43.417	+25 03 41.44	1.241 7372
3	1 03 09.362	+ 3 31 33.50	0.890 0857	18	6 46 22.989	+24 57 21.18	1.228 4217
4	1 07 27.065	+ 3 56 24.74	0.905 8529	19	6 54 51.897	+24 48 44.17	1.214 4841
5	1 11 53.606	+ 4 22 40.49	0.921 7242	20	7 03 09.636	+24 37 57.88	1.200 0070
6	1 16 28.810	+ 4 50 16.91	0.937 6876	21	7 11 15.804	+24 25 10.00	1.185 0672
7	1 21 12.544	+ 5 19 10.24	0.953 7307	22	7 19 10.089	+24 10 28.32	1.169 7357
8	1 26 04.709	+ 5 49 16.79	0.969 8407	23	7 26 52.256	+23 54 00.62	1.154 0771
9	1 31 05.247	+ 6 20 32.92	0.986 0042	24	7 34 22.134	+23 35 54.64	1.138 1501
10	1 36 14.136	+ 6 52 55.03	1.002 2066	25	7 41 39.606	+23 16 17.96	1.122 0076
11	1 41 31.385	+ 7 26 19.52	1.018 4323	26	7 48 44.596	+22 55 18.04	1.105 6970
12	1 46 57.043	+ 8 00 42.76	1.034 6638	27	7 55 37.059	+22 33 02.12	1.089 2606
13	1 52 31.187	+ 8 36 01.09	1.050 8819	28	8 02 16.976	+22 09 37.27	1.072 7360
14	1 58 13.928	+ 9 12 10.76	1.067 0652	29	8 08 44.343	+21 45 10.33	1.056 1566
15	2 04 05.404	+ 9 49 07.90	1.083 1896	30	8 14 59.164	+21 19 47.95	1.039 5521
16	2 10 05.781	+10 26 48.51	1.099 2280	July 1	8 21 01.447	+20 53 36.62	1.022 9489
17	2 16 15.249	+11 05 08.38	1.115 1501	2	8 26 51.196	+20 26 42.61	1.006 3703

MERCURY, 2018

GEOCENTRIC COORDINATES FOR 0ʰ TERRESTRIAL TIME

Date	Apparent Right Ascension	Apparent Declination	True Geocentric Distance	Date	Apparent Right Ascension	Apparent Declination	True Geocentric Distance
	h m s	o ′ ″	au		h m s	o ′ ″	au
July 1	8 21 01.447	+20 53 36.62	1.022 9489	Aug. 16	8 54 14.953	+13 43 48.51	0.674 0071
2	8 26 51.196	+20 26 42.61	1.006 3703	17	8 53 19.149	+14 04 05.08	0.690 2428
3	8 32 28.411	+19 59 12.06	0.989 8373	18	8 52 50.295	+14 23 16.60	0.707 9432
4	8 37 53.079	+19 31 10.97	0.973 3688	19	8 52 49.868	+14 41 06.83	0.727 0510
5	8 43 05.170	+19 02 45.24	0.956 9817	20	8 53 18.973	+14 57 20.53	0.747 4974
6	8 48 04.639	+18 34 00.63	0.940 6917	21	8 54 18.348	+15 11 43.56	0.769 2017
7	8 52 51.417	+18 05 02.90	0.924 5133	22	8 55 48.382	+15 24 02.80	0.792 0715
8	8 57 25.414	+17 35 57.72	0.908 4601	23	8 57 49.127	+15 34 06.15	0.816 0026
9	9 01 46.509	+17 06 50.77	0.892 5454	24	9 00 20.320	+15 41 42.55	0.840 8786
10	9 05 54.556	+16 37 47.75	0.876 7821	25	9 03 21.399	+15 46 41.99	0.866 5715
11	9 09 49.373	+16 08 54.40	0.861 1832	26	9 06 51.519	+15 48 55.58	0.892 9417
12	9 13 30.748	+15 40 16.53	0.845 7620	27	9 10 49.572	+15 48 15.67	0.919 8391
13	9 16 58.433	+15 12 00.05	0.830 5326	28	9 15 14.202	+15 44 35.98	0.947 1039
14	9 20 12.146	+14 44 10.99	0.815 5099	29	9 20 03.832	+15 37 51.74	0.974 5689
15	9 23 11.573	+14 16 55.52	0.800 7101	30	9 25 16.680	+15 27 59.89	1.002 0619
16	9 25 56.369	+13 50 19.98	0.786 1509	31	9 30 50.796	+15 14 59.20	1.029 4089
17	9 28 26.164	+13 24 30.86	0.771 8521	Sept. 1	9 36 44.091	+14 58 50.38	1.056 4375
18	9 30 40.561	+12 59 34.88	0.757 8351	2	9 42 54.382	+14 39 36.15	1.082 9813
19	9 32 39.146	+12 35 38.95	0.744 1241	3	9 49 19.436	+14 17 21.20	1.108 8833
20	9 34 21.489	+12 12 50.19	0.730 7457	4	9 55 57.014	+13 52 12.11	1.133 9999
21	9 35 47.157	+11 51 15.93	0.717 7292	5	10 02 44.921	+13 24 17.16	1.158 2042
22	9 36 55.718	+11 31 03.69	0.705 1072	6	10 09 41.053	+12 53 46.07	1.181 3878
23	9 37 46.758	+11 12 21.12	0.692 9157	7	10 16 43.427	+12 20 49.72	1.203 4630
24	9 38 19.896	+10 55 15.97	0.681 1942	8	10 23 50.221	+11 45 39.82	1.224 3624
25	9 38 34.801	+10 39 56.01	0.669 9860	9	10 30 59.794	+11 08 28.57	1.244 0391
26	9 38 31.218	+10 26 28.93	0.659 3386	10	10 38 10.695	+10 29 28.39	1.262 4649
27	9 38 08.991	+10 15 02.20	0.649 3033	11	10 45 21.673	+ 9 48 51.57	1.279 6288
28	9 37 28.092	+10 05 42.90	0.639 9356	12	10 52 31.669	+ 9 06 50.12	1.295 5347
29	9 36 28.658	+ 9 58 37.57	0.631 2950	13	10 59 39.807	+ 8 23 35.55	1.310 1986
30	9 35 11.015	+ 9 53 51.91	0.623 4447	14	11 06 45.382	+ 7 39 18.74	1.323 6467
31	9 33 35.726	+ 9 51 30.60	0.616 4513	15	11 13 47.841	+ 6 54 09.88	1.335 9126
Aug. 1	9 31 43.613	+ 9 51 36.97	0.610 3843	16	11 20 46.765	+ 6 08 18.38	1.347 0355
2	9 29 35.794	+ 9 54 12.77	0.605 3152	17	11 27 41.854	+ 5 21 52.89	1.357 0581
3	9 27 13.708	+ 9 59 17.84	0.601 3168	18	11 34 32.911	+ 4 35 01.29	1.366 0254
4	9 24 39.126	+10 06 49.91	0.598 4618	19	11 41 19.821	+ 3 47 50.72	1.373 9831
5	9 21 54.160	+10 16 44.38	0.596 8218	20	11 48 02.541	+ 3 00 27.65	1.380 9768
6	9 19 01.251	+10 28 54.21	0.596 4656	21	11 54 41.086	+ 2 12 57.85	1.387 0511
7	9 16 03.144	+10 43 09.90	0.597 4580	22	12 01 15.517	+ 1 25 26.51	1.392 2490
8	9 13 02.843	+10 59 19.57	0.599 8582	23	12 07 45.929	+ 0 37 58.34	1.396 6116
9	9 10 03.557	+11 17 09.13	0.603 7182	24	12 14 12.450	− 0 09 22.45	1.400 1778
10	9 07 08.629	+11 36 22.58	0.609 0820	25	12 20 35.233	− 0 56 32.13	1.402 9840
11	9 04 21.459	+11 56 42.38	0.615 9836	26	12 26 54.440	− 1 43 27.32	1.405 0640
12	9 01 45.423	+12 17 49.85	0.624 4472	27	12 33 10.251	− 2 30 05.01	1.406 4491
13	8 59 23.791	+12 39 25.67	0.634 4857	28	12 39 22.847	− 3 16 22.46	1.407 1682
14	8 57 19.654	+13 01 10.25	0.646 1007	29	12 45 32.417	− 4 02 17.23	1.407 2474
15	8 55 35.858	+13 22 44.17	0.659 2818	30	12 51 39.147	− 4 47 47.06	1.406 7106
16	8 54 14.953	+13 43 48.51	0.674 0071	Oct. 1	12 57 43.224	− 5 32 49.90	1.405 5793

GEOCENTRIC COORDINATES FOR 0^h TERRESTRIAL TIME

Date	Apparent Right Ascension	Apparent Declination	True Geocentric Distance	Date	Apparent Right Ascension	Apparent Declination	True Geocentric Distance
	h m s	° ′ ″	au		h m s	° ′ ″	au
Oct. 1	12 57 43.224	− 5 32 49.90	1.405 5793	Nov. 16	16 46 49.906	−24 36 20.71	0.822 8782
2	13 03 44.829	− 6 17 23.87	1.403 8729	17	16 47 17.311	−24 27 23.36	0.802 3125
3	13 09 44.138	− 7 01 27.23	1.401 6086	18	16 47 05.572	−24 15 49.10	0.782 3977
4	13 15 41.321	− 7 44 58.33	1.398 8015	19	16 46 12.163	−24 01 29.38	0.763 3725
5	13 21 36.540	− 8 27 55.66	1.395 4653	20	16 44 35.250	−23 44 16.59	0.745 5040
6	13 27 29.949	− 9 10 17.75	1.391 6115	21	16 42 14.021	−23 24 05.31	0.729 0842
7	13 33 21.695	− 9 52 03.24	1.387 2504	22	16 39 09.052	−23 00 53.94	0.714 4233
8	13 39 11.915	−10 33 10.80	1.382 3906	23	16 35 22.658	−22 34 46.83	0.701 8391
9	13 45 00.736	−11 13 39.14	1.377 0394	24	16 30 59.159	−22 05 56.44	0.691 6425
10	13 50 48.272	−11 53 27.02	1.371 2031	25	16 26 04.992	−21 34 45.43	0.684 1194
11	13 56 34.629	−12 32 33.21	1.364 8865	26	16 20 48.591	−21 01 47.80	0.679 5112
12	14 02 19.894	−13 10 56.49	1.358 0934	27	16 15 19.990	−20 27 48.67	0.677 9949
13	14 08 04.146	−13 48 35.64	1.350 8269	28	16 09 50.180	−19 53 42.23	0.679 6672
14	14 13 47.444	−14 25 29.43	1.343 0887	29	16 04 30.301	−19 20 27.92	0.684 5346
15	14 19 29.836	−15 01 36.63	1.334 8799	30	15 59 30.795	−18 49 05.41	0.692 5114
16	14 25 11.350	−15 36 55.98	1.326 2005	Dec. 1	15 55 00.684	−18 20 29.39	0.703 4268
17	14 30 51.999	−16 11 26.19	1.317 0500	2	15 51 07.074	−17 55 25.09	0.717 0382
18	14 36 31.774	−16 45 05.96	1.307 4269	3	15 47 54.929	−17 34 25.46	0.733 0507
19	14 42 10.647	−17 17 53.95	1.297 3293	4	15 45 27.111	−17 17 50.12	0.751 1365
20	14 47 48.564	−17 49 48.75	1.286 7546	5	15 43 44.612	−17 05 45.96	0.770 9552
21	14 53 25.449	−18 20 48.96	1.275 6995	6	15 42 46.894	−16 58 08.96	0.792 1698
22	14 59 01.195	−18 50 53.09	1.264 1607	7	15 42 32.279	−16 54 46.50	0.814 4598
23	15 04 35.666	−19 19 59.60	1.252 1341	8	15 42 58.302	−16 55 19.89	0.837 5303
24	15 10 08.689	−19 48 06.92	1.239 6157	9	15 44 02.036	−16 59 26.63	0.861 1167
25	15 15 40.054	−20 15 13.40	1.226 6011	10	15 45 40.335	−17 06 42.34	0.884 9868
26	15 21 09.508	−20 41 17.31	1.213 0861	11	15 47 50.018	−17 16 42.14	0.908 9416
27	15 26 36.748	−21 06 16.88	1.199 0663	12	15 50 28.004	−17 29 01.77	0.932 8127
28	15 32 01.416	−21 30 10.23	1.184 5380	13	15 53 31.385	−17 43 18.19	0.956 4606
29	15 37 23.094	−21 52 55.42	1.169 4975	14	15 56 57.481	−17 59 10.02	0.979 7710
30	15 42 41.293	−22 14 30.38	1.153 9422	15	16 00 43.854	−18 16 17.75	1.002 6525
31	15 47 55.449	−22 34 52.96	1.137 8704	16	16 04 48.315	−18 34 23.74	1.025 0326
Nov. 1	15 53 04.909	−22 54 00.88	1.121 2818	17	16 09 08.913	−18 53 12.20	1.046 8553
2	15 58 08.926	−23 11 51.74	1.104 1779	18	16 13 43.923	−19 12 29.10	1.068 0785
3	16 03 06.643	−23 28 23.01	1.086 5628	19	16 18 31.825	−19 32 02.00	1.088 6714
4	16 07 57.085	−23 43 32.00	1.068 4432	20	16 23 31.286	−19 51 39.93	1.108 6125
5	16 12 39.138	−23 57 15.85	1.049 8300	21	16 28 41.135	−20 11 13.20	1.127 8880
6	16 17 11.538	−24 09 31.51	1.030 7383	22	16 34 00.348	−20 30 33.28	1.146 4901
7	16 21 32.856	−24 20 15.69	1.011 1892	23	16 39 28.029	−20 49 32.64	1.164 4160
8	16 25 41.475	−24 29 24.87	0.991 2106	24	16 45 03.390	−21 08 04.65	1.181 6665
9	16 29 35.581	−24 36 55.17	0.970 8386	25	16 50 45.739	−21 26 03.40	1.198 2452
10	16 33 13.147	−24 42 42.37	0.950 1194	26	16 56 34.470	−21 43 23.68	1.214 1582
11	16 36 31.919	−24 46 41.83	0.929 1109	27	17 02 29.047	−22 00 00.83	1.229 4129
12	16 39 29.417	−24 48 48.36	0.907 8851	28	17 08 28.998	−22 15 50.71	1.244 0182
13	16 42 02.941	−24 48 56.25	0.886 5304	29	17 14 33.903	−22 30 49.62	1.257 9834
14	16 44 09.586	−24 46 59.10	0.865 1542	30	17 20 43.388	−22 44 54.21	1.271 3186
15	16 45 46.291	−24 42 49.84	0.843 8856	31	17 26 57.119	−22 58 01.51	1.284 0341
16	16 46 49.906	−24 36 20.71	0.822 8782	32	17 33 14.792	−23 10 08.80	1.296 1402

VENUS, 2018

GEOCENTRIC COORDINATES FOR 0ʰ TERRESTRIAL TIME

Date	Apparent Right Ascension	Apparent Declination	True Geocentric Distance	Date	Apparent Right Ascension	Apparent Declination	True Geocentric Distance
	h m s	° ′ ″	au		h m s	° ′ ″	au
Jan. 0	18 31 44.650	−23 40 05.51	1.708 7521	Feb. 15	22 29 41.612	−11 01 17.23	1.686 7371
1	18 37 14.328	−23 37 51.45	1.709 1576	16	22 34 25.817	−10 33 36.62	1.685 3100
2	18 42 43.771	−23 34 53.40	1.709 5253	17	22 39 09.064	−10 05 39.27	1.683 8395
3	18 48 12.917	−23 31 11.47	1.709 8552	18	22 43 51.383	− 9 37 25.96	1.682 3253
4	18 53 41.705	−23 26 45.82	1.710 1473	19	22 48 32.805	− 9 08 57.46	1.680 7674
5	18 59 10.078	−23 21 36.62	1.710 4015	20	22 53 13.364	− 8 40 14.54	1.679 1656
6	19 04 37.977	−23 15 44.07	1.710 6175	21	22 57 53.094	− 8 11 17.97	1.677 5198
7	19 10 05.349	−23 09 08.42	1.710 7952	22	23 02 32.030	− 7 42 08.53	1.675 8301
8	19 15 32.141	−23 01 49.92	1.710 9343	23	23 07 10.206	− 7 12 46.98	1.674 0965
9	19 20 58.300	−22 53 48.85	1.711 0344	24	23 11 47.661	− 6 43 14.10	1.672 3190
10	19 26 23.769	−22 45 05.53	1.711 0954	25	23 16 24.431	− 6 13 30.65	1.670 4978
11	19 31 48.497	−22 35 40.37	1.711 1169	26	23 21 00.552	− 5 43 37.40	1.668 6330
12	19 37 12.433	−22 25 33.78	1.711 0988	27	23 25 36.064	− 5 13 35.12	1.666 7248
13	19 42 35.530	−22 14 46.21	1.711 0409	28	23 30 11.006	− 4 43 24.56	1.664 7732
14	19 47 57.743	−22 03 18.12	1.710 9431	Mar. 1	23 34 45.419	− 4 13 06.47	1.662 7784
15	19 53 19.027	−21 51 09.98	1.710 8051	2	23 39 19.347	− 3 42 41.58	1.660 7404
16	19 58 39.340	−21 38 22.30	1.710 6269	3	23 43 52.833	− 3 12 10.63	1.658 6589
17	20 03 58.641	−21 24 55.61	1.710 4084	4	23 48 25.924	− 2 41 34.34	1.656 5339
18	20 09 16.894	−21 10 50.46	1.710 1495	5	23 52 58.666	− 2 10 53.42	1.654 3650
19	20 14 34.063	−20 56 07.41	1.709 8502	6	23 57 31.104	− 1 40 08.61	1.652 1520
20	20 19 50.117	−20 40 47.06	1.709 5105	7	0 02 03.281	− 1 09 20.62	1.649 8943
21	20 25 05.027	−20 24 50.01	1.709 1304	8	0 06 35.243	− 0 38 30.19	1.647 5916
22	20 30 18.767	−20 08 16.89	1.708 7100	9	0 11 07.032	− 0 07 38.06	1.645 2436
23	20 35 31.315	−19 51 08.35	1.708 2493	10	0 15 38.691	+ 0 23 15.04	1.642 8497
24	20 40 42.652	−19 33 25.04	1.707 7487	11	0 20 10.262	+ 0 54 08.38	1.640 4095
25	20 45 52.762	−19 15 07.63	1.707 2081	12	0 24 41.787	+ 1 25 01.23	1.637 9227
26	20 51 01.633	−18 56 16.81	1.706 6279	13	0 29 13.308	+ 1 55 52.83	1.635 3888
27	20 56 09.254	−18 36 53.29	1.706 0083	14	0 33 44.866	+ 2 26 42.45	1.632 8073
28	21 01 15.618	−18 16 57.79	1.705 3494	15	0 38 16.501	+ 2 57 29.36	1.630 1780
29	21 06 20.719	−17 56 31.03	1.704 6517	16	0 42 48.257	+ 3 28 12.81	1.627 5003
30	21 11 24.554	−17 35 33.75	1.703 9152	17	0 47 20.172	+ 3 58 52.06	1.624 7740
31	21 16 27.124	−17 14 06.69	1.703 1401	18	0 51 52.287	+ 4 29 26.38	1.621 9987
Feb. 1	21 21 28.431	−16 52 10.58	1.702 3265	19	0 56 24.644	+ 4 59 55.02	1.619 1740
2	21 26 28.482	−16 29 46.17	1.701 4742	20	1 00 57.282	+ 5 30 17.24	1.616 2998
3	21 31 27.286	−16 06 54.19	1.700 5830	21	1 05 30.241	+ 6 00 32.30	1.613 3759
4	21 36 24.857	−15 43 35.39	1.699 6528	22	1 10 03.558	+ 6 30 39.47	1.610 4021
5	21 41 21.209	−15 19 50.51	1.698 6832	23	1 14 37.272	+ 7 00 37.98	1.607 3784
6	21 46 16.357	−14 55 40.31	1.697 6737	24	1 19 11.418	+ 7 30 27.09	1.604 3048
7	21 51 10.318	−14 31 05.57	1.696 6241	25	1 23 46.033	+ 8 00 06.05	1.601 1815
8	21 56 03.109	−14 06 07.05	1.695 5339	26	1 28 21.152	+ 8 29 34.09	1.598 0086
9	22 00 54.750	−13 40 45.53	1.694 4028	27	1 32 56.809	+ 8 58 50.46	1.594 7861
10	22 05 45.259	−13 15 01.79	1.693 2304	28	1 37 33.041	+ 9 27 54.42	1.591 5144
11	22 10 34.658	−12 48 56.62	1.692 0163	29	1 42 09.883	+ 9 56 45.21	1.588 1935
12	22 15 22.968	−12 22 30.79	1.690 7603	30	1 46 47.372	+10 25 22.09	1.584 8236
13	22 20 10.214	−11 55 45.10	1.689 4619	31	1 51 25.545	+10 53 44.34	1.581 4047
14	22 24 56.420	−11 28 40.31	1.688 1210	Apr. 1	1 56 04.439	+11 21 51.21	1.577 9369
15	22 29 41.612	−11 01 17.23	1.686 7371	2	2 00 44.089	+11 49 41.99	1.574 4201

GEOCENTRIC COORDINATES FOR 0ʰ TERRESTRIAL TIME

Date	Apparent Right Ascension	Apparent Declination	True Geocentric Distance	Date	Apparent Right Ascension	Apparent Declination	True Geocentric Distance
	h m s	° ′ ″	au		h m s	° ′ ″	au
Apr. 1	1 56 04.439	+11 21 51.21	1.577 9369	May 17	5 46 32.049	+24 53 24.76	1.363 4870
2	2 00 44.089	+11 49 41.99	1.574 4201	18	5 51 48.921	+24 56 47.91	1.357 6504
3	2 05 24.529	+12 17 15.94	1.570 8541	19	5 57 05.798	+24 59 28.42	1.351 7653
4	2 10 05.791	+12 44 32.34	1.567 2388	20	6 02 22.612	+25 01 26.21	1.345 8321
5	2 14 47.903	+13 11 30.44	1.563 5740	21	6 07 39.292	+25 02 41.22	1.339 8513
6	2 19 30.895	+13 38 09.51	1.559 8594	22	6 12 55.768	+25 03 13.44	1.333 8235
7	2 24 14.793	+14 04 28.81	1.556 0947	23	6 18 11.974	+25 03 02.86	1.327 7492
8	2 28 59.619	+14 30 27.58	1.552 2798	24	6 23 27.844	+25 02 09.55	1.321 6292
9	2 33 45.397	+14 56 05.09	1.548 4142	25	6 28 43.313	+25 00 33.58	1.315 4641
10	2 38 32.148	+15 21 20.59	1.544 4978	26	6 33 58.317	+24 58 15.06	1.309 2546
11	2 43 19.889	+15 46 13.33	1.540 5302	27	6 39 12.796	+24 55 14.16	1.303 0012
12	2 48 08.640	+16 10 42.57	1.536 5111	28	6 44 26.686	+24 51 31.06	1.296 7047
13	2 52 58.414	+16 34 47.56	1.532 4403	29	6 49 39.928	+24 47 05.97	1.290 3657
14	2 57 49.226	+16 58 27.57	1.528 3174	30	6 54 52.461	+24 41 59.15	1.283 9848
15	3 02 41.086	+17 21 41.86	1.524 1422	31	7 00 04.227	+24 36 10.86	1.277 5624
16	3 07 34.004	+17 44 29.70	1.519 9144	June 1	7 05 15.168	+24 29 41.42	1.271 0991
17	3 12 27.986	+18 06 50.35	1.515 6338	2	7 10 25.229	+24 22 31.15	1.264 5954
18	3 17 23.036	+18 28 43.10	1.511 3003	3	7 15 34.356	+24 14 40.41	1.258 0517
19	3 22 19.153	+18 50 07.24	1.506 9139	4	7 20 42.496	+24 06 09.55	1.251 4685
20	3 27 16.334	+19 11 02.05	1.502 4744	5	7 25 49.599	+23 56 59.00	1.244 8462
21	3 32 14.572	+19 31 26.82	1.497 9822	6	7 30 55.617	+23 47 09.17	1.238 1851
22	3 37 13.859	+19 51 20.84	1.493 4373	7	7 36 00.506	+23 36 40.50	1.231 4856
23	3 42 14.183	+20 10 43.42	1.488 8400	8	7 41 04.221	+23 25 33.46	1.224 7481
24	3 47 15.531	+20 29 33.88	1.484 1907	9	7 46 06.721	+23 13 48.54	1.217 9727
25	3 52 17.892	+20 47 51.54	1.479 4897	10	7 51 07.967	+23 01 26.24	1.211 1598
26	3 57 21.249	+21 05 35.74	1.474 7375	11	7 56 07.924	+22 48 27.11	1.204 3095
27	4 02 25.587	+21 22 45.85	1.469 9344	12	8 01 06.554	+22 34 51.68	1.197 4221
28	4 07 30.889	+21 39 21.26	1.465 0807	13	8 06 03.824	+22 20 40.54	1.190 4977
29	4 12 37.135	+21 55 21.38	1.460 1769	14	8 10 59.698	+22 05 54.29	1.183 5366
30	4 17 44.303	+22 10 45.62	1.455 2231	15	8 15 54.141	+21 50 33.54	1.176 5390
May 1	4 22 52.368	+22 25 33.43	1.450 2196	16	8 20 47.119	+21 34 38.92	1.169 5052
2	4 28 01.300	+22 39 44.28	1.445 1666	17	8 25 38.600	+21 18 11.08	1.162 4357
3	4 33 11.070	+22 53 17.63	1.440 0643	18	8 30 28.555	+21 01 10.66	1.155 3311
4	4 38 21.642	+23 06 12.99	1.434 9128	19	8 35 16.960	+20 43 38.31	1.148 1921
5	4 43 32.979	+23 18 29.87	1.429 7122	20	8 40 03.792	+20 25 34.69	1.141 0193
6	4 48 45.042	+23 30 07.80	1.424 4626	21	8 44 49.034	+20 07 00.47	1.133 8135
7	4 53 57.789	+23 41 06.33	1.419 1640	22	8 49 32.673	+19 47 56.33	1.126 5757
8	4 59 11.175	+23 51 25.05	1.413 8164	23	8 54 14.695	+19 28 22.97	1.119 3067
9	5 04 25.153	+24 01 03.55	1.408 4200	24	8 58 55.092	+19 08 21.08	1.112 0072
10	5 09 39.675	+24 10 01.47	1.402 9746	25	9 03 33.856	+18 47 51.37	1.104 6782
11	5 14 54.691	+24 18 18.44	1.397 4804	26	9 08 10.982	+18 26 54.54	1.097 3205
12	5 20 10.147	+24 25 54.16	1.391 9372	27	9 12 46.467	+18 05 31.32	1.089 9348
13	5 25 25.989	+24 32 48.32	1.386 3451	28	9 17 20.310	+17 43 42.41	1.082 5221
14	5 30 42.161	+24 39 00.68	1.380 7041	29	9 21 52.510	+17 21 28.52	1.075 0829
15	5 35 58.603	+24 44 30.99	1.375 0140	30	9 26 23.071	+16 58 50.38	1.067 6181
16	5 41 15.254	+24 49 19.07	1.369 2750	July 1	9 30 51.998	+16 35 48.68	1.060 1284
17	5 46 32.049	+24 53 24.76	1.363 4870	2	9 35 19.296	+16 12 24.14	1.052 6145

VENUS, 2018

GEOCENTRIC COORDINATES FOR 0ʰ TERRESTRIAL TIME

Date	Apparent Right Ascension	Apparent Declination	True Geocentric Distance	Date	Apparent Right Ascension	Apparent Declination	True Geocentric Distance
	h m s	o ′ ″	au		h m s	o ′ ″	au
July 1	9 30 51.998	+16 35 48.68	1.060 1284	Aug. 16	12 30 55.062	− 4 49 11.08	0.698 5433
2	9 35 19.296	+16 12 24.14	1.052 6145	17	12 34 19.104	− 5 17 54.47	0.690 5618
3	9 39 44.975	+15 48 37.47	1.045 0769	18	12 37 41.752	− 5 46 29.71	0.682 5863
4	9 44 09.043	+15 24 29.35	1.037 5162	19	12 41 02.972	− 6 14 56.16	0.674 6179
5	9 48 31.513	+15 00 00.51	1.029 9332	20	12 44 22.728	− 6 43 13.15	0.666 6579
6	9 52 52.398	+14 35 11.62	1.022 3282	21	12 47 40.981	− 7 11 20.03	0.658 7074
7	9 57 11.711	+14 10 03.39	1.014 7018	22	12 50 57.687	− 7 39 16.14	0.650 7677
8	10 01 29.468	+13 44 36.50	1.007 0544	23	12 54 12.802	− 8 07 00.81	0.642 8401
9	10 05 45.685	+13 18 51.65	0.999 3864	24	12 57 26.276	− 8 34 33.39	0.634 9258
10	10 10 00.378	+12 52 49.53	0.991 6981	25	13 00 38.059	− 9 01 53.20	0.627 0263
11	10 14 13.559	+12 26 30.83	0.983 9898	26	13 03 48.094	− 9 28 59.59	0.619 1428
12	10 18 25.243	+11 59 56.26	0.976 2618	27	13 06 56.325	− 9 55 51.90	0.611 2767
13	10 22 35.440	+11 33 06.54	0.968 5143	28	13 10 02.688	−10 22 29.46	0.603 4295
14	10 26 44.159	+11 06 02.36	0.960 7477	29	13 13 07.119	−10 48 51.60	0.595 6027
15	10 30 51.410	+10 38 44.45	0.952 9624	30	13 16 09.548	−11 14 57.67	0.587 7975
16	10 34 57.201	+10 11 13.50	0.945 1587	31	13 19 09.902	−11 40 46.99	0.580 0155
17	10 39 01.543	+ 9 43 30.21	0.937 3375	Sept. 1	13 22 08.103	−12 06 18.90	0.572 2581
18	10 43 04.448	+ 9 15 35.27	0.929 4993	2	13 25 04.065	−12 31 32.73	0.564 5267
19	10 47 05.928	+ 8 47 29.37	0.921 6449	3	13 27 57.700	−12 56 27.79	0.556 8229
20	10 51 05.997	+ 8 19 13.19	0.913 7753	4	13 30 48.910	−13 21 03.37	0.549 1479
21	10 55 04.667	+ 7 50 47.42	0.905 8912	5	13 33 37.590	−13 45 18.78	0.541 5033
22	10 59 01.951	+ 7 22 12.74	0.897 9936	6	13 36 23.628	−14 09 13.26	0.533 8905
23	11 02 57.862	+ 6 53 29.82	0.890 0834	7	13 39 06.902	−14 32 46.06	0.526 3109
24	11 06 52.414	+ 6 24 39.33	0.882 1615	8	13 41 47.279	−14 55 56.39	0.518 7660
25	11 10 45.619	+ 5 55 41.94	0.874 2289	9	13 44 24.621	−15 18 43.41	0.511 2575
26	11 14 37.489	+ 5 26 38.31	0.866 2863	10	13 46 58.778	−15 41 06.26	0.503 7870
27	11 18 28.038	+ 4 57 29.09	0.858 3347	11	13 49 29.590	−16 03 04.05	0.496 3565
28	11 22 17.276	+ 4 28 14.93	0.850 3749	12	13 51 56.888	−16 24 35.83	0.488 9681
29	11 26 05.217	+ 3 58 56.47	0.842 4079	13	13 54 20.495	−16 45 40.63	0.481 6241
30	11 29 51.873	+ 3 29 34.34	0.834 4344	14	13 56 40.223	−17 06 17.40	0.474 3270
31	11 33 37.255	+ 3 00 09.17	0.826 4553	15	13 58 55.877	−17 26 25.09	0.467 0796
Aug. 1	11 37 21.375	+ 2 30 41.58	0.818 4713	16	14 01 07.253	−17 46 02.56	0.459 8849
2	11 41 04.244	+ 2 01 12.18	0.810 4832	17	14 03 14.139	−18 05 08.64	0.452 7458
3	11 44 45.872	+ 1 31 41.57	0.802 4918	18	14 05 16.318	−18 23 42.11	0.445 6658
4	11 48 26.269	+ 1 02 10.36	0.794 4975	19	14 07 13.564	−18 41 41.68	0.438 6483
5	11 52 05.442	+ 0 32 39.14	0.786 5012	20	14 09 05.646	−18 59 06.03	0.431 6970
6	11 55 43.398	+ 0 03 08.50	0.778 5033	21	14 10 52.327	−19 15 53.74	0.424 8158
7	11 59 20.140	− 0 26 20.95	0.770 5044	22	14 12 33.366	−19 32 03.35	0.418 0087
8	12 02 55.669	− 0 55 48.61	0.762 5050	23	14 14 08.516	−19 47 33.31	0.411 2800
9	12 06 29.982	− 1 25 13.89	0.754 5054	24	14 15 37.530	−20 02 22.01	0.404 6341
10	12 10 03.072	− 1 54 36.15	0.746 5061	25	14 17 00.158	−20 16 27.77	0.398 0757
11	12 13 34.926	− 2 23 54.78	0.738 5075	26	14 18 16.150	−20 29 48.83	0.391 6098
12	12 17 05.530	− 2 53 09.14	0.730 5099	27	14 19 25.260	−20 42 23.34	0.385 2413
13	12 20 34.867	− 3 22 18.59	0.722 5140	28	14 20 27.241	−20 54 09.40	0.378 9756
14	12 24 02.917	− 3 51 22.49	0.714 5204	29	14 21 21.856	−21 05 05.00	0.372 8181
15	12 27 29.657	− 4 20 20.20	0.706 5299	30	14 22 08.871	−21 15 08.06	0.366 7745
16	12 30 55.062	− 4 49 11.08	0.698 5433	Oct. 1	14 22 48.062	−21 24 16.44	0.360 8506

GEOCENTRIC COORDINATES FOR 0^h TERRESTRIAL TIME

Date	Apparent Right Ascension	Apparent Declination	True Geocentric Distance	Date	Apparent Right Ascension	Apparent Declination	True Geocentric Distance
	h m s	° ′ ″	au		h m s	° ′ ″	au
Oct. 1	14 22 48.062	−21 24 16.44	0.360 8506	Nov. 16	13 31 25.631	−11 06 56.06	0.322 9730
2	14 23 19.214	−21 32 27.90	0.355 0524	17	13 31 46.513	−10 54 13.84	0.327 8346
3	14 23 42.128	−21 39 40.11	0.349 3860	18	13 32 15.990	−10 42 41.78	0.332 8599
4	14 23 56.620	−21 45 50.69	0.343 8579	19	13 32 53.894	−10 32 19.82	0.338 0413
5	14 24 02.526	−21 50 57.19	0.338 4746	20	13 33 40.043	−10 23 07.57	0.343 3714
6	14 23 59.707	−21 54 57.12	0.333 2430	21	13 34 34.245	−10 15 04.39	0.348 8428
7	14 23 48.049	−21 57 47.94	0.328 1699	22	13 35 36.296	−10 08 09.35	0.354 4487
8	14 23 27.474	−21 59 27.13	0.323 2628	23	13 36 45.989	−10 02 21.32	0.360 1822
9	14 22 57.941	−21 59 52.17	0.318 5292	24	13 38 03.108	− 9 57 38.97	0.366 0366
10	14 22 19.452	−21 59 00.63	0.313 9770	25	13 39 27.434	− 9 54 00.81	0.372 0053
11	14 21 32.059	−21 56 50.17	0.309 6142	26	13 40 58.744	− 9 51 25.18	0.378 0822
12	14 20 35.871	−21 53 18.62	0.305 4492	27	13 42 36.811	− 9 49 50.29	0.384 2610
13	14 19 31.059	−21 48 24.06	0.301 4904	28	13 44 21.411	− 9 49 14.27	0.390 5359
14	14 18 17.860	−21 42 04.87	0.297 7464	29	13 46 12.317	− 9 49 35.13	0.396 9012
15	14 16 56.587	−21 34 19.79	0.294 2258	30	13 48 09.307	− 9 50 50.83	0.403 3516
16	14 15 27.623	−21 25 08.04	0.290 9370	Dec. 1	13 50 12.164	− 9 52 59.28	0.409 8820
17	14 13 51.431	−21 14 29.37	0.287 8885	2	13 52 20.676	− 9 55 58.39	0.416 4877
18	14 12 08.549	−21 02 24.10	0.285 0882	3	13 54 34.636	− 9 59 46.02	0.423 1642
19	14 10 19.589	−20 48 53.28	0.282 5439	4	13 56 53.846	−10 04 20.06	0.429 9074
20	14 08 25.235	−20 33 58.63	0.280 2630	5	13 59 18.114	−10 09 38.39	0.436 7134
21	14 06 26.238	−20 17 42.70	0.278 2522	6	14 01 47.257	−10 15 38.93	0.443 5785
22	14 04 23.408	−20 00 08.82	0.276 5177	7	14 04 21.100	−10 22 19.62	0.450 4994
23	14 02 17.608	−19 41 21.16	0.275 0650	8	14 06 59.476	−10 29 38.41	0.457 4730
24	14 00 09.743	−19 21 24.71	0.273 8987	9	14 09 42.228	−10 37 33.31	0.464 4963
25	13 58 00.744	−19 00 25.27	0.273 0226	10	14 12 29.206	−10 46 02.36	0.471 5665
26	13 55 51.564	−18 38 29.35	0.272 4394	11	14 15 20.271	−10 55 03.63	0.478 6810
27	13 53 43.154	−18 15 44.15	0.272 1508	12	14 18 15.290	−11 04 35.25	0.485 8373
28	13 51 36.458	−17 52 17.42	0.272 1577	13	14 21 14.139	−11 14 35.37	0.493 0330
29	13 49 32.390	−17 28 17.33	0.272 4594	14	14 24 16.702	−11 25 02.21	0.500 2660
30	13 47 31.831	−17 03 52.37	0.273 0547	15	14 27 22.869	−11 35 53.99	0.507 5341
31	13 45 35.608	−16 39 11.17	0.273 9408	16	14 30 32.539	−11 47 09.02	0.514 8352
Nov. 1	13 43 44.494	−16 14 22.39	0.275 1145	17	14 33 45.615	−11 58 45.60	0.522 1675
2	13 41 59.196	−15 49 34.60	0.276 5713	18	14 37 02.008	−12 10 42.10	0.529 5289
3	13 40 20.350	−15 24 56.10	0.278 3061	19	14 40 21.634	−12 22 56.93	0.536 9178
4	13 38 48.520	−15 00 34.87	0.280 3131	20	14 43 44.416	−12 35 28.51	0.544 3322
5	13 37 24.197	−14 36 38.45	0.282 5858	21	14 47 10.280	−12 48 15.33	0.551 7706
6	13 36 07.798	−14 13 13.88	0.285 1175	22	14 50 39.156	−13 01 15.87	0.559 2311
7	13 34 59.669	−13 50 27.60	0.287 9009	23	14 54 10.977	−13 14 28.67	0.566 7118
8	13 34 00.088	−13 28 25.49	0.290 9284	24	14 57 45.676	−13 27 52.26	0.574 2112
9	13 33 09.269	−13 07 12.76	0.294 1921	25	15 01 23.189	−13 41 25.18	0.581 7272
10	13 32 27.367	−12 46 54.03	0.297 6841	26	15 05 03.455	−13 55 06.00	0.589 2581
11	13 31 54.483	−12 27 33.26	0.301 3963	27	15 08 46.410	−14 08 53.30	0.596 8021
12	13 31 30.666	−12 09 13.80	0.305 3204	28	15 12 31.997	−14 22 45.67	0.604 3576
13	13 31 15.924	−11 51 58.41	0.309 4484	29	15 16 20.158	−14 36 41.73	0.611 9229
14	13 31 10.223	−11 35 49.29	0.313 7718	30	15 20 10.835	−14 50 40.12	0.619 4967
15	13 31 13.492	−11 20 48.12	0.318 2827	31	15 24 03.975	−15 04 39.51	0.627 0774
16	13 31 25.631	−11 06 56.06	0.322 9730	32	15 27 59.523	−15 18 38.58	0.634 6640

MARS, 2018

GEOCENTRIC COORDINATES FOR 0ʰ TERRESTRIAL TIME

Date	Apparent Right Ascension	Apparent Declination	True Geocentric Distance	Date	Apparent Right Ascension	Apparent Declination	True Geocentric Distance
	h m s	° ′ ″	au		h m s	° ′ ″	au
Jan. 0	14 45 28.623	−15 02 13.54	1.964 4985	Feb. 15	16 41 43.670	−21 43 46.16	1.537 0908
1	14 47 56.230	−15 13 42.34	1.955 7672	16	16 44 17.937	−21 49 17.37	1.527 4459
2	14 50 24.056	−15 25 04.87	1.947 0032	17	16 46 52.198	−21 54 39.77	1.517 7965
3	14 52 52.100	−15 36 21.07	1.938 2068	18	16 49 26.444	−21 59 53.36	1.508 1435
4	14 55 20.361	−15 47 30.84	1.929 3781	19	16 52 00.668	−22 04 58.12	1.498 4880
5	14 57 48.837	−15 58 34.09	1.920 5173	20	16 54 34.860	−22 09 54.05	1.488 8308
6	15 00 17.528	−16 09 30.75	1.911 6247	21	16 57 09.015	−22 14 41.14	1.479 1730
7	15 02 46.434	−16 20 20.73	1.902 7005	22	16 59 43.126	−22 19 19.40	1.469 5154
8	15 05 15.553	−16 31 03.95	1.893 7449	23	17 02 17.186	−22 23 48.86	1.459 8589
9	15 07 44.883	−16 41 40.34	1.884 7586	24	17 04 51.189	−22 28 09.52	1.450 2044
10	15 10 14.423	−16 52 09.81	1.875 7418	25	17 07 25.128	−22 32 21.42	1.440 5526
11	15 12 44.168	−17 02 32.29	1.866 6952	26	17 09 58.994	−22 36 24.58	1.430 9042
12	15 15 14.116	−17 12 47.71	1.857 6194	27	17 12 32.781	−22 40 19.01	1.421 2597
13	15 17 44.261	−17 22 55.98	1.848 5150	28	17 15 06.480	−22 44 04.74	1.411 6195
14	15 20 14.599	−17 32 57.04	1.839 3827	Mar. 1	17 17 40.082	−22 47 41.78	1.401 9840
15	15 22 45.126	−17 42 50.79	1.830 2234	2	17 20 13.579	−22 51 10.14	1.392 3535
16	15 25 15.836	−17 52 37.16	1.821 0377	3	17 22 46.963	−22 54 29.86	1.382 7283
17	15 27 46.725	−18 02 16.08	1.811 8266	4	17 25 20.226	−22 57 40.96	1.373 1085
18	15 30 17.786	−18 11 47.46	1.802 5908	5	17 27 53.356	−23 00 43.47	1.363 4944
19	15 32 49.016	−18 21 11.23	1.793 3313	6	17 30 26.344	−23 03 37.43	1.353 8865
20	15 35 20.411	−18 30 27.32	1.784 0490	7	17 32 59.174	−23 06 22.88	1.344 2850
21	15 37 51.966	−18 39 35.66	1.774 7448	8	17 35 31.835	−23 08 59.87	1.334 6904
22	15 40 23.678	−18 48 36.17	1.765 4196	9	17 38 04.310	−23 11 28.45	1.325 1033
23	15 42 55.546	−18 57 28.81	1.756 0744	10	17 40 36.585	−23 13 48.65	1.315 5242
24	15 45 27.568	−19 06 13.51	1.746 7101	11	17 43 08.644	−23 16 00.54	1.305 9537
25	15 47 59.741	−19 14 50.23	1.737 3276	12	17 45 40.471	−23 18 04.15	1.296 3924
26	15 50 32.065	−19 23 18.92	1.727 9278	13	17 48 12.050	−23 19 59.54	1.286 8412
27	15 53 04.539	−19 31 39.55	1.718 5115	14	17 50 43.366	−23 21 46.77	1.277 3006
28	15 55 37.159	−19 39 52.08	1.709 0794	15	17 53 14.403	−23 23 25.88	1.267 7715
29	15 58 09.925	−19 47 56.47	1.699 6321	16	17 55 45.145	−23 24 56.94	1.258 2546
30	16 00 42.831	−19 55 52.69	1.690 1702	17	17 58 15.578	−23 26 20.01	1.248 7509
31	16 03 15.874	−20 03 40.69	1.680 6940	18	18 00 45.688	−23 27 35.16	1.239 2613
Feb. 1	16 05 49.048	−20 11 20.43	1.671 2039	19	18 03 15.463	−23 28 42.45	1.229 7866
2	16 08 22.348	−20 18 51.85	1.661 7001	20	18 05 44.891	−23 29 41.96	1.220 3278
3	16 10 55.771	−20 26 14.90	1.652 1828	21	18 08 13.960	−23 30 33.79	1.210 8858
4	16 13 29.310	−20 33 29.55	1.642 6524	22	18 10 42.661	−23 31 18.03	1.201 4615
5	16 16 02.961	−20 40 35.76	1.633 1092	23	18 13 10.981	−23 31 54.77	1.192 0558
6	16 18 36.715	−20 47 33.48	1.623 5536	24	18 15 38.912	−23 32 24.13	1.182 6695
7	16 21 10.566	−20 54 22.69	1.613 9860	25	18 18 06.441	−23 32 46.20	1.173 3033
8	16 23 44.505	−21 01 03.36	1.604 4070	26	18 20 33.559	−23 33 01.10	1.163 9578
9	16 26 18.521	−21 07 35.45	1.594 8172	27	18 23 00.254	−23 33 08.93	1.154 6335
10	16 28 52.605	−21 13 58.94	1.585 2173	28	18 25 26.515	−23 33 09.79	1.145 3309
11	16 31 26.747	−21 20 13.78	1.575 6079	29	18 27 52.333	−23 33 03.79	1.136 0503
12	16 34 00.935	−21 26 19.95	1.565 9897	30	18 30 17.697	−23 32 51.03	1.126 7919
13	16 36 35.159	−21 32 17.42	1.556 3636	31	18 32 42.595	−23 32 31.63	1.117 5561
14	16 39 09.407	−21 38 06.17	1.546 7304	Apr. 1	18 35 07.016	−23 32 05.71	1.108 3429
15	16 41 43.670	−21 43 46.16	1.537 0908	2	18 37 30.947	−23 31 33.39	1.099 1526

GEOCENTRIC COORDINATES FOR 0ʰ TERRESTRIAL TIME

Date	Apparent Right Ascension	Apparent Declination	True Geocentric Distance	Date	Apparent Right Ascension	Apparent Declination	True Geocentric Distance
	h m s	° ′ ″	au		h m s	° ′ ″	au
Apr. 1	18 35 07.016	−23 32 05.71	1.108 3429	May 17	20 11 53.056	−22 03 59.67	0.718 6760
2	18 37 30.947	−23 31 33.39	1.099 1526	18	20 13 32.920	−22 01 58.19	0.711 1812
3	18 39 54.371	−23 30 54.82	1.089 9855	19	20 15 11.222	−22 00 00.74	0.703 7406
4	18 42 17.273	−23 30 10.14	1.080 8419	20	20 16 47.932	−21 58 07.62	0.696 3551
5	18 44 39.634	−23 29 19.48	1.071 7222	21	20 18 23.023	−21 56 19.13	0.689 0256
6	18 47 01.434	−23 28 23.00	1.062 6267	22	20 19 56.468	−21 54 35.55	0.681 7530
7	18 49 22.653	−23 27 20.84	1.053 5559	23	20 21 28.238	−21 52 57.18	0.674 5378
8	18 51 43.272	−23 26 13.16	1.044 5104	24	20 22 58.305	−21 51 24.32	0.667 3808
9	18 54 03.270	−23 25 00.11	1.035 4907	25	20 24 26.638	−21 49 57.26	0.660 2825
10	18 56 22.624	−23 23 41.84	1.026 4975	26	20 25 53.204	−21 48 36.32	0.653 2437
11	18 58 41.316	−23 22 18.51	1.017 5313	27	20 27 17.969	−21 47 21.81	0.646 2647
12	19 00 59.324	−23 20 50.28	1.008 5930	28	20 28 40.895	−21 46 14.06	0.639 3464
13	19 03 16.626	−23 19 17.33	0.999 6831	29	20 30 01.940	−21 45 13.39	0.632 4894
14	19 05 33.204	−23 17 39.80	0.990 8026	30	20 31 21.061	−21 44 20.15	0.625 6944
15	19 07 49.038	−23 15 57.88	0.981 9523	31	20 32 38.213	−21 43 34.66	0.618 9621
16	19 10 04.110	−23 14 11.74	0.973 1330	June 1	20 33 53.348	−21 42 57.27	0.612 2935
17	19 12 18.401	−23 12 21.57	0.964 3458	2	20 35 06.416	−21 42 28.29	0.605 6894
18	19 14 31.896	−23 10 27.56	0.955 5915	3	20 36 17.366	−21 42 08.07	0.599 1509
19	19 16 44.579	−23 08 29.90	0.946 8712	4	20 37 26.148	−21 41 56.92	0.592 6790
20	19 18 56.434	−23 06 28.79	0.938 1856	5	20 38 32.709	−21 41 55.15	0.586 2750
21	19 21 07.444	−23 04 24.46	0.929 5355	6	20 39 36.996	−21 42 03.09	0.579 9400
22	19 23 17.595	−23 02 17.09	0.920 9218	7	20 40 38.955	−21 42 21.03	0.573 6754
23	19 25 26.871	−23 00 06.90	0.912 3451	8	20 41 38.535	−21 42 49.26	0.567 4825
24	19 27 35.256	−22 57 54.08	0.903 8058	9	20 42 35.681	−21 43 28.07	0.561 3629
25	19 29 42.737	−22 55 38.83	0.895 3044	10	20 43 30.342	−21 44 17.73	0.555 3181
26	19 31 49.298	−22 53 21.38	0.886 8413	11	20 44 22.467	−21 45 18.48	0.549 3499
27	19 33 54.924	−22 51 01.92	0.878 4167	12	20 45 12.008	−21 46 30.57	0.543 4600
28	19 35 59.597	−22 48 40.67	0.870 0311	13	20 45 58.918	−21 47 54.22	0.537 6502
29	19 38 03.299	−22 46 17.88	0.861 6845	14	20 46 43.152	−21 49 29.64	0.531 9224
30	19 40 06.010	−22 43 53.77	0.853 3774	15	20 47 24.670	−21 51 17.00	0.526 2785
May 1	19 42 07.706	−22 41 28.59	0.845 1099	16	20 48 03.433	−21 53 16.45	0.520 7203
2	19 44 08.364	−22 39 02.60	0.836 8825	17	20 48 39.405	−21 55 28.11	0.515 2494
3	19 46 07.955	−22 36 36.06	0.828 6955	18	20 49 12.557	−21 57 52.06	0.509 8675
4	19 48 06.452	−22 34 09.23	0.820 5493	19	20 49 42.856	−22 00 28.38	0.504 5761
5	19 50 03.824	−22 31 42.38	0.812 4445	20	20 50 10.276	−22 03 17.09	0.499 3765
6	19 52 00.042	−22 29 15.78	0.804 3817	21	20 50 34.789	−22 06 18.22	0.494 2702
7	19 53 55.074	−22 26 49.70	0.796 3614	22	20 50 56.365	−22 09 31.77	0.489 2586
8	19 55 48.888	−22 24 24.41	0.788 3843	23	20 51 14.977	−22 12 57.73	0.484 3429
9	19 57 41.452	−22 22 00.21	0.780 4511	24	20 51 30.595	−22 16 36.05	0.479 5247
10	19 59 32.733	−22 19 37.35	0.772 5627	25	20 51 43.190	−22 20 26.68	0.474 8052
11	20 01 22.699	−22 17 16.15	0.764 7199	26	20 51 52.734	−22 24 29.52	0.470 1860
12	20 03 11.316	−22 14 56.86	0.756 9236	27	20 51 59.200	−22 28 44.44	0.465 6686
13	20 04 58.552	−22 12 39.80	0.749 1747	28	20 52 02.562	−22 33 11.28	0.461 2545
14	20 06 44.375	−22 10 25.25	0.741 4744	29	20 52 02.795	−22 37 49.84	0.456 9455
15	20 08 28.753	−22 08 13.51	0.733 8237	30	20 51 59.880	−22 42 39.88	0.452 7431
16	20 10 11.657	−22 06 04.88	0.726 2239	July 1	20 51 53.800	−22 47 41.10	0.448 6491
17	20 11 53.056	−22 03 59.67	0.718 6760	2	20 51 44.543	−22 52 53.17	0.444 6654

MARS, 2018

GEOCENTRIC COORDINATES FOR 0^h TERRESTRIAL TIME

Date	Apparent Right Ascension	Apparent Declination	True Geocentric Distance	Date	Apparent Right Ascension	Apparent Declination	True Geocentric Distance
	h m s	° ′ ″	au		h m s	° ′ ″	au
July 1	20 51 53.800	−22 47 41.10	0.448 6491	Aug. 16	20 12 37.806	−26 29 50.12	0.401 7540
2	20 51 44.543	−22 52 53.17	0.444 6654	17	20 11 57.882	−26 29 49.70	0.403 9017
3	20 51 32.103	−22 58 15.71	0.440 7938	18	20 11 21.034	−26 29 31.57	0.406 1664
4	20 51 16.477	−23 03 48.27	0.437 0362	19	20 10 47.347	−26 28 55.97	0.408 5457
5	20 50 57.673	−23 09 30.37	0.433 3946	20	20 10 16.892	−26 28 03.20	0.411 0374
6	20 50 35.703	−23 15 21.46	0.429 8711	21	20 09 49.729	−26 26 53.55	0.413 6390
7	20 50 10.590	−23 21 20.95	0.426 4676	22	20 09 25.908	−26 25 27.33	0.416 3483
8	20 49 42.363	−23 27 28.19	0.423 1864	23	20 09 05.469	−26 23 44.87	0.419 1630
9	20 49 11.064	−23 33 42.47	0.420 0295	24	20 08 48.444	−26 21 46.49	0.422 0811
10	20 48 36.743	−23 40 03.03	0.416 9990	25	20 08 34.855	−26 19 32.51	0.425 1003
11	20 47 59.464	−23 46 29.07	0.414 0971	26	20 08 24.718	−26 17 03.27	0.428 2186
12	20 47 19.303	−23 52 59.72	0.411 3258	27	20 08 18.043	−26 14 19.07	0.431 4341
13	20 46 36.347	−23 59 34.08	0.408 6870	28	20 08 14.832	−26 11 20.24	0.434 7449
14	20 45 50.698	−24 06 11.19	0.406 1825	29	20 08 15.084	−26 08 07.09	0.438 1492
15	20 45 02.469	−24 12 50.05	0.403 8138	30	20 08 18.793	−26 04 39.91	0.441 6452
16	20 44 11.785	−24 19 29.64	0.401 5822	31	20 08 25.947	−26 00 59.00	0.445 2312
17	20 43 18.778	−24 26 08.91	0.399 4888	Sept. 1	20 08 36.535	−25 57 04.64	0.448 9057
18	20 42 23.591	−24 32 46.83	0.397 5344	2	20 08 50.538	−25 52 57.11	0.452 6671
19	20 41 26.368	−24 39 22.35	0.395 7198	3	20 09 07.937	−25 48 36.67	0.456 5139
20	20 40 27.262	−24 45 54.45	0.394 0456	4	20 09 28.711	−25 44 03.58	0.460 4445
21	20 39 26.426	−24 52 22.10	0.392 5122	5	20 09 52.836	−25 39 18.08	0.464 4576
22	20 38 24.019	−24 58 44.30	0.391 1200	6	20 10 20.284	−25 34 20.41	0.468 5515
23	20 37 20.203	−25 05 00.06	0.389 8694	7	20 10 51.027	−25 29 10.78	0.472 7247
24	20 36 15.147	−25 11 08.42	0.388 7605	8	20 11 25.035	−25 23 49.40	0.476 9756
25	20 35 09.020	−25 17 08.41	0.387 7935	9	20 12 02.273	−25 18 16.46	0.481 3023
26	20 34 01.996	−25 22 59.13	0.386 9685	10	20 12 42.705	−25 12 32.14	0.485 7032
27	20 32 54.254	−25 28 39.66	0.386 2854	11	20 13 26.289	−25 06 36.63	0.490 1763
28	20 31 45.974	−25 34 09.15	0.385 7443	12	20 14 12.979	−25 00 30.10	0.494 7196
29	20 30 37.341	−25 39 26.77	0.385 3449	13	20 15 02.724	−24 54 12.73	0.499 3315
30	20 29 28.541	−25 44 31.73	0.385 0870	14	20 15 55.464	−24 47 44.71	0.504 0100
31	20 28 19.764	−25 49 23.26	0.384 9705	15	20 16 51.138	−24 41 06.20	0.508 7535
Aug. 1	20 27 11.199	−25 54 00.68	0.384 9948	16	20 17 49.680	−24 34 17.37	0.513 5602
2	20 26 03.041	−25 58 23.32	0.385 1596	17	20 18 51.022	−24 27 18.38	0.518 4288
3	20 24 55.482	−26 02 30.58	0.385 4644	18	20 19 55.095	−24 20 09.35	0.523 3577
4	20 23 48.716	−26 06 21.90	0.385 9087	19	20 21 01.829	−24 12 50.42	0.528 3457
5	20 22 42.937	−26 09 56.77	0.386 4917	20	20 22 11.153	−24 05 21.72	0.533 3915
6	20 21 38.339	−26 13 14.77	0.387 2128	21	20 23 22.996	−23 57 43.33	0.538 4940
7	20 20 35.113	−26 16 15.50	0.388 0712	22	20 24 37.291	−23 49 55.37	0.543 6521
8	20 19 33.451	−26 18 58.64	0.389 0658	23	20 25 53.967	−23 41 57.91	0.548 8648
9	20 18 33.540	−26 21 23.91	0.390 1956	24	20 27 12.958	−23 33 51.04	0.554 1312
10	20 17 35.564	−26 23 31.12	0.391 4593	25	20 28 34.197	−23 25 34.84	0.559 4507
11	20 16 39.703	−26 25 20.10	0.392 8554	26	20 29 57.621	−23 17 09.35	0.564 8224
12	20 15 46.128	−26 26 50.74	0.394 3822	27	20 31 23.167	−23 08 34.65	0.570 2457
13	20 14 55.005	−26 28 03.02	0.396 0376	28	20 32 50.777	−22 59 50.78	0.575 7202
14	20 14 06.486	−26 28 56.95	0.397 8196	29	20 34 20.393	−22 50 57.81	0.581 2452
15	20 13 20.711	−26 29 32.60	0.399 7259	30	20 35 51.959	−22 41 55.76	0.586 8204
16	20 12 37.806	−26 29 50.12	0.401 7540	Oct. 1	20 37 25.424	−22 32 44.71	0.592 4452

GEOCENTRIC COORDINATES FOR 0ʰ TERRESTRIAL TIME

Date	Apparent Right Ascension	Apparent Declination	True Geocentric Distance	Date	Apparent Right Ascension	Apparent Declination	True Geocentric Distance
	h m s	o ′ ″	au		h m s	o ′ ″	au
Oct. 1	20 37 25.424	−22 32 44.71	0.592 4452	Nov. 16	22 10 56.510	−13 01 45.32	0.895 2016
2	20 39 00.736	−22 23 24.67	0.598 1194	17	22 13 14.599	−12 46 33.34	0.902 5893
3	20 40 37.846	−22 13 55.70	0.603 8424	18	22 15 33.006	−12 31 15.78	0.910 0052
4	20 42 16.707	−22 04 17.82	0.609 6137	19	22 17 51.712	−12 15 52.77	0.917 4491
5	20 43 57.274	−21 54 31.06	0.615 4327	20	22 20 10.704	−12 00 24.43	0.924 9207
6	20 45 39.502	−21 44 35.43	0.621 2989	21	22 22 29.965	−11 44 50.90	0.932 4200
7	20 47 23.351	−21 34 30.96	0.627 2114	22	22 24 49.484	−11 29 12.29	0.939 9470
8	20 49 08.777	−21 24 17.65	0.633 1695	23	22 27 09.247	−11 13 28.75	0.947 5015
9	20 50 55.740	−21 13 55.54	0.639 1724	24	22 29 29.243	−10 57 40.41	0.955 0838
10	20 52 44.196	−21 03 24.65	0.645 2190	25	22 31 49.463	−10 41 47.39	0.962 6938
11	20 54 34.101	−20 52 45.03	0.651 3085	26	22 34 09.896	−10 25 49.84	0.970 3317
12	20 56 25.407	−20 41 56.73	0.657 4399	27	22 36 30.535	−10 09 47.88	0.977 9975
13	20 58 18.066	−20 30 59.82	0.663 6126	28	22 38 51.374	− 9 53 41.63	0.985 6912
14	21 00 12.031	−20 19 54.37	0.669 8256	29	22 41 12.407	− 9 37 31.19	0.993 4129
15	21 02 07.251	−20 08 40.43	0.676 0782	30	22 43 33.632	− 9 21 16.68	1.001 1622
16	21 04 03.678	−19 57 18.08	0.682 3699	Dec. 1	22 45 55.047	− 9 04 58.18	1.008 9389
17	21 06 01.266	−19 45 47.39	0.688 7000	2	22 48 16.652	− 8 48 35.80	1.016 7427
18	21 07 59.967	−19 34 08.42	0.695 0681	3	22 50 38.446	− 8 32 09.63	1.024 5731
19	21 09 59.736	−19 22 21.24	0.701 4736	4	22 53 00.427	− 8 15 39.77	1.032 4296
20	21 12 00.531	−19 10 25.93	0.707 9162	5	22 55 22.593	− 7 59 06.34	1.040 3116
21	21 14 02.308	−18 58 22.55	0.714 3954	6	22 57 44.941	− 7 42 29.46	1.048 2186
22	21 16 05.029	−18 46 11.17	0.720 9112	7	23 00 07.465	− 7 25 49.25	1.056 1498
23	21 18 08.653	−18 33 51.87	0.727 4631	8	23 02 30.161	− 7 09 05.86	1.064 1047
24	21 20 13.145	−18 21 24.71	0.734 0511	9	23 04 53.023	− 6 52 19.40	1.072 0826
25	21 22 18.469	−18 08 49.77	0.740 6750	10	23 07 16.043	− 6 35 30.04	1.080 0829
26	21 24 24.594	−17 56 07.13	0.747 3349	11	23 09 39.216	− 6 18 37.91	1.088 1051
27	21 26 31.489	−17 43 16.86	0.754 0308	12	23 12 02.534	− 6 01 43.16	1.096 1486
28	21 28 39.126	−17 30 19.04	0.760 7626	13	23 14 25.993	− 5 44 45.92	1.104 2130
29	21 30 47.476	−17 17 13.75	0.767 5304	14	23 16 49.587	− 5 27 46.36	1.112 2977
30	21 32 56.515	−17 04 01.07	0.774 3343	15	23 19 13.310	− 5 10 44.60	1.120 4023
31	21 35 06.219	−16 50 41.07	0.781 1741	16	23 21 37.158	− 4 53 40.80	1.128 5264
Nov. 1	21 37 16.566	−16 37 13.82	0.788 0499	17	23 24 01.127	− 4 36 35.09	1.136 6697
2	21 39 27.538	−16 23 39.39	0.794 9612	18	23 26 25.213	− 4 19 27.64	1.144 8318
3	21 41 39.114	−16 09 57.83	0.801 9080	19	23 28 49.414	− 4 02 18.57	1.153 0124
4	21 43 51.280	−15 56 09.19	0.808 8898	20	23 31 13.727	− 3 45 08.04	1.161 2115
5	21 46 04.017	−15 42 13.55	0.815 9061	21	23 33 38.149	− 3 27 56.19	1.169 4288
6	21 48 17.310	−15 28 10.97	0.822 9564	22	23 36 02.677	− 3 10 43.17	1.177 6642
7	21 50 31.142	−15 14 01.53	0.830 0401	23	23 38 27.311	− 2 53 29.14	1.185 9179
8	21 52 45.493	−14 59 45.32	0.837 1567	24	23 40 52.047	− 2 36 14.24	1.194 1898
9	21 55 00.345	−14 45 22.44	0.844 3054	25	23 43 16.887	− 2 18 58.62	1.202 4799
10	21 57 15.675	−14 30 53.01	0.851 4857	26	23 45 41.831	− 2 01 42.42	1.210 7883
11	21 59 31.463	−14 16 17.13	0.858 6970	27	23 48 06.884	− 1 44 25.74	1.219 1147
12	22 01 47.686	−14 01 34.92	0.865 9388	28	23 50 32.049	− 1 27 08.70	1.227 4590
13	22 04 04.323	−13 46 46.52	0.873 2105	29	23 52 57.334	− 1 09 51.40	1.235 8208
14	22 06 21.353	−13 31 52.03	0.880 5118	30	23 55 22.745	− 0 52 33.94	1.244 1997
15	22 08 38.755	−13 16 51.59	0.887 8423	31	23 57 48.288	− 0 35 16.44	1.252 5952
16	22 10 56.510	−13 01 45.32	0.895 2016	32	0 00 13.967	− 0 17 58.99	1.261 0067

JUPITER, 2018

GEOCENTRIC COORDINATES FOR 0^h TERRESTRIAL TIME

Date	Apparent Right Ascension	Apparent Declination	True Geocentric Distance	Date	Apparent Right Ascension	Apparent Declination	True Geocentric Distance
	h m s	° ′ ″	au		h m s	° ′ ″	au
Jan. 0	14 58 26.538	−15 50 16.22	5.971 2081	Feb. 15	15 21 27.271	−17 16 31.07	5.269 6081
1	14 59 07.220	−15 53 03.47	5.958 1059	16	15 21 43.462	−17 17 22.36	5.253 3700
2	14 59 47.542	−15 55 48.50	5.944 8652	17	15 21 58.949	−17 18 10.88	5.237 1538
3	15 00 27.495	−15 58 31.31	5.931 4882	18	15 22 13.729	−17 18 56.62	5.220 9642
4	15 01 07.071	−16 01 11.86	5.917 9770	19	15 22 27.797	−17 19 39.59	5.204 8060
5	15 01 46.261	−16 03 50.14	5.904 3340	20	15 22 41.149	−17 20 19.76	5.188 6837
6	15 02 25.059	−16 06 26.11	5.890 5612	21	15 22 53.782	−17 20 57.16	5.172 6022
7	15 03 03.456	−16 08 59.76	5.876 6612	22	15 23 05.693	−17 21 31.79	5.156 5661
8	15 03 41.448	−16 11 31.08	5.862 6363	23	15 23 16.880	−17 22 03.65	5.140 5800
9	15 04 19.026	−16 14 00.06	5.848 4891	24	15 23 27.338	−17 22 32.75	5.124 6486
10	15 04 56.184	−16 16 26.68	5.834 2224	25	15 23 37.065	−17 22 59.10	5.108 7761
11	15 05 32.914	−16 18 50.94	5.819 8389	26	15 23 46.055	−17 23 22.70	5.092 9672
12	15 06 09.207	−16 21 12.83	5.805 3418	27	15 23 54.304	−17 23 43.55	5.077 2259
13	15 06 45.055	−16 23 32.32	5.790 7339	28	15 24 01.808	−17 24 01.63	5.061 5566
14	15 07 20.449	−16 25 49.42	5.776 0185	Mar. 1	15 24 08.562	−17 24 16.95	5.045 9634
15	15 07 55.381	−16 28 04.09	5.761 1987	2	15 24 14.565	−17 24 29.48	5.030 4504
16	15 08 29.840	−16 30 16.33	5.746 2780	3	15 24 19.813	−17 24 39.22	5.015 0220
17	15 09 03.818	−16 32 26.12	5.731 2596	4	15 24 24.307	−17 24 46.19	4.999 6822
18	15 09 37.307	−16 34 33.43	5.716 1471	5	15 24 28.044	−17 24 50.37	4.984 4355
19	15 10 10.297	−16 36 38.24	5.700 9441	6	15 24 31.024	−17 24 51.79	4.969 2863
20	15 10 42.781	−16 38 40.54	5.685 6542	7	15 24 33.244	−17 24 50.44	4.954 2391
21	15 11 14.752	−16 40 40.32	5.670 2810	8	15 24 34.702	−17 24 46.33	4.939 2987
22	15 11 46.201	−16 42 37.55	5.654 8282	9	15 24 35.395	−17 24 39.46	4.924 4696
23	15 12 17.124	−16 44 32.22	5.639 2996	10	15 24 35.323	−17 24 29.84	4.909 7567
24	15 12 47.513	−16 46 24.34	5.623 6989	11	15 24 34.482	−17 24 17.46	4.895 1648
25	15 13 17.364	−16 48 13.89	5.608 0300	12	15 24 32.873	−17 24 02.33	4.880 6987
26	15 13 46.670	−16 50 00.88	5.592 2965	13	15 24 30.493	−17 23 44.44	4.866 3634
27	15 14 15.426	−16 51 45.31	5.576 5021	14	15 24 27.344	−17 23 23.80	4.852 1637
28	15 14 43.624	−16 53 27.17	5.560 6506	15	15 24 23.425	−17 23 00.40	4.838 1045
29	15 15 11.258	−16 55 06.48	5.544 7453	16	15 24 18.738	−17 22 34.25	4.824 1909
30	15 15 38.319	−16 56 43.21	5.528 7900	17	15 24 13.287	−17 22 05.35	4.810 4277
31	15 16 04.797	−16 58 17.36	5.512 7878	18	15 24 07.074	−17 21 33.72	4.796 8199
Feb. 1	15 16 30.685	−16 59 48.90	5.496 7423	19	15 24 00.104	−17 20 59.36	4.783 3723
2	15 16 55.975	−17 01 17.81	5.480 6568	20	15 23 52.383	−17 20 22.29	4.770 0899
3	15 17 20.660	−17 02 44.09	5.464 5347	21	15 23 43.917	−17 19 42.54	4.756 9773
4	15 17 44.735	−17 04 07.71	5.448 3794	22	15 23 34.712	−17 19 00.15	4.744 0392
5	15 18 08.194	−17 05 28.68	5.432 1948	23	15 23 24.773	−17 18 15.13	4.731 2801
6	15 18 31.029	−17 06 46.99	5.415 9844	24	15 23 14.107	−17 17 27.51	4.718 7044
7	15 18 53.234	−17 08 02.64	5.399 7522	25	15 23 02.720	−17 16 37.32	4.706 3163
8	15 19 14.802	−17 09 15.62	5.383 5021	26	15 22 50.616	−17 15 44.58	4.694 1198
9	15 19 35.724	−17 10 25.93	5.367 2384	27	15 22 37.801	−17 14 49.31	4.682 1191
10	15 19 55.994	−17 11 33.56	5.350 9651	28	15 22 24.283	−17 13 51.52	4.670 3178
11	15 20 15.602	−17 12 38.49	5.334 6866	29	15 22 10.068	−17 12 51.22	4.658 7199
12	15 20 34.541	−17 13 40.72	5.318 4071	30	15 21 55.166	−17 11 48.44	4.647 3290
13	15 20 52.804	−17 14 40.24	5.302 1312	31	15 21 39.586	−17 10 43.21	4.636 1488
14	15 21 10.383	−17 15 37.02	5.285 8633	Apr. 1	15 21 23.338	−17 09 35.55	4.625 1832
15	15 21 27.271	−17 16 31.07	5.269 6081	2	15 21 06.431	−17 08 25.50	4.614 4358

GEOCENTRIC COORDINATES FOR 0ʰ TERRESTRIAL TIME

Date	Apparent Right Ascension	Apparent Declination	True Geocentric Distance	Date	Apparent Right Ascension	Apparent Declination	True Geocentric Distance
	h m s	° ′ ″	au		h m s	° ′ ″	au
Apr. 1	15 21 23.338	−17 09 35.55	4.625 1832	May 17	15 01 00.040	−15 48 11.45	4.406 2027
2	15 21 06.431	−17 08 25.50	4.614 4358	18	15 00 30.084	−15 46 12.53	4.408 3100
3	15 20 48.876	−17 07 13.10	4.603 9105	19	15 00 00.318	−15 44 14.42	4.410 7142
4	15 20 30.683	−17 05 58.38	4.593 6110	20	14 59 30.763	−15 42 17.21	4.413 4135
5	15 20 11.861	−17 04 41.38	4.583 5413	21	14 59 01.435	−15 40 20.99	4.416 4060
6	15 19 52.419	−17 03 22.13	4.573 7050	22	14 58 32.356	−15 38 25.82	4.419 6897
7	15 19 32.368	−17 02 00.67	4.564 1062	23	14 58 03.544	−15 36 31.80	4.423 2624
8	15 19 11.720	−17 00 37.03	4.554 7484	24	14 57 35.019	−15 34 39.00	4.427 1220
9	15 18 50.485	−16 59 11.25	4.545 6356	25	14 57 06.801	−15 32 47.51	4.431 2660
10	15 18 28.675	−16 57 43.36	4.536 7713	26	14 56 38.907	−15 30 57.42	4.435 6922
11	15 18 06.305	−16 56 13.39	4.528 1592	27	14 56 11.357	−15 29 08.81	4.440 3983
12	15 17 43.388	−16 54 41.40	4.519 8030	28	14 55 44.166	−15 27 21.77	4.445 3819
13	15 17 19.938	−16 53 07.42	4.511 7061	29	14 55 17.352	−15 25 36.38	4.450 6407
14	15 16 55.973	−16 51 31.50	4.503 8719	30	14 54 50.930	−15 23 52.72	4.456 1721
15	15 16 31.510	−16 49 53.70	4.496 3038	31	14 54 24.914	−15 22 10.85	4.461 9738
16	15 16 06.566	−16 48 14.07	4.489 0050	June 1	14 53 59.320	−15 20 30.85	4.468 0432
17	15 15 41.160	−16 46 32.68	4.481 9784	2	14 53 34.160	−15 18 52.79	4.474 3778
18	15 15 15.313	−16 44 49.61	4.475 2269	3	14 53 09.450	−15 17 16.73	4.480 9750
19	15 14 49.042	−16 43 04.92	4.468 7533	4	14 52 45.203	−15 15 42.73	4.487 8321
20	15 14 22.366	−16 41 18.70	4.462 5598	5	14 52 21.434	−15 14 10.87	4.494 9464
21	15 13 55.303	−16 39 31.01	4.456 6487	6	14 51 58.156	−15 12 41.19	4.502 3151
22	15 13 27.871	−16 37 41.92	4.451 0219	7	14 51 35.383	−15 11 13.76	4.509 9352
23	15 13 00.088	−16 35 51.48	4.445 6812	8	14 51 13.129	−15 09 48.65	4.517 8037
24	15 12 31.972	−16 33 59.77	4.440 6282	9	14 50 51.410	−15 08 25.92	4.525 9176
25	15 12 03.543	−16 32 06.84	4.435 8643	10	14 50 30.239	−15 07 05.64	4.534 2738
26	15 11 34.821	−16 30 12.76	4.431 3909	11	14 50 09.630	−15 05 47.87	4.542 8688
27	15 11 05.825	−16 28 17.61	4.427 2092	12	14 49 49.597	−15 04 32.70	4.551 6992
28	15 10 36.578	−16 26 21.45	4.423 3203	13	14 49 30.152	−15 03 20.19	4.560 7614
29	15 10 07.100	−16 24 24.38	4.419 7256	14	14 49 11.307	−15 02 10.39	4.570 0516
30	15 09 37.412	−16 22 26.46	4.416 4259	15	14 48 53.070	−15 01 03.37	4.579 5657
May 1	15 09 07.533	−16 20 27.79	4.413 4224	16	14 48 35.449	−14 59 59.17	4.589 2997
2	15 08 37.483	−16 18 28.44	4.410 7160	17	14 48 18.453	−14 58 57.83	4.599 2491
3	15 08 07.282	−16 16 28.49	4.408 3078	18	14 48 02.088	−14 57 59.37	4.609 4096
4	15 07 36.949	−16 14 28.03	4.406 1986	19	14 47 46.364	−14 57 03.83	4.619 7768
5	15 07 06.504	−16 12 27.12	4.404 3892	20	14 47 31.288	−14 56 11.25	4.630 3463
6	15 06 35.966	−16 10 25.85	4.402 8802	21	14 47 16.868	−14 55 21.65	4.641 1136
7	15 06 05.355	−16 08 24.29	4.401 6724	22	14 47 03.112	−14 54 35.09	4.652 0745
8	15 05 34.693	−16 06 22.52	4.400 7663	23	14 46 50.025	−14 53 51.59	4.663 2246
9	15 05 04.001	−16 04 20.63	4.400 1621	24	14 46 37.614	−14 53 11.18	4.674 5599
10	15 04 33.299	−16 02 18.68	4.399 8602	25	14 46 25.883	−14 52 33.89	4.686 0760
11	15 04 02.610	−16 00 16.78	4.399 8607	26	14 46 14.836	−14 51 59.76	4.697 7690
12	15 03 31.957	−15 58 15.00	4.400 1637	27	14 46 04.476	−14 51 28.78	4.709 6347
13	15 03 01.363	−15 56 13.45	4.400 7689	28	14 45 54.806	−14 51 00.99	4.721 6690
14	15 02 30.851	−15 54 12.21	4.401 6761	29	14 45 45.829	−14 50 36.39	4.733 8680
15	15 02 00.444	−15 52 11.40	4.402 8846	30	14 45 37.546	−14 50 14.99	4.746 2275
16	15 01 30.167	−15 50 11.11	4.404 3939	July 1	14 45 29.959	−14 49 56.80	4.758 7438
17	15 01 00.040	−15 48 11.45	4.406 2027	2	14 45 23.072	−14 49 41.83	4.771 4126

JUPITER, 2018

GEOCENTRIC COORDINATES FOR 0ʰ TERRESTRIAL TIME

Date	Apparent Right Ascension	Apparent Declination	True Geocentric Distance	Date	Apparent Right Ascension	Apparent Declination	True Geocentric Distance
	h m s	° ′ ″	au		h m s	° ′ ″	au
July 1	14 45 29.959	−14 49 56.80	4.758 7438	Aug. 16	14 52 14.930	−15 32 14.19	5.431 0930
2	14 45 23.072	−14 49 41.83	4.771 4126	17	14 52 39.101	−15 34 14.53	5.446 2803
3	14 45 16.887	−14 49 30.07	4.784 2300	18	14 53 03.859	−15 36 17.13	5.461 4300
4	14 45 11.406	−14 49 21.54	4.797 1921	19	14 53 29.197	−15 38 21.94	5.476 5390
5	14 45 06.632	−14 49 16.24	4.810 2948	20	14 53 55.108	−15 40 28.93	5.491 6040
6	14 45 02.567	−14 49 14.17	4.823 5339	21	14 54 21.585	−15 42 38.06	5.506 6217
7	14 44 59.216	−14 49 15.35	4.836 9056	22	14 54 48.621	−15 44 49.26	5.521 5891
8	14 44 56.580	−14 49 19.79	4.850 4055	23	14 55 16.211	−15 47 02.51	5.536 5032
9	14 44 54.662	−14 49 27.50	4.864 0296	24	14 55 44.347	−15 49 17.75	5.551 3609
10	14 44 53.465	−14 49 38.49	4.877 7735	25	14 56 13.023	−15 51 34.94	5.566 1594
11	14 44 52.989	−14 49 52.77	4.891 6330	26	14 56 42.234	−15 53 54.02	5.580 8957
12	14 44 53.234	−14 50 10.34	4.905 6034	27	14 57 11.974	−15 56 14.96	5.595 5671
13	14 44 54.199	−14 50 31.19	4.919 6802	28	14 57 42.239	−15 58 37.70	5.610 1707
14	14 44 55.880	−14 50 55.32	4.933 8587	29	14 58 13.024	−16 01 02.21	5.624 7038
15	14 44 58.275	−14 51 22.68	4.948 1341	30	14 58 44.326	−16 03 28.46	5.639 1635
16	14 45 01.383	−14 51 53.27	4.962 5016	31	14 59 16.140	−16 05 56.40	5.653 5470
17	14 45 05.202	−14 52 27.07	4.976 9566	Sept. 1	14 59 48.462	−16 08 26.00	5.667 8516
18	14 45 09.732	−14 53 04.05	4.991 4944	2	15 00 21.290	−16 10 57.24	5.682 0744
19	14 45 14.971	−14 53 44.20	5.006 1104	3	15 00 54.619	−16 13 30.08	5.696 2126
20	14 45 20.917	−14 54 27.52	5.020 8004	4	15 01 28.443	−16 16 04.49	5.710 2631
21	14 45 27.569	−14 55 13.98	5.035 5601	5	15 02 02.756	−16 18 40.44	5.724 2229
22	14 45 34.922	−14 56 03.57	5.050 3852	6	15 02 37.554	−16 21 17.88	5.738 0890
23	14 45 42.972	−14 56 56.27	5.065 2717	7	15 03 12.827	−16 23 56.77	5.751 8583
24	14 45 51.716	−14 57 52.04	5.080 2155	8	15 03 48.571	−16 26 37.05	5.765 5276
25	14 46 01.149	−14 58 50.87	5.095 2128	9	15 04 24.779	−16 29 18.68	5.779 0936
26	14 46 11.266	−14 59 52.72	5.110 2597	10	15 05 01.446	−16 32 01.60	5.792 5532
27	14 46 22.062	−15 00 57.56	5.125 3524	11	15 05 38.569	−16 34 45.77	5.805 9033
28	14 46 33.534	−15 02 05.35	5.140 4870	12	15 06 16.142	−16 37 31.16	5.819 1411
29	14 46 45.676	−15 03 16.06	5.155 6600	13	15 06 54.160	−16 40 17.74	5.832 2636
30	14 46 58.484	−15 04 29.65	5.170 8675	14	15 07 32.620	−16 43 05.45	5.845 2683
31	14 47 11.956	−15 05 46.10	5.186 1060	15	15 08 11.513	−16 45 54.28	5.858 1525
Aug. 1	14 47 26.088	−15 07 05.38	5.201 3718	16	15 08 50.833	−16 48 44.17	5.870 9138
2	14 47 40.876	−15 08 27.44	5.216 6612	17	15 09 30.574	−16 51 35.09	5.883 5498
3	14 47 56.319	−15 09 52.27	5.231 9707	18	15 10 10.729	−16 54 26.99	5.896 0584
4	14 48 12.414	−15 11 19.84	5.247 2966	19	15 10 51.290	−16 57 19.82	5.908 4373
5	14 48 29.158	−15 12 50.13	5.262 6353	20	15 11 32.251	−17 00 13.53	5.920 6843
6	14 48 46.548	−15 14 23.12	5.277 9829	21	15 12 13.607	−17 03 08.08	5.932 7974
7	14 49 04.581	−15 15 58.78	5.293 3357	22	15 12 55.351	−17 06 03.43	5.944 7746
8	14 49 23.253	−15 17 37.09	5.308 6900	23	15 13 37.477	−17 08 59.53	5.956 6138
9	14 49 42.557	−15 19 18.02	5.324 0416	24	15 14 19.982	−17 11 56.33	5.968 3131
10	14 50 02.489	−15 21 01.53	5.339 3868	25	15 15 02.860	−17 14 53.79	5.979 8705
11	14 50 23.041	−15 22 47.58	5.354 7213	26	15 15 46.108	−17 17 51.88	5.991 2843
12	14 50 44.208	−15 24 36.10	5.370 0411	27	15 16 29.723	−17 20 50.57	6.002 5523
13	14 51 05.985	−15 26 27.07	5.385 3421	28	15 17 13.700	−17 23 49.82	6.013 6728
14	14 51 28.366	−15 28 20.43	5.400 6203	29	15 17 58.036	−17 26 49.61	6.024 6437
15	14 51 51.350	−15 30 16.15	5.415 8719	30	15 18 42.726	−17 29 49.91	6.035 4631
16	14 52 14.930	−15 32 14.19	5.431 0930	Oct. 1	15 19 27.767	−17 32 50.69	6.046 1289

GEOCENTRIC COORDINATES FOR 0ʰ TERRESTRIAL TIME

Date	Apparent Right Ascension	Apparent Declination	True Geocentric Distance	Date	Apparent Right Ascension	Apparent Declination	True Geocentric Distance
	h m s	° ′ ″	au		h m s	° ′ ″	au
Oct. 1	15 19 27.767	−17 32 50.69	6.046 1289	Nov. 16	15 58 44.277	−19 49 49.64	6.340 3122
2	15 20 13.152	−17 35 51.92	6.056 6390	17	15 59 39.701	−19 52 34.50	6.341 9603
3	15 20 58.876	−17 38 53.57	6.066 9911	18	16 00 35.214	−19 55 18.32	6.343 3933
4	15 21 44.933	−17 41 55.58	6.077 1831	19	16 01 30.811	−19 58 01.08	6.344 6113
5	15 22 31.315	−17 44 57.93	6.087 2127	20	16 02 26.487	−20 00 42.75	6.345 6141
6	15 23 18.017	−17 48 00.55	6.097 0776	21	16 03 22.239	−20 03 23.31	6.346 4017
7	15 24 05.035	−17 51 03.42	6.106 7755	22	16 04 18.063	−20 06 02.76	6.346 9739
8	15 24 52.363	−17 54 06.48	6.116 3042	23	16 05 13.955	−20 08 41.08	6.347 3308
9	15 25 39.999	−17 57 09.70	6.125 6614	24	16 06 09.913	−20 11 18.25	6.347 4722
10	15 26 27.938	−18 00 13.05	6.134 8452	25	16 07 05.930	−20 13 54.21	6.347 3979
11	15 27 16.175	−18 03 16.51	6.143 8537	26	16 08 01.990	−20 16 28.74	6.347 1078
12	15 28 04.705	−18 06 20.04	6.152 6850	27	16 08 58.059	−20 19 02.57	6.346 6015
13	15 28 53.521	−18 09 23.61	6.161 3375	28	16 09 54.203	−20 21 35.34	6.345 8785
14	15 29 42.616	−18 12 27.18	6.169 8096	29	16 10 50.381	−20 24 06.72	6.344 9386
15	15 30 31.983	−18 15 30.73	6.178 0999	30	16 11 46.582	−20 26 36.80	6.343 7812
16	15 31 21.616	−18 18 34.20	6.186 2069	Dec. 1	16 12 42.803	−20 29 05.59	6.342 4060
17	15 32 11.509	−18 21 37.55	6.194 1295	2	16 13 39.039	−20 31 33.08	6.340 8127
18	15 33 01.654	−18 24 40.76	6.201 8663	3	16 14 35.286	−20 33 59.27	6.339 0010
19	15 33 52.047	−18 27 43.77	6.209 4161	4	16 15 31.539	−20 36 24.13	6.336 9709
20	15 34 42.681	−18 30 46.55	6.216 7777	5	16 16 27.793	−20 38 47.67	6.334 7222
21	15 35 33.552	−18 33 49.06	6.223 9501	6	16 17 24.040	−20 41 09.88	6.332 2550
22	15 36 24.656	−18 36 51.27	6.230 9322	7	16 18 20.275	−20 43 30.74	6.329 5696
23	15 37 15.987	−18 39 53.15	6.237 7229	8	16 19 16.489	−20 45 50.24	6.326 6662
24	15 38 07.544	−18 42 54.66	6.244 3212	9	16 20 12.675	−20 48 08.38	6.323 5453
25	15 38 59.322	−18 45 55.78	6.250 7261	10	16 21 08.824	−20 50 25.12	6.320 2075
26	15 39 51.317	−18 48 56.49	6.256 9365	11	16 22 04.929	−20 52 40.46	6.316 6532
27	15 40 43.527	−18 51 56.77	6.262 9514	12	16 23 00.984	−20 54 54.37	6.312 8832
28	15 41 35.945	−18 54 56.61	6.268 7696	13	16 23 56.980	−20 57 06.84	6.308 8983
29	15 42 28.568	−18 57 55.97	6.274 3899	14	16 24 52.912	−20 59 17.85	6.304 6991
30	15 43 21.389	−19 00 54.84	6.279 8110	15	16 25 48.774	−21 01 27.39	6.300 2867
31	15 44 14.400	−19 03 53.18	6.285 0317	16	16 26 44.560	−21 03 35.44	6.295 6618
Nov. 1	15 45 07.597	−19 06 50.95	6.290 0505	17	16 27 40.266	−21 05 41.99	6.290 8255
2	15 46 00.974	−19 09 48.12	6.294 8661	18	16 28 35.885	−21 07 47.04	6.285 7787
3	15 46 54.525	−19 12 44.65	6.299 4770	19	16 29 31.414	−21 09 50.57	6.280 5225
4	15 47 48.246	−19 15 40.52	6.303 8820	20	16 30 26.847	−21 11 52.60	6.275 0578
5	15 48 42.134	−19 18 35.68	6.308 0797	21	16 31 22.181	−21 13 53.13	6.269 3856
6	15 49 36.183	−19 21 30.12	6.312 0690	22	16 32 17.408	−21 15 52.16	6.263 5070
7	15 50 30.389	−19 24 23.81	6.315 8486	23	16 33 12.523	−21 17 49.70	6.257 4229
8	15 51 24.747	−19 27 16.74	6.319 4178	24	16 34 07.517	−21 19 45.74	6.251 1341
9	15 52 19.251	−19 30 08.88	6.322 7755	25	16 35 02.383	−21 21 40.27	6.244 6412
10	15 53 13.894	−19 33 00.22	6.325 9212	26	16 35 57.112	−21 23 33.29	6.237 9451
11	15 54 08.669	−19 35 50.72	6.328 8541	27	16 36 51.700	−21 25 24.77	6.231 0462
12	15 55 03.568	−19 38 40.36	6.331 5738	28	16 37 46.139	−21 27 14.71	6.223 9454
13	15 55 58.585	−19 41 29.10	6.334 0798	29	16 38 40.425	−21 29 03.09	6.216 6433
14	15 56 53.713	−19 44 16.91	6.336 3717	30	16 39 34.553	−21 30 49.91	6.209 1407
15	15 57 48.945	−19 47 03.77	6.338 4493	31	16 40 28.516	−21 32 35.18	6.201 4384
16	15 58 44.277	−19 49 49.64	6.340 3122	32	16 41 22.310	−21 34 18.91	6.193 5375

SATURN, 2018

GEOCENTRIC COORDINATES FOR 0ʰ TERRESTRIAL TIME

Date	Apparent Right Ascension	Apparent Declination	True Geocentric Distance	Date	Apparent Right Ascension	Apparent Declination	True Geocentric Distance
	h m s	o ′ ″	au		h m s	o ′ ″	au
Jan. 0	18 05 30.712	−22 31 52.62	11.036 8457	Feb. 15	18 26 43.533	−22 24 57.67	10.670 7365
1	18 06 01.170	−22 31 51.57	11.034 2891	16	18 27 06.532	−22 24 43.15	10.657 8273
2	18 06 31.579	−22 31 50.09	11.031 4753	17	18 27 29.253	−22 24 28.56	10.644 7487
3	18 07 01.931	−22 31 48.21	11.028 4051	18	18 27 51.692	−22 24 13.88	10.631 5040
4	18 07 32.221	−22 31 45.92	11.025 0788	19	18 28 13.845	−22 23 59.14	10.618 0970
5	18 08 02.442	−22 31 43.20	11.021 4971	20	18 28 35.709	−22 23 44.33	10.604 5313
6	18 08 32.591	−22 31 40.06	11.017 6602	21	18 28 57.282	−22 23 29.47	10.590 8107
7	18 09 02.662	−22 31 36.49	11.013 5688	22	18 29 18.559	−22 23 14.57	10.576 9390
8	18 09 32.654	−22 31 32.48	11.009 2233	23	18 29 39.538	−22 22 59.65	10.562 9200
9	18 10 02.562	−22 31 28.05	11.004 6243	24	18 30 00.216	−22 22 44.73	10.548 7577
10	18 10 32.383	−22 31 23.20	10.999 7726	25	18 30 20.588	−22 22 29.84	10.534 4558
11	18 11 02.111	−22 31 17.95	10.994 6690	26	18 30 40.648	−22 22 14.99	10.520 0180
12	18 11 31.743	−22 31 12.30	10.989 3144	27	18 31 00.392	−22 22 00.19	10.505 4481
13	18 12 01.271	−22 31 06.26	10.983 7099	28	18 31 19.814	−22 21 45.46	10.490 7498
14	18 12 30.691	−22 30 59.85	10.977 8567	Mar. 1	18 31 38.909	−22 21 30.79	10.475 9265
15	18 12 59.996	−22 30 53.07	10.971 7559	2	18 31 57.675	−22 21 16.19	10.460 9818
16	18 13 29.180	−22 30 45.94	10.965 4091	3	18 32 16.108	−22 21 01.65	10.445 9191
17	18 13 58.237	−22 30 38.46	10.958 8177	4	18 32 34.208	−22 20 47.19	10.430 7418
18	18 14 27.160	−22 30 30.62	10.951 9834	5	18 32 51.970	−22 20 32.81	10.415 4535
19	18 14 55.944	−22 30 22.45	10.944 9078	6	18 33 09.395	−22 20 18.52	10.400 0578
20	18 15 24.583	−22 30 13.93	10.937 5929	7	18 33 26.477	−22 20 04.36	10.384 5582
21	18 15 53.072	−22 30 05.06	10.930 0406	8	18 33 43.213	−22 19 50.32	10.368 9586
22	18 16 21.406	−22 29 55.86	10.922 2530	9	18 33 59.599	−22 19 36.45	10.353 2629
23	18 16 49.581	−22 29 46.32	10.914 2321	10	18 34 15.631	−22 19 22.73	10.337 4749
24	18 17 17.593	−22 29 36.44	10.905 9804	11	18 34 31.304	−22 19 09.20	10.321 5989
25	18 17 45.439	−22 29 26.25	10.897 5000	12	18 34 46.612	−22 18 55.87	10.305 6388
26	18 18 13.116	−22 29 15.74	10.888 7934	13	18 35 01.553	−22 18 42.73	10.289 5990
27	18 18 40.618	−22 29 04.93	10.879 8630	14	18 35 16.121	−22 18 29.81	10.273 4837
28	18 19 07.942	−22 28 53.85	10.870 7113	15	18 35 30.312	−22 18 17.11	10.257 2974
29	18 19 35.083	−22 28 42.51	10.861 3405	16	18 35 44.122	−22 18 04.62	10.241 0446
30	18 20 02.033	−22 28 30.93	10.851 7531	17	18 35 57.550	−22 17 52.37	10.224 7298
31	18 20 28.788	−22 28 19.11	10.841 9514	18	18 36 10.591	−22 17 40.34	10.208 3577
Feb. 1	18 20 55.339	−22 28 07.07	10.831 9375	19	18 36 23.245	−22 17 28.54	10.191 9330
2	18 21 21.683	−22 27 54.79	10.821 7135	20	18 36 35.510	−22 17 16.98	10.175 4605
3	18 21 47.816	−22 27 42.28	10.811 2816	21	18 36 47.384	−22 17 05.68	10.158 9451
4	18 22 13.735	−22 27 29.53	10.800 6439	22	18 36 58.867	−22 16 54.65	10.142 3916
5	18 22 39.436	−22 27 16.56	10.789 8025	23	18 37 09.955	−22 16 43.90	10.125 8047
6	18 23 04.918	−22 27 03.37	10.778 7597	24	18 37 20.648	−22 16 33.46	10.109 1893
7	18 23 30.174	−22 26 49.99	10.767 5179	25	18 37 30.940	−22 16 23.34	10.092 5501
8	18 23 55.202	−22 26 36.42	10.756 0794	26	18 37 40.830	−22 16 13.56	10.075 8916
9	18 24 19.996	−22 26 22.69	10.744 4470	27	18 37 50.312	−22 16 04.11	10.059 2184
10	18 24 44.550	−22 26 08.82	10.732 6232	28	18 37 59.386	−22 15 55.00	10.042 5349
11	18 25 08.860	−22 25 54.81	10.720 6110	29	18 38 08.049	−22 15 46.24	10.025 8455
12	18 25 32.919	−22 25 40.68	10.708 4131	30	18 38 16.300	−22 15 37.80	10.009 1545
13	18 25 56.721	−22 25 26.44	10.696 0327	31	18 38 24.139	−22 15 29.71	9.992 4661
14	18 26 20.261	−22 25 12.10	10.683 4727	Apr. 1	18 38 31.566	−22 15 21.95	9.975 7845
15	18 26 43.533	−22 24 57.67	10.670 7365	2	18 38 38.581	−22 15 14.53	9.959 1140

GEOCENTRIC COORDINATES FOR 0ʰ TERRESTRIAL TIME

Date	Apparent Right Ascension	Apparent Declination	True Geocentric Distance	Date	Apparent Right Ascension	Apparent Declination	True Geocentric Distance
	h m s	o ′ ″	au		h m s	o ′ ″	au
Apr. 1	18 38 31.566	−22 15 21.95	9.975 7845	May 17	18 36 43.254	−22 16 46.98	9.296 0855
2	18 38 38.581	−22 15 14.53	9.959 1140	18	18 36 31.712	−22 16 58.07	9.284 9156
3	18 38 45.184	−22 15 07.48	9.942 4590	19	18 36 19.836	−22 17 09.50	9.273 9673
4	18 38 51.372	−22 15 00.80	9.925 8239	20	18 36 07.631	−22 17 21.27	9.263 2441
5	18 38 57.145	−22 14 54.51	9.909 2130	21	18 35 55.102	−22 17 33.35	9.252 7495
6	18 39 02.500	−22 14 48.61	9.892 6309	22	18 35 42.254	−22 17 45.73	9.242 4867
7	18 39 07.434	−22 14 43.13	9.876 0822	23	18 35 29.094	−22 17 58.38	9.232 4587
8	18 39 11.946	−22 14 38.05	9.859 5717	24	18 35 15.630	−22 18 11.30	9.222 6684
9	18 39 16.034	−22 14 33.40	9.843 1040	25	18 35 01.871	−22 18 24.46	9.213 1187
10	18 39 19.695	−22 14 29.16	9.826 6838	26	18 34 47.823	−22 18 37.87	9.203 8124
11	18 39 22.928	−22 14 25.34	9.810 3162	27	18 34 33.496	−22 18 51.50	9.194 7521
12	18 39 25.732	−22 14 21.95	9.794 0059	28	18 34 18.896	−22 19 05.37	9.185 9406
13	18 39 28.106	−22 14 18.97	9.777 7579	29	18 34 04.031	−22 19 19.46	9.177 3804
14	18 39 30.051	−22 14 16.40	9.761 5772	30	18 33 48.906	−22 19 33.77	9.169 0744
15	18 39 31.567	−22 14 14.24	9.745 4689	31	18 33 33.529	−22 19 48.31	9.161 0250
16	18 39 32.656	−22 14 12.49	9.729 4381	June 1	18 33 17.904	−22 20 03.06	9.153 2349
17	18 39 33.319	−22 14 11.15	9.713 4899	2	18 33 02.039	−22 20 18.01	9.145 7066
18	18 39 33.559	−22 14 10.23	9.697 6294	3	18 32 45.940	−22 20 33.15	9.138 4428
19	18 39 33.376	−22 14 09.74	9.681 8616	4	18 32 29.612	−22 20 48.48	9.131 4459
20	18 39 32.771	−22 14 09.69	9.666 1915	5	18 32 13.065	−22 21 03.97	9.124 7185
21	18 39 31.745	−22 14 10.09	9.650 6240	6	18 31 56.304	−22 21 19.62	9.118 2629
22	18 39 30.297	−22 14 10.94	9.635 1638	7	18 31 39.339	−22 21 35.40	9.112 0817
23	18 39 28.426	−22 14 12.25	9.619 8156	8	18 31 22.178	−22 21 51.30	9.106 1773
24	18 39 26.135	−22 14 14.00	9.604 5838	9	18 31 04.831	−22 22 07.30	9.100 5518
25	18 39 23.423	−22 14 16.19	9.589 4728	10	18 30 47.306	−22 22 23.39	9.095 2076
26	18 39 20.294	−22 14 18.80	9.574 4868	11	18 30 29.616	−22 22 39.57	9.090 1469
27	18 39 16.750	−22 14 21.83	9.559 6301	12	18 30 11.769	−22 22 55.83	9.085 3718
28	18 39 12.796	−22 14 25.27	9.544 9068	13	18 29 53.777	−22 23 12.16	9.080 8843
29	18 39 08.435	−22 14 29.11	9.530 3210	14	18 29 35.647	−22 23 28.58	9.076 6862
30	18 39 03.671	−22 14 33.37	9.515 8768	15	18 29 17.388	−22 23 45.09	9.072 7791
May 1	18 38 58.505	−22 14 38.04	9.501 5783	16	18 28 59.007	−22 24 01.68	9.069 1643
2	18 38 52.941	−22 14 43.12	9.487 4298	17	18 28 40.512	−22 24 18.33	9.065 8429
3	18 38 46.979	−22 14 48.63	9.473 4353	18	18 28 21.912	−22 24 35.03	9.062 8160
4	18 38 40.622	−22 14 54.56	9.459 5991	19	18 28 03.217	−22 24 51.76	9.060 0840
5	18 38 33.872	−22 15 00.91	9.445 9255	20	18 27 44.437	−22 25 08.50	9.057 6476
6	18 38 26.729	−22 15 07.68	9.432 4187	21	18 27 25.585	−22 25 25.23	9.055 5072
7	18 38 19.197	−22 15 14.86	9.419 0830	22	18 27 06.671	−22 25 41.95	9.053 6631
8	18 38 11.277	−22 15 22.44	9.405 9227	23	18 26 47.705	−22 25 58.65	9.052 1154
9	18 38 02.973	−22 15 30.41	9.392 9422	24	18 26 28.699	−22 26 15.33	9.050 8644
10	18 37 54.289	−22 15 38.76	9.380 1456	25	18 26 09.661	−22 26 31.98	9.049 9102
11	18 37 45.227	−22 15 47.48	9.367 5375	26	18 25 50.602	−22 26 48.62	9.049 2529
12	18 37 35.794	−22 15 56.56	9.355 1220	27	18 25 31.528	−22 27 05.24	9.048 8924
13	18 37 25.994	−22 16 05.97	9.342 9036	28	18 25 12.449	−22 27 21.83	9.048 8289
14	18 37 15.834	−22 16 15.72	9.330 8865	29	18 24 53.373	−22 27 38.40	9.049 0622
15	18 37 05.320	−22 16 25.81	9.319 0750	30	18 24 34.307	−22 27 54.92	9.049 5923
16	18 36 54.458	−22 16 36.23	9.307 4733	July 1	18 24 15.261	−22 28 11.40	9.050 4191
17	18 36 43.254	−22 16 46.98	9.296 0855	2	18 23 56.244	−22 28 27.83	9.051 5422

SATURN, 2018

GEOCENTRIC COORDINATES FOR 0ʰ TERRESTRIAL TIME

Date	Apparent Right Ascension	Apparent Declination	True Geocentric Distance	Date	Apparent Right Ascension	Apparent Declination	True Geocentric Distance
	h m s	° ′ ″	au		h m s	° ′ ″	au
July 1	18 24 15.261	−22 28 11.40	9.050 4191	Aug. 16	18 12 36.186	−22 38 52.61	9.386 1254
2	18 23 56.244	−22 28 27.83	9.051 5422	17	18 12 27.697	−22 39 03.70	9.398 9605
3	18 23 37.263	−22 28 44.18	9.052 9616	18	18 12 19.590	−22 39 14.67	9.411 9754
4	18 23 18.329	−22 29 00.46	9.054 6769	19	18 12 11.870	−22 39 25.54	9.425 1659
5	18 22 59.452	−22 29 16.65	9.056 6877	20	18 12 04.539	−22 39 36.30	9.438 5277
6	18 22 40.641	−22 29 32.74	9.058 9937	21	18 11 57.599	−22 39 46.97	9.452 0565
7	18 22 21.908	−22 29 48.73	9.061 5943	22	18 11 51.052	−22 39 57.55	9.465 7479
8	18 22 03.263	−22 30 04.60	9.064 4890	23	18 11 44.900	−22 40 08.03	9.479 5978
9	18 21 44.717	−22 30 20.36	9.067 6771	24	18 11 39.145	−22 40 18.41	9.493 6019
10	18 21 26.281	−22 30 36.02	9.071 1577	25	18 11 33.787	−22 40 28.70	9.507 7561
11	18 21 07.964	−22 30 51.58	9.074 9301	26	18 11 28.830	−22 40 38.88	9.522 0561
12	18 20 49.775	−22 31 07.05	9.078 9930	27	18 11 24.275	−22 40 48.95	9.536 4977
13	18 20 31.722	−22 31 22.43	9.083 3452	28	18 11 20.124	−22 40 58.90	9.551 0769
14	18 20 13.812	−22 31 37.72	9.087 9850	29	18 11 16.381	−22 41 08.74	9.565 7894
15	18 19 56.053	−22 31 52.92	9.092 9106	30	18 11 13.048	−22 41 18.44	9.580 6312
16	18 19 38.453	−22 32 08.00	9.098 1200	31	18 11 10.128	−22 41 28.02	9.595 5981
17	18 19 21.023	−22 32 22.95	9.103 6110	Sept. 1	18 11 07.625	−22 41 37.47	9.610 6858
18	18 19 03.774	−22 32 37.77	9.109 3812	2	18 11 05.541	−22 41 46.81	9.625 8903
19	18 18 46.715	−22 32 52.44	9.115 4282	3	18 11 03.877	−22 41 56.03	9.641 2072
20	18 18 29.856	−22 33 06.97	9.121 7494	4	18 11 02.637	−22 42 05.15	9.656 6322
21	18 18 13.207	−22 33 21.37	9.128 3423	5	18 11 01.819	−22 42 14.17	9.672 1609
22	18 17 56.776	−22 33 35.64	9.135 2044	6	18 11 01.424	−22 42 23.10	9.687 7887
23	18 17 40.570	−22 33 49.79	9.142 3331	7	18 11 01.451	−22 42 31.94	9.703 5110
24	18 17 24.596	−22 34 03.82	9.149 7258	8	18 11 01.899	−22 42 40.67	9.719 3229
25	18 17 08.861	−22 34 17.73	9.157 3798	9	18 11 02.770	−22 42 49.28	9.735 2195
26	18 16 53.371	−22 34 31.54	9.165 2926	10	18 11 04.064	−22 42 57.76	9.751 1957
27	18 16 38.131	−22 34 45.23	9.173 4614	11	18 11 05.783	−22 43 06.10	9.767 2465
28	18 16 23.149	−22 34 58.80	9.181 8835	12	18 11 07.929	−22 43 14.29	9.783 3668
29	18 16 08.431	−22 35 12.26	9.190 5563	13	18 11 10.505	−22 43 22.34	9.799 5514
30	18 15 53.982	−22 35 25.59	9.199 4770	14	18 11 13.509	−22 43 30.25	9.815 7954
31	18 15 39.809	−22 35 38.79	9.208 6428	15	18 11 16.943	−22 43 38.03	9.832 0938
Aug. 1	18 15 25.921	−22 35 51.85	9.218 0509	16	18 11 20.803	−22 43 45.68	9.848 4418
2	18 15 12.323	−22 36 04.77	9.227 6986	17	18 11 25.089	−22 43 53.20	9.864 8346
3	18 14 59.023	−22 36 17.55	9.237 5828	18	18 11 29.798	−22 44 00.59	9.881 2675
4	18 14 46.029	−22 36 30.18	9.247 7007	19	18 11 34.929	−22 44 07.86	9.897 7359
5	18 14 33.349	−22 36 42.68	9.258 0493	20	18 11 40.477	−22 44 14.99	9.914 2351
6	18 14 20.990	−22 36 55.04	9.268 6254	21	18 11 46.442	−22 44 21.97	9.930 7607
7	18 14 08.958	−22 37 07.28	9.279 4260	22	18 11 52.822	−22 44 28.81	9.947 3083
8	18 13 57.259	−22 37 19.42	9.290 4476	23	18 11 59.614	−22 44 35.48	9.963 8733
9	18 13 45.898	−22 37 31.45	9.301 6868	24	18 12 06.818	−22 44 41.98	9.980 4515
10	18 13 34.878	−22 37 43.39	9.313 1400	25	18 12 14.432	−22 44 48.30	9.997 0386
11	18 13 24.203	−22 37 55.23	9.324 8033	26	18 12 22.456	−22 44 54.43	10.013 6303
12	18 13 13.878	−22 38 06.96	9.336 6727	27	18 12 30.888	−22 45 00.37	10.030 2224
13	18 13 03.907	−22 38 18.57	9.348 7440	28	18 12 39.729	−22 45 06.11	10.046 8107
14	18 12 54.297	−22 38 30.05	9.361 0128	29	18 12 48.979	−22 45 11.65	10.063 3910
15	18 12 45.055	−22 38 41.40	9.373 4747	30	18 12 58.634	−22 45 16.99	10.079 9590
16	18 12 36.186	−22 38 52.61	9.386 1254	Oct. 1	18 13 08.695	−22 45 22.15	10.096 5106

GEOCENTRIC COORDINATES FOR 0ʰ TERRESTRIAL TIME

Date	Apparent Right Ascension	Apparent Declination	True Geocentric Distance	Date	Apparent Right Ascension	Apparent Declination	True Geocentric Distance
	h m s	° ′ ″	au		h m s	° ′ ″	au
Oct. 1	18 13 08.695	−22 45 22.15	10.096 5106	Nov. 16	18 27 14.493	−22 44 12.74	10.766 2890
2	18 13 19.157	−22 45 27.12	10.113 0413	17	18 27 39.791	−22 44 02.44	10.777 4342
3	18 13 30.019	−22 45 31.91	10.129 5468	18	18 28 05.312	−22 43 51.68	10.788 3816
4	18 13 41.275	−22 45 36.50	10.146 0226	19	18 28 31.050	−22 43 40.45	10.799 1288
5	18 13 52.923	−22 45 40.90	10.162 4642	20	18 28 57.002	−22 43 28.73	10.809 6733
6	18 14 04.959	−22 45 45.08	10.178 8669	21	18 29 23.164	−22 43 16.53	10.820 0131
7	18 14 17.382	−22 45 49.02	10.195 2259	22	18 29 49.533	−22 43 03.85	10.830 1458
8	18 14 30.190	−22 45 52.72	10.211 5365	23	18 30 16.107	−22 42 50.68	10.840 0695
9	18 14 43.383	−22 45 56.16	10.227 7940	24	18 30 42.880	−22 42 37.04	10.849 7819
10	18 14 56.959	−22 45 59.34	10.243 9936	25	18 31 09.847	−22 42 22.94	10.859 2810
11	18 15 10.916	−22 46 02.25	10.260 1306	26	18 31 37.003	−22 42 08.37	10.868 5647
12	18 15 25.252	−22 46 04.90	10.276 2005	27	18 32 04.341	−22 41 53.34	10.877 6306
13	18 15 39.963	−22 46 07.30	10.292 1989	28	18 32 31.856	−22 41 37.85	10.886 4766
14	18 15 55.044	−22 46 09.44	10.308 1212	29	18 32 59.541	−22 41 21.89	10.895 1003
15	18 16 10.492	−22 46 11.33	10.323 9634	30	18 33 27.391	−22 41 05.43	10.903 4992
16	18 16 26.300	−22 46 12.95	10.339 7213	Dec. 1	18 33 55.404	−22 40 48.48	10.911 6711
17	18 16 42.464	−22 46 14.30	10.355 3908	2	18 34 23.576	−22 40 31.02	10.919 6135
18	18 16 58.980	−22 46 15.37	10.370 9679	3	18 34 51.903	−22 40 13.05	10.927 3242
19	18 17 15.843	−22 46 16.15	10.386 4488	4	18 35 20.383	−22 39 54.57	10.934 8008
20	18 17 33.050	−22 46 16.63	10.401 8297	5	18 35 49.011	−22 39 35.58	10.942 0412
21	18 17 50.596	−22 46 16.80	10.417 1068	6	18 36 17.782	−22 39 16.09	10.949 0434
22	18 18 08.478	−22 46 16.64	10.432 2765	7	18 36 46.691	−22 38 56.12	10.955 8054
23	18 18 26.693	−22 46 16.14	10.447 3352	8	18 37 15.731	−22 38 35.66	10.962 3254
24	18 18 45.239	−22 46 15.30	10.462 2795	9	18 37 44.897	−22 38 14.72	10.968 6018
25	18 19 04.113	−22 46 14.11	10.477 1057	10	18 38 14.181	−22 37 53.30	10.974 6329
26	18 19 23.314	−22 46 12.56	10.491 8106	11	18 38 43.578	−22 37 31.41	10.980 4174
27	18 19 42.837	−22 46 10.67	10.506 3907	12	18 39 13.080	−22 37 09.03	10.985 9540
28	18 20 02.679	−22 46 08.42	10.520 8426	13	18 39 42.682	−22 36 46.18	10.991 2414
29	18 20 22.836	−22 46 05.84	10.535 1628	14	18 40 12.380	−22 36 22.83	10.996 2785
30	18 20 43.302	−22 46 02.92	10.549 3478	15	18 40 42.167	−22 35 58.99	11.001 0644
31	18 21 04.073	−22 45 59.64	10.563 3940	16	18 41 12.040	−22 35 34.65	11.005 5982
Nov. 1	18 21 25.143	−22 45 56.02	10.577 2978	17	18 41 41.993	−22 35 09.82	11.009 8790
2	18 21 46.507	−22 45 52.02	10.591 0555	18	18 42 12.024	−22 34 44.49	11.013 9061
3	18 22 08.162	−22 45 47.63	10.604 6633	19	18 42 42.128	−22 34 18.66	11.017 6789
4	18 22 30.105	−22 45 42.84	10.618 1174	20	18 43 12.301	−22 33 52.34	11.021 1968
5	18 22 52.332	−22 45 37.64	10.631 4141	21	18 43 42.541	−22 33 25.55	11.024 4594
6	18 23 14.842	−22 45 32.01	10.644 5496	22	18 44 12.841	−22 32 58.29	11.027 4660
7	18 23 37.631	−22 45 25.97	10.657 5203	23	18 44 43.196	−22 32 30.58	11.030 2163
8	18 24 00.696	−22 45 19.50	10.670 3226	24	18 45 13.600	−22 32 02.43	11.032 7097
9	18 24 24.032	−22 45 12.62	10.682 9531	25	18 45 44.045	−22 31 33.85	11.034 9456
10	18 24 47.634	−22 45 05.32	10.695 4084	26	18 46 14.526	−22 31 04.83	11.036 9233
11	18 25 11.496	−22 44 57.62	10.707 6852	27	18 46 45.037	−22 30 35.36	11.038 6420
12	18 25 35.611	−22 44 49.50	10.719 7806	28	18 47 15.574	−22 30 05.45	11.040 1011
13	18 25 59.974	−22 44 40.95	10.731 6914	29	18 47 46.135	−22 29 35.07	11.041 2996
14	18 26 24.579	−22 44 31.99	10.743 4150	30	18 48 16.716	−22 29 04.23	11.042 2370
15	18 26 49.421	−22 44 22.59	10.754 9484	31	18 48 47.315	−22 28 32.93	11.042 9126
16	18 27 14.493	−22 44 12.74	10.766 2890	32	18 49 17.930	−22 28 01.12	11.043 3259

URANUS, 2018

GEOCENTRIC COORDINATES FOR 0ʰ TERRESTRIAL TIME

Date	Apparent Right Ascension	Apparent Declination	True Geocentric Distance	Date	Apparent Right Ascension	Apparent Declination	True Geocentric Distance
	h m s	° ′ ″	au		h m s	° ′ ″	au
Jan. 0	1 31 53.377	+ 8 59 19.83	19.624 322	Feb. 15	1 34 49.915	+ 9 18 06.47	20.386 661
1	1 31 52.916	+ 8 59 19.41	19.640 960	16	1 34 57.918	+ 9 18 54.72	20.401 368
2	1 31 52.651	+ 8 59 20.16	19.657 670	17	1 35 06.073	+ 9 19 43.81	20.415 922
3	1 31 52.580	+ 8 59 22.05	19.674 448	18	1 35 14.379	+ 9 20 33.74	20.430 318
4	1 31 52.702	+ 8 59 25.08	19.691 289	19	1 35 22.834	+ 9 21 24.48	20.444 552
5	1 31 53.016	+ 8 59 29.23	19.708 188	20	1 35 31.437	+ 9 22 16.04	20.458 619
6	1 31 53.522	+ 8 59 34.51	19.725 140	21	1 35 40.187	+ 9 23 08.40	20.472 517
7	1 31 54.222	+ 8 59 40.91	19.742 141	22	1 35 49.083	+ 9 24 01.56	20.486 242
8	1 31 55.118	+ 8 59 48.44	19.759 185	23	1 35 58.122	+ 9 24 55.51	20.499 789
9	1 31 56.212	+ 8 59 57.12	19.776 267	24	1 36 07.303	+ 9 25 50.24	20.513 155
10	1 31 57.503	+ 9 00 06.94	19.793 381	25	1 36 16.622	+ 9 26 45.73	20.526 337
11	1 31 58.994	+ 9 00 17.92	19.810 523	26	1 36 26.075	+ 9 27 41.97	20.539 332
12	1 32 00.684	+ 9 00 30.05	19.827 686	27	1 36 35.659	+ 9 28 38.92	20.552 137
13	1 32 02.572	+ 9 00 43.34	19.844 866	28	1 36 45.369	+ 9 29 36.57	20.564 748
14	1 32 04.659	+ 9 00 57.78	19.862 057	Mar. 1	1 36 55.202	+ 9 30 34.89	20.577 164
15	1 32 06.943	+ 9 01 13.38	19.879 253	2	1 37 05.157	+ 9 31 33.86	20.589 381
16	1 32 09.423	+ 9 01 30.11	19.896 449	3	1 37 15.232	+ 9 32 33.46	20.601 396
17	1 32 12.098	+ 9 01 47.98	19.913 639	4	1 37 25.427	+ 9 33 33.69	20.613 207
18	1 32 14.967	+ 9 02 06.98	19.930 817	5	1 37 35.741	+ 9 34 34.55	20.624 810
19	1 32 18.028	+ 9 02 27.09	19.947 979	6	1 37 46.173	+ 9 35 36.03	20.636 203
20	1 32 21.280	+ 9 02 48.31	19.965 119	7	1 37 56.722	+ 9 36 38.13	20.647 383
21	1 32 24.724	+ 9 03 10.63	19.982 231	8	1 38 07.385	+ 9 37 40.83	20.658 347
22	1 32 28.357	+ 9 03 34.04	19.999 309	9	1 38 18.160	+ 9 38 44.11	20.669 091
23	1 32 32.181	+ 9 03 58.54	20.016 349	10	1 38 29.043	+ 9 39 47.98	20.679 614
24	1 32 36.195	+ 9 04 24.14	20.033 345	11	1 38 40.032	+ 9 40 52.40	20.689 911
25	1 32 40.399	+ 9 04 50.82	20.050 293	12	1 38 51.124	+ 9 41 57.36	20.699 981
26	1 32 44.793	+ 9 05 18.58	20.067 186	13	1 39 02.315	+ 9 43 02.84	20.709 820
27	1 32 49.376	+ 9 05 47.44	20.084 020	14	1 39 13.602	+ 9 44 08.81	20.719 426
28	1 32 54.146	+ 9 06 17.37	20.100 791	15	1 39 24.983	+ 9 45 15.27	20.728 796
29	1 32 59.102	+ 9 06 48.38	20.117 493	16	1 39 36.455	+ 9 46 22.19	20.737 928
30	1 33 04.239	+ 9 07 20.44	20.134 122	17	1 39 48.015	+ 9 47 29.56	20.746 818
31	1 33 09.554	+ 9 07 53.52	20.150 674	18	1 39 59.663	+ 9 48 37.36	20.755 466
Feb. 1	1 33 15.045	+ 9 08 27.62	20.167 144	19	1 40 11.395	+ 9 49 45.57	20.763 867
2	1 33 20.710	+ 9 09 02.70	20.183 529	20	1 40 23.210	+ 9 50 54.20	20.772 021
3	1 33 26.548	+ 9 09 38.76	20.199 823	21	1 40 35.108	+ 9 52 03.22	20.779 925
4	1 33 32.559	+ 9 10 15.80	20.216 022	22	1 40 47.085	+ 9 53 12.64	20.787 577
5	1 33 38.745	+ 9 10 53.82	20.232 122	23	1 40 59.139	+ 9 54 22.43	20.794 976
6	1 33 45.103	+ 9 11 32.81	20.248 119	24	1 41 11.267	+ 9 55 32.59	20.802 121
7	1 33 51.636	+ 9 12 12.78	20.264 007	25	1 41 23.463	+ 9 56 43.10	20.809 010
8	1 33 58.340	+ 9 12 53.71	20.279 782	26	1 41 35.725	+ 9 57 53.92	20.815 641
9	1 34 05.214	+ 9 13 35.61	20.295 440	27	1 41 48.048	+ 9 59 05.03	20.822 014
10	1 34 12.257	+ 9 14 18.46	20.310 976	28	1 42 00.428	+10 00 16.40	20.828 128
11	1 34 19.466	+ 9 15 02.24	20.326 384	29	1 42 12.863	+10 01 28.03	20.833 981
12	1 34 26.839	+ 9 15 46.95	20.341 662	30	1 42 25.351	+10 02 39.87	20.839 574
13	1 34 34.373	+ 9 16 32.57	20.356 804	31	1 42 37.890	+10 03 51.94	20.844 904
14	1 34 42.065	+ 9 17 19.08	20.371 805	Apr. 1	1 42 50.481	+10 05 04.22	20.849 971
15	1 34 49.915	+ 9 18 06.47	20.386 661	2	1 43 03.121	+10 06 16.70	20.854 775

GEOCENTRIC COORDINATES FOR 0ʰ TERRESTRIAL TIME

Date	Apparent Right Ascension	Apparent Declination	True Geocentric Distance	Date	Apparent Right Ascension	Apparent Declination	True Geocentric Distance
	h m s	° ′ ″	au		h m s	° ′ ″	au
Apr. 1	1 42 50.481	+10 05 04.22	20.849 971	May 17	1 52 40.363	+11 00 14.60	20.791 899
2	1 43 03.121	+10 06 16.70	20.854 775	18	1 52 52.456	+11 01 20.91	20.784 483
3	1 43 15.809	+10 07 29.38	20.859 313	19	1 53 04.476	+11 02 26.76	20.776 825
4	1 43 28.543	+10 08 42.25	20.863 585	20	1 53 16.420	+11 03 32.15	20.768 928
5	1 43 41.321	+10 09 55.30	20.867 590	21	1 53 28.283	+11 04 37.04	20.760 793
6	1 43 54.139	+10 11 08.51	20.871 327	22	1 53 40.063	+11 05 41.41	20.752 424
7	1 44 06.994	+10 12 21.86	20.874 795	23	1 53 51.758	+11 06 45.25	20.743 822
8	1 44 19.882	+10 13 35.35	20.877 993	24	1 54 03.366	+11 07 48.54	20.734 991
9	1 44 32.801	+10 14 48.93	20.880 920	25	1 54 14.888	+11 08 51.29	20.725 933
10	1 44 45.747	+10 16 02.61	20.883 575	26	1 54 26.323	+11 09 53.49	20.716 650
11	1 44 58.717	+10 17 16.35	20.885 958	27	1 54 37.669	+11 10 55.14	20.707 145
12	1 45 11.708	+10 18 30.15	20.888 067	28	1 54 48.925	+11 11 56.23	20.697 420
13	1 45 24.718	+10 19 43.97	20.889 903	29	1 55 00.088	+11 12 56.76	20.687 478
14	1 45 37.745	+10 20 57.81	20.891 465	30	1 55 11.158	+11 13 56.71	20.677 321
15	1 45 50.787	+10 22 11.66	20.892 752	31	1 55 22.129	+11 14 56.09	20.666 951
16	1 46 03.844	+10 23 25.50	20.893 763	June 1	1 55 33.001	+11 15 54.87	20.656 371
17	1 46 16.916	+10 24 39.30	20.894 500	2	1 55 43.769	+11 16 53.04	20.645 583
18	1 46 30.008	+10 25 52.87	20.894 962	3	1 55 54.432	+11 17 50.58	20.634 589
19	1 46 43.041	+10 27 06.22	20.895 149	4	1 56 04.985	+11 18 47.48	20.623 393
20	1 46 56.123	+10 28 20.39	20.895 061	5	1 56 15.427	+11 19 43.73	20.611 996
21	1 47 09.212	+10 29 34.16	20.894 699	6	1 56 25.755	+11 20 39.30	20.600 401
22	1 47 22.294	+10 30 47.78	20.894 064	7	1 56 35.969	+11 21 34.20	20.588 611
23	1 47 35.366	+10 32 01.26	20.893 156	8	1 56 46.065	+11 22 28.40	20.576 629
24	1 47 48.424	+10 33 14.60	20.891 976	9	1 56 56.043	+11 23 21.91	20.564 457
25	1 48 01.465	+10 34 27.77	20.890 526	10	1 57 05.901	+11 24 14.71	20.552 098
26	1 48 14.489	+10 35 40.77	20.888 805	11	1 57 15.640	+11 25 06.80	20.539 556
27	1 48 27.494	+10 36 53.58	20.886 816	12	1 57 25.257	+11 25 58.19	20.526 833
28	1 48 40.479	+10 38 06.19	20.884 558	13	1 57 34.750	+11 26 48.86	20.513 932
29	1 48 53.442	+10 39 18.60	20.882 033	14	1 57 44.117	+11 27 38.82	20.500 858
30	1 49 06.384	+10 40 30.81	20.879 242	15	1 57 53.353	+11 28 28.03	20.487 614
May 1	1 49 19.300	+10 41 42.81	20.876 184	16	1 58 02.454	+11 29 16.49	20.474 203
2	1 49 32.190	+10 42 54.59	20.872 862	17	1 58 11.417	+11 30 04.17	20.460 629
3	1 49 45.051	+10 44 06.14	20.869 276	18	1 58 20.238	+11 30 51.05	20.446 897
4	1 49 57.878	+10 45 17.44	20.865 427	19	1 58 28.916	+11 31 37.11	20.433 010
5	1 50 10.670	+10 46 28.48	20.861 316	20	1 58 37.450	+11 32 22.34	20.418 972
6	1 50 23.422	+10 47 39.24	20.856 943	21	1 58 45.841	+11 33 06.75	20.404 787
7	1 50 36.132	+10 48 49.69	20.852 309	22	1 58 54.088	+11 33 50.34	20.390 459
8	1 50 48.796	+10 49 59.83	20.847 416	23	1 59 02.190	+11 34 33.10	20.375 992
9	1 51 01.412	+10 51 09.64	20.842 264	24	1 59 10.147	+11 35 15.03	20.361 388
10	1 51 13.977	+10 52 19.10	20.836 855	25	1 59 17.958	+11 35 56.14	20.346 652
11	1 51 26.490	+10 53 28.19	20.831 190	26	1 59 25.620	+11 36 36.42	20.331 788
12	1 51 38.947	+10 54 36.91	20.825 270	27	1 59 33.132	+11 37 15.85	20.316 798
13	1 51 51.349	+10 55 45.24	20.819 096	28	1 59 40.490	+11 37 54.44	20.301 688
14	1 52 03.693	+10 56 53.18	20.812 670	29	1 59 47.694	+11 38 32.18	20.286 459
15	1 52 15.979	+10 58 00.73	20.805 994	30	1 59 54.741	+11 39 09.04	20.271 116
16	1 52 28.203	+10 59 07.87	20.799 070	July 1	2 00 01.627	+11 39 45.02	20.255 663
17	1 52 40.363	+11 00 14.60	20.791 899	2	2 00 08.353	+11 40 20.11	20.240 103

URANUS, 2018

GEOCENTRIC COORDINATES FOR 0ʰ TERRESTRIAL TIME

Date	Apparent Right Ascension	Apparent Declination	True Geocentric Distance	Date	Apparent Right Ascension	Apparent Declination	True Geocentric Distance
	h m s	° ′ ″	au		h m s	° ′ ″	au
July 1	2 00 01.627	+11 39 45.02	20.255 663	Aug. 16	2 02 07.402	+11 50 01.26	19.499 274
2	2 00 08.353	+11 40 20.11	20.240 103	17	2 02 05.762	+11 49 51.20	19.483 557
3	2 00 14.915	+11 40 54.29	20.224 440	18	2 02 03.939	+11 49 40.16	19.467 948
4	2 00 21.312	+11 41 27.57	20.208 677	19	2 02 01.934	+11 49 28.15	19.452 450
5	2 00 27.545	+11 41 59.92	20.192 819	20	2 01 59.747	+11 49 15.19	19.437 069
6	2 00 33.611	+11 42 31.36	20.176 870	21	2 01 57.380	+11 49 01.28	19.421 808
7	2 00 39.511	+11 43 01.87	20.160 832	22	2 01 54.833	+11 48 46.41	19.406 672
8	2 00 45.243	+11 43 31.45	20.144 711	23	2 01 52.104	+11 48 30.60	19.391 665
9	2 00 50.809	+11 44 00.11	20.128 511	24	2 01 49.196	+11 48 13.83	19.376 792
10	2 00 56.206	+11 44 27.85	20.112 235	25	2 01 46.108	+11 47 56.12	19.362 056
11	2 01 01.433	+11 44 54.67	20.095 889	26	2 01 42.842	+11 47 37.47	19.347 463
12	2 01 06.488	+11 45 20.55	20.079 476	27	2 01 39.399	+11 47 17.87	19.333 015
13	2 01 11.367	+11 45 45.49	20.063 002	28	2 01 35.780	+11 46 57.34	19.318 718
14	2 01 16.066	+11 46 09.47	20.046 471	29	2 01 31.988	+11 46 35.89	19.304 575
15	2 01 20.583	+11 46 32.47	20.029 888	30	2 01 28.024	+11 46 13.52	19.290 591
16	2 01 24.917	+11 46 54.46	20.013 258	31	2 01 23.891	+11 45 50.24	19.276 770
17	2 01 29.067	+11 47 15.46	19.996 586	Sept. 1	2 01 19.592	+11 45 26.08	19.263 116
18	2 01 33.035	+11 47 35.45	19.979 877	2	2 01 15.128	+11 45 01.05	19.249 633
19	2 01 36.821	+11 47 54.44	19.963 135	3	2 01 10.502	+11 44 35.16	19.236 326
20	2 01 40.426	+11 48 12.45	19.946 365	4	2 01 05.713	+11 44 08.41	19.223 199
21	2 01 43.851	+11 48 29.47	19.929 572	5	2 01 00.764	+11 43 40.83	19.210 256
22	2 01 47.095	+11 48 45.50	19.912 759	6	2 00 55.653	+11 43 12.41	19.197 503
23	2 01 50.156	+11 49 00.56	19.895 932	7	2 00 50.382	+11 42 43.14	19.184 943
24	2 01 53.035	+11 49 14.64	19.879 095	8	2 00 44.949	+11 42 13.03	19.172 581
25	2 01 55.730	+11 49 27.73	19.862 252	9	2 00 39.358	+11 41 42.08	19.160 422
26	2 01 58.240	+11 49 39.83	19.845 407	10	2 00 33.612	+11 41 10.30	19.148 470
27	2 02 00.563	+11 49 50.94	19.828 565	11	2 00 27.713	+11 40 37.69	19.136 728
28	2 02 02.698	+11 50 01.04	19.811 731	12	2 00 21.668	+11 40 04.30	19.125 202
29	2 02 04.645	+11 50 10.14	19.794 908	13	2 00 15.479	+11 39 30.13	19.113 896
30	2 02 06.403	+11 50 18.22	19.778 101	14	2 00 09.150	+11 38 55.21	19.102 812
31	2 02 07.971	+11 50 25.28	19.761 314	15	2 00 02.685	+11 38 19.57	19.091 954
Aug. 1	2 02 09.350	+11 50 31.33	19.744 552	16	1 59 56.085	+11 37 43.22	19.081 327
2	2 02 10.540	+11 50 36.36	19.727 819	17	1 59 49.352	+11 37 06.17	19.070 932
3	2 02 11.541	+11 50 40.37	19.711 119	18	1 59 42.489	+11 36 28.43	19.060 775
4	2 02 12.355	+11 50 43.38	19.694 458	19	1 59 35.497	+11 35 50.02	19.050 857
5	2 02 12.982	+11 50 45.38	19.677 840	20	1 59 28.379	+11 35 10.94	19.041 181
6	2 02 13.423	+11 50 46.39	19.661 269	21	1 59 21.136	+11 34 31.21	19.031 752
7	2 02 13.678	+11 50 46.41	19.644 751	22	1 59 13.771	+11 33 50.84	19.022 571
8	2 02 13.744	+11 50 45.43	19.628 289	23	1 59 06.288	+11 33 09.84	19.013 642
9	2 02 13.623	+11 50 43.47	19.611 890	24	1 58 58.689	+11 32 28.22	19.004 967
10	2 02 13.310	+11 50 40.50	19.595 559	25	1 58 50.979	+11 31 46.00	18.996 549
11	2 02 12.804	+11 50 36.52	19.579 300	26	1 58 43.160	+11 31 03.20	18.988 391
12	2 02 12.105	+11 50 31.52	19.563 119	27	1 58 35.237	+11 30 19.84	18.980 495
13	2 02 11.213	+11 50 25.48	19.547 020	28	1 58 27.215	+11 29 35.95	18.972 865
14	2 02 10.130	+11 50 18.42	19.531 010	29	1 58 19.096	+11 28 51.55	18.965 503
15	2 02 08.859	+11 50 10.34	19.515 093	30	1 58 10.885	+11 28 06.65	18.958 411
16	2 02 07.402	+11 50 01.26	19.499 274	Oct. 1	1 58 02.584	+11 27 21.29	18.951 592

GEOCENTRIC COORDINATES FOR 0ʰ TERRESTRIAL TIME

Date	Apparent Right Ascension	Apparent Declination	True Geocentric Distance	Date	Apparent Right Ascension	Apparent Declination	True Geocentric Distance
	h m s	° ′ ″	au		h m s	° ′ ″	au
Oct. 1	1 58 02.584	+11 27 21.29	18.951 592	Nov. 16	1 51 06.405	+10 49 40.73	18.959 293
2	1 57 54.195	+11 26 35.47	18.945 050	17	1 50 58.109	+10 48 56.03	18.966 503
3	1 57 45.720	+11 25 49.21	18.938 786	18	1 50 49.907	+10 48 11.85	18.973 992
4	1 57 37.161	+11 25 02.52	18.932 804	19	1 50 41.803	+10 47 28.23	18.981 759
5	1 57 28.520	+11 24 15.40	18.927 106	20	1 50 33.801	+10 46 45.17	18.989 800
6	1 57 19.800	+11 23 27.86	18.921 694	21	1 50 25.905	+10 46 02.71	18.998 114
7	1 57 11.005	+11 22 39.92	18.916 572	22	1 50 18.120	+10 45 20.88	19.006 696
8	1 57 02.140	+11 21 51.60	18.911 741	23	1 50 10.450	+10 44 39.69	19.015 545
9	1 56 53.211	+11 21 02.93	18.907 203	24	1 50 02.898	+10 43 59.17	19.024 657
10	1 56 44.223	+11 20 13.94	18.902 961	25	1 49 55.466	+10 43 19.35	19.034 030
11	1 56 35.182	+11 19 24.65	18.899 016	26	1 49 48.156	+10 42 40.23	19.043 661
12	1 56 26.092	+11 18 35.11	18.895 369	27	1 49 40.969	+10 42 01.81	19.053 548
13	1 56 16.956	+11 17 45.33	18.892 023	28	1 49 33.906	+10 41 24.11	19.063 686
14	1 56 07.779	+11 16 55.34	18.888 977	29	1 49 26.969	+10 40 47.14	19.074 075
15	1 55 58.564	+11 16 05.16	18.886 234	30	1 49 20.162	+10 40 10.89	19.084 709
16	1 55 49.312	+11 15 14.80	18.883 793	Dec. 1	1 49 13.489	+10 39 35.39	19.095 587
17	1 55 40.028	+11 14 24.28	18.881 656	2	1 49 06.954	+10 39 00.67	19.106 705
18	1 55 30.716	+11 13 33.61	18.879 823	3	1 49 00.561	+10 38 26.74	19.118 059
19	1 55 21.378	+11 12 42.83	18.878 295	4	1 48 54.316	+10 37 53.63	19.129 647
20	1 55 12.018	+11 11 51.93	18.877 072	5	1 48 48.221	+10 37 21.37	19.141 463
21	1 55 02.641	+11 11 00.95	18.876 155	6	1 48 42.280	+10 36 49.98	19.153 504
22	1 54 53.251	+11 10 09.91	18.875 544	7	1 48 36.496	+10 36 19.47	19.165 765
23	1 54 43.853	+11 09 18.82	18.875 239	8	1 48 30.870	+10 35 49.87	19.178 243
24	1 54 34.452	+11 08 27.72	18.875 240	9	1 48 25.404	+10 35 21.18	19.190 933
25	1 54 25.052	+11 07 36.63	18.875 548	10	1 48 20.100	+10 34 53.41	19.203 831
26	1 54 15.659	+11 06 45.58	18.876 162	11	1 48 14.959	+10 34 26.57	19.216 932
27	1 54 06.277	+11 05 54.61	18.877 082	12	1 48 09.982	+10 34 00.67	19.230 230
28	1 53 56.910	+11 05 03.73	18.878 309	13	1 48 05.172	+10 33 35.72	19.243 723
29	1 53 47.560	+11 04 12.97	18.879 843	14	1 48 00.530	+10 33 11.72	19.257 404
30	1 53 38.229	+11 03 22.33	18.881 683	15	1 47 56.059	+10 32 48.68	19.271 269
31	1 53 28.920	+11 02 31.85	18.883 829	16	1 47 51.762	+10 32 26.62	19.285 313
Nov. 1	1 53 19.636	+11 01 41.51	18.886 282	17	1 47 47.640	+10 32 05.55	19.299 532
2	1 53 10.380	+11 00 51.34	18.889 041	18	1 47 43.697	+10 31 45.48	19.313 920
3	1 53 01.155	+11 00 01.36	18.892 106	19	1 47 39.936	+10 31 26.43	19.328 473
4	1 52 51.968	+10 59 11.59	18.895 477	20	1 47 36.358	+10 31 08.42	19.343 186
5	1 52 42.824	+10 58 22.05	18.899 152	21	1 47 32.966	+10 30 51.46	19.358 054
6	1 52 33.729	+10 57 32.77	18.903 131	22	1 47 29.760	+10 30 35.55	19.373 072
7	1 52 24.688	+10 56 43.80	18.907 412	23	1 47 26.741	+10 30 20.72	19.388 236
8	1 52 15.706	+10 55 55.16	18.911 995	24	1 47 23.908	+10 30 06.95	19.403 541
9	1 52 06.788	+10 55 06.88	18.916 878	25	1 47 21.259	+10 29 54.23	19.418 983
10	1 51 57.936	+10 54 18.99	18.922 059	26	1 47 18.796	+10 29 42.57	19.434 556
11	1 51 49.155	+10 53 31.50	18.927 536	27	1 47 16.517	+10 29 31.95	19.450 257
12	1 51 40.446	+10 52 44.43	18.933 308	28	1 47 14.427	+10 29 22.39	19.466 081
13	1 51 31.814	+10 51 57.81	18.939 372	29	1 47 12.526	+10 29 13.89	19.482 023
14	1 51 23.261	+10 51 11.64	18.945 725	30	1 47 10.819	+10 29 06.46	19.498 078
15	1 51 14.790	+10 50 25.94	18.952 367	31	1 47 09.307	+10 29 00.13	19.514 240
16	1 51 06.405	+10 49 40.73	18.959 293	32	1 47 07.993	+10 28 54.90	19.530 506

NEPTUNE, 2018

GEOCENTRIC COORDINATES FOR 0ʰ TERRESTRIAL TIME

Date	Apparent Right Ascension	Apparent Declination	True Geocentric Distance	Date	Apparent Right Ascension	Apparent Declination	True Geocentric Distance
	h m s	° ′ ″	au		h m s	° ′ ″	au
Jan. 0	22 54 33.991	− 7 56 52.74	30.387 719	Feb. 15	22 59 44.284	− 7 24 31.00	30.886 845
1	22 54 38.774	− 7 56 22.21	30.403 021	16	22 59 52.486	− 7 23 40.26	30.891 948
2	22 54 43.666	− 7 55 51.02	30.418 182	17	23 00 00.719	− 7 22 49.36	30.896 770
3	22 54 48.665	− 7 55 19.20	30.433 196	18	23 00 08.982	− 7 21 58.30	30.901 310
4	22 54 53.768	− 7 54 46.77	30.448 061	19	23 00 17.272	− 7 21 07.08	30.905 568
5	22 54 58.971	− 7 54 13.73	30.462 771	20	23 00 25.588	− 7 20 15.71	30.909 543
6	22 55 04.275	− 7 53 40.09	30.477 323	21	23 00 33.931	− 7 19 24.19	30.913 232
7	22 55 09.678	− 7 53 05.85	30.491 713	22	23 00 42.298	− 7 18 32.54	30.916 637
8	22 55 15.182	− 7 52 31.01	30.505 936	23	23 00 50.688	− 7 17 40.76	30.919 756
9	22 55 20.786	− 7 51 55.55	30.519 988	24	23 00 59.100	− 7 16 48.87	30.922 590
10	22 55 26.490	− 7 51 19.50	30.533 865	25	23 01 07.531	− 7 15 56.89	30.925 137
11	22 55 32.293	− 7 50 42.85	30.547 562	26	23 01 15.978	− 7 15 04.84	30.927 399
12	22 55 38.194	− 7 50 05.61	30.561 075	27	23 01 24.436	− 7 14 12.74	30.929 375
13	22 55 44.193	− 7 49 27.79	30.574 400	28	23 01 32.904	− 7 13 20.61	30.931 064
14	22 55 50.286	− 7 48 49.42	30.587 533	Mar. 1	23 01 41.378	− 7 12 28.48	30.932 468
15	22 55 56.472	− 7 48 10.49	30.600 470	2	23 01 49.857	− 7 11 36.35	30.933 585
16	22 56 02.748	− 7 47 31.03	30.613 207	3	23 01 58.341	− 7 10 44.25	30.934 417
17	22 56 09.113	− 7 46 51.05	30.625 739	4	23 02 06.828	− 7 09 52.32	30.934 963
18	22 56 15.564	− 7 46 10.56	30.638 064	5	23 02 15.287	− 7 09 00.39	30.935 222
19	22 56 22.098	− 7 45 29.58	30.650 177	6	23 02 23.762	− 7 08 08.03	30.935 195
20	22 56 28.714	− 7 44 48.11	30.662 074	7	23 02 32.249	− 7 07 15.81	30.934 882
21	22 56 35.409	− 7 44 06.17	30.673 754	8	23 02 40.735	− 7 06 23.68	30.934 282
22	22 56 42.183	− 7 43 23.76	30.685 211	9	23 02 49.216	− 7 05 31.63	30.933 397
23	22 56 49.035	− 7 42 40.88	30.696 443	10	23 02 57.691	− 7 04 39.64	30.932 225
24	22 56 55.963	− 7 41 57.55	30.707 446	11	23 03 06.157	− 7 03 47.74	30.930 767
25	22 57 02.968	− 7 41 13.76	30.718 219	12	23 03 14.611	− 7 02 55.94	30.929 023
26	22 57 10.047	− 7 40 29.52	30.728 757	13	23 03 23.052	− 7 02 04.25	30.926 994
27	22 57 17.201	− 7 39 44.84	30.739 060	14	23 03 31.475	− 7 01 12.69	30.924 681
28	22 57 24.427	− 7 38 59.73	30.749 123	15	23 03 39.880	− 7 00 21.27	30.922 084
29	22 57 31.723	− 7 38 14.22	30.758 945	16	23 03 48.263	− 6 59 30.01	30.919 203
30	22 57 39.085	− 7 37 28.33	30.768 523	17	23 03 56.623	− 6 58 38.91	30.916 041
31	22 57 46.510	− 7 36 42.07	30.777 856	18	23 04 04.958	− 6 57 47.98	30.912 597
Feb. 1	22 57 53.993	− 7 35 55.48	30.786 941	19	23 04 13.268	− 6 56 57.22	30.908 873
2	22 58 01.533	− 7 35 08.55	30.795 776	20	23 04 21.552	− 6 56 06.64	30.904 870
3	22 58 09.129	− 7 34 21.30	30.804 359	21	23 04 29.809	− 6 55 16.25	30.900 590
4	22 58 16.781	− 7 33 33.72	30.812 687	22	23 04 38.037	− 6 54 26.06	30.896 035
5	22 58 24.487	− 7 32 45.81	30.820 758	23	23 04 46.235	− 6 53 36.07	30.891 206
6	22 58 32.249	− 7 31 57.58	30.828 570	24	23 04 54.401	− 6 52 46.31	30.886 105
7	22 58 40.064	− 7 31 09.04	30.836 120	25	23 05 02.532	− 6 51 56.79	30.880 735
8	22 58 47.931	− 7 30 20.19	30.843 407	26	23 05 10.624	− 6 51 07.54	30.875 097
9	22 58 55.849	− 7 29 31.05	30.850 427	27	23 05 18.674	− 6 50 18.58	30.869 194
10	22 59 03.816	− 7 28 41.64	30.857 179	28	23 05 26.679	− 6 49 29.93	30.863 027
11	22 59 11.828	− 7 27 51.96	30.863 660	29	23 05 34.638	− 6 48 41.58	30.856 598
12	22 59 19.884	− 7 27 02.04	30.869 869	30	23 05 42.549	− 6 47 53.55	30.849 911
13	22 59 27.980	− 7 26 11.90	30.875 804	31	23 05 50.412	− 6 47 05.84	30.842 966
14	22 59 36.114	− 7 25 21.55	30.881 463	Apr. 1	23 05 58.226	− 6 46 18.44	30.835 766
15	22 59 44.284	− 7 24 31.00	30.886 845	2	23 06 05.992	− 6 45 31.36	30.828 313

GEOCENTRIC COORDINATES FOR 0ʰ TERRESTRIAL TIME

Date	Apparent Right Ascension	Apparent Declination	True Geocentric Distance	Date	Apparent Right Ascension	Apparent Declination	True Geocentric Distance
	h m s	° ′ ″	au		h m s	° ′ ″	au
Apr. 1	23 05 58.226	− 6 46 18.44	30.835 766	May 17	23 10 39.414	− 6 18 29.66	30.275 482
2	23 06 05.992	− 6 45 31.36	30.828 313	18	23 10 43.329	− 6 18 07.56	30.259 615
3	23 06 13.709	− 6 44 44.61	30.820 608	19	23 10 47.134	− 6 17 46.17	30.243 656
4	23 06 21.376	− 6 43 58.20	30.812 653	20	23 10 50.825	− 6 17 25.50	30.227 609
5	23 06 28.990	− 6 43 12.14	30.804 452	21	23 10 54.401	− 6 17 05.58	30.211 480
6	23 06 36.549	− 6 42 26.44	30.796 005	22	23 10 57.860	− 6 16 46.41	30.195 272
7	23 06 44.052	− 6 41 41.12	30.787 315	23	23 11 01.202	− 6 16 27.98	30.178 991
8	23 06 51.496	− 6 40 56.19	30.778 383	24	23 11 04.427	− 6 16 10.29	30.162 642
9	23 06 58.878	− 6 40 11.68	30.769 214	25	23 11 07.537	− 6 15 53.33	30.146 228
10	23 07 06.196	− 6 39 27.59	30.759 808	26	23 11 10.532	− 6 15 37.10	30.129 754
11	23 07 13.448	− 6 38 43.94	30.750 168	27	23 11 13.413	− 6 15 21.59	30.113 225
12	23 07 20.632	− 6 38 00.73	30.740 297	28	23 11 16.180	− 6 15 06.81	30.096 645
13	23 07 27.746	− 6 37 17.98	30.730 198	29	23 11 18.833	− 6 14 52.76	30.080 017
14	23 07 34.789	− 6 36 35.68	30.719 873	30	23 11 21.370	− 6 14 39.44	30.063 347
15	23 07 41.761	− 6 35 53.85	30.709 325	31	23 11 23.792	− 6 14 26.86	30.046 638
16	23 07 48.660	− 6 35 12.49	30.698 558	June 1	23 11 26.097	− 6 14 15.03	30.029 895
17	23 07 55.487	− 6 34 31.59	30.687 575	2	23 11 28.283	− 6 14 03.95	30.013 123
18	23 08 02.241	− 6 33 51.17	30.676 379	3	23 11 30.349	− 6 13 53.64	29.996 325
19	23 08 08.921	− 6 33 11.23	30.664 973	4	23 11 32.295	− 6 13 44.09	29.979 507
20	23 08 15.525	− 6 32 31.79	30.653 362	5	23 11 34.119	− 6 13 35.31	29.962 672
21	23 08 22.050	− 6 31 52.87	30.641 549	6	23 11 35.822	− 6 13 27.31	29.945 825
22	23 08 28.493	− 6 31 14.48	30.629 537	7	23 11 37.402	− 6 13 20.07	29.928 970
23	23 08 34.851	− 6 30 36.65	30.617 331	8	23 11 38.861	− 6 13 13.60	29.912 113
24	23 08 41.123	− 6 29 59.39	30.604 934	9	23 11 40.198	− 6 13 07.90	29.895 258
25	23 08 47.306	− 6 29 22.70	30.592 351	10	23 11 41.415	− 6 13 02.95	29.878 410
26	23 08 53.399	− 6 28 46.58	30.579 583	11	23 11 42.512	− 6 12 58.74	29.861 574
27	23 08 59.403	− 6 28 11.05	30.566 636	12	23 11 43.491	− 6 12 55.29	29.844 754
28	23 09 05.317	− 6 27 36.08	30.553 513	13	23 11 44.351	− 6 12 52.57	29.827 957
29	23 09 11.142	− 6 27 01.69	30.540 217	14	23 11 45.092	− 6 12 50.61	29.811 186
30	23 09 16.877	− 6 26 27.88	30.526 752	15	23 11 45.713	− 6 12 49.41	29.794 447
May 1	23 09 22.523	− 6 25 54.65	30.513 121	16	23 11 46.212	− 6 12 48.99	29.777 746
2	23 09 28.077	− 6 25 22.01	30.499 328	17	23 11 46.586	− 6 12 49.35	29.761 087
3	23 09 33.539	− 6 24 49.97	30.485 375	18	23 11 46.835	− 6 12 50.50	29.744 475
4	23 09 38.907	− 6 24 18.54	30.471 268	19	23 11 46.959	− 6 12 52.43	29.727 916
5	23 09 44.178	− 6 23 47.74	30.457 009	20	23 11 46.960	− 6 12 55.13	29.711 414
6	23 09 49.351	− 6 23 17.57	30.442 602	21	23 11 46.839	− 6 12 58.59	29.694 974
7	23 09 54.424	− 6 22 48.06	30.428 050	22	23 11 46.598	− 6 13 02.79	29.678 600
8	23 09 59.395	− 6 22 19.20	30.413 359	23	23 11 46.239	− 6 13 07.73	29.662 297
9	23 10 04.263	− 6 21 51.00	30.398 530	24	23 11 45.763	− 6 13 13.40	29.646 069
10	23 10 09.026	− 6 21 23.48	30.383 569	25	23 11 45.170	− 6 13 19.80	29.629 920
11	23 10 13.684	− 6 20 56.63	30.368 480	26	23 11 44.461	− 6 13 26.92	29.613 855
12	23 10 18.236	− 6 20 30.45	30.353 266	27	23 11 43.635	− 6 13 34.77	29.597 878
13	23 10 22.683	− 6 20 04.95	30.337 931	28	23 11 42.693	− 6 13 43.36	29.581 993
14	23 10 27.024	− 6 19 40.11	30.322 481	29	23 11 41.634	− 6 13 52.67	29.566 204
15	23 10 31.260	− 6 19 15.95	30.306 920	30	23 11 40.458	− 6 14 02.71	29.550 517
16	23 10 35.390	− 6 18 52.47	30.291 252	July 1	23 11 39.165	− 6 14 13.48	29.534 934
17	23 10 39.414	− 6 18 29.66	30.275 482	2	23 11 37.754	− 6 14 24.99	29.519 461

NEPTUNE, 2018

GEOCENTRIC COORDINATES FOR 0ʰ TERRESTRIAL TIME

Date	Apparent Right Ascension	Apparent Declination	True Geocentric Distance	Date	Apparent Right Ascension	Apparent Declination	True Geocentric Distance
	h m s	° ′ ″	au		h m s	° ′ ″	au
July 1	23 11 39.165	− 6 14 13.48	29.534 934	Aug. 16	23 08 50.410	− 6 33 32.61	29.003 398
2	23 11 37.754	− 6 14 24.99	29.519 461	17	23 08 44.886	− 6 34 08.72	28.997 213
3	23 11 36.226	− 6 14 37.21	29.504 101	18	23 08 39.314	− 6 34 45.08	28.991 303
4	23 11 34.581	− 6 14 50.16	29.488 859	19	23 08 33.696	− 6 35 21.69	28.985 669
5	23 11 32.822	− 6 15 03.82	29.473 739	20	23 08 28.034	− 6 35 58.53	28.980 313
6	23 11 30.948	− 6 15 18.17	29.458 746	21	23 08 22.330	− 6 36 35.60	28.975 236
7	23 11 28.962	− 6 15 33.21	29.443 885	22	23 08 16.586	− 6 37 12.90	28.970 440
8	23 11 26.865	− 6 15 48.93	29.429 158	23	23 08 10.801	− 6 37 50.40	28.965 927
9	23 11 24.660	− 6 16 05.31	29.414 572	24	23 08 04.978	− 6 38 28.10	28.961 696
10	23 11 22.347	− 6 16 22.35	29.400 130	25	23 07 59.119	− 6 39 05.99	28.957 750
11	23 11 19.928	− 6 16 40.05	29.385 838	26	23 07 53.224	− 6 39 44.06	28.954 090
12	23 11 17.402	− 6 16 58.39	29.371 700	27	23 07 47.297	− 6 40 22.29	28.950 718
13	23 11 14.769	− 6 17 17.40	29.357 720	28	23 07 41.339	− 6 41 00.66	28.947 633
14	23 11 12.028	− 6 17 37.08	29.343 903	29	23 07 35.353	− 6 41 39.16	28.944 838
15	23 11 09.178	− 6 17 57.43	29.330 255	30	23 07 29.343	− 6 42 17.77	28.942 334
16	23 11 06.219	− 6 18 18.44	29.316 778	31	23 07 23.311	− 6 42 56.46	28.940 121
17	23 11 03.154	− 6 18 40.09	29.303 477	Sept. 1	23 07 17.260	− 6 43 35.21	28.938 201
18	23 10 59.985	− 6 19 02.37	29.290 356	2	23 07 11.195	− 6 44 14.02	28.936 574
19	23 10 56.716	− 6 19 25.25	29.277 419	3	23 07 05.116	− 6 44 52.85	28.935 243
20	23 10 53.348	− 6 19 48.72	29.264 670	4	23 06 59.027	− 6 45 31.71	28.934 207
21	23 10 49.885	− 6 20 12.77	29.252 112	5	23 06 52.929	− 6 46 10.59	28.933 468
22	23 10 46.328	− 6 20 37.39	29.239 748	6	23 06 46.822	− 6 46 49.48	28.933 027
23	23 10 42.677	− 6 21 02.56	29.227 583	7	23 06 40.707	− 6 47 28.38	28.932 884
24	23 10 38.935	− 6 21 28.29	29.215 618	8	23 06 34.585	− 6 48 07.28	28.933 040
25	23 10 35.102	− 6 21 54.57	29.203 859	9	23 06 28.458	− 6 48 46.17	28.933 495
26	23 10 31.179	− 6 22 21.39	29.192 307	10	23 06 22.330	− 6 49 25.02	28.934 251
27	23 10 27.166	− 6 22 48.76	29.180 967	11	23 06 16.203	− 6 50 03.81	28.935 306
28	23 10 23.063	− 6 23 16.66	29.169 841	12	23 06 10.082	− 6 50 42.50	28.936 660
29	23 10 18.873	− 6 23 45.08	29.158 933	13	23 06 03.972	− 6 51 21.08	28.938 313
30	23 10 14.595	− 6 24 14.03	29.148 245	14	23 05 57.876	− 6 51 59.53	28.940 265
31	23 10 10.231	− 6 24 43.47	29.137 781	15	23 05 51.796	− 6 52 37.82	28.942 514
Aug. 1	23 10 05.784	− 6 25 13.41	29.127 545	16	23 05 45.734	− 6 53 15.96	28.945 060
2	23 10 01.256	− 6 25 43.83	29.117 539	17	23 05 39.693	− 6 53 53.94	28.947 902
3	23 09 56.648	− 6 26 14.70	29.107 766	18	23 05 33.673	− 6 54 31.73	28.951 039
4	23 09 51.964	− 6 26 46.02	29.098 230	19	23 05 27.677	− 6 55 09.34	28.954 470
5	23 09 47.206	− 6 27 17.77	29.088 934	20	23 05 21.705	− 6 55 46.75	28.958 193
6	23 09 42.376	− 6 27 49.92	29.079 881	21	23 05 15.760	− 6 56 23.96	28.962 208
7	23 09 37.478	− 6 28 22.48	29.071 074	22	23 05 09.843	− 6 57 00.95	28.966 513
8	23 09 32.511	− 6 28 55.43	29.062 517	23	23 05 03.956	− 6 57 37.70	28.971 107
9	23 09 27.476	− 6 29 28.77	29.054 213	24	23 04 58.102	− 6 58 14.20	28.975 989
10	23 09 22.374	− 6 30 02.51	29.046 164	25	23 04 52.284	− 6 58 50.43	28.981 158
11	23 09 17.205	− 6 30 36.63	29.038 374	26	23 04 46.504	− 6 59 26.38	28.986 611
12	23 09 11.968	− 6 31 11.15	29.030 845	27	23 04 40.766	− 7 00 02.01	28.992 347
13	23 09 06.667	− 6 31 46.02	29.023 581	28	23 04 35.072	− 7 00 37.32	28.998 366
14	23 09 01.304	− 6 32 21.25	29.016 584	29	23 04 29.427	− 7 01 12.28	29.004 666
15	23 08 55.884	− 6 32 56.78	29.009 855	30	23 04 23.832	− 7 01 46.88	29.011 245
16	23 08 50.410	− 6 33 32.61	29.003 398	Oct. 1	23 04 18.289	− 7 02 21.11	29.018 101

GEOCENTRIC COORDINATES FOR 0^h TERRESTRIAL TIME

Date	Apparent Right Ascension	Apparent Declination	True Geocentric Distance	Date	Apparent Right Ascension	Apparent Declination	True Geocentric Distance
	h m s	o ′ ″	au		h m s	o ′ ″	au
Oct. 1	23 04 18.289	− 7 02 21.11	29.018 101	Nov. 16	23 01 31.297	− 7 18 52.98	29.584 460
2	23 04 12.801	− 7 02 54.98	29.025 234	17	23 01 30.172	− 7 18 58.46	29.600 799
3	23 04 07.367	− 7 03 28.46	29.032 641	18	23 01 29.169	− 7 19 03.16	29.617 234
4	23 04 01.988	− 7 04 01.56	29.040 322	19	23 01 28.291	− 7 19 07.07	29.633 762
5	23 03 56.666	− 7 04 34.28	29.048 273	20	23 01 27.537	− 7 19 10.20	29.650 378
6	23 03 51.401	− 7 05 06.60	29.056 493	21	23 01 26.910	− 7 19 12.52	29.667 076
7	23 03 46.196	− 7 05 38.50	29.064 980	22	23 01 26.412	− 7 19 14.03	29.683 852
8	23 03 41.054	− 7 06 09.97	29.073 731	23	23 01 26.043	− 7 19 14.73	29.700 700
9	23 03 35.980	− 7 06 40.97	29.082 744	24	23 01 25.804	− 7 19 14.62	29.717 615
10	23 03 30.976	− 7 07 11.49	29.092 015	25	23 01 25.695	− 7 19 13.69	29.734 594
11	23 03 26.047	− 7 07 41.51	29.101 542	26	23 01 25.714	− 7 19 11.97	29.751 631
12	23 03 21.195	− 7 08 11.01	29.111 322	27	23 01 25.861	− 7 19 09.46	29.768 721
13	23 03 16.422	− 7 08 39.98	29.121 351	28	23 01 26.134	− 7 19 06.17	29.785 860
14	23 03 11.729	− 7 09 08.42	29.131 625	29	23 01 26.532	− 7 19 02.10	29.803 043
15	23 03 07.117	− 7 09 36.32	29.142 143	30	23 01 27.056	− 7 18 57.26	29.820 263
16	23 03 02.587	− 7 10 03.69	29.152 899	Dec. 1	23 01 27.705	− 7 18 51.62	29.837 517
17	23 02 58.141	− 7 10 30.50	29.163 891	2	23 01 28.482	− 7 18 45.19	29.854 799
18	23 02 53.779	− 7 10 56.76	29.175 115	3	23 01 29.388	− 7 18 37.94	29.872 103
19	23 02 49.503	− 7 11 22.46	29.186 567	4	23 01 30.425	− 7 18 29.89	29.889 425
20	23 02 45.314	− 7 11 47.58	29.198 244	5	23 01 31.594	− 7 18 21.01	29.906 757
21	23 02 41.213	− 7 12 12.12	29.210 142	6	23 01 32.894	− 7 18 11.31	29.924 096
22	23 02 37.204	− 7 12 36.06	29.222 258	7	23 01 34.327	− 7 18 00.80	29.941 434
23	23 02 33.287	− 7 12 59.39	29.234 587	8	23 01 35.890	− 7 17 49.49	29.958 767
24	23 02 29.466	− 7 13 22.08	29.247 126	9	23 01 37.584	− 7 17 37.37	29.976 089
25	23 02 25.743	− 7 13 44.13	29.259 872	10	23 01 39.406	− 7 17 24.47	29.993 393
26	23 02 22.121	− 7 14 05.52	29.272 821	11	23 01 41.355	− 7 17 10.79	30.010 676
27	23 02 18.601	− 7 14 26.25	29.285 969	12	23 01 43.430	− 7 16 56.33	30.027 931
28	23 02 15.186	− 7 14 46.30	29.299 313	13	23 01 45.630	− 7 16 41.10	30.045 152
29	23 02 11.876	− 7 15 05.68	29.312 849	14	23 01 47.956	− 7 16 25.10	30.062 335
30	23 02 08.670	− 7 15 24.38	29.326 572	15	23 01 50.405	− 7 16 08.34	30.079 474
31	23 02 05.569	− 7 15 42.42	29.340 480	16	23 01 52.979	− 7 15 50.80	30.096 564
Nov. 1	23 02 02.573	− 7 15 59.79	29.354 569	17	23 01 55.677	− 7 15 32.50	30.113 599
2	23 01 59.682	− 7 16 16.48	29.368 834	18	23 01 58.499	− 7 15 13.42	30.130 575
3	23 01 56.898	− 7 16 32.49	29.383 271	19	23 02 01.447	− 7 14 53.57	30.147 487
4	23 01 54.223	− 7 16 47.80	29.397 876	20	23 02 04.520	− 7 14 32.95	30.164 330
5	23 01 51.658	− 7 17 02.38	29.412 644	21	23 02 07.718	− 7 14 11.56	30.181 098
6	23 01 49.209	− 7 17 16.23	29.427 571	22	23 02 11.040	− 7 13 49.41	30.197 789
7	23 01 46.876	− 7 17 29.34	29.442 652	23	23 02 14.485	− 7 13 26.51	30.214 396
8	23 01 44.662	− 7 17 41.68	29.457 881	24	23 02 18.050	− 7 13 02.89	30.230 915
9	23 01 42.568	− 7 17 53.26	29.473 254	25	23 02 21.732	− 7 12 38.56	30.247 343
10	23 01 40.595	− 7 18 04.07	29.488 766	26	23 02 25.529	− 7 12 13.53	30.263 673
11	23 01 38.743	− 7 18 14.13	29.504 411	27	23 02 29.439	− 7 11 47.80	30.279 902
12	23 01 37.012	− 7 18 23.42	29.520 185	28	23 02 33.462	− 7 11 21.39	30.296 026
13	23 01 35.402	− 7 18 31.95	29.536 082	29	23 02 37.598	− 7 10 54.27	30.312 038
14	23 01 33.913	− 7 18 39.72	29.552 097	30	23 02 41.849	− 7 10 26.46	30.327 934
15	23 01 32.544	− 7 18 46.73	29.568 225	31	23 02 46.215	− 7 09 57.94	30.343 710
16	23 01 31.297	− 7 18 52.98	29.584 460	32	23 02 50.696	− 7 09 28.71	30.359 360

TIMES OF EPHEMERIS TRANSIT, 2018

Date	Mercury	Venus	Mars	Jupiter	Saturn	Uranus	Neptune
	h m s	h m s	h m s	h m s	h m s	h m s	h m s
Jan. 0	10 26 00	11 54 04	8 06 32	8 18 52	11 25 26	18 50 21	16 13 31
1	10 26 04	11 55 37	8 05 03	8 15 37	11 22 00	18 46 25	16 09 40
2	10 26 24	11 57 10	8 03 35	8 12 21	11 18 35	18 42 29	16 05 49
3	10 26 59	11 58 43	8 02 06	8 09 04	11 15 09	18 38 33	16 01 58
4	10 27 46	12 00 15	8 00 38	8 05 48	11 11 43	18 34 37	15 58 07
5	10 28 44	12 01 47	7 59 10	8 02 31	11 08 17	18 30 42	15 54 16
6	10 29 54	12 03 18	7 57 43	7 59 13	11 04 51	18 26 46	15 50 26
7	10 31 12	12 04 48	7 56 15	7 55 55	11 01 25	18 22 51	15 46 35
8	10 32 40	12 06 18	7 54 48	7 52 37	10 57 59	18 18 56	15 42 45
9	10 34 15	12 07 48	7 53 21	7 49 19	10 54 33	18 15 02	15 38 55
10	10 35 57	12 09 16	7 51 54	7 45 59	10 51 07	18 11 07	15 35 05
11	10 37 46	12 10 44	7 50 27	7 42 40	10 47 40	18 07 13	15 31 14
12	10 39 40	12 12 11	7 49 01	7 39 20	10 44 14	18 03 19	15 27 24
13	10 41 40	12 13 37	7 47 34	7 36 00	10 40 47	17 59 25	15 23 35
14	10 43 46	12 15 03	7 46 08	7 32 39	10 37 21	17 55 31	15 19 45
15	10 45 55	12 16 27	7 44 42	7 29 17	10 33 54	17 51 38	15 15 55
16	10 48 09	12 17 50	7 43 17	7 25 56	10 30 27	17 47 45	15 12 05
17	10 50 27	12 19 13	7 41 51	7 22 33	10 27 00	17 43 51	15 08 16
18	10 52 48	12 20 34	7 40 26	7 19 11	10 23 33	17 39 58	15 04 26
19	10 55 13	12 21 54	7 39 01	7 15 47	10 20 05	17 36 06	15 00 37
20	10 57 40	12 23 13	7 37 36	7 12 24	10 16 38	17 32 13	14 56 48
21	11 00 11	12 24 31	7 36 11	7 08 59	10 13 10	17 28 21	14 52 59
22	11 02 43	12 25 47	7 34 46	7 05 35	10 09 42	17 24 29	14 49 10
23	11 05 19	12 27 03	7 33 22	7 02 09	10 06 14	17 20 37	14 45 20
24	11 07 56	12 28 17	7 31 57	6 58 44	10 02 46	17 16 45	14 41 32
25	11 10 35	12 29 30	7 30 33	6 55 17	9 59 18	17 12 53	14 37 43
26	11 13 17	12 30 42	7 29 09	6 51 50	9 55 50	17 09 02	14 33 54
27	11 15 59	12 31 52	7 27 45	6 48 23	9 52 21	17 05 11	14 30 05
28	11 18 44	12 33 01	7 26 21	6 44 55	9 48 52	17 01 20	14 26 16
29	11 21 30	12 34 09	7 24 57	6 41 26	9 45 23	16 57 29	14 22 28
30	11 24 17	12 35 16	7 23 34	6 37 57	9 41 54	16 53 38	14 18 39
31	11 27 05	12 36 21	7 22 10	6 34 27	9 38 25	16 49 48	14 14 51
Feb. 1	11 29 55	12 37 26	7 20 47	6 30 57	9 34 55	16 45 57	14 11 02
2	11 32 45	12 38 28	7 19 24	6 27 26	9 31 25	16 42 07	14 07 14
3	11 35 37	12 39 30	7 18 01	6 23 55	9 27 55	16 38 17	14 03 26
4	11 38 29	12 40 31	7 16 38	6 20 22	9 24 25	16 34 27	13 59 37
5	11 41 22	12 41 30	7 15 15	6 16 50	9 20 55	16 30 38	13 55 49
6	11 44 16	12 42 28	7 13 53	6 13 16	9 17 24	16 26 48	13 52 01
7	11 47 11	12 43 25	7 12 30	6 09 42	9 13 53	16 22 59	13 48 13
8	11 50 06	12 44 20	7 11 08	6 06 08	9 10 22	16 19 10	13 44 25
9	11 53 02	12 45 15	7 09 45	6 02 33	9 06 51	16 15 21	13 40 37
10	11 55 58	12 46 08	7 08 23	5 58 57	9 03 19	16 11 32	13 36 49
11	11 58 55	12 47 00	7 07 00	5 55 20	8 59 47	16 07 44	13 33 01
12	12 01 53	12 47 52	7 05 38	5 51 43	8 56 15	16 03 55	13 29 13
13	12 04 51	12 48 42	7 04 16	5 48 05	8 52 43	16 00 07	13 25 25
14	12 07 49	12 49 31	7 02 54	5 44 26	8 49 10	15 56 19	13 21 37
15	12 10 48	12 50 19	7 01 31	5 40 47	8 45 37	15 52 31	13 17 50

Date	Mercury	Venus	Mars	Jupiter	Saturn	Uranus	Neptune
	h m s	h m s	h m s	h m s	h m s	h m s	h m s
Feb. 15	12 10 48	12 50 19	7 01 31	5 40 47	8 45 37	15 52 31	13 17 50
16	12 13 47	12 51 06	7 00 09	5 37 07	8 42 04	15 48 43	13 14 02
17	12 16 47	12 51 52	6 58 47	5 33 26	8 38 31	15 44 55	13 10 14
18	12 19 46	12 52 38	6 57 25	5 29 45	8 34 57	15 41 08	13 06 27
19	12 22 46	12 53 22	6 56 03	5 26 03	8 31 23	15 37 20	13 02 39
20	12 25 46	12 54 06	6 54 40	5 22 20	8 27 49	15 33 33	12 58 51
21	12 28 45	12 54 49	6 53 18	5 18 37	8 24 15	15 29 46	12 55 04
22	12 31 45	12 55 31	6 51 56	5 14 52	8 20 40	15 25 59	12 51 16
23	12 34 43	12 56 12	6 50 33	5 11 08	8 17 05	15 22 12	12 47 29
24	12 37 41	12 56 52	6 49 11	5 07 22	8 13 29	15 18 25	12 43 41
25	12 40 37	12 57 32	6 47 48	5 03 35	8 09 53	15 14 39	12 39 53
26	12 43 32	12 58 11	6 46 25	4 59 48	8 06 17	15 10 52	12 36 06
27	12 46 24	12 58 50	6 45 03	4 56 01	8 02 41	15 07 06	12 32 18
28	12 49 14	12 59 28	6 43 40	4 52 12	7 59 04	15 03 20	12 28 31
Mar. 1	12 52 00	13 00 06	6 42 17	4 48 23	7 55 27	14 59 34	12 24 44
2	12 54 42	13 00 43	6 40 54	4 44 32	7 51 50	14 55 48	12 20 56
3	12 57 18	13 01 20	6 39 31	4 40 42	7 48 12	14 52 02	12 17 09
4	12 59 48	13 01 56	6 38 08	4 36 50	7 44 34	14 48 16	12 13 21
5	13 02 09	13 02 32	6 36 44	4 32 58	7 40 56	14 44 31	12 09 34
6	13 04 22	13 03 08	6 35 21	4 29 05	7 37 17	14 40 45	12 05 46
7	13 06 24	13 03 43	6 33 57	4 25 11	7 33 38	14 37 00	12 01 59
8	13 08 13	13 04 19	6 32 33	4 21 16	7 29 59	14 33 15	11 58 11
9	13 09 49	13 04 54	6 31 09	4 17 21	7 26 19	14 29 30	11 54 24
10	13 11 08	13 05 29	6 29 45	4 13 25	7 22 39	14 25 45	11 50 36
11	13 12 10	13 06 04	6 28 20	4 09 28	7 18 59	14 22 00	11 46 49
12	13 12 53	13 06 39	6 26 56	4 05 30	7 15 18	14 18 15	11 43 01
13	13 13 15	13 07 14	6 25 31	4 01 32	7 11 37	14 14 30	11 39 14
14	13 13 14	13 07 49	6 24 06	3 57 33	7 07 55	14 10 46	11 35 26
15	13 12 49	13 08 24	6 22 40	3 53 33	7 04 13	14 07 01	11 31 39
16	13 11 59	13 08 59	6 21 14	3 49 32	7 00 31	14 03 17	11 27 51
17	13 10 42	13 09 35	6 19 48	3 45 31	6 56 48	13 59 32	11 24 04
18	13 08 58	13 10 11	6 18 22	3 41 28	6 53 05	13 55 48	11 20 16
19	13 06 46	13 10 47	6 16 55	3 37 25	6 49 22	13 52 04	11 16 28
20	13 04 05	13 11 23	6 15 28	3 33 22	6 45 38	13 48 20	11 12 41
21	13 00 56	13 12 00	6 14 00	3 29 17	6 41 54	13 44 36	11 08 53
22	12 57 19	13 12 37	6 12 32	3 25 12	6 38 09	13 40 52	11 05 05
23	12 53 14	13 13 14	6 11 04	3 21 06	6 34 24	13 37 08	11 01 17
24	12 48 43	13 13 52	6 09 36	3 17 00	6 30 39	13 33 24	10 57 30
25	12 43 47	13 14 30	6 08 06	3 12 52	6 26 53	13 29 40	10 53 42
26	12 38 28	13 15 09	6 06 37	3 08 44	6 23 07	13 25 57	10 49 54
27	12 32 48	13 15 48	6 05 07	3 04 36	6 19 20	13 22 13	10 46 06
28	12 26 50	13 16 28	6 03 37	3 00 26	6 15 33	13 18 29	10 42 18
29	12 20 36	13 17 09	6 02 06	2 56 16	6 11 46	13 14 46	10 38 30
30	12 14 11	13 17 50	6 00 35	2 52 05	6 07 58	13 11 02	10 34 42
31	12 07 37	13 18 33	5 59 03	2 47 54	6 04 10	13 07 19	10 30 54
Apr. 1	12 00 58	13 19 15	5 57 31	2 43 42	6 00 21	13 03 36	10 27 06
2	11 54 17	13 19 59	5 55 58	2 39 29	5 56 32	12 59 52	10 23 17

Date	Mercury	Venus	Mars	Jupiter	Saturn	Uranus	Neptune
	h m s	h m s	h m s	h m s	h m s	h m s	h m s
Apr. 1	12 00 58	13 19 15	5 57 31	2 43 42	6 00 21	13 03 36	10 27 06
2	11 54 17	13 19 59	5 55 58	2 39 29	5 56 32	12 59 52	10 23 17
3	11 47 39	13 20 43	5 54 25	2 35 15	5 52 43	12 56 09	10 19 29
4	11 41 05	13 21 28	5 52 52	2 31 01	5 48 53	12 52 26	10 15 41
5	11 34 40	13 22 14	5 51 17	2 26 47	5 45 03	12 48 43	10 11 53
6	11 28 25	13 23 01	5 49 43	2 22 31	5 41 12	12 45 00	10 08 04
7	11 22 23	13 23 49	5 48 07	2 18 15	5 37 21	12 41 16	10 04 16
8	11 16 36	13 24 38	5 46 31	2 13 59	5 33 29	12 37 33	10 00 27
9	11 11 05	13 25 28	5 44 55	2 09 42	5 29 37	12 33 50	9 56 38
10	11 05 51	13 26 19	5 43 17	2 05 24	5 25 45	12 30 07	9 52 50
11	11 00 55	13 27 11	5 41 39	2 01 06	5 21 52	12 26 24	9 49 01
12	10 56 18	13 28 03	5 40 01	1 56 47	5 17 59	12 22 41	9 45 12
13	10 51 59	13 28 57	5 38 22	1 52 28	5 14 05	12 18 58	9 41 23
14	10 47 59	13 29 52	5 36 42	1 48 08	5 10 11	12 15 15	9 37 35
15	10 44 18	13 30 48	5 35 01	1 43 48	5 06 17	12 11 33	9 33 46
16	10 40 55	13 31 45	5 33 19	1 39 27	5 02 22	12 07 50	9 29 56
17	10 37 49	13 32 43	5 31 37	1 35 06	4 58 27	12 04 07	9 26 07
18	10 35 00	13 33 42	5 29 54	1 30 44	4 54 31	12 00 24	9 22 18
19	10 32 28	13 34 42	5 28 10	1 26 22	4 50 35	11 56 41	9 18 29
20	10 30 12	13 35 44	5 26 25	1 22 00	4 46 38	11 52 58	9 14 39
21	10 28 10	13 36 46	5 24 39	1 17 37	4 42 41	11 49 15	9 10 50
22	10 26 23	13 37 49	5 22 53	1 13 14	4 38 44	11 45 32	9 07 00
23	10 24 50	13 38 54	5 21 06	1 08 50	4 34 46	11 41 49	9 03 11
24	10 23 30	13 39 59	5 19 17	1 04 26	4 30 47	11 38 06	8 59 21
25	10 22 22	13 41 06	5 17 28	1 00 02	4 26 49	11 34 23	8 55 31
26	10 21 27	13 42 13	5 15 38	0 55 38	4 22 50	11 30 40	8 51 41
27	10 20 43	13 43 21	5 13 47	0 51 13	4 18 50	11 26 57	8 47 52
28	10 20 09	13 44 31	5 11 55	0 46 48	4 14 50	11 23 14	8 44 01
29	10 19 47	13 45 41	5 10 02	0 42 23	4 10 50	11 19 31	8 40 11
30	10 19 34	13 46 52	5 08 09	0 37 57	4 06 49	11 15 48	8 36 21
May 1	10 19 32	13 48 04	5 06 14	0 33 32	4 02 48	11 12 05	8 32 31
2	10 19 39	13 49 17	5 04 18	0 29 06	3 58 47	11 08 22	8 28 40
3	10 19 55	13 50 31	5 02 21	0 24 40	3 54 45	11 04 39	8 24 50
4	10 20 20	13 51 46	5 00 22	0 20 14	3 50 42	11 00 56	8 20 59
5	10 20 53	13 53 01	4 58 23	0 15 48	3 46 40	10 57 13	8 17 09
6	10 21 36	13 54 17	4 56 23	0 11 22	3 42 37	10 53 29	8 13 18
7	10 22 27	13 55 33	4 54 21	0 06 55	3 38 33	10 49 46	8 09 27
8	10 23 26	13 56 51	4 52 18	0 02 29	3 34 29	10 46 03	8 05 36
9	10 24 34	13 58 08	4 50 14	23 53 36	3 30 25	10 42 19	8 01 45
10	10 25 50	13 59 27	4 48 09	23 49 09	3 26 21	10 38 36	7 57 54
11	10 27 14	14 00 46	4 46 02	23 44 43	3 22 16	10 34 53	7 54 02
12	10 28 47	14 02 05	4 43 54	23 40 17	3 18 10	10 31 09	7 50 11
13	10 30 28	14 03 24	4 41 45	23 35 51	3 14 05	10 27 25	7 46 19
14	10 32 19	14 04 44	4 39 34	23 31 24	3 09 58	10 23 42	7 42 28
15	10 34 18	14 06 04	4 37 22	23 26 58	3 05 52	10 19 58	7 38 36
16	10 36 26	14 07 25	4 35 08	23 22 33	3 01 45	10 16 14	7 34 44
17	10 38 43	14 08 45	4 32 53	23 18 07	2 57 38	10 12 30	7 30 52

Second transit: Jupiter, May 8^{د}23^{h}58^{m}02^s.

Date	Mercury	Venus	Mars	Jupiter	Saturn	Uranus	Neptune
	h m s	h m s	h m s	h m s	h m s	h m s	h m s
May 17	10 38 43	14 08 45	4 32 53	23 18 07	2 57 38	10 12 30	7 30 52
18	10 41 09	14 10 05	4 30 36	23 13 41	2 53 31	10 08 47	7 27 00
19	10 43 46	14 11 26	4 28 18	23 09 16	2 49 23	10 05 03	7 23 08
20	10 46 32	14 12 46	4 25 58	23 04 51	2 45 15	10 01 18	7 19 16
21	10 49 29	14 14 06	4 23 36	23 00 26	2 41 07	9 57 34	7 15 23
22	10 52 35	14 15 26	4 21 13	22 56 02	2 36 58	9 53 50	7 11 31
23	10 55 53	14 16 45	4 18 48	22 51 37	2 32 49	9 50 06	7 07 38
24	10 59 22	14 18 05	4 16 22	22 47 13	2 28 39	9 46 21	7 03 45
25	11 03 02	14 19 23	4 13 53	22 42 50	2 24 30	9 42 37	6 59 53
26	11 06 53	14 20 42	4 11 23	22 38 26	2 20 20	9 38 52	6 56 00
27	11 10 55	14 21 59	4 08 52	22 34 03	2 16 10	9 35 08	6 52 07
28	11 15 09	14 23 16	4 06 18	22 29 41	2 11 59	9 31 23	6 48 13
29	11 19 33	14 24 33	4 03 42	22 25 19	2 07 49	9 27 38	6 44 20
30	11 24 09	14 25 48	4 01 05	22 20 57	2 03 38	9 23 53	6 40 27
31	11 28 56	14 27 03	3 58 25	22 16 35	1 59 26	9 20 08	6 36 33
June 1	11 33 52	14 28 17	3 55 44	22 12 14	1 55 15	9 16 23	6 32 39
2	11 38 57	14 29 30	3 53 00	22 07 54	1 51 03	9 12 38	6 28 46
3	11 44 11	14 30 42	3 50 15	22 03 34	1 46 51	9 08 52	6 24 52
4	11 49 33	14 31 53	3 47 27	21 59 14	1 42 39	9 05 07	6 20 58
5	11 55 00	14 33 03	3 44 37	21 54 55	1 38 27	9 01 21	6 17 04
6	12 00 32	14 34 12	3 41 45	21 50 37	1 34 14	8 57 36	6 13 09
7	12 06 07	14 35 19	3 38 50	21 46 18	1 30 01	8 53 50	6 09 15
8	12 11 44	14 36 26	3 35 53	21 42 01	1 25 48	8 50 04	6 05 21
9	12 17 21	14 37 31	3 32 54	21 37 44	1 21 35	8 46 18	6 01 26
10	12 22 57	14 38 35	3 29 52	21 33 27	1 17 22	8 42 32	5 57 31
11	12 28 29	14 39 38	3 26 47	21 29 12	1 13 08	8 38 46	5 53 36
12	12 33 57	14 40 39	3 23 40	21 24 56	1 08 55	8 34 59	5 49 41
13	12 39 20	14 41 39	3 20 31	21 20 41	1 04 41	8 31 13	5 45 46
14	12 44 36	14 42 37	3 17 19	21 16 27	1 00 27	8 27 26	5 41 51
15	12 49 43	14 43 34	3 14 04	21 12 14	0 56 13	8 23 39	5 37 56
16	12 54 41	14 44 30	3 10 46	21 08 01	0 51 59	8 19 52	5 34 00
17	12 59 30	14 45 24	3 07 25	21 03 49	0 47 44	8 16 05	5 30 05
18	13 04 08	14 46 16	3 04 02	20 59 37	0 43 30	8 12 18	5 26 09
19	13 08 36	14 47 07	3 00 36	20 55 26	0 39 15	8 08 31	5 22 13
20	13 12 51	14 47 57	2 57 07	20 51 16	0 35 01	8 04 43	5 18 17
21	13 16 55	14 48 44	2 53 35	20 47 06	0 30 46	8 00 56	5 14 21
22	13 20 47	14 49 30	2 50 00	20 42 57	0 26 31	7 57 08	5 10 25
23	13 24 26	14 50 15	2 46 23	20 38 49	0 22 17	7 53 20	5 06 29
24	13 27 53	14 50 58	2 42 42	20 34 41	0 18 02	7 49 32	5 02 32
25	13 31 07	14 51 39	2 38 58	20 30 34	0 13 47	7 45 44	4 58 36
26	13 34 09	14 52 19	2 35 11	20 26 28	0 09 32	7 41 55	4 54 39
27	13 36 58	14 52 56	2 31 22	20 22 22	0 05 17	7 38 07	4 50 42
28	13 39 35	14 53 33	2 27 29	20 18 17	0 01 02	7 34 18	4 46 46
29	13 41 58	14 54 07	2 23 33	20 14 13	23 52 33	7 30 30	4 42 49
30	13 44 10	14 54 40	2 19 34	20 10 09	23 48 18	7 26 41	4 38 51
July 1	13 46 08	14 55 12	2 15 31	20 06 06	23 44 03	7 22 51	4 34 54
2	13 47 55	14 55 42	2 11 26	20 02 04	23 39 48	7 19 02	4 30 57

Second transit: Saturn, June $28^d 23^h 56^m 48^s$.

Date	Mercury	Venus	Mars	Jupiter	Saturn	Uranus	Neptune
	h m s	h m s	h m s	h m s	h m s	h m s	h m s
July 1	13 46 08	14 55 12	2 15 31	20 06 06	23 44 03	7 22 51	4 34 54
2	13 47 55	14 55 42	2 11 26	20 02 04	23 39 48	7 19 02	4 30 57
3	13 49 28	14 56 10	2 07 17	19 58 03	23 35 33	7 15 13	4 26 59
4	13 50 49	14 56 36	2 03 06	19 54 02	23 31 19	7 11 23	4 23 02
5	13 51 57	14 57 01	1 58 51	19 50 02	23 27 04	7 07 33	4 19 04
6	13 52 53	14 57 24	1 54 33	19 46 03	23 22 50	7 03 43	4 15 06
7	13 53 36	14 57 46	1 50 12	19 42 04	23 18 35	6 59 53	4 11 09
8	13 54 06	14 58 07	1 45 47	19 38 06	23 14 21	6 56 03	4 07 10
9	13 54 23	14 58 25	1 41 20	19 34 09	23 10 07	6 52 13	4 03 12
10	13 54 27	14 58 42	1 36 50	19 30 12	23 05 52	6 48 22	3 59 14
11	13 54 17	14 58 58	1 32 17	19 26 16	23 01 38	6 44 31	3 55 16
12	13 53 54	14 59 12	1 27 41	19 22 21	22 57 25	6 40 40	3 51 17
13	13 53 17	14 59 25	1 23 02	19 18 27	22 53 11	6 36 49	3 47 19
14	13 52 26	14 59 36	1 18 21	19 14 33	22 48 57	6 32 58	3 43 20
15	13 51 21	14 59 46	1 13 37	19 10 40	22 44 44	6 29 07	3 39 21
16	13 50 00	14 59 54	1 08 50	19 06 48	22 40 31	6 25 15	3 35 23
17	13 48 25	15 00 01	1 04 01	19 02 57	22 36 18	6 21 23	3 31 24
18	13 46 34	15 00 07	0 59 11	18 59 06	22 32 05	6 17 31	3 27 24
19	13 44 27	15 00 11	0 54 18	18 55 16	22 27 52	6 13 39	3 23 25
20	13 42 03	15 00 13	0 49 23	18 51 26	22 23 40	6 09 46	3 19 26
21	13 39 23	15 00 15	0 44 27	18 47 37	22 19 27	6 05 54	3 15 27
22	13 36 26	15 00 15	0 39 29	18 43 49	22 15 15	6 02 01	3 11 27
23	13 33 10	15 00 13	0 34 29	18 40 02	22 11 03	5 58 08	3 07 28
24	13 29 37	15 00 10	0 29 29	18 36 15	22 06 52	5 54 15	3 03 28
25	13 25 46	15 00 06	0 24 27	18 32 29	22 02 40	5 50 22	2 59 28
26	13 21 36	15 00 00	0 19 24	18 28 44	21 58 29	5 46 28	2 55 28
27	13 17 08	14 59 54	0 14 21	18 24 59	21 54 19	5 42 35	2 51 29
28	13 12 21	14 59 45	0 09 17	18 21 15	21 50 08	5 38 41	2 47 29
29	13 07 16	14 59 36	0 04 13	18 17 32	21 45 58	5 34 47	2 43 28
30	13 01 53	14 59 25	23 54 05	18 13 49	21 41 48	5 30 53	2 39 28
31	12 56 14	14 59 13	23 49 01	18 10 07	21 37 38	5 26 58	2 35 28
Aug. 1	12 50 18	14 59 00	23 43 57	18 06 26	21 33 28	5 23 04	2 31 28
2	12 44 07	14 58 46	23 38 54	18 02 45	21 29 19	5 19 09	2 27 27
3	12 37 43	14 58 30	23 33 52	17 59 05	21 25 10	5 15 14	2 23 27
4	12 31 08	14 58 13	23 28 51	17 55 26	21 21 02	5 11 19	2 19 26
5	12 24 24	14 57 55	23 23 50	17 51 47	21 16 54	5 07 24	2 15 26
6	12 17 34	14 57 36	23 18 52	17 48 09	21 12 46	5 03 28	2 11 25
7	12 10 40	14 57 15	23 13 54	17 44 31	21 08 38	4 59 32	2 07 24
8	12 03 45	14 56 53	23 08 59	17 40 54	21 04 31	4 55 37	2 03 23
9	11 56 53	14 56 30	23 04 05	17 37 18	21 00 24	4 51 40	1 59 22
10	11 50 07	14 56 06	22 59 14	17 33 43	20 56 17	4 47 44	1 55 21
11	11 43 30	14 55 41	22 54 24	17 30 08	20 52 11	4 43 48	1 51 20
12	11 37 05	14 55 14	22 49 38	17 26 33	20 48 05	4 39 51	1 47 19
13	11 30 57	14 54 46	22 44 53	17 22 59	20 44 00	4 35 54	1 43 18
14	11 25 07	14 54 17	22 40 12	17 19 26	20 39 55	4 31 57	1 39 17
15	11 19 39	14 53 46	22 35 33	17 15 54	20 35 50	4 28 00	1 35 15
16	11 14 34	14 53 14	22 30 57	17 12 22	20 31 45	4 24 03	1 31 14

Second transit: Mars, July 29^{د}23^{h}59^{m}09^s.

Date	Mercury	Venus	Mars	Jupiter	Saturn	Uranus	Neptune
	h m s	h m s	h m s	h m s	h m s	h m s	h m s
Aug. 16	11 14 34	14 53 14	22 30 57	17 12 22	20 31 45	4 24 03	1 31 14
17	11 09 55	14 52 41	22 26 25	17 08 50	20 27 41	4 20 05	1 27 13
18	11 05 43	14 52 06	22 21 55	17 05 19	20 23 38	4 16 07	1 23 11
19	11 02 00	14 51 30	22 17 29	17 01 49	20 19 35	4 12 09	1 19 10
20	10 58 47	14 50 52	22 13 05	16 58 19	20 15 32	4 08 11	1 15 08
21	10 56 04	14 50 13	22 08 45	16 54 50	20 11 29	4 04 13	1 11 07
22	10 53 52	14 49 32	22 04 29	16 51 21	20 07 27	4 00 15	1 07 05
23	10 52 10	14 48 49	22 00 16	16 47 53	20 03 25	3 56 16	1 03 03
24	10 50 58	14 48 05	21 56 06	16 44 26	19 59 24	3 52 17	0 59 02
25	10 50 16	14 47 20	21 52 00	16 40 59	19 55 23	3 48 18	0 55 00
26	10 50 02	14 46 32	21 47 57	16 37 32	19 51 23	3 44 19	0 50 58
27	10 50 16	14 45 43	21 43 58	16 34 06	19 47 23	3 40 19	0 46 56
28	10 50 55	14 44 51	21 40 02	16 30 41	19 43 23	3 36 20	0 42 54
29	10 51 59	14 43 58	21 36 09	16 27 16	19 39 24	3 32 20	0 38 53
30	10 53 26	14 43 03	21 32 20	16 23 52	19 35 25	3 28 20	0 34 51
31	10 55 12	14 42 05	21 28 34	16 20 28	19 31 26	3 24 20	0 30 49
Sept. 1	10 57 17	14 41 05	21 24 52	16 17 04	19 27 28	3 20 20	0 26 47
2	10 59 38	14 40 03	21 21 13	16 13 41	19 23 31	3 16 20	0 22 45
3	11 02 13	14 38 59	21 17 37	16 10 19	19 19 33	3 12 19	0 18 43
4	11 04 59	14 37 52	21 14 05	16 06 57	19 15 37	3 08 19	0 14 41
5	11 07 55	14 36 43	21 10 36	16 03 36	19 11 40	3 04 18	0 10 39
6	11 10 58	14 35 31	21 07 10	16 00 15	19 07 44	3 00 17	0 06 37
7	11 14 07	14 34 16	21 03 48	15 56 54	19 03 49	2 56 16	0 02 35
8	11 17 19	14 32 58	21 00 29	15 53 34	18 59 53	2 52 14	23 54 31
9	11 20 33	14 31 37	20 57 13	15 50 14	18 55 59	2 48 13	23 50 29
10	11 23 48	14 30 12	20 54 00	15 46 55	18 52 05	2 44 11	23 46 27
11	11 27 03	14 28 45	20 50 50	15 43 37	18 48 11	2 40 09	23 42 25
12	11 30 16	14 27 13	20 47 43	15 40 18	18 44 17	2 36 07	23 38 23
13	11 33 27	14 25 38	20 44 39	15 37 01	18 40 24	2 32 05	23 34 21
14	11 36 35	14 23 59	20 41 38	15 33 43	18 36 32	2 28 03	23 30 19
15	11 39 39	14 22 16	20 38 40	15 30 26	18 32 39	2 24 01	23 26 17
16	11 42 40	14 20 28	20 35 45	15 27 10	18 28 48	2 19 58	23 22 15
17	11 45 37	14 18 36	20 32 52	15 23 54	18 24 56	2 15 56	23 18 13
18	11 48 30	14 16 39	20 30 03	15 20 38	18 21 05	2 11 53	23 14 12
19	11 51 19	14 14 36	20 27 15	15 17 23	18 17 15	2 07 50	23 10 10
20	11 54 03	14 12 29	20 24 30	15 14 08	18 13 25	2 03 47	23 06 08
21	11 56 43	14 10 16	20 21 48	15 10 53	18 09 35	1 59 44	23 02 06
22	11 59 19	14 07 57	20 19 08	15 07 39	18 05 46	1 55 41	22 58 04
23	12 01 51	14 05 33	20 16 31	15 04 25	18 01 57	1 51 37	22 54 03
24	12 04 20	14 03 02	20 13 55	15 01 12	17 58 09	1 47 34	22 50 01
25	12 06 44	14 00 24	20 11 22	14 57 59	17 54 21	1 43 30	22 45 59
26	12 09 06	13 57 40	20 08 51	14 54 46	17 50 33	1 39 27	22 41 58
27	12 11 23	13 54 49	20 06 22	14 51 34	17 46 46	1 35 23	22 37 56
28	12 13 38	13 51 50	20 03 55	14 48 22	17 42 59	1 31 19	22 33 55
29	12 15 50	13 48 44	20 01 30	14 45 11	17 39 13	1 27 15	22 29 53
30	12 17 59	13 45 31	19 59 07	14 41 59	17 35 27	1 23 11	22 25 52
Oct. 1	12 20 05	13 42 09	19 56 45	14 38 49	17 31 41	1 19 07	22 21 50

Second transit: Neptune, Sept. $7^d23^h58^m33^s$.

TIMES OF EPHEMERIS TRANSIT, 2018

Date	Mercury	Venus	Mars	Jupiter	Saturn	Uranus	Neptune
	h m s	h m s	h m s	h m s	h m s	h m s	h m s
Oct. 1	12 20 05	13 42 09	19 56 45	14 38 49	17 31 41	1 19 07	22 21 50
2	12 22 09	13 38 40	19 54 26	14 35 38	17 27 56	1 15 02	22 17 49
3	12 24 11	13 35 02	19 52 08	14 32 28	17 24 11	1 10 58	22 13 48
4	12 26 11	13 31 16	19 49 52	14 29 18	17 20 27	1 06 54	22 09 46
5	12 28 09	13 27 21	19 47 38	14 26 08	17 16 43	1 02 49	22 05 45
6	12 30 05	13 23 17	19 45 25	14 22 59	17 12 59	0 58 45	22 01 44
7	12 31 59	13 19 05	19 43 14	14 19 50	17 09 16	0 54 40	21 57 43
8	12 33 52	13 14 43	19 41 04	14 16 42	17 05 33	0 50 35	21 53 42
9	12 35 44	13 10 13	19 38 56	14 13 33	17 01 50	0 46 30	21 49 41
10	12 37 35	13 05 34	19 36 49	14 10 25	16 58 08	0 42 26	21 45 41
11	12 39 24	13 00 46	19 34 44	14 07 17	16 54 26	0 38 21	21 41 40
12	12 41 12	12 55 50	19 32 40	14 04 10	16 50 45	0 34 16	21 37 39
13	12 43 00	12 50 45	19 30 37	14 01 03	16 47 04	0 30 11	21 33 39
14	12 44 46	12 45 32	19 28 36	13 57 56	16 43 23	0 26 06	21 29 38
15	12 46 32	12 40 11	19 26 36	13 54 49	16 39 43	0 22 01	21 25 38
16	12 48 16	12 34 43	19 24 37	13 51 43	16 36 03	0 17 55	21 21 37
17	12 50 00	12 29 08	19 22 39	13 48 37	16 32 23	0 13 50	21 17 37
18	12 51 43	12 23 27	19 20 42	13 45 31	16 28 44	0 09 45	21 13 37
19	12 53 25	12 17 40	19 18 46	13 42 25	16 25 05	0 05 40	21 09 37
20	12 55 06	12 11 48	19 16 51	13 39 20	16 21 27	0 01 35	21 05 37
21	12 56 46	12 05 52	19 14 57	13 36 15	16 17 49	23 53 24	21 01 37
22	12 58 24	11 59 52	19 13 04	13 33 10	16 14 11	23 49 19	20 57 37
23	13 00 01	11 53 51	19 11 12	13 30 05	16 10 33	23 45 14	20 53 37
24	13 01 37	11 47 47	19 09 21	13 27 01	16 06 56	23 41 09	20 49 38
25	13 03 11	11 41 43	19 07 31	13 23 57	16 03 19	23 37 03	20 45 38
26	13 04 43	11 35 39	19 05 41	13 20 52	15 59 42	23 32 58	20 41 39
27	13 06 12	11 29 36	19 03 52	13 17 49	15 56 06	23 28 53	20 37 39
28	13 07 39	11 23 35	19 02 04	13 14 45	15 52 30	23 24 48	20 33 40
29	13 09 02	11 17 38	19 00 16	13 11 42	15 48 54	23 20 42	20 29 41
30	13 10 22	11 11 44	18 58 29	13 08 38	15 45 19	23 16 37	20 25 42
31	13 11 37	11 05 55	18 56 43	13 05 35	15 41 44	23 12 32	20 21 43
Nov. 1	13 12 47	11 00 11	18 54 58	13 02 32	15 38 09	23 08 27	20 17 44
2	13 13 51	10 54 34	18 53 13	12 59 30	15 34 35	23 04 22	20 13 46
3	13 14 49	10 49 03	18 51 28	12 56 27	15 31 01	23 00 17	20 09 47
4	13 15 38	10 43 39	18 49 44	12 53 25	15 27 27	22 56 12	20 05 49
5	13 16 18	10 38 23	18 48 01	12 50 23	15 23 53	22 52 07	20 01 50
6	13 16 48	10 33 14	18 46 19	12 47 21	15 20 20	22 48 02	19 57 52
7	13 17 06	10 28 14	18 44 36	12 44 19	15 16 47	22 43 57	19 53 54
8	13 17 11	10 23 23	18 42 55	12 41 17	15 13 14	22 39 52	19 49 56
9	13 16 59	10 18 40	18 41 13	12 38 15	15 09 41	22 35 48	19 45 58
10	13 16 30	10 14 07	18 39 33	12 35 14	15 06 09	22 31 43	19 42 00
11	13 15 41	10 09 42	18 37 52	12 32 13	15 02 37	22 27 38	19 38 03
12	13 14 29	10 05 26	18 36 12	12 29 11	14 59 05	22 23 34	19 34 05
13	13 12 52	10 01 19	18 34 33	12 26 10	14 55 34	22 19 29	19 30 08
14	13 10 46	9 57 21	18 32 54	12 23 09	14 52 03	22 15 25	19 26 10
15	13 08 09	9 53 32	18 31 15	12 20 08	14 48 31	22 11 21	19 22 13
16	13 04 57	9 49 52	18 29 37	12 17 08	14 45 01	22 07 17	19 18 16

Second transit: Uranus, Oct. 20^{d}23^{h}57^{m}30^s.

Date	Mercury	Venus	Mars	Jupiter	Saturn	Uranus	Neptune
	h m s	h m s	h m s	h m s	h m s	h m s	h m s
Nov. 16	13 04 57	9 49 52	18 29 37	12 17 08	14 45 01	22 07 17	19 18 16
17	13 01 07	9 46 21	18 27 59	12 14 07	14 41 30	22 03 13	19 14 19
18	12 56 37	9 42 57	18 26 21	12 11 06	14 38 00	21 59 09	19 10 22
19	12 51 25	9 39 43	18 24 43	12 08 06	14 34 29	21 55 05	19 06 26
20	12 45 30	9 36 36	18 23 06	12 05 05	14 31 00	21 51 01	19 02 29
21	12 38 51	9 33 37	18 21 29	12 02 05	14 27 30	21 46 57	18 58 33
22	12 31 29	9 30 46	18 19 52	11 59 05	14 24 00	21 42 54	18 54 36
23	12 23 29	9 28 02	18 18 16	11 56 04	14 20 31	21 38 50	18 50 40
24	12 14 55	9 25 26	18 16 39	11 53 04	14 17 02	21 34 47	18 46 44
25	12 05 55	9 22 57	18 15 03	11 50 04	14 13 33	21 30 44	18 42 48
26	11 56 39	9 20 35	18 13 28	11 47 04	14 10 04	21 26 41	18 38 52
27	11 47 15	9 18 19	18 11 52	11 44 04	14 06 35	21 22 38	18 34 57
28	11 37 56	9 16 09	18 10 16	11 41 04	14 03 07	21 18 35	18 31 01
29	11 28 52	9 14 06	18 08 41	11 38 04	13 59 39	21 14 32	18 27 06
30	11 20 12	9 12 09	18 07 06	11 35 04	13 56 11	21 10 30	18 23 11
Dec. 1	11 12 04	9 10 18	18 05 31	11 32 04	13 52 43	21 06 27	18 19 15
2	11 04 35	9 08 32	18 03 56	11 29 04	13 49 15	21 02 25	18 15 20
3	10 57 48	9 06 52	18 02 22	11 26 04	13 45 47	20 58 23	18 11 25
4	10 51 46	9 05 16	18 00 48	11 23 04	13 42 20	20 54 21	18 07 31
5	10 46 29	9 03 46	17 59 13	11 20 04	13 38 52	20 50 19	18 03 36
6	10 41 55	9 02 20	17 57 39	11 17 04	13 35 25	20 46 17	17 59 41
7	10 38 02	9 01 00	17 56 06	11 14 04	13 31 58	20 42 16	17 55 47
8	10 34 49	8 59 43	17 54 32	11 11 04	13 28 31	20 38 15	17 51 53
9	10 32 12	8 58 31	17 52 59	11 08 04	13 25 04	20 34 13	17 47 59
10	10 30 09	8 57 23	17 51 25	11 05 04	13 21 37	20 30 12	17 44 05
11	10 28 35	8 56 19	17 49 52	11 02 04	13 18 11	20 26 11	17 40 11
12	10 27 27	8 55 19	17 48 19	10 59 04	13 14 44	20 22 11	17 36 17
13	10 26 44	8 54 23	17 46 46	10 56 04	13 11 18	20 18 10	17 32 23
14	10 26 23	8 53 30	17 45 13	10 53 03	13 07 52	20 14 10	17 28 30
15	10 26 21	8 52 41	17 43 41	10 50 03	13 04 25	20 10 10	17 24 37
16	10 26 36	8 51 55	17 42 08	10 47 03	13 00 59	20 06 09	17 20 43
17	10 27 07	8 51 13	17 40 36	10 44 02	12 57 33	20 02 10	17 16 50
18	10 27 51	8 50 34	17 39 03	10 41 02	12 54 07	19 58 10	17 12 57
19	10 28 48	8 49 59	17 37 31	10 38 01	12 50 41	19 54 10	17 09 04
20	10 29 55	8 49 26	17 35 59	10 35 00	12 47 15	19 50 11	17 05 11
21	10 31 13	8 48 56	17 34 27	10 31 59	12 43 50	19 46 12	17 01 19
22	10 32 39	8 48 30	17 32 55	10 28 58	12 40 24	19 42 13	16 57 26
23	10 34 14	8 48 06	17 31 24	10 25 57	12 36 58	19 38 14	16 53 34
24	10 35 56	8 47 45	17 29 52	10 22 56	12 33 33	19 34 16	16 49 42
25	10 37 45	8 47 27	17 28 20	10 19 54	12 30 07	19 30 17	16 45 49
26	10 39 40	8 47 12	17 26 49	10 16 53	12 26 41	19 26 19	16 41 57
27	10 41 41	8 46 59	17 25 18	10 13 51	12 23 16	19 22 21	16 38 05
28	10 43 46	8 46 49	17 23 46	10 10 49	12 19 50	19 18 23	16 34 14
29	10 45 57	8 46 42	17 22 15	10 07 48	12 16 25	19 14 26	16 30 22
30	10 48 12	8 46 37	17 20 44	10 04 45	12 12 59	19 10 28	16 26 30
31	10 50 31	8 46 34	17 19 14	10 01 43	12 09 34	19 06 31	16 22 39
32	10 52 54	8 46 34	17 17 43	9 58 41	12 06 08	19 02 34	16 18 47

MERCURY, 2018
EPHEMERIS FOR PHYSICAL OBSERVATIONS
FOR 0ʰ TERRESTRIAL TIME

Date	Light-time	Magnitude	Surface Brightness	Diameter	Phase	Phase Angle	Defect of Illumination
	m		mag./arcsec²	″		°	″
Jan. 0	8.13	− 0.3	+ 3.0	6.88	0.591	79.5	2.81
2	8.48	− 0.4	+ 3.0	6.60	0.641	73.6	2.37
4	8.80	− 0.3	+ 3.0	6.36	0.685	68.3	2.00
6	9.11	− 0.3	+ 3.0	6.14	0.723	63.5	1.70
8	9.40	− 0.3	+ 3.0	5.95	0.756	59.2	1.45
10	9.67	− 0.3	+ 3.0	5.78	0.784	55.4	1.25
12	9.93	− 0.3	+ 3.0	5.64	0.809	51.8	1.08
14	10.16	− 0.3	+ 2.9	5.51	0.831	48.5	0.93
16	10.38	− 0.3	+ 2.9	5.39	0.851	45.5	0.81
18	10.57	− 0.3	+ 2.9	5.29	0.868	42.6	0.70
20	10.75	− 0.3	+ 2.9	5.20	0.884	39.9	0.61
22	10.92	− 0.3	+ 2.8	5.12	0.898	37.3	0.52
24	11.07	− 0.4	+ 2.8	5.06	0.910	34.8	0.45
26	11.20	− 0.4	+ 2.7	5.00	0.922	32.4	0.39
28	11.31	− 0.5	+ 2.7	4.95	0.933	30.0	0.33
30	11.41	− 0.5	+ 2.6	4.90	0.943	27.6	0.28
Feb. 1	11.50	− 0.6	+ 2.5	4.87	0.952	25.2	0.23
3	11.56	− 0.7	+ 2.4	4.84	0.961	22.8	0.19
5	11.61	− 0.8	+ 2.4	4.82	0.969	20.3	0.15
7	11.65	− 0.9	+ 2.2	4.80	0.976	17.8	0.11
9	11.67	− 1.0	+ 2.1	4.80	0.983	15.1	0.08
11	11.66	− 1.2	+ 2.0	4.80	0.988	12.4	0.06
13	11.64	− 1.3	+ 1.8	4.81	0.993	9.6	0.03
15	11.60	− 1.5	+ 1.7	4.83	0.996	6.9	0.02
17	11.53	− 1.6	+ 1.5	4.85	0.998	5.0	0.01
19	11.43	− 1.7	+ 1.5	4.89	0.998	5.7	0.01
21	11.31	− 1.6	+ 1.6	4.95	0.994	8.9	0.03
23	11.16	− 1.6	+ 1.7	5.01	0.987	13.3	0.07
25	10.98	− 1.5	+ 1.8	5.10	0.974	18.4	0.13
27	10.75	− 1.4	+ 1.9	5.20	0.956	24.3	0.23
Mar. 1	10.49	− 1.3	+ 2.0	5.33	0.929	30.9	0.38
3	10.19	− 1.2	+ 2.1	5.49	0.893	38.2	0.59
5	9.85	− 1.2	+ 2.2	5.68	0.847	46.1	0.87
7	9.47	− 1.1	+ 2.2	5.91	0.789	54.7	1.25
9	9.06	− 1.0	+ 2.3	6.17	0.721	63.8	1.72
11	8.62	− 0.9	+ 2.5	6.49	0.644	73.3	2.31
13	8.17	− 0.7	+ 2.6	6.85	0.560	83.1	3.02
15	7.71	− 0.4	+ 2.8	7.26	0.473	93.1	3.82
17	7.25	− 0.1	+ 3.0	7.71	0.387	103.1	4.73
19	6.82	+ 0.3	+ 3.3	8.21	0.305	113.0	5.71
21	6.41	+ 0.8	+ 3.7	8.73	0.229	122.8	6.73
23	6.04	+ 1.5	+ 4.1	9.26	0.162	132.6	7.76
25	5.72	+ 2.3	+ 4.5	9.79	0.105	142.2	8.76
27	5.44	+ 3.2	+ 4.9	10.28	0.060	151.6	9.66
29	5.22	+ 4.2	+ 5.3	10.71	0.028	160.6	10.41
31	5.06	+ 5.3	+ 5.2	11.06	0.010	168.8	10.95
Apr. 2	4.95	—	—	11.30	0.004	173.0	11.26

MERCURY, 2018

EPHEMERIS FOR PHYSICAL OBSERVATIONS
FOR 0ʰ TERRESTRIAL TIME

Date		Sub-Earth Point		Sub-Solar Point			North Pole	
		Long.	Lat.	Long.	Dist.	P.A.	Dist.	P.A.
		°	°	°	″	°	″	°
Jan.	0	294.51	− 5.49	13.99	+3.38	100.64	−3.42	11.68
	2	304.84	− 5.42	18.34	+3.17	99.16	−3.29	10.78
	4	314.96	− 5.36	23.13	+2.95	97.60	−3.16	9.75
	6	324.90	− 5.30	28.30	+2.75	95.97	−3.06	8.62
	8	334.69	− 5.25	33.79	+2.56	94.26	−2.96	7.40
	10	344.38	− 5.21	39.57	+2.38	92.49	−2.88	6.10
	12	353.98	− 5.18	45.59	+2.21	90.66	−2.81	4.74
	14	3.50	− 5.15	51.81	+2.06	88.77	−2.74	3.33
	16	12.96	− 5.12	58.20	+1.92	86.83	−2.69	1.87
	18	22.36	− 5.10	64.72	+1.79	84.83	−2.64	0.37
	20	31.71	− 5.08	71.34	+1.67	82.78	−2.59	358.85
	22	41.01	− 5.06	78.04	+1.55	80.67	−2.55	357.30
	24	50.28	− 5.04	84.78	+1.44	78.50	−2.52	355.75
	26	59.50	− 5.03	91.55	+1.34	76.26	−2.49	354.18
	28	68.67	− 5.01	98.30	+1.24	73.94	−2.46	352.62
	30	77.81	− 5.00	105.02	+1.14	71.51	−2.44	351.07
Feb.	1	86.90	− 4.99	111.69	+1.04	68.94	−2.42	349.53
	3	95.95	− 4.98	118.26	+0.94	66.16	−2.41	348.02
	5	104.95	− 4.97	124.71	+0.84	63.07	−2.40	346.53
	7	113.90	− 4.96	131.02	+0.73	59.51	−2.39	345.08
	9	122.80	− 4.95	137.14	+0.63	55.13	−2.39	343.66
	11	131.65	− 4.95	143.04	+0.51	49.27	−2.39	342.30
	13	140.44	− 4.94	148.68	+0.40	40.39	−2.39	340.98
	15	149.18	− 4.94	154.01	+0.29	24.37	−2.40	339.73
	17	157.86	− 4.95	158.99	+0.21	351.49	−2.42	338.53
	19	166.49	− 4.95	163.56	+0.24	306.66	−2.44	337.42
	21	175.06	− 4.97	167.67	+0.38	279.99	−2.46	336.37
	23	183.59	− 4.99	171.27	+0.58	267.06	−2.50	335.42
	25	192.07	− 5.02	174.30	+0.81	259.77	−2.54	334.55
	27	200.54	− 5.06	176.72	+1.07	255.07	−2.59	333.79
Mar.	1	209.02	− 5.12	178.50	+1.37	251.73	−2.66	333.12
	3	217.52	− 5.20	179.66	+1.70	249.22	−2.73	332.57
	5	226.11	− 5.29	180.24	+2.05	247.24	−2.83	332.12
	7	234.82	− 5.41	180.33	+2.41	245.64	−2.94	331.78
	9	243.74	− 5.55	180.08	+2.77	244.30	−3.07	331.53
	11	252.91	− 5.71	179.68	+3.11	243.12	−3.23	331.38
	13	262.43	− 5.90	179.34	+3.40	242.04	−3.41	331.29
	15	272.34	− 6.10	179.25	−3.62	240.96	−3.61	331.26
	17	282.73	− 6.32	179.59	−3.76	239.82	−3.83	331.25
	19	293.62	− 6.54	180.47	−3.78	238.51	−4.08	331.26
	21	305.05	− 6.75	181.96	−3.67	236.92	−4.33	331.26
	23	317.04	− 6.95	184.09	−3.41	234.87	−4.60	331.25
	25	329.56	− 7.10	186.84	−3.00	232.06	−4.86	331.24
	27	342.57	− 7.19	190.18	−2.45	227.79	−5.10	331.21
	29	356.00	− 7.21	194.05	−1.78	220.19	−5.31	331.19
	31	9.74	− 7.14	198.42	−1.08	202.10	−5.49	331.19
Apr.	2	23.66	− 6.98	203.21	−0.69	147.56	−5.61	331.21

MERCURY, 2018

EPHEMERIS FOR PHYSICAL OBSERVATIONS
FOR 0ʰ TERRESTRIAL TIME

Date		Light-time	Magnitude	Surface Brightness	Diameter	Phase	Phase Angle	Defect of Illumination
		m		mag./arcsec^2	"		°	"
Apr.	2	4.95	—	—	11.30	0.004	173.0	11.26
	4	4.90	+5.3	+5.4	11.43	0.010	168.6	11.32
	6	4.89	+4.4	+5.5	11.44	0.026	161.3	11.14
	8	4.93	+3.6	+5.3	11.34	0.051	153.8	10.76
	10	5.01	+2.9	+5.1	11.16	0.082	146.6	10.24
	12	5.13	+2.3	+4.9	10.91	0.117	139.9	9.63
	14	5.27	+1.8	+4.7	10.61	0.155	133.7	8.97
	16	5.44	+1.5	+4.5	10.29	0.193	127.8	8.30
	18	5.63	+1.2	+4.3	9.94	0.232	122.5	7.64
	20	5.83	+1.0	+4.2	9.59	0.269	117.5	7.01
	22	6.05	+0.8	+4.1	9.25	0.306	112.8	6.42
	24	6.28	+0.6	+4.0	8.91	0.341	108.5	5.87
	26	6.52	+0.5	+3.9	8.59	0.376	104.4	5.36
	28	6.76	+0.4	+3.8	8.27	0.409	100.5	4.89
	30	7.01	+0.3	+3.7	7.98	0.442	96.7	4.45
May	2	7.27	+0.2	+3.6	7.69	0.473	93.1	4.05
	4	7.53	+0.2	+3.5	7.43	0.505	89.5	3.68
	6	7.80	+0.1	+3.4	7.18	0.536	85.9	3.33
	8	8.06	0.0	+3.3	6.94	0.567	82.3	3.01
	10	8.33	−0.1	+3.3	6.71	0.598	78.7	2.70
	12	8.60	−0.1	+3.2	6.50	0.630	74.9	2.40
	14	8.87	−0.2	+3.1	6.31	0.663	71.0	2.13
	16	9.14	−0.3	+2.9	6.12	0.697	66.8	1.86
	18	9.40	−0.4	+2.8	5.95	0.731	62.4	1.60
	20	9.66	−0.6	+2.7	5.79	0.767	57.7	1.35
	22	9.91	−0.7	+2.6	5.65	0.803	52.6	1.11
	24	10.14	−0.8	+2.4	5.52	0.840	47.1	0.88
	26	10.36	−1.0	+2.2	5.40	0.876	41.2	0.67
	28	10.56	−1.2	+2.1	5.30	0.911	34.7	0.47
	30	10.72	−1.4	+1.8	5.22	0.943	27.7	0.30
June	1	10.85	−1.7	+1.6	5.16	0.969	20.3	0.16
	3	10.94	−2.0	+1.3	5.11	0.988	12.5	0.06
	5	10.99	−2.3	+0.9	5.09	0.998	4.8	0.01
	7	10.99	−2.3	+0.9	5.09	0.998	4.7	0.01
	9	10.94	−2.0	+1.3	5.12	0.988	12.5	0.06
	11	10.84	−1.7	+1.6	5.16	0.968	20.5	0.16
	13	10.70	−1.4	+1.8	5.23	0.941	28.1	0.31
	15	10.53	−1.2	+2.0	5.31	0.908	35.3	0.49
	17	10.33	−1.0	+2.2	5.42	0.871	42.0	0.70
	19	10.10	−0.9	+2.4	5.54	0.833	48.3	0.93
	21	9.86	−0.7	+2.6	5.68	0.794	54.0	1.17
	23	9.60	−0.6	+2.7	5.83	0.755	59.4	1.43
	25	9.33	−0.4	+2.8	6.00	0.717	64.3	1.70
	27	9.06	−0.3	+2.9	6.18	0.680	68.9	1.98
	29	8.78	−0.2	+3.1	6.37	0.644	73.2	2.27
July	1	8.51	−0.1	+3.2	6.58	0.609	77.4	2.57
	3	8.23	0.0	+3.3	6.80	0.576	81.3	2.88

MERCURY, 2018
EPHEMERIS FOR PHYSICAL OBSERVATIONS
FOR 0ʰ TERRESTRIAL TIME

Date		Sub-Earth Point		Sub-Solar Point			North Pole	
		Long.	Lat.	Long.	Dist.	P.A.	Dist.	P.A.
		°	°	°	″	°	″	°
Apr.	2	23.66	− 6.98	203.21	−0.69	147.56	−5.61	331.21
	4	37.63	− 6.73	208.39	−1.13	96.99	−5.67	331.25
	6	51.52	− 6.39	213.89	−1.84	80.63	−5.68	331.31
	8	65.22	− 6.00	219.67	−2.50	73.73	−5.64	331.38
	10	78.64	− 5.56	225.70	−3.07	69.96	−5.55	331.45
	12	91.74	− 5.09	231.92	−3.51	67.59	−5.43	331.50
	14	104.48	− 4.61	238.31	−3.84	65.97	−5.29	331.53
	16	116.87	− 4.13	244.83	−4.06	64.79	−5.13	331.55
	18	128.91	− 3.67	251.46	−4.19	63.90	−4.96	331.54
	20	140.62	− 3.22	258.15	−4.26	63.22	−4.79	331.52
	22	152.03	− 2.79	264.90	−4.26	62.69	−4.62	331.48
	24	163.16	− 2.39	271.66	−4.23	62.28	−4.45	331.45
	26	174.03	− 2.00	278.42	−4.16	61.97	−4.29	331.43
	28	184.67	− 1.64	285.14	−4.07	61.76	−4.14	331.42
	30	195.09	− 1.31	291.80	−3.96	61.63	−3.99	331.44
May	2	205.31	− 0.99	298.37	−3.84	61.58	−3.85	331.49
	4	215.35	− 0.69	304.82	+3.71	61.62	−3.71	331.59
	6	225.22	− 0.41	311.12	+3.58	61.75	−3.59	331.74
	8	234.92	− 0.15	317.24	+3.44	61.97	−3.47	331.95
	10	244.47	+ 0.09	323.14	+3.29	62.28	+3.36	332.23
	12	253.87	+ 0.32	328.77	+3.14	62.71	+3.25	332.59
	14	263.12	+ 0.53	334.10	+2.98	63.25	+3.15	333.03
	16	272.23	+ 0.74	339.07	+2.81	63.92	+3.06	333.58
	18	281.19	+ 0.93	343.63	+2.64	64.74	+2.97	334.22
	20	290.01	+ 1.11	347.73	+2.45	65.72	+2.90	334.99
	22	298.69	+ 1.28	351.32	+2.24	66.88	+2.82	335.88
	24	307.22	+ 1.44	354.34	+2.02	68.27	+2.76	336.91
	26	315.61	+ 1.60	356.75	+1.78	69.93	+2.70	338.09
	28	323.87	+ 1.75	358.53	+1.51	71.96	+2.65	339.42
	30	332.01	+ 1.90	359.68	+1.21	74.53	+2.61	340.92
June	1	340.03	+ 2.05	0.25	+0.89	78.09	+2.58	342.57
	3	347.97	+ 2.20	0.33	+0.56	84.24	+2.55	344.38
	5	355.86	+ 2.36	0.08	+0.21	105.22	+2.54	346.32
	7	3.72	+ 2.52	359.68	+0.21	226.79	+2.54	348.38
	9	11.60	+ 2.69	359.33	+0.56	248.47	+2.56	350.52
	11	19.53	+ 2.87	359.25	+0.90	255.08	+2.58	352.71
	13	27.54	+ 3.07	359.59	+1.23	259.23	+2.61	354.91
	15	35.66	+ 3.27	0.48	+1.54	262.52	+2.65	357.09
	17	43.90	+ 3.49	1.99	+1.81	265.39	+2.70	359.22
	19	52.29	+ 3.73	4.12	+2.07	267.98	+2.76	1.27
	21	60.82	+ 3.97	6.88	+2.30	270.38	+2.83	3.23
	23	69.50	+ 4.23	10.23	+2.51	272.60	+2.91	5.09
	25	78.33	+ 4.50	14.11	+2.70	274.68	+2.99	6.83
	27	87.32	+ 4.79	18.48	+2.88	276.62	+3.08	8.46
	29	96.46	+ 5.09	23.28	+3.05	278.44	+3.17	9.97
July	1	105.76	+ 5.41	28.46	+3.21	280.14	+3.27	11.36
	3	115.21	+ 5.74	33.97	+3.36	281.75	+3.38	12.63

MERCURY, 2018

EPHEMERIS FOR PHYSICAL OBSERVATIONS
FOR 0ʰ TERRESTRIAL TIME

Date		Light-time	Magnitude	Surface Brightness	Diameter	Phase	Phase Angle	Defect of Illumination
		m		mag./arcsec^2	$''$		$°$	$''$
July	1	8.51	− 0.1	+ 3.2	6.58	0.609	77.4	2.57
	3	8.23	0.0	+ 3.3	6.80	0.576	81.3	2.88
	5	7.96	+ 0.1	+ 3.4	7.03	0.543	85.1	3.21
	7	7.69	+ 0.1	+ 3.5	7.28	0.510	88.8	3.56
	9	7.42	+ 0.2	+ 3.6	7.54	0.478	92.5	3.93
	11	7.16	+ 0.3	+ 3.7	7.81	0.446	96.2	4.33
	13	6.91	+ 0.4	+ 3.7	8.10	0.413	100.0	4.75
	15	6.66	+ 0.5	+ 3.8	8.40	0.380	103.9	5.21
	17	6.42	+ 0.7	+ 3.9	8.72	0.346	107.9	5.70
	19	6.19	+ 0.8	+ 4.1	9.04	0.312	112.1	6.22
	21	5.97	+ 1.0	+ 4.2	9.37	0.277	116.5	6.78
	23	5.76	+ 1.2	+ 4.3	9.71	0.241	121.3	7.37
	25	5.57	+ 1.4	+ 4.5	10.04	0.204	126.3	7.99
	27	5.40	+ 1.8	+ 4.6	10.36	0.168	131.6	8.62
	29	5.25	+ 2.2	+ 4.8	10.66	0.132	137.3	9.25
	31	5.13	+ 2.6	+ 5.0	10.91	0.098	143.4	9.84
Aug.	2	5.03	+ 3.2	+ 5.3	11.11	0.068	149.8	10.36
	4	4.98	+ 3.9	+ 5.4	11.24	0.042	156.3	10.77
	6	4.96	+ 4.6	+ 5.5	11.28	0.023	162.6	11.02
	8	4.99	+ 5.2	+ 5.4	11.22	0.012	167.3	11.08
	10	5.07	+ 5.3	+ 5.4	11.05	0.012	167.6	10.92
	12	5.19	+ 4.6	+ 5.4	10.77	0.022	162.9	10.54
	14	5.37	+ 3.7	+ 5.2	10.41	0.044	155.7	9.95
	16	5.60	+ 2.9	+ 4.8	9.98	0.078	147.6	9.20
	18	5.89	+ 2.1	+ 4.4	9.50	0.123	138.9	8.33
	20	6.22	+ 1.4	+ 4.0	9.00	0.179	130.0	7.39
	22	6.59	+ 0.8	+ 3.6	8.50	0.244	120.8	6.42
	24	6.99	+ 0.3	+ 3.3	8.00	0.317	111.4	5.46
	26	7.42	− 0.1	+ 3.0	7.54	0.397	101.9	4.55
	28	7.88	− 0.4	+ 2.8	7.10	0.480	92.3	3.69
	30	8.33	− 0.6	+ 2.6	6.72	0.565	82.5	2.92
Sept.	1	8.78	− 0.8	+ 2.5	6.37	0.647	72.9	2.25
	3	9.22	− 1.0	+ 2.3	6.07	0.724	63.3	1.67
	5	9.63	− 1.1	+ 2.2	5.81	0.793	54.1	1.20
	7	10.01	− 1.2	+ 2.1	5.59	0.851	45.4	0.83
	9	10.35	− 1.3	+ 2.0	5.41	0.898	37.2	0.55
	11	10.64	− 1.4	+ 1.9	5.26	0.934	29.7	0.35
	13	10.90	− 1.4	+ 1.8	5.14	0.961	22.8	0.20
	15	11.11	− 1.5	+ 1.7	5.04	0.979	16.6	0.11
	17	11.29	− 1.7	+ 1.6	4.96	0.991	11.2	0.05
	19	11.43	− 1.7	+ 1.4	4.90	0.997	6.6	0.02
	21	11.54	− 1.8	+ 1.4	4.85	0.999	3.9	0.01
	23	11.62	− 1.6	+ 1.5	4.82	0.998	5.3	0.01
	25	11.67	− 1.4	+ 1.7	4.80	0.995	8.5	0.03
	27	11.70	− 1.2	+ 1.9	4.78	0.989	11.8	0.05
	29	11.70	− 1.1	+ 2.1	4.78	0.983	14.9	0.08
Oct.	1	11.69	− 0.9	+ 2.2	4.79	0.976	17.9	0.12

EPHEMERIS FOR PHYSICAL OBSERVATIONS
FOR 0ʰ TERRESTRIAL TIME

Date		Sub-Earth Point		Sub-Solar Point			North Pole	
		Long.	Lat.	Long.	Dist.	P.A.	Dist.	P.A.
		°	°	°	″	°	″	°
July	1	105.76	+ 5.41	28.46	+3.21	280.14	+3.27	11.36
	3	115.21	+ 5.74	33.97	+3.36	281.75	+3.38	12.63
	5	124.82	+ 6.08	39.76	+3.50	283.26	+3.49	13.79
	7	134.61	+ 6.44	45.78	+3.64	284.70	+3.62	14.84
	9	144.56	+ 6.82	52.01	−3.76	286.07	+3.74	15.78
	11	154.70	+ 7.20	58.40	−3.88	287.40	+3.87	16.62
	13	165.04	+ 7.61	64.93	−3.99	288.69	+4.01	17.35
	15	175.59	+ 8.03	71.56	−4.08	289.96	+4.16	17.98
	17	186.37	+ 8.46	78.26	−4.15	291.24	+4.31	18.51
	19	197.40	+ 8.90	85.00	−4.19	292.56	+4.47	18.94
	21	208.69	+ 9.35	91.76	−4.19	293.94	+4.62	19.26
	23	220.29	+ 9.80	98.52	−4.15	295.45	+4.78	19.47
	25	232.19	+10.24	105.24	−4.05	297.15	+4.94	19.57
	27	244.43	+10.67	111.90	−3.87	299.15	+5.09	19.56
	29	257.00	+11.06	118.47	−3.61	301.63	+5.23	19.43
	31	269.92	+11.41	124.93	−3.25	304.90	+5.35	19.18
Aug.	2	283.17	+11.69	131.23	−2.80	309.56	+5.44	18.82
	4	296.69	+11.88	137.34	−2.26	316.91	+5.50	18.35
	6	310.43	+11.96	143.23	−1.69	330.06	+5.52	17.79
	8	324.29	+11.91	148.86	−1.23	355.96	+5.49	17.19
	10	338.17	+11.74	154.18	−1.18	35.50	+5.41	16.57
	12	351.93	+11.45	159.15	−1.58	64.89	+5.28	15.99
	14	5.47	+11.05	163.71	−2.14	79.92	+5.11	15.50
	16	18.67	+10.56	167.80	−2.68	88.15	+4.91	15.15
	18	31.46	+10.01	171.38	−3.12	93.33	+4.68	14.98
	20	43.77	+ 9.44	174.39	−3.45	97.02	+4.44	15.00
	22	55.58	+ 8.85	176.79	−3.65	99.92	+4.20	15.24
	24	66.87	+ 8.27	178.55	−3.72	102.42	+3.96	15.69
	26	77.66	+ 7.73	179.69	−3.69	104.69	+3.73	16.34
	28	87.96	+ 7.21	180.25	−3.55	106.87	+3.52	17.16
	30	97.84	+ 6.74	180.33	+3.33	109.00	+3.33	18.13
Sept.	1	107.32	+ 6.32	180.08	+3.04	111.13	+3.17	19.20
	3	116.48	+ 5.94	179.67	+2.71	113.29	+3.02	20.33
	5	125.38	+ 5.60	179.33	+2.35	115.50	+2.89	21.47
	7	134.08	+ 5.31	179.25	+1.99	117.80	+2.78	22.59
	9	142.66	+ 5.04	179.61	+1.64	120.26	+2.69	23.65
	11	151.16	+ 4.81	180.50	+1.30	123.04	+2.62	24.63
	13	159.62	+ 4.60	182.01	+1.00	126.44	+2.56	25.51
	15	168.09	+ 4.41	184.16	+0.72	131.13	+2.51	26.28
	17	176.57	+ 4.24	186.93	+0.48	138.85	+2.47	26.94
	19	185.10	+ 4.08	190.28	+0.28	155.48	+2.44	27.48
	21	193.69	+ 3.93	194.17	+0.17	200.84	+2.42	27.91
	23	202.33	+ 3.79	198.55	+0.22	253.34	+2.40	28.24
	25	211.03	+ 3.65	203.35	+0.35	273.22	+2.39	28.46
	27	219.79	+ 3.52	208.54	+0.49	281.47	+2.39	28.59
	29	228.61	+ 3.39	214.05	+0.62	285.81	+2.39	28.62
Oct.	1	237.50	+ 3.26	219.84	+0.74	288.42	+2.39	28.56

MERCURY, 2018

EPHEMERIS FOR PHYSICAL OBSERVATIONS
FOR 0ʰ TERRESTRIAL TIME

Date		Light-time	Magnitude	Surface Brightness	Diameter	Phase	Phase Angle	Defect of Illumination
		m		mag./arcsec^2	″		°	″
Oct.	1	11.69	− 0.9	+ 2.2	4.79	0.976	17.9	0.12
	3	11.66	− 0.8	+ 2.3	4.80	0.967	20.8	0.16
	5	11.61	− 0.7	+ 2.4	4.82	0.958	23.5	0.20
	7	11.54	− 0.6	+ 2.5	4.85	0.949	26.1	0.25
	9	11.45	− 0.5	+ 2.6	4.89	0.939	28.7	0.30
	11	11.35	− 0.4	+ 2.7	4.93	0.928	31.2	0.36
	13	11.24	− 0.4	+ 2.8	4.98	0.916	33.7	0.42
	15	11.10	− 0.3	+ 2.8	5.04	0.904	36.2	0.49
	17	10.95	− 0.3	+ 2.9	5.11	0.890	38.7	0.56
	19	10.79	− 0.3	+ 2.9	5.19	0.876	41.3	0.64
	21	10.61	− 0.2	+ 2.9	5.27	0.860	44.0	0.74
	23	10.41	− 0.2	+ 3.0	5.37	0.843	46.8	0.85
	25	10.20	− 0.2	+ 3.0	5.48	0.823	49.7	0.97
	27	9.97	− 0.2	+ 3.0	5.61	0.802	52.8	1.11
	29	9.73	− 0.2	+ 3.0	5.75	0.778	56.2	1.28
	31	9.46	− 0.2	+ 3.1	5.91	0.751	59.8	1.47
Nov.	2	9.18	− 0.2	+ 3.1	6.09	0.721	63.8	1.70
	4	8.89	− 0.3	+ 3.1	6.30	0.686	68.1	1.97
	6	8.57	− 0.3	+ 3.1	6.53	0.647	72.9	2.31
	8	8.24	− 0.3	+ 3.1	6.79	0.601	78.3	2.71
	10	7.90	− 0.2	+ 3.1	7.08	0.550	84.3	3.19
	12	7.55	− 0.2	+ 3.2	7.41	0.490	91.1	3.78
	14	7.20	0.0	+ 3.2	7.78	0.424	98.8	4.48
	16	6.84	+ 0.2	+ 3.3	8.17	0.349	107.5	5.32
	18	6.51	+ 0.6	+ 3.5	8.60	0.270	117.4	6.28
	20	6.20	+ 1.1	+ 3.8	9.02	0.188	128.6	7.33
	22	5.94	+ 2.0	+ 4.2	9.42	0.111	141.1	8.37
	24	5.75	+ 3.3	+ 4.7	9.73	0.047	154.9	9.27
	26	5.65	+ 5.1	+ 4.7	9.90	0.009	169.4	9.82
	28	5.65	—	—	9.90	0.003	174.1	9.87
	30	5.76	+ 3.8	+ 4.7	9.72	0.032	159.4	9.40
Dec.	2	5.96	+ 2.3	+ 4.3	9.38	0.092	144.7	8.52
	4	6.25	+ 1.2	+ 3.8	8.96	0.173	130.9	7.41
	6	6.59	+ 0.5	+ 3.4	8.49	0.263	118.3	6.26
	8	6.96	0.0	+ 3.2	8.03	0.354	107.0	5.19
	10	7.36	− 0.2	+ 3.0	7.60	0.440	96.9	4.26
	12	7.76	− 0.4	+ 2.9	7.21	0.517	88.0	3.48
	14	8.15	− 0.4	+ 2.9	6.87	0.585	80.2	2.85
	16	8.52	− 0.5	+ 2.9	6.56	0.644	73.2	2.33
	18	8.88	− 0.5	+ 2.9	6.30	0.695	67.1	1.92
	20	9.22	− 0.5	+ 2.9	6.07	0.738	61.6	1.59
	22	9.53	− 0.5	+ 2.8	5.87	0.775	56.7	1.32
	24	9.83	− 0.4	+ 2.8	5.69	0.806	52.3	1.11
	26	10.10	− 0.4	+ 2.8	5.54	0.833	48.3	0.93
	28	10.35	− 0.4	+ 2.8	5.41	0.856	44.7	0.78
	30	10.57	− 0.4	+ 2.8	5.29	0.876	41.3	0.66
	32	10.78	− 0.4	+ 2.8	5.19	0.893	38.2	0.56

MERCURY, 2018

EPHEMERIS FOR PHYSICAL OBSERVATIONS
FOR 0ʰ TERRESTRIAL TIME

Date		Sub-Earth Point		Sub-Solar Point			North Pole	
		Long.	Lat.	Long.	Dist.	P.A.	Dist.	P.A.
		°	°	°	″	°	″	°
Oct.	1	237.50	+ 3.26	219.84	+0.74	288.42	+2.39	28.56
	3	246.44	+ 3.13	225.87	+0.85	290.11	+2.40	28.42
	5	255.44	+ 3.01	232.10	+0.96	291.23	+2.41	28.19
	7	264.49	+ 2.88	238.49	+1.07	291.97	+2.42	27.89
	9	273.60	+ 2.75	245.02	+1.17	292.44	+2.44	27.51
	11	282.75	+ 2.63	251.65	+1.28	292.69	+2.46	27.07
	13	291.96	+ 2.49	258.35	+1.38	292.76	+2.49	26.55
	15	301.21	+ 2.36	265.09	+1.49	292.69	+2.52	25.96
	17	310.51	+ 2.23	271.86	+1.60	292.49	+2.55	25.32
	19	319.86	+ 2.09	278.61	+1.71	292.19	+2.59	24.61
	21	329.27	+ 1.94	285.33	+1.83	291.79	+2.64	23.85
	23	338.73	+ 1.80	291.99	+1.96	291.31	+2.68	23.04
	25	348.24	+ 1.64	298.56	+2.09	290.75	+2.74	22.19
	27	357.83	+ 1.49	305.01	+2.24	290.13	+2.80	21.30
	29	7.48	+ 1.32	311.31	+2.39	289.45	+2.88	20.37
	31	17.23	+ 1.15	317.42	+2.56	288.72	+2.96	19.43
Nov.	2	27.08	+ 0.97	323.31	+2.73	287.97	+3.05	18.48
	4	37.06	+ 0.77	328.94	+2.92	287.19	+3.15	17.54
	6	47.19	+ 0.57	334.26	+3.12	286.42	+3.26	16.63
	8	57.52	+ 0.35	339.22	+3.32	285.67	+3.39	15.77
	10	68.09	+ 0.11	343.77	+3.52	284.95	+3.54	14.99
	12	78.96	− 0.16	347.86	−3.70	284.31	−3.70	14.33
	14	90.22	− 0.44	351.43	−3.84	283.75	−3.89	13.84
	16	101.95	− 0.76	354.43	−3.90	283.30	−4.09	13.55
	18	114.26	− 1.11	356.82	−3.82	282.94	−4.30	13.53
	20	127.21	− 1.48	358.57	−3.52	282.61	−4.51	13.80
	22	140.88	− 1.88	359.71	−2.95	282.05	−4.71	14.38
	24	155.22	− 2.28	0.26	−2.07	280.39	−4.86	15.24
	26	170.07	− 2.67	0.33	−0.91	271.95	−4.94	16.28
	28	185.14	− 3.01	0.07	−0.51	137.82	−4.94	17.38
	30	200.07	− 3.29	359.66	−1.71	117.07	−4.85	18.38
Dec.	2	214.52	− 3.49	359.33	−2.71	114.06	−4.68	19.17
	4	228.28	− 3.64	359.25	−3.39	112.80	−4.47	19.69
	6	241.27	− 3.73	359.61	−3.74	111.90	−4.24	19.93
	8	253.52	− 3.79	0.52	−3.84	111.04	−4.01	19.92
	10	265.13	− 3.83	2.04	−3.77	110.11	−3.79	19.68
	12	276.20	− 3.86	4.20	+3.60	109.08	−3.60	19.24
	14	286.84	− 3.89	6.97	+3.38	107.93	−3.43	18.64
	16	297.16	− 3.91	10.34	+3.14	106.68	−3.27	17.89
	18	307.23	− 3.94	14.24	+2.90	105.32	−3.14	17.01
	20	317.10	− 3.97	18.62	+2.67	103.86	−3.03	16.03
	22	326.83	− 4.00	23.43	+2.45	102.30	−2.93	14.95
	24	336.44	− 4.04	28.62	+2.25	100.65	−2.84	13.78
	26	345.97	− 4.07	34.14	+2.07	98.89	−2.76	12.53
	28	355.42	− 4.11	39.93	+1.90	97.05	−2.70	11.22
	30	4.82	− 4.15	45.96	+1.75	95.11	−2.64	9.84
	32	14.18	− 4.19	52.20	+1.61	93.08	−2.59	8.40

VENUS, 2018

EPHEMERIS FOR PHYSICAL OBSERVATIONS
FOR 0ʰ TERRESTRIAL TIME

Date		Light-time	Magnitude	Surface Brightness	Diameter	Phase	Phase Angle	Defect of Illumination
		m		mag./arcsec^2	"		°	"
Jan.	−2	14.20	−4.0	+0.7	9.77	0.999	3.7	0.01
	2	14.22	−4.0	+0.7	9.76	1.000	2.5	0.00
	6	14.23	—	—	9.76	1.000	1.4	0.00
	10	14.23	—	—	9.75	1.000	1.1	0.00
	14	14.23	—	—	9.75	1.000	2.0	0.00
	18	14.22	−4.0	+0.7	9.76	0.999	3.1	0.01
	22	14.21	−3.9	+0.7	9.77	0.999	4.4	0.01
	26	14.19	−3.9	+0.7	9.78	0.998	5.7	0.02
	30	14.17	−3.9	+0.8	9.79	0.996	6.9	0.04
Feb.	3	14.14	−3.9	+0.8	9.81	0.995	8.2	0.05
	7	14.11	−3.9	+0.8	9.84	0.993	9.5	0.07
	11	14.07	−3.9	+0.8	9.86	0.991	10.8	0.09
	15	14.03	−3.9	+0.8	9.89	0.989	12.2	0.11
	19	13.98	−3.9	+0.8	9.93	0.986	13.5	0.14
	23	13.92	−3.9	+0.8	9.97	0.983	14.8	0.17
	27	13.86	−3.9	+0.8	10.01	0.980	16.2	0.20
Mar.	3	13.80	−3.9	+0.9	10.06	0.977	17.5	0.23
	7	13.72	−3.9	+0.9	10.11	0.973	18.9	0.27
	11	13.64	−3.9	+0.9	10.17	0.969	20.3	0.32
	15	13.56	−3.9	+0.9	10.24	0.964	21.7	0.36
	19	13.47	−3.9	+0.9	10.31	0.960	23.2	0.42
	23	13.37	−3.9	+0.9	10.38	0.955	24.6	0.47
	27	13.26	−3.9	+0.9	10.46	0.949	26.1	0.53
	31	13.15	−3.9	+0.9	10.55	0.943	27.5	0.60
Apr.	4	13.04	−3.9	+1.0	10.65	0.937	29.0	0.67
	8	12.91	−3.9	+1.0	10.75	0.931	30.6	0.75
	12	12.78	−3.9	+1.0	10.86	0.924	32.1	0.83
	16	12.64	−3.9	+1.0	10.98	0.916	33.7	0.92
	20	12.50	−3.9	+1.0	11.11	0.908	35.2	1.02
	24	12.34	−3.9	+1.0	11.24	0.900	36.8	1.12
	28	12.19	−3.9	+1.0	11.39	0.892	38.4	1.23
May	2	12.02	−3.9	+1.0	11.55	0.883	40.1	1.35
	6	11.85	−3.9	+1.1	11.71	0.873	41.7	1.48
	10	11.67	−3.9	+1.1	11.89	0.863	43.4	1.62
	14	11.48	−3.9	+1.1	12.09	0.853	45.1	1.77
	18	11.29	−3.9	+1.1	12.29	0.843	46.8	1.93
	22	11.09	−3.9	+1.1	12.51	0.832	48.5	2.11
	26	10.89	−3.9	+1.1	12.75	0.820	50.2	2.29
	30	10.68	−3.9	+1.1	13.00	0.808	51.9	2.49
June	3	10.46	−4.0	+1.2	13.26	0.796	53.7	2.70
	7	10.24	−4.0	+1.2	13.55	0.783	55.5	2.93
	11	10.02	−4.0	+1.2	13.86	0.770	57.3	3.18
	15	9.79	−4.0	+1.2	14.18	0.757	59.1	3.45
	19	9.55	−4.0	+1.2	14.53	0.743	60.9	3.73
	23	9.31	−4.0	+1.2	14.91	0.729	62.7	4.04
	27	9.07	−4.1	+1.2	15.31	0.715	64.6	4.37
July	1	8.82	−4.1	+1.3	15.74	0.700	66.4	4.72

EPHEMERIS FOR PHYSICAL OBSERVATIONS
FOR 0ʰ TERRESTRIAL TIME

Date		L_s	Sub-Earth Point		Sub-Solar Point				North Pole	
			Long.	Lat.	Long.	Lat.	Dist.	P.A.	Dist.	P.A.
		°	°	°	°	°	″	°	″	°
Jan.	−2	33.13	306.57	+ 0.89	302.93	+ 1.44	+ 0.31	80.44	+ 4.89	359.06
	2	39.47	317.54	+ 0.94	315.19	+ 1.68	+ 0.21	69.54	+ 4.88	356.93
	6	45.81	328.50	+ 0.99	327.45	+ 1.89	+ 0.12	43.95	+ 4.88	354.84
	10	52.14	339.46	+ 1.02	339.71	+ 2.08	+ 0.09	339.60	+ 4.88	352.80
	14	58.46	350.41	+ 1.04	351.96	+ 2.25	+ 0.17	298.92	+ 4.88	350.83
	18	64.79	1.37	+ 1.05	4.21	+ 2.39	+ 0.27	284.24	+ 4.88	348.96
	22	71.11	12.33	+ 1.04	16.47	+ 2.50	+ 0.37	276.58	+ 4.88	347.19
	26	77.43	23.28	+ 1.03	28.72	+ 2.58	+ 0.48	271.50	+ 4.89	345.55
	30	83.75	34.23	+ 1.00	40.97	+ 2.62	+ 0.59	267.66	+ 4.90	344.04
Feb.	3	90.08	45.17	+ 0.96	53.23	+ 2.64	+ 0.70	264.56	+ 4.91	342.68
	7	96.41	56.11	+ 0.90	65.49	+ 2.62	+ 0.81	261.96	+ 4.92	341.45
	11	102.74	67.05	+ 0.84	77.75	+ 2.57	+ 0.93	259.73	+ 4.93	340.38
	15	109.07	77.98	+ 0.76	90.02	+ 2.49	+ 1.04	257.81	+ 4.95	339.47
	19	115.41	88.91	+ 0.67	102.29	+ 2.38	+ 1.16	256.16	+ 4.96	338.70
	23	121.76	99.83	+ 0.56	114.57	+ 2.24	+ 1.28	254.74	+ 4.98	338.09
	27	128.12	110.75	+ 0.45	126.85	+ 2.08	+ 1.39	253.54	+ 5.01	337.64
Mar.	3	134.48	121.66	+ 0.33	139.14	+ 1.88	+ 1.52	252.55	+ 5.03	337.33
	7	140.85	132.56	+ 0.20	151.44	+ 1.67	+ 1.64	251.75	+ 5.06	337.18
	11	147.23	143.46	+ 0.06	163.74	+ 1.43	+ 1.77	251.15	+ 5.09	337.19
	15	153.62	154.35	− 0.09	176.05	+ 1.17	+ 1.90	250.73	− 5.12	337.34
	19	160.02	165.24	− 0.24	188.37	+ 0.90	+ 2.03	250.50	− 5.15	337.64
	23	166.43	176.12	− 0.40	200.70	+ 0.62	+ 2.16	250.45	− 5.19	338.09
	27	172.84	186.99	− 0.56	213.04	+ 0.33	+ 2.30	250.57	− 5.23	338.68
	31	179.27	197.85	− 0.72	225.38	+ 0.03	+ 2.44	250.88	− 5.28	339.43
Apr.	4	185.71	208.70	− 0.88	237.74	− 0.26	+ 2.58	251.36	− 5.32	340.31
	8	192.15	219.54	− 1.04	250.10	− 0.56	+ 2.73	252.01	− 5.37	341.34
	12	198.61	230.37	− 1.19	262.48	− 0.84	+ 2.89	252.84	− 5.43	342.52
	16	205.07	241.20	− 1.34	274.86	− 1.12	+ 3.04	253.83	− 5.49	343.83
	20	211.54	252.01	− 1.49	287.25	− 1.38	+ 3.20	254.98	− 5.55	345.27
	24	218.02	262.82	− 1.62	299.65	− 1.62	+ 3.37	256.29	− 5.62	346.83
	28	224.50	273.61	− 1.75	312.06	− 1.85	+ 3.54	257.74	− 5.69	348.51
May	2	230.99	284.39	− 1.87	324.48	− 2.05	+ 3.72	259.32	− 5.77	350.29
	6	237.48	295.16	− 1.97	336.90	− 2.22	+ 3.90	261.03	− 5.85	352.16
	10	243.98	305.91	− 2.06	349.32	− 2.37	+ 4.08	262.83	− 5.94	354.10
	14	250.47	316.65	− 2.13	1.75	− 2.49	+ 4.28	264.71	− 6.04	356.10
	18	256.97	327.38	− 2.18	14.17	− 2.57	+ 4.48	266.66	− 6.14	358.14
	22	263.47	338.10	− 2.22	26.60	− 2.62	+ 4.68	268.65	− 6.25	0.19
	26	269.96	348.79	− 2.24	39.03	− 2.64	+ 4.90	270.66	− 6.37	2.23
	30	276.45	359.47	− 2.24	51.45	− 2.62	+ 5.12	272.66	− 6.49	4.24
June	3	282.94	10.13	− 2.21	63.87	− 2.57	+ 5.34	274.63	− 6.63	6.20
	7	289.42	20.77	− 2.16	76.29	− 2.49	+ 5.58	276.56	− 6.77	8.09
	11	295.90	31.39	− 2.09	88.69	− 2.37	+ 5.83	278.42	− 6.92	9.90
	15	302.37	41.99	− 2.00	101.09	− 2.23	+ 6.08	280.21	− 7.09	11.61
	19	308.83	52.57	− 1.88	113.49	− 2.06	+ 6.35	281.91	− 7.26	13.21
	23	315.29	63.12	− 1.74	125.87	− 1.86	+ 6.62	283.51	− 7.45	14.70
	27	321.73	73.64	− 1.57	138.24	− 1.63	+ 6.91	284.99	− 7.65	16.06
July	1	328.17	84.14	− 1.38	150.60	− 1.39	+ 7.21	286.37	− 7.87	17.29

VENUS, 2018

EPHEMERIS FOR PHYSICAL OBSERVATIONS
FOR 0ʰ TERRESTRIAL TIME

Date		Light-time	Magnitude	Surface Brightness	Diameter	Phase	Phase Angle	Defect of Illumination
		m		mag./arcsec^2	"		°	"
July	1	8.82	−4.1	+1.3	15.74	0.700	66.4	4.72
	5	8.57	−4.1	+1.3	16.20	0.685	68.3	5.11
	9	8.31	−4.1	+1.3	16.70	0.669	70.3	5.53
	13	8.06	−4.2	+1.3	17.23	0.653	72.2	5.98
	17	7.80	−4.2	+1.3	17.80	0.636	74.2	6.47
	21	7.53	−4.2	+1.3	18.42	0.619	76.2	7.01
	25	7.27	−4.2	+1.3	19.09	0.602	78.2	7.60
	29	7.01	−4.3	+1.4	19.81	0.584	80.3	8.24
Aug.	2	6.74	−4.3	+1.4	20.59	0.566	82.5	8.94
	6	6.48	−4.3	+1.4	21.43	0.547	84.7	9.72
	10	6.21	−4.4	+1.4	22.35	0.527	86.9	10.58
	14	5.94	−4.4	+1.4	23.35	0.506	89.3	11.53
	18	5.68	−4.5	+1.4	24.45	0.485	91.7	12.58
	22	5.41	−4.5	+1.4	25.64	0.463	94.2	13.76
	26	5.15	−4.5	+1.5	26.95	0.440	96.9	15.09
	30	4.89	−4.6	+1.5	28.39	0.416	99.7	16.58
Sept.	3	4.63	−4.6	+1.5	29.97	0.391	102.6	18.26
	7	4.38	−4.7	+1.5	31.70	0.364	105.8	20.16
	11	4.13	−4.7	+1.5	33.62	0.336	109.1	22.32
	15	3.88	−4.7	+1.5	35.73	0.306	112.8	24.78
	19	3.65	−4.8	+1.5	38.04	0.275	116.7	27.57
	23	3.42	−4.8	+1.5	40.57	0.242	121.0	30.74
	27	3.20	−4.8	+1.4	43.32	0.208	125.7	34.31
Oct.	1	3.00	−4.8	+1.4	46.24	0.172	130.9	38.27
	5	2.82	−4.7	+1.3	49.30	0.136	136.6	42.58
	9	2.65	−4.6	+1.2	52.39	0.101	142.9	47.09
	13	2.51	−4.5	+1.0	55.35	0.068	149.8	51.58
	17	2.39	−4.3	+0.7	57.97	0.040	157.0	55.67
	21	2.31	−4.2	+0.1	59.97	0.018	164.4	58.87
	25	2.27	—	—	61.12	0.007	170.4	60.69
	29	2.27	—	—	61.25	0.007	170.4	60.82
Nov.	2	2.30	−4.2	+0.1	60.34	0.018	164.5	59.24
	6	2.37	−4.4	+0.7	58.53	0.040	157.0	56.21
	10	2.48	−4.6	+1.0	56.06	0.069	149.6	52.22
	14	2.61	−4.7	+1.2	53.19	0.102	142.7	47.74
	18	2.77	−4.8	+1.3	50.14	0.139	136.2	43.17
	22	2.95	−4.8	+1.4	47.09	0.176	130.4	38.79
	26	3.14	−4.9	+1.4	44.14	0.213	125.0	34.74
	30	3.35	−4.9	+1.4	41.38	0.248	120.2	31.10
Dec.	4	3.58	−4.9	+1.5	38.82	0.282	115.8	27.86
	8	3.80	−4.8	+1.5	36.48	0.314	111.8	25.01
	12	4.04	−4.8	+1.5	34.35	0.345	108.1	22.51
	16	4.28	−4.8	+1.4	32.42	0.374	104.7	20.31
	20	4.53	−4.7	+1.4	30.66	0.401	101.5	18.38
	24	4.78	−4.7	+1.4	29.07	0.426	98.5	16.67
	28	5.03	−4.7	+1.4	27.62	0.451	95.7	15.17
	32	5.28	−4.6	+1.4	26.30	0.474	93.0	13.84

EPHEMERIS FOR PHYSICAL OBSERVATIONS
FOR 0ʰ TERRESTRIAL TIME

Date		L_s	Sub-Earth Point		Sub-Solar Point				North Pole	
			Long.	Lat.	Long.	Lat.	Dist.	P.A.	Dist.	P.A.
		°	°	°	°	°	″	°	″	°
July	1	328.17	84.14	− 1.38	150.60	− 1.39	+ 7.21	286.37	− 7.87	17.29
	5	334.60	94.59	− 1.16	162.95	− 1.13	+ 7.53	287.63	− 8.10	18.39
	9	341.02	105.02	− 0.92	175.29	− 0.86	+ 7.86	288.78	− 8.35	19.36
	13	347.43	115.41	− 0.65	187.62	− 0.57	+ 8.20	289.81	− 8.61	20.21
	17	353.82	125.76	− 0.36	199.93	− 0.28	+ 8.56	290.74	− 8.90	20.93
	21	0.21	136.06	− 0.04	212.24	+0.01	+ 8.94	291.55	− 9.21	21.53
	25	6.59	146.31	+ 0.29	224.54	+0.30	+ 9.34	292.26	+ 9.54	22.01
	29	12.96	156.51	+ 0.65	236.83	+0.59	+ 9.76	292.86	+ 9.90	22.37
Aug.	2	19.33	166.64	+ 1.03	249.11	+0.87	+ 10.21	293.38	+10.29	22.63
	6	25.68	176.70	+ 1.43	261.39	+1.14	+ 10.67	293.80	+10.71	22.79
	10	32.03	186.69	+ 1.85	273.66	+1.40	+ 11.16	294.15	+11.17	22.85
	14	38.37	196.60	+ 2.29	285.93	+1.64	+ 11.68	294.42	+11.67	22.81
	18	44.71	206.40	+ 2.74	298.19	+1.86	− 12.22	294.64	+12.21	22.70
	22	51.04	216.10	+ 3.21	310.44	+2.05	− 12.79	294.80	+12.80	22.51
	26	57.37	225.66	+ 3.70	322.70	+2.22	− 13.38	294.94	+13.45	22.25
	30	63.69	235.07	+ 4.19	334.95	+2.36	− 13.99	295.05	+14.16	21.93
Sept.	3	70.01	244.32	+ 4.69	347.21	+2.48	− 14.62	295.17	+14.93	21.57
	7	76.34	253.36	+ 5.20	359.46	+2.56	− 15.26	295.33	+15.79	21.18
	11	82.66	262.18	+ 5.71	11.72	+2.62	− 15.88	295.54	+16.73	20.77
	15	88.98	270.72	+ 6.22	23.97	+2.64	− 16.47	295.86	+17.76	20.36
	19	95.31	278.94	+ 6.71	36.23	+2.63	− 16.99	296.34	+18.89	19.97
	23	101.64	286.79	+ 7.19	48.49	+2.58	− 17.39	297.04	+20.13	19.64
	27	107.98	294.20	+ 7.64	60.76	+2.51	− 17.58	298.05	+21.47	19.37
Oct.	1	114.32	301.11	+ 8.04	73.03	+2.40	− 17.47	299.49	+22.89	19.20
	5	120.66	307.46	+ 8.36	85.31	+2.27	− 16.92	301.51	+24.39	19.15
	9	127.02	313.19	+ 8.59	97.59	+2.11	− 15.79	304.38	+25.90	19.22
	13	133.38	318.29	+ 8.67	109.88	+1.92	− 13.94	308.62	+27.36	19.42
	17	139.75	322.77	+ 8.58	122.17	+1.70	− 11.31	315.39	+28.66	19.72
	21	146.13	326.72	+ 8.28	134.47	+1.47	− 8.08	328.15	+29.68	20.09
	25	152.52	330.32	+ 7.76	146.78	+1.22	− 5.12	358.89	+30.28	20.47
	29	158.91	333.80	+ 7.03	159.10	+0.95	− 5.09	54.56	+30.40	20.82
Nov.	2	165.32	337.43	+ 6.14	171.43	+0.67	− 8.08	85.58	+30.00	21.10
	6	171.74	341.45	+ 5.16	183.76	+0.38	− 11.42	97.99	+29.15	21.29
	10	178.16	346.01	+ 4.14	196.11	+0.08	− 14.17	104.12	+27.96	21.39
	14	184.60	351.21	+ 3.15	208.46	− 0.21	− 16.13	107.62	+26.55	21.41
	18	191.04	357.07	+ 2.23	220.82	− 0.50	− 17.34	109.76	+25.05	21.36
	22	197.49	3.55	+ 1.40	233.20	− 0.79	− 17.94	111.08	+23.54	21.22
	26	203.95	10.61	+ 0.66	245.58	− 1.07	− 18.07	111.86	+22.07	21.01
	30	210.42	18.18	+ 0.02	257.97	− 1.34	− 17.88	112.25	+20.69	20.71
Dec.	4	216.90	26.20	− 0.52	270.36	− 1.58	− 17.47	112.34	−19.41	20.33
	8	223.38	34.60	− 0.98	282.77	− 1.81	− 16.94	112.19	−18.24	19.84
	12	229.86	43.33	− 1.36	295.18	− 2.02	− 16.33	111.83	−17.17	19.26
	16	236.35	52.33	− 1.66	307.60	− 2.20	− 15.68	111.28	−16.20	18.57
	20	242.85	61.57	− 1.90	320.02	− 2.35	− 15.03	110.55	−15.32	17.77
	24	249.34	71.02	− 2.09	332.44	− 2.47	− 14.37	109.67	−14.52	16.86
	28	255.84	80.65	− 2.22	344.87	− 2.56	− 13.74	108.62	−13.80	15.83
	32	262.33	90.42	− 2.30	357.30	− 2.61	− 13.13	107.43	−13.14	14.69

MARS, 2018

EPHEMERIS FOR PHYSICAL OBSERVATIONS
FOR 0ʰ TERRESTRIAL TIME

Date		Light-time	Magnitude	Surface Brightness	Diameter		Phase	Phase Angle	Defect of Illumination
					Eq.	Polar			
		m		mag./arcsec²	″	″		°	″
Jan.	−2	16.48	+1.5	+4.5	4.73	4.70	0.935	29.6	0.31
	2	16.19	+1.5	+4.5	4.81	4.78	0.932	30.3	0.33
	6	15.90	+1.4	+4.5	4.90	4.87	0.929	31.0	0.35
	10	15.60	+1.4	+4.5	4.99	4.97	0.926	31.6	0.37
	14	15.30	+1.4	+4.5	5.09	5.06	0.923	32.3	0.39
	18	14.99	+1.3	+4.5	5.20	5.17	0.920	32.9	0.42
	22	14.68	+1.3	+4.5	5.31	5.27	0.917	33.5	0.44
	26	14.37	+1.2	+4.5	5.42	5.39	0.914	34.1	0.47
	30	14.06	+1.2	+4.5	5.54	5.51	0.911	34.7	0.49
Feb.	3	13.74	+1.2	+4.5	5.67	5.64	0.908	35.2	0.52
	7	13.42	+1.1	+4.5	5.80	5.77	0.906	35.8	0.55
	11	13.10	+1.1	+4.5	5.94	5.91	0.903	36.3	0.58
	15	12.78	+1.0	+4.5	6.09	6.06	0.900	36.8	0.61
	19	12.46	+1.0	+4.5	6.25	6.21	0.898	37.3	0.64
	23	12.14	+0.9	+4.5	6.42	6.38	0.895	37.8	0.67
	27	11.82	+0.8	+4.5	6.59	6.55	0.893	38.2	0.70
Mar.	3	11.50	+0.8	+4.5	6.77	6.73	0.891	38.6	0.74
	7	11.18	+0.7	+4.5	6.97	6.93	0.889	39.0	0.77
	11	10.86	+0.7	+4.5	7.17	7.13	0.887	39.3	0.81
	15	10.54	+0.6	+4.5	7.39	7.34	0.885	39.7	0.85
	19	10.23	+0.5	+4.5	7.62	7.57	0.883	39.9	0.89
	23	9.91	+0.4	+4.5	7.86	7.81	0.882	40.2	0.93
	27	9.60	+0.4	+4.5	8.11	8.06	0.881	40.4	0.97
	31	9.29	+0.3	+4.5	8.38	8.33	0.880	40.6	1.01
Apr.	4	8.99	+0.2	+4.5	8.67	8.61	0.879	40.7	1.05
	8	8.69	+0.1	+4.5	8.97	8.91	0.879	40.8	1.09
	12	8.39	+0.1	+4.5	9.29	9.23	0.878	40.8	1.13
	16	8.09	0.0	+4.5	9.62	9.57	0.879	40.8	1.17
	20	7.80	−0.1	+4.5	9.98	9.93	0.879	40.7	1.21
	24	7.52	−0.2	+4.5	10.36	10.30	0.880	40.6	1.24
	28	7.24	−0.3	+4.5	10.76	10.70	0.881	40.3	1.28
May	2	6.96	−0.4	+4.4	11.19	11.13	0.883	40.1	1.31
	6	6.69	−0.5	+4.4	11.64	11.58	0.885	39.7	1.34
	10	6.42	−0.6	+4.4	12.12	12.06	0.887	39.2	1.37
	14	6.17	−0.7	+4.4	12.63	12.56	0.890	38.7	1.38
	18	5.91	−0.8	+4.4	13.17	13.10	0.894	38.0	1.40
	22	5.67	−0.9	+4.4	13.74	13.66	0.898	37.3	1.40
	26	5.43	−1.0	+4.4	14.34	14.26	0.903	36.4	1.40
	30	5.20	−1.2	+4.3	14.97	14.89	0.908	35.4	1.38
June	3	4.98	−1.3	+4.3	15.63	15.55	0.914	34.2	1.35
	7	4.77	−1.4	+4.3	16.33	16.24	0.920	32.9	1.31
	11	4.57	−1.5	+4.3	17.05	16.96	0.927	31.4	1.25
	15	4.38	−1.6	+4.3	17.80	17.70	0.934	29.7	1.17
	19	4.20	−1.8	+4.2	18.56	18.46	0.942	27.9	1.08
	23	4.03	−1.9	+4.2	19.34	19.23	0.950	25.8	0.97
	27	3.87	−2.0	+4.2	20.11	20.00	0.958	23.6	0.84
July	1	3.73	−2.2	+4.1	20.87	20.76	0.966	21.2	0.71

EPHEMERIS FOR PHYSICAL OBSERVATIONS
FOR 0ʰ TERRESTRIAL TIME

Date		L_s	Sub-Earth Point		Sub-Solar Point				North Pole	
			Long.	Lat.	Long.	Lat.	Dist.	P.A.	Dist.	P.A.
		°	°	°	°	°	″	°	″	°
Jan.	−2	107.40	256.43	+16.42	286.95	+24.22	+1.17	108.34	+2.26	38.46
	2	109.22	217.64	+15.53	248.62	+23.95	+1.21	107.61	+2.31	38.48
	6	111.04	178.88	+14.62	210.29	+23.66	+1.26	106.85	+2.36	38.43
	10	112.88	140.14	+13.69	171.97	+23.34	+1.31	106.06	+2.41	38.30
	14	114.72	101.42	+12.74	133.64	+22.99	+1.36	105.23	+2.47	38.09
	18	116.57	62.73	+11.77	95.32	+22.62	+1.41	104.38	+2.53	37.81
	22	118.43	24.06	+10.78	57.00	+22.22	+1.46	103.50	+2.59	37.45
	26	120.30	345.41	+ 9.78	18.69	+21.80	+1.52	102.60	+2.66	37.03
	30	122.18	306.78	+ 8.77	340.37	+21.35	+1.57	101.68	+2.72	36.53
Feb.	3	124.06	268.17	+ 7.75	302.06	+20.87	+1.63	100.73	+2.79	35.97
	7	125.96	229.58	+ 6.72	263.75	+20.38	+1.70	99.77	+2.86	35.35
	11	127.87	191.00	+ 5.69	225.45	+19.85	+1.76	98.79	+2.94	34.66
	15	129.78	152.44	+ 4.65	187.14	+19.31	+1.82	97.79	+3.02	33.91
	19	131.71	113.90	+ 3.62	148.84	+18.73	+1.89	96.78	+3.10	33.11
	23	133.65	75.37	+ 2.59	110.54	+18.14	+1.96	95.77	+3.19	32.25
	27	135.60	36.86	+ 1.56	72.25	+17.52	+2.04	94.75	+3.27	31.35
Mar.	3	137.56	358.36	+ 0.54	33.95	+16.88	+2.11	93.73	+3.37	30.39
	7	139.54	319.87	− 0.47	355.66	+16.22	+2.19	92.70	− 3.46	29.40
	11	141.53	281.39	− 1.47	317.36	+15.53	+2.27	91.69	− 3.56	28.36
	15	143.53	242.93	− 2.45	279.07	+14.83	+2.36	90.67	− 3.67	27.29
	19	145.54	204.48	− 3.42	240.77	+14.10	+2.44	89.67	− 3.78	26.19
	23	147.56	166.04	− 4.37	202.48	+13.35	+2.53	88.69	− 3.89	25.06
	27	149.60	127.62	− 5.29	164.18	+12.58	+2.63	87.72	− 4.02	23.91
	31	151.65	89.22	− 6.19	125.88	+11.80	+2.72	86.77	− 4.14	22.74
Apr.	4	153.72	50.83	− 7.07	87.58	+10.99	+2.82	85.85	− 4.28	21.55
	8	155.80	12.46	− 7.91	49.28	+10.17	+2.93	84.95	− 4.42	20.35
	12	157.90	334.11	− 8.72	10.97	+ 9.33	+3.03	84.09	− 4.56	19.14
	16	160.00	295.78	− 9.50	332.65	+ 8.47	+3.14	83.26	− 4.72	17.94
	20	162.13	257.48	−10.24	294.33	+ 7.60	+3.26	82.47	− 4.88	16.74
	24	164.27	219.22	−10.94	256.01	+ 6.71	+3.37	81.72	− 5.06	15.55
	28	166.42	180.99	−11.59	217.67	+ 5.81	+3.48	81.02	− 5.24	14.37
May	2	168.59	142.80	−12.20	179.33	+ 4.89	+3.60	80.37	− 5.44	13.21
	6	170.77	104.66	−12.77	140.97	+ 3.96	+3.72	79.78	− 5.65	12.08
	10	172.97	66.57	−13.28	102.61	+ 3.02	+3.83	79.24	− 5.87	10.97
	14	175.18	28.55	−13.73	64.23	+ 2.07	+3.95	78.78	− 6.10	9.91
	18	177.41	350.60	−14.13	25.84	+ 1.12	+4.06	78.38	− 6.35	8.89
	22	179.66	312.73	−14.48	347.44	+ 0.15	+4.16	78.06	− 6.62	7.93
	26	181.92	274.96	−14.76	309.02	− 0.82	+4.25	77.84	− 6.90	7.03
	30	184.19	237.29	−14.98	270.59	− 1.80	+4.33	77.70	− 7.19	6.19
June	3	186.48	199.73	−15.13	232.13	− 2.78	+4.39	77.68	− 7.51	5.43
	7	188.78	162.31	−15.22	193.66	− 3.77	+4.43	77.78	− 7.84	4.76
	11	191.10	125.03	−15.24	155.17	− 4.76	+4.44	78.03	− 8.18	4.18
	15	193.44	87.91	−15.19	116.65	− 5.74	+4.41	78.45	− 8.54	3.71
	19	195.79	50.96	−15.06	78.12	− 6.73	+4.34	79.08	− 8.92	3.35
	23	198.15	14.19	−14.87	39.55	− 7.71	+4.22	79.96	− 9.30	3.11
	27	200.52	337.60	−14.62	0.97	− 8.68	+4.03	81.17	− 9.68	2.99
July	1	202.91	301.21	−14.30	322.35	− 9.65	+3.77	82.80	−10.06	3.00

MARS, 2018

EPHEMERIS FOR PHYSICAL OBSERVATIONS
FOR 0^h TERRESTRIAL TIME

Date		Light-time	Magnitude	Surface Brightness	Diameter		Phase	Phase Angle	Defect of Illumination
					Eq.	Polar			
		m		mag./arcsec^2	″	″		°	″
July	1	3.73	− 2.2	+ 4.1	20.87	20.76	0.966	21.2	0.71
	5	3.60	− 2.3	+ 4.1	21.61	21.49	0.974	18.6	0.56
	9	3.49	− 2.4	+ 4.1	22.30	22.17	0.981	15.8	0.42
	13	3.40	− 2.5	+ 4.0	22.92	22.79	0.987	12.9	0.29
	17	3.32	− 2.6	+ 4.0	23.44	23.31	0.993	9.9	0.17
	21	3.26	− 2.7	+ 3.9	23.86	23.73	0.996	7.1	0.09
	25	3.23	− 2.8	+ 3.9	24.15	24.01	0.998	5.0	0.05
	29	3.20	− 2.8	+ 3.9	24.30	24.17	0.998	5.0	0.05
Aug.	2	3.20	− 2.8	+ 3.9	24.32	24.18	0.996	7.0	0.09
	6	3.22	− 2.7	+ 3.9	24.19	24.05	0.993	9.9	0.18
	10	3.26	− 2.6	+ 4.0	23.92	23.79	0.987	12.9	0.30
	14	3.31	− 2.6	+ 4.0	23.54	23.41	0.981	16.0	0.46
	18	3.38	− 2.5	+ 4.1	23.06	22.93	0.973	19.0	0.63
	22	3.46	− 2.4	+ 4.1	22.49	22.36	0.964	21.8	0.80
	26	3.56	− 2.3	+ 4.1	21.87	21.74	0.955	24.5	0.98
	30	3.67	− 2.2	+ 4.1	21.20	21.08	0.946	26.9	1.15
Sept.	3	3.80	− 2.1	+ 4.2	20.51	20.40	0.937	29.1	1.30
	7	3.93	− 1.9	+ 4.2	19.81	19.70	0.928	31.2	1.43
	11	4.08	− 1.8	+ 4.2	19.11	19.00	0.919	33.0	1.54
	15	4.23	− 1.7	+ 4.2	18.41	18.30	0.911	34.7	1.63
	19	4.39	− 1.6	+ 4.2	17.72	17.63	0.904	36.2	1.71
	23	4.57	− 1.5	+ 4.3	17.06	16.97	0.897	37.5	1.76
	27	4.74	− 1.4	+ 4.3	16.42	16.33	0.890	38.7	1.80
Oct.	1	4.93	− 1.3	+ 4.3	15.81	15.72	0.885	39.7	1.82
	5	5.12	− 1.2	+ 4.3	15.22	15.13	0.880	40.6	1.83
	9	5.32	− 1.1	+ 4.3	14.65	14.57	0.875	41.4	1.83
	13	5.52	− 1.0	+ 4.3	14.11	14.04	0.871	42.0	1.81
	17	5.73	− 0.9	+ 4.3	13.60	13.52	0.868	42.6	1.79
	21	5.94	− 0.8	+ 4.3	13.11	13.04	0.865	43.1	1.76
	25	6.16	− 0.8	+ 4.3	12.64	12.58	0.863	43.4	1.73
	29	6.38	− 0.7	+ 4.3	12.20	12.14	0.861	43.7	1.69
Nov.	2	6.61	− 0.6	+ 4.3	11.78	11.72	0.860	44.0	1.65
	6	6.84	− 0.5	+ 4.3	11.38	11.32	0.859	44.1	1.61
	10	7.08	− 0.4	+ 4.3	11.00	10.94	0.858	44.3	1.56
	14	7.32	− 0.3	+ 4.4	10.64	10.58	0.858	44.3	1.51
	18	7.57	− 0.3	+ 4.4	10.29	10.24	0.858	44.3	1.46
	22	7.82	− 0.2	+ 4.4	9.96	9.91	0.858	44.2	1.41
	26	8.07	− 0.1	+ 4.4	9.65	9.60	0.859	44.2	1.36
	30	8.33	− 0.1	+ 4.4	9.35	9.31	0.860	44.0	1.31
Dec.	4	8.59	0.0	+ 4.4	9.07	9.03	0.861	43.8	1.26
	8	8.85	+ 0.1	+ 4.4	8.80	8.76	0.862	43.6	1.22
	12	9.12	+ 0.2	+ 4.4	8.54	8.50	0.863	43.4	1.17
	16	9.39	+ 0.2	+ 4.4	8.30	8.26	0.865	43.1	1.12
	20	9.66	+ 0.3	+ 4.4	8.06	8.03	0.867	42.8	1.07
	24	9.93	+ 0.3	+ 4.4	7.84	7.80	0.869	42.5	1.03
	28	10.21	+ 0.4	+ 4.4	7.63	7.59	0.871	42.1	0.98
	32	10.49	+ 0.5	+ 4.4	7.43	7.39	0.873	41.7	0.94

EPHEMERIS FOR PHYSICAL OBSERVATIONS
FOR 0ʰ TERRESTRIAL TIME

Date		L_s	Sub-Earth Point		Sub-Solar Point				North Pole	
			Long.	Lat.	Long.	Lat.	Dist.	P.A.	Dist.	P.A.
		°	°	°	°	°	″	°	″	°
July	1	202.91	301.21	− 14.30	322.35	− 9.65	+ 3.77	82.80	− 10.06	3.00
	5	205.32	265.01	− 13.92	283.71	− 10.61	+ 3.44	85.05	− 10.43	3.14
	9	207.73	229.00	− 13.49	245.03	− 11.56	+ 3.03	88.22	− 10.78	3.41
	13	210.16	193.17	− 13.02	206.33	− 12.49	+ 2.55	92.93	− 11.10	3.80
	17	212.60	157.49	− 12.52	167.60	− 13.41	+ 2.01	100.53	− 11.38	4.30
	21	215.05	121.94	− 12.00	128.83	− 14.31	+ 1.47	114.40	− 11.61	4.88
	25	217.51	86.46	− 11.50	90.03	− 15.19	+ 1.06	142.39	− 11.77	5.53
	29	219.98	51.03	− 11.02	51.19	− 16.05	+ 1.05	184.44	− 11.86	6.21
Aug.	2	222.47	15.61	− 10.58	12.32	− 16.89	+ 1.48	213.60	− 11.88	6.89
	6	224.96	340.14	− 10.21	333.42	− 17.70	+ 2.07	228.15	− 11.84	7.55
	10	227.45	304.58	− 9.91	294.48	− 18.48	+ 2.68	236.16	− 11.72	8.15
	14	229.96	268.91	− 9.71	255.51	− 19.23	+ 3.25	241.18	− 11.54	8.67
	18	232.47	233.08	− 9.60	216.51	− 19.95	+ 3.75	244.62	− 11.30	9.08
	22	234.99	197.06	− 9.60	177.47	− 20.63	+ 4.18	247.11	− 11.03	9.36
	26	237.52	160.86	− 9.70	138.41	− 21.27	+ 4.52	248.98	− 10.72	9.52
	30	240.05	124.46	− 9.90	99.31	− 21.87	+ 4.79	250.39	− 10.39	9.54
Sept.	3	242.58	87.86	− 10.20	60.18	− 22.44	+ 4.99	251.45	− 10.04	9.43
	7	245.11	51.06	− 10.59	21.03	− 22.96	+ 5.12	252.23	− 9.68	9.18
	11	247.65	14.06	− 11.06	341.86	− 23.43	+ 5.20	252.79	− 9.32	8.81
	15	250.19	336.88	− 11.60	302.66	− 23.86	+ 5.23	253.16	− 8.97	8.31
	19	252.73	299.51	− 12.20	263.44	− 24.24	+ 5.23	253.37	− 8.62	7.69
	23	255.27	261.97	− 12.86	224.21	− 24.57	+ 5.19	253.44	− 8.27	6.97
	27	257.80	224.28	− 13.57	184.97	− 24.84	+ 5.12	253.41	− 7.94	6.15
Oct.	1	260.34	186.44	− 14.31	145.71	− 25.07	+ 5.04	253.28	− 7.62	5.24
	5	262.87	148.46	− 15.07	106.45	− 25.25	+ 4.94	253.07	− 7.31	4.25
	9	265.40	110.35	− 15.86	67.18	− 25.37	+ 4.84	252.81	− 7.01	3.17
	13	267.92	72.11	− 16.66	27.91	− 25.44	+ 4.72	252.49	− 6.73	2.03
	17	270.44	33.75	− 17.47	348.65	− 25.46	+ 4.60	252.14	− 6.45	0.82
	21	272.95	355.29	− 18.27	309.39	− 25.42	+ 4.47	251.75	− 6.19	359.56
	25	275.45	316.72	− 19.07	270.14	− 25.33	+ 4.34	251.35	− 5.95	358.24
	29	277.95	278.05	− 19.85	230.90	− 25.20	+ 4.21	250.93	− 5.71	356.87
Nov.	2	280.44	239.30	− 20.61	191.68	− 25.01	+ 4.09	250.51	− 5.49	355.47
	6	282.92	200.46	− 21.34	152.48	− 24.77	+ 3.96	250.10	− 5.28	354.03
	10	285.39	161.54	− 22.04	113.29	− 24.49	+ 3.83	249.69	− 5.08	352.56
	14	287.85	122.54	− 22.71	74.13	− 24.16	+ 3.71	249.29	− 4.89	351.07
	18	290.29	83.47	− 23.33	35.00	− 23.78	+ 3.59	248.91	− 4.71	349.55
	22	292.73	44.34	− 23.91	355.89	− 23.36	+ 3.47	248.55	− 4.54	348.02
	26	295.16	5.14	− 24.44	316.81	− 22.91	+ 3.36	248.21	− 4.38	346.48
	30	297.57	325.89	− 24.91	277.76	− 22.41	+ 3.25	247.90	− 4.23	344.94
Dec.	4	299.97	286.59	− 25.33	238.74	− 21.87	+ 3.14	247.62	− 4.08	343.40
	8	302.35	247.25	− 25.69	199.76	− 21.30	+ 3.03	247.37	− 3.95	341.86
	12	304.73	207.86	− 25.99	160.80	− 20.70	+ 2.93	247.15	− 3.83	340.34
	16	307.09	168.45	− 26.22	121.88	− 20.07	+ 2.83	246.97	− 3.71	338.84
	20	309.43	129.00	− 26.39	83.00	− 19.41	+ 2.74	246.82	− 3.60	337.37
	24	311.76	89.53	− 26.49	44.14	− 18.72	+ 2.65	246.72	− 3.50	335.92
	28	314.08	50.05	− 26.52	5.32	− 18.01	+ 2.56	246.65	− 3.40	334.52
	32	316.38	10.56	− 26.49	326.53	− 17.27	+ 2.47	246.62	− 3.31	333.16

JUPITER, 2018
EPHEMERIS FOR PHYSICAL OBSERVATIONS
FOR 0ʰ TERRESTRIAL TIME

Date		Light-time	Magnitude	Surface Brightness	Diameter		Phase Angle	Defect of Illumination
					Eq.	Polar		
		m		mag./arcsec^2	″	″	°	″
Jan.	−2	49.88	−1.8	+5.4	32.87	30.75	8.1	0.16
	2	49.44	−1.8	+5.5	33.16	31.02	8.5	0.18
	6	48.99	−1.8	+5.5	33.47	31.30	8.8	0.20
	10	48.52	−1.9	+5.5	33.79	31.61	9.1	0.21
	14	48.04	−1.9	+5.5	34.13	31.92	9.4	0.23
	18	47.54	−1.9	+5.5	34.49	32.26	9.7	0.25
	22	47.03	−1.9	+5.5	34.86	32.61	9.9	0.26
	26	46.51	−1.9	+5.5	35.25	32.97	10.1	0.27
	30	45.98	−2.0	+5.5	35.66	33.35	10.3	0.29
Feb.	3	45.45	−2.0	+5.5	36.08	33.74	10.4	0.30
	7	44.91	−2.0	+5.5	36.51	34.15	10.5	0.30
	11	44.37	−2.0	+5.5	36.96	34.57	10.5	0.31
	15	43.83	−2.1	+5.5	37.41	34.99	10.5	0.31
	19	43.29	−2.1	+5.5	37.88	35.43	10.4	0.31
	23	42.75	−2.1	+5.5	38.35	35.87	10.3	0.31
	27	42.23	−2.1	+5.5	38.83	36.32	10.1	0.30
Mar.	3	41.71	−2.2	+5.5	39.31	36.77	9.9	0.30
	7	41.20	−2.2	+5.5	39.79	37.22	9.7	0.28
	11	40.71	−2.2	+5.4	40.27	37.67	9.4	0.27
	15	40.24	−2.3	+5.4	40.75	38.11	9.0	0.25
	19	39.78	−2.3	+5.4	41.21	38.55	8.6	0.23
	23	39.35	−2.3	+5.4	41.67	38.98	8.2	0.21
	27	38.94	−2.3	+5.4	42.11	39.38	7.7	0.19
	31	38.56	−2.4	+5.4	42.52	39.78	7.1	0.16
Apr.	4	38.20	−2.4	+5.4	42.92	40.14	6.5	0.14
	8	37.88	−2.4	+5.4	43.28	40.49	5.9	0.11
	12	37.59	−2.4	+5.4	43.62	40.80	5.2	0.09
	16	37.33	−2.4	+5.4	43.92	41.08	4.5	0.07
	20	37.11	−2.5	+5.4	44.18	41.32	3.8	0.05
	24	36.93	−2.5	+5.4	44.40	41.53	3.0	0.03
	28	36.79	−2.5	+5.4	44.57	41.69	2.2	0.02
May	2	36.68	−2.5	+5.4	44.70	41.81	1.5	0.01
	6	36.62	−2.5	+5.4	44.78	41.88	0.7	0.00
	10	36.59	−2.5	+5.4	44.81	41.91	0.3	0.00
	14	36.61	−2.5	+5.4	44.79	41.89	1.0	0.00
	18	36.66	−2.5	+5.4	44.72	41.83	1.8	0.01
	22	36.76	−2.5	+5.4	44.61	41.72	2.6	0.02
	26	36.89	−2.5	+5.4	44.45	41.57	3.4	0.04
	30	37.06	−2.5	+5.4	44.24	41.38	4.2	0.06
June	3	37.27	−2.5	+5.4	44.00	41.15	4.9	0.08
	7	37.51	−2.4	+5.4	43.71	40.89	5.6	0.10
	11	37.78	−2.4	+5.4	43.40	40.59	6.2	0.13
	15	38.09	−2.4	+5.4	43.05	40.26	6.9	0.15
	19	38.42	−2.4	+5.4	42.67	39.91	7.5	0.18
	23	38.78	−2.4	+5.4	42.28	39.54	8.0	0.21
	27	39.17	−2.3	+5.4	41.86	39.15	8.5	0.23
July	1	39.58	−2.3	+5.4	41.43	38.75	8.9	0.25

JUPITER, 2018

EPHEMERIS FOR PHYSICAL OBSERVATIONS
FOR 0ʰ TERRESTRIAL TIME

Date		L_s	Sub-Earth Point		Sub-Solar Point				North Pole	
			Long.	Lat.	Long.	Lat.	Dist.	P.A.	Dist.	P.A.
		°	°	°	°	°	"	°	"	°
Jan.	−2	260.86	174.21	−3.55	182.31	−3.52	+2.31	107.40	−15.35	17.37
	2	261.16	55.93	−3.57	64.41	−3.52	+2.44	107.10	−15.48	17.15
	6	261.46	297.70	−3.59	306.52	−3.53	+2.56	106.82	−15.62	16.93
	10	261.77	179.49	−3.60	188.65	−3.53	+2.68	106.55	−15.78	16.72
	14	262.07	61.33	−3.62	70.78	−3.53	+2.80	106.30	−15.93	16.52
	18	262.38	303.21	−3.64	312.92	−3.53	+2.90	106.05	−16.10	16.32
	22	262.68	185.13	−3.65	195.07	−3.54	+3.00	105.81	−16.28	16.14
	26	262.99	67.09	−3.67	77.22	−3.54	+3.09	105.59	−16.46	15.97
	30	263.29	309.10	−3.69	319.38	−3.54	+3.18	105.37	−16.65	15.81
Feb.	3	263.60	191.14	−3.70	201.54	−3.54	+3.25	105.17	−16.84	15.66
	7	263.90	73.24	−3.72	83.70	−3.54	+3.31	104.98	−17.04	15.52
	11	264.21	315.37	−3.74	325.87	−3.55	+3.36	104.79	−17.25	15.40
	15	264.51	197.55	−3.75	208.03	−3.55	+3.40	104.62	−17.46	15.30
	19	264.82	79.77	−3.77	90.20	−3.55	+3.42	104.47	−17.68	15.21
	23	265.12	322.04	−3.78	332.36	−3.55	+3.43	104.32	−17.90	15.14
	27	265.43	204.35	−3.79	214.51	−3.55	+3.42	104.18	−18.12	15.08
Mar.	3	265.74	86.71	−3.81	96.67	−3.56	+3.39	104.06	−18.35	15.04
	7	266.04	329.10	−3.82	338.81	−3.56	+3.35	103.94	−18.57	15.02
	11	266.35	211.54	−3.83	220.94	−3.56	+3.28	103.83	−18.80	15.02
	15	266.65	94.02	−3.84	103.07	−3.56	+3.20	103.73	−19.02	15.04
	19	266.96	336.54	−3.85	345.18	−3.56	+3.09	103.63	−19.24	15.07
	23	267.26	219.09	−3.86	227.28	−3.56	+2.96	103.53	−19.45	15.13
	27	267.57	101.68	−3.87	109.36	−3.56	+2.81	103.43	−19.65	15.20
	31	267.88	344.30	−3.87	351.43	−3.56	+2.64	103.31	−19.85	15.28
Apr.	4	268.18	226.94	−3.88	233.48	−3.56	+2.44	103.17	−20.03	15.38
	8	268.49	109.61	−3.88	115.52	−3.56	+2.23	102.99	−20.20	15.50
	12	268.80	352.29	−3.88	357.53	−3.56	+1.99	102.75	−20.36	15.63
	16	269.10	234.99	−3.88	239.52	−3.56	+1.73	102.42	−20.50	15.77
	20	269.41	117.70	−3.88	121.49	−3.56	+1.46	101.91	−20.62	15.92
	24	269.72	0.42	−3.87	3.44	−3.56	+1.17	101.09	−20.72	16.08
	28	270.02	243.13	−3.86	245.36	−3.56	+0.87	99.62	−20.80	16.24
May	2	270.33	125.83	−3.86	127.26	−3.56	+0.57	96.39	−20.86	16.41
	6	270.64	8.52	−3.84	9.14	−3.56	+0.26	85.08	−20.90	16.58
	10	270.94	251.19	−3.83	250.99	−3.56	+0.12	336.81	−20.91	16.75
	14	271.25	133.83	−3.82	132.82	−3.56	+0.40	299.24	−20.91	16.92
	18	271.56	16.44	−3.80	14.62	−3.56	+0.72	293.54	−20.87	17.09
	22	271.87	259.02	−3.78	256.40	−3.56	+1.02	291.38	−20.82	17.25
	26	272.17	141.56	−3.76	138.15	−3.56	+1.32	290.28	−20.75	17.41
	30	272.48	24.05	−3.74	19.89	−3.56	+1.60	289.63	−20.65	17.55
June	3	272.79	266.49	−3.72	261.60	−3.56	+1.87	289.21	−20.54	17.69
	7	273.10	148.88	−3.70	143.29	−3.56	+2.13	288.92	−20.41	17.81
	11	273.40	31.22	−3.68	24.96	−3.56	+2.36	288.71	−20.26	17.93
	15	273.71	273.49	−3.65	266.61	−3.56	+2.58	288.55	−20.10	18.03
	19	274.02	155.71	−3.63	148.24	−3.56	+2.77	288.42	−19.92	18.11
	23	274.33	37.87	−3.61	29.86	−3.55	+2.94	288.31	−19.74	18.19
	27	274.64	279.97	−3.59	271.46	−3.55	+3.09	288.21	−19.54	18.25
July	1	274.94	162.01	−3.56	153.05	−3.55	+3.22	288.12	−19.34	18.29

JUPITER, 2018

EPHEMERIS FOR PHYSICAL OBSERVATIONS
FOR 0ʰ TERRESTRIAL TIME

Date		Light-time	Magnitude	Surface Brightness	Diameter		Phase Angle	Defect of Illumination
					Eq.	Polar		
		m		mag./arcsec^2	″	″	°	″
July	1	39.58	−2.3	+5.4	41.43	38.75	8.9	0.25
	5	40.01	−2.3	+5.4	40.98	38.33	9.3	0.27
	9	40.45	−2.3	+5.4	40.53	37.91	9.7	0.29
	13	40.92	−2.2	+5.4	40.07	37.48	10.0	0.30
	17	41.39	−2.2	+5.4	39.61	37.05	10.3	0.32
	21	41.88	−2.2	+5.4	39.15	36.62	10.5	0.33
	25	42.38	−2.2	+5.4	38.69	36.19	10.6	0.33
	29	42.88	−2.1	+5.4	38.24	35.76	10.7	0.34
Aug.	2	43.39	−2.1	+5.4	37.79	35.35	10.8	0.34
	6	43.90	−2.1	+5.4	37.35	34.94	10.8	0.33
	10	44.41	−2.1	+5.4	36.92	34.53	10.8	0.33
	14	44.92	−2.0	+5.4	36.50	34.14	10.8	0.32
	18	45.42	−2.0	+5.4	36.10	33.76	10.7	0.31
	22	45.92	−2.0	+5.4	35.70	33.39	10.5	0.30
	26	46.42	−2.0	+5.4	35.32	33.04	10.4	0.29
	30	46.90	−1.9	+5.4	34.96	32.70	10.2	0.27
Sept.	3	47.37	−1.9	+5.4	34.61	32.37	9.9	0.26
	7	47.84	−1.9	+5.4	34.27	32.06	9.7	0.24
	11	48.29	−1.9	+5.4	33.96	31.76	9.4	0.23
	15	48.72	−1.9	+5.4	33.65	31.48	9.0	0.21
	19	49.14	−1.8	+5.4	33.37	31.21	8.7	0.19
	23	49.54	−1.8	+5.4	33.10	30.96	8.3	0.17
	27	49.92	−1.8	+5.4	32.84	30.72	7.9	0.16
Oct.	1	50.28	−1.8	+5.4	32.61	30.50	7.5	0.14
	5	50.63	−1.8	+5.4	32.39	30.29	7.0	0.12
	9	50.95	−1.8	+5.4	32.18	30.10	6.6	0.11
	13	51.24	−1.8	+5.4	32.00	29.93	6.1	0.09
	17	51.52	−1.8	+5.4	31.83	29.77	5.6	0.08
	21	51.76	−1.8	+5.4	31.68	29.63	5.1	0.06
	25	51.99	−1.7	+5.4	31.54	29.50	4.6	0.05
	29	52.18	−1.7	+5.4	31.42	29.39	4.0	0.04
Nov.	2	52.35	−1.7	+5.4	31.32	29.29	3.5	0.03
	6	52.50	−1.7	+5.4	31.23	29.21	2.9	0.02
	10	52.61	−1.7	+5.4	31.16	29.15	2.3	0.01
	14	52.70	−1.7	+5.4	31.11	29.10	1.8	0.01
	18	52.76	−1.7	+5.4	31.08	29.07	1.2	0.00
	22	52.79	−1.7	+5.4	31.06	29.05	0.6	0.00
	26	52.79	−1.7	+5.4	31.06	29.05	0.1	0.00
	30	52.76	−1.7	+5.4	31.08	29.07	0.6	0.00
Dec.	4	52.70	−1.7	+5.4	31.11	29.10	1.1	0.00
	8	52.62	−1.7	+5.4	31.16	29.14	1.7	0.01
	12	52.50	−1.7	+5.4	31.23	29.21	2.3	0.01
	16	52.36	−1.7	+5.4	31.31	29.29	2.8	0.02
	20	52.19	−1.8	+5.4	31.42	29.38	3.4	0.03
	24	51.99	−1.8	+5.4	31.54	29.50	4.0	0.04
	28	51.76	−1.8	+5.4	31.68	29.63	4.5	0.05
	32	51.51	−1.8	+5.4	31.83	29.77	5.0	0.06

JUPITER, 2018
EPHEMERIS FOR PHYSICAL OBSERVATIONS
FOR 0ʰ TERRESTRIAL TIME

Date		L_s	Sub-Earth Point		Sub-Solar Point				North Pole	
			Long.	Lat.	Long.	Lat.	Dist.	P.A.	Dist.	P.A.
		°	°	°	°	°	″	°	″	°
July	1	274.94	162.01	−3.56	153.05	−3.55	+3.22	288.12	−19.34	18.29
	5	275.25	43.98	−3.54	34.63	−3.55	+3.33	288.03	−19.13	18.32
	9	275.56	285.90	−3.52	276.19	−3.55	+3.41	287.94	−18.92	18.34
	13	275.87	167.76	−3.50	157.75	−3.55	+3.48	287.85	−18.71	18.34
	17	276.18	49.57	−3.48	39.29	−3.54	+3.53	287.75	−18.49	18.32
	21	276.49	291.32	−3.47	280.83	−3.54	+3.56	287.65	−18.28	18.29
	25	276.80	173.01	−3.45	162.37	−3.54	+3.57	287.54	−18.07	18.25
	29	277.11	54.66	−3.43	43.90	−3.54	+3.56	287.42	−17.85	18.19
Aug.	2	277.41	296.26	−3.42	285.43	−3.54	+3.55	287.29	−17.65	18.12
	6	277.72	177.81	−3.40	166.95	−3.53	+3.51	287.15	−17.44	18.03
	10	278.03	59.32	−3.39	48.48	−3.53	+3.47	287.01	−17.24	17.93
	14	278.34	300.79	−3.38	290.00	−3.53	+3.41	286.85	−17.05	17.82
	18	278.65	182.23	−3.37	171.53	−3.52	+3.34	286.69	−16.86	17.69
	22	278.96	63.62	−3.36	53.06	−3.52	+3.27	286.51	−16.67	17.55
	26	279.27	304.99	−3.35	294.60	−3.52	+3.18	286.32	−16.49	17.40
	30	279.58	186.32	−3.34	176.14	−3.52	+3.09	286.12	−16.32	17.23
Sept.	3	279.89	67.63	−3.34	57.69	−3.51	+2.98	285.91	−16.16	17.05
	7	280.20	308.92	−3.33	299.24	−3.51	+2.88	285.69	−16.00	16.86
	11	280.51	190.18	−3.33	180.80	−3.51	+2.76	285.45	−15.86	16.66
	15	280.82	71.42	−3.32	62.37	−3.50	+2.64	285.21	−15.71	16.44
	19	281.13	312.65	−3.32	303.95	−3.50	+2.52	284.94	−15.58	16.21
	23	281.44	193.86	−3.31	185.54	−3.49	+2.39	284.67	−15.45	15.98
	27	281.75	75.06	−3.31	67.15	−3.49	+2.26	284.38	−15.34	15.73
Oct.	1	282.07	316.25	−3.31	308.76	−3.49	+2.12	284.08	−15.23	15.47
	5	282.38	197.43	−3.30	190.38	−3.48	+1.98	283.75	−15.12	15.20
	9	282.69	78.60	−3.30	72.02	−3.48	+1.84	283.41	−15.03	14.92
	13	283.00	319.77	−3.30	313.68	−3.47	+1.70	283.05	−14.94	14.63
	17	283.31	200.94	−3.30	195.34	−3.47	+1.55	282.66	−14.86	14.33
	21	283.62	82.11	−3.30	77.03	−3.46	+1.40	282.24	−14.79	14.02
	25	283.93	323.28	−3.30	318.72	−3.46	+1.25	281.78	−14.73	13.70
	29	284.24	204.46	−3.29	200.44	−3.46	+1.10	281.27	−14.67	13.38
Nov.	2	284.56	85.64	−3.29	82.17	−3.45	+0.95	280.68	−14.62	13.05
	6	284.87	326.82	−3.29	323.91	−3.45	+0.79	279.97	−14.58	12.71
	10	285.18	208.02	−3.29	205.67	−3.44	+0.64	279.07	−14.55	12.36
	14	285.49	89.23	−3.29	87.45	−3.44	+0.48	277.79	−14.53	12.01
	18	285.81	330.45	−3.29	329.25	−3.43	+0.33	275.59	−14.51	11.65
	22	286.12	211.68	−3.28	211.06	−3.42	+0.17	270.01	−14.50	11.29
	26	286.43	92.93	−3.28	92.89	−3.42	+0.03	210.31	−14.50	10.92
	30	286.74	334.20	−3.28	334.74	−3.41	+0.15	113.03	−14.51	10.55
Dec.	4	287.06	215.48	−3.27	216.60	−3.41	+0.30	106.16	−14.53	10.18
	8	287.37	96.79	−3.27	98.48	−3.40	+0.46	103.70	−14.55	9.80
	12	287.68	338.11	−3.27	340.38	−3.40	+0.62	102.31	−14.58	9.43
	16	288.00	219.46	−3.26	222.30	−3.39	+0.78	101.34	−14.62	9.05
	20	288.31	100.83	−3.26	104.24	−3.38	+0.93	100.58	−14.67	8.67
	24	288.62	342.23	−3.26	346.19	−3.38	+1.09	99.94	−14.73	8.29
	28	288.94	223.65	−3.25	228.15	−3.37	+1.24	99.37	−14.79	7.92
	32	289.25	105.10	−3.25	110.13	−3.37	+1.39	98.85	−14.86	7.55

SATURN, 2018

EPHEMERIS FOR PHYSICAL OBSERVATIONS
FOR 0ʰ TERRESTRIAL TIME

Date		Light-time	Magnitude	Surface Brightness	Diameter		Phase Angle	Defect of Illumination
					Eq.	Polar		
		m		mag./arcsec²	″	″	°	″
Jan.	−2	91.83	+0.5	+ 6.9	15.05	13.89	0.6	0.00
	2	91.75	+0.5	+ 6.9	15.07	13.90	1.0	0.00
	6	91.63	+0.5	+ 6.9	15.08	13.91	1.3	0.00
	10	91.48	+0.5	+ 6.9	15.11	13.93	1.7	0.00
	14	91.30	+0.5	+ 6.9	15.14	13.96	2.0	0.00
	18	91.08	+0.5	+ 6.9	15.17	13.99	2.3	0.01
	22	90.84	+0.5	+ 6.9	15.22	14.03	2.6	0.01
	26	90.56	+0.5	+ 6.9	15.26	14.07	2.9	0.01
	30	90.25	+0.6	+ 6.9	15.32	14.12	3.2	0.01
Feb.	3	89.91	+0.6	+ 6.9	15.37	14.17	3.5	0.01
	7	89.55	+0.6	+ 6.9	15.43	14.23	3.8	0.02
	11	89.16	+0.6	+ 6.9	15.50	14.29	4.1	0.02
	15	88.75	+0.6	+ 6.9	15.57	14.35	4.3	0.02
	19	88.31	+0.6	+ 6.9	15.65	14.42	4.5	0.02
	23	87.85	+0.6	+ 6.9	15.73	14.50	4.8	0.03
	27	87.37	+0.6	+ 6.9	15.82	14.58	4.9	0.03
Mar.	3	86.88	+0.6	+ 6.9	15.91	14.66	5.1	0.03
	7	86.37	+0.6	+ 6.9	16.00	14.74	5.3	0.03
	11	85.84	+0.5	+ 6.9	16.10	14.83	5.4	0.04
	15	85.31	+0.5	+ 6.9	16.20	14.93	5.5	0.04
	19	84.76	+0.5	+ 6.9	16.31	15.02	5.6	0.04
	23	84.21	+0.5	+ 6.9	16.41	15.12	5.6	0.04
	27	83.66	+0.5	+ 6.9	16.52	15.22	5.7	0.04
	31	83.10	+0.5	+ 6.9	16.63	15.32	5.7	0.04
Apr.	4	82.55	+0.5	+ 6.9	16.74	15.42	5.7	0.04
	8	82.00	+0.5	+ 6.9	16.86	15.52	5.6	0.04
	12	81.45	+0.4	+ 6.9	16.97	15.63	5.6	0.04
	16	80.92	+0.4	+ 6.9	17.08	15.73	5.5	0.04
	20	80.39	+0.4	+ 6.9	17.19	15.83	5.4	0.04
	24	79.88	+0.4	+ 6.9	17.30	15.94	5.2	0.04
	28	79.38	+0.4	+ 6.9	17.41	16.04	5.0	0.03
May	2	78.90	+0.3	+ 6.9	17.52	16.13	4.8	0.03
	6	78.45	+0.3	+ 6.9	17.62	16.23	4.6	0.03
	10	78.01	+0.3	+ 6.9	17.72	16.32	4.4	0.03
	14	77.60	+0.3	+ 6.9	17.81	16.41	4.1	0.02
	18	77.22	+0.3	+ 6.9	17.90	16.49	3.8	0.02
	22	76.87	+0.2	+ 6.9	17.98	16.56	3.5	0.02
	26	76.55	+0.2	+ 6.9	18.06	16.63	3.2	0.01
	30	76.26	+0.2	+ 6.9	18.13	16.70	2.8	0.01
June	3	76.00	+0.2	+ 6.9	18.19	16.76	2.5	0.01
	7	75.78	+0.1	+ 6.9	18.24	16.80	2.1	0.01
	11	75.60	+0.1	+ 6.9	18.28	16.85	1.7	0.00
	15	75.46	+0.1	+ 6.9	18.32	16.88	1.3	0.00
	19	75.35	+0.1	+ 6.9	18.34	16.90	0.9	0.00
	23	75.28	0.0	+ 6.9	18.36	16.92	0.5	0.00
	27	75.26	0.0	+ 6.9	18.37	16.93	0.1	0.00
July	1	75.27	0.0	+ 6.9	18.36	16.93	0.4	0.00

SATURN, 2018

EPHEMERIS FOR PHYSICAL OBSERVATIONS
FOR 0ʰ TERRESTRIAL TIME

Date		L_s	Sub-Earth Point		Sub-Solar Point				North Pole	
			Long.	Lat.	Long.	Lat.	Dist.	P.A.	Dist.	P.A.
		°	°	°	°	°	″	°	″	°
Jan.	−2	96.56	156.74	+31.57	157.44	+31.55	+0.08	97.56	+6.07	5.45
	2	96.68	159.44	+31.52	160.53	+31.54	+0.13	94.43	+6.08	5.49
	6	96.80	162.16	+31.47	163.64	+31.53	+0.17	92.84	+6.09	5.52
	10	96.92	164.91	+31.42	166.76	+31.52	+0.21	91.83	+6.10	5.56
	14	97.04	167.69	+31.36	169.91	+31.52	+0.26	91.09	+6.12	5.60
	18	97.16	170.49	+31.30	173.07	+31.51	+0.30	90.51	+6.13	5.63
	22	97.28	173.31	+31.24	176.25	+31.50	+0.34	90.03	+6.15	5.67
	26	97.40	176.17	+31.18	179.45	+31.49	+0.38	89.62	+6.18	5.70
	30	97.52	179.06	+31.12	182.66	+31.48	+0.42	89.25	+6.20	5.73
Feb.	3	97.64	181.97	+31.06	185.89	+31.47	+0.46	88.92	+6.23	5.76
	7	97.76	184.92	+31.00	189.14	+31.46	+0.50	88.62	+6.25	5.79
	11	97.88	187.89	+30.94	192.40	+31.45	+0.54	88.34	+6.28	5.81
	15	98.00	190.90	+30.88	195.68	+31.44	+0.57	88.08	+6.32	5.84
	19	98.12	193.94	+30.82	198.96	+31.44	+0.61	87.84	+6.35	5.86
	23	98.24	197.01	+30.77	202.26	+31.43	+0.64	87.62	+6.39	5.88
	27	98.36	200.11	+30.71	205.57	+31.42	+0.67	87.41	+6.42	5.91
Mar.	3	98.48	203.25	+30.66	208.90	+31.41	+0.69	87.21	+6.46	5.92
	7	98.60	206.41	+30.61	212.22	+31.40	+0.72	87.03	+6.50	5.94
	11	98.72	209.61	+30.57	215.56	+31.39	+0.74	86.86	+6.55	5.96
	15	98.84	212.84	+30.52	218.90	+31.38	+0.76	86.70	+6.59	5.97
	19	98.96	216.10	+30.48	222.25	+31.37	+0.78	86.55	+6.63	5.99
	23	99.08	219.38	+30.45	225.60	+31.35	+0.79	86.42	+6.68	6.00
	27	99.20	222.70	+30.42	228.96	+31.34	+0.80	86.29	+6.72	6.01
	31	99.32	226.05	+30.39	232.31	+31.33	+0.81	86.18	+6.77	6.02
Apr.	4	99.44	229.42	+30.37	235.66	+31.32	+0.81	86.07	+6.82	6.02
	8	99.56	232.82	+30.36	239.02	+31.31	+0.81	85.98	+6.86	6.03
	12	99.68	236.24	+30.34	242.37	+31.30	+0.81	85.89	+6.91	6.03
	16	99.80	239.69	+30.34	245.71	+31.29	+0.80	85.82	+6.96	6.03
	20	99.92	243.16	+30.34	249.05	+31.28	+0.79	85.75	+7.00	6.03
	24	100.04	246.66	+30.34	252.38	+31.26	+0.77	85.69	+7.05	6.03
	28	100.16	250.17	+30.35	255.70	+31.25	+0.75	85.64	+7.09	6.03
May	2	100.28	253.70	+30.37	259.01	+31.24	+0.72	85.58	+7.13	6.02
	6	100.40	257.24	+30.39	262.31	+31.23	+0.69	85.54	+7.17	6.01
	10	100.53	260.80	+30.41	265.60	+31.22	+0.66	85.49	+7.21	6.01
	14	100.65	264.37	+30.44	268.87	+31.20	+0.62	85.44	+7.25	6.00
	18	100.77	267.94	+30.47	272.13	+31.19	+0.58	85.38	+7.28	5.99
	22	100.89	271.53	+30.51	275.37	+31.18	+0.54	85.31	+7.31	5.97
	26	101.01	275.11	+30.55	278.59	+31.17	+0.49	85.21	+7.34	5.96
	30	101.13	278.70	+30.59	281.80	+31.15	+0.44	85.08	+7.37	5.95
June	3	101.25	282.29	+30.64	284.98	+31.14	+0.38	84.89	+7.39	5.93
	7	101.37	285.87	+30.69	288.15	+31.13	+0.33	84.60	+7.41	5.91
	11	101.49	289.44	+30.74	291.29	+31.11	+0.27	84.14	+7.42	5.90
	15	101.61	293.00	+30.79	294.42	+31.10	+0.20	83.33	+7.43	5.88
	19	101.73	296.55	+30.85	297.52	+31.09	+0.14	81.70	+7.44	5.86
	23	101.85	300.08	+30.90	300.60	+31.07	+0.08	77.12	+7.44	5.84
	27	101.97	303.60	+30.95	303.66	+31.06	+0.02	34.30	+7.44	5.82
July	1	102.09	307.09	+31.01	306.69	+31.04	+0.06	281.29	+7.44	5.80

SATURN, 2018

EPHEMERIS FOR PHYSICAL OBSERVATIONS
FOR 0ʰ TERRESTRIAL TIME

Date		Light-time	Magnitude	Surface Brightness	Diameter		Phase Angle	Defect of Illumination
					Eq.	Polar		
		m		mag./arcsec²	″	″	°	″
July	1	75.27	0.0	+ 6.9	18.36	16.93	0.4	0.00
	5	75.32	+0.1	+ 6.9	18.35	16.92	0.8	0.00
	9	75.41	+0.1	+ 6.9	18.33	16.90	1.2	0.00
	13	75.54	+0.1	+ 6.9	18.30	16.87	1.6	0.00
	17	75.71	+0.1	+ 6.9	18.26	16.83	2.0	0.01
	21	75.92	+0.1	+ 6.9	18.21	16.79	2.3	0.01
	25	76.16	+0.2	+ 6.9	18.15	16.74	2.7	0.01
	29	76.44	+0.2	+ 6.9	18.08	16.68	3.1	0.01
Aug.	2	76.74	+0.2	+ 6.9	18.01	16.61	3.4	0.02
	6	77.08	+0.2	+ 6.9	17.93	16.54	3.7	0.02
	10	77.46	+0.2	+ 6.9	17.85	16.46	4.0	0.02
	14	77.85	+0.3	+ 6.9	17.75	16.38	4.3	0.02
	18	78.28	+0.3	+ 6.9	17.66	16.29	4.6	0.03
	22	78.72	+0.3	+ 6.9	17.56	16.20	4.8	0.03
	26	79.19	+0.3	+ 6.9	17.45	16.10	5.0	0.03
	30	79.68	+0.4	+ 6.9	17.35	16.00	5.2	0.04
Sept.	3	80.18	+0.4	+ 6.9	17.24	15.90	5.3	0.04
	7	80.70	+0.4	+ 6.9	17.13	15.80	5.5	0.04
	11	81.23	+0.4	+ 6.9	17.02	15.70	5.6	0.04
	15	81.77	+0.4	+ 6.9	16.90	15.59	5.6	0.04
	19	82.32	+0.4	+ 6.9	16.79	15.49	5.7	0.04
	23	82.87	+0.5	+ 6.9	16.68	15.39	5.7	0.04
	27	83.42	+0.5	+ 6.9	16.57	15.29	5.7	0.04
Oct.	1	83.97	+0.5	+ 6.9	16.46	15.19	5.7	0.04
	5	84.52	+0.5	+ 6.9	16.35	15.09	5.6	0.04
	9	85.06	+0.5	+ 6.9	16.25	14.99	5.6	0.04
	13	85.60	+0.5	+ 6.9	16.15	14.90	5.5	0.04
	17	86.12	+0.5	+ 6.9	16.05	14.80	5.4	0.03
	21	86.64	+0.5	+ 6.9	15.95	14.72	5.2	0.03
	25	87.14	+0.5	+ 6.9	15.86	14.63	5.0	0.03
	29	87.62	+0.6	+ 6.9	15.78	14.55	4.9	0.03
Nov.	2	88.08	+0.6	+ 6.9	15.69	14.47	4.7	0.03
	6	88.53	+0.6	+ 6.9	15.61	14.40	4.4	0.02
	10	88.95	+0.6	+ 6.9	15.54	14.33	4.2	0.02
	14	89.35	+0.6	+ 6.9	15.47	14.26	4.0	0.02
	18	89.72	+0.6	+ 6.9	15.40	14.20	3.7	0.02
	22	90.07	+0.6	+ 6.9	15.35	14.15	3.4	0.01
	26	90.39	+0.5	+ 6.9	15.29	14.10	3.1	0.01
	30	90.68	+0.5	+ 6.9	15.24	14.05	2.8	0.01
Dec.	4	90.94	+0.5	+ 6.9	15.20	14.01	2.5	0.01
	8	91.17	+0.5	+ 6.9	15.16	13.97	2.2	0.01
	12	91.37	+0.5	+ 6.9	15.13	13.94	1.8	0.00
	16	91.53	+0.5	+ 6.9	15.10	13.91	1.5	0.00
	20	91.66	+0.5	+ 6.9	15.08	13.89	1.2	0.00
	24	91.76	+0.5	+ 6.9	15.06	13.88	0.8	0.00
	28	91.82	+0.5	+ 6.9	15.05	13.86	0.5	0.00
	32	91.84	+0.5	+ 6.9	15.05	13.86	0.1	0.00

SATURN, 2018

EPHEMERIS FOR PHYSICAL OBSERVATIONS
FOR 0ʰ TERRESTRIAL TIME

Date		L_s	Sub-Earth Point		Sub-Solar Point				North Pole	
			Long.	Lat.	Long.	Lat.	Dist.	P.A.	Dist.	P.A.
		°	°	°	°	°	″	°	″	°
July	1	102.09	307.09	+31.01	306.69	+31.04	+0.06	281.29	+7.44	5.80
	5	102.21	310.56	+31.06	309.70	+31.03	+0.12	274.01	+7.43	5.78
	9	102.33	314.00	+31.11	312.69	+31.02	+0.18	271.87	+7.42	5.76
	13	102.45	317.41	+31.16	315.66	+31.00	+0.25	270.89	+7.40	5.74
	17	102.57	320.79	+31.21	318.61	+30.99	+0.31	270.35	+7.39	5.72
	21	102.69	324.14	+31.26	321.54	+30.97	+0.37	270.02	+7.36	5.70
	25	102.81	327.45	+31.30	324.44	+30.96	+0.42	269.81	+7.34	5.68
	29	102.93	330.73	+31.35	327.33	+30.94	+0.47	269.67	+7.31	5.66
Aug.	2	103.05	333.97	+31.39	330.20	+30.93	+0.52	269.57	+7.28	5.65
	6	103.17	337.17	+31.42	333.05	+30.91	+0.57	269.50	+7.24	5.63
	10	103.29	340.33	+31.46	335.89	+30.90	+0.61	269.44	+7.21	5.62
	14	103.41	343.46	+31.49	338.70	+30.88	+0.65	269.40	+7.17	5.61
	18	103.53	346.54	+31.52	341.51	+30.87	+0.69	269.36	+7.13	5.60
	22	103.65	349.59	+31.54	344.30	+30.85	+0.72	269.32	+7.08	5.59
	26	103.77	352.59	+31.56	347.08	+30.83	+0.74	269.28	+7.04	5.58
	30	103.89	355.56	+31.58	349.85	+30.82	+0.77	269.24	+7.00	5.58
Sept.	3	104.01	358.49	+31.60	352.61	+30.80	+0.78	269.19	+6.95	5.58
	7	104.13	1.38	+31.61	355.36	+30.79	+0.80	269.14	+6.91	5.57
	11	104.25	4.24	+31.62	358.10	+30.77	+0.81	269.07	+6.86	5.58
	15	104.38	7.06	+31.62	0.84	+30.75	+0.81	269.01	+6.82	5.58
	19	104.50	9.86	+31.63	3.58	+30.74	+0.81	268.93	+6.77	5.59
	23	104.62	12.61	+31.62	6.31	+30.72	+0.81	268.84	+6.73	5.59
	27	104.74	15.35	+31.62	9.04	+30.70	+0.81	268.74	+6.68	5.60
Oct.	1	104.86	18.05	+31.61	11.77	+30.68	+0.80	268.64	+6.64	5.62
	5	104.98	20.73	+31.60	14.51	+30.67	+0.79	268.53	+6.60	5.63
	9	105.10	23.38	+31.58	17.25	+30.65	+0.77	268.40	+6.55	5.64
	13	105.22	26.01	+31.56	19.99	+30.63	+0.75	268.27	+6.51	5.66
	17	105.34	28.62	+31.54	22.73	+30.61	+0.73	268.12	+6.48	5.68
	21	105.46	31.22	+31.51	25.49	+30.60	+0.71	267.97	+6.44	5.70
	25	105.58	33.80	+31.48	28.25	+30.58	+0.68	267.80	+6.40	5.72
	29	105.70	36.37	+31.44	31.02	+30.56	+0.66	267.63	+6.37	5.74
Nov.	2	105.82	38.92	+31.40	33.80	+30.54	+0.62	267.44	+6.34	5.77
	6	105.94	41.47	+31.35	36.60	+30.52	+0.59	267.25	+6.31	5.79
	10	106.06	44.02	+31.31	39.40	+30.50	+0.56	267.04	+6.28	5.82
	14	106.18	46.56	+31.25	42.22	+30.49	+0.52	266.82	+6.26	5.85
	18	106.30	49.09	+31.20	45.05	+30.47	+0.49	266.58	+6.23	5.87
	22	106.42	51.63	+31.14	47.90	+30.45	+0.45	266.33	+6.21	5.90
	26	106.54	54.17	+31.07	50.77	+30.43	+0.41	266.06	+6.19	5.93
	30	106.66	56.71	+31.00	53.65	+30.41	+0.37	265.77	+6.18	5.96
Dec.	4	106.78	59.26	+30.93	56.54	+30.39	+0.32	265.45	+6.16	5.98
	8	106.90	61.82	+30.85	59.46	+30.37	+0.28	265.08	+6.15	6.01
	12	107.02	64.39	+30.77	62.39	+30.35	+0.24	264.65	+6.14	6.04
	16	107.14	66.97	+30.69	65.34	+30.33	+0.19	264.11	+6.13	6.07
	20	107.26	69.57	+30.60	68.31	+30.31	+0.15	263.37	+6.13	6.10
	24	107.38	72.18	+30.52	71.30	+30.29	+0.11	262.18	+6.13	6.12
	28	107.50	74.81	+30.42	74.31	+30.27	+0.06	259.49	+6.13	6.15
	32	107.62	77.45	+30.33	77.34	+30.25	+0.02	242.54	+6.13	6.18

URANUS, 2018

EPHEMERIS FOR PHYSICAL OBSERVATIONS
FOR 0ʰ TERRESTRIAL TIME

Date		Light-time	Magnitude	Equatorial Diameter	Phase Angle	L_s	Sub-Earth Lat.	North Pole	
								Dist.	P.A.
		m		"	°	°	°	"	°
Jan.	−8	162.13	+ 5.8	3.62	2.6	39.43	+ 37.71	+ 1.42	257.71
	2	163.49	+ 5.8	3.59	2.8	39.54	+ 37.66	+ 1.41	257.70
	12	164.90	+ 5.8	3.55	2.8	39.64	+ 37.70	+ 1.40	257.71
	22	166.33	+ 5.8	3.52	2.8	39.75	+ 37.82	+ 1.38	257.75
Feb.	1	167.73	+ 5.8	3.49	2.7	39.86	+ 38.03	+ 1.37	257.81
	11	169.05	+ 5.8	3.47	2.5	39.97	+ 38.31	+ 1.35	257.89
	21	170.26	+ 5.9	3.44	2.3	40.08	+ 38.67	+ 1.34	257.99
Mar.	3	171.34	+ 5.9	3.42	2.0	40.19	+ 39.09	+ 1.32	258.11
	13	172.24	+ 5.9	3.40	1.6	40.30	+ 39.56	+ 1.31	258.25
	23	172.95	+ 5.9	3.39	1.2	40.41	+ 40.07	+ 1.29	258.40
Apr.	2	173.44	+ 5.9	3.38	0.8	40.51	+ 40.61	+ 1.28	258.57
	12	173.72	+ 5.9	3.37	0.3	40.62	+ 41.17	+ 1.27	258.74
	22	173.77	+ 5.9	3.37	0.2	40.73	+ 41.74	+ 1.25	258.92
May	2	173.59	+ 5.9	3.38	0.6	40.84	+ 42.31	+ 1.25	259.11
	12	173.20	+ 5.9	3.38	1.1	40.95	+ 42.86	+ 1.24	259.29
	22	172.59	+ 5.9	3.40	1.5	41.06	+ 43.38	+ 1.23	259.47
June	1	171.79	+ 5.9	3.41	1.9	41.17	+ 43.86	+ 1.23	259.63
	11	170.82	+ 5.9	3.43	2.2	41.28	+ 44.30	+ 1.23	259.79
	21	169.70	+ 5.9	3.45	2.5	41.38	+ 44.69	+ 1.23	259.92
July	1	168.46	+ 5.8	3.48	2.7	41.49	+ 45.01	+ 1.23	260.04
	11	167.13	+ 5.8	3.51	2.8	41.60	+ 45.27	+ 1.23	260.13
	21	165.75	+ 5.8	3.54	2.9	41.71	+ 45.45	+ 1.24	260.20
	31	164.35	+ 5.8	3.57	2.9	41.82	+ 45.55	+ 1.25	260.23
Aug.	10	162.97	+ 5.8	3.60	2.8	41.93	+ 45.57	+ 1.26	260.24
	20	161.65	+ 5.8	3.63	2.7	42.04	+ 45.51	+ 1.27	260.21
	30	160.43	+ 5.7	3.65	2.4	42.15	+ 45.38	+ 1.28	260.16
Sept.	9	159.35	+ 5.7	3.68	2.1	42.26	+ 45.17	+ 1.30	260.08
	19	158.44	+ 5.7	3.70	1.7	42.37	+ 44.90	+ 1.31	259.97
	29	157.73	+ 5.7	3.72	1.3	42.47	+ 44.57	+ 1.32	259.85
Oct.	9	157.25	+ 5.7	3.73	0.8	42.58	+ 44.20	+ 1.33	259.72
	19	157.01	+ 5.7	3.73	0.3	42.69	+ 43.80	+ 1.35	259.58
	29	157.02	+ 5.7	3.73	0.3	42.80	+ 43.40	+ 1.35	259.44
Nov.	8	157.29	+ 5.7	3.73	0.8	42.91	+ 43.00	+ 1.36	259.31
	18	157.80	+ 5.7	3.71	1.2	43.02	+ 42.63	+ 1.36	259.19
	28	158.55	+ 5.7	3.70	1.7	43.13	+ 42.30	+ 1.36	259.08
Dec.	8	159.50	+ 5.7	3.68	2.1	43.24	+ 42.03	+ 1.36	259.00
	18	160.63	+ 5.7	3.65	2.4	43.35	+ 41.82	+ 1.36	258.94
	28	161.89	+ 5.8	3.62	2.6	43.46	+ 41.70	+ 1.35	258.90
	38	163.26	+ 5.8	3.59	2.8	43.57	+ 41.65	+ 1.34	258.89

EPHEMERIS FOR PHYSICAL OBSERVATIONS
FOR 0ʰ TERRESTRIAL TIME

Date		Light-time	Magnitude	Equatorial Diameter	Phase Angle	L_s	Sub-Earth Lat.	North Pole	
								Dist.	P.A.
		m		"	°	°	°	"	°
Jan.	−8	251.67	+7.9	2.26	1.8	297.61	−26.03	−1.00	325.89
	2	252.98	+7.9	2.25	1.6	297.67	−25.99	−1.00	325.78
	12	254.17	+7.9	2.23	1.5	297.73	−25.95	−0.99	325.63
	22	255.20	+7.9	2.23	1.2	297.79	−25.89	−0.99	325.47
Feb.	1	256.05	+8.0	2.22	1.0	297.85	−25.82	−0.99	325.28
	11	256.69	+8.0	2.21	0.7	297.91	−25.75	−0.99	325.08
	21	257.10	+8.0	2.21	0.4	297.97	−25.66	−0.98	324.87
Mar.	3	257.27	+8.0	2.21	0.1	298.03	−25.58	−0.98	324.65
	13	257.21	+8.0	2.21	0.3	298.09	−25.49	−0.99	324.44
	23	256.91	+8.0	2.21	0.6	298.15	−25.40	−0.99	324.23
Apr.	2	256.39	+8.0	2.22	0.9	298.21	−25.32	−0.99	324.03
	12	255.66	+8.0	2.22	1.1	298.27	−25.24	−0.99	323.85
	22	254.74	+7.9	2.23	1.4	298.33	−25.16	−1.00	323.68
May	2	253.66	+7.9	2.24	1.6	298.39	−25.09	−1.00	323.54
	12	252.44	+7.9	2.25	1.8	298.45	−25.03	−1.01	323.42
	22	251.13	+7.9	2.26	1.9	298.51	−24.98	−1.01	323.32
June	1	249.75	+7.9	2.27	1.9	298.57	−24.95	−1.02	323.26
	11	248.35	+7.9	2.29	1.9	298.63	−24.92	−1.03	323.22
	21	246.97	+7.9	2.30	1.9	298.69	−24.91	−1.03	323.21
July	1	245.63	+7.9	2.31	1.8	298.75	−24.91	−1.04	323.23
	11	244.39	+7.9	2.32	1.6	298.81	−24.93	−1.04	323.28
	21	243.28	+7.8	2.33	1.5	298.87	−24.96	−1.05	323.36
	31	242.33	+7.8	2.34	1.2	298.93	−24.99	−1.05	323.46
Aug.	10	241.57	+7.8	2.35	0.9	298.99	−25.04	−1.05	323.57
	20	241.02	+7.8	2.36	0.6	299.05	−25.10	−1.06	323.71
	30	240.71	+7.8	2.36	0.3	299.11	−25.16	−1.06	323.85
Sept.	9	240.63	+7.8	2.36	0.0	299.17	−25.22	−1.06	324.01
	19	240.81	+7.8	2.36	0.4	299.23	−25.28	−1.05	324.16
	29	241.22	+7.8	2.35	0.7	299.29	−25.34	−1.05	324.30
Oct.	9	241.87	+7.8	2.35	1.0	299.35	−25.40	−1.05	324.44
	19	242.74	+7.8	2.34	1.3	299.41	−25.45	−1.04	324.55
	29	243.79	+7.8	2.33	1.5	299.47	−25.49	−1.04	324.65
Nov.	8	244.99	+7.9	2.32	1.7	299.53	−25.52	−1.03	324.72
	18	246.32	+7.9	2.31	1.8	299.59	−25.54	−1.03	324.76
	28	247.72	+7.9	2.29	1.9	299.65	−25.55	−1.02	324.76
Dec.	8	249.16	+7.9	2.28	1.9	299.71	−25.54	−1.02	324.74
	18	250.59	+7.9	2.27	1.8	299.77	−25.52	−1.01	324.68
	28	251.96	+7.9	2.25	1.7	299.83	−25.49	−1.01	324.59
	38	253.25	+7.9	2.24	1.6	299.89	−25.45	−1.00	324.47

PLANETARY CENTRAL MERIDIANS, 2018

FOR 0ʰ TERRESTRIAL TIME

Date		Mars	Jupiter			Saturn
			System I	System II	System III	
		°	°	°	°	°
Jan.	0	237.03	64.22	284.88	115.07	338.09
	1	227.34	222.01	75.04	265.50	68.77
	2	217.64	19.81	225.21	55.93	159.44
	3	207.95	177.61	15.38	206.37	250.12
	4	198.26	335.42	165.55	356.81	340.80
	5	188.57	133.22	315.73	147.25	71.48
	6	178.88	291.03	105.91	297.70	162.16
	7	169.19	88.84	256.09	88.14	252.85
	8	159.50	246.66	46.27	238.59	343.54
	9	149.82	44.47	196.46	29.04	74.22
	10	140.14	202.29	346.64	179.49	164.91
	11	130.46	0.11	136.83	329.95	255.60
	12	120.78	157.93	287.03	120.41	346.30
	13	111.10	315.76	77.22	270.87	76.99
	14	101.42	113.59	227.42	61.33	167.69
	15	91.74	271.42	17.62	211.80	258.38
	16	82.07	69.25	167.82	2.27	349.08
	17	72.40	227.09	318.02	152.74	79.78
	18	62.73	24.93	108.23	303.21	170.49
	19	53.06	182.77	258.44	93.69	261.19
	20	43.39	340.61	48.65	244.17	351.90
	21	33.72	138.46	198.87	34.65	82.60
	22	24.06	296.30	349.09	185.13	173.31
	23	14.39	94.15	139.31	335.62	264.02
	24	4.73	252.01	289.53	126.11	354.74
	25	355.07	49.87	79.76	276.60	85.45
	26	345.41	207.72	229.99	67.09	176.17
	27	335.75	5.59	20.22	217.59	266.89
	28	326.09	163.45	170.45	8.09	357.61
	29	316.43	321.32	320.69	158.59	88.33
	30	306.78	119.19	110.93	309.10	179.06
	31	297.12	277.06	261.17	99.61	269.78
Feb.	1	287.47	74.93	51.41	250.12	0.51
	2	277.82	232.81	201.66	40.63	91.24
	3	268.17	30.69	351.91	191.14	181.97
	4	258.52	188.58	142.16	341.66	272.70
	5	248.87	346.46	292.42	132.18	3.44
	6	239.22	144.35	82.67	282.71	94.18
	7	229.58	302.24	232.93	73.24	184.92
	8	219.93	100.14	23.20	223.76	275.66
	9	210.29	258.03	173.46	14.30	6.40
	10	200.64	55.93	323.73	164.83	97.15
	11	191.00	213.83	114.00	315.37	187.89
	12	181.36	11.74	264.28	105.91	278.64
	13	171.72	169.65	54.56	256.45	9.39
	14	162.08	327.56	204.84	47.00	100.15
	15	152.44	125.47	355.12	197.55	190.90

FOR 0ʰ TERRESTRIAL TIME

Date		Mars	Jupiter			Saturn
			System I	System II	System III	
		°	°	°	°	°
Feb.	15	152.44	125.47	355.12	197.55	190.90
	16	142.80	283.39	145.41	348.10	281.66
	17	133.17	81.31	295.69	138.65	12.42
	18	123.53	239.23	85.98	289.21	103.18
	19	113.90	37.15	236.28	79.77	193.94
	20	104.26	195.08	26.58	230.33	284.70
	21	94.63	353.01	176.88	20.90	15.47
	22	85.00	150.95	327.18	171.47	106.24
	23	75.37	308.88	117.48	322.04	197.01
	24	65.74	106.82	267.79	112.61	287.78
	25	56.11	264.76	58.10	263.19	18.56
	26	46.48	62.70	208.41	53.77	109.33
	27	36.86	220.65	358.73	204.35	200.11
	28	27.23	18.60	149.05	354.94	290.89
Mar.	1	17.60	176.55	299.37	145.52	21.68
	2	7.98	334.51	89.69	296.11	112.46
	3	358.36	132.46	240.02	86.71	203.25
	4	348.73	290.42	30.35	237.30	294.04
	5	339.11	88.39	180.68	27.90	24.83
	6	329.49	246.35	331.02	178.50	115.62
	7	319.87	44.32	121.35	329.10	206.41
	8	310.25	202.29	271.69	119.71	297.21
	9	300.63	0.26	62.04	270.32	28.01
	10	291.01	158.24	212.38	60.93	118.81
	11	281.39	316.22	2.73	211.54	209.61
	12	271.77	114.20	153.08	2.16	300.41
	13	262.16	272.18	303.43	152.78	31.22
	14	252.54	70.17	93.79	303.40	122.03
	15	242.93	228.16	244.14	94.02	212.84
	16	233.31	26.15	34.50	244.65	303.65
	17	223.70	184.14	184.87	35.27	34.46
	18	214.09	342.13	335.23	185.91	125.28
	19	204.48	140.13	125.60	336.54	216.10
	20	194.87	298.13	275.97	127.17	306.91
	21	185.26	96.13	66.34	277.81	37.74
	22	175.65	254.14	216.71	68.45	128.56
	23	166.04	52.14	7.09	219.09	219.38
	24	156.44	210.15	157.46	9.74	310.21
	25	146.83	8.16	307.84	160.38	41.04
	26	137.23	166.17	98.23	311.03	131.87
	27	127.62	324.19	248.61	101.68	222.70
	28	118.02	122.20	39.00	252.33	313.53
	29	108.42	280.22	189.38	42.98	44.37
	30	98.82	78.24	339.77	193.64	135.21
	31	89.22	236.26	130.16	344.30	226.05
Apr.	1	79.62	34.29	280.56	134.95	316.89
	2	70.02	192.31	70.95	285.62	47.73

PLANETARY CENTRAL MERIDIANS, 2018

FOR 0^h TERRESTRIAL TIME

Date		Mars	Jupiter			Saturn
			System I	System II	System III	
		°	°	°	°	°
Apr.	1	79.62	34.29	280.56	134.95	316.89
	2	70.02	192.31	70.95	285.62	47.73
	3	60.42	350.34	221.35	76.28	138.57
	4	50.83	148.36	11.74	226.94	229.42
	5	41.23	306.39	162.14	17.61	320.27
	6	31.64	104.42	312.54	168.27	51.12
	7	22.05	262.46	102.94	318.94	141.97
	8	12.46	60.49	253.35	109.61	232.82
	9	2.87	218.52	43.75	260.28	323.67
	10	353.28	16.56	194.15	50.95	54.53
	11	343.69	174.60	344.56	201.62	145.39
	12	334.11	332.63	134.97	352.29	236.24
	13	324.52	130.67	285.38	142.97	327.10
	14	314.94	288.71	75.78	293.64	57.97
	15	305.36	86.75	226.19	84.32	148.83
	16	295.78	244.79	16.60	234.99	239.69
	17	286.20	42.83	167.01	25.67	330.56
	18	276.63	200.87	317.43	176.35	61.43
	19	267.05	358.92	107.84	327.03	152.29
	20	257.48	156.96	258.25	117.70	243.16
	21	247.91	315.00	48.66	268.38	334.04
	22	238.35	113.04	199.07	59.06	64.91
	23	228.78	271.08	349.49	209.74	155.78
	24	219.22	69.13	139.90	0.42	246.66
	25	209.66	227.17	290.31	151.09	337.53
	26	200.10	25.21	80.72	301.77	68.41
	27	190.54	183.25	231.13	92.45	159.29
	28	180.99	341.29	21.54	243.13	250.17
	29	171.44	139.33	171.95	33.80	341.05
	30	161.89	297.37	322.36	184.48	71.93
May	1	152.34	95.41	112.77	335.15	162.81
	2	142.80	253.45	263.18	125.83	253.70
	3	133.26	51.49	53.59	276.50	344.58
	4	123.72	209.53	204.00	67.17	75.47
	5	114.19	7.56	354.40	217.85	166.35
	6	104.66	165.60	144.81	8.52	257.24
	7	95.13	323.63	295.21	159.19	348.13
	8	85.61	121.66	85.61	309.85	79.02
	9	76.09	279.69	236.01	100.52	169.91
	10	66.57	77.72	26.41	251.19	260.80
	11	57.06	235.75	176.81	41.85	351.69
	12	47.55	33.78	327.21	192.51	82.58
	13	38.05	191.80	117.60	343.17	173.47
	14	28.55	349.82	267.99	133.83	264.37
	15	19.05	147.84	58.38	284.49	355.26
	16	9.56	305.86	208.77	75.14	86.15
	17	0.08	103.88	359.16	225.79	177.05

FOR 0^h TERRESTRIAL TIME

Date		Mars	Jupiter			Saturn
			System I	System II	System III	
		°	°	°	°	°
May	17	0.08	103.88	359.16	225.79	177.05
	18	350.60	261.89	149.54	16.44	267.94
	19	341.12	59.90	299.92	167.09	358.84
	20	331.65	217.91	90.30	317.74	89.73
	21	322.19	15.92	240.68	108.38	180.63
	22	312.73	173.93	31.06	259.02	271.53
	23	303.28	331.93	181.43	49.66	2.42
	24	293.83	129.93	331.80	200.29	93.32
	25	284.39	287.92	122.16	350.93	184.22
	26	274.96	85.92	272.53	141.56	275.11
	27	265.53	243.91	62.89	292.18	6.01
	28	256.11	41.90	213.25	82.81	96.91
	29	246.70	199.88	3.60	233.43	187.80
	30	237.29	357.86	153.95	24.05	278.70
	31	227.89	155.84	304.30	174.66	9.60
June	1	218.50	313.82	94.65	325.28	100.49
	2	209.11	111.79	244.99	115.88	191.39
	3	199.73	269.76	35.33	266.49	282.29
	4	190.36	67.73	185.67	57.09	13.18
	5	181.00	225.69	336.00	207.69	104.08
	6	171.65	23.65	126.33	358.29	194.97
	7	162.31	181.60	276.66	148.88	285.87
	8	152.97	339.56	66.98	299.47	16.76
	9	143.65	137.51	217.30	90.06	107.65
	10	134.33	295.45	7.62	240.64	198.55
	11	125.03	93.39	157.93	31.22	289.44
	12	115.73	251.33	308.24	181.79	20.33
	13	106.45	49.27	98.54	332.36	111.22
	14	97.17	207.20	248.85	122.93	202.11
	15	87.91	5.13	39.14	273.49	293.00
	16	78.66	163.05	189.44	64.05	23.89
	17	69.41	320.97	339.73	214.61	114.78
	18	60.18	118.89	130.01	5.16	205.67
	19	50.96	276.80	280.30	155.71	296.55
	20	41.75	74.71	70.58	306.26	27.44
	21	32.55	232.61	220.85	96.80	118.32
	22	23.36	30.51	11.12	247.34	209.20
	23	14.19	188.41	161.39	37.87	300.08
	24	5.03	346.31	311.66	188.40	30.96
	25	355.87	144.20	101.92	338.93	121.84
	26	346.73	302.08	252.17	129.45	212.72
	27	337.60	99.96	42.43	279.97	303.60
	28	328.49	257.84	192.67	70.48	34.47
	29	319.38	55.72	342.92	220.99	125.35
	30	310.29	213.59	133.16	11.50	216.22
July	1	301.21	11.45	283.40	162.01	307.09
	2	292.14	169.32	73.63	312.51	37.96

PLANETARY CENTRAL MERIDIANS, 2018

FOR 0ʰ TERRESTRIAL TIME

Date		Mars	Jupiter			Saturn
			System I	System II	System III	
		°	°	°	°	°
July	1	301.21	11.45	283.40	162.01	307.09
	2	292.14	169.32	73.63	312.51	37.96
	3	283.09	327.18	223.86	103.00	128.83
	4	274.04	125.03	14.09	253.49	219.69
	5	265.01	282.89	164.31	43.98	310.56
	6	255.99	80.74	314.53	194.47	41.42
	7	246.98	238.58	104.75	344.95	132.28
	8	237.99	36.42	254.96	135.43	223.14
	9	229.00	194.26	45.17	285.90	314.00
	10	220.03	352.09	195.37	76.37	44.85
	11	211.07	149.92	345.57	226.84	135.71
	12	202.11	307.75	135.77	17.30	226.56
	13	193.17	105.57	285.97	167.76	317.41
	14	184.24	263.39	76.16	318.22	48.26
	15	175.31	61.21	226.34	108.67	139.11
	16	166.40	219.02	16.53	259.12	229.95
	17	157.49	16.83	166.71	49.57	320.79
	18	148.59	174.64	316.88	200.01	51.63
	19	139.70	332.44	107.05	350.45	142.47
	20	130.82	130.24	257.22	140.88	233.31
	21	121.94	288.03	47.39	291.32	324.14
	22	113.06	85.83	197.55	81.74	54.97
	23	104.19	243.62	347.71	232.17	145.80
	24	95.33	41.40	137.87	22.59	236.63
	25	86.46	199.18	288.02	173.01	327.45
	26	77.60	356.96	78.17	323.43	58.27
	27	68.75	154.74	228.32	113.84	149.10
	28	59.89	312.51	18.47	264.25	239.91
	29	51.03	110.28	168.61	54.66	330.73
	30	42.18	268.05	318.74	205.06	61.54
	31	33.32	65.82	108.88	355.46	152.35
Aug.	1	24.46	223.58	259.01	145.86	243.16
	2	15.61	21.34	49.14	296.26	333.97
	3	6.74	179.09	199.27	86.65	64.77
	4	357.88	336.85	349.39	237.04	155.57
	5	349.01	134.60	139.51	27.43	246.37
	6	340.14	292.34	289.63	177.81	337.17
	7	331.26	90.09	79.75	328.19	67.97
	8	322.37	247.83	229.86	118.57	158.76
	9	313.48	45.57	19.97	268.95	249.55
	10	304.58	203.31	170.08	59.32	340.33
	11	295.68	1.04	320.18	209.69	71.12
	12	286.76	158.77	110.29	0.06	161.90
	13	277.84	316.50	260.39	150.43	252.68
	14	268.91	114.23	50.48	300.79	343.46
	15	259.97	271.96	200.58	91.15	74.23
	16	251.01	69.68	350.67	241.51	165.00

Date		Mars	Jupiter			Saturn
			System I	System II	System III	
		°	°	°	°	°
Aug.	16	251.01	69.68	350.67	241.51	165.00
	17	242.05	227.40	140.76	31.87	255.77
	18	233.08	25.12	290.85	182.23	346.54
	19	224.09	182.83	80.94	332.58	77.31
	20	215.09	340.55	231.02	122.93	168.07
	21	206.09	138.26	21.11	273.28	258.83
	22	197.06	295.97	171.19	63.62	349.59
	23	188.03	93.68	321.26	213.97	80.34
	24	178.99	251.38	111.34	4.31	171.09
	25	169.93	49.08	261.42	154.65	261.84
	26	160.86	206.79	51.49	304.99	352.59
	27	151.78	4.49	201.56	95.32	83.34
	28	142.68	162.18	351.63	245.66	174.08
	29	133.58	319.88	141.69	35.99	264.82
	30	124.46	117.58	291.76	186.32	355.56
	31	115.33	275.27	81.82	336.65	86.30
Sept.	1	106.18	72.96	231.89	126.98	177.03
	2	97.03	230.65	21.95	277.31	267.76
	3	87.86	28.34	172.00	67.63	358.49
	4	78.67	186.03	322.06	217.96	89.22
	5	69.48	343.71	112.12	8.28	179.94
	6	60.27	141.39	262.17	158.60	270.66
	7	51.06	299.08	52.23	308.92	1.38
	8	41.83	96.76	202.28	99.23	92.10
	9	32.58	254.44	352.33	249.55	182.82
	10	23.33	52.12	142.38	39.87	273.53
	11	14.06	209.79	292.42	190.18	4.24
	12	4.78	7.47	82.47	340.49	94.95
	13	355.49	165.14	232.51	130.80	185.66
	14	346.19	322.82	22.56	281.11	276.36
	15	336.88	120.49	172.60	71.42	7.06
	16	327.55	278.16	322.64	221.73	97.77
	17	318.21	75.83	112.68	12.04	188.46
	18	308.87	233.50	262.72	162.34	279.16
	19	299.51	31.17	52.76	312.65	9.86
	20	290.14	188.84	202.80	102.95	100.55
	21	280.76	346.50	352.84	253.25	191.24
	22	271.37	144.17	142.87	43.56	281.93
	23	261.97	301.83	292.91	193.86	12.61
	24	252.56	99.50	82.95	344.16	103.30
	25	243.14	257.16	232.98	134.46	193.98
	26	233.72	54.82	23.01	284.76	284.67
	27	224.28	212.49	173.05	75.06	15.35
	28	214.83	10.15	323.08	225.36	106.02
	29	205.38	167.81	113.11	15.65	196.70
	30	195.91	325.47	263.14	165.95	287.37
Oct.	1	186.44	123.13	53.17	316.25	18.05

PLANETARY CENTRAL MERIDIANS, 2018
FOR 0ʰ TERRESTRIAL TIME

Date		Mars	Jupiter			Saturn
			System I	System II	System III	
		°	°	°	°	°
Oct.	1	186.44	123.13	53.17	316.25	18.05
	2	176.96	280.79	203.20	106.54	108.72
	3	167.46	78.45	353.23	256.84	199.39
	4	157.97	236.11	143.26	47.13	290.06
	5	148.46	33.76	293.29	197.43	20.73
	6	138.94	191.42	83.31	347.72	111.39
	7	129.42	349.08	233.34	138.01	202.05
	8	119.89	146.74	23.37	288.31	292.72
	9	110.35	304.39	173.40	78.60	23.38
	10	100.80	102.05	323.42	228.89	114.04
	11	91.24	259.70	113.45	19.19	204.70
	12	81.68	57.36	263.48	169.48	295.35
	13	72.11	215.02	53.50	319.77	26.01
	14	62.53	12.67	203.53	110.06	116.67
	15	52.94	170.33	353.56	260.36	207.32
	16	43.35	327.98	143.58	50.65	297.97
	17	33.75	125.64	293.61	200.94	28.62
	18	24.14	283.30	83.63	351.23	119.27
	19	14.53	80.95	233.66	141.52	209.92
	20	4.91	238.61	23.69	291.82	300.57
	21	355.29	36.26	173.71	82.11	31.22
	22	345.65	193.92	323.74	232.40	121.87
	23	336.01	351.58	113.77	22.69	212.51
	24	326.37	149.23	263.79	172.99	303.16
	25	316.72	306.89	53.82	323.28	33.80
	26	307.06	104.55	203.85	113.57	124.44
	27	297.40	262.20	353.88	263.87	215.09
	28	287.73	59.86	143.90	54.16	305.73
	29	278.05	217.52	293.93	204.46	36.37
	30	268.37	15.18	83.96	354.75	127.01
	31	258.69	172.84	233.99	145.04	217.65
Nov.	1	249.00	330.50	24.02	295.34	308.29
	2	239.30	128.16	174.05	85.64	38.92
	3	229.60	285.82	324.08	235.93	129.56
	4	219.89	83.48	114.11	26.23	220.20
	5	210.18	241.14	264.14	176.53	310.84
	6	200.46	38.80	54.17	326.82	41.47
	7	190.74	196.46	204.20	117.12	132.11
	8	181.01	354.12	354.24	267.42	222.75
	9	171.28	151.79	144.27	57.72	313.38
	10	161.54	309.45	294.31	208.02	44.02
	11	151.80	107.12	84.34	358.32	134.65
	12	142.05	264.78	234.38	148.62	225.29
	13	132.30	62.45	24.41	298.93	315.92
	14	122.54	220.12	174.45	89.23	46.56
	15	112.78	17.78	324.49	239.53	137.19
	16	103.01	175.45	114.53	29.84	227.82

FOR 0ʰ TERRESTRIAL TIME

Date		Mars	Jupiter			Saturn
			System I	System II	System III	
		°	°	°	°	°
Nov.	16	103.01	175.45	114.53	29.84	227.82
	17	93.24	333.12	264.57	180.14	318.46
	18	83.47	130.79	54.61	330.45	49.09
	19	73.69	288.46	204.65	120.76	139.73
	20	63.91	86.13	354.69	271.06	230.36
	21	54.12	243.81	144.73	61.37	321.00
	22	44.34	41.48	294.78	211.68	51.63
	23	34.54	199.16	84.82	1.99	142.26
	24	24.75	356.83	234.87	152.31	232.90
	25	14.94	154.51	24.91	302.62	323.53
	26	5.14	312.19	174.96	92.93	54.17
	27	355.33	109.87	325.01	243.25	144.81
	28	345.52	267.55	115.06	33.56	235.44
	29	335.71	65.23	265.11	183.88	326.08
	30	325.89	222.91	55.16	334.20	56.71
Dec.	1	316.07	20.59	205.22	124.52	147.35
	2	306.25	178.28	355.27	274.84	237.99
	3	296.42	335.96	145.33	65.16	328.63
	4	286.59	133.65	295.38	215.48	59.26
	5	276.76	291.34	85.44	5.81	149.90
	6	266.93	89.03	235.50	156.13	240.54
	7	257.09	246.72	25.56	306.46	331.18
	8	247.25	44.41	175.62	96.79	61.82
	9	237.41	202.10	325.69	247.12	152.46
	10	227.56	359.80	115.75	37.45	243.11
	11	217.71	157.49	265.82	187.78	333.75
	12	207.86	315.19	55.89	338.11	64.39
	13	198.01	112.89	205.95	128.45	155.04
	14	188.16	270.59	356.02	278.78	245.68
	15	178.30	68.29	146.10	69.12	336.33
	16	168.45	226.00	296.17	219.46	66.97
	17	158.59	23.70	86.24	9.80	157.62
	18	148.72	181.41	236.32	160.14	248.27
	19	138.86	339.12	26.40	310.49	338.92
	20	129.00	136.83	176.48	100.83	69.57
	21	119.13	294.54	326.56	251.18	160.22
	22	109.27	92.25	116.64	41.53	250.87
	23	99.40	249.96	266.72	191.88	341.53
	24	89.53	47.68	56.81	342.23	72.18
	25	79.66	205.40	206.90	132.58	162.84
	26	69.79	3.12	356.99	282.94	253.49
	27	59.92	160.84	147.08	73.29	344.15
	28	50.05	318.56	297.17	223.65	74.81
	29	40.18	116.28	87.26	14.01	165.47
	30	30.30	274.01	237.36	164.37	256.13
	31	20.43	71.74	27.46	314.74	346.79
	32	10.56	229.47	177.55	105.10	77.45

CONTENTS OF SECTION F

The satellite ephemerides were calculated using $\Delta T = 69.0$ seconds.

www This symbol indicates that these data or auxiliary material may also be found on *The Astronomical Almanac Online* at **http://asa.usno.navy.mil** and **http://asa.hmnao.com**

Satellite		Orbital Period (R = Retrograde)	Max. Elong. at Mean Opposition	Semimajor Axis	Orbital Eccentricity	Inclination of Orbit to Planet's Equator	Motion of Node on Fixed Plane [2]
		d	° ′ ″	×10³ km		°	°/yr
Earth							
	Moon	27.321 661		384.400	0.054 900 489	18.2–28.6	19.34 [7]
Mars							
I	Phobos [1]	0.318 910 11	25	9.376	0.015 1	1.075	158.8
II	Deimos [1]	1.262 440 8	1 02	23.458	0.000 2	1.788	6.260
Jupiter							
I	Io [1]	1.769 137 761	2 18	421.80	0.004 1	0.036	48.6
II	Europa [1]	3.551 181 055	3 40	671.10	0.009 4	0.466	12.0
III	Ganymede [1]	7.154 553 25	5 51	1 070.40	0.001 3	0.177	2.63
IV	Callisto [1]	16.689 017 0	10 18	1 882.70	0.007 4	0.192	0.643
V	Amalthea [1]	0.498 179 08	59	181.40	0.003 2	0.380	914.6
VI	Himalia	250.56	1 02 34	11 460.00	0.158 6	28.612	524.4
VII	Elara	259.64	1 04 03	11 740.00	0.210 8	27.945	506.1
VIII	Pasiphae	743.61 R	2 09 18	23 629.00	0.406 2	151.413	185.6
IX	Sinope	758.89 R	2 10 20	23 942.00	0.255 2	158.189	181.4
X	Lysithea	259.20	1 03 58	11 717.00	0.116 1	27.663	506.9
XI	Carme	734.17 R	2 07 14	23 401.00	0.254 6	164.994	187.1
XII	Ananke	629.80 R	1 55 03	21 254.00	0.233 2	148.693	215.2
XIII	Leda	240.93	1 00 58	11 164.00	0.162 4	27.882	545.4
XIV	Thebe [1]	0.675	1 13	221.90	0.017 6	1.080	
XV	Adrastea [1]	0.298	42	129.00	0.001 8	0.054	
XVI	Metis [1]	0.295	42	128.00	0.001 2	0.019	
XVII	Callirrhoe	754.16 R	2 10 02	23 790.7	0.294	144.959 [9]	
XVIII	Themisto	129.98	40 27	7 396.9	0.251	44.448 [9]	
XIX	Megaclite	742.10 R	2 14 38	24 632.3	0.419	149.742 [9]	
XX	Taygete	715.89 R	2 06 16	23 102.3	0.253	164.783 [9]	
XXI	Chaldene	707.72 R	2 05 19	22 927.0	0.265	164.677 [9]	
XXII	Harpalyke	618.95 R	1 54 10	20 887.0	0.239	147.773 [9]	
XXIII	Kalyke	725.08 R	2 07 20	23 298.1	0.260	164.670 [9]	
XXIV	Iocaste	626.75 R	1 55 08	21 062.1	0.226	148.617 [9]	
XXV	Erinome	712.34 R	2 05 52	23 027.4	0.275	164.373 [9]	
XXVI	Isonoe	710.04 R	2 05 35	22 976.1	0.249	164.821 [9]	
XXVII	Praxidike	620.85 R	1 54 25	20 931.0	0.239	148.034 [9]	
XXVIII	Autonoe	750.96 R	2 10 01	23 787.1	0.326	150.733 [9]	
XXIX	Thyone	622.88 R	1 54 38	20 972.9	0.240	147.570 [9]	
XXX	Hermippe	628.17 R	1 55 21	21 103.5	0.220	150.097 [9]	
XXXI	Aitne	713.82 R	2 06 02	23 059.5	0.277	164.546 [9]	
XXXII	Eurydome	710.19 R	2 05 09	22 895.6	0.286	148.924 [9]	
XXXIII	Euanthe	615.99 R	1 53 50	20 823.7	0.243	147.997 [9]	
XXXVI	Sponde	739.70 R	2 08 39	23 537.9	0.321	149.245 [9]	
XXXVII	Kale	713.25 R	2 05 58	23 045.8	0.262	164.481 [9]	
XXXIX	Hegemone	728.81 R	2 07 35	23 343.2	0.353	152.442 [9]	
XLI	Aoede	746.72 R	2 09 57	23 774.5	0.435	155.834 [9]	
XLIII	Arche	715.54 R	2 06 13	23 093.8	0.260	164.528 [9]	
XLV	Helike	618.66 R	1 54 18	20 910.1	0.153	154.497 [9]	
XLVI	Carpo	459.45	1 33 08	17 039.1	0.423	53.156 [9]	
XLVII	Eukelade	714.00 R	2 06 03	23 064.0	0.276	164.715 [9]	
LIII	Dia	287.0	1 06 15	12 118.00	0.211	28.23 [9]	
Saturn							
I	Mimas [1]	0.942 421 959	30	185.539	0.019 6	1.574	365.0
II	Enceladus [1]	1.370 218 093	38	238.042	0.000 0	0.003	156.2 [8]
III	Tethys [1]	1.887 802 537	48	294.672	0.000 1	1.091	72.25
IV	Dione [1]	2.736 915 571	1 01	377.415	0.002 2	0.028	30.85 [8]
V	Rhea [1]	4.517 502 73	1 25	527.068	0.000 2	0.333	10.16
VI	Titan [1]	15.945 448 4	3 17	1 221.865	0.028 8	0.306	0.521 3 [8]
VII	Hyperion [1]	21.276 658 2	4 02	1 500.933	0.023 2	0.615	
VIII	Iapetus [1]	79.331 122	9 35	3 560.854	0.029 3	8.298	
IX	Phoebe [1]	548.02 R	34 51	12 947.918	0.163 4	175.243 [9]	

[1] Mean orbital data given with respect to the local Laplace plane.
[2] Rate of decrease (or increase) in the longitude of the ascending node.
[3] S = Synchronous, rotation period same as orbital period. C = Chaotic.
[4] V(Sun) = −26.75
[5] $V(1, 0)$ is the visual magnitude of the satellite reduced to a distance of 1 au from both the Sun and Earth and with phase angle of zero.
[6] V_0 is the mean opposition magnitude of the satellite.

Satellite		Mass Ratio (sat./planet)	Radius	Sid. Rot. Per.[3]	Geom. Alb. (V)[4]	$V(1,0)$[5]	V_0[6]	$B - V$	$U - B$
			km	d					
Earth									
	Moon	0.012 300 0371	1737.4	S	0.12	+ 0.21	−12.74	0.92	0.46
Mars									
I	Phobos	1.672×10^{-8}	13.0 × 11.4 × 9.1	S	0.07	+11.8	+11.4	0.6	
II	Deimos	2.43×10^{-9}	7.8 × 6.0 × 5.1	S	0.07	+12.89	+12.5	0.65	0.18
Jupiter									
I	Io	4.704×10^{-5}	1829×1819×1816	S	0.63	− 1.68	+ 5.0	1.17	1.30
II	Europa	2.528×10^{-5}	1563×1560×1560	S	0.67	− 1.41	+ 5.3	0.87	0.52
III	Ganymede	7.805×10^{-5}	2631.2	S	0.43	− 2.09	+ 4.6	0.83	0.50
IV	Callisto	5.667×10^{-5}	2410.3	S	0.17	− 1.05	+ 5.7	0.86	0.55
V	Amalthea	1.10×10^{-9}	125 × 73 × 64	S	0.09	+ 6.3	+14.1	1.50	
VI	Himalia	2.2×10^{-9}	85	0.40	0.04	+ 8.1	+14.6	0.67	0.30
VII	Elara	4.58×10^{-10}	40		0.04 :	+10.0	+16.3	0.69	0.28
VIII	Pasiphae	1.58×10^{-10}	18 :		0.04 :	+ 9.9	+17.0	0.74	0.34
IX	Sinope	3.95×10^{-11}	14 :	0.548	0.04 :	+11.6	+18.1	0.84	
X	Lysithea	3.31×10^{-11}	12 :	0.533	0.04 :	+11.1	+18.3	0.72	
XI	Carme	6.94×10^{-11}	15 :	0.433	0.04 :	+10.9	+17.6	0.76	
XII	Ananke	1.58×10^{-11}	10 :	0.35	0.04 :	+11.9	+18.8	0.90	
XIII	Leda	5.76×10^{-12}	5 :		0.04 :	+13.5	+19.0	0.7	
XIV	Thebe	7.89×10^{-10}	58 × 49 × 42	S	0.05	+ 9.0	+16.0	1.3	
XV	Adrastea	3.95×10^{-12}	10 × 8 × 7	S	0.1 :	+12.4	+18.7		
XVI	Metis	6.31×10^{-11}	30 × 20 × 17	S	0.06	+10.8	+17.5		
XVII	Callirrhoe		4.3 :		0.04 :	+13.9	+20.7	0.72	
XVIII	Themisto		4.0 :		0.04 :	+12.9	+20.3	0.83	
XIX	Megaclite		2.7 :		0.04 :	+15.1	+22.1	0.94	
XX	Taygete		2.5 :		0.04 :	+15.6	+22.9	0.56	
XXI	Chaldene		1.9 :		0.04 :	+15.7	+22.5		
XXII	Harpalyke		2.2 :		0.04 :	+15.2	+22.2		
XXIII	Kalyke		2.6 :		0.04 :	+15.3	+21.8	0.94	
XXIV	Iocaste		2.6 :		0.04 :	+15.3	+22.5	0.63	
XXV	Erinome		1.6 :		0.04 :	+16.0	+22.8		
XXVI	Isonoe		1.9 :		0.04 :	+15.9	+22.5		
XXVII	Praxidike		3.4 :		0.04 :	+15.2	+22.5	0.77	
XXVIII	Autonoe		2.0 :		0.04 :	+15.4	+22.0		
XXIX	Thyone		2.0 :		0.04 :	+15.7	+22.3		
XXX	Hermippe		2.0 :		0.04 :	+15.5	+22.1		
XXXI	Aitne		1.5 :		0.04 :	+16.1	+22.7		
XXXII	Eurydome		1.5 :		0.04 :	+16.1	+22.7		
XXXIII	Euanthe		1.5 :		0.04 :	+16.2	+22.8		
XXXVI	Sponde		1.0 :		0.04 :	+16.4	+23.0		
XXXVII	Kale		1.0 :		0.04 :	+16.4	+23.0		
XXXIX	Hegemone		1.5 :		0.04 :	+15.9	+22.8		
XLI	Aoede		2.0 :		0.04 :	+15.8	+22.5		
XLIII	Arche		1.5 :		0.04 :	+16.4	+22.8		
XLV	Helike		2.0 :		0.04 :	+16.0	+22.6		
XLVI	Carpo		1.5 :		0.04 :	+15.6	+23.0		
XLVII	Eukelade		2.0 :		0.04 :	+15.0	+22.6		
LIII	Dia		1.0 :		0.04 :	+16.1	+22.4		
Saturn									
I	Mimas	6.61×10^{-8}	207.8 × 196.7 × 190.6	S	0.6	+ 3.3	+12.8		
II	Enceladus	1.90×10^{-7}	256.6 × 251.4 × 248.3	S	1.0	+ 2.2	+11.8	0.70	0.28
III	Tethys	1.09×10^{-6}	538.4 × 528.3 × 526.3	S	0.8	+ 0.7	+10.3	0.73	0.30
IV	Dione	1.93×10^{-6}	563.4 × 561.3 × 559.6	S	0.6	+ 0.88	+10.4	0.71	0.31
V	Rhea	4.06×10^{-6}	765.0 × 763.1 × 762.4	S	0.6	+ 0.16	+ 9.7	0.78	0.38
VI	Titan	2.366×10^{-4}	2574.73	S	0.2	− 1.20	+ 8.4	1.28	0.75
VII	Hyperion	1.00×10^{-8}	180.1 × 133.0 × 102.7	C	0.25	+ 4.6	+14.4	0.78	0.33
VIII	Iapetus	3.177×10^{-6}	745.7 × 745.7 × 712.1	S	0.2[10]	+ 1.6	+11.0	0.72	0.30
IX	Phoebe	1.454×10^{-8}	109.4 × 108.5 × 101.8	0.4	0.081	+ 6.63	+16.7	0.63	0.34

[7] Motion on the ecliptic plane.
[8] Rate of increase in the longitude of the apse.
[9] Measured from the ecliptic plane.
[10] Bright side, 0.5; faint side, 0.05.
: Quantity is uncertain.

Satellite		Orbital Period (R = Retrograde)	Max. Elong. at Mean Opposition	Semimajor Axis	Orbital Eccentricity	Inclination of Orbit to Planet's Equator	Motion of Node on Fixed Plane[2]
		d	° ′ ″	×10³ km		°	°/yr
Saturn							
X	Janus	0.695	24	151.45	0.009 8	0.165	
XI	Epimetheus	0.695	24	151.45	0.016 1	0.353	
XII	Helene	2.737	1 01	377.44	0.000	0.213	
XIII	Telesto	1.888	48	294.72	0.0002	1.180	
XIV	Calypso	1.888	48	294.72	0.0005	1.500	
XV	Atlas	0.602	22	137.774	0.001 1	0.003	
XVI	Prometheus	0.613	23	139.429	0.002 2	0.007	
XVII	Pandora	0.629	23	141.810	0.004 2	0.050	
XVIII	Pan[1]	0.575	22	133.585	0.000 0	0.000	
XIX	Ymir	1315.13 R	1 02 14	23 128	0.333 8	173.497	
XX	Paaliaq	686.95	40 55	15 204	0.332 5	46.228	
XXI	Tarvos	926.35	49 06	18 243	0.538 2	33.725	
XXII	Ijiraq	451.42	30 42	11 408	0.271 7	47.485	
XXIV	Kiviuq	449.22	30 38	11 384	0.332 5	46.764	
XXVI	Albiorix	783.46	44 07	16 393	0.479 7	34.060	
XXIX	Siarnaq	895.51	48 56	18 182	0.280 2	45.809	
Uranus							
I	Ariel	2.520 379 052	14	190.9	0.001 2	0.041	6.8
II	Umbriel	4.144 176 46	20	266.0	0.003 9	0.128	3.6
III	Titania	8.705 866 93	33	436.3	0.001 1	0.079	2.0
IV	Oberon	13.463 234 2	44	583.5	0.001 4	0.068	1.4
V	Miranda	1.413 479 408	10	129.9	0.001 3	4.338	19.8
VII	Ophelia	0.376 400 393	4	53.8	0.009 9	0.104	417.9
VIII	Bianca	0.434 578 986	4	59.2	0.000 9	0.193	298.7
IX	Cressida	0.463 569 601	5	61.8	0.000 4	0.006	256.9
X	Desdemona	0.473 649 597	5	62.7	0.000 1	0.113	244.3
XI	Juliet	0.493 065 489	5	64.4	0.000 7	0.065	222.5
XII	Portia	0.513 195 920	5	66.1	0.000 1	0.059	202.6
XIII	Rosalind	0.558 459 529	5	69.9	0.000 1	0.279	166.4
XIV	Belinda	0.623 527 470	6	75.3	0.000 1	0.031	128.8
XV	Puck	0.761 832 871	7	86.0	0.000 1	0.319	80.91
XVI	Caliban	579.73 R	9 08	7 231.100	0.181 2	141.53[9]	
XVII	Sycorax	1288.38 R	15 24	12 179.400	0.521 9	159.42[9]	
Neptune							
I	Triton[1]	5.876 854 07 R	17	354.759	0.000 0	156.865	0.523 2
II	Nereid[1]	360.13	4 22	5 513.818	0.750 7	7.090	0.039
V	Despina[1]	0.334 66	2	52.526	0.000 2	0.068	466.0
VI	Galatea[1]	0.428 74	3	61.953	0.000 1	0.034	261.3
VII	Larissa[1]	0.554 65	3	73.548	0.001 4	0.205	143.5
VIII	Proteus[1]	1.122	6	117.646	0.000 5	0.075	28.80
Pluto							
I	Charon	6.387 2	1	19.596	0.000 05	0.00	

[1] Mean orbital data given with respect to the local Laplace plane.
[2] Rate of decrease (or increase) in the longitude of the ascending node.
[3] S = Synchronous, rotation period same as orbital period. C = Chaotic.
[4] $V(\text{Sun}) = -26.75$
[5] $V(1, 0)$ is the visual magnitude of the satellite reduced to a distance of 1 au from both the Sun and Earth and with phase angle of zero.
[6] V_0 is the mean opposition magnitude of the satellite.

A Note on the Satellite Diagrams

The satellite orbit diagrams have been designed to assist observers in locating many of the shorter period (< 21 days) satellites of the planets. Each diagram depicts a planet and the apparent orbits of its satellites at 0 hours UT on that planet's opposition date, unless no opposition date occurs during the year. In that case, the diagram depicts the planet and orbits at 0 hours UT on January 1 or December 31 depending on which date provides the better view. The diagrams are inverted to reproduce what an observer would normally see through a telescope. Two arrows or text in the diagram indicate the apparent motion of the satellite(s); for most satellites in the solar system, the orbital motion is counterclockwise when viewed from the northern side of the orbital plane. In the case of Jupiter, Saturn, and Uranus, the diagram may have an expanded scale in one direction to better clarify the relative positions of the orbits.

	Satellite	Mass Ratio (sat./planet)	Radius	Sid. Rot. Per.[3]	Geom. Alb. (V)[4]	$V(1,0)$[5]	V_0[6]	$B - V$	$U - B$
			km	d					
Saturn									
X	Janus	3.338×10^{-9}	$101.5 \times 92.5 \times 76.3$	S	0.71	+ 4 :	+14.4		
XI	Epimetheus	9.263×10^{-10}	$64.9 \times 57.0 \times 53.1$	S	0.73	+ 5.4 :	+15.6		
XII	Helene	4.480×10^{-11}	$21.7 \times 19.1 \times 13.0$		1.67	+ 8.4 :	+18.4		
XIII	Telesto	1.265×10^{-11}	$16.3 \times 11.8 \times 10.0$		1.0	+ 8.9 :	+18.5		
XIV	Calypso	6.325×10^{-12}	$15.1 \times 11.5 \times 7.0$		0.7	+ 9.1 :	+18.7		
XV	Atlas	1.161×10^{-11}	$20.4 \times 17.7 \times 9.4$		0.4	+ 8.4 :	+19.0		
XVI	Prometheus	2.806×10^{-10}	$67.8 \times 39.7 \times 29.7$	S	0.6	+ 6.4 :	+15.8		
XVII	Pandora	2.412×10^{-10}	$52.0 \times 40.5 \times 32.0$	S	0.5	+ 6.4 :	+16.4		
XVIII	Pan	8.707×10^{-12}	$17.2 \times 15.7 \times 10.4$		0.5 :		+19.4		
XIX	Ymir		10 :		0.08 :	+12.4	+21.9	0.80	
XX	Paaliaq		13 :		0.08 :	+11.8	+21.2	0.86	
XXI	Tarvos		7 :		0.08 :	+12.6	+23.0	0.78	
XXII	Ijiraq		6 :		0.08 :	+13.6	+22.6	1.05	
XXIV	Kiviuq		8 :		0.08 :	+12.7	+22.6	0.92	
XXVI	Albiorix		16 :		0.08 :		+20.5	0.80	
XXIX	Siarnaq		21 :		0.08 :	+10.7	+20.1	0.87	
Uranus									
I	Ariel	1.56×10^{-5}	$581.1 \times 577.9 \times 577.7$	S	0.39	+ 1.7	+13.2	0.65	
II	Umbriel	1.35×10^{-5}	584.7	S	0.21	+ 2.6	+14.0	0.68	
III	Titania	4.06×10^{-5}	788.9	S	0.27	+ 1.3	+13.0	0.70	0.28
IV	Oberon	3.47×10^{-5}	761.4	S	0.23	+ 1.5	+13.2	0.68	0.20
V	Miranda	0.08×10^{-5}	$240.4 \times 234.2 \times 232.9$	S	0.32	+ 3.8	+15.3		
VII	Ophelia	6.21×10^{-10}	21.4 :		0.07 :	+11.1	+22.8		
VIII	Bianca	1.07×10^{-9}	27 :		0.065 :	+10.3	+22.0		
IX	Cressida	3.95×10^{-9}	41 :		0.069 :	+ 9.5	+21.1		
X	Desdemona	2.05×10^{-9}	35 :		0.084 :	+ 9.8	+21.5		
XI	Juliet	6.42×10^{-9}	53 :		0.075 :	+ 8.8	+20.6		
XII	Portia	1.92×10^{-8}	70 :		0.069 :	+ 8.3	+19.9		
XIII	Rosalind	2.93×10^{-9}	36 :		0.072 :	+ 9.8	+21.3		
XIV	Belinda	4.11×10^{-9}	45 :		0.067 :	+ 9.4	+21.0		
XV	Puck	3.33×10^{-8}	81 :		0.104 :	+ 7.5	+19.2		
XVI	Caliban	8.45×10^{-9}	36 :		0.04 :	+ 9.7	+22.4		
XVII	Sycorax	6.19×10^{-8}	75 :		0.04 :	+ 8.2	+20.8		
Neptune									
I	Triton	2.089×10^{-4}	1353	S	0.719	− 1.2	+13.0	0.72	0.29
II	Nereid	3.01×10^{-7}	170		0.155	+ 4.0	+19.7	0.65	
V	Despina	2.05×10^{-8}	74		0.090	+ 7.9	+22.0		
VI	Galatea	3.66×10^{-8}	79		0.079	+ 7.6 :	+21.9		
VII	Larissa	4.83×10^{-8}	96		0.091	+ 7.3	+21.5		
VIII	Proteus	4.914×10^{-7}	$218 \times 208 \times 201$	S	0.096	+ 5.6	+19.8		
Pluto									
I	Charon	0.1177	604	S	0.372	+ 0.9	+17.3	0.71	

[7] Motion on the ecliptic plane.
[8] Rate of increase in the longitude of the apse.
[9] Measured from the ecliptic plane.
[10] Bright side, 0.5; faint side, 0.05.
: Quantity is uncertain.

A Note on Selection Criteria for the Satellite Data Tables

Due to the recent proliferation of known satellites associated with the gas giant planets, a set of selection criteria has been established under which satellites will be included in the data tables presented on pages F2-F5. These criteria are the following: The value of the visual magnitude of the satellite must not be greater than 23.0 and the satellite must be sanctioned by the IAU with a roman numeral and a name designation. Satellites that have yet to receive IAU approval shall be designated as "works in progress" and shall be included at a later time should such approval be granted, provided their visual magnitudes are not dimmer than 23.0. A more complete version of this table, including satellites with visual magnitude values larger than 23.0, is to be found at *The Astronomical Almanac Online* (**http://asa.usno.navy.mil** and **http://asa.hmnao.com**).

SATELLITES OF MARS, 2018

APPARENT ORBITS OF THE SATELLITES AT 0ʰ UNIVERSAL TIME
ON THE OF OPPOSITION JULY 27

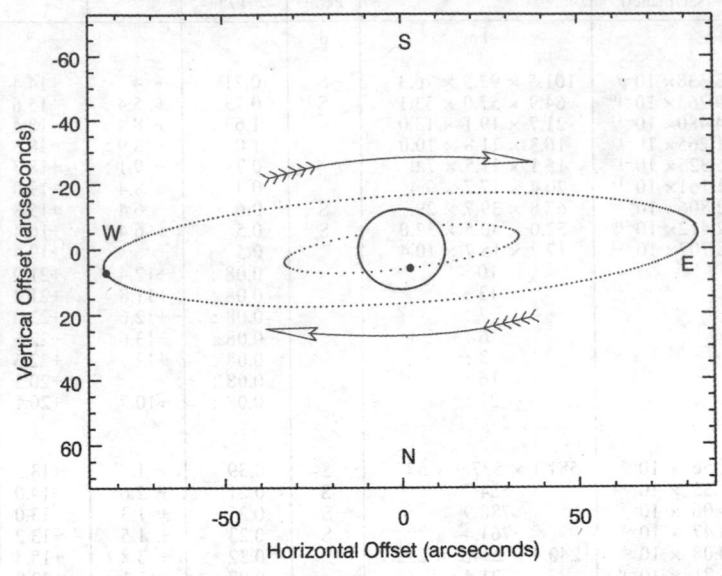

NAME	MEAN SIDEREAL PERIOD
	d
I Phobos	0.318 910 11
II Deimos	1.262 440 8

II Deimos

UNIVERSAL TIME OF GREATEST EASTERN ELONGATION

Jan.	Feb.	Mar.	Apr.	May	June	July	Aug.	Sept.	Oct.	Nov.	Dec.
d h	d h	d h	d h	d h	d h	d h	d h	d h	d h	d h	d h
−2 19.9	1 23.6	1 19.4	1 03.9	1 12.3	2 02.7	1 03.9	1 16.9	2 06.0	1 07.4	1 22.2	1 00.7
0 02.2	3 05.9	3 01.7	2 10.2	2 18.6	3 09.1	2 10.2	2 23.1	3 12.3	2 13.8	3 04.6	2 07.1
1 08.6	4 12.3	4 08.1	3 16.6	4 01.0	4 15.4	3 16.5	4 05.4	4 18.6	3 20.1	4 10.9	3 13.4
2 15.0	5 18.6	5 14.5	4 22.9	5 07.3	5 21.7	4 22.8	5 11.7	6 00.9	5 02.5	5 17.3	4 19.8
3 21.3	7 01.0	6 20.8	6 05.3	6 13.6	7 04.0	6 05.1	6 18.0	7 07.2	6 08.8	6 23.7	6 02.2
5 03.7	8 07.4	8 03.2	7 11.6	7 20.0	8 10.4	7 11.4	8 00.2	8 13.5	7 15.1	8 06.0	7 08.6
6 10.0	9 13.7	9 09.5	8 18.0	9 02.3	9 16.7	8 17.6	9 06.5	9 19.9	8 21.5	9 12.4	8 14.9
7 16.4	10 20.1	10 15.9	10 00.3	10 08.7	10 23.0	9 23.9	10 12.8	11 02.2	10 03.8	10 18.8	9 21.3
8 22.8	12 02.4	11 22.2	11 06.7	11 15.0	12 05.3	11 06.2	11 19.1	12 08.5	11 10.2	12 01.1	11 03.7
10 05.1	13 08.8	13 04.6	12 13.0	12 21.4	13 11.6	12 12.5	13 01.3	13 14.8	12 16.5	13 07.5	12 10.1
11 11.5	14 15.1	14 10.9	13 19.4	14 03.7	14 17.9	13 18.8	14 07.6	14 21.1	13 22.9	14 13.9	13 16.5
12 17.8	15 21.5	15 17.3	15 01.7	15 10.0	16 00.3	15 01.1	15 13.9	16 03.5	15 05.2	15 20.2	14 22.8
14 00.2	17 03.8	16 23.6	16 08.1	16 16.4	17 06.6	16 07.3	16 20.2	17 09.8	16 11.6	17 02.6	16 05.2
15 06.6	18 10.2	18 06.0	17 14.4	17 22.7	18 12.9	17 13.6	18 02.5	18 16.1	17 17.9	18 09.0	17 11.6
16 12.9	19 16.6	19 12.4	18 20.8	19 05.1	19 19.2	18 19.9	19 08.8	19 22.4	19 00.3	19 15.3	18 18.0
17 19.3	20 22.9	20 18.7	20 03.1	20 11.4	21 01.5	20 02.2	20 15.0	21 04.8	20 06.6	20 21.7	20 00.3
19 01.6	22 05.3	22 01.1	21 09.5	21 17.7	22 07.8	21 08.4	21 21.3	22 11.1	21 13.0	22 04.1	21 06.7
20 08.0	23 11.6	23 07.4	22 15.8	23 00.1	23 14.1	22 14.7	23 03.6	23 17.4	22 19.3	23 10.5	22 13.1
21 14.4	24 18.0	24 13.8	23 22.2	24 06.4	24 20.4	23 21.0	24 09.9	24 23.8	24 01.7	24 16.8	23 19.5
22 20.7	26 00.3	25 20.1	25 04.5	25 12.7	26 02.7	25 03.2	25 16.2	26 06.1	25 08.1	25 23.2	25 01.9
24 03.1	27 06.7	27 02.5	26 10.9	26 19.1	27 09.0	26 09.5	26 22.5	27 12.4	26 14.4	27 05.6	26 08.2
25 09.4	28 13.0	28 08.8	27 17.2	28 01.4	28 15.3	27 15.8	28 04.8	28 18.8	27 20.8	28 11.9	27 14.6
26 15.8		29 15.2	28 23.6	29 07.7	29 21.6	28 22.1	29 11.1	30 01.1	29 03.1	29 18.3	28 21.0
27 22.1		30 21.5	30 05.9	30 14.1		30 04.3	30 17.4		30 09.5		30 03.4
29 04.5				31 20.4		31 10.6	31 23.7		31 15.9		31 09.7
30 10.9											32 16.1
31 17.2											

I Phobos

UNIVERSAL TIME OF EVERY THIRD GREATEST EASTERN ELONGATION

Jan.	Feb.	Mar.	Apr.	May	June	July	Aug.	Sept.	Oct.	Nov.	Dec.
d h	d h	d h	d h	d h	d h	d h	d h	d h	d h	d h	d h
−1 07.2	1 19.2	1 13.4	1 04.5	1 19.5	1 10.5	1 02.4	1 16.0	1 06.7	1 21.6	1 12.7	1 04.9
0 06.2	2 18.2	2 12.4	2 03.4	2 18.5	2 09.5	2 01.3	2 14.9	2 05.6	2 20.6	2 11.7	2 03.9
1 05.1	3 17.2	3 11.3	3 02.4	3 17.5	3 08.4	3 00.3	3 13.9	3 04.6	3 19.5	3 10.6	3 02.9
2 04.1	4 16.1	4 10.3	4 01.4	4 16.4	4 07.4	3 23.3	4 12.8	4 03.6	4 18.5	4 09.6	4 01.9
3 03.1	5 15.1	5 09.3	5 00.4	5 15.4	5 06.4	4 22.2	5 11.8	5 02.5	5 17.5	5 08.6	5 00.8
4 02.1	6 14.1	6 08.3	5 23.3	6 14.4	6 05.3	5 21.2	6 10.8	6 01.5	6 16.4	6 07.6	5 23.8
5 01.0	7 13.1	7 07.2	6 22.3	7 13.3	7 04.3	6 20.1	7 09.7	7 00.4	7 15.4	7 06.5	6 22.8
6 00.0	8 12.0	8 06.2	7 21.3	8 12.3	8 03.3	7 19.1	8 08.7	7 23.4	8 14.4	8 05.5	7 21.8
6 23.0	9 11.0	9 05.2	8 20.2	9 11.3	9 02.2	8 18.0	9 07.6	8 22.4	9 13.4	9 04.5	8 20.8
7 21.9	10 10.0	10 04.1	9 19.2	10 10.2	10 01.2	9 17.0	10 06.6	9 21.3	10 12.3	10 03.5	9 19.7
8 20.9	11 08.9	11 03.1	10 18.2	11 09.2	11 00.2	10 16.0	11 05.5	10 20.3	11 11.3	11 02.4	10 18.7
9 19.9	12 07.9	12 02.1	11 17.1	12 08.2	11 23.1	11 14.9	12 04.5	11 19.3	12 10.3	12 01.4	11 17.7
10 18.9	13 06.9	13 01.1	12 16.1	13 07.1	12 22.1	12 13.9	13 03.5	12 18.2	13 09.2	13 00.4	12 16.7
11 17.8	14 05.9	14 00.0	13 15.1	14 06.1	13 21.0	13 12.8	14 02.4	13 17.2	14 08.2	13 23.4	13 15.6
12 16.8	15 04.8	14 23.0	14 14.1	15 05.1	14 20.0	14 11.8	15 01.4	14 16.2	15 07.2	14 22.3	14 14.6
13 15.8	16 03.8	15 22.0	15 13.0	16 04.0	15 19.0	15 10.8	16 00.3	15 15.1	16 06.2	15 21.3	15 13.6
14 14.8	17 02.8	16 20.9	16 12.0	17 03.0	16 17.9	16 09.7	16 23.3	16 14.1	17 05.1	16 20.3	16 12.6
15 13.7	18 01.7	17 19.9	17 11.0	18 02.0	17 16.9	17 08.7	17 22.3	17 13.1	18 04.1	17 19.3	17 11.6
16 12.7	19 00.7	18 18.9	18 09.9	19 01.0	18 15.9	18 07.6	18 21.2	18 12.0	19 03.1	18 18.2	18 10.5
17 11.7	19 23.7	19 17.8	19 08.9	19 23.9	19 14.8	19 06.6	19 20.2	19 11.0	20 02.0	19 17.2	19 09.5
18 10.6	20 22.7	20 16.8	20 07.9	20 22.9	20 13.8	20 05.5	20 19.1	20 10.0	21 01.0	20 16.2	20 08.5
19 09.6	21 21.6	21 15.8	21 06.8	21 21.9	21 12.8	21 04.5	21 18.1	21 08.9	22 00.0	21 15.2	21 07.5
20 08.6	22 20.6	22 14.8	22 05.8	22 20.8	22 11.7	22 03.5	22 17.0	22 07.9	22 23.0	22 14.1	22 06.4
21 07.6	23 19.6	23 13.7	23 04.8	23 19.8	23 10.7	23 02.4	23 16.0	23 06.9	23 21.9	23 13.1	23 05.4
22 06.5	24 18.5	24 12.7	24 03.8	24 18.8	24 09.6	24 01.4	24 15.0	24 05.8	24 20.9	24 12.1	24 04.4
23 05.5	25 17.5	25 11.7	25 02.7	25 17.7	25 08.6	25 00.3	25 13.9	25 04.8	25 19.9	25 11.1	25 03.4
24 04.5	26 16.5	26 10.6	26 01.7	26 16.7	26 07.6	25 23.3	26 12.9	26 03.8	26 18.8	26 10.1	26 02.4
25 03.4	27 15.5	27 09.6	27 00.7	27 15.7	27 06.5	26 22.2	27 11.9	27 02.7	27 17.8	27 09.0	27 01.3
26 02.4	28 14.4	28 08.6	27 23.6	28 14.6	28 05.5	27 21.2	28 10.8	28 01.7	28 16.8	28 08.0	28 00.3
27 01.4		29 07.6	28 22.6	29 13.6	29 04.5	28 20.1	29 09.8	29 00.7	29 15.8	29 07.0	28 23.3
28 00.4		30 06.5	29 21.6	30 12.6	30 03.4	29 19.1	30 08.7	29 23.6	30 14.7	30 06.0	29 22.3
28 23.3		31 05.5	30 20.5	31 11.5		30 18.1	31 07.7	30 22.6	31 13.7		30 21.2
29 22.3						31 17.0					31 20.2
30 21.3											32 19.2
31 20.3											

APPARENT ORBITS OF SATELLITES I–IV AT 0ʰ UNIVERSAL TIME
ON THE DATE OF OPPOSITION, MAY 9

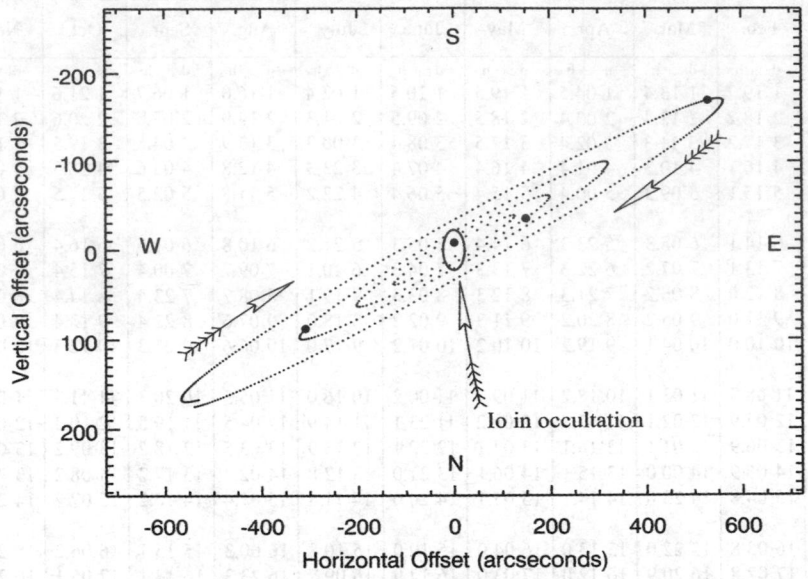

Orbits elongated in ratio of 1.8 to 1 in the North-South direction.

NAME	MEAN SIDEREAL PERIOD		NAME	MEAN SIDEREAL PERIOD
	d h m s	d		d
V Amalthea	0 11 57 22.673 =	0.498 179 08	XIII Leda	240.92
I Io	1 18 27 33.503 =	1.769 137 761	X Lysithea	259.20
II Europa	3 13 13 42.043 =	3.551 181 055	XII Ananke	629.77 R
III Ganymede	7 03 42 33.401 =	7.154 553 25	XI Carme	734.17 R
IV Callisto	16 16 32 11.069 =	16.689 017 0	VIII Pasiphae	743.63 R
VI Himalia	250.56		IX Sinope	758.90 R
VII Elara	259.64			

V Amalthea

UNIVERSAL TIME OF EVERY TWENTIETH GREATEST EASTERN ELONGATION

	d h		d h		d h		d h		d h
Jan.	4 08.5	Mar.	25 01.5	June	12 18.2	Aug.	31 11.4	Nov.	19 05.0
	14 07.6	Apr.	4 00.6		22 17.3	Sept.	10 10.6		29 04.2
	24 06.8		13 23.7	July	2 16.4		20 09.8	Dec.	9 03.4
Feb.	3 05.9		23 22.7		12 15.6		30 09.0		19 02.6
	13 05.0	May	3 21.8		22 14.7	Oct.	10 08.2		29 01.8
	23 04.2		13 20.9	Aug.	1 13.9		20 07.4		39 01.0
Mar.	5 03.3		23 20.0		11 13.1		30 06.6		
	15 02.4	June	2 19.1		21 12.2	Nov.	9 05.8		

MULTIPLES OF THE MEAN SYNODIC PERIOD

	d	h		d	h		d	h		d	h
1	0	12.0	6	2	23.7	11	5	11.5	16	7	23.3
2	0	23.9	7	3	11.7	12	5	23.5	17	8	11.3
3	1	11.9	8	3	23.7	13	6	11.4	18	8	23.2
4	1	23.8	9	4	11.6	14	6	23.4	19	9	11.2
5	2	11.8	10	4	23.6	15	7	11.4	20	9	23.2

Date		VI Himalia $\Delta\alpha$	VI Himalia $\Delta\delta$	VII Elara $\Delta\alpha$	VII Elara $\Delta\delta$	Date		VI Himalia $\Delta\alpha$	VI Himalia $\Delta\delta$	VII Elara $\Delta\alpha$	VII Elara $\Delta\delta$
		m s	′	m s	′			m s	′	m s	′
Jan.	−2	− 1 06	+ 15.6	+ 1 22	− 27.4	July	1	− 1 52	+ 29.6	+ 0 27	+ 17.1
	2	− 0 59	+ 13.3	+ 1 13	− 27.1		5	− 2 01	+ 31.9	+ 0 46	+ 13.0
	6	− 0 52	+ 10.9	+ 1 03	− 26.6		9	− 2 07	+ 33.8	+ 1 04	+ 8.9
	10	− 0 45	+ 8.4	+ 0 52	− 25.8		13	− 2 12	+ 35.0	+ 1 21	+ 4.7
	14	− 0 36	+ 5.8	+ 0 41	− 24.8		17	− 2 14	+ 35.7	+ 1 35	+ 0.5
	18	− 0 28	+ 3.1	+ 0 29	− 23.5		21	− 2 15	+ 36.0	+ 1 48	− 3.6
	22	− 0 18	+ 0.4	+ 0 17	− 22.0		25	− 2 15	+ 35.7	+ 1 59	− 7.5
	26	− 0 09	− 2.4	+ 0 04	− 20.4		29	− 2 13	+ 35.1	+ 2 07	− 11.2
	30	+ 0 02	− 5.2	− 0 10	− 18.5	Aug.	2	− 2 09	+ 34.1	+ 2 14	− 14.7
Feb.	3	+ 0 12	− 8.1	− 0 23	− 16.5		6	− 2 05	+ 32.8	+ 2 18	− 17.8
	7	+ 0 23	− 11.0	− 0 37	− 14.3		10	− 2 00	+ 31.1	+ 2 20	− 20.6
	11	+ 0 35	− 13.9	− 0 52	− 11.9		14	− 1 54	+ 29.3	+ 2 19	− 22.9
	15	+ 0 46	− 16.7	− 1 06	− 9.4		18	− 1 47	+ 27.2	+ 2 17	− 24.9
	19	+ 0 58	− 19.6	− 1 21	− 6.8		22	− 1 40	+ 25.0	+ 2 13	− 26.5
	23	+ 1 10	− 22.4	− 1 35	− 4.0		26	− 1 32	+ 22.6	+ 2 08	− 27.7
	27	+ 1 23	− 25.1	− 1 50	− 1.1		30	− 1 25	+ 20.2	+ 2 01	− 28.4
Mar.	3	+ 1 35	− 27.7	− 2 04	+ 1.9	Sept.	3	− 1 17	+ 17.6	+ 1 54	− 28.9
	7	+ 1 47	− 30.2	− 2 18	+ 5.0		7	− 1 08	+ 15.1	+ 1 45	− 29.0
	11	+ 1 58	− 32.5	− 2 32	+ 8.1		11	− 1 00	+ 12.4	+ 1 35	− 28.7
	15	+ 2 09	− 34.7	− 2 45	+ 11.2		15	− 0 52	+ 9.8	+ 1 25	− 28.2
	19	+ 2 20	− 36.7	− 2 57	+ 14.4		19	− 0 43	+ 7.2	+ 1 15	− 27.4
	23	+ 2 29	− 38.4	− 3 09	+ 17.6		23	− 0 34	+ 4.6	+ 1 04	− 26.4
	27	+ 2 37	− 39.9	− 3 20	+ 20.7		27	− 0 26	+ 2.0	+ 0 53	− 25.2
	31	+ 2 44	− 41.0	− 3 29	+ 23.8	Oct.	1	− 0 17	− 0.5	+ 0 42	− 23.8
Apr.	4	+ 2 50	− 41.8	− 3 37	+ 26.8		5	− 0 09	− 3.0	+ 0 32	− 22.3
	8	+ 2 53	− 42.2	− 3 44	+ 29.6		9	0 00	− 5.4	+ 0 21	− 20.6
	12	+ 2 55	− 42.1	− 3 49	+ 32.3		13	+ 0 08	− 7.7	+ 0 10	− 18.8
	16	+ 2 54	− 41.7	− 3 53	+ 34.8		17	+ 0 17	− 9.9	0 00	− 17.0
	20	+ 2 52	− 40.7	− 3 54	+ 37.1		21	+ 0 25	− 12.0	− 0 10	− 15.1
	24	+ 2 46	− 39.2	− 3 53	+ 39.1		25	+ 0 33	− 14.1	− 0 20	− 13.1
	28	+ 2 39	− 37.2	− 3 51	+ 40.8		29	+ 0 42	− 15.9	− 0 30	− 11.1
May	2	+ 2 29	− 34.7	− 3 46	+ 42.2	Nov.	2	+ 0 50	− 17.7	− 0 39	− 9.0
	6	+ 2 16	− 31.7	− 3 39	+ 43.2		6	+ 0 58	− 19.4	− 0 48	− 7.0
	10	+ 2 02	− 28.2	− 3 30	+ 43.9		10	+ 1 06	− 20.9	− 0 57	− 4.9
	14	+ 1 45	− 24.2	− 3 19	+ 44.1		14	+ 1 14	− 22.3	− 1 06	− 2.8
	18	+ 1 27	− 19.8	− 3 06	+ 44.0		18	+ 1 22	− 23.5	− 1 14	− 0.8
	22	+ 1 07	− 15.1	− 2 51	+ 43.4		22	+ 1 30	− 24.5	− 1 22	+ 1.3
	26	+ 0 46	− 10.1	− 2 35	+ 42.4		26	+ 1 37	− 25.4	− 1 30	+ 3.3
	30	+ 0 25	− 5.0	− 2 17	+ 41.0		30	+ 1 45	− 26.1	− 1 37	+ 5.2
June	3	+ 0 04	+ 0.2	− 1 58	+ 39.2	Dec.	4	+ 1 52	− 26.6	− 1 44	+ 7.2
	7	− 0 17	+ 5.3	− 1 38	+ 37.0		8	+ 1 58	− 27.0	− 1 52	+ 9.1
	11	− 0 37	+ 10.3	− 1 17	+ 34.5		12	+ 2 04	− 27.1	− 1 58	+ 10.9
	15	− 0 56	+ 15.0	− 0 56	+ 31.6		16	+ 2 10	− 27.0	− 2 05	+ 12.7
	19	− 1 13	+ 19.4	− 0 35	+ 28.3		20	+ 2 15	− 26.7	− 2 11	+ 14.4
	23	− 1 28	+ 23.3	− 0 14	+ 24.8		24	+ 2 20	− 26.2	− 2 17	+ 16.1
	27	− 1 41	+ 26.7	+ 0 07	+ 21.1		28	+ 2 23	− 25.4	− 2 23	+ 17.7
July	1	− 1 52	+ 29.6	+ 0 27	+ 17.1		32	+ 2 26	− 24.4	− 2 28	+ 19.2

Differential coordinates are given in the sense "satellite minus planet."

SATELLITES OF JUPITER, 2018

DIFFERENTIAL COORDINATES FOR 0ʰ UNIVERSAL TIME

Date		VIII Pasiphae		IX Sinope		X Lysithea	
		$\Delta\alpha$	$\Delta\delta$	$\Delta\alpha$	$\Delta\delta$	$\Delta\alpha$	$\Delta\delta$
		m s	′	m s	′	m s	′
Jan.	−8	+ 9 15	+ 20.4	+ 2 06	+ 12.5	− 2 32	+ 13.2
	2	+ 9 17	+ 22.5	+ 1 28	+ 14.5	− 2 29	+ 7.5
	12	+ 9 18	+ 24.7	+ 0 48	+ 16.4	− 2 19	+ 1.1
	22	+ 9 18	+ 26.9	+ 0 05	+ 17.9	− 2 01	− 5.4
Feb.	1	+ 9 17	+ 29.1	− 0 40	+ 19.2	− 1 37	− 11.8
	11	+ 9 15	+ 31.0	− 1 26	+ 20.3	− 1 06	− 18.1
	21	+ 9 13	+ 32.8	− 2 12	+ 21.0	− 0 30	− 23.8
Mar.	3	+ 9 09	+ 34.2	− 2 58	+ 21.5	+ 0 12	− 28.9
	13	+ 9 04	+ 35.2	− 3 43	+ 21.7	+ 0 57	− 33.1
	23	+ 8 57	+ 35.9	− 4 25	+ 21.7	+ 1 42	− 36.2
Apr.	2	+ 8 48	+ 36.0	− 5 05	+ 21.5	+ 2 26	− 37.9
	12	+ 8 36	+ 35.5	− 5 42	+ 21.1	+ 3 05	− 38.0
	22	+ 8 21	+ 34.6	− 6 15	+ 20.6	+ 3 35	− 36.4
May	2	+ 8 01	+ 33.2	− 6 43	+ 19.9	+ 3 53	− 32.7
	12	+ 7 37	+ 31.5	− 7 07	+ 19.0	+ 3 56	− 27.0
	22	+ 7 07	+ 29.6	− 7 27	+ 18.1	+ 3 43	− 19.6
June	1	+ 6 33	+ 27.5	− 7 43	+ 17.0	+ 3 14	− 10.7
	11	+ 5 55	+ 25.4	− 7 56	+ 15.9	+ 2 32	− 1.1
	21	+ 5 13	+ 23.3	− 8 07	+ 14.8	+ 1 40	+ 8.4
July	1	+ 4 28	+ 21.3	− 8 15	+ 13.5	+ 0 43	+ 16.9
	11	+ 3 40	+ 19.4	− 8 22	+ 12.3	− 0 14	+ 23.3
	21	+ 2 51	+ 17.6	− 8 27	+ 10.9	− 1 06	+ 27.2
	31	+ 2 01	+ 15.7	− 8 31	+ 9.5	− 1 48	+ 28.3
Aug.	10	+ 1 10	+ 13.8	− 8 34	+ 8.0	− 2 19	+ 26.8
	20	+ 0 20	+ 11.8	− 8 35	+ 6.4	− 2 38	+ 23.2
	30	− 0 28	+ 9.5	− 8 35	+ 4.6	− 2 45	+ 18.2
Sept	9	− 1 14	+ 6.8	− 8 34	+ 2.7	− 2 43	+ 12.2
	19	− 1 53	+ 3.7	− 8 31	+ 0.6	− 2 34	+ 6.0
	29	− 2 22	+ 0.2	− 8 26	− 1.7	− 2 18	− 0.2
Oct.	9	− 2 38	− 3.6	− 8 20	− 4.2	− 1 57	− 6.0
	19	− 2 37	− 7.3	− 8 11	− 6.8	− 1 32	− 11.1
	29	− 2 19	− 10.6	− 8 00	− 9.6	− 1 05	− 15.5
Nov.	8	− 1 47	− 13.2	− 7 47	− 12.5	− 0 36	− 18.9
	18	− 1 05	− 15.1	− 7 32	− 15.5	− 0 06	− 21.5
	28	− 0 16	− 16.1	− 7 14	− 18.5	+ 0 25	− 23.0
Dec.	8	+ 0 36	− 16.4	− 6 53	− 21.6	+ 0 56	− 23.6
	18	+ 1 29	− 15.9	− 6 30	− 24.6	+ 1 27	− 23.1
	28	+ 2 22	− 14.8	− 6 04	− 27.5	+ 1 56	− 21.6
	38	+ 3 14	− 13.1	− 5 36	− 30.3	+ 2 23	− 19.1

Differential coordinates are given in the sense "satellite minus planet."

DIFFERENTIAL COORDINATES FOR 0ʰ UNIVERSAL TIME

Date		XI Carme $\Delta\alpha$	XI Carme $\Delta\delta$	XII Ananke $\Delta\alpha$	XII Ananke $\Delta\delta$	XIII Leda $\Delta\alpha$	XIII Leda $\Delta\delta$
		m s	′	m s	′	m s	′
Jan.	−8	+ 2 10	− 32.7	− 2 12	− 29.2	− 1 22	− 10.3
	2	+ 1 40	− 29.6	− 2 54	− 30.1	− 1 56	− 10.1
	12	+ 1 08	− 26.4	− 3 36	− 31.1	− 2 23	− 8.9
	22	+ 0 36	− 23.2	− 4 17	− 32.0	− 2 39	− 6.6
Feb.	1	+ 0 02	− 20.1	− 4 57	− 33.1	− 2 42	− 3.3
	11	− 0 32	− 16.9	− 5 36	− 34.0	− 2 29	+ 0.8
	21	− 1 05	− 13.5	− 6 14	− 34.8	− 2 00	+ 5.0
Mar.	3	− 1 38	− 10.1	− 6 50	− 35.4	− 1 17	+ 9.2
	13	− 2 09	− 6.5	− 7 24	− 35.6	− 0 24	+ 12.7
	23	− 2 39	− 2.7	− 7 55	− 35.4	+ 0 36	+ 15.4
Apr.	2	− 3 07	+ 1.3	− 8 23	− 34.6	+ 1 37	+ 16.9
	12	− 3 32	+ 5.5	− 8 46	− 33.2	+ 2 35	+ 17.1
	22	− 3 54	+ 9.8	− 9 05	− 31.2	+ 3 25	+ 16.3
May	2	− 4 13	+ 14.2	− 9 19	− 28.6	+ 4 04	+ 14.3
	12	− 4 29	+ 18.6	− 9 27	− 25.5	+ 4 27	+ 11.6
	22	− 4 42	+ 22.8	− 9 30	− 22.1	+ 4 34	+ 8.4
June	1	− 4 53	+ 26.8	− 9 26	− 18.4	+ 4 25	+ 4.9
	11	− 5 01	+ 30.4	− 9 18	− 14.7	+ 4 01	+ 1.5
	21	− 5 07	+ 33.6	− 9 05	− 11.1	+ 3 24	− 1.8
July	1	− 5 10	+ 36.3	− 8 48	− 7.7	+ 2 39	− 4.8
	11	− 5 11	+ 38.3	− 8 27	− 4.6	+ 1 48	− 7.3
	21	− 5 10	+ 39.7	− 8 04	− 1.8	+ 0 55	− 9.3
	31	− 5 04	+ 40.5	− 7 38	+ 0.6	+ 0 03	− 10.8
Aug.	10	− 4 55	+ 40.5	− 7 10	+ 2.7	− 0 46	− 11.5
	20	− 4 42	+ 39.8	− 6 40	+ 4.5	− 1 28	− 11.4
	30	− 4 25	+ 38.4	− 6 08	+ 5.9	− 2 01	− 10.5
Sept	9	− 4 02	+ 36.4	− 5 34	+ 7.1	− 2 24	− 8.7
	19	− 3 36	+ 33.9	− 4 58	+ 8.1	− 2 33	− 6.1
	29	− 3 04	+ 30.8	− 4 21	+ 8.9	− 2 29	− 2.8
Oct.	9	− 2 29	+ 27.3	− 3 42	+ 9.7	− 2 13	+ 0.8
	19	− 1 49	+ 23.5	− 3 01	+ 10.5	− 1 48	+ 4.4
	29	− 1 07	+ 19.6	− 2 19	+ 11.3	− 1 16	+ 7.8
Nov.	8	− 0 22	+ 15.6	− 1 37	+ 12.2	− 0 41	+ 10.8
	18	+ 0 25	+ 11.8	− 0 54	+ 13.3	− 0 04	+ 13.2
	28	+ 1 11	+ 8.0	− 0 10	+ 14.6	+ 0 33	+ 15.1
Dec.	8	+ 1 58	+ 4.6	+ 0 33	+ 16.1	+ 1 07	+ 16.3
	18	+ 2 43	+ 1.4	+ 1 14	+ 17.9	+ 1 40	+ 16.8
	28	+ 3 27	− 1.5	+ 1 54	+ 19.8	+ 2 10	+ 16.7
	38	+ 4 08	− 4.1	+ 2 31	+ 22.0	+ 2 37	+ 16.0

Differential coordinates are given in the sense "satellite minus planet."

SATELLITES OF JUPITER, 2018

TERRESTRIAL TIME OF SUPERIOR GEOCENTRIC CONJUNCTION

I Io

	d	h m		d	h m		d	h m		d	h m
Jan.	−1	21 44	Mar.	20	12 55	June	8	02 35	Aug.	26	17 38
	1	16 13		22	07 21		9	21 02		28	12 08
	3	10 42		24	01 48		11	15 28		30	06 37
	5	05 11		25	20 15		13	09 55	Sept.	1	01 07
	6	23 41		27	14 42		15	04 22		2	19 36
	8	18 10		29	09 08		16	22 49		4	14 06
	10	12 39		31	03 35		18	17 16		6	08 36
	12	07 08	Apr.	1	22 01		20	11 42		8	03 05
	14	01 37		3	16 28		22	06 10		9	21 35
	15	20 06		5	10 54		24	00 37		11	16 05
	17	14 35		7	05 21		25	19 04		13	10 35
	19	09 04		8	23 47		27	13 31		15	05 05
	21	03 33		10	18 13		29	07 58		16	23 35
	22	22 02		12	12 39	July	1	02 26		18	18 04
	24	16 31		14	07 06		2	20 53		20	12 34
	26	11 00		16	01 32		4	15 21		22	07 04
	28	05 28		17	19 58		6	09 48		24	01 34
	29	23 57		19	14 24		8	04 16		25	20 05
	31	18 25		21	08 50		9	22 44		27	14 35
Feb.	2	12 54		23	03 16		11	17 12		29	09 05
	4	07 23		24	21 42		13	11 40	Oct.	1	03 35
	6	01 51		26	16 08		15	06 08		2	22 05
	7	20 19		28	10 34		17	00 36		4	16 35
	9	14 48		30	05 00		18	19 04		6	11 05
	11	09 16	May	1	23 26		20	13 32		8	05 36
	13	03 44		3	17 52		22	08 00		10	00 06
	14	22 12		5	12 18		24	02 28		11	18 36
	16	16 40		7	06 44		25	20 57		13	13 06
	18	11 08		9	01 10		27	15 25		15	07 37
	20	05 36		10	19 36		29	09 54		17	02 07
	22	00 04		12	14 02		31	04 22		18	20 37
	23	18 32		14	08 28	Aug.	1	22 51		20	15 08
	25	13 00		16	02 54		3	17 20		22	09 38
	27	07 27		17	21 20		5	11 48		24	04 08
Mar.	1	01 55		19	15 46		7	06 17		25	22 39
	2	20 22		21	10 12		9	00 46		27	17 09
	4	14 50		23	04 38		10	19 15		29	11 39
	6	09 17		24	23 04		12	13 44		31	06 10
	8	03 45		26	17 30		14	08 13		..	.. ..
	9	22 12		28	11 57		16	02 42	Dec.	21	14 50
	11	16 39		30	06 23		17	21 12		23	09 20
	13	11 06	June	1	00 49		19	15 41		25	03 50
	15	05 34		2	19 16		21	10 10		26	22 20
	17	00 01		4	13 42		23	04 39		28	16 50
	18	18 28		6	08 08		24	23 09		30	11 20

".. .. .." indicates Jupiter too close to the Sun for observations between November 1 and December 20.

TERRESTRIAL TIME OF SUPERIOR GEOCENTRIC CONJUNCTION

II Europa

	d	h m		d	h m		d	h m		d	h m
Jan.	−1	21 44	Mar.	22	15 31	June	12	05 46	Sept.	1	22 36
	3	11 07		26	04 43		15	18 55		5	11 57
	7	00 29		29	17 53		19	08 06		9	01 18
	10	13 51	Apr.	2	07 04		22	21 16		12	14 39
	14	03 13		5	20 13		26	10 28		16	04 00
	17	16 34		9	09 23		29	23 39		19	17 22
	21	05 55		12	22 31	July	3	12 52		23	06 44
	24	19 15		16	11 40		7	02 05		26	20 06
	28	08 35		20	00 48		10	15 18		30	09 29
	31	21 55		23	13 56		14	04 32	Oct.	3	22 52
Feb.	4	11 14		27	03 03		17	17 46		7	12 14
	8	00 32		30	16 11		21	07 01		11	01 38
	11	13 50	May	4	05 18		24	20 17		14	15 01
	15	03 08		7	18 25		28	09 33		18	04 25
	18	16 25		11	07 32		31	22 49		21	17 48
	22	05 41		14	20 40	Aug.	4	12 06		25	07 12
	25	18 57		18	09 47		8	01 23		28	20 36
Mar.	1	08 12		21	22 55		11	14 41		..	.. ..
	4	21 27		25	12 02		15	03 59	Dec.	24	19 11
	8	10 41		29	01 10		18	17 18		28	08 36
	11	23 55	June	1	14 19		22	06 37		31	22 01
	15	13 07		5	03 27		25	19 56			
	19	02 20		8	16 36		29	09 16			

III Ganymede

	d	h m		d	h m		d	h m		d	h m
Jan.	−6	12 41	Mar.	21	12 24	June	15	04 44	Sept.	9	03 24
	1	16 59		28	15 57		22	08 14		16	07 39
	8	21 13	Apr.	4	19 24		29	11 49		23	11 58
	16	01 25		11	22 48	July	6	15 28		30	16 18
	23	05 34		19	02 09		13	19 11	Oct.	7	20 41
	30	09 39		26	05 27		20	22 59		15	01 06
Feb.	6	13 42	May	3	08 44		28	02 51		22	05 31
	13	17 40		10	12 01	Aug.	4	06 47		29	09 58
	20	21 34		17	15 18		11	10 47		..	.. ..
	28	01 23		24	18 36		18	14 51	Dec.	25	21 40
Mar.	7	05 08		31	21 56		25	18 59			
	14	08 48	June	8	01 19	Sept.	1	23 10			

IV Callisto

	d	h m		d	h m		d	h m		d	h m
Jan.	−8	02 35	Apr.	2	13 22	July	11	06 31	Oct.	19	23 58
	8	22 16		19	04 09		27	23 36		..	.. ..
	25	17 23	May	5	18 26	Aug.	13	17 34	Dec.	26	10 41
Feb.	11	11 45		22	08 37		30	12 19			
	28	05 15	June	7	23 10	Sept.	16	07 44			
Mar.	16	21 47		24	14 24	Oct.	3	03 39			

".. .. .." indicates Jupiter too close to the Sun for observations between November 1 and December 20.

SATELLITES OF JUPITER, 2018

UNIVERSAL TIME OF GEOCENTRIC PHENOMENA

JANUARY

d	h m	Sat	Ph	d	h m	Sat	Ph	d	h m	Sat	Ph	d	h m	Sat	Ph
0	16 53	I	Sh I	8	18 06	II	Sh E	16	17 18	I	Sh E	24	17 57	II	Ec R
	17 52	I	Tr I		19 13	I	Oc R		18 25	I	Tr E		18 07	II	Oc D
	19 03	I	Sh E		20 10	II	Tr E						20 21	II	Oc R
	20 01	I	Tr E		20 21	III	Oc D	17	12 21	I	Ec D				
					22 04	III	Oc R		13 03	II	Ec D	25	11 30	I	Sh I
1	12 00	III	Ec D						15 21	II	Ec R		12 42	I	Tr I
	13 17	II	Sh I	9	13 15	I	Sh I		15 25	II	Oc D		13 40	I	Sh E
	13 52	III	Ec R		14 19	I	Tr I		15 39	I	Oc R		14 51	I	Tr E
	14 07	I	Ec D		15 24	I	Sh E		17 40	II	Oc R				
	15 15	II	Tr I		16 29	I	Tr E					26	08 42	I	Ec D
	15 33	II	Sh E					18	09 37	I	Sh I		10 12	II	Sh I
	16 05	III	Oc D	10	10 28	II	Ec D		10 45	I	Tr I		12 03	I	Oc R
	17 16	I	Oc R		10 28	I	Ec D		11 46	I	Sh E		12 27	II	Sh E
	17 29	II	Tr E		13 43	I	Oc R		12 55	I	Tr E		12 34	II	Tr I
	17 51	III	Oc R		14 58	II	Oc R						13 41	III	Sh I
2	11 21	I	Sh I	11	07 43	I	Sh I	19	06 49	I	Ec D		14 46	II	Tr E
	12 21	I	Tr I		08 48	I	Tr I		07 39	II	Sh I		15 29	III	Sh E
	13 31	I	Sh E		09 53	I	Sh E		09 43	III	Sh I		18 40	III	Tr I
	14 31	I	Tr E		10 58	I	Tr E		09 55	II	Sh E		20 11	III	Tr E
									09 56	II	Tr I				
3	07 52	II	Ec D	12	04 57	I	Ec D		10 08	I	Oc R	27	05 59	I	Sh I
	08 35	I	Ec D		05 06	II	Sh I		11 32	III	Sh E		07 10	I	Tr I
	11 46	I	Oc R		05 45	III	Sh I		12 09	II	Tr E		08 08	I	Sh E
	12 14	II	Oc R		07 17	II	Tr I		14 30	III	Tr I		09 19	I	Tr E
					07 22	II	Sh E		16 05	III	Tr E				
4	05 49	I	Sh I		07 35	III	Sh E					28	03 10	I	Ec D
	06 51	I	Tr I		08 12	I	Oc R	20	04 05	I	Sh I		04 58	II	Ec D
	07 59	I	Sh E		09 30	II	Tr E		05 14	I	Tr I		06 32	I	Oc R
	09 00	I	Tr E		10 17	III	Tr I		06 15	I	Sh E		07 15	II	Ec R
					11 56	III	Tr E		07 24	I	Tr E		07 27	II	Oc D
5	01 46	III	Sh I										09 41	II	Oc R
	02 34	II	Sh I	13	02 11	I	Sh I	21	01 18	I	Ec D				
	03 04	I	Ec D		03 18	I	Tr I		02 22	II	Ec D	29	00 27	I	Sh I
	03 37	III	Sh E		04 21	I	Sh E		04 37	I	Oc R		01 39	I	Tr I
	04 36	II	Tr I		05 27	I	Tr E		04 39	II	Ec R		02 37	I	Sh E
	04 49	II	Sh E		23 25	I	Ec D		04 47	II	Oc D		03 48	I	Tr E
	06 01	III	Tr I		23 46	II	Ec D		07 01	II	Oc R		21 39	I	Ec D
	06 15	I	Oc R						22 33	I	Sh I		23 29	II	Sh I
	06 50	II	Tr E	14	02 04	II	Ec R		23 44	I	Tr I				
	07 44	III	Tr E		02 04	II	Oc D					30	01 00	I	Oc R
					02 41	I	Oc R	22	00 43	I	Sh E		01 44	II	Sh E
6	00 18	I	Sh I		04 20	II	Oc R		01 53	I	Tr E		01 53	II	Tr I
	01 20	I	Tr I		20 40	I	Sh I		19 46	I	Ec D		03 48	III	Ec D
	02 28	I	Sh E		21 47	I	Tr I		20 56	II	Sh I		04 04	II	Tr E
	03 30	I	Tr E		22 50	I	Sh E		23 05	I	Oc R		05 39	III	Ec R
	21 10	II	Ec D		23 56	I	Tr E		23 11	II	Sh E		08 52	III	Oc D
	21 32	I	Ec D						23 16	II	Tr I		10 24	III	Oc R
				15	17 53	I	Ec D		23 51	III	Ec D		18 55	I	Sh I
7	00 44	I	Oc R		18 23	II	Sh I						20 08	I	Tr I
	01 36	II	Oc R		19 54	III	Ec D	23	01 28	II	Tr E		21 05	I	Sh E
	18 46	I	Sh I		20 37	II	Tr I		01 42	III	Ec R		22 17	I	Tr E
	19 50	I	Tr I		20 38	II	Sh E		04 45	III	Oc D				
	20 56	I	Sh E		21 10	I	Oc R		06 20	III	Oc R	31	16 07	I	Ec D
	21 59	I	Tr E		21 45	III	Ec R		17 02	I	Sh I		18 15	II	Ec D
					22 50	II	Tr E		18 13	I	Tr I		19 29	I	Oc R
8	15 50	II	Sh I						19 11	I	Sh E		20 32	II	Ec R
	15 57	III	Ec D	16	00 34	III	Oc D		20 22	I	Tr E		20 47	II	Oc D
	16 00	I	Ec D		02 13	III	Oc R						23 00	II	Oc R
	17 49	III	Ec R		15 08	I	Sh I	24	14 14	I	Ec D				
	17 56	II	Tr I		16 16	I	Tr I		15 39	II	Ec D				
									17 34	I	Oc R				

I. Jan. 15	II. Jan. 13, 14	III. Jan. 15	IV. Jan.
$x_1 = -1.9,\ y_1 = -0.3$	$x_1 = -2.3,\ y_1 = -0.6$	$x_1 = -3.0,\ y_1 = -0.8$	no eclipse
	$x_2 = -0.8,\ y_2 = -0.6$	$x_2 = -2.0,\ y_2 = -0.8$	

NOTE.—I denotes ingress; E, egress; D, disappearance; R, reappearance; Ec, eclipse; Oc, occultation; Tr, transit of the satellite; Sh, transit of the shadow.

CONFIGURATIONS OF SATELLITES I-IV FOR JANUARY

UNIVERSAL TIME

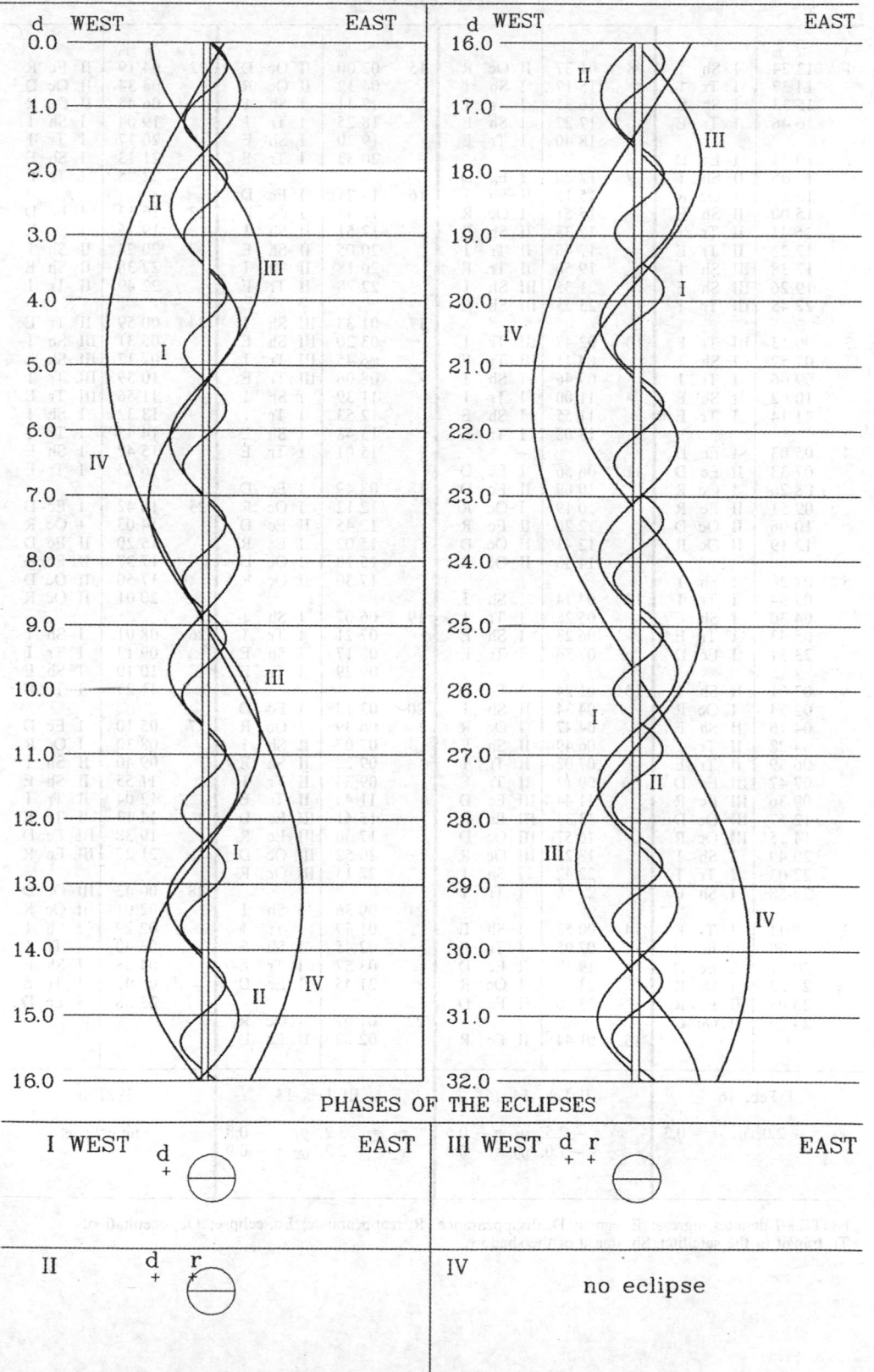

PHASES OF THE ECLIPSES

SATELLITES OF JUPITER, 2018

UNIVERSAL TIME OF GEOCENTRIC PHENOMENA

FEBRUARY

d	h m			
1	13 24	I	Sh	I
	14 37	I	Tr	I
	15 33	I	Sh	E
	16 46	I	Tr	E
2	10 35	I	Ec	D
	12 45	II	Sh	I
	13 57	I	Oc	R
	15 00	II	Sh	E
	15 11	II	Tr	I
	17 22	II	Tr	E
	17 38	III	Sh	I
	19 26	III	Sh	E
	22 45	III	Tr	I
3	00 13	III	Tr	E
	07 52	I	Sh	I
	09 06	I	Tr	I
	10 02	I	Sh	E
	11 14	I	Tr	E
4	05 03	I	Ec	D
	07 33	II	Ec	D
	08 26	I	Oc	R
	09 51	II	Ec	R
	10 06	II	Oc	D
	12 19	II	Oc	R
5	02 20	I	Sh	I
	03 34	I	Tr	I
	04 30	I	Sh	E
	05 43	I	Tr	E
	23 31	I	Ec	D
6	02 01	II	Sh	I
	02 54	I	Oc	R
	04 16	II	Sh	E
	04 28	II	Tr	I
	06 39	II	Tr	E
	07 47	III	Ec	D
	09 36	III	Ec	R
	12 57	III	Oc	D
	14 25	III	Oc	R
	20 49	I	Sh	I
	22 03	I	Tr	I
	22 58	I	Sh	E
7	00 11	I	Tr	E
	18 00	I	Ec	D
	20 51	II	Ec	D
	21 23	I	Oc	R
	23 08	II	Ec	R
	23 25	II	Oc	D

d	h m			
8	01 37	II	Oc	R
	15 17	I	Sh	I
	16 31	I	Tr	I
	17 27	I	Sh	E
	18 40	I	Tr	E
9	12 28	I	Ec	D
	15 18	II	Sh	I
	15 51	I	Oc	R
	17 33	II	Sh	E
	17 46	II	Tr	I
	19 56	II	Tr	E
	21 35	III	Sh	I
	23 23	III	Sh	E
10	02 47	III	Tr	I
	04 11	III	Tr	E
	09 46	I	Sh	I
	11 00	I	Tr	I
	11 55	I	Sh	E
	13 08	I	Tr	E
11	06 56	I	Ec	D
	10 09	II	Ec	D
	10 19	I	Oc	R
	12 26	II	Ec	R
	12 43	II	Oc	D
	14 56	II	Oc	R
12	04 14	I	Sh	I
	05 28	I	Tr	I
	06 23	I	Sh	E
	07 36	I	Tr	E
13	01 24	I	Ec	D
	04 34	II	Sh	I
	04 47	I	Oc	R
	06 49	II	Sh	E
	07 02	II	Tr	I
	09 12	II	Tr	E
	11 44	III	Ec	D
	13 33	III	Ec	R
	16 57	III	Oc	D
	18 21	III	Oc	R
	22 42	I	Sh	I
	23 56	I	Tr	I
14	00 52	I	Sh	E
	02 05	I	Tr	E
	19 52	I	Ec	D
	23 15	I	Oc	R
	23 26	II	Ec	D
15	01 44	II	Ec	R

d	h m			
15	02 00	II	Oc	D
	04 12	II	Oc	R
	17 11	I	Sh	I
	18 25	I	Tr	I
	19 20	I	Sh	E
	20 33	I	Tr	E
16	14 21	I	Ec	D
	17 43	I	Oc	R
	17 51	II	Sh	I
	20 05	II	Sh	E
	20 18	II	Tr	I
	22 28	II	Tr	E
17	01 33	III	Sh	I
	03 20	III	Sh	E
	06 45	III	Tr	I
	08 06	III	Tr	E
	11 39	I	Sh	I
	12 53	I	Tr	I
	13 48	I	Sh	E
	15 01	I	Tr	E
18	08 49	I	Ec	D
	12 12	I	Oc	R
	12 45	II	Ec	D
	15 02	II	Ec	R
	15 18	II	Oc	D
	17 30	II	Oc	R
19	06 07	I	Sh	I
	07 21	I	Tr	I
	08 17	I	Sh	E
	09 29	I	Tr	E
20	03 17	I	Ec	D
	06 39	I	Oc	R
	07 07	II	Sh	I
	09 22	II	Sh	E
	09 34	II	Tr	I
	11 44	II	Tr	E
	15 41	III	Ec	D
	17 30	III	Ec	R
	20 52	III	Oc	D
	22 13	III	Oc	R
21	00 36	I	Sh	I
	01 49	I	Tr	I
	02 45	I	Sh	E
	03 57	I	Tr	E
	21 45	I	Ec	D
22	01 07	I	Oc	R
	02 02	II	Ec	D

d	h m			
22	04 19	II	Ec	R
	04 34	II	Oc	D
	06 45	II	Oc	R
	19 04	I	Sh	I
	20 17	I	Tr	I
	21 13	I	Sh	E
	22 25	I	Tr	E
23	16 13	I	Ec	D
	19 35	I	Oc	R
	20 24	II	Sh	I
	22 38	II	Sh	E
	22 49	II	Tr	I
24	00 59	II	Tr	E
	05 31	III	Sh	I
	07 17	III	Sh	E
	10 39	III	Tr	I
	11 56	III	Tr	E
	13 32	I	Sh	I
	14 45	I	Tr	I
	15 42	I	Sh	E
	16 53	I	Tr	E
25	10 42	I	Ec	D
	14 03	I	Oc	R
	15 20	II	Ec	D
	17 37	II	Ec	R
	17 50	II	Oc	D
	20 01	II	Oc	R
26	08 01	I	Sh	I
	09 13	I	Tr	I
	10 10	I	Sh	E
	11 21	I	Tr	E
27	05 10	I	Ec	D
	08 30	I	Oc	R
	09 40	II	Sh	I
	11 55	II	Sh	E
	12 04	II	Tr	I
	14 13	II	Tr	E
	19 38	III	Ec	D
	21 27	III	Ec	R
28	00 43	III	Oc	D
	02 01	III	Oc	R
	02 29	I	Sh	I
	03 40	I	Tr	I
	04 38	I	Sh	E
	05 49	I	Tr	E
	23 38	I	Ec	D

I. Feb. 16

$x_1 = -2.0, \ y_1 = -0.3$

II. Feb. 14, 15

$x_1 = -2.5, \ y_1 = -0.6$
$x_2 = -1.0, \ y_2 = -0.6$

III. Feb. 13

$x_1 = -3.2, \ y_1 = -0.8$
$x_2 = -2.2, \ y_2 = -0.9$

IV. Feb.

no eclipse

NOTE.—I denotes ingress; E, egress; D, disappearance; R, reappearance; Ec, eclipse; Oc, occultation; Tr, transit of the satellite; Sh, transit of the shadow.

CONFIGURATIONS OF SATELLITES I-IV FOR FEBRUARY

UNIVERSAL TIME

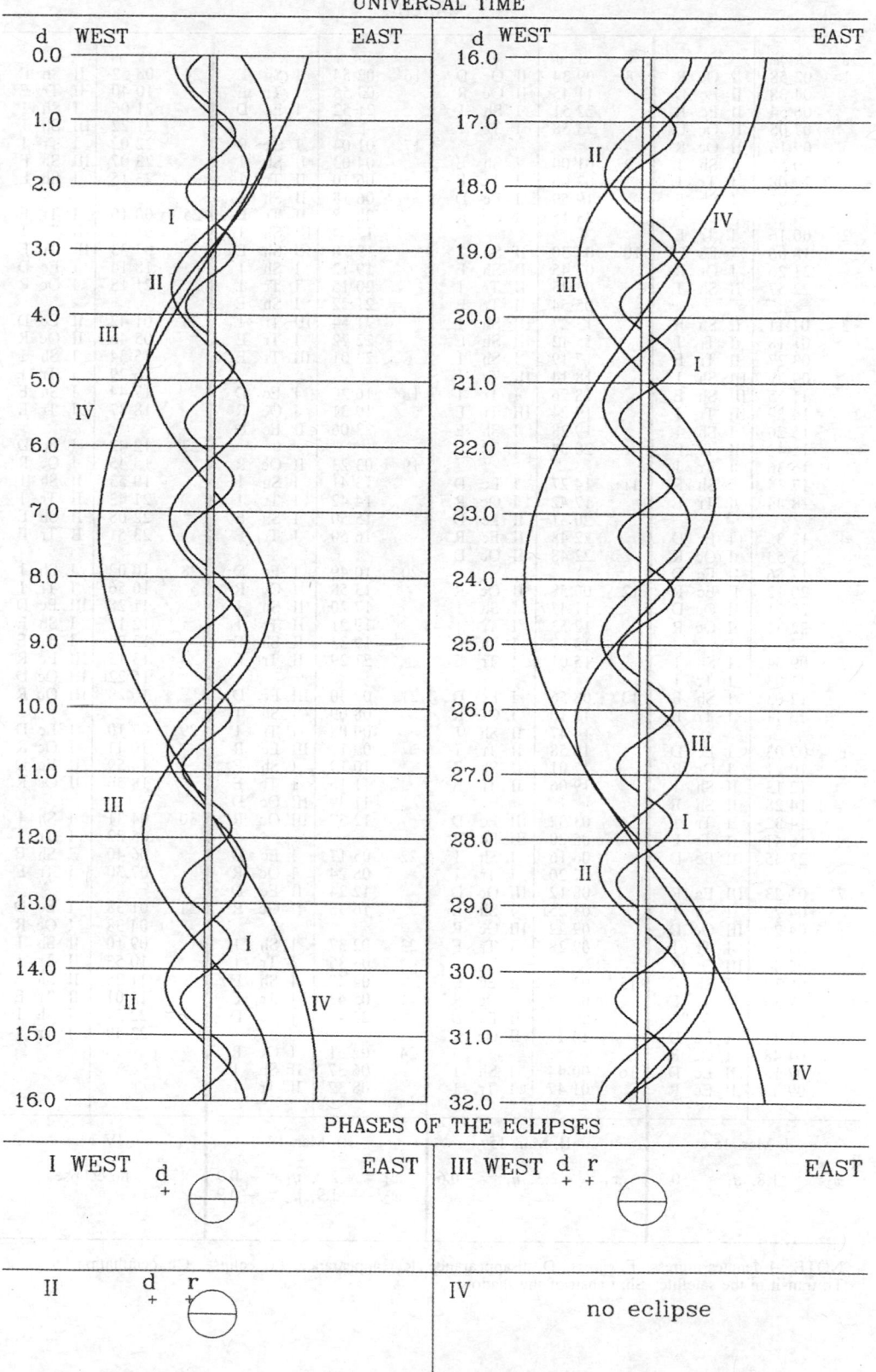

PHASES OF THE ECLIPSES

SATELLITES OF JUPITER, 2018

UNIVERSAL TIME OF GEOCENTRIC PHENOMENA

MARCH

d	h m			d	h m			d	h m			d	h m		
1	02 58	I	Oc R	8	09 34	II	Oc D	16	02 54	I	Sh E	24	08 52	II	Sh E
	04 38	II	Ec D		11 45	II	Oc R		03 55	I	Tr E		10 40	II	Tr E
	06 54	II	Ec R		22 51	I	Sh I		21 52	I	Ec D		21 06	I	Sh I
	07 05	II	Oc D		23 58	I	Tr I	17	01 04	I	Oc R		21 22	III	Sh I
	09 16	II	Oc R	9	01 00	I	Sh E		04 03	II	Sh I		22 02	I	Tr I
	20 57	I	Sh I		02 06	I	Tr E		06 10	II	Tr I		23 07	III	Sh E
	22 08	I	Tr I		19 59	I	Ec D		06 18	II	Sh E		23 15	I	Sh E
	23 07	I	Sh E		23 15	I	Oc R		08 18	II	Tr E	25	00 10	I	Tr E
2	00 16	I	Tr E	10	01 30	II	Sh I		17 24	III	Sh I		01 28	III	Tr I
	18 06	I	Ec D		03 45	II	Sh E		19 10	III	Sh E		02 33	III	Tr E
	21 26	I	Oc R		03 45	II	Tr I		19 12	I	Sh I		18 14	I	Ec D
	22 57	II	Sh I		05 54	II	Tr E		20 15	I	Tr I		21 18	I	Oc R
3	01 11	II	Sh E		13 27	III	Sh I		21 22	I	Sh E	26	01 42	II	Ec D
	01 18	II	Tr I		15 12	III	Sh E		21 54	III	Tr I		05 46	II	Oc R
	03 27	II	Tr E		17 19	I	Sh I		22 22	I	Tr E		15 34	I	Sh I
	09 29	III	Sh I		18 14	III	Tr I		23 01	III	Tr E		16 29	I	Tr I
	11 15	III	Sh E		18 26	I	Tr I	18	16 20	I	Ec D		17 44	I	Sh E
	14 29	III	Tr I		19 24	III	Tr E		19 31	I	Oc R		18 37	I	Tr E
	15 26	I	Sh I		19 28	I	Sh E		23 06	II	Ec D	27	12 42	I	Ec D
	15 42	III	Tr E		20 34	I	Tr E	19	03 23	II	Oc R		15 45	I	Oc R
	16 36	I	Tr I	11	14 27	I	Ec D		13 41	I	Sh I		19 53	II	Sh I
	17 35	I	Sh E		17 42	I	Oc R		14 42	I	Tr I		21 43	II	Tr I
	18 44	I	Tr E		20 31	II	Ec D		15 50	I	Sh E		22 08	II	Sh E
4	12 35	I	Ec D		22 48	II	Ec R		16 50	I	Tr E		23 51	II	Tr E
	15 53	I	Oc R		22 48	II	Oc D	20	10 49	I	Ec D	28	10 02	I	Sh I
	17 56	II	Ec D	12	00 58	II	Oc R		13 58	I	Oc R		10 56	I	Tr I
	20 12	II	Ec R		11 47	I	Sh I		17 20	II	Sh I		11 28	III	Ec D
	20 21	II	Oc D		12 53	I	Tr I		19 21	II	Tr I		12 12	I	Sh E
	22 31	II	Oc R		13 57	I	Sh E		19 35	II	Sh E		13 04	I	Tr E
5	09 54	I	Sh I		15 01	I	Tr E		21 29	II	Tr E		13 15	III	Ec R
	11 03	I	Tr I	13	08 56	I	Ec D	21	07 30	III	Ec D		15 22	III	Oc D
	12 03	I	Sh E		12 10	I	Oc R		08 09	I	Sh I		16 29	III	Oc R
	13 11	I	Tr E		14 47	II	Sh I		09 08	I	Tr I	29	07 10	I	Ec D
6	07 03	I	Ec D		16 58	II	Tr I		09 17	III	Ec R		10 11	I	Oc R
	10 21	I	Oc R		17 01	II	Sh E		10 19	I	Sh E		14 59	II	Ec D
	12 13	II	Sh I		19 06	II	Tr E		11 16	I	Tr E		18 56	II	Oc R
	14 28	II	Sh E	14	03 32	III	Ec D		11 49	III	Oc D	30	04 31	I	Sh I
	14 32	II	Tr I		05 20	III	Ec R		12 57	III	Oc R		05 22	I	Tr I
	16 41	II	Tr E		06 16	I	Sh I	22	05 17	I	Ec D		06 40	I	Sh E
	23 35	III	Ec D		07 20	I	Tr I		08 24	I	Oc R		07 30	I	Tr E
7	01 23	III	Ec R		08 12	III	Oc D		12 24	II	Ec D	31	01 38	I	Ec D
	04 22	I	Sh I		08 25	I	Sh E		16 35	II	Oc R		04 38	I	Oc R
	04 29	III	Oc D		09 22	III	Oc R	23	02 37	I	Sh I		09 10	II	Sh I
	05 31	I	Tr I		09 28	I	Tr E		03 35	I	Tr I		10 53	II	Tr I
	05 44	III	Oc R	15	03 24	I	Ec D		04 47	I	Sh E		11 25	II	Sh E
	06 32	I	Sh E		06 37	I	Oc R		05 43	I	Tr E		13 01	II	Tr E
	07 39	I	Tr E		09 48	II	Ec D		23 45	I	Ec D		22 59	I	Sh I
8	01 31	I	Ec D		14 11	II	Oc R	24	02 51	I	Oc R		23 49	I	Tr I
	04 48	I	Oc R	16	00 44	I	Sh I		06 37	II	Sh I				
	07 13	II	Ec D		01 47	I	Tr I		08 32	II	Tr I				
	09 30	II	Ec R												

I. Mar. 15	II. Mar. 15	III. Mar. 14	IV. Mar.
$x_1 = -1.8$, $y_1 = -0.3$	$x_1 = -2.3$, $y_1 = -0.6$	$x_1 = -2.9$, $y_1 = -0.9$ $x_2 = -1.9$, $y_2 = -0.9$	no eclipse

NOTE.—I denotes ingress; E, egress; D, disappearance; R, reappearance; Ec, eclipse; Oc, occultation; Tr, transit of the satellite; Sh, transit of the shadow.

CONFIGURATIONS OF SATELLITES I-IV FOR MARCH

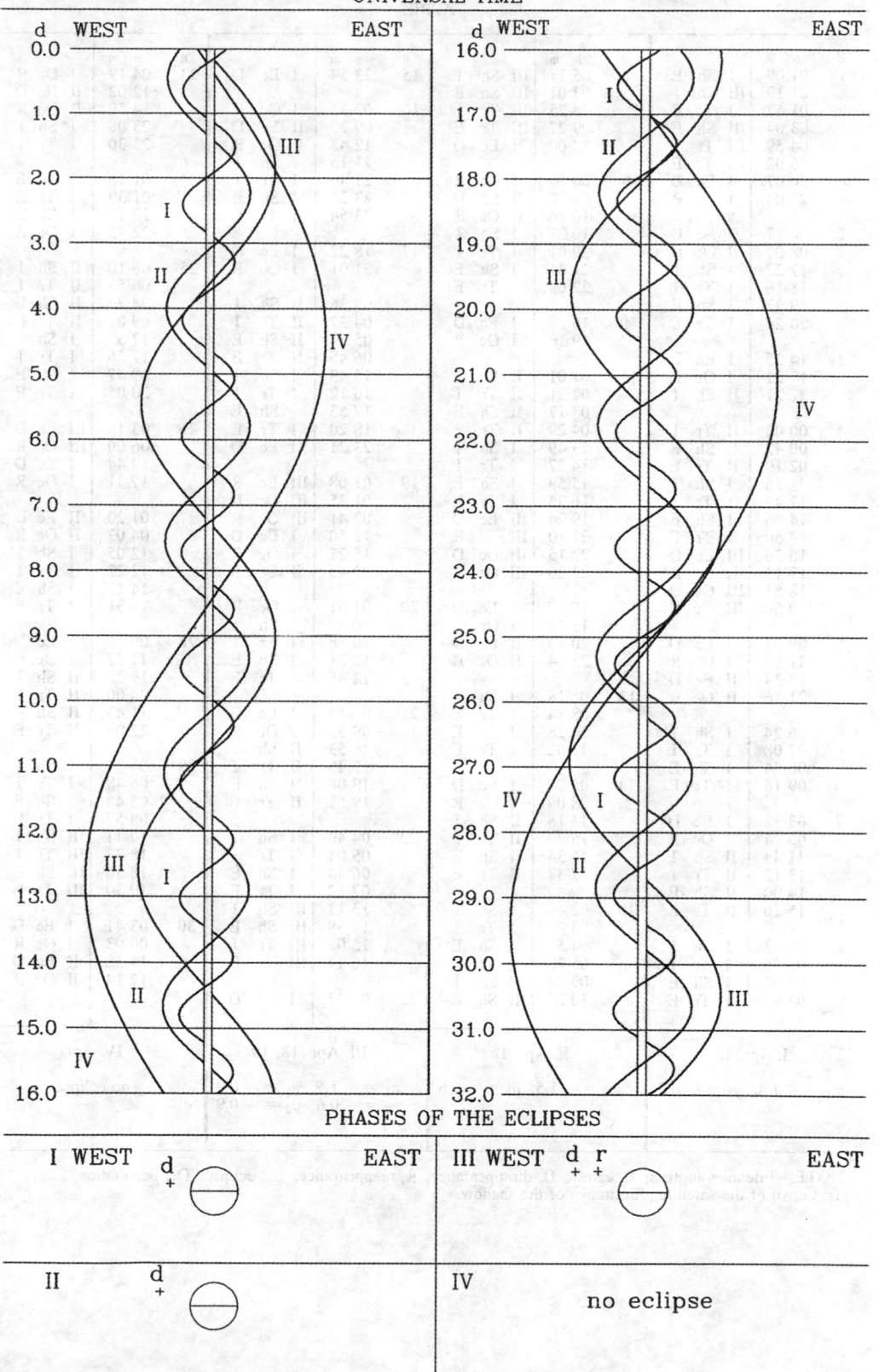

SATELLITES OF JUPITER, 2018

UNIVERSAL TIME OF GEOCENTRIC PHENOMENA

APRIL

d	h m		
1	01 09	I	Sh E
	01 19	III	Sh I
	01 57	I	Tr E
	03 04	III	Sh E
	04 59	III	Tr I
	06 02	III	Tr E
	20 07	I	Ec D
	23 04	I	Oc R
2	04 17	II	Ec D
	08 07	II	Oc R
	17 27	I	Sh I
	18 16	I	Tr I
	19 37	I	Sh E
	20 24	I	Tr E
3	14 35	I	Ec D
	17 31	I	Oc R
	22 27	II	Sh I
4	00 03	II	Tr I
	00 42	II	Sh E
	02 10	II	Tr E
	11 56	I	Sh I
	12 42	I	Tr I
	14 06	I	Sh E
	14 50	I	Tr E
	15 26	III	Ec D
	17 13	III	Ec R
	18 51	III	Oc D
	19 56	III	Oc R
5	09 03	I	Ec D
	11 57	I	Oc R
	17 34	II	Ec D
	21 16	II	Oc R
6	06 24	I	Sh I
	07 08	I	Tr I
	08 34	I	Sh E
	09 16	I	Tr E
7	03 32	I	Ec D
	06 24	I	Oc R
	11 44	II	Sh I
	13 12	II	Tr I
	14 00	II	Sh E
	15 20	II	Tr E
8	00 53	I	Sh I
	01 35	I	Tr I
	03 02	I	Sh E
	03 43	I	Tr E

d	h m		
8	05 17	III	Sh I
	07 01	III	Sh E
	08 25	III	Tr I
	09 27	III	Tr E
	22 00	I	Ec D
9	00 50	I	Oc R
	06 52	II	Ec D
	10 26	II	Oc R
	19 21	I	Sh I
	20 01	I	Tr I
	21 31	I	Sh E
	22 09	I	Tr E
10	16 29	I	Ec D
	19 16	I	Oc R
11	01 01	II	Sh I
	02 21	II	Tr I
	03 17	II	Sh E
	04 29	II	Tr E
	13 49	I	Sh I
	14 27	I	Tr I
	15 59	I	Sh E
	16 35	I	Tr E
	19 24	III	Ec D
	21 10	III	Ec R
	22 15	III	Oc D
	23 20	III	Oc R
12	10 57	I	Ec D
	13 42	I	Oc R
	20 10	II	Ec D
	23 34	II	Oc R
13	08 18	I	Sh I
	08 54	I	Tr I
	10 28	I	Sh E
	11 02	I	Tr E
14	05 25	I	Ec D
	08 09	I	Oc R
	14 18	II	Sh I
	15 29	II	Tr I
	16 34	II	Sh E
	17 37	II	Tr E
15	02 46	I	Sh I
	03 20	I	Tr I
	04 56	I	Sh E
	05 28	I	Tr E
	09 14	III	Sh I
	10 59	III	Sh E

d	h m		
15	23 54	I	Ec D
16	02 35	I	Oc R
	09 27	II	Ec D
	12 43	II	Oc R
	21 15	I	Sh I
	21 46	I	Tr I
	23 24	I	Sh E
	23 54	I	Tr E
17	18 22	I	Ec D
	21 01	I	Oc R
18	03 36	II	Sh I
	04 37	II	Tr I
	05 51	II	Sh E
	06 45	II	Tr E
	15 43	I	Sh I
	16 12	I	Tr I
	17 53	I	Sh E
	18 20	I	Tr E
	23 21	III	Ec D
19	01 08	III	Ec R
	01 35	III	Oc D
	02 41	III	Oc R
	12 50	I	Ec D
	15 27	I	Oc R
	22 45	II	Ec D
20	01 51	II	Oc R
	10 11	I	Sh I
	10 38	I	Tr I
	12 21	I	Sh E
	12 46	I	Tr E
21	07 19	I	Ec D
	09 53	I	Oc R
	16 53	II	Sh I
	17 45	II	Tr I
	19 08	II	Sh E
	19 53	II	Tr E
22	04 40	I	Sh I
	05 04	I	Tr I
	06 50	I	Sh E
	07 12	I	Tr E
	13 13	III	Sh I
	14 58	III	Sh E
	15 07	III	Tr I
	16 11	III	Tr E
23	01 47	I	Ec D

d	h m		
23	04 19	I	Oc R
	12 02	II	Ec D
	14 59	II	Oc R
	23 08	I	Sh I
	23 30	I	Tr I
24	01 18	I	Sh E
	01 39	I	Tr E
	20 16	I	Ec D
	22 45	I	Oc R
25	06 10	II	Sh I
	06 53	II	Tr I
	08 26	II	Sh E
	09 01	II	Tr E
	17 37	I	Sh I
	17 56	I	Tr I
	19 47	I	Sh E
	20 05	I	Tr E
26	03 19	III	Ec D
	06 00	III	Oc R
	14 44	I	Ec D
	17 11	I	Oc R
27	01 20	II	Ec D
	04 07	II	Oc R
	12 05	I	Sh I
	12 22	I	Tr I
	14 15	I	Sh E
	14 31	I	Tr E
28	09 13	I	Ec D
	11 37	I	Oc R
	19 28	II	Sh I
	20 00	II	Tr I
	21 43	II	Sh E
	22 09	II	Tr E
29	06 34	I	Sh I
	06 48	I	Tr I
	08 44	I	Sh E
	08 57	I	Tr E
	17 11	III	Sh I
	18 23	III	Tr I
	18 56	III	Sh E
	19 30	III	Tr E
30	03 41	I	Ec D
	06 03	I	Oc R
	14 38	II	Ec D
	17 14	II	Oc R

I. Apr. 15	II. Apr. 16	III. Apr. 18, 19	IV. Apr.
$x_1 = -1.4,\ y_1 = -0.3$	$x_1 = -1.5,\ y_1 = -0.6$	$x_1 = -1.5,\ y_1 = -0.9$ $x_2 = -0.6,\ y_2 = -0.9$	no eclipse

NOTE.—I denotes ingress; E, egress; D, disappearance; R, reappearance; Ec, eclipse; Oc, occultation; Tr, transit of the satellite; Sh, transit of the shadow.

CONFIGURATIONS OF SATELLITES I-IV FOR APRIL

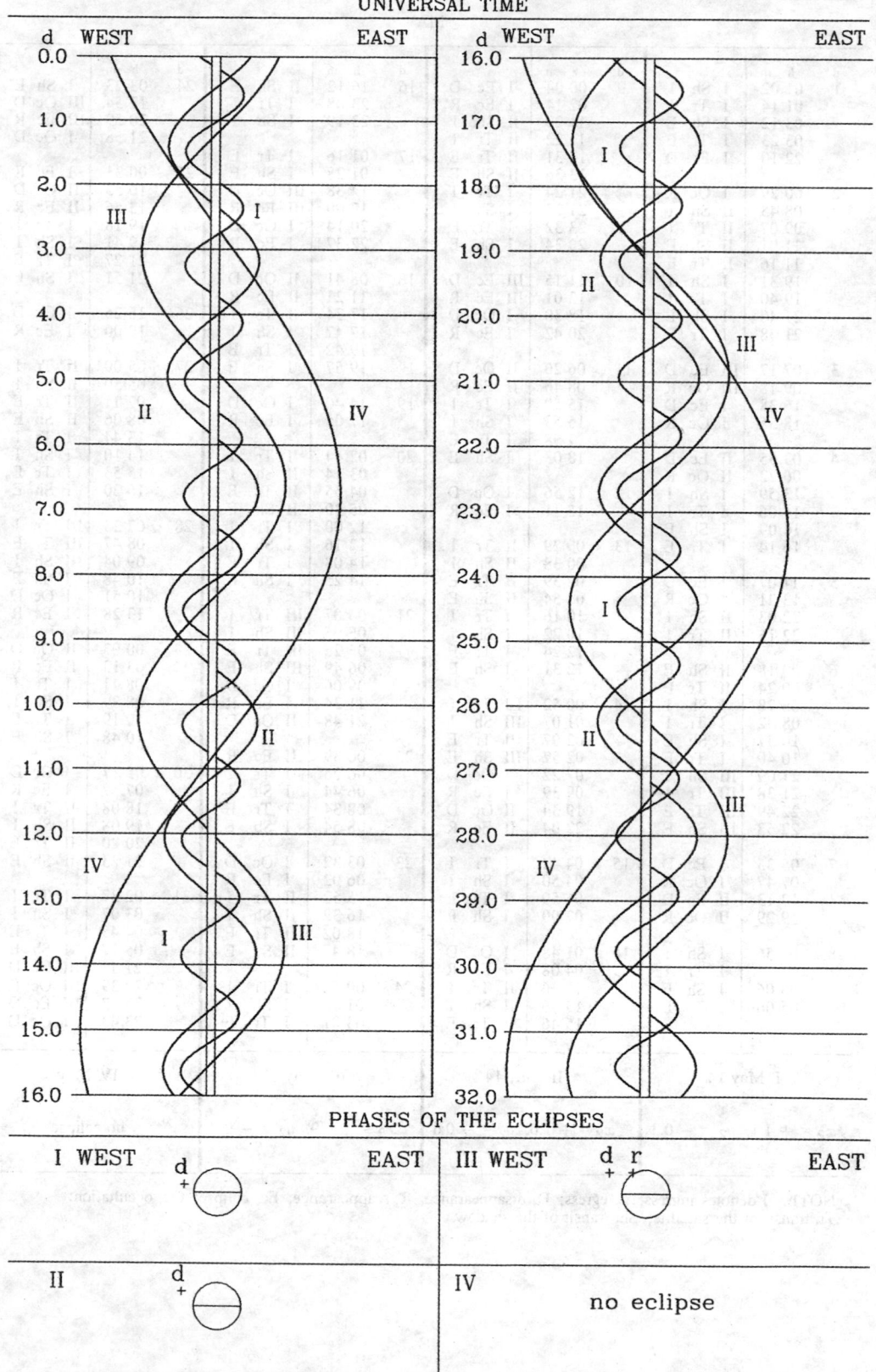

UNIVERSAL TIME

PHASES OF THE ECLIPSES

SATELLITES OF JUPITER, 2018

UNIVERSAL TIME OF GEOCENTRIC PHENOMENA

MAY

d	h m				d	h m				d	h m				d	h m			
1	01 02	I	Sh	I	9	00 04	I	Ec	D	16	16 12	II	Sh	E	24	03 23	I	Sh	E
	01 14	I	Tr	I		02 14	I	Ec	R		23 08	I	Tr	I		17 54	III	Oc	D
	03 12	I	Sh	E		11 20	II	Sh	I		23 19	I	Sh	I		20 59	III	Ec	R
	03 23	I	Tr	E		11 22	II	Tr	I	17	01 16	I	Tr	E		21 58	I	Oc	D
	22 10	I	Ec	D		13 31	II	Tr	E		01 28	I	Sh	E	25	00 31	I	Ec	R
2	00 29	I	Oc	R		13 36	II	Sh	E		14 38	III	Oc	D		10 55	II	Oc	D
	08 45	II	Sh	I		21 24	I	Tr	I		17 00	III	Ec	R		13 56	II	Ec	R
	09 07	II	Tr	I		21 25	I	Sh	I		20 14	I	Oc	D		19 18	I	Tr	I
	11 01	II	Sh	E		23 32	I	Tr	E		22 37	I	Ec	R		19 41	I	Sh	I
	11 16	II	Tr	E		23 34	I	Sh	E	18	08 41	II	Oc	D		21 27	I	Tr	E
	19 31	I	Sh	I	10	11 15	III	Ec	D		11 21	II	Ec	R		21 51	I	Sh	E
	19 40	I	Tr	I		13 01	III	Ec	R		17 34	I	Tr	I	26	16 25	I	Oc	D
	21 40	I	Sh	E		18 30	I	Oc	D		17 47	I	Sh	I		19 00	I	Ec	R
	21 48	I	Tr	E		20 42	I	Ec	R		19 42	I	Tr	E	27	05 00	II	Tr	I
3	07 17	III	Ec	D	11	06 26	II	Oc	D		19 57	I	Sh	E		05 50	II	Sh	I
	09 18	III	Oc	R		08 46	II	Ec	R	19	14 40	I	Oc	D		07 11	II	Tr	E
	16 38	I	Ec	D		15 50	I	Tr	I		17 05	I	Ec	R		08 06	II	Sh	E
	18 55	I	Oc	R		15 53	I	Sh	I	20	02 44	II	Tr	I		13 44	I	Tr	I
4	03 55	II	Ec	D		17 58	I	Tr	E		03 14	II	Sh	I		14 10	I	Sh	I
	06 22	II	Oc	R		18 03	I	Sh	E		04 55	II	Tr	E		15 53	I	Tr	E
	13 59	I	Sh	I	12	12 56	I	Oc	D		05 30	II	Sh	E		16 20	I	Sh	E
	14 06	I	Tr	I		15 11	I	Ec	R		12 00	I	Tr	I	28	07 23	III	Tr	I
	16 09	I	Sh	E	13	00 29	II	Tr	I		12 16	I	Sh	I		08 47	III	Tr	E
	16 14	I	Tr	E		00 38	II	Sh	I		14 08	I	Tr	E		09 04	III	Sh	I
5	11 07	I	Ec	D		02 39	II	Tr	E		14 25	I	Sh	E		10 48	III	Sh	E
	13 21	I	Oc	R		02 54	II	Sh	E	21	04 07	III	Tr	I		10 51	I	Oc	D
	22 03	II	Sh	I		10 16	I	Tr	I		05 05	III	Sh	I		13 28	I	Ec	R
	22 15	II	Tr	I		10 22	I	Sh	I		05 26	III	Tr	E	29	00 03	II	Oc	D
6	00 18	II	Sh	E		12 24	I	Tr	E		06 49	III	Sh	E		03 13	II	Ec	R
	00 24	II	Tr	E		12 31	I	Sh	E		09 06	I	Oc	D		08 11	I	Tr	I
	08 28	I	Sh	I	14	00 52	III	Tr	I		11 34	I	Ec	R		08 39	I	Sh	I
	08 32	I	Tr	I		01 07	III	Sh	I		21 48	II	Oc	D		10 19	I	Tr	E
	10 37	I	Sh	E		02 07	III	Tr	E	22	00 39	II	Ec	R		10 48	I	Sh	E
	10 40	I	Tr	E		02 52	III	Sh	E		06 26	I	Tr	I	30	05 17	I	Oc	D
	21 09	III	Sh	I		07 22	I	Oc	D		06 44	I	Sh	I		07 57	I	Ec	R
	21 38	III	Tr	I		09 39	I	Ec	R		08 34	I	Tr	E		18 08	II	Tr	I
	22 49	III	Tr	E		19 34	II	Oc	D		08 54	I	Sh	E		19 08	II	Sh	I
	22 53	III	Sh	E		22 04	II	Ec	R	23	03 32	I	Oc	D		20 20	II	Tr	E
7	05 35	I	Ec	D	15	04 42	I	Tr	I		06 02	I	Ec	R		21 23	II	Sh	E
	07 47	I	Oc	R		04 50	I	Sh	I		15 52	II	Tr	I	31	02 37	I	Tr	I
	17 13	II	Ec	D		06 50	I	Tr	E		16 32	II	Sh	I		03 07	I	Sh	I
	19 29	II	Oc	R		07 00	I	Sh	E		18 02	II	Tr	E		04 45	I	Tr	E
8	02 56	I	Sh	I	16	01 48	I	Oc	D		18 47	II	Sh	E		05 17	I	Sh	E
	02 58	I	Tr	I		04 08	I	Ec	R	24	00 52	I	Tr	I		21 11	III	Oc	D
	05 06	I	Sh	E		13 36	II	Tr	I		01 13	I	Sh	I		22 39	III	Oc	R
	05 06	I	Tr	E		13 56	II	Sh	I		03 01	I	Tr	E		23 12	III	Ec	D
						15 46	II	Tr	E							23 43	I	Oc	D

I. May 14	II. May 14	III. May 17	IV. May
$x_2 = + 1.1, \; y_2 = -0.3$	$x_2 = + 1.0, \; y_2 = -0.6$	$x_2 = + 0.9, \; y_2 = -0.9$	no eclipse

NOTE.—I denotes ingress; E, egress; D, disappearance; R, reappearance; Ec, eclipse; Oc, occultation; Tr, transit of the satellite; Sh, transit of the shadow.

CONFIGURATIONS OF SATELLITES I-IV FOR MAY

UNIVERSAL TIME

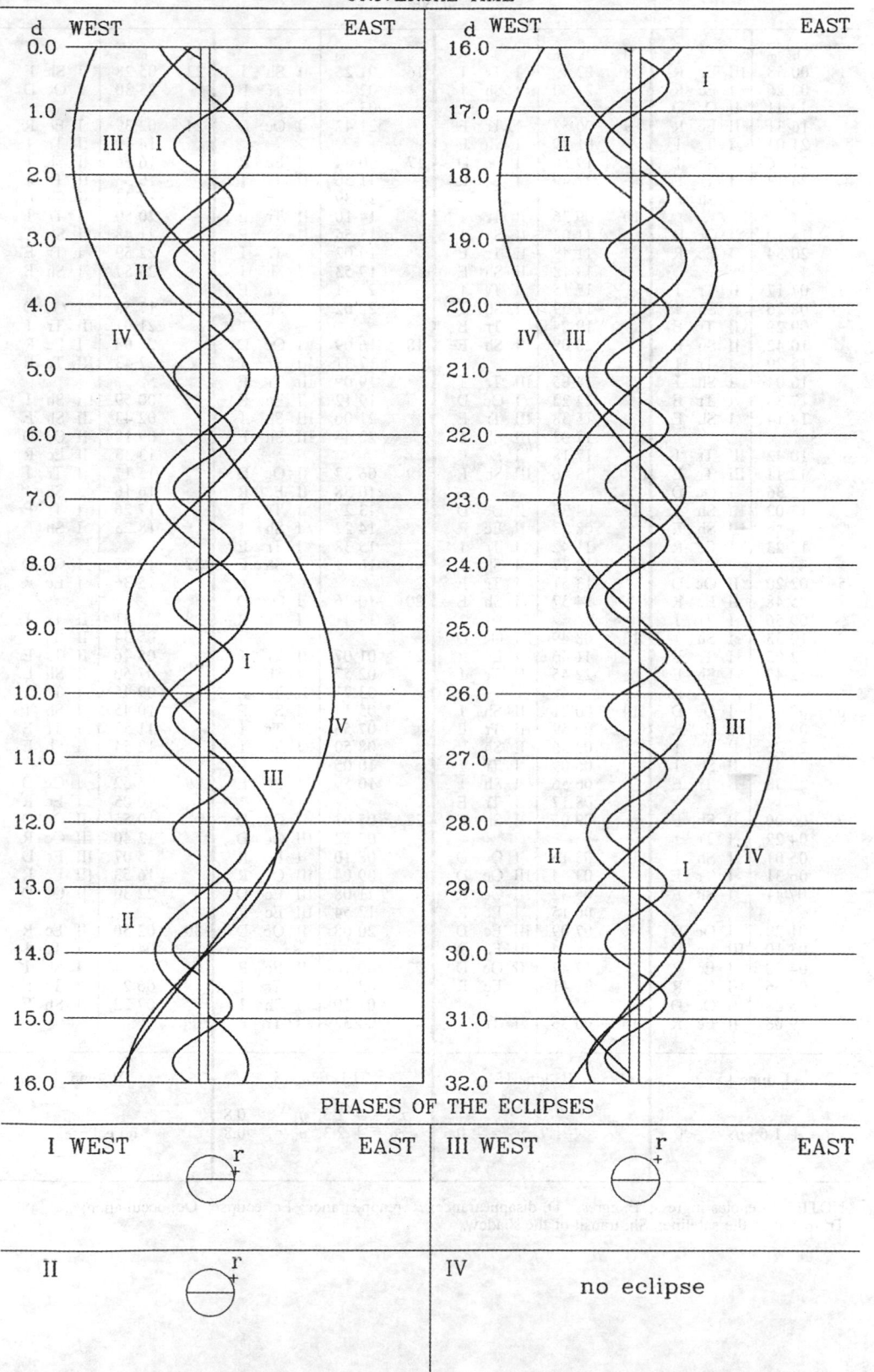

PHASES OF THE ECLIPSES

I WEST EAST | III WEST EAST

II | IV no eclipse

SATELLITES OF JUPITER, 2018

UNIVERSAL TIME OF GEOCENTRIC PHENOMENA

JUNE

d	h m	event	d	h m	event	d	h m	event	d	h m	event
1	00 58	III Ec R	8	22 49	I Tr I	16	01 25	I Sh I	23	05 28	I Sh E
	02 26	I Ec R		23 30	I Sh I		02 44	I Tr E		23 30	I Oc D
	13 11	II Oc D	9	00 58	I Tr E		03 34	I Sh E	24	02 39	I Ec R
	16 31	II Ec R		01 39	I Sh E		21 42	I Oc D		14 19	II Tr I
	21 03	I Tr I		19 56	I Oc D	17	00 44	I Ec R		16 16	II Sh I
	21 36	I Sh I		22 49	I Ec R		11 56	II Tr I		16 33	II Tr E
	23 12	I Tr E	10	09 36	II Tr I		13 39	II Sh I		18 32	II Sh E
	23 45	I Sh E		11 03	II Sh I		14 10	II Tr E		20 50	I Tr I
2	18 10	I Oc D		11 48	II Tr E		15 55	II Sh E		21 48	I Sh I
	20 54	I Ec R		13 18	II Sh E		19 02	I Tr I		22 59	I Tr E
3	07 17	II Tr I		17 15	I Tr I		19 53	I Sh I		23 57	I Sh E
	08 26	II Sh I		17 59	I Sh I		21 11	I Tr E	25	17 58	I Oc D
	09 29	II Tr E		19 24	I Tr E		22 02	I Sh E		21 01	III Tr I
	10 42	II Sh E		20 08	I Sh E	18	16 09	I Oc D		21 08	I Ec R
	15 29	I Tr I	11	14 05	III Tr I		17 31	III Tr I		22 43	III Tr E
	16 04	I Sh I		14 22	I Oc D		19 09	III Tr E	26	00 59	III Sh I
	17 38	I Tr E		15 38	III Tr E		19 12	I Ec R		02 43	III Sh E
	18 14	I Sh E		17 02	III Sh I		21 00	III Sh I		09 19	II Oc D
4	10 42	III Tr I		17 18	I Ec R		22 44	III Sh E		13 33	II Ec R
	12 11	III Tr E		18 46	III Sh E	19	06 57	II Oc D		15 17	I Tr I
	12 36	I Oc D	12	04 38	II Oc D		10 58	II Ec R		16 16	I Sh I
	13 02	III Sh I		08 23	II Ec R		13 29	I Tr I		17 26	I Tr E
	14 46	III Sh E		11 42	I Tr I		14 22	I Sh I		18 25	I Sh E
	15 23	I Ec R		12 27	I Sh I		15 38	I Tr E	27	12 25	I Oc D
5	02 20	II Oc D		13 51	I Tr E		16 31	I Sh E		15 36	I Ec R
	05 48	II Ec R		14 37	I Sh E	20	10 36	I Oc D	28	03 31	II Tr I
	09 56	I Tr I	13	08 49	I Oc D		13 41	I Ec R		05 34	II Sh I
	10 33	I Sh I		11 46	I Ec R	21	01 07	II Tr I		05 46	II Tr E
	12 05	I Tr E		22 45	II Tr I		02 57	II Sh I		07 50	II Sh E
	12 42	I Sh E	14	00 21	II Sh I		03 21	II Tr E		09 45	I Tr I
6	07 03	I Oc D		00 59	II Tr E		05 13	II Sh E		10 45	I Sh I
	09 51	I Ec R		02 36	II Sh E		07 56	I Tr I		11 53	I Tr E
	20 26	II Tr I		06 09	I Tr I		08 50	I Sh I		12 54	I Sh E
	21 44	II Sh I		06 56	I Sh I		10 05	I Tr E	29	06 52	I Oc D
	22 38	II Tr E		08 17	I Tr E		10 59	I Sh E		10 05	I Ec R
7	00 00	II Sh E		09 05	I Sh E	22	05 03	I Oc D		10 55	III Oc D
	04 22	I Tr I	15	03 16	I Oc D		07 22	III Oc D		12 40	III Oc R
	05 01	I Sh I		03 54	III Oc D		08 10	I Ec R		15 07	III Ec D
	06 31	I Tr E		05 32	III Oc R		09 04	III Oc R		16 53	III Ec R
	07 11	I Sh E		06 15	I Ec R		11 08	III Ec D		22 30	II Oc D
8	01 29	I Oc D		07 09	III Ec D		12 54	III Ec R	30	02 50	II Ec R
	03 10	III Ec D		08 54	III Ec R		20 08	II Oc D		04 12	I Tr I
	04 20	I Ec R		17 47	II Oc D	23	00 16	II Ec R		05 14	I Sh I
	04 56	III Ec R		21 41	II Ec R		02 23	I Tr I		06 21	I Tr E
	15 28	II Oc D	16	00 36	I Tr I		03 19	I Sh I		07 22	I Sh E
	19 06	II Ec R					04 32	I Tr E			

I. June 15	II. June 15	III. June 15	IV. June
$x_2 = +1.6,\ y_2 = -0.3$	$x_2 = +1.9,\ y_2 = -0.6$	$x_1 = +1.3,\ y_1 = -0.8$ $x_2 = +2.3,\ y_2 = -0.8$	no eclipse

NOTE.—I denotes ingress; E, egress; D, disappearance; R, reappearance; Ec, eclipse; Oc, occultation; Tr, transit of the satellite; Sh, transit of the shadow.

CONFIGURATIONS OF SATELLITES I-IV FOR JUNE

UNIVERSAL TIME

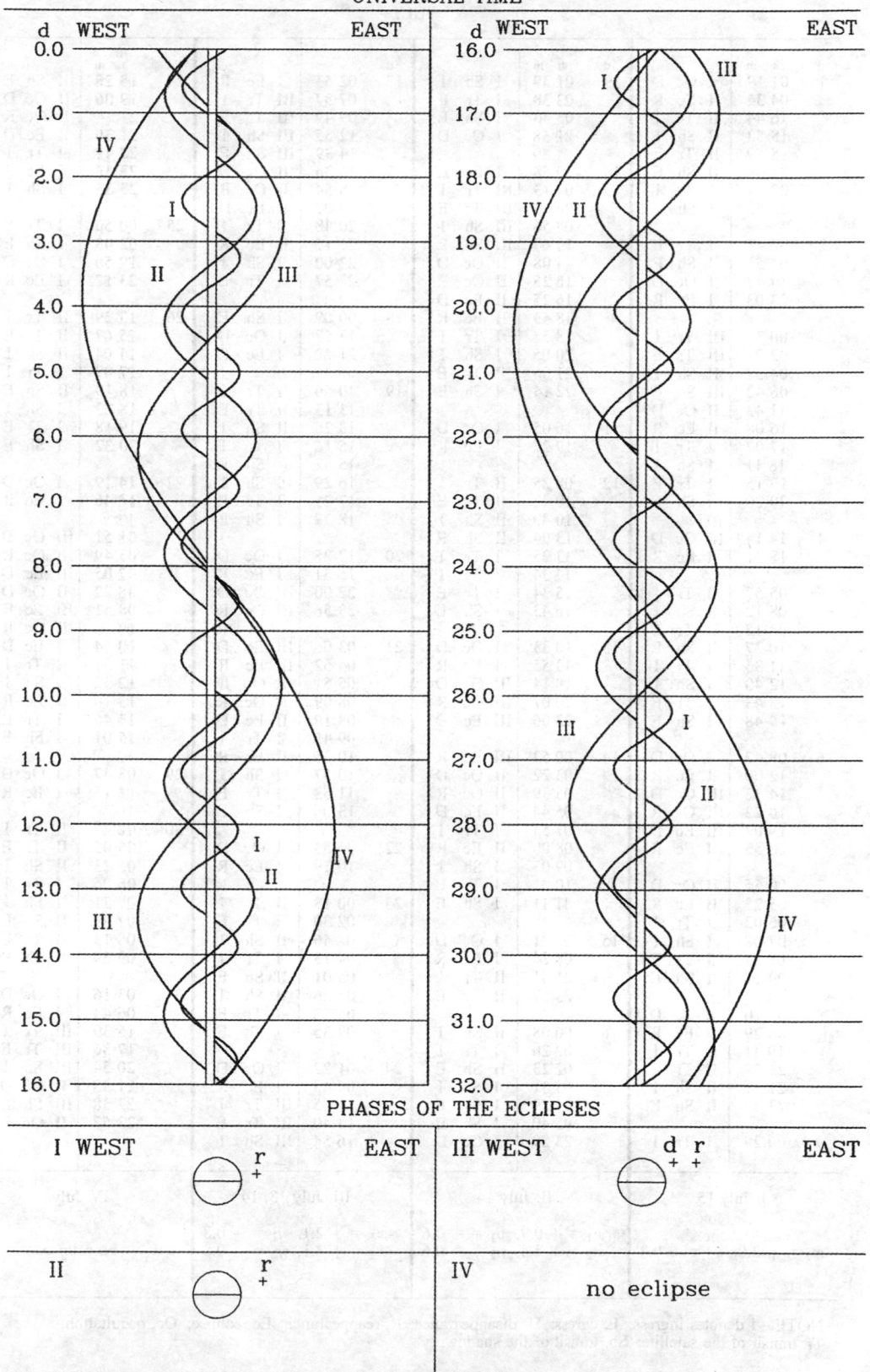

PHASES OF THE ECLIPSES

SATELLITES OF JUPITER, 2018

UNIVERSAL TIME OF GEOCENTRIC PHENOMENA

JULY

d	h m		d	h m		d	h m		d	h m	
1	01 19	I Oc D	9	01 37	I Sh I	17	02 53	I Ec R	24	18 39	III Sh E
	04 34	I Ec R		02 38	I Tr E		07 57	III Tr I		19 06	II Oc D
	16 44	II Tr I		03 46	I Sh E		09 49	III Tr E		21 24	II Oc R
	18 53	II Sh I		21 37	I Oc D		12 55	III Sh I		21 36	II Ec D
	18 59	II Tr E	10	00 58	I Ec R		14 39	III Sh E		22 41	I Tr I
	21 09	II Sh E		04 13	III Tr I		16 36	II Oc D		23 52	I Ec R
	22 39	I Tr I		06 03	III Tr E		18 54	II Oc R		23 55	I Sh I
	23 42	I Sh I		08 56	III Sh I		19 02	II Ec D	25	00 50	I Tr E
2	00 48	I Tr E		10 40	III Sh E		20 48	I Tr I		02 03	I Sh E
	01 51	I Sh E		14 08	II Oc D		21 17	II Ec R		19 50	I Oc D
	19 47	I Oc D		16 25	II Oc R		22 00	I Sh I		23 17	I Ec R
	23 03	I Ec R		16 27	II Ec D		22 57	I Tr E	26	13 29	II Tr I
3	00 35	III Tr I		18 43	II Ec R	18	00 09	I Sh E		15 47	II Tr E
	02 21	III Tr E		18 57	I Tr I		17 57	I Oc D		16 04	II Sh I
	04 57	III Sh I		20 05	I Sh I		21 22	I Ec R		17 09	I Tr I
	06 42	III Sh E		21 06	I Tr E	19	10 56	II Tr I		18 19	II Sh E
	11 43	II Oc D		22 14	I Sh E		13 13	II Tr E		18 23	I Sh I
	16 08	II Ec R	11	16 05	I Oc D		13 26	II Sh I		19 18	I Tr E
	17 07	I Tr I		19 27	I Ec R		15 16	I Tr I		20 32	I Sh E
	18 11	I Sh I	12	08 25	II Tr I		15 42	II Sh E	27	14 19	I Oc D
	19 15	I Tr E		10 42	II Tr E		16 29	I Sh I		17 46	I Ec R
	20 20	I Sh E		10 49	II Sh I		17 25	I Tr E	28	01 51	III Oc D
4	14 14	I Oc D		13 04	II Sh E		18 37	I Sh E		03 49	III Oc R
	17 31	I Ec R		13 25	I Tr I	20	12 25	I Oc D		07 05	III Ec D
5	05 57	II Tr I		14 34	I Sh I		15 51	I Ec R		08 22	II Oc D
	08 12	II Sh I		15 34	I Tr E		22 00	III Oc D		08 51	III Ec R
	08 12	II Tr E		16 43	I Sh E		23 56	III Oc R		10 40	II Oc R
	10 27	II Sh E	13	10 33	I Oc D	21	03 06	III Ec D		10 54	II Ec D
	11 34	I Tr I		13 55	I Ec R		04 52	III Ec R		11 37	I Tr I
	12 40	I Sh I		18 14	III Oc D		05 51	II Oc D		12 52	I Sh I
	13 43	I Tr E		20 07	III Oc R		08 09	II Oc R		13 10	II Ec R
	14 48	I Sh E		23 06	III Ec D		08 19	II Ec D		13 46	I Tr E
6	08 42	I Oc D	14	00 52	III Ec R		09 45	I Tr I		15 01	I Sh E
	12 00	I Ec R		03 22	II Oc D		10 35	II Ec R	29	08 47	I Oc D
	14 32	III Oc D		05 39	II Oc R		10 57	I Sh I		12 15	I Ec R
	16 22	III Oc R		05 44	II Ec D		11 53	I Tr E	30	02 47	II Tr I
	19 07	III Ec D		07 53	I Tr I		13 06	I Sh E		05 05	II Tr E
	20 53	III Ec R		08 00	II Ec R	22	06 53	I Oc D		05 23	II Sh I
7	00 55	II Oc D		09 03	I Sh I		10 19	I Ec R		06 06	I Tr I
	05 25	II Ec R		10 01	I Tr E	23	00 13	II Tr I		07 21	I Sh I
	06 02	I Tr I		11 11	I Sh E		02 30	II Tr E		07 39	II Sh E
	07 08	I Sh I	15	05 01	I Oc D		02 46	II Sh I		08 15	I Tr E
	08 11	I Tr E		08 24	I Ec R		04 13	I Tr I		09 29	I Sh E
	09 17	I Sh E		21 41	II Tr I		05 01	II Sh E	31	03 16	I Oc D
8	03 10	I Oc D		23 57	II Tr E		05 26	I Sh I		06 44	I Ec R
	06 29	I Ec R	16	00 08	II Sh I		06 22	I Tr E		15 39	III Tr I
	19 11	II Tr I		02 20	I Tr I		07 35	I Sh E		17 36	III Tr E
	21 27	II Tr E		02 23	II Sh E	24	01 22	I Oc D		20 54	III Sh I
	21 31	II Sh I		03 31	I Sh I		04 48	I Ec R		21 38	II Oc D
	23 46	II Sh E		04 29	I Tr E		11 45	III Tr I		22 38	III Sh E
9	00 29	I Tr I		05 40	I Sh E		13 40	III Tr E		23 57	II Oc R
				23 29	I Oc D		16 54	III Sh I			

I. July 15	II. July 14	III. July 13, 14	IV. July
	$x_1 = +0.9, \; y_1 = -0.6$	$x_1 = +2.1, \; y_1 = -0.8$	
$x_2 = +2.0, \; y_2 = -0.3$	$x_2 = +2.4, \; y_2 = -0.6$	$x_2 = +3.1, \; y_2 = -0.8$	no eclipse

NOTE.—I denotes ingress; E, egress; D, disappearance; R, reappearance; Ec, eclipse; Oc, occultation; Tr, transit of the satellite; Sh, transit of the shadow.

CONFIGURATIONS OF SATELLITES I-IV FOR JULY

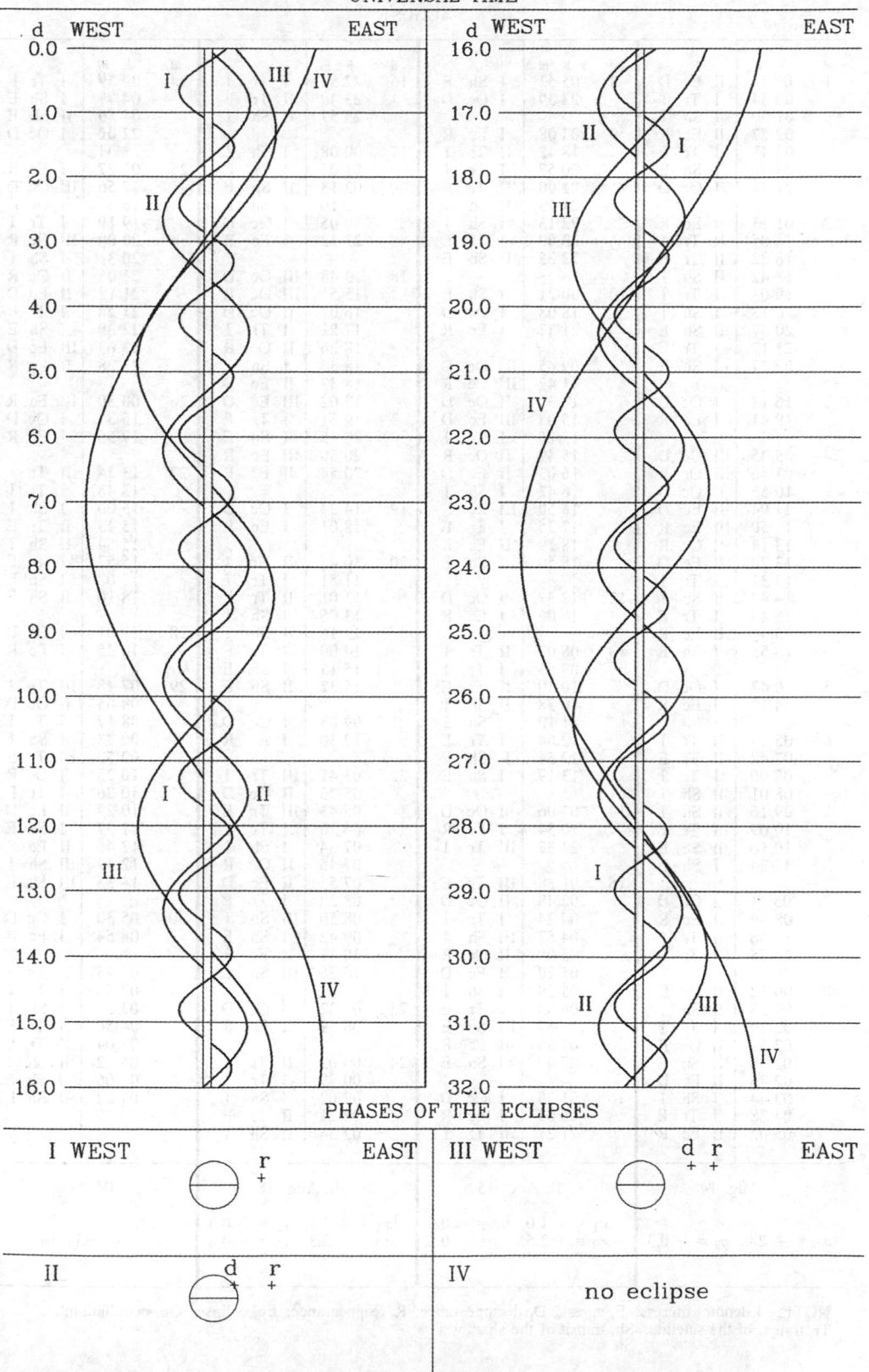

UNIVERSAL TIME

PHASES OF THE ECLIPSES

SATELLITES OF JUPITER, 2018

UNIVERSAL TIME OF GEOCENTRIC PHENOMENA

AUGUST

d	h m				d	h m				d	h m				d	h m			
1	00 11	II	Ec	D	8	05 53	I	Sh	E	16	22 53	I	Tr	I	24	02 59	I	Tr	E
	00 34	I	Tr	I		23 39	I	Oc	D		23 40	II	Tr	E		04 11	I	Sh	E
	01 50	I	Sh	I	9	03 08	I	Ec	R		23 57	II	Sh	I		04 50	II	Sh	E
	02 27	II	Ec	R		18 42	II	Tr	I	17	00 08	I	Sh	I		22 02	I	Oc	D
	02 43	I	Tr	E		20 57	I	Tr	I		01 02	I	Tr	E	25	01 27	I	Ec	R
	03 58	I	Sh	E		21 00	II	Tr	E		02 13	II	Sh	E		17 56	III	Oc	D
	21 44	I	Oc	D		21 19	II	Sh	I		02 16	I	Sh	E		18 45	II	Oc	D
2	01 13	I	Ec	R		22 13	I	Sh	I		20 05	I	Oc	D		19 19	I	Tr	I
	16 05	II	Tr	I		23 07	I	Tr	E		23 32	I	Ec	R		20 00	III	Oc	R
	18 22	II	Tr	E		23 35	II	Sh	E	18	13 48	III	Oc	D		20 31	I	Sh	I
	18 42	II	Sh	I	10	00 21	I	Sh	E		15 51	III	Oc	R		21 05	II	Oc	R
	19 03	I	Tr	I		18 08	I	Oc	D		16 07	II	Oc	D		21 12	II	Ec	D
	20 18	I	Sh	I		21 37	I	Ec	R		17 22	I	Tr	I		21 28	I	Tr	E
	20 57	II	Sh	E	11	09 45	III	Oc	D		18 26	II	Oc	R		22 39	I	Sh	E
	21 12	I	Tr	E		11 47	III	Oc	R		18 36	I	Sh	I		23 03	III	Ec	D
	22 27	I	Sh	E		13 30	II	Oc	D		18 37	II	Ec	D		23 28	II	Ec	R
3	16 13	I	Oc	D		15 03	III	Ec	D		19 02	III	Ec	D	26	00 50	III	Ec	R
	19 41	I	Ec	R		15 26	I	Tr	I		19 31	I	Tr	E		16 31	I	Oc	D
4	05 45	III	Oc	D		15 49	II	Oc	R		20 45	I	Sh	E		19 56	I	Ec	R
	07 46	III	Oc	R		16 03	II	Ec	D		20 50	III	Ec	R	27	13 24	II	Tr	I
	10 55	II	Oc	D		16 42	I	Sh	I		20 54	II	Ec	R		13 48	I	Tr	I
	11 04	III	Ec	D		16 50	III	Ec	R	19	14 34	I	Oc	D		15 00	I	Sh	I
	12 50	III	Ec	R		17 35	I	Tr	E		18 01	I	Ec	R		15 43	II	Tr	E
	13 14	II	Oc	R		18 19	II	Ec	R	20	10 42	II	Tr	I		15 54	II	Sh	I
	13 28	II	Ec	D		18 50	I	Sh	E		11 51	I	Tr	I		15 57	I	Tr	E
	13 31	I	Tr	I	12	12 37	I	Oc	D		13 01	II	Tr	E		17 08	I	Sh	E
	14 47	I	Sh	I		16 06	I	Ec	R		13 05	I	Sh	I		18 10	II	Sh	E
	15 40	I	Tr	E	13	08 02	II	Tr	I		13 16	II	Sh	I	28	11 01	I	Oc	D
	15 44	II	Ec	R		09 55	I	Tr	I		14 00	I	Tr	E		14 25	I	Ec	R
	16 55	I	Sh	E		10 20	II	Tr	E		15 13	I	Sh	E	29	07 48	III	Tr	I
5	10 42	I	Oc	D		10 38	II	Sh	I		15 32	II	Sh	E		08 05	II	Oc	D
	14 10	I	Ec	R		11 10	I	Sh	I	21	09 03	I	Oc	D		08 17	I	Tr	I
6	05 23	II	Tr	I		12 04	I	Tr	E		12 30	I	Ec	R		09 28	I	Sh	I
	07 42	II	Tr	E		12 54	II	Sh	E	22	03 41	III	Tr	I		09 52	III	Tr	E
	08 00	I	Tr	I		13 19	I	Sh	E		05 26	II	Oc	D		10 25	II	Oc	R
	08 01	II	Sh	I	14	07 06	I	Oc	D		05 43	III	Tr	E		10 26	I	Tr	E
	09 16	I	Sh	I		10 34	I	Ec	R		06 20	I	Tr	I		10 29	II	Ec	D
	10 09	I	Tr	E		23 37	III	Tr	I		07 34	I	Sh	I		11 37	I	Sh	E
	10 16	II	Sh	E	15	01 38	III	Tr	E		07 45	II	Oc	R		12 46	II	Ec	R
	11 24	I	Sh	E		02 48	II	Oc	D		07 55	II	Ec	D		12 49	III	Sh	I
7	05 11	I	Oc	D		04 24	I	Tr	I		08 29	I	Tr	E		14 35	III	Sh	E
	08 39	I	Ec	R		04 52	III	Sh	I		08 50	III	Sh	I	30	05 30	I	Oc	D
	19 36	III	Tr	I		05 08	II	Oc	R		09 42	I	Sh	E		08 54	I	Ec	R
	21 35	III	Tr	E		05 20	II	Ec	D		10 11	II	Ec	R	31	02 45	II	Tr	I
8	00 12	II	Oc	D		05 39	I	Sh	I		10 36	III	Sh	E		02 46	I	Tr	I
	00 53	III	Sh	I		06 33	I	Tr	E	23	03 32	I	Oc	D		03 57	I	Sh	I
	02 29	I	Tr	I		06 37	III	Sh	E		06 59	I	Ec	R		04 56	I	Tr	E
	02 31	II	Oc	R		07 36	II	Ec	R	24	00 02	II	Tr	I		05 04	II	Tr	E
	02 38	III	Sh	E		07 47	I	Sh	E		00 49	I	Tr	I		05 12	II	Sh	I
	02 46	II	Ec	D	16	01 35	I	Oc	D		02 02	I	Sh	I		06 06	I	Sh	E
	03 44	I	Sh	I		05 03	I	Ec	R		02 21	II	Tr	E		07 28	II	Sh	E
	04 38	I	Tr	E		21 21	II	Tr	I		02 34	II	Sh	I					
	05 02	II	Ec	R															

I. Aug. 14	II. Aug. 15	III. Aug. 18	IV. Aug.
	$x_1 = +1.0,\ y_1 = -0.6$	$x_1 = +2.3,\ y_1 = -0.8$	
$x_2 = +2.0,\ y_2 = -0.3$	$x_2 = +2.5,\ y_2 = -0.5$	$x_2 = +3.3,\ y_2 = -0.8$	no eclipse

NOTE.—I denotes ingress; E, egress; D, disappearance; R, reappearance; Ec, eclipse; Oc, occultation; Tr, transit of the satellite; Sh, transit of the shadow.

CONFIGURATIONS OF SATELLITES I-IV FOR AUGUST

UNIVERSAL TIME

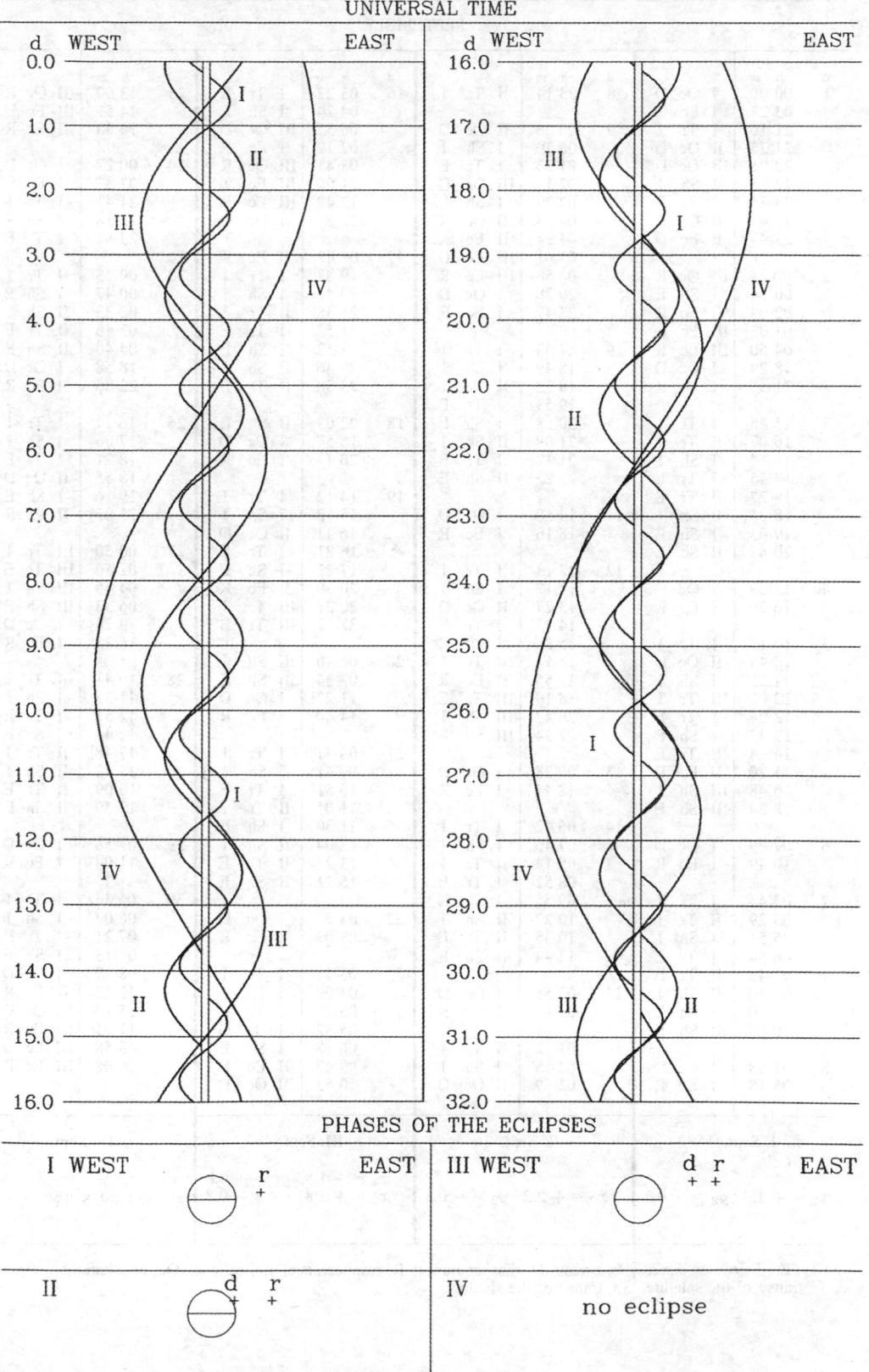

PHASES OF THE ECLIPSES

SATELLITES OF JUPITER, 2018

UNIVERSAL TIME OF GEOCENTRIC PHENOMENA

SEPTEMBER

d	h m		d	h m		d	h m		d	h m	
1	00 00	I Oc D	8	23 14	I Tr I	16	03 22	I Tr E	23	13 00	III Oc R
	03 23	I Ec R	9	00 06	II Oc D		04 24	I Sh E		14 59	III Ec D
	21 16	I Tr I		00 20	I Sh I		06 35	III Oc D		16 48	III Ec R
	21 25	II Oc D		01 23	I Tr E		07 12	II Ec R	24	00 27	I Oc D
	22 06	III Oc D		02 19	III Oc D		08 41	III Oc R		03 37	I Ec R
	22 25	I Sh I		02 29	I Sh E		11 00	III Ec D		21 41	I Tr I
	23 25	I Tr E		04 25	III Oc R		12 49	III Ec R		22 38	I Sh I
	23 45	II Oc R		04 38	II Ec R		22 27	I Oc D		23 51	I Tr E
	23 47	II Ec D		07 01	III Ec D	17	01 42	I Ec R	25	00 25	II Tr I
2	00 11	III Oc R		08 50	III Ec R		19 42	I Tr I		00 47	I Sh E
	00 34	I Sh E		20 28	I Oc D		20 43	I Sh I		02 23	II Sh I
	02 03	II Ec R		23 47	I Ec R		21 38	II Tr I		02 46	II Tr E
	03 02	III Ec D	10	17 43	I Tr I		21 52	I Tr E		04 40	II Sh E
	04 50	III Ec R		18 49	I Sh I		22 52	I Sh E		18 58	I Oc D
	18 29	I Oc D		18 52	II Tr I		23 46	II Sh I		22 06	I Ec R
	21 52	I Ec R		19 53	I Tr E		23 58	II Tr E	26	16 11	I Tr I
3	15 45	I Tr I		20 58	I Sh E	18	02 03	II Sh E		17 06	I Sh I
	16 07	II Tr I		21 09	II Sh I		16 57	I Oc D		18 21	I Tr E
	16 54	I Sh I		21 12	II Tr E		20 11	I Ec R		18 55	II Oc D
	17 55	I Tr E		23 25	II Sh E	19	14 12	I Tr I		19 16	I Sh E
	18 27	II Tr E	11	14 58	I Oc D		15 12	I Sh I		23 05	II Ec R
	18 31	II Sh I		18 16	I Ec R		16 11	II Oc D	27	00 50	III Tr I
	19 03	I Sh E	12	12 13	I Tr I		16 21	I Tr E		02 56	III Tr E
	20 47	II Sh E		13 17	I Sh I		17 21	I Sh E		04 45	III Sh I
4	12 59	I Oc D		13 27	II Oc D		20 30	II Ec R		06 33	III Sh E
	16 20	I Ec R		14 23	I Tr E		20 31	III Tr I		13 28	I Oc D
5	10 15	I Tr I		15 26	I Sh E		22 37	III Tr E		16 35	I Ec R
	10 45	II Oc D		16 14	III Tr I	20	00 46	III Sh I	28	10 41	I Tr I
	11 23	I Sh I		17 55	II Ec R		02 34	III Sh E		11 35	I Sh I
	12 00	III Tr I		18 19	III Tr E		11 27	I Oc D		12 51	I Tr E
	12 24	I Tr E		20 47	III Sh I		14 40	I Ec R		13 44	I Sh E
	13 32	I Sh E		22 34	III Sh E	21	08 41	I Tr I		13 48	II Tr I
	14 04	III Tr E	13	09 28	I Oc D		09 41	I Sh I		15 42	II Sh I
	15 20	II Ec R		12 44	I Ec R		10 51	I Tr E		16 09	II Tr E
	16 48	III Sh I	14	06 42	I Tr I		11 01	II Tr I		17 59	II Sh E
	18 34	III Sh E		07 46	I Sh I		11 50	I Sh E	29	07 58	I Oc D
6	07 29	I Oc D		08 14	II Tr I		13 04	II Sh I		11 04	I Ec R
	10 49	I Ec R		08 52	I Tr E		13 21	II Tr E	30	05 11	I Tr I
7	04 44	I Tr I		09 55	I Sh E		15 21	II Sh E		06 04	I Sh I
	05 29	II Tr I		10 27	II Sh I	22	05 57	I Oc D		07 21	I Tr E
	05 51	I Sh I		10 35	II Tr E		09 09	I Ec R		08 13	I Sh E
	06 54	I Tr E		12 44	II Sh E	23	03 11	I Tr I		08 17	II Oc D
	07 49	II Tr E	15	03 58	I Oc D		04 09	I Sh I		12 22	II Ec R
	07 50	II Sh I		07 13	I Ec R		05 21	I Tr E		15 14	III Oc D
	08 00	I Sh E	16	01 12	I Tr I		05 32	II Oc D		17 21	III Oc R
	10 06	II Sh E		02 15	I Sh I		06 18	I Sh E		18 58	III Ec D
8	01 58	I Oc D		02 49	II Oc D		09 47	II Ec R		20 48	III Ec R
	05 18	I Ec R					10 53	III Oc D			

I. Sept. 15	II. Sept. 16	III. Sept. 16	IV. Sept.
$x_2 = +1.9, \ y_2 = -0.3$	$x_2 = +2.2, \ y_2 = -0.5$	$x_1 = +1.8, \ y_1 = -0.8$ $x_2 = +2.8, \ y_2 = -0.8$	no eclipse

NOTE.—I denotes ingress; E, egress; D, disappearance; R, reappearance; Ec, eclipse; Oc, occultation; Tr, transit of the satellite; Sh, transit of the shadow.

CONFIGURATIONS OF SATELLITES I-IV FOR SEPTEMBER

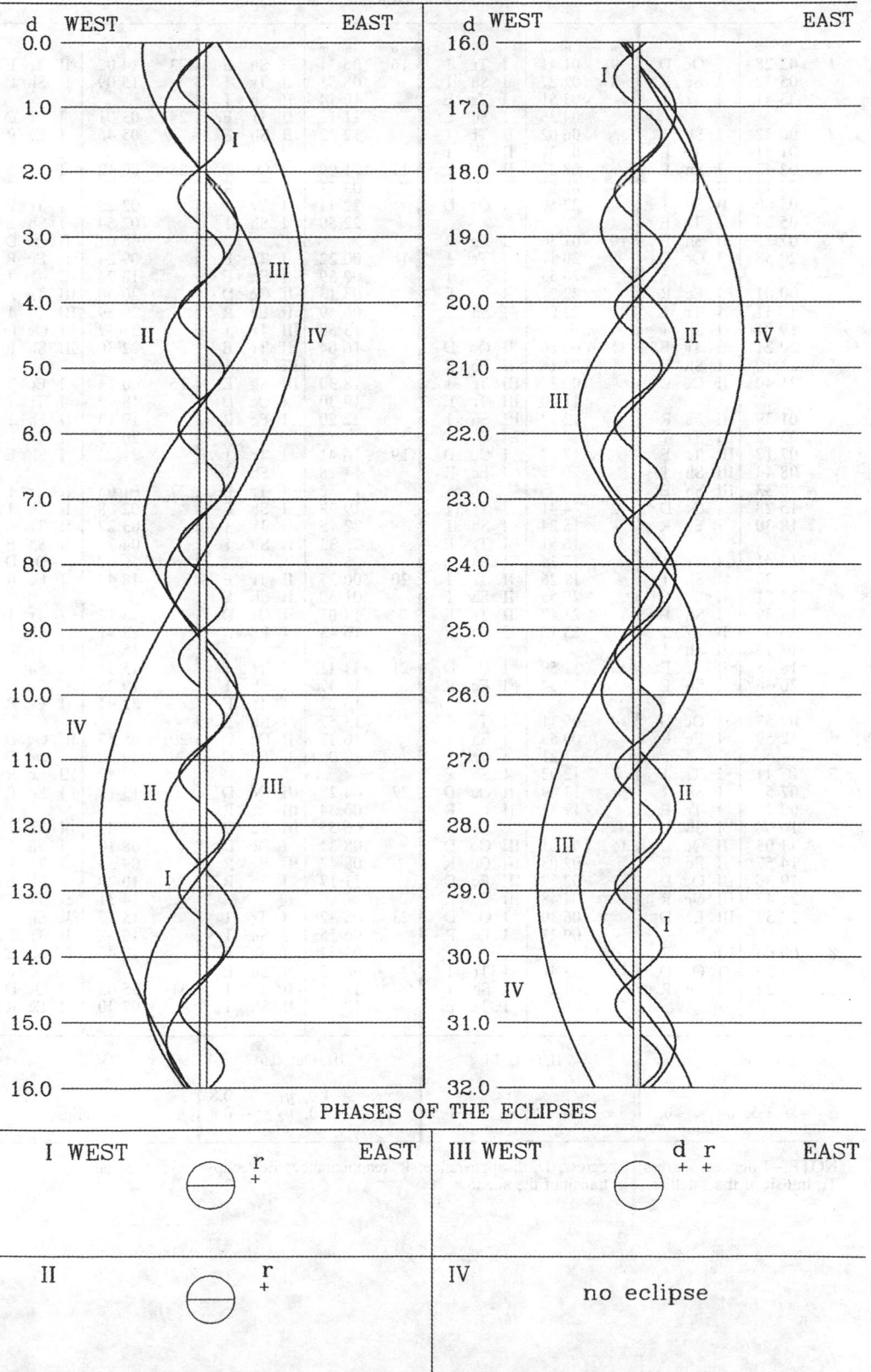

UNIVERSAL TIME

PHASES OF THE ECLIPSES

SATELLITES OF JUPITER, 2018
UNIVERSAL TIME OF GEOCENTRIC PHENOMENA

OCTOBER

d	h m	Phenomenon
1	02 28	I Oc D
	05 32	I Ec R
	23 41	I Tr I
2	00 32	I Sh I
	01 51	I Tr E
	02 42	I Sh E
	03 13	II Tr I
	05 00	II Sh I
	05 34	II Tr E
	07 18	II Sh E
	20 58	I Oc D
3	00 01	I Ec R
	18 11	I Tr I
	19 01	I Sh I
	20 21	I Tr E
	21 10	I Sh E
	21 40	II Oc D
4	01 39	II Ec R
	05 12	III Tr I
	07 17	III Tr E
	08 44	III Sh I
	10 33	III Sh E
	15 28	I Oc D
	18 30	I Ec R
5	12 41	I Tr I
	13 30	I Sh I
	14 51	I Tr E
	15 39	I Sh E
	16 37	II Tr I
	18 19	II Sh I
	18 58	II Tr E
	20 36	II Sh E
6	09 58	I Oc D
	12 59	I Ec R
7	07 11	I Tr I
	07 58	I Sh I
	09 21	I Tr E
	10 08	I Sh E
	11 03	II Oc D
	14 57	II Ec R
	19 36	III Oc D
	21 43	III Oc R
	22 57	III Ec D
8	00 48	III Ec R
	04 29	I Oc D
	07 27	I Ec R

d	h m	Phenomenon
9	01 41	I Tr I
	02 27	I Sh I
	03 51	I Tr E
	04 36	I Sh E
	06 02	II Tr I
	07 37	II Sh I
	08 23	II Tr E
	09 55	II Sh E
	22 59	I Oc D
10	01 56	I Ec R
	20 11	I Tr I
	20 55	I Sh I
	22 21	I Tr E
	23 05	I Sh E
11	00 26	II Oc D
	04 14	II Ec R
	09 34	III Tr I
	11 40	III Tr E
	12 42	III Sh I
	14 31	III Sh E
	17 29	I Oc D
	20 25	I Ec R
12	14 41	I Tr I
	15 24	I Sh I
	16 51	I Tr E
	17 34	I Sh E
	19 26	II Tr I
	20 55	II Sh I
	21 47	II Tr E
	23 13	II Sh E
13	11 59	I Oc D
	14 54	I Ec R
14	09 11	I Tr I
	09 53	I Sh I
	11 21	I Tr E
	12 02	I Sh E
	13 49	II Oc D
	17 31	II Ec R
15	00 01	III Oc D
	02 08	III Oc R
	02 57	III Ec D
	04 48	III Ec R
	06 30	I Oc D
	09 22	I Ec R
16	03 41	I Tr I
	04 21	I Sh I
	05 51	I Tr E

d	h m	Phenomenon
16	06 31	I Sh E
	08 51	II Tr I
	10 14	II Sh I
	11 12	II Tr E
	12 32	II Sh E
17	01 00	I Oc D
	03 51	I Ec R
	22 11	I Tr I
	22 50	I Sh I
18	00 22	I Tr E
	00 59	I Sh E
	03 13	II Oc D
	06 49	II Ec R
	13 58	III Tr I
	16 04	III Tr E
	16 40	III Sh I
	18 30	III Sh E
	19 30	I Oc D
	22 20	I Ec R
19	16 41	I Tr I
	17 18	I Sh I
	18 52	I Tr E
	19 28	I Sh E
	22 15	II Tr I
	23 32	II Sh I
20	00 37	II Tr E
	01 50	II Sh E
	14 01	I Oc D
	16 48	I Ec R
21	11 11	I Tr I
	11 47	I Sh I
	13 22	I Tr E
	13 57	I Sh E
	16 37	II Oc D
	20 06	II Ec R
22	04 27	III Oc D
	06 34	III Oc R
	06 55	III Ec D
	08 31	I Oc D
	08 47	III Ec R
	11 17	I Ec R
23	05 42	I Tr I
	06 15	I Sh I
	07 52	I Tr E
	08 25	I Sh E
	11 41	II Tr I
	12 51	II Sh I

d	h m	Phenomenon
23	14 02	II Tr E
	15 09	II Sh E
24	03 01	I Oc D
	05 46	I Ec R
25	00 12	I Tr I
	00 44	I Sh I
	02 22	I Tr E
	02 54	I Sh E
	06 01	II Oc D
	09 24	II Ec R
	18 24	III Tr I
	20 30	III Tr E
	20 39	III Sh I
	21 32	I Oc D
	22 30	III Sh E
26	00 14	I Ec R
	18 42	I Tr I
	19 13	I Sh I
	20 53	I Tr E
	21 23	I Sh E
27	01 05	II Tr I
	02 08	II Sh I
	03 27	II Tr E
	04 27	II Sh E
	16 02	I Oc D
	18 43	I Ec R
28	13 12	I Tr I
	13 41	I Sh I
	15 23	I Tr E
	15 51	I Sh E
	19 25	II Oc D
	22 41	II Ec R
29	08 53	III Oc D
	10 32	I Oc D
	12 47	III Ec R
	13 12	I Ec R
30	07 42	I Tr I
	08 10	I Sh I
	09 53	I Tr E
	10 20	I Sh E
	14 31	II Tr I
	15 27	II Sh I
	16 52	II Tr E
	17 45	II Sh E
31	05 03	I Oc D
	07 40	I Ec R

I. Oct. 15	II. Oct. 14	III. Oct. 15	IV. Oct.
$x_2 = +1.5,\ y_2 = -0.3$	$x_2 = +1.8,\ y_2 = -0.5$	$x_1 = +1.0,\ y_1 = -0.8$ $x_2 = +2.0,\ y_2 = -0.8$	no eclipse

NOTE.—I denotes ingress; E, egress; D, disappearance; R, reappearance; Ec, eclipse; Oc, occultation; Tr, transit of the satellite; Sh, transit of the shadow.

CONFIGURATIONS OF SATELLITES I-IV FOR OCTOBER

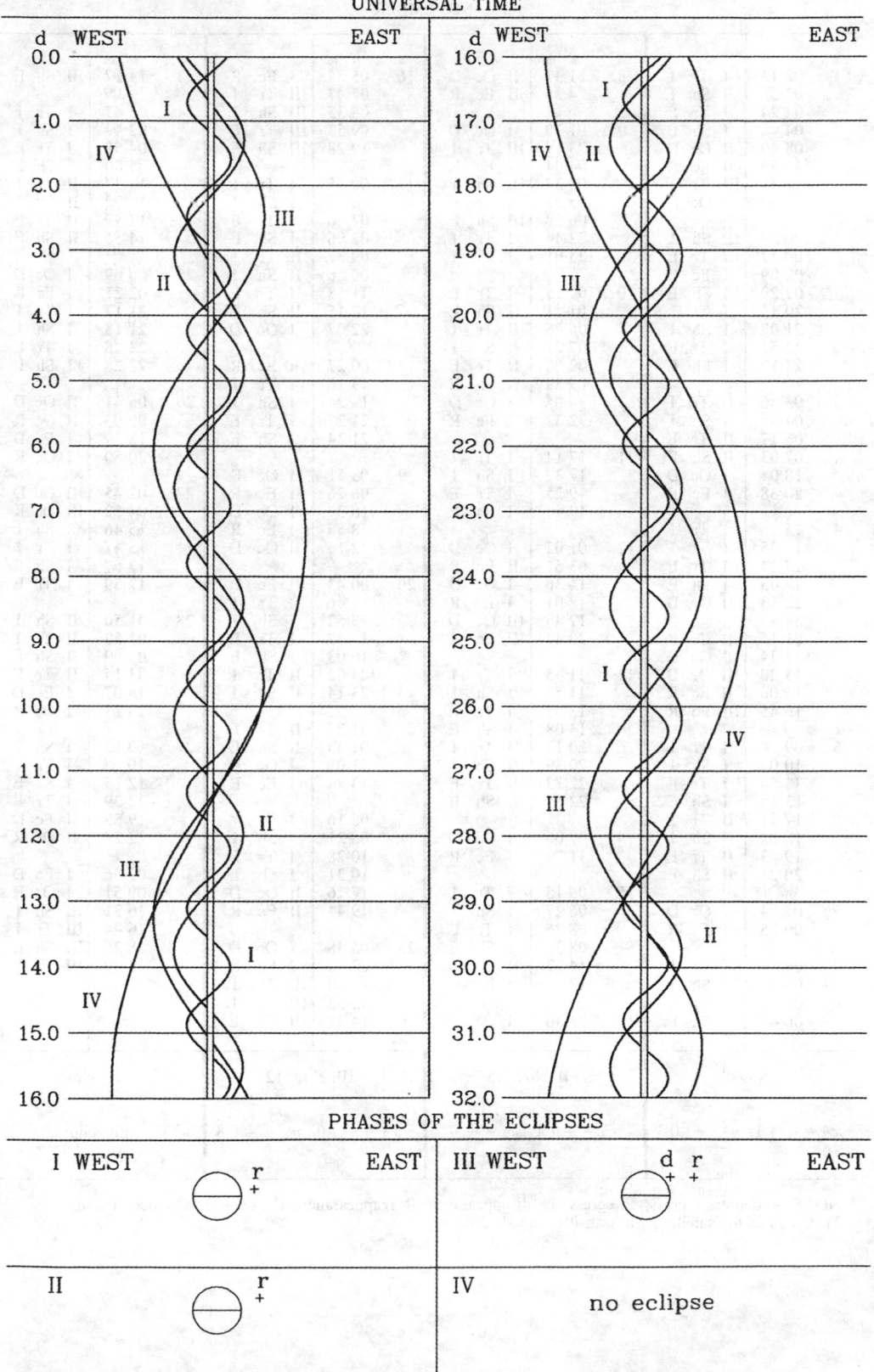

UNIVERSAL TIME

PHASES OF THE ECLIPSES

SATELLITES OF JUPITER, 2018

UNIVERSAL TIME OF GEOCENTRIC PHENOMENA

NOVEMBER

d	h m				d	h m				d	h m				d	h m			
1	02 13	I	Tr	I	8	11 37	II	Oc	D	16	05 58	I	Ec	R	23	14 27	III	Sh	E
	02 38	I	Sh	I		14 34	II	Ec	R		07 47	III	Tr	I	24	02 47	I	Tr	I
	04 24	I	Tr	E	9	01 35	I	Oc	D		08 35	III	Sh	I		02 49	I	Sh	I
	04 48	I	Sh	E		03 19	III	Tr	I		09 53	III	Tr	E		04 58	I	Tr	E
	08 49	II	Oc	D		04 04	I	Ec	R		10 28	III	Sh	E		05 00	I	Sh	E
	11 59	II	Ec	R		04 37	III	Sh	I	17	00 45	I	Tr	I		12 27	II	Tr	I
	22 51	III	Tr	I		05 25	III	Tr	E		00 55	I	Sh	I		12 32	II	Sh	I
	23 33	I	Oc	D		06 29	III	Sh	E		02 56	I	Tr	E		14 49	II	Tr	E
2	00 37	III	Sh	I		22 44	I	Tr	I		03 06	I	Sh	E		14 51	II	Sh	E
	00 57	III	Tr	E		23 01	I	Sh	I		09 37	II	Tr	I	25	00 09	I	Oc	D
	02 09	I	Ec	R	10	00 55	I	Tr	E		09 56	II	Sh	I		02 21	I	Ec	R
	02 29	III	Sh	E		01 11	I	Sh	E		11 58	II	Tr	E		21 17	I	Tr	I
	20 43	I	Tr	I		06 46	II	Tr	I		12 15	II	Sh	E		21 18	I	Sh	I
	21 07	I	Sh	I		07 21	II	Sh	I		22 07	I	Oc	D		23 28	I	Tr	E
	22 54	I	Tr	E		09 08	II	Tr	E	18	00 27	I	Ec	R		23 28	I	Sh	E
	23 17	I	Sh	E		09 39	II	Sh	E		19 16	I	Tr	I	26	06 41	II	Oc	D
3	03 56	II	Tr	I		20 05	I	Oc	D		19 24	I	Sh	I		09 03	II	Oc	R
	04 45	II	Sh	I		22 32	I	Ec	R		21 27	I	Tr	E		18 39	I	Ec	D
	06 17	II	Tr	E	11	17 14	I	Tr	I		21 34	I	Sh	E		20 50	I	Oc	R
	07 03	II	Sh	E		17 30	I	Sh	I	19	03 51	II	Oc	D	27	02 45	III	Oc	D
	18 04	I	Oc	D		19 25	I	Tr	E		06 26	II	Ec	R		04 52	III	Oc	R
	20 38	I	Ec	R		19 40	I	Sh	E		16 37	I	Oc	D		15 46	I	Sh	I
4	15 13	I	Tr	I	12	01 02	II	Oc	D		18 55	I	Ec	R		15 47	I	Tr	I
	15 35	I	Sh	I		03 51	II	Ec	R		22 17	III	Oc	D		17 57	I	Sh	E
	17 24	I	Tr	E		14 36	I	Oc	D	20	00 43	III	Ec	R		17 59	I	Tr	E
	17 45	I	Sh	E		17 01	I	Ec	R		13 46	I	Tr	I	28	01 50	II	Sh	I
	22 13	II	Oc	D		17 48	III	Oc	D		13 52	I	Sh	I		01 52	II	Tr	I
5	01 16	II	Ec	R		20 44	III	Ec	R		15 57	I	Tr	E		04 09	II	Sh	E
	12 34	I	Oc	D	13	11 45	I	Tr	I		16 03	I	Sh	E		04 14	II	Tr	E
	13 20	III	Oc	D		11 58	I	Sh	I		23 02	II	Tr	I		13 07	I	Ec	D
	15 06	I	Ec	R		13 56	I	Tr	E		23 14	II	Sh	I		15 21	I	Oc	R
	16 45	III	Ec	R		14 08	I	Sh	E	21	01 24	II	Tr	E	29	10 15	I	Sh	I
6	09 44	I	Tr	I		20 12	II	Tr	I		01 33	II	Sh	E		10 18	I	Tr	I
	10 04	I	Sh	I		20 39	II	Sh	I		11 08	I	Oc	D		12 25	I	Sh	E
	11 54	I	Tr	E		22 33	II	Tr	E		13 24	I	Ec	R		12 29	I	Tr	E
	12 14	I	Sh	E		22 57	II	Sh	E	22	08 16	I	Tr	I		19 59	II	Ec	D
	17 21	II	Tr	I	14	09 06	I	Oc	D		08 21	I	Sh	I		22 28	II	Oc	R
	18 03	II	Sh	I		11 29	I	Ec	R		10 28	I	Tr	E	30	07 36	I	Ec	D
	19 43	II	Tr	E	15	06 15	I	Tr	I		10 31	I	Sh	E		09 51	I	Oc	R
	20 21	II	Sh	E		06 27	I	Sh	I		17 16	II	Oc	D		16 31	III	Sh	I
7	07 04	I	Oc	D		08 26	I	Tr	E		19 44	II	Ec	R		16 44	III	Tr	I
	09 35	I	Ec	R		08 37	I	Sh	E	23	05 38	I	Oc	D		18 25	III	Sh	E
8	04 14	I	Tr	I		14 27	II	Oc	D		07 52	I	Ec	R		18 49	III	Tr	E
	04 33	I	Sh	I		17 09	II	Ec	R		12 16	III	Tr	I					
	06 25	I	Tr	E	16	03 36	I	Oc	D		12 33	III	Sh	I					
	06 43	I	Sh	E							14 21	III	Tr	E					

I. Nov. 14	II. Nov. 15	III. Nov. 12	IV. Nov.
$x_2 = +1.1, \; y_2 = -0.3$	$x_2 = +1.1, \; y_2 = -0.5$	$x_2 = +1.0, \; y_2 = -0.8$	no eclipse

NOTE.—I denotes ingress; E, egress; D, disappearance; R, reappearance; Ec, eclipse; Oc, occultation; Tr, transit of the satellite; Sh, transit of the shadow.

CONFIGURATIONS OF SATELLITES I-IV FOR NOVEMBER

UNIVERSAL TIME

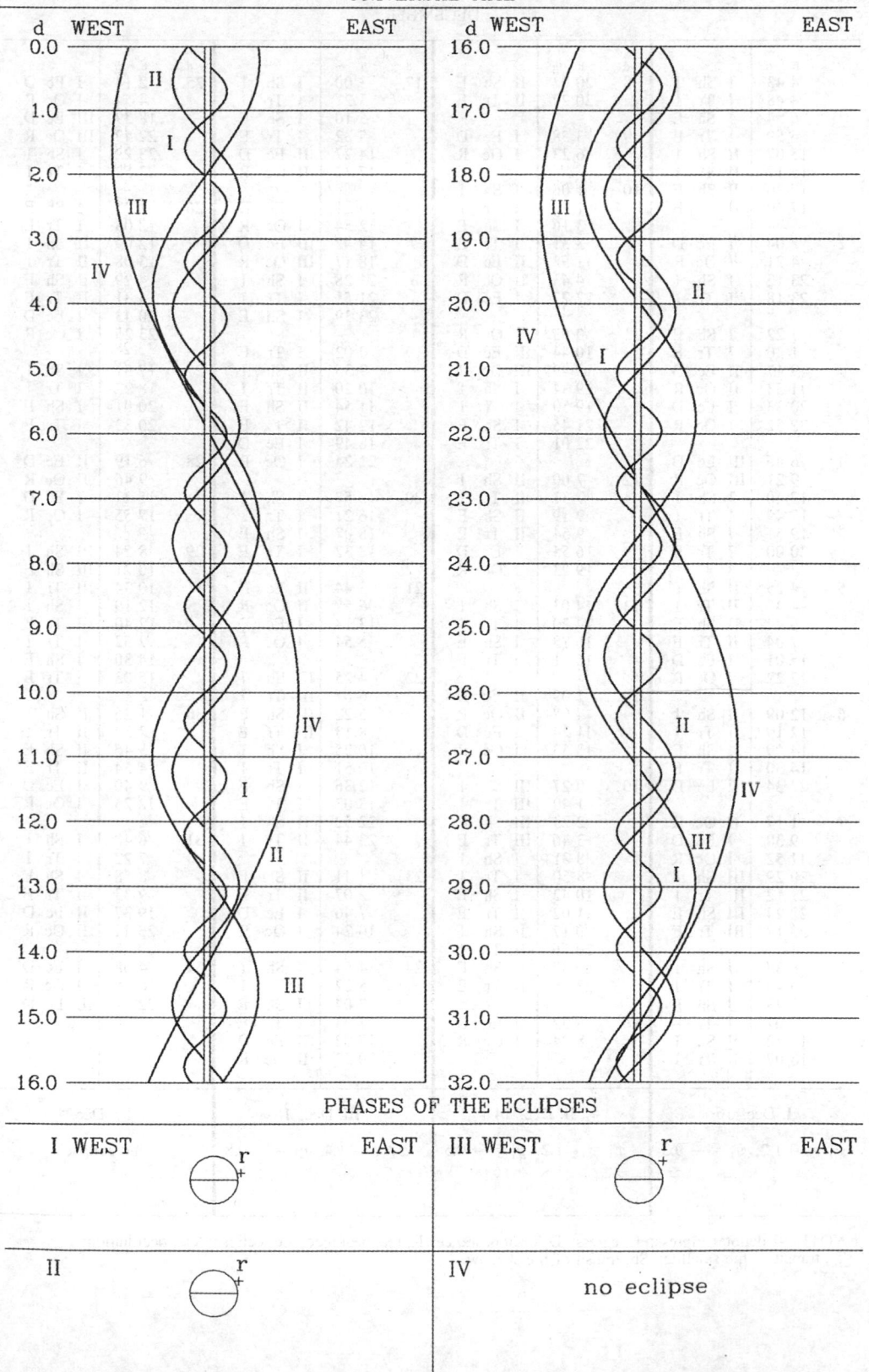

PHASES OF THE ECLIPSES

SATELLITES OF JUPITER, 2018

UNIVERSAL TIME OF GEOCENTRIC PHENOMENA

DECEMBER

d	h m				d	h m				d	h m				d	h m			
1	4 43	I	Sh	I	8	20 02	II	Sh	E	17	3 00	I	Sh	I	25	2 14	I	Ec	D
	4 48	I	Tr	I		20 29	II	Tr	E		3 21	I	Tr	I		4 54	I	Oc	R
	6 54	I	Sh	E	9	3 58	I	Ec	D		5 10	I	Sh	E		18 39	III	Ec	D
	6 59	I	Tr	E		6 23	I	Oc	R		5 32	I	Tr	E		22 43	III	Oc	R
	15 07	II	Sh	I	10	1 06	I	Sh	I		14 27	II	Ec	D		23 22	I	Sh	I
	15 17	II	Tr	I		1 20	I	Tr	I		17 32	II	Oc	R		23 52	I	Tr	I
	17 26	II	Sh	E		3 16	I	Sh	E	18	0 21	I	Ec	D	26	1 33	I	Sh	E
	17 39	II	Tr	E		3 31	I	Tr	E		2 54	I	Oc	R		2 03	I	Tr	E
2	2 04	I	Ec	D		11 52	II	Ec	D		14 42	III	Ec	D		12 09	II	Sh	I
	4 21	I	Oc	R		14 43	II	Oc	R		18 17	III	Oc	R		13 08	II	Tr	I
	23 12	I	Sh	I		22 27	I	Ec	D		21 28	I	Sh	I		14 29	II	Sh	E
	23 18	I	Tr	I	11	0 53	I	Oc	R		21 51	I	Tr	I		15 31	II	Tr	E
3	1 22	I	Sh	E		10 44	III	Ec	D		23 39	I	Sh	E		20 43	I	Ec	D
	1 30	I	Tr	E		13 49	III	Oc	R	19	0 02	I	Tr	E		23 25	I	Oc	R
	9 17	II	Ec	D		19 34	I	Sh	I		9 35	II	Sh	I	27	17 51	I	Sh	I
	11 53	II	Oc	R		19 50	I	Tr	I		10 20	II	Tr	I		18 22	I	Tr	I
	20 33	I	Ec	D		21 45	I	Sh	E		11 54	II	Sh	E		20 01	I	Sh	E
	22 52	I	Oc	R		22 01	I	Tr	E		12 42	II	Tr	E		20 33	I	Tr	E
4	6 46	III	Ec	D	12	7 00	II	Sh	I		18 49	I	Ec	D	28	6 19	II	Ec	D
	9 21	III	Oc	R		7 31	II	Tr	I		21 24	I	Oc	R		9 46	II	Oc	R
	17 40	I	Sh	I		9 19	II	Sh	E	20	15 57	I	Sh	I		15 11	I	Ec	D
	17 49	I	Tr	I		9 54	II	Tr	E		16 21	I	Tr	I		17 55	I	Oc	R
	19 51	I	Sh	E		16 55	I	Ec	D		18 07	I	Sh	E	29	8 24	III	Sh	I
	20 00	I	Tr	E		19 23	I	Oc	R		18 32	I	Tr	E		10 21	III	Sh	E
5	4 25	II	Sh	I	13	14 03	I	Sh	I	21	3 44	II	Ec	D		10 34	III	Tr	I
	4 42	II	Tr	I		14 20	I	Tr	I		6 57	II	Oc	R		12 19	I	Sh	I
	6 44	II	Sh	E		16 13	I	Sh	E		13 18	I	Ec	D		12 40	III	Tr	E
	7 04	II	Tr	E		16 31	I	Tr	E		15 54	I	Oc	R		12 52	I	Tr	I
	15 01	I	Ec	D	14	1 09	II	Ec	D	22	4 25	III	Sh	I		14 30	I	Sh	E
	17 22	I	Oc	R		4 07	II	Oc	R		6 07	III	Tr	I		15 03	I	Tr	E
6	12 09	I	Sh	I		11 24	I	Ec	D		6 22	III	Sh	E	30	1 26	II	Sh	I
	12 19	I	Tr	I		13 53	I	Oc	R		8 13	III	Tr	E		2 32	II	Tr	I
	14 19	I	Sh	E	15	0 27	III	Sh	I		10 25	I	Sh	I		3 46	II	Sh	E
	14 30	I	Tr	E		1 40	III	Tr	I		10 51	I	Tr	I		4 54	II	Tr	E
	22 34	II	Ec	D		2 23	III	Sh	E		12 36	I	Sh	E		9 40	I	Ec	D
7	1 17	II	Oc	R		3 46	III	Tr	E		13 03	I	Tr	E		12 25	I	Oc	R
	9 30	I	Ec	D		8 31	I	Sh	I		22 52	II	Sh	I	31	6 48	I	Sh	I
	11 52	I	Oc	R		8 50	I	Tr	I		23 44	II	Tr	I		7 22	I	Tr	I
	20 29	III	Sh	I		10 42	I	Sh	E	23	1 11	II	Sh	E		8 58	I	Sh	E
	21 12	III	Tr	I		11 02	I	Tr	E		2 07	II	Tr	E		9 33	I	Tr	E
	22 24	III	Sh	E		20 17	II	Sh	I		7 46	I	Ec	D		19 37	II	Ec	D
	23 17	III	Tr	E		20 56	II	Tr	I		10 24	I	Oc	R		23 11	II	Oc	R
8	6 37	I	Sh	I		22 37	II	Sh	E	24	4 54	I	Sh	I	32	4 08	I	Ec	D
	6 49	I	Tr	I		23 18	II	Tr	E		5 22	I	Tr	I		6 55	I	Oc	R
	8 48	I	Sh	E	16	5 52	I	Ec	D		7 04	I	Sh	E		22 37	III	Ec	D
	9 01	I	Tr	E		8 24	I	Oc	R		7 33	I	Tr	E					
	17 42	II	Sh	I							17 02	II	Ec	D					
	18 07	II	Tr	I							20 22	II	Oc	R					

I. Dec. 16	II. Dec. 14	III. Dec. 18	IV. Dec.
$x_1 = -1.2,\ y_1 = -0.3$	$x_1 = -1.2,\ y_1 = -0.5$	$x_1 = -1.4,\ y_1 = -0.8$	no eclipse

NOTE.—I denotes ingress; E, egress; D, disappearance; R, reappearance; Ec, eclipse; Oc, occultation; Tr, transit of the satellite; Sh, transit of the shadow.

CONFIGURATIONS OF SATELLITES I-IV FOR DECEMBER

UNIVERSAL TIME

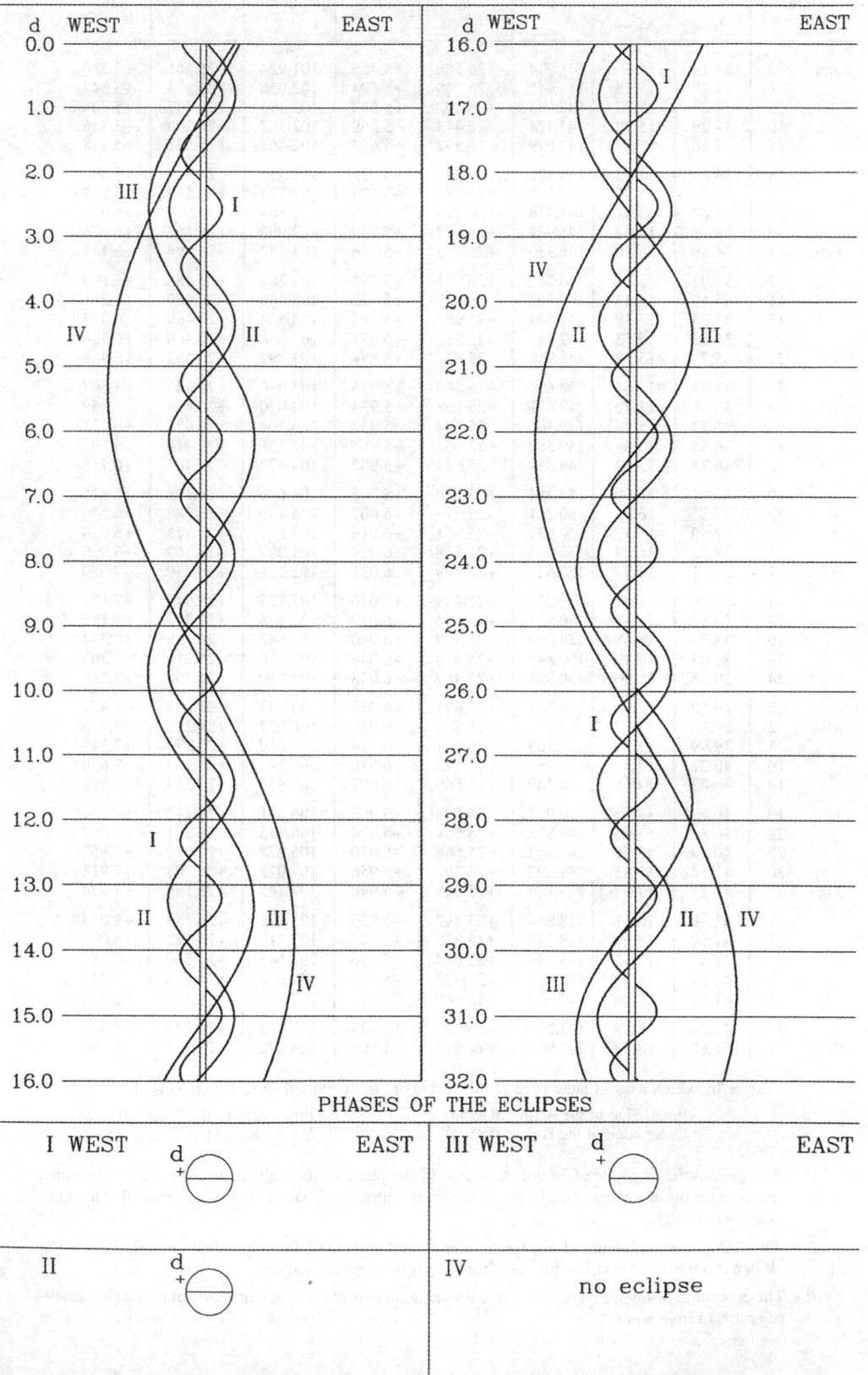

PHASES OF THE ECLIPSES

FOR 0^h UNIVERSAL TIME

Date		Axes of outer edge of A ring		U	B	P	U'	B'	P'
		Major	Minor						
		"	"	°	°	°	°	°	°
Jan.	−2	34.17	15.29	141.924	+26.586	+5.455	101.924	+26.561	+5.580
	2	34.20	15.28	142.445	+26.540	+5.494	102.058	+26.554	+5.642
	6	34.24	15.27	142.963	+26.492	+5.532	102.193	+26.547	+5.704
	10	34.29	15.27	143.474	+26.443	+5.569	102.327	+26.540	+5.766
	14	34.36	15.27	143.979	+26.392	+5.605	102.461	+26.532	+5.828
	18	34.44	15.28	144.475	+26.340	+5.639	102.595	+26.525	+5.890
	22	34.54	15.30	144.962	+26.287	+5.673	102.729	+26.517	+5.952
	26	34.64	15.31	145.438	+26.234	+5.706	102.864	+26.509	+6.014
	30	34.76	15.34	145.901	+26.179	+5.737	102.998	+26.502	+6.076
Feb.	3	34.89	15.36	146.350	+26.125	+5.766	103.132	+26.494	+6.137
	7	35.03	15.40	146.785	+26.071	+5.795	103.266	+26.486	+6.199
	11	35.19	15.43	147.203	+26.017	+5.822	103.400	+26.477	+6.261
	15	35.35	15.48	147.604	+25.964	+5.847	103.534	+26.469	+6.323
	19	35.53	15.53	147.987	+25.913	+5.871	103.668	+26.460	+6.384
	23	35.71	15.58	148.350	+25.862	+5.894	103.802	+26.452	+6.446
	27	35.91	15.64	148.691	+25.814	+5.915	103.936	+26.443	+6.507
Mar.	3	36.11	15.70	149.011	+25.768	+5.934	104.070	+26.434	+6.569
	7	36.33	15.77	149.309	+25.724	+5.952	104.204	+26.425	+6.631
	11	36.55	15.84	149.582	+25.682	+5.968	104.338	+26.416	+6.692
	15	36.78	15.92	149.831	+25.644	+5.982	104.472	+26.407	+6.753
	19	37.01	16.00	150.054	+25.610	+5.995	104.606	+26.398	+6.815
	23	37.25	16.08	150.251	+25.579	+6.007	104.739	+26.388	+6.876
	27	37.50	16.17	150.421	+25.551	+6.016	104.873	+26.378	+6.938
	31	37.75	16.27	150.563	+25.528	+6.024	105.007	+26.369	+6.999
Apr.	4	38.01	16.37	150.677	+25.509	+6.031	105.141	+26.359	+7.060
	8	38.26	16.47	150.763	+25.494	+6.036	105.275	+26.349	+7.121
	12	38.52	16.57	150.821	+25.484	+6.039	105.408	+26.339	+7.182
	16	38.77	16.68	150.850	+25.479	+6.040	105.542	+26.328	+7.244
	20	39.03	16.79	150.849	+25.478	+6.040	105.676	+26.318	+7.305
	24	39.28	16.90	150.821	+25.482	+6.038	105.810	+26.308	+7.366
	28	39.52	17.01	150.764	+25.491	+6.035	105.943	+26.297	+7.427
May	2	39.76	17.12	150.680	+25.504	+6.030	106.077	+26.286	+7.488
	6	39.99	17.23	150.569	+25.521	+6.024	106.210	+26.275	+7.549
	10	40.22	17.34	150.431	+25.543	+6.016	106.344	+26.264	+7.609
	14	40.43	17.45	150.269	+25.569	+6.007	106.478	+26.253	+7.670
	18	40.63	17.55	150.082	+25.598	+5.996	106.611	+26.242	+7.731
	22	40.81	17.66	149.872	+25.631	+5.984	106.745	+26.231	+7.792
	26	40.99	17.75	149.642	+25.668	+5.970	106.878	+26.219	+7.852
	30	41.14	17.85	149.393	+25.707	+5.956	107.012	+26.208	+7.913
June	3	41.28	17.93	149.126	+25.748	+5.940	107.145	+26.196	+7.974
	7	41.40	18.01	148.844	+25.792	+5.923	107.278	+26.184	+8.034
	11	41.50	18.09	148.549	+25.838	+5.905	107.412	+26.172	+8.095
	15	41.58	18.15	148.243	+25.884	+5.886	107.545	+26.160	+8.155
	19	41.64	18.21	147.928	+25.932	+5.867	107.678	+26.148	+8.216
	23	41.67	18.26	147.608	+25.980	+5.847	107.812	+26.136	+8.276
	27	41.69	18.29	147.285	+26.028	+5.827	107.945	+26.123	+8.336
July	1	41.68	18.32	146.961	+26.077	+5.806	108.078	+26.111	+8.396

Factor by which axes of outer edge of the A ring are to be multiplied to obtain axes of:

Inner edge of the A ring 0.8944   Inner edge of the B ring 0.6724
Outer edge of the B ring 0.8591   Inner edge of the C ring 0.5458

U = The geocentric longitude of Saturn, measured in the plane of the rings eastward from its ascending node on the mean equator of the Earth. The Saturnicentric longitude of the Earth, measured in the same way, is $U+180°$.

B = The Saturnicentric latitude of the Earth, referred to the plane of the rings, positive toward the north. When B is positive the visible surface of the rings is the northern surface.

P = The geocentric position angle of the northern semiminor axis of the apparent ellipse of the rings, measured eastward from north.

FOR 0^h UNIVERSAL TIME

Date		Axes of outer edge of A ring		U	B	P	U'	B'	P'
		Major	Minor						
		$''$	$''$	$\circ$	$\circ$	$\circ$	$\circ$	$\circ$	$\circ$
July	1	41.68	18.32	146.961	+26.077	+5.806	108.078	+26.111	+8.396
	5	41.65	18.34	146.639	+26.124	+5.785	108.211	+26.098	+8.457
	9	41.60	18.35	146.322	+26.171	+5.765	108.345	+26.085	+8.517
	13	41.53	18.35	146.011	+26.216	+5.744	108.478	+26.072	+8.577
	17	41.44	18.33	145.711	+26.260	+5.725	108.611	+26.059	+8.637
	21	41.33	18.31	145.423	+26.302	+5.706	108.744	+26.046	+8.697
	25	41.19	18.28	145.149	+26.342	+5.687	108.877	+26.033	+8.757
	29	41.05	18.24	144.892	+26.380	+5.670	109.010	+26.019	+8.817
Aug.	2	40.88	18.19	144.653	+26.416	+5.654	109.143	+26.006	+8.877
	6	40.70	18.13	144.435	+26.449	+5.639	109.276	+25.992	+8.936
	10	40.51	18.06	144.239	+26.480	+5.626	109.409	+25.978	+8.996
	14	40.30	17.99	144.066	+26.508	+5.614	109.542	+25.964	+9.056
	18	40.08	17.90	143.918	+26.534	+5.604	109.675	+25.950	+9.116
	22	39.85	17.82	143.797	+26.556	+5.595	109.808	+25.936	+9.175
	26	39.62	17.72	143.703	+26.576	+5.589	109.940	+25.922	+9.235
	30	39.37	17.63	143.636	+26.593	+5.585	110.073	+25.907	+9.294
Sept..	3	39.13	17.52	143.597	+26.607	+5.582	110.206	+25.893	+9.354
	7	38.88	17.42	143.588	+26.617	+5.582	110.339	+25.878	+9.413
	11	38.62	17.31	143.607	+26.625	+5.584	110.471	+25.863	+9.472
	15	38.37	17.20	143.655	+26.630	+5.588	110.604	+25.848	+9.532
	19	38.11	17.08	143.732	+26.631	+5.593	110.737	+25.833	+9.591
	23	37.86	16.97	143.838	+26.630	+5.601	110.869	+25.818	+9.650
	27	37.61	16.85	143.972	+26.625	+5.611	111.002	+25.803	+9.709
Oct.	1	37.36	16.74	144.134	+26.617	+5.623	111.135	+25.788	+9.768
	5	37.12	16.62	144.323	+26.605	+5.636	111.267	+25.772	+9.827
	9	36.88	16.51	144.539	+26.590	+5.652	111.400	+25.757	+9.886
	13	36.65	16.40	144.781	+26.572	+5.669	111.532	+25.741	+9.945
	17	36.43	16.28	145.048	+26.550	+5.688	111.664	+25.725	+10.004
	21	36.21	16.17	145.339	+26.525	+5.708	111.797	+25.709	+10.062
	25	36.01	16.06	145.652	+26.496	+5.729	111.929	+25.693	+10.121
	29	35.81	15.96	145.988	+26.464	+5.752	112.062	+25.677	+10.180
Nov.	2	35.62	15.85	146.344	+26.427	+5.776	112.194	+25.660	+10.238
	6	35.44	15.75	146.720	+26.388	+5.801	112.326	+25.644	+10.297
	10	35.27	15.65	147.114	+26.344	+5.827	112.458	+25.627	+10.355
	14	35.11	15.56	147.526	+26.297	+5.853	112.591	+25.611	+10.414
	18	34.97	15.46	147.954	+26.246	+5.880	112.723	+25.594	+10.472
	22	34.83	15.37	148.396	+26.192	+5.908	112.855	+25.577	+10.530
	26	34.71	15.29	148.851	+26.134	+5.936	112.987	+25.560	+10.589
	30	34.60	15.21	149.319	+26.073	+5.965	113.119	+25.543	+10.647
Dec.	4	34.50	15.13	149.797	+26.008	+5.993	113.251	+25.525	+10.705
	8	34.41	15.05	150.284	+25.940	+6.022	113.383	+25.508	+10.763
	12	34.34	14.98	150.780	+25.869	+6.050	113.515	+25.490	+10.821
	16	34.28	14.91	151.282	+25.794	+6.079	113.647	+25.473	+10.879
	20	34.23	14.85	151.789	+25.717	+6.107	113.779	+25.455	+10.937
	24	34.19	14.79	152.299	+25.637	+6.134	113.911	+25.437	+10.994
	28	34.17	14.74	152.812	+25.554	+6.161	114.042	+25.419	+11.052
	32	34.16	14.69	153.327	+25.469	+6.188	114.174	+25.401	+11.110

Factor by which axes of outer edge of the A ring are to be multiplied to obtain axes of:

     Inner edge of the A ring 0.8944   Inner edge of the B ring 0.6724
     Outer edge of the B ring 0.8591   Inner edge of the C ring 0.5458

U' = The heliocentric longitude of Saturn, measured in the plane of the rings eastward from its ascending node on the ecliptic. The Saturnicentric longitude of the Sun, measured in the same way is $U' + 180°$.

B' = The Saturnicentric latitude of the Sun, referred to the plane of the rings, positive toward the north. When B' is positive the northern surface of the rings is illuminated.

P' = The heliocentric position angle of the northern semiminor axis of the rings on the heliocentric celestial sphere, measured eastward from the great circle that passes through Saturn and the poles of the ecliptic.

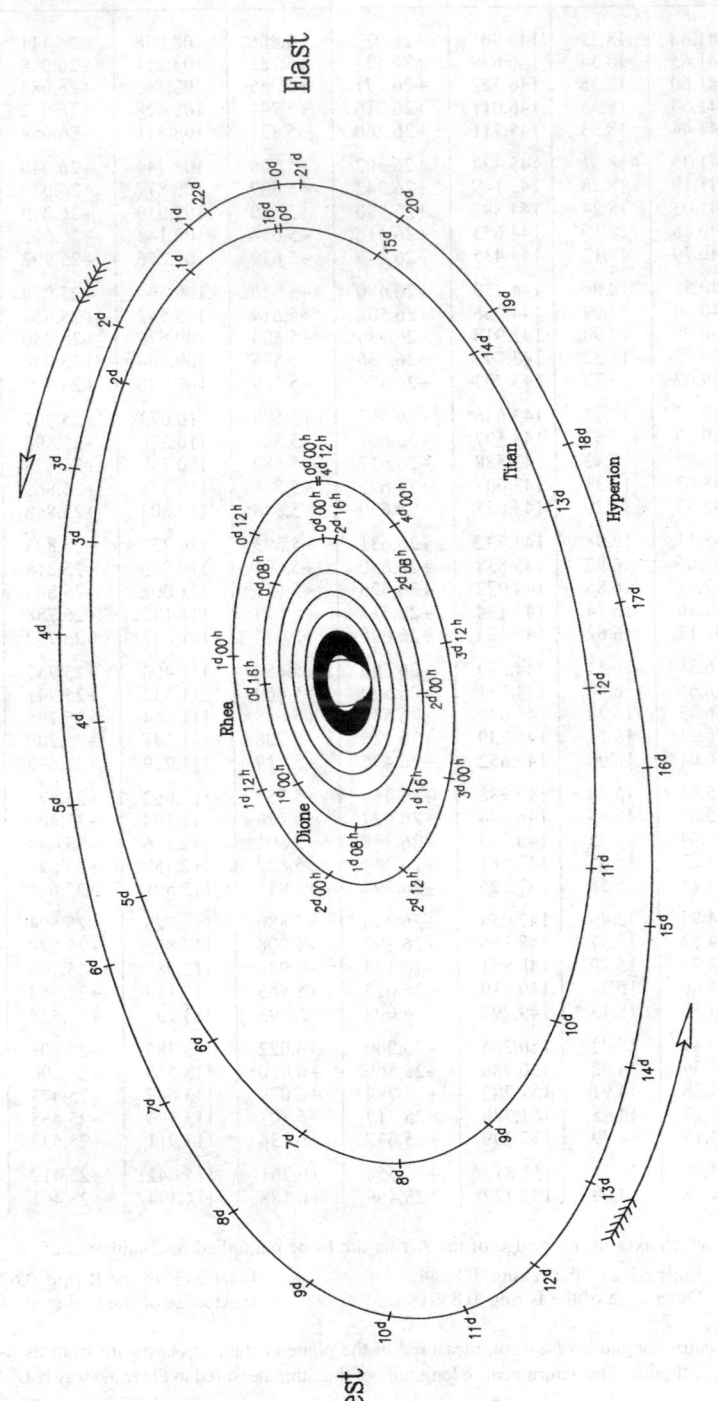

APPARENT ORBITS OF SATELLITES I–VII AT 0ʰ UNIVERSAL TIME ON THE DATE OF OPPOSITION, JUNE 27

Orbits elongated in ratio of 1.3 to 1 in the North-South direction.

Name	Mean Sidereal Period
	d
I Mimas.	0.9424
II Enceladus.	1.3702
III Tethys.	1.8878
IV Dione.	2.7369
V Rhea.	4.5175

Name	Mean Sidereal Period
	d
VI Titan.	15.9454
VII Hyperion.	21.2767
VIII Iapetus.	79.3311
IX Phoebe.	546.414 R

UNIVERSAL TIME OF GREATEST EASTERN ELONGATION

I Mimas

Jan.	Feb.	Mar.	Apr.	May	June	July	Aug.	Sept.	Oct.	Nov.	Dec.
d h	d h	d h	d h	d h	d h	d h	d h	d h	d h	d h	d h
−1 07.0	1 07.0	1 13.7	1 16.2	1 19.9	1 22.1	1 03.1	1 05.3	1 07.7	1 11.5	1 14.2	1 18.2
0 05.7	2 05.6	2 12.3	2 14.8	2 18.5	2 20.7	2 01.7	2 03.9	2 06.3	2 10.2	2 12.8	2 16.9
1 04.3	3 04.2	3 10.9	3 13.4	3 17.1	3 19.3	3 00.3	3 02.5	3 04.9	3 08.8	3 11.4	3 15.5
2 02.9	4 02.8	4 09.5	4 12.0	4 15.7	4 17.9	3 22.9	4 01.2	4 03.5	4 07.4	4 10.0	4 14.1
3 01.5	5 01.5	5 08.2	5 10.6	5 14.3	5 16.6	4 21.5	4 23.8	5 02.1	5 06.0	5 08.7	5 12.8
4 00.2	6 00.1	6 06.8	6 09.2	6 12.9	6 15.2	5 20.1	5 22.4	6 00.8	6 04.7	6 07.3	6 11.4
4 22.8	6 22.7	7 05.4	7 07.9	7 11.6	7 13.8	6 18.8	6 21.0	6 23.4	7 03.3	7 05.9	7 10.0
5 21.4	7 21.3	8 04.0	8 06.5	8 10.2	8 12.4	7 17.4	7 19.6	7 22.0	8 01.9	8 04.6	8 08.6
6 20.1	8 20.0	9 02.7	9 05.1	9 08.8	9 11.0	8 16.0	8 18.2	8 20.6	9 00.5	9 03.2	9 07.3
7 18.7	9 18.6	10 01.3	10 03.7	10 07.4	10 09.6	9 14.6	9 16.9	9 19.2	9 23.2	10 01.8	10 05.9
8 17.3	10 17.2	10 23.9	11 02.3	11 06.0	11 08.2	10 13.2	10 15.5	10 17.9	10 21.8	11 00.4	11 04.5
9 15.9	11 15.8	11 22.5	12 00.9	12 04.6	12 06.8	11 11.8	11 14.1	11 16.5	11 20.4	11 23.1	12 03.2
10 14.6	12 14.5	12 21.1	12 23.6	13 03.2	13 05.5	12 10.4	12 12.7	12 15.1	12 19.0	12 21.7	13 01.8
11 13.2	13 13.1	13 19.8	13 22.2	14 01.9	14 04.1	13 09.0	13 11.3	13 13.7	13 17.7	13 20.3	14 00.4
12 11.8	14 11.7	14 18.4	14 20.8	15 00.5	15 02.7	14 07.7	14 09.9	14 12.3	14 16.3	14 18.9	14 23.0
13 10.4	15 10.3	15 17.0	15 19.4	15 23.1	16 01.3	15 06.3	15 08.5	15 11.0	15 14.9	15 17.6	15 21.7
14 09.1	16 09.0	16 15.6	16 18.0	16 21.7	16 23.9	16 04.9	16 07.2	16 09.6	16 13.5	16 16.2	16 20.3
15 07.7	17 07.6	17 14.2	17 16.6	17 20.3	17 22.5	17 03.5	17 05.8	17 08.2	17 12.2	17 14.8	17 18.9
16 06.3	18 06.2	18 12.9	18 15.3	18 18.9	18 21.1	18 02.1	18 04.4	18 06.8	18 10.8	18 13.5	18 17.5
17 04.9	19 04.8	19 11.5	19 13.9	19 17.5	19 19.7	19 00.7	19 03.0	19 05.5	19 09.4	19 12.1	19 16.2
18 03.6	20 03.5	20 10.1	20 12.5	20 16.2	20 18.3	19 23.3	20 01.6	20 04.1	20 08.0	20 10.7	20 14.8
19 02.2	21 02.1	21 08.7	21 11.1	21 14.8	21 17.0	20 21.9	21 00.3	21 02.7	21 06.7	21 09.3	21 13.4
20 00.8	22 00.7	22 07.3	22 09.7	22 13.4	22 15.6	21 20.6	21 22.9	22 01.3	22 05.3	22 08.0	22 12.1
20 23.5	22 23.3	23 06.0	23 08.3	23 12.0	23 14.2	22 19.2	22 21.5	22 23.9	23 03.9	23 06.6	23 10.7
21 22.1	23 21.9	24 04.6	24 07.0	24 10.6	24 12.8	23 17.8	23 20.1	23 22.6	24 02.5	24 05.2	24 09.3
22 20.7	24 20.6	25 03.2	25 05.6	25 09.2	25 11.4	24 16.4	24 18.7	24 21.2	25 01.2	25 03.8	25 07.9
23 19.3	25 19.2	26 01.8	26 04.2	26 07.8	26 10.0	25 15.0	25 17.3	25 19.8	25 23.8	26 02.5	26 06.6
24 18.0	26 17.8	27 00.4	27 02.8	27 06.4	27 08.6	26 13.6	26 16.0	26 18.4	26 22.4	27 01.1	27 05.2
25 16.6	27 16.4	27 23.1	28 01.4	28 05.1	28 07.2	27 12.2	27 14.6	27 17.1	27 21.0	27 23.7	28 03.8
26 15.2	28 15.1	28 21.7	29 00.0	29 03.7	29 05.9	28 10.9	28 13.2	28 15.7	28 19.7	28 22.4	29 02.5
27 13.8		29 20.3	29 22.6	30 02.3	30 04.5	29 09.5	29 11.8	29 14.3	29 18.3	29 21.0	30 01.1
28 12.5		30 18.9	30 21.3	31 00.9		30 08.1	30 10.4	30 12.9	30 16.9	30 19.6	30 23.7
29 11.1		31 17.5		31 23.5		31 06.7	31 09.0		31 15.5		31 22.3
30 09.7											32 21.0
31 08.3											

II Enceladus

Jan.	Feb.	Mar.	Apr.	May	June	July	Aug.	Sept.	Oct.	Nov.	Dec.
d h	d h	d h	d h	d h	d h	d h	d h	d h	d h	d h	d h
−2 07.7	1 14.2	1 00.1	1 16.0	1 16.0	2 04.2	2 07.4	1 10.7	1 23.0	2 02.6	1 06.4	1 10.2
−1 16.6	2 23.1	2 09.0	2 21.5	3 00.9	3 13.0	3 16.3	2 19.6	3 07.9	3 11.5	2 15.3	2 19.1
1 01.5	4 08.0	3 17.9	4 06.3	4 09.7	4 21.9	5 01.2	4 04.5	4 16.8	4 20.4	4 00.2	4 04.0
2 10.4	5 16.9	5 02.8	5 15.2	5 18.6	6 06.8	6 10.0	5 13.4	6 01.7	6 05.3	5 09.1	5 12.9
3 19.3	7 01.8	6 11.7	7 00.1	7 03.5	7 15.7	7 18.9	6 22.2	7 10.6	7 14.2	6 18.0	6 21.8
5 04.2	8 10.7	7 20.6	8 09.0	8 12.4	9 00.5	9 03.8	8 07.1	8 19.5	8 23.1	8 02.9	8 06.7
6 13.1	9 19.6	9 05.5	9 17.9	9 21.3	10 09.4	10 12.7	9 16.0	10 04.4	10 08.0	9 11.8	9 15.6
7 22.0	11 04.5	10 14.4	11 02.8	11 06.1	11 18.3	11 21.5	11 00.9	11 13.3	11 16.9	10 20.7	11 00.5
9 06.9	12 13.4	11 23.2	12 11.6	12 15.0	13 03.2	13 06.4	12 09.8	12 22.1	13 01.8	12 05.6	12 09.4
10 15.8	13 22.3	13 08.1	13 20.5	13 23.9	14 12.0	14 15.3	13 18.7	14 07.0	14 10.7	13 14.5	13 18.3
12 00.7	15 07.2	14 17.0	15 05.4	15 08.8	15 20.9	16 00.2	15 03.5	15 15.9	15 19.6	14 23.4	15 03.2
13 09.6	16 16.1	16 01.9	16 14.3	16 17.7	17 05.8	17 09.1	16 12.4	17 00.8	17 04.5	16 08.3	16 12.1
14 18.5	18 01.0	17 10.8	17 23.2	18 02.5	18 14.7	18 17.9	17 21.3	18 09.7	18 13.4	17 17.2	17 21.0
16 03.4	19 09.9	18 19.7	19 08.1	19 11.4	19 23.5	20 02.8	19 06.2	19 18.6	19 22.3	19 02.1	19 05.9
17 12.3	20 18.7	20 04.6	20 16.9	20 20.3	21 08.4	21 11.7	20 15.1	21 03.5	21 07.2	20 11.0	20 14.8
18 21.2	22 03.6	21 13.5	22 01.8	22 05.2	22 17.3	22 20.6	22 00.0	22 12.4	22 16.1	21 19.9	21 23.7
20 06.1	23 12.5	22 22.4	23 10.7	23 14.0	24 02.2	24 05.4	23 08.8	23 21.3	24 01.0	23 04.8	23 08.6
21 15.0	24 21.4	24 07.2	24 19.6	24 22.9	25 11.0	25 14.3	24 17.7	25 06.2	25 09.9	24 13.7	24 17.5
22 23.9	26 06.3	25 16.1	26 04.5	26 07.8	26 19.9	26 23.2	26 02.6	26 15.1	26 18.8	25 22.6	26 02.4
24 08.8	27 15.2	27 01.0	27 13.3	27 16.7	28 04.8	28 08.1	27 11.5	28 00.0	28 03.7	27 07.5	27 11.3
25 17.7		28 09.9	28 22.2	29 01.5	29 13.7	29 17.0	28 20.4	29 08.8	29 12.6	28 16.4	28 20.2
27 02.6		29 18.8	30 07.1	30 10.4	30 22.5	31 01.8	30 05.3	30 17.7	30 21.5	30 01.3	30 05.1
28 11.5		31 03.7		31 19.3			31 14.2				31 14.0
29 20.4											32 22.9
31 05.3											

SATELLITES OF SATURN, 2018

UNIVERSAL TIME OF GREATEST EASTERN ELONGATION

III Tethys

Jan.	Feb.	Mar.	Apr.	May	June	July	Aug.	Sept.	Oct.	Nov.	Dec.
d h	d h	d h	d h	d h	d h	d h	d h	d h	d h	d h	d h
−2 05.5	1 05.5	1 13.4	2 15.8	2 20.7	2 01.3	2 05.9	1 10.6	2 12.8	2 17.8	1 23.1	2 04.4
0 02.8	3 02.8	3 10.7	4 13.1	4 17.9	3 22.6	4 03.2	3 07.9	4 10.1	4 15.1	3 20.4	4 01.8
2 00.1	5 00.2	5 08.1	6 10.4	6 15.2	5 19.9	6 00.5	5 05.2	6 07.4	6 12.5	5 17.7	5 23.1
3 21.5	6 21.5	7 05.4	8 07.7	8 12.5	7 17.2	7 21.8	7 02.5	8 04.7	8 09.8	7 15.1	7 20.5
5 18.8	8 18.8	9 02.7	10 05.0	10 09.8	9 14.5	9 19.1	8 23.8	10 02.0	10 07.1	9 12.4	9 17.8
7 16.2	10 16.2	11 00.0	12 02.3	12 07.1	11 11.8	11 16.4	10 21.1	11 23.3	12 04.4	11 09.7	11 15.1
9 13.5	12 13.5	12 21.3	13 23.6	14 04.4	13 09.1	13 13.7	12 18.4	13 20.6	14 01.8	13 07.1	13 12.5
11 10.8	14 10.8	14 18.7	15 20.9	16 01.7	15 06.4	15 11.0	14 15.7	15 17.9	15 23.1	15 04.4	15 09.8
13 08.2	16 08.1	16 16.0	17 18.2	17 23.0	17 03.6	17 08.3	16 13.0	17 15.3	17 20.4	17 01.7	17 07.2
15 05.5	18 05.5	18 13.3	19 15.5	19 20.3	19 00.9	19 05.6	18 10.3	19 12.6	19 17.8	18 23.1	19 04.5
17 02.8	20 02.8	20 10.6	21 12.9	21 17.6	20 22.2	21 02.8	20 07.6	21 09.9	21 15.1	20 20.4	21 01.8
19 00.2	22 00.1	22 07.9	23 10.2	23 14.9	22 19.5	23 00.1	22 04.9	23 07.2	23 12.4	22 17.8	22 23.2
20 21.5	23 21.4	24 05.2	25 07.5	25 12.2	24 16.8	24 21.4	24 02.2	25 04.5	25 09.7	24 15.1	24 20.5
22 18.8	25 18.8	26 02.5	27 04.8	27 09.5	26 14.1	26 18.7	25 23.5	27 01.9	27 07.1	26 12.4	26 17.8
24 16.2	27 16.1	27 23.9	29 02.1	29 06.8	28 11.4	28 16.0	27 20.8	28 23.2	29 04.4	28 09.8	28 15.2
26 13.5		29 21.2	30 23.4	31 04.0	30 08.7	30 13.3	29 18.1	30 20.5	31 01.7	30 07.1	30 12.5
28 10.8		31 18.5					31 15.4				32 09.9
30 08.2											

IV Dione

Jan.	Feb.	Mar.	Apr.	May	June	July	Aug.	Sept.	Oct.	Nov.	Dec.
d h	d h	d h	d h	d h	d h	d h	d h	d h	d h	d h	d h
−2 07.7	2 22.4	2 07.7	1 10.5	1 12.9	3 08.8	3 10.9	2 13.1	1 15.5	1 18.2	3 15.0	1 00.4
1 01.4	5 16.1	5 01.4	4 04.1	4 06.6	6 02.5	6 04.6	5 06.8	4 09.2	4 11.9	6 08.7	3 18.2
3 19.2	8 09.9	7 19.1	6 21.8	7 00.3	8 20.1	8 22.2	8 00.4	7 02.9	7 05.7	9 02.4	6 11.9
6 12.9	11 03.6	10 12.8	9 15.5	9 17.9	11 13.8	11 15.9	10 18.1	9 20.6	9 23.4	11 20.2	9 05.7
9 06.7	13 21.3	13 06.5	12 09.2	12 11.6	14 07.4	14 09.5	13 11.8	12 14.3	12 17.1	14 13.9	11 23.4
12 00.4	16 15.0	16 00.2	15 02.9	15 05.3	17 01.1	17 03.2	16 05.4	15 08.0	15 10.8	17 07.7	14 17.2
14 18.2	19 08.8	18 17.9	17 20.6	17 22.9	19 18.7	19 20.8	18 23.1	18 01.7	18 04.6	20 01.4	17 10.9
17 11.9	22 02.5	21 11.7	20 14.3	20 16.6	22 12.4	22 14.5	21 16.8	20 19.4	20 22.3	22 19.2	20 04.7
20 05.7	24 20.2	24 05.4	23 07.9	23 10.2	25 06.0	25 08.1	24 10.5	23 13.1	23 16.0	25 12.9	22 22.4
22 23.4	27 14.0	26 23.1	26 01.6	26 03.9	27 23.6	28 01.8	27 04.1	26 06.8	26 09.8	28 06.7	25 16.2
25 17.2		29 16.8	28 19.3	28 21.5	30 17.3	30 19.4	29 21.8	29 00.5	29 03.5		28 09.9
28 10.9				31 15.2					31 21.2		31 03.7
31 04.6											33 21.4

V Rhea

Jan.	Feb.	Mar.	Apr.	May	June	July	Aug.	Sept.	Oct.	Nov.	Dec.
d h	d h	d h	d h	d h	d h	d h	d h	d h	d h	d h	d h
−3 06.5	2 11.2	1 14.5	2 05.9	3 20.8	4 11.2	1 13.0	2 03.3	2 18.0	4 09.2	5 00.9	2 04.4
1 19.1	6 23.8	6 03.0	6 18.3	8 09.1	8 23.5	6 01.3	6 15.6	7 06.4	8 21.7	9 13.5	6 16.9
6 07.7	11 12.3	10 15.5	11 06.8	12 21.5	13 11.8	10 13.6	11 04.0	11 18.8	13 10.2	14 02.0	11 05.5
10 20.3	16 00.9	15 04.0	15 19.2	17 09.8	18 00.1	15 02.0	15 16.4	16 07.3	17 22.7	18 14.6	15 18.1
15 08.9	20 13.4	19 16.5	20 07.6	21 22.2	22 12.4	19 14.3	20 04.8	20 19.7	22 11.3	23 03.2	20 06.7
19 21.5	25 02.0	24 05.0	24 20.0	26 10.5	27 00.7	24 02.6	24 17.1	25 08.2	26 23.8	27 15.8	24 19.3
24 10.1		28 17.4	29 08.4	30 22.8		28 14.9	29 05.5	29 20.7	31 12.3		29 07.9
28 22.7											33 20.5
											38 09.1

UNIVERSAL TIME OF CONJUNCTIONS AND ELONGATIONS

VI Titan

Eastern Elongation		Inferior Conjunction		Western Elongation		Superior Conjunction	
	d h		d h		d h		d h
Jan.	−10 01.2	Jan.	−7 22.0	Jan.	−2 02.4	Jan.	2 05.9
	6 02.1		9 22.9		14 03.4		18 06.6
	22 02.9		25 23.8		30 04.2	Feb.	3 07.2
Feb.	7 03.5	Feb.	11 00.3	Feb.	15 04.8		19 07.6
	23 03.8		27 00.6	Mar.	3 05.0	Mar.	7 07.5
Mar.	11 03.8	Mar.	15 00.5		19 04.8		23 07.1
	27 03.4		30 23.9	Apr.	4 04.2	Apr.	8 06.3
Apr.	12 02.4	Apr.	15 22.9		20 03.0		24 05.0
	28 01.0	May	1 21.4	May	6 01.3	May	10 03.3
May	13 23.1		17 19.4		21 23.1		26 01.1
	29 20.8	June	2 17.0	June	6 20.6	June	10 22.7
June	14 18.2		18 14.5		22 17.9		26 20.1
	30 15.5	July	4 11.8	July	8 15.1	July	12 17.6
July	16 12.8		20 09.2		24 12.4		28 15.1
Aug.	1 10.3	Aug.	5 06.8	Aug.	9 10.1	Aug.	13 13.0
	17 08.2		21 04.8		25 08.1		29 11.3
Sept.	2 06.6	Sept.	6 03.3	Sept.	10 06.7	Sept.	14 10.0
	18 05.4		22 02.3		26 05.8		30 09.3
Oct.	4 04.7	Oct.	8 01.8	Oct.	12 05.4	Oct.	16 08.9
	20 04.5		24 01.7		28 05.4	Nov.	1 09.0
Nov.	5 04.7	Nov.	9 02.0	Nov.	13 05.9		17 09.3
	21 05.2		25 02.6		29 06.6	Dec.	3 09.9
Dec.	7 05.9	Dec.	11 03.4	Dec.	15 07.5		19 10.6
	23 06.8		27 04.3		31 08.5		35 11.4
	39 07.7		43 05.2		47 09.5		51 12.2

VII Hyperion

Eastern Elongation		Inferior Conjunction		Western Elongation		Superior Conjunction	
	d h		d h		d h		d h
						Jan.	−7 10.4
Jan.	−3 23.7	Jan.	2 09.1	Jan.	8 13.5		14 23.4
	19 12.7		23 22.2		30 03.1	Feb.	5 11.6
Feb.	9 23.8	Feb.	14 09.2	Feb.	20 15.2		26 23.2
Mar.	3 10.8	Mar.	7 19.7	Mar.	14 02.0	Mar.	20 09.3
	24 21.0		29 06.0	Apr.	4 11.5	Apr.	10 17.2
Apr.	15 04.1	Apr.	19 13.1		25 18.7	May	2 00.1
May	6 10.5	May	10 19.0	May	17 00.1		23 05.6
	27 16.1	June	1 00.7	June	7 04.4	June	13 08.9
June	17 18.8		22 03.7		28 07.1	July	4 12.2
July	8 21.7	July	13 06.3	July	19 09.3		25 15.1
	30 01.1	Aug.	3 10.1	Aug.	9 12.3	Aug.	15 17.8
Aug.	20 03.4		24 12.8		30 15.6	Sept.	5 21.9
Sept.	10 07.3	Sept.	14 16.7	Sept.	20 19.8		27 02.4
Oct.	1 12.4	Oct.	5 22.3	Oct.	12 01.7	Oct.	18 07.7
	22 17.2		27 03.6	Nov.	2 08.6	Nov.	8 14.8
Nov.	13 00.2	Nov.	17 10.5		23 16.0		29 21.8
Dec.	4 07.5	Dec.	8 18.5	Dec.	15 00.6	Dec.	21 05.1
	25 14.5		30 02.2		36 10.0		42 14.1
	46 23.4		50 14.8				

VIII Iapetus

Eastern Elongation		Inferior Conjunction		Western Elongation		Superior Conjunction	
	d h		d h		d h		d h
		Jan.	−18 06.3	Jan.	3 07.6	Jan.	24 10.3
Feb.	13 04.5	Mar.	4 09.7	Mar.	25 11.1	Apr.	14 20.4
May	4 04.1	May	22 20.6	June	12 04.4	July	2 09.2
July	21 04.0	Aug.	9 02.5	Aug.	29 04.2	Sept.	19 03.0
Oct.	8 04.6	Oct.	27 18.7	Nov.	17 11.5	Dec.	8 19.0
Dec.	28 09.0	Dec.	48 00.0				

SATELLITES OF SATURN, 2018

DIFFERENTIAL COORDINATES OF VII HYPERION FOR 0ʰ UNIVERSAL TIME

Date		$\Delta\alpha$ (s)	$\Delta\delta$ (')	Date		$\Delta\alpha$ (s)	$\Delta\delta$ (')	Date		$\Delta\alpha$ (s)	$\Delta\delta$ (')
Jan.	0	+ 8	− 1.0	May	2	+ 1	+ 1.4	Sept.	1	− 16	+ 0.9
	2	+ 1	− 1.3		4	+ 10	+ 0.8		3	− 11	+ 1.4
	4	− 7	− 1.0		6	+ 14	− 0.1		5	− 3	+ 1.6
	6	− 13	− 0.5		8	+ 11	− 1.0		7	+ 6	+ 1.2
	8	− 15	+ 0.2		10	+ 3	− 1.5		9	+ 12	+ 0.4
	10	− 14	+ 0.9		12	− 6	− 1.3		11	+ 13	− 0.6
	12	− 9	+ 1.3		14	− 14	− 0.7		13	+ 7	− 1.3
	14	− 2	+ 1.4		16	− 17	+ 0.1		15	− 2	− 1.4
	16	+ 5	+ 1.1		18	− 17	+ 0.8		17	− 10	− 1.0
	18	+ 11	+ 0.4		20	− 12	+ 1.4		19	− 15	− 0.3
	20	+ 12	− 0.5		22	− 4	+ 1.6		21	− 16	+ 0.5
	22	+ 7	− 1.1		24	+ 5	+ 1.3		23	− 14	+ 1.1
	24	− 1	− 1.3		26	+ 12	+ 0.5		25	− 7	+ 1.5
	26	− 9	− 0.9		28	+ 14	− 0.5		27	+ 1	+ 1.4
	28	− 14	− 0.3		30	+ 9	− 1.3		29	+ 9	+ 0.9
	30	− 15	+ 0.4	June	1	− 1	− 1.5	Oct.	1	+ 13	0.0
Feb.	1	− 13	+ 1.0		3	− 10	− 1.2		3	+ 11	− 0.9
	3	− 8	+ 1.4		5	− 16	− 0.4		5	+ 3	− 1.4
	5	− 1	+ 1.4		7	− 18	+ 0.4		7	− 5	− 1.3
	7	+ 7	+ 1.0		9	− 16	+ 1.1		9	− 12	− 0.8
	9	+ 12	+ 0.2		11	− 9	+ 1.6		11	− 16	0.0
	11	+ 11	− 0.7		13	0	+ 1.6		13	− 15	+ 0.7
	13	+ 5	− 1.2		15	+ 9	+ 1.1		15	− 11	+ 1.3
	15	− 3	− 1.2		17	+ 14	+ 0.1		17	− 4	+ 1.5
	17	− 10	− 0.8		19	+ 13	− 0.9		19	+ 4	+ 1.2
	19	− 15	− 0.2		21	+ 5	− 1.5		21	+ 11	+ 0.5
	21	− 15	+ 0.6		23	− 5	− 1.4		23	+ 12	− 0.4
	23	− 12	+ 1.1		25	− 13	− 0.9		25	+ 8	− 1.1
	25	− 6	+ 1.4		27	− 18	− 0.1		27	0	− 1.4
	27	+ 1	+ 1.3		29	− 18	+ 0.7		29	− 8	− 1.1
Mar.	1	+ 9	+ 0.8	July	1	− 13	+ 1.4		31	− 13	− 0.5
	3	+ 12	− 0.1		3	− 6	+ 1.7	Nov.	2	− 16	+ 0.2
	5	+ 10	− 0.9		5	+ 4	+ 1.4		4	− 14	+ 0.9
	7	+ 3	− 1.3		7	+ 12	+ 0.7		6	− 9	+ 1.3
	9	− 5	− 1.2		9	+ 14	− 0.4		8	− 1	+ 1.4
	11	− 12	− 0.7		11	+ 10	− 1.2		10	+ 7	+ 1.0
	13	− 16	0.0		13	+ 1	− 1.6		12	+ 12	+ 0.2
	15	− 15	+ 0.7		15	− 9	− 1.3		14	+ 11	− 0.7
	17	− 11	+ 1.3		17	− 15	− 0.6		16	+ 5	− 1.3
	19	− 4	+ 1.5		19	− 18	+ 0.3		18	− 3	− 1.3
	21	+ 4	+ 1.2		21	− 16	+ 1.1		20	− 10	− 0.9
	23	+ 11	+ 0.5		23	− 10	+ 1.6		22	− 14	− 0.2
	25	+ 13	− 0.4		25	− 2	+ 1.6		24	− 15	+ 0.5
	27	+ 9	− 1.1		27	+ 7	+ 1.2		26	− 12	+ 1.0
	29	0	− 1.4		29	+ 13	+ 0.2		28	− 6	+ 1.4
	31	− 8	− 1.1		31	+ 13	− 0.8		30	+ 2	+ 1.2
Apr.	2	− 14	− 0.5	Aug.	2	+ 6	− 1.4	Dec.	2	+ 9	+ 0.7
	4	− 17	+ 0.3		4	− 3	− 1.5		4	+ 12	− 0.2
	6	− 15	+ 1.0		6	− 12	− 1.0		6	+ 9	− 0.9
	8	− 10	+ 1.4		8	− 17	− 0.2		8	+ 3	− 1.3
	10	− 2	+ 1.5		10	− 17	+ 0.6		10	− 5	− 1.2
	12	+ 7	+ 1.1		12	− 14	+ 1.3		12	− 11	− 0.7
	14	+ 12	+ 0.2		14	− 7	+ 1.6		14	− 15	0.0
	16	+ 12	− 0.7		16	+ 2	+ 1.5		16	− 14	+ 0.7
	18	+ 6	− 1.3		18	+ 10	+ 0.8		18	− 10	+ 1.2
	20	− 3	− 1.4		20	+ 14	− 0.2		20	− 4	+ 1.3
	22	− 11	− 1.0		22	+ 10	− 1.1		22	+ 4	+ 1.1
	24	− 16	− 0.2		24	+ 2	− 1.5		24	+ 10	+ 0.4
	26	− 17	+ 0.5		26	− 7	− 1.3		26	+ 11	− 0.5
	28	− 14	+ 1.2		28	− 14	− 0.7		28	+ 7	− 1.1
	30	− 7	+ 1.5		30	− 17	+ 0.1		30	0	− 1.3
May	2	+ 1	+ 1.4	Sept.	1	− 16	+ 0.9		32	− 7	− 1.0

Differential coordinates are given in the sense "satellite minus planet."

DIFFERENTIAL COORDINATES OF VIII IAPETUS FOR 0ʰ UNIVERSAL TIME

Date		$\Delta\alpha$	$\Delta\delta$	Date		$\Delta\alpha$	$\Delta\delta$	Date		$\Delta\alpha$	$\Delta\delta$
		s	′			s	′			s	′
Jan.	0	− 32	+ 1.1	May	2	+ 35	− 1.1	Sept.	1	− 36	+ 2.0
	2	− 32	+ 1.3		4	+ 36	− 1.4		3	− 34	+ 2.1
	4	− 32	+ 1.6		6	+ 35	− 1.6		5	− 32	+ 2.3
	6	− 31	+ 1.7		8	+ 34	− 1.8		7	− 28	+ 2.3
	8	− 30	+ 1.9		10	+ 31	− 2.0		9	− 24	+ 2.4
	10	− 28	+ 2.0		12	+ 28	− 2.0		11	− 20	+ 2.3
	12	− 25	+ 2.1		14	+ 23	− 2.1		13	− 15	+ 2.2
	14	− 22	+ 2.1		16	+ 18	− 2.1		15	− 10	+ 2.1
	16	− 18	+ 2.0		18	+ 13	− 2.0		17	− 4	+ 1.9
	18	− 14	+ 2.0		20	+ 7	− 1.8		19	+ 1	+ 1.7
	20	− 9	+ 1.8		22	+ 1	− 1.7		21	+ 7	+ 1.4
	22	− 4	+ 1.7		24	− 5	− 1.4		23	+ 12	+ 1.1
	24	0	+ 1.5		26	− 11	− 1.2		25	+ 17	+ 0.7
	26	+ 5	+ 1.2		28	− 17	− 0.9		27	+ 21	+ 0.4
	28	+ 10	+ 1.0		30	− 22	− 0.5		29	+ 25	0.0
	30	+ 15	+ 0.7	June	1	− 27	− 0.2	Oct.	1	+ 28	− 0.3
Feb.	1	+ 19	+ 0.4		3	− 31	+ 0.2		3	+ 31	− 0.7
	3	+ 23	+ 0.1		5	− 34	+ 0.5		5	+ 32	− 1.0
	5	+ 26	− 0.2		7	− 37	+ 0.8		7	+ 33	− 1.3
	7	+ 28	− 0.5		9	− 39	+ 1.2		9	+ 33	− 1.5
	9	+ 30	− 0.8		11	− 39	+ 1.5		11	+ 32	− 1.7
	11	+ 31	− 1.1		13	− 39	+ 1.7		13	+ 30	− 1.9
	13	+ 32	− 1.3		15	− 38	+ 1.9		15	+ 27	− 2.0
	15	+ 31	− 1.5		17	− 36	+ 2.1		17	+ 24	− 2.1
	17	+ 30	− 1.7		19	− 33	+ 2.3		19	+ 20	− 2.1
	19	+ 28	− 1.8		21	− 30	+ 2.3		21	+ 16	− 2.0
	21	+ 25	− 1.9		23	− 25	+ 2.3		23	+ 11	− 1.9
	23	+ 21	− 1.9		25	− 20	+ 2.3		25	+ 6	− 1.8
	25	+ 17	− 1.9		27	− 15	+ 2.2		27	+ 1	− 1.6
	27	+ 12	− 1.8		29	− 9	+ 2.1		29	− 5	− 1.4
Mar.	1	+ 8	− 1.7	July	1	− 3	+ 1.9		31	− 10	− 1.1
	3	+ 2	− 1.5		3	+ 4	+ 1.6	Nov.	2	− 14	− 0.8
	5	− 3	− 1.3		5	+ 10	+ 1.3		4	− 19	− 0.5
	7	− 8	− 1.1		7	+ 15	+ 1.0		6	− 23	− 0.2
	9	− 13	− 0.9		9	+ 21	+ 0.6		8	− 26	+ 0.1
	11	− 18	− 0.6		11	+ 26	+ 0.2		10	− 29	+ 0.4
	13	− 22	− 0.3		13	+ 30	− 0.2		12	− 31	+ 0.7
	15	− 26	0.0		15	+ 33	− 0.5		14	− 33	+ 0.9
	17	− 29	+ 0.3		17	+ 35	− 0.9		16	− 33	+ 1.2
	19	− 32	+ 0.6		19	+ 37	− 1.2		18	− 33	+ 1.4
	21	− 34	+ 0.9		21	+ 37	− 1.6		20	− 32	+ 1.6
	23	− 35	+ 1.1		23	+ 36	− 1.8		22	− 31	+ 1.7
	25	− 36	+ 1.4		25	+ 35	− 2.0		24	− 29	+ 1.8
	27	− 35	+ 1.6		27	+ 32	− 2.2		26	− 26	+ 1.9
	29	− 34	+ 1.7		29	+ 28	− 2.3		28	− 23	+ 1.9
	31	− 32	+ 1.9		31	+ 24	− 2.3		30	− 19	+ 1.9
Apr.	2	− 29	+ 2.0	Aug.	2	+ 19	− 2.3	Dec.	2	− 15	+ 1.8
	4	− 26	+ 2.0		4	+ 14	− 2.2		4	− 10	+ 1.7
	6	− 22	+ 2.0		6	+ 8	− 2.1		6	− 6	+ 1.6
	8	− 17	+ 2.0		8	+ 2	− 1.9		8	− 1	+ 1.4
	10	− 12	+ 1.9		10	− 4	− 1.6		10	+ 4	+ 1.2
	12	− 7	+ 1.7		12	− 10	− 1.3		12	+ 9	+ 1.0
	14	− 1	+ 1.5		14	− 16	− 1.0		14	+ 14	+ 0.7
	16	+ 5	+ 1.3		16	− 21	− 0.6		16	+ 18	+ 0.4
	18	+ 10	+ 1.1		18	− 26	− 0.2		18	+ 22	+ 0.2
	20	+ 15	+ 0.8		20	− 30	+ 0.1		20	+ 25	− 0.1
	22	+ 20	+ 0.5		22	− 33	+ 0.5		22	+ 27	− 0.4
	24	+ 25	+ 0.1		24	− 35	+ 0.8		24	+ 29	− 0.6
	26	+ 29	− 0.2		26	− 37	+ 1.2		26	+ 30	− 0.9
	28	+ 32	− 0.5		28	− 37	+ 1.5		28	+ 31	− 1.1
	30	+ 34	− 0.8		30	− 37	+ 1.7		30	+ 30	− 1.3
May	2	+ 35	− 1.1	Sept.	1	− 36	+ 2.0		32	+ 29	− 1.4

Differential coordinates are given in the sense "satellite minus planet."

SATELLITES OF SATURN, 2018

DIFFERENTIAL COORDINATES OF IX PHOEBE FOR 0ʰ UNIVERSAL TIME

Date		$\Delta\alpha$	$\Delta\delta$	Date		$\Delta\alpha$	$\Delta\delta$	Date		$\Delta\alpha$	$\Delta\delta$
		m s	′			m s	′			m s	′
Jan.	0	− 1 18	+ 2.0	May	2	− 1 33	+ 2.0	Sept.	1	+ 0 43	− 0.8
	2	− 1 20	+ 2.0		4	− 1 32	+ 2.0		3	+ 0 46	− 0.9
	4	− 1 23	+ 2.1		6	− 1 30	+ 2.0		5	+ 0 48	− 1.0
	6	− 1 25	+ 2.1		8	− 1 28	+ 2.0		7	+ 0 50	− 1.0
	8	− 1 27	+ 2.1		10	− 1 26	+ 2.0		9	+ 0 52	− 1.1
	10	− 1 29	+ 2.1		12	− 1 25	+ 2.0		11	+ 0 55	− 1.2
	12	− 1 31	+ 2.1		14	− 1 23	+ 2.0		13	+ 0 57	− 1.2
	14	− 1 33	+ 2.2		16	− 1 21	+ 2.0		15	+ 0 59	− 1.3
	16	− 1 35	+ 2.2		18	− 1 19	+ 2.0		17	+ 1 01	− 1.3
	18	− 1 37	+ 2.2		20	− 1 17	+ 2.0		19	+ 1 04	− 1.4
	20	− 1 39	+ 2.2		22	− 1 15	+ 1.9		21	+ 1 06	− 1.4
	22	− 1 40	+ 2.2		24	− 1 13	+ 1.9		23	+ 1 08	− 1.5
	24	− 1 42	+ 2.2		26	− 1 11	+ 1.9		25	+ 1 10	− 1.5
	26	− 1 44	+ 2.2		28	− 1 09	+ 1.9		27	+ 1 12	− 1.6
	28	− 1 45	+ 2.2		30	− 1 07	+ 1.9		29	+ 1 14	− 1.6
	30	− 1 46	+ 2.2	June	1	− 1 05	+ 1.8	Oct.	1	+ 1 16	− 1.7
Feb.	1	− 1 48	+ 2.2		3	− 1 03	+ 1.8		3	+ 1 18	− 1.7
	3	− 1 49	+ 2.2		5	− 1 01	+ 1.8		5	+ 1 20	− 1.7
	5	− 1 50	+ 2.2		7	− 0 59	+ 1.8		7	+ 1 22	− 1.8
	7	− 1 51	+ 2.2		9	− 0 57	+ 1.7		9	+ 1 24	− 1.8
	9	− 1 52	+ 2.2		11	− 0 55	+ 1.7		11	+ 1 26	− 1.8
	11	− 1 53	+ 2.2		13	− 0 52	+ 1.7		13	+ 1 27	− 1.8
	13	− 1 54	+ 2.2		15	− 0 50	+ 1.6		15	+ 1 29	− 1.9
	15	− 1 55	+ 2.2		17	− 0 48	+ 1.6		17	+ 1 31	− 1.9
	17	− 1 55	+ 2.2		19	− 0 46	+ 1.6		19	+ 1 33	− 1.9
	19	− 1 56	+ 2.2		21	− 0 43	+ 1.5		21	+ 1 34	− 1.9
	21	− 1 56	+ 2.2		23	− 0 41	+ 1.5		23	+ 1 36	− 1.9
	23	− 1 57	+ 2.2		25	− 0 39	+ 1.4		25	+ 1 38	− 1.9
	25	− 1 57	+ 2.2		27	− 0 36	+ 1.4		27	+ 1 39	− 1.9
	27	− 1 58	+ 2.2		29	− 0 34	+ 1.3		29	+ 1 41	− 2.0
Mar.	1	− 1 58	+ 2.2	July	1	− 0 32	+ 1.3		31	+ 1 42	− 2.0
	3	− 1 58	+ 2.1		3	− 0 29	+ 1.2	Nov.	2	+ 1 43	− 2.0
	5	− 1 58	+ 2.1		5	− 0 27	+ 1.2		4	+ 1 45	− 2.0
	7	− 1 58	+ 2.1		7	− 0 25	+ 1.1		6	+ 1 46	− 1.9
	9	− 1 58	+ 2.1		9	− 0 22	+ 1.1		8	+ 1 47	− 1.9
	11	− 1 58	+ 2.1		11	− 0 20	+ 1.0		10	+ 1 49	− 1.9
	13	− 1 58	+ 2.1		13	− 0 17	+ 0.9		12	+ 1 50	− 1.9
	15	− 1 57	+ 2.1		15	− 0 15	+ 0.9		14	+ 1 51	− 1.9
	17	− 1 57	+ 2.1		17	− 0 13	+ 0.8		16	+ 1 52	− 1.9
	19	− 1 57	+ 2.1		19	− 0 10	+ 0.7		18	+ 1 53	− 1.9
	21	− 1 56	+ 2.1		21	− 0 08	+ 0.7		20	+ 1 54	− 1.8
	23	− 1 56	+ 2.1		23	− 0 05	+ 0.6		22	+ 1 55	− 1.8
	25	− 1 55	+ 2.1		25	− 0 03	+ 0.5		24	+ 1 55	− 1.8
	27	− 1 54	+ 2.1		27	0 00	+ 0.5		26	+ 1 56	− 1.8
	29	− 1 54	+ 2.1		29	+ 0 02	+ 0.4		28	+ 1 57	− 1.7
	31	− 1 53	+ 2.1		31	+ 0 05	+ 0.3		30	+ 1 58	− 1.7
Apr.	2	− 1 52	+ 2.1	Aug.	2	+ 0 07	+ 0.2	Dec.	2	+ 1 58	− 1.7
	4	− 1 51	+ 2.1		4	+ 0 10	+ 0.2		4	+ 1 59	− 1.7
	6	− 1 50	+ 2.1		6	+ 0 12	+ 0.1		6	+ 1 59	− 1.6
	8	− 1 49	+ 2.1		8	+ 0 14	0.0		8	+ 1 59	− 1.6
	10	− 1 48	+ 2.1		10	+ 0 17	0.0		10	+ 2 00	− 1.6
	12	− 1 47	+ 2.1		12	+ 0 19	− 0.1		12	+ 2 00	− 1.5
	14	− 1 46	+ 2.1		14	+ 0 22	− 0.2		14	+ 2 00	− 1.5
	16	− 1 45	+ 2.1		16	+ 0 24	− 0.3		16	+ 2 00	− 1.4
	18	− 1 43	+ 2.1		18	+ 0 27	− 0.3		18	+ 2 00	− 1.4
	20	− 1 42	+ 2.1		20	+ 0 29	− 0.4		20	+ 2 00	− 1.4
	22	− 1 41	+ 2.1		22	+ 0 31	− 0.5		22	+ 2 00	− 1.3
	24	− 1 39	+ 2.0		24	+ 0 34	− 0.6		24	+ 2 00	− 1.3
	26	− 1 38	+ 2.0		26	+ 0 36	− 0.6		26	+ 2 00	− 1.3
	28	− 1 36	+ 2.0		28	+ 0 39	− 0.7		28	+ 2 00	− 1.2
	30	− 1 35	+ 2.0		30	+ 0 41	− 0.8		30	+ 1 59	− 1.2
May	2	− 1 33	+ 2.0	Sept.	1	+ 0 43	− 0.8		32	+ 1 59	− 1.1

Differential coordinates are given in the sense "satellite minus planet."

APPARENT ORBITS OF SATELLITES I-V AT 0ʰ UNIVERSAL TIME
ON THE DATE OF OPPOSITION, OCTOBER 24

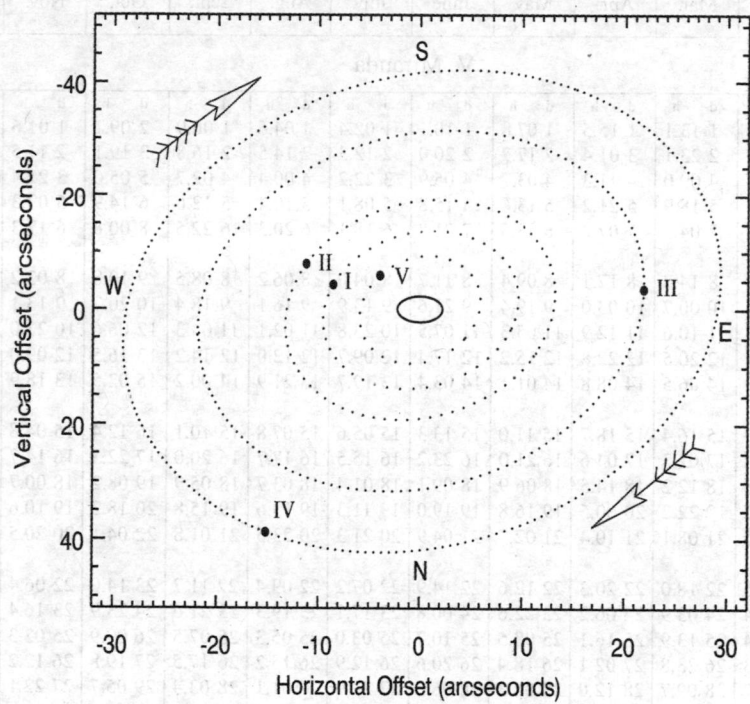

Orbits elongated in ratio of 1.7 to 1 in the East-West direction.

NAME		MEAN SIDEREAL PERIOD
		d
V	Miranda	1.413 479 408
I	Ariel	2.520 379 052
II	Umbriel	4.144 176 46
III	Titania	8.705 866 93
IV	Oberon	13.463 234 2

RINGS OF URANUS

Ring	Semimajor Axis	Eccentricity	Azimuth of Periapse	Precession Rate
	km		°	°/d
6	41870	0.0014	236	2.77
5	42270	0.0018	182	2.66
4	42600	0.0012	120	2.60
α	44750	0.0007	331	2.18
β	45700	0.0005	231	2.03
η	47210	— —	—	—
γ	47660	— —	—	—
δ	48330	0.0005	140	—
ϵ	51180	0.0079	216	1.36

Epoch: 1977 March 10, 20ʰ UT (JD 244 3213.33)

SATELLITES OF URANUS, 2018

UNIVERSAL TIME OF GREATEST NORTHERN ELONGATION

V Miranda

Jan.	Feb.	Mar.	Apr.	May	June	July	Aug.	Sept.	Oct.	Nov.	Dec.
d h	d h	d h	d h	d h	d h	d h	d h	d h	d h	d h	d h
−2 08.4	1 06.6	1 13.1	1 15.5	1 07.8	1 10.1	1 02.4	1 04.6	1 06.9	2 09.1	1 01.6	2 03.9
−1 18.3	2 16.6	2 23.1	3 01.4	2 17.7	2 20.0	2 12.3	2 14.5	2 16.8	3 19.1	2 11.5	3 13.8
1 04.3	4 02.5	4 09.0	4 11.3	4 03.7	4 05.9	3 22.2	4 00.4	4 02.7	5 05.0	3 21.4	4 23.8
2 14.2	5 12.4	5 18.9	5 21.2	5 13.6	5 15.8	5 08.1	5 10.4	5 12.6	6 14.9	5 07.3	6 09.7
4 00.1	6 22.3	7 04.8	7 07.2	6 23.5	7 01.8	6 18.1	6 20.3	6 22.5	8 00.8	6 17.3	7 19.6
5 10.0	8 08.3	8 14.8	8 17.1	8 09.4	8 11.7	8 04.0	8 06.2	8 08.5	9 10.8	8 03.2	9 05.6
6 20.0	9 18.2	10 00.7	10 03.0	9 19.4	9 21.6	9 13.9	9 16.1	9 18.4	10 20.7	9 13.1	10 15.5
8 05.9	11 04.1	11 10.6	11 12.9	11 05.3	11 07.5	10 23.8	11 02.1	11 04.3	12 06.6	10 23.0	12 01.4
9 15.8	12 14.1	12 20.5	12 22.8	12 15.2	12 17.4	12 09.7	12 12.0	12 14.2	13 16.5	12 09.0	13 11.3
11 01.8	14 00.0	14 06.5	14 08.8	14 01.1	14 03.4	13 19.7	13 21.9	14 00.2	15 02.5	13 18.9	14 21.3
12 11.7	15 09.9	15 16.4	15 18.7	15 11.0	15 13.3	15 05.6	15 07.8	15 10.1	16 12.4	15 04.8	16 07.2
13 21.6	16 19.8	17 02.3	17 04.6	16 21.0	16 23.2	16 15.5	16 17.7	16 20.0	17 22.3	16 14.7	17 17.1
15 07.5	18 05.8	18 12.2	18 14.5	18 06.9	18 09.1	18 01.4	18 03.7	18 05.9	19 08.2	18 00.7	19 03.0
16 17.5	19 15.7	19 22.2	20 00.5	19 16.8	19 19.0	19 11.3	19 13.6	19 15.8	20 18.2	19 10.6	20 13.0
18 03.4	21 01.6	21 08.1	21 10.4	21 02.7	21 04.9	20 21.3	20 23.5	21 01.8	22 04.1	20 20.5	21 22.9
19 13.3	22 11.5	22 18.0	22 20.3	22 12.6	22 14.9	22 07.2	22 09.4	22 11.7	23 14.0	22 06.4	23 08.8
20 23.2	23 21.4	24 03.9	24 06.2	23 22.6	24 00.8	23 17.1	23 19.3	23 21.6	24 23.9	23 16.4	24 18.7
22 09.2	25 07.4	25 13.9	25 16.1	25 08.5	25 10.7	25 03.0	25 05.3	25 07.5	26 09.9	25 02.3	26 04.7
23 19.1	26 17.3	26 23.8	27 02.1	26 18.4	26 20.6	26 12.9	26 15.2	26 17.5	27 19.8	26 12.2	27 14.6
25 05.0	28 03.2	28 09.7	28 12.0	28 04.3	28 06.5	27 22.9	28 01.1	28 03.4	29 05.7	27 22.1	29 00.5
26 14.9		29 19.6	29 21.9	29 14.2	29 16.5	29 08.8	29 11.0	29 13.3	30 15.6	29 08.1	30 10.5
28 00.9		31 05.5		31 00.2		30 18.7	30 20.9	30 23.2		30 18.0	31 20.4
29 10.8											33 06.3
30 20.7											

I Ariel

Jan.	Feb.	Mar.	Apr.	May	June	July	Aug.	Sept.	Oct.	Nov.	Dec.
d h	d h	d h	d h	d h	d h	d h	d h	d h	d h	d h	d h
−2 23.3	3 06.2	2 23.6	2 05.4	2 11.2	1 17.0	1 22.8	1 04.6	2 22.9	3 04.7	2 10.6	2 16.6
1 11.8	5 18.7	5 12.1	4 17.9	4 23.7	4 05.5	4 11.3	3 17.0	5 11.3	5 17.2	4 23.1	5 05.1
4 00.3	8 07.2	8 00.6	7 06.4	7 12.2	6 18.0	6 23.7	6 05.5	7 23.8	8 05.7	7 11.6	7 17.6
6 12.7	10 19.7	10 13.0	9 18.9	10 00.7	9 06.4	9 12.2	8 18.0	10 12.3	10 18.2	10 00.1	10 06.0
9 01.2	13 08.1	13 01.5	12 07.4	12 13.2	11 18.9	12 00.7	11 06.5	13 00.8	13 06.7	12 12.6	12 18.5
11 13.7	15 20.6	15 14.0	14 19.8	15 01.6	14 07.4	14 13.2	13 19.0	15 13.3	15 19.2	15 01.1	15 07.0
14 02.2	18 09.1	18 02.5	17 08.3	17 14.1	16 19.9	17 01.7	16 07.5	18 01.8	18 07.7	17 13.6	17 19.5
16 14.7	20 21.6	20 15.0	19 20.8	20 02.6	19 08.4	19 14.1	18 19.9	20 14.3	20 20.2	20 02.1	20 08.0
19 03.2	23 10.1	23 03.5	22 09.3	22 15.1	21 20.9	22 02.6	21 08.4	23 02.8	23 08.7	22 14.6	22 20.5
21 15.7	25 22.6	25 16.0	24 21.8	25 03.6	24 09.3	24 15.1	23 20.9	25 15.2	25 21.1	25 03.1	25 09.0
24 04.2	28 11.1	28 04.4	27 10.3	27 16.0	26 21.8	27 03.6	26 09.4	28 03.7	28 09.6	27 15.6	27 21.5
26 16.7		30 16.9	29 22.7	30 04.5	29 10.3	29 16.1	28 21.9	30 16.2	30 22.1	30 04.1	30 10.0
29 05.2							31 10.4				32 22.5
31 17.7											

UNIVERSAL TIME OF GREATEST NORTHERN ELONGATION

Jan.	Feb.	Mar.	Apr.	May	June	July	Aug.	Sept.	Oct.	Nov.	Dec.

II Umbriel

Jan. d h	Feb. d h	Mar. d h	Apr. d h	May d h	June d h	July d h	Aug. d h	Sept. d h	Oct. d h	Nov. d h	Dec. d h
−3 10.0	3 17.2	4 17.4	2 17.6	1 17.7	3 21.3	2 21.4	5 01.0	3 01.2	2 01.4	4 05.1	3 05.4
1 13.5	7 20.7	8 20.9	6 21.1	5 21.2	8 00.7	7 00.9	9 04.4	7 04.6	6 04.9	8 08.6	7 08.9
5 17.0	12 00.2	13 00.4	11 00.5	10 00.6	12 04.2	11 04.3	13 07.9	11 08.1	10 08.3	12 12.1	11 12.4
9 20.4	16 03.6	17 03.8	15 04.0	14 04.1	16 07.6	15 07.7	17 11.3	15 11.5	14 11.8	16 15.6	15 15.9
13 23.9	20 07.1	21 07.3	19 07.4	18 07.5	20 11.1	19 11.2	21 14.8	19 15.0	18 15.3	20 19.0	19 19.3
18 03.4	24 10.5	25 10.7	23 10.9	22 11.0	24 14.5	23 14.6	25 18.2	23 18.5	22 18.7	24 22.5	23 22.8
22 06.8	28 14.0	29 14.2	27 14.3	26 14.4	28 18.0	27 18.1	29 21.7	27 21.9	26 22.2	29 02.0	28 02.3
26 10.3				30 17.9		31 21.5			31 01.7		32 05.7
30 13.8											

III Titania

Jan. d h	Feb. d h	Mar. d h	Apr. d h	May d h	June d h	July d h	Aug. d h	Sept. d h	Oct. d h	Nov. d h	Dec. d h
−6 21.7	7 10.5	5 13.2	9 08.8	5 11.5	9 07.0	5 09.7	9 05.3	4 08.1	9 03.9	4 06.9	9 02.8
3 14.7	16 03.4	14 06.1	18 01.7	14 04.4	17 23.9	14 02.5	17 22.2	13 01.1	17 20.9	12 23.8	17 19.7
12 07.7	24 20.3	22 23.0	26 18.6	22 21.2	26 16.7	22 19.4	26 15.1	21 18.0	26 13.9	21 16.8	26 12.7
21 00.6		31 15.9		31 14.1		31 12.4		30 11.0		30 09.8	35 05.7
29 17.5											

IV Oberon

Jan. d h	Feb. d h	Mar. d h	Apr. d h	May d h	June d h	July d h	Aug. d h	Sept. d h	Oct. d h	Nov. d h	Dec. d h
−14 20.2	9 16.6	8 14.7	4 12.8	1 10.8	10 19.7	7 17.8	3 15.9	13 01.2	9 23.5	5 21.9	2 20.3
0 07.4	23 03.7	22 01.8	17 23.8	14 21.7	24 06.7	21 04.8	17 03.0	26 12.4	23 10.8	19 09.1	16 07.5
13 18.4				28 08.7			30 14.1				29 18.6
27 05.6											

SATELLITES OF NEPTUNE, 2018

APPARENT ORBIT OF I TRITON AT 0ʰ UNIVERSAL TIME
ON THE DATE OF OPPOSITION, SEPTEMBER 7

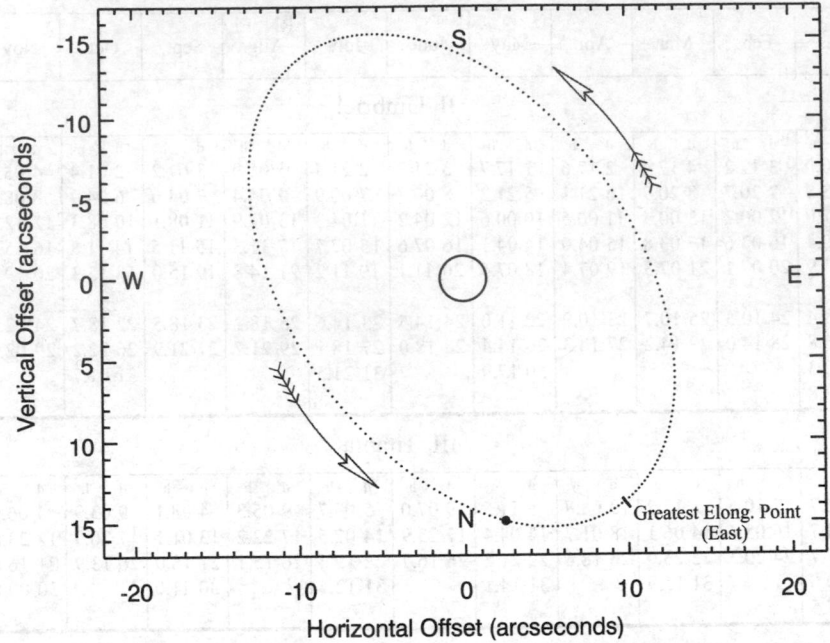

Name	Mean Sidereal Period
	d
I Triton	5.876 854 07 R
II Nereid	360.134

DIFFERENTIAL COORDINATES OF II NEREID FOR 0ʰ UNIVERSAL TIME

Date		$\Delta\alpha\cos\delta$	$\Delta\delta$	Date		$\Delta\alpha\cos\delta$	$\Delta\delta$	Date		$\Delta\alpha\cos\delta$	$\Delta\delta$
		′ ″	′ ″			′ ″	′ ″			′ ″	′ ″
Jan.	−8	+3 25.6	+1 35.1	May	2	+4 01.0	+2 13.7	Sept.	9	+6 44.2	+3 25.7
	2	+2 49.9	+1 17.0		12	+4 28.7	+2 27.8		19	+6 38.0	+3 21.2
	12	+2 10.1	+0 57.0		22	+4 53.7	+2 40.2		29	+6 28.8	+3 15.2
	22	+1 25.5	+0 34.8	June	1	+5 16.2	+2 51.2	Oct.	9	+6 16.7	+3 07.9
Feb.	1	+0 35.2	+0 10.4		11	+5 36.3	+3 00.9		19	+6 01.8	+2 59.2
	11	−0 19.8	−0 15.2		21	+5 53.9	+3 09.2		29	+5 44.0	+2 49.1
	21	−0 54.5	−0 27.8	July	1	+6 09.2	+3 16.2	Nov.	8	+5 23.5	+2 37.8
Mar.	3	−0 14.9	−0 02.4		11	+6 22.2	+3 21.8		18	+5 00.2	+2 25.1
	13	+0 41.8	+0 29.2		21	+6 32.6	+3 26.1		28	+4 34.0	+2 11.2
	23	+1 32.5	+0 56.5		31	+6 40.4	+3 28.9	Dec.	8	+4 04.9	+1 55.8
Apr.	2	+2 16.7	+1 19.9	Aug.	10	+6 45.6	+3 30.3		18	+3 32.6	+1 39.0
	12	+2 55.6	+1 40.1		20	+6 48.0	+3 30.3		28	+2 56.7	+1 20.6
	22	+3 30.1	+1 58.0		30	+6 47.6	+3 28.7		38	+2 16.6	+1 00.2

I Triton

UNIVERSAL TIME OF GREATEST EASTERN ELONGATION

Jan.	Feb.	Mar.	Apr.	May	June	July	Aug.	Sept.	Oct.	Nov.	Dec.
d h	d h	d h	d h	d h	d h	d h	d h	d h	d h	d h	d h
−3 22.9	2 04.9	3 13.6	1 22.4	1 07.2	5 13.2	4 22.4	3 07.7	1 17.2	1 02.8	5 09.4	4 18.7
3 19.9	8 01.8	9 10.6	7 19.4	7 04.2	11 10.2	10 19.4	9 04.8	7 14.3	6 23.9	11 06.5	10 15.7
9 16.9	13 22.8	15 07.5	13 16.3	13 01.2	17 07.2	16 16.5	15 01.9	13 11.4	12 21.0	17 03.5	16 12.8
15 13.9	19 19.7	21 04.5	19 13.3	18 22.2	23 04.3	22 13.6	20 23.0	19 08.6	18 18.1	23 00.6	22 09.8
21 10.9	25 16.7	27 01.5	25 10.3	24 19.2	29 01.3	28 10.6	26 20.1	25 05.7	24 15.2	28 21.6	28 06.8
27 07.9				30 16.2					30 12.3		34 03.8

SATELLITE OF PLUTO, 2018

APPARENT ORBIT OF I CHARON AT 0ʰ UNIVERSAL TIME ON THE DATE OF OPPOSITION, JULY 12

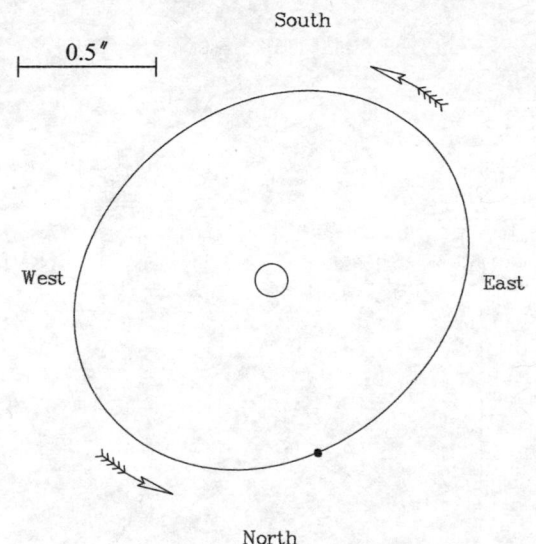

NAME	MEAN SIDEREAL PERIOD
	d
I Charon	6.387 23

I Charon

UNIVERSAL TIME OF GREATEST NORTHERN ELONGATION

Jan.	Feb.	Mar.	Apr.	May	June	July	Aug.	Sept.	Oct.	Nov.	Dec.
d h	d h	d h	d h	d h	d h	d h	d h	d h	d h	d h	d h
0 21.9	1 19.8	5 17.8	6 15.9	2 05.0	3 03.6	5 02.3	6 01.1	6 23.8	2 13.1	3 11.5	5 09.7
7 07.1	8 05.0	12 03.0	13 01.2	8 14.3	9 12.9	11 11.7	12 10.5	13 09.2	8 22.4	9 20.8	11 18.9
13 16.3	14 14.2	18 12.2	19 10.4	14 23.6	15 22.2	17 21.0	18 19.8	19 18.5	15 07.7	16 06.0	18 04.1
20 01.5	20 23.4	24 21.5	25 19.7	21 08.9	22 07.6	24 06.4	25 05.2	26 03.8	21 17.0	22 15.2	24 13.3
26 10.6	27 08.6	31 06.7		27 18.2	28 16.9	30 15.8	31 14.5		28 02.3	29 00.5	30 22.5
											37 07.7

CONTENTS OF SECTION G

This symbol indicates that these data or auxiliary material may also be found on *The Astronomical Almanac Online* at **http://asa.usno.navy.mil** and **http://asa.hmnao.com**

Introduction

At the XXVI General Assembly (2006) the IAU defined a new classification scheme for the solar system. This scheme includes definitions for planets, dwarf planets and small solar system bodies (i.e. asteroids, trans-Neptunian objects, comets, and other small bodies). The 2006 IAU resolution B5 (2) classifies a dwarf planet as follows: A "dwarf planet" is a celestial body that (a) is in orbit around the Sun, (b) has sufficient mass for its self gravity to overcome rigid body forces so that it assumes a hydrostatic equilibrium shape, (c) has not cleared the neighbourhood around its orbit, and (d) is not a satellite. Resolution B6 confirmed the re-classification of Pluto as a dwarf planet.

This section includes tabulated data on selected dwarf planets, minor planets, and comets. Solar system bodies classified as planets are tabulated in Section E. See Section L for details about the selection of dwarf and minor planets, the sources of the various data and about the star catalogues used to plot the charts.

Notes on dwarf planets

The current selection of dwarf planets is (1) Ceres, (134340) Pluto and (136199) Eris. Prior to the 2013 edition Pluto was included in Section E—Planets and Ceres was classified as a minor planet. Eris (discovered in 2005) is another prominent member of the dwarf planet group. When these selected dwarf planets are at opposition between 2018 January 1 and January 31 of the following year more data are provided. Not only is the opposition date and time (nearest hour UT) given but also when the object is stationary in right ascension. Two star charts, one showing the path of the dwarf planet during the year and the other, a more detailed 60-day view on either side of opposition, are provided in order to help with identification. A daily astrometric ephemeris (see page B29) is also tabulated around opposition, which covers the interval when the dwarf planet is within 45° of opposition. Independent of the opposition date the osculating elements and heliocentric coordinates are tabulated for three dates during the year.

A physical ephemeris is tabulated at a ten day interval for those dwarf planets for which reliable data are available; currently (1) Ceres and (134340) Pluto. Information on the use of a physical ephemeris for the planets is given in Section E (see page E3) and can be applied to a dwarf planet ephemeris with the exception that a positive pole, defined as the pole around which the object rotates in a counterclockwise direction, replaces the notion of a north pole.

All dwarf planets acknowledged by the IAU (at the time of production) are listed with their basic physical properties. Please note that for Makemake no reliable mass estimate is available as this dwarf planet has no known satellite. The topic of dwarf planets in our solar system and small solar system bodies is the subject of ongoing research and new discoveries are being made. This section makes no attempt to provide a complete or definitive list.

Notes on bright minor planets

Pages G12–G25 contain various data on a selection of 92 of the largest and/or brightest minor planets. The first of these tabulate their heliocentric osculating orbital elements for epoch 2018 October 9·0 TT (JD 245 8400·5), with respect to the ecliptic and equinox J2000·0.

The next opposition dates of all the objects are listed in chronological order together with the visual magnitude and apparent declination. A sub-set (printed in bold) of the 14 larger minor planets, consisting of (2) Pallas, (3) Juno, (4) Vesta, (6) Hebe, (7) Iris, (8) Flora, (9) Metis, (10) Hygiea, (15) Eunomia, (16) Psyche, (52) Europa, (65) Cybele, (511) Davida and (704) Interamnia are candidates for a daily ephemeris.

A daily geocentric astrometric ephemeris is tabulated for those of the 14 larger minor planets that have an opposition date occurring between 2018 January 1 and 2019 January 31. The daily ephemeris of each object is centred about the opposition date, which is repeated at the bottom of the first column and at the top of the second column. The highlighted dates indicate when the object is stationary in right ascension. It is very occasionally possible for a stationary date to be outside the period tabulated.

Linear interpolation is sufficient for the magnitude and ephemeris transit, but for the right ascension and declination second differences are significant. The tabulations are similar to those for the dwarf planets, and the use of the data is similar to that for the planets.

Notes on comets

The table of osculating elements (see last page of this section) is for use in the generation of ephemerides by numerical integration. Typically, an ephemeris may be computed from these unperturbed elements to provide positions accurate to one to two arcminutes within a year of the epoch (Osc. epoch). The innate inaccuracy of some of these elements can be more of a problem and are discussed further in that part of Section L that deals with section G.

PHYSICAL PROPERTIES OF DWARF PLANETS

Number	Name	Equat. Radius km	Mass kg $\times 10^{20}$	Minimum Geocentric Distance au	Sidereal Period of Rotation d	Maximum Angular Diameter ″	Geometric Albedo	Year of Discovery
(1)	Ceres	479·7	9·39	1·5833	0·3781	0·840	0·073	1801
(134340)	Pluto	1195	130·41	28·6031	6·3872	0·110	0·30	1930
(136108)	Haumea	1000	42	33·5620	0·1631	0·092	0·73	2004
(136199)	Eris	1200	166·95	37·5984	1·0800	0·088	0·86	2005
(136472)	Makemake	850	—	37·0193	7·7710	0·053	0·78	2005

OSCULATING ELEMENTS FOR ECLIPTIC AND EQUINOX J2000·0

Name	Magnitude Parameters H	G	Mean Diameter km	Julian Date	Inclination i °	Long. of Asc. Node Ω °	Argument of Perihelion ω °	Semi-major Axis a au	Daily Motion n °/d	Eccentricity e	Mean Anomaly M °
Ceres	3·34	0·12	952	2458200·5	10·594	80·310	73·115	2·767	0·2141	0·075	352·2304599
				2458300·5	10·594	80·310	73·162	2·767	0·2141	0·075	13·6035536
				2458400·5	10·594	80·308	73·219	2·767	0·2141	0·075	34·9625169
Pluto	−0·40	0·15	2390	2458200·5	17·119	110·297	114·225	39·694	0·0039	0·252	40·6477178
				2458300·5	17·114	110·297	114·369	39·721	0·0039	0·252	40·9199506
				2458400·5	17·110	110·297	114·498	39·739	0·0039	0·252	41·2185480
Eris	−1·20	0·15	2400	2458200·5	44·200	35·880	151·633	67·632	0·0017	0·441	204·9738822
				2458300·5	44·193	35·883	151·672	67·644	0·0017	0·441	205·0391039
				2458400·5	44·176	35·890	151·690	67·667	0·0017	0·440	205·1334620

USEFUL FORMULAE

Mean Longitude:　　　　$L = M + \varpi$

Longitude of perihelion:　$\varpi = \omega + \Omega$

True anomaly in radians:　$\nu = M + (2e - e^3/4)\sin M + (5e^2/4)\sin 2M$
$$+ (13e^3/12)\sin 3M + \cdots$$

Planet-Sun distance:　　$r = a(1 - e^2)/(1 + e\cos\nu)$

Heliocentric rectangular coordinates, referred to the ecliptic, may be computed from the elements using:

$$x = r\{\cos(\nu + \omega)\cos\Omega - \sin(\nu + \omega)\cos i\sin\Omega\}$$
$$y = r\{\cos(\nu + \omega)\sin\Omega + \sin(\nu + \omega)\cos i\cos\Omega\}$$
$$z = r\sin(\nu + \omega)\sin i$$

HELIOCENTRIC COORDINATES AND VELOCITY COMPONENTS
REFERRED TO THE MEAN EQUATOR AND EQUINOX OF J2000·0

Name	Julian Date	x au	y au	z au	$\dot{x}$ au/d	$\dot{y}$ au/d	$\dot{z}$ au/d
Ceres	2458200·5	−2·0421890	1·1941473	0·9790393	−0·0063126	−0·0087372	−0·0028333
	2458300·5	−2·4773389	0·2420085	0·6187860	−0·0022658	−0·0100240	−0·0042644
	2458400·5	−2·4857453	−0·7525582	0·1515895	0·0020693	−0·0095847	−0·0049405
Pluto	2458200·5	11·0228422	−29·1297367	−12·4126481	0·0030386	0·0007037	−0·0006946
	2458300·5	11·3262986	−29·0581886	−12·4816099	0·0030305	0·0007273	−0·0006846
	2458400·5	11·6289320	−28·9842806	−12·5495599	0·0030220	0·0007508	−0·0006744
Eris	2458200·5	86·4340191	41·9235339	−3·7729043	−0·0003827	0·0004507	0·0011973
	2458300·5	86·3956390	41·9685678	−3·6531580	−0·0003849	0·0004500	0·0011977
	2458400·5	86·3570337	42·0135495	−3·5333638	−0·0003873	0·0004496	0·0011982

CERES AT OPPOSITION

Date	UT	Mag.
2018 Jan. 31	13^h	+ 6.9

Stationary in right ascension on 2018 March 20.

The following diagrams are provided for observers wishing to find the position of Ceres in relation to the stars. The first chart shows the path of the dwarf planet during 2018. The second chart provides a detailed view of the path over 60 days either side of opposition. The V-magnitude scale used is given on each chart.

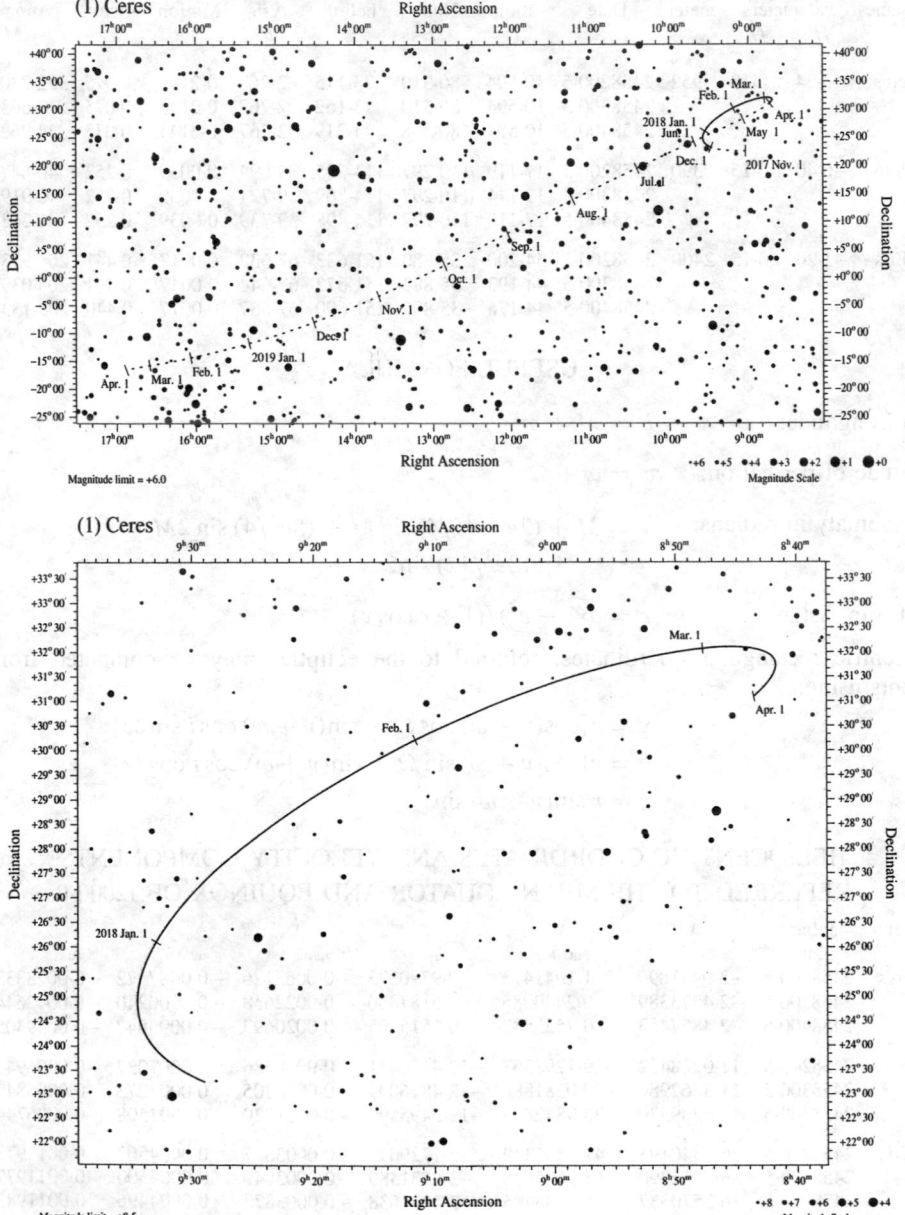

The charts are also available for download from *The Astronomical Almanac Online*.

CERES, 2018

GEOCENTRIC POSITIONS FOR 0^h TERRESTRIAL TIME

Date	Astrometric R.A.	Dec.	Vis. Mag.	Ephemeris Transit	Date	Astrometric R.A.	Dec.	Vis. Mag.	Ephemeris Transit
	h m s	° ′ ″		h m		h m s	° ′ ″		h m
2017 Dec. 3	9 29 31.0	+23 19 24	8.0	4 41.8	2018 Jan. 31	9 12 32.9	+30 06 04	6.9	0 32.9
4	9 30 01.2	+23 23 01	8.0	4 38.4	Feb. 1	9 11 36.2	+30 13 00	6.9	0 28.0
5	9 30 29.9	+23 26 48	8.0	4 34.9	2	9 10 39.1	+30 19 45	6.9	0 23.1
6	9 30 57.1	+23 30 43	8.0	4 31.4	3	9 09 41.9	+30 26 21	6.9	0 18.2
7	9 31 22.8	+23 34 48	7.9	4 27.9	4	9 08 44.4	+30 32 46	6.9	0 13.4
8	9 31 46.9	+23 39 03	7.9	4 24.4	5	9 07 46.9	+30 39 00	6.9	0 08.5
9	9 32 09.5	+23 43 26	7.9	4 20.8	6	9 06 49.4	+30 45 04	6.9	0 03.6
10	9 32 30.5	+23 48 00	7.9	4 17.2	7	9 05 51.9	+30 50 55	6.9	23 53.8
11	9 32 49.8	+23 52 42	7.9	4 13.6	8	9 04 54.6	+30 56 35	6.9	23 49.0
12	9 33 07.6	+23 57 34	7.8	4 10.0	9	9 03 57.6	+31 02 02	6.9	23 44.1
13	9 33 23.7	+24 02 36	7.8	4 06.3	10	9 03 00.9	+31 07 17	7.0	23 39.2
14	9 33 38.1	+24 07 47	7.8	4 02.6	11	9 02 04.6	+31 12 19	7.0	23 34.4
15	9 33 50.8	+24 13 07	7.8	3 58.9	12	9 01 08.8	+31 17 08	7.0	23 29.5
16	9 34 01.9	+24 18 37	7.8	3 55.1	13	9 00 13.5	+31 21 44	7.0	23 24.7
17	9 34 11.2	+24 24 16	7.7	3 51.4	14	8 59 18.9	+31 26 07	7.0	23 19.9
18	9 34 18.8	+24 30 04	7.7	3 47.5	15	8 58 25.1	+31 30 16	7.0	23 15.1
19	9 34 24.6	+24 36 02	7.7	3 43.7	16	8 57 32.1	+31 34 11	7.1	23 10.3
20	9 34 28.7	+24 42 08	7.7	3 39.8	17	8 56 39.9	+31 37 53	7.1	23 05.5
21	9 34 31.1	+24 48 23	7.7	3 35.9	18	8 55 48.7	+31 41 22	7.1	23 00.7
22	9 34 31.7	+24 54 46	7.6	3 32.0	19	8 54 58.6	+31 44 36	7.1	22 56.0
23	9 34 30.5	+25 01 19	7.6	3 28.1	20	8 54 09.6	+31 47 36	7.2	22 51.2
24	9 34 27.5	+25 07 59	7.6	3 24.1	21	8 53 21.7	+31 50 23	7.2	22 46.5
25	9 34 22.7	+25 14 48	7.6	3 20.1	22	8 52 35.0	+31 52 56	7.2	22 41.9
26	9 34 16.1	+25 21 44	7.5	3 16.0	23	8 51 49.7	+31 55 16	7.2	22 37.2
27	9 34 07.8	+25 28 48	7.5	3 11.9	24	8 51 05.7	+31 57 21	7.2	22 32.6
28	9 33 57.7	+25 36 00	7.5	3 07.8	25	8 50 23.1	+31 59 14	7.3	22 27.9
29	9 33 45.7	+25 43 18	7.5	3 03.7	26	8 49 41.9	+32 00 53	7.3	22 23.4
30	9 33 32.0	+25 50 43	7.5	2 59.6	27	8 49 02.3	+32 02 18	7.3	22 18.8
31	9 33 16.6	+25 58 15	7.4	2 55.4	28	8 48 24.1	+32 03 31	7.3	22 14.3
2018 Jan. 1	9 32 59.3	+26 05 53	7.4	2 51.1	Mar. 1	8 47 47.6	+32 04 30	7.3	22 09.7
2	9 32 40.3	+26 13 37	7.4	2 46.9	2	8 47 12.6	+32 05 17	7.4	22 05.3
3	9 32 19.5	+26 21 27	7.4	2 42.6	3	8 46 39.3	+32 05 51	7.4	22 00.8
4	9 31 56.9	+26 29 22	7.3	2 38.3	4	8 46 07.6	+32 06 13	7.4	21 56.4
5	9 31 32.7	+26 37 21	7.3	2 34.0	5	8 45 37.6	+32 06 22	7.4	21 52.0
6	9 31 06.6	+26 45 25	7.3	2 29.6	6	8 45 09.4	+32 06 20	7.4	21 47.6
7	9 30 38.9	+26 53 33	7.3	2 25.2	7	8 44 42.9	+32 06 05	7.5	21 43.2
8	9 30 09.5	+27 01 44	7.3	2 20.8	8	8 44 18.1	+32 05 39	7.5	21 38.9
9	9 29 38.4	+27 09 59	7.2	2 16.3	9	8 43 55.1	+32 05 01	7.5	21 34.6
10	9 29 05.6	+27 18 16	7.2	2 11.9	10	8 43 34.0	+32 04 12	7.5	21 30.4
11	9 28 31.2	+27 26 35	7.2	2 07.4	11	8 43 14.7	+32 03 12	7.6	21 26.2
12	9 27 55.2	+27 34 56	7.2	2 02.8	12	8 42 57.2	+32 02 00	7.6	21 22.0
13	9 27 17.7	+27 43 17	7.1	1 58.3	13	8 42 41.5	+32 00 39	7.6	21 17.8
14	9 26 38.6	+27 51 39	7.1	1 53.7	14	8 42 27.7	+31 59 06	7.6	21 13.7
15	9 25 58.1	+28 00 02	7.1	1 49.1	15	8 42 15.8	+31 57 24	7.6	21 09.6
16	9 25 16.1	+28 08 23	7.1	1 44.5	16	8 42 05.7	+31 55 31	7.7	21 05.5
17	9 24 32.7	+28 16 44	7.1	1 39.8	17	8 41 57.6	+31 53 28	7.7	21 01.5
18	9 23 48.0	+28 25 02	7.0	1 35.1	18	8 41 51.3	+31 51 16	7.7	20 57.4
19	9 23 02.0	+28 33 18	7.0	1 30.5	19	8 41 46.8	+31 48 54	7.7	20 53.5
20	9 22 14.8	+28 41 32	7.0	1 25.7	20	8 41 44.3	+31 46 24	7.7	20 49.5
21	9 21 26.4	+28 49 41	7.0	1 21.0	21	8 41 43.6	+31 43 44	7.7	20 45.6
22	9 20 36.9	+28 57 47	7.0	1 16.3	22	8 41 44.7	+31 40 55	7.8	20 41.7
23	9 19 46.3	+29 05 48	6.9	1 11.5	23	8 41 47.7	+31 37 58	7.8	20 37.9
24	9 18 54.8	+29 13 44	6.9	1 06.7	24	8 41 52.6	+31 34 52	7.8	20 34.0
25	9 18 02.4	+29 21 34	6.9	1 01.9	25	8 41 59.2	+31 31 39	7.8	20 30.2
26	9 17 09.1	+29 29 18	6.9	0 57.1	26	8 42 07.7	+31 28 17	7.8	20 26.5
27	9 16 15.1	+29 36 55	6.9	0 52.3	27	8 42 18.0	+31 24 47	7.9	20 22.7
28	9 15 20.4	+29 44 24	6.9	0 47.4	28	8 42 30.0	+31 21 10	7.9	20 19.0
29	9 14 25.1	+29 51 46	6.9	0 42.6	29	8 42 43.7	+31 17 26	7.9	20 15.3
30	9 13 29.2	+29 59 00	6.9	0 37.7	30	8 42 59.2	+31 13 34	7.9	20 11.7
Jan. 31	9 12 32.9	+30 06 04	6.9	0 32.9	Mar. 31	8 43 16.4	+31 09 35	7.9	20 08.1

Second transit for Ceres 2018 February 6^d 23^h 58^{m}7

SELECTED DWARF PLANETS, 2018

PLUTO AT OPPOSITION

Date	UT	Mag.
2018 July 12	10^h	+ 14.8

Stationary in right ascension on 2018 April 23 and September 30.

The following diagrams are provided for observers wishing to find the position of Pluto in relation to the stars. The first chart shows the path of the dwarf planet during 2018. The second chart provides a detailed view of the path over 60 days either side of opposition. The V-magnitude scale used is given on each chart.

Pluto is in Sagittarius, towards the Galatic Centre. The field of view is therefore crowded with background stars.

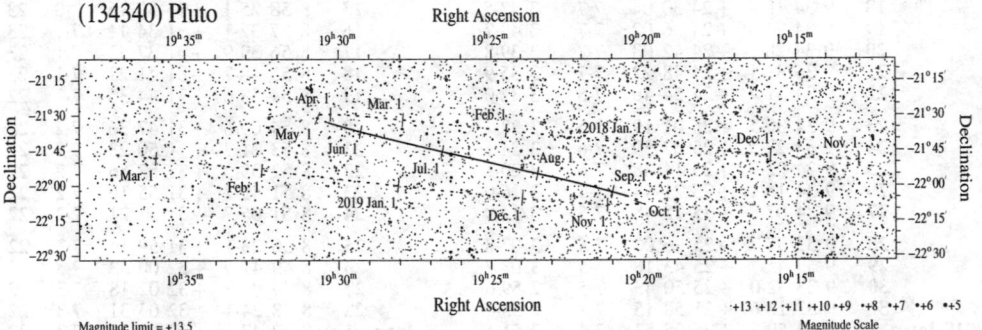

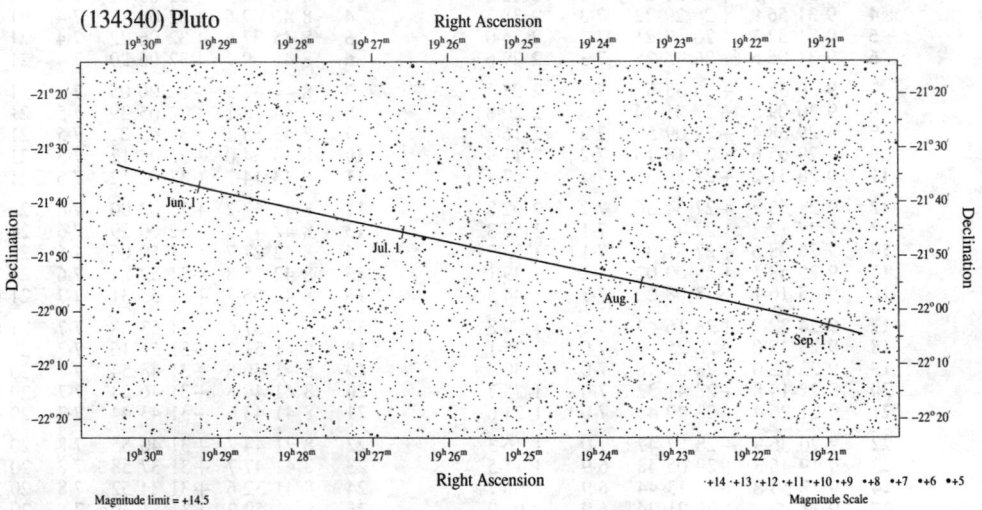

The charts are also available for download from *The Astronomical Almanac Online*.

PLUTO, 2018
GEOCENTRIC POSITIONS FOR 0ʰ TERRESTRIAL TIME

Date	Astrometric R.A. h m s	Dec. ° ′ ″	Vis. Mag.	Ephemeris Transit h m	Date	Astrometric R.A. h m s	Dec. ° ′ ″	Vis. Mag.	Ephemeris Transit h m
2018 May 14	19 30 18·7	−21 33 07	15·0	4 04·0	2018 July 12	19 25 28·4	−21 48 50	14·8	0 07·2
15	19 30 16·1	−21 33 18	15·0	4 00·0	13	19 25 22·2	−21 49 08	14·8	0 03·2
16	19 30 13·4	−21 33 29	15·0	3 56·0	14	19 25 16·0	−21 49 27	14·8	23 55·1
17	19 30 10·6	−21 33 41	15·0	3 52·0	15	19 25 09·8	−21 49 45	14·8	23 51·1
18	19 30 07·7	−21 33 52	15·0	3 48·1	16	19 25 03·6	−21 50 04	14·8	23 47·0
19	19 30 04·7	−21 34 04	15·0	3 44·1	17	19 24 57·4	−21 50 22	14·8	23 43·0
20	19 30 01·5	−21 34 16	15·0	3 40·1	18	19 24 51·2	−21 50 41	14·8	23 39·0
21	19 29 58·3	−21 34 29	15·0	3 36·1	19	19 24 45·0	−21 50 59	14·9	23 34·9
22	19 29 55·0	−21 34 42	15·0	3 32·1	20	19 24 38·9	−21 51 18	14·9	23 30·9
23	19 29 51·5	−21 34 54	15·0	3 28·1	21	19 24 32·7	−21 51 36	14·9	23 26·9
24	19 29 48·0	−21 35 07	15·0	3 24·1	22	19 24 26·6	−21 51 54	14·9	23 22·8
25	19 29 44·3	−21 35 21	15·0	3 20·2	23	19 24 20·5	−21 52 12	14·9	23 18·8
26	19 29 40·6	−21 35 34	15·0	3 16·2	24	19 24 14·5	−21 52 30	14·9	23 14·8
27	19 29 36·8	−21 35 48	15·0	3 12·2	25	19 24 08·4	−21 52 48	14·9	23 10·7
28	19 29 32·9	−21 36 02	15·0	3 08·2	26	19 24 02·4	−21 53 06	14·9	23 06·7
29	19 29 28·9	−21 36 16	15·0	3 04·2	27	19 23 56·5	−21 53 24	14·9	23 02·7
30	19 29 24·8	−21 36 30	15·0	3 00·2	28	19 23 50·5	−21 53 42	14·9	22 58·6
31	19 29 20·6	−21 36 45	15·0	2 56·2	29	19 23 44·6	−21 54 00	14·9	22 54·6
June 1	19 29 16·3	−21 36 59	15·0	2 52·2	30	19 23 38·7	−21 54 18	14·9	22 50·6
2	19 29 11·9	−21 37 14	15·0	2 48·2	31	19 23 32·9	−21 54 35	14·9	22 46·6
3	19 29 07·5	−21 37 29	15·0	2 44·2	Aug. 1	19 23 27·1	−21 54 53	14·9	22 42·5
4	19 29 02·9	−21 37 45	15·0	2 40·2	2	19 23 21·4	−21 55 10	14·9	22 38·5
5	19 28 58·3	−21 38 00	15·0	2 36·1	3	19 23 15·7	−21 55 27	14·9	22 34·5
6	19 28 53·6	−21 38 16	15·0	2 32·1	4	19 23 10·0	−21 55 45	14·9	22 30·5
7	19 28 48·9	−21 38 31	15·0	2 28·1	5	19 23 04·4	−21 56 02	14·9	22 26·4
8	19 28 44·0	−21 38 47	15·0	2 24·1	6	19 22 58·9	−21 56 19	14·9	22 22·4
9	19 28 39·1	−21 39 03	15·0	2 20·1	7	19 22 53·4	−21 56 35	14·9	22 18·4
10	19 28 34·1	−21 39 19	14·9	2 16·1	8	19 22 47·9	−21 56 52	14·9	22 14·4
11	19 28 29·0	−21 39 36	14·9	2 12·1	9	19 22 42·5	−21 57 09	14·9	22 10·3
12	19 28 23·9	−21 39 52	14·9	2 08·1	10	19 22 37·2	−21 57 25	14·9	22 06·3
13	19 28 18·7	−21 40 09	14·9	2 04·0	11	19 22 32·0	−21 57 41	14·9	22 02·3
14	19 28 13·4	−21 40 26	14·9	2 00·0	12	19 22 26·8	−21 57 58	14·9	21 58·3
15	19 28 08·1	−21 40 43	14·9	1 56·0	13	19 22 21·7	−21 58 14	15·0	21 54·3
16	19 28 02·7	−21 41 00	14·9	1 52·0	14	19 22 16·6	−21 58 30	15·0	21 50·3
17	19 27 57·3	−21 41 17	14·9	1 48·0	15	19 22 11·6	−21 58 45	15·0	21 46·2
18	19 27 51·8	−21 41 34	14·9	1 43·9	16	19 22 06·7	−21 59 01	15·0	21 42·2
19	19 27 46·2	−21 41 51	14·9	1 39·9	17	19 22 01·9	−21 59 16	15·0	21 38·2
20	19 27 40·6	−21 42 09	14·9	1 35·9	18	19 21 57·1	−21 59 32	15·0	21 34·2
21	19 27 34·9	−21 42 26	14·9	1 31·9	19	19 21 52·4	−21 59 47	15·0	21 30·2
22	19 27 29·2	−21 42 44	14·9	1 27·8	20	19 21 47·8	−22 00 02	15·0	21 26·2
23	19 27 23·5	−21 43 02	14·9	1 23·8	21	19 21 43·3	−22 00 16	15·0	21 22·2
24	19 27 17·7	−21 43 20	14·9	1 19·8	22	19 21 38·9	−22 00 31	15·0	21 18·2
25	19 27 11·8	−21 43 38	14·9	1 15·8	23	19 21 34·6	−22 00 45	15·0	21 14·2
26	19 27 06·0	−21 43 56	14·9	1 11·7	24	19 21 30·3	−22 01 00	15·0	21 10·2
27	19 27 00·1	−21 44 14	14·9	1 07·7	25	19 21 26·1	−22 01 14	15·0	21 06·2
28	19 26 54·1	−21 44 32	14·9	1 03·7	26	19 21 22·1	−22 01 27	15·0	21 02·2
29	19 26 48·1	−21 44 50	14·9	0 59·6	27	19 21 18·1	−22 01 41	15·0	20 58·2
30	19 26 42·1	−21 45 08	14·9	0 55·6	28	19 21 14·2	−22 01 55	15·0	20 54·2
July 1	19 26 36·1	−21 45 27	14·9	0 51·6	29	19 21 10·4	−22 02 08	15·0	20 50·2
2	19 26 30·0	−21 45 45	14·9	0 47·5	30	19 21 06·7	−22 02 21	15·0	20 46·2
3	19 26 23·9	−21 46 03	14·9	0 43·5	31	19 21 03·1	−22 02 34	15·0	20 42·2
4	19 26 17·8	−21 46 22	14·9	0 39·5	Sept. 1	19 20 59·6	−22 02 47	15·0	20 38·2
5	19 26 11·7	−21 46 40	14·9	0 35·4	2	19 20 56·2	−22 02 59	15·0	20 34·2
6	19 26 05·5	−21 46 59	14·9	0 31·4	3	19 20 52·9	−22 03 11	15·0	20 30·3
7	19 25 59·4	−21 47 17	14·8	0 27·4	4	19 20 49·7	−22 03 23	15·0	20 26·3
8	19 25 53·2	−21 47 36	14·8	0 23·3	5	19 20 46·6	−22 03 35	15·0	20 22·3
9	19 25 47·0	−21 47 54	14·8	0 19·3	6	19 20 43·6	−22 03 47	15·0	20 18·3
10	19 25 40·8	−21 48 13	14·8	0 15·3	7	19 20 40·7	−22 03 58	15·0	20 14·3
11	19 25 34·6	−21 48 31	14·8	0 11·2	8	19 20 37·9	−22 04 10	15·0	20 10·4
July 12	19 25 28·4	−21 48 50	14·8	0 07·2	Sept. 9	19 20 35·3	−22 04 21	15·0	20 06·4

Second transit for Pluto 2018 July 13ᵈ 23ʰ 59ᵐ1

ERIS AT OPPOSITION

Date	UT	Mag.
2018 Oct. 16	23^h	+ 18.6

Stationary in right ascension on 2018 January 16 and July 24.

The following diagrams are provided for observers wishing to find the position of Eris in relation to the stars. The first chart shows the path of the dwarf planet during 2018. The second chart provides a detailed view of the path over 60 days either side of opposition. The V-magnitude scale used is given on each chart.

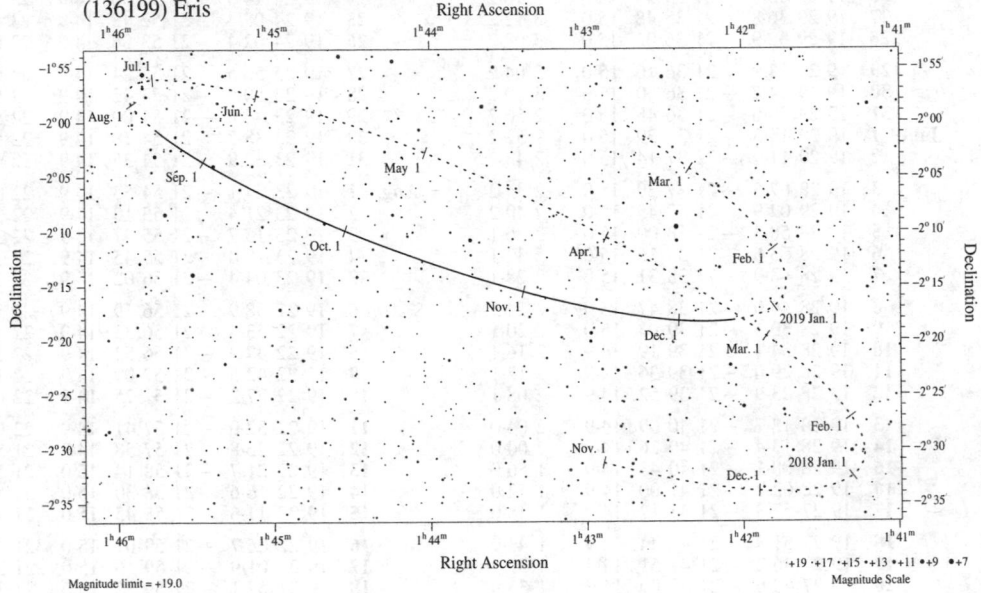

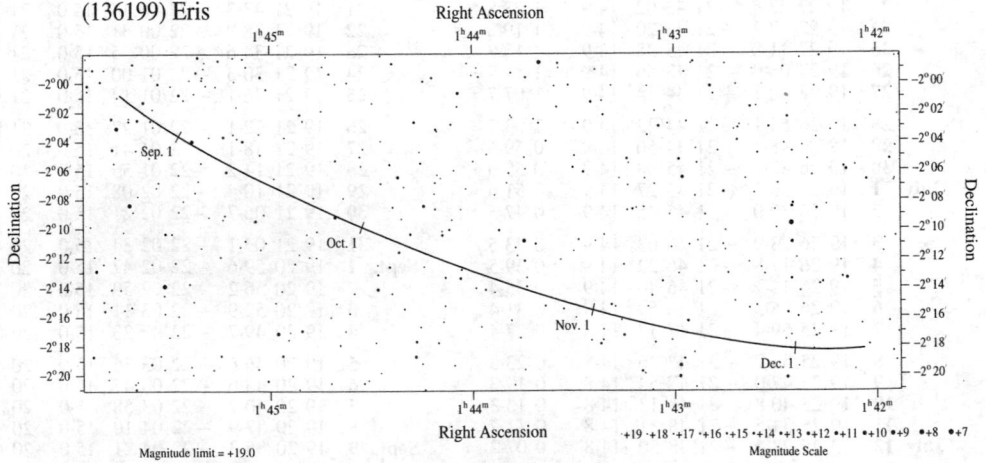

The charts are also available for download from *The Astronomical Almanac Online*.

GEOCENTRIC POSITIONS FOR 0ʰ TERRESTRIAL TIME

Date	Astrometric R.A. h m s	Dec. ° ′ ″	Vis. Mag.	Ephemeris Transit h m
2018 Aug. 18	1 45 43.5	− 2 01 00	18.7	4 00.8
19	1 45 42.5	− 2 01 11	18.7	3 56.8
20	1 45 41.5	− 2 01 21	18.7	3 52.9
21	1 45 40.5	− 2 01 32	18.7	3 48.9
22	1 45 39.4	− 2 01 43	18.7	3 45.0
23	1 45 38.3	− 2 01 54	18.7	3 41.0
24	1 45 37.1	− 2 02 05	18.7	3 37.1
25	1 45 36.0	− 2 02 17	18.7	3 33.1
26	1 45 34.8	− 2 02 28	18.7	3 29.2
27	1 45 33.5	− 2 02 40	18.7	3 25.2
28	1 45 32.2	− 2 02 51	18.7	3 21.3
29	1 45 30.9	− 2 03 03	18.7	3 17.3
30	1 45 29.6	− 2 03 15	18.7	3 13.4
31	1 45 28.2	− 2 03 27	18.7	3 09.4
Sept. 1	1 45 26.8	− 2 03 39	18.7	3 05.5
2	1 45 25.4	− 2 03 51	18.7	3 01.5
3	1 45 24.0	− 2 04 03	18.7	2 57.5
4	1 45 22.5	− 2 04 15	18.7	2 53.6
5	1 45 20.9	− 2 04 27	18.7	2 49.6
6	1 45 19.4	− 2 04 40	18.7	2 45.7
7	1 45 17.8	− 2 04 52	18.7	2 41.7
8	1 45 16.2	− 2 05 05	18.7	2 37.8
9	1 45 14.6	− 2 05 17	18.7	2 33.8
10	1 45 12.9	− 2 05 30	18.7	2 29.8
11	1 45 11.3	− 2 05 42	18.7	2 25.9
12	1 45 09.5	− 2 05 55	18.7	2 21.9
13	1 45 07.8	− 2 06 08	18.7	2 18.0
14	1 45 06.0	− 2 06 20	18.7	2 14.0
15	1 45 04.3	− 2 06 33	18.7	2 10.0
16	1 45 02.5	− 2 06 46	18.7	2 06.1
17	1 45 00.6	− 2 06 58	18.7	2 02.1
18	1 44 58.8	− 2 07 11	18.7	1 58.2
19	1 44 56.9	− 2 07 24	18.7	1 54.2
20	1 44 55.0	− 2 07 37	18.7	1 50.2
21	1 44 53.1	− 2 07 49	18.7	1 46.3
22	1 44 51.1	− 2 08 02	18.7	1 42.3
23	1 44 49.2	− 2 08 15	18.7	1 38.3
24	1 44 47.2	− 2 08 28	18.7	1 34.4
25	1 44 45.2	− 2 08 40	18.7	1 30.4
26	1 44 43.2	− 2 08 53	18.7	1 26.4
27	1 44 41.2	− 2 09 06	18.7	1 22.5
28	1 44 39.1	− 2 09 18	18.7	1 18.5
29	1 44 37.1	− 2 09 31	18.7	1 14.5
30	1 44 35.0	− 2 09 43	18.7	1 10.6
Oct. 1	1 44 32.9	− 2 09 56	18.7	1 06.6
2	1 44 30.8	− 2 10 08	18.7	1 02.6
3	1 44 28.7	− 2 10 20	18.7	0 58.7
4	1 44 26.5	− 2 10 33	18.7	0 54.7
5	1 44 24.4	− 2 10 45	18.7	0 50.7
6	1 44 22.2	− 2 10 57	18.7	0 46.8
7	1 44 20.0	− 2 11 09	18.7	0 42.8
8	1 44 17.9	− 2 11 21	18.7	0 38.8
9	1 44 15.7	− 2 11 33	18.7	0 34.9
10	1 44 13.5	− 2 11 45	18.7	0 30.9
11	1 44 11.3	− 2 11 57	18.6	0 26.9
12	1 44 09.0	− 2 12 08	18.6	0 23.0
13	1 44 06.8	− 2 12 20	18.6	0 19.0
14	1 44 04.6	− 2 12 31	18.6	0 15.0
15	1 44 02.4	− 2 12 42	18.6	0 11.1
Oct. 16	1 44 00.1	− 2 12 54	18.6	0 07.1
2018 Oct. 16	1 44 00.1	− 2 12 54	18.6	0 07.1
17	1 43 57.9	− 2 13 05	18.6	0 03.1
18	1 43 55.6	− 2 13 15	18.6	23 55.2
19	1 43 53.4	− 2 13 26	18.6	23 51.2
20	1 43 51.1	− 2 13 37	18.6	23 47.3
21	1 43 48.9	− 2 13 47	18.6	23 43.3
22	1 43 46.6	− 2 13 58	18.6	23 39.3
23	1 43 44.4	− 2 14 08	18.6	23 35.3
24	1 43 42.1	− 2 14 18	18.7	23 31.4
25	1 43 39.9	− 2 14 28	18.7	23 27.4
26	1 43 37.6	− 2 14 38	18.7	23 23.4
27	1 43 35.4	− 2 14 47	18.7	23 19.5
28	1 43 33.2	− 2 14 57	18.7	23 15.5
29	1 43 30.9	− 2 15 06	18.7	23 11.5
30	1 43 28.7	− 2 15 15	18.7	23 07.6
31	1 43 26.5	− 2 15 24	18.7	23 03.6
Nov. 1	1 43 24.3	− 2 15 33	18.7	22 59.6
2	1 43 22.1	− 2 15 41	18.7	22 55.7
3	1 43 19.9	− 2 15 49	18.7	22 51.7
4	1 43 17.7	− 2 15 58	18.7	22 47.7
5	1 43 15.5	− 2 16 06	18.7	22 43.8
6	1 43 13.3	− 2 16 13	18.7	22 39.8
7	1 43 11.1	− 2 16 21	18.7	22 35.8
8	1 43 09.0	− 2 16 28	18.7	22 31.9
9	1 43 06.9	− 2 16 35	18.7	22 27.9
10	1 43 04.7	− 2 16 42	18.7	22 23.9
11	1 43 02.6	− 2 16 49	18.7	22 20.0
12	1 43 00.5	− 2 16 55	18.7	22 16.0
13	1 42 58.5	− 2 17 02	18.7	22 12.0
14	1 42 56.4	− 2 17 08	18.7	22 08.1
15	1 42 54.3	− 2 17 14	18.7	22 04.1
16	1 42 52.3	− 2 17 19	18.7	22 00.1
17	1 42 50.3	− 2 17 24	18.7	21 56.2
18	1 42 48.3	− 2 17 30	18.7	21 52.2
19	1 42 46.3	− 2 17 34	18.7	21 48.2
20	1 42 44.4	− 2 17 39	18.7	21 44.3
21	1 42 42.5	− 2 17 43	18.7	21 40.3
22	1 42 40.6	− 2 17 48	18.7	21 36.3
23	1 42 38.7	− 2 17 52	18.7	21 32.4
24	1 42 36.8	− 2 17 55	18.7	21 28.4
25	1 42 35.0	− 2 17 59	18.7	21 24.5
26	1 42 33.1	− 2 18 02	18.7	21 20.5
27	1 42 31.3	− 2 18 05	18.7	21 16.5
28	1 42 29.6	− 2 18 07	18.7	21 12.6
29	1 42 27.8	− 2 18 10	18.7	21 08.6
30	1 42 26.1	− 2 18 12	18.7	21 04.6
Dec. 1	1 42 24.4	− 2 18 14	18.7	21 00.7
2	1 42 22.8	− 2 18 15	18.7	20 56.7
3	1 42 21.1	− 2 18 17	18.7	20 52.8
4	1 42 19.5	− 2 18 18	18.7	20 48.8
5	1 42 17.9	− 2 18 18	18.7	20 44.9
6	1 42 16.4	− 2 18 19	18.7	20 40.9
7	1 42 14.9	− 2 18 19	18.7	20 36.9
8	1 42 13.4	− 2 18 19	18.7	20 33.0
9	1 42 11.9	− 2 18 19	18.7	20 29.0
10	1 42 10.5	− 2 18 19	18.7	20 25.1
11	1 42 09.1	− 2 18 18	18.7	20 21.1
12	1 42 07.7	− 2 18 17	18.7	20 17.2
13	1 42 06.4	− 2 18 15	18.7	20 13.2
Dec. 14	1 42 05.1	− 2 18 14	18.7	20 09.3

Second transit for Eris 2018 October 17ᵈ 23ʰ 59ᵐ2

CERES, 2018

EPHEMERIS FOR PHYSICAL OBSERVATIONS
FOR 0^h TERRESTRIAL TIME

Date		Light Time	Visual Magnitude	Phase Angle	L_s	Sub-Earth Point Longitude	Sub-Earth Point Latitude	Positive Pole P.A.
		m		°	°	°	°	°
Jan.	−8	15·11	7·6	16·3	118·74	183·47	+2·01	16·19
	2	14·37	7·4	13·3	121·20	346·22	+0·81	15·98
	12	13·81	7·2	9·9	123·65	149·51	−0·36	15·44
	22	13·45	7·0	6·6	126·12	313·18	−1·42	14·61
Feb.	1	13·32	6·9	5·1	128·59	117·01	−2·27	13·56
	11	13·42	7·0	7·1	131·07	280·69	−2·85	12·44
	21	13·74	7·2	10·6	133·55	83·96	−3·13	11·39
Mar.	3	14·26	7·4	14·0	136·04	246·60	−3·11	10·57
	13	14·94	7·6	17·0	138·53	48·49	−2·84	10·08
	23	15·75	7·8	19·4	141·02	209·61	−2·37	9·97
Apr.	2	16·66	8·0	21·1	143·51	9·99	−1·77	10·23
	12	17·63	8·1	22·3	146·01	169·71	−1·09	10·82
	22	18·64	8·3	23·0	148·51	328·84	−0·37	11·70
May	2	19·67	8·4	23·2	151·01	127·49	+0·36	12·80
	12	20·70	8·5	23·0	153·50	285·73	+1·07	14·08
	22	21·71	8·6	22·6	156·00	83·63	+1·74	15·48
June	1	22·70	8·7	21·8	158·50	241·26	+2·35	16·96
	11	23·65	8·7	20·8	160·99	38·67	+2·89	18·48
	21	24·55	8·8	19·6	163·48	195·90	+3·35	20·00
July	1	25·40	8·8	18·3	165·97	353·00	+3·72	21·50
	11	26·20	8·8	16·8	168·45	149·99	+4·01	22·95
	21	26·92	8·8	15·3	170·93	306·90	+4·19	24·32
	31	27·58	8·8	13·6	173·40	103·76	+4·27	25·61
Aug.	10	28·16	8·8	11·9	175·87	260·60	+4·26	26·78
	20	28·66	8·8	10·1	178·33	57·42	+4·15	27·84
	30	29·08	8·7	8·2	180·78	214·26	+3·93	28·75
Sept.	9	29·41	8·7	6·4	183·23	11·11	+3·62	29·52
	19	29·65	8·6	4·7	185·67	168·01	+3·22	30·14
	29	29·80	8·5	3·2	188·09	324·97	+2·74	30·58
Oct.	9	29·86	8·5	2·7	190·52	121·99	+2·17	30·86
	19	29·81	8·5	3·5	192·93	279·10	+1·53	30·97
	29	29·67	8·6	5·1	195·33	76·30	+0·82	30·90
Nov.	8	29·43	8·7	6·9	197·72	233·62	+0·05	30·66
	18	29·09	8·8	8·7	200·10	31·05	−0·76	30·25
	28	28·65	8·8	10·6	202·47	188·63	−1·60	29·69
Dec.	8	28·12	8·9	12·4	204·83	346·36	−2·48	28·97
	18	27·49	8·9	14·1	207·17	144·25	−3·36	28·13
	28	26·77	8·9	15·8	209·51	302·34	−4·24	27·17
	38	25·98	8·9	17·3	211·83	100·63	−5·11	26·12
Dec.	48	25·10	8·9	18·6	214·15	259·15	−5·95	25·00

EPHEMERIS FOR PHYSICAL OBSERVATIONS
FOR 0ʰ TERRESTRIAL TIME

Date		Light Time	Visual Magnitude	Phase Angle	L_s	Sub-Earth Point Longitude	Sub-Earth Point Latitude	Positive Pole P.A.
		m		°	°	°	°	°
Jan.	−8	286·17	15·0	0·5	249·12	130·99	+53·94	221·85
	2	286·52	15·0	0·2	249·18	334·99	+54·18	221·40
	12	286·64	14·9	0·1	249·23	179·01	+54·43	220·94
	22	286·51	15·0	0·4	249·28	23·05	+54·67	220·48
Feb.	1	286·14	15·0	0·6	249·34	227·08	+54·91	220·02
	11	285·55	15·0	0·9	249·39	71·11	+55·13	219·59
	21	284·75	15·1	1·1	249·44	275·12	+55·33	219·19
Mar.	3	283·77	15·1	1·3	249·50	119·10	+55·51	218·83
	13	282·64	15·1	1·5	249·55	323·04	+55·66	218·52
	23	281·39	15·1	1·6	249·60	166·94	+55·78	218·26
Apr.	2	280·07	15·1	1·7	249·66	10·79	+55·86	218·07
	12	278·71	15·1	1·7	249·71	214·58	+55·91	217·94
	22	277·35	15·1	1·7	249·76	58·31	+55·92	217·89
May	2	276·04	15·0	1·6	249·82	261·98	+55·89	217·90
	12	274·81	15·0	1·5	249·87	105·59	+55·83	217·98
	22	273·70	15·0	1·3	249·92	309·14	+55·74	218·12
June	1	272·75	15·0	1·1	249·98	152·64	+55·61	218·32
	11	271·98	14·9	0·9	250·03	356·09	+55·47	218·56
	21	271·41	14·9	0·6	250·08	199·50	+55·30	218·84
July	1	271·08	14·9	0·3	250·14	42·89	+55·12	219·14
	11	270·98	14·8	0·0	250·19	246·25	+54·93	219·45
	21	271·12	14·9	0·2	250·24	89·61	+54·73	219·76
	31	271·51	14·9	0·5	250·29	292·97	+54·55	220·05
Aug.	10	272·12	14·9	0·8	250·35	136·34	+54·37	220·33
	20	272·95	15·0	1·1	250·40	339·73	+54·21	220·57
	30	273·97	15·0	1·3	250·45	183·15	+54·08	220·76
Sept.	9	275·15	15·0	1·4	250·51	26·61	+53·97	220·91
	19	276·47	15·0	1·6	250·56	230·11	+53·90	221·00
	29	277·88	15·1	1·7	250·61	73·67	+53·87	221·03
Oct.	9	279·34	15·1	1·7	250·67	277·27	+53·87	220·99
	19	280·82	15·1	1·7	250·72	120·93	+53·90	220·89
	29	282·27	15·1	1·6	250·77	324·64	+53·98	220·73
Nov.	8	283·65	15·1	1·5	250·82	168·42	+54·09	220·50
	18	284·92	15·1	1·4	250·88	12·24	+54·23	220·21
	28	286·05	15·1	1·2	250·93	216·12	+54·40	219·87
Dec.	8	287·00	15·1	0·9	250·98	60·04	+54·60	219·49
	18	287·74	15·1	0·7	251·04	264·01	+54·81	219·06
	28	288·27	15·0	0·4	251·09	108·02	+55·04	218·60
	38	288·56	15·0	0·1	251·14	312·05	+55·27	218·13
Dec.	48	288·60	15·0	0·2	251·19	156·10	+55·51	217·64

BRIGHT MINOR PLANETS, 2018

HELIOCENTRIC OSCULATING ELEMENTS
FOR EPOCH 2018 OCTOBER 9·0 TT, ECLIPTIC AND EQUINOX J2000·0

No.	Name	Magnitude Parameters		Mean Dia-meter	Inclin-ation	Long. of Asc. Node	Argument of Peri-helion	Semi-major Axis	Daily Motion	Eccen-tricity	Mean Anomaly
		H	G	km	i °	Ω °	ω °	a au	n °/d	e	M °
(2)	Pallas	4·13	0·11	524	34·838	173·081	310·017	2·7723	0·21352	0·2304	17·016
(3)	Juno	5·33	0·32	274	12·989	169·857	248·154	2·6693	0·22599	0·2570	349·711
(4)	Vesta	3·20	0·32	512	7·142	103·812	150·703	2·3614	0·27161	0·0888	41·556
(5)	Astraea	6·85	0·15	120	5·367	141·581	358·717	2·5739	0·23868	0·1912	234·606
(6)	Hebe	5·71	0·24	190	14·737	138·643	239·840	2·4254	0·26093	0·2030	33·978
(7)	Iris	5·51	0·15	211	5·524	259·563	145·268	2·3852	0·26755	0·2313	86·893
(8)	Flora	6·49	0·28	138	5·887	110·899	285·258	2·2010	0·30183	0·1569	134·548
(9)	Metis	6·28	0·17	209	5·577	68·910	6·388	2·3859	0·26744	0·1230	223·387
(10)	Hygiea	5·43	0·15	444	3·832	283·210	312·226	3·1410	0·17706	0·1126	116·866
(11)	Parthenope	6·55	0·15	153	4·630	125·558	195·753	2·4522	0·25667	0·1006	227·394
(12)	Victoria	7·24	0·22	113	8·373	235·411	69·635	2·3343	0·27635	0·2201	78·083
(13)	Egeria	6·74	0·15	208	16·537	43·231	80·625	2·5770	0·23826	0·0847	139·732
(14)	Irene	6·30	0·15	180	9·122	86·124	97·868	2·5854	0·23709	0·1667	117·500
(15)	Eunomia	5·28	0·23	320	11·745	292·952	98·281	2·6457	0·22903	0·1860	237·786
(16)	Psyche	5·90	0·20	239	3·095	150·088	228·417	2·9262	0·19690	0·1336	249·325
(17)	Thetis	7·76	0·15	90	5·591	125·552	136·200	2·4704	0·25384	0·1329	252·594
(18)	Melpomene	6·51	0·25	138	10·129	150·440	227·875	2·2963	0·28324	0·2181	210·684
(19)	Fortuna	7·13	0·10	225	1·574	211·144	182·054	2·4417	0·25833	0·1585	145·696
(20)	Massalia	6·50	0·25	145	0·709	206·108	256·592	2·4087	0·26365	0·1422	65·165
(21)	Lutetia	7·35	0·11	98	3·064	80·866	249·857	2·4359	0·25925	0·1637	292·504
(22)	Kalliope	6·45	0·21	181	13·719	66·053	355·550	2·9131	0·19824	0·0983	157·582
(23)	Thalia	6·95	0·15	108	10·114	66·847	60·649	2·6257	0·23165	0·2351	289·486
(24)	Themis	7·08	0·19	175	0·752	35·936	106·924	3·1369	0·17740	0·1249	319·748
(25)	Phocaea	7·83	0·15	75	21·605	214·135	90·261	2·4004	0·26501	0·2545	119·871
(26)	Proserpina	7·50	0·15	95	3·563	45·778	193·426	2·6543	0·22792	0·0902	60·154
(27)	Euterpe	7·00	0·15	118	1·584	94·787	356·487	2·3464	0·27422	0·1732	280·444
(28)	Bellona	7·09	0·15	121	9·430	144·300	344·153	2·7753	0·21317	0·1519	230·764
(29)	Amphitrite	5·85	0·20	212	6·082	356·347	63·276	2·5544	0·24141	0·0726	236·019
(30)	Urania	7·57	0·15	100	2·096	307·475	87·442	2·3654	0·27093	0·1275	334·899
(31)	Euphrosyne	6·74	0·15	256	26·306	31·117	61·420	3·1549	0·17588	0·2210	52·029
(32)	Pomona	7·56	0·15	81	5·525	220·441	339·502	2·5873	0·23683	0·0805	344·609
(37)	Fides	7·29	0·24	108	3·071	7·270	62·880	2·6419	0·22952	0·1755	295·607
(39)	Laetitia	6·00	0·15	150	10·366	156·991	208·798	2·7710	0·21367	0·1117	259·114
(40)	Harmonia	7·00	0·15	108	4·257	94·189	269·848	2·2675	0·28867	0·0470	49·679
(41)	Daphne	7·12	0·10	187	15·794	178·087	45·869	2·7600	0·21495	0·2755	91·389
(42)	Isis	7·53	0·15	100	8·515	84·196	237·315	2·4421	0·25827	0·2226	151·743
(43)	Ariadne	7·93	0·11	66	3·471	264·813	16·237	2·2033	0·30136	0·1683	77·717
(44)	Nysa	7·03	0·46	71	3·707	131·551	343·253	2·4230	0·26132	0·1479	30·518
(45)	Eugenia	7·46	0·07	215	6·602	147·649	88·449	2·7213	0·21955	0·0845	354·175
(48)	Doris	6·90	0·15	222	6·547	183·557	253·185	3·1108	0·17964	0·0726	33·305
(51)	Nemausa	7·35	0·08	158	9·978	176·010	2·717	2·3660	0·27082	0·0673	41·747
(52)	Europa	6·31	0·18	302	7·479	128·607	343·614	3·0930	0·18119	0·1103	200·897
(54)	Alexandra	7·66	0·15	166	11·796	313·259	344·943	2·7113	0·22077	0·1976	334·206
(60)	Echo	8·21	0·27	60	3·600	191·574	271·176	2·3933	0·26620	0·1840	155·153
(63)	Ausonia	7·55	0·25	103	5·776	337·741	295·885	2·3952	0·26588	0·1269	86·444
(64)	Angelina	7·67	0·48	56	1·310	309·117	178·799	2·6815	0·22446	0·1257	353·805
(65)	Cybele	6·62	0·01	230	3·563	155·618	102·518	3·4268	0·15537	0·1118	230·037

HELIOCENTRIC OSCULATING ELEMENTS
FOR EPOCH 2018 OCTOBER 9·0 TT, ECLIPTIC AND EQUINOX J2000·0

No.	Name	Magnitude Parameters H	G	Mean Diameter	Inclination i	Long. of Asc. Node Ω	Argument of Perihelion ω	Semimajor Axis a	Daily Motion n	Eccentricity e	Mean Anomaly M
				km	°	°	°	au	°/d		°
(67)	Asia	8·28	0·15	58	6·031	202·441	107·078	2·4209	0·26165	0·1854	226·140
(68)	Leto	6·78	0·05	123	7·972	44·130	304·651	2·7813	0·21249	0·1867	218·981
(69)	Hesperia	7·05	0·19	138	8·592	184·998	289·241	2·9763	0·19195	0·1704	262·639
(71)	Niobe	7·30	0·40	83	23·260	316·010	266·926	2·7568	0·21532	0·1733	221·039
(79)	Eurynome	7·96	0·25	66	4·616	206·617	200·987	2·4464	0·25758	0·1904	177·458
(80)	Sappho	7·98	0·15	79	8·676	218·698	139·678	2·2960	0·28329	0·2000	40·584
(85)	Io	7·61	0·15	164	11·962	203·115	123·047	2·6520	0·22821	0·1944	175·007
(87)	Sylvia	6·94	0·15	261	10·877	73·045	263·560	3·4825	0·15166	0·0929	62·498
(88)	Thisbe	7·04	0·14	232	5·214	276·464	36·193	2·7689	0·21392	0·1616	6·380
(89)	Julia	6·60	0·15	151	16·128	311·550	45·425	2·5504	0·24198	0·1846	89·007
(92)	Undina	6·61	0·15	126	9·932	101·576	239·191	3·1864	0·17328	0·1043	144·961
(94)	Aurora	7·57	0·15	204	7·971	2·574	60·546	3·1561	0·17579	0·0939	273·627
(97)	Klotho	7·63	0·15	83	11·778	159·625	268·708	2·6684	0·22612	0·2570	265·757
(103)	Hera	7·66	0·15	91	5·417	136·090	188·322	2·7027	0·22182	0·0795	310·883
(107)	Camilla	7·08	0·08	223	10·000	172·604	306·651	3·4916	0·15107	0·0655	296·233
(115)	Thyra	7·51	0·12	80	11·593	308·800	97·155	2·3794	0·26854	0·1930	323·026
(121)	Hermione	7·31	0·15	209	7·598	73·122	298·132	3·4491	0·15386	0·1326	187·937
(128)	Nemesis	7·49	0·15	188	6·245	76·242	303·794	2·7501	0·21611	0·1274	28·735
(129)	Antigone	7·07	0·33	138	12·265	135·678	111·198	2·8690	0·20281	0·2120	259·395
(135)	Hertha	8·23	0·15	79	2·304	343·620	340·084	2·4288	0·26038	0·2073	286·063
(185)	Eunike	7·62	0·15	158	23·239	153·831	223·803	2·7373	0·21763	0·1292	141·740
(192)	Nausikaa	7·13	0·03	95	6·798	343·111	30·655	2·4031	0·26457	0·2450	305·290
(194)	Prokne	7·68	0·15	169	18·511	159·308	163·132	2·6148	0·23310	0·2384	228·862
(196)	Philomela	6·54	0·15	136	7·263	72·322	199·149	3·1129	0·17946	0·0159	56·528
(216)	Kleopatra	7·30	0·29	118	13·113	215·358	180·092	2·7943	0·21101	0·2509	28·456
(230)	Athamantis	7·35	0·27	109	9·451	239·854	140·150	2·3820	0·26810	0·0615	329·577
(270)	Anahita	8·75	0·15	51	2·368	254·348	80·717	2·1985	0·30236	0·1503	100·939
(287)	Nephthys	8·30	0·22	68	10·032	142·344	119·540	2·3536	0·27297	0·0236	345·709
(324)	Bamberga	6·82	0·09	228	11·100	327·854	44·305	2·6819	0·22441	0·3406	44·949
(346)	Hermentaria	7·13	0·15	107	8·752	91·943	292·095	2·7963	0·21078	0·1018	357·322
(349)	Dembowska	5·93	0·37	140	8·246	32·345	345·862	2·9231	0·19722	0·0915	104·948
(354)	Eleonora	6·44	0·37	155	18·398	140·358	5·540	2·7990	0·21048	0·1142	292·157
(372)	Palma	7·50	0·15	189	23·827	327·360	115·555	3·1500	0·17629	0·2591	56·769
(387)	Aquitania	7·41	0·15	101	18·113	128·234	157·205	2·7408	0·21722	0·2350	57·845
(389)	Industria	7·88	0·15	79	8·121	282·291	264·894	2·6080	0·23402	0·0674	176·221
(409)	Aspasia	7·62	0·29	162	11·268	242·153	353·134	2·5752	0·23850	0·0727	91·698
(423)	Diotima	7·24	0·15	209	11·244	69·375	198·540	3·0668	0·18352	0·0360	25·668
(433)	Eros	11·16	0·46	16	10·828	304·315	178·786	1·4579	0·55988	0·2226	295·287
(451)	Patientia	6·65	0·19	225	15·239	89·241	336·751	3·0604	0·18410	0·0751	66·791
(471)	Papagena	6·73	0·37	134	15·003	83·831	314·840	2·8949	0·20010	0·2292	206·434
(511)	Davida	6·22	0·16	326	15·938	107·600	337·484	3·1644	0·17509	0·1881	298·949
(532)	Herculina	5·81	0·26	207	16·315	107·531	76·262	2·7731	0·21343	0·1755	301·564
(654)	Zelinda	8·52	0·15	127	18·125	278·446	213·919	2·2972	0·28308	0·2312	278·548
(702)	Alauda	7·25	0·15	195	20·602	289·745	350·590	3·1926	0·17278	0·0174	19·585
(704)	Interamnia	5·94	−0·02	329	17·308	280·283	95·055	3·0585	0·18426	0·1546	63·678

BRIGHT MINOR PLANETS, 2018

NEXT OPPOSITION

Name		Date		Mag.	Dec.	Name		Date		Mag.	Dec.
					° ′						° ′
(8)	**Flora**	**2018 Jan.**	**2**	**8·2**	**+21 06**	(5)	Astraea	2018 Sept.	18	10·8	−05 50
(32)	Pomona	2018 Jan.	11	10·9	+13 22	(30)	Urania	2018 Sept.	19	9·6	+01 11
(67)	Asia	2018 Jan.	12	12·2	+12 27	(511)	**Davida**	**2018 Sept.**	**22**	**10·7**	**−20 42**
(185)	Eunike	2018 Jan.	19	11·6	−00 22	(10)	**Hygiea**	**2018 Sept.**	**24**	**10·1**	**+05 17**
(11)	Parthenope	2018 Jan.	26	9·9	+18 43	(389)	Industria	2018 Sept.	24	11·8	+11 44
(19)	Fortuna	2018 Feb.	1	10·1	+14 26	(387)	Aquitania	2018 Sept.	28	11·0	−20 46
(194)	Prokne	2018 Feb.	7	12·3	+05 55	(63)	Ausonia	2018 Oct.	7	10·5	+11 03
(51)	Nemausa	2018 Feb.	25	9·8	+03 20	(43)	Ariadne	2018 Oct.	13	10·3	+13 02
(68)	Leto	2018 Mar.	4	11·5	+15 22	(346)	Hermentaria	2018 Oct.	16	10·5	−03 32
(121)	Hermione	2018 Mar.	13	12·8	+12 08	(654)	Zelinda	2018 Oct.	22	11·8	+38 10
(45)	Eugenia	2018 Mar.	18	10·8	+05 54	(23)	Thalia	2018 Oct.	28	10·2	+04 57
(18)	Melpomene	2018 Mar.	21	10·2	+07 02	(107)	Camilla	2018 Nov.	17	12·0	+06 50
(135)	Hertha	2018 Mar.	22	11·8	−01 30	(3)	**Juno**	**2018 Nov.**	**17**	**7·4**	**−03 23**
(79)	Eurynome	2018 Mar.	31	11·5	−06 08	(87)	Sylvia	2018 Nov.	18	11·7	+14 49
(22)	Kalliope	2018 Apr.	1	10·9	+10 40	(12)	Victoria	2018 Nov.	22	10·1	+19 06
(287)	Nephthys	2018 Apr.	3	11·2	+07 14	(128)	Nemesis	2018 Dec.	4	10·5	+21 25
(21)	Lutetia	2018 Apr.	11	10·8	−04 15	(433)	Eros	2018 Dec.	7	9·7	+61 43
(54)	Alexandra	2018 Apr.	23	11·2	−30 10	(40)	Harmonia	2018 Dec.	8	9·4	+20 27
(471)	Papagena	2018 Apr.	25	11·8	+01 33	(80)	Sappho	2018 Dec.	10	10·3	+12 42
(39)	Laetitia	2018 May	3	10·3	−02 07	(354)	Eleonora	2018 Dec.	14	10·2	−01 37
(15)	**Eunomia**	**2018 May**	**8**	**9·8**	**−32 12**	(71)	Niobe	2018 Dec.	19	11·8	+49 26
(16)	**Psyche**	**2018 May**	**10**	**10·4**	**−13 23**	(6)	**Hebe**	**2018 Dec.**	**28**	**8·4**	**+05 23**
(103)	Hera	2018 May	14	11·3	−10 23	(25)	Phocaea	2018 Dec.	30	12·3	−05 57
(60)	Echo	2018 May	17	11·6	−15 23	(216)	Kleopatra	2019 Jan.	10	10·6	+01 25
(13)	Egeria	2018 May	19	10·2	−26 35	(24)	Themis	2019 Jan.	14	10·7	+22 30
(192)	Nausikaa	2018 June	11	10·5	−34 20	(704)	**Interamnia**	**2019 Jan.**	**14**	**10·3**	**+15 02**
(29)	Amphitrite	2018 June	15	9·5	−32 59	(270)	Anahita	2019 Jan.	18	11·7	+17 48
(9)	**Metis**	**2018 June**	**16**	**9·7**	**−25 55**	(324)	Bamberga	2019 Jan.	21	10·4	+28 00
(4)	**Vesta**	**2018 June**	**19**	**5·3**	**−19 47**	(89)	Julia	2019 Jan.	30	10·2	+17 59
(423)	Diotima	2018 June	26	11·3	−30 40	(65)	Cybele	2019 Feb.	4	11·6	+14 31
(702)	Alauda	2018 July	6	11·5	−25 47	(532)	Herculina	2019 Feb.	6	8·9	+28 47
(26)	Proserpina	2018 July	7	10·4	−27 43	(48)	Doris	2019 Feb.	8	11·1	+08 26
(97)	Klotho	2018 July	14	12·0	−08 43	(42)	Isis	2019 Feb.	13	11·8	+23 41
(88)	Thisbe	2018 July	20	9·7	−17 24	(129)	Antigone	2019 Feb.	17	10·8	+15 54
(52)	**Europa**	**2018 July**	**20**	**11·0**	**−18 36**	(92)	Undina	2019 Feb.	19	11·7	+20 54
(14)	Irene	2018 July	24	10·0	−28 01	(349)	Dembowska	2019 Feb.	27	10·3	+17 19
(94)	Aurora	2018 Aug.	8	12·1	−24 07	(64)	Angelina	2019 Mar.	2	10·4	+06 00
(196)	Philomela	2018 Aug.	11	10·9	−24 32	(85)	Io	2019 Mar.	8	12·1	−04 35
(409)	Aspasia	2018 Aug.	15	11·1	+03 11	(451)	Patientia	2019 Mar.	10	11·3	+24 16
(230)	Athamantis	2018 Aug.	26	10·1	+05 23	(17)	Thetis	2019 Mar.	22	10·7	+06 42
(37)	Fides	2018 Aug.	30	10·5	−11 25	(7)	Iris	2019 Apr.	5	9·4	−13 08
(41)	Daphne	2018 Sept.	1	11·1	−00 34	(372)	Palma	2019 Apr.	8	12·6	−31 19
(115)	Thyra	2018 Sept.	2	9·9	+02 46	(2)	Pallas	2019 Apr.	10	7·9	+18 05
(28)	Bellona	2018 Sept.	3	11·3	−11 04	(31)	Euphrosyne	2019 Apr.	13	11·3	−04 02
(27)	Euterpe	2018 Sept.	6	9·8	−08 53	(44)	Nysa	2019 Apr.	24	9·9	−07 01
(69)	Hesperia	2018 Sept.	18	11·3	+00 07	(20)	Massalia	2019 May	20	9·7	−19 23

Daily ephemerides of minor planets printed in **bold** are given in this section

GEOCENTRIC POSITIONS FOR 0^h TERRESTRIAL TIME

Date	Astrometric R.A. (h m s)	Astrometric Dec. (° ′ ″)	Vis. Mag.	Ephemeris Transit (h m)	Date	Astrometric R.A. (h m s)	Astrometric Dec. (° ′ ″)	Vis. Mag.	Ephemeris Transit (h m)
2018 Sept. 19	3 55 06·3	+ 6 58 32	8·5	4 04·2	2018 Nov. 17	3 53 51·9	− 3 20 05	7·4	0 10·8
20	3 55 58·1	+ 6 49 59	8·5	4 01·1	18	3 53 06·9	− 3 26 54	7·4	0 06·1
21	3 56 48·3	+ 6 41 16	8·4	3 58·0	19	3 52 21·6	− 3 33 23	7·5	0 01·4
22	3 57 36·8	+ 6 32 22	8·4	3 54·9	20	3 51 36·2	− 3 39 31	7·5	23 52·0
23	3 58 23·7	+ 6 23 17	8·4	3 51·7	21	3 50 50·7	− 3 45 17	7·5	23 47·4
24	3 59 08·9	+ 6 14 02	8·4	3 48·5	22	3 50 05·1	− 3 50 42	7·5	23 42·7
25	3 59 52·4	+ 6 04 37	8·4	3 45·3	23	3 49 19·7	− 3 55 44	7·5	23 38·0
26	4 00 34·2	+ 5 55 01	8·3	3 42·1	24	3 48 34·4	− 4 00 24	7·5	23 33·3
27	4 01 14·1	+ 5 45 16	8·3	3 38·8	25	3 47 49·4	− 4 04 42	7·5	23 28·6
28	4 01 52·3	+ 5 35 22	8·3	3 35·5	26	3 47 04·7	− 4 08 36	7·5	23 24·0
29	4 02 28·7	+ 5 25 18	8·3	3 32·2	27	3 46 20·4	− 4 12 07	7·5	23 19·3
30	4 03 03·2	+ 5 15 04	8·3	3 28·8	28	3 45 36·7	− 4 15 15	7·5	23 14·7
Oct. 1	4 03 35·8	+ 5 04 42	8·2	3 25·4	29	3 44 53·5	− 4 18 00	7·5	23 10·0
2	4 04 06·5	+ 4 54 11	8·2	3 22·0	30	3 44 11·0	− 4 20 22	7·6	23 05·4
3	4 04 35·3	+ 4 43 32	8·2	3 18·5	Dec. 1	3 43 29·2	− 4 22 19	7·6	23 00·8
4	4 05 02·2	+ 4 32 45	8·2	3 15·0	2	3 42 48·3	− 4 23 54	7·6	22 56·2
5	4 05 27·1	+ 4 21 50	8·1	3 11·5	3	3 42 08·2	− 4 25 05	7·6	22 51·6
6	4 05 50·0	+ 4 10 47	8·1	3 07·9	4	3 41 29·2	− 4 25 52	7·6	22 47·1
7	4 06 10·8	+ 3 59 38	8·1	3 04·3	5	3 40 51·2	− 4 26 16	7·6	22 42·5
8	4 06 29·7	+ 3 48 22	8·1	3 00·7	6	3 40 14·4	− 4 26 17	7·6	22 38·0
9	4 06 46·6	+ 3 37 00	8·1	2 57·1	7	3 39 38·8	− 4 25 54	7·7	22 33·5
10	4 07 01·4	+ 3 25 32	8·0	2 53·4	8	3 39 04·4	− 4 25 09	7·7	22 29·0
11	4 07 14·2	+ 3 13 59	8·0	2 49·6	9	3 38 31·4	− 4 24 01	7·7	22 24·6
12	4 07 24·9	+ 3 02 21	8·0	2 45·9	10	3 37 59·8	− 4 22 31	7·7	22 20·1
13	4 07 33·6	+ 2 50 39	8·0	2 42·1	11	3 37 29·7	− 4 20 38	7·7	22 15·7
14	4 07 40·2	+ 2 38 53	7·9	2 38·3	12	3 37 01·1	− 4 18 24	7·8	22 11·3
15	4 07 44·9	+ 2 27 04	7·9	2 34·4	13	3 36 34·0	− 4 15 48	7·8	22 07·0
Oct. 16	4 07 47·4	+ 2 15 12	7·9	2 30·5	14	3 36 08·5	− 4 12 51	7·8	22 02·6
17	4 07 48·0	+ 2 03 18	7·9	2 26·6	15	3 35 44·7	− 4 09 34	7·8	21 58·3
18	4 07 46·5	+ 1 51 23	7·9	2 22·6	16	3 35 22·6	− 4 05 56	7·8	21 54·1
19	4 07 43·0	+ 1 39 27	7·8	2 18·6	17	3 35 02·1	− 4 01 59	7·9	21 49·8
20	4 07 37·6	+ 1 27 31	7·8	2 14·6	18	3 34 43·5	− 3 57 42	7·9	21 45·6
21	4 07 30·1	+ 1 15 36	7·8	2 10·5	19	3 34 26·6	− 3 53 06	7·9	21 41·4
22	4 07 20·7	+ 1 03 41	7·8	2 06·5	20	3 34 11·5	− 3 48 12	7·9	21 37·3
23	4 07 09·4	+ 0 51 48	7·8	2 02·3	21	3 33 58·2	− 3 43 00	7·9	21 33·2
24	4 06 56·1	+ 0 39 58	7·7	1 58·2	22	3 33 46·7	− 3 37 31	8·0	21 29·1
25	4 06 41·0	+ 0 28 10	7·7	1 54·0	23	3 33 37·1	− 3 31 45	8·0	21 25·0
26	4 06 23·9	+ 0 16 27	7·7	1 49·8	24	3 33 29·4	− 3 25 42	8·0	21 21·0
27	4 06 05·1	+ 0 04 47	7·7	1 45·5	25	3 33 23·5	− 3 19 23	8·0	21 17·0
28	4 05 44·4	− 0 06 46	7·7	1 41·2	26	3 33 19·5	− 3 12 48	8·1	21 13·0
29	4 05 22·0	− 0 18 14	7·6	1 36·9	Dec. 27	3 33 17·3	− 3 05 59	8·1	21 09·1
30	4 04 57·8	− 0 29 36	7·6	1 32·6	28	3 33 17·1	− 2 58 55	8·1	21 05·1
31	4 04 31·9	− 0 40 49	7·6	1 28·2	29	3 33 18·8	− 2 51 37	8·1	21 01·3
Nov. 1	4 04 04·4	− 0 51 55	7·6	1 23·9	30	3 33 22·3	− 2 44 05	8·1	20 57·4
2	4 03 35·2	− 1 02 51	7·6	1 19·4	31	3 33 27·8	− 2 36 19	8·2	20 53·6
3	4 03 04·5	− 1 13 38	7·6	1 15·0	2019 Jan. 1	3 33 35·1	− 2 28 22	8·2	20 49·8
4	4 02 32·4	− 1 24 14	7·5	1 10·5	2	3 33 44·4	− 2 20 11	8·2	20 46·1
5	4 01 58·7	− 1 34 38	7·5	1 06·0	3	3 33 55·6	− 2 11 49	8·2	20 42·4
6	4 01 23·8	− 1 44 51	7·5	1 01·5	4	3 34 08·7	− 2 03 16	8·3	20 38·7
7	4 00 47·5	− 1 54 50	7·5	0 57·0	5	3 34 23·6	− 1 54 32	8·3	20 35·0
8	4 00 10·1	− 2 04 35	7·5	0 52·4	6	3 34 40·5	− 1 45 37	8·3	20 31·4
9	3 59 31·5	− 2 14 06	7·5	0 47·9	7	3 34 59·3	− 1 36 32	8·3	20 27·8
10	3 58 51·8	− 2 23 22	7·5	0 43·3	8	3 35 19·9	− 1 27 18	8·3	20 24·2
11	3 58 11·2	− 2 32 21	7·5	0 38·7	9	3 35 42·4	− 1 17 54	8·4	20 20·7
12	3 57 29·7	− 2 41 04	7·5	0 34·0	10	3 36 06·7	− 1 08 22	8·4	20 17·2
13	3 56 47·4	− 2 49 29	7·5	0 29·4	11	3 36 32·8	− 0 58 42	8·4	20 13·7
14	3 56 04·3	− 2 57 37	7·5	0 24·8	12	3 37 00·8	− 0 48 54	8·4	20 10·3
15	3 55 20·7	− 3 05 25	7·5	0 20·1	13	3 37 30·6	− 0 38 59	8·4	20 06·9
16	3 54 36·5	− 3 12 55	7·4	0 15·4	14	3 38 02·1	− 0 28 57	8·5	20 03·5
Nov. 17	3 53 51·9	− 3 20 05	7·4	0 10·8	Jan. 15	3 38 35·4	− 0 18 48	8·5	20 00·1

Second transit for Juno 2018 November 19^d 23^h 56^{m}7

VESTA, 2018

GEOCENTRIC POSITIONS FOR 0ʰ TERRESTRIAL TIME

Date	Astrometric R.A. (h m s)	Dec. (° ′ ″)	Vis. Mag.	Ephemeris Transit (h m)	Date	Astrometric R.A. (h m s)	Dec. (° ′ ″)	Vis. Mag.	Ephemeris Transit (h m)
2018 Apr. 21	18 14 28·0	−17 30 21	6·7	4 18·9	2018 June 19	17 53 22·8	−19 43 47	5·3	0 05·8
22	18 15 00·7	−17 30 36	6·6	4 15·5	20	17 52 21·0	−19 48 00	5·3	0 00·8
23	18 15 31·6	−17 30 53	6·6	4 12·0	21	17 51 19·3	−19 52 14	5·3	23 50·9
24	18 16 00·8	−17 31 13	6·6	4 08·6	22	17 50 17·6	−19 56 29	5·3	23 46·0
25	18 16 28·1	−17 31 35	6·6	4 05·1	23	17 49 16·1	−20 00 46	5·4	23 41·0
26	18 16 53·5	−17 32 01	6·6	4 01·6	24	17 48 14·9	−20 05 04	5·4	23 36·1
27	18 17 17·1	−17 32 30	6·5	3 58·0	25	17 47 14·0	−20 09 23	5·4	23 31·2
28	18 17 38·8	−17 33 02	6·5	3 54·5	26	17 46 13·6	−20 13 43	5·4	23 26·2
29	18 17 58·6	−17 33 37	6·5	3 50·9	27	17 45 13·7	−20 18 03	5·5	23 21·3
30	18 18 16·5	−17 34 16	6·5	3 47·2	28	17 44 14·4	−20 22 24	5·5	23 16·4
May 1	18 18 32·4	−17 34 59	6·5	3 43·5	29	17 43 15·9	−20 26 45	5·5	23 11·5
2	18 18 46·4	−17 35 45	6·4	3 39·8	30	17 42 18·1	−20 31 06	5·6	23 06·7
3	18 18 58·4	−17 36 36	6·4	3 36·1	July 1	17 41 21·2	−20 35 28	5·6	23 01·8
4	18 19 08·4	−17 37 30	6·4	3 32·3	2	17 40 25·2	−20 39 50	5·6	22 57·0
5	18 19 16·3	−17 38 29	6·4	3 28·5	3	17 39 30·3	−20 44 12	5·6	22 52·1
6	18 19 22·3	−17 39 32	6·4	3 24·7	4	17 38 36·5	−20 48 33	5·7	22 47·3
7	18 19 26·2	−17 40 39	6·3	3 20·8	5	17 37 43·8	−20 52 55	5·7	22 42·5
May 8	18 19 28·1	−17 41 51	6·3	3 16·9	6	17 36 52·4	−20 57 16	5·7	22 37·8
9	18 19 27·9	−17 43 07	6·3	3 13·0	7	17 36 02·3	−21 01 36	5·7	22 33·0
10	18 19 25·6	−17 44 28	6·3	3 09·0	8	17 35 13·6	−21 05 57	5·8	22 28·3
11	18 19 21·2	−17 45 54	6·2	3 05·0	9	17 34 26·3	−21 10 16	5·8	22 23·6
12	18 19 14·8	−17 47 25	6·2	3 00·9	10	17 33 40·6	−21 14 35	5·8	22 19·0
13	18 19 06·3	−17 49 01	6·2	2 56·9	11	17 32 56·4	−21 18 54	5·8	22 14·3
14	18 18 55·7	−17 50 41	6·2	2 52·8	12	17 32 13·8	−21 23 12	5·8	22 09·7
15	18 18 43·0	−17 52 27	6·2	2 48·6	13	17 31 33·0	−21 27 29	5·9	22 05·1
16	18 18 28·2	−17 54 18	6·1	2 44·4	14	17 30 53·9	−21 31 46	5·9	22 00·6
17	18 18 11·4	−17 56 14	6·1	2 40·2	15	17 30 16·6	−21 36 02	5·9	21 56·1
18	18 17 52·5	−17 58 15	6·1	2 36·0	16	17 29 41·1	−21 40 17	5·9	21 51·6
19	18 17 31·6	−18 00 22	6·1	2 31·7	17	17 29 07·6	−21 44 31	6·0	21 47·1
20	18 17 08·7	−18 02 33	6·0	2 27·4	18	17 28 35·9	−21 48 45	6·0	21 42·7
21	18 16 43·8	−18 04 50	6·0	2 23·0	19	17 28 06·2	−21 52 58	6·0	21 38·3
22	18 16 16·9	−18 07 13	6·0	2 18·6	20	17 27 38·5	−21 57 10	6·0	21 33·9
23	18 15 48·1	−18 09 40	6·0	2 14·2	21	17 27 12·8	−22 01 21	6·1	21 29·6
24	18 15 17·4	−18 12 13	5·9	2 09·8	22	17 26 49·0	−22 05 31	6·1	21 25·3
25	18 14 44·9	−18 14 50	5·9	2 05·3	23	17 26 27·4	−22 09 40	6·1	21 21·0
26	18 14 10·4	−18 17 33	5·9	2 00·8	24	17 26 07·7	−22 13 49	6·1	21 16·8
27	18 13 34·2	−18 20 21	5·9	1 56·3	25	17 25 50·2	−22 17 56	6·2	21 12·6
28	18 12 56·2	−18 23 14	5·9	1 51·7	26	17 25 34·7	−22 22 03	6·2	21 08·5
29	18 12 16·4	−18 26 12	5·8	1 47·1	27	17 25 21·3	−22 26 08	6·2	21 04·3
30	18 11 35·0	−18 29 15	5·8	1 42·5	28	17 25 09·9	−22 30 12	6·2	21 00·3
31	18 10 51·9	−18 32 22	5·8	1 37·9	29	17 25 00·7	−22 34 16	6·3	20 56·2
June 1	18 10 07·2	−18 35 34	5·8	1 33·2	30	17 24 53·5	−22 38 18	6·3	20 52·2
2	18 09 21·0	−18 38 51	5·7	1 28·5	31	17 24 48·4	−22 42 19	6·3	20 48·2
3	18 08 33·3	−18 42 12	5·7	1 23·8	Aug. 1	17 24 45·4	−22 46 19	6·3	20 44·2
4	18 07 44·1	−18 45 37	5·7	1 19·0	2	17 24 44·5	−22 50 18	6·3	20 40·3
5	18 06 53·5	−18 49 07	5·7	1 14·3	3	17 24 45·6	−22 54 15	6·4	20 36·4
6	18 06 01·7	−18 52 40	5·6	1 09·5	4	17 24 48·8	−22 58 12	6·4	20 32·6
7	18 05 08·5	−18 56 18	5·6	1 04·6	5	17 24 54·1	−23 02 07	6·4	20 28·8
8	18 04 14·2	−18 59 59	5·6	0 59·8	6	17 25 01·4	−23 06 00	6·4	20 25·0
9	18 03 18·8	−19 03 43	5·6	0 55·0	7	17 25 10·8	−23 09 52	6·5	20 21·3
10	18 02 22·4	−19 07 31	5·5	0 50·1	8	17 25 22·3	−23 13 43	6·5	20 17·5
11	18 01 25·0	−19 11 22	5·5	0 45·2	9	17 25 35·7	−23 17 33	6·5	20 13·9
12	18 00 26·8	−19 15 16	5·5	0 40·3	10	17 25 51·2	−23 21 21	6·5	20 10·2
13	17 59 27·8	−19 19 13	5·5	0 35·4	11	17 26 08·8	−23 25 07	6·5	20 06·6
14	17 58 28·1	−19 23 13	5·4	0 30·5	12	17 26 28·3	−23 28 52	6·6	20 03·0
15	17 57 27·8	−19 27 16	5·4	0 25·6	13	17 26 49·8	−23 32 36	6·6	19 59·5
16	17 56 27·0	−19 31 20	5·4	0 20·6	14	17 27 13·3	−23 36 18	6·6	19 56·0
17	17 55 25·9	−19 35 27	5·4	0 15·7	15	17 27 38·7	−23 39 58	6·6	19 52·5
18	17 54 24·4	−19 39 36	5·3	0 10·7	16	17 28 06·1	−23 43 36	6·7	19 49·0
June 19	17 53 22·8	−19 43 47	5·3	0 05·8	Aug. 17	17 28 35·3	−23 47 13	6·7	19 45·6

Second transit for Vesta 2018 June 20ᵈ 23ʰ 55ᵐ9

GEOCENTRIC POSITIONS FOR 0ʰ TERRESTRIAL TIME

Date	Astrometric R.A.	Dec.	Vis. Mag.	Ephemeris Transit	Date	Astrometric R.A.	Dec.	Vis. Mag.	Ephemeris Transit
	h m s	° ′ ″		h m		h m s	° ′ ″		h m
2018 Oct. 30	6 50 56.0	+ 4 38 09	9.3	4 18.3	**2018 Dec. 28**	6 23 08.5	+ 5 22 26	8.4	23 53.5
31	6 51 22.2	+ 4 33 53	9.3	4 14.8	**29**	6 22 05.5	+ 5 29 59	8.5	23 48.6
Nov. 1	6 51 46.3	+ 4 29 41	9.3	4 11.2	**30**	6 21 02.8	+ 5 37 44	8.5	23 43.6
2	6 52 08.6	+ 4 25 34	9.2	4 07.6	**31**	6 20 00.4	+ 5 45 40	8.5	23 38.6
3	6 52 28.8	+ 4 21 33	9.2	4 04.0	**2019 Jan. 1**	6 18 58.5	+ 5 53 48	8.5	23 33.7
4	6 52 47.0	+ 4 17 38	9.2	4 00.4	**2**	6 17 57.1	+ 6 02 06	8.5	23 28.8
5	6 53 03.2	+ 4 13 48	9.2	3 56.7	**3**	6 16 56.4	+ 6 10 35	8.5	23 23.8
6	6 53 17.4	+ 4 10 06	9.2	3 53.0	**4**	6 15 56.4	+ 6 19 13	8.5	23 18.9
7	6 53 29.5	+ 4 06 30	9.2	3 49.3	**5**	6 14 57.2	+ 6 28 01	8.5	23 14.0
8	6 53 39.5	+ 4 03 01	9.1	3 45.5	**6**	6 13 58.8	+ 6 36 57	8.5	23 09.1
9	6 53 47.5	+ 3 59 40	9.1	3 41.7	**7**	6 13 01.5	+ 6 46 02	8.6	23 04.3
10	6 53 53.4	+ 3 56 26	9.1	3 37.9	**8**	6 12 05.1	+ 6 55 16	8.6	22 59.4
11	6 53 57.2	+ 3 53 21	9.1	3 34.0	**9**	6 11 10.0	+ 7 04 36	8.6	22 54.6
Nov. 12	6 53 58.8	+ 3 50 24	9.1	3 30.1	**10**	6 10 16.0	+ 7 14 04	8.6	22 49.8
13	6 53 58.4	+ 3 47 36	9.1	3 26.2	**11**	6 09 23.2	+ 7 23 38	8.7	22 45.0
14	6 53 55.9	+ 3 44 58	9.0	3 22.2	**12**	6 08 31.8	+ 7 33 19	8.7	22 40.3
15	6 53 51.3	+ 3 42 28	9.0	3 18.2	**13**	6 07 41.8	+ 7 43 05	8.7	22 35.5
16	6 53 44.6	+ 3 40 09	9.0	3 14.1	**14**	6 06 53.3	+ 7 52 56	8.7	22 30.8
17	6 53 35.8	+ 3 37 59	9.0	3 10.0	**15**	6 06 06.2	+ 8 02 52	8.7	22 26.1
18	6 53 24.9	+ 3 36 00	9.0	3 05.9	**16**	6 05 20.8	+ 8 12 52	8.8	22 21.5
19	6 53 11.9	+ 3 34 12	9.0	3 01.8	**17**	6 04 36.9	+ 8 22 55	8.8	22 16.8
20	6 52 56.9	+ 3 32 35	8.9	2 57.6	**18**	6 03 54.6	+ 8 33 02	8.8	22 12.2
21	6 52 39.7	+ 3 31 09	8.9	2 53.4	**19**	6 03 14.1	+ 8 43 12	8.8	22 07.7
22	6 52 20.6	+ 3 29 55	8.9	2 49.1	**20**	6 02 35.3	+ 8 53 25	8.9	22 03.1
23	6 51 59.3	+ 3 28 53	8.9	2 44.8	**21**	6 01 58.2	+ 9 03 39	8.9	21 58.6
24	6 51 36.1	+ 3 28 03	8.9	2 40.5	**22**	6 01 22.9	+ 9 13 55	8.9	21 54.1
25	6 51 10.8	+ 3 27 26	8.9	2 36.1	**23**	6 00 49.4	+ 9 24 12	8.9	21 49.6
26	6 50 43.5	+ 3 27 01	8.8	2 31.8	**24**	6 00 17.8	+ 9 34 30	9.0	21 45.2
27	6 50 14.2	+ 3 26 50	8.8	2 27.3	**25**	5 59 48.0	+ 9 44 48	9.0	21 40.8
28	6 49 43.0	+ 3 26 52	8.8	2 22.9	**26**	5 59 20.0	+ 9 55 06	9.0	21 36.5
29	6 49 09.8	+ 3 27 07	8.8	2 18.4	**27**	5 58 54.0	+10 05 25	9.1	21 32.1
30	6 48 34.7	+ 3 27 36	8.8	2 13.9	**28**	5 58 29.9	+10 15 42	9.1	21 27.8
Dec. 1	6 47 57.8	+ 3 28 19	8.7	2 09.3	**29**	5 58 07.7	+10 25 59	9.1	21 23.6
2	6 47 19.0	+ 3 29 17	8.7	2 04.8	**30**	5 57 47.5	+10 36 15	9.1	21 19.3
3	6 46 38.5	+ 3 30 29	8.7	2 00.2	**31**	5 57 29.2	+10 46 29	9.2	21 15.1
4	6 45 56.1	+ 3 31 56	8.7	1 55.5	**Feb. 1**	5 57 12.9	+10 56 42	9.2	21 10.9
5	6 45 12.1	+ 3 33 38	8.7	1 50.9	**2**	5 56 58.5	+11 06 52	9.2	21 06.8
6	6 44 26.4	+ 3 35 35	8.7	1 46.2	**3**	5 56 46.1	+11 17 01	9.2	21 02.7
7	6 43 39.2	+ 3 37 47	8.6	1 41.5	**4**	5 56 35.7	+11 27 06	9.3	20 58.6
8	6 42 50.4	+ 3 40 14	8.6	1 36.7	**5**	5 56 27.3	+11 37 09	9.3	20 54.6
9	6 42 00.1	+ 3 42 57	8.6	1 32.0	**6**	5 56 20.9	+11 47 09	9.3	20 50.6
10	6 41 08.4	+ 3 45 56	8.6	1 27.2	**7**	5 56 16.4	+11 57 06	9.3	20 46.6
11	6 40 15.5	+ 3 49 10	8.6	1 22.4	**Feb. 8**	5 56 13.9	+12 06 59	9.4	20 42.6
12	6 39 21.2	+ 3 52 39	8.6	1 17.5	**9**	5 56 13.4	+12 16 48	9.4	20 38.7
13	6 38 25.8	+ 3 56 24	8.6	1 12.7	**10**	5 56 14.8	+12 26 34	9.4	20 34.9
14	6 37 29.3	+ 4 00 25	8.5	1 07.8	**11**	5 56 18.1	+12 36 15	9.4	20 31.0
15	6 36 31.7	+ 4 04 41	8.5	1 02.9	**12**	5 56 23.4	+12 45 53	9.5	20 27.2
16	6 35 33.2	+ 4 09 12	8.5	0 58.0	**13**	5 56 30.6	+12 55 25	9.5	20 23.4
17	6 34 33.8	+ 4 13 59	8.5	0 53.1	**14**	5 56 39.6	+13 04 54	9.5	20 19.6
18	6 33 33.7	+ 4 19 01	8.5	0 48.2	**15**	5 56 50.5	+13 14 17	9.5	20 15.9
19	6 32 32.9	+ 4 24 18	8.5	0 43.2	**16**	5 57 03.3	+13 23 36	9.6	20 12.2
20	6 31 31.4	+ 4 29 50	8.5	0 38.3	**17**	5 57 17.9	+13 32 49	9.6	20 08.6
21	6 30 29.5	+ 4 35 36	8.5	0 33.3	**18**	5 57 34.3	+13 41 58	9.6	20 04.9
22	6 29 27.1	+ 4 41 37	8.5	0 28.4	**19**	5 57 52.5	+13 51 01	9.6	20 01.3
23	6 28 24.4	+ 4 47 51	8.5	0 23.4	**20**	5 58 12.4	+13 59 59	9.7	19 57.8
24	6 27 21.4	+ 4 54 20	8.4	0 18.4	**21**	5 58 34.1	+14 08 51	9.7	19 54.2
25	6 26 18.2	+ 5 01 02	8.4	0 13.4	**22**	5 58 57.5	+14 17 38	9.7	19 50.7
26	6 25 14.9	+ 5 07 57	8.4	0 08.5	**23**	5 59 22.6	+14 26 19	9.7	19 47.2
27	6 24 11.7	+ 5 15 05	8.4	0 03.5	**24**	5 59 49.3	+14 34 54	9.8	19 43.7
Dec. 28	6 23 08.5	+ 5 22 26	8.4	23 53.5	**Feb. 25**	6 00 17.7	+14 43 24	9.8	19 40.3

Second transit for Hebe 2018 December 27ᵈ 23ʰ 58ᵐ5

FLORA, 2018
GEOCENTRIC POSITIONS FOR 0ʰ TERRESTRIAL TIME

Date	Astrometric R.A.	Dec.	Vis. Mag.	Ephemeris Transit	Date	Astrometric R.A.	Dec.	Vis. Mag.	Ephemeris Transit
	h m s	° ′ ″		h m		h m s	° ′ ″		h m
2017 Nov. 4	7 16 00·8	+17 45 57	9·6	4 22·7	**2018 Jan. 2**	6 52 36·9	+21 03 26	8·2	0 07·3
5	7 16 41·3	+17 45 48	9·5	4 19·5	3	6 51 26·8	+21 09 12	8·2	0 02·3
6	7 17 19·7	+17 45 44	9·5	4 16·2	4	6 50 16·8	+21 14 58	8·2	23 52·1
7	7 17 56·0	+17 45 47	9·5	4 12·8	5	6 49 07·1	+21 20 41	8·3	23 47·0
8	7 18 30·2	+17 45 56	9·5	4 09·5	6	6 47 57·8	+21 26 23	8·3	23 41·9
9	7 19 02·2	+17 46 11	9·5	4 06·1	7	6 46 49·0	+21 32 02	8·4	23 36·9
10	7 19 32·0	+17 46 32	9·4	4 02·6	8	6 45 40·9	+21 37 39	8·4	23 31·8
11	7 19 59·6	+17 47 00	9·4	3 59·1	9	6 44 33·5	+21 43 13	8·4	23 26·8
12	7 20 25·0	+17 47 35	9·4	3 55·6	10	6 43 26·9	+21 48 44	8·5	23 21·8
13	7 20 48·0	+17 48 17	9·4	3 52·1	11	6 42 21·3	+21 54 11	8·5	23 16·8
14	7 21 08·7	+17 49 07	9·4	3 48·5	12	6 41 16·8	+21 59 35	8·5	23 11·8
15	7 21 27·1	+17 50 04	9·3	3 44·8	13	6 40 13·4	+22 04 55	8·6	23 06·8
16	7 21 43·1	+17 51 08	9·3	3 41·2	14	6 39 11·3	+22 10 12	8·6	23 01·9
17	7 21 56·7	+17 52 21	9·3	3 37·4	15	6 38 10·6	+22 15 24	8·6	22 57·0
18	7 22 08·0	+17 53 41	9·3	3 33·7	16	6 37 11·4	+22 20 31	8·7	22 52·1
19	7 22 16·8	+17 55 10	9·3	3 29·9	17	6 36 13·7	+22 25 35	8·7	22 47·2
20	7 22 23·1	+17 56 46	9·2	3 26·1	18	6 35 17·7	+22 30 33	8·7	22 42·4
21	7 22 27·1	+17 58 31	9·2	3 22·2	19	6 34 23·5	+22 35 27	8·8	22 37·6
Nov. 22	7 22 28·5	+18 00 25	9·2	3 18·3	20	6 33 31·0	+22 40 17	8·8	22 32·8
23	7 22 27·6	+18 02 27	9·2	3 14·3	21	6 32 40·4	+22 45 01	8·8	22 28·1
24	7 22 24·1	+18 04 37	9·2	3 10·3	22	6 31 51·8	+22 49 41	8·9	22 23·4
25	7 22 18·2	+18 06 57	9·1	3 06·3	23	6 31 05·2	+22 54 16	8·9	22 18·7
26	7 22 09·8	+18 09 25	9·1	3 02·2	24	6 30 20·7	+22 58 45	8·9	22 14·1
27	7 21 58·9	+18 12 01	9·1	2 58·1	25	6 29 38·3	+23 03 10	9·0	22 09·5
28	7 21 45·5	+18 14 47	9·1	2 54·0	26	6 28 58·0	+23 07 30	9·0	22 04·9
29	7 21 29·8	+18 17 41	9·0	2 49·8	27	6 28 20·0	+23 11 45	9·0	22 00·4
30	7 21 11·5	+18 20 44	9·0	2 45·5	28	6 27 44·2	+23 15 55	9·1	21 55·9
Dec. 1	7 20 50·8	+18 23 55	9·0	2 41·2	29	6 27 10·7	+23 20 00	9·1	21 51·4
2	7 20 27·7	+18 27 16	9·0	2 36·9	30	6 26 39·4	+23 24 00	9·1	21 47·0
3	7 20 02·2	+18 30 44	9·0	2 32·6	31	6 26 10·5	+23 27 56	9·1	21 42·6
4	7 19 34·3	+18 34 22	8·9	2 28·2	**Feb. 1**	6 25 43·8	+23 31 46	9·2	21 38·3
5	7 19 04·0	+18 38 08	8·9	2 23·7	2	6 25 19·5	+23 35 31	9·2	21 34·0
6	7 18 31·4	+18 42 01	8·9	2 19·3	3	6 24 57·6	+23 39 12	9·2	21 29·8
7	7 17 56·4	+18 46 04	8·9	2 14·7	4	6 24 38·0	+23 42 48	9·3	21 25·5
8	7 17 19·2	+18 50 14	8·8	2 10·2	5	6 24 20·8	+23 46 19	9·3	21 21·3
9	7 16 39·7	+18 54 31	8·8	2 05·6	6	6 24 05·9	+23 49 45	9·3	21 17·2
10	7 15 58·0	+18 58 57	8·8	2 01·0	7	6 23 53·4	+23 53 06	9·4	21 13·1
11	7 15 14·1	+19 03 29	8·8	1 56·3	8	6 23 43·2	+23 56 23	9·4	21 09·0
12	7 14 28·1	+19 08 09	8·8	1 51·6	9	6 23 35·4	+23 59 35	9·4	21 05·0
13	7 13 40·0	+19 12 56	8·7	1 46·9	10	6 23 30·0	+24 02 43	9·4	21 01·0
14	7 12 49·9	+19 17 49	8·7	1 42·1	**Feb. 11**	6 23 27·0	+24 05 46	9·5	20 57·1
15	7 11 57·9	+19 22 48	8·7	1 37·3	12	6 23 26·2	+24 08 44	9·5	20 53·2
16	7 11 04·1	+19 27 53	8·7	1 32·5	13	6 23 27·8	+24 11 38	9·5	20 49·3
17	7 10 08·4	+19 33 04	8·6	1 27·7	14	6 23 31·8	+24 14 27	9·6	20 45·5
18	7 09 11·1	+19 38 20	8·6	1 22·8	15	6 23 38·0	+24 17 12	9·6	20 41·7
19	7 08 12·1	+19 43 41	8·6	1 17·9	16	6 23 46·5	+24 19 52	9·6	20 37·9
20	7 07 11·7	+19 49 07	8·6	1 12·9	17	6 23 57·3	+24 22 28	9·6	20 34·2
21	7 06 09·8	+19 54 36	8·5	1 08·0	18	6 24 10·3	+24 24 59	9·7	20 30·5
22	7 05 06·6	+20 00 09	8·5	1 03·0	19	6 24 25·6	+24 27 27	9·7	20 26·9
23	7 04 02·2	+20 05 46	8·5	0 58·0	20	6 24 43·0	+24 29 49	9·7	20 23·2
24	7 02 56·8	+20 11 26	8·5	0 53·0	21	6 25 02·7	+24 32 08	9·7	20 19·7
25	7 01 50·3	+20 17 08	8·4	0 48·0	22	6 25 24·4	+24 34 22	9·8	20 16·1
26	7 00 42·9	+20 22 52	8·4	0 42·9	23	6 25 48·3	+24 36 32	9·8	20 12·6
27	6 59 34·8	+20 28 37	8·4	0 37·9	24	6 26 14·3	+24 38 37	9·8	20 09·1
28	6 58 26·1	+20 34 25	8·4	0 32·8	25	6 26 42·3	+24 40 39	9·8	20 05·7
29	6 57 16·8	+20 40 13	8·3	0 27·7	26	6 27 12·3	+24 42 35	9·9	20 02·3
30	6 56 07·2	+20 46 01	8·3	0 22·6	27	6 27 44·3	+24 44 28	9·9	19 58·9
31	6 54 57·2	+20 51 50	8·3	0 17·5	28	6 28 18·2	+24 46 16	9·9	19 55·6
2018 Jan. 1	6 53 47·1	+20 57 38	8·2	0 12·4	**Mar. 1**	6 28 54·1	+24 48 00	9·9	19 52·3
Jan. 2	6 52 36·9	+21 03 26	8·2	0 07·3	**Mar. 2**	6 29 31·8	+24 49 40	10·0	19 49·0

Second transit for Flora 2018 January 3ᵈ 23ʰ 57ᵐ·2

GEOCENTRIC POSITIONS FOR 0ʰ TERRESTRIAL TIME

Date	R.A. (h m s)	Dec. (° ′ ″)	Vis. Mag.	Ephemeris Transit (h m)	Date	R.A. (h m s)	Dec. (° ′ ″)	Vis. Mag.	Ephemeris Transit (h m)
2018 Apr. 18	18 11 35.2	−23 53 53	11.0	4 27.8	2018 June 16	17 40 11.7	−25 53 24	9.7	0 04.5
19	18 11 50.3	−23 55 34	11.0	4 24.1	17	17 39 05.9	−25 54 49	9.7	23 54.4
20	18 12 03.8	−23 57 16	11.0	4 20.4	18	17 38 00.0	−25 56 10	9.7	23 49.4
21	18 12 15.7	−23 59 00	10.9	4 16.6	19	17 36 54.2	−25 57 28	9.7	23 44.4
22	18 12 25.8	−24 00 45	10.9	4 12.9	20	17 35 48.6	−25 58 42	9.7	23 39.4
23	18 12 34.3	−24 02 32	10.9	4 09.1	21	17 34 43.1	−25 59 53	9.8	23 34.4
24	18 12 41.2	−24 04 20	10.9	4 05.3	22	17 33 37.9	−26 01 01	9.8	23 29.4
25	18 12 46.3	−24 06 10	10.9	4 01.4	23	17 32 33.1	−26 02 05	9.8	23 24.4
26	18 12 49.7	−24 08 02	10.9	3 57.5	24	17 31 28.7	−26 03 06	9.8	23 19.4
Apr. 27	18 12 51.4	−24 09 55	10.8	3 53.6	25	17 30 24.8	−26 04 04	9.9	23 14.4
28	18 12 51.4	−24 11 50	10.8	3 49.7	26	17 29 21.5	−26 04 59	9.9	23 09.4
29	18 12 49.7	−24 13 46	10.8	3 45.7	27	17 28 18.8	−26 05 51	9.9	23 04.5
30	18 12 46.2	−24 15 44	10.8	3 41.7	28	17 27 16.8	−26 06 40	9.9	22 59.5
May 1	18 12 40.9	−24 17 44	10.8	3 37.7	29	17 26 15.6	−26 07 25	10.0	22 54.6
2	18 12 33.9	−24 19 45	10.7	3 33.6	30	17 25 15.2	−26 08 08	10.0	22 49.7
3	18 12 25.1	−24 21 48	10.7	3 29.6	July 1	17 24 15.6	−26 08 48	10.0	22 44.8
4	18 12 14.5	−24 23 52	10.7	3 25.5	2	17 23 17.1	−26 09 25	10.0	22 39.9
5	18 12 02.2	−24 25 58	10.7	3 21.3	3	17 22 19.5	−26 10 00	10.1	22 35.0
6	18 11 48.0	−24 28 05	10.7	3 17.1	4	17 21 23.0	−26 10 32	10.1	22 30.2
7	18 11 32.1	−24 30 14	10.6	3 12.9	5	17 20 27.6	−26 11 02	10.1	22 25.3
8	18 11 14.4	−24 32 23	10.6	3 08.7	6	17 19 33.4	−26 11 30	10.1	22 20.5
9	18 10 54.9	−24 34 34	10.6	3 04.5	7	17 18 40.4	−26 11 55	10.2	22 15.7
10	18 10 33.5	−24 36 46	10.6	3 00.2	8	17 17 48.7	−26 12 18	10.2	22 11.0
11	18 10 10.4	−24 39 00	10.6	2 55.9	9	17 16 58.4	−26 12 40	10.2	22 06.2
12	18 09 45.6	−24 41 14	10.5	2 51.5	10	17 16 09.4	−26 13 00	10.2	22 01.5
13	18 09 18.9	−24 43 29	10.5	2 47.1	11	17 15 21.8	−26 13 18	10.2	21 56.8
14	18 08 50.5	−24 45 45	10.5	2 42.7	12	17 14 35.7	−26 13 34	10.3	21 52.1
15	18 08 20.3	−24 48 01	10.5	2 38.3	13	17 13 51.1	−26 13 49	10.3	21 47.5
16	18 07 48.4	−24 50 18	10.4	2 33.8	14	17 13 08.0	−26 14 04	10.3	21 42.8
17	18 07 14.8	−24 52 35	10.4	2 29.3	15	17 12 26.5	−26 14 17	10.3	21 38.3
18	18 06 39.5	−24 54 53	10.4	2 24.8	16	17 11 46.6	−26 14 29	10.4	21 33.7
19	18 06 02.5	−24 57 11	10.4	2 20.3	17	17 11 08.4	−26 14 40	10.4	21 29.1
20	18 05 23.9	−24 59 29	10.4	2 15.7	18	17 10 31.9	−26 14 51	10.4	21 24.6
21	18 04 43.6	−25 01 47	10.3	2 11.1	19	17 09 57.0	−26 15 01	10.4	21 20.1
22	18 04 01.8	−25 04 04	10.3	2 06.5	20	17 09 23.9	−26 15 11	10.4	21 15.7
23	18 03 18.5	−25 06 22	10.3	2 01.8	21	17 08 52.5	−26 15 21	10.5	21 11.3
24	18 02 33.6	−25 08 39	10.3	1 57.1	22	17 08 22.8	−26 15 31	10.5	21 06.9
25	18 01 47.3	−25 10 55	10.2	1 52.4	23	17 07 54.9	−26 15 41	10.5	21 02.5
26	18 00 59.6	−25 13 10	10.2	1 47.7	24	17 07 28.8	−26 15 50	10.5	20 58.2
27	18 00 10.4	−25 15 25	10.2	1 43.0	25	17 07 04.5	−26 16 00	10.5	20 53.9
28	17 59 19.9	−25 17 38	10.2	1 38.2	26	17 06 41.9	−26 16 11	10.6	20 49.6
29	17 58 28.1	−25 19 50	10.1	1 33.4	27	17 06 21.1	−26 16 21	10.6	20 45.3
30	17 57 35.0	−25 22 01	10.1	1 28.6	28	17 06 02.2	−26 16 33	10.6	20 41.1
31	17 56 40.6	−25 24 11	10.1	1 23.8	29	17 05 45.0	−26 16 44	10.6	20 36.9
June 1	17 55 45.1	−25 26 18	10.1	1 18.9	30	17 05 29.6	−26 16 57	10.6	20 32.7
2	17 54 48.5	−25 28 24	10.0	1 14.0	31	17 05 16.0	−26 17 10	10.7	20 28.6
3	17 53 50.8	−25 30 28	10.0	1 09.2	Aug. 1	17 05 04.2	−26 17 24	10.7	20 24.5
4	17 52 52.1	−25 32 30	10.0	1 04.3	2	17 04 54.3	−26 17 38	10.7	20 20.4
5	17 51 52.5	−25 34 30	10.0	0 59.3	3	17 04 46.1	−26 17 54	10.7	20 16.4
6	17 50 51.9	−25 36 27	9.9	0 54.4	4	17 04 39.7	−26 18 10	10.7	20 12.4
7	17 49 50.5	−25 38 22	9.9	0 49.5	5	17 04 35.1	−26 18 28	10.8	20 08.4
8	17 48 48.3	−25 40 14	9.9	0 44.5	6	17 04 32.3	−26 18 46	10.8	20 04.4
9	17 47 45.5	−25 42 03	9.9	0 39.5	Aug. 7	17 04 31.2	−26 19 05	10.8	20 00.5
10	17 46 42.0	−25 43 50	9.8	0 34.5	8	17 04 32.0	−26 19 26	10.8	19 56.6
11	17 45 37.9	−25 45 33	9.8	0 29.5	9	17 04 34.5	−26 19 48	10.8	19 52.8
12	17 44 33.3	−25 47 14	9.8	0 24.5	10	17 04 38.8	−26 20 11	10.8	19 48.9
13	17 43 28.4	−25 48 51	9.7	0 19.5	11	17 04 44.8	−26 20 35	10.9	19 45.1
14	17 42 23.1	−25 50 26	9.7	0 14.5	12	17 04 52.6	−26 21 00	10.9	19 41.3
15	17 41 17.5	−25 51 57	9.7	0 09.5	13	17 05 02.1	−26 21 26	10.9	19 37.6
June 16	17 40 11.7	−25 53 24	9.7	0 04.5	Aug. 14	17 05 13.3	−26 21 54	10.9	19 33.9

Second transit for Metis 2018 June 16ᵈ 23ʰ 59ᵐ5

HYGIEA, 2018
GEOCENTRIC POSITIONS FOR 0ʰ TERRESTRIAL TIME

Date	Astrometric R.A. (h m s)	Dec. (° ′ ″)	Vis. Mag.	Ephemeris Transit (h m)
2018 July 27	0 20 27.7	+ 6 55 04	11.0	4 02.3
28	0 20 29.8	+ 6 56 56	11.0	3 58.4
July 29	0 20 30.7	+ 6 58 39	11.0	3 54.4
30	0 20 30.5	+ 7 00 16	11.0	3 50.5
31	0 20 29.2	+ 7 01 45	11.0	3 46.5
Aug. 1	0 20 26.7	+ 7 03 07	10.9	3 42.6
2	0 20 23.0	+ 7 04 20	10.9	3 38.6
3	0 20 18.2	+ 7 05 27	10.9	3 34.6
4	0 20 12.2	+ 7 06 25	10.9	3 30.5
5	0 20 05.0	+ 7 07 16	10.9	3 26.5
6	0 19 56.7	+ 7 07 59	10.9	3 22.4
7	0 19 47.2	+ 7 08 34	10.9	3 18.3
8	0 19 36.6	+ 7 09 02	10.8	3 14.2
9	0 19 24.7	+ 7 09 21	10.8	3 10.1
10	0 19 11.7	+ 7 09 32	10.8	3 05.9
11	0 18 57.6	+ 7 09 35	10.8	3 01.8
12	0 18 42.3	+ 7 09 30	10.8	2 57.6
13	0 18 25.9	+ 7 09 17	10.8	2 53.4
14	0 18 08.3	+ 7 08 56	10.8	2 49.1
15	0 17 49.6	+ 7 08 26	10.7	2 44.9
16	0 17 29.8	+ 7 07 49	10.7	2 40.6
17	0 17 08.8	+ 7 07 04	10.7	2 36.3
18	0 16 46.8	+ 7 06 10	10.7	2 32.1
19	0 16 23.8	+ 7 05 08	10.7	2 27.7
20	0 15 59.6	+ 7 03 59	10.7	2 23.4
21	0 15 34.5	+ 7 02 41	10.6	2 19.1
22	0 15 08.3	+ 7 01 16	10.6	2 14.7
23	0 14 41.1	+ 6 59 42	10.6	2 10.3
24	0 14 12.9	+ 6 58 01	10.6	2 05.9
25	0 13 43.7	+ 6 56 12	10.6	2 01.5
26	0 13 13.6	+ 6 54 15	10.6	1 57.1
27	0 12 42.6	+ 6 52 11	10.5	1 52.6
28	0 12 10.6	+ 6 49 59	10.5	1 48.1
29	0 11 37.8	+ 6 47 39	10.5	1 43.7
30	0 11 04.1	+ 6 45 12	10.5	1 39.2
31	0 10 29.5	+ 6 42 38	10.5	1 34.7
Sept. 1	0 09 54.2	+ 6 39 56	10.5	1 30.2
2	0 09 18.0	+ 6 37 08	10.4	1 25.6
3	0 08 41.1	+ 6 34 12	10.4	1 21.1
4	0 08 03.5	+ 6 31 10	10.4	1 16.5
5	0 07 25.2	+ 6 28 01	10.4	1 12.0
6	0 06 46.3	+ 6 24 45	10.4	1 07.4
7	0 06 06.7	+ 6 21 23	10.3	1 02.8
8	0 05 26.5	+ 6 17 54	10.3	0 58.2
9	0 04 45.7	+ 6 14 20	10.3	0 53.6
10	0 04 04.5	+ 6 10 40	10.3	0 49.0
11	0 03 22.8	+ 6 06 54	10.3	0 44.3
12	0 02 40.6	+ 6 03 02	10.3	0 39.7
13	0 01 58.1	+ 5 59 06	10.2	0 35.1
14	0 01 15.2	+ 5 55 04	10.2	0 30.4
15	0 00 32.1	+ 5 50 58	10.2	0 25.8
16	23 59 48.6	+ 5 46 47	10.2	0 21.1
17	23 59 05.0	+ 5 42 32	10.2	0 16.5
18	23 58 21.2	+ 5 38 14	10.1	0 11.8
19	23 57 37.2	+ 5 33 51	10.1	0 07.2
20	23 56 53.1	+ 5 29 25	10.1	0 02.5
21	23 56 09.1	+ 5 24 56	10.1	23 53.2
22	23 55 25.0	+ 5 20 24	10.1	23 48.5
23	23 54 40.9	+ 5 15 50	10.1	23 43.9
Sept. 24	23 53 56.9	+ 5 11 13	10.1	23 39.2

Date	Astrometric R.A. (h m s)	Dec. (° ′ ″)	Vis. Mag.	Ephemeris Transit (h m)
2018 Sept. 24	23 53 56.9	+ 5 11 13	10.1	23 39.2
25	23 53 13.0	+ 5 06 34	10.1	23 34.5
26	23 52 29.3	+ 5 01 53	10.1	23 29.9
27	23 51 45.8	+ 4 57 11	10.1	23 25.2
28	23 51 02.6	+ 4 52 27	10.1	23 20.6
29	23 50 19.6	+ 4 47 43	10.1	23 16.0
30	23 49 36.9	+ 4 42 58	10.2	23 11.3
Oct. 1	23 48 54.6	+ 4 38 12	10.2	23 06.7
2	23 48 12.7	+ 4 33 27	10.2	23 02.1
3	23 47 31.2	+ 4 28 41	10.2	22 57.5
4	23 46 50.3	+ 4 23 56	10.2	22 52.9
5	23 46 09.8	+ 4 19 12	10.3	22 48.3
6	23 45 29.9	+ 4 14 28	10.3	22 43.7
7	23 44 50.6	+ 4 09 46	10.3	22 39.1
8	23 44 11.9	+ 4 05 06	10.3	22 34.6
9	23 43 33.9	+ 4 00 28	10.4	22 30.0
10	23 42 56.7	+ 3 55 51	10.4	22 25.5
11	23 42 20.1	+ 3 51 17	10.4	22 20.9
12	23 41 44.3	+ 3 46 46	10.4	22 16.4
13	23 41 09.4	+ 3 42 18	10.4	22 11.9
14	23 40 35.3	+ 3 37 53	10.5	22 07.4
15	23 40 02.0	+ 3 33 31	10.5	22 03.0
16	23 39 29.7	+ 3 29 13	10.5	21 58.5
17	23 38 58.2	+ 3 25 00	10.5	21 54.1
18	23 38 27.7	+ 3 20 50	10.5	21 49.7
19	23 37 58.2	+ 3 16 44	10.6	21 45.3
20	23 37 29.7	+ 3 12 44	10.6	21 40.9
21	23 37 02.1	+ 3 08 48	10.6	21 36.5
22	23 36 35.6	+ 3 04 57	10.6	21 32.1
23	23 36 10.1	+ 3 01 11	10.6	21 27.8
24	23 35 45.7	+ 2 57 30	10.7	21 23.5
25	23 35 22.3	+ 2 53 55	10.7	21 19.2
26	23 35 00.1	+ 2 50 25	10.7	21 14.9
27	23 34 38.9	+ 2 47 01	10.7	21 10.6
28	23 34 18.8	+ 2 43 43	10.7	21 06.4
29	23 33 59.9	+ 2 40 31	10.8	21 02.1
30	23 33 42.0	+ 2 37 25	10.8	20 57.9
31	23 33 25.3	+ 2 34 25	10.8	20 53.7
Nov. 1	23 33 09.8	+ 2 31 32	10.8	20 49.6
2	23 32 55.4	+ 2 28 45	10.8	20 45.4
3	23 32 42.2	+ 2 26 05	10.9	20 41.3
4	23 32 30.1	+ 2 23 31	10.9	20 37.2
5	23 32 19.3	+ 2 21 04	10.9	20 33.1
6	23 32 09.6	+ 2 18 44	10.9	20 29.0
7	23 32 01.1	+ 2 16 31	10.9	20 24.9
8	23 31 53.7	+ 2 14 25	10.9	20 20.9
9	23 31 47.6	+ 2 12 26	11.0	20 16.9
10	23 31 42.7	+ 2 10 34	11.0	20 12.9
11	23 31 38.9	+ 2 08 49	11.0	20 08.9
12	23 31 36.4	+ 2 07 12	11.0	20 05.0
Nov. 13	23 31 35.0	+ 2 05 42	11.0	20 01.0
14	23 31 34.8	+ 2 04 19	11.0	19 57.1
15	23 31 35.8	+ 2 03 03	11.1	19 53.2
16	23 31 37.9	+ 2 01 55	11.1	19 49.3
17	23 31 41.2	+ 2 00 54	11.1	19 45.5
18	23 31 45.7	+ 2 00 01	11.1	19 41.6
19	23 31 51.3	+ 1 59 14	11.1	19 37.8
20	23 31 58.1	+ 1 58 35	11.1	19 34.0
21	23 32 06.0	+ 1 58 04	11.2	19 30.2
Nov. 22	23 32 15.0	+ 1 57 39	11.2	19 26.4

Second transit for Hygiea 2018 September 20ᵈ 23ʰ 57ᵐ8

GEOCENTRIC POSITIONS FOR 0ʰ TERRESTRIAL TIME

Date	Astrometric R.A. h m s	Astrometric Dec. ° ′ ″	Vis. Mag.	Ephemeris Transit h m	Date	Astrometric R.A. h m s	Astrometric Dec. ° ′ ″	Vis. Mag.	Ephemeris Transit h m
2018 Mar. 10	15 14 59·1	−32 16 02	10·6	4 05·0	2018 May 8	14 40 18·0	−32 09 44	9·8	23 33·5
11	15 15 03·2	−32 19 59	10·6	4 01·1	9	14 39 19·9	−32 04 34	9·8	23 28·6
12	15 15 05·9	−32 23 52	10·6	3 57·2	10	14 38 22·1	−31 59 14	9·8	23 23·7
Mar. 13	15 15 07·0	−32 27 38	10·6	3 53·3	11	14 37 24·6	−31 53 46	9·8	23 18·8
14	15 15 06·5	−32 31 19	10·6	3 49·4	12	14 36 27·5	−31 48 09	9·8	23 14·0
15	15 15 04·6	−32 34 54	10·6	3 45·4	13	14 35 30·9	−31 42 25	9·8	23 09·1
16	15 15 01·1	−32 38 23	10·6	3 41·4	14	14 34 34·7	−31 36 33	9·8	23 04·3
17	15 14 56·0	−32 41 45	10·5	3 37·4	15	14 33 39·2	−31 30 33	9·8	22 59·4
18	15 14 49·4	−32 45 01	10·5	3 33·3	16	14 32 44·2	−31 24 27	9·8	22 54·6
19	15 14 41·2	−32 48 10	10·5	3 29·3	17	14 31 50·0	−31 18 15	9·8	22 49·8
20	15 14 31·4	−32 51 13	10·5	3 25·2	18	14 30 56·4	−31 11 56	9·8	22 45·0
21	15 14 20·1	−32 54 08	10·5	3 21·0	19	14 30 03·7	−31 05 32	9·8	22 40·2
22	15 14 07·2	−32 56 57	10·5	3 16·9	20	14 29 11·8	−30 59 03	9·8	22 35·4
23	15 13 52·7	−32 59 38	10·4	3 12·7	21	14 28 20·8	−30 52 28	9·8	22 30·6
24	15 13 36·7	−33 02 11	10·4	3 08·5	22	14 27 30·7	−30 45 49	9·9	22 25·9
25	15 13 19·1	−33 04 37	10·4	3 04·3	23	14 26 41·7	−30 39 07	9·9	22 21·1
26	15 13 00·0	−33 06 55	10·4	3 00·0	24	14 25 53·6	−30 32 20	9·9	22 16·4
27	15 12 39·3	−33 09 05	10·4	2 55·8	25	14 25 06·6	−30 25 31	9·9	22 11·7
28	15 12 17·1	−33 11 07	10·4	2 51·5	26	14 24 20·7	−30 18 38	9·9	22 07·1
29	15 11 53·4	−33 13 01	10·3	2 47·1	27	14 23 35·9	−30 11 44	9·9	22 02·4
30	15 11 28·1	−33 14 46	10·3	2 42·8	28	14 22 52·3	−30 04 47	9·9	21 57·8
31	15 11 01·3	−33 16 23	10·3	2 38·4	29	14 22 09·8	−29 57 48	10·0	21 53·1
Apr. 1	15 10 33·1	−33 17 51	10·3	2 34·0	30	14 21 28·6	−29 50 49	10·0	21 48·5
2	15 10 03·3	−33 19 10	10·3	2 29·6	31	14 20 48·6	−29 43 49	10·0	21 44·0
3	15 09 32·1	−33 20 19	10·3	2 25·1	June 1	14 20 10·0	−29 36 48	10·0	21 39·4
4	15 08 59·5	−33 21 19	10·2	2 20·6	2	14 19 32·6	−29 29 47	10·0	21 34·9
5	15 08 25·4	−33 22 10	10·2	2 16·1	3	14 18 56·5	−29 22 46	10·0	21 30·4
6	15 07 49·9	−33 22 51	10·2	2 11·6	4	14 18 21·8	−29 15 46	10·0	21 25·9
7	15 07 13·0	−33 23 22	10·2	2 07·1	5	14 17 48·4	−29 08 47	10·1	21 21·4
8	15 06 34·7	−33 23 43	10·2	2 02·5	6	14 17 16·4	−29 01 49	10·1	21 17·0
9	15 05 55·1	−33 23 54	10·2	1 57·9	7	14 16 45·9	−28 54 53	10·1	21 12·6
10	15 05 14·2	−33 23 55	10·1	1 53·3	8	14 16 16·7	−28 47 59	10·1	21 08·2
11	15 04 32·0	−33 23 45	10·1	1 48·7	9	14 15 49·0	−28 41 08	10·1	21 03·8
12	15 03 48·5	−33 23 24	10·1	1 44·0	10	14 15 22·7	−28 34 19	10·1	20 59·4
13	15 03 03·9	−33 22 53	10·1	1 39·4	11	14 14 57·9	−28 27 33	10·2	20 55·1
14	15 02 18·1	−33 22 10	10·1	1 34·7	12	14 14 34·5	−28 20 50	10·2	20 50·8
15	15 01 31·1	−33 21 17	10·1	1 29·9	13	14 14 12·7	−28 14 11	10·2	20 46·5
16	15 00 43·1	−33 20 12	10·0	1 25·2	14	14 13 52·3	−28 07 36	10·2	20 42·3
17	14 59 54·0	−33 18 56	10·0	1 20·5	15	14 13 33·4	−28 01 05	10·2	20 38·1
18	14 59 03·9	−33 17 29	10·0	1 15·7	16	14 13 16·1	−27 54 38	10·2	20 33·9
19	14 58 12·9	−33 15 51	10·0	1 10·9	17	14 13 00·2	−27 48 17	10·2	20 29·7
20	14 57 21·0	−33 14 01	10·0	1 06·1	18	14 12 45·9	−27 42 00	10·3	20 25·6
21	14 56 28·3	−33 12 00	10·0	1 01·3	19	14 12 33·0	−27 35 49	10·3	20 21·4
22	14 55 34·8	−33 09 48	9·9	0 56·5	20	14 12 21·7	−27 29 42	10·3	20 17·3
23	14 54 40·5	−33 07 24	9·9	0 51·7	21	14 12 11·8	−27 23 42	10·3	20 13·3
24	14 53 45·6	−33 04 49	9·9	0 46·8	22	14 12 03·4	−27 17 47	10·3	20 09·2
25	14 52 50·0	−33 02 02	9·9	0 42·0	23	14 11 56·6	−27 11 59	10·3	20 05·2
26	14 51 53·9	−32 59 05	9·9	0 37·1	24	14 11 51·2	−27 06 16	10·4	20 01·2
27	14 50 57·3	−32 55 56	9·9	0 32·3	25	14 11 47·3	−27 00 40	10·4	19 57·2
28	14 50 00·3	−32 52 37	9·9	0 27·4	26	14 11 44·8	−26 55 10	10·4	19 53·2
29	14 49 02·9	−32 49 06	9·8	0 22·5	June 27	14 11 43·8	−26 49 47	10·4	19 49·3
30	14 48 05·1	−32 45 25	9·8	0 17·6	28	14 11 44·2	−26 44 30	10·4	19 45·4
May 1	14 47 07·0	−32 41 33	9·8	0 12·7	29	14 11 46·1	−26 39 20	10·4	19 41·5
2	14 46 08·8	−32 37 31	9·8	0 07·8	30	14 11 49·4	−26 34 17	10·4	19 37·7
3	14 45 10·4	−32 33 18	9·8	0 02·9	July 1	14 11 54·1	−26 29 20	10·5	19 33·8
4	14 44 11·8	−32 28 55	9·8	23 53·1	2	14 12 00·3	−26 24 31	10·5	19 30·0
5	14 43 13·3	−32 24 22	9·8	23 48·2	3	14 12 07·8	−26 19 49	10·5	19 26·2
6	14 42 14·8	−32 19 39	9·8	23 43·3	4	14 12 16·7	−26 15 13	10·5	19 22·5
7	14 41 16·3	−32 14 46	9·8	23 38·4	5	14 12 27·0	−26 10 45	10·5	19 18·7
May 8	14 40 18·0	−32 09 44	9·8	23 33·5	July 6	14 12 38·6	−26 06 24	10·5	19 15·0

Second transit for Eunomia 2018 May 3ᵈ 23ʰ 58ᵐ0

PSYCHE, 2018
GEOCENTRIC POSITIONS FOR 0ʰ TERRESTRIAL TIME

Date	Astrometric R.A. (h m s)	Dec. (° ′ ″)	Vis. Mag.	Ephemeris Transit (h m)
2018 Mar. 12	15 38 01.7	−15 51 28	11.5	4 20.0
13	15 38 10.2	−15 50 41	11.5	4 16.2
14	15 38 17.5	−15 49 50	11.4	4 12.4
15	15 38 23.5	−15 48 54	11.4	4 08.6
16	15 38 28.3	−15 47 54	11.4	4 04.7
17	15 38 31.7	−15 46 49	11.4	4 00.8
18	15 38 33.8	−15 45 40	11.4	3 56.9
Mar. 19	15 38 34.6	−15 44 26	11.4	3 53.0
20	15 38 34.1	−15 43 08	11.4	3 49.1
21	15 38 32.3	−15 41 45	11.3	3 45.1
22	15 38 29.2	−15 40 18	11.3	3 41.1
23	15 38 24.8	−15 38 47	11.3	3 37.1
24	15 38 19.0	−15 37 11	11.3	3 33.1
25	15 38 11.9	−15 35 31	11.3	3 29.0
26	15 38 03.6	−15 33 47	11.3	3 24.9
27	15 37 53.9	−15 31 58	11.2	3 20.8
28	15 37 42.9	−15 30 05	11.2	3 16.7
29	15 37 30.6	−15 28 08	11.2	3 12.6
30	15 37 17.0	−15 26 07	11.2	3 08.4
31	15 37 02.1	−15 24 02	11.2	3 04.3
Apr. 1	15 36 45.9	−15 21 53	11.1	3 00.0
2	15 36 28.5	−15 19 39	11.1	2 55.8
3	15 36 09.7	−15 17 22	11.1	2 51.6
4	15 35 49.7	−15 15 01	11.1	2 47.3
5	15 35 28.5	−15 12 36	11.1	2 43.0
6	15 35 06.0	−15 10 08	11.1	2 38.7
7	15 34 42.2	−15 07 35	11.0	2 34.4
8	15 34 17.2	−15 04 59	11.0	2 30.0
9	15 33 51.1	−15 02 19	11.0	2 25.7
10	15 33 23.7	−14 59 36	11.0	2 21.3
11	15 32 55.1	−14 56 49	11.0	2 16.9
12	15 32 25.4	−14 53 59	10.9	2 12.5
13	15 31 54.6	−14 51 06	10.9	2 08.0
14	15 31 22.6	−14 48 09	10.9	2 03.6
15	15 30 49.6	−14 45 10	10.9	1 59.1
16	15 30 15.5	−14 42 07	10.9	1 54.6
17	15 29 40.3	−14 39 02	10.8	1 50.1
18	15 29 04.2	−14 35 53	10.8	1 45.5
19	15 28 27.1	−14 32 43	10.8	1 41.0
20	15 27 49.0	−14 29 29	10.8	1 36.4
21	15 27 10.1	−14 26 14	10.8	1 31.8
22	15 26 30.2	−14 22 56	10.7	1 27.2
23	15 25 49.6	−14 19 36	10.7	1 22.6
24	15 25 08.1	−14 16 15	10.7	1 18.0
25	15 24 25.9	−14 12 51	10.7	1 13.4
26	15 23 43.0	−14 09 26	10.7	1 08.7
27	15 22 59.4	−14 06 00	10.6	1 04.1
28	15 22 15.1	−14 02 32	10.6	0 59.4
29	15 21 30.3	−13 59 04	10.6	0 54.7
30	15 20 44.9	−13 55 34	10.6	0 50.1
May 1	15 19 58.9	−13 52 03	10.6	0 45.4
2	15 19 12.5	−13 48 32	10.5	0 40.7
3	15 18 25.6	−13 45 01	10.5	0 36.0
4	15 17 38.4	−13 41 29	10.5	0 31.2
5	15 16 50.7	−13 37 57	10.5	0 26.5
6	15 16 02.8	−13 34 25	10.4	0 21.8
7	15 15 14.6	−13 30 54	10.4	0 17.1
8	15 14 26.2	−13 27 23	10.4	0 12.3
9	15 13 37.6	−13 23 53	10.4	0 07.6
May 10	15 12 48.9	−13 20 23	10.4	0 02.8
2018 May 10	15 12 48.9	−13 20 23	10.4	0 02.8
11	15 12 00.1	−13 16 55	10.4	23 53.4
12	15 11 11.3	−13 13 28	10.4	23 48.6
13	15 10 22.5	−13 10 02	10.4	23 43.9
14	15 09 33.7	−13 06 38	10.4	23 39.2
15	15 08 45.1	−13 03 16	10.4	23 34.4
16	15 07 56.7	−12 59 56	10.5	23 29.7
17	15 07 08.4	−12 56 38	10.5	23 25.0
18	15 06 20.4	−12 53 23	10.5	23 20.2
19	15 05 32.8	−12 50 10	10.5	23 15.5
20	15 04 45.5	−12 47 01	10.5	23 10.8
21	15 03 58.6	−12 43 54	10.6	23 06.1
22	15 03 12.1	−12 40 51	10.6	23 01.4
23	15 02 26.2	−12 37 51	10.6	22 56.7
24	15 01 40.7	−12 34 55	10.6	22 52.1
25	15 00 55.9	−12 32 03	10.6	22 47.4
26	15 00 11.6	−12 29 14	10.7	22 42.7
27	14 59 28.0	−12 26 30	10.7	22 38.1
28	14 58 45.0	−12 23 50	10.7	22 33.5
29	14 58 02.8	−12 21 14	10.7	22 28.8
30	14 57 21.3	−12 18 43	10.7	22 24.2
31	14 56 40.6	−12 16 17	10.7	22 19.6
June 1	14 56 00.8	−12 13 55	10.8	22 15.1
2	14 55 21.7	−12 11 39	10.8	22 10.5
3	14 54 43.5	−12 09 27	10.8	22 05.9
4	14 54 06.3	−12 07 21	10.8	22 01.4
5	14 53 29.9	−12 05 20	10.8	21 56.9
6	14 52 54.5	−12 03 24	10.8	21 52.4
7	14 52 20.1	−12 01 34	10.9	21 47.9
8	14 51 46.7	−11 59 50	10.9	21 43.4
9	14 51 14.4	−11 58 11	10.9	21 39.0
10	14 50 43.1	−11 56 38	10.9	21 34.5
11	14 50 12.8	−11 55 11	10.9	21 30.1
12	14 49 43.7	−11 53 49	10.9	21 25.7
13	14 49 15.7	−11 52 34	11.0	21 21.3
14	14 48 48.8	−11 51 25	11.0	21 17.0
15	14 48 23.1	−11 50 22	11.0	21 12.6
16	14 47 58.5	−11 49 25	11.0	21 08.3
17	14 47 35.2	−11 48 35	11.0	21 04.0
18	14 47 13.0	−11 47 51	11.0	20 59.7
19	14 46 52.1	−11 47 13	11.1	20 55.5
20	14 46 32.3	−11 46 41	11.1	20 51.2
21	14 46 13.8	−11 46 16	11.1	20 47.0
22	14 45 56.6	−11 45 57	11.1	20 42.8
23	14 45 40.5	−11 45 44	11.1	20 38.6
24	14 45 25.7	−11 45 38	11.1	20 34.5
25	14 45 12.2	−11 45 38	11.2	20 30.3
26	14 44 59.9	−11 45 44	11.2	20 26.2
27	14 44 48.8	−11 45 57	11.2	20 22.1
28	14 44 39.0	−11 46 15	11.2	20 18.0
29	14 44 30.4	−11 46 40	11.2	20 14.0
30	14 44 23.1	−11 47 11	11.2	20 09.9
July 1	14 44 17.0	−11 47 48	11.2	20 05.9
2	14 44 12.2	−11 48 32	11.3	20 01.9
3	14 44 08.6	−11 49 21	11.3	19 58.0
4	14 44 06.2	−11 50 16	11.3	19 54.0
July 5	14 44 05.1	−11 51 18	11.3	19 50.1
6	14 44 05.3	−11 52 25	11.3	19 46.2
7	14 44 06.6	−11 53 38	11.3	19 42.3
July 8	14 44 09.2	−11 54 57	11.3	19 38.4

Second transit for Psyche 2018 May 10ᵈ 23ʰ 58ᵐ1

EUROPA, 2018

GEOCENTRIC POSITIONS FOR 0ʰ TERRESTRIAL TIME

Date	Astrometric R.A. (h m s)	Astrometric Dec. (° ′ ″)	Vis. Mag.	Ephemeris Transit (h m)	Date	Astrometric R.A. (h m s)	Astrometric Dec. (° ′ ″)	Vis. Mag.	Ephemeris Transit (h m)
2018 May 22	20 22 36·0	−16 15 36	12·1	4 24·6	2018 July 20	19 56 24·5	−18 37 10	11·0	0 06·6
23	20 22 40·3	−16 15 49	12·1	4 20·8	21	19 55 37·3	−18 40 59	11·0	0 01·9
24	20 22 43·5	−16 16 08	12·1	4 16·9	22	19 54 50·1	−18 44 49	11·0	23 52·4
25	20 22 45·6	−16 16 31	12·0	4 13·0	23	19 54 02·9	−18 48 38	11·1	23 47·7
May 26	20 22 46·4	−16 16 59	12·0	4 09·1	24	19 53 15·8	−18 52 27	11·1	23 43·0
27	20 22 46·0	−16 17 32	12·0	4 05·1	25	19 52 28·9	−18 56 16	11·1	23 38·3
28	20 22 44·5	−16 18 10	12·0	4 01·2	26	19 51 42·1	−19 00 04	11·1	23 33·6
29	20 22 41·8	−16 18 53	12·0	3 57·2	27	19 50 55·6	−19 03 51	11·2	23 28·9
30	20 22 37·9	−16 19 40	12·0	3 53·2	28	19 50 09·3	−19 07 38	11·2	23 24·2
31	20 22 32·8	−16 20 33	12·0	3 49·2	29	19 49 23·4	−19 11 23	11·2	23 19·5
June 1	20 22 26·4	−16 21 31	11·9	3 45·1	30	19 48 37·7	−19 15 07	11·2	23 14·8
2	20 22 18·9	−16 22 35	11·9	3 41·1	31	19 47 52·5	−19 18 50	11·2	23 10·2
3	20 22 10·2	−16 23 43	11·9	3 37·0	Aug. 1	19 47 07·7	−19 22 31	11·3	23 05·5
4	20 22 00·3	−16 24 56	11·9	3 32·9	2	19 46 23·4	−19 26 11	11·3	23 00·8
5	20 21 49·2	−16 26 14	11·9	3 28·8	3	19 45 39·6	−19 29 50	11·3	22 56·2
6	20 21 36·9	−16 27 38	11·9	3 24·6	4	19 44 56·3	−19 33 26	11·3	22 51·6
7	20 21 23·4	−16 29 06	11·8	3 20·5	5	19 44 13·6	−19 37 01	11·3	22 46·9
8	20 21 08·7	−16 30 40	11·8	3 16·3	6	19 43 31·5	−19 40 33	11·4	22 42·3
9	20 20 52·8	−16 32 19	11·8	3 12·1	7	19 42 50·1	−19 44 04	11·4	22 37·7
10	20 20 35·7	−16 34 02	11·8	3 07·9	8	19 42 09·3	−19 47 32	11·4	22 33·1
11	20 20 17·5	−16 35 51	11·8	3 03·7	9	19 41 29·4	−19 50 58	11·4	22 28·5
12	20 19 58·1	−16 37 45	11·8	2 59·4	10	19 40 50·1	−19 54 21	11·4	22 24·0
13	20 19 37·5	−16 39 44	11·7	2 55·1	11	19 40 11·7	−19 57 42	11·5	22 19·4
14	20 19 15·7	−16 41 47	11·7	2 50·8	12	19 39 34·2	−20 01 01	11·5	22 14·9
15	20 18 52·8	−16 43 56	11·7	2 46·5	13	19 38 57·5	−20 04 17	11·5	22 10·3
16	20 18 28·8	−16 46 09	11·7	2 42·2	14	19 38 21·7	−20 07 30	11·5	22 05·8
17	20 18 03·7	−16 48 27	11·7	2 37·8	15	19 37 46·9	−20 10 40	11·5	22 01·3
18	20 17 37·5	−16 50 50	11·7	2 33·5	16	19 37 13·0	−20 13 47	11·6	21 56·9
19	20 17 10·2	−16 53 17	11·6	2 29·1	17	19 36 40·2	−20 16 52	11·6	21 52·4
20	20 16 41·9	−16 55 49	11·6	2 24·7	18	19 36 08·3	−20 19 53	11·6	21 48·0
21	20 16 12·5	−16 58 26	11·6	2 20·3	19	19 35 37·5	−20 22 52	11·6	21 43·5
22	20 15 42·1	−17 01 06	11·6	2 15·8	20	19 35 07·8	−20 25 47	11·6	21 39·1
23	20 15 10·7	−17 03 51	11·6	2 11·4	21	19 34 39·1	−20 28 40	11·6	21 34·7
24	20 14 38·3	−17 06 40	11·6	2 06·9	22	19 34 11·6	−20 31 29	11·7	21 30·4
25	20 14 05·0	−17 09 33	11·5	2 02·4	23	19 33 45·2	−20 34 15	11·7	21 26·0
26	20 13 30·7	−17 12 30	11·5	1 57·9	24	19 33 19·9	−20 36 58	11·7	21 21·7
27	20 12 55·5	−17 15 31	11·5	1 53·4	25	19 32 55·7	−20 39 37	11·7	21 17·4
28	20 12 19·5	−17 18 36	11·5	1 48·9	26	19 32 32·8	−20 42 14	11·7	21 13·1
29	20 11 42·5	−17 21 44	11·5	1 44·3	27	19 32 11·0	−20 44 47	11·7	21 08·8
30	20 11 04·8	−17 24 55	11·4	1 39·8	28	19 31 50·4	−20 47 16	11·8	21 04·5
July 1	20 10 26·2	−17 28 10	11·4	1 35·2	29	19 31 31·0	−20 49 43	11·8	21 00·3
2	20 09 46·9	−17 31 28	11·4	1 30·6	30	19 31 12·8	−20 52 06	11·8	20 56·1
3	20 09 06·8	−17 34 49	11·4	1 26·0	31	19 30 55·9	−20 54 26	11·8	20 51·9
4	20 08 25·9	−17 38 13	11·4	1 21·4	Sept. 1	19 30 40·1	−20 56 42	11·8	20 47·7
5	20 07 44·4	−17 41 40	11·3	1 16·8	2	19 30 25·7	−20 58 55	11·8	20 43·6
6	20 07 02·3	−17 45 10	11·3	1 12·2	3	19 30 12·4	−21 01 04	11·9	20 39·4
7	20 06 19·5	−17 48 42	11·3	1 07·5	4	19 30 00·5	−21 03 10	11·9	20 35·3
8	20 05 36·1	−17 52 16	11·3	1 02·9	5	19 29 49·8	−21 05 13	11·9	20 31·2
9	20 04 52·2	−17 55 53	11·3	0 58·2	6	19 29 40·3	−21 07 12	11·9	20 27·2
10	20 04 07·7	−17 59 31	11·2	0 53·5	7	19 29 32·2	−21 09 08	11·9	20 23·1
11	20 03 22·8	−18 03 11	11·2	0 48·9	8	19 29 25·3	−21 11 00	11·9	20 19·1
12	20 02 37·5	−18 06 53	11·2	0 44·2	9	19 29 19·7	−21 12 49	11·9	20 15·1
13	20 01 51·8	−18 10 37	11·2	0 39·5	10	19 29 15·4	−21 14 34	12·0	20 11·1
14	20 01 05·7	−18 14 22	11·2	0 34·8	11	19 29 12·4	−21 16 16	12·0	20 07·1
15	20 00 19·3	−18 18 08	11·1	0 30·1	Sept. 12	19 29 10·7	−21 17 55	12·0	20 03·2
16	19 59 32·7	−18 21 55	11·1	0 25·4	13	19 29 10·2	−21 19 30	12·0	19 59·3
17	19 58 45·8	−18 25 43	11·1	0 20·7	14	19 29 11·1	−21 21 01	12·0	19 55·4
18	19 57 58·8	−18 29 31	11·1	0 16·0	15	19 29 13·2	−21 22 29	12·0	19 51·5
19	19 57 11·7	−18 33 20	11·0	0 11·3	16	19 29 16·6	−21 23 54	12·0	19 47·6
July 20	19 56 24·5	−18 37 10	11·0	0 06·6	Sept. 17	19 29 21·3	−21 25 15	12·1	19 43·8

Second transit for Europa 2018 July 21ᵈ 23ʰ 57ᵐ1

DAVIDA, 2018
GEOCENTRIC POSITIONS FOR 0ʰ TERRESTRIAL TIME

Date	Astrometric R.A.	Dec.	Vis. Mag.	Ephemeris Transit	Date	Astrometric R.A.	Dec.	Vis. Mag.	Ephemeris Transit
	h m s	° ′ ″		h m		h m s	° ′ ″		h m
2018 July 25	0 48 36·6	−13 27 20	11·6	4 38·2	2018 Sept. 22	0 36 06·2	−20 43 28	10·7	0 33·7
26	0 48 58·6	−13 32 20	11·6	4 34·7	23	0 35 22·8	−20 50 06	10·7	0 29·1
27	0 49 19·6	−13 37 29	11·6	4 31·1	24	0 34 39·1	−20 56 34	10·7	0 24·4
28	0 49 39·4	−13 42 46	11·6	4 27·5	25	0 33 54·9	−21 02 52	10·7	0 19·7
29	0 49 58·2	−13 48 11	11·5	4 23·8	26	0 33 10·3	−21 08 58	10·7	0 15·1
30	0 50 15·8	−13 53 45	11·5	4 20·2	27	0 32 25·5	−21 14 54	10·7	0 10·4
31	0 50 32·2	−13 59 27	11·5	4 16·5	28	0 31 40·4	−21 20 38	10·7	0 05·7
Aug. 1	0 50 47·5	−14 05 17	11·5	4 12·9	29	0 30 55·1	−21 26 10	10·7	0 01·0
2	0 51 01·6	−14 11 15	11·5	4 09·2	30	0 30 09·7	−21 31 30	10·7	23 51·7
3	0 51 14·6	−14 17 21	11·5	4 05·4	Oct. 1	0 29 24·2	−21 36 37	10·7	23 47·0
4	0 51 26·3	−14 23 35	11·4	4 01·7	2	0 28 38·6	−21 41 32	10·7	23 42·3
5	0 51 36·8	−14 29 57	11·4	3 57·9	3	0 27 53·0	−21 46 13	10·7	23 37·6
6	0 51 46·1	−14 36 26	11·4	3 54·2	4	0 27 07·5	−21 50 41	10·7	23 32·9
7	0 51 54·2	−14 43 03	11·4	3 50·3	5	0 26 22·1	−21 54 56	10·7	23 28·2
8	0 52 01·0	−14 49 48	11·4	3 46·5	6	0 25 36·8	−21 58 56	10·7	23 23·6
9	0 52 06·6	−14 56 39	11·4	3 42·7	7	0 24 51·8	−22 02 43	10·8	23 18·9
10	0 52 10·8	−15 03 38	11·3	3 38·8	8	0 24 07·0	−22 06 15	10·8	23 14·2
11	0 52 13·9	−15 10 44	11·3	3 34·9	9	0 23 22·6	−22 09 32	10·8	23 09·6
Aug. 12	0 52 15·6	−15 17 56	11·3	3 31·0	10	0 22 38·5	−22 12 35	10·8	23 04·9
13	0 52 16·0	−15 25 14	11·3	3 27·1	11	0 21 54·9	−22 15 23	10·8	23 00·3
14	0 52 15·2	−15 32 39	11·3	3 23·2	12	0 21 11·8	−22 17 56	10·8	22 55·6
15	0 52 13·1	−15 40 10	11·2	3 19·2	13	0 20 29·2	−22 20 14	10·8	22 51·0
16	0 52 09·7	−15 47 46	11·2	3 15·2	14	0 19 47·2	−22 22 17	10·8	22 46·4
17	0 52 04·9	−15 55 28	11·2	3 11·2	15	0 19 05·8	−22 24 05	10·8	22 41·8
18	0 51 58·9	−16 03 15	11·2	3 07·1	16	0 18 25·1	−22 25 38	10·9	22 37·2
19	0 51 51·6	−16 11 07	11·2	3 03·1	17	0 17 45·1	−22 26 55	10·9	22 32·6
20	0 51 43·0	−16 19 04	11·2	2 59·0	18	0 17 05·9	−22 27 57	10·9	22 28·0
21	0 51 33·2	−16 27 04	11·1	2 54·9	19	0 16 27·5	−22 28 44	10·9	22 23·5
22	0 51 22·0	−16 35 09	11·1	2 50·8	20	0 15 50·0	−22 29 15	10·9	22 18·9
23	0 51 09·6	−16 43 18	11·1	2 46·7	21	0 15 13·3	−22 29 32	10·9	22 14·4
24	0 50 55·8	−16 51 30	11·1	2 42·5	22	0 14 37·6	−22 29 34	10·9	22 09·9
25	0 50 40·8	−16 59 44	11·1	2 38·3	23	0 14 02·8	−22 29 20	10·9	22 05·4
26	0 50 24·6	−17 08 02	11·0	2 34·1	24	0 13 28·9	−22 28 52	11·0	22 00·9
27	0 50 07·0	−17 16 22	11·0	2 29·9	25	0 12 56·1	−22 28 08	11·0	21 56·5
28	0 49 48·2	−17 24 44	11·0	2 25·6	26	0 12 24·4	−22 27 11	11·0	21 52·0
29	0 49 28·2	−17 33 07	11·0	2 21·4	27	0 11 53·7	−22 25 58	11·0	21 47·6
30	0 49 07·0	−17 41 32	11·0	2 17·1	28	0 11 24·2	−22 24 31	11·0	21 43·2
31	0 48 44·5	−17 49 57	11·0	2 12·8	29	0 10 55·7	−22 22 50	11·0	21 38·8
Sept. 1	0 48 20·8	−17 58 23	10·9	2 08·5	30	0 10 28·4	−22 20 55	11·0	21 34·5
2	0 47 55·9	−18 06 49	10·9	2 04·1	31	0 10 02·3	−22 18 45	11·1	21 30·1
3	0 47 29·8	−18 15 14	10·9	1 59·7	Nov. 1	0 09 37·4	−22 16 22	11·1	21 25·8
4	0 47 02·6	−18 23 39	10·9	1 55·4	2	0 09 13·7	−22 13 45	11·1	21 21·5
5	0 46 34·2	−18 32 02	10·9	1 51·0	3	0 08 51·3	−22 10 55	11·1	21 17·2
6	0 46 04·7	−18 40 23	10·9	1 46·5	4	0 08 30·1	−22 07 51	11·1	21 12·9
7	0 45 34·1	−18 48 42	10·8	1 42·1	5	0 08 10·2	−22 04 33	11·1	21 08·7
8	0 45 02·5	−18 56 59	10·8	1 37·6	6	0 07 51·6	−22 01 03	11·1	21 04·5
9	0 44 29·8	−19 05 12	10·8	1 33·2	7	0 07 34·4	−21 57 20	11·1	21 00·3
10	0 43 56·1	−19 13 21	10·8	1 28·7	8	0 07 18·4	−21 53 24	11·2	20 56·1
11	0 43 21·4	−19 21 26	10·8	1 24·2	9	0 07 03·9	−21 49 15	11·2	20 51·9
12	0 42 45·7	−19 29 27	10·8	1 19·6	10	0 06 50·6	−21 44 55	11·2	20 47·8
13	0 42 09·2	−19 37 22	10·8	1 15·1	11	0 06 38·8	−21 40 22	11·2	20 43·7
14	0 41 31·8	−19 45 12	10·8	1 10·6	12	0 06 28·3	−21 35 38	11·2	20 39·6
15	0 40 53·6	−19 52 55	10·7	1 06·0	13	0 06 19·1	−21 30 42	11·2	20 35·5
16	0 40 14·6	−20 00 32	10·7	1 01·4	14	0 06 11·4	−21 25 34	11·2	20 31·5
17	0 39 34·8	−20 08 02	10·7	0 56·8	15	0 06 05·0	−21 20 16	11·3	20 27·5
18	0 38 54·3	−20 15 24	10·7	0 52·2	16	0 06 00·0	−21 14 46	11·3	20 23·5
19	0 38 13·2	−20 22 38	10·7	0 47·6	17	0 05 56·4	−21 09 06	11·3	20 19·5
20	0 37 31·4	−20 29 44	10·7	0 43·0	18	0 05 54·2	−21 03 15	11·3	20 15·6
21	0 36 49·1	−20 36 41	10·7	0 38·4	Nov. 19	0 05 53·3	−20 57 15	11·3	20 11·6
Sept. 22	0 36 06·2	−20 43 28	10·7	0 33·7	Nov. 20	0 05 53·9	−20 51 04	11·3	20 07·7

Second transit for Davida 2018 September 29ᵈ 23ʰ 56ᵐ4

Date	Astrometric R.A. (h m s)	Astrometric Dec. (° ′ ″)	Vis. Mag.	Ephemeris Transit (h m)
2018 Nov. 16	8 13 34.5	+18 40 55	11.4	4 33.9
17	8 13 40.7	+18 35 55	11.4	4 30.0
18	8 13 45.4	+18 30 58	11.4	4 26.2
19	8 13 48.6	+18 26 03	11.4	4 22.3
Nov. 20	8 13 50.3	+18 21 10	11.4	4 18.4
21	8 13 50.5	+18 16 20	11.3	4 14.4
22	8 13 49.1	+18 11 33	11.3	4 10.5
23	8 13 46.2	+18 06 48	11.3	4 06.5
24	8 13 41.8	+18 02 05	11.3	4 02.5
25	8 13 35.9	+17 57 26	11.3	3 58.5
26	8 13 28.4	+17 52 49	11.3	3 54.4
27	8 13 19.3	+17 48 15	11.2	3 50.3
28	8 13 08.7	+17 43 43	11.2	3 46.2
29	8 12 56.5	+17 39 14	11.2	3 42.1
30	8 12 42.8	+17 34 48	11.2	3 37.9
Dec. 1	8 12 27.5	+17 30 26	11.2	3 33.7
2	8 12 10.7	+17 26 05	11.2	3 29.5
3	8 11 52.3	+17 21 48	11.1	3 25.2
4	8 11 32.3	+17 17 34	11.1	3 21.0
5	8 11 10.8	+17 13 23	11.1	3 16.7
6	8 10 47.8	+17 09 15	11.1	3 12.4
7	8 10 23.2	+17 05 10	11.1	3 08.0
8	8 09 57.1	+17 01 08	11.0	3 03.7
9	8 09 29.6	+16 57 09	11.0	2 59.3
10	8 09 00.5	+16 53 13	11.0	2 54.9
11	8 08 30.0	+16 49 20	11.0	2 50.4
12	8 07 58.1	+16 45 31	11.0	2 46.0
13	8 07 24.7	+16 41 44	10.9	2 41.5
14	8 06 49.9	+16 38 01	10.9	2 37.0
15	8 06 13.8	+16 34 20	10.9	2 32.4
16	8 05 36.3	+16 30 43	10.9	2 27.9
17	8 04 57.5	+16 27 09	10.9	2 23.3
18	8 04 17.4	+16 23 37	10.8	2 18.7
19	8 03 36.1	+16 20 09	10.8	2 14.1
20	8 02 53.5	+16 16 44	10.8	2 09.4
21	8 02 09.7	+16 13 22	10.8	2 04.8
22	8 01 24.8	+16 10 03	10.7	2 00.1
23	8 00 38.8	+16 06 47	10.7	1 55.4
24	7 59 51.6	+16 03 34	10.7	1 50.7
25	7 59 03.4	+16 00 24	10.7	1 46.0
26	7 58 14.2	+15 57 16	10.7	1 41.2
27	7 57 24.1	+15 54 12	10.6	1 36.4
28	7 56 33.0	+15 51 11	10.6	1 31.7
29	7 55 41.0	+15 48 12	10.6	1 26.9
30	7 54 48.2	+15 45 17	10.6	1 22.1
31	7 53 54.6	+15 42 24	10.5	1 17.2
2019 Jan. 1	7 53 00.3	+15 39 35	10.5	1 12.4
2	7 52 05.3	+15 36 48	10.5	1 07.6
3	7 51 09.7	+15 34 04	10.5	1 02.7
4	7 50 13.5	+15 31 22	10.4	0 57.9
5	7 49 16.8	+15 28 44	10.4	0 53.0
6	7 48 19.6	+15 26 08	10.4	0 48.1
7	7 47 22.1	+15 23 35	10.4	0 43.2
8	7 46 24.2	+15 21 04	10.4	0 38.3
9	7 45 26.1	+15 18 36	10.3	0 33.4
10	7 44 27.7	+15 16 11	10.3	0 28.5
11	7 43 29.2	+15 13 48	10.3	0 23.6
12	7 42 30.7	+15 11 28	10.3	0 18.7
13	7 41 32.1	+15 09 10	10.3	0 13.8
Jan. 14	7 40 33.5	+15 06 55	10.3	0 08.9
2019 Jan. 14	7 40 33.5	+15 06 55	10.3	0 08.9
15	7 39 35.1	+15 04 43	10.3	0 04.0
16	7 38 36.8	+15 02 32	10.3	23 54.2
17	7 37 38.7	+15 00 24	10.3	23 49.4
18	7 36 41.0	+14 58 19	10.3	23 44.5
19	7 35 43.5	+14 56 15	10.3	23 39.6
20	7 34 46.4	+14 54 14	10.3	23 34.7
21	7 33 49.8	+14 52 15	10.4	23 29.9
22	7 32 53.7	+14 50 19	10.4	23 25.0
23	7 31 58.2	+14 48 25	10.4	23 20.2
24	7 31 03.2	+14 46 32	10.5	23 15.3
25	7 30 08.9	+14 44 42	10.5	23 10.5
26	7 29 15.3	+14 42 54	10.5	23 05.7
27	7 28 22.4	+14 41 09	10.5	23 00.9
28	7 27 30.4	+14 39 25	10.6	22 56.1
29	7 26 39.2	+14 37 43	10.6	22 51.4
30	7 25 48.8	+14 36 04	10.6	22 46.6
31	7 24 59.5	+14 34 26	10.7	22 41.9
Feb. 1	7 24 11.1	+14 32 50	10.7	22 37.2
2	7 23 23.7	+14 31 16	10.7	22 32.5
3	7 22 37.4	+14 29 44	10.7	22 27.8
4	7 21 52.2	+14 28 14	10.8	22 23.1
5	7 21 08.2	+14 26 45	10.8	22 18.5
6	7 20 25.3	+14 25 19	10.8	22 13.9
7	7 19 43.7	+14 23 53	10.8	22 09.2
8	7 19 03.2	+14 22 30	10.9	22 04.7
9	7 18 24.1	+14 21 08	10.9	22 00.1
10	7 17 46.3	+14 19 48	10.9	21 55.6
11	7 17 09.7	+14 18 29	11.0	21 51.0
12	7 16 34.6	+14 17 12	11.0	21 46.6
13	7 16 00.8	+14 15 56	11.0	21 42.1
14	7 15 28.3	+14 14 41	11.0	21 37.6
15	7 14 57.3	+14 13 28	11.0	21 33.2
16	7 14 27.7	+14 12 16	11.1	21 28.8
17	7 13 59.5	+14 11 05	11.1	21 24.4
18	7 13 32.7	+14 09 55	11.1	21 20.1
19	7 13 07.4	+14 08 47	11.1	21 15.7
20	7 12 43.5	+14 07 39	11.2	21 11.4
21	7 12 21.1	+14 06 32	11.2	21 07.2
22	7 12 00.1	+14 05 26	11.2	21 02.9
23	7 11 40.6	+14 04 21	11.2	20 58.7
24	7 11 22.6	+14 03 17	11.3	20 54.5
25	7 11 06.0	+14 02 14	11.3	20 50.3
26	7 10 50.8	+14 01 11	11.3	20 46.1
27	7 10 37.2	+14 00 09	11.3	20 42.0
28	7 10 25.0	+13 59 07	11.3	20 37.9
Mar. 1	7 10 14.2	+13 58 06	11.4	20 33.8
2	7 10 05.0	+13 57 06	11.4	20 29.7
3	7 09 57.2	+13 56 05	11.4	20 25.7
4	7 09 50.8	+13 55 05	11.4	20 21.6
5	7 09 45.9	+13 54 06	11.5	20 17.6
6	7 09 42.5	+13 53 06	11.5	20 13.7
Mar. 7	7 09 40.4	+13 52 06	11.5	20 09.7
8	7 09 39.9	+13 51 07	11.5	20 05.8
9	7 09 40.7	+13 50 07	11.5	20 01.9
10	7 09 42.9	+13 49 08	11.5	19 58.0
11	7 09 46.6	+13 48 08	11.6	19 54.2
12	7 09 51.6	+13 47 08	11.6	19 50.4
13	7 09 58.0	+13 46 07	11.6	19 46.5
Mar. 14	7 10 05.8	+13 45 06	11.6	19 42.8

Second transit for Interamnia 2019 January 15ᵈ 23ʰ 59ᵐ1

PERIODIC COMETS, 2018

OSCULATING ELEMENTS FOR ECLIPTIC AND EQUINOX OF J2000·0

Designation/Name	Perihelion Time T	Perihelion Distance q	Eccen- tricity e	Period P	Arg. of Perihelion ω	Long. of Asc. Node Ω	Inclin- ation i	Osc. Epoch
		au		years	°	°	°	
P/1998 VS24 (LINEAR)	Jan. 19·190 57	3·438 6890	0·241 6524	9·66	244·949 96	159·053 04	5·022 36	Jan. 2
130P/McNaught-Hughes	Jan. 21·758 58	1·823 6342	0·460 7784	6·22	245·908 36	70·256 82	6·065 36	Jan. 2
74P/Smirnova-Chernykh	Jan. 26·700 76	3·536 4615	0·149 3368	8·48	87·135 20	77·055 67	6·653 91	Feb. 11
185P/Petriew	Jan. 27·674 27	0·933 8187	0·698 9346	5·46	181·918 99	214·099 14	13·994 23	Feb. 11
197P/LINEAR	Jan. 28·838 57	1·059 9026	0·630 1307	4·85	188·683 52	66·393 60	25·556 45	Feb. 11
P/2010 J5 (McNaught)	Jan. 29·260 41	3·750 8631	0·090 5229	8·38	146·688 59	65·521 46	7·362 90	Feb. 11
250P/Larson	Feb. 2·221 96	2·213 0552	0·406 8401	7·21	45·094 54	73·679 69	13·290 88	Feb. 11
245P/WISE	Feb. 8·649 66	2·190 1519	0·457 7583	8·12	316·678 71	316·680 06	21·201 25	Feb. 11
P/2006 F1 (Kowalski)	Mar. 14·875 39	4·108 2426	0·120 2485	10·09	186·149 23	124·747 57	21·280 38	Mar. 23
235P/LINEAR	Mar. 17·463 34	2·732 2070	0·315 4665	7·97	333·741 22	204·460 94	8·903 63	Mar. 23
P/2011 VJ5 (Lemmon)	Mar. 21·888 19	1·507 8277	0·556 9419	6·28	315·281 49	169·916 44	3·975 25	Mar. 23
P/2012 T1 (PANSTARRS)	Apr. 11·629 07	2·401 9706	0·237 5859	5·59	299·889 56	85·722 07	11·056 40	Mar. 23
169P/NEAT	Apr. 29·601 87	0·603 6373	0·768 0444	4·20	218·088 55	176·086 47	11·295 55	May 2
37P/Forbes	May 4·103 73	1·610 2795	0·534 1278	6·43	329·978 02	314·590 68	8·956 41	May 2
143P/Kowal-Mrkos	May 7·302 50	2·532 2555	0·410 6810	8·91	320·867 92	245·303 36	4·695 92	May 2
253P/PANSTARRS	May 7·747 57	2·036 7552	0·412 9313	6·46	230·729 44	146·883 23	4·940 41	May 2
240P/NEAT	May 16·218 92	2·133 8264	0·449 0174	7·62	352·104 87	74·926 47	23·503 93	May 2
66P/du Toit	May 19·143 83	1·290 1098	0·786 8946	14·90	257·212 86	21·896 23	18·674 98	May 2
159P/LONEOS	May 22·800 35	3·625 2072	0·381 6168	14·19	4·762 30	55·024 10	23·462 68	June 11
107P/Wilson-Harrington	May 23·527 08	0·969 8817	0·630 7896	4·26	95·407 19	266·815 67	2·798 06	June 11
187P/LINEAR	May 26·644 70	3·880 6371	0·156 0544	9·86	133·256 83	109·978 64	13·602 02	June 11
P/2008 T4 (Hill)	May 29·634 73	2·526 5356	0·434 3606	9·44	1·537 54	44·609 01	6·308 78	June 11
164P/Christensen	May 31·409 66	1·685 2575	0·539 7358	7·01	325·931 20	88·305 90	16·252 76	June 11
P/2001 T3 (NEAT)	June 10·868 61	2·485 3451	0·614 4668	16·37	356·782 44	55·163 34	19·397 50	June 11
P/2002 EJ57 (LINEAR)	June 18·553 41	2·627 2063	0·593 4165	16·43	167·021 03	330·432 13	4·976 81	June 11
P/2011 CR42 (Catalina)	June 22·570 50	2·521 6745	0·281 5092	6·58	173·118 68	58·721 15	8·464 77	June 11
P/2013 CU129 (PANSTARRS)	June 24·348 14	0·797 8527	0·722 7322	4·88	211·927 64	46·228 50	12·155 34	June 11
82P/Gehrels	June 28·611 73	3·634 2259	0·122 5340	8·43	227·195 85	239·312 30	1·128 24	June 11
49P/Arend-Rigaux	July 15·497 13	1·429 6062	0·599 4299	6·74	332·887 87	118·824 18	19·043 19	July 21
P/2007 T2 (Kowalski)	July 21·905 45	0·656 4901	0·784 6262	5·32	359·628 71	3·406 78	9·738 24	July 21
267P/LONEOS	July 22·318 14	1·241 1186	0·613 6064	5·76	114·079 82	228·688 98	6·138 03	July 21
P/2005 JN (Spacewatch)	July 23·426 81	2·277 0962	0·349 4077	6·55	153·417 37	70·765 07	8·857 37	July 21
105P/Singer Brewster	Aug. 10·317 35	2·044 5293	0·410 4995	6·46	46·474 71	192·429 42	9·175 04	Aug. 30
48P/Johnson	Aug. 12·198 74	2·004 5304	0·426 9762	6·54	216·561 33	110·133 38	12·206 96	Aug. 30
243P/NEAT	Aug. 26·041 32	2·454 4606	0·359 2973	7·50	283·560 20	87·658 69	7·641 43	Aug. 30
125P/Spacewatch	Aug. 27·954 08	1·520 1730	0·513 5541	5·52	87·178 63	153·178 23	9·988 76	Aug. 30
21P/Giacobini-Zinner	Sept. 10·335 00	1·012 7778	0·710 4774	6·54	172·861 47	195·393 29	31·997 68	Aug. 30
79P/du Toit-Hartley	Sept. 13·344 75	1·120 9323	0·619 2198	5·05	281·850 22	280·526 25	3·147 68	Aug. 30
P/2005 R1 (NEAT)	Sept. 14·319 85	2·067 7861	0·625 7501	12·99	118·801 40	257·978 50	15·484 38	Aug. 30
59P/Kearns-Kwee	Sept. 16·764 60	2·358 7628	0·475 2494	9·53	127·701 31	312·828 04	9·339 35	Aug. 30
133P/Elst-Pizarro	Sept. 20·752 30	2·664 8025	0·157 3585	5·62	131·489 98	160·136 48	1·389 23	Oct. 9
P/2011 V1 (Boattini)	Sept. 30·883 53	1·731 9672	0·550 1698	7·56	269·244 08	46·793 61	7·382 96	Oct. 9
26P/Grigg-Skjellerup	Oct. 1·820 37	1·082 2949	0·640 9580	5·23	2·200 48	211·533 91	22·449 71	Oct. 9
P/2001 R6 (LINEAR-Skiff)	Oct. 4·248 26	2·191 0741	0·475 9351	8·55	308·475 47	67·335 18	17·379 36	Oct. 9
P/2005 J1 (McNaught)	Oct. 12·557 35	1·533 4411	0·570 3739	6·74	338·924 31	268·795 73	31·768 30	Oct. 9
P/2010 A1 (Hill)	Oct. 14·017 62	1·957 4386	0·554 0864	9·20	13·297 78	47·314 66	10·308 28	Oct. 9
P/2008 O2 (McNaught)	Oct. 19·887 36	3·815 1751	0·151 7803	9·54	26·943 50	325·843 92	9·511 13	Oct. 9
300P/Catalina	Nov. 2·078 46	0·832 8175	0·691 4774	4·44	222·854 59	95·673 66	5·676 06	Nov. 18
64P/Swift-Gehrels	Nov. 3·860 49	1·393 1983	0·687 4856	9·41	97·150 65	299·997 30	8·948 51	Nov. 18
38P/Stephan-Oterma	Nov. 10·971 51	1·588 5872	0·859 3401	37·95	359·581 09	77·999 66	18·352 98	Nov. 18
247P/LINEAR	Dec. 2·103 79	1·489 0607	0·625 0335	7·91	47·449 68	54·010 76	13·661 47	Nov. 18
P/2013 R3 (Catalina-PANSTARRS)	Dec. 6·323 77	2·200 2211	0·274 5335	5·28	11·119 06	342·015 64	0·865 12	Nov. 18
60P/Tsuchinshan	Dec. 11·231 36	1·622 6475	0·537 7409	6·58	216·552 83	267·583 52	3·606 52	Dec. 28
46P/Wirtanen	Dec. 12·971 99	1·055 3602	0·658 8036	5·44	356·351 67	82·159 77	11·746 14	Dec. 28
137P/Shoemaker-Levy	Dec. 13·390 79	1·930 2218	0·572 8761	9·61	141·016 28	233·080 39	4·853 82	Dec. 28
198P/ODAS	Dec. 13·887 95	2·005 9377	0·443 2389	6·84	69·268 05	358·303 81	1·337 84	Dec. 28
P/2006 D1 (Hill)	Dec. 21·496 14	1·895 1570	0·659 3240	13·12	119·426 15	359·964 09	17·364 97	Dec. 28

Up-to-date elements of the comets currently observable may be found at the web site of the IAU Minor Planet Center (see page x for web address).

CONTENTS OF SECTION H

Except for the tables of ICRF radio sources, radio flux calibrators, quasars, pulsars, gamma ray sources and X-ray sources, positions tabulated in Section H are referred to the mean equator and equinox of J2018.5 = 2018 July 2.625 = JD 245 8302.125 The positions of the ICRF radio sources provide a practical realization of the ICRS. The positions of radio flux calibrators, quasars, pulsars, gamma ray sources and X-ray sources are referred to the equator and equinox of J2000.0 = JD 245 1545.0.

When present, notes associated with a table are found on the table's last page.

www This symbol indicates that these data or auxiliary material may also be found on *The Astronomical Almanac Online* at **http://asa.usno.navy.mil** and **http://asa.hmnao.com**

Designation	BS=HR No.	Right Ascension	Declination	Notes	V	B–V	V–I	Spectral Type
		h m s	° ′ ″					
28 ω Psc	9072	00 00 15.8	+06 57 57	b	4.03	+0.42	+0.49	F3 V
ε Tuc	9076	00 00 51.9	−65 28 27		4.49	−0.08	−0.04	B9 IV
θ Oct	9084	00 02 31.3	−76 57 49		4.78	+1.25	+1.26	K2 III
30 YY Psc	9089	00 02 54.5	−05 54 41		4.37	+1.63	+2.35	M3 III
2 Cet	9098	00 04 41.2	−17 13 59		4.55	−0.05	−0.03	B9 IV
33 BC Psc	3	00 06 17.0	−05 36 15	b	4.61	+1.03	+1.04	K0 III–IV
21 α And	15	00 09 20.9	+29 11 33	dbn01	2.07	−0.04	−0.10	B9p Hg Mn
11 β Cas	21	00 10 10.6	+59 15 06	svdb	2.28	+0.38	+0.40	F2 III
ε Phe	25	00 10 20.7	−45 38 44		3.88	+1.01	+1.00	K0 III
22 And	27	00 11 17.4	+46 10 31		5.01	+0.41	+0.55	F0 II
κ² Scl	34	00 12 30.6	−27 41 49	d	5.41	+1.35	+1.31	K5 III
θ Scl	35	00 12 40.2	−35 01 47		5.24	+0.46	+0.53	F3/5 V
88 γ Peg	39	00 14 11.4	+15 17 11	svdb	2.83	−0.19	−0.22	B2 IV
89 χ Peg	45	00 15 33.8	+20 18 34	as	4.79	+1.57	+1.93	M2+ III
7 AE Cet	48	00 15 34.7	−18 49 50		4.44	+1.64	+1.96	M1 III
25 σ And	68	00 19 18.0	+36 53 16	b	4.51	+0.05	+0.06	A2 Va
8 ι Cet	74	00 20 22.2	−08 43 17	d	3.56	+1.21	+1.13	K1 IIIb
ζ Tuc	77	00 21 01.4	−64 45 58		4.23	+0.58	+0.65	F9 V
41 Psc	80	00 21 33.1	+08 17 34		5.38	+1.34	+1.28	K3− III Ca 1 CN 0.5
27 ρ And	82	00 22 06.1	+38 04 15		5.16	+0.44	+0.51	F6 IV
R And	90	00 25 00.9	+38 40 45	svd	10.71	+2.08	+2.63	S5/4.5e
β Hyi	98	00 26 41.9	−77 09 01		2.82	+0.62	+0.68	G1 IV
κ Phe	100	00 27 06.5	−43 34 39		3.93	+0.18	+0.20	A5 Vn
α Phe	99	00 27 11.7	−42 12 20	bn02	2.40	+1.08	+1.11	K0 IIIb
	118	00 31 18.0	−23 41 08	b	5.17	+0.13	+0.14	A5 Vn
λ¹ Phe	125	00 32 18.2	−48 42 05	db	4.76	+0.02	+0.01	A1 Va
β¹ Tuc	126	00 32 23.1	−62 51 23	db	4.36	−0.06	−0.02	B9 V
15 κ Cas	130	00 34 04.0	+63 02 01	sb	4.17	+0.13	+0.17	B0.7 Ia
29 π And	154	00 37 52.4	+33 49 15	db	4.34	−0.12	−0.08	B5 V
17 ζ Cas	153	00 38 00.7	+53 59 54		3.69	−0.20	−0.23	B2 IV
	157	00 38 21.0	+35 30 04	s	5.45	+0.89	+0.82	G2 Ib–II
30 ε And	163	00 39 32.3	+29 24 43		4.34	+0.87	+0.92	G6 III Fe−3 CH 1
31 δ And	165	00 40 19.3	+30 57 43	sdb	3.27	+1.27	+1.23	K3 III
18 α Cas	168	00 41 34.1	+56 38 19	dn03	2.24	+1.17	+1.13	K0− IIIa
μ Phe	180	00 42 11.7	−45 59 01		4.59	+0.95	+0.95	G8 III
η Phe	191	00 44 10.8	−57 21 43	d	4.36	+0.02	+0.02	A0.5 IV
16 β Cet	188	00 44 31.0	−17 53 07	n04	2.04	+1.02	+1.00	G9 III CH−1 CN 0.5 Ca 1
22 o Cas	193	00 45 45.9	+48 23 07	db	4.48	−0.07	0.00	B5 III
34 ζ And	215	00 48 19.4	+24 22 03	vdb	4.08	+1.10	+1.06	K0 III
λ Hyi	236	00 49 13.6	−74 49 23		5.09	+1.35	+1.34	K5 III
63 δ Psc	224	00 49 38.6	+07 41 08	d	4.44	+1.50	+1.58	K4.5 IIIb
64 Psc	225	00 49 57.2	+17 02 25	db	5.07	+0.50	+0.57	F7 V
24 η Cas	219	00 50 14.2	+57 54 46	sdb	3.46	+0.59	+0.66	F9 V
35 ν And	226	00 50 50.5	+41 10 46	b	4.53	−0.14	−0.14	B5 V
19 φ² Cet	235	00 51 03.2	−10 32 42		5.17	+0.51	+0.59	F8 V
	233	00 51 52.0	+64 20 52	cdb	5.35	+0.53	+0.60	G0 III–IV + B9.5 V
20 Cet	248	00 53 57.3	−01 02 39		4.78	+1.55	+1.66	M0− IIIa
λ² Tuc	270	00 55 41.4	−69 25 38		5.45	+1.10	+1.05	K2 III
37 μ And	269	00 57 47.2	+38 35 58	d	3.86	+0.13	+0.14	A5 IV–V
27 γ Cas	264	00 57 50.4	+60 48 59	db	2.15	−0.05	−0.02	B0 IVnpe (shell)

Designation			BS=HR No.	Right Ascension	Declination	Notes	V	B−V	V−I	Spectral Type
				h m s	° ′ ″					
38	η	And	271	00 58 11.9	+23 31 02	db	4.40	+0.94	+0.94	G8⁻ IIIb
68		Psc	274	00 58 50.5	+29 05 31		5.44	+1.08	+0.99	gG6
	α	Scl	280	00 59 29.7	−29 15 28	sb	4.30	−0.15	−0.12	B4 Vp
	σ	Scl	293	01 03 19.3	−31 27 10		5.50	+0.08	+0.10	A2 V
71	ε	Psc	294	01 03 54.3	+07 59 22		4.27	+0.95	+0.98	G9 III Fe−2
	β	Phe	322	01 06 54.3	−46 37 10	d	3.32	+0.89	+0.90	G8 III
	ι	Tuc	332	01 08 02.4	−61 40 37		5.36	+0.88	+0.80	G5 III
	υ	Phe	331	01 08 38.4	−41 23 18	dm	5.21	+0.16	+0.19	A3 IV/V
	ζ	Phe	338	01 09 09.5	−55 08 50	vdbm	3.94	−0.12	−0.08	B7 V
30	μ	Cas	321	01 09 31.1	+55 00 38	db	5.17	+0.70	+0.83	G5 Vb
31	η	Cet	334	01 09 31.2	−10 05 05	d	3.46	+1.16	+1.11	K2⁻ III CN 0.5
42	φ	And	335	01 10 35.1	+47 20 24	dm	4.26	+0.01	−0.02	B7 III
43	β	And	337	01 10 46.4	+35 43 05	ad	2.07	+1.58	+1.74	M0⁺ IIIa
			285	01 11 38.8	+86 21 19		4.24	+1.21	+1.16	K2 III
33	θ	Cas	343	01 12 14.5	+55 14 52	db	4.34	+0.17	+0.19	A7m
84	χ	Psc	351	01 12 27.1	+21 07 57		4.66	+1.02	+0.99	G8.5 III
83	τ	Psc	352	01 12 41.1	+30 11 15	b	4.51	+1.09	+1.05	K0.5 IIIb
86	ζ	Psc	361	01 14 42.0	+07 40 22	db	5.21	+0.32	+0.37	F0 Vn
89		Psc	378	01 18 45.3	+03 42 41	b	5.13	+0.07	+0.11	A3 V
90	υ	Psc	383	01 20 29.3	+27 21 39	b	4.74	+0.03	+0.10	A2 IV
34	φ	Cas	382	01 21 15.6	+58 19 42	sdb	4.95	+0.68	+0.93	F0 Ia
46	ξ	And	390	01 23 26.3	+45 37 31	b	4.87	+1.08	+1.04	K0⁻ IIIb
45	θ	Cet	402	01 24 56.9	−08 05 18	d	3.60	+1.07	+1.05	K0 IIIb
37	δ	Cas	403	01 27 02.5	+60 19 51	sdb	2.66	+0.16	+0.19	A5 IV
36	ψ	Cas	399	01 27 15.9	+68 13 33	d	4.72	+1.05	+1.01	K0 III CN 0.5
94		Psc	414	01 27 41.8	+19 20 09		5.50	+1.11	+1.04	gK1
48	ω	And	417	01 28 46.3	+45 30 06	d	4.83	+0.42	+0.49	F5 V
	γ	Phe	429	01 29 10.0	−43 13 26	vb	3.41	+1.54	+1.73	M0⁻ IIIa
48		Cet	433	01 30 29.4	−21 32 03	d	5.11	+0.03	+0.04	A1 Va
	δ	Phe	440	01 32 01.2	−48 58 37		3.93	+0.97	+1.00	G9 III
99	η	Psc	437	01 32 28.6	+15 26 26	dm	3.62	+0.97	+0.94	G7 IIIa
50	υ	And	458	01 37 53.4	+41 29 50	db	4.10	+0.54	+0.58	F8 V
	α	Eri	472	01 38 24.0	−57 08 36	n05	0.45	−0.16	−0.17	B3 Vnp (shell)
51		And	464	01 39 08.3	+48 43 16		3.59	+1.28	+1.23	K3⁻ III
40		Cas	456	01 40 01.9	+73 08 00	d	5.28	+0.97	+0.96	G7 III
106	ν	Psc	489	01 42 23.8	+05 34 50		4.45	+1.35	+1.37	K3 IIIb
	π	Scl	497	01 42 58.6	−32 14 04		5.25	+1.04	+1.04	K1 II/III
			500	01 43 39.7	−03 35 52		4.98	+1.38	+1.26	K3 II−III
	φ	Per	496	01 44 49.9	+50 46 52	b	4.01	−0.10	−0.08	B2 Vep
52	τ	Cet	509	01 44 55.7	−15 50 26	d	3.49	+0.73	+0.82	G8 V
110	o	Psc	510	01 46 22.4	+09 15 00	s	4.26	+0.94	+0.93	G8 III
	ε	Scl	514	01 46 30.7	−24 57 39	dm	5.29	+0.40	+0.46	F0 V
			513	01 46 55.0	−05 38 29	s	5.37	+1.52	+1.55	K4 III
53	χ	Cet	531	01 50 29.7	−10 35 44	d	4.66	+0.33	+0.38	F2 IV−V
55	ζ	Cet	539	01 52 22.5	−10 14 39	db	3.74	+1.14	+1.07	K0 III
2	α	Tri	544	01 54 08.5	+29 40 06	dvb	3.42	+0.49	+0.55	F6 IV
	ψ	Phe	555	01 54 23.1	−46 12 46	b	4.39	+1.60	+2.49	M4 III
111	ξ	Psc	549	01 54 30.9	+03 16 41	b	4.61	+0.93	+0.93	G9 IIIb Fe−0.5
	φ	Phe	558	01 55 08.0	−42 24 24	b	5.12	−0.06	−0.04	Ap Hg
	η²	Hyi	570	01 55 24.4	−67 33 24		4.68	+0.93	+0.95	G8.5 III

Designation	BS=HR No.	Right Ascension	Declination	Notes	V	B–V	V–I	Spectral Type
		h m s	° ′ ″					
6 β Ari	553	01 55 40.0	+20 53 52	db	2.64	+0.17	+0.18	A4 V
45 ε Cas	542	01 55 44.8	+63 45 37		3.35	−0.15	−0.12	B3 IV:p (shell)
χ Eri	566	01 56 40.6	−51 31 03	d	3.69	+0.84	+0.90	G8 III–IV CN−0.5 Hδ 0.5
α Hyi	591	01 59 21.1	−61 28 49		2.86	+0.29	+0.34	F0n III–IV
59 υ Cet	585	02 00 52.6	−20 59 20		3.99	+1.55	+1.79	M0 IIIb
113 α Psc	596	02 03 00.4	+02 51 09	vdbm	3.82	+0.02	+0.05	A0p Si Sr
4 Per	590	02 03 32.8	+54 34 34	b	4.99	−0.07	−0.02	B8 III
57 γ¹ And	603	02 05 02.6	+42 25 03	dbm	2.10	+1.37	+1.37	K3⁻ IIb
50 Cas	580	02 05 03.2	+72 30 35	b	3.95	0.00	+0.03	A1 Va
ν For	612	02 05 19.2	−29 12 31	v	4.68	−0.16	−0.12	B9.5p Si
13 α Ari	617	02 08 13.2	+23 32 57	abn06	2.01	+1.15	+1.13	K2 IIIab
4 β Tri	622	02 10 39.1	+35 04 26	db	3.00	+0.14	+0.17	A5 IV
μ For	652	02 13 43.3	−30 38 16		5.27	−0.01	+0.01	A0 Va⁺nn
65 ξ¹ Cet	649	02 13 59.0	+08 55 58	db	4.36	+0.88	+0.90	G7 II–III Fe−1
	645	02 14 50.9	+51 09 03	db	5.31	+0.93	+0.93	G8 III CN 1 CH 0.5 Fe−1
	641	02 15 00.9	+58 38 47	s	6.43	+0.55	+0.79	A3 Iab
φ Eri	674	02 17 10.2	−51 25 38	d	3.56	−0.12	−0.11	B8 V
67 Cet	666	02 17 54.5	−06 20 16		5.51	+0.96	+0.93	G8.5 III
9 γ Tri	664	02 18 25.2	+33 55 55		4.03	+0.02	−0.02	A0 IV–Vn
68 o Cet	681	02 20 17.0	−02 53 40	vd	6.47	+0.97	+5.71	M5.5−9e III + pec
62 And	670	02 20 29.0	+47 27 52		5.31	+0.01	+0.03	A1 V
δ Hyi	705	02 22 05.0	−68 34 32		4.08	+0.03	+0.04	A1 Va
κ Hyi	715	02 22 59.8	−73 33 44		5.99	+1.09	+1.01	K1 III
κ For	695	02 23 23.3	−23 43 58		5.19	+0.61	+0.68	G0 Va
λ Hor	714	02 25 25.0	−60 13 47		5.36	+0.40	+0.46	F2 IV–V
72 ρ Cet	708	02 26 50.7	−12 12 28		4.88	−0.03	−0.01	A0 III–IVn
κ Eri	721	02 27 39.8	−47 37 17	b	4.24	−0.14	−0.11	B5 IV
73 ξ² Cet	718	02 29 08.7	+08 32 31	b	4.30	−0.05	−0.06	A0 III⁻
12 Tri	717	02 29 15.4	+29 45 03		5.29	+0.31	+0.36	F0 III
ι Cas	707	02 30 36.9	+67 29 04	vdm	4.46	+0.15	+0.17	A5p Sr
μ Hyi	776	02 31 19.7	−79 01 42		5.27	+0.98	+0.98	G8 III
76 σ Cet	740	02 32 57.9	−15 09 52		4.74	+0.45	+0.55	F4 IV
14 Tri	736	02 33 14.3	+36 13 42		5.15	+1.47	+1.49	K5 III
78 ν Cet	754	02 36 50.9	+05 40 23	db	4.87	+0.88	+0.89	G8 III
	753	02 37 05.9	+06 58 27	sdb	5.79	+0.92	+1.06	K3⁻ V
	743	02 39 50.0	+72 53 51		5.17	+0.90	+0.90	G8 III
32 ν Ari	773	02 39 52.3	+22 02 25	b	5.45	+0.17	+0.18	A7 V
ε Hyi	806	02 39 52.8	−68 11 17		4.12	−0.06	−0.07	B9 V
82 δ Cet	779	02 40 26.0	+00 24 27	vb	4.08	−0.21	−0.22	B2 IV
ζ Hor	802	02 41 14.2	−54 28 17	b	5.21	+0.41	+0.48	F4 IV
ι Eri	794	02 41 23.8	−39 46 37		4.11	+1.01	+1.05	K0.5 IIIb Fe−0.5
86 γ Cet	804	02 44 15.7	+03 18 46	dm	3.47	+0.09	+0.10	A2 Va
35 Ari	801	02 44 32.5	+27 47 05	b	4.65	−0.12	−0.12	B3 V
89 π Cet	811	02 45 00.2	−13 46 52	b	4.24	−0.12	−0.11	B7 V
14 Per	800	02 45 18.0	+44 22 28		5.43	+0.90	+0.93	G0 Ib Ca 1
13 θ Per	799	02 45 28.4	+49 18 20	d	4.10	+0.51	+0.59	F7 V
87 μ Cet	813	02 45 56.7	+10 11 29	db	4.27	+0.31	+0.37	F0m F2 V⁺
1 τ¹ Eri	818	02 45 58.0	−18 29 42	b	4.47	+0.48	+0.54	F5 V
β For	841	02 49 51.9	−32 19 44	d	4.45	+0.98	+1.00	G8.5 III Fe−0.5
41 Ari	838	02 51 04.7	+27 20 08	db	3.61	−0.10	−0.08	B8 Vn

Designation		BS=HR No.	Right Ascension	Declination	Notes	V	B–V	V–I	Spectral Type
			h m s	° ′ ″					
16	Per	840	02 51 45.5	+38 23 37	d	4.22	+0.34	+0.41	F1 V⁺
2	τ² Eri	850	02 51 52.7	−20 55 43	d	4.76	+0.91	+0.91	K0 III
15	η Per	834	02 52 03.6	+55 58 15	db	3.77	+1.69	+1.64	K3⁻ Ib–IIa
43	σ Ari	847	02 52 31.1	+15 09 26		5.52	−0.10	−0.08	B7 V
	R Hor	868	02 54 29.7	−49 48 53	v	7.22	+1.04	+1.01	gM6.5e:
1	α UMi	424	02 55 00.0	+89 20 31	vdbn58	1.97	+0.64	+0.70	F5−8 Ib
18	τ Per	854	02 55 34.9	+52 50 13	cdb	3.93	+0.76	+0.80	G5 III + A4 V
3	η Eri	874	02 57 19.9	−08 49 32		3.89	+1.09	+1.08	K1 IIIb
		875	02 57 33.2	03 38 20	b	5.16	+0.08	+0.10	A3 Vn
	θ¹ Eri	897	02 58 57.8	−40 13 53	dbmn07	2.88	+0.13	+0.17	A5 IV
24	Per	882	03 00 12.8	+35 15 22		4.94	+1.24	+1.19	K2 III
91	λ Cet	896	03 00 42.6	+08 58 48		4.71	−0.11	−0.09	B6 III
	θ Hyi	939	03 02 18.5	−71 49 49	d	5.51	−0.13	−0.11	B9 IVp
11	τ³ Eri	919	03 03 12.5	−23 33 10		4.08	+0.16	+0.18	A4 V
92	α Cet	911	03 03 14.9	+04 09 41	n08	2.54	+1.63	+1.97	M1.5 IIIa
	μ Hor	934	03 04 03.1	−59 39 59		5.12	+0.35	+0.41	F0 IV–V
23	γ Per	915	03 06 08.9	+53 34 39	cdb	2.91	+0.72	+0.77	G5 III + A2 V
25	ρ Per	921	03 06 22.1	+38 54 38	v	3.32	+1.53	+2.76	M4 II
		881	03 08 41.4	+79 29 20	dbm	5.49	+1.57	+2.02	M2 IIIab
26	β Per	936	03 09 22.8	+41 01 32	cvdb	2.09	0.00	+0.02	B8 V + F:
	ι Per	937	03 10 24.7	+49 40 57	d	4.05	+0.60	+0.65	G0 V
27	κ Per	941	03 10 45.1	+44 55 35	db	3.79	+0.98	+0.94	K0 III
57	δ Ari	951	03 12 41.5	+19 47 44		4.35	+1.03	+0.96	K0 III
	α For	963	03 12 51.8	−28 54 57	dm	3.80	+0.54	+0.63	F6 V
	TW Hor	977	03 13 01.4	−57 15 10	s	5.71	+2.42	+2.47	C6:,2.5 Ba2 Y4
94	Cet	962	03 13 43.2	−01 07 41	d	5.07	+0.58	+0.63	G0 IV
58	ζ Ari	972	03 15 58.1	+21 06 42		4.87	−0.01	+0.02	A0.5 Va⁺
13	ζ Eri	984	03 16 44.0	−08 45 07	b	4.80	+0.23	+0.28	A5m:
29	Per	987	03 19 57.4	+50 17 19	sb	5.16	−0.07	−0.05	B3 V
96	κ Cet	996	03 20 20.0	+03 26 13	dasv	4.84	+0.68	+0.73	G5 V
16	τ⁴ Eri	1003	03 20 20.4	−21 41 29	d	3.70	+1.61	+2.42	M3⁺ IIIa Ca−1
		1008	03 20 40.0	−43 00 00		4.26	+0.71	+0.79	G8 V
		999	03 21 27.8	+29 06 51		4.47	+1.56	+1.61	K3 IIIa Ba 0.5
61	τ Ari	1005	03 22 17.9	+21 12 45	dvm	5.27	−0.07	−0.04	B5 IV
		961	03 22 44.8	+77 48 00	d	5.44	+0.21	+0.23	A5 III:
33	α Per	1017	03 25 39.2	+49 55 32	dasn09	1.79	+0.48	+0.63	F5 Ib
1	o Tau	1030	03 25 48.7	+09 05 34	b	3.61	+0.89	+0.90	G6 IIIa Fe−1
		1009	03 26 18.1	+64 39 01		5.13	+2.04	+2.23	M0 II
		1029	03 27 16.7	+49 11 04	sv	6.09	−0.07	−0.05	B7 V
2	ξ Tau	1038	03 28 10.5	+09 47 46	dbm	3.73	−0.08	−0.07	B9 Vn
	κ Ret	1083	03 29 42.3	−62 52 22	d	4.71	+0.41	+0.49	F5 IV–V
		1035	03 30 34.9	+60 00 11	vdm	4.21	+0.42	+0.58	B9 Ia
		1040	03 31 24.2	+58 56 28	asb	4.55	+0.49	+0.79	A0 Ia
17	Eri	1070	03 31 32.2	−05 00 46		4.74	−0.09	−0.07	B9 Vs
35	σ Per	1052	03 31 53.3	+48 03 27		4.36	+1.37	+1.42	K3 III
5	Tau	1066	03 31 53.8	+12 59 56	b	4.14	+1.11	+1.01	K0⁻ II–III Fe−0.5
18	ε Eri	1084	03 33 48.2	−09 23 48	das	3.72	+0.88	+0.94	K2 V
19	τ⁵ Eri	1088	03 34 36.4	−21 34 19	b	4.26	−0.11	−0.09	B8 V
20	EG Eri	1100	03 37 08.0	−17 24 25	dvm	5.24	−0.12	−0.10	B9p Si
		1106	03 37 45.6	−40 12 53		4.57	+1.02	+1.07	K1 III

Designation			BS=HR No.	Right Ascension	Declination	Notes	V	B–V	V–I	Spectral Type
				h m s	° ′ ″					
37	ψ	Per	1087	03 37 48.8	+48 15 09		4.32	−0.06	+0.07	B5 Ve
10		Tau	1101	03 37 49.1	+00 27 33		4.29	+0.58	+0.66	F9 IV–V
	δ	For	1134	03 42 59.1	−31 52 49	b	4.99	−0.16	−0.15	B5 IV
	BD	Cam	1105	03 43 46.7	+63 16 30	b	5.06	+1.65	+2.40	S3.5/2
23	δ	Eri	1136	03 44 08.2	−09 42 07		3.52	+0.92	+0.94	K0⁺ IV
39	δ	Per	1122	03 44 15.0	+47 50 42	dbm	3.01	−0.13	−0.07	B5 III
	β	Ret	1175	03 44 26.2	−64 44 57	db	3.84	+1.13	+1.11	K2 III
24		Eri	1146	03 45 27.0	−01 06 21	b	5.24	−0.09	−0.07	B7 V
38	o	Per	1131	03 45 29.0	+32 20 44	vdbm	3.84	+0.02	+0.12	B1 III
17		Tau	1142	03 45 58.7	+24 10 13	b	3.72	−0.11	−0.09	B6 III
19		Tau	1145	03 46 18.8	+24 31 26	db	4.30	−0.11	−0.08	B6 IV
41	ν	Per	1135	03 46 27.4	+42 38 08	d	3.77	+0.43	+0.52	F5 II
29		Tau	1153	03 46 39.6	+06 06 24	db	5.34	−0.10	−0.08	B3 V
20		Tau	1149	03 46 55.9	+24 25 27	sb	3.87	−0.06	−0.02	B7 IIIp
	γ	Hyi	1208	03 46 58.3	−74 10 55		3.26	+1.59	+1.94	M2 III
26	π	Eri	1162	03 47 01.1	−12 02 41		4.43	+1.60	+1.89	M2⁻ IIIab
23 v971		Tau	1156	03 47 25.7	+24 00 17		4.14	−0.05	+0.02	B6 IV
27	τ⁶	Eri	1173	03 47 38.7	−23 11 46		4.22	+0.43	+0.51	F3 III
25	η	Tau	1165	03 48 35.3	+24 09 40	d	2.85	−0.09	−0.01	B7 IIIn
			1195	03 50 08.8	−36 08 42		4.17	+0.93	+0.92	G7 IIIa
27		Tau	1178	03 50 16.0	+24 06 31	db	3.62	−0.07	−0.03	B8 III
	BE	Cam	1155	03 51 14.1	+65 34 52		4.39	+1.87	+2.58	M2⁺ IIab
	γ	Cam	1148	03 52 20.5	+71 23 13	d	4.59	+0.06	+0.13	A1 IIIn
44	ζ	Per	1203	03 55 18.0	+31 56 14	sdb	2.84	+0.27	+0.18	B1 Ib
34	γ	Eri	1231	03 58 53.6	−13 27 25	d	2.97	+1.59	+1.78	M0.5 IIIb Ca−1
	δ	Ret	1247	03 59 02.6	−61 20 54		4.56	+1.59	+1.85	M1 III
45	ε	Per	1220	03 59 06.1	+40 03 44	sdb	2.90	−0.20	−0.19	B0.5 IV
46	ξ	Per	1228	04 00 10.2	+35 50 34	b	3.98	+0.02	+0.16	O7.5 IIIf
35	λ	Tau	1239	04 01 42.5	+12 32 29	vb	3.41	−0.10	−0.08	B3 V
35		Eri	1244	04 02 28.4	−01 29 56		5.28	−0.13	−0.12	B5 V
38	ν	Tau	1251	04 04 08.6	+06 02 22		3.91	+0.03	+0.03	A1 Va
37		Tau	1256	04 05 47.5	+22 07 52	d	4.36	+1.06	+1.02	K0 III
47	λ	Per	1261	04 07 58.2	+50 23 59		4.25	−0.01	+0.08	A0 IIIn
			1279	04 08 45.0	+15 12 39	sdbm	6.02	+0.40	+0.46	F3 V
48 MX		Per	1273	04 10 00.7	+47 45 37		3.96	−0.03	+0.08	B3 Ve
43		Tau	1283	04 10 14.8	+19 39 24		5.51	+1.08	+1.05	K1 III
			1270	04 11 02.3	+59 57 20	s	6.29	+1.11	+1.16	G8 IIa
44 IM		Tau	1287	04 11 57.7	+26 31 40	v	5.39	+0.35	+0.41	F2 IV–V
38	o¹	Eri	1298	04 12 46.2	−06 47 26		4.04	+0.33	+0.38	F1 IV
	α	Hor	1326	04 14 37.0	−42 14 59		3.85	+1.09	+1.09	K2 III
	α	Ret	1336	04 14 40.0	−62 25 40	db	3.33	+0.92	+0.91	G8 II–III
40	o²	Eri	1325	04 16 07.4	−07 37 31	d	4.43	+0.82	+0.89	K0.5 V
51	μ	Per	1303	04 16 15.8	+48 27 16	db	4.12	+0.94	+0.93	G0 Ib
	γ	Dor	1338	04 16 30.8	−51 26 26	v	4.26	+0.31	+0.37	F1 V⁺
49	μ	Tau	1320	04 16 32.5	+08 56 15	b	4.27	−0.05	−0.02	B3 IV
	ε	Ret	1355	04 16 48.4	−59 15 29	d	4.44	+1.08	+1.05	K2 IV
48		Tau	1319	04 16 49.4	+15 26 44	sd	6.31	+0.40	+0.46	F3 V
41		Eri	1347	04 18 35.7	−33 45 15	db	3.55	−0.11	−0.09	B9p Mn
54	γ	Tau	1346	04 20 50.9	+15 40 15	db	3.65	+0.98	+0.95	G9.5 IIIab CN 0.5
57 v483		Tau	1351	04 21 00.4	+14 04 42	sdb	5.58	+0.28	+0.33	F0 IV

Designation			BS=HR No.	Right Ascension	Declination	Notes	V	B–V	V–I	Spectral Type
				h m s	° ′ ″					
			1367	04 21 27.5	−20 35 48		5.38	−0.03	−0.01	A1 V
54		Per	1343	04 21 37.0	+34 36 35	d	4.93	+0.95	+0.94	G8 III Fe 0.5
	η	Ret	1395	04 22 05.6	−63 20 34		5.24	+0.96	+0.91	G8 III
			1327	04 22 25.7	+65 11 00	s	5.26	+0.82	+0.83	G5 IIb
61	δ	Tau	1373	04 24 00.3	+17 35 04	db	3.77	+0.98	+0.93	G9.5 III CN 0.5
63		Tau	1376	04 24 28.9	+16 49 08	csb	5.64	+0.31	+0.34	F0m
42	ξ	Eri	1383	04 24 36.2	−03 42 14	b	5.17	+0.07	+0.10	A2 V
43		Eri	1393	04 24 44.0	−33 58 29		3.97	+1.47	+1.53	K3.5$^-$ IIIb
65	κ^1	Tau	1387	04 26 28.5	+22 20 05	db	4.21	+0.14	+0.16	A5 IV–V
68 v776		Tau	1389	04 26 33.8	+17 58 08	dbm	4.30	+0.05	+0.08	A2 IV–Vs
71 v777		Tau	1394	04 27 24.1	+15 39 32	db	4.48	+0.26	+0.33	F0n IV–V
69	υ	Tau	1392	04 27 25.1	+22 51 15	db	4.28	+0.26	+0.32	A9 IV$^-$n
77	θ^1	Tau	1411	04 29 38.0	+16 00 07	db	3.84	+0.95	+1.02	G9 III Fe-0.5
74	ε	Tau	1409	04 29 42.0	+19 13 12	d	3.53	+1.01	+1.04	G9.5 III CN 0.5
78	θ^2	Tau	1412	04 29 43.3	+15 54 38	sdb	3.40	+0.18	+0.21	A7 III
	δ	Cae	1443	04 31 24.2	−44 54 53		5.07	−0.19	−0.20	B2 IV–V
50	υ^1	Eri	1453	04 34 14.1	−29 43 48		4.49	+0.97	+1.00	K0$^+$ III Fe−0.5
	α	Dor	1465	04 34 23.9	−55 00 26	vdm	3.30	−0.08	−0.08	A0p Si
86	ρ	Tau	1444	04 34 54.0	+14 52 55	b	4.65	+0.26	+0.28	A9 V
52	υ^2	Eri	1464	04 36 16.2	−30 31 32		3.81	+0.96	+0.93	G8.5 IIIa
88		Tau	1458	04 36 40.3	+10 11 50	dbm	4.25	+0.18	+0.21	A5m
	R	Dor	1492	04 36 58.7	−62 02 28	vsd	5.59	+1.50	+4.70	M8e III:
87	α	Tau	1457	04 36 59.1	+16 32 42	sdbn10	0.87	+1.54	+1.67	K5$^+$ III
48	ν	Eri	1463	04 37 14.7	−03 18 57	vdb	3.93	−0.21	−0.20	B2 III
58		Per	1454	04 37 58.6	+41 18 04	cb	4.25	+1.17	+1.13	K0 II–III + B9 V
53		Eri	1481	04 39 01.7	−14 16 09	dbm	3.86	+1.08	+1.09	K1.5 IIIb
90		Tau	1473	04 39 11.6	+12 32 48	db	4.27	+0.12	+0.15	A5 IV–V
	α	Cae	1502	04 41 09.5	−41 49 45	d	4.44	+0.34	+0.40	F1 V
54 DM		Eri	1496	04 41 15.1	−19 38 14	d	4.32	+1.60	+2.27	M3 II–III
	β	Cae	1503	04 42 42.8	−37 06 33		5.04	+0.39	+0.46	F2 V
94	τ	Tau	1497	04 43 21.5	+22 59 27	dbm	4.27	−0.11	−0.10	B3 V
57	μ	Eri	1520	04 46 25.7	−03 13 19	b	4.01	−0.15	−0.13	B4 IV
4		Cam	1511	04 49 33.2	+56 47 17	dm	5.29	+0.25	+0.22	Am
1	π^3	Ori	1543	04 50 50.8	+06 59 32	adb	3.19	+0.48	+0.53	F6 V
			1533	04 51 09.6	+37 31 09		4.89	+1.45	+1.51	K3.5 III
2	π^2	Ori	1544	04 51 37.3	+08 55 50	b	4.35	+0.01	+0.04	A0.5 IVn
3	π^4	Ori	1552	04 52 11.6	+05 38 07	sb	3.68	−0.16	−0.16	B2 III
97 v480		Tau	1547	04 52 27.5	+18 52 11	d	5.08	+0.21	+0.26	A9 V$^+$
4	o^1	Ori	1556	04 53 34.9	+14 16 48	cv	4.71	+1.77	+2.63	S3.5/1$^-$
61	ω	Eri	1560	04 53 48.3	−05 25 23	b	4.36	+0.26	+0.33	A9 IV
	η	Men	1629	04 54 40.1	−74 54 28		5.47	+1.52	+1.53	K4 III
8	π^5	Ori	1567	04 55 13.0	+02 28 11	vb	3.71	−0.18	−0.18	B2 III
9	α	Cam	1542	04 55 54.1	+66 22 18		4.26	−0.01	+0.09	O9.5 Ia
9	o^2	Ori	1580	04 57 24.8	+13 32 32	d	4.06	+1.16	+1.16	K2$^-$ III Fe−1
3	ι	Aur	1577	04 58 12.1	+33 11 37	a	2.69	+1.49	+1.46	K3 II
7		Cam	1568	04 58 46.5	+53 46 47	dbm	4.43	−0.02	+0.06	A0m A1 III
10	π^6	Ori	1601	04 59 30.5	+01 44 28		4.47	+1.37	+1.32	K2$^-$ II
7	ε	Aur	1605	05 03 18.0	+43 50 56	vdb	3.03	+0.54	+0.61	A9 Ia
8	ζ	Aur	1612	05 03 46.5	+41 06 04	cdvb	3.69	+1.15	+1.12	K5 II + B5 V
102	ι	Tau	1620	05 04 12.2	+21 36 53		4.62	+0.16	+0.19	A7 IV

Designation			BS=HR No.	Right Ascension	Declination	Notes	V	B−V	V−I	Spectral Type
				h m s	° ′ ″					
10	β	Cam	1603	05 05 04.3	+60 28 01	d	4.03	+0.92	+0.89	G1 Ib−IIa
	η²	Pic	1663	05 05 26.9	−49 33 12		5.05	+1.48	+1.59	K5 III
11	v1032	Ori	1638	05 05 37.7	+15 25 42	v	4.65	−0.06	+0.02	A0p Si
	ζ	Dor	1674	05 05 49.8	−57 26 53		4.71	+0.53	+0.60	F7 V
2	ε	Lep	1654	05 06 14.7	−22 20 50		3.19	+1.46	+1.50	K4 III
10	η	Aur	1641	05 07 48.9	+41 15 28	a	3.18	−0.15	−0.17	B3 V
67	β	Eri	1666	05 08 45.6	−05 03 50	d	2.78	+0.16	+0.16	A3 IVn
69	λ	Eri	1679	05 10 02.0	−08 43 54		4.25	−0.19	−0.16	B2 IVn
16		Ori	1672	05 10 20.8	+09 51 07	db	5.43	+0.25	+0.24	A9m
3	ι	Lep	1696	05 13 09.7	−11 50 54	d	4.45	−0.10	−0.08	B9 V:
	θ	Dor	1744	05 13 44.9	−67 09 52		4.81	+1.27	+1.22	K2.5 IIIa
5	μ	Lep	1702	05 13 45.8	−16 11 05	s	3.29	−0.11	−0.09	B9p Hg Mn
4	κ	Lep	1705	05 14 05.2	−12 55 14	dm	4.36	−0.09	−0.07	B7 V
17	ρ	Ori	1698	05 14 15.6	+02 52 55	dbm	4.46	+1.17	+1.12	K1 III CN 0.5
11	μ	Aur	1689	05 14 41.8	+38 30 17		4.82	+0.19	+0.23	A7m
19	β	Ori	1713	05 15 25.7	−08 10 54	vdasbn11	0.18	−0.03	+0.03	B8 Ia
13	α	Aur	1708	05 18 03.5	+46 00 53	cdbn12	0.08	+0.80	+0.83	G6 III + G2 III
	o	Col	1743	05 18 09.2	−34 52 41		4.81	+0.99	+1.00	K0/1 III/IV
20	τ	Ori	1735	05 18 30.3	−06 49 33	sdb	3.59	−0.12	−0.10	B5 III
	ζ	Pic	1767	05 19 49.4	−50 35 12		5.44	+0.52	+0.59	F7 III−IV
6	λ	Lep	1756	05 20 25.7	−13 09 32		4.29	−0.24	−0.26	B0.5 IV
15	λ	Aur	1729	05 20 26.7	+40 06 49	d	4.69	+0.63	+0.70	G1.5 IV−V Fe−1
22		Ori	1765	05 22 42.5	−00 21 56	b	4.72	−0.17	−0.17	B2 IV−V
29		Ori	1784	05 24 50.4	−07 47 33		4.13	+0.94	+0.97	G8 III Fe−0.5
28	η	Ori	1788	05 25 24.5	−02 22 53	cdvbm	3.35	−0.24	−0.16	B1 IV + B
			1686	05 25 38.4	+79 14 53	d	5.08	+0.51	+0.58	F7 Vs
24	γ	Ori	1790	05 26 07.5	+06 21 54	dbn13	1.64	−0.22	−0.22	B2 III
112	β	Tau	1791	05 27 27.8	+28 37 17	sdn14	1.65	−0.13	−0.09	B7 III
115		Tau	1808	05 28 14.9	+17 58 36	d	5.40	−0.09	−0.07	B5 V
9	β	Lep	1829	05 29 02.3	−20 44 45	d	2.81	+0.81	+0.86	G5 II
			1856	05 30 40.1	−47 03 54	d	5.46	+0.62	+0.68	G3 IV
	γ	Men	1953	05 31 09.8	−76 19 36	d	5.18	+1.13	+1.11	K2 III
32		Ori	1839	05 31 46.5	+05 57 39	dm	4.20	−0.14	−0.14	B5 V
	ε	Col	1862	05 31 52.2	−35 27 29		3.86	+1.13	+1.09	K1 II/III
17		Cam	1802	05 31 55.3	+63 04 49		5.43	+1.70	+2.11	M1 IIIa
34	δ	Ori	1852	05 32 57.2	−00 17 12	dvbm	2.25	−0.18	−0.21	O9.5 II
119	CE	Tau	1845	05 33 17.9	+18 36 23		4.32	+2.06	+2.54	M2 Iab−Ib
11	α	Lep	1865	05 33 32.8	−17 48 37	das	2.58	+0.21	+0.32	F0 Ib
	β	Dor	1922	05 33 47.3	−62 28 41	v	3.76	+0.64	+0.69	F7−G2 Ib
25	χ	Aur	1843	05 33 56.0	+32 12 14	b	4.71	+0.28	+0.51	B5 Iab
37	φ¹	Ori	1876	05 35 50.2	+09 30 02	db	4.39	−0.16	−0.13	B0.5 IV−V
39	λ	Ori	1879	05 36 09.5	+09 56 42	dm	3.39	−0.16	−0.13	O8 IIIf
	v1046	Ori	1890	05 36 16.8	−04 29 00	sdvbm	6.57	−0.14	−0.14	B2 Vh
			1891	05 36 17.3	−04 24 49	dsm	6.24	−0.15	−0.14	B2.5 V
44	ι	Ori	1899	05 36 20.3	−05 53 57	dsb	2.75	−0.21	−0.22	O9 III
46	ε	Ori	1903	05 37 09.2	−01 11 29	dasbn15	1.69	−0.18	−0.16	B0 Ia
40	φ²	Ori	1907	05 37 55.4	+09 17 57	s	4.09	+0.95	+1.02	K0 IIIb Fe−2
123	ζ	Tau	1910	05 38 45.1	+21 09 08	sb	2.97	−0.15	−0.15	B2 IIIpe (shell)
48	σ	Ori	1931	05 39 40.5	−02 35 27	dbm	3.77	−0.19	−0.25	O9.5 V
	α	Col	1956	05 40 19.2	−34 03 55	d	2.65	−0.12	−0.07	B7 IV

Designation			BS=HR No.	Right Ascension	Declination	Notes	V	B–V	V–I	Spectral Type
				h m s	° ′ ″					
50	ζ	Ori	1948	05 41 41.6	−01 56 03	dbm	1.74	−0.20	−0.18	O9.5 Ib
	δ	Dor	2015	05 44 48.5	−65 43 43		4.34	+0.22	+0.27	A7 V⁺n
13	γ	Lep	1983	05 45 14.1	−22 26 37	d	3.59	+0.48	+0.57	F7 V
27	o	Aur	1971	05 47 20.1	+49 49 56		5.46	+0.03	+0.07	A0p Cr
	β	Pic	2020	05 47 43.4	−51 03 38		3.85	+0.17	+0.18	A6 V
14	ζ	Lep	1998	05 47 47.7	−14 48 59	b	3.55	+0.10	+0.11	A2 Van
130		Tau	1990	05 48 31.0	+17 44 04		5.47	+0.30	+0.34	F0 III
53	κ	Ori	2004	05 48 38.1	−09 39 52		2.07	−0.17	−0.14	B0.5 Ia
	γ	Pic	2042	05 50 09.9	−56 09 45		4.50	+1.08	+1.06	K1 III
			2049	05 51 18.4	−52 06 19		5.16	+0.96	+0.97	G8 III
	β	Col	2040	05 51 36.8	−35 45 44		3.12	+1.15	+1.10	K1.5 III
15	δ	Lep	2035	05 52 07.1	−20 52 43		3.76	+0.98	+1.05	K0 III Fe−1.5 CH 0.5
32	ν	Aur	2012	05 52 46.4	+39 09 07	d	3.97	+1.13	+1.07	K0 III CN 0.5
136		Tau	2034	05 54 29.5	+27 36 54	b	4.56	−0.01	0.00	A0 IV
54	χ¹	Ori	2047	05 55 28.8	+20 16 41	b	4.39	+0.59	+0.66	G0⁻ V Ca 0.5
58	α	Ori	2061	05 56 10.4	+07 24 33	vadbn16	0.45	+1.50	+2.32	M1−M2 Ia−Iab
30	ξ	Aur	2029	05 56 23.9	+55 42 32		4.96	+0.05	+0.09	A1 Va
16	η	Lep	2085	05 57 14.9	−14 09 56		3.71	+0.34	+0.39	F1 V
	γ	Col	2106	05 58 11.6	−35 16 56	d	4.36	−0.17	−0.16	B2.5 IV
	η	Col	2120	05 59 42.8	−42 48 54		3.96	+1.15	+1.06	G8/K1 II
60		Ori	2103	05 59 46.7	+00 33 12	db	5.21	+0.01	+0.03	A1 Vs
34	β	Aur	2088	06 00 53.2	+44 56 50	vdb	1.90	+0.08	+0.05	A1 IV
37	θ	Aur	2095	06 00 59.0	+37 12 43	vdb	2.65	−0.08	−0.06	A0p Si
33	δ	Aur	2077	06 01 03.1	+54 17 02	d	3.72	+1.01	+0.99	K0⁻ III
35	π	Aur	2091	06 01 18.5	+45 56 11		4.30	+1.70	+2.51	M3 II
61	μ	Ori	2124	06 03 24.1	+09 38 45	dbm	4.12	+0.17	+0.19	A5m:
62	χ²	Ori	2135	06 05 01.1	+20 08 11	asv	4.64	+0.24	+0.41	B2 Ia
1		Gem	2134	06 05 14.7	+23 15 38	dbm	4.16	+0.84	+0.88	G5 III−IV
17 SS		Lep	2148	06 05 48.7	−16 29 13	sb	4.92	+0.20	+0.21	Ap (shell)
	ν	Dor	2221	06 08 37.1	−68 50 50		5.06	−0.07	−0.08	B8 V
67	ν	Ori	2159	06 08 37.7	+14 45 53	db	4.42	−0.16	−0.17	B3 IV
	α	Men	2261	06 09 41.3	−74 45 31		5.08	+0.71	+0.75	G5 V
			2180	06 09 44.6	−22 25 55		5.49	−0.01	+0.01	A0 V
	δ	Pic	2212	06 10 39.6	−54 58 24	vb	4.72	−0.23	−0.24	B0.5 IV
70	ξ	Ori	2199	06 12 59.5	+14 12 11	db	4.45	−0.18	−0.16	B3 IV
36		Cam	2165	06 14 42.7	+65 42 43	b	5.36	+1.34	+1.30	K2 II−III
5	γ	Mon	2227	06 15 45.5	−06 16 54	d	3.99	+1.32	+1.27	K1 III Ba 0.5
7	η	Gem	2216	06 15 59.7	+22 29 59	vdbm	3.31	+1.60	+2.70	M2.5 III
44	κ	Aur	2219	06 16 33.4	+29 29 22		4.32	+1.02	+1.04	G9 IIIb
	κ	Col	2256	06 17 12.7	−35 08 52		4.37	+0.98	+0.94	K0.5 IIIa
74		Ori	2241	06 17 29.0	+12 15 56	d	5.04	+0.43	+0.50	F4 IV
7		Mon	2273	06 20 36.3	−07 49 55	db	5.27	−0.18	−0.18	B2.5 V
			2209	06 20 52.9	+69 18 37	b	4.76	+0.03	+0.05	A0 IV⁺nn
1	ζ	CMa	2282	06 21 01.4	−30 04 21	db	3.02	−0.16	−0.20	B2.5 V
2 UZ		Lyn	2238	06 21 15.2	+59 00 07		4.44	+0.03	+0.05	A1 Va
	δ	Col	2296	06 22 47.4	−33 26 48	b	3.85	+0.86	+0.88	G7 II
2	β	CMa	2294	06 23 30.9	−17 57 59	svdb	1.98	−0.24	−0.24	B1 II−III
13	μ	Gem	2286	06 24 04.8	+22 30 09	sd	2.87	+1.62	+2.30	M3 IIIab
	α	Car	2326	06 24 21.8	−52 42 23	n17	−0.62	+0.16	+0.23	A9 II
8		Mon	2298	06 24 44.9	+04 34 55	db	4.39	+0.22	+0.25	A6 IV

Designation			BS=HR No.	Right Ascension	Declination	Notes	V	B–V	V–I	Spectral Type
				h m s	o ′ ″					
			2305	06 25 02.1	−11 32 29		5.21	+1.23	+1.18	K3 III
46	ψ^1	Aur	2289	06 26 19.3	+49 16 35	b	4.92	+1.91	+1.94	K5−M0 Iab−Ib
	λ	CMa	2361	06 28 51.4	−32 35 34		4.47	−0.17	−0.16	B4 V
10		Mon	2344	06 28 52.4	−04 46 30	d	5.06	−0.18	−0.18	B2 V
18	ν	Gem	2343	06 30 03.7	+20 11 56	db	4.13	−0.12	−0.10	B6 III
4	ξ^1	CMa	2387	06 32 37.6	−23 25 58	vdb	4.34	−0.25	−0.24	B1 III
			2392	06 33 38.9	−11 10 52	dsb	6.30	+1.10	+0.95	G9.5 III: Ba 3
13		Mon	2385	06 33 54.3	+07 19 05		4.47	+0.02	+0.09	A0 Ib−II
			2395	06 34 34.3	−01 14 08		5.09	−0.13	−0.12	B5 Vn
			2435	06 35 23.1	−52 59 29		4.35	−0.02	+0.06	A0 II
5	ξ^2	CMa	2414	06 35 49.9	−22 58 50		4.54	−0.04	−0.01	A0 III
7	ν^2	CMa	2429	06 37 29.5	−19 16 22		3.95	+1.04	+1.02	K1.5 III−IV Fe 1
	ν	Pup	2451	06 38 19.7	−43 12 47	b	3.17	−0.10	−0.07	B8 IIIn
8	ν^3	CMa	2443	06 38 42.3	−18 15 17	dm	4.42	+1.14	+1.12	K0.5 III
24	γ	Gem	2421	06 38 46.8	+16 22 54	db	1.93	0.00	+0.04	A1 IVs
15	S	Mon	2456	06 41 59.8	+09 52 38	dasbm	4.66	−0.23	−0.22	O7 Vf
30		Gem	2478	06 45 01.9	+13 12 28	d	4.49	+1.17	+1.11	K0.5 III CN 0.5
27	ε	Gem	2473	06 45 04.2	+25 06 40	dasb	3.06	+1.38	+1.22	G8 Ib
			2513	06 45 51.7	−52 13 17	s	6.56	+1.08	+1.03	G5 Iab
9	α	CMa	2491	06 45 57.4	−16 44 35	odbn18	−1.44	+0.01	−0.02	A0m A1 Va
31	ξ	Gem	2484	06 46 19.6	+12 52 27		3.35	+0.44	+0.48	F5 IV
			2518	06 47 59.4	−37 57 04	d	5.27	−0.08	−0.06	B8/9 V
56	ψ^5	Aur	2483	06 48 04.2	+43 33 26	d	5.24	+0.58	+0.65	G0 V
	α	Pic	2550	06 48 22.8	−61 57 42		3.24	+0.23	+0.28	A6 Vn
18		Mon	2506	06 48 49.5	+02 23 26	b	4.48	+1.10	+1.06	K0$^+$ IIIa
57	ψ^6	Aur	2487	06 49 04.0	+48 46 05		5.22	+1.13	+1.09	K0 III
			2401	06 49 21.5	+79 32 25	b	5.44	+0.53	+0.60	F8 V
	v415	Car	2554	06 50 15.4	−53 38 41	b	4.41	+0.90	+0.92	G4 II
	τ	Pup	2553	06 50 23.7	−50 38 14	b	2.94	+1.21	+1.14	K1 III
13	κ	CMa	2538	06 50 32.0	−32 31 51		3.50	−0.12	−0.10	B1.5 IVne
	ι	Vol	2602	06 51 14.0	−70 59 10		5.41	−0.11	−0.09	B7 IV
	v592	Mon	2534	06 51 35.8	−08 03 50	sv	6.31	+0.01	+0.03	A2p Sr Cr Eu
34	θ	Gem	2540	06 54 00.4	+33 56 14	db	3.60	+0.10	+0.14	A3 III−IV
16	o^1	CMa	2580	06 54 54.0	−24 12 30	s	3.89	+1.74	+1.58	K2 Iab
	NP	Pup	2591	06 55 01.7	−42 23 23	s	6.32	+2.29	+2.34	C5,2.5
14	θ	CMa	2574	06 55 03.0	−12 03 47		4.08	+1.42	+1.49	K4 III
43		Cam	2511	06 55 41.3	+68 51 50		5.11	−0.11	−0.10	B7 III
20	ι	CMa	2596	06 56 57.8	−17 04 46		4.36	−0.06	+0.01	B3 II
15		Lyn	2560	06 58 52.4	+58 23 47	d	4.35	+0.85	+0.85	G5 III−IV
21	ε	CMa	2618	06 59 21.2	−28 59 54	dn19	1.50	−0.21	−0.20	B2 II
22	σ	CMa	2646	07 02 27.4	−27 57 45	d	3.49	+1.73	+1.82	K7 Ib
			2527	07 02 44.3	+76 57 00	b	4.55	+1.37	+1.35	K4 III
42	ω	Gem	2630	07 03 32.4	+24 11 15	s	5.20	+0.95	+0.83	G5 IIa
24	o^2	CMa	2653	07 03 47.8	−23 51 41	vasb	3.02	−0.08	−0.03	B3 Ia
23	γ	CMa	2657	07 04 35.7	−15 39 43		4.11	−0.11	−0.09	B8 II
			2666	07 04 38.0	−42 21 56	dbm	5.20	+0.20	+0.15	A9m
	v386	Car	2683	07 04 39.0	−56 46 42	v	5.14	−0.03	−0.01	Ap Si
43	ζ	Gem	2650	07 05 12.3	+20 32 30	vdb	4.01	+0.90	+0.90	F9 Ib (var)
	γ^2	Vol	2736	07 08 35.1	−70 31 44	d	3.78	+1.01	+0.94	G9 III
25	δ	CMa	2693	07 09 08.6	−26 25 25	dasb	1.83	+0.67	+0.67	F8 Ia

Designation			BS=HR No.	Right Ascension	Declination	Notes	V	B−V	V−I	Spectral Type
				h m s	° ′ ″					
20		Mon	2701	07 11 08.8	−04 16 02	d	4.91	+1.02	+1.03	K0 III
46	τ	Gem	2697	07 12 18.9	+30 12 48	d	4.41	+1.26	+1.25	K2 III
22	δ	Mon	2714	07 12 48.5	−00 31 29	d	4.15	−0.01	+0.02	A1 III+
63		Aur	2696	07 12 55.5	+39 17 19	b	4.91	+1.45	+1.48	K3.5 III
	QW	Pup	2740	07 13 05.3	−46 47 27		4.49	+0.32	+0.40	F0 IVs
48		Gem	2706	07 13 33.8	+24 05 46	s	5.85	+0.40	+0.46	F5 III−IV
	L₂	Pup	2748	07 14 06.2	−44 40 14	vd	4.42	+1.33	+3.46	M5 IIIe
51 BQ		Gem	2717	07 14 26.0	+16 07 34	dm	5.07	+1.65	+1.63	M4 IIIab
27 EW		CMa	2745	07 15 00.5	−26 23 08	dbm	4.42	−0.17	−0.12	B3 IIIep
28	ω	CMa	2749	07 15 33.7	−26 48 21		4.01	−0.15	−0.08	B2 IV−Ve
	δ	Vol	2803	07 16 49.0	−67 59 28		3.97	+0.76	+0.78	F9 Ib
	π	Pup	2773	07 17 47.8	−37 07 54	dm	2.71	+1.62	+1.65	K3 Ib
54	λ	Gem	2763	07 19 09.3	+16 30 20	db	3.58	+0.11	+0.12	A4 IV
30	τ	CMa	2782	07 19 28.5	−24 59 21	vdbm	4.37	−0.13	−0.10	O9 II
55	δ	Gem	2777	07 21 13.6	+21 56 48	db	3.50	+0.37	+0.44	F0 V+
31	η	CMa	2827	07 24 49.6	−29 20 25	das	2.45	−0.08	+0.01	B5 Ia
66		Aur	2805	07 25 25.1	+40 38 06	b	5.23	+1.25	+1.14	K1 IIIa Fe−1
60	ι	Gem	2821	07 26 52.4	+27 45 35		3.78	+1.02	+1.01	G9 IIIb
3	β	CMi	2845	07 28 09.2	+08 15 02	db	2.89	−0.10	−0.07	B8 V
4	γ	CMi	2854	07 29 10.2	+08 53 12	db	4.33	+1.43	+1.48	K3 III Fe−1
	σ	Pup	2878	07 29 49.1	−43 20 23	vdb	3.25	+1.51	+1.54	K5 III
62	ρ	Gem	2852	07 30 18.0	+31 44 47	db	4.16	+0.32	+0.40	F0 V+
6		CMi	2864	07 30 49.5	+11 58 01		4.55	+1.28	+1.21	K1 III
			2906	07 34 50.7	−22 20 13		4.44	+0.52	+0.60	F6 IV
66 α¹		Gem	2891	07 35 46.4	+31 50 44	odbm	1.58	+0.03	+0.05	A1m A2 Va
66 α²		Gem	2890	07 35 46.7	+31 50 47	odbm	1.58	+0.03	+0.05	A2m A5 V:
			2934	07 36 07.2	−52 34 33	b	4.93	+1.37	+1.39	K3 III
69	υ	Gem	2905	07 37 03.6	+26 51 11	d	4.06	+1.54	+1.66	M0 III−IIIb
			2937	07 38 03.2	−35 00 40	dm	4.53	−0.08	−0.08	B8 V
25		Mon	2927	07 38 11.9	−04 09 13	d	5.14	+0.44	+0.51	F6 III
10	α	CMi	2943	07 40 16.3	+05 10 33	osdbn20	0.40	+0.43	+0.49	F5 IV−V
	ζ	Vol	3024	07 41 34.9	−72 39 01	d	3.93	+1.03	+1.02	G9 III
	R	Pup	2974	07 41 35.7	−31 42 19	s	6.60	+1.07	+1.21	G2 0−Ia
26	α	Mon	2970	07 42 07.9	−09 35 44		3.94	+1.02	+1.01	G9 III Fe−1
75	σ	Gem	2973	07 44 27.9	+28 50 14	db	4.23	+1.12	+1.12	K1 III
3		Pup	2996	07 44 33.1	−29 00 00	b	3.94	+0.16	+0.34	A2 Ib
24		Lyn	2946	07 44 33.8	+58 39 54	d	4.93	+0.10	+0.17	A2 IVn
77	κ	Gem	2985	07 45 33.8	+24 21 08	ad	3.57	+0.93	+0.90	G8 III
			3017	07 45 54.9	−38 00 52		3.62	+1.71	+1.82	K5 IIa
78	β	Gem	2990	07 46 26.7	+27 58 48	adn21	1.16	+0.99	+0.97	K0 IIIb
4		Pup	3015	07 46 48.0	−14 36 36		5.03	+0.34	+0.40	F2 V
81		Gem	3003	07 47 11.6	+18 27 49	b	4.89	+1.43	+1.54	K4 III
11		CMi	3008	07 47 17.2	+10 43 19	b	5.25	+0.02	+0.04	A0.5 IV−nn
			2999	07 47 53.1	+37 28 16		5.15	+1.59	+2.03	M2+ IIIb
			3037	07 48 05.1	−46 39 18	b	5.22	−0.15	−0.15	B1.5 IV
	OV	Cep	2609	07 48 29.2	+86 58 29		5.05	+1.60	+1.91	M2− IIIab
80	π	Gem	3013	07 48 41.7	+33 22 08	d	5.14	+1.64	+1.83	M1+ IIIa
	o	Pup	3034	07 48 51.3	−25 59 03	d	4.40	−0.07	+0.13	B1 IV:nne
			3055	07 49 48.1	−46 25 14	dm	4.10	−0.16	−0.17	B0 III
7	ξ	Pup	3045	07 50 04.4	−24 54 26	db	3.34	+1.22	+1.08	G6 Iab−Ib

Designation			BS=HR No.	Right Ascension	Declination	Notes	V	B–V	V–I	Spectral Type
				h m s	° ′ ″					
13	ζ	CMi	3059	07 52 39.5	+01 43 06		5.12	−0.12	−0.09	B8 II
			3080	07 52 51.2	−40 37 28	cb	3.71	+1.01	+1.04	K1/2 II + A
	QZ	Pup	3084	07 53 18.0	−38 54 42	vb	4.49	−0.19	−0.18	B2.5 V
			3090	07 53 50.8	−48 09 07		4.22	−0.13	−0.11	B0.5 Ib
83	φ	Gem	3067	07 54 37.6	+26 42 59	b	4.97	+0.10	+0.14	A3 IV−V
26		Lyn	3066	07 56 03.2	+47 30 54		5.47	+1.46	+1.47	K3 III
	χ	Car	3117	07 57 14.9	−53 01 57		3.46	−0.18	−0.17	B3p Si
11		Pup	3102	07 57 39.3	−22 55 50		4.20	+0.72	+0.75	F8 II
			3113	07 58 24.4	−30 23 07		4.76	+0.15	+0.24	A6 II
	V	Pup	3129	07 58 46.4	−49 17 45	cvdb	4.47	−0.18	−0.14	B1 Vp + B2:
			3153	07 59 56.4	−60 38 18	s	5.19	+1.76	+2.12	M1.5 II
27		Mon	3122	08 00 39.6	−03 43 52		4.93	+1.21	+1.22	K2 III
			3131	08 00 41.8	−18 27 04		4.61	+0.09	+0.11	A2 IVn
			3075	08 02 22.5	+73 51 57		5.37	+1.42	+1.41	K3 III
			3145	08 03 13.6	+02 16 57	d	4.39	+1.25	+1.27	K2 IIIb Fe−0.5
	ζ	Pup	3165	08 04 14.1	−40 03 22	s	2.21	−0.27	−0.22	O5 Iafn
	χ	Gem	3149	08 04 39.1	+27 44 28	db	4.94	+1.13	+1.09	K1 III
	ε	Vol	3223	08 07 59.0	−68 40 17	dbm	4.35	−0.11	−0.10	B6 IV
15	ρ	Pup	3185	08 08 19.9	−24 21 31	vdb	2.83	+0.46	+0.42	F5 (Ib−II)p
29	ζ	Mon	3188	08 09 31.4	−03 02 20	d	4.36	+0.97	+0.92	G2 Ib
27		Lyn	3173	08 09 50.5	+51 27 06	d	4.78	+0.05	+0.10	A1 Va
16		Pup	3192	08 09 51.2	−19 18 01	b	4.40	−0.16	−0.14	B5 IV
	γ²	Vel	3207	08 10 06.2	−47 23 30	cdb	1.75	−0.15	−0.14	WC8 + O9I:
	NS	Pup	3225	08 12 01.2	−39 40 28	b	4.44	+1.59	+1.62	K4.5 Ib
20		Pup	3229	08 14 11.0	−15 50 42		4.99	+1.07	+1.02	G5 IIa
			3182	08 14 37.9	+68 25 03		5.34	+1.04	+0.96	G7 II
			3243	08 14 42.4	−40 24 19	db	4.42	+1.17	+1.15	K1 II/III
17	β	Cnc	3249	08 17 31.0	+09 07 38	d	3.53	+1.48	+1.47	K4 III Ba 0.5
	α	Cha	3318	08 18 01.2	−76 58 39		4.05	+0.41	+0.49	F4 IV
			3270	08 19 14.9	−36 43 03		4.44	+0.22	+0.25	A7 IV
	θ	Cha	3340	08 20 03.4	−77 32 36	d	4.34	+1.16	+1.10	K2 III CN 0.5
18	χ	Cnc	3262	08 21 11.1	+27 09 23		5.13	+0.49	+0.56	F6 V
			3282	08 22 06.8	−33 06 51		4.83	+1.42	+1.35	K2.5 II−III
	ε	Car	3307	08 22 53.5	−59 34 10	dcmn22	1.86	+1.20	+1.16	K3: III + B2: V
31		Lyn	3275	08 24 05.7	+43 07 38		4.25	+1.55	+1.61	K4.5 III
			3315	08 25 51.7	−24 06 26	db	5.32	+1.48	+1.49	K4.5 III CN 1
	β	Vol	3347	08 25 56.0	−66 11 56		3.77	+1.13	+1.10	K2 III
			3314	08 26 35.1	−03 58 04		3.91	−0.01	−0.02	A0 Va
1	o	UMa	3323	08 31 47.2	+60 39 16	sd	3.35	+0.86	+0.87	G5 III
33	η	Cnc	3366	08 33 46.5	+20 22 38		5.33	+1.25	+1.11	K3 III
			3426	08 38 17.7	−43 03 16		4.11	+0.11	+0.20	A6 II
4	δ	Hya	3410	08 38 38.1	+05 38 17	db	4.14	0.00	+0.02	A1 IVnn
5	σ	Hya	3418	08 39 43.4	+03 16 31		4.45	+1.22	+1.12	K1 III
	η	Cha	3502	08 40 39.2	−79 01 47		5.46	−0.10	−0.08	B8 V
	o	Vel	3447	08 40 49.4	−52 59 17	vb	3.60	−0.17	−0.16	B3 IV
	β	Pyx	3438	08 40 49.6	−35 22 29	db	3.97	+0.94	+0.91	G4 III
6		Hya	3431	08 40 54.1	−12 32 30		4.98	+1.42	+1.40	K4 III
	v343	Car	3457	08 41 01.5	−59 49 39	db	4.31	−0.12	−0.08	B1.5 III
			3445	08 41 14.4	−46 42 55	d	3.77	+0.67	+0.92	F0 Ia
34		Lyn	3422	08 42 17.4	+45 46 04		5.35	+0.99	+0.97	G8 IV

Designation			BS=HR No.	Right Ascension	Declination	Notes	V	B−V	V−I	Spectral Type
				h m s	° ′ ″					
7	η	Hya	3454	08 44 11.4	+03 19 52	b	4.30	−0.19	−0.20	B4 V
	α	Pyx	3468	08 44 20.2	−33 15 14		3.68	−0.18	−0.17	B1.5 III
43	γ	Cnc	3449	08 44 21.2	+21 24 03	db	4.66	+0.01	+0.03	A1 Va
			3477	08 45 03.6	−42 43 01	d	4.05	+0.87	+0.89	G6 II−III
	δ	Vel	3485	08 45 12.9	−54 46 38	dm	1.93	+0.04	+0.05	A1 Va
47	δ	Cnc	3461	08 45 44.0	+18 05 07	d	3.94	+1.08	+1.01	K0 IIIb
			3487	08 46 39.3	−46 06 35		3.87	+0.02	+0.09	A1 II
	v344	Car	3498	08 47 11.2	−56 50 18		4.50	−0.17	−0.16	B3 Vne
12		Hya	3484	08 47 15.0	13 36 59	db	4.32	+0.90	+0.91	G8 III Fe−1
11	ε	Hya	3482	08 47 45.2	+06 21 00	cdbm	3.38	+0.69	+0.78	G5: III + A:
48	ι	Cnc	3475	08 47 48.8	+28 41 28	d	4.03	+1.01	+0.96	G8 II−III
13	ρ	Hya	3492	08 49 24.7	+05 46 06	db	4.35	−0.04	−0.03	A0 Vn
14	KX	Hya	3500	08 50 17.5	−03 30 46		5.30	−0.08	−0.06	B9p Hg Mn
	γ	Pyx	3518	08 51 19.1	−27 46 45		4.02	+1.27	+1.24	K2.5 III
	ζ	Oct	3678	08 53 38.8	−85 44 03		5.43	+0.31	+0.35	F0 III
			3571	08 55 27.9	−60 42 56	d	3.84	−0.10	−0.08	B7 II−III
16	ζ	Hya	3547	08 56 22.2	+05 52 27		3.11	+0.98	+0.96	G9 IIIa
	v376	Car	3582	08 57 25.5	−59 18 04	d	4.93	−0.18	−0.21	B2 IV−V
65	α	Cnc	3572	08 59 29.8	+11 47 06	db	4.26	+0.14	+0.14	A5m
9	ι	UMa	3569	09 00 28.0	+47 58 05	db	3.12	+0.22	+0.25	A7 IVn
64	σ³	Cnc	3575	09 00 40.6	+32 20 44	d	5.23	+0.91	+0.91	G8 III
			3591	09 00 46.9	−41 19 35	cb	4.45	+0.65	+0.75	G8/K1 III + A
			3579	09 01 50.0	+41 42 30	odbm	3.96	+0.46	+0.53	F7 V
	α	Vol	3615	09 02 44.1	−66 28 13	b	4.00	+0.15	+0.15	A5m
8	ρ	UMa	3576	09 04 11.3	+67 33 21		4.74	+1.54	+2.15	M3 IIIb Ca 1
			3614	09 04 47.6	−47 10 19		3.75	+1.17	+1.11	K2 III
12	κ	UMa	3594	09 04 52.8	+47 04 55	dm	3.57	+0.01	+0.03	A0 IIIn
			3643	09 05 11.0	−72 40 38		4.47	+0.61	+0.67	F8 II
			3612	09 07 42.0	+38 22 38		4.56	+1.04	+0.97	G7 Ib−II
	λ	Vel	3634	09 08 40.7	−43 30 29	dn23	2.23	+1.67	+1.69	K4.5 Ib
76	κ	Cnc	3623	09 08 44.8	+10 35 34	db	5.23	−0.09	−0.07	B8p Hg Mn
15		UMa	3619	09 10 10.0	+51 31 43		4.46	+0.29	+0.30	F0m
77	ξ	Cnc	3627	09 10 25.2	+21 58 10	db	5.16	+0.97	+0.90	G9 IIIa Fe−0.5 CH−1
	v357	Car	3659	09 11 27.3	−59 02 35	b	3.43	−0.19	−0.17	B2 IV−V
			3663	09 11 41.9	−62 23 36		3.96	−0.18	−0.18	B3 III
	β	Car	3685	09 13 23.7	−69 47 37	n24	1.67	+0.07	+0.02	A1 III
36		Lyn	3652	09 15 00.4	+43 08 25		5.30	−0.13	−0.12	B8p Mn
22	θ	Hya	3665	09 15 19.5	+02 14 07	db	3.89	−0.06	−0.07	B9.5 IV (C II)
			3696	09 16 43.4	−57 37 10		4.34	+1.60	+1.83	M0.5 III Ba 0.3
	ι	Car	3699	09 17 35.1	−59 21 12		2.21	+0.19	+0.28	A7 Ib
38		Lyn	3690	09 19 59.4	+36 43 24	dbm	3.82	+0.07	+0.12	A2 IV⁻
40	α	Lyn	3705	09 22 10.6	+34 18 48		3.14	+1.55	+1.65	K7 IIIab
	θ	Pyx	3718	09 22 18.8	−26 02 42		4.71	+1.63	+1.91	M0.5 III
	κ	Vel	3734	09 22 41.2	−55 05 25	b	2.47	−0.14	−0.17	B2 IV−V
1	κ	Leo	3731	09 25 43.7	+26 06 06	d	4.47	+1.22	+1.20	K2 III
30	α	Hya	3748	09 28 29.8	−08 44 23	dn25	1.99	+1.44	+1.39	K3 II−III
	ε	Ant	3765	09 30 00.6	−36 01 58	b	4.51	+1.41	+1.37	K3 III
	ψ	Vel	3786	09 31 25.9	−40 32 55	dm	3.60	+0.37	+0.43	F0 V⁺
			3821	09 31 43.9	−73 09 47		5.46	+1.56	+1.57	K4 III
			3803	09 31 47.1	−57 06 59		3.16	+1.54	+1.59	K5 III

Designation			BS=HR No.	Right Ascension	Declination	Notes	V	B–V	V–I	Spectral Type
				h m s	° ′ ″					
	R	Car	3816	09 32 42.5	−62 52 16	vd	7.43	+0.91	+0.91	gM5e
4	λ	Leo	3773	09 32 46.4	+22 53 08		4.32	+1.54	+1.63	K4.5 IIIb
5	ξ	Leo	3782	09 32 56.5	+11 13 01		4.99	+1.05	+0.89	G9.5 III
23		UMa	3757	09 32 58.1	+62 58 47	d	3.65	+0.36	+0.41	F0 IV
			3808	09 34 03.6	−21 11 54		5.02	+1.02	+0.94	K0 III
25	θ	UMa	3775	09 34 05.1	+51 35 31	db	3.17	+0.48	+0.56	F6 IV
			3825	09 34 58.9	−59 18 46		4.08	−0.01	+0.01	B5 II
10	SU	LMi	3800	09 35 21.1	+36 18 52		4.54	+0.91	+0.91	G7.5 III Fe−0.5
26		UMa	3799	09 36 04.9	+51 58 05		4.47	+0.03	+0.08	A1 Va
24	DK	UMa	3771	09 36 05.1	+69 44 51		4.54	+0.78	+0.83	G5 III–IV
			3836	09 37 29.4	−49 26 18	d	4.34	+0.17	+0.18	A5 IV–V
			3834	09 39 25.1	+04 33 54		4.68	+1.31	+1.35	K3 III
			3751	09 39 35.5	+81 14 33		4.28	+1.49	+1.46	K3 IIIa
35	ι	Hya	3845	09 40 48.0	−01 13 39		3.90	+1.31	+1.29	K2.5 III
38	κ	Hya	3849	09 41 11.6	−14 25 01		5.07	−0.15	−0.15	B5 V
14	o	Leo	3852	09 42 08.2	+09 48 26	cdb	3.52	+0.52	+0.59	F5 II + A5?
16	ψ	Leo	3866	09 44 44.2	+13 56 10	d	5.36	+1.61	+1.94	M24⁺ IIIab
	θ	Ant	3871	09 45 01.6	−27 51 17	cdm	4.78	+0.52	+0.61	F7 II–III + A8 V
	λ	Car	3884	09 45 45.3	−62 35 37	v	3.69	+1.01	+1.03	F9–G5 Ib
17	ε	Leo	3873	09 46 53.9	+23 41 18		2.97	+0.81	+0.81	G1 II
	υ	Car	3890	09 47 33.8	−65 09 29	dm	2.92	+0.27	+0.42	A6 II
	R	Leo	3882	09 48 33.1	+11 20 32	v	10.35	+1.50	+9.03	gM7e
			3881	09 49 46.5	+45 56 02		5.08	+0.62	+0.68	G0.5 Va
29	υ	UMa	3888	09 52 17.4	+58 57 03	vd	3.78	+0.29	+0.39	F0 IV
39	υ¹	Hya	3903	09 52 22.1	−14 56 03		4.11	+0.92	+0.92	G8.5 IIIa
24	μ	Leo	3905	09 53 48.7	+25 55 08	s	3.88	+1.22	+1.13	K2 III CN 1 Ca 1
			3923	09 55 44.6	−19 05 52	b	4.94	+1.56	+1.75	K5 III
	φ	Vel	3940	09 57 30.8	−54 39 23	d	3.52	−0.07	−0.04	B5 Ib
19		LMi	3928	09 58 48.6	+40 58 00	b	5.11	+0.48	+0.55	F5 V
	η	Ant	3947	09 59 40.0	−35 58 48	d	5.23	+0.30	+0.34	F1 III–IV
29	π	Leo	3950	10 01 11.4	+07 57 17		4.68	+1.59	+1.96	M2⁻ IIIab
20		LMi	3951	10 02 04.4	+31 49 55		5.37	+0.68	+0.74	G3 Va Hδ 1
40	υ²	Hya	3970	10 06 01.6	−13 09 18	b	4.60	−0.09	−0.07	B8 V
30	η	Leo	3975	10 08 20.3	+16 40 18	asd	3.48	−0.03	+0.06	A0 Ib
21		LMi	3974	10 08 30.9	+35 09 14		4.49	+0.19	+0.19	A7 V
31		Leo	3980	10 08 53.1	+09 54 22	d	4.39	+1.45	+1.51	K3.5 IIIb Fe−1:
15	α	Sex	3981	10 08 53.1	−00 27 46		4.48	−0.03	−0.01	A0 III
32	α	Leo	3982	10 09 21.3	+11 52 34	dbn26	1.36	−0.09	−0.10	B7 Vn
41	λ	Hya	3994	10 11 29.4	−12 26 46	db	3.61	+1.01	+0.96	K0 III CN 0.5
	ω	Car	4037	10 14 10.5	−70 07 48		3.29	−0.07	−0.03	B8 IIIn
			4023	10 15 30.9	−42 12 51	b	3.85	+0.05	+0.03	A2 Va
	v337	Car	4050	10 17 42.2	−61 25 30	d	3.39	+1.54	+1.45	K2.5 II
36	ζ	Leo	4031	10 17 43.0	+23 19 28	dasb	3.43	+0.31	+0.39	F0 III
33	λ	UMa	4033	10 18 12.3	+42 49 17	s	3.45	+0.03	+0.05	A1 IV
22	ε	Sex	4042	10 18 33.0	−08 09 43		5.25	+0.34	+0.39	F1 IV⁻
	AG	Ant	4049	10 18 58.6	−29 05 06		5.52	+0.28	+0.31	A0p Ib–II
41	γ¹	Leo	4057	10 20 59.4	+19 44 50	dbm	2.01	+1.13	+1.17	K1⁻ IIIb Fe−0.5
			4080	10 23 07.4	−41 44 37		4.82	+1.10	+1.06	K1 III
34	μ	UMa	4069	10 23 25.5	+41 24 21	b	3.06	+1.60	+1.77	M0 III
			4086	10 24 18.1	−38 06 15		5.34	+0.25	+0.28	A8 V

Designation			BS=HR No.	Right Ascension	Declination	Notes	V	B–V	V–I	Spectral Type
				h m s	° ′ ″					
			4102	10 24 45.5	−74 07 33	b	3.99	+0.37	+0.43	F2 V
			4072	10 25 26.6	+65 28 20	b	4.94	−0.05	−0.02	A0p Hg
42	μ	Hya	4094	10 26 59.2	−16 55 52		3.83	+1.46	+1.47	K4$^+$ III
	α	Ant	4104	10 28 00.0	−31 09 45	b	4.28	+1.43	+1.47	K4.5 III
			4114	10 28 33.7	−58 50 03		3.81	+0.32	+0.41	F0 Ib
31	β	LMi	4100	10 28 56.8	+36 36 42	dbm	4.20	+0.91	+0.89	G9 IIIab
29	δ	Sex	4116	10 30 25.1	−02 50 03		5.19	−0.05	−0.03	B9.5 V
36		UMa	4112	10 31 47.9	+55 53 06	d	4.82	+0.54	+0.58	F8 V
	PP	Car	4140	10 32 41.2	−61 46 51		3.30	−0.09	+0.02	B4 Vne
46		Leo	4127	10 33 10.9	+14 02 30		5.43	+1.70	+1.91	M1 IIIb
			4084	10 33 11.1	+82 27 47		5.25	+0.40	+0.46	F4 V
			4143	10 33 43.9	−47 05 57	dm	5.02	+1.05	+1.11	K1/2 III
47	ρ	Leo	4133	10 33 47.0	+09 12 39	vdb	3.84	−0.15	−0.13	B1 Iab
44		Hya	4145	10 34 53.8	−23 50 27	d	5.08	+1.60	+1.59	K5 III
	γ	Cha	4174	10 35 40.4	−78 42 14		4.11	+1.58	+1.71	M0 III
			4159	10 36 18.2	−57 39 14	b	4.45	+1.60	+1.62	K5 II
37		UMa	4141	10 36 20.4	+56 59 12		5.16	+0.35	+0.39	F1 V
			4126	10 36 36.9	+75 37 00		4.86	+0.96	+0.94	G8 III
			4167	10 38 05.0	−48 19 19	dbm	3.84	+0.30	+0.35	F0m
37		LMi	4166	10 39 45.4	+31 52 47		4.68	+0.82	+0.82	G2.5 IIa
			4180	10 40 02.8	−55 42 00	d	4.29	+1.03	+0.96	G2 II
	θ	Car	4199	10 43 37.3	−64 29 30	b	2.74	−0.22	−0.24	B0.5 Vp
			4181	10 44 22.0	+68 58 44		5.01	+1.41	+1.38	K3 III
41		LMi	4192	10 44 25.1	+23 05 28		5.08	+0.04	+0.06	A2 IV
			4191	10 44 37.7	+46 06 22	db	5.18	+0.32	+0.38	F5 III
	δ^2	Cha	4234	10 45 56.2	−80 38 16		4.45	−0.19	−0.19	B2.5 IV
42		LMi	4203	10 46 53.4	+30 35 04	db	5.36	−0.05	−0.03	A1 Vn
51		Leo	4208	10 47 24.2	+18 47 37		5.50	+1.13	+1.08	gK3
	μ	Vel	4216	10 47 34.2	−49 31 06	cdbm	2.69	+0.90	+0.91	G5 III + F8: V
53		Leo	4227	10 50 13.7	+10 26 49	b	5.32	+0.04	+0.05	A2 V
	ν	Hya	4232	10 50 32.3	−16 17 27		3.11	+1.23	+1.22	K1.5 IIIb Hδ−0.5
			4257	10 54 15.1	−58 57 06	db	3.78	+0.95	+0.96	K0 IIIb
46		LMi	4247	10 54 20.5	+34 06 53		3.79	+1.04	+1.07	K0$^+$ III−IV
54		Leo	4259	10 56 36.7	+24 39 02	cdm	4.30	+0.02	+0.07	A1 IIIn + A1 IVn
	ι	Ant	4273	10 57 35.0	−37 14 15		4.60	+1.01	+0.99	K0 III
47		UMa	4277	11 00 29.8	+40 19 52		5.03	+0.62	+0.69	G1$^-$ V Fe−0.5
7	α	Crt	4287	11 00 40.6	−18 23 51		4.08	+1.08	+1.06	K0$^+$ III
			4293	11 01 00.4	−42 19 31		4.37	+0.12	+0.13	A3 IV
58		Leo	4291	11 01 30.9	+03 31 04	d	4.84	+1.14	+1.13	K0.5 III Fe−0.5
48	β	UMa	4295	11 02 56.8	+56 16 58	b	2.34	+0.03	+0.02	A0m A1 IV−V
60		Leo	4300	11 03 18.9	+20 04 49		4.42	+0.05	+0.03	A0.5m A3 V
50	α	UMa	4301	11 04 51.2	+61 39 03	mn27	1.81	+1.06	+1.03	K0$^-$ IIIa
63	χ	Leo	4310	11 05 58.2	+07 14 08	d	4.62	+0.33	+0.39	F1 IV
	χ^1	Hya	4314	11 06 13.5	−27 23 38	d	4.92	+0.37	+0.43	F3 IV
	v382	Car	4337	11 09 23.2	−59 04 32	cb	3.93	+1.23	+1.19	G4 0−Ia
52	ψ	UMa	4335	11 10 41.8	+44 23 52		3.00	+1.14	+1.09	K1 III
11	β	Crt	4343	11 12 34.2	−22 55 38	b	4.46	+0.03	+0.04	A2 IV
			4350	11 13 23.9	−49 12 06	b	5.37	+0.18	+0.19	A3 IV/V
68	δ	Leo	4357	11 15 05.4	+20 25 19	d	2.56	+0.13	+0.12	A4 IV
70	θ	Leo	4359	11 15 12.6	+15 19 41		3.33	0.00	+0.01	A2 IV (Kvar)

Designation			BS=HR No.	Right Ascension	Declination	Notes	V	B–V	V–I	Spectral Type
				h m s	° ′ ″					
74	φ	Leo	4368	11 17 36.2	−03 45 11	d	4.45	+0.21	+0.25	A7 V⁺n
	SV	Crt	4369	11 17 54.5	−07 14 09	sdb	6.11	+0.21	+0.23	A8p Sr Cr
54	ν	UMa	4377	11 19 28.4	+32 59 35	db	3.49	+1.40	+1.37	K3⁻ III
55		UMa	4380	11 20 08.1	+38 05 02	db	4.76	+0.11	+0.11	A1 Va
12	δ	Crt	4382	11 20 16.0	−14 52 44	b	3.56	+1.11	+1.12	G9 IIIb CH 0.2
	π	Cen	4390	11 21 51.4	−54 35 33	dm	3.90	−0.16	−0.16	B5 Vn
77	σ	Leo	4386	11 22 05.4	+05 55 40	b	4.05	−0.06	−0.06	A0 III⁺
78	ι	Leo	4399	11 24 53.2	+10 25 39	dbm	4.00	+0.42	+0.47	F2 IV
15	γ	Crt	4405	11 25 48.5	−17 47 09	d	4.06	+0.22	+0.24	A7 V
84	τ	Leo	4418	11 28 53.3	+02 45 15	d	4.95	+1.00	+0.95	G7.5 IIIa
1	λ	Dra	4434	11 32 28.9	+69 13 44		3.82	+1.61	+1.79	M0 III Ca−1
	ξ	Hya	4450	11 33 54.9	−31 57 36	d	3.54	+0.95	+0.92	G7 III
	λ	Cen	4467	11 36 38.6	−63 07 20	d	3.11	−0.04	−0.01	B9.5 IIn
			4466	11 36 49.7	−47 44 40		5.26	+0.26	+0.29	A7m
21	θ	Crt	4468	11 37 37.3	−09 54 17	b	4.70	−0.07	−0.06	B9.5 Vn
91	υ	Leo	4471	11 37 53.8	−00 55 34		4.30	+0.98	+0.98	G8⁺ IIIb
	o	Hya	4494	11 41 08.2	−34 50 50		4.70	−0.07	−0.05	B9 V
61		UMa	4496	11 42 01.2	+34 05 49	das	5.31	+0.72	+0.78	G8 V
3		Dra	4504	11 43 29.4	+66 38 33		5.32	+1.27	+1.23	K3 III
	v810	Cen	4511	11 44 24.7	−62 35 32	s	5.00	+0.78	+0.87	G0 0−Ia Fe 1
27	ζ	Crt	4514	11 45 42.2	−18 27 13	dm	4.71	+0.96	+0.94	G8 IIIa
	λ	Mus	4520	11 46 29.5	−66 49 53	d	3.63	+0.16	+0.17	A7 IV
3	ν	Vir	4517	11 46 48.6	+06 25 32		4.04	+1.50	+1.79	M1 III
63	χ	UMa	4518	11 47 01.2	+47 40 36		3.69	+1.18	+1.15	K0.5 IIIb
			4522	11 47 25.1	−61 16 53	d	4.11	+0.90	+0.88	G3 II
93	DQ	Leo	4527	11 48 56.3	+20 06 58	cdb	4.50	+0.55	+0.69	G4 III−IV + A7 V
	II	Hya	4532	11 49 41.3	−26 51 10		5.10	+1.59	+2.84	M4⁺ III
94	β	Leo	4534	11 50 00.1	+14 28 07	dn28	2.14	+0.09	+0.10	A3 Va
			4537	11 50 35.7	−63 53 29		4.30	−0.15	−0.09	B3 V
5	β	Vir	4540	11 51 39.5	+01 39 37	d	3.59	+0.52	+0.61	F9 V
			4546	11 52 04.5	−45 16 35		4.47	+1.28	+1.24	K3 III
	β	Hya	4552	11 53 50.8	−34 00 40	vdm	4.29	−0.10	−0.07	Ap Si
64	γ	UMa	4554	11 54 47.8	+53 35 31	ab	2.41	+0.04	+0.06	A0 Van
95		Leo	4564	11 56 37.5	+15 32 38	db	5.53	+0.12	+0.13	A3 V
30	η	Crt	4567	11 56 57.7	−17 15 14		5.17	−0.02	0.00	A0 Va
8	π	Vir	4589	12 01 49.3	+06 30 40	b	4.65	+0.12	+0.14	A5 IV
	θ¹	Cru	4599	12 03 58.7	−63 24 57	db	4.32	+0.28	+0.36	A8m
			4600	12 04 37.4	−42 32 15		5.15	+0.42	+0.50	F6 V
9	o	Vir	4608	12 06 09.1	+08 37 49	s	4.12	+0.97	+0.96	G8 IIIa CN−1 Ba 1 CH 1
	η	Cru	4616	12 07 51.6	−64 43 01	db	4.14	+0.35	+0.41	F2 V⁺
			4618	12 09 03.2	−50 45 51	v	4.46	−0.16	−0.16	B2 IIIne
	δ	Cen	4621	12 09 19.5	−50 49 31	d	2.58	−0.13	−0.12	B2 IVne
1	α	Crv	4623	12 09 22.3	−24 49 55		4.02	+0.33	+0.40	F0 IV−V
2	ε	Crv	4630	12 11 04.7	−22 43 21		3.02	+1.33	+1.23	K2.5 IIIa
	ρ	Cen	4638	12 12 37.6	−52 28 17		3.97	−0.16	−0.17	B3 V
			4646	12 13 02.7	+77 30 49	vb	5.14	+0.36	+0.42	F2m
	δ	Cru	4656	12 16 08.3	−58 51 06		2.79	−0.19	−0.25	B2 IV
69	δ	UMa	4660	12 16 20.0	+56 55 48	d	3.32	+0.08	+0.03	A2 Van
4	γ	Crv	4662	12 16 45.6	−17 38 40	bn29	2.58	−0.11	−0.10	B8p Hg Mn
	ε	Mus	4671	12 18 35.2	−68 03 49	b	4.06	+1.60	+2.82	M5 III

Designation		BS=HR No.	Right Ascension	Declination	Notes	V	B–V	V–I	Spectral Type
			h m s	° ′ ″					
	ζ Cru	4679	12 19 27.2	−64 06 21	d	4.06	−0.17	−0.18	B2.5 V
	β Cha	4674	12 19 28.3	−79 24 53		4.24	−0.12	−0.11	B5 Vn
3	CVn	4690	12 20 43.1	+48 52 54		5.28	+1.62	+1.90	M1+ IIIab
15 η	Vir	4689	12 20 51.2	−00 46 10	db	3.89	+0.03	+0.03	A1 IV+
16	Vir	4695	12 21 17.4	+03 12 35	d	4.97	+1.17	+1.19	K0.5 IIIb Fe−0.5
	ε Cru	4700	12 22 22.2	−60 30 11		3.59	+1.39	+1.39	K3 III
12	Com	4707	12 23 26.0	+25 44 37	cdb	4.78	+0.52	+0.61	G5 III + A5
6	CVn	4728	12 26 45.4	+38 54 58		5.01	+0.96	+0.94	G9 III
α¹	Cru	4730	12 27 38.5	−63 12 05	cdbmn30	0.77	−0.24	−0.26	B0.5 IV
15 γ	Com	4737	12 27 51.5	+28 09 57		4.35	+1.13	+1.04	K1 III Fe 0.5
	σ Cen	4743	12 29 02.9	−50 19 58		3.91	−0.19	−0.20	B2 V
		4748	12 29 21.8	−39 08 36		5.45	−0.07	−0.05	B8/9 V
74	UMa	4760	12 30 48.8	+58 18 15		5.37	+0.21	+0.17	δ Del
7 δ	Crv	4757	12 30 49.4	−16 37 06	d	2.94	−0.01	−0.04	B9.5 IV⁻n
	γ Cru	4763	12 32 12.2	−57 13 00	dn31	1.59	+1.60	+2.37	M3.5 III
8 η	Crv	4775	12 33 01.6	−16 17 54	b	4.30	+0.39	+0.44	F2 V
	γ Mus	4773	12 33 35.7	−72 14 06		3.84	−0.16	−0.14	B5 V
5 κ	Dra	4787	12 34 15.8	+69 41 11	vb	3.85	−0.12	−0.02	B6 IIIpe
		4783	12 34 33.4	+33 08 44		5.42	+1.01	+0.96	K0 III CN−1
8 β	CVn	4785	12 34 37.0	+41 15 26	adsb	4.24	+0.59	+0.67	G0 V
9 β	Crv	4786	12 35 21.7	−23 29 56		2.65	+0.89	+0.88	G5 IIb
23	Com	4789	12 35 46.3	+22 31 40	dbm	4.80	+0.01	+0.03	A0m A1 IV
24	Com	4792	12 36 03.4	+18 16 32	d	5.03	+1.15	+1.12	K2 III
α	Mus	4798	12 38 18.4	−69 14 14	d	2.69	−0.18	−0.23	B2 IV−V
τ	Cen	4802	12 38 43.4	−48 38 34		3.85	+0.05	+0.06	A1 IVnn
26 χ	Vir	4813	12 40 12.2	−08 05 50	d	4.66	+1.24	+1.15	K2 III CN 1.5
	γ Cen	4819	12 42 32.8	−49 03 40	dbm	2.20	−0.02	−0.01	A1 IV
29 γ¹	Vir	4825	12 42 35.9	−01 33 03	ocdbm	2.74	+0.36	+0.43	F1 V
29 γ²	Vir	4826	12 42 35.9	−01 33 01	ocdm	2.74	+0.36	+0.43	F0m F2 V
30 ρ	Vir	4828	12 42 49.2	+10 08 02	b	4.88	+0.08	+0.08	A0 Va (λ Boo)
		4839	12 45 00.0	−28 25 31		5.46	+1.35	+1.31	K3 III
	Y CVn	4846	12 45 59.8	+45 20 22		5.42	+2.99	+3.07	C5,5
32 FM	Vir	4847	12 46 33.1	+07 34 21	b	5.22	+0.32	+0.34	F2m
β	Mus	4844	12 47 26.1	−68 12 32	cdm	3.04	−0.18	−0.19	B2 V + B2.5 V
β	Cru	4853	12 48 48.9	−59 47 22	vdb	1.25	−0.24	−0.27	B0.5 III
		4874	12 51 41.7	−34 05 59	d	4.90	−0.03	−0.01	A0 IV
31	Com	4883	12 52 35.9	+27 26 25	s	4.93	+0.68	+0.70	G0 IIIp
		4888	12 54 10.2	−49 02 37	b	4.33	+1.34	+1.33	K3/4 III
		4889	12 54 28.1	−40 16 45		4.25	+0.22	+0.27	A7 V
77 ε	UMa	4905	12 54 50.3	+55 51 35	dvbn32	1.76	−0.02	−0.04	A0p Cr
40 ψ	Vir	4902	12 55 19.0	−09 38 21		4.77	+1.59	+2.18	M3⁻ III Ca−1
μ¹	Cru	4898	12 55 41.6	−57 16 41	d	4.03	−0.18	−0.26	B2 IV−V
8	Dra	4916	12 56 12.4	+65 20 18	v	5.23	+0.30	+0.35	F0 IV−V
43 δ	Vir	4910	12 56 32.2	+03 17 50	d	3.39	+1.57	+2.24	M3+ III
12 α²	CVn	4915	12 56 53.4	+38 13 08	vd	2.89	−0.12	−0.13	A0p Si Eu
ι	Oct	4870	12 57 07.6	−85 13 23	dm	5.45	+0.99	+0.97	K0 III
78	UMa	4931	13 01 31.1	+56 16 01	asdm	4.93	+0.37	+0.45	F2 V
47 ε	Vir	4932	13 03 05.9	+10 51 36	asd	2.85	+0.93	+0.83	G8 IIIab
δ	Mus	4923	13 03 34.3	−71 38 53	b	3.61	+1.19	+1.17	K2 III
14	CVn	4943	13 06 36.2	+35 42 01		5.20	−0.06	−0.04	B9 V

Designation			BS=HR No.	Right Ascension	Declination	Notes	V	B–V	V–I	Spectral Type
				h m s	o ′ ″					
	ξ²	Cen	4942	13 08 00.0	−50 00 18	db	4.27	−0.18	−0.18	B1.5 V
51	θ	Vir	4963	13 10 54.6	−05 38 14	dbm	4.38	−0.01	+0.01	A1 IV
43	β	Com	4983	13 12 44.1	+27 47 05	db	4.23	+0.57	+0.67	F9.5 V
	η	Mus	4993	13 16 31.5	−67 59 31	vdb	4.79	−0.08	−0.09	B7 V
			5006	13 17 55.1	−31 36 13		5.10	+0.96	+0.95	K0 III
20 AO		CVn	5017	13 18 22.2	+40 28 32	sv	4.72	+0.31	+0.31	F2 III (str. met.)
60	σ	Vir	5015	13 18 32.4	+05 22 22		4.78	+1.64	+1.97	M1 III
61		Vir	5019	13 19 22.6	−18 24 49	d	4.74	+0.71	+0.75	G6.5 V
46	γ	Hya	5020	13 19 55.9	−23 16 07	d	2.99	+0.92	+0.90	G8 IIIa
	ι	Cen	5028	13 21 38.6	−36 48 34		2.75	+0.07	+0.02	A2 Va
			5035	13 23 50.6	−61 05 05	d	4.52	−0.14	−0.13	B3 V
79	ζ	UMa	5054	13 24 40.1	+54 49 45	db	2.23	+0.06	+0.07	A1 Va⁺ (Si)
80		UMa	5062	13 25 57.8	+54 53 31	b	3.99	+0.17	+0.19	A5 Vn
67	α	Vir	5056	13 26 10.2	−11 15 26	vdbn33	0.98	−0.24	−0.25	B1 V
68		Vir	5064	13 27 42.0	−12 48 12		5.27	+1.48	+1.60	M0 III
			5085	13 29 07.7	+59 51 02	d	5.40	−0.01	+0.01	A1 Vn
70		Vir	5072	13 29 20.1	+13 40 50	d	4.97	+0.71	+0.77	G4 V
			5089	13 32 07.4	−39 30 08	dbm	3.90	+1.19	+1.10	G8 III
78 CW		Vir	5105	13 35 04.2	+03 33 52	vb	4.92	+0.03	+0.03	A1p Cr Eu
BH		CVn	5110	13 35 37.3	+37 05 17	b	4.91	+0.40	+0.55	F1 V⁺
79	ζ	Vir	5107	13 35 38.2	−00 41 23		3.38	+0.11	+0.12	A2 IV⁻
			5139	13 37 37.8	+71 08 54		5.50	+1.22	+1.18	gK2
	ε	Cen	5132	13 41 04.3	−53 33 35	d	2.29	−0.17	−0.23	B1 III
v744		Cen	5134	13 41 09.0	−50 02 35	s	5.74	+1.50	+3.33	M6 III
82		Vir	5150	13 42 35.2	−08 47 45		5.03	+1.62	+2.04	M1.5 III
1		Cen	5168	13 46 44.7	−33 08 12	b	4.23	+0.39	+0.44	F2 V⁺
4	τ	Boo	5185	13 48 08.5	+17 21 55	d	4.50	+0.51	+0.51	F7 V
85	η	UMa	5191	13 48 16.1	+49 13 17	abn34	1.85	−0.10	−0.08	B3 V
v766		Cen	5171	13 48 29.4	−62 40 53	sdm	6.40	+	+	K0 0–Ia
5	υ	Boo	5200	13 50 22.2	+15 42 24		4.05	+1.52	+1.60	K5.5 III
2 v806		Cen	5192	13 50 31.4	−34 32 33		4.19	+1.52	+3.00	M4.5 III
	ν	Cen	5190	13 50 37.3	−41 46 45	vb	3.41	−0.23	−0.24	B2 IV
	μ	Cen	5193	13 50 44.3	−42 33 55	sdb	3.47	−0.17	−0.21	B2 IV–Vpne (shell)
89		Vir	5196	13 50 52.8	−18 13 32		4.96	+1.06	+1.09	K0.5 III
10 CU		Dra	5226	13 51 58.4	+64 37 56	d	4.58	+1.57	+2.35	M3.5 III
8	η	Boo	5235	13 55 33.9	+18 18 20	asdb	2.68	+0.58	+0.65	G0 IV
	ζ	Cen	5231	13 56 42.2	−47 22 43	b	2.55	−0.18	−0.18	B2.5 IV
			5241	13 59 00.4	−63 46 35		4.71	+1.08	+1.05	K1.5 III
	φ	Cen	5248	13 59 24.2	−42 11 25		3.83	−0.22	−0.23	B2 IV
47		Hya	5250	13 59 33.7	−25 03 42	b	5.20	−0.09	−0.07	B8 V
	υ¹	Cen	5249	13 59 49.8	−44 53 35		3.87	−0.21	−0.22	B2 IV–V
93	τ	Vir	5264	14 02 35.4	+01 27 21	db	4.23	+0.12	+0.14	A3 IV
	υ²	Cen	5260	14 02 53.3	−45 41 32	b	4.34	+0.60	+0.65	F6 II
			5270	14 03 26.3	+09 35 50	s	6.18	+0.85	+0.87	G8: II: Fe−5
11	α	Dra	5291	14 04 53.5	+64 17 16	sb	3.67	−0.05	−0.08	A0 III
	β	Cen	5267	14 05 08.7	−60 27 41	dbmn35	0.61	−0.23	−0.25	B1 III
	χ	Cen	5285	14 07 11.0	−41 16 03		4.36	−0.20	−0.21	B2 V
	θ	Aps	5261	14 07 11.6	−76 53 05	vs	5.69	+1.24	+4.10	M6.5 III:
49	π	Hya	5287	14 07 25.8	−26 46 14		3.25	+1.09	+1.10	K2⁻ III Fe−0.5
5	θ	Cen	5288	14 07 46.7	−36 27 36	dn36	2.06	+1.01	+1.01	K0⁻ IIIb

Designation			BS=HR No.	Right Ascension	Declination	Notes	V	B–V	V–I	Spectral Type
				h m s	° ′ ″					
	BY	Boo	5299	14 08 40.1	+43 46 01		5.13	+1.49	+2.74	M4.5 III
4		UMi	5321	14 08 48.2	+77 27 38	db	4.80	+1.37	+1.34	K3⁻ IIIb Fe−0.5
12		Boo	5304	14 11 14.5	+25 00 17	db	4.82	+0.54	+0.57	F8 IV
98	κ	Vir	5315	14 13 53.1	−10 21 32		4.18	+1.32	+1.35	K2.5 III Fe−0.5
16	α	Boo	5340	14 16 30.3	+19 05 12	dmn37	−0.05	+1.24	+1.22	K1.5 III Fe−0.5
21	ι	Boo	5350	14 16 49.2	+51 16 57	db	4.75	+0.24	+0.19	A7 IV
99	ι	Vir	5338	14 16 59.2	−06 05 17		4.07	+0.51	+0.59	F7 III−IV
19	λ	Boo	5351	14 17 05.2	+46 00 14		4.18	+0.09	+0.04	A0 Va (λ Boo)
			5361	14 18 46.7	+35 25 29	b	4.80	+1.06	+1.00	K0 III
100	λ	Vir	5359	14 20 06.8	−13 27 19	b	4.52	+0.13	+0.11	A5m:
18		Boo	5365	14 20 10.0	+12 55 11	d	5.41	+0.39	+0.41	F3 V
	ι	Lup	5354	14 20 35.8	−46 08 33		3.55	−0.18	−0.18	B2.5 IVn
			5358	14 21 37.9	−56 28 14		4.30	+0.08	+0.21	B6 Ib
	ψ	Cen	5367	14 21 41.3	−37 58 10	d	4.05	−0.03	−0.02	A0 III
	v761	Cen	5378	14 24 11.1	−39 35 43	v	4.41	−0.19	−0.20	B7 IIIp (var)
			5392	14 25 06.7	+05 44 13	b	5.10	+0.12	+0.14	A5 V
23	θ	Boo	5404	14 25 49.6	+51 45 57	d	4.04	+0.50	+0.59	F7 V
			5390	14 25 52.2	−24 53 22		5.34	+0.96	+0.95	K0 III
22		Boo	5405	14 27 19.0	+19 08 40		5.40	+0.23	+0.21	F0m
	τ¹	Lup	5395	14 27 20.0	−45 18 15	vd	4.56	−0.15	−0.14	B2 IV
	τ²	Lup	5396	14 27 22.7	−45 27 43	cdbm	4.33	+0.43	+0.58	F4 IV + A7:
5		UMi	5430	14 27 30.5	+75 36 49	d	4.25	+1.43	+1.42	K4⁻ III
105	φ	Vir	5409	14 29 09.4	−02 18 36	sdbm	4.81	+0.69	+0.73	G2 IV
52		Hya	5407	14 29 15.7	−29 34 26	d	4.97	−0.07	−0.05	B8 IV
	δ	Oct	5339	14 30 06.4	−83 45 00		4.31	+1.30	+1.30	K2 III
25	ρ	Boo	5429	14 32 37.6	+30 17 27	ad	3.57	+1.30	+1.22	K3 III
27	γ	Boo	5435	14 32 49.3	+38 13 41	d	3.04	+0.19	+0.17	A7 IV
	σ	Lup	5425	14 33 52.5	−50 32 17		4.44	−0.18	−0.18	B2 III
28	σ	Boo	5447	14 35 29.1	+29 39 56	d	4.47	+0.36	+0.41	F2 V
	η	Cen	5440	14 36 41.4	−42 14 17	v	2.33	−0.16	−0.17	B1.5 IVpne (shell)
	ρ	Lup	5453	14 39 08.5	−49 30 19		4.05	−0.15	−0.16	B5 V
33		Boo	5468	14 39 31.5	+44 19 31	b	5.39	+0.03	+0.05	A1 V
	α²	Cen	5460	14 40 52.0	−60 54 38	odn38	1.35	+0.90	+0.88	K1 V
	α¹	Cen	5459	14 40 52.3	−60 54 42	odbn38	−0.01	+0.71	+0.69	G2 V
30	ζ	Boo	5478	14 42 02.0	+13 38 59	odbm	3.78	+0.04	+0.06	A2 Va
			5471	14 43 06.9	−37 52 19		4.01	−0.16	−0.18	B3 V
	α	Lup	5469	14 43 10.1	−47 27 59	vdb	2.30	−0.15	−0.21	B1.5 III
	α	Cir	5463	14 44 01.4	−65 03 15	db	3.18	+0.26	+0.26	A7p Sr Eu
107	μ	Vir	5487	14 44 02.3	−05 44 16	b	3.87	+0.39	+0.47	F2 V
34	W	Boo	5490	14 44 14.2	+26 27 00	v	4.80	+1.67	+2.13	M3⁻ III
			5485	14 44 47.7	−35 15 08		4.06	+1.36	+1.35	K3 IIIb
36	ε	Boo	5506	14 45 47.7	+26 59 49	dm	2.35	+0.97	+0.95	K0⁻ II−III
109		Vir	5511	14 47 11.1	+01 48 57		3.73	−0.01	+0.01	A0 IVnn
			5495	14 48 19.6	−52 27 38	d	5.22	+0.98	+0.96	G8 III
56		Hya	5516	14 48 49.9	−26 09 50		5.23	+0.94	+0.93	G8/K0 III
	α	Aps	5470	14 50 14.7	−79 07 16		3.83	+1.43	+1.42	K3 III CN 0.5
7	β	UMi	5563	14 50 40.2	+74 04 47	dn40	2.07	+1.47	+1.46	K4⁻ III
58		Hya	5526	14 51 22.8	−28 02 11		4.42	+1.37	+1.43	K2.5 IIIb Fe−1:
8	α¹	Lib	5530	14 51 42.7	−16 04 23		5.15	+0.40	+0.48	F3 V
9	α²	Lib	5531	14 51 54.3	−16 07 03	dbn39	2.75	+0.15	+0.16	A3 III−IV

Designation		BS=HR No.	Right Ascension	Declination	Notes	V	B–V	V–I	Spectral Type
			h m s	° ′ ″					
		5552	14 51 54.7	+59 13 09		5.48	+1.37	+1.34	K4 III
o	Lup	5528	14 52 51.2	−43 39 03	dbm	4.32	−0.15	−0.14	B5 IV
		5558	14 56 53.2	−33 55 47	db	5.32	+0.05	+0.06	A0 V
15 ξ²	Lib	5564	14 57 46.5	−11 29 00		5.48	+1.49	+1.51	gK4
RR	UMi	5589	14 57 53.0	+65 51 33	b	4.63	+1.59	+2.85	M4.5 III
16	Lib	5570	14 58 09.1	−04 25 15		4.47	+0.32	+0.38	F0 IV⁻
β	Lup	5571	14 59 45.1	−43 12 26		2.68	−0.18	−0.23	B2 IV
κ	Cen	5576	15 00 22.3	−42 10 38	dm	3.13	−0.21	−0.21	B2 V
19 δ	Lib	5586	15 01 57.8	−08 35 29	vdb	4.91	0.00	+0.07	B9.5 V
42 β	Boo	5602	15 02 38.6	+40 19 06		3.49	+0.96	+0.89	G8 IIIa Fe−0.5
110	Vir	5601	15 03 50.2	+02 01 11		4.39	+1.03	+1.04	K0⁺ IIIb Fe−0.5
20 σ	Lib	5603	15 05 09.4	−25 21 13		3.25	+1.67	+2.23	M2.5 III
43 ψ	Boo	5616	15 05 14.3	+26 52 35		4.52	+1.24	+1.23	K2 III
		5635	15 06 48.5	+54 29 08		5.24	+0.96	+0.95	G8 III Fe−1
45	Boo	5634	15 08 06.8	+24 47 53	d	4.93	+0.43	+0.51	F5 V
λ	Lup	5626	15 10 05.9	−45 20 59	dbm	4.07	−0.16	−0.18	B3 V
κ¹	Lup	5646	15 13 13.8	−48 48 24	d	3.88	−0.03	−0.02	B9.5 IVnn
24 ι	Lib	5652	15 13 16.8	−19 51 38	db	4.54	−0.07	−0.06	B9p Si
ζ	Lup	5649	15 13 37.5	−52 10 06	d	3.41	+0.92	+0.91	G8 III
		5691	15 14 51.5	+67 16 36		5.15	+0.55	+0.62	F8 V
1	Lup	5660	15 15 45.6	−31 35 13		4.91	+0.37	+0.48	F0 Ib−II
3	Ser	5675	15 16 06.6	+04 52 18	dm	5.32	+1.09	+1.05	gK0
49 δ	Boo	5681	15 16 14.9	+33 14 48	db	3.46	+0.96	+0.96	G8 III Fe−1
27 β	Lib	5685	15 18 00.3	−09 27 00	b	2.61	−0.07	−0.08	B8 IIIn
2	Lup	5686	15 18 57.7	−30 12 56		4.35	+1.10	+1.03	K0⁻ IIIa CH−1
β	Cir	5670	15 18 58.6	−58 52 07		4.07	+0.09	+0.08	A3 Vb
μ	Lup	5683	15 19 49.7	−47 56 31	dm	4.27	−0.09	−0.07	B8 V
γ	TrA	5671	15 20 39.8	−68 44 46		2.87	+0.01	+0.04	A1 III
13 γ	UMi	5735	15 20 42.8	+71 46 05		3.00	+0.06	+0.12	A3 III
δ	Lup	5695	15 22 35.6	−40 42 47		3.22	−0.23	−0.23	B1.5 IVn
φ¹	Lup	5705	15 22 59.1	−36 19 38	d	3.57	+1.53	+1.59	K4 III
ε	Lup	5708	15 23 56.7	−44 45 17	dbm	3.37	−0.19	−0.20	B2 IV−V
φ²	Lup	5712	15 24 20.6	−36 55 25		4.54	−0.16	−0.16	B4 V
γ	Cir	5704	15 24 51.9	−59 23 09	cdm	4.48	+0.17	+0.18	B5 IV
51 μ¹	Boo	5733	15 25 11.4	+37 18 47	db	4.31	+0.31	+0.35	F0 IV
12 ι	Dra	5744	15 25 20.6	+58 54 06	d	3.29	+1.17	+1.07	K2 III
9 τ¹	Ser	5739	15 26 38.9	+15 21 50		5.16	+1.65	+1.84	M1 IIIa
3 β	CrB	5747	15 28 35.5	+29 02 34	vdb	3.66	+0.32	+0.37	F0p Cr Eu
52 ν¹	Boo	5763	15 31 35.7	+40 46 15		5.04	+1.59	+1.71	K4.5 IIIb Ba 0.5
κ¹	Aps	5730	15 33 34.1	−73 27 05	d	5.40	−0.15	−0.14	B1pne
4 θ	CrB	5778	15 33 40.6	+31 17 51	dm	4.14	−0.13	−0.12	B6 Vnn
37	Lib	5777	15 35 11.5	−10 07 36		4.61	+1.00	+1.02	K1 III−IV
5 α	CrB	5793	15 35 28.3	+26 39 12	bn41	2.22	+0.03	+0.05	A0 IV
13 δ	Ser	5789	15 35 41.2	+10 28 41	cdm	3.80	+0.27	+0.30	F0 III−IV + F0 IIIb
γ	Lup	5776	15 36 22.8	−41 13 39	dvbm	2.80	−0.22	−0.22	B2 IVn
38 γ	Lib	5787	15 36 33.8	−14 51 00	d	3.91	+1.01	+1.02	G8.5 III
		5784	15 37 28.6	−44 27 26		5.44	+1.50	+1.49	K4/5 III
39 υ	Lib	5794	15 38 09.1	−28 11 42	d	3.60	+1.36	+1.36	K3.5 III
ε	TrA	5771	15 38 26.1	−66 22 38	d	4.11	+1.16	+1.12	K1/2 III
54 φ	Boo	5823	15 38 29.5	+40 17 38		5.25	+0.89	+0.89	G7 III−IV Fe−2

Designation		BS=HR No.	Right Ascension	Declination	Notes	V	B−V	V−I	Spectral Type
			h m s	° ′ ″					
	ω Lup	5797	15 39 18.4	−42 37 36	db	4.34	+1.41	+1.42	K4.5 III
40	τ Lib	5812	15 39 47.8	−29 50 14	b	3.66	−0.18	−0.18	B2.5 V
		5798	15 40 12.5	−52 25 56	d ′	5.43	+0.01	+0.03	B9 V
43	κ Lib	5838	15 43 00.9	−19 44 15	db	4.75	+1.57	+1.74	M0⁻ IIIb
16	ζ UMi	5903	15 43 26.1	+77 44 12		4.29	+0.04	+0.05	A2 III−IVn
8	γ CrB	5849	15 43 31.2	+26 14 17	dm	3.81	+0.02	+0.04	A0 IV comp.?
24	α Ser	5854	15 45 10.8	+06 22 07	d	2.63	+1.17	+1.09	K2 IIIb CN 1
		5886	15 46 57.2	+62 32 34		5.19	+0.06	+0.07	A2 IV
28	β Ser	5867	15 47 02.5	+15 21 54	d	3.65	+0.07	+0.09	A2 IV
27	λ Ser	5868	15 47 20.6	+07 17 46	b	4.42	+0.60	+0.66	G0⁻ V
35	κ Ser	5879	15 49 34.4	+18 05 08		4.09	+1.62	+1.73	M0.5 IIIab
10	δ CrB	5889	15 50 22.2	+26 00 46	s	4.59	+0.79	+0.82	G5 III−IV Fe−1
32	μ Ser	5881	15 50 35.2	−03 29 08	db	3.54	−0.04	−0.03	A0 III
37	ε Ser	5892	15 51 44.4	+04 25 24		3.71	+0.15	+0.13	A5m
11	κ CrB	5901	15 51 55.8	+35 36 03	sd	4.79	+1.00	+0.97	K1 IVa
5	χ Lup	5883	15 52 08.4	−33 40 55	b	3.97	−0.05	−0.05	B9p Hg
1	χ Her	5914	15 53 19.0	+42 24 02		4.60	+0.56	+0.63	F8 V Fe−2 Hδ−1
45	λ Lib	5902	15 54 24.7	−20 13 16	b	5.04	−0.01	−0.03	B2.5 V
46	θ Lib	5908	15 54 52.9	−16 46 56		4.13	+1.00	+1.02	G9 IIIb
	β TrA	5897	15 56 47.3	−63 29 09	d	2.83	+0.32	+0.36	F0 IV
41	γ Ser	5933	15 57 18.5	+15 36 08	d	3.85	+0.48	+0.54	F6 V
5	ρ Sco	5928	15 58 01.8	−29 16 00	db	3.87	−0.20	−0.18	B2 IV−V
	CL Dra	5960	15 58 13.9	+54 41 53	b	4.96	+0.27	+0.29	F0 IV
13	ε CrB	5947	15 58 21.3	+26 49 31	sd	4.14	+1.23	+1.17	K2 IIIab
48 FX	Lib	5941	15 59 13.7	−14 19 53	b	4.95	−0.08	−0.06	B5 IIIpe (shell)
6	π Sco	5944	15 59 58.5	−26 09 57	cvdb	2.89	−0.18	−0.18	B1 V + B2 V
	T CrB	5958	16 00 16.7	+25 52 07	vdb	10.08	+1.34	+2.06	gM3: + Bep
		5943	16 00 46.2	−41 47 45		4.99	+0.99	+0.97	K0 II/III
	η Lup	5948	16 01 21.2	−38 26 53	d	3.42	−0.21	−0.23	B2.5 IVn
49	Lib	5954	16 01 22.0	−16 35 12	db	5.47	+0.52	+0.52	F8 V
7	δ Sco	5953	16 01 25.8	−22 40 23	dbm	2.29	−0.12	−0.09	B0.3 IV
13	θ Dra	5986	16 02 14.3	+58 30 59	b	4.01	+0.53	+0.55	F8 IV−V
8	β¹ Sco	5984	16 06 30.9	−19 51 17	db	2.56	−0.07	−0.04	B0.5 V
8	β² Sco	5985	16 06 31.2	−19 51 04	sd	4.90	−0.02	0.00	B2 V
	δ Nor	5980	16 07 48.3	−45 13 18		4.73	+0.23	+0.20	A7m
	θ Lup	5987	16 07 48.7	−36 51 04		4.22	−0.18	−0.19	B2.5 Vn
9	ω¹ Sco	5993	16 07 53.5	−20 43 05	s	3.93	−0.05	+0.01	B1 V
10	ω² Sco	5997	16 08 29.6	−20 55 03		4.31	+0.83	+0.85	G4 II−III
7	κ Her	6008	16 08 54.7	+16 59 56	d	5.00	+0.93	+0.93	G5 III
11	φ Her	6023	16 09 21.2	+44 53 14	vb	4.23	−0.05	−0.02	B9p Hg Mn
16	τ CrB	6018	16 09 38.9	+36 26 42	db	4.73	+1.02	+1.00	K1⁻ III−IV
19	UMi	6079	16 10 19.3	+75 49 49		5.48	−0.09	−0.07	B8 V
14	ν Sco	6027	16 13 04.4	−19 30 27	dbm	4.00	+0.08	+0.14	B2 IVp
	κ Nor	6024	16 14 56.8	−54 40 35	d	4.95	+1.02	+0.99	G8 III
1	δ Oph	6056	16 15 19.0	−03 44 26	d	2.73	+1.58	+1.82	M0.5 III
21	η UMi	6116	16 16 59.1	+75 42 43	d	4.95	+0.39	+0.46	F5 V
	δ TrA	6030	16 17 08.2	−63 43 51	d	3.86	+1.11	+1.03	G2 Ib−IIa
2	ε Oph	6075	16 19 18.1	−04 44 11	d	3.23	+0.97	+0.96	G9.5 IIIb Fe−0.5
22	τ Her	6092	16 20 17.9	+46 16 12	vd	3.91	−0.15	−0.19	B5 IV
		6077	16 20 43.2	−30 57 00	db	5.53	+0.47	+0.54	F6 III

Designation	BS=HR No.	Right Ascension	Declination	Notes	V	B–V	V–I	Spectral Type
		h m s	° ′ ″					
γ^2 Nor	6072	16 21 13.9	−50 11 57	d	4.01	+1.08	+1.03	K1$^+$ III
20 σ Sco	6084	16 22 19.0	−25 38 08	vdbm	2.90	+0.30	+0.31	B1 III
20 γ Her	6095	16 22 44.2	+19 06 39	db	3.74	+0.30	+0.34	A9 IIIbn
50 σ Ser	6093	16 23 00.6	+00 59 12		4.82	+0.34	+0.39	F1 IV–V
δ^1 Aps	6020	16 23 10.3	−78 44 19	d	4.68	+1.68	+2.67	M4 IIIa
14 η Dra	6132	16 24 14.7	+61 28 22	db	2.73	+0.91	+0.84	G8$^-$ IIIab
4 ψ Oph	6104	16 25 11.3	−20 04 45		4.48	+1.00	+0.99	K0$^-$ II–III
24 ω Her	6117	16 26 16.2	+13 59 31	vd	4.57	0.00	+0.02	B9p Cr
15 Dra	6161	16 27 57.3	+68 43 41		4.94	−0.05	+0.02	B9.5 III
7 χ Oph	6118	16 28 05.9	−18 29 48	b	4.22	+0.22	+0.24	B1.5 Ve
ϵ Nor	6115	16 28 32.8	−47 35 43	db	4.46	−0.07	−0.04	B4 V
ζ TrA	6098	16 30 28.8	−70 07 24	b	4.90	+0.56	+0.64	F9 V
21 α Sco	6134	16 30 32.7	−26 28 18	vdbn42	1.06	+1.87	+2.90	M1.5 Iab−Ib
27 β Her	6148	16 31 01.0	+21 27 01	db	2.78	+0.95	+0.94	G7 IIIa Fe−0.5
10 λ Oph	6149	16 31 50.9	+01 56 41	dbm	3.82	+0.02	+0.03	A1 IV
8 ϕ Oph	6147	16 32 12.0	−16 39 06	d	4.29	+0.92	+0.89	G8$^+$ IIIa
	6143	16 32 35.7	−34 44 35		4.24	−0.17	−0.17	B2 III–IV
9 ω Oph	6153	16 33 14.1	−21 30 16		4.45	+0.13	+0.12	Ap Sr Cr
35 σ Her	6168	16 34 42.0	+42 23 59	db	4.20	−0.01	+0.02	A0 IIIn
γ Aps	6102	16 36 20.7	−78 56 06	b	3.86	+0.92	+0.92	G8/K0 III
23 τ Sco	6165	16 37 02.2	−28 15 10	s	2.82	−0.21	−0.24	B0 V
	6166	16 37 35.7	−35 17 30	b	4.18	+1.54	+1.72	K7 III
13 ζ Oph	6175	16 38 10.8	−10 36 11		2.54	+0.04	+0.10	O9.5 Vn
42 Her	6200	16 39 15.1	+48 53 34	d	4.86	+1.56	+2.03	M3$^-$ IIIab
40 ζ Her	6212	16 41 59.1	+31 34 12	dbm	2.81	+0.65	+0.70	G0 IV
	6196	16 42 38.7	−17 46 35		4.91	+1.10	+1.13	G7.5 II–III CN 1 Ba 0.5
44 η Her	6220	16 43 31.9	+38 53 17	d	3.48	+0.92	+0.89	G7 III Fe−1
22 ϵ UMi	6322	16 44 08.3	+82 00 15	vdb	4.21	+0.90	+0.91	G5 III
	6237	16 45 39.0	+56 44 58	db	4.84	+0.38	+0.44	F2 V$^+$
β Aps	6163	16 45 45.7	−77 33 09	d	4.23	+1.06	+1.04	K0 III
α TrA	6217	16 50 38.4	−69 03 32	n43	1.91	+1.45	+1.45	K2 IIb–IIIa
20 Oph	6243	16 50 51.5	−10 48 51	b	4.64	+0.48	+0.55	F7 III
26 ϵ Sco	6241	16 51 21.9	−34 19 31		2.29	+1.14	+1.10	K2 III
η Ara	6229	16 51 23.5	−59 04 20	d	3.77	+1.56	+1.67	K5 III
51 Her	6270	16 52 31.3	+24 37 35		5.03	+1.25	+1.11	K0.5 IIIa Ca 0.5
μ^1 Sco	6247	16 53 07.6	−38 04 39	vb	3.00	−0.20	−0.20	B1.5 IVn
μ^2 Sco	6252	16 53 35.5	−38 02 50		3.56	−0.21	−0.21	B2 IV
53 Her	6279	16 53 40.2	+31 40 19	d	5.34	+0.32	+0.37	F2 V
25 ι Oph	6281	16 54 53.0	+10 08 10	b	4.39	−0.09	−0.13	B8 V
ζ^2 Sco	6271	16 55 53.3	−42 23 28		3.62	+1.39	+1.37	K3.5 IIIb
27 κ Oph	6299	16 58 32.7	+09 20 51	as	3.19	+1.16	+1.10	K2 III
ζ Ara	6285	17 00 09.4	−56 01 02		3.12	+1.55	+1.60	K4 III
58 ϵ Her	6324	17 00 59.9	+30 54 01	db	3.92	−0.02	−0.04	A0 IV$^+$
ϵ^1 Ara	6295	17 01 03.8	−53 11 13		4.06	+1.45	+1.42	K4 IIIab
30 Oph	6318	17 02 02.2	−04 14 56	d	4.82	+1.48	+1.49	K4 III
59 Her	6332	17 02 17.4	+33 32 33		5.27	+0.03	+0.04	A3 IV–Vs
60 Her	6355	17 06 14.2	+12 43 00	d	4.89	+0.13	+0.11	A4 IV
22 ζ Dra	6396	17 08 50.6	+65 41 31	d	3.17	−0.12	−0.14	B6 III
35 η Oph	6378	17 11 26.4	−15 44 47	dbmn44	2.43	+0.06	+0.06	A2 Va$^+$ (Sr)
η Sco	6380	17 13 28.9	−43 15 42		3.32	+0.44	+0.47	F2 V:p (Cr)

Designation			BS=HR No.	Right Ascension	Declination	Notes	V	B–V	V–I	Spectral Type
				h m s	o ′ ″					
64	α^1	Her	6406	17 15 29.5	+14 22 14	vsdm	2.78	+1.16	+1.13	M5 Ib–II
67	π	Her	6418	17 15 41.5	+36 47 21		3.16	+1.44	+1.31	K3 II
65	δ	Her	6410	17 15 47.5	+24 49 07	db	3.12	+0.08	+0.06	A1 Vann
	v656	Her	6452	17 21 07.8	+18 02 21		5.01	+1.65	+1.90	M1$^+$ IIIab
72		Her	6458	17 21 21.2	+32 26 42	d	5.38	+0.62	+0.70	G0 V
53	ν	Ser	6446	17 21 52.2	−12 51 51	d	4.32	+0.04	+0.07	A1.5 IV
40	ξ	Oph	6445	17 22 07.0	−21 07 52	d	4.39	+0.39	+0.47	F2 V
42	θ	Oph	6453	17 23 08.8	−25 00 59	dvb	3.27	−0.19	−0.21	B2 IV
	ι	Aps	6411	17 24 10.3	−70 08 23	dm	5.39	−0.04	−0.02	B8/9 Vn
23	δ	UMi	6789	17 26 20.2	+86 34 23		4.35	+0.02	+0.04	A1 Van
	β	Ara	6461	17 26 50.5	−55 32 43		2.84	+1.48	+1.50	K3 Ib–IIa
	γ	Ara	6462	17 26 57.3	−56 23 35	d	3.31	−0.15	−0.12	B1 Ib
49	σ	Oph	6498	17 27 26.0	+04 07 32	s	4.34	+1.48	+1.44	K2 II
44		Oph	6486	17 27 30.1	−24 11 27		4.16	+0.28	+0.30	A9m:
			6493	17 27 36.8	−05 06 06	b	4.53	+0.39	+0.46	F2 V
45		Oph	6492	17 28 32.2	−29 52 56		4.28	+0.40	+0.45	δ Del
23	β	Dra	6536	17 30 51.1	+52 17 18	sd	2.79	+0.95	+0.93	G2 Ib–IIa
76	λ	Her	6526	17 31 29.2	+26 05 52		4.41	+1.43	+1.39	K3.5 III
27		Dra	6566	17 31 53.6	+68 07 23	db	5.07	+1.08	+1.04	G9 IIIb
34	υ	Sco	6508	17 32 01.4	−37 18 32	b	2.70	−0.18	−0.23	B2 IV
24	ν^1	Dra	6554	17 32 32.5	+55 10 20	b	4.89	+0.25	+0.28	A7m
25	ν^2	Dra	6555	17 32 38.0	+55 09 39	db	4.86	+0.28	+0.30	A7m
	δ	Ara	6500	17 32 46.4	−60 41 49	d	3.60	−0.10	−0.10	B8 Vn
	α	Ara	6510	17 33 16.4	−49 53 20	db	2.84	−0.14	−0.15	B2 Vne
35	λ	Sco	6527	17 34 52.0	−37 06 56	vdbn45	1.62	−0.23	−0.24	B1.5 IV
55	α	Oph	6556	17 35 47.6	+12 32 52	bn46	2.08	+0.16	+0.17	A5 Vnn
28	ω	Dra	6596	17 36 50.7	+68 44 57	db	4.77	+0.43	+0.49	F4 V
			6546	17 37 49.4	−38 38 47		4.26	+1.08	+1.09	G8/K0 III/IV
55	ξ	Ser	6561	17 38 38.8	−15 24 31	db	3.54	+0.26	+0.29	F0 IIIb
	θ	Sco	6553	17 38 39.0	−43 00 28	m	1.86	+0.41	+0.48	F1 III
85	ι	Her	6588	17 39 59.3	+45 59 50	svdb	3.82	−0.18	−0.21	B3 IV
31	ψ	Dra	6636	17 41 36.9	+72 08 21	d	4.57	+0.43	+0.50	F5 V
56	o	Ser	6581	17 42 27.3	−12 53 01	b	4.24	+0.09	+0.10	A2 Va
	κ	Sco	6580	17 43 46.1	−39 02 16	vb	2.39	−0.17	−0.22	B1.5 III
84		Her	6608	17 44 07.1	+24 19 15	s	5.73	+0.68	+0.74	G2 IIIb
60	β	Oph	6603	17 44 23.2	+04 33 39		2.76	+1.17	+1.10	K2 III CN 0.5
58		Oph	6595	17 44 32.4	−21 41 26		4.86	+0.47	+0.54	F7 V:
	μ	Ara	6585	17 45 36.9	−51 50 31		5.12	+0.69	+0.71	G5 V
86	μ	Her	6623	17 47 11.0	+27 42 39	asd	3.42	+0.75	+0.71	G5 IV
	η	Pav	6582	17 47 33.1	−64 43 49		3.61	+1.16	+1.09	K1 IIIa CN 1
35		Dra	6701	17 48 37.5	+76 57 33		5.02	+0.52	+0.59	F7 IV
3	X	Sgr	6616	17 48 43.5	−27 50 10	v	4.53	+0.60	+0.76	F3 II
62	γ	Oph	6629	17 48 49.3	+02 42 06	b	3.75	+0.04	+0.05	A0 Van
	ι^1	Sco	6615	17 48 52.8	−40 07 56	sdb	2.99	+0.51	+0.64	F2 Ia
			6630	17 51 07.1	−37 02 51	d	3.19	+1.19	+1.15	K2 III
32	ξ	Dra	6688	17 53 51.0	+56 52 13	d	3.73	+1.18	+1.11	K2 III
89	v441	Her	6685	17 56 10.0	+26 02 53	svb	5.47	+0.34	+0.41	F2 Ibp
91	θ	Her	6695	17 56 53.3	+37 14 57		3.86	+1.35	+1.17	K1 IIa CN 2
33	γ	Dra	6705	17 57 02.2	+51 29 14	asdn47	2.24	+1.52	+1.54	K5 III
92	ξ	Her	6703	17 58 29.0	+29 14 49	v	3.70	+0.94	+0.89	G8.5 III

Designation	BS=HR No.	Right Ascension	Declination	Notes	V	B–V	V–I	Spectral Type
		h m s	° ′ ″					
94 ν Her	6707	17 59 12.7	+30 11 20	dm	4.41	+0.38	+0.51	F2m
64 ν Oph	6698	18 00 02.7	−09 46 28		3.32	+0.99	+0.95	G9 IIIa
93 Her	6713	18 00 52.9	+16 45 04		4.67	+1.25	+1.12	K0.5 IIb
67 Oph	6714	18 01 34.3	+02 55 55	sd	3.93	+0.03	+0.10	B5 Ib
68 Oph	6723	18 02 41.5	+01 18 22	dbm	4.42	+0.05	+0.06	A0.5 Van
W Sgr	6742	18 06 12.1	−29 34 39	vdb	4.66	+0.77	+0.81	G0 Ib/II
70 Oph	6752	18 06 23.2	+02 29 52	dvbm	4.03	+0.86	+0.96	K0⁻ V
10 γ Sgr	6746	18 06 59.8	−30 25 20	b	2.98	+0.98	+0.99	K0⁺ III
	6791	18 08 02.2	+43 27 54	sb	5.00	+0.91	+0.91	G8 III CN−1 CH−3
θ Ara	6743	18 08 04.3	−50 05 18		3.65	−0.10	−0.06	B2 Ib
72 Oph	6771	18 08 13.6	+09 34 04	db	3.71	+0.16	+0.18	A5 IV–V
103 o Her	6779	18 08 15.9	+28 45 58	db	3.84	−0.02	−0.02	A0 II–III
102 Her	6787	18 09 33.0	+20 49 07	d	4.37	−0.16	−0.19	B2 IV
π Pav	6745	18 10 21.6	−63 39 55	b	4.33	+0.23	+0.23	A7p Sr
ε Tel	6783	18 12 36.1	−45 56 57	d	4.52	+1.01	+0.95	K0 III
36 Dra	6850	18 14 00.2	+64 24 13	d	4.99	+0.44	+0.51	F5 V
13 μ Sgr	6812	18 14 52.2	−21 03 09	db	3.84	+0.20	+0.21	B9 Ia
	6819	18 18 41.0	−56 00 55	b	5.36	−0.05	−0.01	B3 IIIpe
η Sgr	6832	18 18 52.7	−36 45 16	d	3.10	+1.58	+2.24	M3.5 IIIab
43 φ Dra	6920	18 20 29.4	+71 20 50	vdbm	4.22	−0.09	−0.11	A0p Si
1 κ Lyr	6872	18 20 30.6	+36 04 26		4.33	+1.16	+1.10	K2⁻ IIIab CN 0.5
44 χ Dra	6927	18 20 43.3	+72 44 26	db	3.55	+0.49	+0.62	F7 V
74 Oph	6866	18 21 47.5	+03 23 12	d	4.85	+0.91	+0.90	G8 III
19 δ Sgr	6859	18 22 10.7	−29 49 07	d	2.72	+1.38	+1.35	K2.5 IIIa CN 0.5
58 η Ser	6869	18 22 16.1	−02 53 34	d	3.23	+0.94	+0.96	K0 III–IV
109 Her	6895	18 24 29.2	+21 46 46	sd	3.85	+1.17	+1.13	K2 IIIab
ξ Pav	6855	18 24 55.8	−61 28 59	db	4.35	+1.46	+1.50	K4 III
20 ε Sgr	6879	18 25 24.0	−34 22 27	dn48	1.79	−0.03	+0.01	A0 II⁻n (shell)
α Tel	6897	18 28 20.6	−45 57 23		3.49	−0.18	−0.18	B3 IV
22 λ Sgr	6913	18 29 06.7	−25 24 36		2.82	+1.03	+1.04	K1 IIIb
γ Sct	6930	18 30 15.1	−14 33 09		4.67	+0.08	+0.10	A2 III⁻
ζ Tel	6905	18 30 15.3	−49 03 31		4.10	+1.00	+1.02	G8/K0 III
60 Ser	6935	18 30 38.8	−01 58 19	.b	5.38	+0.96	+0.95	K0 III
θ Cra	6951	18 34 49.4	−42 17 50		4.62	+0.99	+0.95	G8 III
α Sct	6973	18 36 12.8	−08 13 47		3.85	+1.32	+1.28	K3 III
	6985	18 37 20.8	+09 08 18	b	5.38	+0.39	+0.45	F5 IIIs
3 α Lyr	7001	18 37 33.9	+38 48 07	asdn49	0.03	0.00	−0.01	A0 Va
δ Sct	7020	18 43 17.2	−09 02 00	vdb	4.70	+0.36	+0.40	F2 III (str. met.)
ε Sct	7032	18 44 31.7	−08 15 20	d	4.88	+1.11	+1.07	G8 IIb
ζ Pav	6982	18 45 11.2	−71 24 33	d	4.01	+1.13	+1.14	K0 III
6 ζ¹ Lyr	7056	18 45 24.6	+37 37 31	db	4.34	+0.19	+0.18	A5m
50 Dra	7124	18 45 45.8	+75 27 18	b	5.37	+0.05	+0.06	A1 Vn
110 Her	7061	18 46 27.5	+20 33 55	d	4.19	+0.48	+0.55	F6 V
27 φ Sgr	7039	18 46 48.7	−26 58 12	b	3.17	−0.11	−0.10	B8 III
	7064	18 46 49.2	+26 40 59		4.83	+1.20	+1.16	K2 III
111 Her	7069	18 47 50.3	+18 12 12	db	4.34	+0.15	+0.16	A3 Va⁺
β Sct	7063	18 48 09.4	−04 43 36	b	4.22	+1.09	+1.09	G4 IIa
R Sct	7066	18 48 28.2	−05 41 02	vs	5.38	+1.28	+1.42	K0 Ib:p Ca−1
η¹ CrA	7062	18 50 10.5	−43 39 29		5.46	+0.13	+0.15	A2 Vn
10 β Lyr	7106	18 50 45.8	+33 23 06	cvdb	3.52	0.00	+0.02	B7 Vpe (shell)

Designation	BS=HR No.	Right Ascension	Declination	Notes	V	B–V	V–I	Spectral Type
		h m s	° ′ ″					
47 *o* Dra	7125	18 51 28.4	+59 24 41	dvb	4.63	+1.19	+1.20	G9 III Fe−0.5
λ Pav	7074	18 53 55.5	−62 09 50	d	4.22	−0.15	−0.14	B2 II–III
52 *υ* Dra	7180	18 54 09.9	+71 19 18	b	4.82	+1.15	+1.10	K0 III CN 0.5
12 *δ*² Lyr	7139	18 55 09.1	+36 55 23	d	4.22	+1.58	+2.60	M4 II
13 R Lyr	7157	18 55 53.9	+43 58 17	vsb	4.08	+1.40	+3.14	M5 III (var)
34 *σ* Sgr	7121	18 56 24.7	−26 16 20	dn50	2.05	−0.13	−0.13	B3 IV
63 *θ*¹ Ser	7141	18 57 08.3	+04 13 44	d	4.62	+0.16	+0.20	A5 V
37 *ξ*² Sgr	7150	18 58 50.0	−21 04 51		3.52	+1.15	+1.09	K1 III
κ Pav	7107	18 58 50.9	−67 12 28	v	4.40	+0.53	+0.59	F5 I–II
14 *γ* Lyr	7178	18 59 38.2	+32 42 57	d	3.25	−0.05	−0.03	B9 II
λ Tel	7134	18 59 56.3	−52 54 45	b	4.85	−0.05	−0.03	A0 III+
13 *ε* Aql	7176	19 00 27.7	+15 05 41	db	4.02	+1.08	+1.00	K1⁻ III CN 0.5
12 Aql	7193	19 02 40.1	−05 42 42		4.02	+1.08	+1.08	K1 III
38 *ζ* Sgr	7194	19 03 47.2	−29 51 07	dbm	2.60	+0.06	+0.06	A2 IV–V
χ Oct	6721	19 05 11.0	−87 34 48		5.29	+1.30	+1.26	K3 III
39 *o* Sgr	7217	19 05 47.4	−21 42 46	d	3.76	+1.01	+0.98	G9 IIIb
17 *ζ* Aql	7235	19 06 15.6	+13 53 32	db	2.99	+0.01	−0.01	A0 Vann
16 *λ* Aql	7236	19 07 13.8	−04 51 12		3.43	−0.10	−0.09	A0 IVp (wk 4481)
18 *ι* Lyr	7262	19 07 57.8	+36 07 48	d	5.25	−0.11	−0.09	B6 IV
40 *τ* Sgr	7234	19 08 05.6	−27 38 30	b	3.32	+1.17	+1.15	K1.5 IIIb
α CrA	7254	19 10 43.7	−37 52 26		4.11	+0.04	+0.03	A2 IVn
41 *π* Sgr	7264	19 10 51.8	−20 59 34	d	2.88	+0.38	+0.44	F2 II–III
β CrA	7259	19 11 17.9	−39 18 35		4.10	+1.16	+1.11	K0 II
57 *δ* Dra	7310	19 12 33.3	+67 41 39	d	3.07	+0.99	+0.94	G9 III
20 Aql	7279	19 13 40.9	−07 54 26		5.35	+0.09	+0.11	B3 V
20 *η* Lyr	7298	19 14 23.3	+39 10 43	db	4.43	−0.15	−0.19	B2.5 IV
60 *τ* Dra	7352	19 15 11.1	+73 23 21	b	4.45	+1.26	+1.15	K2⁺ IIIb CN 1
21 *θ* Lyr	7314	19 17 00.6	+38 10 03	d	4.35	+1.26	+1.13	K0 II
1 *κ* Cyg	7328	19 17 31.8	+53 24 11	b	3.80	+0.95	+0.85	G9 III
25 *ω*¹ Aql	7315	19 18 41.1	+11 37 48		5.28	+0.20	+0.21	F0 IV
43 Sgr	7304	19 18 42.9	−18 55 07		4.88	+1.01	+0.99	G8 II–III
44 *ρ*¹ Sgr	7340	19 22 44.7	−17 48 39		3.92	+0.23	+0.25	F0 III–IV
46 *υ* Sgr	7342	19 22 47.1	−15 55 08	b	4.52	+0.08	+0.34	Apep
*β*¹ Sgr	7337	19 23 57.8	−44 25 21	d	3.96	−0.09	−0.07	B8 V
*β*² Sgr	7343	19 24 33.1	−44 45 47		4.27	+0.35	+0.42	F0 IV
α Sgr	7348	19 25 09.9	−40 34 46	b	3.96	−0.11	−0.10	B8 V
31 Aql	7373	19 25 51.1	+11 59 07	d	5.17	+0.76	+0.75	G7 IV H*δ* 1
30 *δ* Aql	7377	19 26 25.8	+03 09 11	db	3.36	+0.32	+0.38	F2 IV–V
6 *α* Vul	7405	19 29 28.5	+24 42 12	d	4.44	+1.50	+1.68	M0.5 IIIb
10 *ι*² Cyg	7420	19 30 10.3	+51 46 11		3.76	+0.15	+0.18	A4 V
6 *β* Cyg	7417	19 31 28.1	+27 59 58	cdm	3.05	+1.09	+1.05	K3 II + B9.5 V
36 Aql	7414	19 31 37.9	−02 44 57		5.03	+1.77	+2.29	M1 IIIab
61 *σ* Dra	7462	19 32 19.2	+69 41 33	asd	4.67	+0.79	+0.85	K0 V
8 Cyg	7426	19 32 27.6	+34 29 36		4.74	−0.15	−0.12	B3 IV
38 *μ* Aql	7429	19 34 59.6	+07 25 10	d	4.45	+1.18	+1.14	K3⁻ IIIb Fe 0.5
ι Tel	7424	19 36 35.0	−48 03 27		4.88	+1.10	+1.06	K0 III
13 *θ* Cyg	7469	19 36 56.3	+50 15 53	d	4.49	+0.40	+0.44	F4 V
41 *ι* Aql	7447	19 37 40.7	−01 14 40	d	4.36	−0.08	−0.06	B5 III
52 Sgr	7440	19 37 49.9	−24 50 29	d	4.59	−0.08	−0.06	B8/9 V
39 *κ* Aql	7446	19 37 53.1	−06 59 06		4.93	−0.05	+0.03	B0.5 IIIn

Designation			BS=HR No.	Right Ascension	Declination	Notes	V	B–V	V–I	Spectral Type
				h m s	° ′ ″					
5	α	Sge	7479	19 40 55.4	+18 03 27	d	4.39	+0.78	+0.77	G1 II
			7495	19 41 24.4	+45 34 10	sd	5.06	+0.43	+0.49	F5 II–III
54		Sgr	7476	19 41 46.9	−16 14 58	d	5.30	+1.11	+1.14	K2 III
6	β	Sge	7488	19 41 52.8	+17 31 12		4.39	+1.04	+0.96	G8 IIIa CN 0.5
16		Cyg	7503	19 42 18.5	+50 34 07	sd	5.99	+0.64	+0.61	G1.5 Vb
16		Cyg	7504	19 42 21.5	+50 33 40	s	6.25	+0.66	+0.61	G3 V
55		Sgr	7489	19 43 34.5	−16 04 45	b	5.06	+0.32	+0.37	F0 IVn:
10		Vul	7506	19 44 29.1	+25 49 02		5.50	+0.94	+0.93	G8 III
15		Cyg	7517	19 44 56.7	+37 24 00		4.89	+0.95	+0.94	G8 III
18	δ	Cyg	7528	19 45 33.2	+45 10 36	dbm	2.86	0.00	−0.02	B9.5 III
50	γ	Aql	7525	19 47 08.3	+10 39 34	d	2.72	+1.51	+1.44	K3 II
56		Sgr	7515	19 47 26.4	−19 42 55		4.87	+1.06	+1.03	K0+ III
63	ε	Dra	7582	19 48 06.1	+70 18 54	dbm	3.84	+0.89	+0.88	G7 IIIb Fe−1
7	δ	Sge	7536	19 48 12.7	+18 34 52	cdbm	3.68	+1.31	+1.27	M2 II + A0 V
	ν	Tel	7510	19 49 31.3	−56 18 59		5.33	+0.20	+0.21	A9 Vn
	χ	Cyg	7564	19 51 16.6	+32 57 42	vd	7.91	+2.10	+6.13	S6+/1e
53	α	Aql	7557	19 51 41.1	+08 55 06	dvn51	0.76	+0.22	+0.27	A7 Vnn
51		Aql	7553	19 51 47.8	−10 42 55	d	5.38	+0.40	+0.47	F0 V
			7589	19 52 32.5	+47 04 33	s	5.60	−0.08	0.00	O9.5 Iab
	v3961	Sgr	7552	19 53 05.7	−39 49 33	svb	5.32	−0.05	−0.02	A0p Si Cr Eu
9		Sge	7574	19 53 11.3	+18 43 14	sb	6.24	−0.03	−0.01	O8 If
55	η	Aql	7570	19 53 24.9	+01 03 16	vb	3.87	+0.63	+0.73	F6–G1 Ib
	v1291	Aql	7575	19 54 16.8	−03 03 55	s	5.63	+0.23	+0.26	A5p Sr Cr Eu
60	β	Aql	7602	19 56 13.3	+06 27 15	ad	3.71	+0.86	+0.89	G8 IV
	ι	Sgr	7581	19 56 32.0	−41 49 05		4.12	+1.06	+1.09	G8 III
21	η	Cyg	7615	19 57 00.0	+35 08 00	d	3.89	+1.02	+0.98	K0 III
61		Sgr	7614	19 58 59.9	−15 26 28		5.01	+0.06	+0.05	A3 Va
12	γ	Sge	7635	19 59 34.8	+19 32 36	s	3.51	+1.57	+1.65	M0− III
	θ¹	Sgr	7623	20 00 56.2	−35 13 29	db	4.37	−0.15	−0.15	B2.5 IV
15	NT	Vul	7653	20 01 51.8	+27 48 20	b	4.66	+0.18	+0.19	A7m
	ε	Pav	7590	20 02 42.0	−72 51 33		3.97	−0.03	−0.04	A0 Va
62	v3872	Sgr	7650	20 03 47.5	−27 39 25		4.43	+1.64	+2.50	M4.5 III
1	κ	Cep	7750	20 08 14.0	+77 45 59	dm	4.38	−0.05	−0.06	B9 III
	ξ	Tel	7673	20 08 47.7	−52 49 34	b	4.93	+1.59	+1.83	M1 IIab
28	v1624	Cyg	7708	20 10 06.9	+36 53 42	b	4.93	−0.14	−0.13	B2.5 V
	δ	Pav	7665	20 10 31.4	−66 07 58		3.55	+0.75	+0.76	G6/8 IV
65	θ	Aql	7710	20 12 15.5	−00 45 56	db	3.24	−0.07	−0.06	B9.5 III+
33		Cyg	7740	20 13 49.6	+56 37 29	b	4.28	+0.11	+0.14	A3 IVn
31	o¹	Cyg	7735	20 14 12.9	+46 47 53	cvdb	3.80	+1.27	+1.15	K2 II + B4 V
67	ρ	Aql	7724	20 15 08.0	+15 15 18	b	4.94	+0.07	+0.09	A1 Va
32	o²	Cyg	7751	20 16 02.6	+47 46 18	cvdb	3.96	+1.45	+1.45	K3 II + B9: V
24		Vul	7753	20 17 34.6	+24 43 45		5.30	+0.95	+0.94	G8 III
34	P	Cyg	7763	20 18 28.1	+38 05 29	vs	4.77	+0.38	+0.44	B1pe
5	α¹	Cap	7747	20 18 40.3	−12 26 59	dbm	4.30	+0.93	+1.05	G3 Ib
6	α²	Cap	7754	20 19 04.7	−12 29 11	db	3.58	+0.88	+0.92	G9 III
9	β	Cap	7776	20 22 02.9	−14 43 18	cdb	3.05	+0.79	+0.90	K0 II: + A5n: V:
37	γ	Cyg	7796	20 22 53.6	+40 19 00	asd	2.23	+0.67	+0.65	F8 Ib
			7794	20 24 05.7	+05 24 12		5.30	+0.98	+0.96	G8 III–IV
39		Cyg	7806	20 24 36.0	+32 15 03	s	4.43	+1.33	+1.31	K2.5 III Fe−0.5
	α	Pav	7790	20 27 06.0	−56 40 27	dbn52	1.94	−0.12	−0.10	B2.5 V

Designation			BS=HR No.	Right Ascension	Declination	Notes	V	B–V	V–I	Spectral Type
				h m s	° ′ ″					
2	θ	Cep	7850	20 29 53.3	+63 03 24	b	4.21	+0.20	+0.20	A7m
41		Cyg	7834	20 30 09.1	+30 25 52		4.01	+0.40	+0.46	F5 II
69		Aql	7831	20 30 37.0	−02 49 22		4.91	+1.16	+1.12	K2 III
73	AF	Dra	7879	20 31 14.6	+75 01 04	b	5.18	+0.10	+0.11	A0p Sr Cr Eu
2	ε	Del	7852	20 34 05.8	+11 22 02		4.03	−0.12	−0.10	B6 III
6	β	Del	7882	20 38 25.0	+14 39 37	dbm	3.64	+0.43	+0.50	F5 IV
	α	Ind	7869	20 38 51.6	−47 13 32	d	3.11	+1.00	+0.98	K0 III CN−1
71		Aql	7884	20 39 17.5	−01 02 22	db	4.31	+0.95	+0.91	G7.5 IIIa
29		Vul	7891	20 39 20.9	+21 16 01		4.81	−0.03	−0.01	A0 Va (shell)
7	κ	Del	7896	20 40 01.7	+10 09 09	d	5.07	+0.70	+0.75	G2 IV
9	α	Del	7906	20 40 29.8	+15 58 42	dbm	3.77	−0.06	−0.01	B9 IV
15	υ	Cap	7900	20 41 06.0	−18 04 21		5.15	+1.65	+2.02	M1 III
49		Cyg	7921	20 41 47.5	+32 22 26	sdbm	5.53	+0.87	+0.88	G8 IIb
50	α	Cyg	7924	20 42 03.8	+45 20 50	asdbn53	1.25	+0.09	+0.16	A2 Ia
11	δ	Del	7928	20 44 19.4	+15 08 31	vb	4.43	+0.30	+0.34	F0m
	η	Ind	7920	20 45 23.2	−51 51 12		4.51	+0.28	+0.30	A9 IV
3	η	Cep	7957	20 45 39.8	+61 54 40	d	3.41	+0.91	+0.94	K0 IV
			7955	20 45 48.6	+57 38 48	db	4.52	+0.54	+0.58	F8 IV−V
52		Cyg	7942	20 46 25.6	+30 47 17	d	4.22	+1.05	+1.01	K0 IIIa
	β	Pav	7913	20 46 36.2	−66 08 06		3.42	+0.16	+0.20	A6 IV−
53	ε	Cyg	7949	20 46 57.6	+34 02 25	adb	2.48	+1.02	+1.00	K0 III
16	ψ	Cap	7936	20 47 11.3	−25 12 12		4.13	+0.43	+0.49	F4 V
12	γ²	Del	7948	20 47 31.0	+16 11 31	dm	4.27	+1.04	+1.03	K1 IV
54	λ	Cyg	7963	20 48 07.8	+36 33 34	dbm	4.53	−0.08	−0.12	B6 IV
2	ε	Aqr	7950	20 48 40.5	−09 25 37		3.78	0.00	−0.01	A1 III−
3	EN	Aqr	7951	20 48 42.7	−04 57 32		4.43	+1.64	+2.21	M3 III
55	v1661	Cyg	7977	20 49 34.1	+46 11 00	sd	4.81	+0.57	+0.59	B2.5 Ia
	ι	Mic	7943	20 49 44.0	−43 55 11	d	5.11	+0.36	+0.42	F1 IV
18	ω	Cap	7980	20 52 55.3	−26 50 56		4.12	+1.63	+1.76	M0 III Ba 0.5
6	μ	Aqr	7990	20 53 39.0	−08 54 46	db	4.73	+0.33	+0.36	F2m
32		Vul	8008	20 55 21.0	+28 07 44		5.03	+1.48	+1.50	K4 III
	β	Ind	7986	20 56 14.5	−58 22 58	d	3.67	+1.25	+1.11	K1 II
			8023	20 57 14.0	+44 59 48	sb	5.96	+0.02	+0.04	O6 V
58	ν	Cyg	8028	20 57 51.9	+41 14 21	dbm	3.94	+0.03	+0.01	A0.5 IIIn
33		Vul	8032	20 59 06.0	+22 23 54		5.30	+1.42	+1.40	K3.5 III
59	v832	Cyg	8047	21 00 27.4	+47 35 38	dbm	4.74	−0.08	−0.06	B1.5 Vnne
20	AO	Cap	8033	21 00 39.1	−18 57 45	sv	6.26	−0.11	−0.09	B9psi
	γ	Mic	8039	21 02 25.3	−32 11 04	d	4.67	+0.89	+0.90	G8 III
	ζ	Mic	8048	21 04 08.5	−38 33 29		5.32	+0.42	+0.49	F3 V
62	ξ	Cyg	8079	21 05 36.3	+44 00 08	sb	3.72	+1.61	+1.63	K4.5 Ib−II
	α	Oct	8021	21 06 53.7	−76 57 04	cvb	5.13	+0.49	+0.66	G2 III + A7 III
23	θ	Cap	8075	21 06 59.1	−17 09 30	b	4.08	−0.01	0.00	A1 Va+
61	v1803	Cyg	8085	21 07 43.8	+38 50 29	asd	5.20	+1.07	+1.13	K5 V
61		Cyg	8086	21 07 45.1	+38 50 00	sd	6.05	+1.31	+1.27	K7 V
24		Cap	8080	21 08 12.4	−24 55 51	d	4.49	+1.60	+1.81	M1− III
13	ν	Aqr	8093	21 10 36.0	−11 17 45		4.50	+0.93	+0.92	G8+ III
5	γ	Equ	8097	21 11 14.5	+10 12 25	dm	4.70	+0.26	+0.26	F0p Sr Eu
64	ζ	Cyg	8115	21 13 43.5	+30 18 13	sdb	3.21	+0.99	+0.97	G8+ III−IIIa Ba 0.5
			8110	21 14 22.9	−27 32 34		5.41	+1.43	+1.41	K5 III
	o	Pav	8092	21 15 02.7	−70 02 57	b	5.06	+1.58	+2.03	M1/2 III

Designation			BS=HR No.	Right Ascension	Declination	Notes	V	B–V	V–I	Spectral Type
				h m s	° ′ ″					
7	δ	Equ	8123	21 15 22.9	+10 04 58	dbm	4.47	+0.53	+0.57	F8 V
65	τ	Cyg	8130	21 15 31.9	+38 07 30	dbm	3.74	+0.39	+0.46	F2 V
8	α	Equ	8131	21 16 44.9	+05 19 31	cdb	3.92	+0.55	+0.62	G2 II–III + A4 V
67	σ	Cyg	8143	21 18 08.6	+39 28 22	b	4.22	+0.10	+0.25	B9 Iab
66	υ	Cyg	8146	21 18 40.8	+34 58 31	db	4.41	−0.10	−0.09	B2 Ve
5	α	Cep	8162	21 19 01.2	+62 39 52	d	2.45	+0.26	+0.26	A7 V⁺n
	ε	Mic	8135	21 19 03.3	−32 05 39		4.71	+0.07	+0.09	A1m A2 Va⁺
	θ	Ind	8140	21 21 10.4	−53 22 15	dm	4.39	+0.19	+0.21	A5 IV–V
	θ¹	Mic	8151	21 21 56.3	−40 43 48	dvm	4.80	+0.03	+0.07	Ap Cr Eu
1		Peg	8173	21 22 56.6	+19 53 04	db	4.08	+1.11	+1.05	K1 III
32	ι	Cap	8167	21 23 16.4	−16 45 17		4.28	+0.89	+0.89	G7 III Fe−1.5
	σ	Oct	7228	21 24 02.0	−88 52 43	vn59	5.45	+0.28	+0.32	F0 III
18		Aqr	8187	21 25 12.0	−12 47 52	d	5.48	+0.30	+0.34	F0 V⁺
69		Cyg	8209	21 26 32.5	+36 44 53	sd	5.93	+0.03	−0.12	B0 Ib
34	ζ	Cap	8204	21 27 43.2	−22 19 49	db	3.77	+1.00	+0.88	G4 Ib: Ba 2
	γ	Pav	8181	21 27 57.0	−65 16 52		4.21	+0.49	+0.61	F6 Vp
8	β	Cep	8238	21 28 53.5	+70 38 32	vdb	3.23	−0.20	−0.25	B1 III
36		Cap	8213	21 29 46.5	−21 43 33		4.50	+0.89	+0.89	G7 IIIb Fe−1
71		Cyg	8228	21 30 08.0	+46 37 22		5.22	+0.97	+0.95	K0⁻ III
2		Peg	8225	21 30 47.2	+23 43 14	d	4.52	+1.62	+1.82	M1⁺ III
22	β	Aqr	8232	21 32 31.9	−05 29 20	asd	2.90	+0.83	+0.82	G0 Ib
73	ρ	Cyg	8252	21 34 40.7	+45 40 27		3.98	+0.89	+0.94	G8 III Fe−0.5
74		Cyg	8266	21 37 41.6	+40 29 50		5.04	+0.20	+0.22	A5 V
9 v337		Cep	8279	21 38 25.0	+62 09 57	as	4.76	+0.25	+0.38	B2 Ib
5		Peg	8267	21 38 37.4	+19 24 09		5.46	+0.32	+0.37	F0 V⁺
23	ξ	Aqr	8264	21 38 44.1	−07 46 14	db	4.68	+0.18	+0.19	A5 Vn
75		Cyg	8284	21 40 54.8	+43 21 30	sd	5.09	+1.60	+1.92	M1 IIIab
40	γ	Cap	8278	21 41 06.8	−16 34 40	b	3.69	+0.32	+0.32	A7m:
11		Cep	8317	21 42 11.2	+71 23 48		4.55	+1.11	+1.07	K0.5 III
	ν	Oct	8254	21 43 28.1	−77 18 23	b	3.73	+1.01	+0.98	K0 III
	μ	Cep	8316	21 44 04.5	+58 51 55	vasd	4.23	+2.24	+3.57	M2⁻ Ia
8	ε	Peg	8308	21 45 05.7	+09 57 38	sdn54	2.38	+1.52	+1.42	K2 Ib–II
9		Peg	8313	21 45 23.3	+17 26 08	as	4.34	+1.16	+1.05	G5 Ib
10	κ	Peg	8315	21 45 29.1	+25 43 51	dbm	4.14	+0.43	+0.48	F5 IV
10	ν	Cep	8334	21 45 59.0	+61 12 24		4.25	+0.47	+0.73	A2 Ia
9	ι	PsA	8305	21 46 02.6	−32 56 26	db	4.35	−0.05	−0.05	A0 IV
81	π²	Cyg	8335	21 47 28.7	+49 23 45	dbm	4.23	−0.12	−0.13	B2.5 III
49	δ	Cap	8322	21 48 03.6	−16 02 33	vdb	2.85	+0.18	+0.35	F2m
14		Peg	8343	21 50 39.9	+30 15 40	b	5.07	+0.01	+0.03	A1 Vs
	o	Ind	8333	21 52 19.3	−69 32 32		5.52	+1.38	+1.35	K2/3 III
16		Peg	8356	21 53 54.4	+26 00 46	b	5.09	−0.16	−0.15	B3 V
51	μ	Cap	8351	21 54 18.2	−13 27 50		5.08	+0.38	+0.43	F2 V
	γ	Gru	8353	21 55 02.6	−37 16 37		3.00	−0.08	−0.10	B8 IV−Vs
13		Cep	8371	21 55 30.6	+56 41 58	s	5.74	+0.66	+1.00	B8 Ib
	δ	Ind	8368	21 59 09.9	−54 54 13	dm	4.40	+0.30	+0.35	F0 III–IVn
17	ξ	Cep	8417	22 04 19.7	+64 43 07	dbm	4.26	+0.38	+0.44	A7m:
	ε	Ind	8387	22 04 45.7	−56 42 32		4.69	+1.06	+1.15	K4/5 V
20		Cep	8426	22 05 34.3	+62 52 35		5.27	+1.41	+1.39	K4 III
19		Cep	8428	22 05 43.1	+62 22 13	sd	5.07	+0.24	+0.15	O9.5 Ib
34	α	Aqr	8414	22 06 44.0	−00 13 46	sd	2.95	+0.97	+0.92	G2 Ib

Designation	BS=HR No.	Right Ascension	Declination	Notes	V	B–V	V–I	Spectral Type
		h m s	° ′ ″					
λ Gru	8411	22 07 13.4	−39 27 12		4.47	+1.35	+1.31	K3 III
33 ι Aqr	8418	22 07 26.0	−13 46 45	b	4.29	−0.08	−0.06	B9 IV–V
24 ι Peg	8430	22 07 52.4	+25 26 10	db	3.77	+0.44	+0.51	F5 V
α Gru	8425	22 09 23.4	−46 52 14	dn55	1.73	−0.07	−0.05	B7 Vn
14 μ PsA	8431	22 09 27.5	−32 53 51		4.50	+0.05	+0.06	A1 IVnn
24 Cep	8468	22 10 09.5	+72 25 57		4.79	+0.92	+0.91	G7 II–III
29 π Peg	8454	22 10 48.7	+33 16 10		4.28	+0.47	+0.52	F3 III
26 θ Peg	8450	22 11 08.0	+06 17 22	b	3.52	+0.09	+0.09	A2m A1 IV–V
	8546	22 11 21.9	+86 12 00	b	5.27	−0.03	−0.01	B9.5 Vn
21 ζ Cep	8465	22 11 29.9	+58 17 34	b	3.39	+1.56	+1.58	K1.5 Ib
22 λ Cep	8469	22 12 08.4	+59 30 22	s	5.05	+0.19	+0.21	O6 If
	8485	22 14 40.5	+39 48 26	dbm	4.50	+1.39	+1.36	K2.5 III
16 λ PsA	8478	22 15 21.4	−27 40 28		5.45	−0.12	−0.11	B8 III
23 ε Cep	8494	22 15 43.3	+57 08 11	db	4.18	+0.28	+0.33	A9 IV
1 Lac	8498	22 16 46.7	+37 50 29		4.14	+1.45	+1.33	K3⁻ II–III
43 θ Aqr	8499	22 17 48.5	−07 41 26		4.17	+0.98	+0.95	G9 III
α Tuc	8502	22 19 45.2	−60 10 00	b	2.87	+1.39	+1.37	K3 III
ε Oct	8481	22 22 00.1	−80 20 47		5.09	+1.28	+3.21	M6 III
31 IN Peg	8520	22 22 25.7	+12 17 56		4.82	−0.13	−0.16	B2 IV–V
47 Aqr	8516	22 22 36.5	−21 30 18		5.12	+1.06	+1.02	K0 III
48 γ Aqr	8518	22 22 36.7	−01 17 37	db	3.86	−0.06	−0.06	B9.5 III–IV
3 β Lac	8538	22 24 17.5	+52 19 20	d	4.42	+1.02	+1.03	G9 IIIb Ca 1
52 π Aqr	8539	22 26 13.3	+01 28 19		4.80	−0.17	−0.18	B1 Ve
δ Tuc	8540	22 28 37.7	−64 52 17	dm	4.51	−0.03	−0.01	B9.5 IVn
ν Gru	8552	22 29 43.9	−39 02 15	d	5.47	+0.96	+1.01	G8 III
55 ζ² Aqr	8559	22 29 47.0	+00 04 31	cdm	3.65	+0.41	+0.50	F2.5 IV–V
27 δ Cep	8571	22 29 51.7	+58 30 37	vdb	4.07	+0.78	+0.81	F5−G2 Ib
29 ρ² Cep	8591	22 30 01.8	+78 55 10	b	5.45	+0.09	+0.11	A3 V
5 Lac	8572	22 30 18.3	+47 48 07	cdb	4.34	+1.68	+1.90	M0 II + B8 V
δ¹ Gru	8556	22 30 22.1	−43 24 02	d	3.97	+1.02	+0.98	G6/8 III
δ² Gru	8560	22 30 51.3	−43 39 14	d	4.12	+1.57	+2.49	M4.5 IIIa
6 Lac	8579	22 31 17.4	+43 13 07	b	4.52	−0.09	−0.09	B2 IV
57 σ Aqr	8573	22 31 37.5	−10 34 58	dbm	4.82	−0.05	−0.04	A0 IV
7 α Lac	8585	22 32 03.5	+50 22 41	d	3.76	+0.03	+0.05	A1 Va
17 β PsA	8576	22 32 33.2	−32 15 02	d	4.29	+0.01	+0.03	A1 Va
59 υ Aqr	8592	22 35 42.2	−20 36 47		5.21	+0.45	+0.49	F5 V
31 Cep	8615	22 36 13.5	+73 44 22		5.08	+0.40	+0.46	F3 III–IV
62 η Aqr	8597	22 36 18.4	−00 01 18		4.04	−0.08	−0.07	B9 IV–V:n
63 κ Aqr	8610	22 38 42.8	−04 07 56	d	5.04	+1.14	+1.10	K1.5 IIIb CN 0.5
30 Cep	8627	22 39 18.7	+63 40 52	b	5.19	+0.08	+0.10	A3 IV
10 Lac	8622	22 40 05.7	+39 08 49	ad	4.89	−0.21	−0.23	O9 V
	8626	22 40 24.7	+37 41 23	sd	6.03	+0.85	+0.87	G3 Ib–II: CN−1 CH 2 Fe−1
11 Lac	8632	22 41 19.7	+44 22 24		4.50	+1.32	+1.25	K2.5 III
18 ε PsA	8628	22 41 40.5	−26 56 48		4.18	−0.11	−0.07	B8 Ve
42 ζ Peg	8634	22 42 23.1	+10 55 42	d	3.41	−0.09	−0.06	B8.5 III
β Gru	8636	22 43 45.8	−46 47 14		2.07	+1.61	+2.60	M4.5 III
44 η Peg	8650	22 43 52.3	+30 19 06	cdb	2.93	+0.85	+0.87	G8 II + F0 V
13 Lac	8656	22 44 55.2	+41 55 00	d	5.11	+0.96	+0.95	K0 III
47 λ Peg	8667	22 47 25.5	+23 39 48		3.97	+1.07	+0.99	G8 IIIa CN 0.5
46 ξ Peg	8665	22 47 37.1	+12 16 05	d	4.20	+0.50	+0.60	F6 V

Designation			BS=HR No.	Right Ascension	Declination	Notes	V	B–V	V–I	Spectral Type
				h m s	° ′ ″					
	β	Oct	8630	22 47 50.7	−81 17 02	b	4.13	+0.21	+0.24	A7 III−IV
68		Aqr	8670	22 48 32.6	−19 30 59		5.24	+0.94	+0.93	G8 III
	ε	Gru	8675	22 49 39.8	−51 13 09		3.49	+0.08	+0.10	A2 Va
32	ι	Cep	8694	22 50 20.6	+66 17 53	s	3.50	+1.05	+1.06	K0⁻ III
71	τ	Aqr	8679	22 50 34.2	−13 29 41	d	4.05	+1.57	+1.72	M0 III
48	μ	Peg	8684	22 50 53.9	+24 41 59	s	3.51	+0.93	+0.89	G8⁺ III
			8685	22 52 05.0	−39 03 30		5.43	+1.44	+1.44	K3 III
22	γ	PsA	8695	22 53 33.0	−32 46 37	dm	4.46	−0.04	−0.01	A0m A1 III−IV
73	λ	Aqr	8698	22 53 34.7	−07 28 51		3.73	+1.63	+2.07	M2.5 III Fe−0.5
			8748	22 54 11.9	+84 26 42		4.70	+1.42	+1.38	K4 III
76	δ	Aqr	8709	22 55 37.8	−15 43 19		3.27	+0.07	+0.08	A3 IV−V
23	δ	PsA	8720	22 56 58.1	−32 26 26	d	4.20	+0.95	+0.96	G8 III
			8726	22 57 14.9	+49 49 57	s	4.99	+1.78	+1.87	K5 Ib
24	α	PsA	8728	22 58 40.1	−29 31 26	an56	1.17	+0.15	+0.16	A3 Va
			8732	22 59 36.5	−35 25 28	s	6.15	+0.58	+0.62	F8 III−IV
	v509	Cas	8752	23 00 52.2	+57 02 42	s	5.10	+1.01	+0.99	G4v 0
	ζ	Gru	8747	23 01 57.8	−52 39 16	b	4.11	+0.96	+1.01	G8/K0 III
1	o	And	8762	23 02 46.6	+42 25 33	dbm	3.62	−0.10	−0.05	B6pe (shell)
	π	PsA	8767	23 04 31.0	−34 38 57	b	5.12	+0.31	+0.37	F0 V:
53	β	Peg	8775	23 04 40.4	+28 11 00	d	2.44	+1.66	+2.31	M2.5 II−III
4	β	Psc	8773	23 04 49.1	+03 55 12		4.48	−0.12	−0.09	B6 Ve
54	α	Peg	8781	23 05 41.0	+15 18 18	bn57	2.49	0.00	0.00	A0 III−IV
86		Aqr	8789	23 07 40.3	−23 38 34	dm	4.48	+0.89	+0.92	G6 IIIb
	θ	Gru	8787	23 07 54.9	−43 25 13	dm	4.28	+0.42	+0.44	F5 (II−III)m
55		Peg	8795	23 07 56.2	+09 30 35		4.54	+1.56	+1.79	M1 IIIab
33	π	Cep	8819	23 08 29.4	+75 29 16	dbm	4.41	+0.80	+0.84	G2 III
88		Aqr	8812	23 10 25.8	−21 04 18		3.68	+1.20	+1.16	K1.5 III
	ι	Gru	8820	23 11 23.9	−45 08 46	b	3.88	+1.00	+0.95	K1 III
59		Peg	8826	23 12 40.3	+08 49 15		5.15	+0.14	+0.15	A3 Van
90	φ	Aqr	8834	23 15 16.8	−05 56 56		4.22	+1.55	+1.89	M1.5 III
91	ψ¹	Aqr	8841	23 16 51.6	−08 59 12	d	4.24	+1.11	+1.06	K1⁻ III Fe−0.5
6	γ	Psc	8852	23 18 07.5	+03 23 01	s	3.70	+0.92	+0.97	G9 III: Fe−2
	γ	Tuc	8848	23 18 29.8	−58 08 03		3.99	+0.41	+0.50	F2 V
93	ψ²	Aqr	8858	23 18 51.8	−09 04 53		4.41	−0.14	−0.14	B5 Vn
	γ	Scl	8863	23 19 49.1	−32 25 52		4.41	+1.11	+1.08	K1 III
95	ψ³	Aqr	8865	23 19 55.4	−09 30 34	d	4.99	−0.02	0.00	A0 Va
62	τ	Peg	8880	23 21 33.3	+23 50 30	v	4.58	+0.18	+0.23	A5 V
98		Aqr	8892	23 23 56.4	−19 59 58		3.96	+1.08	+1.10	K1 III
4		Cas	8904	23 25 40.1	+62 23 04	d	4.96	+1.68	+1.94	M2⁻ IIIab
68	υ	Peg	8905	23 26 18.3	+23 30 22	s	4.42	+0.62	+0.67	F8 III
99		Aqr	8906	23 27 01.0	−20 32 26		4.38	+1.46	+1.52	K4.5 III
8	κ	Psc	8911	23 27 52.9	+01 21 25	d	4.95	+0.04	+0.01	A0p Cr Sr
10	θ	Psc	8916	23 28 54.4	+06 28 51		4.27	+1.06	+1.03	K0.5 III
70		Peg	8923	23 30 05.5	+12 51 46		4.54	+0.94	+0.93	G8 IIIa
	τ	Oct	8862	23 30 15.0	−87 22 48		5.50	+1.28	+1.24	K2 III
			8924	23 30 29.4	−04 25 55	s	6.26	+1.12	+1.04	K3⁻ IIIb Fe 2
	β	Scl	8937	23 33 57.5	−37 42 57		4.38	−0.10	−0.09	B9.5p Hg Mn
			8952	23 35 47.9	+71 44 40	s	5.86	+1.68	+1.71	G9 Ib
	ι	Phe	8949	23 36 03.9	−42 30 45	d	4.69	+0.08	+0.10	Ap Sr
16	λ	And	8961	23 38 28.5	+46 33 31	vdb	3.81	+0.98	+0.96	G8 III−IV

Designation			BS=HR No.	Right Ascension	Declination	Notes	V	B–V	V–I	Spectral Type
				h m s	° ′ ″					
			8959	23 38 50.4	−45 23 24	b	4.74	+0.08	+0.08	A1/2 V
17	ι	And	8965	23 39 03.0	+43 22 14	b	4.29	−0.08	−0.06	B8 V
35	γ	Cep	8974	23 40 07.5	+77 44 08	as	3.21	+1.03	+0.99	K1 III–IV CN 1
17	ι	Psc	8969	23 40 54.2	+05 43 36	d	4.13	+0.51	+0.59	F7 V
19	κ	And	8976	23 41 19.5	+44 26 11	d	4.15	−0.07	−0.06	B8 IVn
	μ	Scl	8975	23 41 36.2	−31 58 15		5.30	+0.97	+0.95	K0 III
18	λ	Psc	8984	23 42 59.5	+01 52 55	b	4.49	+0.20	+0.22	A6 IV⁻
105	ω²	Aqr	8988	23 43 40.8	−14 26 33	db	4.49	−0.03	−0.04	B9.5 IV
106		Aqr	8998	23 45 09.5	−18 10 27		5.24	−0.08	−0.06	B9 Vn
20	ψ	And	9003	23 46 57.4	+46 31 23	dm	4.97	+1.09	+1.05	G3 Ib–II
			9013	23 48 48.6	+67 54 35	b	5.05	+0.01	+0.03	A1 Vn
20		Psc	9012	23 48 53.6	−02 39 31	d	5.49	+0.94	+0.96	gG8
	δ	Scl	9016	23 49 53.2	−28 01 41	d	4.59	0.00	−0.01	A0 Va⁺n
81	φ	Peg	9036	23 53 25.9	+19 13 23		5.06	+1.59	+2.09	M3⁻ IIIb
82 HT		Peg	9039	23 53 33.8	+11 03 01		5.30	+0.19	+0.20	A4 Vn
7	ρ	Cas	9045	23 55 19.0	+57 36 08		4.51	+1.19	+1.15	G2 0 (var)
84	ψ	Peg	9064	23 58 42.3	+25 14 39	d	4.63	+1.58	+2.21	M3 III
27		Psc	9067	23 59 37.2	−03 27 12	db	4.88	+0.93	+0.92	G9 III
	π	Phe	9069	23 59 52.9	−52 38 33		5.13	+1.12	+1.08	K0 III

Notes to Table

a   anchor point for the MK system
b   spectroscopic binary
c   composite or combined spectrum
d   double star given in Washington Double Star Catalog
m   magnitude and color refer to combined light of two or more stars
n   navigational star followed by its star number in *The Nautical Almanac*
o   orbital position generated using FK5 center-of-mass position and proper motion
s   MK standard star
v   variable star

 A searchable version of this table appears on *The Astronomical Almanac Online*.

 This symbol indicates that these data or auxiliary material may also be found on *The Astronomical Almanac Online* **http://asa.usno.navy.mil** and **http://asa.hmnao.com**

SELECTED DOUBLE STARS, J2018.5

BS=HR No.	WDS No.	Right Ascension	Declination	Discoverer Designation	Epoch[1]	P.A.	Separation	V of primary[2]	Δm_V
		h m s	° ′ ″			°	″		
126	00315−6257	00 32 23.1	−62 51 23	LCL 119 AC	2009	168	27.1	4.28	0.23
154	00369+3343	00 37 52.4	+33 49 15	H 5 17 AB	2014	174	35.6	4.36	2.72
361	01137+0735	01 14 42.0	+07 40 22	STF 100 AB	2015	63	22.7	5.22	0.93
382	01201+5814	01 21 15.6	+58 19 42	H 3 23 AC	2012	231	134.0	5.07	1.97
531	01496−1041	01 50 29.7	−10 35 44	ENG 8	2012	250	192.9	4.69	2.12
596	02020+0246	02 03 00.4	+02 51 09	STF 202 AB	2018.5	261	1.8	4.10	1.07
603	02039+4220	02 05 02.6	+42 25 03	STF 205 A-BC	2013	63	9.4	2.31	2.71
681	02193−0259	02 20 17.0	−02 53 40	H 6 1 AC	2018.5	68	123.9	6.65	2.94
897	02583−4018	02 58 57.8	−40 13 53	PZ 2	2013	91	8.6	3.20	0.92
1279	04077+1510	04 08 45.0	+15 12 39	STF 495	2015	224	3.8	6.11	2.66
1387	04254+2218	04 26 28.5	+22 20 05	STF 541 AB	2011	174	344.5	4.22	1.07
1412	04287+1552	04 29 43.3	+15 54 38	STFA 10	2011	347	341.2	3.41	0.53
1497	04422+2257	04 43 21.5	+22 59 27	S 455 AB	2012	213	63.8	4.24	2.78
1856	05302−4705	05 30 40.1	−47 03 54	DUN 21 AD	2009	272	198.3	5.52	1.16
1879	05351+0956	05 36 09.5	+09 56 42	STF 738 AB	2015	44	4.5	3.51	1.94
1931	05387−0236	05 39 40.5	−02 35 27	STF 762 AB,D	2015	84	12.8	3.73	2.83
1931	05387−0236	05 39 40.5	−02 35 27	STF 762 AB,E	2015	62	41.3	3.73	2.61
1983	05445−2227	05 45 14.1	−22 26 37	H 6 40 AB	2012	350	95.0	3.64	2.64
2298	06238+0436	06 24 44.9	+04 34 55	STF 900 AB	2013	29	12.3	4.42	2.22
2736	07087−7030	07 08 35.1	−70 31 44	DUN 42	2002	296	14.4	3.86	1.57
2891	07346+3153	07 35 46.4	+31 50 44	STF1110 AB	2018.5	53	5.3	1.93	1.04
3223	08079−6837	08 07 59.0	−68 40 17	RMK 7	2010	23	6.0	4.38	2.93
3207	08095−4720	08 10 06.2	−47 23 30	DUN 65 AB	2009	221	40.3	1.79	2.35
3315	08252−2403	08 25 51.7	−24 06 26	S 568	2009	89	40.9	5.48	2.95
3475	08467+2846	08 47 48.8	+28 41 28	STF1268	2015	308	30.1	4.13	1.86
3582	08570−5914	08 57 25.5	−59 18 04	DUN 74	2000	76	40.1	4.87	1.71
3890	09471−6504	09 47 33.8	−65 09 29	RMK 11	2010	126	5.0	3.02	2.98
4031	10167+2325	10 17 43.0	+23 19 28	STFA 18	2012	338	334.8	3.46	2.57
4057	10200+1950	10 20 59.4	+19 44 50	STF1424 AB	2018.5	127	4.7	2.37	1.30
4180	10393−5536	10 40 02.8	−55 42 00	DUN 95 AB	2000	105	51.7	4.38	1.68
4191	10435+4612	10 44 37.7	+46 06 22	SMA 75 AB	2012	88	288.4	5.21	2.14
4203	10459+3041	10 46 53.4	+30 35 04	S 612 AB	2012	174	196.5	5.34	2.44
4203	10459+3041	10 46 53.4	+30 35 04	ARN 3 AC	2012	94	424.6	5.34	2.97
4257	10535−5851	10 54 15.1	−58 57 06	DUN 102 AB	2000	204	159.4	3.88	2.35
4259	10556+2445	10 56 36.7	+24 39 02	STF1487	2015	113	6.6	4.48	1.82
4369	11170−0708	11 17 54.5	−07 14 09	BU 600 AC	2018.5	99	53.0	6.15	2.07
4418	11279+0251	11 28 53.3	+02 45 15	STFA 19 AB	2018.5	182	88.7	5.05	2.42
4621	12084−5043	12 09 19.5	−50 49 31	JC 2 AB	1999	325	269.1	2.51	1.91
4730	12266−6306	12 27 38.5	−63 12 05	DUN 252 AB	2015	112	3.9	1.25	0.30
4792	12351+1823	12 36 03.4	+18 16 32	STF1657	2015	270	20.1	5.11	1.22
4898	12546−5711	12 55 41.6	−57 16 41	DUN 126 AB	2011	24	36.6	3.94	1.01
4915	12560+3819	12 56 53.4	+38 13 08	STF1692	2015	244	19.3	2.85	2.67
4993	13152−6754	13 16 31.5	−67 59 31	DUN 131 AC	2002	332	58.4	4.76	2.48
5035	13226−6059	13 23 50.6	−61 05 05	DUN 133 AB-C	2010	345	60.6	4.51	1.66
5054	13239+5456	13 24 40.1	+54 49 45	STF1744 AB	2015	153	14.4	2.23	1.65
5054	13239+5456	13 24 40.1	+54 49 45	STF1744 AC	2013	70	706.9	2.23	1.78
5085	13288+5956	13 29 07.7	+59 51 02	S 649 CA	2014	111	182.2	5.46	2.73
5171	13472−6235	13 48 29.4	−62 40 53	COO 157 AB	1998	318	9.3	7.19	2.71
5350	14162+5122	14 16 49.2	+51 16 57	STFA 26 AB	2015	32	39.1	4.76	2.63
5460	14396−6050	14 40 52.0	−60 54 38	RHD 1 AB	2018.5	332	4.7	−0.01*	1.34

BS=HR No.	WDS No.	Right Ascension	Declination	Discoverer Designation	Epoch[1]	P.A.	Separation	V of primary[2]	Δm_V
		h m s	° ′ ″			°	″		
5459	14396−6050	14 40 52.3	−60 54 42	RHD 1 BA	2018.5	152	4.7	1.33*	1.34
5506	14450+2704	14 45 47.7	+26 59 49	STF1877 AB	2015	343	2.9	2.58	2.23
5531	14509−1603	14 51 54.3	−16 07 03	SHJ 186 AB	2012	314	231.1	2.74	2.45
5646	15119−4844	15 13 13.8	−48 48 24	DUN 177	2010	143	26.5	3.83	1.69
5683	15185−4753	15 19 49.7	−47 56 31	DUN 180 AC	2013	128	23.3	4.99	1.35
5733	15245+3723	15 25 11.4	+37 18 47	STFA 28 AB	2014	172	109.4	4.33	2.76
5789	15348+1032	15 35 41.2	+10 28 41	STF1954 AB	2018.5	172	4.0	4.17	0.99
5984	16054−1948	16 06 30.9	−19 51 17	H 3 7 AC	2015	18	13.5	2.59	1.93
5985	16054−1948	16 06 31.2	−19 51 04	H 3 7 CA	2015	198	13.5	4.52	1.93
6008	16081+1703	16 08 54.7	+16 59 56	STF2010 AB	2018.5	14	27.0	5.10	1.11
6027	16120−1928	16 13 04.4	−19 30 27	H 5 6 AC	2015	336	41.3	4.21	2.39
6077	16195−3054	16 20 43.2	−30 57 00	BSO 12	2010	319	23.8	5.55	1.33
6020	16203−7842	16 23 10.3	−78 44 19	BSO 22 AB	2010	10	103.0	4.90	0.51
6115	16272−4733	16 28 32.8	−47 35 43	HJ 4853	2013	334	22.8	4.51	1.61
6406	17146+1423	17 15 29.5	+14 22 14	STF2140 AB	2018.5	103	4.6	3.48	1.92
6555	17322+5511	17 32 38.0	+55 09 39	STFA 35	2015	312	62.1	4.87	0.03
6636	17419+7209	17 41 36.9	+72 08 21	STF2241 AB	2018.5	17	29.6	4.60	0.99
6752	18055+0230	18 06 23.2	+02 29 52	STF2272 AB	2018.5	123	6.5	4.22	1.95
7056	18448+3736	18 45 24.6	+37 37 31	STFA 38 AD	2014	150	43.7	4.34	1.28
7141	18562+0412	18 57 08.3	+04 13 44	STF2417 AB	2014	103	22.4	4.59	0.34
7405	19287+2440	19 29 28.5	+24 42 12	STFA 42	2018.5	28	427.8	4.61	1.32
7417	19307+2758	19 31 28.1	+27 59 58	STFA 43 AB	2014	54	34.3	3.19	1.49
7476	19407−1618	19 41 46.9	−16 14 58	HJ 599 AC	2014	41	45.5	5.42	2.23
7503	19418+5032	19 42 18.5	+50 34 07	STFA 46 AB	2018.5	133	39.8	6.00	0.23
7582	19482+7016	19 48 06.1	+70 18 54	STF2603	2012	21	3.2	4.01	2.86
7735	20136+4644	20 14 12.9	+46 47 53	STFA 50 AD	2014	323	335.2	3.93	0.90
7754	20181−1233	20 19 04.7	−12 29 11	STFA 51 AE	2012	290	381.2	3.67	0.67
7776	20210−1447	20 22 02.9	−14 43 18	STFA 52 AB	2012	267	205.4	3.15	2.93
7948	20467+1607	20 47 31.0	+16 11 31	STF2727	2018.5	265	8.9	4.36	0.67
8085	21069+3845	21 07 43.8	+38 50 29	STF2758 AB	2018.5	152	31.8	5.20	0.85
8086	21069+3845	21 07 45.1	+38 50 00	STF2758 BA	2018.5	332	31.8	6.05	0.85
8097	21103+1008	21 11 14.5	+10 12 25	STFA 54 AD	2011	152	335.8	4.70	1.36
8140	21199−5327	21 21 10.4	−53 22 15	HJ 5258	2018.5	269	7.4	4.50	2.43
8417	22038+6438	22 04 19.7	+64 43 07	STF2863 AB	2018.5	274	8.4	4.45	1.95
8559	22288−0001	22 29 47.0	+00 04 31	STF2909	2018.5	161	2.3	4.34	0.15
8571	22292+5825	22 29 51.7	+58 30 37	STFA 58 AC	2014	191	40.7	4.21	1.90
8576	22315−3221	22 32 33.2	−32 15 02	PZ 7	2009	172	30.6	4.28	2.84

Notes to Table

[1] Epoch represents the date of position angle and separation data. Data for Epoch 2018.5 are calculated; data for all other epochs represent the most recent measurement. In the latter cases, the system configuration at 2018.5 is not expected to be significantly different.

[2] Visual magnitudes are Tycho V except where indicated by *; in those cases, the magnitudes are Hipparcos V. Primary is not necessarily the brighter object, but is the object used as the origin of the measurements for the pair.

Name	Right Ascension	Declination	V	B–V	U–B	V–R	R–I	V–I
	h　m　s	o　′　″						
TPhe I	00 30 58.1	−46 22 03	14.820	+0.764	+0.338	+0.422	+0.395	+0.817
TPhe A	00 31 03.0	−46 25 22	14.651	+0.793	+0.380	+0.435	+0.405	+0.841
TPhe H	00 31 03.1	−46 21 17	14.942	+0.740	+0.225	+0.425	+0.425	+0.851
TPhe B	00 31 09.7	−46 21 51	12.334	+0.405	+0.156	+0.262	+0.271	+0.535
TPhe C	00 31 10.3	−46 26 14	14.376	−0.298	−1.217	−0.148	−0.211	−0.360
TPhe D	00 31 11.8	−46 25 12	13.118	+1.551	+1.871	+0.849	+0.810	+1.663
TPhe E	00 31 13.3	−46 18 28	11.631	+0.443	−0.103	+0.276	+0.283	+0.564
TPhe J	00 31 16.4	−46 17 48	13.434	+1.465	+1.229	+0.980	+1.063	+2.043
TPhe F	00 31 43.3	−46 27 17	12.475	+0.853	+0.534	+0.492	+0.437	+0.929
TPhe K	00 31 49.6	−46 17 19	12.935	+0.806	+0.402	+0.473	+0.429	+0.909
TPhe G	00 31 57.7	−46 16 44	10.447	+1.545	+1.910	+0.934	+1.086	+2.025
PG0029+024	00 32 39.3	+02 43 51	15.268	+0.362	−0.184	+0.251	+0.337	+0.593
HD 2892	00 33 09.1	+01 17 24	9.360	+1.322	+1.414	+0.692	+0.628	+1.321
BD −15 115	00 39 16.0	−14 53 49	10.885	−0.199	−0.838	−0.095	−0.110	−0.204
PG0039+049	00 43 03.4	+05 15 28	12.877	−0.019	−0.871	+0.067	+0.097	+0.164
BD −11 162	00 53 10.9	−10 33 46	11.184	−0.082	−1.115	+0.051	+0.092	+0.145
SA 92 309	00 54 11.0	+00 52 03	13.842	+0.513	−0.024	+0.326	+0.325	+0.652
SA 92 312	00 54 13.5	+00 54 29	10.598	+1.636	+1.992	+0.898	+0.906	+1.806
SA 92 322	00 54 43.9	+00 53 35	12.676	+0.528	−0.002	+0.302	+0.305	+0.608
SA 92 245	00 55 13.1	+00 45 55	13.818	+1.418	+1.189	+0.929	+0.907	+1.836
SA 92 248	00 55 27.8	+00 46 17	15.346	+1.128	+1.289	+0.690	+0.553	+1.245
SA 92 249	00 55 30.6	+00 47 05	14.325	+0.699	+0.240	+0.399	+0.370	+0.770
SA 92 250	00 55 34.2	+00 44 58	13.178	+0.814	+0.480	+0.446	+0.394	+0.840
SA 92 330	00 55 40.3	+00 49 26	15.073	+0.568	−0.115	+0.331	+0.334	+0.666
SA 92 252	00 55 44.2	+00 45 24	14.932	+0.517	−0.140	+0.326	+0.332	+0.666
SA 92 253	00 55 48.4	+00 46 19	14.085	+1.131	+0.955	+0.719	+0.616	+1.337
SA 92 335	00 55 55.2	+00 50 00	12.523	+0.672	+0.208	+0.380	+0.338	+0.719
SA 92 339	00 56 00.2	+00 50 11	15.579	+0.449	−0.177	+0.306	+0.339	+0.645
SA 92 342	00 56 06.9	+00 49 13	11.615	+0.435	−0.037	+0.265	+0.271	+0.537
SA 92 188	00 56 07.4	+00 29 08	14.751	+1.050	+0.751	+0.679	+0.573	+1.254
SA 92 409	00 56 08.7	+01 01 55	10.627	+1.138	+1.136	+0.734	+0.625	+1.361
SA 92 410	00 56 11.3	+01 07 51	14.984	+0.398	−0.134	+0.239	+0.242	+0.484
SA 92 412	00 56 12.7	+01 07 54	15.036	+0.457	−0.152	+0.285	+0.304	+0.589
SA 92 259	00 56 18.6	+00 46 31	14.997	+0.642	+0.108	+0.370	+0.452	+0.821
SA 92 345	00 56 20.7	+00 57 07	15.216	+0.745	+0.121	+0.465	+0.476	+0.941
SA 92 347	00 56 23.0	+00 56 48	15.752	+0.543	−0.097	+0.339	+0.318	+0.658
SA 92 348	00 56 26.4	+00 50 32	12.109	+0.598	+0.056	+0.345	+0.341	+0.688
SA 92 417	00 56 29.2	+00 59 07	15.922	+0.477	−0.185	+0.351	+0.305	+0.657
SA 92 260	00 56 29.9	+00 44 23	15.071	+1.162	+1.115	+0.719	+0.608	+1.328
SA 92 263	00 56 36.3	+00 42 19	11.782	+1.046	+0.844	+0.562	+0.521	+1.083
SA 92 497	00 56 51.4	+01 17 41	13.642	+0.729	+0.257	+0.404	+0.378	+0.783
SA 92 498	00 56 53.6	+01 16 40	14.408	+1.010	+0.794	+0.648	+0.531	+1.181
SA 92 500	00 56 55.0	+01 16 24	15.841	+1.003	+0.211	+0.738	+0.599	+1.338
SA 92 425	00 56 55.1	+00 58 58	13.941	+1.191	+1.173	+0.755	+0.627	+1.384
SA 92 426	00 56 56.6	+00 58 54	14.466	+0.729	+0.184	+0.412	+0.396	+0.809
SA 92 501	00 56 57.1	+01 16 50	12.958	+0.610	+0.068	+0.345	+0.331	+0.677
SA 92 355	00 57 02.7	+00 56 46	14.965	+1.164	+1.201	+0.759	+0.645	+1.406
SA 92 427	00 57 03.6	+01 06 20	14.953	+0.809	+0.352	+0.462	+2.922	+3.275
SA 92 502	00 57 05.1	+01 10 25	11.812	+0.486	−0.095	+0.284	+0.292	+0.576
SA 92 430	00 57 12.2	+00 59 17	14.440	+0.567	−0.040	+0.338	+0.338	+0.676

Name	Right Ascension	Declination	V	B–V	U–B	V–R	R–I	V–I
	h m s	o ′ ″						
SA 92 276	00 57 23.6	+00 47 49	12.036	+0.629	+0.067	+0.368	+0.357	+0.726
SA 92 282	00 57 43.8	+00 44 29	12.969	+0.318	−0.038	+0.201	+0.221	+0.422
SA 92 507	00 57 47.8	+01 11 59	11.332	+0.932	+0.688	+0.507	+0.461	+0.969
SA 92 508	00 57 48.2	+01 15 33	11.679	+0.529	−0.047	+0.318	+0.320	+0.639
SA 92 364	00 57 49.2	+00 49 51	11.673	+0.607	−0.037	+0.356	+0.357	+0.714
SA 92 433	00 57 50.8	+01 06 40	11.667	+0.655	+0.110	+0.367	+0.348	+0.716
SA 92 288	00 58 14.0	+00 42 48	11.631	+0.858	+0.472	+0.491	+0.441	+0.932
F 11	01 05 19.1	+04 19 32	12.065	−0.239	−0.988	−0.118	−0.142	−0.259
F 11A	01 05 25.4	+04 17 52	14.475	+0.841	+0.454	+0.479	+0.426	+0.907
F 11B	01 05 25.8	+04 17 21	13.784	+0.747	+0.234	+0.437	+0.412	+0.849
F 16	01 55 30.1	−06 40 35	12.405	−0.008	+0.013	−0.007	+0.002	−0.004
SA 93 407	01 55 34.3	+00 59 12	11.971	+0.852	+0.564	+0.487	+0.421	+0.908
SA 93 317	01 55 34.8	+00 48 25	11.546	+0.488	−0.053	+0.293	+0.299	+0.592
SA 93 333	01 56 02.3	+00 51 07	12.009	+0.833	+0.436	+0.469	+0.422	+0.892
SA 93 424	01 56 23.5	+01 02 07	11.619	+1.083	+0.929	+0.553	+0.501	+1.056
G3 33	02 01 11.4	+13 07 55	12.298	+1.802	+1.306	+1.355	+1.752	+3.103
PG0220+132B	02 24 34.2	+13 33 04	14.216	+0.937	+0.319	+0.562	+0.496	+1.058
PG0220+132	02 24 38.8	+13 32 34	14.760	−0.132	−0.922	−0.050	−0.120	−0.170
PG0220+132A	02 24 40.4	+13 32 30	15.771	+0.783	−0.339	+0.514	+0.481	+0.995
F 22	02 31 15.0	+05 20 44	12.798	−0.052	−0.809	−0.103	−0.105	−0.206
PG0231+051E	02 34 27.2	+05 24 38	13.809	+0.677	+0.207	+0.383	+0.369	+0.752
PG0231+051D	02 34 32.4	+05 24 20	14.031	+1.077	+1.026	+0.671	+0.584	+1.252
PG0231+051A	02 34 38.4	+05 22 30	12.768	+0.711	+0.271	+0.405	+0.388	+0.794
PG0231+051	02 34 39.7	+05 23 33	16.096	−0.320	−1.214	−0.144	−0.373	−0.502
PG0231+051B	02 34 43.9	+05 22 23	14.732	+1.437	+1.279	+0.951	+0.991	+1.933
PG0231+051C	02 34 46.5	+05 25 16	13.707	+0.678	+0.078	+0.396	+0.385	+0.783
F 24	02 36 05.6	+03 48 45	12.412	−0.203	−1.182	+0.087	+0.361	+0.444
F 24A	02 36 14.5	+03 48 05	13.822	+0.525	+0.034	+0.314	+0.319	+0.635
F 24B	02 36 16.3	+03 47 29	13.546	+0.668	+0.188	+0.382	+0.367	+0.749
F 24C	02 36 24.2	+03 46 38	11.761	+1.133	+1.007	+0.598	+0.535	+1.127
SA 94 171	02 54 35.8	+00 21 48	12.659	+0.817	+0.304	+0.480	+0.483	+0.964
SA 94 296	02 56 17.0	+00 32 38	12.255	+0.750	+0.235	+0.415	+0.387	+0.803
SA 94 394	02 57 11.3	+00 39 37	12.273	+0.545	−0.047	+0.344	+0.330	+0.676
SA 94 401	02 57 27.9	+00 44 32	14.293	+0.638	+0.098	+0.389	+0.369	+0.759
SA 94 242	02 58 18.2	+00 23 03	11.725	+0.303	+0.110	+0.176	+0.184	+0.362
BD −2 524	02 58 36.0	−01 55 24	10.304	−0.111	−0.621	−0.048	−0.060	−0.108
SA 94 251	02 58 44.0	+00 20 27	11.204	+1.219	+1.281	+0.659	+0.586	+1.245
SA 94 702	02 59 10.6	+01 15 18	11.597	+1.416	+1.617	+0.757	+0.675	+1.431
GD 50	03 49 46.8	−00 55 15	14.063	−0.276	−1.191	−0.147	−0.180	−0.325
SA 95 15	03 53 37.2	−00 02 08	11.302	+0.712	+0.157	+0.424	+0.385	+0.809
SA 95 16	03 53 37.5	−00 01 51	14.313	+1.306	+1.322	+0.796	+0.676	+1.472
SA 95 301	03 53 38.3	+00 34 36	11.216	+1.293	+1.298	+0.692	+0.620	+1.311
SA 95 302	03 53 39.3	+00 34 32	11.694	+0.825	+0.447	+0.471	+0.420	+0.891
SA 95 96	03 53 51.1	+00 03 33	10.010	+0.147	+0.077	+0.079	+0.095	+0.174
SA 95 97	03 53 54.4	+00 02 55	14.818	+0.906	+0.380	+0.522	+0.546	+1.068
SA 95 98	03 53 57.1	+00 06 02	14.448	+1.181	+1.092	+0.723	+0.620	+1.342
SA 95 100	03 53 57.7	+00 03 30	15.633	+0.791	+0.051	+0.538	+0.421	+0.961
SA 95 101	03 54 01.0	+00 06 03	12.677	+0.778	+0.263	+0.436	+0.426	+0.863
SA 95 102	03 54 04.5	+00 04 25	15.622	+1.001	+0.162	+0.448	+0.618	+1.065
SA 95 252	03 54 07.7	+00 30 37	15.394	+1.452	+1.178	+0.816	+0.747	+1.566

Name	Right Ascension	Declination	V	B–V	U–B	V–R	R–I	V–I
	h m s	o ′ ″						
SA 95 190	03 54 10.2	+00 19 37	12.627	+0.287	+0.236	+0.195	+0.220	+0.415
SA 95 193	03 54 17.6	+00 19 48	14.338	+1.211	+1.239	+0.748	+0.616	+1.366
SA 95 105	03 54 18.2	+00 02 55	13.574	+0.976	+0.627	+0.550	+0.536	+1.088
SA 95 106	03 54 22.1	+00 04 36	15.137	+1.251	+0.369	+0.394	+0.508	+0.903
SA 95 107	03 54 22.6	+00 05 34	16.275	+1.324	+1.115	+0.947	+0.962	+1.907
SA 95 112	03 54 37.0	+00 02 02	15.502	+0.662	+0.077	+0.605	+0.620	+1.227
SA 95 41	03 54 38.1	+00 00 41	14.060	+0.903	+0.297	+0.589	+0.585	+1.176
SA 95 42	03 54 40.5	−00 01 22	15.606	−0.215	−1.111	−0.119	−0.180	−0.300
SA 95 317	03 54 41.3	+00 33 03	13.449	+1.320	+1.120	+0.768	+0.708	+1.476
SA 95 263	03 54 44.1	+00 29 54	12.679	+1.500	+1.559	+0.801	+0.711	+1.513
SA 95 115	03 54 44.7	+00 02 26	14.680	+0.836	+0.096	+0.577	+0.579	+1.157
SA 95 43	03 54 45.5	+00 00 11	10.803	+0.510	−0.016	+0.308	+0.316	+0.624
SA 95 271	03 55 13.3	+00 22 05	13.669	+1.287	+0.916	+0.734	+0.717	+1.453
SA 95 328	03 55 16.6	+00 39 44	13.525	+1.532	+1.298	+0.908	+0.868	+1.776
SA 95 329	03 55 21.0	+00 40 19	14.617	+1.184	+1.093	+0.766	+0.642	+1.410
SA 95 330	03 55 27.8	+00 32 18	12.174	+1.999	+2.233	+1.166	+1.100	+2.268
SA 95 275	03 55 41.3	+00 30 32	13.479	+1.763	+1.740	+1.011	+0.931	+1.944
SA 95 276	03 55 43.0	+00 29 06	14.118	+1.225	+1.218	+0.748	+0.646	+1.395
SA 95 60	03 55 46.4	−00 03 52	13.429	+0.776	+0.197	+0.464	+0.449	+0.914
SA 95 218	03 55 46.9	+00 13 20	12.095	+0.708	+0.208	+0.397	+0.370	+0.767
SA 95 132	03 55 48.6	+00 08 33	12.067	+0.445	+0.311	+0.263	+0.287	+0.546
SA 95 62	03 55 57.3	+00 00 18	13.538	+1.355	+1.181	+0.742	+0.685	+1.428
SA 95 137	03 56 00.6	+00 06 37	14.440	+1.457	+1.136	+0.893	+0.845	+1.737
SA 95 139	03 56 01.3	+00 06 18	12.196	+0.923	+0.677	+0.562	+0.476	+1.039
SA 95 66	03 56 03.4	−00 06 21	12.892	+0.715	+0.167	+0.426	+0.438	+0.864
SA 95 227	03 56 05.8	+00 17 45	15.779	+0.771	+0.034	+0.515	+0.552	+1.067
SA 95 142	03 56 06.3	+00 04 32	12.927	+0.588	+0.097	+0.371	+0.375	+0.745
SA 95 74	03 56 28.0	−00 06 03	11.531	+1.126	+0.686	+0.600	+0.567	+1.165
SA 95 231	03 56 35.8	+00 13 54	14.216	+0.452	+0.297	+0.270	+0.290	+0.560
SA 95 284	03 56 38.6	+00 29 48	13.669	+1.398	+1.073	+0.818	+0.766	+1.586
SA 95 285	03 56 41.2	+00 28 20	15.561	+0.937	+0.703	+0.607	+0.602	+1.210
SA 95 149	03 56 41.4	+00 10 13	10.938	+1.593	+1.564	+0.874	+0.811	+1.685
SA 95 236	03 57 10.3	+00 11 58	11.487	+0.737	+0.168	+0.419	+0.412	+0.831
SA 96 21	04 52 12.6	−00 13 02	12.182	+0.490	−0.004	+0.299	+0.297	+0.598
SA 96 36	04 52 39.2	−00 08 21	10.589	+0.247	+0.118	+0.133	+0.137	+0.271
SA 96 737	04 53 32.4	+00 24 17	11.719	+1.338	+1.146	+0.735	+0.696	+1.432
SA 96 409	04 53 55.5	+00 10 50	13.778	+0.543	+0.042	+0.340	+0.340	+0.682
SA 96 83	04 53 55.6	−00 12 55	11.719	+0.181	+0.205	+0.092	+0.096	+0.189
SA 96 235	04 54 15.7	−00 03 16	11.138	+1.077	+0.890	+0.557	+0.509	+1.066
G97 42	05 29 01.0	+09 39 15	12.443	+1.639	+1.259	+1.171	+1.485	+2.655
G102 22	05 43 14.1	+12 29 20	11.509	+1.621	+1.134	+1.211	+1.590	+2.800
GD 71C	05 53 16.7	+15 52 56	12.325	+1.159	+0.849	+0.655	+0.628	+1.274
GD 71E	05 53 24.4	+15 52 19	13.634	+0.824	+0.428	+0.472	+0.423	+0.892
GD 71B	05 53 25.4	+15 52 53	12.599	+0.680	+0.166	+0.404	+0.399	+0.800
GD 71D	05 53 28.7	+15 55 09	12.898	+0.570	+0.097	+0.359	+0.363	+0.719
GD 71	05 53 31.6	+15 53 21	13.033	−0.248	−1.110	−0.138	−0.166	−0.304
GD 71A	05 53 37.5	+15 52 10	12.643	+1.176	+0.897	+0.651	+0.621	+1.265
SA 97 249	05 58 04.5	+00 01 15	11.735	+0.647	+0.101	+0.369	+0.354	+0.725
SA 97 345	05 58 30.2	+00 21 20	11.605	+1.652	+1.706	+0.929	+0.843	+1.772
SA 97 351	05 58 34.3	+00 13 47	9.779	+0.201	+0.092	+0.124	+0.140	+0.264

Name	Right Ascension	Declination	V	B–V	U–B	V–R	R–I	V–I
	h m s	o ′ ″						
SA 97 75	05 58 51.9	−00 09 26	11.483	+1.872	+2.100	+1.047	+0.952	+1.999
SA 97 284	05 59 22.0	+00 05 15	10.787	+1.364	+1.089	+0.774	+0.726	+1.500
SA 97 224	05 59 40.9	−00 05 09	14.085	+0.910	+0.341	+0.553	+0.547	+1.102
SA 98 961	06 52 23.8	−00 16 59	13.089	+1.283	+1.003	+0.701	+0.662	+1.362
SA 98 966	06 52 25.1	−00 17 49	14.001	+0.469	+0.357	+0.283	+0.331	+0.613
SA 98 557	06 52 26.2	−00 26 30	14.780	+1.397	+1.072	+0.755	+0.741	+1.494
SA 98 556	06 52 26.3	−00 26 14	14.137	+0.338	+0.126	+0.196	+0.243	+0.437
SA 98 562	06 52 27.4	−00 20 22	12.185	+0.522	−0.002	+0.305	+0.303	+0.607
SA 98 563	06 52 28.2	−00 27 49	14.162	+0.416	−0.190	+0.294	+0.317	+0.610
SA 98 978	06 52 30.6	−00 12 56	10.574	+0.609	+0.094	+0.348	+0.321	+0.669
SA 98 L1	06 52 35.7	−00 28 00	15.672	+1.243	+0.776	+0.730	+0.712	+1.445
SA 98 580	06 52 36.5	−00 28 06	14.728	+0.367	+0.303	+0.241	+0.305	+0.547
SA 98 581	06 52 36.6	−00 27 06	14.556	+0.238	+0.161	+0.118	+0.244	+0.361
SA 98 L2	06 52 37.2	−00 23 23	15.859	+1.340	+1.497	+0.754	+0.572	+1.327
SA 98 L3	06 52 39.0	−00 17 19	14.614	+1.936	+1.837	+1.091	+1.047	+2.142
SA 98 L4	06 52 39.0	−00 17 45	16.332	+1.344	+1.086	+0.936	+0.785	+1.726
SA 98 590	06 52 39.7	−00 23 43	14.642	+1.352	+0.853	+0.753	+0.747	+1.500
SA 98 1002	06 52 39.9	−00 17 16	14.568	+0.574	−0.027	+0.354	+0.379	+0.733
SA 98 614	06 52 45.4	−00 21 56	15.674	+1.063	+0.399	+0.834	+0.645	+1.480
SA 98 618	06 52 46.3	−00 22 40	12.723	+2.192	+2.144	+1.254	+1.151	+2.407
SA 98 624	06 52 48.5	−00 21 40	13.811	+0.791	+0.394	+0.417	+0.404	+0.822
SA 98 626	06 52 49.1	−00 22 07	14.758	+1.406	+1.067	+0.806	+0.816	+1.624
SA 98 627	06 52 49.7	−00 23 25	14.900	+0.689	+0.078	+0.428	+0.387	+0.817
SA 98 634	06 52 52.5	−00 22 19	14.608	+0.647	+0.123	+0.382	+0.372	+0.757
SA 98 642	06 52 55.8	−00 22 56	15.290	+0.571	+0.318	+0.302	+0.393	+0.697
SA 98 185	06 52 58.6	−00 28 46	10.537	+0.202	+0.114	+0.110	+0.122	+0.231
SA 98 646	06 52 59.0	−00 22 40	15.839	+1.060	+1.426	+0.583	+0.504	+1.090
SA 98 193	06 53 00.1	−00 28 43	10.026	+1.176	+1.152	+0.614	+0.536	+1.151
SA 98 650	06 53 01.3	−00 21 03	12.271	+0.157	+0.110	+0.080	+0.086	+0.166
SA 98 652	06 53 01.5	−00 23 20	14.817	+0.611	+0.126	+0.276	+0.339	+0.618
SA 98 653	06 53 01.7	−00 19 43	9.538	−0.003	−0.102	+0.010	+0.009	+0.017
SA 98 666	06 53 06.6	−00 24 56	12.732	+0.164	−0.004	+0.091	+0.108	+0.200
SA 98 670	06 53 08.2	−00 20 41	11.930	+1.357	+1.325	+0.727	+0.654	+1.381
SA 98 671	06 53 08.6	−00 19 50	13.385	+0.968	+0.719	+0.575	+0.494	+1.071
SA 98 675	06 53 10.1	−00 21 05	13.398	+1.909	+1.936	+1.082	+1.002	+2.085
SA 98 676	06 53 10.5	−00 20 45	13.068	+1.146	+0.666	+0.683	+0.673	+1.352
SA 98 L5	06 53 12.5	−00 21 09	17.800	+1.900	−0.100	+3.100	+2.600	+5.800
SA 98 682	06 53 13.2	−00 21 06	13.749	+0.632	+0.098	+0.366	+0.352	+0.717
SA 98 685	06 53 15.2	−00 21 44	11.954	+0.463	+0.096	+0.290	+0.280	+0.570
SA 98 688	06 53 15.6	−00 24 58	12.754	+0.293	+0.245	+0.158	+0.180	+0.337
SA 98 1082	06 53 17.0	−00 15 38	15.010	+0.835	−0.001	+0.485	+0.619	+1.102
SA 98 1087	06 53 17.9	−00 17 15	14.439	+1.595	+1.284	+0.928	+0.882	+1.812
SA 98 1102	06 53 24.7	−00 15 08	12.113	+0.314	+0.089	+0.193	+0.195	+0.388
SA 98 1112	06 53 31.7	−00 16 51	13.975	+0.814	+0.286	+0.443	+0.431	+0.874
SA 98 1119	06 53 33.5	−00 15 57	11.878	+0.551	+0.069	+0.312	+0.299	+0.611
SA 98 724	06 53 34.0	−00 20 46	11.118	+1.104	+0.904	+0.575	+0.527	+1.103
SA 98 1122	06 53 34.3	−00 18 29	14.090	+0.595	−0.297	+0.376	+0.442	+0.816
SA 98 1124	06 53 34.8	−00 17 59	13.707	+0.315	+0.258	+0.173	+0.201	+0.373
SA 98 733	06 53 36.8	−00 18 40	12.238	+1.285	+1.087	+0.698	+0.650	+1.347
Ru 149G	07 25 08.6	−00 34 12	12.829	+0.541	+0.033	+0.322	+0.322	+0.645

Name	Right Ascension	Declination	V	B–V	U–B	V–R	R–I	V–I
	h m s	o ′ ″						
Ru 149A	07 25 09.9	−00 35 07	14.495	+0.298	+0.118	+0.196	+0.196	+0.391
Ru 149F	07 25 10.7	−00 33 53	13.471	+1.115	+1.025	+0.594	+0.538	+1.132
Ru 149	07 25 11.0	−00 35 18	13.866	−0.129	−0.779	−0.040	−0.068	−0.108
Ru 149D	07 25 12.0	−00 35 02	11.480	−0.037	−0.287	+0.021	+0.008	+0.029
Ru 149C	07 25 14.0	−00 34 40	14.425	+0.195	+0.141	+0.093	+0.127	+0.222
Ru 149B	07 25 14.2	−00 35 20	12.642	+0.662	+0.151	+0.374	+0.354	+0.728
Ru 149E	07 25 15.1	−00 33 33	13.718	+0.522	−0.007	+0.321	+0.314	+0.637
Ru 152F	07 30 49.8	−02 07 14	14.564	+0.635	+0.069	+0.382	+0.315	+0.689
Ru 152E	07 30 50.3	−02 07 53	12.362	+0.042	−0.086	+0.030	+0.034	+0.065
Ru 152	07 30 54.5	−02 09 00	13.017	−0.187	−1.081	−0.059	−0.088	−0.147
Ru 152B	07 30 55.3	−02 08 20	15.019	+0.500	+0.022	+0.290	+0.309	+0.600
Ru 152A	07 30 56.5	−02 08 45	14.341	+0.543	−0.085	+0.325	+0.329	+0.654
Ru 152C	07 30 58.6	−02 08 03	12.222	+0.573	−0.013	+0.342	+0.340	+0.683
Ru 152D	07 31 02.1	−02 07 00	11.076	+0.875	+0.491	+0.473	+0.449	+0.921
SA 99 6	07 54 29.9	−00 52 34	11.055	+1.252	+1.289	+0.650	+0.577	+1.227
SA 99 367	07 55 08.6	−00 28 33	11.152	+1.005	+0.832	+0.531	+0.477	+1.007
SA 99 408	07 56 09.7	−00 28 32	9.807	+0.402	+0.038	+0.253	+0.247	+0.500
SA 99 438	07 56 51.0	−00 19 49	9.397	−0.156	−0.729	−0.060	−0.081	−0.142
SA 99 447	07 57 03.4	−00 23 43	9.419	−0.068	−0.220	−0.031	−0.041	−0.073
SA 100 241	08 53 30.7	−00 44 03	10.140	+0.157	+0.106	+0.078	+0.085	+0.162
SA 100 162	08 54 11.1	−00 47 45	9.150	+1.276	+1.495	+0.649	+0.552	+1.202
SA 100 267	08 54 13.9	−00 45 44	13.027	+0.485	−0.062	+0.307	+0.302	+0.608
SA 100 269	08 54 15.1	−00 45 25	12.350	+0.547	−0.040	+0.335	+0.331	+0.666
SA 100 280	08 54 32.2	−00 40 57	11.799	+0.493	−0.001	+0.295	+0.291	+0.588
SA 100 394	08 54 51.2	−00 36 38	11.384	+1.317	+1.457	+0.705	+0.636	+1.341
PG0918+029D	09 22 19.6	+02 42 42	12.272	+1.044	+0.821	+0.575	+0.535	+1.108
PG0918+029	09 22 25.8	+02 41 16	13.327	−0.271	−1.081	−0.129	−0.159	−0.288
PG0918+029B	09 22 30.6	+02 43 13	13.963	+0.765	+0.366	+0.417	+0.370	+0.787
PG0918+029A	09 22 32.7	+02 41 33	14.490	+0.536	−0.032	+0.325	+0.336	+0.661
PG0918+029C	09 22 39.9	+02 41 51	13.537	+0.631	+0.087	+0.367	+0.357	+0.722
BD −12 2918	09 32 13.6	−13 34 14	10.067	+1.501	+1.166	+1.067	+1.318	+2.385
PG0942−029D	09 46 04.8	−03 11 03	13.683	+0.576	+0.064	+0.341	+0.329	+0.668
PG0942−029A	09 46 06.0	−03 15 23	14.738	+0.888	+0.552	+0.563	+0.474	+1.035
PG0942−029B	09 46 07.7	−03 12 07	14.105	+0.573	+0.014	+0.353	+0.341	+0.693
PG0942−029	09 46 08.0	−03 14 31	14.012	−0.298	−1.177	−0.132	−0.165	−0.296
PG0942−029C	09 46 10.5	−03 11 49	14.950	+0.803	+0.338	+0.488	+0.395	+0.884
SA 101 315	09 55 48.1	−00 32 48	11.249	+1.153	+1.056	+0.612	+0.559	+1.172
SA 101 316	09 55 48.8	−00 23 52	11.552	+0.493	+0.032	+0.293	+0.291	+0.584
SA 101 L1	09 56 25.9	−00 27 00	16.501	+0.757	−0.104	+0.421	+0.527	+0.947
SA 101 320	09 56 29.7	−00 27 51	13.823	+1.052	+0.690	+0.581	+0.561	+1.141
SA 101 L2	09 56 31.5	−00 24 08	15.770	+0.602	+0.082	+0.321	+0.304	+0.625
SA 101 404	09 56 37.5	−00 23 40	13.459	+0.996	+0.697	+0.530	+0.500	+1.029
SA 101 324	09 56 53.4	−00 28 33	9.737	+1.161	+1.145	+0.591	+0.519	+1.109
SA 101 408	09 57 04.8	−00 17 59	14.785	+1.200	+1.347	+0.718	+0.603	+1.321
SA 101 262	09 57 04.9	−00 35 09	14.295	+0.784	+0.297	+0.440	+0.387	+0.827
SA 101 326	09 57 04.9	−00 32 29	14.923	+0.729	+0.227	+0.406	+0.375	+0.780
SA 101 327	09 57 05.6	−00 31 13	13.441	+1.155	+1.139	+0.717	+0.574	+1.290
SA 101 410	09 57 05.9	−00 19 21	13.646	+0.546	−0.063	+0.298	+0.326	+0.623
SA 101 413	09 57 10.8	−00 17 13	12.583	+0.983	+0.716	+0.529	+0.497	+1.025
SA 101 268	09 57 13.9	−00 37 15	14.380	+1.531	+1.381	+1.040	+1.200	+2.237

Name	Right Ascension	Declination	V	B–V	U–B	V–R	R–I	V–I
	h m s	o ′ ″						
SA 101 330	09 57 17.3	−00 32 41	13.723	+0.577	−0.026	+0.346	+0.338	+0.684
SA 101 415	09 57 19.9	−00 22 12	15.259	+0.577	−0.008	+0.346	+0.350	+0.695
SA 101 270	09 57 23.7	−00 41 03	13.711	+0.554	+0.055	+0.332	+0.306	+0.637
SA 101 278	09 57 51.2	−00 34 57	15.494	+1.041	+0.737	+0.596	+0.548	+1.144
SA 101 L3	09 57 51.8	−00 35 44	15.953	+0.637	−0.033	+0.396	+0.395	+0.792
SA 101 281	09 58 01.8	−00 37 02	11.576	+0.812	+0.415	+0.453	+0.412	+0.864
SA 101 L4	09 58 04.5	−00 36 44	16.264	+0.793	+0.362	+0.578	+0.062	+0.644
SA 101 L5	09 58 07.0	−00 35 59	15.928	+0.622	+0.115	+0.414	+0.305	+0.720
SA 101 421	09 58 12.9	−00 22 38	13.180	+0.507	−0.031	+0.327	+0.296	+0.623
SA 101 338	09 58 14.5	−00 26 20	13.788	+0.634	+0.024	+0.350	+0.340	+0.691
SA 101 339	09 58 15.2	−00 30 21	14.449	+0.850	+0.501	+0.458	+0.398	+0.857
SA 101 424	09 58 17.1	−00 21 45	15.058	+0.764	+0.273	+0.429	+0.425	+0.855
SA 101 427	09 58 23.2	−00 22 36	14.964	+0.805	+0.321	+0.484	+0.369	+0.854
SA 101 341	09 58 26.6	−00 27 13	14.342	+0.575	+0.059	+0.332	+0.309	+0.641
SA 101 342	09 58 28.0	−00 27 10	15.556	+0.529	−0.065	+0.339	+0.419	+0.758
SA 101 343	09 58 28.1	−00 28 15	15.504	+0.606	+0.094	+0.396	+0.338	+0.734
SA 101 429	09 58 28.5	−00 23 34	13.496	+0.980	+0.782	+0.617	+0.526	+1.143
SA 101 431	09 58 34.1	−00 23 13	13.684	+1.246	+1.144	+0.808	+0.708	+1.517
SA 101 L6	09 58 36.4	−00 23 13	16.497	+0.711	+0.183	+0.445	+0.583	+1.024
SA 101 207	09 58 49.2	−00 52 56	12.421	+0.513	−0.080	+0.320	+0.323	+0.645
SA 101 363	09 59 15.5	−00 30 57	9.874	+0.260	+0.132	+0.146	+0.151	+0.297
GD 108A	10 01 34.8	−07 38 47	13.881	+0.789	+0.316	+0.458	+0.449	+0.909
GD 108B	10 01 37.9	−07 36 30	15.056	+0.839	+0.364	+0.463	+0.466	+0.924
GD 108	10 01 42.5	−07 38 53	13.563	−0.214	−0.943	−0.099	−0.118	−0.218
GD 108C	10 01 50.5	−07 35 52	13.819	+0.786	+0.345	+0.435	+0.393	+0.825
GD 108D	10 01 51.2	−07 40 14	14.235	+0.641	+0.078	+0.372	+0.357	+0.731
BD +1 2447	10 29 51.8	+00 44 32	9.650	+1.501	+1.238	+1.033	+1.225	+2.261
G162 66	10 34 37.3	−11 47 24	13.012	−0.165	−0.997	−0.126	−0.141	−0.266
G44 27	10 36 58.1	+05 01 29	12.636	+1.586	+1.088	+1.185	+1.526	+2.714
PG1034+001	10 38 00.6	−00 14 06	13.228	−0.365	−1.274	−0.155	−0.203	−0.359
G163 6	10 43 51.1	+02 41 30	14.706	+1.550	+1.228	+1.090	+1.384	+2.478
PG1047+003	10 50 59.7	−00 06 31	13.474	−0.290	−1.121	−0.132	−0.162	−0.295
PG1047+003A	10 51 02.5	−00 07 05	13.512	+0.688	+0.168	+0.422	+0.418	+0.840
PG1047+003B	10 51 04.8	−00 07 58	14.751	+0.679	+0.172	+0.391	+0.371	+0.764
PG1047+003C	10 51 10.5	−00 06 26	12.453	+0.607	−0.019	+0.378	+0.358	+0.737
G44 40	10 51 48.7	+06 42 20	11.675	+1.644	+1.213	+1.216	+1.568	+2.786
SA 102 620	10 56 00.7	−00 54 15	10.074	+1.080	+1.025	+0.645	+0.524	+1.169
G45 20	10 57 21.8	+06 54 06	13.507	+2.034	+1.165	+1.823	+2.174	+4.000
SA 102 1081	10 58 00.9	−00 19 11	9.903	+0.664	+0.258	+0.366	+0.332	+0.697
G163 27	10 58 30.2	−07 37 19	14.338	+0.288	−0.548	+0.206	+0.210	+0.417
G163 51E	11 08 18.7	−05 22 15	14.466	+0.611	+0.095	+0.381	+0.344	+0.725
G163 51B	11 08 29.1	−05 18 38	11.292	+0.623	+0.119	+0.355	+0.336	+0.692
G163 51C	11 08 30.1	−05 20 21	12.672	+0.431	−0.009	+0.267	+0.272	+0.540
G163 51D	11 08 31.3	−05 21 02	13.862	+0.844	+0.202	+0.478	+0.466	+0.945
G163 51A	11 08 33.5	−05 18 25	12.504	+0.666	+0.060	+0.382	+0.371	+0.753
G163 50	11 08 56.2	−05 15 36	13.057	+0.036	−0.696	−0.084	−0.072	−0.158
G163 51	11 09 02.8	−05 19 57	12.559	+1.499	+1.195	+1.080	+1.355	+2.434
BD +5 2468	11 16 28.1	+04 51 20	9.352	−0.114	−0.543	−0.035	−0.052	−0.089
HD 100340	11 33 47.1	+05 10 28	10.115	−0.234	−0.975	−0.104	−0.135	−0.238
BD +5 2529	11 42 46.9	+05 02 08	9.585	+1.233	+1.194	+0.783	+0.667	+1.452

UBVRI STANDARD STARS, J2018.5

Name	Right Ascension	Declination	V	B–V	U–B	V–R	R–I	V–I
	h m s	° ′ ″						
G10 50	11 48 42.0	+00 41 44	11.153	+1.752	+1.318	+1.294	+1.673	+2.969
SA 103 302	11 57 02.8	−00 54 05	9.859	+0.370	−0.057	+0.230	+0.236	+0.465
SA 103 626	11 57 43.1	−00 29 26	11.836	+0.413	−0.057	+0.262	+0.274	+0.535
SA 103 526	11 57 51.0	−00 36 24	10.890	+1.090	+0.936	+0.560	+0.501	+1.056
G12 43	12 34 11.5	+08 55 13	12.467	+1.846	+1.085	+1.530	+1.944	+3.479
SA 104 306	12 42 00.6	−00 43 19	9.370	+1.592	+1.666	+0.832	+0.762	+1.591
SA 104 423	12 42 32.9	−00 37 16	15.602	+0.630	+0.050	+0.262	+0.559	+0.818
SA 104 428	12 42 38.2	−00 32 31	12.630	+0.985	+0.748	+0.534	+0.497	+1.032
SA 104 L1	12 42 46.3	−00 27 06	14.608	+0.630	+0.064	+0.374	+0.364	+0.739
SA 104 430	12 42 47.2	−00 31 57	13.858	+0.652	+0.131	+0.364	+0.363	+0.727
SA 104 325	12 42 59.1	−00 47 40	15.581	+0.694	+0.051	+0.345	+0.307	+0.652
SA 104 330	12 43 08.4	−00 46 46	15.296	+0.594	−0.028	+0.369	+0.371	+0.739
SA 104 440	12 43 11.1	−00 30 51	15.114	+0.440	−0.227	+0.289	+0.317	+0.605
SA 104 237	12 43 13.8	−00 57 23	15.395	+1.088	+0.918	+0.647	+0.628	+1.274
SA 104 L2	12 43 16.5	−00 40 28	16.048	+0.650	−0.172	+0.344	+0.323	+0.667
SA 104 443	12 43 16.7	−00 31 26	15.372	+1.331	+1.280	+0.817	+0.778	+1.595
SA 104 444	12 43 16.9	−00 38 33	13.477	+0.512	−0.070	+0.313	+0.331	+0.643
SA 104 334	12 43 17.3	−00 46 33	13.484	+0.518	−0.067	+0.323	+0.331	+0.653
SA 104 335	12 43 17.8	−00 39 13	11.665	+0.622	+0.145	+0.357	+0.334	+0.691
SA 104 239	12 43 19.8	−00 52 41	13.936	+1.356	+1.291	+0.868	+0.805	+1.675
SA 104 336	12 43 21.6	−00 46 02	14.404	+0.830	+0.495	+0.461	+0.403	+0.865
SA 104 338	12 43 27.1	−00 44 37	16.059	+0.591	−0.082	+0.348	+0.372	+0.719
SA 104 339	12 43 30.2	−00 47 44	15.459	+0.832	+0.709	+0.476	+0.374	+0.849
SA 104 244	12 43 31.2	−00 51 52	16.011	+0.590	−0.152	+0.338	+0.489	+0.825
SA 104 455	12 43 49.0	−00 30 22	15.105	+0.581	−0.024	+0.360	+0.357	+0.716
SA 104 456	12 43 50.4	−00 38 05	12.362	+0.622	+0.135	+0.357	+0.337	+0.694
SA 104 457	12 43 51.1	−00 34 53	16.048	+0.753	+0.522	+0.484	+0.490	+0.974
SA 104 460	12 43 59.7	−00 34 23	12.895	+1.281	+1.246	+0.813	+0.695	+1.511
SA 104 461	12 44 02.9	−00 38 22	9.705	+0.476	−0.035	+0.288	+0.289	+0.579
SA 104 350	12 44 11.1	−00 39 25	13.634	+0.673	+0.165	+0.383	+0.353	+0.736
SA 104 470	12 44 19.2	−00 35 57	14.310	+0.732	+0.101	+0.295	+0.356	+0.649
SA 104 364	12 44 42.9	−00 40 36	15.799	+0.601	−0.131	+0.314	+0.397	+0.712
SA 104 366	12 44 50.1	−00 40 48	12.908	+0.870	+0.424	+0.517	+0.464	+0.982
SA 104 479	12 44 52.2	−00 38 53	16.087	+1.271	+0.673	+0.657	+0.607	+1.264
SA 104 367	12 44 55.4	−00 39 38	15.844	+0.639	−0.126	+0.382	+0.296	+0.679
SA 104 484	12 45 17.4	−00 36 58	14.406	+1.024	+0.732	+0.514	+0.486	+1.000
SA 104 485	12 45 20.7	−00 36 20	15.017	+0.838	+0.493	+0.478	+0.488	+0.967
SA 104 490	12 45 30.4	−00 31 55	12.572	+0.535	+0.048	+0.318	+0.312	+0.630
SA 104 598	12 46 13.5	−00 22 45	11.478	+1.108	+1.051	+0.667	+0.545	+1.214
PG1323−086	13 26 37.8	−08 55 04	13.481	−0.140	−0.681	−0.048	−0.078	−0.127
PG1323−086A	13 26 48.0	−08 56 08	13.591	+0.393	−0.019	+0.252	+0.252	+0.506
PG1323−086C	13 26 48.5	−08 54 24	14.003	+0.707	+0.245	+0.395	+0.363	+0.759
PG1323−086B	13 26 49.0	−08 56 40	13.406	+0.761	+0.265	+0.426	+0.407	+0.833
PG1323−086D	13 27 03.6	−08 56 21	12.080	+0.587	+0.005	+0.346	+0.335	+0.684
G14 55	13 29 18.6	−02 27 29	11.336	+1.491	+1.157	+1.078	+1.388	+2.462
SA 105 505	13 36 21.8	−00 28 56	10.270	+1.422	+1.218	+0.910	+0.861	+1.771
SA 105 437	13 38 13.7	−00 43 34	12.535	+0.248	+0.067	+0.136	+0.143	+0.279
SA 105 815	13 40 59.1	−00 07 56	11.451	+0.381	−0.247	+0.267	+0.292	+0.559
BD +2 2711	13 43 15.6	+01 24 45	10.369	−0.163	−0.699	−0.072	−0.095	−0.168
UCAC2 32376437	13 43 19.8	+01 24 52	10.584	+0.499	+0.005	+0.304	+0.301	+0.606

Name	Right Ascension	Declination	V	B–V	U–B	V–R	R–I	V–I
	h m s	° ′ ″						
HD 121968	13 59 48.7	−03 00 14	10.256	−0.185	−0.915	−0.074	−0.100	−0.173
PG1407−013B	14 11 21.4	−01 32 28	12.471	+0.970	+0.665	+0.537	+0.505	+1.037
PG1407−013	14 11 23.1	−01 35 29	13.758	−0.259	−1.133	−0.119	−0.151	−0.272
PG1407−013C	14 11 25.2	−01 30 15	12.462	+0.805	+0.298	+0.464	+0.448	+0.914
PG1407−013A	14 11 26.8	−01 34 22	14.661	+1.151	+1.049	+0.617	+0.569	+1.178
PG1407−013D	14 11 31.3	−01 32 26	14.872	+0.891	+0.420	+0.496	+0.472	+0.967
PG1407−013E	14 11 32.9	−01 31 43	15.182	+0.883	+0.600	+0.496	+0.417	+0.915
SA 106 1024	14 41 03.9	−00 02 58	11.599	+0.332	+0.085	+0.196	+0.195	+0.390
SA 106 700	14 41 47.9	−00 28 19	9.786	+1.364	+1.580	+0.730	+0.643	+1.374
SA 106 575	14 42 35.5	−00 30 44	9.341	+1.306	+1.485	+0.676	+0.587	+1.268
SA 106 485	14 45 11.1	−00 41 45	9.477	+0.378	−0.052	+0.233	+0.236	+0.468
PG1514+034	15 18 10.1	+03 06 27	13.997	−0.009	−0.955	+0.087	+0.126	+0.212
PG1525−071	15 29 11.0	−07 20 20	15.046	−0.211	−1.177	−0.068	+0.012	−0.151
PG1525−071D	15 29 11.4	−07 20 26	16.300	+0.393	+0.224	+0.405	+0.343	+0.756
PG1525−071A	15 29 12.8	−07 19 49	13.506	+0.773	+0.282	+0.437	+0.421	+0.862
PG1525−071B	15 29 13.8	−07 20 00	16.392	+0.729	+0.141	+0.450	+0.387	+0.906
PG1525−071C	15 29 15.9	−07 18 18	13.519	+1.116	+1.073	+0.593	+0.509	+1.096
PG1528+062B	15 31 34.3	+05 57 29	11.989	+0.593	+0.005	+0.364	+0.344	+0.711
PG1528+062A	15 31 43.9	+05 57 40	15.553	+0.830	+0.356	+0.433	+0.389	+0.824
PG1528+062	15 31 44.8	+05 57 12	14.767	−0.252	−1.091	−0.111	−0.182	−0.296
PG1528+062C	15 31 50.4	+05 56 26	13.477	+0.644	+0.074	+0.357	+0.340	+0.699
PG1530+057A	15 34 05.2	+05 30 02	13.711	+0.829	+0.414	+0.473	+0.412	+0.886
PG1530+057	15 34 05.7	+05 28 46	14.211	+0.151	−0.789	+0.162	+0.036	+0.199
PG1530+057B	15 34 12.4	+05 30 05	12.842	+0.745	+0.325	+0.423	+0.376	+0.799
SA 107 544	15 37 45.1	−00 18 43	9.036	+0.399	+0.156	+0.232	+0.227	+0.458
SA 107 970	15 38 22.6	+00 14 58	10.939	+1.596	+1.750	+1.142	+1.435	+2.574
SA 107 568	15 38 49.7	−00 20 53	13.054	+1.149	+0.862	+0.625	+0.595	+1.217
SA 107 1006	15 39 30.2	+00 10 45	11.713	+0.766	+0.278	+0.442	+0.420	+0.863
SA 107 347	15 39 32.9	−00 39 32	9.446	+1.294	+1.302	+0.712	+0.652	+1.365
SA 107 720	15 39 33.9	−00 05 59	13.121	+0.599	+0.088	+0.374	+0.355	+0.731
SA 107 456	15 39 39.7	−00 23 21	12.919	+0.921	+0.589	+0.537	+0.478	+1.015
SA 107 351	15 39 42.8	−00 35 40	12.342	+0.562	−0.005	+0.351	+0.358	+0.708
SA 107 457	15 39 43.8	−00 23 49	14.910	+0.792	+0.350	+0.494	+0.469	+0.964
SA 107 458	15 39 47.2	−00 28 00	11.676	+1.214	+1.189	+0.667	+0.602	+1.274
SA 107 592	15 39 47.4	−00 20 43	11.847	+1.318	+1.380	+0.709	+0.647	+1.357
SA 107 459	15 39 47.8	−00 26 08	12.284	+0.900	+0.427	+0.525	+0.517	+1.045
SA 107 212	15 39 53.2	−00 49 05	13.383	+0.683	+0.135	+0.404	+0.411	+0.818
SA 107 215	15 39 54.8	−00 46 40	16.046	+0.115	−0.082	−0.032	−0.475	−0.511
SA 107 213	15 39 54.8	−00 47 49	14.262	+0.802	+0.261	+0.531	+0.509	+1.038
SA 107 357	15 40 02.6	−00 42 45	14.418	+0.675	+0.025	+0.416	+0.421	+0.840
SA 107 359	15 40 06.1	−00 39 13	12.797	+0.580	−0.124	+0.379	+0.381	+0.759
SA 107 599	15 40 06.4	−00 18 02	14.675	+0.698	+0.243	+0.433	+0.438	+0.869
SA 107 600	15 40 07.0	−00 19 24	14.884	+0.503	+0.049	+0.339	+0.361	+0.700
SA 107 601	15 40 10.9	−00 17 01	14.646	+1.412	+1.265	+0.923	+0.835	+1.761
SA 107 602	15 40 15.9	−00 19 03	12.116	+0.991	+0.585	+0.545	+0.531	+1.074
SA 107 611	15 40 32.0	−00 16 08	14.329	+0.890	+0.455	+0.520	+0.447	+0.968
SA 107 612	15 40 32.4	−00 18 40	14.256	+0.896	+0.296	+0.551	+0.530	+1.081
SA 107 614	15 40 38.1	−00 16 43	13.926	+0.622	+0.033	+0.361	+0.370	+0.732
SA 107 626	15 41 02.4	−00 21 01	13.468	+1.000	+0.728	+0.600	+0.527	+1.126
SA 107 627	15 41 04.5	−00 20 55	13.349	+0.779	+0.226	+0.465	+0.454	+0.918

Name	Right Ascension	Declination	V	B–V	U–B	V–R	R–I	V–I
	h m s	° ′ ″						
SA 107 484	15 41 13.8	−00 24 47	11.311	+1.240	+1.298	+0.664	+0.577	+1.240
SA 107 636	15 41 37.5	−00 18 24	14.873	+0.751	+0.121	+0.432	+0.465	+0.896
SA 107 639	15 41 41.8	−00 20 41	14.197	+0.640	−0.026	+0.399	+0.404	+0.803
SA 107 640	15 41 46.1	−00 20 18	15.050	+0.755	+0.092	+0.511	+0.506	+1.017
G153 41	16 18 58.2	−15 38 34	13.425	−0.210	−1.129	−0.133	−0.158	−0.289
G138 25	16 26 04.6	+15 38 04	13.513	+1.419	+1.265	+0.883	+0.796	+1.685
BD −12 4523	16 31 20.0	−12 42 28	10.072	+1.566	+1.195	+1.155	+1.499	+2.651
HD 149382	16 35 21.8	−04 03 07	8.943	−0.282	−1.143	−0.127	−0.135	−0.262
PG1633+099	16 36 16.9	+09 45 37	14.396	−0.191	−0.990	−0.085	−0.114	−0.208
SA 108 1332	16 36 18.3	−00 06 18	9.208	+0.380	+0.083	+0.225	+0.225	+0.449
PG1633+099A	16 36 18.9	+09 45 40	15.259	+0.871	+0.305	+0.506	+0.506	+1.011
PG1633+099G	16 36 25.2	+09 48 17	13.749	+0.693	+0.079	+0.412	+0.389	+0.804
PG1633+099B	16 36 26.2	+09 44 08	12.968	+1.081	+1.017	+0.589	+0.503	+1.090
PG1633+099F	16 36 29.6	+09 47 27	13.768	+0.878	+0.254	+0.523	+0.522	+1.035
PG1633+099C	16 36 30.2	+09 44 03	13.224	+1.144	+1.146	+0.612	+0.524	+1.133
PG1633+099D	16 36 33.0	+09 44 29	13.689	+0.535	−0.021	+0.324	+0.323	+0.649
PG1633+099E	16 36 38.0	+09 47 12	13.113	+0.841	+0.337	+0.484	+0.471	+0.953
SA 108 719	16 37 08.1	−00 27 41	12.690	+1.031	+0.648	+0.553	+0.533	+1.087
SA 108 1848	16 37 55.3	+00 03 45	11.738	+0.559	+0.073	+0.331	+0.325	+0.657
SA 108 475	16 37 57.7	−00 36 50	11.307	+1.380	+1.463	+0.743	+0.664	+1.408
SA 108 1863	16 38 09.3	+00 00 20	12.244	+0.803	+0.378	+0.446	+0.398	+0.844
SA 108 1491	16 38 10.9	−00 04 53	9.059	+0.964	+0.616	+0.522	+0.498	+1.020
SA 108 551	16 38 44.9	−00 35 14	10.702	+0.180	+0.182	+0.100	+0.109	+0.209
SA 108 1918	16 38 47.0	−00 02 46	11.384	+1.432	+1.839	+0.773	+0.661	+1.434
SA 108 981	16 40 13.7	−00 27 14	12.071	+0.494	+0.237	+0.310	+0.312	+0.622
PG1647+056	16 51 13.1	+05 31 05	14.773	−0.173	−1.064	−0.058	−0.022	−0.082
Wolf 629	16 56 24.6	−08 21 20	11.759	+1.676	+1.256	+1.185	+1.525	+2.715
PG1657+078E	17 00 20.9	+07 42 25	14.486	+0.787	+0.284	+0.436	+0.413	+0.851
PG1657+078D	17 00 21.5	+07 41 24	16.156	+0.986	+0.599	+0.635	+0.592	+1.227
PG1657+078B	17 00 25.6	+07 40 31	14.724	+0.697	+0.039	+0.417	+0.420	+0.838
PG1657+078	17 00 25.9	+07 41 55	15.019	−0.142	−0.958	−0.079	−0.058	−0.128
PG1657+078A	17 00 26.9	+07 40 44	14.032	+1.068	+0.735	+0.569	+0.538	+1.105
PG1657+078C	17 00 28.9	+07 40 51	15.225	+0.837	+0.382	+0.504	+0.442	+0.965
BD −4 4226	17 06 11.7	−05 07 27	10.071	+1.415	+1.085	+0.970	+1.141	+2.113
SA 109 71	17 45 03.9	−00 25 23	11.490	+0.326	+0.154	+0.187	+0.223	+0.409
SA 109 381	17 45 09.3	−00 20 57	11.731	+0.704	+0.222	+0.427	+0.435	+0.862
SA 109 949	17 45 10.5	−00 02 53	12.828	+0.806	+0.363	+0.500	+0.517	+1.020
SA 109 956	17 45 11.4	−00 02 32	14.639	+1.283	+0.858	+0.779	+0.743	+1.525
SA 109 954	17 45 12.7	−00 02 41	12.436	+1.296	+0.956	+0.764	+0.731	+1.496
SA 109 199	17 45 59.7	−00 29 52	10.990	+1.739	+1.967	+1.006	+0.900	+1.904
SA 109 231	17 46 17.0	−00 26 15	9.333	+1.465	+1.591	+0.787	+0.705	+1.494
SA 109 537	17 46 39.5	−00 21 58	10.353	+0.609	+0.226	+0.376	+0.393	+0.769
G21 15	18 28 07.9	+04 04 26	13.889	+0.092	−0.598	−0.039	−0.030	−0.069
SA 110 229	18 41 42.5	+00 02 56	13.649	+1.910	+1.391	+1.198	+1.155	+2.356
SA 110 230	18 41 48.4	+00 03 30	14.281	+1.084	+0.728	+0.624	+0.596	+1.218
SA 110 232	18 41 49.2	+00 03 01	12.516	+0.729	+0.147	+0.439	+0.450	+0.889
SA 110 233	18 41 49.6	+00 01 57	12.771	+1.281	+0.812	+0.773	+0.818	+1.593
SA 110 239	18 42 16.7	+00 01 21	13.858	+0.899	+0.584	+0.541	+0.517	+1.060
SA 110 339	18 42 23.3	+00 09 33	13.607	+0.988	+0.776	+0.563	+0.468	+1.036
SA 110 340	18 42 25.2	+00 16 30	10.025	+0.308	+0.124	+0.171	+0.183	+0.354

Name	Right Ascension	Declination	V	B–V	U–B	V–R	R–I	V–I
	h m s	o ′ ″						
SA 110 477	18 42 39.9	+00 27 51	13.988	+1.345	+0.715	+0.850	+0.857	+1.707
SA 110 246	18 42 47.5	+00 06 09	12.706	+0.586	−0.129	+0.381	+0.410	+0.790
SA 110 346	18 42 52.0	+00 11 06	14.757	+0.999	+0.752	+0.697	+0.646	+1.345
SA 110 349	18 43 10.2	+00 11 24	15.095	+1.088	+0.668	+0.503	−0.059	+0.477
SA 110 355	18 43 15.8	+00 09 33	11.944	+1.023	+0.504	+0.652	+0.727	+1.378
SA 110 358	18 43 32.3	+00 16 11	14.430	+1.039	+0.418	+0.603	+0.543	+1.150
SA 110 360	18 43 37.3	+00 10 20	14.618	+1.197	+0.539	+0.715	+0.717	+1.432
SA 110 361	18 43 41.8	+00 09 14	12.425	+0.632	+0.035	+0.361	+0.348	+0.709
SA 110 362	18 43 45.1	+00 07 37	15.693	+1.333	+3.919	+0.918	+0.885	+1.803
SA 110 266	18 43 45.6	+00 06 16	12.018	+0.889	+0.411	+0.538	+0.577	+1.111
SA 110 L1	18 43 47.0	+00 08 22	16.252	+1.752	+2.953	+1.066	+0.992	+2.058
SA 110 364	18 43 49.6	+00 09 04	13.615	+1.133	+1.095	+0.697	+0.585	+1.281
SA 110 157	18 43 53.4	−00 07 49	13.491	+2.123	+1.679	+1.257	+1.139	+2.395
SA 110 365	18 43 54.3	+00 08 33	13.470	+2.261	+1.895	+1.360	+1.270	+2.631
SA 110 496	18 43 56.0	+00 32 19	13.004	+1.040	+0.737	+0.607	+0.681	+1.287
SA 110 273	18 43 56.4	+00 03 34	14.686	+2.527	+1.000	+1.509	+1.345	+2.856
SA 110 497	18 43 59.2	+00 32 07	14.196	+1.052	+0.380	+0.606	+0.597	+1.203
SA 110 280	18 44 03.9	−00 02 32	12.996	+2.151	+2.133	+1.235	+1.148	+2.384
SA 110 499	18 44 04.4	+00 29 12	11.737	+0.987	+0.639	+0.600	+0.674	+1.273
SA 110 502	18 44 06.8	+00 28 53	12.330	+2.326	+2.326	+1.373	+1.250	+2.625
SA 110 503	18 44 08.4	+00 30 53	11.773	+0.671	+0.506	+0.373	+0.436	+0.808
SA 110 504	18 44 08.4	+00 31 14	14.022	+1.248	+1.323	+0.797	+0.683	+1.482
SA 110 506	18 44 15.6	+00 31 37	11.312	+0.568	+0.059	+0.335	+0.312	+0.652
SA 110 507	18 44 15.8	+00 30 36	12.440	+1.141	+0.830	+0.633	+0.579	+1.206
SA 110 290	18 44 19.0	−00 00 05	11.898	+0.708	+0.196	+0.418	+0.418	+0.836
SA 110 441	18 44 30.4	+00 20 51	11.122	+0.556	+0.108	+0.325	+0.335	+0.660
SA 110 311	18 44 44.4	+00 00 51	15.505	+1.796	+1.179	+1.010	+0.864	+1.874
SA 110 312	18 44 45.8	+00 01 17	16.093	+1.319	−0.788	+1.137	+1.154	+2.293
SA 110 450	18 44 48.2	+00 24 10	11.583	+0.946	+0.683	+0.549	+0.626	+1.175
SA 110 315	18 44 49.0	+00 02 01	13.637	+2.069	+2.256	+1.206	+1.133	+2.338
SA 110 316	18 44 49.2	+00 02 16	14.821	+1.731	+4.355	+0.858	+0.910	+1.769
SA 110 319	18 44 52.2	+00 03 12	11.861	+1.309	+1.076	+0.742	+0.700	+1.443
SA 111 773	19 38 12.6	+00 13 32	8.965	+0.209	−0.209	+0.121	+0.145	+0.265
SA 111 775	19 38 13.2	+00 14 39	10.748	+1.741	+2.017	+0.965	+0.897	+1.863
SA 111 1925	19 38 25.4	+00 27 36	12.387	+0.396	+0.264	+0.226	+0.256	+0.483
SA 111 1965	19 38 38.3	+00 29 25	11.419	+1.710	+1.865	+0.951	+0.877	+1.830
SA 111 1969	19 38 40.0	+00 28 23	10.382	+1.959	+2.306	+1.177	+1.222	+2.400
SA 111 2039	19 39 01.2	+00 34 47	12.395	+1.369	+1.237	+0.739	+0.689	+1.430
SA 111 2088	19 39 17.9	+00 33 35	13.193	+1.610	+1.678	+0.888	+0.818	+1.708
SA 111 2093	19 39 20.1	+00 34 00	12.538	+0.637	+0.283	+0.370	+0.397	+0.766
SA 112 595	20 42 15.2	+00 20 28	11.352	+1.601	+1.991	+0.898	+0.903	+1.801
SA 112 704	20 42 58.8	+00 23 10	11.452	+1.536	+1.742	+0.822	+0.746	+1.570
SA 112 223	20 43 11.4	+00 13 01	11.424	+0.454	+0.016	+0.273	+0.274	+0.547
SA 112 250	20 43 23.2	+00 11 44	12.095	+0.532	−0.025	+0.317	+0.323	+0.639
SA 112 275	20 43 32.3	+00 11 22	9.905	+1.210	+1.294	+0.648	+0.569	+1.217
SA 112 805	20 43 43.6	+00 20 11	12.086	+0.151	+0.158	+0.064	+0.075	+0.139
SA 112 822	20 43 51.7	+00 19 04	11.548	+1.030	+0.883	+0.558	+0.502	+1.060
Mark A4	20 44 54.0	−10 41 02	14.767	+0.795	+0.176	+0.471	+0.475	+0.952
Mark A2	20 44 55.4	−10 41 28	14.540	+0.666	+0.096	+0.379	+0.371	+0.751
Mark A1	20 44 58.9	−10 43 08	15.911	+0.609	−0.014	+0.367	+0.373	+0.740

Name	Right Ascension	Declination	V	B–V	U–B	V–R	R–I	V–I
	h m s	o ′ ″						
Mark A	20 44 59.7	−10 43 38	13.256	−0.246	−1.159	−0.114	−0.124	−0.238
Mark A3	20 45 04.2	−10 41 34	14.818	+0.938	+0.651	+0.587	+0.510	+1.098
Wolf 918	21 10 19.2	−13 14 13	10.869	+1.493	+1.139	+0.978	+1.083	+2.064
G26 7A	21 32 06.3	−09 41 40	13.047	+0.725	+0.279	+0.405	+0.371	+0.776
G26 7	21 32 19.6	−09 42 32	12.006	+1.664	+1.231	+1.298	+1.669	+2.968
G26 7C	21 32 22.9	−09 45 51	12.468	+0.624	+0.093	+0.354	+0.340	+0.695
G26 7B	21 32 25.9	−09 42 28	13.454	+0.562	+0.027	+0.323	+0.327	+0.652
SA 113 440	21 41 31.1	+00 46 51	11.796	+0.637	+0.167	+0.363	+0.350	+0.715
SA 113 221	21 41 33.3	+00 26 08	12.071	+1.031	+0.874	+0.550	+0.490	+1.041
SA 113 L1	21 41 44.2	+00 33 40	15.530	+1.343	+1.180	+0.867	+0.723	+1.594
SA 113 337	21 41 46.2	+00 33 03	14.225	+0.519	−0.025	+0.351	+0.331	+0.682
SA 113 339	21 41 52.4	+00 33 03	12.250	+0.568	−0.034	+0.340	+0.347	+0.687
SA 113 233	21 41 56.0	+00 27 07	12.398	+0.549	+0.096	+0.338	+0.322	+0.661
SA 113 342	21 41 56.6	+00 32 42	10.878	+1.015	+0.696	+0.537	+0.513	+1.050
SA 113 239	21 42 03.7	+00 27 39	13.038	+0.516	+0.051	+0.318	+0.327	+0.647
SA 113 241	21 42 06.0	+00 30 53	14.352	+1.344	+1.452	+0.897	+0.797	+1.683
SA 113 245	21 42 10.1	+00 26 58	15.665	+0.628	+0.112	+0.396	+0.318	+0.716
SA 113 459	21 42 11.7	+00 48 10	12.125	+0.535	−0.018	+0.307	+0.313	+0.623
SA 113 250	21 42 21.4	+00 25 46	13.160	+0.505	−0.003	+0.309	+0.316	+0.626
SA 113 466	21 42 24.1	+00 45 21	10.003	+0.453	+0.003	+0.279	+0.283	+0.564
SA 113 259	21 42 41.6	+00 22 46	11.744	+1.199	+1.220	+0.621	+0.544	+1.167
SA 113 260	21 42 44.8	+00 28 58	12.406	+0.514	+0.069	+0.308	+0.298	+0.606
SA 113 475	21 42 48.0	+00 44 26	10.304	+1.058	+0.841	+0.568	+0.528	+1.097
SA 113 263	21 42 49.7	+00 30 43	15.481	+0.280	+0.074	+0.194	+0.207	+0.401
SA 113 366	21 42 50.3	+00 34 29	13.537	+1.096	+0.896	+0.623	+0.588	+1.211
SA 113 265	21 42 50.5	+00 23 10	14.934	+0.639	+0.101	+0.411	+0.395	+0.807
SA 113 268	21 42 53.9	+00 25 02	15.281	+0.589	−0.018	+0.379	+0.407	+0.786
SA 113 34	21 42 55.7	+00 06 13	15.173	+0.484	−0.054	+0.306	+0.346	+0.652
SA 113 372	21 42 58.8	+00 33 45	13.681	+0.670	+0.080	+0.395	+0.370	+0.766
SA 113 149	21 43 02.3	+00 14 31	13.469	+0.621	+0.043	+0.379	+0.386	+0.765
SA 113 153	21 43 05.7	+00 20 11	14.476	+0.745	+0.285	+0.462	+0.441	+0.902
SA 113 272	21 43 17.1	+00 26 05	13.904	+0.633	+0.067	+0.370	+0.340	+0.710
SA 113 156	21 43 18.5	+00 17 16	11.224	+0.526	−0.057	+0.303	+0.314	+0.618
SA 113 158	21 43 18.6	+00 19 16	13.116	+0.723	+0.247	+0.407	+0.374	+0.782
SA 113 491	21 43 21.2	+00 49 01	14.373	+0.764	+0.306	+0.434	+0.420	+0.854
SA 113 492	21 43 24.5	+00 43 28	12.174	+0.553	+0.005	+0.342	+0.341	+0.684
SA 113 493	21 43 25.3	+00 43 18	11.767	+0.786	+0.392	+0.430	+0.393	+0.824
SA 113 495	21 43 26.4	+00 43 14	12.437	+0.947	+0.530	+0.512	+0.497	+1.010
SA 113 163	21 43 32.2	+00 21 52	14.540	+0.658	+0.106	+0.380	+0.355	+0.735
SA 113 165	21 43 34.8	+00 20 40	15.639	+0.601	+0.003	+0.354	+0.392	+0.746
SA 113 281	21 43 35.5	+00 24 03	15.247	+0.529	−0.026	+0.347	+0.359	+0.706
SA 113 167	21 43 37.8	+00 21 15	14.841	+0.597	−0.034	+0.351	+0.376	+0.728
SA 113 177	21 43 53.4	+00 19 50	13.560	+0.789	+0.318	+0.456	+0.436	+0.890
SA 113 182	21 44 05.2	+00 19 57	14.370	+0.659	+0.065	+0.402	+0.422	+0.824
SA 113 187	21 44 17.5	+00 22 02	15.080	+1.063	+0.969	+0.638	+0.535	+1.174
SA 113 189	21 44 24.3	+00 22 28	15.421	+1.118	+0.958	+0.713	+0.605	+1.319
SA 113 307	21 44 27.3	+00 23 11	14.214	+1.128	+0.911	+0.630	+0.614	+1.245
SA 113 191	21 44 30.4	+00 21 02	12.337	+0.799	+0.223	+0.471	+0.466	+0.937
SA 113 195	21 44 37.6	+00 22 29	13.692	+0.730	+0.201	+0.418	+0.413	+0.832
G93 48D	21 53 06.5	+02 26 40	13.664	+0.636	+0.120	+0.368	+0.362	+0.724

Name	Right Ascension	Declination	V	B–V	U–B	V–R	R–I	V–I
	h m s	° ′ ″						
G93 48C	21 53 10.3	+02 27 07	12.664	+1.320	+1.260	+0.852	+0.759	+1.610
G93 48A	21 53 13.8	+02 28 29	12.856	+0.715	+0.278	+0.403	+0.365	+0.772
G93 48B	21 53 14.7	+02 28 25	12.416	+0.719	+0.194	+0.405	+0.383	+0.791
G93 48	21 53 21.7	+02 28 29	12.743	−0.011	−0.790	−0.096	−0.099	−0.195
PG2213−006F	22 17 09.8	−00 12 22	12.644	+0.678	+0.171	+0.395	+0.384	+0.781
PG2213−006C	22 17 14.6	−00 16 41	15.108	+0.726	+0.175	+0.425	+0.432	+0.853
PG2213−006E	22 17 18.2	−00 12 06	13.776	+0.661	+0.087	+0.397	+0.373	+0.778
PG2213−006B	22 17 18.7	−00 16 15	12.710	+0.753	+0.291	+0.427	+0.404	+0.831
PG2213−006D	22 17 19.5	−00 12 08	13.987	+0.787	+0.128	+0.486	+0.479	+0.967
PG2213−006A	22 17 20.2	−00 15 53	14.180	+0.665	+0.094	+0.407	+0.408	+0.817
PG2213−006	22 17 25.3	−00 15 40	14.137	−0.214	−1.176	−0.072	−0.132	−0.211
G156 31	22 39 35.8	−15 11 29	12.361	+1.993	+1.408	+1.648	+2.042	+3.684
SA 114 531	22 41 33.5	+00 57 44	12.095	+0.733	+0.175	+0.421	+0.404	+0.824
SA 114 637	22 41 39.3	+01 09 00	12.070	+0.801	+0.307	+0.456	+0.415	+0.872
SA 114 446	22 42 00.7	+00 51 50	12.064	+0.737	+0.237	+0.397	+0.369	+0.769
SA 114 654	22 42 22.9	+01 16 00	11.833	+0.656	+0.178	+0.368	+0.341	+0.711
SA 114 656	22 42 31.8	+01 16 59	12.644	+0.965	+0.698	+0.547	+0.506	+1.051
SA 114 548	22 42 33.6	+01 04 55	11.599	+1.362	+1.568	+0.738	+0.651	+1.387
SA 114 750	22 42 41.4	+01 18 26	11.916	−0.037	−0.367	+0.027	−0.016	+0.010
SA 114 755	22 43 04.2	+01 22 38	10.909	+0.570	−0.063	+0.313	+0.310	+0.622
SA 114 670	22 43 06.0	+01 16 06	11.101	+1.206	+1.223	+0.645	+0.561	+1.208
SA 114 176	22 44 07.0	+00 27 06	9.239	+1.485	+1.853	+0.800	+0.717	+1.521
HD 216135	22 51 26.8	−13 12 51	10.111	−0.119	−0.618	−0.052	−0.065	−0.119
G156 57	22 54 16.6	−14 10 06	10.192	+1.557	+1.179	+1.179	+1.543	+2.730
GD 246A	23 13 13.4	+10 52 16	12.962	+0.463	−0.047	+0.288	+0.296	+0.584
GD 246	23 13 17.7	+10 53 07	13.090	−0.318	−1.194	−0.148	−0.181	−0.328
GD 246B	23 13 24.9	+10 53 14	14.368	+0.919	+0.693	+0.512	+0.431	+0.944
GD 246C	23 13 26.8	+10 55 17	13.637	+0.879	+0.540	+0.484	+0.448	+0.933
F 108	23 17 09.4	−01 44 31	12.973	−0.237	−1.050	−0.106	−0.140	−0.245
PG2317+046	23 20 51.9	+04 58 39	12.876	−0.246	−1.137	−0.074	−0.035	−0.118
PG2331+055	23 34 41.1	+05 52 48	15.182	−0.066	−0.487	−0.012	−0.031	−0.044
PG2331+055A	23 34 46.0	+05 53 01	13.051	+0.741	+0.257	+0.419	+0.401	+0.821
PG2331+055B	23 34 47.7	+05 51 17	14.744	+0.819	+0.429	+0.481	+0.454	+0.935
PG2336+004B	23 39 35.2	+00 48 56	12.429	+0.517	−0.048	+0.313	+0.317	+0.627
PG2336+004A	23 39 39.6	+00 48 38	11.274	+0.686	+0.129	+0.394	+0.382	+0.769
PG2336+004	23 39 40.4	+00 49 08	15.885	−0.160	−0.781	−0.056	−0.048	−0.109
SA 115 554	23 42 27.7	+01 32 35	11.812	+1.005	+0.548	+0.586	+0.538	+1.127
SA 115 486	23 42 29.8	+01 22 54	12.482	+0.493	−0.049	+0.298	+0.308	+0.607
SA 115 412	23 42 57.8	+01 15 11	12.209	+0.573	−0.040	+0.327	+0.335	+0.665
SA 115 268	23 43 27.5	+00 58 21	12.494	+0.634	+0.077	+0.366	+0.348	+0.714
SA 115 420	23 43 33.3	+01 12 08	11.160	+0.467	−0.019	+0.288	+0.293	+0.581
SA 115 271	23 43 38.8	+00 51 23	9.693	+0.612	+0.109	+0.354	+0.349	+0.702
SA 115 516	23 45 12.3	+01 20 22	10.431	+1.028	+0.760	+0.564	+0.534	+1.099
BD +1 4774	23 50 10.6	+02 29 57	8.993	+1.434	+1.105	+0.964	+1.081	+2.047
PG2349+002	23 52 50.1	+00 34 28	13.277	−0.191	−0.921	−0.103	−0.116	−0.219

www A searchable version of this table appears on *The Astronomical Almanac Online*.
The table of bright Johnson *UBVRI* standards listed in editions prior to 2003 is available online as well.

Name	BS=HR No.	Right Ascension	Declination	V	Spectral Type	Note[1]
		h m s	° ′ ″			
HD 224926	9087	00 02 46.35	−02 55 28.5	5.12	B7III	
G 158−100		00 34 50.74	−12 01 56.0	14.89	dG−K	
HD 3360	153	00 38 00.74	+53 59 54.5	3.66	B2IV	
CD−34 241		00 42 40.77	−33 33 04.5	11.23	F	
BPM 16274		00 50 53.86	−52 02 12.9	14.20	DA2	Model
LTT 1020		01 55 41.41	−27 23 15.2	11.52	G	
HD 15318	718	02 29 08.71	+08 32 31.4	4.28	B9III	
EGGR 21 1		03 10 41.52	−68 31 55.6	11.38	DA	
LTT 1788		03 49 02.94	−39 05 20.2	13.16	F	
GD 50		03 49 46.86	−00 55 15.1	14.06	DA2	
SA 95−42		03 54 40.51	−00 01 22.1	15.61	DA	
HZ 4		03 56 22.74	+09 50 29.4	14.52	DA4	
LB 227		04 10 32.68	+17 10 45.3	15.34	DA4	
HZ 2		04 13 45.13	+11 54 34.0	13.86	DA3	
HD 30739	1544	04 51 37.31	+08 55 49.8	4.36	A1V	
G 191−B2B		05 06 59.23	+52 51 16.4	11.78	DA1	
HD 38666	1996	05 46 41.19	−32 18 01.6	5.17	O9V	Model
GD 71		05 53 31.64	+15 53 21.4	13.03	DA1	
LTT 2415		05 57 08.89	−27 51 30.0	12.21		
HILT 600		06 46 11.16	+02 07 01.2	10.44	B1	
HD 49798		06 48 37.97	−44 20 15.9	8.30	O6	Model
HD 60753		07 33 56.59	−50 37 30.6	6.70	B3IV	Model
G 193−74		07 54 52.22	+52 26 29.9	15.70	DA0	
BD+75 325		08 13 03.45	+74 54 36.2	9.54	O5p	
LTT 3218		08 42 15.45	−33 00 08.8	11.86	DA	
HD 74280	3454	08 44 11.44	+03 19 52.3	4.30	B3V	
AGK+81°266		09 24 03.15	+81 38 39.9	11.92	sdO	
GD 108		10 01 42.46	−07 38 53.0	13.56	sdB	
LTT 3864		10 33 03.49	−35 43 26.1	12.17	F	
Feige 34		10 40 41.53	+43 00 20.4	11.18	DO	
HD 93521		10 49 26.19	+37 28 20.1	7.04	O9Vp	
HD 100889	4468	11 37 37.30	−09 54 16.9	4.70	B9.5V	
LTT 4364		11 46 44.39	−64 56 34.1	11.50	C2	
HD 103287	4554	11 54 47.79	+53 35 30.7	2.44	A0V	Model
Feige 56		12 07 43.95	+11 34 01.9	11.06	B5p	
HZ 21		12 14 52.02	+32 50 22.4	14.68	DO2	
Feige 66		12 38 18.52	+24 57 53.7	10.50	sdO	
LTT 4816		12 39 51.59	−49 53 55.9	13.79	DA	
Feige 67		12 42 47.24	+17 25 14.7	11.81	sdO	
GD 153		12 57 56.70	+21 55 50.2	13.35	DA1	
G 60−54		13 01 05.04	+03 22 27.5	15.81	DC	
HD 114330	4963	13 10 54.57	−05 38 14.4	4.38	A1IV	
HZ 43		13 17 14.00	+29 00 03.4	12.91	DA1	
HZ 44		13 24 25.59	+36 02 13.5	11.66	sdO	
GRW+70°5824		13 39 17.06	+70 11 30.5	12.77	DA3	

Name	BS=HR No.	Right Ascension	Declination	V	Spectral Type	Note[1]
		h m s	° ′ ″			
HD 120315	5191	13 48 16.08	+49 13 17.1	1.86	B3V	Model
CD−32 9927		14 12 52.00	−33 08 24.9	10.42	A0	
HD 129956	5501	14 46 26.85	+00 38 24.4	5.68	B9.5V	
LTT 6248		15 40 07.26	−28 39 13.4	11.80	A	
BD+33 2642		15 52 43.17	+32 53 38.3	10.81	B2IV	
EGGR 274		16 24 49.30	−39 16 16.7	11.03	DA	
G 138−31		16 28 46.63	+09 09 43.4	16.14	DC	
HD 172167	7001	18 37 33.94	+38 48 06.6	0.00	A0V	
LTT 7379		18 37 46.35	−44 17 40.1	10.23	G0	
HD 188350	7596	19 55 41.63	+00 19 23.5	5.62	A0III	
LTT 7987		20 12 05.32	−30 09 50.0	12.23	DA	
G 24−9		20 14 50.25	+06 46 06.9	15.72	DC	
HD 198001	7950	20 48 40.54	−09 25 37.2	3.78	A1V	
LDS 749B		21 33 13.56	+00 20 12.1	14.67	DB4	
BD+28 4211		21 52 00.61	+28 57 03.4	10.51	Op	
G 93−48		21 53 21.74	+02 28 29.2	12.74	DA3	
BD+25 4655		22 00 32.66	+26 31 17.8	9.76	O	
NGC 7293		22 30 39.07	−20 44 31.2	13.51	V.Hot	
HD 214923	8634	22 42 23.12	+10 55 42.1	3.40	B8V	
LTT 9239		22 53 40.69	−20 29 43.5	12.07	F	
LTT 9491		23 20 33.89	−16 59 23.1	14.11	DC	
Feige 110		23 20 55.65	−05 03 51.1	11.82	DOp	
GD 248		23 27 02.38	+16 06 24.3	15.09	DC	

Notes to Table

[1]   Model data for the optical range; only suitable as a standard in the ultraviolet range.

HIP No.	HD No.	Right Ascension	Declination	V	v_r	σv_r	Spectral Type
		h m s	° ′ ″		km/s	km/s	
699	400	00 09 38.4	+36 43 46	+6.21	−15.116	0.0119	F8IV
1499	1461	00 19 39.0	−07 57 04	+6.47	−10.086	0.0224	G0V
1541	1497	00 20 10.2	+13 40 45	+8.19	−7.367	0.0165	F8
1813	1832	00 23 58.4	+22 28 35	+7.57	−30.502	0.0085	F8
2712	3079	00 35 31.5	+48 01 03	+7.38	−12.296	0.0199	F8
2832	3268	00 36 52.4	+13 18 28	+6.32	−23.372	0.0153	F7V
3206	3765	00 41 50.5	+40 17 06	+7.36	−63.113	0.0160	K2V
4393	5372	00 57 22.6	+52 35 28	+7.53	0.649	0.0096	G5
5176	6512	01 07 11.4	+13 21 05	+8.15	10.366	0.0155	G0
5578	7134	01 12 27.2	−12 44 44	+7.48	−16.612	0.0208	G1V
6285	8004	01 21 45.9	+55 03 31	+7.21	−8.198	0.0136	G0
6405	8262	01 23 18.4	+18 46 44	+6.96	5.658	0.0183	G3V
6653	8648	01 26 17.3	+01 33 23	+7.38	1.051	0.0243	G5
7090	9224	01 32 22.1	+29 30 27	+7.32	14.991	0.0131	G0V
7576	10008	01 38 31.4	−06 40 02	+7.66	11.706	0.0074	G5
7734	10086	01 40 44.1	+45 58 12	+6.60	2.185	0.0193	G5IV
8798	11505	01 54 02.6	−01 14 17	+7.43	−16.438	0.0140	G0
10505	13825	02 16 28.2	+24 21 21	+6.80	−2.179	0.0160	G8IV
10681	13829	02 18 52.9	+65 20 49	+7.61	−11.846	0.0140	F8
11949	15830	02 35 22.6	+42 51 53	+7.59	16.846	0.0274	G0
13291	17674	02 52 11.2	+30 21 43	+7.56	10.568	0.0205	G0V
14150	18803	03 03 32.1	+26 40 49	+6.62	9.933	0.0113	G8V
14614	19518	03 09 46.3	+15 24 13	+7.85	−27.180	0.0209	G8V
15323	20367	03 18 48.2	+31 11 37	+6.40	6.482	0.0225	G0
17147	22879	03 41 18.7	−03 09 34	+6.68	120.400	0.0121	F9V
20917	28343	04 30 06.1	+21 57 48	+8.30	−35.406	0.0194	K7V
21553	232979	04 39 09.1	+52 55 37	+8.62	34.066	0.0177	K8V
22576	30708	04 52 43.4	+35 50 41	+6.78	−55.686	0.0117	G5
23311	32147	05 01 44.2	−05 42 59	+6.22	21.671	0.0079	K3V
24681	34445	05 18 41.0	+07 22 17	+7.31	−78.906	0.0271	G0
25973	36066	05 34 09.1	+57 13 55	+6.44	33.264	0.0160	F8V
26973	38459	05 43 56.2	−47 48 52	+8.52	26.600	0.0147	K0V
29432	42618	06 13 00.6	+06 46 34	+6.85	−53.440	0.0139	G4V
29525	42807	06 14 14.1	+10 37 10	+6.43	6.100	0.0293	G8V
30067	43947	06 20 44.1	+16 00 15	+6.61	40.579	0.0121	F8V
30862	45391	06 30 00.6	+36 27 56	+7.15	−5.289	0.0197	G0
32874	49736	06 52 08.9	+25 44 11	+6.98	6.734	0.0138	F8
35265	56124	07 18 21.5	+33 03 25	+6.93	22.605	0.0155	G0
37722	62346	07 45 19.0	+20 09 20	+7.35	−9.256	0.0185	G5
38784	62613	07 59 15.8	+80 12 55	+6.55	−7.752	0.0087	G8V
39157	65583	08 01 40.7	+29 10 19	+6.97	14.886	0.0235	G8V
39330	66653	08 03 01.4	−46 23 16	+7.52	23.176	0.0133	G5V
40093	67827	08 12 35.0	+38 40 29	+6.61	25.943	0.0167	G0
41484	71148	08 28 53.8	+45 35 21	+6.32	−32.300	0.0191	G5V
42403	73344	08 39 50.7	+23 37 09	+6.89	6.253	0.0255	F8
43297	75302	08 50 10.3	+03 24 56	+7.45	10.248	0.0207	G0
43737	75933	08 55 42.1	+40 03 40	+7.62	−35.533	0.0117	G5
44097	76780	08 59 59.3	+21 05 36	+7.63	31.022	0.0141	G5
45869	80536	09 22 15.0	+25 04 59	+7.26	−37.923	0.0099	G0
48331	85512	09 51 52.2	−43 35 33	+7.67	−9.510	0.0025	K5V

HIP No.	HD No.	Right Ascension	Declination	V	v_r	σv_r	Spectral Type
		h m s	° ′ ″		km/s	km/s	
50139	88725	10 15 06.1	+03 03 25	+7.75	−21.976	0.0039	G1V
50316	88986	10 17 30.7	+28 35 21	+6.46	29.061	0.0082	G0V
51700	91347	10 34 58.4	+49 05 27	+7.50	−25.065	0.0164	F8
54196	96094	11 06 14.5	+25 06 05	+7.60	0.490	0.0130	G0
57083	101690	11 43 04.1	+04 38 41	+7.28	21.526	0.0163	G0
59589	106210	12 14 09.7	+10 42 57	+7.57	−24.447	0.0157	G3V
61044	108942	12 31 34.2	+50 52 18	+7.91	−10.903	0.0092	G5
65530	117043	13 26 37.7	+63 10 00	+6.50	−30.934	0.0134	G6V
66974	119550	13 44 29.4	+14 16 23	+6.92	5.597	0.0044	G2V
67246	120066	13 47 52.1	+06 15 29	+6.33	−30.506	0.0103	G0V
69357	124106	14 12 45.8	−12 41 56	+7.93	3.373	0.0191	K1V
70252	126323	14 22 59.8	+60 52 54	+7.40	−2.909	0.0207	G0
70520	126512	14 26 21.7	+20 30 16	+7.27	−48.580	0.0160	F9V
71181	128165	14 34 05.1	+52 49 46	+7.24	11.392	0.0143	K3V
71679	129499	14 40 00.3	+66 16 04	+7.38	−11.449	0.0156	G5
72604	131042	14 51 30.2	+22 49 54	+7.50	−26.864	0.0109	G5
73623	133826	15 03 16.7	+65 42 21	+7.33	−2.712	0.0136	G0
73941	134044	15 07 18.7	+36 23 08	+6.35	−5.810	0.0125	F8V
76906	140233	15 43 07.1	+07 45 56	+7.33	−0.883	0.0292	G0
78424	145742	15 59 24.1	+80 34 35	+7.57	−21.711	0.0192	K0
78775	144579	16 05 35.1	+39 06 26	+6.66	−59.381	0.0171	G8V
79862	147044	16 18 47.4	+34 26 18	+7.50	−14.502	0.0092	G0
81813	151541	16 42 36.6	+68 04 13	+7.56	9.529	0.0190	K1V
83389	154345	17 03 07.8	+47 03 39	+6.76	−46.847	0.0222	G8V
83827	155060	17 08 37.4	+32 04 56	+7.21	−10.499	0.0098	F8
83863	154931	17 09 16.4	+04 24 02	+7.25	−18.598	0.0210	G0
85810	159222	17 32 40.8	+34 15 33	+6.52	−51.558	0.0176	G5V
87382	162826	17 51 50.1	+40 04 07	+6.55	1.880	0.0218	F8V
88194	164595	18 01 21.6	+29 34 24	+7.07	2.074	0.0155	G2V
89474	168009	18 16 04.4	+45 12 57	+6.30	−64.567	0.0092	G2V
90864	171067	18 33 01.5	+13 45 06	+7.20	−46.197	0.0100	G8V
91949	173701	18 45 08.5	+43 51 12	+7.54	−45.551	0.0193	K0
93373	175607	19 02 56.7	−66 10 02	+8.60	−91.911	0.0023	G8V
94981	181655	19 20 18.1	+37 21 53	+6.29	2.076	0.0267	G8V
98792	190404	20 04 42.5	+23 23 21	+7.28	−2.444	0.0263	K1V
99241	191649	20 09 14.5	+50 38 30	+7.40	−9.009	0.0205	G0
100963	195034	20 29 00.6	+22 11 24	+7.09	−0.864	0.0177	G5
102610	198089	20 48 30.5	+13 03 19	+7.43	−33.377	0.0217	F8
103692	200078	21 01 35.3	+17 31 16	+8.05	−60.171	0.0098	G5
106707	205702	21 37 48.6	+05 53 53	+7.62	−13.482	0.0198	F8
109439	210460	22 11 12.0	+19 42 27	+6.18	20.492	0.0215	G0V
109527	210667	22 12 00.6	+36 20 48	+7.23	−19.393	0.0295	K0
111274	213575	22 33 32.3	−06 22 17	+6.94	−21.460	0.0132	G0
111748	214557	22 38 59.5	+45 55 24	+7.06	−38.471	0.0201	F8
113829	217813	23 03 59.4	+21 01 06	+6.65	2.084	0.0180	G5V
114028	218133	23 06 27.0	+14 33 08	+7.10	−48.719	0.0210	G0
115697	220773	23 27 23.8	+08 44 41	+7.10	−37.700	0.0094	G0
116085	221354	23 32 16.7	+59 16 06	+6.76	−25.014	0.0189	K2V
116421	221830	23 36 25.0	+31 07 15	+6.86	−112.260	0.0195	F9V
116542	222033	23 38 02.4	+30 46 51	+7.21	−13.040	0.0206	G0V

Name	HD No.	R.A.	Dec.	Type	Magnitude Min.	Magnitude Max.		Epoch 2400000+	Period	Spectral Type
		h m s	o ′ ″						d	
WW Cet		00 12 21.4	−11 22 33	UGz	10.4	15.8	v		31.2:	pec(UG) + M2.5V
S Scl	1115	00 16 18.1	−31 56 33	M	5.5	13.6	v	42345	367	M3e−M9e(Tc)
T Cet	1760	00 22 42.4	−19 57 20	SRc	4.96	6.90	V	54286.0	159.3	M5−6SIIe
R And	1967	00 25 00.9	+38 40 45	M	5.8	15.2	v	53820.0	409.2	S3,5e−S8,8e(M7e)
TV Psc	2411	00 29 00.9	+17 59 43	SR	4.65	5.42	V	31387	49.1	M3III
EG And	4174	00 45 38.3	+40 46 49	Z And+E	6.97	7.8	V	50683.20	482.57	M2IIIep
U Cep	5679	01 04 03.0	+81 58 29	EA	6.75	9.24	V	51492.323	2.493	B7Ve + G8III−IV
RX And		01 05 38.5	+41 23 53	UGz	10.3	14.8	V		14:	pec(UG)
ζ Phe	6882	01 09 09.5	−55 08 50	EA	3.91	4.42	V	41957.6058	1.670	B6V + B9V
WX Hyi		02 10 21.4	−63 13 27	UGsu	9.6	14.85	V		13.7:	pec(UG)
KK Per	13136	02 11 32.9	+56 38 44	Lc	7.49	7.99	V			M1.0Iab−M3.5Iab
o Cet	14386	02 20 17.0	−02 53 40	M	2	10.1	v	44839	331.96	M5e−M9e
VW Ari	15165	02 27 45.4	+10 38 52	δ Sct	6.64	6.76	V		0.161	F0IV
U Cet	15971	02 34 37.0	−13 04 05	M	6.7	13.8	v	42137	234.76	M2e−M6e
R Tri	16210	02 38 10.0	+34 20 38	M	5.4	12.6	v	45215	266.9	M4IIIe−M8e
RZ Cas	17138	02 50 37.4	+69 42 38	EA	6.18	7.72	V	43200.3063	1.195	A2.8V
R Hor	18242	02 54 29.7	−49 48 53	M	4.7	14.3	v	41494	407.6	M5e−M8II−III
ρ Per	19058	03 06 22.1	+38 54 38	SRb	3.3	4.0	V		50:	M4IIb−IIIa
β Per	19356	03 09 22.8	+41 01 32	EA	2.09	3.30	V	56181.84	2.867	B8V+G8III
λ Tau	25204	04 01 42.5	+12 32 29	EA	3.37	3.91	V	47185.265	3.953	B3V + A4IV
VW Hyi		04 09 03.9	−71 14 49	UGsu	8.4	14.4	v		27.3:	pec(UG)
R Dor	29712	04 36 58.7	−62 02 28	SRb	4.78	6.32	V	55335	172	M7−M8IIIe
HU Tau	29365	04 39 21.5	+20 43 13	EA	5.85	6.68	V	42412.456	2.056	B8V
R Cae	29844	04 41 08.7	−38 12 01	M	6.7	14.6	v	40645	390.95	M6e
R Pic	30551	04 46 39.3	−49 12 47	SR	6.35	10.1	V	54410	168	M1IIe−M4IIe
R Lep	31996	05 00 26.9	−14 46 47	M	5.5	11.7	v	54344	445	C7,6e(N6e)
ε Aur	31964	05 03 18.0	+43 50 56	EA	2.92	3.83	V	35629	9892	A8Ia−F2epIa + BV
RX Lep	33664	05 12 14.7	−11 49 38	SRb	5.12	6.65	V	48562.0	79.54	M6III
AR Aur	34364	05 19 32.1	+33 47 08	EA	6.15	6.82	V	49706.3615	4.135	Ap(Hg−Mn) + B9V
TZ Men	39780	05 26 42.8	−84 46 15	EA	6.19	6.87	V	39190.34	8.569	A1III + B9V:
β Dor	37350	05 33 47.3	−62 28 41	δ Cep	3.41	4.08	V	40905.3	9.843	F4−G4Ia−II
SU Tau	247925	05 50 10.3	+19 04 13	RCB	9.1	18.0	V	54862.0	44.68	G0−1Iep(C1,0HD)
α Ori	39801	05 56 10.4	+07 24 33	SRc	0.0	1.3	v		2335	M1−M2Ia−Ibe
U Ori	39816	05 56 55.1	+20 10 36	M	4.8	13.0	v	54520	377	M6e−M9.5e
SS Aur		06 14 46.5	+47 44 02	UGss	10.3	16.8	V		55.5:	M3−5Ve
η Gem	42995	06 15 59.7	+22 29 59	SRa+EA	3.15	3.9	V	37725	232.9	M3IIIab
T Mon	44990	06 26 12.9	+07 04 27	δ Cep	5.58	6.62	V	43784.615	27.025	F7Iab−K1Iab +...
RT Aur	45412	06 29 45.4	+30 28 48	δ Cep	5.00	5.82	V	42361.155	3.728	F4Ib−G1Ib
WW Aur	46052	06 33 39.6	+32 26 24	EA	5.79	6.54	V	41399.305	2.525	A3m: + A3m:
IR Gem		06 48 49.5	+28 03 26	UGsu	11.2	18.7:	V		75:	pec(UG)
ζ Gem	52973	07 05 12.3	+20 32 30	δ Cep	3.62	4.18	V	43805.927	10.151	F7Ib−G3Ib
L₂ Pup	56096	07 14 06.2	−44 40 14	SRb	2.6	8.0	V		140.6	M5IIIe−M6IIIe
R CMa	57167	07 20 18.4	−16 25 52	EA	5.7	6.34	V	50015.6841	1.136	F1V
U Mon	59693	07 31 40.4	−09 49 00	RVb	5.45	7.67	V	38496	91.32	F8eVIb−K0pIb(M2)
U Gem	64511	07 56 10.8	+21 57 05	UGss+E	8.2	14.9	v		105.2:	pec(UG) + M4.5V
V Pup	65818	07 58 46.4	−49 17 45	EB	4.35	4.92	V	45367.6063	1.454	B1Vp + B3:
AR Pup		08 03 42.8	−36 38 58	RVb	8.85	10.15	V	54900.0	76.32	F0I−II−F8I−II
AI Vel	69213	08 14 41.8	−44 37 57	δ Sct	6.15	6.76	V		0.116	A2p−F2pIV/V
Z Cam		08 27 15.3	+73 02 58	UGz	10.0	14.5	v		22:	pec(UG) + K7V
SW UMa		08 38 05.3	+53 24 43	UGsu	9.7	16.5	V		460:	pec(UG)

Name	HD No.	R.A.	Dec.	Type	Magnitude Min.	Magnitude Max.		Epoch 2400000+	Period	Spectral Type
		h m s	° ′ ″						d	
AK Hya	73844	08 40 44.5	−17 22 12	SRb	6.33	6.91	V		75	M4III
VZ Cnc	73857	08 41 52.2	+09 45 27	δ Sct	7.18	7.91	V	50071.282	0.178	A7III−F2III
BZ UMa		08 55 09.5	+57 44 25	UGsu	10.5	17.5	v		97:	pec(UG)
CU Vel		08 59 14.3	−41 52 14	UGsu	10.5	17.0	V		164.7:	M5V
TY Pyx	77137	09 00 30.3	−27 53 22	EA/RS	6.85	7.5	V	43187.2304	3.199	G5 + G5
CV Vel	77464	09 01 12.9	−51 37 43	EA	6.69	7.19	V	42048.6689	6.889	B2.5V + B2.5V
SY Cnc		09 02 05.8	+17 49 32	UGz	10.5	14.1	V		27:	pec(UG) + G
T Pyx		09 05 27.5	−32 27 16	Nr	6.2	15.5	V	51651.6526	7000:	pec(NOVA)
WY Vel	81137	09 22 35.5	−52 38 38	Z And	7.50	9.1	V			−M5epIb:+B2III:
IW Car	82085	09 27 19.3	−63 42 40	RVb	7.77	9.10	V	53866.0	143.6	F7/8+A3/5Ib/II:
R Car	82901	09 32 42.5	−62 52 16	M	3.9	10.5	v	54597	307.0	M4e−M8e
S Ant	82610	09 33 07.0	−28 42 36	EW	6.27	6.83	V	52627.7968	0.648	F3V
W UMa	83950	09 45 02.8	+55 52 01	EW	7.75	8.48	V	51276.3967	0.334	F8Vp + F8Vp
R Leo	84748	09 48 33.1	+11 20 32	M	4.4	11.3	v	44164	309.95	M6e−M8IIIe−...
CH UMa		10 08 25.7	+67 27 21	UG	10.7	15.3	v		204:	pec(UG) + K4−M0V
S Car	88366	10 09 57.4	−61 38 24	M	4.5	9.9	v	42112	149.49	K5e−M6e
η Car	93309	10 45 46.9	−59 46 55	S Dor	−0.8	7.9	v			pec(E)
VY UMa	92839	10 46 19.8	+67 18 50	SRb	5.73	6.32	V	49838.0	120.4	C6,3(N0)
U Car	95109	10 58 33.8	−59 49 53	δ Cep	5.74	6.96	V	53075.3	38.829	F6−G7Iab
VW UMa	94902	11 00 16.4	+69 53 22	SRb	6.69	7.71	V	52764	615	M4−M5III
QZ Vir		11 39 23.7	+03 15 57	UGsu	9.6	16.2	v			pec(UG)
BC UMa		11 53 13.6	+49 08 32	UGwz	10.9	19.37	V			
RU Cen	105578	12 10 21.8	−45 31 45	RVa	8.48	9.93	V	52718	64.727	A7Ib−G2pe
S Mus	106111	12 13 47.9	−70 15 17	δ Cep	5.89	6.49	V	40299.42	9.660	F6Ib−G0
RY UMa	107397	12 21 20.1	+61 12 25	SRa	6.49	7.94	V		310	M2−M3IIIe
SS Vir	108105	12 26 11.2	+00 40 03	SRa	6.0	9.6	v	54296	361	C6,3e(Ne)
BO Mus	109372	12 36 00.6	−67 51 31	SRb	5.3	6.56	V	52028	132.4	M6II−III
R Vir	109914	12 39 26.3	+06 53 14	M	6.1	12.1	v	45872	145.63	M3.5IIIe−M8.5e
R Mus	110311	12 43 14.1	−69 30 32	δ Cep	5.93	6.73	V	26496.288	7.510	F7Ib−G2
UW Cen		12 44 20.7	−54 37 45	RCB	9.1	17.8	V	54573	71.4	K
TX CVn		12 45 35.3	+36 39 47	Z And+EL	9.34	10.28	V		199.75	B1−B9Veq +...
SW Vir	114961	13 15 01.6	−02 54 17	SRb	6.2	8.0	V	54883	146	M7III
FH Vir	115322	13 17 19.9	+06 24 26	SRb	6.92	7.4	V	40740	70:	M6III
V CVn	115898	13 20 16.0	+45 25 49	SRa	6.52	8.56	V	43929	191.89	M4e−M6eIIIa:
R Hya	117287	13 30 43.7	−23 22 35	M	3.5	10.9	v	52863	380	M6e−M9eS(TC)
BV Cen		13 32 30.1	−55 04 15	UGss	10.7	13.6	v	40264.78		pec(UG)
T Cen	119090	13 42 49.5	−33 41 25	RVa	5.56	8.44	V	53530	181.4	K0:e−M4II:e
V412 Cen	121518	13 58 44.3	−57 48 03	SRc	7.0	7.6	V	53541	89.44	M3Iab/b−M7
θ Aps	122250	14 07 11.6	−76 53 05	SRb	4.65	6.20	V	53846	111.0	M7III
Z Aps		14 08 30.6	−71 27 32	RVa	10.7	12.7	v		37.89	
R Cen	124601	14 17 55.3	−59 59 56	M	5.3	11.8	v	53079	502	M4e−M8IIe
δ Lib	132742	15 01 57.8	−08 35 29	EA	4.91	5.9	V	48788.426	2.327	A0IV−V
i Boo	133640	15 04 23.9	+47 34 58	EW	5.8	6.4	V	50945.4898	0.268	G2V + G2V
S Aps		15 11 17.9	−72 07 55	RCB	9.54	17.0	V	53149	66.03	C(R3)
GG Lup	135876	15 20 09.6	−40 51 17	EB	5.49	6.0	B	52501.301	1.85	B7V
τ⁴ Ser	139216	15 37 19.7	+15 02 29	SRb	5.89	7.07	V	54192	86.7	M5IIb−IIIa
R CrB	141527	15 49 20.2	+28 06 03	RCB	5.71	15.2	V			C0,0(F8pep)
R Ser	141850	15 51 33.0	+15 04 43	M	5.16	14.4	V	45521	356.41	M5IIIe−M9e
T CrB	143454	16 00 16.7	+25 52 07	Nr+EL	2.0	10.8	v	47919	227.6	M3III + pec(NOVA)
AG Dra		16 01 47.8	+66 45 07	Z And	7.9	10.3	v	50775.34	548.65	K3IIIep

Name		HD No.	R.A.	Dec.	Type	Magnitude Min.	Max.		Epoch 2400000+	Period	Spectral Type
			h m s	° ′ ″						d	
AT	Dra	147232	16 17 34.1	+59 42 38	SRb	5.18	5.54	V	49856	35.57	M4IIIa
U	Sco		16 23 34.9	−17 55 15	Nr+E	7.5	19.3	V	47717.6145		pec(E)
g	Her	148783	16 29 15.1	+41 50 30	SRb	4.3	5.5	v		89.2	M6III
α	Sco	148478	16 30 32.7	−26 28 18	SRc	0.75	1.21	V	55056	2180	M1.5Iab−Ib
R	Ara	149730	16 41 17.4	−57 01 46	EA	6.17	7.32	V	47386.12	4.425	B9Vp
AH	Her		16 44 55.9	+25 13 02	UGz	10.9	14.7	v		19.8:	pec(UG)+ K7V
V1010 Oph		151676	16 50 31.2	−15 41 56	EB	6.1	7.00	V	50963.757	0.661	A5V
ζ¹	Sco	152236	16 55 18.3	−42 23 28	S Dor:	4.66	4.86	V			B1Iape
RS	Sco	152476	16 56 58.6	−45 07 53	M	5.96	13.0	V	53637	319	M5e−M9
V861	Sco	152667	16 57 53.4	−40 51 05	EB	6.07	6.4	V	43704.21	7.848	B0.5Iae
α¹	Her	156014	17 15 29.5	+14 22 14	SRb	2.73	3.60	V	50960	125.6	M3−M5Ib/III
U	Oph	156247	17 17 28.1	+01 11 29	EA	5.84	6.56	V	52066.758	1.677	B5V + B5V
u	Her	156633	17 18 00.6	+33 04 52	EA	4.69	5.37	V	48852.367	2.051	B1.5Vp + B5III
RY	Ara		17 22 31.7	−51 08 16	RVa:	8.71	11.51	V	30220	145:	G5−K0
BM	Sco	160371	17 42 11.0	−32 13 22	L	5.25	6.46	V			K2.5Ib
V703	Sco	160589	17 43 29.4	−32 31 51	δ Sct	7.58	8.04	V	42979.3923	0.115	A9−G0
X	Sgr	161592	17 48 43.5	−27 50 10	δ Cep	4.2	4.9	V	40741.7	7.013	F5−G2II
RS	Oph	162214	17 51 13.0	−06 42 44	Nr+Lb	4.3	12.5	v	51848	453.6	OB + K4−M4III
V539	Ara	161783	17 51 58.8	−53 36 59	EA+SPB	5.71	6.24	V	48753.44	3.169	B2V + B3V
OP	Her	163990	17 57 20.4	+45 20 58	SRb	5.85	6.73	V	41196	120.5	M5IIb−IIIa(S)
W	Sgr	164975	18 06 12.1	−29 34 39	δ Cep	4.29	5.14	V	43374.77	7.595	F4−G2Ib
VX	Sgr	165674	18 09 11.0	−22 13 13	SRc	6.52	14.0	V	36493	732	M4eIa−M10eIa
RS	Sgr	167647	18 18 49.8	−34 05 57	EA	6.01	6.97	V	20586.387	2.416	B3IV−V + A
RS	Tel		18 20 14.1	−46 32 22	RCB	9.6	<16.5	v	51980	48.6	C(R4)
Y	Sgr	168608	18 22 28.3	−18 51 01	δ Cep	5.25	6.24	V	40762.38	5.773	F5−G0Ib−II
AC	Her	170756	18 31 03.3	+21 52 50	RVa	6.85	9.0	V	53831.8	75.29	F2pIb−K4e(C0.0)
T	Lyr		18 32 58.5	+37 00 48	Lb	7.5	9.2	V			C6,5(R6)
XY	Lyr	172380	18 38 43.2	+39 41 08	SRc	5.6	6.6	V		120	M4−5Ib−II
X	Oph	172171	18 39 14.2	+08 51 06	M	5.9	8.6	v	53477	338	M5e−M9e
R	Sct	173819	18 48 28.2	−05 41 02	RVa	4.2	8.6	v	44872	146.5	G0Iae−K2p(M3)Ibe
V	CrA	173539	18 48 48.2	−38 08 15	RCB	9.4	17.9	V			C(R0)
β	Lyr	174638	18 50 45.8	+33 23 06	EB	3.30	4.35	V	55434.8702	12.941	B8II−IIIep
FN	Sgr		18 54 59.9	−18 58 13	Z And+EA	10.8	14.0	V	50270	568.3	M5III+WD
R	Lyr	175865	18 55 53.9	+43 58 17	SRb	3.81	4.44	V		46:	M5III
κ	Pav	174694	18 58 50.9	−67 12 28	CW	3.91	4.78	V	40140.167	9.083	F5−G5I−II
FF	Aql	176155	18 59 04.2	+17 23 13	δ Cep	5.18	5.68	V	41576.428	4.471	F5Ia−F8Ia
MT	Tel	176387	19 03 34.1	−46 37 34	RRc	8.70	9.25	V	54602.797	0.317	A0W
R	Aql	177940	19 07 15.7	+08 15 33	M	5.5	12.0	v	43458	270.5	M5e−M9e
RY	Sgr	180093	19 17 45.1	−33 29 18	RCB	5.8	14.0	v	54305	37.67	G0Iaep(C1,0)
RS	Vul	180939	19 18 27.3	+22 28 32	EA	6.79	7.83	V	32808.257	4.478	B4V + A2IV
U	Sge	181182	19 19 37.0	+19 38 43	EA	6.45	9.28	V	17130.4114	3.381	B8V + G2III−IV
UX	Dra	183556	19 20 55.2	+76 35 43	SRb:	5.94	7.1	V		175	C7,3(N0)
BF	Cyg		19 24 37.2	+29 42 42	Z And	9.1	13.5	V		755	Bep + M5III
CH	Cyg	182917	19 25 02.2	+50 16 43	Z And+SR	5.6	10.1	v			M7IIIab + Be
RR	Lyr	182989	19 26 03.3	+42 49 16	RRab	7.06	8.12	V	55751.4711	0.567	A5.0−F7.0
CI	Cyg		19 50 53.0	+35 43 55	Z And+E	9.0	12.3	V	41838.8	852.98	Bep + M5III
χ	Cyg	187796	19 51 16.6	+32 57 42	M	3.3	14.2	v	42140	408.05	S6,2e−S10,4e(MSe)
η	Aql	187929	19 53 24.9	+01 03 16	δ Cep	3.48	4.39	V	36084.656	7.177	F6Ib−G4Ib
V449	Cyg	188344	19 54 03.2	+33 59 58	Lb	7.2	7.77	V			M1−M5
V505	Sgr	187949	19 54 08.9	−14 33 16	EA	6.46	7.51	V	50999.3118	1.183	A2V + F6:

Name		HD No.	R.A.	Dec.	Type	Magnitude Min.	Max.		Epoch 2400000+	Period	Spectral Type
			h m s	o ′ ″						d	
S	Sge	188727	19 56 51.7	+16 41 06	δ Cep	5.24	6.04	V	42678.792	8.382	F6Ib–G5Ib
RR	Sgr	188378	19 57 05.3	−29 08 24	M	5.4	14.0	v	40809	336.33	M4e–M9e
RR	Tel		20 05 46.4	−55 40 21	Nc	6.5	16.5	p			pec
WZ	Sge		20 08 25.8	+17 45 33	UGwz+E +ZZ	7	15.53	B		11900:	DAep(UG)
P	Cyg	193237	20 18 28.1	+38 05 29	S Dor	3	6	v			B1Iapeq
V	Sge		20 21 03.2	+21 09 43	CBSS+E	8.6	13.9	v	37889.9154	0.514	pec(CONT + e)
EU	Del	196610	20 38 45.4	+18 20 04	SRb	5.41	6.72	V	53145	58.63	M6III
AE	Aqr		20 41 06.4	−00 48 16	DQ+EL	10.18	12.12	V		0.412	WD+K3Ve
X	Cyg	197572	20 44 07.7	+35 39 19	δ Cep	5.85	6.91	V	43830.387	16.386	F7Ib–G8Ib
T	Vul	198726	20 52 15.4	+28 19 14	δ Cep	5.41	6.09	V	41705.121	4.435	F5Ib–G0Ib
T	Cep	202012	21 09 46.0	+68 33 59	M	5.2	11.3	v	44177	388.14	M5.5e–M8.8e
VY	Aqr		21 13 08.7	−08 45 01	UGsu	10.0	17.52	V	17796		pec(UG)
W	Cyg	205730	21 36 44.8	+45 27 29	SRb	5.10	6.83	V	48945	131.7	M4e–M6e(TC:)III
EE	Peg	206155	21 40 56.5	+09 16 10	EA	6.93	7.51	V	45563.8916	2.628	A3mV + F5
V460Cyg		206570	21 42 48.0	+35 35 43	SRb	5.57	6.5	V		180:	C6,4(N1)
SS	Cyg	206697	21 43 26.6	+43 40 17	UGss	7.7	12.4	v			K5V + pec(UG)
μ	Cep	206936	21 44 04.5	+58 51 55	SRc	3.43	5.1	V	49518	835	M2eIa
RS	Gru	206379	21 44 16.4	−48 06 15	δ Sct	7.94	8.48	V	54734.729	0.147	A6–A9IV–F0
AG	Peg	207757	21 51 55.9	+12 42 46	Z And+EL	6.0	9.4	v	31667.5	816.5	WN6 + M3III
VV	Cep	208816	21 57 10.5	+63 42 50	EA+SRc	4.8	5.36	V	43360	7430	M2epIa–...
AR	Lac	210334	22 09 25.8	+45 50 01	EA/RS	6.08	6.77	V	49292.3444	1.983	G2IV–V + K0IV
RU	Peg		22 14 57.1	+12 47 48	UGss+ZZ:	9.5	13.0	v		74.3:	pec(UG) + K0/5V
π^1	Gru	212087	22 23 51.6	−45 51 15	SRb	5.31	7.1	V	54229	195.5	S5
δ	Cep	213306	22 29 51.7	+58 30 37	δ Cep	3.49	4.36	V	36075.445	5.366	F5Ib–G1Ib
ER	Aqr	218074	23 06 24.9	−22 23 12	Lb	7.14	7.81	V			M3III
Z	And	221650	23 34 33.6	+48 55 14	Z And	7.7	11.3	V			M2III + B1eq
R	Aqr	222800	23 44 46.9	−15 10 55	M+Z And	5.2	12.4	v	53650	387	M5e–M8.5e + pec
TX	Psc	223075	23 47 20.3	+03 35 22	Lb	4.79	5.2	V			C7,2(N0)(Tc)
SX	Phe	223065	23 47 31.4	−41 29 00	SX Phe(B)	6.76	7.53	V	38636.617	0.055	A5–F4

Notes to Table

CBSS	close binary supersoft x-ray source	RS	RS Canum Venaticorum type
CW	cepheid, W Vir type (period > 8 days)	RV	RV Tauri type
δ Cep	cepheid, classical type	RVa	RV Tauri type (constant mean brightness)
δ Sct	δ Scuti type	RVb	RV Tauri type (varying mean brightness)
DQ	DQ Herculis type	S Dor	S Doradus variable
E	eclipsing	SR	semi-regular, long period variable
EA	eclipsing, Algol type	SRa	semi-regular, late spectral class, strong periodicities
EB	eclipsing, β Lyrae type	SRb	semi-regular, late spectral class, weak periodicities
EL	rotating ellipsoidal close binary	SRc	semi-regular supergiant of late spectral class
EW	eclipsing, W Ursae Maj type	SPB	slowly pulsating B star
Lb	slow irregular variable	SRd	semi-regular giant or supergiant, spectrum F, G, or K
Lc	irregular supergiant (late spectral type)	SX Phe	SX Phoenicis variable
M	Mira type long period variable	UG	U Gem type dwarf nova
Nc	very slow nova	UGss	U Gem type dwarf nova (SS Cygni subtype)
NL	nova-like variable	UGsu	U Gem type dwarf nova (SU Ursae Majoris subtype)
Nr	recurrent nova	UGwz	U Gem type dwarf nova (WZ Sagittae subtype)
RCB	R Coronae Borealis variable	UGz	U Gem type dwarf nova (Z Camelopardalis subtype)
RRab	RR Lyrae variable (asymmetric light curves)	Z And	Z And type symbiotic star
RRc	RR Lyrae variable (symmetric sinusoidal light curves)	ZZ	ZZ Ceti variable
p	photographic magnitude	V	photoelectric magnitude, visual filter
v	visual magnitude	B	photoelectric magnitude, blue filter
:	uncertainty in period or spectral type	<	fainter than the magnitude indicated
...	full spectral type given in Section L		

HD No.	Star Name	R.A.	Dec.	V	B−V	[Fe/H]	Exoplanet	Period[1]	e[2]	Epoch[3] 2440000+
		h m s	° ′ ″					d		
142		00 07 16.3	−48 58 21	5.70	+0.52	+0.0998	HD 142 b	350.3	0.26	11963
1237		00 17 02.6	−79 44 56	6.59	+0.75	+0.1200	HD 1237 b	133.71001	0.511	11545.86
1461		00 19 39.0	−07 57 04	6.60	+0.67	+0.1800	HD 1461 b	5.7727	0.14	10366.519
1605		00 21 29.8	+31 04 39	7.52	+0.96	+0.2100	HD 1605 b	577.9	0.078	13443.3
1605		00 21 29.8	+31 04 39	7.52	+0.96	+0.2100	HD 1605 c	2111	0.098	14758.3
2952		00 34 12.5	+54 59 48	5.93	+1.04	0.0000	HD 2952 b	311.6	0.129	10112
3651		00 40 19.8	+21 21 00	5.88	+0.85	+0.1645	HD 3651 b	62.218	0.596	13932.6
4308		00 45 26.0	−65 33 08	6.55	+0.66	−0.3100	HD 4308 b	15.56	0.0	13314.7
4732		00 50 08.5	−24 02 11	5.90	+0.95	+0.0100	HD 4732 b	360.2	0.13	14967
4732		00 50 08.5	−24 02 11	5.90	+0.95	+0.0100	HD 4732 c	2732.0	0.23	16093
5388		00 56 02.2	−47 18 25	6.84	+0.50	−0.2700	HD 5388 b	777.0	0.4	14570
5608		00 59 15.4	+34 03 01	6.00	+0.99	+0.1200	HD 5608 b	792.6	0.19	12327
6434		01 05 31.1	−39 23 31	7.72	+0.61	−0.5200	HD 6434 b	21.997999	0.17	11490.8
7449		01 15 25.3	−04 57 02	7.50	+0.58	−0.1100	HD 7449 b	1275.0	0.82	15298
7924		01 23 32.9	+76 48 23	7.19	+0.83	−0.1500	HD 7924 b	5.39792	0.058	15584.698
7924		01 23 32.9	+76 48 23	7.19	+0.83	−0.1500	HD 7924 c	15.299	0.098	15583.619
7924		01 23 32.9	+76 48 23	7.19	+0.83	−0.1500	HD 7924 d	24.451	0.21	15573.511
8535		01 24 26.5	−41 10 26	7.72	+0.55	+0.0600	HD 8535 b	1313.0	0.15	14537
8574		01 26 14.7	+28 39 42	7.12	+0.58	−0.0089	HD 8574 b	227.0	0.297	13981
9826	υ And	01 37 53.4	+41 29 50	4.10	+0.54	+0.1530	υ And b	4.6171363	0.013	14425.017
9826	υ And	01 37 53.4	+41 29 50	4.10	+0.54	+0.1530	υ And c	241.33335	0.223848	14265.567
9826	υ And	01 37 53.4	+41 29 50	4.10	+0.54	+0.1530	υ And d	1278.1218	0.267395	13937.728
10180		01 38 32.3	−60 25 04	7.33	+0.63	+0.0800	HD 10180 c	5.75962	0.077	14001.496
10180		01 38 32.3	−60 25 04	7.33	+0.63	+0.0800	HD 10180 d	16.3567	0.143	14005.380
10180		01 38 32.3	−60 25 04	7.33	+0.63	+0.0800	HD 10180 e	49.747	0.065	14008.788
10180		01 38 32.3	−60 25 04	7.33	+0.63	+0.0800	HD 10180 f	122.72	0.133	14027.553
10180		01 38 32.3	−60 25 04	7.33	+0.63	+0.0800	HD 10180 g	602.0	0.0	14042.585
10180		01 38 32.3	−60 25 04	7.33	+0.63	+0.0800	HD 10180 h	2248.0	0.151	13619.174
10647		01 43 12.0	−53 38 55	5.52	+0.55	−0.0776	HD 10647 b	1003.0	0.16	10960
10697		01 43 12.0	−53 38 55	6.27	+0.72	+0.1940	HD 10697 b	1075.2	0.099	11480
11506		01 53 43.3	−19 25 00	7.51	+0.61	+0.3100	HD 11506 b	1405.0	0.3	13603
11506		01 53 43.3	−19 25 00	7.51	+0.61	+0.3100	HD 11506 c	223.6	0.24	14127
11977		01 55 24.4	−67 33 24	4.70	+0.93	−0.1600	HD 11977 b	711.0	0.4	11420
11964		01 58 03.8	−10 09 14	6.42	+0.82	+0.1400	HD 11964 b	1944.5898	0.041	14170.722
11964		01 58 03.8	−10 09 14	6.42	+0.82	+0.1400	HD 11964 c	37.910254	0.301733	14366.648
12661		02 05 37.1	+25 30 05	7.43	+0.71	+0.3623	HD 12661 b	262.70861	0.376834	14152.755
12661		02 05 37.1	+25 30 05	7.43	+0.71	+0.3623	HD 12661 c	1707.8812	0.0312556	16153.417
12929	α Ari	02 08 13.2	+23 32 57	2.00	+1.16	−0.1600	α Ari b	380.0	0.25	11213.52
13189		02 10 45.5	+32 24 12	7.56	+1.48	−0.3900	HD 13189 b	471.6	0.27	12327.9
13445	GJ 86	02 11 10.5	−50 44 01	6.12	+0.81	−0.2679	GJ 86 b	15.76491	0.0416	11903.36
13931		02 17 57.8	+43 51 25	7.61	+0.64	+0.0300	HD 13931 b	4218.0	0.02	14494
13908		02 19 42.6	+65 40 44	7.51	+0.53	+0.0100	HD 13908 b	19.382	0.046	15750.93
13908		02 19 42.6	+65 40 44	7.51	+0.53	+0.0100	HD 13908 c	931.0	0.12	16165
15779	75 Cet	02 33 06.1	−00 57 15	5.36	+1.01	+0.0200	75 Cet b	691.9	0.117	12213
16141		02 36 15.7	−03 28 58	6.83	+0.67	+0.1703	HD 16141 b	75.523	0.252	10338
16417		02 37 44.7	−34 29 59	5.78	+0.67	+0.0700	HD 16417 b	17.24	0.2	10099.74
16232	30 Ari B	02 38 02.0	+24 43 39	7.09	+0.51	+0.1500	30 Ari B b	335.1	0.289	14538
16175		02 38 12.9	+42 08 31	7.29	+0.63	+0.3900	HD 16175 b	990.0	0.6	13810
16400	81 Cet	02 38 37.8	−03 19 01	5.65	+1.02	−0.0700	81 Cet b	952.7	0.206	12486
17051	ι Hor	02 43 11.3	−50 43 16	5.40	+0.56	+0.1113	ι Hor b	302.8	0.14	11227

HD No.	Star Name	R.A.	Dec.	V	B−V	[Fe/H]	Exoplanet	Period[1]	e[2]	Epoch[3] p 2440000+
		h m s	o ′ ″					d		
17092		02 47 38.5	+49 43 47	7.74	+1.26	+0.1800	HD 17092 b	359.89999	0.166	12969.5
19994		03 13 43.2	−01 07 41	5.07	+0.58	+0.1865	HD 19994 b	466.2	0.266	13757
20794		03 20 40.0	−43 00 00	4.26	+0.71	−0.4000	HD 20794 b	18.315	0.0	14774.806
20794		03 20 40.0	−43 00 00	4.26	+0.71	−0.4000	HD 20794 c	40.114	0.0	14766.756
20794		03 20 40.0	−43 00 00	4.26	+0.71	−0.4000	HD 20794 d	90.309	0.0	14779.34
20782		03 20 50.5	−28 47 18	7.36	+0.63	−0.0510	HD 20782 b	591.9	0.97	11083.8
22049	ε Eri	03 33 48.2	−09 23 48	3.72	+0.88	−0.0309	ε Eri b	2500.0	0.25	8940
23079		03 40 12.8	−52 51 26	7.12	+0.58	−0.1497	HD 23079 b	730.6	0.102	10492
23596		03 49 15.1	+40 35 12	7.25	+0.63	+0.2179	HD 23596 b	1561.0	0.266	13162
24040		03 51 26.6	+17 31 48	7.50	+0.65	+0.2063	HD 24040 b	3668.0	0.04	14308
27442	ε Ret	04 16 48.4	−59 15 29	4.44	+1.08	+0.3300	ε Ret b	428.1	0.06	10836
28254		04 25 19.9	−50 34 53	7.71	+0.77	+0.3600	HD 28254 b	1116.0	0.81	14049
28305	ε Tau	04 29 42.0	+19 13 12	3.53	+1.01	+0.1700	ε Tau b	594.90002	0.151	12879
30562		04 49 31.3	−05 38 38	5.77	+0.63	+0.2600	HD 30562 b	1157.0	0.76	10131.5
31253		04 55 45.9	+12 22 51	7.13	+0.58	+0.1600	HD 31253 b	466.0	0.3	10660
32518		05 11 38.9	+69 39 40	6.44	+1.11	−0.1500	HD 32518 b	157.54	0.01	12950.29
33636		05 12 45.4	+04 25 27	7.00	+0.59	−0.1256	HD 33636 b	2127.7	0.4805	11205.8
34445		05 18 41.0	+07 22 17	7.31	+0.62	+0.1400	HD 34445 b	1049.0	0.27	13781
33564		05 25 38.4	+79 14 53	5.08	+0.51	−0.1200	HD 33564 b	388.0	0.34	12603
39091	π Men	05 35 42.8	−80 27 11	5.65	+0.60	+0.0483	HD 39091 b	2151.0	0.6405	7820
38283		05 36 35.5	−73 41 22	6.70	+0.56	−0.1200	HD 38283 b	363.2	0.41	10802.6
37124		05 38 08.6	+20 44 19	7.68	+0.67	−0.4416	HD 37124 b	154.378	0.054	10305
37124		05 38 08.6	+20 44 19	7.68	+0.67	−0.4416	HD 37124 c	885.5	0.125	9534
37124		05 38 08.6	+20 44 19	7.68	+0.67	−0.4416	HD 37124 d	1862.0	0.16	8558
38529		05 47 32.2	+01 10 24	5.95	+0.77	+0.4000	HD 38529 b	14.310195	0.243663	14384.815
38529		05 47 32.2	+01 10 24	5.95	+0.77	+0.4000	HD 38529 c	2146.0503	0.355094	12255.921
39060	β Pic	05 47 43.4	−51 03 38	3.86	+0.17		β Pic b	7154.0	0.021	13795.5
40307		05 54 18.2	−60 01 16	7.17	+0.92	−0.3100	HD 40307 b	4.3115	0.0	14562.77
40307		05 54 18.2	−60 01 16	7.17	+0.92	−0.3100	HD 40307 c	9.62	0.0	14551.53
40307		05 54 18.2	−60 01 16	7.17	+0.92	−0.3100	HD 40307 d	20.46	0.0	14532.42
40979		06 05 51.1	+44 15 26	6.74	+0.57	+0.1683	HD 40979 b	264.15	0.252	13919
44219		06 21 06.6	−10 44 04	7.69	+0.69	+0.0300	HD 44219 b	472.3	0.61	14585.6
45410	6 Lyn	06 32 23.3	+58 08 48	5.86	+0.93	−0.1300	6 Lyn b	874.774	0.059	14024.5
47186		06 36 52.9	−27 38 24	7.60	+0.71	+0.2300	HD 47186 b	4.0845	0.038	14566.95
47186		06 36 52.9	−27 38 24	7.60	+0.71	+0.2300	HD 47186 c	1353.6	0.249	12010
47205		06 37 29.5	−19 16 22	3.95	+1.06	+0.2100	7 CMa b	763.0	0.14	15520
50499		06 52 42.6	−33 56 19	7.21	+0.61	+0.3352	HD 50499 b	2457.8717	0.253675	11220.052
50554		06 55 50.5	+24 13 14	6.84	+0.58	−0.0658	HD 50554 b	1224.0	0.444	10646
52265		07 01 12.5	−05 23 37	6.29	+0.57	+0.1933	HD 52265 b	119.29	0.325	10833.7
60532		07 34 50.7	−22 20 13	4.45	+0.52	−0.2600	HD 60532 b	201.3	0.28	13987
60532		07 34 50.7	−22 20 13	4.45	+0.52	−0.2600	HD 60532 c	604.0	0.02	13732
62509	Pollux	07 46 26.7	+27 58 48	1.15	+1.00	+0.0900	β Gem b	589.64001	0.02	7739.02
69267	β Cnc	08 17 31.1	+09 07 39	3.52		−0.2900	β Cnc b	605.2	0.08	13229.8
69830		08 19 16.6	−12 41 45	5.95	+0.79	−0.0604	HD 69830 b	8.6669998	0.1	13496.8
69830		08 19 16.6	−12 41 45	5.95	+0.79	−0.0604	HD 69830 c	31.559999	0.13	13469.6
69830		08 19 16.6	−12 41 45	5.95	+0.79	−0.0604	HD 69830 d	197.0	0.07	13358
70642		08 22 08.0	−39 45 50	7.17	+0.69	+0.1642	HD 70642 b	2068.0	0.034	11350
71369	o UMa	08 31 47.4	+60 39 17	3.36	+0.83	−0.0900	o UMa b	1630.0	0.13	13400
72659		08 34 59.4	−01 37 59	7.46	+0.61	−0.0045	HD 72659 b	3658.0	0.22	15351
73108	4 UMa	08 41 48.7	+64 15 41	5.79	+1.20	−0.2500	4 UMa b	269.29999	0.432	12987.394

HD No.	Star Name	R.A.	Dec.	V	B−V	[Fe/H]	Exoplanet	Period[1]	e[2]	Epoch[3] 2440000+
		h m s	° ′ ″					d		
74156		08 43 23.5	+04 30 36	7.61	+0.59	+0.1308	HD 74156 b	51.638	0.63	10793.3
74156		08 43 23.5	+04 30 36	7.61	+0.59	+0.1308	HD 74156 c	2520.0	0.38	8416
75289		08 48 20.8	−41 48 25	6.35	+0.58	+0.2166	HD 75289 b	3.509267	0.034	10830.34
75732	55 Cnc	08 53 41.7	+28 15 32	5.96	+0.87	+0.3145	55 Cnc b	14.651	0.004	13035
75732	55 Cnc	08 53 41.7	+28 15 32	5.96	+0.87	+0.3145	55 Cnc c	44.38	0.07	13083
75732	55 Cnc	08 53 41.7	+28 15 32	5.96	+0.87	+0.3145	55 Cnc d	4909.0	0.02	13490
75732	55 Cnc	08 53 41.7	+28 15 32	5.96	+0.87	+0.3145	55 Cnc e	0.736546	0.0	15568.011
75732	55 Cnc	08 53 41.7	+28 15 32	5.96	+0.87	+0.3145	55 Cnc f	261.2	0.32	10080.911
81040		09 24 49.5	+20 17 04	7.72	+0.68	−0.1600	HD 81040 b	1001.7	0.526	12504
81688		09 29 52.3	+45 31 10	5.40	+0.99	−0.3590	HD 81688 b	184.02	0.0	12335.4
82943		09 35 44.5	−12 12 49	6.54	+0.62	+0.2654	HD 82943 b	442.4	0.203	11597.7
82943		09 35 44.5	−12 12 49	6.54	+0.62	+0.2654	HD 82943 c	219.3	0.425	11851
85512		09 51 52.2	−43 35 33	7.67	+1.16	−0.3300	HD 85512 b	58.43	0.11	15250.015
85503	μ Leo	09 53 48.9	+25 55 09	3.88		+0.3600	μ Leo b	357.8	0.09	12921
86264		09 57 51.1	−15 59 03	7.42	+0.46	+0.2560	HD 86264 b	1475.0	0.7	15172
87883		10 09 47.7	+34 09 03	7.57	+0.96	+0.0700	HD 87883 b	2754.0	0.53	11139
89307		10 19 20.2	+12 31 40	7.02	+0.59	−0.1592	HD 89307 b	2166.0	0.2	12346.4
89484	γ Leo A	10 20 59.5	+19 44 49	2.12	+1.08	−0.4100	γ Leo A b	428.5	0.144	11236
89744		10 23 16.2	+41 08 06	5.73	+0.53	+0.2200	HD 89744 b	256.78	0.673	11505.5
90043	24 Sex	10 24 25.2	−00 59 47	6.61	+0.92	−0.0100	24 Sex b	455.2	0.184	14758
90043	24 Sex	10 24 25.2	−00 59 47	6.61	+0.92	−0.0100	24 Sex c	910.0	0.412	14941
90156		10 24 46.4	−29 44 21	6.92	+0.66	−0.2400	HD 90156 b	49.77	0.31	14775.1
92788		10 43 45.1	−02 16 56	7.31	+0.69	+0.3179	HD 92788 b	325.81	0.334	10759.2
95128	47 UMa	11 00 29.8	+40 19 52	5.03	+0.62	+0.0431	47 UMa b	1078.0	0.032	11917
95128	47 UMa	11 00 29.8	+40 19 52	5.03	+0.62	+0.0431	47 UMa c	2391.0	0.098	12441
96127		11 06 48.4	+44 12 05	7.43	+1.50	−0.2400	HD 96127 b	647.3	0.3	13969.4
97658		11 15 32.2	+25 36 35	7.70	+0.84	−0.3000	HD 97658 b	9.4909	0.064	16361.805
99492	83 Leo B	11 27 42.4	+02 54 19	7.58	+1.00	+0.3623	HD 99492 b	17.0431	0.254	10468.7
100655		11 36 01.5	+20 20 21	6.45	+1.01	−0.0200	HD 100655 b	157.57	0.085	13072.4
102117		11 45 44.6	−58 48 25	7.47	+0.72	+0.2952	HD 102117 b	20.8133	0.121	10942.2
102365		11 47 24.3	−40 36 04	4.89	+0.68	−0.2600	HD 102365 b	122.1	0.34	10129
103774		11 57 52.5	−12 12 39	7.12	+0.49	+0.2800	HD 103774 b	5.8881	0.09	15675.4
104985		12 06 10.2	+76 48 08	5.78	+1.03	−0.3500	HD 104985 b	199.505	0.09	11927.5
106252		12 14 26.2	+09 56 15	7.41	+0.64	−0.0763	HD 106252 b	1531.0	0.482	13397.5
106270		12 14 34.3	−09 36 59	7.73	+0.74	+0.0600	HD 106270 b	2890.0	0.402	14830
107383	11 Com	12 21 39.0	+17 41 27	4.78	+0.99	−0.3400	11 Com b	326.03	0.231	12899.6
108147		12 26 48.5	−64 07 29	6.99	+0.54	+0.0868	HD 108147 b	10.8985	0.53	10828.86
111232		12 50 02.2	−68 31 31	7.59	+0.70	−0.3600	HD 111232 b	1143.0	0.2	11230
113337		13 02 30.2	+63 30 40	6.00	+0.43	+0.0700	HD 113337 b	324.0	0.46	16074.5
114613		13 13 05.7	−37 54 03	4.85	+0.70	+0.1900	HD 114613 b	3827.0	0.25	15550.3
114762		13 13 13.8	+17 25 09	7.30	+0.53	−0.6531	HD 114762 b	83.9151	0.3354	9889.106
114783		13 13 40.9	−02 21 46	7.56	+0.93	+0.1165	HD 114783 b	493.7	0.144	13806
114729		13 13 45.7	−31 58 22	6.68	+0.59	−0.2617	HD 114729 b	1114.0	0.167	10520
115617	61 Vir	13 19 22.6	−18 24 49	4.87	+0.71	+0.0500	61 Vir b	4.215	0.12	13367.222
115617	61 Vir	13 19 22.6	−18 24 49	4.87	+0.71	+0.0500	61 Vir c	38.021	0.14	13350.472
115617	61 Vir	13 19 22.6	−18 24 49	4.87	+0.71	+0.0500	61 Vir d	123.01	0.35	13350.031
117176	70 Vir	13 29 20.1	+13 40 50	4.97	+0.71	−0.0123	70 Vir b	116.6884	0.4007	7239.82
117207		13 30 24.5	−35 40 00	7.26	+0.72	+0.2661	HD 117207 b	2597.0	0.144	10630
117618		13 33 33.1	−47 22 00	7.17	+0.60	+0.0027	HD 117618 b	25.827	0.42	10832.2
120084		13 42 45.4	+77 58 18	5.91	+1.00	+0.0900	HD 120084 b	2082.0	0.66	10774

HD No.	Star Name	R.A.	Dec.	V	B–V	[Fe/H]	Exoplanet	Period[1]	e^2	Epoch[3] 2440000+
		h m s	° ′ ″					d		
120136	τ Boo	13 48 08.5	+17 21 55	4.50	+0.51	+0.2336	τ Boo b	3.312433	0.023	15652.108
121056	HIP 67851	13 54 57.1	−35 24 18	6.17	+1.01	0.0000	HIP 67851 b	88.8	0.09	15296.6
121504		13 58 31.7	−56 07 48	7.54	+0.59	+0.1600	HD 121504 b	63.330002	0.03	11450
128311		14 36 55.0	+09 39 55	7.48	+0.97	+0.2048	HD 128311 b	454.2	0.345	13835
128311		14 36 55.0	+09 39 55	7.48	+0.97	+0.2048	HD 128311 c	923.8	0.23	16987
128621	α Cen B	14 41 04.9	−60 55 06	1.33	+0.88	+0.3000	α Cen B b	3.2357	0.0	15280.17
131873	β UMi	14 50 40.4	+74 04 47	2.08		−0.2700	β UMi b	522.3	0.19	13175.3
134987		15 14 33.8	−25 22 41	6.47	+0.69	+0.2792	HD 134987 b	258.18	0.233	10071
134987		15 14 33.8	−25 22 41	6.47	+0.69	+0.2792	HD 134987 c	5000.0	0.12	11100
136726	11 UMi	15 17 05.9	+71 45 24	5.02	+1.39	+0.0400	11 UMi b	516.22	0.08	12861.04
136118		15 19 52.7	−01 39 31	6.93	+0.55	−0.0502	HD 136118 b	1187.3	0.338	12999.5
136512	o CrB	15 20 54.8	+29 33 01	5.52	+1.01	−0.2900	o CrB b	187.83	0.191	12211
137759	ι Dra	15 25 20.6	+58 54 06	3.29	+1.17	−0.1600	ι Dra b	511.098	0.7124	12014.59
139357		15 35 45.7	+53 51 41	5.98	+1.19	−0.1300	HD 139357 b	1125.7	0.1	12466.7
141680	ω Ser	15 51 13.6	+02 08 30	5.23	+1.01	−0.2400	ω Ser b	277.02	0.106	10022
142091	κ CrB	15 51 55.8	+35 36 03	4.79	+1.00	+0.1300	κ CrB b	1300.0	0.125	13899
141937		15 53 21.6	−18 29 25	7.25	+0.63	+0.1286	HD 141937 b	653.21997	0.41	11847.38
142245		15 53 47.3	+15 22 36	7.63	+1.04	+0.2300	HD 142245 b	1299.0	0.0	14760
143107	ε CrB	15 58 21.4	+26 49 33	4.13	+1.23	−0.2200	ε CrB b	417.9	0.11	11235.3
142415		15 59 14.7	−60 15 10	7.33	+0.62	+0.0880	HD 142415 b	386.29999	0.5	11519
143761	ρ CrB	16 01 45.2	+33 14 55	5.39	+0.61	−0.1990	ρ CrB b	39.8449	0.057	10563.2
145457		16 10 49.7	+26 41 44	6.57	+1.04	−0.1400	HD 145457 b	176.3	0.112	13518
145675	14 Her	16 11 00.4	+43 46 08	6.61	+0.88	+0.4599	14 Her b	1773.4	0.369	11372.7
142022		16 14 46.9	−84 16 42	7.70	+0.79	+0.1900	HD 142022 b	1928.0	0.53	10941
147513		16 25 16.7	−39 14 04	5.37	+0.63	+0.0892	HD 147513 b	528.40002	0.26	11123
148427		16 29 30.4	−13 26 22	6.89	+0.93	+0.0300	HD 148427 b	331.5	0.16	13991
148156		16 29 38.1	−46 21 26	7.69	+0.56	+0.2900	HD 148156 b	1027.0	0.52	14707
154345		17 03 07.8	+47 03 39	6.76	+0.73	−0.1049	HD 154345 b	3341.5588	0.044	12831.223
153950		17 05 50.6	−43 20 06	7.39	+0.57	−0.0100	HD 153950 b	499.4	0.34	14502
155358		17 10 15.3	+33 19 57	7.28	+0.55	−0.6800	HD 155358 b	194.3	0.17	11224.8
155358		17 10 15.3	+33 19 57	7.28	+0.55	−0.6800	HD 155358 c	391.9	0.16	15345.4
154857		17 12 49.6	−56 42 09	7.24	+0.65	−0.2200	HD 154857 b	408.6	0.46	13572.5
154857		17 12 49.6	−56 42 09	7.24	+0.65	−0.2200	HD 154857 c	3452.0	0.06	15219
156411		17 21 15.8	−48 34 05	6.67	+0.61	−0.1100	HD 156411 b	842.2	0.22	14356
156846		17 21 39.6	−19 21 07	6.50	+0.58	+0.2200	HD 156846 b	359.51001	0.8472	13998.09
158038		17 26 29.8	+27 17 16	7.64	+1.04	+0.2800	HD 158038 b	521.0	0.291	15491
159868		17 40 19.1	−43 09 20	7.24	+0.72	−0.0800	HD 159868 b	1178.4	0.01	13435
159868		17 40 19.1	−43 09 20	7.24	+0.72	−0.0800	HD 159868 c	352.3	0.15	13239
160691	μ Ara	17 45 36.9	−51 50 31	5.12	+0.69	+0.2929	μ Ara b	643.25	0.128	12365.6
160691	μ Ara	17 45 36.9	−51 50 31	5.12	+0.69	+0.2929	μ Ara c	4205.8	0.0985	12955.2
160691	μ Ara	17 45 36.9	−51 50 31	5.12	+0.69	+0.2929	μ Ara d	9.6386	0.172	12991.1
160691	μ Ara	17 45 36.9	−51 50 31	5.12	+0.69	+0.2929	μ Ara e	310.54999	0.0666	12708.7
164922		18 03 16.1	+26 18 40	7.01	+0.80	+0.1701	HD 164922 b	1155.0	0.05	11100
167042		18 10 54.4	+54 17 34	5.97	+0.94	+0.0300	HD 167042 b	420.77	0.089	14230.1
168443		18 21 04.9	−09 35 16	6.92	+0.72	+0.0400	HD 168443 b	58.11247	0.52883	15626.199
168443		18 21 04.9	−09 35 16	6.92	+0.72	+0.0400	HD 168443 c	1749.83	0.2113	15599.9
170693	42 Dra	18 26 02.3	+65 34 30	4.83	+1.19	−0.4600	42 Dra b	479.1	0.38	12757.4
169830		18 29 00.4	−29 48 15	5.90	+0.52	+0.1530	HD 169830 b	225.62	0.31	11923
169830		18 29 00.4	−29 48 15	5.90	+0.52	+0.1530	HD 169830 c	2102.0	0.33	12516
	Kepler-439	18 43 45.8	+44 03 12	5.46		+0.0200	Kepler-439 b	178.1396	0.0	15399.399

HD No.	Star Name	R.A.	Dec.	V	$B-V$	[Fe/H]	Exoplanet	Period[1]	e^2	Epoch$_P$[3] 2440000+
		h m s	° ′ ″					d		
173416		18 44 15.0	+36 34 35	6.06	+1.04	−0.2200	HD 173416 b	323.6	0.21	13465.8
	Kepler-442	19 02 05.4	+39 18 27	7.73		−0.3700	Kepler-442 b	112.3053	0.0	15849.558
177830		19 06 06.1	+25 56 58	7.18	+1.09	+0.3000	HD 177830 b	410.1	0.096	10254
	Kepler-443	19 14 55.5	+50 00 06	6.83		−0.0100	Kepler-443 b	177.6693	0.0	15630.246
180314		19 15 32.6	+31 53 37	6.61	+1.00	+0.2000	HD 180314 b	396.03	0.257	13565.9
179949		19 16 40.8	−24 08 47	6.25	+0.55	+0.1369	HD 179949 b	3.092514	0.022	11002.36
181342		19 22 11.3	−23 35 01	7.55	+1.02	+0.1500	HD 181342 b	663.0	0.177	14881
185269		19 37 56.4	+28 32 31	6.67	+0.61	−0.0250	HD 185269 b	6.8378503	0.295952	13154.089
186427	16 Cyg B	19 42 21.5	+50 33 40	6.25	+0.66	+0.0375	16 Cyg B b	798.5	0.681	6549.1
186641	HIP 97233	19 46 38.4	−00 39 03	7.34	+1.00	+0.2900	HIP 97233 b	1058.8	0.61	15856.3
	Kepler-437	19 49 59.0	+44 04 28	7.20		0.0000	Kepler-437 b	66.65062	0.0	15670.688
187085		19 50 47.8	−37 44 00	7.22	+0.57	+0.0882	HD 187085 b	986.0	0.47	10912
188310	ξ Aql	19 55 08.7	+08 30 38	4.71	+1.02	−0.2700	ξ Aql b	136.75	0.0	13001.7
189733		20 01 31.7	+22 45 41	7.67	+0.93	−0.0300	HD 189733 b	2.21857567	0.0	14279.437
190228		20 03 46.4	+28 21 34	7.30	+0.79	−0.1803	HD 190228 b	1136.1	0.531	13522
190360		20 04 23.1	+29 56 50	5.73	+0.75	+0.2128	HD 190360 b	2915.0369	0.313105	13541.662
190360		20 04 23.1	+29 56 50	5.73	+0.75	+0.2128	HD 190360 c	17.111027	0.23747	14389.63
	Kepler-436	20 07 29.3	+44 27 59	6.98		+0.0100	Kepler-436 b	64.00205	0.0	14967.043
192310		20 16 26.4	−26 58 35	5.73	+0.88	−0.0400	HD 192310 b	74.72	0.13	15116.198
192310		20 16 26.4	−26 58 35	5.73	+0.88	−0.0400	HD 192310 c	525.8	0.32	15311.915
192699		20 17 01.2	+04 38 18	6.44	+0.87	−0.2000	HD 192699 b	345.53	0.129	14036.6
195019		20 29 09.3	+18 49 53	6.87	+0.66	+0.0680	HD 195019 b	18.20132	0.0138	11015.5
196050		20 39 21.9	−60 34 09	7.50	+0.67	+0.2291	HD 196050 b	1378.0	0.228	10843
197037		20 40 12.5	+42 18 49	6.87	+0.45	−0.2000	HD 197037 b	1035.7	0.22	11353.1
196885		20 40 45.0	+11 18 59	6.39	+0.51	+0.2200	HD 196885 b	1333.0	0.48	12554
199665	18 Del	20 59 19.4	+10 54 42	5.51	+0.93	0.0000	18 Del b	993.3	0.08	11672
200964		21 07 35.7	+03 52 42	6.64	+0.88	−0.2000	HD 200964 b	613.8	0.04	14900
200964		21 07 35.7	+03 52 42	6.64	+0.88	−0.2000	HD 200964 c	825.0	0.181	15000
203949		21 27 31.8	−37 44 55	5.64		+0.3100	HD 203949 b	184.2	0.02	15262.4
208527		21 57 15.9	+21 19 42	6.48	+1.70	−0.0900	HD 208527 b	875.5	0.08	10745.3
208487		21 58 26.6	−37 40 32	7.47	+0.57	+0.0223	HD 208487 b	130.08	0.24	10999
209458		22 04 03.6	+18 58 27	7.65	+0.59	0.0000	HD 209458 b	3.52474859	0.0	12826.629
210277		22 10 28.4	−07 27 35	6.54	+0.77	+0.2143	HD 210277 b	442.19	0.476	10104.3
210702		22 12 45.0	+16 07 56	5.93	+0.95	+0.0400	HD 210702 b	354.29	0.036	14142.6
213240		22 32 07.8	−49 20 20	6.81	+0.60	+0.1387	HD 213240 b	882.7	0.421	11499
216435	τ Gru	22 54 43.1	−48 30 00	6.03	+0.62	+0.2439	τ Gru b	1311.0	0.07	10870
216437		22 55 55.2	−69 58 28	6.04	+0.66	+0.2250	HD 216437 b	1353.0	0.319	10605
217014	51 Peg	22 58 22.6	+20 52 06	5.45	+0.67	+0.1999	51 Peg b	4.230785	0.013	10001.51
217107		22 59 12.7	−02 17 46	6.17	+0.74	+0.3893	HD 217107 b	7.1268163	0.126686	14395.787
217107		22 59 12.7	−02 17 46	6.17	+0.74	+0.3893	HD 217107 c	4270.0	0.517222	11106.321
220074		23 21 03.3	+62 04 18	6.49	+1.68	−0.2500	HD 220074 b	672.1	0.14	11158.2
220773		23 27 23.8	+08 44 41	7.06	+0.66	+0.0900	HD 220773 b	3724.7	0.51	13866.4
221345	14 And	23 32 12.3	+39 20 17	5.22	+1.03	−0.2400	14 And b	185.84	0.0	12861.4
222155		23 38 54.9	+49 05 54	7.12	+0.64	−0.1100	HD 222155 b	3999.0	0.16	16319
222404	γ Cep	23 40 07.5	+77 44 08	3.21	+1.03	+0.1300	γ Cep b	905.574	0.12	13121.925
222582		23 42 48.4	−05 53 01	7.68	+0.65	−0.0285	HD 222582 b	572.38	0.725	10706.7

Notes to Table

[1] Period of exoplanet in days.
[2] Eccentricity of exoplanet orbit.
[3] Julian date of periastron.

IAU Designation	Name	RA	Dec.	Appt. Diam.	Dist.	Log (age)	Mag. Mem.[1]	$E_{(B-V)}$	Metallicity	Trumpler Class
		h m s	° ′ ″	′	pc	yr				
C0001−302	Blanco 1	00 05 04	−29 43 49	70.0	269	7.796	8	0.010	+0.04	IV 3 m
C0022+610	NGC 103	00 26 18	+61 25 32	4.0	3026	8.126	11	0.406		II 1 m
C0027+599	NGC 129	00 31 03	+60 19 13	19.0	1625	7.886	11	0.548		III 2 m
C0029+628	King 14	00 33 07	+63 15 27	8.0	2960	7.9	10	0.34		III 1 p
C0030+630	NGC 146	00 34 02	+63 26 10	5.5	3470	7.11		0.55		II 2 p
C0036+608	NGC 189	00 40 40	+61 11 47	5.0	752	7.00		0.42		III 1 p
C0040+615	NGC 225	00 44 45	+61 52 34	12.0	657	8.114		0.274		III 1 pn
C0039+850	NGC 188	00 49 28	+85 21 20	17.0	2047	9.632	10	0.082	−0.03	I 2 r
C0048+579	King 2	00 52 06	+58 17 01	5.0	5750	9.78	17	0.31	−0.42	II 2 m
	IC 1590	00 53 55	+56 43 43	4.0	2940	6.54		0.32		
C0112+598	NGC 433	01 16 22	+60 13 27	2.0	2323	7.50	9	0.86		III 2 p
C0112+585	NGC 436	01 17 08	+58 54 32	5.0	3014	7.926	10	0.460		I 2 m
C0115+580	NGC 457	01 20 46	+58 23 00	20.0	2429	7.324	6	0.472		II 3 r
C0126+630	NGC 559	01 30 48	+63 23 56	9.1	2430	8.35	9	0.82		I 1 m
C0129+604	NGC 581	01 34 37	+60 44 40	5.0	2194	7.336	9	0.382		II 2 m
C0132+610	Trumpler 1	01 36 57	+61 22 38	3.0	2469	7.30	10	0.68		II 2 p
C0139+637	NGC 637	01 44 23	+64 07 57	3.0	2500	7.0	8	0.64		I 2 m
C0140+616	NGC 654	01 45 17	+61 58 39	5.0	2410	7.0	10	0.82		II 2 r
C0140+604	NGC 659	01 45 40	+60 45 56	5.0	1938	7.548	10	0.652		I 2 m
C0144+717	Collinder 463	01 47 16	+71 54 07	57.0	702	8.373		0.259		III 2 m
C0142+610	NGC 663	01 47 26	+61 19 37	14.0	2420	7.4	9	0.80		II 3 r
C0149+615	IC 166	01 53 49	+61 55 26	7.0	4800	9.0	17	0.80	−0.178	II 1 r
C0154+374	NGC 752	01 58 47	+37 52 28	75.0	457	9.050	8	0.034	+0.01	II 2 r
C0155+552	NGC 744	01 59 48	+55 33 46	5.0	1207	8.248	10	0.384		III 1 p
C0211+590	Stock 2	02 16 03	+59 34 14	60.0	303	8.23		0.38	−0.14	I 2 m
C0215+569	NGC 869	02 20 19	+57 12 46	18.0	2079	7.069	7	0.575	−0.3	I 3 r
C0218+568	NGC 884	02 23 42	+57 12 34	18.2	2940	7.1	7	0.56	−0.3	I 3 r
C0225+604	Markarian 6	02 31 04	+60 47 18	6.0	698	7.214	8	0.606		III 1 P
C0228+612	IC 1805	02 34 07	+61 31 51	20.0	2344	6.48	9	0.87		II 3 mn
C0233+557	Trumpler 2	02 38 13	+55 59 40	17.0	725	7.95		0.40		II 2 p
C0238+425	NGC 1039	02 43 17	+42 50 23	35.0	499	8.249	9	0.070	+0.07	II 3 r
C0238+613	NGC 1027	02 44 10	+61 42 41	6.2	1030	8.4	9	0.41		II 3 mn
C0247+602	IC 1848	02 52 39	+60 30 31	18.0	2200	6.70		0.660		I 3 pn
C0302+441	NGC 1193	03 07 10	+44 27 14	3.0	4571	9.7	14	0.19	−0.293	I 2 m
	NGC 1252	03 11 17	−57 41 51	8.0	790	9.45		0.00		
C0311+470	NGC 1245	03 15 59	+47 18 16	40.0	2818	9.03	12	0.24	−0.04	II 2 r
C0318+484	Melotte 20	03 25 39	+49 55 34	300.0	185	7.854	3	0.090	+0.04	III 3 m
C0328+371	NGC 1342	03 32 50	+37 26 19	15.0	665	8.655	8	0.319	−0.16	III 2 m
C0341+321	IC 348	03 45 44	+32 13 14	8.0	385	7.641		0.929		
C0344+239	Melotte 22	03 48 06	+24 10 22	120.0	133	8.131	3	0.030	−0.03	I 3 rn
C0400+524	NGC 1496	04 05 57	+52 42 40	4.0	1230	8.80	12	0.45		III 2 p
C0403+622	NGC 1502	04 09 29	+62 22 47	8.0	1000	7.00	7	0.70		I 3 m
C0406+493	NGC 1513	04 11 20	+49 33 44	10.0	1320	8.11	11	0.67		II 1 m
C0411+511	NGC 1528	04 16 48	+51 15 36	16.0	1090	8.6	10	0.26		II 2 m
C0417+448	Berkeley 11	04 21 55	+44 57 35	5.0	2200	8.041	15	0.95	+0.01	II 2 m
C0417+501	NGC 1545	04 22 21	+50 17 46	18.0	711	8.448	9	0.303	−0.13	IV 2 p
C0424+157	Melotte 25	04 27 57	+15 54 26	330.0	45	8.896	4	0.010	+0.13	
C0443+189	NGC 1647	04 47 00	+19 08 51	40.0	540	8.158	9	0.370		II 2 r
C0445+108	NGC 1662	04 49 28	+10 58 05	20.0	437	8.625	9	0.304	−0.095	II 3 m
C0447+436	NGC 1664	04 52 25	+43 42 19	9.0	1199	8.465	10	0.254		

IAU Designation	Name	RA	Dec.	Appt. Diam.	Dist.	Log (age)	Mag. Mem.[1]	$E_{(B-V)}$	Metal-licity	Trumpler Class
		h m s	° ′ ″	′	pc	yr				
C0504+369	NGC 1778	05 09 19	+37 02 46	8.0	1469	8.155		0.336		III 2 p
C0509+166	NGC 1817	05 13 19	+16 42 40	16.0	1972	8.612	9	0.334	−0.16	IV 2 r
C0518−685	NGC 1901	05 18 06	−68 25 53	10.0	460	8.78		0.03	−0.018	III 3 m
C0519+333	NGC 1893	05 23 57	+33 25 41	25.0	6000	6.48		0.45		II 3 rn
C0520+295	Berkeley 19	05 25 17	+29 36 57	4.0	7870	9.40	15	0.32	−0.50	II 1 m
C0524+352	NGC 1907	05 29 19	+35 20 20	7.0	1800	8.5	11	0.52		I 1 mn
C0524+343	Stock 8	05 29 21	+34 26 14	12.0	2005	6.30		0.40		
C0525+358	NGC 1912	05 29 55	+35 51 43	20.0	1400	8.5	8	0.25	−0.38	II 2 r
C0532+099	Collinder 69	05 36 07	+09 56 39	70.0	400	6.70		0.12		
C0532−059	NGC 1980	05 36 18	−05 54 15	20.0	550	6.67		0.05		III 3 mn
C0532+341	NGC 1960	05 37 32	+34 09 01	10.0	1330	7.4	9	0.22		I 3 r
C0536−026	Sigma Orionis	05 39 38	−02 35 26	10.0	399	7.11		0.05		III 1 p
C0535+379	Stock 10	05 40 16	+37 56 33	25.0	380	7.90		0.07		IV 2 p
C0546+336	King 8	05 50 37	+33 38 16	4.0	6403	8.618	15	0.580	−0.460	II 2 m
C0548+217	Berkeley 21	05 52 49	+21 47 12	5.0	5000	9.34	6	0.76	−0.835	I 2
C0549+325	NGC 2099	05 53 31	+32 33 23	14.0	1383	8.540	11	0.302	+0.089	I 2 r
C0600+104	NGC 2141	06 03 56	+10 26 42	10.0	4033	9.231	15	0.250	−0.18	I 2 r
C0601+240	IC 2157	06 05 58	+24 03 12	5.0	2040	7.800	12	0.548		II 1 p
C0604+241	NGC 2158	06 08 33	+24 05 35	5.0	5071	9.023	15	0.360	−0.28	
C0605+139	NGC 2169	06 09 27	+13 57 40	5.0	1052	7.067		0.199		III 3 m
C0605+243	NGC 2168	06 10 02	+24 19 45	40.0	912	8.25	8	0.20	−0.160	III 3 r
C0606+203	NGC 2175	06 10 45	+20 28 55	22.0	1627	6.953	8	0.598		III 3 rn
C0609+054	NGC 2186	06 13 07	+05 26 53	8.1	2700	8.3	12	0.27		II 2 m
C0611+128	NGC 2194	06 14 47	+12 48 01	9.0	3781	8.515	13	0.383	−0.08	II 2 r
C0613−186	NGC 2204	06 16 22	−18 40 20	10.0	2629	8.896	13	0.085	−0.23	II 2 r
C0618−072	NGC 2215	06 21 43	−07 17 34	7.0	1293	8.369	11	0.300		II 2 m
C0624−047	NGC 2232	06 28 10	−04 46 15	53.0	359	7.727		0.030	+0.32	III 2 p
C0627−312	NGC 2243	06 30 16	−31 17 48	5.0	4458	9.032		0.051	−0.42	I 2 r
C0629+049	NGC 2244	06 32 54	+04 55 38	29.0	1660	6.28	7	0.47		II 3 rn
C0632+084	NGC 2251	06 35 38	+08 21 03	10.0	1329	8.427		0.186	−0.10	III 2 m
C0634+094	Trumpler 5	06 37 43	+09 25 00	15.4	2400	9.70	17	0.60	−0.30	III 1 rn
C0635+020	Collinder 110	06 39 22	+01 59 57	18.0	1950	9.15		0.50		
C0638+099	NGC 2264	06 41 59	+09 52 35	39.0	667	6.954	5	0.051	−0.15	III 3 mn
C0640+270	NGC 2266	06 44 28	+26 57 01	5.0	3000	8.80	11	0.20	−0.38	II 2 m
C0644−206	NGC 2287	06 46 49	−20 46 39	39.0	710	8.4	8	0.01	−0.23	I 3 r
C0645+411	NGC 2281	06 49 35	+41 03 23	25.0	558	8.554	8	0.063	+0.13	I 3 m
C0649+005	NGC 2301	06 52 42	+00 26 12	14.0	870	8.2	8	0.03	+0.060	I 3 r
C0649−070	NGC 2302	06 52 49	−07 06 24	5.0	1500	7.08	12	0.23		III 2 m
C0649+030	Berkeley 28	06 53 10	+02 54 35	3.0	2557	7.846	15	0.761		I 1 p
C0655+065	Berkeley 32	06 59 06	+06 24 26	6.0	3078	9.70	14	0.15	−0.29	II 2 r
C0700−082	NGC 2323	07 03 35	−08 24 41	14.0	950	8.0	9	0.20		II 3 r
C0701+011	NGC 2324	07 05 04	+01 00 59	10.6	3800	8.65	12	0.25	−0.17	II 2 r
C0704−100	NGC 2335	07 07 42	−10 03 29	6.0	1417	8.210	10	0.393	−0.18	III 2 mn
C0705−105	NGC 2343	07 08 58	−10 38 49	5.0	1056	7.104	8	0.118	−0.30	II 2 pn
C0706−130	NGC 2345	07 09 09	−13 13 26	12.0	2251	7.853	9	0.616		II 3 r
C0712−256	NGC 2354	07 14 56	−25 43 23	18.0	4085	8.126		0.307	−0.30	III 2 r
C0712−102	NGC 2353	07 15 23	−10 17 59	18.0	1170	8.10	9	0.10		III 3 p
C0712−310	Collinder 132	07 16 03	−30 43 00	80.0	472	7.080		0.037		III 3 p
C0715−367	Collinder 135	07 17 56	−36 51 03	50.0	316	7.407		0.032	−0.219	
C0714+138	NGC 2355	07 18 02	+13 42 57	7.0	1949	8.90	13	0.22	−0.08	II 2 m

IAU Designation	Name	RA	Dec.	Appt. Diam.	Dist.	Log (age)	Mag. Mem.[1]	$E_{(B-V)}$	Metallicity	Trumpler Class
		h m s	o ′ ″	′	pc	yr				
C0715−155	NGC 2360	07 18 33	−15 40 34	13.0	1887	8.749		0.111	−0.03	I 3 r
C0716−248	NGC 2362	07 19 27	−24 59 23	5.0	1480	6.70	8	0.10		I 3 r
C0717−130	Haffner 6	07 20 57	−13 10 08	6.0	3054	8.826	16	0.450		IV 2 rn
C0721−131	NGC 2374	07 24 47	−13 18 01	12.0	1468	8.463		0.090		IV 2 p
C0722−321	Collinder 140	07 25 10	−31 53 14	60.0	405	7.548		0.030	−0.10	III 3 m
C0722−261	Ruprecht 18	07 25 25	−26 15 14	7.0	1056	7.648		0.700	−0.010	
C0722−209	NGC 2384	07 25 58	−21 03 33	5.0	3070	7.15		0.31		IV 3 p
C0724−476	Melotte 66	07 26 55	−47 42 17	14.0	4313	9.445		0.143	−0.33	II 1 r
C0731−153	NGC 2414	07 34 03	−15 29 39	5.0	3455	6.976		0.508		I 3 m
C0734−205	NGC 2421	07 37 01	−20 39 14	6.0	2200	7.90	11	0.42		I 2 r
C0734−143	NGC 2422	07 37 26	−14 31 32	25.0	490	7.861	5	0.070	+0.11	I 3 m
C0734−137	NGC 2423	07 37 57	−13 54 51	12.0	766	8.867		0.097	+0.14	II 2 m
C0735−119	Melotte 71	07 38 22	−12 06 34	7.0	3154	8.371		0.113	−0.32	II 2 r
C0735+216	NGC 2420	07 39 29	+21 31 49	5.0	2480	9.3	11	0.04	−0.38	I 1 r
C0738−334	Bochum 15	07 40 48	−33 34 37	3.0	2806	6.742		0.576		IV 2 pn
C0738−315	NGC 2439	07 41 28	−31 44 14	9.0	1300	7.00	9	0.37		II 3 r
C0739−147	NGC 2437	07 42 37	−14 51 16	20.0	1510	8.4	10	0.10	+0.059	II 2 r
C0742−237	NGC 2447	07 45 17	−23 54 08	10.0	1037	8.588	9	0.046	−0.10	I 3 r
C0744−044	Berkeley 39	07 47 37	−04 38 47	7.0	4780	9.90	16	0.12	−0.20	II 2 r
C0745−271	NGC 2453	07 48 21	−27 14 30	4.0	2150	7.187		0.446		I 3 m
C0746−261	Ruprecht 36	07 49 09	−26 20 49	5.0	1681	7.606	12	0.166		IV 1 m
C0750−384	NGC 2477	07 52 50	−38 34 43	15.0	1341	8.85	12	0.31	+0.07	I 2 r
C0752−241	NGC 2482	07 55 59	−24 18 29	10.0	1343	8.604		0.093	−0.07	IV 1 m
C0754−299	NGC 2489	07 56 59	−30 06 49	6.0	3957	7.264	11	0.374	+0.080	I 2 m
C0757−607	NGC 2516	07 58 22	−60 48 15	30.0	409	8.052	7	0.101	+0.060	I 3 r
C0757−284	Ruprecht 44	07 59 36	−28 38 04	10.0	4730	6.941	12	0.619		IV 2 m
C0757−106	NGC 2506	08 00 54	−10 49 18	12.0	3750	9.00	11	0.10	−0.20	I 2 r
C0803−280	NGC 2527	08 05 44	−28 12 01	10.0	601	8.649		0.038	−0.10	II 2 m
C0805−297	NGC 2533	08 07 49	−29 56 16	5.0	1700	8.84		0.14		II 2 r
C0809−491	NGC 2547	08 10 42	−49 16 14	25.0	361	7.585	7	0.186	−0.160	I 3 rn
C0808−126	NGC 2539	08 11 29	−12 52 27	9.0	1363	8.570	9	0.082	+0.13	III 2 m
C0810−374	NGC 2546	08 12 56	−37 39 05	70.0	919	7.874	7	0.134	+0.120	III 2 m
C0811−056	NGC 2548	08 14 38	−05 48 25	30.0	770	8.6	8	0.03	+0.080	I 3 r
C0816−304	NGC 2567	08 19 17	−30 41 55	7.0	1677	8.469	11	0.128	0.00	II 2 m
C0816−295	NGC 2571	08 19 41	−29 48 32	8.0	1342	7.488		0.137	+0.05	II 3 m
C0835−394	Pismis 5	08 38 19	−39 38 56	12.0	869	7.197		0.421		
C0837−460	NGC 2645	08 39 40	−46 17 57	3.0	1668	7.283	9	0.380		II 3 p
C0838−528	IC 2391	08 41 04	−53 05 59	60.0	175	7.661	4	0.008	−0.01	II 3 m
	Mamajek 1	08 41 25	−79 05 38	40.0	97	6.9		0.00		
C0837+201	NGC 2632	08 41 28	+19 36 00	70.0	187	8.863	6	0.009	+0.27	II 3 m
C0839−461	Pismis 8	08 42 13	−46 20 01	3.0	1312	7.427	10	0.706		II 2 p
C0839−480	IC 2395	08 43 06	−48 10 50	18.6	800	6.80		0.09	0.00	II 3 m
C0840−469	NGC 2660	08 43 15	−47 16 02	3.5	2826	9.033	13	0.313	+0.04	I 1 r
C0843−486	NGC 2670	08 46 06	−48 52 05	7.0	1188	7.690	13	0.430		III 2 m
C0843−527	NGC 2669	08 46 54	−53 01 00	20.0	1046	7.927		0.180		III 3 m
C0846−423	Trumpler 10	08 48 34	−42 31 08	29.0	424	7.542		0.034	−0.13	II 3 m
C0847+120	NGC 2682	08 52 19	+11 43 47	25.0	808	9.45	9	0.03	+0.03	II 3 r
C0914−364	NGC 2818	09 16 46	−36 42 10	9.0	1855	8.626		0.121	−0.17	III 1 m
	NGC 2866	09 22 44	−51 10 46	2.0	2600	8.30		0.66		
C0922−515	Ruprecht 76	09 24 50	−51 44 49	5.0	1262	7.734	13	0.376		IV 2 p

IAU Designation	Name	RA	Dec.	Appt. Diam.	Dist.	Log (age)	Mag. Mem.[1]	$E_{(B-V)}$	Metal-licity	Trumpler Class
		h m s	° ′ ″	′	pc	yr				
C0925−549	Ruprecht 77	09 27 39	−55 11 51	5.0	4129	7.501	14	0.622		II 1 m
C0926−567	IC 2488	09 28 11	−57 04 52	18.0	1134	8.113	10	0.231	+0.10	II 3 r
C0927−534	Ruprecht 78	09 29 46	−53 46 54	3.0	1641	7.987	15	0.350		II 2 m
C0939−536	Ruprecht 79	09 41 37	−53 56 05	5.0	1979	7.093	11	0.717		III 2 p
C1001−598	NGC 3114	10 03 12	−60 12 35	35.0	911	8.093	9	0.069	+0.02	
C1019−514	NGC 3228	10 22 06	−51 49 19	5.0	544	7.932		0.028	+0.03	
C1022−575	Westerlund 2	10 24 43	−57 51 39	2.0	2850	6.30		1.65		IV 1 pn
C1025−573	IC 2581	10 28 11	−57 42 41	5.0	2446	7.142		0.415	−0.34	II 2 pn
C1028−595	Collinder 223	10 32 57	−60 06 56	18.0	2820	8.0		0.25	−0.217	II 2 m
C1033−579	NGC 3293	10 36 34	−58 19 34	6.0	2327	7.014	8	0.263		
C1035−583	NGC 3324	10 38 03	−58 44 17	12.0	2317	6.754		0.438	−0.474	
C1036−538	NGC 3330	10 39 31	−54 13 12	4.0	894	8.229		0.050		III 2 m
C1040−588	Bochum 10	10 42 55	−59 13 50	20.0	2027	6.857		0.306		II 3 mn
C1041−641	IC 2602	10 43 38	−64 29 50	100.0	161	7.507	3	0.024	0.00	I 3 r
C1041−593	Trumpler 14	10 44 39	−59 38 51	8.4	2900	6.00		0.36		
C1041−597	Collinder 228	10 44 43	−60 11 03	14.0	2201	6.830		0.342		
C1042−591	Trumpler 15	10 45 26	−59 27 51	14.0	1853	6.926		0.434		III 2 pn
C1043−594	Trumpler 16	10 45 53	−59 48 51	12.0	2900	6.00		0.36		
C1045−598	Bochum 11	10 47 58	−60 10 52	21.0	2412	6.764		0.576		IV 3 pn
C1054−589	Trumpler 17	10 57 10	−59 17 57	5.0	2189	7.706		0.605		
C1055−614	Bochum 12	10 58 09	−61 48 57	10.0	2218	7.61		0.24		III 3 p
C1057−600	NGC 3496	11 00 22	−60 26 10	8.0	990	8.471		0.469		II 1 r
	Sher 1	11 01 50	−60 19 59	1.0	5875	6.713		1.374		
C1059−595	Pismis 17	11 01 52	−59 54 59	6.0	3504	7.023	9	0.471	−0.145	
C1104−584	NGC 3532	11 06 26	−58 51 12	50.0	492	8.477	8	0.028	+0.02	II 3 r
C1108−599	NGC 3572	11 11 11	−60 20 56	5.0	1995	6.891	7	0.389		II 3 mn
C1108−601	Hogg 10	11 11 30	−60 30 02	3.0	1776	6.784		0.460		
C1109−604	Trumpler 18	11 12 16	−60 46 03	5.0	1358	7.194		0.315		II 3 m
C1109−600	Collinder 240	11 12 28	−60 24 38	32.0	1577	7.160		0.310		III 2 mn
C1110−605	NGC 3590	11 13 47	−60 53 21	3.0	1651	7.231		0.449		I 2 p
C1110−586	Stock 13	11 13 54	−58 59 03	5.0	1577	7.222	10	0.218		I 3 pn
C1112−609	NGC 3603	11 15 55	−61 21 40	4.0	6900	6.00		1.338		II 3 mn
C1115−624	IC 2714	11 18 15	−62 50 05	14.0	1238	8.542	10	0.341	+0.01	II 2 r
C1117−632	Melotte 105	11 20 30	−63 35 05	5.0	1715	8.55		0.83	+0.08	I 2 r
C1123−429	NGC 3680	11 26 31	−43 20 43	5.0	938	9.077	10	0.066	−0.19	I 2 m
C1133−613	NGC 3766	11 37 06	−61 42 39	9.3	2218	7.32	8	0.20		I 3 r
C1134−627	IC 2944	11 39 12	−63 28 31	65.0	1794	6.818		0.320		III 3 mn
C1141−622	Stock 14	11 44 42	−62 37 10	6.0	2399	7.30	10	0.21		III 3 p
C1148−554	NGC 3960	11 51 28	−55 46 34	5.0	1850	9.1		0.29	+0.02	I 2 m
C1154−623	Ruprecht 97	11 58 24	−62 49 11	5.0	1357	8.343	12	0.229	−0.03	IV 1 p
C1204−609	NGC 4103	12 07 38	−61 21 11	6.0	1632	7.393	10	0.294		I 2 m
C1221−616	NGC 4349	12 25 10	−61 58 27	5.0	2176	8.315	11	0.384	−0.12	II 2 m
C1222+263	Melotte 111	12 26 02	+25 59 52	120.0	96	8.652	5	0.013	+0.07	III 3 r
C1226−604	Harvard 5	12 28 18	−60 52 52	5.0	1184	8.032		0.160	+0.07	
C1225−598	NGC 4439	12 29 29	−60 12 26	4.0	1785	7.909		0.348		
C1239−627	NGC 4609	12 43 24	−63 05 46	13.0	1320	7.7	10	0.37	+0.05	II 2 m
C1250−600	NGC 4755	12 54 46	−60 27 42	10.0	1976	7.216	7	0.388		
C1315−623	Stock 16	13 20 42	−62 43 48	3.0	1810	6.90	10	0.52		III 3 pn
C1317−646	Ruprecht 107	13 21 01	−65 02 48	3.0	1442	7.478	12	0.458		III 2 p
C1324−587	NGC 5138	13 28 28	−59 07 44	7.0	1986	7.986		0.262	+0.120	II 2 m

IAU Designation	Name	RA	Dec.	Appt. Diam.	Dist.	Log (age)	Mag. Mem.[1]	$E_{(B-V)}$	Metal-licity	Trumpler Class
		h m s	o ′ ″	′	pc	yr				
C1326−609	Hogg 16	13 30 32	−61 17 43	6.0	1585	7.047		0.411		II 2 p
C1327−606	NGC 5168	13 32 20	−61 02 05	4.0	1777	8.001		0.431		I 2 m
C1328−625	Trumpler 21	13 33 30	−62 53 41	5.0	1263	7.696		0.197		I 2 p
C1343−626	NGC 5281	13 47 54	−63 00 31	7.0	1108	7.146	10	0.225		I 3 m
C1350−616	NGC 5316	13 55 16	−61 57 31	14.0	1215	8.202	11	0.267	−0.02	II 2 r
C1356−619	Lynga 1	14 01 22	−62 14 21	3.0	1900	8.00		0.45	+0.040	II 2 p
C1404−480	NGC 5460	14 08 39	−48 25 50	35.0	700	8.2	9	0.092	−0.06	I 3 m
C1420−611	Lynga 2	14 25 59	−61 24 49	13.0	900	7.95		0.22		II 3 m
C1424−594	NGC 5606	14 29 09	−59 42 50	3.0	1805	7.075		0.474		I 3 p
C1426−605	NGC 5617	14 31 08	−60 47 36	10.0	2000	7.90	10	0.48	+0.31	I 3 r
C1427−609	Trumpler 22	14 32 27	−61 14 52	10.0	1516	7.950	12	0.521		III 2 m
C1431−563	NGC 5662	14 36 58	−56 41 54	29.0	666	7.968	10	0.311	−0.03	II 3 r
C1440+697	Collinder 285	14 41 20	+69 29 17	1400.0	25	8.30	2	0.00		
C1445−543	NGC 5749	14 50 13	−54 34 28	10.0	1031	7.728		0.376		II 2 m
C1501−541	NGC 5822	15 05 43	−54 28 04	35.0	933	8.95	10	0.103	+0.05	II 2 r
C1502−554	NGC 5823	15 06 53	−55 40 27	12.0	1192	8.900	13	0.090		II 2 r
C1511−588	Pismis 20	15 16 51	−59 08 03	4.0	3272	6.864		1.28		
C1559−603	NGC 6025	16 04 52	−60 28 54	14.0	756	7.889	7	0.159	+0.19	II 3 r
C1601−517	Lynga 6	16 06 17	−51 58 58	5.0	1600	7.430		1.250		
C1603−539	NGC 6031	16 09 02	−54 03 48	3.0	1823	8.069		0.371	+0.02	I 3 p
C1609−540	NGC 6067	16 14 39	−54 15 52	14.0	1417	8.076	10	0.380	+0.138	I 3 r
C1614−577	NGC 6087	16 20 23	−57 58 43	14.0	891	7.976	8	0.175	−0.01	II 2 m
C1622−405	NGC 6124	16 26 36	−40 41 40	39.0	512	8.147	9	0.750		I 3 r
C1623−261	Collinder 302	16 27 16	−26 17 27	500.0						III 3 p
C1624−490	NGC 6134	16 29 09	−49 11 30	6.0	1260	8.95	11	0.35	+0.15	
C1632−455	NGC 6178	16 37 08	−45 40 48	5.0	1014	7.248		0.219		III 3 p
C1637−486	NGC 6193	16 42 43	−48 47 52	14.0	1155	6.775		0.475		
C1642−469	NGC 6204	16 47 31	−47 02 56	5.0	1200	7.90		0.46	−1.053	I 3 m
C1645−537	NGC 6208	16 50 57	−53 45 33	18.0	939	9.069		0.210	−0.03	III 2 r
C1650−417	NGC 6231	16 55 28	−41 51 14	14.0	1243	6.843	6	0.439		
C1652−394	NGC 6242	16 56 49	−39 29 24	9.0	1131	7.608		0.377		
C1653−405	Trumpler 24	16 58 17	−40 41 40	60.0	1138	6.919		0.418		
C1654−447	NGC 6249	16 59 02	−44 50 21	5.0	981	7.386		0.443		II 2 m
C1654−457	NGC 6250	16 59 18	−45 57 50	10.0	865	7.415		0.350		II 3 r
C1657−446	NGC 6259	17 02 06	−44 40 52	14.0	1031	8.336	11	0.498	+0.020	II 2 r
C1714−355	Bochum 13	17 18 38	−35 34 08	14.0	1077	6.823		0.854		III 3 m
C1714−429	NGC 6322	17 19 45	−42 57 06	5.0	996	7.058		0.590		I 3 m
C1720−499	IC 4651	17 26 15	−49 56 56	10.0	888	9.057	10	0.116	+0.15	II 2 r
C1731−325	NGC 6383	17 36 01	−32 34 40	20.0	985	6.962		0.298		II 3 mn
C1732−334	Trumpler 27	17 37 33	−33 31 37	6.0	1211	7.063		1.194	−0.193	III 3 m
C1733−324	Trumpler 28	17 38 13	−32 29 36	5.0	1343	7.290		0.733	+0.326	III 2 mn
C1734−362	Ruprecht 127	17 39 06	−36 18 35	5.0	1466	7.351	11	0.990		II 2 p
C1736−321	NGC 6405	17 41 32	−32 15 43	20.0	487	7.974	7	0.144	+0.06	II 3 r
C1741−323	NGC 6416	17 45 32	−32 22 06	14.0	741	8.087		0.251	−0.613	III 2 m
C1743+057	IC 4665	17 47 12	+05 42 38	70.0	352	7.634	6	0.174	−0.03	III 2 m
C1747−302	NGC 6451	17 51 52	−30 12 50	7.0	2080	8.134	12	0.672	−0.34	I 2 m
C1750−348	NGC 6475	17 55 05	−34 47 45	80.0	301	8.475	7	0.103	+0.14	I 3 r
C1753−190	NGC 6494	17 58 09	−18 59 10	29.0	628	8.477	10	0.356	+0.04	II 2 r
C1758−237	Bochum 14	18 03 08	−23 40 56	2.0	578	6.996		1.508		III 1 pn
C1800−279	NGC 6520	18 04 34	−27 53 12	2.0	1900	8.18	9	0.42		I 2 rn

IAU Designation	Name	RA	Dec.	Appt. Diam.	Dist.	Log (age)	Mag. Mem.[1]	$E_{(B-V)}$	Metallicity	Trumpler Class
		h m s	° ′ ″	′	pc	yr				
C1801−225	NGC 6531	18 05 20	−22 29 16	14.0	1205	7.070	8	0.281		I 3 r
C1801−243	NGC 6530	18 05 39	−24 21 22	14.0	1330	6.867	6	0.333		
C1804−233	NGC 6546	18 08 30	−23 17 35	14.0	938	7.849		0.491	−0.334	II 1 r
C1815−122	NGC 6604	18 19 05	−12 14 00	5.0	1696	6.810		0.970		I 3 mn
C1816−138	NGC 6611	18 19 51	−13 47 53	6.0	1800	6.11	11	0.80		
C1817−171	NGC 6613	18 21 02	−17 05 33	5.0	1296	7.223		0.450		II 3 pn
C1825+065	NGC 6633	18 28 09	+06 31 15	20.0	376	8.629	8	0.182	+0.06	III 2 m
C1828−192	IC 4725	18 32 52	−19 06 08	29.0	620	7.965	8	0.476	+0.17	I 3 m
C1830−104	NGC 6649	18 34 28	−10 23 17	5.0	1369	7.566	13	1.201		I 3 m
C1834−082	NGC 6664	18 37 37	−07 47 48	12.0	1164	7.162	9	0.709		III 2 m
C1836+054	IC 4756	18 39 55	+05 28 03	39.0	484	8.699	8	0.192	−0.01	II 3 r
C1840−041	Trumpler 35	18 43 53	−04 06 50	5.0	1206	7.862		1.218		I 2 m
C1842−094	NGC 6694	18 46 19	−09 21 46	7.0	1600	7.931	11	0.589		II 3 m
C1848−052	NGC 6704	18 51 44	−05 10 56	5.0	2974	7.863	12	0.717		I 2 m
C1848−063	NGC 6705	18 52 05	−06 14 49	32.0	1877	8.4	11	0.428	+0.23	
C1850−204	Collinder 394	18 53 22	−20 10 47	22.0	690	7.803		0.235		
C1851+368	Stephenson 1	18 54 09	+36 56 26	20.0	390	7.731		0.040		IV 3 p
C1851−199	NGC 6716	18 55 40	−19 52 38	10.0	789	7.961		0.220	−0.31	IV 1 p
C1905+041	NGC 6755	19 08 44	+04 17 49	14.0	1421	7.719	11	0.826		II 2 r
C1906+046	NGC 6756	19 09 37	+04 44 08	4.0	1507	7.79	13	1.18	+0.10	I 1 m
C1919+377	NGC 6791	19 21 32	+37 48 27	10.0	5035	9.92	15	0.160	+0.42	I 2 r
C1936+464	NGC 6811	19 37 50	+46 25 51	14.0	1215	8.799	11	0.160	−0.02	III 1 r
C1939+400	NGC 6819	19 41 54	+40 14 28	13.0	2511	9.38	11	0.12	+0.09	
C1941+231	NGC 6823	19 43 56	+23 20 42	6.0	3176	6.5		0.854		I 3 mn
C1948+229	NGC 6830	19 51 47	+23 08 53	5.0	1639	7.572	10	0.501	+0.24	II 2 p
C1950+292	NGC 6834	19 52 57	+29 27 25	5.0	2067	7.883	11	0.708		II 2 m
C1950+182	Harvard 20	19 53 56	+18 22 56	7.0	1540	7.476		0.247		IV 2 p
C2002+438	NGC 6866	20 04 31	+44 12 41	14.0	1470	8.8	10	0.10		II 2 r
C2002+290	Roslund 4	20 05 39	+29 16 13	5.0	2000	6.6		0.91		II 3 mn
C2004+356	NGC 6871	20 06 41	+35 49 50	29.0	1574	6.958		0.443		II 2 pn
C2007+353	Biurakan 2	20 09 54	+35 32 19	20.0	1106	7.011	16	0.360		III 2 p
C2008+410	IC 1311	20 10 57	+41 16 20	5.0	6026	9.20		0.28	−0.30	I 1 r
C2009+263	NGC 6885	20 12 48	+26 32 04	20.0	597	9.16	6	0.08		III 2 m
C2014+374	IC 4996	20 17 12	+37 42 47	2.2	2398	6.87	8	0.71		II 3 pn
C2018+385	Berkeley 86	20 21 05	+38 45 34	6.0	1112	7.116	13	0.898		IV 2 mn
C2019+372	Berkeley 87	20 22 24	+37 25 35	10.0	633	7.152	13	1.369		III 2 m
C2021+406	NGC 6910	20 23 52	+40 50 19	10.0	1139	7.127		0.971		I 3 mn
C2022+383	NGC 6913	20 24 38	+38 34 08	10.0	1148	7.111	9	0.744		II 3 mn
C2030+604	NGC 6939	20 31 52	+60 43 30	10.0	1800	9.20		0.33	0.00	II 1 r
C2032+281	NGC 6940	20 35 12	+28 20 52	25.0	770	8.858	11	0.214	+0.013	III 2 r
C2054+444	NGC 6996	20 57 09	+44 42 18	14.0	760	8.54		0.52		III 2 m
C2109+454	NGC 7039	21 11 28	+45 41 35	14.0	951	7.820		0.131		IV 2 m
C2121+461	NGC 7062	21 24 08	+46 27 30	5.0	1480	8.465		0.452	+0.08	II 2 m
C2122+478	NGC 7067	21 25 03	+48 05 25	6.0	3600	8.00		0.75		II 1 p
C2122+362	NGC 7063	21 25 06	+36 34 01	9.0	689	7.977		0.091		III 1 p
C2127+468	NGC 7082	21 29 58	+47 12 30	25.0	1442	8.233		0.237	−0.01	
C2130+482	NGC 7092	21 32 28	+48 30 56	29.0	326	8.445	7	0.013	+0.01	III 2 m
C2137+572	Trumpler 37	21 39 41	+57 35 03	89.0	835	7.054		0.470		IV 3 m
C2144+655	NGC 7142	21 45 35	+65 51 39	12.0	2300	9.48	11	0.35	+0.08	I 2 r
C2151+470	IC 5146	21 54 07	+47 21 16	20.0	852	6.00		0.593		III 2 pn

IAU Designation	Name	RA	Dec.	Appt. Diam.	Dist.	Log (age)	Mag. Mem.[1]	$E_{(B-V)}$	Metallicity	Trumpler Class
		h m s	° ′ ″	′	pc	yr				
C2152+623	NGC 7160	21 54 12	+62 41 28	5.0	789	7.278		0.375	+0.16	I 3 p
C2203+462	NGC 7209	22 05 51	+46 34 25	14.0	1168	8.617	9	0.168	−0.12	III 1 m
C2208+551	NGC 7226	22 11 06	+55 29 23	2.0	2616	8.436		0.536		I 2 m
C2210+570	NGC 7235	22 13 05	+57 21 43	5.0	3330	6.90		0.90		II 3 m
C2213+496	NGC 7243	22 15 52	+49 59 27	29.0	808	8.058	8	0.220	+0.06	II 2 m
C2213+540	NGC 7245	22 15 53	+54 26 09	7.0	3467	8.65		0.45		II 2 m
C2218+578	NGC 7261	22 20 47	+58 13 17	7.0	2830	8.20		0.88		II 3 m
C2227+551	Berkeley 96	22 30 32	+55 29 30	3.0	3180	7.60	13	0.54		I ? p
C2245+578	NGC 7380	22 48 06	+58 13 46	20.0	2222	7.077	10	0.602		III 2 mn
C2306+602	King 19	23 09 05	+60 37 02	5.0	1967	8.557	12	0.547		III 2 p
C2309+603	NGC 7510	23 11 51	+60 40 14	6.0	3480	7.35	10	0.90		II 3 rn
C2313+602	Markarian 50	23 16 06	+60 34 04	2.0	2114	7.095		0.810		III 1 pn
C2322+613	NGC 7654	23 25 38	+61 41 43	15.0	1400	8.2	11	0.57		II 2 r
C2345+683	King 11	23 48 42	+68 44 10	5.0	2892	9.048	17	1.270	−0.27	I 2 m
C2350+616	King 12	23 53 57	+62 02 56	5.0	2490	7.85	10	0.51		II 1 p
C2354+611	NGC 7788	23 57 34	+61 30 13	4.0	2750	8.20		0.49		I 2 p
C2354+564	NGC 7789	23 58 21	+56 48 41	25.0	1795	9.15	10	0.28	+0.02	II 2 r
C2355+609	NGC 7790	23 59 21	+61 18 41	5.0	2944	7.749	10	0.531		II 2 m

Notes to Table

[1] The Mag. Mem. column gives the visual magnitude of the brightest cluster member.

Alternate Names for Some Clusters

C0001−302	ζ Scl Cluster	C0838−528	o Vel Cluster
C0129+604	M103	C0847+120	M67
C0215+569	h Per	C1041−641	θ Car Cluster
C0218+568	χ Per	C1043−594	η Car Cluster
C0238+425	M34	C1239−627	Coal-Sack Cluster
C0344+239	M45	C1250−600	Jewel Box Cluster
C0525+358	M38	C1440+697	Ursa Major Moving Group
C0532+341	M36	C1736−321	M6
C0549+325	M37	C1750−348	M7
C0605+243	M35	C1753−190	M23
C0629+049	Rosette Cluster	C1801−225	M21
C0638+099	S Mon Cluster	C1816−138	M16
C0644−206	M41	C1817−171	M18
C0700−082	M50	C1828−192	M25
C0716−248	τ CMa Cluster	C1842−094	M26
C0734−143	M47	C1848−063	M11
C0739−147	M46	C2022+383	M29
C0742−237	M93	C2130+482	M39
C0811−056	M48	C2322+613	M52
C0837+201	M44		

SELECTED GLOBULAR CLUSTERS, J2018.5

Name	RA	Dec.	V_t	$B-V$	$E_{(B-V)}$	$(m-M)_V$	[Fe/H]	v_r	c^1	r_h^2	Alternate Name
	h m s	o ′ ″						km/s		′	
NGC 104	00 24 54.4	−71 58 44	3.95	0.88	0.04	13.37	−0.72	− 18.0	2.07	3.17	47 Tuc
NGC 288	00 53 39.2	−26 28 57	8.09	0.65	0.03	14.84	−1.32	− 45.4	0.99	2.23	
NGC 362	01 03 51.7	−70 44 59	6.40	0.77	0.05	14.83	−1.26	+223.5	1.76c	0.82	
Whiting 1	02 03 53.2	−03 09 52	15.03		0.03	17.49	−0.70	−130.6	0.55	0.22	
NGC 1261	03 12 46.6	−55 08 51	8.29	0.72	0.01	16.09	−1.27	+ 68.2	1.16	0.68	
Pal 1	03 36 05.5	+79 38 31	13.18	0.96	0.15	15.70	−0.65	− 82.8	2.57	0.46	
AM 1	03 55 34.3	−49 33 43	15.72	0.72	0.00	20.45	−1.70	+116.0	1.36	0.41	E 1
Eridanus	04 25 32.6	−21 08 44	14.70	0.79	0.02	19.83	−1.43	− 23.6	1.10	0.46	
Pal 2	04 47 17.1	+31 24 50	13.04	2.08	1.24	21.01	−1.42	−133.0	1.53	0.50	
NGC 1851	05 14 43.2	−40 01 34	7.14	0.76	0.02	15.47	−1.18	+320.5	1.86	0.51	
NGC 1904	05 24 56.7	−24 30 32	7.73	0.65	0.01	15.59	−1.60	+205.8	1.70c:	0.65	M 79
NGC 2298	06 49 38.7	−36 01 38	9.29	0.75	0.14	15.60	−1.92	+148.9	1.38	0.98	
NGC 2419	07 39 23.4	+38 50 22	10.41	0.66	0.08	19.83	−2.15	− 20.2	1.37	0.89	
Ko 2	07 59 24.5	+26 12 14	17.60		0.08	17.95				0.50	0.21	
Pyxis	09 08 41.9	−37 17 49	12.90		0.21	18.63	−1.20	+ 34.3	0.00	0.00	
NGC 2808	09 12 24.7	−64 56 24	6.20	0.92	0.22	15.59	−1.14	+101.6	1.56	0.80	
E 3	09 20 43.6	−77 21 40	11.35		0.30	15.47	−0.83		0.75	2.10	
Pal 3	10 06 28.8	−00 01 08	14.26		0.04	19.95	−1.63	+ 83.4	0.99	0.65	
NGC 3201	10 18 22.5	−46 30 20	6.75	0.96	0.24	14.20	−1.59	+494.0	1.29	3.10	
Pal 4	11 30 15.5	+28 52 17	14.20		0.01	20.21	−1.41	+ 74.5	0.93	0.51	
Ko 1	12 00 15.4	+12 09 25	17.10		0.01	18.45				0.50	0.26	
NGC 4147	12 11 02.8	+18 26 23	10.32	0.59	0.02	16.49	−1.80	+183.2	1.83	0.48	
NGC 4372	12 26 51.4	−72 45 41	7.24	1.10	0.39	15.03	−2.17	+ 72.3	1.30	3.91	
Rup 106	12 39 42.3	−51 15 06	10.90		0.20	17.25	−1.68	− 44.0	0.70	1.05	
NGC 4590	12 40 27.0	−26 50 44	7.84	0.63	0.05	15.21	−2.23	− 94.7	1.41	1.51	M 68
NGC 4833	13 00 49.3	−70 58 33	6.91	0.93	0.32	15.08	−1.85	+200.2	1.25	2.41	
NGC 5024	13 13 49.5	+18 04 13	7.61	0.64	0.02	16.32	−2.10	− 62.9	1.72	1.31	M 53
NGC 5053	13 17 21.3	+17 36 11	9.47	0.65	0.01	16.23	−2.27	+ 44.0	0.74	2.61	
NGC 5139	13 27 54.1	−47 34 31	3.68	0.78	0.12	13.94	−1.53	+232.1	1.31	5.00	ω Cen
NGC 5272	13 43 02.7	+28 17 04	6.19	0.69	0.01	15.07	−1.50	−147.6	1.89	2.31	M 3
NGC 5286	13 47 37.6	−51 27 58	7.34	0.88	0.24	16.08	−1.69	+ 57.4	1.41	0.73	
AM 4	13 57 24.8	−27 15 27	15.88		0.05	17.69	−1.30		0.70	0.43	
NGC 5466	14 06 17.1	+28 26 48	9.04	0.67	0.00	16.02	−1.98	+110.7	1.04	2.30	
NGC 5634	14 30 35.7	−06 03 29	9.47	0.67	0.05	17.16	−1.88	− 45.1	2.07	0.86	
NGC 5694	14 40 41.0	−26 37 04	10.17	0.69	0.09	18.00	−1.98	−140.3	1.89	0.40	
IC 4499	15 03 24.7	−82 17 09	9.76	0.91	0.23	17.08	−1.53	+ 31.5	1.21	1.71	
NGC 5824	15 05 07.1	−33 08 23	9.09	0.75	0.13	17.94	−1.91	− 27.5	1.98	0.45	
Pal 5	15 17 02.1	−00 10 44	11.75		0.03	16.92	−1.41	− 58.7	0.52	2.73	
NGC 5897	15 18 28.6	−21 04 38	8.53	0.74	0.09	15.76	−1.90	+101.5	0.86	2.06	
NGC 5904	15 19 29.4	+02 00 52	5.65	0.72	0.03	14.46	−1.29	+ 53.2	1.73	1.77	M 5
NGC 5927	15 29 21.3	−50 44 10	8.01	1.31	0.45	15.82	−0.49	−107.5	1.60	1.10	
NGC 5946	15 36 49.8	−50 43 13	9.61	1.29	0.54	16.79	−1.29	+128.4	2.50c	0.89	
BH 176	15 40 28.5	−50 06 43	14.00		0.54	18.06	0.00		0.85	0.90	
NGC 5986	15 47 15.9	−37 50 35	7.52	0.90	0.28	15.96	−1.59	+ 88.9	1.23	0.98	
Pal 14	16 11 51.6	+14 54 39	14.74		0.04	19.54	−1.62	+ 72.3	0.80	1.22	AvdB
Lynga 7	16 12 32.3	−55 21 53	10.18		0.73	16.78	−1.01	+ 8.0	0.95	1.20	BH184
NGC 6093	16 18 08.7	−23 01 14	7.33	0.84	0.18	15.56	−1.75	+ 8.1	1.68	0.61	M 80
NGC 6121	16 24 43.4	−26 34 03	5.63	1.03	0.35	12.82	−1.16	+ 70.7	1.65	4.33	M 4
NGC 6101	16 27 55.8	−72 14 34	9.16	0.68	0.05	16.10	−1.98	+361.4	0.80	1.05	
NGC 6144	16 28 21.8	−26 03 50	9.01	0.96	0.36	15.86	−1.76	+193.8	1.55	1.63	

Name	RA	Dec.	V_t	$B-V$	$E_{(B-V)}$	$(m-M)_V$	[Fe/H]	v_r	c^1	r_h^2	Alternate Name
	h m s	o ′ ″						km/s		′	
NGC 6139	16 28 55.5	−38 53 20	8.99	1.40	0.75	17.35	−1.65	+ 6.7	1.86	0.85	
Terzan 3	16 29 53.1	−35 23 35	12.00		0.73	16.82	−0.74	−136.3	0.70	1.25	
NGC 6171	16 33 34.0	−13 05 31	7.93	1.10	0.33	15.05	−1.02	− 34.1	1.53	1.73	M 107
1636-283	16 40 34.9	−28 26 02	12.00		0.46	16.02	−1.50		1.00	0.50	ESO452−SC11
NGC 6205	16 42 20.9	+36 25 32	5.78	0.68	0.02	14.33	−1.53	−244.2	1.53	1.69	M 13
NGC 6229	16 47 29.9	+47 29 44	9.39	0.70	0.01	17.45	−1.47	−154.2	1.50	0.36	
NGC 6218	16 48 11.8	−01 58 50	6.70	0.83	0.19	14.01	−1.37	− 41.4	1.34	1.77	M 12
FSR 1735	16 53 32.9	−47 05 16	12.90		1.42	19.35			0.56	0.34	
NGC 6235	16 54 31.9	−22 12 24	9.97	1.05	0.31	16.26	−1.28	+ 87.3	1.53	1.00	
NGC 6254	16 58 07.6	−04 07 41	6.60	0.90	0.28	14.08	−1.56	+ 75.2	1.38	1.95	M 10
NGC 6256	17 00 47.6	−37 08 53	11.29	1.69	1.09	18.44	−1.02	−101.4	2.50c	0.86	
Pal 15	17 00 48.1	−00 33 55	14.00		0.40	19.51	−2.07	+ 68.9	0.60	1.10	
NGC 6266	17 02 23.6	−30 08 23	6.45	1.19	0.47	15.63	−1.18	− 70.1	1.71c:	0.92	M 62
NGC 6273	17 03 46.5	−26 17 36	6.77	1.03	0.38	15.90	−1.74	+135.0	1.53	1.32	M 19
NGC 6284	17 05 36.5	−24 47 22	8.83	0.99	0.28	16.79	−1.26	+ 27.5	2.50c	0.66	
NGC 6287	17 06 16.0	−22 43 57	9.35	1.20	0.60	16.72	−2.10	−288.7	1.38	0.74	
NGC 6293	17 11 19.2	−26 36 15	8.22	0.96	0.36	16.00	−1.99	−146.2	2.50c	0.89	
NGC 6304	17 15 42.8	−29 28 55	8.22	1.31	0.54	15.52	−0.45	−107.3	1.80	1.42	
NGC 6341	17 17 41.4	+43 07 01	6.44	0.63	0.02	14.65	−2.31	−120.0	1.68	1.02	M 92
NGC 6316	17 17 47.2	−28 09 33	8.43	1.39	0.54	16.77	−0.45	+ 71.4	1.65	0.65	
NGC 6325	17 19 06.8	−23 47 04	10.33	1.66	0.91	17.29	−1.25	+ 29.8	2.50c	0.63	
NGC 6333	17 20 16.2	−18 32 02	7.72	0.97	0.38	15.67	−1.77	+229.1	1.25	0.96	M 9
NGC 6342	17 22 15.6	−19 36 16	9.66	1.26	0.46	16.08	−0.55	+115.7	2.50c	0.73	
NGC 6356	17 24 39.6	−17 49 45	8.25	1.13	0.28	16.76	−0.40	+ 27.0	1.59	0.81	
NGC 6355	17 25 07.5	−26 22 09	9.14	1.48	0.77	17.21	−1.37	−176.9	2.50c	0.88	
NGC 6352	17 26 53.6	−48 26 14	7.96	1.06	0.22	14.43	−0.64	−137.0	1.10	2.05	
IC 1257	17 28 08.4	−07 06 27	13.10	1.38	0.73	19.25	−1.70	−140.2	1.55	1.40	
NGC 6366	17 28 43.3	−05 05 39	9.20	1.44	0.71	14.94	−0.59	−122.2	0.74	2.92	
Terzan 2	17 28 44.6	−30 49 00	14.29		1.87	20.17	−0.69	+109.0	2.50c	1.52	HP 3
Terzan 4	17 31 51.0	−31 36 30	16.00		2.00	20.48	−1.41	− 50.0	0.90	1.85	HP 4
HP 1	17 32 16.2	−29 59 40	11.59		1.12	18.05	−1.00	+ 45.8	2.50c	3.10	BH 229
NGC 6362	17 33 49.8	−67 03 38	7.73	0.85	0.09	14.68	−0.99	− 13.1	1.09	2.05	
Liller 1	17 34 37.6	−33 24 02	16.77		3.07	24.09	−0.33	+ 52.0	2.30		
NGC 6380	17 35 44.8	−39 04 49	11.31	2.01	1.17	18.81	−0.75	− 3.6	1.55c:	0.74	Ton 1
Terzan 1	17 36 59.2	−30 28 49	15.90		1.99	20.31	−1.03	+114.0	2.50c	3.82	HP 2
Ton 2	17 37 27.0	−38 33 49	12.24		1.24	18.41	−0.70	−184.4	1.30	1.30	Pismis 26
NGC 6388	17 37 38.5	−44 44 45	6.72	1.17	0.37	16.13	−0.55	+ 80.1	1.75	0.52	
NGC 6402	17 38 34.4	−03 15 21	7.59	1.25	0.60	16.69	−1.28	− 66.1	0.99	1.30	M 14
NGC 6401	17 39 44.4	−23 55 08	9.45	1.58	0.72	17.35	−1.02	− 65.0	1.69	1.91	
NGC 6397	17 42 12.4	−53 40 58	5.73	0.73	0.18	12.37	−2.02	+ 18.8	2.50c	2.90	
Pal 6	17 44 51.2	−26 13 46	11.55	2.83	1.46	18.34	−0.91	+181.0	1.10	1.20	
NGC 6426	17 45 50.1	+03 09 49	11.01	1.02	0.36	17.68	−2.15	−162.0	1.70	0.92	
Djorg 1	17 48 41.3	−33 04 15	13.60		1.58	20.58	−1.51	−362.4	1.50	1.59	
Terzan 5	17 49 13.1	−24 47 03	13.85	2.77	2.28	21.27	−0.23	− 93.0	1.62	0.72	Terzan 11
NGC 6440	17 49 58.8	−20 21 54	9.20	1.97	1.07	17.95	−0.36	− 76.6	1.62	0.48	
NGC 6441	17 51 28.5	−37 03 20	7.15	1.27	0.47	16.78	−0.46	+ 16.5	1.74	0.57	
Terzan 6	17 51 58.2	−31 16 45	13.85		2.35	21.44	−0.56	+126.0	2.50c	0.44	HP 5
NGC 6453	17 52 05.6	−34 36 11	10.08	1.31	0.64	17.30	−1.50	− 83.7	2.50c	0.44	
UKS 1	17 55 35.2	−24 08 51	17.29		3.14	24.20	−0.64	+ 57.0	2.10		
NGC 6496	18 00 24.6	−44 15 58	8.54	0.98	0.15	15.74	−0.46	−112.7	0.70	1.02	

Name	RA	Dec.	V_t	$B-V$	$E_{(B-V)}$	$(m-M)_V$	[Fe/H]	v_r	c^1	r_h^2	Alternate Name
	h m s	° ′ ″						km/s		′	
Terzan 9	18 02 48.2	−26 50 19	16.00		1.76	19.71	−1.05	+ 59.0	2.50c	0.78	
NGC 6517	18 02 51.3	−08 57 28	10.23	1.75	1.08	18.48	−1.23	− 39.6	1.82	0.50	
Djorg 2	18 02 59.0	−27 49 29	9.90		0.94	16.90	−0.65		1.50	1.05	ESO456−SC38
NGC 6522	18 04 45.2	−30 01 56	8.27	1.21	0.48	15.92	−1.34	− 21.1	2.50c	1.00	
Terzan 10	18 04 45.4	−26 04 14	14.90		2.40	21.25	−1.00		0.75	1.55	
NGC 6535	18 04 47.5	−00 17 45	10.47	0.94	0.34	15.22	−1.79	−215.1	1.33	0.85	
NGC 6539	18 05 49.8	−07 35 00	9.33	1.83	1.02	17.62	−0.63	+ 31.0	1.74	1.70	
NGC 6528	18 06 00.8	−30 03 14	9.60	1.53	0.54	16.17	−0.11	+206.6	1.50	0.38	
NGC 6540	18 07 18.5	−27 45 44	9.30		0.66	15.65	−1.35	− 17.7	2.50		Djorg 3
NGC 6544	18 08 28.9	−24 59 38	7.77	1.46	0.76	14.71	−1.40	− 27.3	1.63c:	1.21	
NGC 6541	18 09 22.8	−43 42 40	6.30	0.76	0.14	14.82	−1.81	−158.7	1.86c:	1.06	
2MS-GC01	18 09 27.6	−19 49 33	27.74		6.80	33.85			0.85	1.65	2MASS−GC01
NGC 6553	18 10 26.5	−25 54 15	8.06	1.73	0.63	15.83	−0.18	− 3.2	1.16	1.03	
ESO-SC06	18 10 28.8	−46 25 07	12.00		0.07	16.87	−1.80		0.90	1.05	ESO280−SC06
2MS-GC02	18 10 42.8	−20 46 28	24.60		5.16	29.46	−1.08	−238.0	0.95	0.55	2MASS−GC02
NGC 6558	18 11 29.8	−31 45 32	9.26	1.11	0.44	15.70	−1.32	−197.2	2.50c	2.15	
IC 1276	18 11 44.2	−07 12 09	10.34	1.76	1.08	17.01	−0.75	+155.7	1.33	2.38	Pal 7
Terzan 12	18 13 23.0	−22 44 10	15.63		2.06	19.77	−0.50	+ 94.1	0.57	0.75	
NGC 6569	18 14 51.0	−31 49 14	8.55	1.34	0.53	16.83	−0.76	− 28.1	1.31	0.80	
BH 261	18 15 17.0	−28 37 42	11.00		0.36	15.19	−1.30		1.00	0.55	AL 3
GLIMPSE02	18 19 34.9	−16 58 07			7.85	38.05	−0.33		1.33	1.75	
NGC 6584	18 20 06.3	−52 12 26	8.27	0.76	0.10	15.96	−1.50	+222.9	1.47	0.73	
NGC 6624	18 24 51.8	−30 21 01	7.87	1.11	0.28	15.36	−0.44	+ 53.9	2.50c	0.82	
NGC 6626	18 25 41.1	−24 51 31	6.79	1.08	0.40	14.95	−1.32	+ 17.0	1.67	1.97	M 28
NGC 6638	18 32 04.7	−25 29 00	9.02	1.15	0.41	16.14	−0.95	+ 18.1	1.33	0.51	
NGC 6637	18 32 35.5	−32 20 02	7.64	1.01	0.18	15.28	−0.64	+ 39.9	1.38	0.84	M 69
NGC 6642	18 33 01.6	−23 27 38	9.13	1.11	0.40	15.79	−1.26	− 57.2	1.99c:	0.73	
NGC 6652	18 36 58.3	−32 58 28	8.62	0.94	0.09	15.28	−0.81	−111.7	1.80	0.48	
NGC 6656	18 37 31.6	−23 53 18	5.10	0.98	0.34	13.60	−1.70	−146.3	1.38	3.36	M 22
Pal 8	18 42 35.5	−19 48 25	11.02	1.22	0.32	16.53	−0.37	− 43.0	1.53	0.58	
NGC 6681	18 44 24.9	−32 16 21	7.87	0.72	0.07	14.99	−1.62	+220.3	2.50c	0.71	M 70
GLIMPSE01	18 49 47.2	−01 28 31	22.24		4.85	28.15			1.37	0.65	
NGC 6712	18 54 04.9	−08 40 56	8.10	1.17	0.45	15.60	−1.02	−107.6	1.05	1.33	
NGC 6717	18 56 12.9	−22 40 36	9.28	1.00	0.22	14.94	−1.26	+ 22.8	2.07	0.68	Pal 9
NGC 6715	18 56 14.3	−30 27 18	7.60	0.85	0.15	17.58	−1.49	+141.3	2.04	0.82	M 54
NGC 6723	19 00 47.7	−36 36 20	7.01	0.75	0.05	14.84	−1.10	− 94.5	1.11c:	1.53	
NGC 6749	19 06 11.4	+01 55 48	12.44	2.14	1.50	19.14	−1.60	− 61.7	0.79	1.10	
NGC 6760	19 12 08.5	+01 03 44	8.88	1.66	0.77	16.72	−0.40	− 27.5	1.65	1.27	
NGC 6752	19 12 29.7	−59 57 10	5.40	0.66	0.04	13.13	−1.54	− 26.7	2.50c	1.91	
NGC 6779	19 17 18.8	+30 13 03	8.27	0.86	0.26	15.68	−1.98	−135.6	1.38	1.10	M 56
Pal 10	19 18 51.2	+18 36 22	13.22		1.66	19.01	−0.10	− 31.7	0.58	0.99	
Terzan 7	19 18 56.9	−34 37 24	12.00		0.07	17.01	−0.32	+166.0	0.93	0.77	
Arp 2	19 29 54.4	−30 18 59	12.30	0.86	0.10	17.59	−1.75	+115.0	0.88	1.77	
NGC 6809	19 41 10.0	−30 55 16	6.32	0.72	0.08	13.89	−1.94	+174.7	0.93	2.83	M 55
Terzan 8	19 42 56.3	−33 57 18	12.40		0.12	17.47	−2.16	+130.0	0.60	0.95	
Pal 11	19 46 14.4	−07 57 41	9.80	1.27	0.35	16.72	−0.40	− 68.0	0.57	1.46	
NGC 6838	19 54 35.9	+18 49 42	8.19	1.09	0.25	13.80	−0.78	− 22.8	1.15	1.67	M 71
NGC 6864	20 07 09.9	−21 52 02	8.52	0.87	0.16	17.09	−1.29	−189.3	1.80	0.46	M 75
NGC 6934	20 35 05.7	+07 28 08	8.83	0.77	0.10	16.28	−1.47	−411.4	1.53	0.69	
NGC 6981	20 54 28.6	−12 27 59	9.27	0.72	0.05	16.31	−1.42	−345.0	1.21	0.93	M 72

Name	RA	Dec.	V_t	$B-V$	$E_{(B-V)}$	$(m-M)_V$	[Fe/H]	v_r	c^1	r_h^2	Alternate Name
	h m s	° ′ ″						km/s		′	
NGC 7006	21 02 21.1	+16 15 39	10.56	0.75	0.05	18.23	−1.52	−384.1	1.41	0.44	
NGC 7078	21 30 51.9	+12 14 56	6.20	0.68	0.10	15.39	−2.37	−107.0	2.29c	1.00	M 15
NGC 7089	21 34 24.1	−00 44 26	6.47	0.66	0.06	15.50	−1.65	− 5.3	1.59	1.06	M 2
NGC 7099	21 41 25.0	−23 05 43	7.19	0.60	0.03	14.64	−2.27	−184.2	2.50c	1.03	M 30
Pal 12	21 47 40.9	−21 09 59	11.99	1.07	0.02	16.46	−0.85	+ 27.8	2.98	1.72	
Pal 13	23 07 40.0	+12 52 20	13.47	0.76	0.05	17.23	−1.88	+ 25.2	0.66	0.36	
NGC 7492	23 09 25.0	−15 30 40	11.29	0.42	0.00	17.10	−1.78	−177.5	0.72	1.15	

Notes to Table

[1]   central concentration index: c = core collapsed; c: = possibly core collapsed

[2]   half-light radius

Name	Right Ascension	Declination	Type	L	Log (D_{25})	Log (R_{25})	P.A.	B_T^w	$B-V$	$U-B$	v_r
	h m s	° ′ ″					°				km/s
WLM	00 02 54	−15 20.9	IB(s)m	9.0	2.06	0.46	4	11.03	0.44	−0.21	− 118
NGC 0045	00 14 59.8	−23 04 42	SA(s)dm	7.3	1.93	0.16	142	11.32	0.71	−0.05	+ 468
NGC 0055	00 15 50	−39 05.7	SB(s)m: sp	5.6	2.51	0.76	108	8.42	0.55	+0.12	+ 124
NGC 0134	00 31 16.7	−33 08 32	SAB(s)bc	3.7	1.93	0.62	50	11.23	0.84	+0.23	+1579
NGC 0147	00 34 13.1	+48 36 38	dE5 pec		2.12	0.23	25	10.47	0.95		− 160
NGC 0185	00 39 59.4	+48 26 18	dE3 pec		2.07	0.07	35	10.10	0.92	+0.39	− 251
NGC 0205	00 41 22.8	+41 47 12	dE5 pec		2.34	0.30	170	8.92	0.85	+0.22	− 239
NGC 0221	00 43 42.7	+40 57 58	cE2		1.94	0.13	170	9.03	0.95	+0.48	− 205
NGC 0224	00 43 45.26	+41 22 12.5	SA(s)b	2.2	3.28	0.49	35	4.36	0.92	+0.50	− 298
NGC 0247	00 48 03.4	−20 39 33	SAB(s)d	6.8	2.33	0.49	174	9.67	0.56	−0.09	+ 159
NGC 0253	00 48 27.61	−25 11 14.8	SAB(s)c	3.3	2.44	0.61	52	8.04	0.85	+0.38	+ 250
SMC	00 53 17	−72 42.0	SB(s)m pec	7.0	3.50	0.23	45	2.70	0.45	−0.20	+ 175
NGC 0300	00 55 45.8	−37 35 03	SA(s)d	6.2	2.34	0.15	111	8.72	0.59	+0.11	+ 141
Sculptor	01 01 02	−33 36.5	dSph		2.06:	0.17	99	9.5:	0.7		+ 107
IC 1613	01 05 45	+02 13.1	IB(s)m	9.5	2.21	0.05	50	9.88	0.67		− 230
NGC 0488	01 22 44.5	+05 21 12	SA(r)b	1.1	1.72	0.13	15	11.15	0.87	+0.35	+2267
NGC 0598	01 34 53.64	+30 45 16.2	SA(s)cd	4.3	2.85	0.23	23	6.27	0.55	−0.10	− 179
NGC 0613	01 35 09.48	−29 19 27.5	SB(rs)bc	3.0	1.74	0.12	120	10.73	0.68	+0.06	+1478
NGC 0628	01 37 41.6	+15 52 39	SA(s)c	1.1	2.02	0.04	25	9.95	0.56		+ 655
NGC 0672	01 48 56.9	+27 31 28	SB(s)cd	5.4	1.86	0.45	65	11.47	0.58	−0.10	+ 420
NGC 0772	02 00 20.8	+19 05 49	SA(s)b	1.2	1.86	0.23	130	11.09	0.78	+0.26	+2457
NGC 0891	02 23 43.3	+42 25 58	SA(s)b? sp	4.5	2.13	0.73	22	10.81	0.88	+0.27	+ 528
NGC 0908	02 23 55.9	−21 09 02	SA(s)c	1.5	1.78	0.36	75	10.83	0.65	0.00	+1499
NGC 0925	02 28 23.7	+33 39 40	SAB(s)d	4.3	2.02	0.25	102	10.69	0.57		+ 553
Fornax	02 40 45	−34 22.3	dSph		2.26:	0.18	82	8.4:	0.62	+0.04	+ 53
NGC 1023	02 41 33.9	+39 08 30	SB(rs)0$^-$		1.94	0.47	87	10.35	1.00	+0.56	+ 632
NGC 1055	02 42 42.2	+00 31 18	SBb: sp	3.9	1.88	0.45	105	11.40	0.81	+0.19	+ 995
NGC 1068	02 43 37.61	+00 03 53.2	(R)SA(rs)b	2.3	1.85	0.07	70	9.61	0.74	+0.09	+1135
NGC 1097	02 47 06.29	−30 11 52.1	SB(s)b	2.2	1.97	0.17	130	10.23	0.75	+0.23	+1274
NGC 1187	03 03 27.0	−22 47 43	SB(r)c	2.1	1.74	0.13	130	11.34	0.56	−0.05	+1397
NGC 1232	03 10 35.5	−20 30 35	SAB(rs)c	2.0	1.87	0.06	108	10.52	0.63	0.00	+1683
NGC 1291	03 17 59.0	−41 02 27	(R)SB(s)0/a		1.99	0.08		9.39	0.93	+0.46	+ 836
NGC 1313	03 18 29.6	−66 25 54	SB(s)d	7.0	1.96	0.12		9.2	0.49	−0.24	+ 456
NGC 1300	03 20 31.3	−19 20 42	SB(rs)bc	1.1	1.79	0.18	106	11.11	0.68	+0.11	+1568
NGC 1316	03 23 24.09	−37 08 34.5	SAB(s)0^0 pec		2.08	0.15	50	9.42	0.89	+0.39	+1793
NGC 1344	03 29 04.8	−31 00 18	E5		1.78	0.24	165	11.27	0.88	+0.44	+1169
NGC 1350	03 31 51.9	−33 33 58	(R')SB(r)ab	3.0	1.72	0.27	0	11.16	0.87	+0.34	+1883
NGC 1365	03 34 18.8	−36 04 44	SB(s)b	1.3	2.05	0.26	32	10.32	0.69	+0.16	+1663
NGC 1399	03 39 11.6	−35 23 29	E1 pec		1.84	0.03		10.55	0.96	+0.50	+1447
NGC 1395	03 39 18.0	−22 58 05	E2		1.77	0.12		10.55	0.96	+0.58	+1699
NGC 1398	03 39 39.0	−26 16 42	(R')SB(r)ab	1.1	1.85	0.12	100	10.57	0.90	+0.43	+1407
NGC 1433	03 42 36.4	−47 09 49	(R')SB(r)ab	2.7	1.81	0.04		10.70	0.79	+0.21	+1067
NGC 1425	03 42 56.7	−29 50 07	SA(s)b	3.2	1.76	0.35	129	11.29	0.68	+0.11	+1508
NGC 1448	03 45 08.5	−44 35 15	SAcd: sp	4.4	1.88	0.65	41	11.40	0.72	+0.01	+1165
IC 342	03 48 36.9	+68 09 09	SAB(rs)cd	2.0	2.33	0.01		9.10			+ 32

Name	Right Ascension	Declination	Type	L	Log (D_{25})	Log (R_{25})	P.A.	B_T^w	$B-V$	$U-B$	v_r
	h m s	° ′ ″					°				km/s
NGC 1512	04 04 30.7	−43 17 57	SB(r)a	1.1	1.95	0.20	90	11.13	0.81	+0.17	+ 889
IC 356	04 09 43.2	+69 51 38	SA(s)ab pec		1.72	0.13	90	11.39	1.32	+0.76	+ 888
NGC 1532	04 12 47.0	−32 49 39	SB(s)b pec sp	1.9	2.10	0.58	33	10.65	0.80	+0.15	+1187
NGC 1566	04 20 25.5	−54 53 41	SAB(s)bc	1.7	1.92	0.10	60	10.33	0.60	−0.04	+1492
NGC 1672	04 46 00.3	−59 12 53	SB(s)b	3.1	1.82	0.08	170	10.28	0.60	+0.01	+1339
NGC 1792	05 05 52.5	−37 57 23	SA(rs)bc	4.0	1.72	0.30	137	10.87	0.68	+0.08	+1224
NGC 1808	05 08 20.74	−37 29 22.9	(R)SAB(s)a		1.81	0.22	133	10.76	0.82	+0.29	+1006
LMC	05 23.4	−69 44	SB(s)m	5.8	3.81	0.07	170	0.91	0.51	0.00	+ 313
NGC 2146	06 21 34.3	+78 20 52	SB(s)ab pec	3.4	1.78	0.25	56	11.38	0.79	+0.29	+ 890
Carina	06 42 04	−50 59.1	dSph		2.25:	0.17	65	11.5:	0.7:		+ 223
NGC 2280	06 45 33.3	−27 39 32	SA(s)cd	2.2	1.80	0.31	163	10.9	0.60	+0.15	+1906
NGC 2336	07 30 12.6	+80 08 21	SAB(r)bc	1.1	1.85	0.26	178	11.05	0.62	+0.06	+2200
NGC 2366	07 30 52.3	+69 10 39	IB(s)m	8.7	1.91	0.39	25	11.43	0.58		+ 99
NGC 2442	07 36 20.2	−69 34 21	SAB(s)bc pec	2.5	1.74	0.05		11.24	0.82	+0.23	+1448
NGC 2403	07 38 36.9	+65 33 32	SAB(s)cd	5.4	2.34	0.25	127	8.93	0.47		+ 130
Holmberg II	08 21 01	+70 39.4	Im	8.0	1.90	0.10	15	11.10	0.44		+ 157
NGC 2613	08 34 11.5	−23 02 15	SA(s)b	3.0	1.86	0.61	113	11.16	0.91	+0.38	+1677
NGC 2683	08 53 50.1	+33 21 02	SA(rs)b	4.0	1.97	0.63	44	10.64	0.89	+0.27	+ 405
NGC 2768	09 13 03.0	+59 57 39	E6:		1.91	0.28	95	10.84	0.97	+0.46	+1335
NGC 2784	09 13 08.9	−24 14 56	SA(s)0⁰:		1.74	0.39	73	11.30	1.14	+0.72	+ 691
NGC 2835	09 18 43.2	−22 25 59	SB(rs)c	1.8	1.82	0.18	8	11.01	0.49	−0.12	+ 887
NGC 2841	09 23 18.87	+50 53 48.9	SA(r)b:	0.5	1.91	0.36	147	10.09	0.87	+0.34	+ 637
NGC 2903	09 33 12.8	+21 25 07	SAB(rs)bc	2.3	2.10	0.32	17	9.68	0.67	+0.06	+ 556
NGC 2997	09 46 27.3	−31 16 36	SAB(rs)c	1.6	1.95	0.12	110	10.06	0.7	+0.3	+1087
NGC 2976	09 48 45.3	+67 49 48	SAc pec	6.8	1.77	0.34	143	10.82	0.66	0.00	+ 3
NGC 3031	09 57 03.185	+68 58 37.01	SA(s)ab	2.2	2.43	0.28	157	7.89	0.95	+0.48	− 36
NGC 3034	09 57 23.5	+69 35 29	I0		2.05	0.42	65	9.30	0.89	+0.31	+ 216
NGC 3109	10 04 03.2	−26 14 53	SB(s)m	8.2	2.28	0.71	93	10.39			+ 404
NGC 3077	10 04 46.7	+68 38 38	I0 pec		1.73	0.08	45	10.61	0.76	+0.14	+ 13
NGC 3115	10 06 09.3	−07 48 33	S0⁻		1.86	0.47	43	9.87	0.97	+0.54	+ 661
Leo I	10 09 26.9	+12 12 59	dSph		1.82:	0.10	79	10.7	0.6	+0.1:	+ 285
Sextans	10 13.9	−01 43	dSph		2.52:	0.91	56	11.0:			+ 224
NGC 3184	10 19 23.1	+41 19 52	SAB(rs)cd	3.5	1.87	0.03	135	10.36	0.58	−0.03	+ 591
NGC 3198	10 21 02.5	+45 27 24	SB(rs)c	2.6	1.93	0.41	35	10.87	0.54	−0.04	+ 663
NGC 3227	10 24 31.09	+19 46 15.5	SAB(s)a pec	3.5	1.73	0.17	155	11.1	0.82	+0.27	+1156
IC 2574	10 29 42.4	+68 19 01	SAB(s)m	8.0	2.12	0.39	50	10.80	0.44		+ 46
NGC 3319	10 40 13.9	+41 35 24	SB(rs)cd	3.8	1.79	0.26	37	11.48	0.41		+ 746
NGC 3344	10 44 31.7	+24 49 29	(R)SAB(r)bc	1.9	1.85	0.04		10.45	0.59	−0.07	+ 585
NGC 3351	10 44 56.2	+11 36 22	SB(r)b	3.3	1.87	0.17	13	10.53	0.80	+0.18	+ 777
NGC 3368	10 47 44.19	+11 43 19.9	SAB(rs)ab	3.4	1.88	0.16	5	10.11	0.86	+0.31	+ 897
NGC 3359	10 47 48.9	+63 07 35	SB(rs)c	3.0	1.86	0.22	170	11.03	0.46	−0.20	+1012
NGC 3377	10 48 41.1	+13 53 15	E5−6		1.72	0.24	35	11.24	0.86	+0.31	+ 692
NGC 3379	10 48 48.2	+12 29 01	E1		1.73	0.05		10.24	0.96	+0.53	+ 889
NGC 3384	10 49 15.5	+12 31 52	SB(s)0⁻:		1.74	0.34	53	10.85	0.93	+0.44	+ 735
NGC 3486	11 01 24.3	+28 52 32	SAB(r)c	2.6	1.85	0.13	80	11.05	0.52	−0.16	+ 681

Name	Right Ascension	Declination	Type	L	Log (D$_{25}$)	Log (R$_{25}$)	P.A.	B_T^w	$B-V$	$U-B$	v_r
	h m s	° ′ ″					°				km/s
NGC 3521	11 06 45.46	−00 08 09.7	SAB(rs)bc	3.6	2.04	0.33	163	9.83	0.81	+0.23	+ 804
NGC 3556	11 12 35.3	+55 34 25	SB(s)cd	5.7	1.94	0.59	80	10.69	0.66	+0.07	+ 694
NGC 3621	11 19 10.5	−32 54 55	SA(s)d	5.8	2.09	0.24	159	10.28	0.62	−0.08	+ 725
NGC 3623	11 19 53.8	+12 59 27	SAB(rs)a	3.3	1.99	0.53	174	10.25	0.92	+0.45	+ 806
NGC 3627	11 21 12.86	+12 53 24.1	SAB(s)b	3.0	1.96	0.34	173	9.65	0.73	+0.20	+ 726
NGC 3628	11 21 14.9	+13 29 15	Sb pec sp	4.5	2.17	0.70	104	10.28	0.80		+ 846
NGC 3631	11 22 05.3	+53 04 04	SA(s)c	1.8	1.70	0.02		11.01	0.58		+1157
NGC 3675	11 27 08.8	+43 29 01	SA(s)b	3.3	1.77	0.28	178	11.00			+ 766
NGC 3726	11 34 21.0	+46 55 37	SAB(r)c	2.2	1.79	0.16	10	10.91	0.49		+ 849
NGC 3923	11 51 58.2	−28 54 32	E4−5		1.77	0.18	50	10.8	1.00	+0.61	+1668
NGC 3938	11 53 47.0	+44 01 04	SA(s)c	1.1	1.73	0.04		10.90	0.52	−0.10	+ 808
NGC 3953	11 54 46.6	+52 13 25	SB(r)bc	1.8	1.84	0.30	13	10.84	0.77	+0.20	+1053
NGC 3992	11 58 33.2	+53 16 18	SB(rs)bc	1.1	1.88	0.21	68	10.60	0.77	+0.20	+1048
NGC 4038	12 02 49.9	−18 58 18	SB(s)m pec	4.2	1.72	0.23	80	10.91	0.65	−0.19	+1626
NGC 4039	12 02 50.6	−18 59 21	SB(s)m pec	5.3	1.72	0.29	171	11.10			+1655
NGC 4051	12 04 06.12	+44 25 42.0	SAB(rs)bc	3.3	1.72	0.13	135	10.83	0.65	−0.04	+ 720
NGC 4088	12 06 30.3	+50 26 11	SAB(rs)bc	3.9	1.76	0.41	43	11.15	0.59	−0.05	+ 758
NGC 4096	12 06 57.2	+47 22 30	SAB(rs)c	4.2	1.82	0.57	20	11.48	0.63	+0.01	+ 564
NGC 4125	12 09 00.9	+65 04 17	E6 pec		1.76	0.26	95	10.65	0.93	+0.49	+1356
NGC 4151	12 11 28.49	+39 18 10.5	(R′)SAB(rs)ab:		1.80	0.15	50	11.28	0.73	−0.17	+ 992
NGC 4192	12 14 44.8	+14 47 52	SAB(s)ab	2.9	1.99	0.55	155	10.95	0.81	+0.30	− 141
NGC 4214	12 16 35.0	+36 13 26	IAB(s)m	5.8	1.93	0.11		10.24	0.46	−0.31	+ 291
NGC 4216	12 16 50.9	+13 02 48	SAB(s)b:	3.0	1.91	0.66	19	10.99	0.98	+0.52	+ 129
NGC 4236	12 17 36	+69 21.3	SB(s)dm	7.6	2.34	0.48	162	10.05	0.42		0
NGC 4242	12 18 25.0	+45 30 59	SAB(s)dm	6.2	1.70	0.12	25	11.37	0.54		+ 517
NGC 4244	12 18 25.1	+37 42 17	SA(s)cd: sp	7.0	2.22	0.94	48	10.88	0.50		+ 242
NGC 4254	12 19 46.0	+14 18 51	SA(s)c	1.5	1.73	0.06		10.44	0.57	+0.01	+2407
NGC 4258	12 19 52.14	+47 12 04.8	SAB(s)bc	3.5	2.27	0.41	150	9.10	0.69		+ 449
NGC 4274	12 20 46.26	+29 30 43.2	(R)SB(r)ab	4.0	1.83	0.43	102	11.34	0.93	+0.44	+ 929
NGC 4293	12 22 08.92	+18 16 48.4	(R)SB(s)0/a		1.75	0.34	72	11.26	0.90		+ 943
NGC 4303	12 22 51.60	+04 22 16.1	SAB(rs)bc	2.0	1.81	0.05		10.18	0.53	−0.11	+1569
NGC 4321	12 23 51.1	+15 43 11	SAB(s)bc	1.1	1.87	0.07	30	10.05	0.70	−0.01	+1585
NGC 4365	12 25 24.8	+07 12 55	E3		1.84	0.14	40	10.52	0.96	+0.50	+1227
NGC 4374	12 26 00.004	+12 47 04.70	E1		1.81	0.06	135	10.09	0.98	+0.53	+ 951
NGC 4382	12 26 20.1	+18 05 20	SA(s)0$^+$ pec		1.85	0.11		10.00	0.89	+0.42	+ 722
NGC 4395	12 26 43.9	+33 26 41	SA(s)m:	7.3	2.12	0.08	147	10.64	0.46		+ 319
NGC 4406	12 27 08.00	+12 50 38.1	E3		1.95	0.19	130	9.83	0.93	+0.49	− 248
NGC 4429	12 28 22.9	+11 00 19	SA(r)0$^+$		1.75	0.34	99	11.02	0.98	+0.55	+1137
NGC 4438	12 28 41.76	+12 54 24.4	SA(s)0/a pec:		1.93	0.43	27	11.02	0.85	+0.35	+ 64
NGC 4449	12 29 05.0	+43 59 29	IBm	6.7	1.79	0.15	45	9.99	0.41	−0.35	+ 202
NGC 4450	12 29 25.51	+16 58 58.3	SA(s)ab	1.5	1.72	0.13	175	10.90	0.82		+1956
NGC 4472	12 30 43.18	+07 53 53.9	E2		2.01	0.09	155	9.37	0.96	+0.55	+ 912
NGC 4490	12 31 30.1	+41 32 28	SB(s)d pec	5.4	1.80	0.31	125	10.22	0.43	−0.19	+ 578
NGC 4486	12 31 45.574	+12 17 20.75	E+0−1 pec		1.92	0.10		9.59	0.96	+0.57	+1282
NGC 4501	12 32 55.14	+14 19 06.5	SA(rs)b	2.4	1.84	0.27	140	10.36	0.73	+0.24	+2279

Name	Right Ascension	Declination	Type	L	Log (D_{25})	Log (R_{25})	P.A.	B_T^w	$B-V$	$U-B$	v_r
	h m s	° ′ ″					°				km/s
NGC 4517	12 33 42.5	+00 00 46	SA(s)cd: sp	5.6	2.02	0.83	83	11.10	0.71		+1121
NGC 4526	12 34 59.39	+07 35 51.1	SAB(s)0⁰:		1.86	0.48	113	10.66	0.96	+0.53	+ 460
NGC 4527	12 35 05.17	+02 33 07.8	SAB(s)bc	3.3	1.79	0.47	67	11.38	0.86	+0.21	+1733
NGC 4535	12 35 16.64	+08 05 45.5	SAB(s)c	1.6	1.85	0.15	0	10.59	0.63	−0.01	+1957
NGC 4536	12 35 23.8	+02 05 10	SAB(rs)bc	2.0	1.88	0.37	130	11.16	0.61	−0.02	+1804
NGC 4548	12 36 22.3	+14 23 41	SB(rs)b	2.3	1.73	0.10	150	10.96	0.81	+0.29	+ 486
NGC 4552	12 36 35.9	+12 27 16	E0−1		1.71	0.04		10.73	0.98	+0.56	+ 311
NGC 4559	12 36 52.5	+27 51 30	SAB(rs)cd	4.3	2.03	0.39	150	10.46	0.45		+ 814
NGC 4565	12 37 15.75	+25 53 09.5	SA(s)b? sp	1.0	2.20	0.87	136	10.42	0.84		+1225
NGC 4569	12 37 45.74	+13 03 40.8	SAB(rs)ab	2.4	1.98	0.34	23	10.26	0.72	+0.30	− 236
NGC 4579	12 38 39.56	+11 43 00.1	SAB(rs)b	3.1	1.77	0.10	95	10.48	0.82	+0.32	+1521
NGC 4605	12 40 48.2	+61 30 28	SB(s)c pec	5.7	1.76	0.42	125	10.89	0.56	−0.08	+ 143
NGC 4594	12 40 57.215	−11 43 27.96	SA(s)a		1.94	0.39	89	8.98	0.98	+0.53	+1089
NGC 4621	12 42 58.3	+11 32 45	E5		1.73	0.16	165	10.57	0.94	+0.48	+ 430
NGC 4631	12 43 02.0	+32 26 25	SB(s)d	5.0	2.19	0.76	86	9.75	0.56		+ 608
NGC 4636	12 43 46.5	+02 35 12	E0−1		1.78	0.11	150	10.43	0.94	+0.44	+1017
NGC 4649	12 44 35.9	+11 27 05	E2		1.87	0.09	105	9.81	0.97	+0.60	+1114
NGC 4656	12 44 52.4	+32 04 15	SB(s)m pec	7.0	2.18	0.71	33	10.96	0.44		+ 640
NGC 4697	12 49 33.2	−05 54 04	E6		1.86	0.19	70	10.14	0.91	+0.39	+1236
NGC 4725	12 51 20.9	+25 24 02	SAB(r)ab pec	2.4	2.03	0.15	35	10.11	0.72	+0.34	+1205
NGC 4736	12 51 45.15	+41 01 11.5	(R)SA(r)ab	3.0	2.05	0.09	105	8.99	0.75	+0.16	+ 308
NGC 4753	12 53 19.1	−01 17 59	I0		1.78	0.33	80	10.85	0.90	+0.41	+1237
NGC 4762	12 53 51.8	+11 07 49	SB(r)0⁰? sp		1.94	0.72	32	11.12	0.86	+0.40	+ 979
NGC 4826	12 57 38.1	+21 35 00	(R)SA(rs)ab	3.5	2.00	0.27	115	9.36	0.84	+0.32	+ 411
NGC 4945	13 06 32.6	−49 34 01	SB(s)cd: sp	6.7	2.30	0.72	43	9.3			+ 560
NGC 4976	13 09 43.0	−49 36 15	E4 pec:		1.75	0.28	161	11.04	1.01	+0.44	+1453
NGC 5005	13 11 47.43	+36 57 39.8	SAB(rs)bc	3.3	1.76	0.32	65	10.61	0.80	+0.31	+ 948
NGC 5033	13 14 18.57	+36 29 46.4	SA(s)c	2.2	2.03	0.33	170	10.75	0.55		+ 877
NGC 5055	13 16 38.9	+41 55 56	SA(rs)bc	3.9	2.10	0.24	105	9.31	0.72		+ 504
NGC 5068	13 19 54.8	−21 08 09	SAB(rs)cd	4.7	1.86	0.06	110	10.7	0.67		+ 671
NGC 5102	13 23 01.0	−36 43 36	SA0⁻		1.94	0.49	48	10.35	0.72	+0.23	+ 468
NGC 5128	13 26 32.971	−43 06 53.75	E1/S0 + S pec		2.41	0.11	35	7.84	1.00		+ 559
NGC 5194	13 30 39.38	+47 06 00.2	SA(s)bc pec	1.8	2.05	0.21	163	8.96	0.60	−0.06	+ 463
NGC 5195	13 30 46.2	+47 10 16	I0 pec		1.76	0.10	79	10.45	0.90	+0.31	+ 484
NGC 5236	13 38 03.2	−29 57 31	SAB(s)c	2.8	2.11	0.05		8.20	0.66	+0.03	+ 514
NGC 5248	13 38 27.33	+08 47 30.5	SAB(rs)bc	1.8	1.79	0.14	110	10.97	0.65	+0.05	+1153
NGC 5247	13 39 03.27	−17 58 39.2	SA(s)bc	1.8	1.75	0.06	20	10.5	0.54	−0.11	+1357
NGC 5253	13 40 59.33	−31 44 00.2	Pec		1.70	0.41	45	10.87	0.43	−0.24	+ 404
NGC 5322	13 49 52.33	+60 05 56.6	E3−4		1.77	0.18	95	11.14	0.91	+0.47	+1915
NGC 5364	13 57 07.8	+04 55 29	SA(rs)bc pec	1.1	1.83	0.19	30	11.17	0.64	+0.07	+1241
NGC 5457	14 03 51.7	+54 15 37	SAB(rs)cd	1.1	2.46	0.03		8.31	0.45		+ 240
NGC 5585	14 20 23.4	+56 38 41	SAB(s)d	7.6	1.76	0.19	30	11.20	0.46	−0.22	+ 304
NGC 5566	14 21 15.9	+03 50 59	SB(r)ab	3.6	1.82	0.48	35	11.46	0.91	+0.45	+1505
NGC 5746	14 45 52.2	+01 52 39	SAB(rs)b? sp	4.5	1.87	0.75	170	11.29	0.97	+0.42	+1722
Ursa Minor	15 09 14	+67 09.4	dSph		2.50:	0.35	53	11.5:	0.9:		− 250

Name	Right Ascension	Declination	Type	L	Log (D$_{25}$)	Log (R$_{25}$)	P.A.	B_T^w	$B-V$	$U-B$	v_r
	h m s	° ′ ″					°				km/s
NGC 5907	15 16 22.5	+56 15 41	SA(s)c: sp	3.0	2.10	0.96	155	11.12	0.78	+0.15	+ 666
NGC 6384	17 33 18.2	+07 02 53	SAB(r)bc	1.1	1.79	0.18	30	11.14	0.72	+0.23	+1667
NGC 6503	17 49 14.9	+70 08 23	SA(s)cd	5.2	1.85	0.47	123	10.91	0.68	+0.03	+ 43
Sgr Dw Sph	18 56.4	−30 29	dSph		4.26:	0.42	104	4.3:	0.7:		+ 140
NGC 6744	19 11 30.9	−63 49 34	SAB(r)bc	3.3	2.30	0.19	15	9.14			+ 838
NGC 6822	19 46 00	−14 45.6	IB(s)m	8.5	2.19	0.06	5	9.0	0.79	+0.04:	− 54
NGC 6946	20 35 15.60	+60 13 06.5	SAB(rs)cd	2.3	2.06	0.07		9.61	0.80		+ 50
NGC 7090	21 37 45.7	−54 28 23	SBc? sp		1.87	0.77	127	11.33	0.61	−0.02	+ 854
IC 5152	22 03 53.5	−51 12 21	IA(s)m	8.4	1.72	0.21	100	11.06			+ 120
IC 5201	22 22 04.9	−45 56 31	SB(rs)cd	5.1	1.93	0.34	33	11.3			+ 914
NGC 7331	22 37 54.98	+34 30 43.7	SA(s)b	2.2	2.02	0.45	171	10.35	0.87	+0.30	+ 821
NGC 7410	22 56 03.5	−39 33 45	SB(s)a		1.72	0.51	45	11.24	0.93	+0.45	+1751
IC 1459	22 58 12.37	−36 21 46.9	E3−4		1.72	0.14	40	10.97	0.98	+0.51	+1691
IC 5267	22 58 16.6	−43 17 49	SA(rs)0/a		1.72	0.13	140	11.43	0.89	+0.37	+1713
NGC 7424	22 58 21.0	−40 58 17	SAB(rs)cd	4.0	1.98	0.07		10.96	0.48	−0.15	+ 941
NGC 7582	23 19 24.6	−42 16 10	(R′)SB(s)ab		1.70	0.38	157	11.37	0.75	+0.25	+1573
IC 5332	23 35 26.2	−35 59 55	SA(s)d	3.9	1.89	0.10		11.09			+ 706
NGC 7793	23 58 46.8	−32 29 17	SA(s)d	6.9	1.97	0.17	98	9.63	0.54	−0.09	+ 228

Notes to Table

: Indicates uncertainity or larger than normal standard deviation.

Alternate Names for Some Galaxies

Leo I	Regulus Dwarf
LMC	Large Magellanic Cloud
NGC 224	Andromeda Galaxy, M31
NGC 598	Triangulum Galaxy, M33
NGC 1068	M77, 3C 71
NGC 1316	Fornax A
NGC 3034	M82, 3C 231
NGC 4038/9	The Antennae
NGC 4374	M84, 3C 272.1
NGC 4486	Virgo A, M87, 3C 274
NGC 4594	Sombrero Galaxy, M104
NGC 4826	Black Eye Galaxy, M64
NGC 5055	Sunflower Galaxy, M63
NGC 5128	Centaurus A
NGC 5194	Whirlpool Galaxy, M51
NGC 5457	Pinwheel Galaxy, M101/2
NGC 6822	Barnard's Galaxy
Sgr Dw Sph	Sagittarius Dwarf Spheroidal Galaxy
SMC	Small Magellanic Cloud, NGC 292
WLM	Wolf-Lundmark-Melotte Galaxy

IERS Designation	Right Ascension	Declination	Type	z	Flux 8.4 GHz	2.3 GHz	α^1	V	Notes
	h m s	° ′ ″			Jy	Jy			
0002−478	00 04 35.6555 0384	−47 36 19.6037 899	A	0.880				19.0	
0007+106	00 10 31.0059 0186	+10 58 29.5043 827	G	0.089	0.38	0.18	+0.50	15.0	S1.2, var.
0008−264	00 11 01.2467 3846	−26 12 33.3770 171	Q	1.096	0.44	0.30	+0.50	19.0	
0010+405	00 13 31.1302 0334	+40 51 37.1441 040	G	0.255	0.56	0.48	−0.62	18.2	S1.9
0013−005	00 16 11.0885 5479	−00 15 12.4453 413	Q	1.576	0.35	0.88	−0.24	20.8	
0016+731	00 19 45.7864 1940	+73 27 30.0174 396	Q	1.781	0.77	1.56	+0.07	18.0	
0019+058	00 22 32.4412 0914	+06 08 04.2690 807	L	0.640	0.17	0.25	+0.03	19.2	
0035+413	00 38 24.8435 9231	+41 37 06.0003 032	Q	1.353	0.35	0.65	+0.20	19.9	
0048−097	00 50 41.3173 8756	−09 29 05.2102 688	L	0.634	1.24	0.84	+0.20	16.0	HP, var.
0048−427	00 51 09.5018 2012	−42 26 33.2932 480	Q	1.749	0.39	0.85		18.8	
0059+581	01 02 45.7623 8248	+58 24 11.1366 009	A	0.644	1.68	1.38		16.1	
0104−408	01 06 45.1079 6851	−40 34 19.9602 291	Q	0.584	3.34	1.16		19.0	
0107−610	01 09 15.4752 0598	−60 49 48.4599 686	G					21.4	
0109+224	01 12 05.8247 1754	+22 44 38.7863 909	L	0.265	0.67	0.42	+0.12	16.4	HP
0110+495	01 13 27.0068 0344	+49 48 24.0431 742	G	0.389	0.60	0.53	−0.14	19.3	S1.2
0116−219	01 18 57.2621 6666	−21 41 30.1399 986	Q	1.161	0.50	0.59	+0.09	19.0	
0119+115	01 21 41.5950 4339	+11 49 50.4131 012	Q	0.570	0.18	0.10	+0.33*	19.0	HP
0131−522	01 33 05.7625 5607	−52 00 03.9457 209	G	0.020				20.3	S1
0133+476	01 36 58.5948 0585	+47 51 29.1000 445	Q	0.859	2.00	1.86	+0.19	17.7	HP
0134+311	01 37 08.7336 2970	+31 22 35.8553 611	V	1.716	0.34	0.59	+0.03	21.6	
0138−097	01 41 25.8321 5547	−09 28 43.6741 894	L	0.733	0.53	0.62	−0.12	17.5	HP
0151+474	01 54 56.2898 8783	+47 43 26.5395 732	Q	1.026	0.61	0.38	+0.50	19.0	red
0159+723	02 03 33.3849 6841	+72 32 53.6672 938	L	0.390	0.22	0.22	+0.09	19.2	
0202+319	02 05 04.9253 6007	+32 12 30.0954 538	Q	1.466	0.89	0.49	+0.07	18.2	
0215+015	02 17 48.9547 5182	+01 44 49.6990 704	Q	1.715	1.06	0.69		18.3	HP
0221+067	02 24 28.4281 9659	+06 59 23.3415 393	G	0.511	0.41	0.32	+0.04	19.0	HP
0230−790	02 29 34.9465 9358	−78 47 45.6017 972	Q	1.070				18.6	
0229+131	02 31 45.8940 5431	+13 22 54.7162 668	Q	2.059	1.04	1.34	+0.06	17.7	
0234−301	02 36 31.1694 2057	−29 53 55.5402 759	Q	2.103	0.48	0.20		18.0	
0235−618	02 36 53.2457 4589	−61 36 15.1834 250	A	0.465				17.8	
0234+285	02 37 52.4056 7732	+28 48 08.9900 231	Q	1.213	1.18	1.90	+0.13	17.1	HP
0237−027	02 39 45.4722 6775	−02 34 40.9144 020	Q	1.116	0.51	0.37	+0.49	21.0	
0300+470	03 03 35.2422 2254	+47 16 16.2754 406	L		0.78	1.22		17.2	
0302−623	03 03 50.6313 4799	−62 11 25.5498 711	A	1.351				19.1	
0302+625	03 06 42.6595 4796	+62 43 02.0241 642	R		0.25	0.38			
0306+102	03 09 03.6235 0016	+10 29 16.3409 599	Q	0.863	0.57	0.62	+0.44	17.0	
0308−611	03 09 56.0991 5397	−60 58 39.0561 502	A	1.480				18.6	
0307+380	03 10 49.8799 2951	+38 14 53.8378 720	Q	0.816	0.66	0.48	+0.36	17.6	
0309+411	03 13 01.9621 2305	+41 20 01.1835 585	G	0.134	0.44	0.29	+0.33	16.5	S1
0322+222	03 25 36.8143 5154	+22 24 00.3655 873	Q	2.060	1.69	0.99	−0.01	19.1	
0332−403	03 34 13.6545 1358	−40 08 25.3978 415	L	1.445	2.15	0.57	−0.04	18.5	HP
0334−546	03 35 53.9248 4162	−54 30 25.1146 727	A					20.4	
0342+147	03 45 06.4165 4424	+14 53 49.5582 021	A	1.556	0.28	0.44	+0.42	20.0	red
0346−279	03 48 38.1445 7723	−27 49 13.5655 526	Q	0.991	1.21	1.11		19.4	
0358+210	04 01 45.1660 7260	+21 10 28.5870 359	A	0.834	0.41	0.61		17.9	
0402−362	04 03 53.7498 9835	−36 05 01.9131 085	Q	1.423	1.50	1.15	+0.43	17.2	
0403−132	04 05 34.0033 8957	−13 08 13.6907 083	Q	0.571	0.72	0.38	−0.37	17.2	HP
0405−385	04 06 59.0353 3560	−38 26 28.0423 567	Q	1.285	1.26	1.00	+0.19	17.5	
0414−189	04 16 36.5444 5140	−18 51 08.3400 284	Q	1.536	0.77	1.12	−0.09	18.5	
0420−014	04 23 15.8007 2776	−01 20 33.0654 034	Q	0.916	2.67	2.68	−0.08	17.8	HP
0422+004	04 24 46.8420 6092	+00 36 06.3293 676	L	0.310	0.41	0.43	−0.33	16.1	HP, var.
0426+273	04 29 52.9607 6804	+27 24 37.8762 939	V		0.40	0.49	−0.42	18.6	

IERS Designation	Right Ascension	Declination	Type	z	Flux 8.4 GHz (Jy)	Flux 2.3 GHz (Jy)	α^1	V	Notes
	h m s	° ′ ″			Jy	Jy			
0430+289	04 33 37.8298 5993	+29 05 55.4770 346	L	0.970	0.42	0.48	+0.02	18.8	
0437−454	04 39 00.8546 6883	−45 22 22.5628 657	V	2.017	1.00			20.5	
0440+345	04 43 31.6352 0255	+34 41 06.6640 222	R		0.58	0.97			
0446+112	04 49 07.6711 0088	+11 21 28.5964 577	L?	2.153	0.55	0.76	+0.38	20.0	
0454−810	04 50 05.4402 0132	−81 01 02.2313 228	G	0.444			+0.29*	19.6	S1.5
0454−234	04 57 03.1792 2863	−23 24 52.0201 418	Q	1.003	1.62	1.43	−0.07	16.6	HP
0458−020	05 01 12.8098 8366	−01 59 14.2562 534	Q	2.286	1.47	1.84	−0.09	18.5	HP
0458+138	05 01 45.2708 2031	+13 56 07.2204 176	R		0.38	0.60	+0.16	22.2	red
0506−612	05 06 43.9887 2791	−61 09 40.9937 940	Q	1.093				16.9	
0454+844	05 08 42.3634 5199	+84 32 04.5440 155	L	1.340	0.23	0.33	+0.24	16.5	HP
0506+101	05 09 27.4570 6864	+10 11 44.6000 396	A	0.621	0.54	0.41	−0.30	17.8	
0507+179	05 10 02.3691 2982	+18 00 41.5816 534	G	0.416	0.65	0.75	0.00	20.0	
0516−621	05 16 44.9261 6793	−62 07 05.3892 036	A	1.300				21.0	
0515+208	05 18 03.8245 0329	+20 54 52.4974 899	A	2.579	0.32	0.43		20.4	red
0522−611	05 22 34.4254 7880	−61 07 57.1335 242	Q	1.400			−0.18	18.1	
0524−460	05 25 31.4001 5013	−45 57 54.6848 636	Q	1.479			+0.14*	17.3	
0524−485	05 26 16.6713 1064	−48 30 36.7915 470	V	1.300	0.10	0.10		20.0	blue
0524+034	05 27 32.7054 4796	+03 31 31.5166 429	L	0.509	0.39	0.46		18.6	
0529+483	05 33 15.8657 8266	+48 22 52.8076 620	Q	1.162	0.53	0.64		18.8	
0534−611	05 34 35.7724 8961	−61 06 07.0730 607	A	1.997				18.8	
0534−340	05 36 28.4323 7520	−34 01 11.4684 150		0.682	0.33	0.49		18.3	
0537−441	05 38 50.3615 5219	−44 05 08.9389 165	Q	0.894	4.79	4.03		15.5	HP
0536+145	05 39 42.3659 9103	+14 33 45.5616 993	A	2.690	0.47	0.54		18.4	red
0537−286	05 39 54.2814 7645	−28 39 55.9478 122	Q	3.104	0.53	0.65	+0.24	20.0	
0544+273	05 47 34.1489 2109	+27 21 56.8425 667	R		0.51	0.36			
0549−575	05 50 09.5801 8296	−57 32 24.3965 304	A	2.001				19.5	
0552+398	05 55 30.8056 1150	+39 48 49.1649 664	Q	2.365	5.28	3.99		18.0	
0556+238	05 59 32.0331 3165	+23 53 53.9267 683	R		0.49	0.64			
0600+177	06 03 09.1302 6176	+17 42 16.8105 604	A	1.738	0.42	0.58		19.3	red
0642+449	06 46 32.0259 9463	+44 51 16.5901 237	Q	3.396	3.86	1.07	+0.88	18.4	
0646−306	06 48 14.0964 7071	−30 44 19.6596 827	Q	1.153	0.95	0.90	+0.06	18.6	
0648−165	06 50 24.5818 5521	−16 37 39.7251 917	R		0.95	1.37		22.1	blue
0656+082	06 59 17.9960 3428	+08 13 30.9533 022	V	2.780	0.51	0.68		16.1	red
0657+172	07 00 01.5255 3646	+17 09 21.7014 901	V		0.83	0.75		16.0	red
0707+476	07 10 46.1048 7679	+47 32 11.1427 167	Q	1.292	0.49	0.88	−0.28	18.2	
0716+714	07 21 53.4484 6336	+71 20 36.3634 253	L	0.300	0.41	0.26	−0.13	15.5	HP
0722+145	07 25 16.8077 6128	+14 25 13.7466 902	A	1.038	0.45	0.93	+0.03	17.8	
0718+792	07 26 11.7352 4096	+79 11 31.0162 085	R		0.62	0.77	+0.19	23.2	red
0727−115	07 30 19.1124 7420	−11 41 12.6005 110	Q	1.591	2.02	2.90		22.5	
0736+017	07 39 18.0338 9693	+01 37 04.6178 588	Q	0.189	1.20	2.00	−0.09	16.1	HP, var.
0738+491	07 42 02.7489 4651	+49 00 15.6089 340	A	2.318	0.45	0.47	+0.11	21.8	
0743−006	07 45 54.0823 2111	−00 44 17.5398 546	Q	0.994	1.53	1.24	+0.67	17.1	
0743+259	07 46 25.8741 7871	+25 49 02.1347 553	Q	2.987	0.15	0.49		19.1	
0745+241	07 48 36.1092 7469	+24 00 24.1100 315	G	0.410	0.54	0.74	+0.25	19.0	HP
0748+126	07 50 52.0457 3519	+12 31 04.8281 766	Q	0.889	1.80	1.35	+0.15	17.8	
0759+183	08 02 48.0319 6182	+18 09 49.2493 958	A	1.586	0.47	0.57	+0.12	18.5	
0800+618	08 05 18.1795 6846	+61 44 23.7002 968	A	3.033	1.00	1.07	−0.08	19.6	red
0805+046	08 07 57.5385 7015	+04 32 34.5310 021	Q	2.877	0.20	0.34	−0.38	18.4	
0804+499	08 08 39.6662 8353	+49 50 36.5304 035	Q	1.435	0.81	1.08	−0.14	17.5	HP
0805+410	08 08 56.6520 3923	+40 52 44.8888 616	Q	1.420	0.93	0.77	+0.38	19.0	
0808+019	08 11 26.7073 1189	+01 46 52.2202 616	L	1.148	0.58	0.57	+0.43	17.5	
0812+367	08 15 25.9448 5739	+36 35 15.1488 917	Q	1.027	0.75	0.75	−0.08	18.0	

IERS Designation	Right Ascension	Declination	Type	z	Flux 8.4 GHz	Flux 2.3 GHz	α^1	V	Notes
	h m s	° ′ ″			Jy	Jy			
0814+425	08 18 15.9996 0470	+42 22 45.4149 140	L	0.530	1.05	1.08	−0.04	18.5	HP, z?
0823+033	08 25 50.3383 5429	+03 09 24.5200 730	L	0.506	1.13	1.45	+0.14	18.0	HP
0827+243	08 30 52.0861 9070	+24 10 59.8204 032	Q	0.941	0.85	0.89	+0.03	17.3	
0834−201	08 36 39.2152 5294	−20 16 59.5040 953	Q	2.752	3.40	2.46		19.4	
0851+202	08 54 48.8749 2702	+20 06 30.6408 861	L	0.306	1.31	1.24	+0.11*	14.0	HP
0854−108	08 56 41.8041 4812	−11 05 14.4301 901	R		1.10	0.63	+0.04	17.3	
0912+029	09 14 37.9134 3166	+02 45 59.2469 393	G	0.427	0.48	0.58		18.0	S1
0920−397	09 22 46.4182 6064	−39 59 35.0683 561	Q	0.591	1.39	1.19		18.8	
0920+390	09 23 14.4529 3105	+38 49 39.9101 375	V		0.37	0.36	−0.01	21.7	
0925−203	09 27 51.8243 1596	−20 34 51.2324 031	Q	0.347	0.45	0.31	−0.20	16.4	S1.0
0949+354	09 52 32.0261 6656	+35 12 52.4030 592	Q	1.876	0.34	0.29	−0.04	19.0	
0955+476	09 58 19.6716 3931	+47 25 07.8424 347	Q	1.882	1.89	1.30	+0.20	18.0	
0955+326	09 58 20.9496 3113	+32 24 02.2095 353	Q	0.531	0.68	0.43	−0.33	15.8	S1.8
0954+658	09 58 47.2451 0127	+65 33 54.8180 587	L	0.368	0.56	0.67	+0.29	15.4	HP
1004−500	10 06 14.0093 1618	−50 18 13.4706 757	R					20.8	blue
1012+232	10 14 47.0654 5658	+23 01 16.5708 649	Q	0.566	0.77	0.69	−0.05	17.5	S1.5
1013+054	10 16 03.1364 6769	+05 13 02.3414 482	Q	1.713	0.52	0.54	−0.18	19.9	
1014+615	10 17 25.8875 7718	+61 16 27.4966 664	Q	2.801	0.50	0.58	+0.19	18.3	
1015+359	10 18 10.9880 9086	+35 42 39.4408 279	Q	1.230	0.63	0.61	0.00	19.0	
1022−665	10 23 43.5331 9996	−66 46 48.7177 526	R					18.8	blue
1022+194	10 24 44.8095 9508	+19 12 20.4156 249	Q	0.828	0.47	0.39	−0.05	17.5	
1030+415	10 33 03.7078 6817	+41 16 06.2329 177	Q	1.119	0.37	0.19	−0.14	18.2	HP
1030+074	10 33 34.0242 9130	+07 11 26.1477 035	A	1.535	0.19	0.20	+0.18	19.0	
1034−374	10 36 53.4396 0199	−37 44 15.0656 721	Q	1.821	0.50	0.22	+0.29	19.5	HP
1034−293	10 37 16.0797 3476	−29 34 02.8133 345	Q	0.312	1.49	1.21	+0.14	16.5	HP
1038+528	10 41 46.7816 3764	+52 33 28.2313 168	Q	0.678	0.53	0.44	−0.10	17.4	
1039+811	10 44 23.0625 4789	+80 54 39.4430 277	Q	1.260	0.76	0.71	+0.10	16.5	
1042+071	10 44 55.9112 4593	+06 55 38.2626 553	Q	0.690	0.24	0.35	−0.25	20.5	
1045−188	10 48 06.6206 0701	−19 09 35.7266 240	Q	0.595	1.19	0.85	−0.11	18.8	S1.8
1049+215	10 51 48.7890 7490	+21 19 52.3138 145	Q	1.300	0.91	1.27	−0.06	17.9	var.
1053+815	10 58 11.5353 7962	+81 14 32.6751 819	Q	0.706	0.78	0.54	+0.47	18.5	
1055+018	10 58 29.6052 0747	+01 33 58.8237 691	Q	0.890	3.75			18.3	HP
1101−536	11 03 52.2216 7171	−53 57 00.6966 293	A					16.2	
1101+384	11 04 27.3139 4136	+38 12 31.7990 644	L	0.030	0.32	0.36	−0.11	13.8	HP
1111+149	11 13 58.6950 8359	+14 42 26.9525 965	Q	0.867	0.23	0.55		18.0	
1123+264	11 25 53.7119 2285	+26 10 19.9786 840	Q	2.352	0.76	1.17	+0.04	17.5	
1124−186	11 27 04.3924 4958	−18 57 17.4416 582	Q	1.050	1.51	0.97	+0.53	19.0	
1128+385	11 30 53.2826 1193	+38 15 18.5469 933	Q	1.740	1.15	0.80	+0.14	19.1	
1130+009	11 33 20.0557 9171	+00 40 52.8372 903	Q	1.640	0.22	0.29	−0.09	19.0	
1133−032	11 36 24.5769 3290	−03 30 29.4964 694	Q	1.648	0.53	0.36		19.5	
1143−696	11 45 53.6241 7065	−69 54 01.7977 922	A	0.244				17.7	
1144+402	11 46 58.2979 1629	+39 58 34.3045 026	Q	1.090	0.73	0.48	+0.30	18.1	
1144−379	11 47 01.3707 0177	−38 12 11.0234 199	Q	1.048	2.72	1.08	+0.22	16.2	HP
1145−071	11 47 51.5540 2876	−07 24 41.1410 887	Q	1.342	0.53	0.78	+0.08	17.5	
1147+245	11 50 19.2121 7405	+24 17 53.8353 207	L	0.200	0.50	0.52	−0.05	16.7	HP, var.
1149−084	11 52 17.2095 1537	−08 41 03.3138 824	Q	2.370	1.05	0.97		18.5	
1156−663	11 59 18.3054 4873	−66 35 39.4272 186	R						
1156+295	11 59 31.8339 0975	+29 14 43.8268 741	Q	0.725	1.28	1.52	−0.29	17.0	HP
1213−172	12 15 46.7517 6110	−17 31 45.4029 502	G		1.62	1.23	−0.16	21.4	
1215+303	12 17 52.0819 6139	+30 07 00.6359 190	L	0.130	0.25	0.28	−0.30	15.7	HP, var.
1219+044	12 22 22.5496 2080	+04 13 15.7761 797	Q	0.966	0.67	0.54	+0.12	18.0	
1221+809	12 23 40.4937 3854	+80 40 04.3404 390	L	0.473	0.47	0.36	−0.28	18.0	

IERS Designation	Right Ascension	Declination	Type	z	Flux 8.4 GHz	Flux 2.3 GHz	α^1	V	Notes
	h m s	° ′ ″			Jy	Jy			
1226+373	12 28 47.4236 7744	+37 06 12.0958 631	Q	1.517	0.25	0.46	+0.44	18.2	
1236+077	12 39 24.5883 2517	+07 30 17.1892 686	G	1.365	0.70	0.70	+0.11	20.1	
1240+381	12 42 51.3690 7635	+37 51 00.0252 447	Q	1.318	0.51	0.68	+0.05	19.0	
1243−072	12 46 04.2321 0358	−07 30 46.5745 473	Q	1.286	0.78	0.69		18.0	
1244−255	12 46 46.8020 3492	−25 47 49.2887 900	Q	0.633	1.52	0.73	+0.25	17.4	HP
1252+119	12 54 38.2556 1161	+11 41 05.8951 798	Q	0.874	0.40	0.70	−0.14	16.2	
1251−713	12 54 59.9214 4870	−71 38 18.4366 697	A					20.5	
1300+580	13 02 52.4652 7568	+57 48 37.6093 180	V	1.088	0.28	0.25	+0.54	18.9	
1308+328	13 10 59.4027 2936	+32 33 34.4496 333	Q	1.635	0.45	0.49	+0.26	19.1	
1313−333	13 16 07.9859 3995	−33 38 59.1725 057	Q	1.210	0.87	0.77	−0.07	20.0	
1324+224	13 27 00.8613 1377	+22 10 50.1629 729	Q	1.400	1.79	1.98	+0.07	18.2	
1325−558	13 29 01.1449 2878	−56 08 02.6657 428	R						
1334−127	13 37 39.7827 7768	−12 57 24.6932 620	Q	0.539	4.88	3.21	+0.34	17.2	HP
1342+662	13 43 45.9595 7134	+66 02 25.7451 011	Q	0.766	0.23	0.26	+0.55	20.0	
1342+663	13 44 08.6796 6687	+66 06 11.6438 846	Q	1.351	0.51		−0.16	20.0	
1349−439	13 52 56.5349 4294	−44 12 40.3875 227	L	0.050	0.06	0.06		18.0	HP
1351−018	13 54 06.8953 2213	−02 06 03.1904 447	Q	3.707	0.77	0.80		20.9	
1354−152	13 57 11.2449 7976	−15 27 28.7867 232	Q	1.890	1.34	0.69		19.0	
1357+769	13 57 55.3715 3147	+76 43 21.0510 512	A	1.585	0.80	0.68	+0.05	19.0	
1406−076	14 08 56.4812 0036	−07 52 26.6664 200	Q	1.494	0.73	0.63		18.4	
1418+546	14 19 46.5974 0212	+54 23 14.7871 875	L	0.153	0.50	0.60	+0.57	15.9	HP
1417+385	14 19 46.6137 6070	+38 21 48.4750 925	Q	1.830	0.59	0.50		19.3	
1420−679	14 24 55.5573 9563	−68 07 58.0945 205	A					22.2	
1423+146	14 25 49.0180 1632	+14 24 56.9019 040	Q	0.780	0.35	0.45	+0.09	19.0	
1424−418	14 27 56.2975 6536	−42 06 19.4375 991	Q	1.522	1.33	1.49	+0.28*	17.7	HP
1432+200	14 34 39.7933 5525	+19 52 00.7358 213	A	1.382	0.40	0.50		18.3	
1443−162	14 45 53.3762 8643	−16 29 01.6189 137	A		0.28	0.45		19.5	
1448−648	14 52 39.6792 4989	−65 02 03.4333 591	G					22.0	
1451−400	14 54 32.9123 5921	−40 12 32.5142 375	Q	1.810	0.33	0.70		18.5	
1456+044	14 58 59.3562 1201	+04 16 13.8206 019	G	0.391	0.53	0.44	−0.33	18.3	
1459+480	15 00 48.6542 2191	+47 51 15.5381 838	A	1.059	0.61	0.40	+0.24	19.4	
1502+106	15 04 24.9797 8142	+10 29 39.1986 151	Q	1.838	1.00	1.50	−0.03	18.6	HP
1502+036	15 05 06.4771 5917	+03 26 30.8126 616	G	0.408	0.98	0.83	+0.41	18.1	
1504+377	15 06 09.5299 6778	+37 30 51.1325 044	G	0.671	0.86	0.66	−0.01	21.2	S2
1508+572	15 10 02.9223 6464	+57 02 43.3759 071	Q	4.309	0.38	0.22	−0.18	21.4	
1510−089	15 12 50.5329 2491	−09 05 59.8295 878	Q	0.360	1.23	2.20		16.7	HP, var.
1511−100	15 13 44.8934 1390	−10 12 00.2644 930	Q	1.513	0.82	0.80	+0.03	14.7	
1514+197	15 16 56.7961 6342	+19 32 12.9920 178	L	1.070	0.48	0.60	+0.14	18.5	
1520+437	15 21 49.6138 7985	+43 36 39.2681 562	Q	2.175	0.50	0.38	+0.48	18.9	
1519−273	15 22 37.6759 8872	−27 30 10.7854 174	L	1.294	1.68	1.34	+0.17	18.5	HP
1546+027	15 49 29.4368 4301	+02 37 01.1634 197	Q	0.414	1.23	1.25	+0.05	16.8	HP
1548+056	15 50 35.2692 4162	+05 27 10.4484 262	Q	1.422	2.10	2.35	−0.21	17.7	HP
1555+001	15 57 51.4339 7128	−00 01 50.4137 075	Q	1.770	0.96	0.78		19.3	
1554−643	15 58 50.2843 6339	−64 32 29.6374 071	G	0.080				17.0	
1557+032	15 59 30.9726 1545	+03 04 48.2568 829	Q	3.891	0.35	0.35		19.8	
1604−333	16 07 34.7623 4480	−33 31 08.9133 114	V		0.17	0.26		20.5	blue
1606+106	16 08 46.2031 8554	+10 29 07.7758 300	Q	1.226	1.20	1.69	+0.12	18.2	
1611−710	16 16 30.6415 5980	−71 08 31.4545 422	A	2.271				20.7	
1614+051	16 16 37.5568 1502	+04 59 32.7367 495	Q	3.215	0.55	0.67	+0.39	19.5	
1617+229	16 19 14.8246 1057	+22 47 47.8510 784	A	1.987	0.68	0.57		20.9	
1619−680	16 24 18.4370 0573	−68 09 12.4965 314	Q	1.360				18.0	
1622−253	16 25 46.8916 4010	−25 27 38.3267 989	Q	0.786	2.24	2.18	−0.04	21.9	

IERS Designation	Right Ascension	Declination	Type	z	Flux 8.4 GHz	Flux 2.3 GHz	α^1	V	Notes
	h m s	° ′ ″			Jy	Jy			
1624−617	16 28 54.6898 2354	−61 52 36.3978 862	R	2.578					
1637+574	16 38 13.4562 9705	+57 20 23.9790 727	Q	0.751	0.91	1.28	+0.05	16.7	S1.2
1638+398	16 40 29.6327 7180	+39 46 46.0285 033	Q	1.660	0.86	0.98	+0.28	18.5	HP
1639+230	16 41 25.2275 6501	+22 57 04.0327 611	Q	2.063	0.42	0.37	+0.12	19.3	
1642+690	16 42 07.8485 0549	+68 56 39.7564 973	Q	0.751	1.10	1.48	−0.22	19.2	HP
1633−810	16 42 57.3456 5318	−81 08 35.0701 687	A					18.0	
1657−261	17 00 53.1540 6129	−26 10 51.7253 457	R		0.45	0.23		16.5	blue
1657−562	17 01 44.8581 1384	−56 21 55.9019 532	R						
1659−621	17 03 36.5412 4564	−62 12 40.0081 704	V	1.755				18.7	blue
1705+018	17 07 34.4152 7100	+01 48 45.6992 837	Q	2.568	0.51	0.76		18.9	
1706−174	17 09 34.3453 9327	−17 28 53.3649 724	R		0.33	0.52		17.5	
1717+178	17 19 13.0484 8160	+17 45 06.4373 011	L	0.137	0.54	0.68	+0.03	18.5	HP
1726+455	17 27 27.6508 0470	+45 30 39.7313 444	Q	0.717	1.02	1.14	+0.21	17.8	S1.2
1730−130	17 33 02.7057 8476	−13 04 49.5481 484	Q	0.902	8.31	4.67	−0.08	18.5	
1725−795	17 33 40.7002 7819	−79 35 55.7166 934	A	0.876				19.7	
1732+389	17 34 20.5785 3662	+38 57 51.4430 746	Q	0.970	1.12	1.25	+0.19	19.0	HP
1738+499	17 39 27.3904 9252	+49 55 03.3684 410	Q	1.545	0.35	0.43		19.0	
1738+476	17 39 57.1290 7360	+47 37 58.3615 566	L	0.950	0.60	1.01	+0.04	18.5	
1741−038	17 43 58.8561 3396	−03 50 04.6166 450	Q	1.054	3.59	2.18	+0.78	18.6	HP
1743+173	17 45 35.2081 7083	+17 20 01.4236 878	Q	1.702	0.70	1.20	−0.14	18.7	
1745+624	17 46 14.0341 3721	+62 26 54.7383 903	Q	3.889	0.48	0.35	−0.29	19.5	
1749+096	17 51 32.8185 7318	+09 39 00.7284 829	Q	0.322	4.30	1.59	+0.64	17.9	HP, var.
1751+288	17 53 42.4736 4429	+28 48 04.9388 841	V	1.115	0.33	0.41		19.6	blue
1754+155	17 56 53.1021 3624	+15 35 20.8265 328	V		0.45	0.31		17.1	
1758+388	18 00 24.7653 6125	+38 48 30.6975 330	Q	2.092	1.07	0.42	+0.72	18.0	
1803+784	18 00 45.6839 1641	+78 28 04.0184 502	Q	0.680	2.07	2.23	+0.13	17.0	HP
1800+440	18 01 32.3148 2108	+44 04 21.9003 219	Q	0.663	0.95	0.37	−0.20	17.5	
1758−651	18 03 23.4966 6700	−65 07 36.7612 094	V	1.199				20.6	
1806−458	18 09 57.8717 5020	−45 52 41.0139 197	G	0.070				15.7	
1815−553	18 19 45.3995 1849	−55 21 20.7453 785	A	1.629				18.9	
1823+689	18 23 32.8539 0304	+68 57 52.6125 919	R		0.20	0.35	−0.04	19.0	red
1823+568	18 24 07.0683 7771	+56 51 01.4908 371	Q	0.664	0.98	0.95	−0.11	18.4	HP
1824−582	18 29 12.4023 7320	−58 13 55.1616 899	R	1.531				19.3	blue
1831−711	18 37 28.7149 3799	−71 08 43.5545 891	Q	1.356			+0.14	17.5	
1842+681	18 42 33.6416 8915	+68 09 25.2277 840	Q	0.472	0.80	0.65	+0.02	17.9	
1846+322	18 48 22.0885 8135	+32 19 02.6037 429	A	0.798	0.52	0.55		19.4	blue
1849+670	18 49 16.0722 8978	+67 05 41.6802 978	Q	0.657	0.85	0.67	−0.06	18.7	S1.2
1908−201	19 11 09.6528 9198	−20 06 55.1089 891	Q	1.119	1.78	1.84	+0.06	18.4	blue
1920−211	19 23 32.1898 1466	−21 04 33.3330 547	Q	0.874	2.60	2.30	−0.09	17.5	
1921−293	19 24 51.0559 5514	−29 14 30.1210 524	Q	0.353	12.03	13.93	+0.05	16.8	HP, var.
1925−610	19 30 06.1600 9446	−60 56 09.1841 517	A	3.254				20.3	
1929+226	19 31 24.9167 8444	+22 43 31.2586 209	R		0.60	0.59			
1933−400	19 37 16.2173 5166	−39 58 01.5529 907	Q	0.965	0.96		−0.10	18.0	
1936−155	19 39 26.6577 4750	−15 25 43.0584 183	Q	1.657	0.75	0.67	+0.53	19.4	HP
1935−692	19 40 25.5282 0104	−69 07 56.9714 945	Q	3.154				17.3	
1954+513	19 55 42.7382 6837	+51 31 48.5461 210	Q	1.220	1.29	1.21		18.5	
1954−388	19 57 59.8192 7470	−38 45 06.3557 585	Q	0.630	3.15	2.45	+0.35	17.1	HP
1958−179	20 00 57.0904 4485	−17 48 57.6725 440	Q	0.650	1.06	0.70	+0.75	17.5	HP
2000+472	20 02 10.4182 5568	+47 25 28.7737 223	V	2.266	1.12	1.07		19.6	red
2002−375	20 05 55.0709 0025	−37 23 41.4778 536	R		0.32	0.45	+0.41	21.6	red
2008−159	20 11 15.7109 3257	−15 46 40.2536 652	Q	1.180	1.10	0.93	+0.59	17.2	
2029+121	20 31 54.9942 7114	+12 19 41.3403 129	Q	1.215	0.82	1.00	+0.74*	18.5	

IERS Designation	Right Ascension	Declination	Type	z	Flux 8.4 GHz Jy	Flux 2.3 GHz Jy	α^1	V	Notes
	h m s	° ′ ″							
2052−474	20 56 16.3598 1874	−47 14 47.6276 461	Q	1.489	0.10	0.10		19.1	
2059+034	21 01 38.8341 6420	+03 41 31.3209 577	Q	1.013	0.94	0.87		18.1	
2106+143	21 08 41.0321 5158	+14 30 27.0123 177	A	2.017	0.39	0.46	−0.06	20.0	
2106−413	21 09 33.1885 9195	−41 10 20.6053 191	Q	1.058	1.59	1.50		21.0	
2113+293	21 15 29.4134 5556	+29 33 38.3669 657	Q	1.514	0.66	0.48	+0.62*	18.5	
2123−463	21 26 30.7042 6484	−46 05 47.8920 231	Q	1.670	0.10	0.10		18.0	
2126−158	21 29 12.1758 9777	−15 38 41.0413 097	Q	3.268	0.84	1.06	+0.38	17.3	
2131−021	21 34 10.3095 9643	−01 53 17.2387 909	Q	1.285	1.26	1.54	+0.01	18.7	HP, z?
2136+141	21 39 01.3092 6937	+14 23 35.9922 096	Q	2.427	2.84	1.50	+0.38	18.5	
2142−758	21 47 12.7306 2415	−75 36 13.2248 179	Q	1.139				17.3	
2150+173	21 52 24.8193 9953	+17 34 37.7950 583	L	0.871	0.55	0.50	−0.06	21.0	HP
2204−540	22 07 43.7333 0411	−53 46 33.8197 226	Q	1.206				18.0	
2209+236	22 12 05.9663 1138	+23 55 40.5438 272	Q	1.125	0.93	0.82	+0.13	19.0	
2220−351	22 23 05.9305 7815	−34 55 47.1774 281	G	0.298	0.32	0.27	−0.51	17.5	S1
2223−052	22 25 47.2592 9302	−04 57 01.3907 581	Q	1.404	2.37	1.67	−0.31	17.2	HP
2227−088	22 29 40.0843 4003	−08 32 54.4353 948	Q	1.560	2.76	1.25	+0.13	17.5	HP
2229+695	22 30 36.4697 0494	+69 46 28.0768 954	G	1.413	0.24	0.52	+0.24	19.6	
2232−488	22 35 13.2365 7712	−48 35 58.7945 006	Q	0.506	0.10	0.10	−0.15	17.2	
2236−572	22 39 12.0759 2367	−57 01 00.8393 966	V	0.569				18.5	
2244−372	22 47 03.9173 2284	−36 57 46.3039 624	Q	2.252	0.62	0.57	−0.33	19.0	
2245−328	22 48 38.6857 3771	−32 35 52.1879 540	Q	2.268	0.35	0.34	−0.12	18.6	
2250+190	22 53 07.3691 7339	+19 42 34.6287 472	Q	0.284	0.32	0.34	+0.17	16.7	S1
2254+074	22 57 17.3031 2249	+07 43 12.3024 770	L	0.190	0.51	0.36		17.0	HP, var.
2255−282	22 58 05.9628 8481	−27 58 21.2567 425	Q	0.926	3.83	1.38	+0.57	16.8	S1
2300−683	23 03 43.5646 2053	−68 07 37.4429 706	Q	0.516				16.4	S1.5
2318+049	23 20 44.8565 9790	+05 13 49.9525 567	Q	0.622	0.65	0.70		19.0	
2326−477	23 29 17.7043 5026	−47 30 19.1148 404	Q	1.304	0.10	0.10		16.8	
2333−415	23 36 33.9850 9655	−41 15 21.9839 279	A	1.406	0.10	0.10	−0.05	20.0	
2344−514	23 47 19.8640 9462	−51 10 36.0654 829	A	1.750				20.1	red
2351−154	23 54 30.1951 8762	−15 13 11.2130 207	Q	2.668	0.58	0.98		17.0	
2353−686	23 56 00.6814 0587	−68 20 03.4717 084	A	1.716				17.0	
2355−534	23 57 53.2660 8808	−53 11 13.6893 562	Q	1.006				17.8	
2355−106	23 58 10.8824 0761	−10 20 08.6113 211	Q	1.636	0.55	0.61	−0.07	17.7	
2356+385	23 59 33.1807 9739	+38 50 42.3182 943	Q	2.704	0.51	0.37	−0.29	19.0	
2357−318	23 59 35.4915 4293	−31 33 43.8242 510	Q	0.990	0.76	0.54		17.6	

Notes to Table

[1]	Spectral index from Healey *et al.* 2007; otherwise * indicates from Stickel *et al.* 1989, 1994
A	Active galactic nuclei or quasar
blue	Magnitude given in V is for B filter
G	Galaxy
HP	High optical polarization (> 3%)
L	BL Lac object
L?	BL Lac candidate
Q	Quasar
R	Radio source
red	Magnitude given in V is for R filter
S1	Seyfert 1 spectrum
S1.0 - S1.9	Intermediate Seyfert galaxies
V	Optical source
var.	Variable in optical
z?	Questionable redshift

Name	Right Ascension	Declination	S_{400}	S_{750}	S_{1400}	S_{1665}	S_{2700}	S_{5000}	S_{8000}
	h m s	o ′ ″	Jy	Jy	Jy	Jy	Jy	Jy	Jy
3C 48[e,h]	01 37 41.299	+33 09 35.13	42.3	26.7	16.30	14.12	9.33	5.33	3.39
3C 123	04 37 04.4	+29 40 15	119.2	77.7	48.70	42.40	28.50	16.5	10.60
3C 147[e,g,h]	05 42 36.138	+49 51 07.23	48.2	33.9	22.42	19.43	12.96	7.66	5.10
3C 161[h]	06 27 10.0	−05 53 07	40.5	28.4	18.64	16.38	11.13	6.42	4.03
3C 218	09 18 06.0	−12 05 45	134.6	76.0	43.10	36.80	23.70	13.5	8.81
3C 227	09 47 46.4	+07 25 12	20.3	12.1	7.21	6.25	4.19	2.52	1.71
3C 249.1	11 04 11.5	+76 59 01	6.1	4.0	2.48	2.14	1.40	0.77	0.47
3C 274[e,f]	12 30 49.423	+12 23 28.04	625.0	365.0	214.00	184.00	122.00	71.9	48.10
3C 286[e,h]	13 31 08.288	+30 30 32.96	23.8	19.2	14.71	13.55	10.55	7.34	5.39
3C 295[h]	14 11 20.7	+52 12 09	55.7	36.8	22.40	19.24	12.19	6.35	3.66
3C 348	16 51 08.3	+04 59 26	168.1	86.8	45.00	37.50	22.60	11.8	7.19
3C 353	17 20 29.5	−00 58 52	131.1	88.2	57.30	50.50	35.00	21.2	14.20
DR 21	20 39 01.2	+42 19 45							21.60
NGC 7027[d,h]	21 07 01.6	+42 14 10			1.43	1.93	3.69	5.43	5.90

Name	S_{10700}	S_{15000}	S_{22235}	S_{32000}	S_{43200}	Spec.	Type	Angular Size (at 1.4 GHz)
	Jy	Jy	Jy	Jy	Jy			″
3C 48[e,h]	2.54	1.80	1.18	0.80	0.57	C−	QSS	<1
3C 123	7.94	5.63	3.71			C−	GAL	20
3C 147[e,g,h]	3.95	2.92	2.05	1.47	1.12	C−	QSS	<1
3C 161[h]	2.97	2.04	1.29	0.82	0.56	C−	GAL	<3
3C 218	6.77					S	GAL	core 25, halo 220
3C 227	1.34	1.02	0.73			S	GAL	180
3C 249.1	0.34	0.23				S	QSS	15
3C 274[e,f]	37.50	28.10				S	GAL	halo 400[a]
3C 286[e,h]	4.38	3.40	2.49	1.83	1.40	C−	QSS	<5
3C 295[h]	2.54	1.63	0.94	0.55	0.35	C−	GAL	4
3C 348	5.30					S	GAL	115[b]
3C 353	10.90					C−	GAL	150
DR 21	20.80	20.00	19.00			Th	HII	20[c]
NGC 7027[d,h]	5.93	5.84	5.65	5.43	5.23	Th	PN	10

Notes to Table

a	Halo has steep spectral index, so for $\lambda \leq 6$ cm, more than 90% of the flux is in the core. The slope of the spectrum is positive above 20 GHz.
b	Angular distance between the two components
c	Angular size at 2 cm, but consists of 5 smaller components
d	All data are calculated from a fit to the thermal spectrum. Mean epoch is 1995.5.
e	Suitable for calibration of interferometers and synthesis telescopes.
f	Virgo A
g	Indications of time variability above 5 GHz.
h	Suitable for polarization calibrator; see following page.
GAL	Galaxy
HII	HII region
PN	Planetary Nebula
QSS	Quasar
C−	Concave parabola has been fitted to spectrum data.
S	Straight line has been fitted to spectrum data.
Th	Thermal spectrum

Name	1.40 GHz		1.66 GHz		2.65 GHz		4.85 GHz		8.35 GHz		10.45 GHz		14.60 GHz		32.00 GHz	
	m	χ	m	χ	m	χ	m	χ	m	χ	m	χ	m	χ	m	χ
	%	°	%	°	%	°	%	°	%	°	%	°	%	°	%	°
3C 48	0.6	147.6	0.7	178.7	1.6	70.5	4.2	106.6	5.4	114.4	5.9	115.9	5.9	114.0	8.0	106.1
3C 147	<0.3		<0.3		<0.3		<0.3		0.9	151.3	1.1	14.7	2.7	57.7		
3C 161	5.8	30.3	9.8	125.9	10.2	175.6	4.8	122.5	2.6	99.9	2.4	93.8			2.7	52.4
3C 286[a]	9.5	33.0	9.8	33.0	10.1	33.0	11.0	33.0	11.2	33.0	11.7	33.0	11.8	33.0	12.0	33.0
3C 295	<0.3		<0.3		<0.3		<0.3		0.9	28.7	1.7	155.2	1.9	95.4		

Notes to Table

Positions of these radio sources are found on the previous page.

m   Degree of polarization

χ   Polarization angle

a   Serves as main reference source, besides NGC 7027 which can be considered
unpolarized at all frequencies.

Name	Right Ascension	Declination	Flux[1]	Mag.[2]	Identified Counterpart	Type of Source
	h m s	° ′ ″	mCrab			
Tycho's SNR	00 25 20.0	+64 08 18	9.4		Tycho's SNR	SNR
4U 0037−10	00 41 34.7	−09 21 00	3.1	12.8	Abell 85	C
4U 0053+60	00 56 42.5	+60 43 00	4.8 − 10.6	2.5	Gamma Cas	Be Star
SMC X−1	01 17 05.1	−73 26 36	0.5 − 54.7	13.3	Sanduleak 160	HMXB
2S 0114+650	01 18 02.7	+65 17 30	3.8	11.0	LSI+65 010	HMXB
4U 0115+634	01 18 31.9	+63 44 33	1.9 − 336.0	15.2	V 635 Cas	HMXB
4U 0316+41	03 19 48.0	+41 30 44	50.1	12.5*	Abell 426	C
V 0332+53	03 34 54.9	+53 10 23	0.48 − 1076.2	15.3V	BQ Cam	HMXB
4U 0352+309	03 55 23.1	+31 02 45	8.6 − 35.5	6.1	X Per	HMXB
4U 0431−12	04 33 36.1	−13 14 43	2.7	15.3*	Abell 496	C
4U 0513−40	05 14 06.6	−40 02 36	5.8	8.1	NGC 1851	LMXB
LMC X−2	05 20 28.7	−71 57 37	8.6 − 42.2	18.5*X		BHC
LMC X−4	05 32 49.6	−66 22 13	2.9 − 57.6	14.0	O7 IV Star	HMXB
Crab Nebula	05 34 31.3	+22 00 53	1000.0		Crab Nebula	SNR+P
A 0538−66	05 35 44.8	−66 50 25	0.01 − 172.8	13.8	Be star	HMXB
A 0535+262	05 38 54.6	+26 18 57	2.9 − 2687.9	9.2	HD 245770	HMXB
LMC X−3	05 38 56.7	−64 05 03	1.6 − 42.2	17.2	B3 V Star	BHC
LMC X−1	05 39 40.1	−69 44 34	2.9 − 24.0	14.5	O8 III Star	BHC
4U 0614+091	06 17 08.0	+09 08 37	48.0	18.8*	V 1055 Ori	BHC
IC 443	06 18 01.4	+22 33 48	3.6		IC 443	SNR
A 0620−00	06 22 44.5	−00 20 44	0.02 − 47998.5	18.2	V 616 Mon	BHC
4U 0726−260	07 28 53.6	−26 06 29	1.2 − 4.5	11.6	LS 437	HMXB
EXO 0748−676	07 48 33.7	−67 45 08	0.1 − 57.6	16.9	UY Vol	B
Pup A	08 24 07.1	−42 59 55	7.9		Pup A	SNR
Vela SNR	08 34 11.4	−45 45 10	9.6		Vela SNR	SNR
GRS 0834−430	08 36 51.4	−43 15 00	28.8 − 288.0	20.4X		HMXB
Vela X−1	09 02 06.9	−40 33 17	1.9 − 1056.0	6.9	GP Vel	HMXB
3A 1102+385	11 04 27.3	+38 12 31	4.4	13.0	MRK 421	Q
Cen X−3	11 21 15.2	−60 37 27	9.6 − 299.5	13.3V	V 779 Cen	HMXB
4U 1145−619	11 48 00.0	−62 12 25	3.8 − 960.0	8.9	V 801 Cen	HMXB
4U 1206+39	12 10 32.6	+39 24 21	4.5	11.9	NGC 4151	AGN
GX 301−2	12 26 37.6	−62 46 13	8.6 − 960.0	10.8V	Wray 977	HMXB
3C 273	12 29 06.7	+02 03 09	2.8	12.5	3C 273	Q
4U 1228+12	12 30 49.4	+12 23 27	22.9	8.6	M 87	AGN
4U 1246−41	12 48 49.3	−41 18 39	5.4		Centaurus Cluster	C
4U 1254−690	12 57 37.7	−69 17 15	24.0	18V	GR Mus	B
4U 1257+28	12 59 35.8	+27 57 44	15.6	10.7	Coma Cluster	C
GX 304−1	13 01 17.1	−61 36 07	0.3 − 192.0	13.4V	V 850 Cen	HMXB
Cen A	13 25 27.6	−43 01 09	8.9	6.8	NGC 5128	Q
Cen X−4	14 58 22.4	−32 01 06	0.1 − 19199.4	18.2*	V 822 Cen	B
SN 1006	15 02 22.2	−41 53 47	2.5		SN 1006	SNR
Cir X−1	15 20 40.9	−57 09 59	4.8 − 2879.9	21.4*	BR Cir	LMXB
4U 1538−522	15 42 23.4	−52 23 10	2.9 − 28.8	16.3	QV Nor	HMXB
4U 1556−605	16 01 01.5	−60 44 26	15.4	18.6V	LU TrA	LMXB
4U 1608−522	16 12 42.8	−52 25 20	1.0 − 105.6		QX Nor	LMXB
Sco X−1	16 19 55.1	−15 38 25	13439.6	11.1	V 818 Sco	LMXB
4U 1627+39	16 28 38.3	+39 33 05	4.1	12.6	Abell 2199	C
4U 1627−673	16 32 16.7	−67 27 40	24.0	18.2V	KZ TrA	LMXB
4U 1636−536	16 40 55.6	−53 45 05	211.2	16.9V	V 801 Ara	B
GX 340+0	16 45 47.9	−45 36 42	480.0			LMXB

Name	Right Ascension	Declination	Flux[1]	Mag.[2]	Identified Counterpart	Type of Source
	h m s	° ′ ″	mCrab			
GRO J1655−40	16 54 00.2	−39 50 45	3132.0	14.0V	V 1033 Sco	BHC
Her X−1	16 57 49.8	+35 20 33	14.4 − 48.0	13.8	HZ Her	LMXB
4U 1704−30	17 02 06.3	−29 56 45	3.3	13.0*V	V 2134 Oph	B
GX 339−4	17 02 49.4	−48 47 23	1.4 − 864.0	15.4	V 821 Ara	BHC
4U 1700−377	17 03 56.8	−37 50 39	10.6 − 105.6	6.5	V 884 Sco	HMXB
GX 349+2	17 05 44.5	−36 25 23	792.0	18.3V	V 1101 Sco	LMXB
4U 1722−30	17 27 33.2	−30 48 06	7.3		Terzan 2	LMXB
Kepler's SNR	17 30 35.9	−21 28 55	4.4	19	Kepler's SNR	SNR
GX 9+9	17 31 43.9	−16 57 43	288.0	17.1*	V 2216 Oph	LMXB
GX 354−0	17 31 57.3	−33 49 58	144.0			B
GX 1+4	17 32 02.2	−24 44 44	96.0	18.7V	V 2116 Oph	LMXB
Rapid Burster	17 33 23.6	−33 23 26	0.1 − 192.0		Liller 1	B
4U 1735−444	17 38 58.2	−44 27 00	153.6	17.4V	V 926 Sco	LMXB
1E 1740.7−2942	17 44 02.7	−29 43 25	3.8 − 28.8			BHC
GX 3+1	17 47 56.5	−26 33 50	384.0	14.0V	V 3893 Sgr	B
4U 1746−37	17 50 12.7	−37 03 08	30.7	8.0	NGC 6441	LMXB
4U 1755−338	17 58 40.2	−33 48 25	96.0	18.3V	V 4134 Sgr	BHC
GX 5−1	18 01 07.9	−25 04 54	1200.0			LMXB
GX 9+1	18 01 31.1	−20 31 39	672.0			LMXB
GX 13+1	18 14 30.3	−17 09 28	336.0		V 5512 Sgr	LMXB
GX 17+2	18 16 01.4	−14 02 12	1440.0	17.5V	NP Ser	LMXB
4U 1820−30	18 23 40.5	−30 21 42	403.2	9.1	NGC 6624	LMXB
4U 1822−37	18 25 46.9	−37 06 19	9.6 − 24.0	15.8*	V 691 CrA	B
Ser X−1	18 39 57.6	+05 02 11	216.0	19.2*	MM Ser	B
4U 1850−08	18 53 05.1	−08 42 23	9.6	8.7	NGC 6712	LMXB
Aql X−1	19 11 15.6	+00 35 14	0.1 − 1248.0	14.8V	V 1333 Aql	LMXB
SS 433	19 11 49.6	+04 58 58	2.5 − 9.9	13.0	V 1343 Aql	BHC
GRS 1915+105	19 15 11.7	+10 56 46	288.0		V 1487 Aql	BHC
4U 1916−053	19 18 48.0	−05 14 10	24.0	21.4*	V 1405 Aql	B
Cyg X−1	19 58 21.7	+35 12 06	225.6 − 1267.2	8.9	V 1357 Cyg	BHC
4U 1957+11	19 59 24.0	+11 42 30	28.8	18.7V	V 1408 Aql	LMXB
Cyg X−3	20 32 26.1	+40 57 20	86.4 − 412.8		V 1521 Cyg	BHC
4U 2129+12	21 29 58.3	+12 10 03	5.8	6.2	AC 211	LMXB
4U 2129+47	21 31 26.2	+47 17 25	8.6	15.6V	V1727 Cyg	B
SS Cyg	21 42 42.8	+43 35 10	3.5 − 19.9	12.1	SS Cyg	T
Cyg X−2	21 44 41.2	+38 19 17	432.0	14.4*	V 1341 Cyg	LMXB
Cas A	23 23 21.4	+58 48 45	56.4		Cassiopeia A	SNR

Notes to Table

[1]   (2-10) keV flux of X-ray source
[2]   *V* magnitude of optical counterpart
    * indicates *B* magnitude given instead of *V*
    V indicates variable magnitude
    X indicates magnitude is for X-ray source and not optical counterpart

AGN	active galactic nuclei	LMXB	low mass X-ray binary
B	X-ray burster	P	pulsar
BHC	black hole candidate	Q	quasar
C	cluster of galaxies	SNR	supernova remnant
HMXB	high mass X-ray binary	T	transient (nova-like optically)

LQAC−2 ID	Right Ascension	Declination	V	B−V	Flux		z	M_B	Criteria[1]
					20 cm	13 cm			
	h m s	° ′ ″			Jy	Jy			
009−002_001	00 38 20.53	−02 07 40.55	18.02	+0.28	5.33	0.34	0.220	−21.8	Flux
017+013_002	01 08 52.87	+13 20 14.27	13.93	−1.28	12.82		0.060	−24.5	Flux
017+014_010	01 09 34.33	+14 23 00.84	18.33	−1.68			3.990	−31.6	M_B
024+033_002	01 37 41.30	+33 09 35.13	16.46	+0.19	16.50	0.59	0.367	−25.3	Flux
030+001_015	02 03 41.42	+01 11 51.33	18.00	−2.86			3.808	−32.6	M_B
037+072_001	02 31 06.07	+72 01 17.63	10.14	+1.70			1.808		V
040−023_001	02 40 08.17	−23 09 15.73	16.63	+0.15	6.30	5.79	2.225	−28.7	Flux
040+072_001	02 43 25.00	+72 21 25.80	11.98	+1.51			1.808		V
047+004_007	03 11 21.52	+04 53 16.74	19.04	+1.56			6.833		Z
049+041_007	03 19 48.16	+41 30 42.10	12.48	−3.90	23.90	26.61	0.017		Flux
072+011_002	04 48 45.84	+11 21 23.13	18.90	+1.66			6.836		Z
080+016_001	05 21 09.89	+16 38 22.05	18.84	+0.53	8.47	1.94	0.759		Flux
083+019_001	05 34 44.51	+19 27 21.49	17.57	−0.34	6.80	0.05	0.000		Flux
085+049_001	05 42 36.14	+49 51 07.23	17.80	+0.65	22.50	2.78	0.545		Flux
114+027_009	07 38 20.10	+27 50 45.34	21.82				6.725		Z
118+019_005	07 53 01.57	+19 52 27.46	15.71	+0.63			4.316	−32.5	M_B
120+037_001	08 00 10.50	+37 10 13.80	15.77	−0.17			3.885	−32.4	M_B
120+055_004	08 02 48.19	+55 13 28.94	18.65	+0.55			6.787		Z
123+048_012	08 13 36.05	+48 13 02.26	17.79	+0.57	13.90		0.871	−25.2	Flux
124+043_014	08 19 40.24	+43 15 29.44	14.22	−1.35			1.317	−31.5	M_B
125+038_008	08 23 37.16	+38 38 16.51	19.18	+0.29			6.517		Z
128+055_003	08 34 54.90	+55 34 21.07	17.21	+0.88	8.80	7.07	0.242	−22.3	Flux
132+031_012	08 49 32.22	+31 42 38.39	16.12	−1.06			3.187	−31.7	M_B
135+030_010	09 02 47.57	+30 41 20.81	17.26	+0.16			4.760	−32.7	M_B
138+024_010	09 15 01.72	+24 18 12.13	20.38	+0.54			6.515		Z
140+045_005	09 21 08.62	+45 38 57.40	16.01	+0.26	8.75		0.175	−23.3	Flux
143+007_010	09 34 42.30	+07 03 39.33	17.56	−0.70			4.269	−31.9	M_B
146+007_008	09 47 45.15	+07 25 20.58	15.82	−0.66	6.94		0.086	−22.8	Flux
147+003_011	09 49 13.32	+03 58 49.25	17.65	−0.72			4.193	−31.7	M_B
150+028_009	10 01 49.52	+28 47 08.97	16.23	+0.57	5.47		0.185	−22.9	Flux
152+056_004	10 08 43.16	+56 20 44.93	18.87	+0.91			6.918		Z
153+059_004	10 12 44.20	+59 35 31.15	18.85	+0.26			6.889		Z
154+023_002	10 16 39.81	+23 56 31.39	23.32				6.677		Z
156+060_013	10 27 38.54	+60 50 16.52	17.67	+0.95	0.01		6.640		Z
165+040_002	11 00 48.55	+40 42 10.58	10.13	+1.28			1.794		V
170+003_005	11 21 06.93	+03 28 07.82	19.09	−2.76			4.048	−32.0	M_B
172−014_001	11 30 07.05	−14 49 27.39	16.74	+0.27	5.33	5.16	1.187	−26.9	Flux
173+032_006	11 34 24.64	+32 38 02.45	17.97	+2.40			6.983		Z
174+063_003	11 36 27.34	+63 36 29.08	17.61	−0.04			4.342	−31.3	M_B
175+004_001	11 40 54.92	+04 13 09.59	17.02	−1.96			4.318	−33.7	M_B
176+019_004	11 45 05.01	+19 36 22.74	8.73	+0.33	5.59	0.17	0.021	−25.8	Flux
176+004_013	11 47 49.59	+04 11 36.79	17.51	−0.30			4.281	−31.5	M_B
178+023_001	11 52 18.13	+23 03 01.08	17.78	+0.63			4.624	−31.3	M_B
179+019_007	11 57 27.69	+19 55 06.45	18.90	−1.95			4.017	−31.3	M_B
184+005_012	12 19 23.22	+05 49 29.70	12.87	−0.74	19.43	0.26	0.007		Flux
185−000_004	12 20 12.15	+00 03 06.78	19.33	+1.31	0.01		6.687		Z
186+012_005	12 25 03.74	+12 53 13.14	12.31	−0.65	6.50	0.15	0.003		Flux
186+046_006	12 27 28.70	+46 18 25.86	17.74	+0.17			4.585	−31.6	M_B
187+011_003	12 28 23.97	+11 25 13.58	18.16	−2.16			3.838	−31.8	M_B
187+012_009	12 30 49.42	+12 23 28.04	12.86	−1.83	22.37	2.32	0.004		Flux

[1] See Section L for explanation of the criteria column

LQAC−2 ID	Right Ascension	Declination	V	B−V	Flux		z	M_B	Criteria[1]
					20 cm	13 cm			
	h m s	° ′ ″			Jy	Jy			
194+020_002	12 56 37.30	+20 51 05.90	18.40	+2.15			6.691		Z
194+027_021	12 59 01.63	+27 32 12.95	16.17	−2.06			3.117	−32.5	M_B
199+027_012	13 19 35.27	+27 25 02.25	19.07	+0.94			6.501		Z
200+062_005	13 23 10.99	+62 06 57.05	17.63	−0.59			6.517		Z
202+025_008	13 30 37.69	+25 09 10.88	17.67	+0.56	6.80	0.13	1.055	−26.0	Flux
202+029_007	13 30 42.12	+29 47 33.62	18.70	−4.11			3.570	−32.9	M_B
202+030_007	13 31 08.29	+30 30 32.96	17.25	+0.13	15.00	5.33	0.849	−25.7	Flux
204+054_005	13 36 19.95	+54 07 38.43	13.02	+0.72			1.858	−31.1	M_B
206+012_011	13 47 33.36	+12 17 24.24	18.44		5.20	5.13	0.120		Flux
214+006_009	14 19 08.18	+06 28 34.80	16.79	+0.33	5.80	0.40	1.436	−27.3	Flux
217+045_007	14 29 36.58	+45 57 40.40	16.29	+0.33			4.898	−33.8	M_B
219+014_011	14 39 59.94	+14 37 11.02	17.93	−1.37			4.412	−32.4	M_B
222+046_014	14 50 45.56	+46 15 04.23	19.18	+1.67			6.908		Z
224+054_007	14 57 05.31	+54 30 13.28	15.34	−1.19			4.883	−36.2	M_B
224+071_001	14 59 07.58	+71 40 19.87	16.78	+0.46	7.60	2.25	0.905	−26.3	Flux
226+017_006	15 05 31.71	+17 59 04.78	14.42	−0.73			2.910	−32.7	M_B
228+058_002	15 12 25.69	+58 57 52.23	18.95	+1.94			6.903		Z
229+047_008	15 17 12.69	+47 03 33.41	18.02	−0.51			4.730	−32.5	M_B
234+014_007	15 37 53.45	+14 01 47.41	18.85	−1.18			4.269	−31.1	M_B
240+026_003	16 00 31.70	+26 52 28.77	10.88	+0.98			1.272		V
240+027_006	16 00 36.87	+27 26 23.66	10.95	+1.21			1.272		V
240+028_004	16 01 41.67	+28 03 15.04	11.02	+0.94			1.272		V
240+027_011	16 01 43.52	+27 05 48.07	11.78	+1.36			1.271		V
240+015_005	16 01 43.76	+15 02 37.74	17.15	+0.53			6.699		Z
240+026_012	16 02 10.34	+26 49 23.13	11.74	+1.09			1.271	−31.4	V, M_B
240+027_017	16 02 38.01	+27 22 44.72	11.79	+1.56			1.271		V
240+027_019	16 02 40.98	+27 12 26.18	12.99	+0.08			1.343	−31.3	M_B
240+027_020	16 02 46.87	+27 19 05.65	10.64	+1.23			1.272		V
240+027_022	16 02 53.07	+27 03 47.78	12.03	+1.11			1.272	−31.1	M_B
240+026_017	16 02 59.24	+26 53 21.10	11.92	+0.94			1.270		V
241+027_007	16 04 45.01	+27 54 56.42	11.80	+1.57			1.271		V
241+026_005	16 04 48.90	+26 49 45.82	11.54	+1.67			1.272		V
244+032_009	16 17 42.54	+32 22 34.32	16.29	+0.29			4.011	−31.6	M_B
246+017_003	16 24 15.13	+17 01 05.53	16.62	−2.71			2.601	−32.0	M_B
250+039_021	16 42 58.81	+39 48 36.99	15.96	+0.23	8.00	7.12	0.595	−24.8	Flux
257+062_003	17 09 08.38	+62 43 19.67	18.16	−0.08			6.519		Z
257+021_007	17 09 27.19	+21 12 48.53	18.89	−0.21			6.991		Z
263−013_001	17 33 02.71	−13 04 49.55	18.50	−0.59	5.20	4.61	0.902		Flux
277+048_002	18 29 31.78	+48 44 46.16	16.81	+0.24	14.20	2.13	0.692	−26.3	Flux
277+022_001	18 30 32.64	+22 14 39.60	17.17	+0.81			6.533		Z
278+032_001	18 35 03.39	+32 41 46.86	12.36	+0.21	5.12	0.20	0.058	−24.7	Flux
291−029_001	19 24 51.06	−29 14 30.12	16.82	+1.83	6.00	9.82	0.352	−22.9	Flux
309+051_001	20 38 37.03	+51 19 12.66	20.00	+1.00	5.80	2.52	1.686		Flux
330+042_001	22 02 43.29	+42 16 39.98	15.14	+0.97	6.07	2.88	0.069		Flux
331−018_016	22 06 10.42	−18 35 38.75	18.50	+0.43	6.44	0.78	0.619	−23.7	Flux
332+011_004	22 10 11.26	+11 54 28.90	18.88	−2.20			4.370	−32.5	M_B
336−004_001	22 25 47.26	−04 57 01.39	17.19	+0.45	5.70	3.04	1.404	−27.9	Flux
338+011_001	22 32 36.41	+11 43 50.90	17.66	+0.42	6.50	5.46	1.037	−27.1	Flux
343+016_001	22 53 57.75	+16 08 53.56	16.10	+0.47	10.00	11.03	0.859	−27.5	Flux

[1] See Section L for explanation of the criteria column

Name	Right Ascension	Declination	Period	$\dot{P}$	Epoch	DM	S_{400}	S_{1400}	Type
	h m s	° ′ ″	s	10^{-13} ss^{-1}	MJD	cm^{-3}pc	mJy	mJy	
B0021−72C	00 23 50.4	−72 04 31.5	0.005 756 780	0.00000	51600	24.6	1.53	0.6	
J0024−7204R	00 24 05.7	−72 04 52.6	0.003 480 463		51000	24.4			b
J0030+0451	00 30 27.4	+04 51 39.7	0.004 865 453	0.00000	50984	4.3	7.9	0.6	gx
B0031−07	00 34 08.9	−07 21 53.4	0.942 950 995	0.00408	46635	11.4	52	11	
J0034−0534	00 34 21.8	−05 34 36.6	0.001 877 182	0.00000	50690	13.8	17	0.61	b
J0045−7319	00 45 35.2	−73 19 03.0	0.926 275 905	0.04463	49144	105.4	1	0.3	b
J0218+4232	02 18 06.4	+42 32 17.4	0.002 323 090	0.00000	50864	61.3	35	0.9	bxg
B0329+54	03 32 59.4	+54 34 43.6	0.714 519 700	0.02048	46473	26.8	1500	203	
J0437−4715	04 37 15.9	−47 15 09.0	0.005 757 452	0.00000	52005	2.6	550	149	bxg
B0450−18	04 52 34.1	−17 59 23.4	0.548 939 223	0.05753	49289	39.9	82	5.3	
B0456−69	04 55 47.6	−69 51 34.3	0.320 422 712	0.10212	48757	94.9	0.6		ox
B0525+21	05 28 52.3	+22 00 04.0	3.745 539 250	0.40053	54200	50.9	57	9	oxg
B0531+21	05 34 32.0	+22 00 52.1	0.033 084 716	4.22765	40000	56.8	550	14	
J0537−6910	05 37 47.4	−69 10 19.9	0.016 122 222	0.51784	52061			0.00	x
B0540−69	05 40 11.2	−69 19 54.2	0.050 498 818	4.78925	51197	146.5	0.0	0.024	
J0613−0200	06 13 44.0	−02 00 47.2	0.003 061 844	0.00000	53114	38.8	21	2.3	gb
B0628−28	06 30 49.4	−28 34 42.8	1.244 418 596	0.07123	46603	34.5	206	23	x
J0633+1746	06 33 54.2	+17 46 12.9	0.237 099 442	0.10971	50498				g
B0656+14	06 59 48.1	+14 14 21.5	0.384 891 195	0.55003	49721	14.0	6.5	3.7	oxg
B0655+64	07 00 37.8	+64 18 11.2	0.195 670 945	0.00001	48806	8.8	5	0.3	b
J0737−3039A	07 37 51.2	−30 39 40.7	0.022 699 379	0.00002	53156	48.9		1.6	bx
J0737−3039B	07 37 51.2	−30 39 40.7	2.773 460 770	0.00892	53156	48.9		1.3	b
B0736−40	07 38 32.3	−40 42 40.9	0.374 919 985	0.01616	51700	160.8	190	80	
B0740−28	07 42 49.1	−28 22 43.8	0.166 762 292	0.16821	49326	73.8	296	15.0	
J0751+1807	07 51 09.2	+18 07 38.6	0.003 478 771	0.00000	51800	30.2	10	3.2	bg
J0806−4123	08 06 23.4	−41 22 30.9	11.370 385 930	0.56000	54771				o
B0818−13	08 20 26.4	−13 50 55.9	1.238 129 544	0.02105	48904	40.9	102	7	
B0820+02	08 23 09.8	+01 59 12.4	0.864 872 805	0.00105	49281	23.7	30	1.5	b
B0826−34	08 28 16.6	−34 17 07.0	1.848 918 804	0.00996	48132	52.2	16	0.25	
B0833−45	08 35 20.6	−45 10 34.9	0.089 328 385	1.25008	51559	68.0	5000	1100	oxg
B0834+06	08 37 05.6	+06 10 14.6	1.273 768 292	0.06799	48721	12.9	89	4	
B0835−41	08 37 21.2	−41 35 14.4	0.751 623 618	0.03539	51700	147.3	197	16.0	
B0950+08	09 53 09.3	+07 55 35.8	0.253 065 165	0.00230	46375	3.0	400	84	x
B0959−54	10 01 38.0	−55 07 06.7	1.436 582 629	0.51396	46800	130.3	80	6.3	
J1012+5307	10 12 33.4	+53 07 02.6	0.005 255 749	0.00000	50700	9.0	30	3	b
J1022+1001	10 22 58.0	+10 01 52.8	0.016 452 930	0.00000	53589	10.3	20	6.1	b
J1024−0719	10 24 38.7	−07 19 19.2	0.005 162 205	0.00000	53000	6.5	4.6	1.5	x
J1028−5819	10 28 28.0	−58 19 05.2	0.091 403 231	0.16100	54562	96.5		0.36	g
J1045−4509	10 45 50.2	−45 09 54.1	0.007 474 224	0.00000	53050	58.2	15	2.7	b
B1055−52	10 57 59.0	−52 26 56.3	0.197 107 608	0.05834	43556	30.1	80		xg
B1133+16	11 36 03.2	+15 51 04.5	1.187 913 066	0.03734	46407	4.8	257	32	
J1141−6545	11 41 07.0	−65 45 19.1	0.393 898 815	0.04307	54637	116.1		3.3	b
J1157−5112	11 57 08.2	−51 12 56.1	0.043 589 227	0.00000	51400	39.7			b
B1154−62	11 57 15.2	−62 24 50.9	0.400 522 048	0.03931	46800	325.2	145	5.9	
B1237+25	12 39 40.5	+24 53 49.3	1.382 449 103	0.00960	46531	9.2	110	10	

Name	Right Ascension	Declination	Period	$\dot{P}$	Epoch	DM	S_{400}	S_{1400}	Type
	h m s	° ′ ″	s	10^{-13} ss^{-1}	MJD	cm^{-3}pc	mJy	mJy	
B1240−64	12 43 17.2	−64 23 23.9	0.388 480 921	0.04501	46800	297.3	110	13.0	
B1257+12	13 00 03.6	+12 40 56.5	0.006 218 532	0.00000	49750	10.2	20	2	b
B1259−63	13 02 47.6	−63 50 08.7	0.047 762 508	0.02279	50357	146.7		1.70	b
B1323−58	13 26 58.3	−58 59 29.1	0.477 990 867	0.03238	47782	287.3	120	9.9	
B1323−62	13 27 17.4	−62 22 44.6	0.529 913 192	0.18879	47782	318.8	135	16.0	
B1356−60	13 59 58.2	−60 38 08.0	0.127 500 777	0.06339	43556	293.7	105	7.6	
B1426−66	14 30 40.9	−66 23 05.0	0.785 440 757	0.02770	46800	65.3	130	8.0	
B1449−64	14 53 32.7	−64 13 15.6	0.179 484 754	0.02746	46800	71.1	230	14.0	
J1453+1902	14 53 45.7	+19 02 12.2	0.005 792 303	0.00000	53337	14.0	2.2		
J1455−3330	14 55 48.0	−33 30 46.4	0.007 987 205	0.00000	50598	13.6	9	1.2	b
B1451−68	14 56 00.2	−68 43 39.3	0.263 376 815	0.00098	46800	8.6	350	80	
B1508+55	15 09 25.6	+55 31 32.4	0.739 681 923	0.04998	49904	19.6	114	8	
B1509−58	15 13 55.6	−59 08 09.0	0.151 251 258	15.31468	52835	252.5	1.5	0.94	xg
J1518+4904	15 18 16.8	+49 04 34.3	0.040 934 989	0.00000	52000	11.6	8	4	b
B1534+12	15 37 10.0	+11 55 55.6	0.037 904 441	0.00002	50300	11.6	36	0.6	b
B1556−44	15 59 41.5	−44 38 45.9	0.257 056 098	0.01019	46800	56.1	110	40	
B1620−26	16 23 38.2	−26 31 53.8	0.011 075 751	0.00001	48725	62.9	15	1.6	b
J1643−1224	16 43 38.2	−12 24 58.7	0.004 621 642	0.00000	49524	62.4	75	4.8	b
B1641−45	16 44 49.3	−45 59 09.5	0.455 059 775	0.20090	46800	478.8	375	310	
B1642−03	16 45 02.0	−03 17 58.3	0.387 689 698	0.01780	46515	35.7	393	21	
B1648−42	16 51 48.8	−42 46 11.0	0.844 080 666	0.04812	46800	482.0	100	16.0	
B1706−44	17 09 42.7	−44 29 08.2	0.102 459 246	0.92985	50042	75.7	25	7.3	xg
J1713+0747	17 13 49.5	+07 47 37.5	0.004 570 137	0.00000	52000	16.0	36	10.2	b
J1719−1438	17 19 10.1	−14 38 00.9	0.005 790 152	0.00000	55236	36.9		0.42	b
J1730−2304	17 30 21.7	−23 04 31.3	0.008 122 798	0.00000	53300	9.6	43	3.9	
B1727−47	17 31 42.1	−47 44 34.6	0.829 828 785	1.63626	50939	123.3	190	12	
B1737−30	17 40 33.8	−30 15 43.5	0.606 886 624	4.66124	54780	152.2	24.6	6.4	
J1744−1134	17 44 29.4	−11 34 54.7	0.004 074 546	0.00000	53742	3.1	18	3.1	g
B1744−24A	17 48 02.3	−24 46 36.9	0.011 563 148	0.00000	48270	242.2		0.61	b
J1748−2446ad	17 48 04.8	−24 46 45.0	0.001 395 955	0.00000	53500	235.6			b
B1749−28	17 52 58.7	−28 06 37.3	0.562 557 636	0.08129	46483	50.4	1100	18.0	
B1800−27	18 03 31.7	−27 12 06.0	0.334 415 427	0.00017	50261	165.5	3.4	1.00	b
J1804−2717	18 04 21.1	−27 17 31.2	0.009 343 031	0.00000	51041	24.7	15	0.4	b
B1802−07	18 04 49.9	−07 35 24.7	0.023 100 855	0.00000	50337	186.3	3.1	1.0	b
J1808−2024	18 08 39.3	−20 24 39.9	7.555 920 000	5490.0	53254				
J1819−1458	18 19 34.2	−14 58 03.6	4.263 164 033	5.75171	54451	196.0			
B1818−04	18 20 52.6	−04 27 38.1	0.598 075 930	0.06331	46634	84.4	157	6.1	
B1820−11	18 23 40.3	−11 15 11.0	0.279 828 697	0.01379	49465	428.6	11	3.2	b
B1820−30A	18 23 40.5	−30 21 40.1	0.005 440 004	0.00003	55049	86.9	16	0.72	
B1830−08	18 33 40.3	−08 27 31.3	0.085 284 251	0.09171	50483	411.0		3.6	
B1831−03	18 33 41.9	−03 39 04.3	0.686 704 444	0.41565	49698	234.5	89	2.8	
B1831−00	18 34 17.3	−00 10 53.3	0.520 954 311	0.00011	49123	88.7	5.1	0.29	b
J1841−0456	18 41 19.3	−04 56 11.2	11.788 978 400	409.2	55585				
J1846−0258	18 46 24.9	−02 58 30.1	0.326 571 288	71.07450	54834				
B1855+09	18 57 36.4	+09 43 17.3	0.005 362 000	0.00000	50481	13.3	31	5.0	b

Name	Right Ascension	Declination	Period	$\dot{P}$	Epoch	DM	S_{400}	S_{1400}	Type
	h m s	° ′ ″	s	10^{-13} ss^{-1}	MJD	cm^{-3}pc	mJy	mJy	
B1857−26	19 00 47.6	−26 00 43.8	0.612 209 204	0.00205	48891	38.0	131	13	
B1859+03	19 01 31.8	+03 31 05.9	0.655 450 239	0.07459	50027	402.1	165	4.2	
J1903+0327	19 03 05.8	+03 27 19.2	0.002 149 912	0.00000	55000	297.5		1.3	b
J1906+0746	19 06 48.7	+07 46 28.6	0.144 071 930	0.20280	53590	217.8	0.9	0.55	b
J1909−3744	19 09 47.4	−37 44 14.4	0.002 947 108	0.00000	53631	10.4		2.1	b
J1911−1114	19 11 49.3	−11 14 22.3	0.003 625 746	0.00000	50458	31.0	31	0.5	b
B1911−04	19 13 54.2	−04 40 47.7	0.825 935 803	0.04068	46634	89.4	118	4.4	
B1913+16	19 15 28.0	+16 06 27.4	0.059 030 003	0.00009	52984	168.8	4	0.9	b
B1919+21	19 21 44.8	+21 53 02.3	1.337 302 160	0.01348	48999	12.4	57	6	
B1929+10	19 32 13.9	+10 59 32.4	0.226 517 635	0.01157	46523	3.2	303	36	x
B1931+24	19 33 37.8	+24 36 39.6	0.813 690 303	0.08110	50629	106.0	7.5		
B1933+16	19 35 47.8	+16 16 40.0	0.358 738 411	0.06003	46434	158.5	242	42	
B1937+21	19 39 38.6	+21 34 59.1	0.001 557 806	0.00000	47900	71.0	240	13.2	x
B1946+35	19 48 25.0	+35 40 11.1	0.717 311 174	0.07061	49449	129.1	145	8.3	
B1951+32	19 52 58.2	+32 52 40.5	0.039 531 193	0.05845	49845	45.0	7	1.0	xg
B1953+29	19 55 27.9	+29 08 43.5	0.006 133 167	0.00000	54500	104.5	15	1.1	b
B1957+20	19 59 36.8	+20 48 15.1	0.001 607 402	0.00000	48196	29.1	20	0.4	bx
B2016+28	20 18 03.8	+28 39 54.2	0.557 953 480	0.00148	46384	14.2	314	30	
J2019+2425	20 19 31.9	+24 25 15.3	0.003 934 524	0.00000	50000	17.2			b
J2021+3651	20 21 05.5	+36 51 04.8	0.103 740 952	0.95721	54710	367.5		0.1	g
J2043+2740	20 43 43.5	+27 40 56.0	0.096 130 563	0.01270	49773	21.0	15		g
B2045−16	20 48 35.6	−16 16 44.6	1.961 572 304	0.10958	46423	11.5	116	13	
J2051−0827	20 51 07.5	−08 27 37.8	0.004 508 642	0.00000	51000	20.7	22	2.8	b
B2111+46	21 13 24.3	+46 44 08.7	1.014 684 793	0.00715	46614	141.3	230	19	
J2124−3358	21 24 43.9	−33 58 44.7	0.004 931 115	0.00000	53174	4.6	17	3.6	gx
B2127+11B	21 29 58.6	+12 10 00.3	0.056 133 036	0.00010	50000	67.7	1.0		
J2144−3933	21 44 12.1	−39 33 56.9	8.509 827 491	0.00496	49016	3.4	16	0.8	
J2145−0750	21 45 50.5	−07 50 18.4	0.016 052 424	0.00000	53040	9.0	100	8.9	b
B2154+40	21 57 01.8	+40 17 46.0	1.525 265 634	0.03433	49277	70.9	105	17	
B2217+47	22 19 48.1	+47 54 53.9	0.538 468 822	0.02765	46599	43.5	111	3	
J2229+2643	22 29 50.9	+26 43 57.8	0.002 977 819	0.00000	49718	23.0	13	0.9	b
J2235+1506	22 35 43.7	+15 06 49.1	0.059 767 358	0.00000	49250	18.1	3		
B2303+46	23 05 55.8	+47 07 45.3	1.066 371 072	0.00569	46107	62.1	1.9		b
B2310+42	23 13 08.6	+42 53 13.0	0.349 433 682	0.00112	48241	17.3	89	15	
J2317+1439	23 17 09.2	+14 39 31.2	0.003 445 251	0.00000	49300	21.9	19	4	b
J2322+2057	23 22 22.4	+20 57 02.9	0.004 808 428	0.00000	48900	13.4			

Notes to Table

b   Pulsar is a member of a binary system.

g   Pulsar has been observed in the gamma ray.

o   Pulsar has been observed in the optical.

x   Pulsar has been observed in the X-ray.

Name	Alternate Name	RA	Dec.	Flux[1]		E_{low}[2]	E_{high}	Type
		h m s	° ′ ″	photons cm^{-2}s^{-1}		MeV	MeV	
PSR J0007+7303	3FGL J0007.0+7302	00 07 02	+73 03 08	6.5E−8	±5.7E−10	1000	100000	P
3C66A	3FGL J0222.6+4301	02 22 38	+43 02 09	1.9E−8	3.6E−10	1000	100000	Q
AO 0235+164	3FGL J0238.6+1636	02 38 42	+16 37 27	1.0E−8	2.7E−10	1000	100000	Q
LSI +61 303	3FGL J0240.5+6113	02 40 31	+61 13 30	4.6E−8	5.1E−10	1000	100000	B
LSI +61 303		02 40 31	+61 13 30	2.2E−11	7.0E−12	>200000		B
NGC 1275	3FGL J0319.8+4130	03 19 52	+41 30 45	2.1E−8	±3.7E−10	1000	100000	Q
EXO 0331+530		03 34 58	+53 10 06	2.9E−3	4.8E−5	0.04	0.1	B
X Per	4U 0352+30	03 55 23	+31 02 45	2.9E−3	8.7E−5	0.04	0.1	B
GRO J0422+32	Nova Per 1992	04 21 43	+32 54 35	9.0E−4	3.1E−4	0.75	2	P
PKS 0426−380	3FGL J0428.6−3756	04 28 41	−37 56 00	2.0E−8	3.6E−10	1000	100000	Q
3FGL J0433.6+2905	MG2 J043337+2905	04 33 37	+29 05 55	3.7E−9	±2.0E−10	1000	100000	Q
PKS 0454−234	3FGL J0457.0−2324	04 57 04	−23 25 38	1.8E−8	3.3E−10	1000	100000	Q
LMC	3FGL J0526.6−6825e	05 26 36	−68 25 12	2.0E−8	4.2E−10	1000	100000	G
PKS 0528+134	3FGL J0530.8+1330	05 31 00	+13 31 22	3.7E−9	2.1E−10	1000	100000	Q
Crab		05 34 32	+22 00 52	9.7E−2	2.9E−5	0.04	0.1	P,N
Crab	3FGL J0534.5+2201	05 34 32	+22 00 52	1.6E−7	±1.1E−9	1000	100000	P,N
Crab		05 34 32	+22 00 52	2.0E−10	5.0E−12	>200000		P,N
SN 1987A		05 35 28	−69 16 11	6.5E−3	1.4E−3	0.85	line[3]	R
PKS 0537−441	3FGL J0538.8−4405	05 38 52	−44 04 51	3.3E−8	4.4E−10	1000	100000	Q
PSR J0614−3329	3FGL J0614.1−3329	06 14 10	−33 29 01	1.7E−8	3.6E−10	1000	100000	P
SNR G189.1−03.0	3FGL J0617.2+2234e	06 17 14	+22 34 48	6.3E−10	±7.3E−10	1000	100000	R
PSR J0633+0632	3FGL J0633.7+0632	06 33 33	+06 34 41	1.7E−8	4.7E−10	1000	100000	P
Geminga	3FGL J0633.9+1746	06 33 54	+17 46 13	6.9E−7	2.1E−9	1000	100000	P
S5 0716+71	3FGL J0721.9+7120	07 21 54	+71 20 58	2.2E−8	3.1E−10	1000	100000	Q
PKS 0727−11	3FGL J0730.2−1141	07 30 17	−11 41 44	1.8E−8	3.6E−10	1000	100000	Q
PKS 0805−07	3FGL J0808.2−0751	08 08 14	−07 50 59	9.7E−9	±2.8E−10	1000	100000	Q
Vela−X	3FGL J0833.1−4511e	08 33 09	−45 11 24	1.8E−8		1000	100000	N
Vela−X	HESS J0835−455	08 35 00	−45 36 00	1.3E−11	0.4E−11	>1000000		N
Vela Pulsar	3FGL J0835.3−4510	08 35 20	−45 10 35	1.3E−6	2.9E−9	1000	100000	P
RX J0852.0−4622	HESS J0852−463	08 52 00	−46 22 00	1.9E−11	0.6E−11	>1000000		N
Vela X−1	4U 0900−40	09 02 06	−40 33 16	5.3E−3	±1.9E−5	0.04	0.1	B
1FGL J1018.6−5856	3FGL J1018.9−5856	10 18 55	−58 56 46	2.7E−8	6.4E−10	1000	100000	B
PSR J1023−5746	3FGL J1023.1−5745	10 23 03	−57 46 05	2.0E−8	7.8E−10	1000	100000	P
PSR J1028−5819	3FGL J1028.4−5819	10 28 30	−58 19 55	3.3E−8	7.3E−10	1000	100000	P
PSR J1044−5737	3FGL J1044.5−5737	10 44 33	−57 37 19	1.6E−8	4.3E−10	1000	100000	P
Eta Carinae	3FGL J1045.1−5941	10 45 00	−59 41 31	1.7E−8	±7.3E−10	1000	100000	B
PSR J1048−5832	3FGL J1048.2−5832	10 48 17	−58 31 48	2.7E−8	5.4E−10	1000	100000	P
PSR J1057−5226	3FGL J1057.9−5227	10 57 59	−52 26 54	4.9E−8	5.8E−10	1000	100000	P
MRK 421	3FGL J1104.4+3812	11 04 30	+38 12 39	3.0E−8	4.1E−10	1000	100000	Q
MRK 421		11 04 30	+38 12 39	1.5E−10	3.0E−12	>250000		Q
NGC 4151	H 1208+396	12 10 33	+39 24 35	2.3E−6	±3.5E−8	0.07	0.3	Q
4C +21.35	3FGL J1224.9+2122	12 24 54	+21 22 48	2.6E−8	3.8E−10	1000	100000	Q
4C +21.35		12 24 54	+21 22 48	4.6E−10	5.0E−11	>100000		Q
NGC 4388		12 25 47	+12 39 00	6.4E−4	5.8E−5	0.05	0.15	Q
3C 273	3FGL J1229.1+0202	12 29 06	+02 03 09	9.4E−9	2.5E−10	1000	100000	Q

Name	Alternate Name	RA	Dec.	Flux[1]	E_{low}[2]	E_{high}	Type
		h m s	° ′ ″	photons $cm^{-2}s^{-1}$	MeV	MeV	
PSR J1231−1411	3FGL J1231.2−1411	12 31 16	−14 11 13	1.8 E−8 ±3.8E−10	1000	100000	P
3C 279	3FGL J1256.1−0547	12 56 13	−05 47 28	2.1 E−8 3.6E−10	1000	100000	Q
HESS J1303−631		13 03 00	−63 11 55	1.2 E−11 0.2E−11	>380000		N
Cen A		13 25 39	−43 00 40	3.9 E−3 2.9E−5	0.04	0.1	Q
PSR J1410−6132	3FGL J1409.7−6132	14 09 42	−61 32 06	5.3 E−9 5.2E−10	1000	100000	P
PSR J1413−6205	3FGL J1413.4−6205	14 13 26	−62 04 30	2.8 E−8 ±6.4E−10	1000	100000	P
NGC 5548	H 1415+253	14 18 00	+25 07 47	3.8 E−4 7.4E−5	0.05	0.15	Q
PSR J1418−6058	3FGL J1418.6−6058	14 18 42	−60 58 11	4.1 E−8 1.2E−9	1000	100000	P
PSR J1420−6048	3FGL J1420.0−6048	14 20 07	−60 47 49	1.7 E−8 1.0E−9	1000	100000	P
H 1426+428	RGB J1428+426	14 28 33	+42 40 25	2.0 E−11 3.5E−12	>280000		Q
PKS 1502+106	3FGL J1504.4+1029	15 04 25	+10 29 34	2.4 E−8 ±3.8E−10	1000	100000	Q
PKS 1510−08	3FGL J1512.8−0906	15 12 50	−09 06 09	4.1 E−8 5.1E−10	1000	100000	Q
PSR B1509−58		15 13 55	−59 08 24	9.4 E−4 4.8E−5	0.05	5	P
MSH 15−52	HESS J1514−591	15 14 07	−59 09 27	2.3 E−11 0.6E−11	>280000		N
B2 1520+31	3FGL J1522.1+3144	15 22 10	+31 44 37	1.8 E−8 3.1E−10	1000	100000	Q
XTE J1550−564	V381 Nor	15 50 58	−56 28 36	3.2 E−3 ±1.9E−5	0.04	0.1	B
HESS J1614−518		16 14 19	−51 49 12	5.8 E−11 7.7E−12	>200000		U
HESS J1616−508		16 16 24	−50 54 00	4.3 E−11 2.0E−12	>200000		N
PSR J1620−4927	3FGL J1620.8−4928	16 20 52	−49 28 30	2.5 E−8 7.2E−10	1000	100000	P
4U 1630−47		16 34 00	−47 23 39	2.0 E−3 9.7E−6	0.04	0.1	T
HESS J1632−478	3FGL J1633.0−4746e	16 36 21	−47 40 58	2.3 E−8 ±8.4E−10	1000	100000	N
MRK 501		16 53 52	+39 45 37	2.8 E−11 5.0E−12	>300000		Q
OAO 1657−415	H 1657−415	17 00 47	−41 40 23	3.7 E−3 9.7E−6	0.04	0.1	B
GX 339−4	1H 1659−487	17 02 50	−48 47 23	4.2 E−3 1.9E−5	0.04	0.1	B
4U 1700−377	V884 Sco	17 03 56	−37 50 38	1.2 E−2 9.7E−6	0.04	0.1	B
HESS J1708−443		17 08 11	−44 20 00	3.8 E−12±8.0E−13	>1000000		U
PSR J1709−4429	3FGL J1709.7−4429	17 09 43	−44 29 08	1.9 E−7 1.2E−9	1000	100000	P
RX J1713.7−3946	G 347.3−0.5	17 13 33	−39 45 44	5.3 E−12 9 E−13	>1800000		R
GX 1+4	4U 1728−24	17 32 02	−24 44 44	4.0 E−3 9.7E−6	0.04	0.1	B
PSR J1732−3131	3FGL J1732.5−3130	17 32 34	−31 31 21	3.1 E−8 7.4E−10	1000	100000	P
PSR J1741−2054	3FGL J1741.9−2054	17 41 58	−20 54 50	1.6 E−8 ±4.3E−10	1000	100000	P
1E 1740.7−2942		17 44 02	−29 43 26	3.5 E−3 9.7E−6	0.04	0.1	T
IGR J17464−3213	H 1743−32	17 45 02	−32 13 36	6.9 E−3 3.4E−5	0.04	0.1	B
Galactic Center	HESS J1745−290	17 45 40	−29 00 22	2.0 E−12 1.0E−13	>1000000		U
3FGL J1745.3−2903c	3EG J1746−2851	17 45 40	−28 50 38	3.9 E−8 2.0E−9	1000	100000	U
PSR J1747−2958	3FGL J1747.2−2958	17 45 22	−29 03 47	2.2 E−8 ±8.1E−10	1000	100000	P
GRO J1753+57		17 51 40	+57 10 47	5.8 E−4 1.0E−4	0.75	8	U
Swift J1753.5−0127		17 53 29	−01 27 24	6.6 E−3 1.9E−5	0.04	0.1	B
GRS 1758−258	INTEGRAL1 79	18 01 12	−25 44 36	7.2 E−3 9.7E−6	0.04	0.1	B
W28	3FGL J1801.3−2326e	18 01 22	−23 26 24	5.3 E−8 1.0E−9	1000	100000	N
PMN J1802−3940	3FGL J1802.6−3940	18 02 39	−39 40 45	1.0 E−8 ±2.9E−10	1000	100000	Q
PSR J1803-2149	3FGL J1803.1−2147	18 03 12	−21 47 30	1.4 E−8 7.5E−10	1000	100000	P
HESS J1804−216		18 04 31	−21 42 00	5.32E−11 2.0E−12	>200000		U
W30	3FGL J1805.6−2136e	18 05 38	−21 36 42	2.4 E−8 8.9E−10	1000	100000	N
PSR J1809−2332	3FGL J1809.8−2332	18 09 50	−23 33 35	6.4 E−8 8.1E−10	1000	100000	P

SELECTED GAMMA RAY SOURCES, J2000.0

Name	Alternate Name	RA	Dec.	Flux[1]	E_{low}[2]	E_{high}	Type
		h m s	° ′ ″	photons cm^{-2}s^{-1}	MeV	MeV	
PSR J1813–1246	3FGL J1813.4–1246	18 13 24	–12 45 59	2.7E–8 ±5.9 E–10	1000	100000	P
M 1812–12	4U 1812–12	18 15 12	–12 05 00	2.5E–3 1.9 E–5	0.04	0.1	B
HESS J1825–137	3FGL J1824.5–1351e	18 26 05	–13 45 36	3.9E–11 2.2 E–12	>200000		N
PSR J1826–1256	3FGL J1826.1–1256	18 26 08	–12 56 33	5.3E–8 9.5 E–10	1000	100000	P
LS 5039	3FGL J1826.2–1450	18 26 21	–14 50 13	1.9E–8 7.0 E–10	1000	100000	B
GS 1826–24		18 29 28	–24 48	6.4E–3 ±9.7 E–6	0.04	0.1	B
PSR J1836+5925	3FGL J1836.2+5925	18 36 14	+59 25 30	9.9E–8 7.1 E–10	1000	100000	P
PSR J1838–0537	3FGL J1838.9–0537	18 38 56	–05 37 33	2.1E–8 1.1 E–9	1000	100000	P
W44	3FGL J1855.9+0121e	18 55 58	+01 21 18	7.1E–8 1.3 E–9	1000	100000	R
MGRO J1908+06	HESS J1908+063	19 07 54	+06 16 07	3.8E–12 8.0 E–13	>1000000		U
PSR J1907+0602	3FGL J1907.9+0602	19 07 55	+06 02 17	3.8E–8 ±7.2 E–10	1000	100000	P
W 49B	3FGL J1910.9+0906	19 11 03	+09 05 39	2.0E–8 6.8 E–10	1000	100000	N
GRS 1915+105	Nova Aql 1992	19 15 11	+10 56 45	1.2E–2 9.7 E–6	0.04	0.1	B
W51C	3FGL J1923.2+1408e	19 23 16	+14 08 42	4.0E–8 7.5 E–10	1000	100000	N
NGC 6814	QSO 1939–104	19 42 40	–10 19 12	3.2E–4 8.3 E–5	0.05	0.15	Q
PSR J1952+3252	3FGL J1952.9+3253	19 52 58	+32 52 41	2.0E–8 ±4.3 E–10	1000	100000	P
PSR J1954+2836	3FGL J1954.2+2836	19 54 18	+28 36 18	1.5E–8 4.6 E–10	1000	100000	P
Cyg X–1	4U 1956+35	19 58 21	+35 12 00	6.6E–4 7.4 E–5	0.75	2	B
1ES 1959+650	QSO B1959+650	20 00 00	+65 08 55	4.7E–11 1.6 E–11	>180000		Q
MAGIC J2001+435	3FGL J2001.1+4352	20 01 13	+43 52 53	6.8E–10 7.0 E–11	>100000		Q
PSR J2021+3651	3FGL J2021.1+3651	20 21 05	+36 51 48	6.9E–8 ±8.1 E–10	1000	100000	P
PSR J2021+4026	3FGL J2021.5+4026	20 21 52	+40 26 26	1.2E–7 9.7 E–10	1000	100000	P
EXO 2030+375		20 32 13	+37 37 48	3.3E–3 1.9 E–5	0.04	0.1	B
PSR J2032+4127	3FGL J2032.2+4126	20 32 13	+41 27 25	2.5E–8 5.8 E–10	1000	100000	P
Cyg X–3		20 32 26	+40 57 28	6.8E–3 1.9 E–5	0.04	0.1	B
J2124.6+5057	IGR J21247+5058	21 24 39	+50 58 26	6.5E–4 ±2.9 E–5	0.04	0.1	Q
PKS 2155–304	HESS J2158–302	21 58 52	–30 13 32	1.3E–11 0.1 E–11	>300000		Q
PKS 2155–304	3FGL J2158.8–3013	21 58 52	–30 13 32	2.2E–8 3.9 E–10	1000	100000	Q
PSR J2229+6114	3FGL J2229.0+6114	22 29 05	+61 14 29	2.9E–8 4.6 E–10	1000	100000	P
3C 454.3	3FGL J2254.0+1608	22 53 59	+16 08 58	1.1E–7 7.3 E–10	1000	100000	Q
Cas A	1H 2321+585	23 23 12	+58 48 36	2.8E–4 ±6.60E–5	0.04	0.25	R

Notes to Table

[1] Integrated flux over the low (< 100 KeV), high (100 MeV to 100 GeV), or very high (> 100 GeV) energy range; some sources are bright in multiple energy ranges.
[2] > indicates a lower limit energy value; flux is the integral observed flux.
[3] For SN1987A, flux is only for single observed spectral line.

B Binary system
G Galaxy
N Nebula/diffuse
P Pulsar
Q Quasar
R Supernova remnant
T Transient
U Unknown

CONTENTS OF SECTION J

NOTES

Beginning with the 1997 edition of *The Astronomical Almanac*, observatories in the general list are alphabetical first by country and then by observatory name within the country. If the country in which an observatory is located is unknown, it may be found in the index list. Taking Ebro Observatory as an example, the index list refers the reader to Spain, under which Ebro is listed in the general list.

Observatories in England, Northern Ireland, Scotland and Wales will be found under United Kingdom. Observatories in the United States will be found under the appropriate state, under United States of America (USA). Thus, the W.M. Keck Observatory is under USA, Hawaii. In the index list it is listed under Keck, W.M. and W.M. Keck, with referrals to Hawaii (USA) in the general list.

The "Location" column in the general list gives the city or town associated with the observatory, sometimes with the name of the mountain on which the observatory is actually located. Since some institutions have observatories located outside of their native countries, the "Location" column indicates the locale of the observatory, but not necessarily the ownership by that country. In the "Observatory Name" column of the general list, observatories with radio instruments, infrared instruments, or laser instruments are designated with an 'R', 'I', or 'L', respectively. The height of the observatory is given, in the final column, in meters (m) above mean sea level (m.s.l.); observatories for which the height is unknown at the time of publication have a "——" in the "Height" column.

Beginning with the 2012 edition of *The Astronomical Almanac*, the general list includes observatory codes as designated by the IAU Minor Planet Center (MPC), for some observatories; these codes are given in the "MPC Code" column.

Finally, readers interested in only a subset of the observatories—for example, those from a certain country (or few countries) or those with radio (or infrared or laser) instruments—may wish to use the observatory search feature on *The Astronomical Almanac Online* (see below).

INDEX LIST

Observatory Name	Location	Observatory Name	Location
Abastumani	Georgia	Byurakan	Armenia
Abrahão de Moraes	Brazil		
Agassiz Station, George R.	Texas (USA)	C.E. Kenneth Mees	New York (USA)
Aguilar, Félix	Argentina	C.E.K. Mees	Hawaii (USA)
Alabama, Univ. of	Alabama (USA)	Cagigal	Venezuela
Alger	Algeria	Cagliari	Italy
Algonquin	Canada	Caltech Submillimeter	Hawaii (USA)
Allegheny	Pennsylvania (USA)	Cambridge University	United Kingdom
Aller, Ramon Maria	Spain	Canada–France–Hawaii Tel. Corp.	Hawaii (USA)
Anderson Mesa Station	Arizona (USA)	Çanakkale	Turkey
Anglo–Australian	Australia	Cantonal	Switzerland
Ankara, Univ. of	Turkey	Capilla Peak	New Mexico (USA)
Antares	Brazil	Capodimonte	Italy
Apache Point	New Mexico (USA)	Carlos U. Cesco Station, Dr.	Argentina
Arcetri	Italy	Carter	New Zealand
Archenhold	Germany	CASS (CSIRO Ast. and Space Sci.)	Australia
Arecibo	Puerto Rico	Catalina Station	Arizona (USA)
Argentine Radio Astronomy Institute	Argentina	Catania	Italy
ARIES (Aryabhatta)	India	Catholic University Ast. Institute	Netherlands
Arizona University, Northern	Arizona (USA)	Central Inst. for Earth Physics	Germany
Armagh	United Kingdom	Central Michigan University	Michigan (USA)
Arosa	Switzerland	Cerro Calán National	Chile
Arthur J. Dyer	Tennessee (USA)	Cerro El Roble	Chile
Aryabhatta (ARIES)	India	Cerro La Silla	Chile
Asiago	Italy	Cerro Las Campanas	Chile
Ast. and Astrophysical Institute	Belgium	Cerro Pachón	Chile
Astronomical Latitude	Poland	Cerro Paranal	Chile
Auckland	New Zealand	Cerro San Cristobal	Chile
Australian National	Australia	Cerro Tololo Inter–American	Chile
		Cesco Station, Dr. Carlos U.	Argentina
Bappu, Vainu	India	CFH Telescope Corp.	Hawaii (USA)
Barros, Prof. Manuel de	Portugal	Chabot Space & Science Center	California (USA)
Basle Univ. Ast. Institute	Switzerland	Chamberlin	Colorado (USA)
Behlen	Nebraska (USA)	Chaonis	Italy
Beijing (Branch)	China	Charles Univ. Ast. Institute	Czech Republic
Beijing Normal University	China	Chews Ridge	California (USA)
Belgrade	Serbia	Chilbolton	United Kingdom
Belogradchik	Bulgaria	Cincinnati	Ohio (USA)
Besançon	France	City	United Kingdom
Bialkow Station	Poland	Clay Center	Massachusetts (USA)
Big Bear	California (USA)	Climenhaga	Canada
Blue Mesa Station	New Mexico (USA)	Cluj–Napoca	Romania
Bochum	Germany	Clyde W. Tombaugh	Kansas (USA)
Bohyunsan	Korea	Coimbra	Portugal
Bologna University (Branch)	Italy	Cointe	Belgium
Bordeaux University	France	Coit, Judson B.	Massachusetts (USA)
Bosscha	Indonesia	Collurania	Italy
Boyden	South Africa	Connecticut State Univ., Western	Connecticut (USA)
Bradley	Georgia (USA)	Copenhagen University	Denmark
Brera–Milan	Italy	Copernicus, Nicholas	Czech Republic
Brevard Community College	Florida (USA)	Córdoba	Argentina
Brooks	Michigan (USA)	Côte d'Azur	France
Bucharest	Romania	Crane, Zenas	Kansas (USA)
Bucknell University	Pennsylvania (USA)	Crawford Hill	New Jersey (USA)

INDEX LIST

OBSERVATORIES, 2018

INDEX LIST

INDEX LIST

INDEX LIST

INDEX LIST

Observatory Name	MPC Code	Location	East Longitude	Latitude	Height (m.s.l.)
			° ′	° ′	m
Algeria					
Algiers Obs.	008	Bouzaréa	+ 3 02.1	+ 36 48.1	345
Argentina					
Argentine Radio Ast. Inst.	R	Villa Elisa	− 58 08.2	− 34 52.1	11
Córdoba Ast. Obs.	822	Córdoba	− 64 11.8	− 31 25.3	434
Córdoba Obs. Astrophys. Sta.	821	Bosque Alegre	− 64 32.8	− 31 35.9	1250
Dr. Carlos U. Cesco Sta.		San Juan/El Leoncito	− 69 19.8	− 31 48.1	2348
El Leoncito Ast. Complex	808	San Juan/El Leoncito	− 69 18.0	− 31 48.0	2552
Félix Aguilar Obs.		San Juan	− 68 37.2	− 31 30.6	700
La Plata Ast. Obs.	839	La Plata	− 57 55.9	− 34 54.5	17
National Obs. of Cosmic Physics		San Miguel	− 58 43.9	− 34 33.4	37
Naval Obs.		Buenos Aires	− 58 21.3	− 34 37.3	6
Armenia					
Byurakan Astrophysical Obs.	R	123	Yerevan/Mt. Aragatz	+ 44 17.5	+ 40 20.1	1500
Australia					
Anglo–Australian Obs.	I	Coonabarabran/Siding Spg., NSW	+ 149 04.0	− 31 16.6	1164
Australian Natl. Radio Ast. Obs.	R	Parkes, NSW	+ 148 15.7	− 33 00.0	392
CSIRO Ast. and Space Sci. (CASS)	R	Culgoora, NSW	+ 149 33.7	− 30 18.9	217
Deep Space Sta.	R	Tidbinbilla, ACT	+ 148 58.8	− 35 24.1	656
Fleurs Radio Obs.	R	Kemps Creek, NSW	+ 150 46.5	− 33 51.8	45
Molonglo Radio Obs.	R	Hoskinstown, NSW	+ 149 25.4	− 35 22.3	732
Mopra Radio Obs.	R	Coonabarabran, NSW	+ 149 06.0	− 31 16.1	866
Mount Pleasant Radio Ast. Obs.	R	Hobart, Tasmania	+ 147 26.4	− 42 48.3	43
Mount Stromlo Obs.	414	Canberra/Mt. Stromlo, ACT	+ 149 00.5	− 35 19.2	767
Perth Obs.	323	Bickley, Western Australia	+ 116 08.1	− 32 00.5	391
Riverview College Obs.		Lane Cove, NSW	+ 151 09.5	− 33 49.8	25
Siding Spring Obs.	413	Coonabarabran/Siding Spg., NSW	+ 149 03.7	− 31 16.4	1149
Austria					
Kanzelhöhe Solar Obs.		Klagenfurt/Kanzelhöhe	+ 13 54.4	+ 46 40.7	1526
Kuffner Obs.		Vienna	+ 16 17.8	+ 48 12.8	302
L. Figl Astrophysical Obs.	562	St. Corona at Schöpfl	+ 15 55.4	+ 48 05.0	890
Lustbühel Obs.	580	Graz	+ 15 29.7	+ 47 03.9	480
Purgathofer Obs.	A96	Klosterneuburg	+ 16 17.2	+ 48 17.8	399
Univ. of Graz Obs.		Graz	+ 15 27.1	+ 47 04.7	375
Urania Obs.	602	Vienna	+ 16 23.1	+ 48 12.7	193
Vienna Univ. Obs.	045	Vienna	+ 16 20.2	+ 48 13.9	241
Belgium					
Ast. and Astrophys. Inst.		Brussels	+ 4 23.0	+ 50 48.8	147
Cointe Obs.	623	Liège	+ 5 33.9	+ 50 37.1	127
Royal Obs. Radio Ast. Sta.	R	Humain	+ 5 15.3	+ 50 11.5	293
Royal Obs. of Belgium	R	012	Uccle	+ 4 21.5	+ 50 47.9	105
Brazil					
Abrahão de Moraes Obs.	R	860	Valinhos	− 46 58.0	− 23 00.1	850
Antares Ast. Obs.		Feira de Santana	− 38 57.9	− 12 15.4	256
Itapetinga Radio Obs.	R	Atibaia	− 46 33.5	− 23 11.1	806
Morro Santana Obs.		Porto Alegre	− 51 07.6	− 30 03.2	300
National Obs.	880	Rio de Janeiro	− 43 13.4	− 22 53.7	33
Pico dos Dias Obs.	874	Itajubá/Pico dos Dias	− 45 35.0	− 22 32.1	1870
Piedade Obs.		Belo Horizonte	− 43 30.7	− 19 49.3	1746
Valongo Obs.		Rio de Janeiro/Mt. Valongo	− 43 11.2	− 22 53.9	52

Observatory Name	MPC Code	Location	East Longitude	Latitude	Height (m.s.l.)
			° ′	° ′	m
Bulgaria					
Belogradchik Ast. Obs.		Belogradchik	+ 22 40.5	+ 43 37.4	650
Rozhen National Ast. Obs.	071	Rozhen	+ 24 44.6	+ 41 41.6	1759
Canada					
Algonquin Radio Obs.	R	Lake Traverse, Ontario	− 78 04.4	+ 45 57.3	260
Climenhaga Obs.	657	Victoria, British Columbia	− 123 18.5	+ 48 27.8	74
Devon Ast. Obs.		Devon, Alberta	− 113 45.5	+ 53 23.4	708
Dominion Astrophysical Obs.		Victoria, British Columbia	− 123 25.0	+ 48 31.2	238
Dominion Radio Astrophys. Obs.	R	Penticton, British Columbia	− 119 37.2	+ 49 19.2	545
Elginfield Obs.	440	London, Ontario	− 81 18.9	+ 43 11.5	323
Mont Mégantic Ast. Obs.	301	Mégantic/Mont Mégantic, Quebec	− 71 09.2	+ 45 27.3	1114
Rothney Astrophysical Obs.	I 661	Priddis, Alberta	− 114 17.3	+ 50 52.1	1272
Chile					
Cerro Calán National Ast. Obs.	806	Santiago/Cerro Calán	− 70 32.8	− 33 23.8	860
Cerro El Roble Ast. Obs.	805	Santiago/Cerro El Roble	− 71 01.2	− 32 58.9	2220
Cerro Tololo Inter–Amer. Obs.	R,I 807	La Serena/Cerro Tololo	− 70 48.9	− 30 09.9	2215
European Southern Obs.	R 809	La Serena/Cerro La Silla	− 70 43.8	− 29 15.4	2347
Gemini South Obs.	I11	La Serena/Cerro Pachón	− 70 44.2	− 30 14.4	2748
Las Campanas Obs.	304	Vallenar/Cerro Las Campanas	− 70 42.0	− 29 00.5	2282
Maipu Radio Ast. Obs.	R	Maipu	− 70 51.5	− 33 30.1	446
Manuel Foster Astrophys. Obs.		Santiago/Cerro San Cristobal	− 70 37.8	− 33 25.1	840
Paranal Obs.	309	Antofagasta/Cerro Paranal	− 70 24.2	− 24 37.5	2635
China, People's Republic of					
Beijing Normal Univ. Obs.	R	Beijing	+ 116 21.6	+ 39 57.4	70
Beijing Obs. Sta.	R	Miyun	+ 116 45.9	+ 40 33.4	160
Beijing Obs. Sta.	R,L 324	Shahe	+ 116 19.7	+ 40 06.1	40
Beijing Obs. Sta.		Tianjing	+ 117 03.5	+ 39 08.0	5
Beijing Obs. Sta.	I 327	Xinglong	+ 117 34.5	+ 40 23.7	870
Purple Mountain Obs.	R 330	Nanjing/Purple Mtn.	+ 118 49.3	+ 32 04.0	267
Shaanxi Ast. Obs.	R	Lintong	+ 109 33.1	+ 34 56.7	468
Shanghai Obs. Sta.	R,L	Sheshan	+ 121 11.2	+ 31 05.8	100
Shanghai Obs. Sta.	R	Urumqui	+ 87 10.7	+ 43 28.3	2080
Shanghai Obs. Sta.	R	Xujiahui	+ 121 25.6	+ 31 11.4	5
Wuchang Time Obs.	L	Wuhan	+ 114 20.7	+ 30 32.5	28
Yunnan Obs.	R 286	Kunming	+ 102 47.3	+ 25 01.5	1940
Colombia					
National Ast. Obs.		Bogotá	− 74 04.9	+ 4 35.9	2640
Croatia, Republic of					
Geodetical Faculty Obs.		Zagreb	+ 16 01.3	+ 45 49.5	146
Hvar Obs.		Hvar	+ 16 26.9	+ 43 10.7	238
Czech Republic					
Charles Univ. Ast. Inst.	541	Prague	+ 14 23.7	+ 50 04.6	267
Nicholas Copernicus Obs.	616	Brno	+ 16 35.0	+ 49 12.2	304
Ondřejov Obs.	R 557	Ondřejov	+ 14 47.0	+ 49 54.6	533
Prostějov Obs.		Prostějov	+ 17 09.8	+ 49 29.2	225
Valašské Meziříčí Obs.		Valašské Meziříčí	+ 17 58.5	+ 49 27.8	338

Observatory Name	MPC Code	Location	East Longitude	Latitude	Height (m.s.l.)
			° ′	° ′	m
Denmark					
Copenhagen Univ. Obs.	054	Brorfelde	+ 11 40.0	+ 55 37.5	90
Copenhagen Univ. Obs.	035	Copenhagen	+ 12 34.6	+ 55 41.2	——
Ole Rømer Obs.	155	Aarhus	+ 10 11.8	+ 56 07.7	50
Ecuador					
Quito Ast. Obs.	781	Quito	− 78 29.9	− 0 13.0	2818
Egypt					
Helwân Obs.	087	Helwân	+ 31 22.8	+ 29 51.5	116
Kottamia Obs.	088	Kottamia	+ 31 49.5	+ 29 55.9	476
Estonia					
Wilhelm Struve Astrophys. Obs.		Tartu	+ 26 28.0	+ 58 16.0	——
Finland					
European Incoh. Scatter Facility	R	Sodankylä	+ 26 37.6	+ 67 21.8	197
Metsähovi Obs.		Kirkkonummi	+ 24 23.8	+ 60 13.2	60
Metsähovi Obs. Radio Rsch. Sta.	R	Kirkkonummi	+ 24 23.6	+ 60 13.1	61
Tuorla Obs.	063	Piikkiö	+ 22 26.8	+ 60 25.0	40
Univ. of Helsinki Obs.	569	Helsinki	+ 24 57.3	+ 60 09.7	33
France					
Besançon Obs.	016	Besançon	+ 5 59.2	+ 47 15.0	312
Bordeaux Univ. Obs.	R 999	Floirac	− 0 31.7	+ 44 50.1	73
Côte d'Azur Obs.	020	Nice/Mont Gros	+ 7 18.1	+ 43 43.4	372
Côte d'Azur Obs. Calern Sta.	I,L	St. Vallier–de–Thiey	+ 6 55.6	+ 43 44.9	1270
Grenoble Obs.	R	Gap/Plateau de Bure	+ 5 54.5	+ 44 38.0	2552
Lyon Univ. Obs.	513	St. Genis Laval	+ 4 47.1	+ 45 41.7	299
Meudon Obs.	005	Meudon	+ 2 13.9	+ 48 48.3	162
Millimeter Radio Ast. Inst.	R	Gap/Plateau de Bure	+ 5 54.4	+ 44 38.0	2552
Obs. of Haute–Provence	511	Forcalquier/St. Michel	+ 5 42.8	+ 43 55.9	665
Paris Obs.	007	Paris	+ 2 20.2	+ 48 50.2	67
Paris Obs. Radio Ast. Sta.	R	Nançay	+ 2 11.8	+ 47 22.8	150
Pic du Midi Obs.	586	Bagnères–de–Bigorre	+ 0 08.7	+ 42 56.2	2861
Strasbourg Obs.	522	Strasbourg	+ 7 46.2	+ 48 35.0	142
Toulouse Univ. Obs.	004	Toulouse	+ 1 27.8	+ 43 36.7	195
Georgia					
Abastumani Astrophysical Obs.	R 119	Abastumani/Mt. Kanobili	+ 42 49.3	+ 41 45.3	1583
Germany					
Archenhold Obs.	604	Berlin	+ 13 28.7	+ 52 29.2	41
Bochum Obs.		Bochum	+ 7 13.4	+ 51 27.9	132
Central Inst. for Earth Physics		Potsdam	+ 13 04.0	+ 52 22.9	91
Einstein Tower Solar Obs.	R	Potsdam	+ 13 03.9	+ 52 22.8	100
Friedrich Schiller Univ. Obs.	032	Jena	+ 11 29.2	+ 50 55.8	356
Göttingen Univ. Obs.	528	Göttingen	+ 9 56.6	+ 51 31.8	159
Hamburg Obs.	029	Bergedorf	+ 10 14.5	+ 53 28.9	45
Hoher List Obs.	017	Daun/Hoher List	+ 6 51.0	+ 50 09.8	533
Inst. of Geodesy Ast. Obs.		Hannover	+ 9 42.8	+ 52 23.3	71
Karl Schwarzschild Obs.	033	Tautenburg	+ 11 42.8	+ 50 58.9	331
Lohrmann Obs.	040	Dresden	+ 13 52.3	+ 51 03.0	324
Max Planck Inst. for Radio Ast.	R	Effelsberg	+ 6 53.1	+ 50 31.6	369
Munich Univ. Obs.	532	Munich	+ 11 36.5	+ 48 08.7	529
Potsdam Astrophysical Obs.	042	Potsdam	+ 13 04.0	+ 52 22.9	107

Observatory Name	MPC Code	Location	East Longitude	Latitude	Height (m.s.l.)
			° ′	° ′	m
Germany, cont.					
Remeis Obs.	521	Bamberg	+ 10 53.4	+ 49 53.1	288
Schauinsland Obs.		Freiburg/Schauinsland Mtn.	+ 7 54.4	+ 47 54.9	1240
Sonneberg Obs.	031	Sonneberg	+ 11 11.5	+ 50 22.7	640
State Obs.	024	Heidelberg/Königstuhl	+ 8 43.3	+ 49 23.9	570
Stockert Radio Obs.	R	Eschweiler	+ 6 43.4	+ 50 34.2	435
Stuttgart Obs.		Welzheim	+ 9 35.8	+ 48 52.5	547
Swabian Obs.	025	Stuttgart	+ 9 11.8	+ 48 47.0	354
Tremsdorf Radio Ast. Obs.	R	Tremsdorf	+ 13 08.2	+ 52 17.1	35
Tübingen Univ. Ast. Obs.		Tübingen	+ 9 03.5	+ 48 32.3	470
Wendelstein Solar Obs.	230	Brannenburg	+ 12 00.8	+ 47 42.5	1838
Wilhelm Foerster Obs.	544	Berlin	+ 13 21.2	+ 52 27.5	78
Greece					
Kryonerion Ast. Obs.		Kiáton/Mt. Killini	+ 22 37.3	+ 37 58.4	905
National Obs. Sta.	R	Pentele	+ 23 51.8	+ 38 02.9	509
National Obs. of Athens	066	Athens	+ 23 43.2	+ 37 58.4	110
Stephanion Obs.		Stephanion	+ 22 49.7	+ 37 45.3	800
Univ. of Thessaloníki Obs.		Thessaloníki	+ 22 57.5	+ 40 37.0	28
Greenland					
Incoherent Scatter Facility	R	Søndre Strømfjord	− 50 57.0	+ 66 59.2	180
Hungary					
Heliophysical Obs.		Debrecen	+ 21 37.4	+ 47 33.6	132
Heliophysical Obs. Sta.		Gyula	+ 21 16.2	+ 46 39.2	135
Konkoly Obs.	053	Budapest	+ 18 57.9	+ 47 30.0	474
Konkoly Obs. Sta.	561	Piszkéstetö	+ 19 53.7	+ 47 55.1	958
Urania Obs.		Budapest	+ 19 03.9	+ 47 29.1	166
India					
Aryabhatta Res. Inst. of Obs. Sci.		Naini Tal/Manora Peak	+ 79 27.4	+ 29 21.7	1927
Gauribidanur Radio Obs.	R	Gauribidanur	+ 77 26.1	+ 13 36.2	686
Gurushikhar Infrared Obs.	I	Abu	+ 72 46.8	+ 24 39.1	1700
Indian Ast. Obs.		Hanle/Mt. Saraswati	+ 78 57.9	+ 32 46.8	4467
Japal–Rangapur Obs.	R 219	Japal	+ 78 43.7	+ 17 05.9	695
Kodaikanal Solar Obs.		Kodaikanal	+ 77 28.1	+ 10 13.8	2343
National Centre for Radio Aph.		Khodad	+ 74 03.0	+ 19 06.0	650
Nizamiah Obs.		Hyderabad	+ 78 27.2	+ 17 25.9	554
Radio Ast. Center	R	Udhagamandalam (Ooty)	+ 76 40.0	+ 11 22.9	2150
Vainu Bappu Obs.	220	Kavalur	+ 78 49.6	+ 12 34.6	725
Indonesia					
Bosscha Obs.	299	Lembang (Java)	+ 107 37.0	− 6 49.5	1300
Ireland					
Dunsink Obs.		Castleknock	− 6 20.3	+ 53 23.2	75
Israel					
Florence and George Wise Obs.	097	Mitzpe Ramon/Mt. Zin	+ 34 45.8	+ 30 35.8	874
Italy					
Arcetri Astrophysical Obs.	030	Arcetri	+ 11 15.3	+ 43 45.2	184
Asiago Astrophysical Obs.	043	Asiago	+ 11 31.7	+ 45 51.7	1045
Bologna Univ. Obs.	598	Loiano	+ 11 20.2	+ 44 15.5	785
Brera–Milan Ast. Obs.	096	Merate	+ 9 25.7	+ 45 42.0	340

Observatory Name		MPC Code	Location	East Longitude	Latitude	Height (m.s.l.)
				° ′	° ′	m
Italy, cont.						
Brera–Milan Ast. Obs.		027	Milan	+ 9 11.5	+ 45 28.0	146
Cagliari Ast. Obs.	L		Capoterra	+ 8 58.6	+ 39 08.2	205
Capodimonte Ast. Obs.		044	Naples	+ 14 15.3	+ 40 51.8	150
Catania Astrophysical Obs.		156	Catania	+ 15 05.2	+ 37 30.2	47
Catania Obs. Stellar Sta.			Catania/Serra la Nave	+ 14 58.4	+ 37 41.5	1735
Chaonis Obs.		567	Chions	+ 12 42.7	+ 45 50.6	15
Collurania Ast. Obs.		037	Teramo	+ 13 44.0	+ 42 39.5	388
Damecuta Obs.			Anacapri	+ 14 11.8	+ 40 33.5	137
International Latitude Obs.			Carloforte	+ 8 18.7	+ 39 08.2	22
Medicina Radio Ast. Sta.	R		Medicina	+ 11 38.7	+ 44 31.2	44
Mount Ekar Obs.		098	Asiago/Mt. Ekar	+ 11 34.3	+ 45 50.6	1350
Padua Ast. Obs.		533	Padua	+ 11 52.3	+ 45 24.0	38
Palermo Univ. Ast. Obs.		535	Palermo	+ 13 21.5	+ 38 06.7	72
Rome Obs.		034	Rome/Monte Mario	+ 12 27.1	+ 41 55.3	152
San Vittore Obs.		552	Bologna	+ 11 20.5	+ 44 28.1	280
Trieste Ast. Obs.	R	A82	Trieste	+ 13 52.5	+ 45 38.5	400
Turin Ast. Obs.		022	Pino Torinese	+ 7 46.5	+ 45 02.3	622
Japan						
Dodaira Obs.	L	387	Tokyo/Mt. Dodaira	+ 139 11.8	+ 36 00.2	879
Hida Obs.			Kamitakara	+ 137 18.5	+ 36 14.9	1276
Hiraiso Solar Terr. Rsch. Center	R		Nakaminato	+ 140 37.5	+ 36 22.0	27
Kagoshima Space Center	R		Uchinoura	+ 131 04.0	+ 31 13.7	228
Kashima Space Research Center	R		Kashima	+ 140 39.8	+ 35 57.3	32
Kiso Obs.		381	Kiso	+ 137 37.7	+ 35 47.6	1130
Kwasan Obs.		377	Kyoto	+ 135 47.6	+ 34 59.7	221
Kyoto Univ. Ast. Dept. Obs.			Kyoto	+ 135 47.2	+ 35 01.7	86
Kyoto Univ. Physics Dept. Obs.			Kyoto	+ 135 47.2	+ 35 01.7	80
Mizusawa Astrogeodynamics Obs.			Mizusawa	+ 141 07.9	+ 39 08.1	61
Nagoya Univ. Fujigane Sta.	R		Kamiku Isshiki	+ 138 36.7	+ 35 25.6	1015
Nagoya Univ. Radio Ast. Lab.	R		Nagoya	+ 136 58.4	+ 35 08.9	75
Nagoya Univ. Sugadaira Sta.	R		Toyokawa	+ 138 19.3	+ 36 31.2	1280
Nagoya Univ. Toyokawa Sta.	R		Toyokawa	+ 137 22.2	+ 34 50.1	25
National Ast. Obs.	R	388	Mitaka	+ 139 32.5	+ 35 40.3	58
Nobeyama Cosmic Radio Obs.	R		Nobeyama	+ 138 29.0	+ 35 56.0	1350
Nobeyama Solar Radio Obs.	R		Nobeyama	+ 138 28.8	+ 35 56.3	1350
Norikura Solar Obs.	I	382	Matsumoto/Mt. Norikura	+ 137 33.3	+ 36 06.8	2876
Okayama Astrophysical Obs.		371	Kurashiki/Mt. Chikurin	+ 133 35.8	+ 34 34.4	372
Sendai Ast. Obs.		D93	Sendai	+ 140 51.9	+ 38 15.4	45
Simosato Hydrographic Obs.	R,L		Simosato	+ 135 56.4	+ 33 34.5	63
Sirahama Hydrographic Obs.			Sirahama	+ 138 59.3	+ 34 42.8	172
Tohoku Univ. Obs.			Sendai	+ 140 50.6	+ 38 15.4	153
Tokyo Hydrographic Obs.			Tokyo	+ 139 46.2	+ 35 39.7	41
Toyokawa Obs.	R		Toyokawa	+ 137 22.3	+ 34 50.2	18
Kazakhstan						
Mountain Obs.		210	Alma–Ata	+ 76 57.4	+ 43 11.3	1450
Korea, Republic of						
Bohyunsan Optical Ast. Obs.		344	Youngchun/Mt. Bohyun	+ 128 58.6	+ 36 10.0	1127
Daeduk Radio Ast. Obs.	R		Taejeon	+ 127 22.3	+ 36 23.9	120
Korea Ast. Obs.			Taejeon	+ 127 22.3	+ 36 23.9	120
Sobaeksan Ast. Obs.		245	Danyang	+ 128 27.4	+ 36 56.0	1390

Observatory Name	MPC Code	Location	East Longitude	Latitude	Height (m.s.l.)
			° ′	° ′	m
Latvia					
Latvian State Univ. Ast. Obs.	L	Riga	+ 24 07.0	+ 56 57.1	39
Riga Radio–Astrophysical Obs.	R	Riga	+ 24 24.0	+ 56 47.0	75
Lithuania					
Moletai Ast. Obs.	152	Moletai	+ 25 33.8	+ 55 19.0	220
Vilnius Ast. Obs.	570	Vilnius	+ 25 17.2	+ 54 41.0	122
Mexico					
Guillermo Haro Astrophys. Obs.		Cananea/La Mariquita Mtn.	− 110 23.0	+ 31 03.2	2480
Large Millimeter Telescope (LMT)	R	Sierra Negra	− 97 18.9	+ 18 59.1	4600
National Ast. Obs.		San Felipe (Baja California)	− 115 27.8	+ 31 02.6	2830
National Ast. Obs.	R	Tonantzintla	− 98 18.8	+ 19 02.0	2150
Univ. Guanajuato Obs.		Mineral de La Luz (Guanajuato)	− 101 19.5	+ 21 03.2	2420
Netherlands					
Catholic Univ. Ast. Inst.		Nijmegen	+ 5 52.1	+ 51 49.5	62
Dwingeloo Radio Obs.	R	Dwingeloo	+ 6 23.8	+ 52 48.8	25
Kapteyn Obs.		Roden	+ 6 26.6	+ 53 07.7	12
Leiden Obs.	013	Leiden	+ 4 29.1	+ 52 09.3	12
Simon Stevin Obs.	R 505	Hoeven	+ 4 33.8	+ 51 34.0	9
Sonnenborgh Obs.	015	Utrecht	+ 5 07.8	+ 52 05.2	14
Westerbork Radio Ast. Obs.	R	Westerbork	+ 6 36.3	+ 52 55.0	16
New Zealand					
Auckland Obs.	467	Auckland	+ 174 46.7	− 36 54.4	80
Carter Obs.	485	Wellington	+ 174 46.0	− 41 17.2	129
Carter Obs. Sta.	483	Blenheim/Black Birch	+ 173 48.2	− 41 44.9	1396
Mount John Univ. Obs.	474	Lake Tekapo/Mt. John	+ 170 27.9	− 43 59.2	1027
Norway					
European Incoh. Scatter Facility	R	Tromsø	+ 19 31.2	+ 69 35.2	85
Skibotn Ast. Obs.	093	Skibotn	+ 20 21.9	+ 69 20.9	157
Philippine Islands					
Manila Obs.	R	Quezon City	+ 121 04.6	+ 14 38.2	58
Pagasa Ast. Obs.		Quezon City	+ 121 04.3	+ 14 39.2	70
Poland					
Astronomical Latitude Obs.	L 187	Borowiec	+ 17 04.5	+ 52 16.6	80
Jagellonian Obs. Ft. Skala Sta.	R	Cracow	+ 19 49.6	+ 50 03.3	314
Jagellonian Univ. Ast. Obs.	055	Cracow	+ 19 57.6	+ 50 03.9	225
Mount Suhora Obs.		Koninki/Mt. Suhora	+ 20 04.0	+ 49 34.2	1000
Piwnice Ast. Obs.	R 092	Piwnice	+ 18 33.4	+ 53 05.7	100
Poznań Univ. Ast. Obs.	L 047	Poznań	+ 16 52.7	+ 52 23.8	85
Warsaw Univ. Ast. Obs.	060	Ostrowik	+ 21 25.2	+ 52 05.4	138
Wroclaw Univ. Ast. Obs.		Wroclaw	+ 17 05.3	+ 51 06.7	115
Wroclaw Univ. Bialkow Sta.		Wasosz	+ 16 39.6	+ 51 28.5	140
Portugal					
Coimbra Ast. Obs.		Coimbra	− 8 25.8	+ 40 12.4	99
Lisbon Ast. Obs.	971	Lisbon	− 9 11.2	+ 38 42.7	111
Prof. Manuel de Barros Obs.	R	Vila Nova de Gaia	− 8 35.3	+ 41 06.5	232

Observatory Name	MPC Code	Location	East Longitude	Latitude	Height (m.s.l.)
			° ′	° ′	m
Puerto Rico					
Arecibo Obs. R	251	Arecibo	− 66 45.2	+ 18 20.6	496
Romania					
Bucharest Ast. Obs.	073	Bucharest	+ 26 05.8	+ 44 24.8	81
Cluj–Napoca Ast. Obs.		Cluj–Napoca	+ 23 35.9	+ 46 42.8	750
Russia					
Engelhardt Ast. Obs.	136	Kazan	+ 48 48.9	+ 55 50.3	98
Irkutsk Ast. Obs.		Irkutsk	+ 104 20.7	+ 52 16.7	468
Kaliningrad Univ. Obs.	058	Kaliningrad	+ 20 29.7	+ 54 42.8	24
Kazan Univ. Obs.	135	Kazan	+ 49 07.3	+ 55 47.4	79
Pulkovo Obs. R	084	Pulkovo	+ 30 19.6	+ 59 46.4	75
Pulkovo Obs. Sta.		Kislovodsk/Shat Jat Mass Mtn.	+ 42 31.8	+ 43 44.0	2130
Sayan Mtns. Radiophys. Obs.		Sayan Mountains	+ 102 12.5	+ 51 45.5	832
Special Astrophysical Obs. R	115	Zelenchukskaya/Pasterkhov Mtn.	+ 41 26.5	+ 43 39.2	2100
St. Petersburg Univ. Obs.		St. Petersburg	+ 30 17.7	+ 59 56.5	3
Sternberg State Ast. Inst.	105	Moscow	+ 37 32.7	+ 55 42.0	195
Tomsk Univ. Obs.	236	Tomsk	+ 84 56.8	+ 56 28.1	130
Serbia					
Belgrade Ast. Obs.	057	Belgrade	+ 20 30.8	+ 44 48.2	253
Slovakia					
Lomnický Štít Coronal Obs.	059	Poprad/Mt. Lomnický Štít	+ 20 13.2	+ 49 11.8	2632
Skalnaté Pleso Obs.	056	Poprad	+ 20 14.7	+ 49 11.3	1783
Slovak Technical Univ. Obs.		Bratislava	+ 17 07.2	+ 48 09.3	171
South Africa, Republic of					
Boyden Obs.	074	Mazelspoort	+ 26 24.3	− 29 02.3	1387
Hartebeeshoek Radio Ast. Obs. R		Hartebeeshoek	+ 27 41.1	− 25 53.4	1391
Leiden Obs. Southern Sta.	081	Hartebeespoort	+ 27 52.6	− 25 46.4	1220
South African Ast. Obs.	051	Cape Town	+ 18 28.7	− 33 56.1	18
South African Ast. Obs. Sta.		Sutherland	+ 20 48.7	− 32 22.7	1771
Southern African Large Telescope	B31	Sutherland	+ 20 48.6	− 32 22.8	1798
Spain					
Deep Space Sta. R		Cebreros	− 4 22.0	+ 40 27.3	789
Deep Space Sta. R		Robledo	− 4 14.9	+ 40 25.8	774
Ebro Obs. R		Roquetas	+ 0 29.6	+ 40 49.2	50
German Spanish Ast. Center		Gérgal/Calar Alto Mtn.	− 2 32.2	+ 37 13.8	2168
Millimeter Radio Ast. Inst. R		Granada/Pico Veleta	− 3 24.0	+ 37 04.1	2870
National Ast. Obs.	990	Madrid	− 3 41.1	+ 40 24.6	670
National Obs. Ast. Center R	491	Yebes	− 3 06.0	+ 40 31.5	914
Naval Obs. L		San Fernando	− 6 12.2	+ 36 28.0	27
Ramon Maria Aller Obs.		Santiago de Compostela	− 8 33.6	+ 42 52.5	240
Roque de los Muchachos Obs.		La Palma Island (Canaries)	− 17 52.9	+ 28 45.6	2326
Teide Obs. R,I		Tenerife Island (Canaries)	− 16 29.8	+ 28 17.5	2395
Sweden					
European Incoh. Scatter Facility R		Kiruna	+ 20 26.1	+ 67 51.6	418
Kvistaberg Obs.	049	Bro	+ 17 36.4	+ 59 30.1	33
Lund Obs.	039	Lund	+ 13 11.2	+ 55 41.9	34
Lund Obs. Jävan Sta.		Björnstorp	+ 13 26.0	+ 55 37.4	145
Onsala Space Obs. R		Onsala	+ 11 55.1	+ 57 23.6	24
Stockholm Obs.	052	Saltsjöbaden	+ 18 18.5	+ 59 16.3	60

Observatory Name	MPC Code	Location	East Longitude	Latitude	Height (m.s.l.)
			° ′	° ′	m
Switzerland					
Arosa Astrophysical Obs.		Arosa	+ 9 40.1	+ 46 47.0	2050
Basle Univ. Ast. Inst.		Binningen	+ 7 35.0	+ 47 32.5	318
Cantonal Obs.	019	Neuchâtel	+ 6 57.5	+ 46 59.9	488
Geneva Obs.	517	Sauverny	+ 6 08.2	+ 46 18.4	465
Gornergrat North & South Obs.	R,I	Zermatt/Gornergrat	+ 7 47.1	+ 45 59.1	3135
High Alpine Research Obs.		Mürren/Jungfraujoch	+ 7 59.1	+ 46 32.9	3576
Inst. of Solar Research (IRSOL)		Locarno	+ 8 47.4	+ 46 10.7	500
Specola Solar Obs.		Locarno	+ 8 47.4	+ 46 10.4	365
Swiss Federal Obs.		Zürich	+ 8 33.1	+ 47 22.6	469
Univ. of Lausanne Obs.		Chavannes–des–Bois	+ 6 08.2	+ 46 18.4	465
Zimmerwald Obs.	026	Zimmerwald	+ 7 27.9	+ 46 52.6	929
Tadzhikistan					
Inst. of Astrophysics	191	Dushanbe	+ 68 46.9	+ 38 33.7	820
Taiwan (Republic of China)					
National Central Univ. Obs.		Chung–li	+ 121 11.2	+ 24 58.2	152
Taipei Obs.		Taipei	+ 121 31.6	+ 25 04.7	31
Turkey					
Ege Univ. Obs.		Bornova	+ 27 16.5	+ 38 23.9	795
Istanbul Univ. Obs.	080	Istanbul	+ 28 57.9	+ 41 00.7	65
Kandilli Obs.		Istanbul	+ 29 03.7	+ 41 03.8	120
Tübitak National Obs.	A84	Antalya/Mt. Bakirlitepe	+ 30 20.1	+ 36 49.5	2515
Univ. of Ankara Obs.	R	Ankara	+ 32 46.8	+ 39 50.6	1266
Çanakkale Univ. Obs.		Ulupinar/Çanakkale	+ 26 28.5	+ 40 06.0	410
Ukraine					
Crimean Astrophysical Obs.	095	Nauchnyi	+ 34 01.0	+ 44 43.8	550
Crimean Astrophysical Obs.	R 094	Simeis	+ 34 00.0	+ 44 32.4	676
Inst. of Radio Ast.	R	Kharkov	+ 36 56.0	+ 49 38.0	150
Kharkov Univ. Ast. Obs.	101	Kharkov	+ 36 13.9	+ 50 00.2	138
Kiev Univ. Obs.	085	Kiev	+ 30 29.9	+ 50 27.2	184
Lvov Univ. Obs.	067	Lvov	+ 24 01.8	+ 49 50.0	330
Main Ast. Obs.		Kiev	+ 30 30.4	+ 50 21.9	188
Nikolaev Ast. Obs.	089	Nikolaev	+ 31 58.5	+ 46 58.3	54
Odessa Obs.	086	Odessa	+ 30 45.5	+ 46 28.6	60
United Kingdom					
Armagh Obs.	981	Armagh, Northern Ireland	− 6 38.9	+ 54 21.2	64
Cambridge Univ. Obs.	503	Cambridge, England	+ 0 05.7	+ 52 12.8	30
Chilbolton Obs.	R	Chilbolton, England	− 1 26.2	+ 51 08.7	92
City Obs.	961	Edinburgh, Scotland	− 3 10.8	+ 55 57.4	107
Godlee Obs.		Manchester, England	− 2 14.0	+ 53 28.6	77
Jodrell Bank Obs.	R	Macclesfield, England	− 2 18.4	+ 53 14.2	78
Mills Obs.		Dundee, Scotland	− 3 00.7	+ 56 27.9	152
Mullard Radio Ast. Obs.	R	Cambridge, England	+ 0 02.6	+ 52 10.2	17
Royal Obs. Edinburgh		Edinburgh, Scotland	− 3 11.0	+ 55 55.5	146
Satellite Laser Ranger Group	L 501	Herstmonceux, England	+ 0 20.3	+ 50 52.0	31
Univ. of Glasgow Obs.		Glasgow, Scotland	− 4 18.3	+ 55 54.1	53
Univ. of London Obs.	998	Mill Hill, England	− 0 14.4	+ 51 36.8	81
Univ. of St. Andrews Obs.		St. Andrews, Scotland	− 2 48.9	+ 56 20.2	30

Observatory Name	MPC Code	Location	East Longitude	Latitude	Height (m.s.l.)
			° ′	° ′	m
United States of America					
Alabama					
Univ. of Alabama Obs.		Tuscaloosa	− 87 32.5	+ 33 12.6	87
Arizona					
Fred L. Whipple Obs.	696	Amado/Mt. Hopkins	− 110 52.6	+ 31 40.9	2344
Kitt Peak National Obs.	695	Tucson/Kitt Peak	− 111 36.0	+ 31 57.8	2120
Lowell Obs.	690	Flagstaff	− 111 39.9	+ 35 12.2	2219
Lowell Obs. Sta.	688	Flagstaff/Anderson Mesa	− 111 32.2	+ 35 05.8	2200
MMT Obs.		Amado/Mt. Hopkins	− 110 53.1	+ 31 41.3	2608
McGraw–Hill Obs.	697	Tucson/Kitt Peak	− 111 37.0	+ 31 57.0	1925
Mount Lemmon Infrared Obs.	I 686	Tucson/Mt. Lemmon	− 110 47.5	+ 32 26.5	2776
National Radio Ast. Obs.	R	Tucson/Kitt Peak	− 111 36.9	+ 31 57.2	1939
Northern Arizona Univ. Obs.	687	Flagstaff	− 111 39.2	+ 35 11.1	2110
Steward Obs.	692	Tucson	− 110 56.9	+ 32 14.0	757
Steward Obs. Catalina Sta.		Tucson/Mt. Bigelow	− 110 43.9	+ 32 25.0	2510
Steward Obs. Catalina Sta.		Tucson/Mt. Lemmon	− 110 47.3	+ 32 26.6	2790
Steward Obs. Catalina Sta.		Tucson/Tumamoc Hill	− 111 00.3	+ 32 12.8	950
Steward Obs. Sta.	691	Tucson/Kitt Peak	− 111 36.0	+ 31 57.8	2071
Submillimeter Telescope Obs.	R	Safford/Mt. Graham	− 109 53.5	+ 32 42.1	3190
U.S. Naval Obs. Sta.	689	Flagstaff	− 111 44.4	+ 35 11.0	2316
Vatican Obs. Research Group	I 290	Safford/Mt. Graham	− 109 53.5	+ 32 42.1	3181
Warner and Swasey Obs. Sta.		Tucson/Kitt Peak	− 111 35.9	+ 31 57.6	2084
California					
Big Bear Solar Obs.		Big Bear City	− 116 54.9	+ 34 15.2	2067
Chabot Space & Science Center	G58	Oakland	− 122 10.9	+ 37 49.1	476
Goldstone Complex	R 252	Fort Irwin	− 116 50.9	+ 35 23.4	1036
Griffith Obs.		Los Angeles	− 118 17.9	+ 34 07.1	357
Hat Creek Radio Ast. Obs.	R	Cassel	− 121 28.4	+ 40 49.1	1043
Leuschner Obs.	660	Lafayette	− 122 09.4	+ 37 55.1	304
Lick Obs.	662	San Jose/Mt. Hamilton	− 121 38.2	+ 37 20.6	1290
MIRA Oliver Observing Sta.		Monterey/Chews Ridge	− 121 34.2	+ 36 18.3	1525
Mount Laguna Obs.	L	Mount Laguna	− 116 25.6	+ 32 50.4	1859
Mount Wilson Obs.	R 672	Pasadena/Mt. Wilson	− 118 03.6	+ 34 13.0	1742
Owens Valley Radio Obs.	R	Big Pine	− 118 16.9	+ 37 13.9	1236
Palomar Obs.	675	Palomar Mtn.	− 116 51.8	+ 33 21.4	1706
Radio Ast. Inst.	R	Stanford	− 122 11.3	+ 37 23.9	80
SRI Radio Ast. Obs.	R	Stanford	− 122 10.6	+ 37 24.3	168
San Fernando Obs.	R	San Fernando	− 118 29.5	+ 34 18.5	371
Stanford Center for Radar Ast.	R	Palo Alto	− 122 10.7	+ 37 27.5	172
Table Mountain Obs.	673	Wrightwood	− 117 40.9	+ 34 22.9	2285
Colorado					
Chamberlin Obs.	708	Denver	− 104 57.2	+ 39 40.6	1644
Chamberlin Obs. Sta.	707	Bailey/Dick Mtn.	− 105 26.2	+ 39 25.6	2675
Meyer–Womble Obs.		Georgetown/Mt. Evans	− 105 38.4	+ 39 35.2	4305
Sommers–Bausch Obs.	463	Boulder	− 105 15.8	+ 40 00.2	1653
Tiara Obs.		South Park	− 105 31.0	+ 38 58.2	2679
U.S. Air Force Academy Obs.	712	Colorado Springs	− 104 52.5	+ 39 00.4	2187
Connecticut					
John J. McCarthy Obs.	932	New Milford	− 73 25.6	+ 41 31.6	79
Van Vleck Obs.	298	Middletown	− 72 39.6	+ 41 33.3	65
Western Conn. State Univ. Obs.		Danbury	− 73 26.7	+ 41 24.0	128
Delaware					
Mount Cuba Ast. Obs.	788	Greenville	− 75 38.0	+ 39 47.1	92
District of Columbia					
Naval Rsch. Lab. Radio Ast. Obs.	R	Washington	− 77 01.6	+ 38 49.3	30
U.S. Naval Obs.	786	Washington	− 77 04.0	+ 38 55.3	92

Observatory Name	MPC Code	Location	East Longitude	Latitude	Height (m.s.l.)
			° ′	° ′	m
USA, cont.					
Florida					
Brevard Community College Obs.	758	Cocoa	− 80 45.7	+ 28 23.1	17
Rosemary Hill Obs.	831	Bronson	− 82 35.2	+ 29 24.0	44
Univ. of Florida Radio Obs.	R	Old Town	− 83 02.1	+ 29 31.7	8
Georgia					
Bradley Obs.		Decatur	− 84 17.6	+ 33 45.9	316
Emory Univ. Obs.		Atlanta	− 84 19.6	+ 33 47.4	310
Fernbank Obs.		Atlanta	− 84 19.1	+ 33 46.7	320
Hard Labor Creek Obs.		Rutledge	− 83 35.6	+ 33 40.2	223
Hawaii					
C.E.K. Mees Solar Obs.		Kahului/Haleakala, Maui	− 156 15.4	+ 20 42.4	3054
Caltech Submillimeter Obs.	R	Hilo/Mauna Kea, Hawaii	− 155 28.5	+ 19 49.3	4072
Canada–France–Hawaii Tel. Corp.	I	Hilo/Mauna Kea, Hawaii	− 155 28.1	+ 19 49.5	4204
Gemini North Obs.		Hilo/Mauna Kea, Hawaii	− 155 28.1	+ 19 49.4	4213
Joint Astronomy Centre	R,I	Hilo/Mauna Kea, Hawaii	− 155 28.2	+ 19 49.3	4198
LURE Obs.	L	Kahului/Haleakala, Maui	− 156 15.5	+ 20 42.6	3049
Mauna Kea Obs.	I	568	Hilo/Mauna Kea, Hawaii	− 155 28.2	+ 19 49.4	4214
Mauna Loa Solar Obs.		Hilo/Mauna Loa, Hawaii	− 155 34.6	+ 19 32.1	3440
Subaru Tel.		Hilo/Mauna Kea, Hawaii	− 155 28.6	+ 19 49.5	4163
Submillimeter Array (SMA)	R	Hilo/Mauna Kea, Hawaii	− 155 28.7	+ 19 49.5	4080
W.M. Keck Obs.	917	Hilo/Mauna Kea, Hawaii	− 155 28.5	+ 19 49.6	4160
Illinois					
Dearborn Obs.	756	Evanston	− 87 40.5	+ 42 03.4	195
Indiana					
Goethe Link Obs.	760	Brooklyn	− 86 23.7	+ 39 33.0	300
Iowa					
Erwin W. Fick Obs.		Boone	− 93 56.5	+ 42 00.3	332
Grant O. Gale Obs.		Grinnell	− 92 43.2	+ 41 45.4	318
North Liberty Radio Obs.	R	North Liberty	− 91 34.5	+ 41 46.3	241
Univ. of Iowa Obs.		Riverside	− 91 33.6	+ 41 30.9	221
Kansas					
Clyde W. Tombaugh Obs.		Lawrence	− 95 15.0	+ 38 57.6	323
Zenas Crane Obs.		Topeka	− 95 41.8	+ 39 02.2	306
Kentucky					
Moore Obs.		Brownsboro	− 85 31.8	+ 38 20.1	216
Maryland					
GSFC Optical Test Site		Greenbelt	− 76 49.6	+ 39 01.3	53
Maryland Point Obs.	R	Riverside	− 77 13.9	+ 38 22.4	20
Univ. of Maryland Obs.	R	College Park	− 76 57.4	+ 39 00.1	53
Massachusetts					
Clay Center	I01	Brookline	− 71 08.0	+ 42 20.0	47
Five College Radio Ast. Obs.	R	New Salem	− 72 20.7	+ 42 23.5	314
George R. Wallace Jr. Aph. Obs.	810	Westford	− 71 29.1	+ 42 36.6	107
Harvard–Smithsonian Ctr. for Aph.	R	802	Cambridge	− 71 07.8	+ 42 22.8	24
Haystack Obs.	R	254	Westford	− 71 29.3	+ 42 37.4	146
Hopkins Obs.	R	Williamstown	− 73 12.1	+ 42 42.7	215
Judson B. Coit Obs.		Boston	− 71 06.3	+ 42 21.0	——
Maria Mitchell Obs.	811	Nantucket	− 70 06.3	+ 41 16.8	20
Millstone Hill Atm. Sci. Fac.	R	Westford	− 71 29.7	+ 42 36.6	146
Millstone Hill Radar Obs.	R	Westford	− 71 29.5	+ 42 37.0	156
Oak Ridge Obs.	R	Harvard	− 71 33.5	+ 42 30.3	185
Sagamore Hill Radio Obs.	R	Hamilton	− 70 49.3	+ 42 37.9	53
Westford Antenna Facility	R	Westford	− 71 29.7	+ 42 36.8	115
Whitin Obs.		Wellesley	− 71 18.2	+ 42 17.7	32

Observatory Name	MPC Code	Location	East Longitude		Latitude		Height (m.s.l.)
			° ′		° ′		m
USA, cont.							
Michigan							
Brooks Obs.	746	Mount Pleasant	− 84	46.5	+ 43	35.3	258
Michigan State Univ. Obs.	766	East Lansing	− 84	29.0	+ 42	42.4	274
Univ. of Mich. Radio Ast. Obs. R		Dexter	− 83	56.2	+ 42	23.9	345
Minnesota							
O'Brien Obs.		Marine–on–St. Croix	− 92	46.6	+ 45	10.9	308
Missouri							
Morrison Obs.		Fayette	− 92	41.8	+ 39	09.1	228
Nebraska							
Behlen Obs.		Mead	− 96	26.8	+ 41	10.3	362
Nevada							
MacLean Obs.		Incline Village	− 119	55.7	+ 39	17.7	2546
New Hampshire							
Grainger Obs.		Exeter	− 70	56.5	+ 42	58.8	10
Shattuck Obs.		Hanover	− 72	17.0	+ 43	42.3	183
New Jersey							
Crawford Hill Obs. R		Holmdel	− 74	11.2	+ 40	23.5	114
FitzRandolph Obs.	785	Princeton	− 74	38.8	+ 40	20.7	43
New Mexico							
Apache Point Obs.	705	Sunspot	− 105	49.2	+ 32	46.8	2781
Capilla Peak Obs.		Albuquerque/Capilla Peak	− 106	24.3	+ 34	41.8	2842
Magdalena Ridge Obs.	H01	Socorro/South Baldy Peak	− 107	11.4	+ 33	59.1	3244
National Radio Ast. Obs. R		Socorro	− 107	37.1	+ 34	04.7	2124
National Solar Obs.		Sunspot	− 105	49.2	+ 32	47.2	2811
New Mexico State Univ. Obs. Sta.		Las Cruces/Blue Mesa	− 107	09.9	+ 32	29.5	2025
New Mexico State Univ. Obs. Sta.		Las Cruces/Tortugas Mtn.	− 106	41.8	+ 32	17.6	1505
New York							
C.E. Kenneth Mees Obs.		Bristol Springs	− 77	24.5	+ 42	42.0	701
Hartung–Boothroyd Obs.	H81	Ithaca	− 76	23.1	+ 42	27.5	534
Reynolds Obs.	H91	Potsdam	− 74	57.1	+ 44	40.7	140
Rutherfurd Obs.	795	New York	− 73	57.5	+ 40	48.6	25
Syracuse Univ. Obs.		Syracuse	− 76	08.3	+ 43	02.2	160
North Carolina							
Dark Sky Obs.		Boone	− 81	24.7	+ 36	15.1	926
Morehead Obs.		Chapel Hill	− 79	03.0	+ 35	54.8	161
Pisgah Ast. Rsch. Inst. (PARI)		Rosman	− 82	52.3	+ 35	12.0	892
Three College Obs.		Saxapahaw	− 79	24.4	+ 35	56.7	183
Ohio							
Cincinnati Obs.	765	Cincinnati	− 84	25.4	+ 39	08.3	247
Nassau Ast. Obs.	774	Montville	− 81	04.5	+ 41	35.5	390
Perkins Obs.	H69	Delaware	− 83	03.3	+ 40	15.1	280
Ritter Obs.		Toledo	− 83	36.8	+ 41	39.7	201
Pennsylvania							
Allegheny Obs.	778	Pittsburgh	− 80	01.3	+ 40	29.0	380
Bucknell Univ. Obs.		Lewisburg	− 76	52.9	+ 40	57.1	170
Kutztown Univ. Obs.		Kutztown	− 75	47.1	+ 40	30.9	158
Sproul Obs.		Swarthmore	− 75	21.4	+ 39	54.3	63
Strawbridge Obs. R	437	Haverford	− 75	18.2	+ 40	00.7	116
The Franklin Inst. Obs.		Philadelphia	− 75	10.4	+ 39	57.5	30
Villanova Univ. Obs. R		Villanova	− 75	20.5	+ 40	02.4	——
Rhode Island							
Ladd Obs.		Providence	− 71	24.0	+ 41	50.3	69
South Carolina							
Melton Memorial Obs.		Columbia	− 81	01.6	+ 33	59.8	98
Univ. of S.C. Radio Obs. R		Columbia	− 81	01.9	+ 33	59.8	127

Observatory Name	MPC Code	Location	East Longitude	Latitude	Height (m.s.l.)
			° ′	° ′	m
USA, cont.					
Tennessee					
Arthur J. Dyer Obs.	759	Nashville	− 86 48.3	+ 36 03.1	345
Montgomery Bell Academy Obs.		McMinville/Long Mountain	− 85 36.6	+ 35 40.8	538
Texas					
George R. Agassiz Sta.	R	Fort Davis	− 103 56.8	+ 30 38.1	1603
McDonald Obs.	L 711	Fort Davis/Mt. Locke	− 104 01.3	+ 30 40.3	2075
Millimeter Wave Obs.	R	Fort Davis/Mt. Locke	− 104 01.7	+ 30 40.3	2031
Virginia					
Leander McCormick Obs.	780	Charlottesville	− 78 31.4	+ 38 02.0	264
Leander McCormick Obs. Sta.		Charlottesville/Fan Mtn.	− 78 41.6	+ 37 52.7	566
Washington					
Manastash Ridge Obs.	664	Ellensburg/Manastash Ridge	− 120 43.4	+ 46 57.1	1198
West Virginia					
National Radio Ast. Obs.	R 256	Green Bank	− 79 50.5	+ 38 25.8	836
Naval Research Lab. Radio Sta.	R	Sugar Grove	− 79 16.4	+ 38 31.2	705
Wisconsin					
Pine Bluff Obs.		Pine Bluff	− 89 41.1	+ 43 04.7	366
Thompson Obs.		Beloit	− 89 01.9	+ 42 30.3	255
Washburn Obs.	753	Madison	− 89 24.5	+ 43 04.6	292
Yerkes Obs.	754	Williams Bay	− 88 33.4	+ 42 34.2	334
Wyoming					
Wyoming Infrared Obs.	I	Jelm/Jelm Mtn.	− 105 58.6	+ 41 05.9	2943
Uruguay					
Los Molinos Ast. Obs.	844	Montevideo	− 56 11.4	− 34 45.3	110
Montevideo Obs.		Montevideo	− 56 12.8	− 34 54.6	24
Uzbekistan					
Maidanak Ast. Obs.		Kitab/Mt. Maidanak	+ 66 54.0	+ 38 41.1	2500
Tashkent Obs.	192	Tashkent	+ 69 17.6	+ 41 19.5	477
Uluk–Bek Latitude Sta.	186	Kitab	+ 66 52.9	+ 39 08.0	658
Vatican City State					
Vatican Obs.	036	Castel Gandolfo	+ 12 39.1	+ 41 44.8	450
Venezuela					
Cagigal Obs.		Caracas	− 66 55.7	+ 10 30.4	1026
Llano del Hato Obs.	303	Mérida	− 70 52.0	+ 8 47.4	3610

CONTENTS OF SECTION K

This symbol indicates that these data or auxiliary material may also be found on *The Astronomical Almanac Online* at **http://asa.usno.navy.mil** and **http://asa.hmnao.com**

CONVERSION FOR PRE–JANUARY AND POST–DECEMBER DATES

Tabulated Date	Equivalent Date in Previous Year	Tabulated Date	Equivalent Date in Previous Year	Tabulated Date	Equivalent Date in Subsequent Year	Tabulated Date	Equivalent Date in Subsequent Year
Jan. − 39	Nov. 22	Jan. − 19	Dec. 12	Dec. 32	Jan. 1	Dec. 52	Jan. 21
− 38	23	− 18	13	33	2	53	22
− 37	24	− 17	14	34	3	54	23
− 36	25	− 16	15	35	4	55	24
− 35	26	− 15	16	36	5	56	25
Jan. − 34	Nov. 27	Jan. − 14	Dec. 17	Dec. 37	Jan. 6	Dec. 57	Jan. 26
− 33	28	− 13	18	38	7	58	27
− 32	29	− 12	19	39	8	59	28
− 31	30	− 11	20	40	9	60	29
− 30	1	− 10	21	41	10	61	30
Jan. − 29	Dec. 2	Jan. − 9	Dec. 22	Dec. 42	Jan. 11	Dec. 62	Jan. 31
− 28	3	− 8	23	43	12	63	Feb. 1
− 27	4	− 7	24	44	13	64	2
− 26	5	− 6	25	45	14	65	3
− 25	6	− 5	26	46	15	66	4
Jan. − 24	Dec. 7	Jan. − 4	Dec. 27	Dec. 47	Jan. 16	Dec. 67	Feb. 5
− 23	8	− 3	28	48	17	68	6
− 22	9	− 2	29	49	18	69	7
− 21	10	− 1	30	50	19	70	8
− 20	11	Jan. 0	Dec. 31	51	20	71	9

JULIAN DAY NUMBER, 1950–2000

OF DAY COMMENCING AT GREENWICH NOON ON:

Year	Jan. 0	Feb. 0	Mar. 0	Apr. 0	May 0	June 0	July 0	Aug. 0	Sept. 0	Oct. 0	Nov. 0	Dec. 0
1950	243 3282	3313	3341	3372	3402	3433	3463	3494	3525	3555	3586	3616
1951	3647	3678	3706	3737	3767	3798	3828	3859	3890	3920	3951	3981
1952	4012	4043	4072	4103	4133	4164	4194	4225	4256	4286	4317	4347
1953	4378	4409	4437	4468	4498	4529	4559	4590	4621	4651	4682	4712
1954	4743	4774	4802	4833	4863	4894	4924	4955	4986	5016	5047	5077
1955	243 5108	5139	5167	5198	5228	5259	5289	5320	5351	5381	5412	5442
1956	5473	5504	5533	5564	5594	5625	5655	5686	5717	5747	5778	5808
1957	5839	5870	5898	5929	5959	5990	6020	6051	6082	6112	6143	6173
1958	6204	6235	6263	6294	6324	6355	6385	6416	6447	6477	6508	6538
1959	6569	6600	6628	6659	6689	6720	6750	6781	6812	6842	6873	6903
1960	243 6934	6965	6994	7025	7055	7086	7116	7147	7178	7208	7239	7269
1961	7300	7331	7359	7390	7420	7451	7481	7512	7543	7573	7604	7634
1962	7665	7696	7724	7755	7785	7816	7846	7877	7908	7938	7969	7999
1963	8030	8061	8089	8120	8150	8181	8211	8242	8273	8303	8334	8364
1964	8395	8426	8455	8486	8516	8547	8577	8608	8639	8669	8700	8730
1965	243 8761	8792	8820	8851	8881	8912	8942	8973	9004	9034	9065	9095
1966	9126	9157	9185	9216	9246	9277	9307	9338	9369	9399	9430	9460
1967	9491	9522	9550	9581	9611	9642	9672	9703	9734	9764	9795	9825
1968	243 9856	9887	9916	9947	9977	*0008	*0038	*0069	*0100	*0130	*0161	*0191
1969	244 0222	0253	0281	0312	0342	0373	0403	0434	0465	0495	0526	0556
1970	244 0587	0618	0646	0677	0707	0738	0768	0799	0830	0860	0891	0921
1971	0952	0983	1011	1042	1072	1103	1133	1164	1195	1225	1256	1286
1972	1317	1348	1377	1408	1438	1469	1499	1530	1561	1591	1622	1652
1973	1683	1714	1742	1773	1803	1834	1864	1895	1926	1956	1987	2017
1974	2048	2079	2107	2138	2168	2199	2229	2260	2291	2321	2352	2382
1975	244 2413	2444	2472	2503	2533	2564	2594	2625	2656	2686	2717	2747
1976	2778	2809	2838	2869	2899	2930	2960	2991	3022	3052	3083	3113
1977	3144	3175	3203	3234	3264	3295	3325	3356	3387	3417	3448	3478
1978	3509	3540	3568	3599	3629	3660	3690	3721	3752	3782	3813	3843
1979	3874	3905	3933	3964	3994	4025	4055	4086	4117	4147	4178	4208
1980	244 4239	4270	4299	4330	4360	4391	4421	4452	4483	4513	4544	4574
1981	4605	4636	4664	4695	4725	4756	4786	4817	4848	4878	4909	4939
1982	4970	5001	5029	5060	5090	5121	5151	5182	5213	5243	5274	5304
1983	5335	5366	5394	5425	5455	5486	5516	5547	5578	5608	5639	5669
1984	5700	5731	5760	5791	5821	5852	5882	5913	5944	5974	6005	6035
1985	244 6066	6097	6125	6156	6186	6217	6247	6278	6309	6339	6370	6400
1986	6431	6462	6490	6521	6551	6582	6612	6643	6674	6704	6735	6765
1987	6796	6827	6855	6886	6916	6947	6977	7008	7039	7069	7100	7130
1988	7161	7192	7221	7252	7282	7313	7343	7374	7405	7435	7466	7496
1989	7527	7558	7586	7617	7647	7678	7708	7739	7770	7800	7831	7861
1990	244 7892	7923	7951	7982	8012	8043	8073	8104	8135	8165	8196	8226
1991	8257	8288	8316	8347	8377	8408	8438	8469	8500	8530	8561	8591
1992	8622	8653	8682	8713	8743	8774	8804	8835	8866	8896	8927	8957
1993	8988	9019	9047	9078	9108	9139	9169	9200	9231	9261	9292	9322
1994	9353	9384	9412	9443	9473	9504	9534	9565	9596	9626	9657	9687
1995	244 9718	9749	9777	9808	9838	9869	9899	9930	9961	9991	*0022	*0052
1996	245 0083	0114	0143	0174	0204	0235	0265	0296	0327	0357	0388	0418
1997	0449	0480	0508	0539	0569	0600	0630	0661	0692	0722	0753	0783
1998	0814	0845	0873	0904	0934	0965	0995	1026	1057	1087	1118	1148
1999	1179	1210	1238	1269	1299	1330	1360	1391	1422	1452	1483	1513
2000	245 1544	1575	1604	1635	1665	1696	1726	1757	1788	1818	1849	1879

OF DAY COMMENCING AT GREENWICH NOON ON:

Year	Jan. 0	Feb. 0	Mar. 0	Apr. 0	May 0	June 0	July 0	Aug. 0	Sept. 0	Oct. 0	Nov. 0	Dec. 0
2000	245 1544	1575	1604	1635	1665	1696	1726	1757	1788	1818	1849	1879
2001	1910	1941	1969	2000	2030	2061	2091	2122	2153	2183	2214	2244
2002	2275	2306	2334	2365	2395	2426	2456	2487	2518	2548	2579	2609
2003	2640	2671	2699	2730	2760	2791	2821	2852	2883	2913	2944	2974
2004	3005	3036	3065	3096	3126	3157	3187	3218	3249	3279	3310	3340
2005	245 3371	3402	3430	3461	3491	3522	3552	3583	3614	3644	3675	3705
2006	3736	3767	3795	3826	3856	3887	3917	3948	3979	4009	4040	4070
2007	4101	4132	4160	4191	4221	4252	4282	4313	4344	4374	4405	4435
2008	4466	4497	4526	4557	4587	4618	4648	4679	4710	4740	4771	4801
2009	4832	4863	4891	4922	4952	4983	5013	5044	5075	5105	5136	5166
2010	245 5197	5228	5256	5287	5317	5348	5378	5409	5440	5470	5501	5531
2011	5562	5593	5621	5652	5682	5713	5743	5774	5805	5835	5866	5896
2012	5927	5958	5987	6018	6048	6079	6109	6140	6171	6201	6232	6262
2013	6293	6324	6352	6383	6413	6444	6474	6505	6536	6566	6597	6627
2014	6658	6689	6717	6748	6778	6809	6839	6870	6901	6931	6962	6992
2015	245 7023	7054	7082	7113	7143	7174	7204	7235	7266	7296	7327	7357
2016	7388	7419	7448	7479	7509	7540	7570	7601	7632	7662	7693	7723
2017	7754	7785	7813	7844	7874	7905	7935	7966	7997	8027	8058	8088
2018	8119	8150	8178	8209	8239	8270	8300	8331	8362	8392	8423	8453
2019	8484	8515	8543	8574	8604	8635	8665	8696	8727	8757	8788	8818
2020	245 8849	8880	8909	8940	8970	9001	9031	9062	9093	9123	9154	9184
2021	9215	9246	9274	9305	9335	9366	9396	9427	9458	9488	9519	9549
2022	9580	9611	9639	9670	9700	9731	9761	9792	9823	9853	9884	9914
2023	245 9945	9976	*0004	*0035	*0065	*0096	*0126	*0157	*0188	*0218	*0249	*0279
2024	246 0310	0341	0370	0401	0431	0462	0492	0523	0554	0584	0615	0645
2025	246 0676	0707	0735	0766	0796	0827	0857	0888	0919	0949	0980	1010
2026	1041	1072	1100	1131	1161	1192	1222	1253	1284	1314	1345	1375
2027	1406	1437	1465	1496	1526	1557	1587	1618	1649	1679	1710	1740
2028	1771	1802	1831	1862	1892	1923	1953	1984	2015	2045	2076	2106
2029	2137	2168	2196	2227	2257	2288	2318	2349	2380	2410	2441	2471
2030	246 2502	2533	2561	2592	2622	2653	2683	2714	2745	2775	2806	2836
2031	2867	2898	2926	2957	2987	3018	3048	3079	3110	3140	3171	3201
2032	3232	3263	3292	3323	3353	3384	3414	3445	3476	3506	3537	3567
2033	3598	3629	3657	3688	3718	3749	3779	3810	3841	3871	3902	3932
2034	3963	3994	4022	4053	4083	4114	4144	4175	4206	4236	4267	4297
2035	246 4328	4359	4387	4418	4448	4479	4509	4540	4571	4601	4632	4662
2036	4693	4724	4753	4784	4814	4845	4875	4906	4937	4967	4998	5028
2037	5059	5090	5118	5149	5179	5210	5240	5271	5302	5332	5363	5393
2038	5424	5455	5483	5514	5544	5575	5605	5636	5667	5697	5728	5758
2039	5789	5820	5848	5879	5909	5940	5970	6001	6032	6062	6093	6123
2040	246 6154	6185	6214	6245	6275	6306	6336	6367	6398	6428	6459	6489
2041	6520	6551	6579	6610	6640	6671	6701	6732	6763	6793	6824	6854
2042	6885	6916	6944	6975	7005	7036	7066	7097	7128	7158	7189	7219
2043	7250	7281	7309	7340	7370	7401	7431	7462	7493	7523	7554	7584
2044	7615	7646	7675	7706	7736	7767	7797	7828	7859	7889	7920	7950
2045	246 7981	8012	8040	8071	8101	8132	8162	8193	8224	8254	8285	8315
2046	8346	8377	8405	8436	8466	8497	8527	8558	8589	8619	8650	8680
2047	8711	8742	8770	8801	8831	8862	8892	8923	8954	8984	9015	9045
2048	9076	9107	9136	9167	9197	9228	9258	9289	9320	9350	9381	9411
2049	9442	9473	9501	9532	9562	9593	9623	9654	9685	9715	9746	9776
2050	246 9807	9838	9866	9897	9927	9958	9988	*0019	*0050	*0080	*0111	*0141

JULIAN DAY NUMBER, 2050–2100

OF DAY COMMENCING AT GREENWICH NOON ON:

Year	Jan. 0	Feb. 0	Mar. 0	Apr. 0	May 0	June 0	July 0	Aug. 0	Sept. 0	Oct. 0	Nov. 0	Dec. 0
2050	246 9807	9838	9866	9897	9927	9958	9988	*0019	*0050	*0080	*0111	*0141
2051	247 0172	0203	0231	0262	0292	0323	0353	0384	0415	0445	0476	0506
2052	0537	0568	0597	0628	0658	0689	0719	0750	0781	0811	0842	0872
2053	0903	0934	0962	0993	1023	1054	1084	1115	1146	1176	1207	1237
2054	1268	1299	1327	1358	1388	1419	1449	1480	1511	1541	1572	1602
2055	247 1633	1664	1692	1723	1753	1784	1814	1845	1876	1906	1937	1967
2056	1998	2029	2058	2089	2119	2150	2180	2211	2242	2272	2303	2333
2057	2364	2395	2423	2454	2484	2515	2545	2576	2607	2637	2668	2698
2058	2729	2760	2788	2819	2849	2880	2910	2941	2972	3002	3033	3063
2059	3094	3125	3153	3184	3214	3245	3275	3306	3337	3367	3398	3428
2060	247 3459	3490	3519	3550	3580	3611	3641	3672	3703	3733	3764	3794
2061	3825	3856	3884	3915	3945	3976	4006	4037	4068	4098	4129	4159
2062	4190	4221	4249	4280	4310	4341	4371	4402	4433	4463	4494	4524
2063	4555	4586	4614	4645	4675	4706	4736	4767	4798	4828	4859	4889
2064	4920	4951	4980	5011	5041	5072	5102	5133	5164	5194	5225	5255
2065	247 5286	5317	5345	5376	5406	5437	5467	5498	5529	5559	5590	5620
2066	5651	5682	5710	5741	5771	5802	5832	5863	5894	5924	5955	5985
2067	6016	6047	6075	6106	6136	6167	6197	6228	6259	6289	6320	6350
2068	6381	6412	6441	6472	6502	6533	6563	6594	6625	6655	6686	6716
2069	6747	6778	6806	6837	6867	6898	6928	6959	6990	7020	7051	7081
2070	247 7112	7143	7171	7202	7232	7263	7293	7324	7355	7385	7416	7446
2071	7477	7508	7536	7567	7597	7628	7658	7689	7720	7750	7781	7811
2072	7842	7873	7902	7933	7963	7994	8024	8055	8086	8116	8147	8177
2073	8208	8239	8267	8298	8328	8359	8389	8420	8451	8481	8512	8542
2074	8573	8604	8632	8663	8693	8724	8754	8785	8816	8846	8877	8907
2075	247 8938	8969	8997	9028	9058	9089	9119	9150	9181	9211	9242	9272
2076	9303	9334	9363	9394	9424	9455	9485	9516	9547	9577	9608	9638
2077	247 9669	9700	9728	9759	9789	9820	9850	9881	9912	9942	9973	*0003
2078	248 0034	0065	0093	0124	0154	0185	0215	0246	0277	0307	0338	0368
2079	0399	0430	0458	0489	0519	0550	0580	0611	0642	0672	0703	0733
2080	248 0764	0795	0824	0855	0885	0916	0946	0977	1008	1038	1069	1099
2081	1130	1161	1189	1220	1250	1281	1311	1342	1373	1403	1434	1464
2082	1495	1526	1554	1585	1615	1646	1676	1707	1738	1768	1799	1829
2083	1860	1891	1919	1950	1980	2011	2041	2072	2103	2133	2164	2194
2084	2225	2256	2285	2316	2346	2377	2407	2438	2469	2499	2530	2560
2085	248 2591	2622	2650	2681	2711	2742	2772	2803	2834	2864	2895	2925
2086	2956	2987	3015	3046	3076	3107	3137	3168	3199	3229	3260	3290
2087	3321	3352	3380	3411	3441	3472	3502	3533	3564	3594	3625	3655
2088	3686	3717	3746	3777	3807	3838	3868	3899	3930	3960	3991	4021
2089	4052	4083	4111	4142	4172	4203	4233	4264	4295	4325	4356	4386
2090	248 4417	4448	4476	4507	4537	4568	4598	4629	4660	4690	4721	4751
2091	4782	4813	4841	4872	4902	4933	4963	4994	5025	5055	5086	5116
2092	5147	5178	5207	5238	5268	5299	5329	5360	5391	5421	5452	5482
2093	5513	5544	5572	5603	5633	5664	5694	5725	5756	5786	5817	5847
2094	5878	5909	5937	5968	5998	6029	6059	6090	6121	6151	6182	6212
2095	248 6243	6274	6302	6333	6363	6394	6424	6455	6486	6516	6547	6577
2096	6608	6639	6668	6699	6729	6760	6790	6821	6852	6882	6913	6943
2097	6974	7005	7033	7064	7094	7125	7155	7186	7217	7247	7278	7308
2098	7339	7370	7398	7429	7459	7490	7520	7551	7582	7612	7643	7673
2099	7704	7735	7763	7794	7824	7855	7885	7916	7947	7977	8008	8038
2100	248 8069	8100	8128	8159	8189	8220	8250	8281	8312	8342	8373	8403

The Julian date (JD) corresponding to any instant is the interval in mean solar days elapsed since 4713 BC January 1 at Greenwich mean noon (12^h UT). To determine the JD at 0^h UT for a given Gregorian calendar date, sum the values from Table A for century, Table B for year and Table C for month; then add the day of the month. Julian dates for the current year are given on page B3.

A. Julian date at January 0^d 0^h UT of centurial year

Year	1600†	1700	1800	1900	2000†	2100
Julian date	230 5447·5	234 1971·5	237 8495·5	241 5019·5	245 1544·5	248 8068·5

† Centurial years that are exactly divisible by 400 are leap years in the Gregorian calendar. To determine the JD for any date in such a year, subtract 1 from the JD in Table A and use the leap year portion of Table C. (For 1600 and 2000 the JDs tabulated in Table A are actually for January 1^d 0^h.)

B. Addition to give Julian date for January 0^d 0^h UT of year

Year	Add	Year	Add	Year	Add	Year	Add
0	0	25	9131	50	18262	75	27393
1	365	26	9496	51	18627	76*	27758
2	730	27	9861	52*	18992	77	28124
3	1095	28*	10226	53	19358	78	28489
4*	1460	29	10592	54	19723	79	28854
5	1826	30	10957	55	20088	80*	29219
6	2191	31	11322	56*	20453	81	29585
7	2556	32*	11687	57	20819	82	29950
8*	2921	33	12053	58	21184	83	30315
9	3287	34	12418	59	21549	84*	30680
10	3652	35	12783	60*	21914	85	31046
11	4017	36*	13148	61	22280	86	31411
12*	4382	37	13514	62	22645	87	31776
13	4748	38	13879	63	23010	88*	32141
14	5113	39	14244	64*	23375	89	32507
15	5478	40*	14609	65	23741	90	32872
16*	5843	41	14975	66	24106	91	33237
17	6209	42	15340	67	24471	92*	33602
18	6574	43	15705	68*	24836	93	33968
19	6939	44*	16070	69	25202	94	34333
20*	7304	45	16436	70	25567	95	34698
21	7670	46	16801	71	25932	96*	35063
22	8035	47	17166	72*	26297	97	35429
23	8400	48*	17531	73	26663	98	35794
24*	8765	49	17897	74	27028	99	36159

* Leap years

Examples

a. 1981 November 14

Table A	
1900 Jan. 0	241 5019·5
+ Table B	+ 2 9585
1981 Jan. 0	244 4604·5
+ Table C (n.y.)	+ 304
1981 Nov. 0	244 4908·5
+ Day of Month	+ 14
1981 Nov. 14	244 4922·5

b. 2000 September 24

Table A	
2000 Jan. 1	245 1544·5
− 1 (for 2000)	− 1
2000 Jan. 0	245 1543·5
+ Table B	+ 0
2000 Jan. 0	245 1543·5
+ Table C (l.y.)	+ 244
2000 Sept. 0	245 1787·5
+ Day of Month	+ 24
2000 Sept. 24	245 1811·5

c. 2006 June 21

Table A	
2000 Jan. 1	245 1544·5
+ Table B	+ 2191
2006 Jan. 0	245 3735·5
+ Table C (n.y.)	+ 151
2006 June 0	245 3886·5
+ Day of Month	+ 21
2006 June 21	245 3907·5

C. Addition to give Julian date for beginning of month (0^d 0^h UT)

	Jan.	Feb.	Mar.	Apr.	May	June	July	Aug.	Sept.	Oct.	Nov.	Dec.
Normal year	0	31	59	90	120	151	181	212	243	273	304	334
Leap year	0	31	60	91	121	152	182	213	244	274	305	335

WARNING: prior to 1925 Greenwich mean noon (i.e. 12^h UT) was usually denoted by 0^h GMT in astronomical publications.

Conversions between Calendar dates and Julian dates may be performed using the USNO utility which is located under "Data Services" on the Astronomical Applications web pages (see page x).

Selected Astronomical Constants

The IAU 2009 System of Astronomical Constants (1) as published in the Report of the IAU Working Group on Numerical Standards for Fundamental Astronomy (NSFA, 2011) and updated by resolution B2 of the IAU XXVIII General Assembly (2012), (2) planetary equatorial radii, taken from the report of the IAU WG on Cartographic Coordinates and Rotational Elements: 2009 (2011), and lastly (3) other useful constants. For each quantity the list tabulates its description, symbol and value, and to the right, as appropriate, its uncertainty in units that the quantity is given in. Further information is given at the foot of the table on the next page.

1 IAU 2009/2012 System of Astronomical Constants[1]

1.1 Natural Defining Constant:

Speed of light $\qquad c = 299\ 792\ 458\ \text{m s}^{-1}$

1.2 Auxiliary Defining Constants:

Astronomical unit[2]	$au = 149\ 597\ 870\ 700\ \text{m}$	
$1 - \text{d(TT)/d(TCG)}$	$L_\text{G} = 6.969\ 290\ 134 \times 10^{-10}$	
$1 - \text{d(TDB)/d(TCB)}$	$L_\text{B} = 1.550\ 519\ 768 \times 10^{-8}$	
TDB$-$TCB at $T_0 = 244\ 3144.5003\ 725\,\text{(TCB)}$	$\text{TDB}_0 = -6.55 \times 10^{-5}\ \text{s}$	
Earth rotation angle (ERA) at J2000·0 UT1	$\theta_0 = 0.779\ 057\ 273\ 2640\ \text{revolutions}$	
Rate of advance of ERA	$\dot{\theta} = 1.002\ 737\ 811\ 911\ 354\ 48\ \text{revolutions UT1-day}^{-1}$	

1.3 Natural Measurable Constant:

Constant of gravitation $\qquad G = 6.674\ 28 \times 10^{-11}\ \text{m}^3\,\text{kg}^{-1}\,\text{s}^{-2} \qquad \pm 6.7 \times 10^{-15}$

1.4 Other Constants:

Average value of $1 - \text{d(TCG)/d(TCB)}$ $\qquad L_\text{C} = 1.480\ 826\ 867\ 41 \times 10^{-8} \qquad \pm 2 \times 10^{-17}$

1.5 Body Constants:

Solar mass parameter[2]	$GM_\text{S} = 1.327\ 124\ 420\ 99 \times 10^{20}\ \text{m}^3\,\text{s}^{-2}\ \text{(TCB)}$	$\pm 1 \times 10^{10}$
	$= 1.327\ 124\ 400\ 41 \times 10^{20}\ \text{m}^3\,\text{s}^{-2}\ \text{(TDB)}$	$\pm 1 \times 10^{10}$
Equatorial radius for Earth	$a_\text{E} = a_\text{e} = 6\ 378\ 136.6\ \text{m (TT)}$	± 0.1
Dynamical form-factor for the Earth	$J_2 = 0.001\ 082\ 635\ 9$	$\pm 1 \times 10^{-10}$
Time rate of change in J_2	$\dot{J}_2 = -3.0 \times 10^{-9}\ \text{cy}^{-1}$	$\pm 6 \times 10^{-10}$
Geocentric gravitational constant	$GM_\text{E} = 3.986\ 004\ 418 \times 10^{14}\ \text{m}^3\,\text{s}^{-2}\ \text{(TCB)}$	$\pm 8 \times 10^5$
	$= 3.986\ 004\ 415 \times 10^{14}\ \text{m}^3\,\text{s}^{-2}\ \text{(TT)}$	$\pm 8 \times 10^5$
	$= 3.986\ 004\ 356 \times 10^{14}\ \text{m}^3\,\text{s}^{-2}\ \text{(TDB)}$	$\pm 8 \times 10^5$
Potential of the geoid	$W_0 = 6.263\ 685\ 60 \times 10^7\ \text{m}^2\,\text{s}^{-2}$	± 0.5
Nominal mean angular velocity of the Earth	$\omega = 7.292\ 115 \times 10^{-5}\ \text{rad s}^{-1}\ \text{(TT)}$	
Mass Ratio: Moon to Earth	$M_\text{M}/M_\text{E} = 1.230\ 003\ 71 \times 10^{-2}$	$\pm 4 \times 10^{-10}$

Ratio of the mass of the Sun to the mass of the Body

Mass Ratio: Sun to Mercury[3]	$M_\text{S}/M_\text{Me} = 6.023\ 6 \times 10^6$	$\pm 3 \times 10^2$
Mass Ratio: Sun to Venus	$M_\text{S}/M_\text{Ve} = 4.085\ 237\ 19 \times 10^5$	$\pm 8 \times 10^{-3}$
Mass Ratio: Sun to Mars	$M_\text{S}/M_\text{Ma} = 3.098\ 703\ 59 \times 10^6$	$\pm 2 \times 10^{-2}$
Mass Ratio: Sun to Jupiter	$M_\text{S}/M_\text{J} = 1.047\ 348\ 644 \times 10^3$	$\pm 1.7 \times 10^{-5}$
Mass Ratio: Sun to Saturn	$M_\text{S}/M_\text{Sa} = 3.497\ 9018 \times 10^3$	$\pm 1 \times 10^{-4}$
Mass Ratio: Sun to Uranus[3]	$M_\text{S}/M_\text{U} = 2.290\ 298 \times 10^4$	$\pm 3 \times 10^{-2}$
Mass Ratio: Sun to Neptune	$M_\text{S}/M_\text{N} = 1.941\ 226 \times 10^4$	$\pm 3 \times 10^{-2}$
Mass Ratio: Sun to (134340) Pluto[3]	$M_\text{S}/M_\text{P} = 1.365\ 66 \times 10^8$	$\pm 2.8 \times 10^4$
Mass Ratio: Sun to (136199) Eris	$M_\text{S}/M_\text{Eris} = 1.191 \times 10^8$	$\pm 1.4 \times 10^6$

Ratio of the mass of the Body to the mass of the Sun

Mass Ratio: (1) Ceres to Sun	$M_\text{Ceres}/M_\text{S} = 4.72 \times 10^{-10}$	$\pm 3 \times 10^{-12}$
Mass Ratio: (2) Pallas to Sun	$M_\text{Pallas}/M_\text{S} = 1.03 \times 10^{-10}$	$\pm 3 \times 10^{-12}$
Mass Ratio: (4) Vesta to Sun[3]	$M_\text{Vesta}/M_\text{S} = 1.35 \times 10^{-10}$	$\pm 3 \times 10^{-12}$

All values of the masses from Mars to Eris are the sum of the masses of the celestial body and its satellites.

continued ...

Selected Astronomical Constants (continued)

1.6 Initial Values at J2000·0:

Mean obliquity of the ecliptic $\epsilon_{\text{J2000·0}} = \epsilon_0 = 23°\ 26'\ 21{.}''406\ = 84\ 381{.}''406$ $\pm 0{.}''001$

2 Constants from IAU WG on Cartographic Coordinates and Rotational Elements 2009

Equatorial radii in km:

Mercury	2 439·7	±1·0	Jupiter	71 492 ± 4	(134340) Pluto	1 195	±5
Venus	6 051·8	±1·0	Saturn	60 268 ± 4			
Earth	6 378·1366	±0·0001	Uranus	25 559 ± 4	Moon (mean)	1 737·4	±1
Mars	3 396·19	±0·1	Neptune	24 764 ±15	Sun	696 000	

3 Other Constants

Light-time for unit distance[2] $\tau_A = au/c = 499{.}^{\text{s}}004\ 783\ 84$

            $1/\tau_A = 173{.}144\ 632\ 674$ au/d

Mass Ratio: Earth to Moon $M_E/M_M = 1/\mu = 81{.}300\ 568$ $\pm 3 \times 10^{-6}$

Mass Ratio: Sun to Earth $GM_S/GM_E = 332\ 946{.}0487$ $\pm 7 \times 10^{-4}$

Mass of the Sun $M_S = S = GM_S/G = 1{.}9884 \times 10^{30}$ kg $\pm 2 \times 10^{26}$

Mass of the Earth $M_E = E = GM_E/G = 5{.}9722 \times 10^{24}$ kg $\pm 6 \times 10^{20}$

Mass Ratio: Sun to Earth + Moon $(S/E)/(1+\mu) = 328\ 900{.}5596$ $\pm 7 \times 10^{-4}$

Earth, reciprocal of flattening (IERS 2010) $1/f = 298{.}256\ 42$ $\pm 1 \times 10^{-5}$

Rates of precession at J2000·0 (IAU 2006)

   General precession in longitude $p_A = 5028{.}''796\ 195$ per Julian century (TDB)

   Rate of change in obliquity $\dot{\epsilon} = -46{.}''836\ 769$ per Julian century (TDB)

   Precession of the equator in longitude $\dot{\psi} = 5038{.}''481\ 507$ per Julian century (TDB)

   Precession of the equator in obliquity $\dot{\omega} = -0{.}''025\ 754$ per Julian century (TDB)

Constant of nutation at epoch J2000·0 $N = 9{.}''2052\ 331$

Solar parallax $\pi_\odot = \sin^{-1}(a_e/A) = 8{.}''794\ 143$

Constant of aberration at epoch J2000·0 $\kappa = 20{.}''495\ 51$

Masses of the larger natural satellites: mass satellite/mass of the planet (see pages F3, F5)

Jupiter	Io	$4{.}704 \times 10^{-5}$	**Saturn**	Titan	$2{.}366 \times 10^{-4}$
	Europa	$2{.}528 \times 10^{-5}$	**Uranus**	Titania	$4{.}06\ \times 10^{-5}$
	Ganymede	$7{.}805 \times 10^{-5}$		Oberon	$3{.}47\ \times 10^{-5}$
	Callisto	$5{.}667 \times 10^{-5}$	**Neptune**	Triton	$2{.}089 \times 10^{-4}$

The IAU Working Group on Numerical Standards for Fundamental Astronomy maintains a website, http://maia.usno.navy.mil/NSFA, which contains an agreed list of **Current Best Estimates** together with detailed information about the constants, and relevant references. See footnotes below for more details.

This almanac, in certain circumstances, may not use constants from this list. The reasons and those constants used will be given at the end of Section L *Notes and References*.

The units meter (m), kilogram (kg), and SI second (s) are the units of length, mass and time in the International System of Units (SI).

The astronomical unit of time is a time interval of one day (D) of 86400 seconds. An interval of 36525 days is one Julian century. Some constants that involve time, either directly or indirectly need to be compatible with the underlying time scales. In order to specify this (TDB) or (TCB) or (TT), as appropriate, is included after the unit to indicate that the value of the constant is compatible with the specified time scale, for example, TDB-compatible.

[1] The IAU 2009 System of Astronomical Constants classifies the constants into the groups shown. This may be redefined and users should check the NSFA website for updates.

[2] The astronomical unit of length (au) in metres is re-defined as a conventional unit of length (resolution B2, IAU XXVIII GA 2012) in agreement with the value adopted by IAU 2009 Resolution B2; it is to be used with all time scales such as TCB, TDB, TCG, TT, etc. Also the heliocentric gravitational constant GM_S is renamed the solar mass parameter. Further details are given in Section L *Notes and References*.

[3] In May 2015 new best estimates were agreed (http://maia.usno.navy.mil/NSFA/NSFA_cbe.html). Values printed here are those of the IAU 2009 System of Astronomical Constants.

REDUCTION OF TIME SCALES, 1620–1889

$$\Delta T = ET - UT$$

Year	ΔT s	Year	ΔT s	Year	ΔT s	Year	ΔT s	Year	ΔT s	Year	ΔT s
1620·0	+124	1665·0	+32	1710·0	+10	1755·0	+14	1800·0	+13·7	1845·0	+6·3
1621	+119	1666	+31	1711	+10	1756	+14	1801	+13·4	1846	+6·5
1622	+115	1667	+30	1712	+10	1757	+14	1802	+13·1	1847	+6·6
1623	+110	1668	+28	1713	+10	1758	+15	1803	+12·9	1848	+6·8
1624	+106	1669	+27	1714	+10	1759	+15	1804	+12·7	1849	+6·9
1625·0	+102	1670·0	+26	1715·0	+10	1760·0	+15	1805·0	+12·6	1850·0	+7·1
1626	+ 98	1671	+25	1716	+10	1761	+15	1806	+12·5	1851	+7·2
1627	+ 95	1672	+24	1717	+11	1762	+15	1807	+12·5	1852	+7·3
1628	+ 91	1673	+23	1718	+11	1763	+15	1808	+12·5	1853	+7·4
1629	+ 88	1674	+22	1719	+11	1764	+15	1809	+12·5	1854	+7·5
1630·0	+ 85	1675·0	+21	1720·0	+11	1765·0	+16	1810·0	+12·5	1855·0	+7·6
1631	+ 82	1676	+20	1721	+11	1766	+16	1811	+12·5	1856	+7·7
1632	+ 79	1677	+19	1722	+11	1767	+16	1812	+12·5	1857	+7·7
1633	+ 77	1678	+18	1723	+11	1768	+16	1813	+12·5	1858	+7·8
1634	+ 74	1679	+17	1724	+11	1769	+16	1814	+12·5	1859	+7·8
1635·0	+ 72	1680·0	+16	1725·0	+11	1770·0	+16	1815·0	+12·5	1860·0	+7·88
1636	+ 70	1681	+15	1726	+11	1771	+16	1816	+12·5	1861	+7·82
1637	+ 67	1682	+14	1727	+11	1772	+16	1817	+12·4	1862	+7·54
1638	+ 65	1683	+14	1728	+11	1773	+16	1818	+12·3	1863	+6·97
1639	+ 63	1684	+13	1729	+11	1774	+16	1819	+12·2	1864	+6·40
1640·0	+ 62	1685·0	+12	1730·0	+11	1775·0	+17	1820·0	+12·0	1865·0	+6·02
1641	+ 60	1686	+12	1731	+11	1776	+17	1821	+11·7	1866	+5·41
1642	+ 58	1687	+11	1732	+11	1777	+17	1822	+11·4	1867	+4·10
1643	+ 57	1688	+11	1733	+11	1778	+17	1823	+11·1	1868	+2·92
1644	+ 55	1689	+10	1734	+12	1779	+17	1824	+10·6	1869	+1·82
1645·0	+ 54	1690·0	+10	1735·0	+12	1780·0	+17	1825·0	+10·2	1870·0	+1·61
1646	+ 53	1691	+10	1736	+12	1781	+17	1826	+ 9·6	1871	+0·10
1647	+ 51	1692	+ 9	1737	+12	1782	+17	1827	+ 9·1	1872	−1·02
1648	+ 50	1693	+ 9	1738	+12	1783	+17	1828	+ 8·6	1873	−1·28
1649	+ 49	1694	+ 9	1739	+12	1784	+17	1829	+ 8·0	1874	−2·69
1650·0	+ 48	1695·0	+ 9	1740·0	+12	1785·0	+17	1830·0	+ 7·5	1875·0	−3·24
1651	+ 47	1696	+ 9	1741	+12	1786	+17	1831	+ 7·0	1876	−3·64
1652	+ 46	1697	+ 9	1742	+12	1787	+17	1832	+ 6·6	1877	−4·54
1653	+ 45	1698	+ 9	1743	+12	1788	+17	1833	+ 6·3	1878	−4·71
1654	+ 44	1699	+ 9	1744	+13	1789	+17	1834	+ 6·0	1879	−5·11
1655·0	+ 43	1700·0	+ 9	1745·0	+13	1790·0	+17	1835·0	+ 5·8	1880·0	−5·40
1656	+ 42	1701	+ 9	1746	+13	1791	+17	1836	+ 5·7	1881	−5·42
1657	+ 41	1702	+ 9	1747	+13	1792	+16	1837	+ 5·6	1882	−5·20
1658	+ 40	1703	+ 9	1748	+13	1793	+16	1838	+ 5·6	1883	−5·46
1659	+ 38	1704	+ 9	1749	+13	1794	+16	1839	+ 5·6	1884	−5·46
1660·0	+ 37	1705·0	+ 9	1750·0	+13	1795·0	+16	1840·0	+ 5·7	1885·0	−5·79
1661	+ 36	1706	+ 9	1751	+14	1796	+15	1841	+ 5·8	1886	−5·63
1662	+ 35	1707	+ 9	1752	+14	1797	+15	1842	+ 5·9	1887	−5·64
1663	+ 34	1708	+10	1753	+14	1798	+14	1843	+ 6·1	1888	−5·80
1664·0	+ 33	1709·0	+10	1754·0	+14	1799·0	+14	1844·0	+ 6·2	1889·0	−5·66

For years 1620 to 1955 the table is based on an adopted value of $-26''/\mathrm{cy}^2$ for the tidal term $(\dot{n})$ in the mean motion of the Moon from the results of analyses of observations of lunar occultations of stars, eclipses of the Sun, and transits of Mercury (see F. R. Stephenson and L. V. Morrison, *Phil. Trans. R. Soc. London*, 1984, A **313**, 47-70).

To calculate the values of ΔT for a different value of the tidal term $(\dot{n}')$, add to the tabulated value of ΔT

$$-0{\cdot}000\ 091\ (\dot{n}' + 26)\ (\text{year} - 1955)^2 \text{ seconds}$$

For 1956 through 1997 the table is derived from the direct comparison between TAI and UT1 taken from the Annual Reports of the BIH and from the IERS Bulletin B for 1988 onwards.

1890–1983, $\Delta T = \text{ET} - \text{UT}$
1984–2000, $\Delta T = \text{TDT} - \text{UT}$
From 2001, $\Delta T = \text{TT} - \text{UT}$

Extrapolated Values   TAI − UTC

Year	ΔT (s)	Year	ΔT (s)	Year	ΔT (s)
1890.0	− 5.87	1935.0	+23.93	1980.0	+50.54
1891	− 6.01	1936	+23.73	1981	+51.38
1892	− 6.19	1937	+23.92	1982	+52.17
1893	− 6.64	1938	+23.96	1983	+52.96
1894	− 6.44	1939	+24.02	1984	+53.79
1895.0	− 6.47	1940.0	+24.33	1985.0	+54.34
1896	− 6.09	1941	+24.83	1986	+54.87
1897	− 5.76	1942	+25.30	1987	+55.32
1898	− 4.66	1943	+25.70	1988	+55.82
1899	− 3.74	1944	+26.24	1989	+56.30
1900.0	− 2.72	1945.0	+26.77	1990.0	+56.86
1901	− 1.54	1946	+27.28	1991	+57.57
1902	− 0.02	1947	+27.78	1992	+58.31
1903	+ 1.24	1948	+28.25	1993	+59.12
1904	+ 2.64	1949	+28.71	1994	+59.98
1905.0	+ 3.86	1950.0	+29.15	1995.0	+60.78
1906	+ 5.37	1951	+29.57	1996	+61.63
1907	+ 6.14	1952	+29.97	1997	+62.29
1908	+ 7.75	1953	+30.36	1998	+62.97
1909	+ 9.13	1954	+30.72	1999	+63.47
1910.0	+10.46	1955.0	+31.07	2000.0	+63.83
1911	+11.53	1956	+31.35	2001	+64.09
1912	+13.36	1957	+31.68	2002	+64.30
1913	+14.65	1958	+32.18	2003	+64.47
1914	+16.01	1959	+32.68	2004	+64.57
1915.0	+17.20	1960.0	+33.15	2005.0	+64.69
1916	+18.24	1961	+33.59	2006	+64.85
1917	+19.06	1962	+34.00	2007	+65.15
1918	+20.25	1963	+34.47	2008	+65.46
1919	+20.95	1964	+35.03	2009	+65.78
1920.0	+21.16	1965.0	+35.73	2010.0	+66.07
1921	+22.25	1966	+36.54	2011	+66.32
1922	+22.41	1967	+37.43	2012	+66.60
1923	+23.03	1968	+38.29	2013	+66.91
1924	+23.49	1969	+39.20	2014	+67.28
1925.0	+23.62	1970.0	+40.18	2015.0	+67.64
1926	+23.86	1971	+41.17	2016.0	+68.10
1927	+24.49	1972	+42.23		
1928	+24.34	1973	+43.37		
1929	+24.08	1974	+44.49		
1930.0	+24.02	1975.0	+45.48		
1931	+24.00	1976	+46.46		
1932	+23.87	1977	+47.52		
1933	+23.95	1978	+48.53		
1934.0	+23.86	1979.0	+49.59		

Extrapolated Values

Year	ΔT (s)
2017	+68.5
2018	+69
2019	+69
2020	+70
2021	+70

TAI − UTC

Date	ΔAT (s)
1972 Jan. 1	+10.00
1972 July 1	+11.00
1973 Jan. 1	+12.00
1974 Jan. 1	+13.00
1975 Jan. 1	+14.00
1976 Jan. 1	+15.00
1977 Jan. 1	+16.00
1978 Jan. 1	+17.00
1979 Jan. 1	+18.00
1980 Jan. 1	+19.00
1981 July 1	+20.00
1982 July 1	+21.00
1983 July 1	+22.00
1985 July 1	+23.00
1988 Jan. 1	+24.00
1990 Jan. 1	+25.00
1991 Jan. 1	+26.00
1992 July 1	+27.00
1993 July 1	+28.00
1994 July 1	+29.00
1996 Jan. 1	+30.00
1997 July 1	+31.00
1999 Jan. 1	+32.00
2006 Jan. 1	+33.00
2009 Jan. 1	+34.00
2012 July 1	+35.00
2015 July 1	+36.00
2017 Jan. 1	+37.00

In critical cases descend

$$\frac{\Delta\text{ET}}{\Delta\text{TT}} = \Delta\text{AT} + 32^{s}184$$

From 1990 onwards, ΔT is for January 1 0^{h} UTC.

Page B6 gives a summary of the notation for time scales. See *The Astronomical Almanac Online* WWW for plots showing "Delta T Past, Present and Future".

WITH RESPECT TO THE INTERNATIONAL TERRESTRIAL REFERENCE SYSTEM (ITRS)

Date	1970 x	1970 y	1980 x	1980 y	1990 x	1990 y	2000 x	2000 y	2010 x	2010 y
	"	"	"	"	"	"	"	"	"	"
Jan. 1	−0·140	+0·144	+0·129	+0·251	−0·132	+0·165	+0·043	+0·378	+0·099	+0·193
Apr. 1	−0·097	+0·397	+0·014	+0·189	−0·154	+0·469	+0·075	+0·346	−0·061	+0·319
July 1	+0·139	+0·405	−0·044	+0·280	+0·161	+0·542	+0·110	+0·280	+0·061	+0·483
Oct. 1	+0·174	+0·125	−0·006	+0·338	+0·297	+0·243	−0·006	+0·247	+0·234	+0·366

Date	1971 x	1971 y	1981 x	1981 y	1991 x	1991 y	2001 x	2001 y	2011 x	2011 y
Jan. 1	−0·081	+0·026	+0·056	+0·361	+0·023	+0·069	−0·073	+0·400	+0·131	+0·203
Apr. 1	−0·199	+0·313	+0·088	+0·285	−0·217	+0·281	+0·091	+0·490	−0·033	+0·279
July 1	+0·050	+0·523	+0·075	+0·209	−0·033	+0·560	+0·254	+0·308	+0·044	+0·436
Oct. 1	+0·249	+0·263	−0·045	+0·210	+0·250	+0·436	+0·065	+0·118	+0·180	+0·377

Date	1972 x	1972 y	1982 x	1982 y	1992 x	1992 y	2002 x	2002 y	2012 x	2012 y
Jan. 1	+0·045	+0·050	−0·091	+0·378	+0·182	+0·168	−0·177	+0·294	+0·119	+0·263
Apr. 1	−0·180	+0·174	+0·093	+0·431	−0·083	+0·162	−0·031	+0·541	−0·010	+0·313
July 1	−0·031	+0·409	+0·231	+0·239	−0·142	+0·378	+0·228	+0·462	+0·094	+0·409
Oct. 1	+0·142	+0·344	+0·036	+0·060	+0·055	+0·503	+0·199	+0·200	+0·169	+0·334

Date	1973 x	1973 y	1983 x	1983 y	1993 x	1993 y	2003 x	2003 y	2013 x	2013 y
Jan. 1	+0·129	+0·139	−0·211	+0·249	+0·208	+0·359	−0·088	+0·188	+0·075	+0·290
Apr. 1	−0·035	+0·129	−0·069	+0·538	+0·115	+0·170	−0·133	+0·436	+0·051	+0·375
July 1	−0·075	+0·286	+0·269	+0·436	−0·062	+0·209	+0·131	+0·539	+0·143	+0·391
Oct. 1	+0·035	+0·347	+0·235	+0·069	−0·095	+0·370	+0·259	+0·304	+0·133	+0·294

Date	1974 x	1974 y	1984 x	1984 y	1994 x	1994 y	2004 x	2004 y	2014 x	2014 y
Jan. 1	+0·115	+0·252	−0·125	+0·089	+0·010	+0·476	+0·031	+0·154	+0·039	+0·319
Apr. 1	+0·037	+0·185	−0·211	+0·410	+0·174	+0·391	−0·140	+0·321	+0·044	+0·421
July 1	+0·014	+0·216	+0·119	+0·543	+0·137	+0·212	−0·008	+0·510	+0·171	+0·415
Oct. 1	+0·002	+0·225	+0·313	+0·246	−0·066	+0·199	+0·199	+0·432	+0·189	+0·289

Date	1975 x	1975 y	1985 x	1985 y	1995 x	1995 y	2005 x	2005 y	2015 x	2015 y
Jan. 1	−0·055	+0·281	+0·051	+0·025	−0·154	+0·418	+0·149	+0·238	+0·031	+0·281
Apr. 1	+0·027	+0·344	−0·196	+0·220	+0·032	+0·558	−0·029	+0·243	+0·014	+0·396
July 1	+0·151	+0·249	−0·044	+0·482	+0·280	+0·384	−0·040	+0·397	+0·142	+0·448
Oct. 1	+0·063	+0·115	+0·214	+0·404	+0·138	+0·106	+0·059	+0·417	+0·210	+0·316

Date	1976 x	1976 y	1986 x	1986 y	1996 x	1996 y	2006 x	2006 y	2016 x	2016 y
Jan. 1	−0·145	+0·204	+0·187	+0·072	−0·176	+0·191	+0·053	+0·383	+0·051	+0·257
Apr. 1	−0·091	+0·399	−0·041	+0·139	−0·152	+0·506	+0·103	+0·374	−0·008	+0·421
July 1	+0·159	+0·390	−0·075	+0·324	+0·179	+0·546	+0·128	+0·300	+0·152	+0·484
Oct. 1	+0·227	+0·158	+0·062	+0·395	+0·267	+0·227	+0·033	+0·252		

Date	1977 x	1977 y	1987 x	1987 y	1997 x	1997 y	2007 x	2007 y
Jan. 1	−0·065	+0·076	+0·146	+0·315	−0·023	+0·095	−0·049	+0·347
Apr. 1	−0·226	+0·362	+0·096	+0·212	−0·191	+0·329	+0·023	+0·479
July 1	+0·085	+0·500	−0·003	+0·208	+0·019	+0·536	+0·209	+0·412
Oct. 1	+0·281	+0·230	−0·053	+0·295	+0·221	+0·379	+0·134	+0·206

Date	1978 x	1978 y	1988 x	1988 y	1998 x	1998 y	2008 x	2008 y
Jan. 1	+0·007	+0·015	−0·023	+0·414	+0·103	+0·175	−0·081	+0·258
Apr. 1	−0·231	+0·240	+0·134	+0·407	−0·110	+0·252	−0·064	+0·490
July 1	−0·042	+0·483	+0·171	+0·253	−0·068	+0·439	+0·211	+0·498
Oct. 1	+0·236	+0·353	+0·011	+0·132	+0·125	+0·445	+0·265	+0·220

Date	1979 x	1979 y	1989 x	1989 y	1999 x	1999 y	2009 x	2009 y
Jan. 1	+0·140	+0·076	−0·159	+0·316	+0·139	+0·296	−0·017	+0·146
Apr. 1	−0·107	+0·133	+0·028	+0·482	+0·026	+0·241	−0·119	+0·406
July 1	−0·117	+0·351	+0·238	+0·369	−0·032	+0·310	+0·130	+0·534
Oct. 1	+0·092	+0·408	+0·167	+0·106	+0·006	+0·379	+0·266	+0·331

The orientation of the ITRS is consistent with the former BIH system (and the previous IPMS and ILS systems). The angles, x y, are defined on page B84. From 1988 their values have been taken from the IERS Bulletin B, published by the IERS Central Bureau, Bundesamt für Kartographie und Geodäsie, Richard-Strauss-Allee 11, 60598 Frankfurt am Main, Germany. Further information about IERS products may be found via *The Astronomical Almanac Online*.

Introduction

In the reduction of astrometric observations of high precision, it is necessary to distinguish between several different systems of terrestrial coordinates used to specify the positions of points on or near the surface of the Earth. The formulae on page B84 for the reduction for polar motion give the relationships between representations of a geocentric vector referred to either the equinox-based celestial reference system of the true equator and equinox of date, or the Celestial Intermediate Reference System, and the current terrestrial reference system, realized by the International Terrestrial Reference Frame, ITRF2014 (Altamimi, Z., *et al.*, "ITRF2014: A new release of the International Terrestrial Reference Frame modeling non-linear station motions"). ITRF realizations have been published at intervals since 1989 in the form of the geocentric rectangular coordinates and velocities of observing sites around the world.

ITRF2014 is a rigorous combination of space geodesy solutions from the techniques of VLBI, SLR, LLR, GPS and DORIS from 1499 stations located at 975 sites. For the first time, ITRF2014 is generated with an enhanced modeling of non-linear station motions, including seasonal (annual and semi-annual) signals of station positions and post-seismic deformation for sites that were subject to major earthquakes. The ITRF2014 origin is defined by the Earth-system centre of mass sensed by SLR and its scale by the mean scale of the VLBI and SLR solutions. The ITRF axes are consistent with the axes of the former BIH Terrestrial System (BTS) to within $\pm 0\rlap{.}''005$, and the BTS was consistent with the earlier Conventional International Origin to within $\pm 0\rlap{.}''03$. The use of rectangular coordinates is precise and unambiguous, but for some purposes it is more convenient to represent the position by its longitude, latitude and height referred to a reference spheroid (the term "spheroid" is used here in the sense of an ellipsoid whose equatorial section is a circle and for which each meridional section is an ellipse).

The precise transformation between these coordinate systems is given below. The spheroid is defined by two parameters, its equatorial radius and flattening (usually the reciprocal of the flattening is given). The values used should always be stated with any tabulation of spheroidal positions, but in case they should be omitted a list of the parameters of some commonly used spheroids is given in the table on page K13. For work such as mapping gravity anomalies, it is convenient that the reference spheroid should also be an equipotential surface of a reference body that is in hydrostatic equilibrium, and has the equatorial radius, gravitational constant, dynamical form factor and angular velocity of the Earth. This is referred to as a Geodetic Reference System (rather than just a reference spheroid). It provides a suitable approximation to mean sea level (i.e. to the geoid), but may differ from it by up to 100m in some regions.

Reduction from geodetic to geocentric coordinates

The position of a point relative to a terrestrial reference frame may be expressed in three ways:

    (i) geocentric equatorial rectangular coordinates, x, y, z;

    (ii) geocentric longitude, latitude and radius, λ, ϕ', ρ;

    (iii) geodetic longitude, latitude and height, λ, ϕ, h.

The geodetic and geocentric longitudes of a point are the same, while the relationship between the geodetic and geocentric latitudes of a point is illustrated in the figure on page K12, which represents a meridional section through the reference spheroid. The geocentric radius ρ is usually expressed in units of the equatorial radius of the reference spheroid. The following relationships hold between the geocentric and geodetic coordinates:

$$x = a\,\rho\,\cos\phi'\cos\lambda = (aC + h)\cos\phi\,\cos\lambda$$
$$y = a\,\rho\,\cos\phi'\sin\lambda = (aC + h)\cos\phi\,\sin\lambda$$
$$z = a\,\rho\,\sin\phi'\qquad\;\; = (aS + h)\sin\phi$$

where a is the equatorial radius of the spheroid and C and S are auxiliary functions that depend on the geodetic latitude and on the flattening f of the reference spheroid. The polar radius b and the eccentricity e of the ellipse are given by:

$$b = a\,(1 - f)\qquad e^2 = 2f - f^2\qquad \text{or}\qquad 1 - e^2 = (1 - f)^2$$

It follows from the geometrical properties of the ellipse that:

$$C = \{\cos^2\phi + (1 - f)^2\sin^2\phi\}^{-1/2}\qquad S = (1 - f)^2 C$$

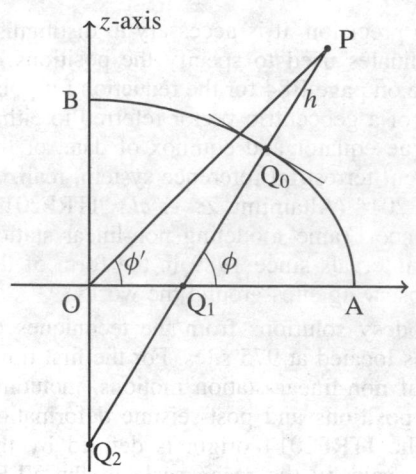

O is centre of Earth

OA = equatorial radius, a

OB = polar radius, b
   $= a(1 - f)$

OP = geocentric radius, ap

PQ_0 is normal to the reference spheroid

$Q_0Q_1 = aS$

$Q_0Q_2 = aC$

ϕ = geodetic latitude

ϕ' = geocentric latitude

Geocentric coordinates may be calculated directly from geodetic coordinates. The reverse calculation of geodetic coordinates from geocentric coordinates can be done in closed form (see for example, Borkowski, *Bull. Geod.* **63**, 50-56, 1989), but it is usually done using an iterative procedure.

An iterative procedure for calculating λ, ϕ, h from x, y, z is as follows:

Calculate: $\lambda = \tan^{-1}(y/x)$ $r = (x^2 + y^2)^{1/2}$ $e^2 = 2f - f^2$

Calculate the first approximation to ϕ from: $\phi = \tan^{-1}(z/r)$

Then perform the following iteration until ϕ is unchanged to the required precision:

$$\phi_1 = \phi \qquad C = (1 - e^2 \sin^2 \phi_1)^{-1/2} \qquad \phi = \tan^{-1}((z + aCe^2 \sin \phi_1)/r)$$

Then:

$$h = r/\cos \phi - aC$$

Series expressions and tables are available for certain values of f for the calculation of C and S and also of ρ and $\phi - \phi'$ for points on the spheroid ($h = 0$). The quantity $\phi - \phi'$ is sometimes known as the "reduction of the latitude" or the "angle of the vertical", and it is of the order of $10'$ in mid-latitudes. To a first approximation when h is small the geocentric radius is increased by h/a and the angle of the vertical is unchanged. The height h refers to a height above the reference spheroid and differs from the height above mean sea level (i.e. above the geoid) by the "undulation of the geoid" at the point.

Other geodetic reference systems

In practice, most geodetic positions are referred either (a) to a regional geodetic datum that is represented by a spheroid that approximates to the geoid in the region considered or (b) to a global reference system, ideally the ITRF2014 or earlier versions. Data for the reduction of regional geodetic coordinates or those in earlier versions of the ITRF to ITRF2014 are available in the relevant geodetic publications, but it is hoped that the following notes, formulae and data will be useful.

(a) Each regional geodetic datum is specified by the size and shape of an adopted spheroid and by the coordinates of an "origin point". The principal axis of the spheroid is generally close to the mean axis of rotation of the Earth, but the centre of the spheroid may not coincide with the centre of mass of the Earth, The offset is usually represented by the geocentric rectangular coordinates (x_0, y_0, z_0) of the centre of the regional spheroid. The reduction from the regional geodetic coordinates (λ, ϕ, h) to the geocentric rectangular coordinates referred to the ITRF (and hence to the geodetic coordinates relative to a reference spheroid) may then be made by using the expressions:

$$x = x_0 + (aC + h)\cos\phi\cos\lambda$$
$$y = y_0 + (aC + h)\cos\phi\sin\lambda$$
$$z = z_0 + (aS + h)\sin\phi$$

(b) The global reference systems defined by the various versions of ITRF differ slightly due to an evolution in the multi-technique combination and constraints philosophy as well as through observational and modelling improvements, although all versions give good approximations to the latest reference frame. The transformations from the latest to previous ITRF solutions involve coordinate and velocity translations, rotations and scaling (i.e. 14 parameters in all) and all of these are given online (see http://www.iers.org) for the ITRF2014 frame in the IERS Conventions (2010, *IERS Technical Note 36*). For example, translation parameters T_1, T_2 and T_3 from ITRF2014 to ITRF2008 are (1·6, 1·9, 2·4) millimetres, with scale difference −0·02 parts per billion.

The space techniques of the multi-constellation global navigation satellite systems (GNSS) such as GPS, GLONASS and Galileo are now widely used for position determination. Since January 1987 the broadcast orbits of the GPS satellites have been referred to the WGS84 terrestrial frame, and so positions determined directly using these orbits will also be referred to this frame, which at the level of a few centimetres is close to the ITRF. The parameters of the spheroid used are listed below, and the frame is defined to agree with the BIH frame. However, with the ready availability of data from a large number of geodetic sites whose coordinates and velocities are rigorously defined within ITRF2014, and with GNSS orbital solutions also being referred by the International GNSS Service (IGS) analysis centres to the same frame, it is straightforward to determine directly new sites' coordinates within ITRF2014.

GEODETIC REFERENCE SPHEROIDS

Name and Date	Equatorial Radius, a m	Reciprocal of Flattening, $1/f$	Gravitational Constant, GM $10^{14}\mathrm{m}^3\mathrm{s}^{-2}$	Dynamical Form Factor, J_2	Ang. Velocity of earth, ω $10^{-5}\mathrm{rad\ s}^{-1}$
WGS 84	637 8137	298·257 223 563	3·986 005	0·001 082 63	7·292 115
GRS 80 (IUGG, 1980)[†]	8137	298·257 222	3·986 005	0·001 082 63	7·292 115
IAU 1976	8140	298·257	3·986 005	0·001 082 63	—
GRS 67 (IUGG, 1967)	8160	298·247 167	3·986 03	0·001 082 7	7·292 115 146 7
IAU 1964	8160	298·25	3·986 03	0·001 082 7	7·292 1
International 1924 (Hayford)	8388	297	—	—	—
Clarke 1866	8206·4	294·978 698	—	—	—
Airy 1830	637 7563·396	299·324 964	—	—	—

[†]H. Moritz, Geodetic Reference System 1980, *Bull. Géodésique,* **58**(3), 388-398, 1984.

Astronomical coordinates

Many astrometric observations that historically were used in the determination of the terrestrial coordinates of the point of observation used the local vertical, which defines the zenith, as a principal reference axis; the coordinates so obtained are called "astronomical coordinates". The local vertical is in the direction of the vector sum of the acceleration due to the gravitational field of the Earth and of the apparent acceleration due to the rotation of the Earth on its axis. The vertical is normal to the equipotential (or level) surface at the point, but it is inclined to the normal to the geodetic reference spheroid; the angle of inclination is known as the "deflection of the vertical".

The astronomical coordinates of an observatory may differ significantly (e.g. by as much as 1′) from its geodetic coordinates, which are required for the determination of the geocentric coordinates of the observatory for use in computing, for example, parallax corrections for solar system observations. The size and direction of the deflection may be estimated by studying the gravity field in the region concerned. The deflection may affect both the latitude and longitude, and hence local time. Astronomical coordinates also vary with time because they are affected by polar motion (see page B84).

Introduction and notation

The interpolation methods described in this section, together with the accompanying tables, are usually sufficient to interpolate to full precision the ephemerides in this volume. Additional notes, formulae and tables are given in the booklets *Interpolation and Allied Tables* and *Subtabulation* and in many textbooks on numerical analysis. It is recommended that interpolated values of the Moon's right ascension, declination and horizontal parallax are derived from the daily polynomial coefficients that are provided for this purpose on *The Astronomical Almanac Online* (see page D1).

f_p denotes the value of the function $f(t)$ at the time $t = t_0 + ph$, where h is the interval of tabulation, t_0 is a tabular argument, and $p = (t - t_0)/h$ is known as the interpolating factor. The notation for the differences of the tabular values is shown in the following table; it is derived from the use of the central-difference operator δ, which is defined by:

$$\delta f_p = f_{p+1/2} - f_{p-1/2}$$

The symbol for the function is usually omitted in the notation for the differences. Tables are given for use with Bessel's interpolation formula for p in the range 0 to $+1$. The differences may be expressed in terms of function values for convenience in the use of programmable calculators or computers.

Arg.	Function	Differences				Differences in terms of Function Values
		1st	2nd	3rd	4th	
t_{-2}	f_{-2}		δ^2_{-2}			$\delta_{1/2} = f_1 - f_0$
		$\delta_{-3/2}$		$\delta^3_{-3/2}$		$\delta^2_0 = \delta_{1/2} - \delta_{-1/2}$
t_{-1}	f_{-1}		δ^2_{-1}		δ^4_{-1}	$= f_1 - 2f_0 + f_{-1}$
		$\delta_{-1/2}$		$\delta^3_{-1/2}$		$\delta^2_0 + \delta^2_1 = f_2 - f_1 - f_0 + f_{-1}$
t_0	f_0		δ^2_0		δ^4_0	$\delta^3_{1/2} = \delta^2_1 - \delta^2_0$
		$\delta_{1/2}$		$\delta^3_{1/2}$		$= f_2 - 3f_1 + 3f_0 - f_{-1}$
t_{+1}	f_{+1}		δ^2_1		δ^4_1	$\delta^4_0 = \delta^3_{1/2} - \delta^3_{-1/2}$
		$\delta_{3/2}$		$\delta^3_{3/2}$		$= f_2 - 4f_1 + 6f_0 - 4f_{-1} + f_{-2}$
t_{+2}	f_{+2}		δ^2_2			$\delta^4_0 + \delta^4_1 = f_3 - 3f_2 + 2f_1 + 2f_0 - 3f_{-1} + f_{-2}$

$$p \equiv \text{the interpolating factor} = (t - t_0)/(t_1 - t_0) = (t - t_0)/h$$

Bessel's interpolation formula

In this notation, Bessel's interpolation formula is:

$$f_p = f_0 + p\,\delta_{1/2} + B_2\,(\delta^2_0 + \delta^2_1) + B_3\,\delta^3_{1/2} + B_4\,(\delta^4_0 + \delta^4_1) + \cdots$$

where $\qquad B_2 = p\,(p-1)/4 \qquad B_3 = p\,(p-1)\,(p-\tfrac{1}{2})/6$

$\qquad\qquad B_4 = (p+1)\,p\,(p-1)\,(p-2)/48$

The maximum contribution to the truncation error of f_p, for $0 < p < 1$, from neglecting each order of difference is less than 0·5 in the unit of the end figure of the tabular function if

$$\delta^2 < 4 \qquad \delta^3 < 60 \qquad \delta^4 < 20 \qquad \delta^5 < 500.$$

The critical table of B_2 opposite provides a rapid means of interpolating when δ^2 is less than 500 and higher-order differences are negligible or when full precision is not required. The interpolating factor p should be rounded to 4 decimals, and the required value of B_2 is then the tabular value opposite the interval in which p lies, or it is the value above and to the right of p if p exactly equals a tabular argument. B_2 is always negative. The effects of the third and fourth differences can be estimated from the values of B_3 and B_4, given in the last column.

Inverse interpolation

Inverse interpolation to derive the interpolating factor p, and hence the time, for which the function takes a specified value f_p is carried out by successive approximations. The first estimate p_1 is obtained from:

$$p_1 = (f_p - f_0)/\delta_{1/2}$$

This value of p is used to obtain an estimate of B_2, from the critical table or otherwise, and hence an improved estimate of p from:

$$p = p_1 - B_2 \, (\delta_0^2 + \delta_1^2)/\delta_{1/2}$$

This last step is repeated until there is no further change in B_2 or p; the effects of higher-order differences may be taken into account in this step.

CRITICAL TABLE FOR BESSEL'S INTERPOLATION FORMULA COEFFICIENTS

p	B_2	p	B_2	p	B_2	p	B_2	p	B_2	p	B_3
0.0000	—	0.1101	—	0.2719	—	0.7280	—	0.8898	—	0.0	0.000
0.0020	.000	0.1152	.025	0.2809	.050	0.7366	.049	0.8949	.024	0.1	+0.006
0.0060	.001	0.1205	.026	0.2902	.051	0.7449	.048	0.9000	.023	0.2	+0.008
0.0101	.002	0.1258	.027	0.3000	.052	0.7529	.047	0.9049	.022	0.3	+0.007
0.0142	.003	0.1312	.028	0.3102	.053	0.7607	.046	0.9098	.021	0.4	+0.004
0.0183	.004	0.1366	.029	0.3211	.054	0.7683	.045	0.9147	.020		
0.0225	.005	0.1422	.030	0.3326	.055	0.7756	.044	0.9195	.019	0.5	0.000
0.0267	.006	0.1478	.031	0.3450	.056	0.7828	.043	0.9242	.018		
0.0309	.007	0.1535	.032	0.3585	.057	0.7898	.042	0.9289	.017	0.6	−0.004
0.0352	.008	0.1594	.033	0.3735	.058	0.7966	.041	0.9335	.016	0.7	−0.007
0.0395	.009	0.1653	.034	0.3904	.059	0.8033	.040	0.9381	.015	0.8	−0.008
0.0439	.010	0.1713	.035	0.4105	.060	0.8098	.039	0.9427	.014	0.9	−0.006
0.0483	.011	0.1775	.036	0.4367	.061	0.8162	.038	0.9472	.013	1.0	0.000
0.0527	.012	0.1837	.037	0.5632	.062	0.8224	.037	0.9516	.012		
0.0572	.013	0.1901	.038	0.5894	.061	0.8286	.036	0.9560	.011	p	B_4
0.0618	.014	0.1966	.039	0.6095	.060	0.8346	.035	0.9604	.010	0.0	0.000
0.0664	.015	0.2033	.040	0.6264	.059	0.8405	.034	0.9647	.009	0.1	+0.004
0.0710	.016	0.2101	.041	0.6414	.058	0.8464	.033	0.9690	.008	0.2	+0.007
0.0757	.017	0.2171	.042	0.6549	.057	0.8521	.032	0.9732	.007	0.3	+0.010
0.0804	.018	0.2243	.043	0.6673	.056	0.8577	.031	0.9774	.006	0.4	+0.011
0.0852	.019	0.2316	.044	0.6788	.055	0.8633	.030	0.9816	.005		
0.0901	.020	0.2392	.045	0.6897	.054	0.8687	.029	0.9857	.004	0.5	+0.012
0.0950	.021	0.2470	.046	0.7000	.053	0.8741	.028	0.9898	.003		
0.1000	.022	0.2550	.047	0.7097	.052	0.8794	.027	0.9939	.002	0.6	+0.011
0.1050	.023	0.2633	.048	0.7190	.051	0.8847	.026	0.9979	.001	0.7	+0.010
0.1101	.024	0.2719	.049	0.7280	.050	0.8898	.025	1.0000	.000	0.8	+0.007
										0.9	+0.004
										1.0	0.000

In critical cases ascend. B_2 is always negative.

Polynomial representations

It is sometimes convenient to construct a simple polynomial representation of the form

$$f_p = a_0 + a_1 \, p + a_2 \, p^2 + a_3 \, p^3 + a_4 \, p^4 + \cdots$$

which may be evaluated in the nested form

$$f_p = (((a_4 \, p + a_3) \, p + a_2) \, p + a_1) \, p + a_0$$

Expressions for the coefficients a_0, a_1, ... may be obtained from Stirling's interpolation formula, neglecting fifth-order differences:

$$a_4 = \delta_0^4/24 \qquad a_2 = \delta_0^2/2 - a_4 \qquad a_0 = f_0$$
$$a_3 = (\delta_{1/2}^3 + \delta_{-1/2}^3)/12 \qquad a_1 = (\delta_{1/2} + \delta_{-1/2})/2 - a_3$$

This is suitable for use in the range $-\frac{1}{2} \le p \le +\frac{1}{2}$, and it may be adequate in the range $-2 \le p \le 2$, but it should not normally be used outside this range. Techniques are available in the literature for obtaining polynomial representations which give smaller errors over similar or larger intervals. The coefficients may be expressed in terms of function values rather than differences.

Examples

To find (a) the declination of the Sun at $16^h\ 23^m\ 14\overset{s}{\cdot}8$ TT on 1984 January 19, (b) the right ascension of Mercury at $17^h\ 21^m\ 16\overset{s}{\cdot}8$ TT on 1984 January 8, and (c) the time on 1984 January 8 when Mercury's right ascension is exactly $18^h\ 04^m$.

Difference tables for the Sun and Mercury are constructed as shown below, where the differences are in units of the end figures of the function. Second-order differences are sufficient for the Sun, but fourth-order differences are required for Mercury.

Sun					Mercury					
Jan.	Dec.	δ	δ^2		Jan.	R.A.	δ	δ^2	δ^3	δ^4
	$\circ\quad'\quad''$					$h\ \ m\ \ \ \ s$				
18	$-20\ 44\ 48\cdot3$				6	$18\ 10\ 10\cdot12$				
		$+7212$					-18709			
19	$-20\ 32\ 47\cdot1$		$+233$		7	$18\ 07\ 03\cdot03$		$+4299$		
		$+7445$					-14410		-16	
20	$-20\ 20\ 22\cdot6$		$+230$		8	$18\ 04\ 38\cdot93$		$+4283$		-104
		$+7675$					-10127		-120	
21	$-20\ 07\ 35\cdot1$				9	$18\ 02\ 57\cdot66$		$+4163$		-76
							-5964		-196	
					10	$18\ 01\ 58\cdot02$		$+3967$		
							-1997			
					11	$18\ 01\ 38\cdot05$				

(a) *Use of Bessel's formula*

The tabular interval is one day, hence the interpolating factor is $0\cdot68281$. From the critical table, $B_2 = -0\cdot054$, and

$$f_p = -20^\circ\ 32'\ 47\overset{''}{\cdot}1 + 0\cdot68281\ (+744\overset{''}{\cdot}5) - 0\cdot054\ (+23\overset{''}{\cdot}3 + 23\overset{''}{\cdot}0)$$
$$= -20^\circ\ 24'\ 21\overset{''}{\cdot}2$$

(b) *Use of polynomial formula*

Using the polynomial method, the coefficients are:

$a_4 = -1\overset{s}{\cdot}04/24 = -0\overset{s}{\cdot}043$ $\qquad\qquad$ $a_1 = (-101\overset{s}{\cdot}27 - 144\overset{s}{\cdot}10)/2 + 0\overset{s}{\cdot}113 = -122\overset{s}{\cdot}572$

$a_3 = (-1\overset{s}{\cdot}20 - 0\overset{s}{\cdot}16)/12 = -0\overset{s}{\cdot}113$ $\qquad$ $a_0 = 18^h + 278\overset{s}{\cdot}93$

$a_2 = +42\overset{s}{\cdot}83/2 + 0\overset{s}{\cdot}043 = +21\overset{s}{\cdot}458$

where an extra decimal place has been kept as a guarding figure. Then with interpolating factor $p = 0\cdot72311$

$$f_p = 18^h + 278\overset{s}{\cdot}93 - 122\overset{s}{\cdot}572\ p + 21\overset{s}{\cdot}458\ p^2 - 0\overset{s}{\cdot}113\ p^3 - 0\overset{s}{\cdot}043\ p^4$$
$$= 18^h\ 03^m\ 21\overset{s}{\cdot}46$$

(c) *Inverse interpolation*

Since $f_p = 18^h\ 04^m$ the first estimate for p is:

$$p_1 = (18^h\ 04^m - 18^h\ 04^m\ 38\overset{s}{\cdot}93)/(-101\overset{s}{\cdot}27) = 0\cdot38442$$

From the critical table, with $p = 0\cdot3844$, $B_2 = -0\cdot059$. Also

$$(\delta_0^2 + \delta_1^2)/\delta_{1/2} = (+42\cdot83 + 41\cdot63)/(-101\cdot27) = -0\cdot834$$

The second approximation to p is:

$$p = 0\cdot38442 + 0\cdot059\ (-0\cdot834) = 0\cdot33521 \quad \text{which gives } t = 8^h\ 02^m\ 42^s;$$

as a check, using the polynomial found in (b) with $p = 0\cdot33521$ gives

$$f_p = 18^h\ 04^m\ 00\overset{s}{\cdot}25.$$

The next approximation is $B_2 = -0\cdot056$ and $p = 0\cdot38442 + 0\cdot056(-0\cdot834) = 0\cdot33772$ which gives $t = 8^h\ 06^m\ 19^s$: using the polynomial in (b) with $p = 0\cdot33772$ gives

$$f_p = 18^h\ 03^m\ 59\overset{s}{\cdot}98.$$

Subtabulation

Coefficients for use in the systematic interpolation of an ephemeris to a smaller interval are given in the following table for certain values of the ratio of the two intervals. The table is entered for each of the appropriate multiples of this ratio to give the corresponding decimal value of the interpolating factor p and the Bessel coefficients. The values of p are exact or recurring decimal numbers. The values of the coefficients may be rounded to suit the maximum number of figures in the differences.

BESSEL COEFFICIENTS FOR SUBTABULATION

Ratio of intervals											Bessel Coefficients			
$\frac{1}{2}$	$\frac{1}{3}$	$\frac{1}{4}$	$\frac{1}{5}$	$\frac{1}{6}$	$\frac{1}{8}$	$\frac{1}{10}$	$\frac{1}{12}$	$\frac{1}{20}$	$\frac{1}{24}$	$\frac{1}{40}$	p	B_2	B_3	B_4
										1	0·025	−0·006094	0·00193	0·0010
									1		0·0416	−0·009983	0·00305	0·0017
								1		2	0·050	−0·011875	0·00356	0·0020
										3	0·075	−0·017344	0·00491	0·0030
							1		2		0·0833	−0·019097	0·00530	0·0033
						1		2		4	0·100	−0·022500	0·00600	0·0039
					1				3	5	0·125	−0·027344	0·00684	0·0048
								3		6	0·150	−0·031875	0·00744	0·0057
				1			2		4		0·1666	−0·034722	0·00772	0·0062
										7	0·175	−0·036094	0·00782	0·0064
			1			2		4		8	0·200	−0·040000	0·00800	0·0072
									5		0·2083	−0·041233	0·00802	0·0074
										9	0·225	−0·043594	0·00799	0·0079
		1			2		3	5	6	10	0·250	−0·046875	0·00781	0·0085
										11	0·275	−0·049844	0·00748	0·0091
									7		0·2916	−0·051649	0·00717	0·0095
						3		6		12	0·300	−0·052500	0·00700	0·0097
										13	0·325	−0·054844	0·00640	0·0101
	1			2			4		8		0·3333	−0·055556	0·00617	0·0103
								7		14	0·350	−0·056875	0·00569	0·0106
					3				9	15	0·375	−0·058594	0·00488	0·0109
			2			4		8		16	0·400	−0·060000	0·00400	0·0112
							5		10		0·4166	−0·060764	0·00338	0·0114
										17	0·425	−0·061094	0·00305	0·0114
								9		18	0·450	−0·061875	0·00206	0·0116
									11		0·4583	−0·062066	0·00172	0·0116
										19	0·475	−0·062344	0·00104	0·0117
1		2		3	4	5	6	10	12	20	0·500	−0·062500	0·00000	0·0117
										21	0·525	−0·062344	−0·00104	0·0117
									13		0·5416	−0·062066	−0·00172	0·0116
								11		22	0·550	−0·061875	−0·00206	0·0116
										23	0·575	−0·061094	−0·00305	0·0114
							7		14		0·5833	−0·060764	−0·00338	0·0114
			3			6		12		24	0·600	−0·060000	−0·00400	0·0112
					5				15	25	0·625	−0·058594	−0·00488	0·0109
								13		26	0·650	−0·056875	−0·00569	0·0106
	2			4			8		16		0·6666	−0·055556	−0·00617	0·0103
										27	0·675	−0·054844	−0·00640	0·0101
						7		14		28	0·700	−0·052500	−0·00700	0·0097
									17		0·7083	−0·051649	−0·00717	0·0095
										29	0·725	−0·049844	−0·00748	0·0091
		3			6		9	15	18	30	0·750	−0·046875	−0·00781	0·0085
										31	0·775	−0·043594	−0·00799	0·0079
									19		0·7916	−0·041233	−0·00802	0·0074
			4			8		16		32	0·800	−0·040000	−0·00800	0·0072
										33	0·825	−0·036094	−0·00782	0·0064
				5			10		20		0·8333	−0·034722	−0·00772	0·0062
								17		34	0·850	−0·031875	−0·00744	0·0057
					7				21	35	0·875	−0·027344	−0·00684	0·0048
						9		18		36	0·900	−0·022500	−0·00600	0·0039
							11		22		0·9166	−0·019097	−0·00530	0·0033
										37	0·925	−0·017344	−0·00491	0·0030
								19		38	0·950	−0·011875	−0·00356	0·0020
									23		0·9583	−0·009983	−0·00305	0·0017
										39	0·975	−0·006094	−0·00193	0·0010

The following are some useful formulae involving vectors and matrices.

Position vectors

Positions or directions on the sky can be represented as column vectors in a specific celestial coordinate system with components that are Cartesian (rectangular) coordinates. The relationship between a position vector $\mathbf{r}$ its three components r_x, r_y, r_z, and its right ascension (α), declination (δ) and distance (d) from the specified origin have the general form

$$\mathbf{r} = \begin{bmatrix} r_x \\ r_y \\ r_z \end{bmatrix} = \begin{bmatrix} d \cos\alpha \cos\delta \\ d \sin\alpha \cos\delta \\ d \sin\delta \end{bmatrix} \qquad \text{and} \qquad \begin{aligned} \alpha &= \tan^{-1}\left(r_y/r_x\right) \\ \delta &= \tan^{-1} r_z/\sqrt{(r_x^2 + r_y^2)} \\ d &= |\mathbf{r}| = \sqrt{(r_x^2 + r_y^2 + r_z^2)} \end{aligned}$$

where α is measured counterclockwise as viewed from the positive side of the z-axis. A two-argument arctangent function (e.g., atan2) will return the correct quadrant for α if r_y and r_x are provided separately. The above is written in terms of equatorial coordinates (α, δ), however they are also valid, for example, for ecliptic longitude and latitude (λ, β) and geocentric (not geodetic) longitude and latitude (λ, ϕ).

Unit vectors are often used; the unit vector $\hat{\mathbf{r}}$ is a vector with distance (magnitude) equal to one, and may be calculated thus;

$$\hat{\mathbf{r}} = \frac{\mathbf{r}}{|\mathbf{r}|}$$

For stars and other objects "at infinity" (beyond the solar system), d is often set to 1.

Vector dot and cross products

The dot or scalar product ($\mathbf{r}_1 \cdot \mathbf{r}_2$) of two vectors $\mathbf{r}_1$ and $\mathbf{r}_2$ is the sum of the products of their corresponding components in the same reference frame, thus

$$\mathbf{r}_1 \cdot \mathbf{r}_2 = x_1 x_2 + y_1 y_2 + z_1 z_2$$

The angle (θ) between two unit vectors $\hat{\mathbf{r}}_1$ and $\hat{\mathbf{r}}_2$ is given by

$$\hat{\mathbf{r}}_1 \cdot \hat{\mathbf{r}}_2 = \cos\theta$$

Note, also, that the magnitude (d) of $\mathbf{r}$ is given by

$$d = |\mathbf{r}| = \sqrt{(\mathbf{r} \cdot \mathbf{r})} = \sqrt{r_x^2 + r_y^2 + r_z^2}$$

The cross or vector product ($\mathbf{r}_1 \times \mathbf{r}_2$) of two vectors $\mathbf{r}_1$ and $\mathbf{r}_2$ is a vector that is perpendicular to plane containing both $\mathbf{r}_1$ and $\mathbf{r}_2$ in the direction given by a right-handed screw, and

$$\mathbf{r}_1 \times \mathbf{r}_2 = \begin{bmatrix} y_1 z_2 - y_2 z_1 \\ x_2 z_1 - x_1 z_2 \\ x_1 y_2 - x_2 y_1 \end{bmatrix}$$

where $\mathbf{r}_1$ and $\mathbf{r}_2$ have column vectors (x_1, y_1, z_1) and (x_2, y_2, z_2), respectively. A cross product is not commutative since

$$\mathbf{r}_1 \times \mathbf{r}_2 = -\mathbf{r}_2 \times \mathbf{r}_1$$

The magnitude of the cross product of two unit vectors is the sine of the angle between them

$$|\hat{\mathbf{r}}_1 \times \hat{\mathbf{r}}_2| = \sin\theta \qquad \text{and} \qquad 0 \leq \theta \leq \pi$$

The vector triple product

$$(\mathbf{r}_1 \times \mathbf{r}_2) \times \mathbf{r}_3 = (\mathbf{r}_1 \cdot \mathbf{r}_3)\,\mathbf{r}_2 - (\mathbf{r}_2 \cdot \mathbf{r}_3)\,\mathbf{r}_1$$

is a vector in the same plane as $\mathbf{r}_1$ and $\mathbf{r}_2$. Note the position of the brackets. The latter is used on page B67 in step 3 where $\mathbf{r}_1 = \mathbf{q}$, $\mathbf{r}_2 = \mathbf{e}$ and $\mathbf{r}_3 = \mathbf{p}$.

Matrices and matrix multiplication

The general form of a 3×3 matrix $\mathbf{M}$ used with 3-vectors is usually specified

$$\mathbf{M} = \begin{bmatrix} m_{11} & m_{12} & m_{13} \\ m_{21} & m_{22} & m_{23} \\ m_{31} & m_{32} & m_{33} \end{bmatrix}$$

If each element of $\mathbf{M}$ (m_{ij}) is the result of multiplying matrices $\mathbf{A}$ and $\mathbf{B}$, i.e. $\mathbf{M} = \mathbf{A}\,\mathbf{B}$, then $\mathbf{M}$ is calculated from

$$m_{ij} = \sum_{k=1}^{3} a_{ik}\, b_{kj} \qquad \text{thus} \qquad \mathbf{M} = \begin{bmatrix} \sum a_{1k}\, b_{k1} & \sum a_{1k}\, b_{k2} & \sum a_{1k}\, b_{k3} \\ \sum a_{2k}\, b_{k1} & \sum a_{2k}\, b_{k2} & \sum a_{2k}\, b_{k3} \\ \sum a_{3k}\, b_{k1} & \sum a_{3k}\, b_{k2} & \sum a_{3k}\, b_{k3} \end{bmatrix}$$

where $i = 1, 2, 3$, $j = 1, 2, 3$ and k is summed from 1 to 3. Note that matrix multiplication is associative, i.e. $\mathbf{A}\,(\mathbf{B}\,\mathbf{C}) = (\mathbf{A}\,\mathbf{B})\,\mathbf{C}$, but it is **not** commutative i.e. $\mathbf{A}\,\mathbf{B} \neq \mathbf{B}\,\mathbf{A}$.

Rotation matrices

The rotation matrix $\mathbf{R}_n(\phi)$, for $n = 1, 2$ and 3 transforms column 3-vectors from one Cartesian coordinate system to another. The final system is formed by rotating the original system about its own n^{th}-axis (i.e. the x, y, or z-axis) by the angle ϕ, counterclockwise as viewed from the $+x$, $+y$ or $+z$ direction, respectively.

The two columns below give $\mathbf{R}_n(\phi)$ and its inverse $\mathbf{R}_n^{-1}(\phi)$ (see below), respectively,

$$\mathbf{R}_1(\phi) = \begin{bmatrix} 1 & 0 & 0 \\ 0 & \cos\phi & \sin\phi \\ 0 & -\sin\phi & \cos\phi \end{bmatrix} \qquad \mathbf{R}_1^{-1}(\phi) = \begin{bmatrix} 1 & 0 & 0 \\ 0 & \cos\phi & -\sin\phi \\ 0 & \sin\phi & \cos\phi \end{bmatrix}$$

$$\mathbf{R}_2(\phi) = \begin{bmatrix} \cos\phi & 0 & -\sin\phi \\ 0 & 1 & 0 \\ \sin\phi & 0 & \cos\phi \end{bmatrix} \qquad \mathbf{R}_2^{-1}(\phi) = \begin{bmatrix} \cos\phi & 0 & \sin\phi \\ 0 & 1 & 0 \\ -\sin\phi & 0 & \cos\phi \end{bmatrix}$$

$$\mathbf{R}_3(\phi) = \begin{bmatrix} \cos\phi & \sin\phi & 0 \\ -\sin\phi & \cos\phi & 0 \\ 0 & 0 & 1 \end{bmatrix} \qquad \mathbf{R}_3^{-1}(\phi) = \begin{bmatrix} \cos\phi & -\sin\phi & 0 \\ \sin\phi & \cos\phi & 0 \\ 0 & 0 & 1 \end{bmatrix}$$

Generally, a rotation matrix $\mathbf{R}$ is a matrix formed from products of the above rotational matricies $\mathbf{R}_n(\phi)$ that implements a transformation from one Cartesian coordinate system to another, the two systems sharing a common origin. Any such matrix is orthogonal; that is, the transpose $\mathbf{R}^{\mathrm{T}}$ (where rows are replaced by columns) equals the inverse, $\mathbf{R}^{-1}$. Therefore

$$\mathbf{R}^{\mathrm{T}}\,\mathbf{R} = \mathbf{R}^{-1}\,\mathbf{R} = \mathbf{I}$$

where $\mathbf{I}$ is the unit (identity) matrix. Sometimes $\mathbf{R}^{\mathrm{T}}$ is denoted $\mathbf{R}'$. It is also worth noting the following relationships

$$\mathbf{R}_n^{-1}(\theta) = \mathbf{R}_n^{\mathrm{T}}(\theta) = \mathbf{R}_n(-\theta)$$

which is shown in the right-hand column above. The initial and final Cartesian coordinate systems are right handed $(\hat{\mathbf{e}}_x \times \hat{\mathbf{e}}_y = \hat{\mathbf{e}}_z)$, where $\hat{\mathbf{e}}_n$ are the unit vectors along the axes. Matrices interconnecting such systems have their determinant equal to $+1$ and are called *proper orthogonal matrices* or *proper rotation matrices*. Such a matrix can always be represented as a product of three matrices of the types $\mathbf{R}_n(\phi)$.

Example: The transformation between a geocentric position with respect to the Geocentric Celestial Reference System $\mathbf{r}_{\mathrm{GCRS}}$ and a position with respect to the true equator and equinox of date $\mathbf{r}_t$, and vice versa, is given by:

$$\mathbf{r}_t = \mathbf{N}\,\mathbf{P}\,\mathbf{B}\,\mathbf{r}_{\mathrm{GCRS}}$$

$$\mathbf{B}^{-1}\mathbf{P}^{-1}\mathbf{N}^{-1}\mathbf{r}_t = \mathbf{B}^{-1}\,[\mathbf{P}^{-1}\,(\mathbf{N}^{-1}\mathbf{N})\,\mathbf{P}]\,\mathbf{B}\,\mathbf{r}_{\mathrm{GCRS}}$$

Rearranging gives $\qquad \mathbf{r}_{\mathrm{GCRS}} = \mathbf{B}^{-1}\,\mathbf{P}^{-1}\,\mathbf{N}^{-1}\,\mathbf{r}_t = \mathbf{B}^{\mathrm{T}}\,\mathbf{P}^{\mathrm{T}}\,\mathbf{N}^{\mathrm{T}}\,\mathbf{r}_t$

where $\mathbf{B}$, $\mathbf{P}$ and $\mathbf{N}$ are the frame bias, precession and nutation matrices, respectively, and are all proper rotation matrices. Note that the order the transformations are applied is crucial.

CONTENTS OF SECTION L

 This symbol indicates that these data or auxiliary material may also be found on *The Astronomical Almanac Online* at http://asa.usno.navy.mil and http://asa.hmnao.com

This section specifies the sources for the theories and data used to construct the ephemerides in this volume, explains the basic concepts required to use the ephemerides, and where appropriate states the precise meaning of tabulated quantities. Definitions of individual terms appear in the Glossary (Section M). The *Explanatory Supplement to the Astronomical Almanac* (Urban and Seidelmann, 2012) contains additional information about the theories and data used.

The companion website *The Astronomical Almanac Online* provides, in machine-readable form, some of the information printed in this volume as well as closely related data. Two mirrored sites are maintained. The URL [1] for the website in the United States is http://asa.usno.navy.mil and in the United Kingdom is http://asa.hmnao.com. The symbol ^{www}w is used throughout this edition to indicate that additional material can be found on *The Astronomical Almanac Online*.

To the greatest extent possible, *The Astronomical Almanac* is prepared using standard data sources and models recommended by the International Astronomical Union (IAU). The data prepared in the United States rely heavily on the US Naval Observatory's NOVAS software package [2]. Data prepared in the United Kingdom utilize the IAU Standards of Fundamental Astronomy (SOFA) library [3]. Although NOVAS and SOFA were written independently, the underlying scientific bases are the same. Resulting computations typically are in agreement at the microarcsecond level.

Fundamental Reference System

The fundamental reference system for astronomical applications is the International Celestial Reference System (ICRS), as adopted by the IAU General Assembly (GA) in 1997 (Resolution B2, IAU, 1999). At the same time, the IAU specified that the practical realization of the ICRS in the radio regime is the International Celestial Reference Frame (ICRF), a space-fixed frame based on high accuracy radio positions of extragalactic sources measured by Very Long Baseline Interferometry (VLBI); see Ma et al. (1998). Beginning in 2010, the ICRS is realized in the radio by the ICRF2 catalog (IERS, 2009); also available at [4]. The ICRS is realized in the optical regime by the Hipparcos Celestial Reference Frame (HCRF), consisting of the *Hipparcos Catalogue* (ESA, 1997) with certain exclusions (Resolution B1.2, IAU, 2001). Although the directions of the ICRS coordinate axes are not defined by the kinematics of the Earth, the ICRS axes (as implemented by the ICRF and HCRF) closely approximate the axes that would be defined by the mean Earth equator and equinox of J2000.0 (to within 0.1 arcsecond).

In 2000, the IAU defined a system of space-time coordinates for the solar system, and the Earth, within the framework of General Relativity, by specifying the form of the metric tensors for each and the 4-dimensional space-time transformation between them. The former is called the Barycentric Celestial Reference System (BCRS), and the latter, the Geocentric Celestial Reference System (GCRS) (Resolution B1.3, *op.cit.*). The ICRS can be considered a specific implementation of the BCRS; the ICRS defines the spatial axis directions of the BCRS. The GCRS axis directions are derived from those of the BCRS (ICRS); the GCRS can be considered to be the "geocentric ICRS," and the coordinates of stars and planets in the GCRS are obtained from basic ICRS reference data by applying the algorithms for proper place (*e.g.*, for stars, correcting the ICRS-based catalog position for proper motion, parallax, gravitational deflection of light, and aberration).

Precession and Nutation Models

The IAU Resolution B1 adopts the IAU 2006 precession theory (Capitaine et al., 2003) recommended by the Working Group on Precession and the Ecliptic (Hilton et al., 2006) and the IAU 2000A nutation theory (IAU 2000 Resolution B1.6) based on the transfer functions of Matthews et al. (2002), MHB2000. However, at the highest precision (μas), implementing these precession and nutation theories will not agree with the combined precession-nutation approach using the X,Y of the CIP as implemented by the IERS Conventions (IERS, 2010, Chapter 5, and the updates at [7]). This is due to some very small adjustments that are needed in a few of the IAU 2000A nutation amplitudes in order to ensure compatibility with the IAU 2006 values for ϵ_0 and the J_2 rate (see IERS (2010), 5.6.3).

Sections C, E, F use IAU 2000A nutation without the adjustments (see USNO Circular 179, Kaplan (2005) available at [8]) and Sections A, B, D and G use IAU SOFA software, which includes the adjustments. Note that these adjustments are well below the precision printed. These IAU recommendations have been implemented into this almanac since the 2009 edition.

Section B describes the transformation (rotations for precession and nutation) from the GCRS to the of date system. This includes the offsets of the ICRS axes from the axes of the dynamical system (mean equator and equinox of J2000.0, termed frame bias). Users are reminded that both variants of formulation, with and without frame bias, are often given, and the difference matters.

Timescales

Two fundamentally different types of time scales are used in astronomy: coordinate timescales such as International Atomic Time (TAI), Terrestrial Time (TT), and Barycentric Dynamical Time (TDB), and those based on the rotation of the Earth such as Universal Time (UT) and sidereal time.

A coordinate timescale is one associated with a coordinate system. To be of use, a coordinate timescale must be related to the proper time of an actual clock. This connection is made from the proper times of an ensemble of atomic clocks on the geoid, through a relativistic transformation, to define the TAI coordinate timescale. The realization of TAI is the responsibility of the Bureau International de Poids et Mesures (BIPM).

The Earth is subject to external torques and changes to its internal structure. Thus, the Earth's rotation rate varies with time. And those timescales, such as UT, that are based on the Earth's rotation do not have a fixed relationship to coordinate timescales.

The fundamental unit of time in a coordinate time scale is the SI second defined as 9 192 631 770 cycles of the radiation corresponding to the ground state hyperfine transition of Cesium 133. As a simple count of cycles of an observable phenomenon, the SI second can be implemented, at least in principle, by an observer anywhere. According to relativity theory, clocks advancing by SI seconds according to a co-moving observer (*i.e.*, an observer moving with the clock) may not, in general, appear to advance by SI seconds to an observer on a different space-time trajectory from that of the clock. Thus, a coordinate time scale defined for use in a particular reference system is related to the coordinate time scale defined for a second reference system by a rather complex formula that depends on the relative space-time trajectories of the two reference systems. Simply stated, different astronomical reference systems use different time scales. However, the universal use of SI units allows the values of fundamental physical constants determined in one reference system to be used in another reference system without scaling.

The IAU has recommended relativistic coordinate time scales based on the SI second for theoretical developments using the Barycentric Celestial Reference System or the Geocentric Celestial Reference System. These time scales are, respectively, Barycentric Coordinate Time (TCB) and Geocentric Coordinate Time (TCG). Neither TCB nor TCG appear explicitly in this volume (except here and in the Glossary), but may underlie the physical theories that contribute to the data, and are likely to be more widely used in the future.

International Atomic Time (TAI) is a commonly used time scale with a mean rate equal, to a high level of accuracy, to the mean rate of the proper time of an observer situated on the Earth's surface (the rotating geoid). TAI is the most precisely determined time scale that is now available for astronomical use. This scale results from analyses, by the BIPM in Sèvres, France, of data from atomic time standards of many countries. Although TAI was not officially introduced until 1972, atomic time scales have been available since 1956, and TAI may be extrapolated backwards to the period 1956–1971 (for a history of TAI, see Nelson et al. (2001)). TAI is readily available as an integral number of seconds offset from UTC, which is extensively disseminated.

UTC is discussed at the end of this section.

The astronomical time scale called Terrestrial Time (TT), used widely in this volume, is an idealized form of TAI with an epoch offset. In practice it is TT = TAI + 32^{s}.184. TT was so defined to preserve continuity with previously used (now obsolete) "dynamical" time scales, Terrestrial Dynamical Time (TDT) and Ephemeris Time (ET).

Barycentric Dynamical Time (TDB, defined by the IAU in 1976 and 1979 and modified in 2006 by Resolution B3) is defined such that it is linearly related to TCB and, at the geocenter, remains close to TT. Barycentric and heliocentric data are therefore often tabulated with TDB shown as the time argument. Values of parameters involving TDB (see pages K6–K7) which are not based on the SI second, will, in general, require scaling to convert them to SI-based values (dimensionless quantities such as mass ratios are unaffected).

The coordinate time scale TDB is used as the independent argument of various fundamental solar system ephemerides. In particular, it is the coordinate time scale of the Jet Propulsion Laboratory (JPL) ephemerides DE430/LE430. Previous JPL ephemerides, *e.g.* DE405/LE405 used the coordinate time scale T_{eph} (see Glossary). The DE430/LE430 ephemerides are the basis for many of the tabulations in this volume (see the Ephemerides Section on page L5). They were computed in the barycentric reference system. The linear drift between TDB and TCB (by about 10^{-8}) is such that the rates of TDB and TT are as close as possible for the time span covered by the particular ephemeris (Resolution B3, IAU, 2006).

The second group of time scales, which are also used in this volume, are based on the (variable) rotation of the Earth. In 2000, the IAU (Resolution B1.8, IAU, 2001) defined UT1 (Universal Time) to be linearly proportional to the Earth rotation angle (ERA) (see page B8), which is the geocentric angle between two directions in the equatorial plane called, respectively, the celestial intermediate origin (CIO) and the terrestrial intermediate origin (TIO). The TIO rotates with the Earth, while the motion of the CIO has no component of instantaneous motion along the celestial equator, thus ERA is a direct measure of the Earth's rotation.

Greenwich sidereal time is the hour angle of the equinox measured with respect to the Greenwich meridian. Local sidereal time is the local hour angle of the equinox, or the Greenwich sidereal time plus the longitude (east positive) of the observer, expressed in time units. Sidereal time appears in two forms, apparent and mean, the difference being the *equation of the equinoxes*; apparent sidereal time includes the effect of nutation on the location of the equinox. Greenwich (or local) sidereal time can be observationally obtained from the equinox-based right ascensions of celestial objects transiting the Greenwich (or local) meridian. The current form of the expression for Greenwich mean sidereal time (GMST) in terms of ERA (which is a function of UT1) and the accumulated precession in right ascension (which is a function of TDB or TT), was first adopted for the 2006 edition of the almanac. The current expression for GMST is given on page B8.

Universal Time (formerly Greenwich Mean Time) is widely used in astronomy, and in this volume always means UT1. Historically, prior to the 2006 edition of *The Astronomical Almanac*, which implemented the IAU resolutions adopted in 2000, UT1 as a function of GMST was specified by IAU Resolution C5 (IAU, 1983) adopted from Aoki et al. (1982). For the 2006-2008 editions of the almanac, consistent with IAU 2000A precession-nutation, the expression is given by Capitaine, Wallace, and McCarthy (2003). Beginning with the 2009 edition, which implemented the IAU resolutions from 2006, the expression for UT1 in terms of GMST (consistent with the IAU 2006 precession) is given in Capitaine et al. (2005). No discontinuities in any time scale resulted from any of the changes in the definition of UT1.

UT1 and sidereal time are affected by variations in the Earth's rate of rotation (length of day), which are unpredictable. The lengths of the sidereal and UT1 seconds are therefore not constant when expressed in a uniform time scale such as TT. The accumulated difference in time measured by a clock keeping SI seconds on the geoid from that measured by the rotation of the Earth is

$\Delta T = \text{TT} - \text{UT1}$. In preparing this volume, an assumption had to be made about the value(s) of ΔT during the tabular year; a table of observed and extrapolated values of ΔT is given on page K9. Calculations of positions relative to the terrestrial frame, such as precise transit times and hour angles, are often referred to the *ephemeris meridian*, which is $1.002\,738\,\Delta T$ east of the Greenwich meridian, and thus independent of the Earth's actual rotation. Only when ΔT is specified can such predictions be referred to the Greenwich meridian. Essentially, the ephemeris meridian rotates at a uniform rate corresponding to the SI second on the geoid, rather than at the variable (and generally slower) rate of the real Earth.

The worldwide system of civil time is based on Coordinated Universal Time (UTC), which is now ubiquitous and tightly synchronized. UTC is a hybrid time scale, using the SI second on the geoid as its fundamental unit, but subject to occasional 1-second adjustments to keep it within 0^s9 of UT1. Such adjustments, called "leap seconds," are normally introduced at the end of June or December, when necessary, by international agreement. Tables of the differences UT1 − UTC, called ΔUT made available by the International Earth Rotation and Reference System Service's *Bulletin B*. DUT1, an approximation to UT1 − UTC, is transmitted in code with some radio time signals, such as those from WWV. As previously noted, UTC and TAI differ by an integral number of seconds, which increases by 1 whenever a positive leap second is introduced into UTC. Only positive leap seconds have ever been introduced. The TAI − UTC difference is referred to as ΔAT, tabulated on page K9. Therefore $\text{TAI} = \text{UTC} + \Delta\text{AT}$ and $\text{TT} = \text{UTC} + \Delta\text{AT} + 32^s184$.

From 2016, in order to provide UT1 directly via a time server rather than only UTC, the Time and Frequency Division of the US National Institute of Standards and Technology (NIST) transmits UT1 time in the Network Time Protocol format [32]. The time difference between UT1 and UTC is updated every day at 0^hUTC from IERS Bulletin A. The accuracy of UT1(NIST) at the server is approximately 4 ms, and is determined by the uncertainty in the prediction of the difference UT1-UTC. The accuracy of the time received by a user will usually be further limited by the stability of the network delay from the user's system to the time server.

In many astronomical applications multiple time scales must be used. In the astronomical system of units, the unit of time is the day of 86400 seconds. For long periods, however, the Julian century of 36525 days is used. With the increasing precision of various quantities it is now often necessary not only to specify the date but also the time scale. Thus the standard epoch for astrometric reference data designated J2000.0 is 2000 January 1, 12^h TT (JD 245 1545.0 TT). The use of time scales based on the tropical year and Besselian epochs was discontinued in 1984. Other information on time scales and the relationships between them may be found on pages B6–B12.

Ephemerides

The fundamental ephemerides of the Sun, Moon, and major planets were calculated by numerical integration at the Jet Propulsion Laboratory (JPL). These ephemerides, designated DE430/LE430, provide barycentric equatorial rectangular coordinates for the period JD2287184.5 (1549 Dec. 21.0) through JD2688976.5 (2650 Jan. 25.0) (Folkner et al., 2014). *The Astronomical Almanac* for 2015 was the first edition that used the DE430/LE430 ephemerides; the volumes for 2003 through 2014 used the ephemerides designated DE405/LE405 (Standish, 1998a). Optical, radar, laser, and space-craft observations were analyzed to determine starting conditions for the numerical integration and values of fundamental constants such as the planetary masses and the length of the astronomical unit in meters. The reference frame for the basic ephemerides is the ICRF; the alignment onto this frame has an estimated accuracy of 1–2 milliarcseconds. As described above, the JPL DE430/LE430 ephemerides have been developed in a barycentric reference system using a barycentric coordinate time scale TDB.

The geocentric ephemerides of the Sun, Moon, and planets tabulated in this volume have been computed from the basic JPL ephemerides in a manner consistent with the rigorous reduction methods presented in Section B. For each planet, the ephemerides represent the position of the center of mass, which includes any satellites, not the center of figure or center of light. The precession-nutation model used in the computation of geocentric positions follows the IAU resolutions adopted in 2000 and 2006; see the Precession and Nutation Models section above.

Section A: Summary of Principal Phenomena

In 2006, the IAU agreed on resolution 5B, which provides the definition for "planet" and also introduces the new class of "dwarf planets". Following those resolutions, only eight solar system objects – Mercury, Venus, Earth, Mars, Jupiter, Saturn, Uranus and Neptune – classify as planets. Along with Pluto, Ceres is now in the new class of dwarf planets.

The lunations given on page A1 are numbered in continuation of E.W. Brown's series, of which No. 1 commenced on 1923 January 16 (Brown, 1933).

The list of occultations of planets and bright stars by the Moon starting on page A2 gives the approximate times and areas of visibility for the planets, the dwarf planets Ceres and Pluto, the minor planets Pallas, Juno and Vesta, and the five bright stars *Aldebaran*, *Antares*, *Regulus*, *Pollux* and *Spica*. However, due primarily to precession, it is known that *Pollux* has not, nor will be, occulted by the Moon for hundreds of years. Maps of the area of visibility of these occultations and for the minor planets published in Section G are available on *The Astronomical Almanac Online*. IOTA, the International Occultation Timing Association [6], is responsible for the predictions and reductions of timings of lunar occultations of stars by the Moon.

Times tabulated on page A3 for the stationary points of the planets are the instants at which the planet is stationary in apparent geocentric right ascension; but for elongations of the planets from the Sun, the tabular times are for the geometric configurations. From inferior conjunction to superior conjunction for Mercury or Venus, or from conjunction to opposition for a superior planet, the elongation from the Sun is west; from superior to inferior conjunction, or from opposition to conjunction, the elongation is east. Because planetary orbits do not lie exactly in the ecliptic plane, elongation passages from west to east or from east to west do not in general coincide with oppositions and conjunctions. For the selected dwarf planets Pluto and Ceres and minor planets Pallas, Juno and Vesta conjunctions, oppositions and stationary points are tabulated at the bottom of page A4 while their magnitudes, every 40 days, are given on page A5.

Dates of heliocentric phenomena are given on page A3. Since they are determined from the actual perturbed motion, these dates generally differ from dates obtained by using the elements of the mean orbit. The date on which the radius vector is a minimum may differ considerably from the date on which the heliocentric longitude of a planet is equal to the longitude of perihelion of the mean orbit. Similarly, when the heliocentric latitude of a planet is zero, the heliocentric longitude may not equal the longitude of the mean node.

The magnitudes and elongations of the planets are tabulated on pages A4–A5. For Mercury and Venus (page A4) they are tabulated every 5 days and the expressions for the magnitudes are given by Hilton (2005a) with amendments from Hilton (2005b). Magnitudes are not tabulated for a few dates around inferior and superior conjunction. In terms of the phase angle (ϕ) magnitudes are given for Mercury when $2°.1 < \phi < 169°.5$, and for Venus when $2°.2 < \phi < 170°.2$. For the other planets (page A5), the elongations and magnitudes are given every 10 days. These magnitude expressions are due to Harris (1961) and Irvine et al. (1968). Daily tabulations are given in Section E.

Configurations of the Sun, Moon and planets (pages A9–A11) are a chronological listing, with times to the nearest hour, of geocentric phenomena. Included are eclipses; lunar perigees, apogees and phases; phenomena in apparent geocentric longitude of the planets, dwarf planets Ceres and Pluto and the minor planets Pallas, Juno and Vesta; times when these planets are stationary in right ascension and when the geocentric distance to Mars is a minimum; and geocentric conjunctions in apparent right ascension of the planets with the Moon, with each other, and with the five bright stars *Aldebaran*, *Regulus*, *Spica*, *Pollux* and *Antares*, provided these conjunctions are considered to occur sufficiently far from the Sun to permit observation. Thus conjunctions in right ascension are excluded if they occur within 20° of the Sun for Uranus and Neptune; 15° for the Moon, Mars and Saturn; within 10° for Venus and Jupiter; and within ≈ 10° for Mercury, depending on Mercury's brightness. For Venus the occasion of its greatest illuminated extent is included. The occurrence of occultations of planets and bright stars is indicated by "Occn."; the areas of visibility are given in the list on page A2 while the maps are available on *The Astronomical Almanac Online*. Geocentric phenomena differ from the actually observed configurations by the effects of the geocentric parallax at the place of observation, which for configurations with the Moon may be quite large.

The explanation for the tables of sunrise and sunset, twilight, moonrise and moonset is given on page A12; examples are given on page A13.

Eclipses

The elements and circumstances are computed according to Bessel's method from apparent right ascensions and declinations of the Sun and Moon based, for the eclipses only, on the JPL ephemerides DE430/LE430. Semidiameters of the Sun and Moon used in the calculation of eclipses do not include irradiation. The adopted semidiameter of the Sun at unit distance is 15′ 59″.64 from the IAU (1976) Astronomical Constants (IAU, 1976). The apparent semidiameter of the Moon is equal to $\arcsin(k \sin \pi)$, where π is the Moon's horizontal parallax and k is an adopted constant. In 1982, the IAU adopted $k = 0.272\,5076$, corresponding to the mean radius of the Watts' datum (Watts, 1963) as determined by observations of occultations and to the adopted radius of the Earth. Corrections to the ephemerides, if any, are noted in the beginning of the eclipse section.

In calculating lunar eclipses the radius of the geocentric shadow of the Earth is increased by one-fiftieth part to allow for the effect of the atmosphere. Refraction is neglected in calculating solar and lunar eclipses. Because the circumstances of eclipses are calculated for the surface of the ellipsoid, refraction is not included in Besselian elements. For local predictions, corrections for refraction are unnecessary; they are required only in precise comparisons of theory with observation in which many other refinements are also necessary.

Descriptions of the maps and use of Besselian elements are given on pages A78–A83, while maps of the areas of visibility are available on *The Astronomical Almanac Online*.

Section B: Timescales and Coordinate Systems

Calendar

Over extended intervals civil time is ordinarily reckoned according to conventional calendar years and adopted historical eras; in constructing and regulating civil calendars and fixing ecclesiastical calendars, a number of auxiliary cycles and periods are used. In particular the Islamic calendar printed is determined from an algorithm that approximates the lunar cycle and is independent of location. In practice the dates of Islamic fasts and festivals are determined by an actual sighting of the appropriate new crescent moon.

To facilitate chronological reckoning, the system of Julian day (JD) numbers maintains a continuous count of astronomical days, beginning with JD 0 on 1 January 4713 B.C., Julian proleptic calendar. Julian day numbers for the current year are given on page B3 and in the Universal and Sidereal Times pages, B13–B20, and the Universal Time and Earth rotation angle table on pages B21–B24. To determine JD numbers for other years on the Gregorian calendar, consult the Julian Day Number tables on pages K2–K5.

Note that the Julian day begins at noon, whereas the calendar day begins at the preceding midnight. Thus the Julian day system is consistent with astronomical practice before 1925, with the astronomical day being reckoned from noon. The Julian date should include a specification as to the time scale being used, *e.g.*, JD 245 1545.0 TT or JD 245 1545.5 UT1.

At the bottom of pages B4–B5, dates are given for various chronological cycles, eras, and religious calendars. Note that the beginning of a cycle or era is an instant in time; the date given is the Gregorian day on which the period begins. Religious holidays, unlike the beginning of eras, are not instants in time but typically run an entire day. The tabulated date of a religious festival is the Gregorian day on which it is celebrated. When converting to other calendars whose days begin at different times of day (*e.g.*, sunset rather than midnight), the convention utilized is to tabulate the day that contains noon in both calendars.

For a discussion on timescales see page L3 of this section.

IAU XXVI General Assembly, 2006

The resolutions of the IAU 2006 GA that impacted on this section were a result of the IAU Division I Working Groups on Nomenclature for Fundamental Astronomy (WGNFA) and the Working Group on Precession and the Ecliptic (WGPE).

The 2006 edition of this almanac introduced the recommendations of the WGNFA adopted at the 2006 GA (Resolution B2, IAU, 2006). This included replacing the terms Celestial Ephemeris Origin and Terrestrial Ephemeris Origin, the "non-rotating" origins of the Celestial and Terrestrial Intermediate Reference Systems of the IAU 2000 resolution B1.8 (IAU, 2001), with the terms Celestial Intermediate Origin (CIO), and the Terrestrial Intermediate Origin (TIO), respectively.

Beginning with the 2009 edition, resolution B1, which relates to the report of the WGPE (Hilton et al., 2006) has been implemented. Table 1 of this report gives a useful list of "The polynomial coefficients for the precession angles". The WGPE adopted the precession theory designated P03 (Capitaine, Wallace, and Chapront, 2003). The two papers of Capitaine and Wallace (2006) and Wallace and Capitaine (2006), have also been used. The updated Chapter 5 of the IERS (2010), which replaces IERS (2004), is available from their website [7] which describes the ITRS to GCRS conversion. In addition to updated precession angles the WGPE report includes updates to Greenwich mean sidereal time and other related quantities.

The IAU SOFA library has been used in the software that has generated the data in this section. The code is available from the IAU Standards Of Fundamental Astronomy (SOFA) website [3] and contains code for all the fundamental quantities related to various systems

A detailed explanation and implementation of the IAU Resolutions on Astronomical Reference Systems, Timescales, and Earth Rotation Models is given in *USNO Circular 179* (Kaplan, 2005).

Universal and Sidereal Times and Earth Rotation Angle

The tabulations of Greenwich mean sidereal time (GMST) at 0^h UT1 are calculated from the defining relation between the Earth rotation angle (ERA), which is a function of UT1, and the accumulated precession (P03, see reference above) in right ascension, which is a function of TDB or TT (see pages B8 and L3).

The tabulations of Greenwich apparent sidereal time (GAST, or GST as it is designated in the papers above), is calculated from ERA and the equation of the origins. The latter is a function of the CIO locator s and precession and nutation (see Capitaine and Wallace (2006) and Wallace and Capitaine (2006)). This formulation ensures that whichever paradigm is used, equinox or CIO based, the resulting hour angles will be identical. Greenwich mean and apparent sidereal times and the equation of the equinoxes are tabulated on pages B13–B20, while ERA and equation of the origins are tabulated on pages B21–B24.

Bias, Precession and Nutation

The WGPE stated that the choice of the precession parameters should be left to the user. It should be noted that the effect of the frame bias (see page B50), the offset of the ICRS from the

J2000.0 system, is not related to precession. However, the Fukushima-Williams angles (see page B56), which are used by SOFA, and the series method (see page B46) of calculating the ICRS-to-date matrix, have the frame bias offset included.

The approximate formulae (see page B54) using the precessional constants M, N, a, b, c and c' for the reduction of precession that transform positions and orbital elements from and to J2000.0 are accurate to $0.''5$ within half a century of J2000.0 and to $1''$ within one century of J2000.0 for the position formulae (α, δ, λ, β) and accurate to $0.''5$ within half a century of J2000.0 and to $1.''5$ within one century of J2000.0 for the orbital element formulae. These differences were found, in the case of transforming positions, by comparing values of right ascension such that $0° \leq \alpha \leq 360°$ in steps of 30° and declination such that $-75° \leq \delta \leq +75°$ in steps of 5° every 10 days. In the case of transforming orbital elements the differences were found by comparing values for each of the planets every 10 days.

The formulae given at the bottom of the page B54 which are for the approximate reduction from the mean equinox and equator or ecliptic of the middle of the year (*e.g.* mean places of stars) to a date within the year (*i.e.* $-0.5 \leq \tau \leq +0.5$) were compared daily with a similar range of positions as above. These formulae use the annual rates m, n, p, π for the middle of the year, which are given at the top of the following page. The years analyzed were 1950 to 2050 and the formulae are accurate to $0.''002$ for right ascension and declination and accurate to $0.''006$ for ecliptic longitude and latitude. All these traditional approximate formulae break down near the poles.

Reduction of Astronomical Coordinates

Formulae and methods are given showing the various stages of the reduction from an International Celestial Reference System (ICRS) position to an "of date" position consistent with the IAU 2012 resolution B2 (IAU, 2012). This reduction may be achieved either by using the long-standing equinox approach or the CIO-based method, thus generating apparent or intermediate places, respectively. The examples also show the calculation of Greenwich hour angle using GAST or ERA as appropriate. The matrices for the transformation from the GCRS to the "of date" position for each method are tabulated on pages B30–B45. The Earth's position and velocity components (tabulated on pages B76-B83) are extracted from the JPL ephemeris DE430/LE430, which is described on page L5.

The determination of latitude using the position of Polaris or σ Octantis may be performed using the methods and tables on pages B87-B92.

Section C: The Sun

The formulae for the Sun's orbital elements found on page C1 — the geometric mean longitude (λ), the mean longitude of perigee (ϖ), the mean anomaly (l') and the eccentricity (e) — are computed using the values from Simon et al. (1994): λ, the expression $\lambda = F + \Omega - D$ is used where F and D are the Delaunay arguments found in § 3.5b and Ω is the longitude of the Moon's node found in § 3.4 3.b; the expression $\varpi = \lambda - l'$ is used, where l' is taken from § 3.5b; e is taken directly from § 5.8.3. Mean obliquity, ε, is from Capitaine, Wallace, and Chapront (2003), Eq. 39 with ε_0 from Eq. 37. Rates for all of the mean orbital elements are the time derivatives of the above expressions.

The lengths of the principal years are computed using the rates of the orbital elements as describe in the previous paragraph. They are:

- Tropical year: the period of time for the ecliptic longitude of the Sun to increase 360 degrees. The tropical year is then $360°/\dot{\lambda}$.
- Sidereal year: the period of revolution of the Earth around the Sun in a fixed reference frame, computed as $360°/(\dot{\lambda} - \dot{P})$ where $\dot{P}$ is the precession rate found in Simon et al. (1994), Eq. 5.

- Anomalistic year: the period between successive passages of the Earth through perihelion; it is computed as $360°/\dot{l}'$.
- Eclipse year: the period between successive passages of the Sun—as seen from the geocenter— through the same lunar node. The mean eclipse year is $360°/\dot{\lambda} - \dot{\Omega})$.

The coefficients for the equation of time formula are computed using Smart (1956), § 90; in that formula the value for L is the same as λ (explained above) but corrected for aberration and rounded for ease of computation.

The rotation elements listed on page C3 are due to Carrington (1863). The synodic rotation numbers tabulated on page C4 are in continuation of Carrington's Greenwich photoheliographic series of which Number 1 commenced on November 9, 1853.

Low precision formulae for the Sun are given on page C5. The position are apparent places; that is, they are given with respect to the equator and equinox of date.

The JPL DE430/LE430 ephemeris, which is described on page L5, is the basis of the various tabular data for the Sun on pages C6–C25.

Daily geocentric coordinates of the Sun are given on the even pages of C6–C20; the tabular argument is Terrestrial Time (TT). The ecliptic longitudes and latitudes are referred to the mean equinox and ecliptic of date. These values are geometric, that is they are not antedated for light-time, aberration, etc. The apparent equatorial coordinates, right ascension and declination, are referred to the true equator and equinox of date and are antedated for light-time and have aberration applied. The true geocentric distance is given in astronomical units and is the value at the tabular time; that is, the values are not antedated.

Daily physical ephemeris data are found on the odd pages of C7–C21 and are computed using the techniques outlined in *The Explanatory Supplement to the Astronomical Almanac* (Urban and Seidelmann, 2012); the tabular argument is TT. The solar rotation parameters are from *Report of the IAU/IAG Group on Cartographic Coordinates and Rotational Elements: 2009* (Archinal et al., 2011a); the data are based on Carrington (1863). Prior to *The Astronomical Almanac* for 2009, neither light-time correction nor aberration were applied to the solar rotation because they were presumably already in Carrington's meridian. Since the Earth-Sun distance is relatively constant, this is possible only for the Sun. At the 2006 IAU General Assembly, the Working Group on Cartographic Coordinates and Rotational Elements decided to make the physical ephemeris computations for the Sun consistent with the other major solar system bodies. The W_0 value for the Sun was "foredated" by about 499s; using the new value, the computation must take into account the light travel time. To further unify the process with other solar system objects, aberration is now explicitly corrected. Differences between the pre-2009 technique and the current recommendation are negligible at the Earth; for *The Astronomical Almanac*, differences of one in the least significant digit are occasionally seen in P, B_0 and L_0 with no other values being affected. Further explanation is found on the *The Astronomical Almanac Online* in the Notes and References area.

The Sun's daily ephemeris transit times are given on the odd pages of C7–C21. An ephemeris transit is the passage of the Sun across the *ephemeris meridian*, defined as a fictitious meridian that rotates independently of the Earth at the uniform rate. The ephemeris meridian is $1.002738 \times \Delta T$ east of the Greenwich meridian.

Geocentric rectangular coordinates, in au, are given on pages C22–C25. These are referred to the ICRS axes, which are within a few tens of milliarcseconds of the mean equator and equinox of J2000.0. The time argument is TT and the coordinates are geometric, that is there is no correction for light-time, aberration, etc.

Section D: The Moon

The geocentric ephemerides of the Moon are based on the JPL DE430/LE430 numerical integration described on page L5, with the tabular argument being TT. Additional formulae and data pertaining to the Moon are given on pages D1–D5 and D22.

For high precision calculations, a polynomial ephemeris (ASCII or PDF) is available at *The Astronomical Almanac Online* along with the necessary procedures for its evaluation. Daily apparent ecliptic latitude and longitude (to nearest second of arc) and apparent geocentric right ascension and declination (to $0''.1$) are given on the even numbered pages D6–D20. Although the tabular apparent right ascension and declination are antedated for light-time, the true distance and the horizontal parallax are the geometric values for the tabular time. The horizontal parallax is derived from $\arcsin(a_E/r)$, where r is the true distance and $a_E = 6378.1366$ km is the Earth's equatorial radius (see page K6).

The semidiameter s is computed from $s = \arcsin(R_M/r)$, where r is the true distance and $R_M = 1737.4$ km is the mean radius of the Moon (see page K7). From the 2013 edition, the semidiameter is tabulated on odd pages D7–D21.

The values for the librations of the Moon are calculated using rigorous formulae. The optical librations are based on the mean lunar elements of Simon et al. (1994) while the total librations are computed from the LE430 rotation angles (LE403 was used for 2011 through 2014). The rotation angles have been transformed from the Principal Moment of Inertia system used in the JPL ephemeris to librations that are defined in the mean-Earth direction, mean pole of rotation system given in Section D, by means of specific rotations provided by Folkner et al. (2014) and Williams et al. (2013). The rotation ephemeris and hence the derived librations are more accurate than those of Eckhardt (1981) which have been used in the editions from 1985 to 2010, inclusive; (see also, Calame, 1982). The value of $1° 32' 32''.6$ for the inclination of the mean lunar equator to the ecliptic (also given on page D2) has been taken from Newhall and Williams (1996). Since apparent coordinates of the Sun and Moon are used in the calculations, aberration is fully included, except for the inappreciable difference between the light-time from the Sun to the Moon and from the Sun to the Earth. A detailed description of this process can found in *NAO Technical Note*, No. 74 (Taylor et al., 2010). From the 2013 edition the physical librations, the difference between the total and optical librations, are no longer tabulated.

The selenographic coordinates of the Earth and Sun specify the points on the lunar surface where the Earth and Sun, respectively, are in the selenographic zenith. The selenographic longitude and latitude of the Earth are the total geocentric (optical and physical) librations with respect to the coordinate system in which the x-axis is the mean direction towards the geocentre and the z-axis is the mean pole of lunar rotation. When the longitude is positive, the mean central point is displaced eastward on the celestial sphere, exposing to view a region on the west limb. When the latitude is positive, the mean central point is displaced toward the south, exposing to view the north limb.

The tabulated selenographic colongitude of the Sun is the east selenographic longitude of the morning terminator. It is calculated by subtracting the selenographic longitude of the Sun from $90°$ or $450°$. Colongitudes of $270°$, $0°$, $90°$ and $180°$ approximately correspond to New Moon, First Quarter, Full Moon and Last Quarter, respectively.

The position angles of the axis of rotation and the midpoint of the bright limb are measured counterclockwise around the disk from the north point. The position angle of the terminator may be obtained by adding $90°$ to the position angle of the bright limb before Full Moon and by subtracting $90°$ after Full Moon.

For precise reduction of observations, the tabular librations and position angle of the axis must be reduced to topocentric values via the formulae by Atkinson (1951) that are given on page D5.

Section E: Planets

The physical and phometric data for planets include the geometric flattening, which is the ratio of the difference of the mean equatorial and polar radii to the equatorial radius. For Mars, the flattening is calculated by using the average of its north and south polar radii.

Except for the Earth, the period of rotation is the time required for a point on the equator of the planet to twice cross the XY-plane of the ICRS. The length of the sidereal day is given for the Earth, because its equator is nearly coincident with the XY-plane (see B9). A negative sign indicates that the rotation is retrograde with respect to the pole that lies north of the invariable plane of the solar system. The period is measured in days of 86 400 SI seconds. The rotation rates of Uranus and Neptune were determined from the Voyager mission in 1986 and 1989. The uncertainty of those rotation rates are such that the uncertainty in the rotation angle is more than a complete rotation in each case.

The tabulated maximum angular diameter of planets is based on the equatorial diameter when the planet is at the tabulated minimum geocentric distance during the interval 1950-2050.

The geometric albedo given for planets is the ratio of the illumination of a planet at zero phase angle to the illumination produced by a plane, absolutely white Lambert surface of the same radius and position as the planet.

The quantity $V(1,0)$ is the visual magnitude of a planet reduced to a distance of 1 au from both the Sun and Earth and with phase angle zero. V_0 is the mean opposition magnitude. For Saturn the photometric quantities refer to the disk only. Mercury and Venus values are valid over a range in phase angles (see page E3).

The heliocentric and geocentric ephemerides of the planets are based on the numerical integration DE430/LE430 described on page L5. These data are given in TDB, which is the timescale used for the fundamental solar system ephemerides (DE430). The values for heliocentric positions and elements, and the geocentric coordinates are for the planet-satellite barycenters. The longitude of perihelion for both Venus and Neptune is given to a lower degree of precision due to the fact that they have nearly circular orbits and the point of perihelion is nearly undefined.

Although the apparent right ascension and declination are antedated for light-time, the true geocentric distance in astronomical units is the geometric distance for the tabular time.

The physical ephemerides of the planets depend upon the fundamental solar system ephemerides DE430/LE430 described on page L5. Physical data on E5 — and the mean equatorial radius, flattening and sidereal period of rotation found on E6 — are based on the *Report of the IAU/IAG Working Group on Cartographic Coordinates and Rotational Elements: 2009* (Archinal et al. (2011a), hereafter the WGCCRE Report) and its erratum (Archinal et al., 2011b). This report contains tables giving the dimensions, directions of the north poles of rotation and the prime meridians of the planets, Pluto, some of the satellites, and asteroids.

The orientation of the pole of a planet is specified by the right ascension α_0 and declination δ_0 of the north pole, with respect to the ICRS. According to the IAU definition, the north pole is the pole that lies on the north side of the invariable plane of the solar system. Because of precession of a planet's axis, α_0 and δ_0 may vary slowly with time; values for the current year are given on page E5.

For the four gas giant planets, the outer layers rotate at different rates, depending on latitude, and differently from their interior layers. The rotation rate is therefore defined by the periodicity of radio emissions, which are presumably modulated by the planet's internal magnetic field; this is referred to as "System III" rotation. For Jupiter, "System I" and "System II" rotations have also been defined, which correspond to the apparent rotations of the equatorial and mid-latitude cloud tops, respectively, in the visual band. Recent observations by the Cassini spacecraft provided evidence that the variation in the radio emissions of Saturn are not anchored in the bulk of Saturn, and show variation in its period on the order of 1% over a time span of several years (Gurnett et al., 2007).

This casts doubt on the reliability of the current methods to predict Saturns rotation parameters, because the influence of Saturn's moon Enceladus may be affecting the results.

The masses of the planets are calculated using the values for GM_S and the masses of the planet-satellite systems, found on K6, and the planet-satellite mass ratios found on pages F3 and F5.

All tabulated quantities in the physical ephemeris tables are corrected for light-time, so the given values apply to the disk that is visible at the tabular time. Except for planetographic longitudes, all tabulated quantities vary so slowly that they remain unchanged if the time argument is considered to be UT rather than TT. Conversion from TT to UT affects the tabulated planetographic longitudes by several tenths of a degree for all but Mercury and Venus.

Expressions for the visual magnitudes of the planets are due to Harris (1961), with the exception of Mercury and Venus which are derived using constants given by Hilton (2005a,b) and Jupiter which uses those of Irvine et al. (1968). The apparent magnitudes of the planets do not include variations from albedo markings or atmospheric disturbances. For example, the albedo markings on Mars may cause variations of approximately 0.05 magnitudes. If there is a major dust storm, the apparent magnitude can be highly variable and be as much as 0.2 magnitudes brighter than the predicted value. Beginning with the 2014 edition, the surface brightness of Saturn's disk and rings are computed separately. For Saturn, the magnitude includes the contribution due to the rings, but the surface brightness applies only to the disk of the planet.

The apparent disk of an oblate planet is always an ellipse, with an oblateness less than or equal to the oblateness of the planet itself, depending on the apparent tilt of the planet's axis. For planets with significant oblateness, the apparent equatorial and polar diameters are separately tabulated. The WGCCRE Report gives two values for the polar radii of Mars because there is a location difference between the center of figure and the center of mass for the planet. For the purposes of the physical ephemerides, the calculations use the mean value of the polar radii for Mars which produces the same result as using either radii at the precision of the printed table.

More information, along with some useful data and formulae, is provided on pages E3–E6.

Section F: Natural Satellites

The data given in Section F for the positions of the satellites at specific times in their orbits are intended only for search and identification, not for the exact comparison of theory with observation; they are calculated only to the accuracy sufficient for facilitating observations. The positions and reference planes for the satellite orbits are based on the individual theories cited below. They are corrected for light-time. The value of ΔT used to prepare the ephemerides is given on page F1.

Beginning with the 2013 edition of *The Astronomical Almanac*, the orbital data given for the planetary satellites of Mars, Jupiter (satellites I - XVI), Saturn (satellites I - IX), and Neptune (satellites I - VIII) in the table on pages F2 and F4 are given with respect to the local Laplace Plane. The Laplace Plane is an auxiliary concept convenient for describing the orbital plane evolution of a satellite in a nearly circular orbit within the "star - oblate planet - weightless satellite" setting, provided the orbit is not too close to polar. In an ideal situation where a planet is perfectly spherical and its satellite feels no influence from the Sun, the orbital plane of that satellite would be coplanar with the planet's equatorial plane with its normal vector parallel to the spin axis of the planet. In a real situation, however, planets are oblate and the gravitational influence of the Sun cannot be ignored. The oblateness of the planet and the gravitational influence of the Sun causes the satellite's orbital normal vector to precess in an elliptical pattern about another vector which serves as the normal vector to the Laplace Plane. For satellite orbits close to the planet, the Laplace Plane lies close to the planet's equatorial plane; for satellite orbits high above the planet, the Laplace Plane lies close to the planet's orbital plane.

Beginning with the 2006 edition of *The Astronomical Almanac*, a set of selection criteria has been instituted to determine which satellites are included in the table; those criteria appear on page F5. As a result, many newer satellites of Jupiter, Saturn, and Uranus have been included. However, some satellites that were included in previous editions have now been excluded. A more complete table containing all of the data from this edition as well as many of the previously included satellites is available on *The Astronomical Almanac Online*. The following sources were used to update the data presented in this table: Jacobson et al. (1989); the Jupiter Planet Satellite and Moon Page at [11]; the JPL Planetary Satellite Mean Orbital Parameters at [9], and references therein; Nicholson (2008); Jacobson (2000); Owen, Jr. et al. (1991).

Ephemerides, elongation times, and phenomena for planetary satellites are computed using data from a mixed function solution for twenty short-period planetary satellite orbits presented in Taylor (1995). The printed apparent satellite orbits are projections of their true orbits in three dimensions onto the two dimensional plane of the sky. The time of greatest eastern (or northern) elongation of an orbit is when the separation between satellite and planet is at a maximum on the eastern (or northern) side of the orbit. Starting with the 2007 edition, the offset data generated are used to produce satellite diagrams for Mars, Jupiter, Uranus, and Neptune. Beginning with the 2010 edition the paths of the satellites are computed at six minute intervals for Mars, eighty minute intervals for Jupiter, eighty-one minute intervals for Uranus, and thirty-five minute intervals for Neptune. As a consequence of these choices, the paths of the satellites for these planets appear as dotted lines in the satellite diagrams. The new diagrams give a scale (in arcseconds) of the orbit of the satellites as seen from Earth. Approximate formulae for calculating differential coordinates of satellites are given with the relevant tables.

The tables of apparent distance and position angle have been discontinued in *The Astronomical Almanac* starting with the 2005 edition. They are available on *The Astronomical Almanac Online* along with the offsets of the satellites from the planets.

Satellites of Mars

The Phobos and Deimos ephemerides are computed via the orbital elements from Sinclair (1989).

Satellites of Jupiter

The ephemerides of Satellites I–IV are based on the theory presented in Lieske (1977), with constants from Arlot (1982).

Elongations of Satellite V are computed from circular orbital elements given in Sudbury (1969). The differential coordinates of Satellites VI–XIII are computed by numerical integration, using starting coordinates and velocities calculated at the U.S. Naval Observatory (Rohde and Sinclair, 1992).

The use of ".. .. .." for the Terrestrial Time of Superior Geocentric Conjunction data for satellites I–IV indicates times of the year when Jupiter is too close to the Sun for any conjunctions to be observed which occurs when the angular separation between Jupiter and the Sun is less than 20 degrees.

The actual geocentric phenomena of Satellites I–IV are not instantaneous. Since the tabulated times are for the middle of the phenomena, a satellite is usually observable after the tabulated time of eclipse disappearance (Ec D) and before the time of eclipse reappearance (Ec R). In the case of Satellite IV the difference is sometimes quite large. Light curves of eclipse phenomena are discussed in Harris (1961).

To facilitate identification, approximate configurations of Satellites I–IV are shown in graphical form on pages facing the tabular ephemerides of the geocentric phenomena. Time is shown by the vertical scale, with horizontal lines denoting 0^h UT. For any time the curves specify the relative positions of the satellites in the equatorial plane of Jupiter. The width of the central band, which represents the disk of Jupiter, is scaled to the planet's equatorial diameter.

For eclipses, the points d of immersion into the shadow and points r of emersion from the shadow are shown pictorially at the foot of the right-hand pages for the superior conjunctions nearest the middle of each month. At the foot of the left-hand pages, rectangular coordinates of these points are given in units of the equatorial radius of Jupiter. The x-axis lies in Jupiter's equatorial plane, positive toward the east; the y-axis is positive toward the north pole of Jupiter. The subscript 1 refers to the beginning of an eclipse, subscript 2 to the end of an eclipse.

Satellites and Rings of Saturn

The apparent dimensions of the outer edge of ring A and the factors for computing relative dimensions of rings B and C were originally from Esposito et al. (1984). Observations from the Cassini spacecraft have provided updated values [31]. The appearance of the rings depends upon the Saturnicentric positions of the Earth and Sun. The ephemeris of the rings is corrected for light-time.

The positions of Mimas, Enceladus, Tethys and Dione are based upon orbital theories presented in Kozai (1957), elements from Taylor and Shen (1988), with mean motions and secular rates from Kozai (1957) and Garcia (1972). The positions of Rhea and Titan are based upon orbital theories given in Sinclair (1977) with elements from Taylor and Shen (1988), mean motions and secular rates by Garcia (1972). The theory and elements for Hyperion are from Taylor (1984). The theory for Iapetus is from Sinclair (1974) with additional terms from Harper et al. (1988) and elements from Taylor and Shen (1988). The orbital elements used for Phoebe are from Zadunaisky (1954).

For Satellites I–V times of eastern elongation are tabulated; for Satellites VI–VIII times of all elongations and conjunctions are tabulated. On the diagram of the orbits of Satellites I–VII, points of eastern elongation are marked "0^d". From the tabular times of these elongations the apparent position of a satellite at any other time can be marked on the diagram by setting off on the orbit the elapsed interval since last eastern elongation. For Hyperion, Iapetus, and Phoebe, ephemerides of differential coordinates are also included.

Solar perturbations are not included in calculating the tables of elongations and conjunctions, distances and position angles for Satellites I–VIII. For Satellites I–IV, the orbital eccentricity e is neglected.

Satellites and Rings of Uranus

Data for the Uranian rings are from the analysis presented in Elliot et al. (1981). Ephemerides of the satellites are calculated from orbital elements determined in Laskar and Jacobson (1987).

Satellites of Neptune

The ephemerides of Triton and Nereid are calculated from elements given in Jacobson (1990). The differential coordinates of Nereid are apparent positions with respect to the true equator and equinox of date.

Satellites of Pluto

The ephemeris of Charon is calculated from the elements given in Tholen (1985). The remaining satellites' mean opposition magnitudes (> 23.0) are deemed too faint for inclusion.

Section G: Dwarf Planets and Small Solar System Bodies

This section contains data on a selection of 5 dwarf planets, 92 minor planets and short period comets.

Astrometric positions for selected dwarf planets and minor planets are given daily at 0^h TT for 60 days on either side of an opposition occurring between January 1 of the current year and January 31 of the following year. Also given are the apparent visual magnitude and the time of ephemeris transit over the ephemeris meridian. The dates when the object is stationary in apparent right ascension are indicated by shading. It is occasionally possible for a stationary date to be outside the period tabulated. Linear interpolation is sufficient for the magnitude and ephemeris transit, but for the astrometric right ascension and declination second differences may be significant.

Astrometric ephemerides (right ascension and declination) of these objects are tabulated, so their position can be directly comparable with the catalogue positions of background stars in the same area of the sky, after the star positions are updated for proper motion and parallax.

Dwarf Planets

The dwarf planets are those acknowledged by the IAU in the year of production (see IAU website [10]). For the 2018 edition, these are the following objects: (1) Ceres, (134340) Pluto, (136108) Haumea, (136199) Eris and (136472) Makemake.

From those five, we currently provide more detailed information for Ceres, Pluto and Eris. Ceres and Pluto have been chosen due to their long observational history and the availability of high quality positions, which make the published ephemeris reliable. While Eris may be seen as the object which (historically) had a major influence on the process of reclassification within the solar system, it can also be targeted by amateur astronomers. In addition to these three objects, Makemake and Haumea are included in this list of dwarf planets, and their physical properties are tabulated.

Osculating elements are tabulated for ecliptic and equinox J2000.0 for Ceres, Pluto and Eris for three dates per year (100 day dates). For any of these three objects that are at opposition during the year, like the minor planets, an astrometric ephemeris is tabulated daily for a 120-day window centered on the opposition date, 60 days on either side of opposition. Two star charts are also provided, one showing the astrometric positions around opposition and the other the path during the year. The stars plotted with Ceres and any dwarf planet brighter than magnitude V=10.0 are from a hybrid catalogue (Urban, 2010 private communication) that was generated from the *Tycho 2 Catalogue* (Høg et al., 2000) and *Hipparcos Catalogue* (ESA, 1997). For other fainter dwarf planets (*i.e.*, trans-Neptunian objects), the stars that are plotted are taken from the NOMAD database [17]. This selection of stars is related to the opposition magnitude of the particular dwarf planet and includes all those stars whose magnitudes are at least brighter than the opposition magnitude. Depending on the density of the stars, other selection criteria may be used. The magnitude range has thus been chosen to fit with each object and is given at the bottom of each chart. All of the charts show astrometric J2000.0 positions.

The astrometric positions of Pluto are based on the JPL DE430 ephemeris while those of Ceres and Eris are based on data from JPL Horizons [18]. Astrometric positions of Pluto based on data from JPL Horizons may differ significantly from those based on the JPL DE430 ephemeris. A physical ephemeris is also included for those dwarf planets for which reliable data are available; currently (1) Ceres and (134340) Pluto where data are taken from the 2009 IAU Working Group on Cartographic Coordinates and Rotational Elements report of Archinal (2011a, 2011b). Basic physical properties are listed for all five dwarf planets. Due to the recent discovery of Eris, Makemake and Haumea data have been collected from several sources:

- Ceres: values as published in earlier editions of *The Astronomical Almanac*; mass as given in Pitjeva and Standish (2009)
- Pluto: values as published previously in Section E of the 2013 edition of *The Astronomical Almanac*; the minimum Earth distance has been taken from the JPL Small-Body Database [12]
- Eris: values as given in Brown et al. (2005); Brown (2008).
- Makemake: period of rotation from Heinze and de Lahunta (2009); see JPL Small-Body Database [12] and and the IAU Minor Planet Center [13] for other parameters.
- Haumea: period of rotation from Lacerda et al. (2008); see JPL Small-Body Database [12] and the IAU Minor Planet Center [13] for other parameters.

The absolute visual magnitude at zero phase angle (H) and the slope parameter for magnitude (G) are taken from the Minor Planet Center database. For Ceres, the values are the same as used previously, and were taken from the Minor Planet Ephemerides produced by the Institute of Applied Astronomy, St. Petersburg.

For Pluto, the visual magnitude is that of the Pluto and Charon combined system as many photometric observations include a significant contribution from Charon. Predicting the apparent visual magnitude is difficult for several reasons. Pluto has significant, possibly dynamic, albedo markings. Its pole of rotation is close to the plane of the ecliptic. Finally, Pluto has been observed for less than half of its orbital period. Consequently, the values of H and G, taken from the Minor Planet Center database, may fluctuate from year to year.

Minor Planets

The 92 minor planets are divided into two sets. The main set of the fourteen largest asteroids are (2) Pallas, (3) Juno, (4) Vesta, (6) Hebe, (7) Iris, (8) Flora, (9) Metis, (10) Hygiea, (15) Eunomia, (16) Psyche, (52) Europa, (65) Cybele, (511) Davida, and (704) Interamnia. Their astrometric ephemerides are based on data from JPL Horizons [18]. These particular asteroids were chosen because they are large (> 300 km in diameter), have well observed histories, and/or are the largest member of their taxonomic class. The remaining 78 minor planets constitute the set with opposition magnitudes < 11, or < 12 if the diameter ≥ 200 km. Their positions are also based on data from JPL Horizons [18]. A table of the JPL Horizons solution reference numbers for each of the dwarf and minor planets is available on *The Astronomical Almanac Online*. The absolute visual magnitude at zero phase angle (H) and the slope parameter (G), which depends on the albedo, are from the Minor Planet Ephemerides produced by the Institute of Applied Astronomy, St. Petersburg. The purpose of the selection of objects is to encourage observation of the most massive, largest and brightest of the minor planets.

A chronological list of the opposition dates of all the objects is given together with their visual magnitude and apparent declination. Those oppositions printed in bold also have a sixty-day ephemeris around opposition. All phenomena (dates of opposition and dates of stationary points) are calculated to the nearest hour (UT1). It must be noted, as with phenomena for all objects, that opposition dates are determined from the apparent longitude of the Sun and the object, with respect to the mean ecliptic of date. Stationary points, on the other hand, are defined to occur when the rate of change of the apparent right ascension is zero.

Osculating orbital elements for all the minor planets are tabulated with respect to the ecliptic and equinox J2000.0 for, usually, a 400-day epoch. Also tabulated are the H and G parameters for magnitude and the diameters. The masses of most of the objects have been set to an arbitrary value of 1×10^{-12} $M_\odot$. The masses of 13 minor planets tabulated by Hilton (2002) have been used. However, the masses of Pallas and Vesta have been updated with the adopted IAU 2009 Best Estimates [14] which are taken from Pitjeva and Standish (2009). The values for the diameters of the minor planets were taken from a number of sources which are referenced on *The Astronomical Almanac Online*.

Periodic Comets

The osculating elements for periodic comets returning to perihelion in the year have been supplied by Daniel W. E. Green, Department of Earth and Planetary Sciences, Harvard University, with collaboration from S. Nakano, Sumoto, Japan.

The innate inaccuracy of some of the elements of the Periodic Comets tabulated on the last page of section G can be more of a problem, particularly for those comets that have been observed for no more than a few months in the past (*i.e.*, those without a number in front of the P). It is important to note that elements for numbered comets may be prone to uncertainty due to non-gravitational forces that affect their orbits. In some cases, these forces have a degree of predictability. However, calculations of these non-gravitational effects can never be absolute, and their effects, in common with short-arc uncertainties, mainly affect the perihelion time.

Up-to-date elements of the comets currently observable may be found at the web site of the IAU Minor Planet Center [13].

Section H: Stars and Stellar Systems

The positional data in Section H are mean places, *i.e.*, barycentric. Except for the tables of ICRF radio sources, radio flux calibrators, pulsars, gamma ray sources and X-ray sources, positions tabulated in Section H are referred to the mean equator and equinox of J2018.5 = 2018 July 2.625 = JD 245 8302.125. The positions of the ICRF radio sources provide a practical realization of the ICRS. The positions of radio flux calibrators, pulsars, quasars, gamma ray sources and X-rays are referred to the mean equator and equinox of J2000.0 = JD 245 1545.0.

Bright Stars

Included in the list of bright stars are 1469 stars chosen according to the following criteria:

a. all stars of visual magnitude 4.5 or brighter, as listed in the fifth revised edition of the *Yale Bright Star Catalogue* (BSC: Hoffleit and Warren, 1991);

b. all stars brighter than 5.5 listed in the *Basic Fifth Fundamental Catalogue* (FK5) (Fricke et al., 1988);

c. all MK atlas standards in the BSC (Morgan et al., 1978; Keenan and McNeil, 1976);

d. all stars selected according to the criteria in a, b, or c above and also listed in the *Hipparcos Catalogue* (ESA, 1997).

Flamsteed and Bayer designations are given with the constellation name and the BSC number.

Positions and proper motions are taken from the *Hipparcos Catalogue* and converted to epoch, equator, and equinox of the middle of the current year; radial velocities are included in the calculation where available. However, FK5 positions and proper motions are used for a few wide binary stars given the requirement for center of mass positions to generate their orbital positions. Orbital elements for these stars are taken from the *Sixth Catalog of Orbits of Visual Binary Stars* at [15]. See also the *Fifth Catalog of Orbits of Visual Binary Stars* (Hartkopf et al., 2001). Stars marked as spectroscopic binaries are those identified as such in the BSC.

The V magnitudes and color indices $B-V$ and $V-I$ are taken from the Hipparcos Catalogue. Spectral types were provided by W.P. Bidelman and updated by R.F. Garrison. Codes in the Notes column are explained at the end of the table (page H31). Stars marked as MK Standards are from either of the two spectral atlases listed above. Stars marked as anchor points to the MK System are a subset of standard stars that represent the most stable points in the system (Garrison, 1994). Further details about the stars marked as double stars may be found at [16].

Tables of bright star data for several years are available in both PDF and ASCII formats on *The Astronomical Almanac Online* as is a searchable database from current epochs.

Double Stars

The table of Selected Double Stars contains recent orbital data for 87 double star systems in the Bright Star table where the pair contains the primary star and the components have a separation > 3″.0 and differential visual magnitude < 3 magnitudes. A few other systems of interest are present. Data given are the most recent measures except for 21 systems, where predicted positions are given based on orbit or rectilinear motion calculations. The list was provided by B. Mason and taken from the *Washington Double Star Catalog* (WDS) (Mason et al., 2001); also available at [16].

The positions are for those of the primary stars and taken directly from the list of bright stars. The Discoverer Designation contains the reference for the measurement from the WDS and the Epoch column gives the year of the measurement. The column headed Δm_v gives the relative magnitude difference in the visual band between the two components.

The term "primary" used in this section is not necessarily the brighter object, but designates which object is the origin of measurements.

Tables of double star data for several years are available in both PDF and ASCII formats on *The Astronomical Almanac Online*.

Photometric Standards

The table of *UBVRI* Photometric Standards are selected from Table 2 in Landolt (2009). Finding charts for stars are given in the paper. These data are an update of and additions to Landolt (1992). They provide internally consistent homogeneous broadband standards for the Johnson-Kron-Cousins photometric system for telescopes of intermediate and large size in both hemispheres. The filter bands have the following effective wavelengths: *U*, 3600Å; *B*, 4400Å; *V*, 5500Å; *R*, 6400Å; *I*, 7900Å.

The positions are taken from the Naval Observatory Merged Astronomical Database (NOMAD, [17], Zacharias et al. (2004)) which provides the optimum ICRS positions and proper motions for stars taken from the following catalogs in the order given: *Hipparcos, Tycho-2, UCAC2,* or *USNO-B*. Positions are converted to the epoch, equator, and equinox of the middle of the current year; radial velocities are included in the calculation where available.

The list of bright Johnson standards which appeared in editions prior to 2003 is given for J2000 on *The Astronomical Almanac Online*. Also available is a searchable database of Landolt Standards for current epochs.

The selection and photometric data for standards on the Strömgren four-color and Hβ from Perry et al. (1987) have been discontinued in *The Astronomical Almanac* starting with the 2016 edition. These tables are available on *The Astronomical Almanac Online*.

The spectrophotometric standard stars are suitable for the reduction of astronomical spectroscopic observations in the optical and ultraviolet wavelengths. As recommended by the IAU Standard Stars Working Group, data for the spectrophotometric standard stars listed here are taken from the European Southern Observatory's (ESO) site at [19] except for the positions taken from the NOMAD database as described above. Finding charts for the sources and explanation are found on the website.

The standards on the ESO list are from four sources. The ultraviolet standards are from the Hubble Space Telescope (HST) ultraviolet spectrophotometric standards which are based on International Ultraviolet Explorer (IUE) and optical spectra and calibrated by the primary white dwarf standards (Turnshek et al., 1990; Bohlin et al., 1990). The optical standards are based on Hale 5m observations in the 7 to 16 magnitude range (Oke, 1990) and CTIO observations of southern hemisphere secondary and tertiary standard stars (Hamuy et al., 1992, 1994). Some of the Hamuy standards were misidentified in the original reference and have since been corrected. Data for four white dwarf primary spectrophotometric standards in the 11–13 magnitude range based on model atmospheres and HST Faint Object Spectrograph (FOS) observations in 10Å to 3 microns are also included (Bohlin et al., 1995).

Radial Velocity Standards

The radial velocity standards are taken from the pre-launch release of the catalogue of radial velocity standard stars for Gaia (Soubiran et al., 2013). The stars selected as standards by C. Soubiran are those with more than 10 radial velocity measurements over 10 years and a standard deviation, σv_r, less than 33 m/s. Positions are taken from the *Hipparcos Catalogue* processed by the procedures used for the table of bright stars.

Variable Stars

The list of variable stars was compiled by J.A. Mattei using as reference the fourth edition of the *General Catalogue of Variable Stars* (Kholopov et al., 1996), the *Sky Catalog 2000.0, Volume 2* (Hirshfeld and Sinnott, 1997), *A Catalog and Atlas of Cataclysmic Variables, 2nd Edition* (Downes et al., 1997), and the data files of the American Association of Variable Star Observers (AAVSO) International Database (AID at [20]). It was updated for the 2018 edition by S. Otero using as reference the AAVSO International Variable Star Index (VSX, at [20]) and the AID.

The brightest stars for each class with amplitude of 0.5 magnitude or more have been selected. The following magnitude criteria at maximum brightness are used:

a. eclipsing variables brighter than magnitude 7.0;

b. pulsating variables:

    RR Lyrae stars brighter than magnitude 9.0;

    Cepheids brighter than 6.0;

    Mira variables brighter than 7.0;

    Semiregular variables brighter than 7.0;

    Irregular variables brighter than 8.0;

c. eruptive variables:

    U Geminorum, Z Camelopardalis, SS Cygni, SU Ursae Majoris,

    WZ Sagittae, recurrent novae, very slow novae, nova-like and

    DQ Herculis variables brighter than magnitude 11.0;

d. other types:

    RV Tauri variables brighter than magnitude 9.0;

    R Coronae Borealis variables brighter than 10.0;

    Symbiotic stars (Z Andromedae) brighter than 10.0;

    δ Scuti variables brighter than 9.0;

    S Doradus variables brighter than 6.0;

    SX Phoenicis variables brighter than 7.0.

The epoch for eclipsing variables and RV Tauri stars is for time of minimum. The epoch for pulsating, eruptive, and other types of variables is for time of maximum.

For UG variables, the period if the duration of the "outburst cycle", which is an approximate outburst recurrence time and may not represent the observed behavior.

Positions and proper motions are taken from NOMAD as described in the photometric standards section.

Several spectral types were too long to be listed in the table and are given here:

T Mon: F7Iab-K1Iab + A0V
R Leo: M6e–M8IIIe–M9.5e
TX CVn: B1–B9Veq + K0III–M4
VV Cep: M2epIa–Iab + B8:eV

Exoplanets and Host Stars

The table of exoplanets and their host stars draws from the Exoplanet Orbit Database and the Exoplanet Data Explorer at [21] where data for host star characteristics are also available. A subset from this growing online data set is represented in the table by using a host star magnitude limit of $V < 7.75$. As suggested by P. Butler, useful properties of the exoplanets such as orbital period, eccentricity, and time of periastron are included in the table to calculate data such as time of transit for the transiting planets. Stellar properties such $B - V$, parallax, and metallicity are also included for those interested in the study of the host stars.

The data are assembled by S.G. Stewart and taken from the 2015 version of the online catalog with the exception of the coordinates of the host stars. Positions, proper motions and parallax (where available) were taken independently from NOMAD as described on page L18.

Star Clusters

The list of open clusters comprises a selection of open clusters which have been studied in some detail so that a reasonable set of data is available for each. With the exception of the magnitude and Trumpler class data, all data are taken from the *New Catalog of Optically Visible Open Clusters and Candidates* (Dias et al., 2002) supplied by W. Dias and updated current to 2014 (version 3.4 of the catalog). The catalog is available at [22]. The "Trumpler Class" and "Mag. Mem." columns are taken from fifth (1987) edition of the Lund-Strasbourg catalog (original edition described by Lyngå (1981)), with updates and corrections to the data current to 1992.

For each cluster, two identifications are given. First is the designation adopted by the IAU, while the second is the traditional name. Alternate names for some clusters are given in the notes at the end of the table.

Positions are for the central coordinates of the clusters, referred to the mean equator and equinox of the middle of the Julian year. Cluster mean absolute proper motion and radial velocity are used in the calculation when available.

Apparent angular diameters of the clusters are given in arcminutes and distances between the clusters and the Sun are given in parsecs. The logarithm to the base 10 of the cluster age in years is determined from the turnoff point on the main sequence. Under the heading "Mag. Mem." is the visual magnitude of the brightest cluster member. $E_{(B-V)}$ is the color excess. Metallicity is mostly determined from photometric narrow band or intermediate band studies. Trumpler classification is defined by R.S. Trumpler (Trumpler, 1930).

The list of Milky Way globular clusters is compiled from the December 2010 revision of a *Catalog of Parameters for Milky Way Globular Clusters* supplied by W. E. Harris. The complete catalog containing basic parameters on distances, velocities, metallicities, luminosities, colors, and dynamical parameters, a list of source references, an explanation of the quantities, and calibration information is accessible at [23]. The catalog is also briefly described in Harris (1996).

The present catalog contains objects adopted as certain or highly probable Milky Way globular clusters. Objects with virtually no data entries in the catalog still have somewhat uncertain identities. The adoption of a final candidate list continues to be a matter of some arbitrary judgment for certain objects. The bibliographic references should be consulted for excellent discussions of these individually troublesome objects, as well as lists of other less likely candidates.

The adopted integrated V magnitudes of clusters, V_t, are the straight averages of the data from all sources. The integrated $B-V$ colors of clusters are on the standard Johnson system.

Measurements of the foreground reddening, $E_{(B-V)}$, are the averages of the given sources (up to 4 per cluster), with double weight given to the reddening from well calibrated (120 clusters) color-magnitude diagrams. The typical uncertainty in the reddening for any cluster is on the order of 10 percent, *i.e.*, $\Delta[E_{(B-V)}] = 0.1\ E_{(B-V)}$.

The primary distance indicator used in the calculation of the apparent visual distance modulus,

$(m - M)_V$, is the mean V magnitude of the horizontal branch (or RR Lyrae stars), V_{HB}. The absolute calibration of V_{HB} adopted here uses a modest dependence of absolute V magnitude on metallicity, $M_V(HB) = 0.15 \, [Fe/H] + 0.80$. The $V(HB)$ here denotes the mean magnitude of the HB stars, without further adjustments to any predicted zero age HB level. Wherever possible, it denotes the mean magnitude of the RR Lyrae stars directly. No adjustments are made to the mean V magnitude of the horizontal branch before using it to estimate the distance of the cluster. For a few clusters (mostly ones in the Galactic bulge region with very heavy reddening), no good [Fe/H] estimate is currently available; for these cases, a value $[Fe/H] = -1$ is assumed.

The heavy-element abundance scale, [Fe/H], adopted here is the one established by Zinn and West (1984). This scale has recently been reinvestigated as being nonlinear when calibrated against the best modern measurements of [Fe/H] from high-dispersion spectra (see Carretta and Gratton, 1997; Rutledge et al., 1997). In particular, these authors suggest that the Zinn-West scale overestimates the metallicities of the most metal-rich clusters. However, the present catalog maintains the older (Zinn-West) scale until a new consensus is reached in the primary literature.

The adopted heliocentric radial velocity, v_r, for each cluster is the average of the available measurements, each one weighted inversely as the published uncertainty.

A 'c' following the value for the central concentration index denotes a core-collapsed cluster. Trager et al. (1993) arbitrarily adopt $c = 2.50$ for such clusters, and these have been carried over to the present catalog. The 'c:' symbol denotes an uncertain identification of the cluster as being core-collapsed.

The central concentration $c = \log(r_t/r_c)$, where r_t is the tidal radius and r_c is the core radius, are taken primarily from the comprehensive discussion of Trager et al. (1995). The half light radius, r_h, is an observationally "secure" measured quantity and gives an idea of how big a cluster actually looks on the sky.

Bright Galaxies

This is a list of 198 galaxies brighter than $B_T^w = 11.50$ and larger than $D_{25} = 5'$, drawn primarily from *The Third Reference Catalogue of Bright Galaxies* (de Vaucouleurs et al., 1991), hereafter referred to as RC3. The data have been reviewed and corrected where necessary, or supplemented by H.G. Corwin, R.J. Buta, and G. de Vaucouleurs.

Two recently recognized dwarf spheroidal galaxies (in Sextans and Sagittarius) that are not included in RC3 are added to the list (Irwin and Hatzidimitriou, 1995; Ibata et al., 1997).

Catalog designations are from the *New General Catalog* (NGC) or from the *Index Catalog* (IC). A few galaxies with no NGC or IC number are identified by common names. The Small Magellanic Cloud is designated "SMC" rather than NGC 292. Cross-identifications for these common names are given in Appendix 8 of RC3 or at the end of the table.

In most cases, the RC3 position is replaced with a more accurate weighted mean position based on measurements from many different sources, some unpublished. Where positions for unresolved nuclear radio sources from high-resolution interferometry (usually at 6- or 20-cm) are known to coincide with the position of the optical nucleus, the radio positions are adopted. Similarly, positions have been adopted from the Two Micron All-Sky Survey (2MASS, Jarrett et al., 2000) where these coincide with the optical nucleus. Positions for Magellanic irregular galaxies without nuclei (*i.e.*, LMC, NGC 6822, IC 1613) are for the centers of the bars in these galaxies. Positions for the dwarf spheroidal galaxies (*i.e.*, Fornax, Sculptor, Carina) refer to the peaks of the luminosity distributions. The precision with which the position is listed reflects the accuracy with which it is known. The mean errors in the listed positions are 2–3 digits in the last place given.

Morphological types are based on the revised Hubble system (see de Vaucouleurs, 1959, 1963).

The mean numerical van den Bergh luminosity classification, L, refers to the numerical scale adopted in RC3 corresponding to van den Bergh classes as follows:

L	1	2	3	4	5	6	7	8	9	(10)	(11)
class	I	I–II	II	II–III	III	III–IV	IV	IV–V	V	(V–VI)	(VI)

Classes V–VI and VI (10 and 11 in the numerical scale) are an extension of van den Bergh's original system, which stopped at class V.

The column headed Log (D_{25}) gives the logarithm to base 10 of the diameter in tenths of arcminute of the major axis at the 25.0 blue mag/arcsec^2 isophote. Diameters with larger than usual standard deviations are noted with a colon. With the exception of the Fornax and Sagittarius Systems, the diameters for the highly resolved Local Group dwarf spheroidal galaxies are core diameters from fitting of King models to radial profiles derived from star counts (Irwin and Hatzidimitriou, *op.cit.*). The relationship of these core diameters to the 25.0 blue mag/arcsec^2 isophote is unknown. The diameter for the Fornax System is a mean of measured values given by de Vaucouleurs and Ables (1968) and Hodge and Smith (1974), while that of Sagittarius is taken from Ibata *et al.* (*op.cit.*) and references therein.

The heading Log (R_{25}) gives the logarithm to base 10 of the ratio of the major to the minor axes (D/d) at the 25.0 blue mag/arcsec^2 isophote. For the dwarf spheroidal galaxies, the ratio is a mean value derived from isopleths.

The position angle of the major axis is for the equinox 1950.0, measured from north through east.

The heading B_T^w gives the total blue magnitude derived from surface or aperture photometry, or from photographic photometry reduced to the system of surface and aperture photometry, uncorrected for extinction or redshift. Because of very low surface brightnesses, the magnitudes for the dwarf spheroidal galaxies (see Irwin and Hatzidimitriou, *op.cit.*) are very uncertain. The total magnitude for NGC 6822 is from Hodge (1977). A colon indicates a larger than normal standard deviation associated with the magnitude.

The total colors, $B-V$ and $U-B$, are uncorrected for extinction or redshift. RC3 gives total colors only when there are aperture photometry data at apertures larger than the effective (half-light) aperture. However, a few of these galaxies have a considerable amount of data at smaller apertures, and also have small color gradients with aperture. Thus, total colors for these objects have been determined by further extrapolation along standard color curves. The colors for the Fornax System are taken from de Vaucouleurs and Ables (*op.cit.*), while those for the other dwarf spheroidal systems are from the recent literature, or from unpublished aperture photometry. The colors for NGC 6822 are from Hodge (*op.cit.*). A colon indicates a larger than normal standard deviation associated with the color.

Radio Sources

Beginning in 2010, the fundamental reference system in astronomy, ICRS, is actualized by the second realization of the International Celestial Reference Frame, ICRF2 (see Fundamental Reference System section on L1; IAU (2010), Res. B3; IERS (2009)). The ICRF2 contains precise positions of 3414 compact radio sources. Maintenance of ICRF2 will be made using a set of 295 new defining sources selected on the basis of positional stability, lack of extensive intrinsic source structure, and spatial distribution. These 295 defining sources are presented in the table. Positions of all ICRF2 sources are available at [4].

Information on the known physical characteristics of the ICRF2 radio sources includes, where known, the object type, 8.4 Ghz and 2.3 Ghz flux, spectral index, V magnitude, redshift, a classification of spectrum and comments for each ICRF2 defining sources.

This table was compiled by A.-M. Gontier by sequentially assembling the data from the following primary sources:

a. *Large Quasar Astrometric Catalog (LQAC)*, a compilation of 12 largest quasar catalogues contains 113666 quasars, providing information when available on photometry, redshift, and radio fluxes (Souchay et al. (2009), available at [24] as catalogue J/A+A/494/799). This source was used to provide information on fluxes at 8.4 GHz and 2.3 GHz and initial information for the redshift and the magnitude.

b. *Optical Characteristics of Astrometric Radio Sources* which includes 4261 radio sources with J2000.0 coordinates, redshift, V magnitude, object type and comments (Malkin and Titov (2008), [25]).

c. *Catalogue of Quasars and Active Galactic Nuclei, 12th Edition)* which includes 85221 quasars, 1122 BL Lac objects and 21737 active galaxies together with known lensed quasars and double quasars (Véron-Cetty and Véron (2006), available at [24] as catalogue VII/248).

d. *An all-sky survey of flat-spectrum radio sources* providing precise positions, subarcsecond structures, and spectral indices for some 11000 sources (Healey et al. (2007), available at [24] as catalogue J/ApJS/171/61).

e. *The Optical spectroscopy of 1Jy, S4 and S5 radio source identifications* which gives position, magnitude, type of the optical identification, flux at 5GHz and two-point spectral index between 2.7 GHz and 5 GHz (Stickel and Kuehr (1994); Stickel et al. (1989), available at at [24] as catalogue III/175).

Data for the list of radio flux standards are due to Baars et al. (1977), as updated by Kraus, Krichbaum, Pauliny-Toth, and Witzel (private communication, current to 2009). Flux densities S, measured in Janskys, are given for twelve frequencies ranging from 400 to 43200 MHz. Positions are referred to the mean equinox and equator of J2000.0. Positions of 3C 48, 3C 147, 3C 274 and 3C 286 come from the ICRF database [4]. Positions of the other sources are due to Baars et al. (1977).

A table with polarization data for the most prominent sources is provided by A. Kraus, current to 2012. This table gives the polarization degree and angle for a number of frequencies.

X-Ray Sources

The primary criterion for the selection of X-ray sources is having an identified optical counterpart. However, well-studied sources lacking optical counterparts are also included. Positions are for those of the optical counterparts, except when none is listed in the column headed Identified Counterpart. Positions and proper motions are taken from NOMAD described on page L18. The X-ray flux in the 2–10 keV energy range is given in micro-Janskys (μJy) in the column headed Flux. In some cases, a range of flux values is presented, representing the variability of these sources. The identified optical counterpart (or companion in the case of an X-ray binary system) is listed in the column headed Identified Counterpart. The type of X-ray source is listed in the column headed Type. Neutron stars in binary systems that are known to exhibit many X-ray bursts are designated "B" for "Burster." X-ray sources that are suspected of being black holes have the "BHC" designation for "Black Hole Candidate." Supernova remnants have the "SNR" designation. Other neutron stars in binaries which do not burst and are not known as X-ray pulsars have been given the "NS" designation. All codes in the Type column are explained at the end of the table.

The data in this table are assembled by M. Stollberg. For the X-ray binary sources, the catalogs of van Paradijs (1995), Liu et al. (2000, 2001) are used. Other sources are selected from the *Fourth Uhuru Catalog* (Forman et al., 1978), hereafter referred to as 4U. Fluxes in μJy in the 2–10 keV range for X-ray binary sources were readily given by van Paradijs (1995) and Liu et al. (2000, 2001). These fluxes were converted back to Uhuru count rates using the conversion factor found in Bradt and McClintock (1983). For some sources Uhuru count rates were taken directly from the 4U catalog. Count rates for all the sources were divided by the 4U count rate for the Crab Nebula and then multiplied by 1000 to obtain the 2-10 keV flux in mCrabs.

The tabulated magnitudes are the optical magnitude of the counterpart in the V filter, unless marked by an asterisk, in which case the B magnitude is given. Variable magnitude objects are denoted by "V"; for these objects the tabulated magnitude pertains to maximum brightness. For a few cases where the optical counterpart of the X-ray source remains unidentified, the magnitude given is that for the X-ray source itself. An "X" indicates these magnitudes

Tables of X-Ray source data for several years are available in both PDF and ASCII formats on *The Astronomical Almanac Online*.

Quasars

A set of quasars is selected from the second release of the *Large Quasar Astrometric Catalog (LQAC-2)* (Souchay et al., 2012) which offers a complete set of sources and associated data while maintaining precision and accuracy of coordinates with respect to the ICRF-2.

The data are compiled by S.G. Stewart based on the selection criteria suggested by J. Souchay. As noted by the code contained in the column headed "Criteria" in the data table, the following selection criteria that are not mutually exclusive, are used:

V = $V < 12.0$ and $z > 1.0$ (13 quasars);
M_B = $M_B < -31.0$ (32 quasars);
Z = z (redshift) > 6.5 (21 quasars);
Flux = 20 cm flux density > 5.0 Jy (34 quasars).

The redshift criterion is used in the visual magnitude selection of the quasars in order to avoid very extended galaxies in the sample.

Since they originate from different photometric systems, the apparent magnitudes are not measured in a homogeneous bandwith. The photometric magnitude in optical B-band is between 400 and 500nm and the photometric magnitude in the optical V-band is between 500 and 600nm.

Pulsars

Data for the pulsars presented in this table are compiled by S.G. Stewart. Data are taken from the *ATNF Pulsar Catalogue* described by Manchester et al. (2005), available at [26].

Pulsars chosen are either bright, with S_{400}, the mean flux density at 400 MHz, greater than 80 milli-Janskys; fast, with spin period less than 100 milliseconds; or have binary companions. Pulsars without measured spin-down rates and very weak pulsars (with measured 400 MHz flux density below 0.9 milli-Jansky) are excluded. A few other interesting systems suggested by D. Manchester are also included.

Positions are referred to the equator and equinox of J2000.0. For each pulsar the period P in seconds and the time rate of change $\dot{P}$ in $10^{-13}\,\mathrm{s\,s^{-1}}$ are given for the specified epoch. The group velocity of radio waves is reduced from the speed of light in a vacuum by the dispersive effect of the interstellar medium. The dispersion measure DM is the integrated column density of free electrons along the line of sight to the pulsar; it is expressed in units $\mathrm{cm^{-3}}$ pc. The epoch of the period is in Modified Julian Date (MJD), where MJD = JD $-$ 2400000.5.

Gamma Ray Sources

The table of gamma ray sources is compiled by David J. Thompson (David.J.Thompson@nasa.gov) and contains a selection of historically important sources, well known sources, and bright sources. Because the gamma ray band covers such a broad energy range, the sources come primarily from three different catalogs:

a. Low-energy gamma rays (photon energies < 100 keV): *The Fourth IBIS/ISGRI Soft Gamma-Ray Survey Catalog* (Bird et al., 2010) available online at [27];

b. High-energy gamma rays (photon energies between 100 MeV and 100 GeV): *Fermi Large Area Telescope Second Source Catalog* (The Fermi-LAT Collaboration 2012) available at [28];

c. Very-high-energy gamma rays (photon energies above 100 GeV): *TeVCat Online Catalog for TeV Astronomy* available at [29].

Some sources are bright in two or all three energy ranges.

The observed flux of the source is given with the upper and lower limits on the energy range (in MeV) over which it has been observed. The flux, in photons $cm^{-2}s^{-1}$ is an integrated flux over this energy range. In many cases, no upper limit energy is given. For those cases, the flux is the integral observed flux. Many gamma ray sources, particularly quasars, are highly variable. The flux values given are taken from the literature and may not represent the state at any given time. Gamma ray telescopes typically measure source locations with uncertainties of $1-10$ arcmin. The positions in the table often refer to the counterparts seen at longer wavelengths.

Tables of gamma ray source data for several years are available in both PDF and ASCII formats on *The Astronomical Almanac Online*.

Section J: Observatories

The list of observatories is intended to serve as a finder list for planning observations or other purposes not requiring precise coordinates. Members of the list are chosen on the basis of instrumentation, and being active in astronomical research, the results of which are published in the current scientific literature. Most of the observatories provided their own information, and the coordinates listed are for one of the instruments on their grounds. Thus the coordinates may be astronomical, geodetic, or other, and should not be used for rigorous reduction of observations. A searchable list of observatories is available on *The Astronomical Almanac Online*.

Since 2012, the list of observatories includes observatory codes from the IAU's Minor Planet Center website [30]. Codes are given for observatories where a reasonable match between *The Astronomical Almanac* and Minor Planet Center lists could be made based on coordinates and name.

Section K: Tables and Data

Astronomical constants are a topic that is in the purview of the IAU Working Group on Numerical Standards for Fundamental Astronomy [14]. At the 2009 XXVII GA, Resolution B2 on "Current Best Estimates of Astronomical Constants" was adopted. This list of constants (Luzum et al., 2011), modified by the re-definition of the astronomical unit, is tabulated in items 1 and 2 of pages K6–K7.

Resolution B2 passed at the IAU XXVIII General Assembly (2012), recommends

1. that the astronomical unit be redefined as a conventional unit of length equal to 149 597 870 700 m exactly, in agreement with the value adopted in the IAU 2009 Resolution B2,

2. that this definition of the astronomical unit be used with all time scales such as TCB, TDB, TCG, TT, etc.,

3. that the Gaussian gravitational constant k be deleted from the system of astronomical constants,

4. that the value of the solar mass parameter (previously known as the heliocentric gravitational constant), GM_S, be determined observationally in SI units, and

5. that the unique symbol "au" be used for the astronomical unit.

Both ASCII and PDF versions of pages K6–K7 may be downloaded from *The Astronomical Almanac Online*; the IAU 1976 and IAU 2009 constants are also available.

The NSFA, via their website at [14], will be keeping the list of "Current Best Estimates" up-to-date, together with detailed notes and references.

The ΔT values provided on pages K8–K9 are not necessarily those used in the production of *The Astronomical Almanac* or its predecessors. They are tabulated primarily for those involved in historical research. Estimates of ΔT are derived from data published in Bulletins B and C of the International Earth Rotation and Reference Systems Service [5].

Since 2003, the pole is the Celestial Intermediate Pole. However, the coordinates of the celestial pole tabulated on page K10 are with respect to the celestial pole definition for the relevant year. The orientation of the ITRS is consistent with the former BIH system and the previous IPMS and ILS systems (1974-1987). Prior to 1988, values were taken from Circular D of the BIH, while since 1988 the values have been taken from the IERS Bulletin B.

Pages K11–K13, on "Reduction of Terrestrial Coordinates", which include information on the International Terrestrial Reference Frame (Altamimi et al., 2016), have been updated by G. Appleby, Head of the UK Space Geodesy Facility at Herstmonceux.

Section M: Glossary

The definitions provided in the glossary have been composed by staff members of Her Majesty's Nautical Almanac Office and the US Naval Observatory's Astronomical Applications Department. Various astronomical dictionaries and encyclopedia are used to ensure correctness and to develop particular phrasing. E. M. Standish (Jet Propulsion Laboratory, California Institute of Technology) and S. Klioner (Technischen Universität Dresden) were also consulted in updating the content of the definitions in recent editions.

Definitions of some glossary entries contain terms that are defined elsewhere in the section. These are given in italics.

The glossary is not intended to be a complete astronomical reference, but instead clarify terms used within *The Astronomical Almanac* and *The Astronomical Almanac Online*. A PDF version and an HTML version are found on *The Astronomical Almanac Online*.

References

[1]. The Astronomical Almanac Online
   http://asa.usno.navy.mil or http://asa.hmnao.com.

[2]. USNO Vector Astrometry Software (NOVAS)
   http://aa.usno.navy.mil/software/novas/novas_info.php.

[3]. IAU Standards of Fundamental Astronomy (SOFA)
   http://www.iausofa.org.

[4]. ICRS Product Center
   http://hpiers.obspm.fr/icrs-pc/.

[5]. IERS Earth Orientation Data
   http://www.iers.org/IERS/EN/DataProducts/EarthOrientationData/eop.html.

[6]. The International Occultation Timing Association (IOTA)
   http://lunar-occultations.com/iota.

[7]. IERS Conventions
http://tai.bipm.org/iers/convupdt/convupdt.html.

[8]. USNO Publications
http://aa.usno.navy.mil/publications/.

[9]. JPL Planetary Satellite Mean Orbital Parameters
http://ssd.jpl.nasa.gov/?sat_elem.

[10]. IAU, Pluto and the Developing Landscape of Our Solar System
http://www.iau.org/public/pluto/.

[11]. Scott Sheppard's Jupiter Satellite Page
http://www.dtm.ciw.edu/users/sheppard/satellites.

[12]. JPL Small-Body Database
http://ssd.jpl.nasa.gov/sbdb.cgi.

[13]. IAU Minor Planet Center
http://www.minorplanetcenter.net/iau/Ephemerides/Comets/index.html.

[14]. IAU Numerical Standards for Fundamental Astronomy (NSFA)
http://maia.usno.navy.mil/NSFA.html.

[15]. USNO Sixth Catalog of Orbits of Visual Binary Stars
http://www.usno.navy.mil/USNO/astrometry/optical-IR-prod/wds/orb6/.

[16]. USNO Washington Double Star Catalog
http://www.usno.navy.mil/USNO/astrometry/optical-IR-prod/wds/WDS.

[17]. NOMAD Database
http://www.nofs.navy.mil/nomad.

[18]. JPL Horizons
http://ssd.jpl.nasa.gov/horizons.cgi.

[19]. ESO Optical and UV Spectrophotometric Standard Stars
http://www.eso.org/sci/observing/tools/standards/spectra/.

[20]. American Association of Variable Star Observers (AAVSO)
http://www.aavso.org/.

[21]. Exoplanet Data Explorer
http://exoplanets.org/index.html.

[22]. Open Clusters and Galactic Structure Database
http://www.wilton.unifei.edu.br/ocdb/.

[23]. William Harris' Globular Clusters Database
http://physwww.mcmaster.ca/~harris/mwgc.dat.

[24]. Centre de Données Astronomiques de Strasbourg (CDS)
http://cdsweb.u-strasbg.fr/.

[25]. Optical Characteristics of Astrometric Radio Sources
http://www.gao.spb.ru/english/as/ac_vlbi/ocars.txt.

[26]. ATNF Pulsar Catalog
http://www.atnf.csiro.au/research/pulsar/psrcat.

[27]. The Fourth IBIS/ISGRI Soft Gamma-ray Survey Catalog
http://heasarc.gsfc.nasa.gov/W3Browse/integral/ibiscat4.html.

[28]. Fermi Large Area Telescope Second Source Catalog
http://heasarc.gsfc.nasa.gov/W3Browse/fermi/fermilpsc.html.

[29]. TeVCat online catalog for TeV Astronomy
http://tevcat.uchicago.edu/.

[30]. IAU Minor Planet Center List of Observatory Codes
http://www.minorplanetcenter.org/iau/lists/ObsCodesF.html.

[31]. Saturnian Rings Fact Sheet
http://nssdc.gsfc.nasa.gov/planetary/factsheet/satringfact.html.

[32]. NIST note on UT1 NTP Time Dissemination
http://www.nist.gov/pml/div688/grp40/ut1_ntp_description.cfm.

Altamimi, Z., P. Rebischung, L. Métivier, and X. Collilieux (2016). ITRF2014: A new release of the International Terrestrial Reference Frame modeling non-linear station motions . *Journal of Geophysical Research: Solid Earth* **121**, 6109 – 6131.

Aoki, S., H. Kinoshita, B. Guinot, G. H. Kaplan, D. D. McCarthy, and P. K. Seidelmann (1982). The new definition of universal time. *Astronomy and Astrophysics* **105**, 359–361.

Archinal, B. A., M. F. A'Hearn, E. Bowell, A. Conrad, G. J. Consolmagno, R. Courtin, T. Fukushima, D. Hestroffer, J. L. Hilton, G. A. Krasinsky, G. Neumann, J. Oberst, P. K. Seidelmann, P. Stooke, D. J. Tholen, P. C. Thomas, and I. P. Williams (2011a). Report of the IAU/IAG Working Group on Cartographic Coordinates and Rotational Elements: 2009. *Celestial Mechanics and Dynamical Astronomy* **109**, 101–135.

Archinal, B. A., M. F. A'Hearn, E. Bowell, A. Conrad, G. J. Consolmagno, R. Courtin, T. Fukushima, D. Hestroffer, J. L. Hilton, G. A. Krasinsky, G. Neumann, J. Oberst, P. K. Seidelmann, P. Stooke, D. J. Tholen, P. C. Thomas, and I. P. Williams (2011b). Erratum to: Report of the IAU/IAG Working Group on Cartographic Coordinates and Rotational Elements: 2006 & 2009. *Celestial Mechanics and Dynamical Astronomy* **110**, 401–403.

Arlot, J.-E. (1982). New Constants for Sampson-Lieske Theory of the Galilean Satellites of Jupiter. *Astronomy and Astrophysics* **107**, 305–310.

Atkinson, R. d. (1951). The Computation of Topocentric Librations. *Monthly Notices of the Royal Astronomical Society* **111**, 448.

Baars, J. W. M., R. Genzel, I. I. K. Pauliny-Toth, and A. Witzel (1977). The Absolute Spectrum of CAS A - an Accurate Flux Density Scale and a Set of Secondary Calibrators. *Astronomy and Astrophysics* **61**, 99–106.

Bird, A. J., A. Bazzano, L. Bassani, F. Capitanio, M. Fiocchi, A. B. Hill, A. Malizia, V. A. McBride, S. Scaringi, V. Sguera, J. B. Stephen, P. Ubertini, A. J. Dean, F. Lebrun, R. Terrier, M. Renaud, F. Mattana, D. Götz, J. Rodriguez, G. Belanger, R. Walter, and C. Winkler (2010). The Fourth IBIS/ISGRI Soft Gamma-ray Survey Catalog. *The Astrophysical Journal Supplement Series* **186**, 1–9.

Bohlin, R. C., L. Colina, and D. S. Finley (1995). White Dwarf Standard Stars: G191-B2B, GD 71, GD 153, HZ 43. *Astronomical Journal* **110**, 1316.

Bohlin, R. C., A. W. Harris, A. V. Holm, and C. Gry (1990). The Ultraviolet Calibration of the Hubble Space Telescope. IV - Absolute IUE Fluxes of Hubble Space Telescope Standard Stars. *Astrophysical Journal Supplement Series* **73**, 413–439.

Bradt, H. V. D. and J. E. McClintock (1983). The Optical Counterparts of Compact Galactic X-ray Sources. *Annual Review of Astronomy and Astrophysics* **21**, 13–66.

Brown, E. W. (1933). Theory and Tables of the Moon: The Motion of the Moon, 1923-31. *Monthly Notices of the Royal Astronomical Society* **93**, 603–619.

Brown, M. (2008). The Largest Kuiper Belt Objects. In M. A. Barucci, H. Boehnhardt, D. P. Cruikshank, A. Morbidelli, and R. Dotson (Eds.), *The Solar System Beyond Neptune*, pp. 335–344.

Brown, M. E., C. A. Trujillo, and D. L. Rabinowitz (2005). Discovery of a Planetary-sized Object in the Scattered Kuiper Belt. *The Astrophysical Journal* **635**, L97–L100.

Calame, O. (Ed.) (1982). *Proceedings of the 63rd Colloquium of the International Astronomical Union*, Volume 94 of *IAU Colloquia*.

Capitaine, N. and P. T. Wallace (2006). High Precision Methods for Locating the Celestial Intermediate Pole and Origin. *Astronomy and Astrophysics* **450**, 855–872.

Capitaine, N., P. T. Wallace, and J. Chapront (2003). Expressions for IAU 2000 Precession Quantities. *Astronomy and Astrophysics* **412**, 567–586.

Capitaine, N., P. T. Wallace, and J. Chapront (2005). Improvement of the IAU 2000 Precession Model. *Astronomy and Astrophysics* **432**, 355–367.

Capitaine, N., P. T. Wallace, and D. D. McCarthy (2003). Expressions to Implement the IAU 2000 Definition of UT1. *Astronomy and Astrophysics* **406**, 1135–1149.

Carretta, E. and R. G. Gratton (1997). Abundances for Globular Cluster Giants. I. Homogeneous Metallicities for 24 Clusters. *Astronomy and Astrophysics Supplement Series* **121**, 95–112.

Carrington, R. C. (1863). *Observations of the Spots on the Sun: From November 9, 1853, to March 24, 1861, Made at Redhill*. London: Williams and Norgate.

de Vaucouleurs, G. (1959). Classification and Morphology of External Galaxies. *Handbuch der Physik* **53**, 275.

de Vaucouleurs, G. (1963). Revised Classification of 1500 Bright Galaxies. *Astrophysical Journal Supplement* **8**, 31.

de Vaucouleurs, G. and H. D. Ables (1968). Integrated Magnitudes and Color Indices of the Fornax Dwarf Galaxy. *Astrophysical Journal* **151**, 105.

de Vaucouleurs, G., A. de Vaucouleurs, H. Corwin, R. J. Buta, G. Paturel, and P. Fouque (1991). *Third Reference Catalogue of Bright Galaxies (RC3)*. New York: Springer-Verlag.

Dias, W. S., B. S. Alessi, A. Moitinho, and J. R. D. Lepine (2002). New Catalog of Optically Visible Open Clusters and Candidates. *Astronomy and Astrophysics* **389**, 871–873.

Downes, R., R. F. Webbink, and M. M. Shara (1997). A Catalog and Atlas of Cataclysmic Variables-Second Edition. *Publications of the Astronomical Society of the Pacific* **109**, 345–440.

Eckhardt, D. H. (1981). Theory of the Libration of the Moon. *Moon and Planets* **25**, 3–49.

Elliot, J. L., R. G. French, J. A. Frogel, J. H. Elias, D. J. Mink, and W. Liller (1981). Orbits of Nine Uranian Rings. *Astronomical Journal* **86**, 444–455.

ESA (1997). *The Hipparcos and Tycho Catalogues*. Noordwijk, Netherlands: European Space Agency. SP-1200 (17 volumes).

Esposito, L. W., J. N. Cuzzi, J. H. Holberg, E. A. Marouf, G. L. Tyler, and C. C. Porco (1984). *Saturn's Rings: Structure, Dynamics, and Particle Properties*. In: T. Gehrels and M. S. Matthews (Eds.), Saturn, pp. 463-545. University of Arizona Press.

Folkner, W., J. Williams, D. Boggs, R. Park, and P. Kuchynka (2014). *Interplanetary Network Progress Report* **196**, 1.

Forman, W., C. Jones, L. Cominsky, P. Julien, S. Murray, G. Peters, H. Tananbaum, and R. Giacconi (1978). The Fourth Uhuru Catalog of X-ray Sources. *Astrophysical Journal Supplement Series* **38**, 357–412.

Fricke, W., H. Schwan, T. Lederle, U. Bastian, R. Bien, G. Burkhardt, B. Du Mont, R. Hering, R. Jährling, H. Jahreiß, S. Röser, H. Schwerdtfeger, and H. G. Walter (1988). *Fifth Fundamental Catalogue Part I*. Heidelberg: Veroeff. Astron. Rechen-Institut.

Garcia, H. A. (1972). The Mass and Figure of Saturn by Photographic Astrometry of Its Satellites. *Astronomical Journal* **77**, 684–691.

Garrison, R. F. (1994). A Hierarchy of Standards for the MK Process. *Astronomical Society of the Pacific Conference Series* **60**, 3–14.

Groten, E. (2000). Report of Special Commission 3 of IAG. In Johnston, K. J. and McCarthy, D. D. and Luzum, B. J. and Kaplan, G. H. (Ed.), *IAU Colloq. 180: Towards Models and Constants for Sub-Microarcsecond Astrometry*, pp. 337.

Gurnett, D. A., A. M. Persoon, W. S. Kurth, J. B. Groene, T. F. Averkamp, M. K. Dougherty, and D. J. Southwood (2007). The Variable Rotation Period of the Inner Region of Saturn's Plasma Disk. *Science* **316**, 442.

Hamuy, M., N. B. Suntzeff, S. R. Heathcote, A. R. Walker, P. Gigoux, and M. M. Phillips (1994). Southern Spectrophotometric Standards, 2. *Publications of the Astronomical Society of the Pacific* **106**, 566–589.

Hamuy, M., A. R. Walker, N. B. Suntzeff, P. Gigoux, S. R. Heathcote, and M. M. Phillips (1992). Southern Spectrophotometric Standards. *Publications of the Astronomical Society of the Pacific* **104**, 533–552.

Harper, D., D. B. Taylor, A. T. Sinclair, and K. X. Shen (1988). The Theory of the Motion of Iapetus. *Astronomy and Astrophysics* **191**, 381–384.

Harris, D. L. (1961). *Photometry and Colorimetry of Planets and Satellites*. Chicago, IL.

Harris, W. E. (1996). A Catalog of Parameters for Globular Clusters in the Milky Way. *Astronomical Journal* **112**, 1487.

Hartkopf, W., B. Mason, and C. Worley (2001). The 2001 US Naval Observatory Double Star CD-ROM. II. The Fifth Catalog of Orbits of Visual Binary Stars. *Astronomical Journal* **122**, 3472–3479.

Healey, S. E., R. W. Romani, G. B. Taylor, E. M. Sadler, R. Ricci, T. Murphy, J. S. Ulvestad, and J. N. Winn (2007). CRATES: An All-Sky Survey of Flat-Spectrum Radio Sources. *The Astrophysical Journal Supplement Series* **171**, 61–71.

Heinze, A. N. and D. de Lahunta (2009). The Rotation Period and Light-Curve Amplitude of Kuiper Belt Dwarf Planet 136472 Makemake (2005 FY9). *Astronomical Journal* **138**, 428–438.

Hilton, J. L. (1999). US Naval Observatory Ephemerides of the Largest Asteroids. *Astronomical Journal* **117**, 1077–1086.

Hilton, J. L. (2002). Asteroid Masses and Densities. *Asteroids III*, 103–112.

Hilton, J. L. (2005a). Improving the Visual Magnitudes of the Planets in The Astronomical Almanac. I. Mercury and Venus. *Astronomical Journal* **129**, 2902–2906.

Hilton, J. L. (2005b). Erratum: "Improving the Visual Magnitudes of the Planets in The Astronomical Almanac. I. Mercury and Venus". *Astronomical Journal* **130**, 2928.

Hilton, J. L., N. Capitaine, J. Chapront, J. M. Ferrandiz, A. Fienga, T. Fukushima, J. Getino, P. Mathews, J.-L. Simon, M. Soffel, J. Vondrak, P. T. Wallace, and J. Williams (2006). Report of the International Astronomical Union Division I Working Group on Precession and the Ecliptic. *Celestial Mechanics and Dynamical Astronomy* **94**, 351–367.

Hirshfeld, A. and R. W. Sinnott (1997). *Sky catalogue 2000.0. Volume 2: Double Stars, Variable Stars and Nonstellar Objects*.

Hodge, P. W. (1977). The Structure and Content of NGC 6822. *Astrophysical Journal Supplement* **33**, 69–82.

Hodge, P. W. and D. W. Smith (1974). The Structure of the Fornax Dwarf Galaxy. *Astrophysical Journal* **188**, 19–26.

Hoffleit, E. D. and W. Warren (1991). *The Bright Star Catalogue (5th edition)*. New Haven: Yale University Observatory.

Høg, E., C. Fabricius, V. V. Makarov, S. Urban, T. Corbin, G. Wycoff, U. Bastian, P. Schwekendiek, and A. Wicenec (2000). The Tycho-2 Catalog of the 2.5 Million Brightest Stars. *Astronomy and Astrophysics* **355**, L27–L30.

IAU (1957). In P. T. Oosterhoff (Ed.), *Transactions of the International Astronomical Union*, Volume IX, Cambridge, pp. 442. Cambridge University Press. Proc. 9th General Assembly, Dublin, 1955.

IAU (1968). In L. Perek (Ed.), *Transactions of the International Astronomical Union*, Volume XIII B, Dordrecht, pp. 170. Reidel. Proc. 13th General Assembly, Prague, 1967.

IAU (1973). In C. de Jager (Ed.), *Transactions of the International Astronomical Union*, Volume XV A, Dordrecht, Holland, pp. 409. Reidel. Reports on Astronomy.

IAU (1976). Report of joint meetings of commissions 4, 8 and 31 on the new system of astronomical constants. In *Transactions of the International Astronomical Union*, Volume XVI B, Dordrecht, Holland. Reidel.

IAU (1983). In R. M. West (Ed.), *Transactions of the International Astronomical Union*, Volume XVIII B, Dordrecht, Holland. Reidel. Proc. 18th General Assembly, Patras, 1982.

IAU (1992). In J. Bergeron (Ed.), *Transactions of the International Astronomical Union*, Volume XXI B, Dordrecht. Kluwer. Proc. 21st General Assembly, Beunos Aires, 1991.

IAU (1999). In J. Andersen (Ed.), *Transactions of the International Astronomical Union*, Volume XXIII B, Dordrecht. Kluwer. Proc. 23rd General Assembly, Kyoto, 1997.

IAU (2001). In H. Rickman (Ed.), *Transactions of the International Astronomical Union*, Volume XXIV B, San Francisco. Astronomical Society of the Pacific. Proc. 24th General Assembly, Manchester, 2000.

IAU (2006). In K. van der Hucht (Ed.), *Transactions of the International Astronomical Union*, Volume XXVI B, San Francisco. Astronomical Society of the Pacific. Proc. 26th General Assembly, Prague, 2006.

IAU (2010). In I. F. Corbett (Ed.), *Transactions of the International Astronomical Union*, Volume XXVII B. Proc. 27th General Assembly, Rio de Janeiro, 2009.

IAU (2012). In *Transactions of the International Astronomical Union*. Proc. 28th General Assembly, Beijing, China, 2012.

Ibata, R. A., R. F. G. Wyse, G. Gilmore, M. J. Irwin, and N. B. Suntzeff (1997). The Kinematics, Orbit, and Survival of the Sagittarius Dwarf Spheroidal Galaxy. *Astrophysical Journal* **113**, 634.

IERS (2004). Conventions (2003). Technical Note 32, International Earth Rotation Service, Frankfurt am Main. Verlag des Bundesamts für Kartographie und Geodäsie, D. D. McCarthy and G. Petit (Eds.).

IERS (2009). The second realization of the international celestial reference frame by very long baseline interferometry. Technical Note 35, International Earth Rotation Service. A. L. Fey, D. Gordon, and C. S. Jacobs (Eds.).

IERS (2010). Conventions (2010). Technical Note 36, International Earth Rotation Service, Frankfurt am Main. Verlag des Bundesamts für Kartographie und Geodäsie, G. Petit and B. Luzum (Eds.).

Irvine, W. M., T. Simon, D. H. Menzel, C. Pikoos, and A. T. Young (1968). Multicolor Photoelectric Photometry of the Brighter Planets. III. Observations from Boyden Observatory. *Astronomical Journal* **73**, 807.

Irwin, M. and D. Hatzidimitriou (1995). Structural parameters for the Galactic dwarf spheroidals. *Monthly Notices of the Royal Astronomical Society* **277**, 1354.

Jacobson, R. A. (1990). The Orbits of the Satellites of Neptune. *Astronomy and Astrophysics* **231**, 241–250.

Jacobson, R. A. (2000). The Orbits of the Outer Jovian Satellites. *Astronomical Journal* **120**, 2679–2686.

Jacobson, R. A., S. P. Synnott, and J. K. Campbell (1989). The Orbits of the Satellites of Mars from Spacecraft and Earthbased Observations. *Astronomy and Astrophysics* **225**, 548–554.

Jarrett, T. H., T. Chester, R. Cutri, S. Schneider, M. Skrutskie, and J. P. Huchra (2000). 2MASS Extended Source Catalog: Overview and Algorithms. *Astronomical Journal* **119**, 2498–2531.

Kaplan, G. H. (2005). The IAU Resolutions on Astronomical Reference Systems, Time Scales, and Earth Rotation Models : Explanation and Implementation. *U.S. Naval Observatory Circulars* **179**.

Keenan, P. C. and R. C. McNeil (1976). *Atlas of Spectra of the Cooler Stars: Types G, K, M, S, and C*. Ohio: Ohio State University Press.

Kholopov, P. N., N. N. Samus, M. S. Frolov, V. P. Goranskij, N. A. Gorynya, N. N. Kireeva, N. P. Kukarkina, N. E. Kurochkin, G. I. Medvedeva, and N. B. Perova (1996). *General Catalogue of Variable Stars, 4th edition*. Moscow: Nauka Publishing House.

Kozai, Y. (1957). On the Astronomical Constants of Saturnian Satellites System. *Annals of the Tokyo Observatory, Series 2* **5**, 73–106.

Lacerda, P., D. Jewitt, and N. Peixinho (2008). High-Precision Photometry of Extreme KBO 2003 EL$_{61}$. *Astronomical Journal* **135**, 1749–1756.

Landolt, A. U. (1992). UBVRI Photometric Standard Stars in the Magnitude Range 11.5-16.0 Around the Celestial Equator. *Astronomical Journal* **104**, 340–371.

Landolt, A. U. (2009). UBVRI Photometric Standard Stars Around the Celestial Equator: Updates and Additions. *Astronomical Journal* **137**, 4186–4269.

Laskar, J. and R. A. Jacobson (1987). GUST 86. An Analytical Ephemeris of the Uranian Satellites. *Astronomy and Astrophysics* **188**, 212–224.

Lieske, J. H. (1977). Theory of Motion of Jupiter's Galilean Satellites. *Astronomy and Astrophysics* **56**, 333–352.

Liu, Q. Z., J. van Paradijs, and E. P. J. van den Heuvel (2000). A Catalogue of High-Mass X-ray Binaries. *Astronomy and Astrophysics Supplement* **147**, 25–49.

Liu, Q. Z., J. van Paradijs, and E. P. J. van den Heuvel (2001). A catalog of Low-Mass X-ray Binaries. *Astronomy and Astrophysics* **368**, 1021–1054.

Lyngå, G. (1981). Astronomical Data Center Bulletin. Circular 2, NASA/GSFC, Greenbelt, MD.

Ma, C., E. F. Arias, T. M. Eubanks, A. L. Fey, A. M. Gontier, C. S. Jacobs, O. J. Sovers, B. A. Archinal, and P. Charlot (1998). The International Celestial Reference Frame as Realized by Very Long Baseline Interferometry. *Astronomical Journal* **116**, 516–546.

Malkin, Z. and O. Titov (2008). Optical Characteristics of Astrometric Radio Sources. In *Measuring the Future, Proc. Fifth IVS General Meeting, A. Finkelstein, D. Behrend (Eds.), 2008, p. 183-187*, pp. 183–187.

Manchester, R. N., G. B. Hobbs, A. Teoh, and M. Hobbs (2005). The Australia Telescope National Facility Pulsar Catalogue. *Astronomical Journal* **129**, 1993–2006.

Mason, B. D., G. L. Wycoff, W. I. Hartkopf, G. Douglass, and C. E. Worley (2001). The Washington Double Star Catalog. *Astronomical Journal* **122**, 3466–3471.

Matthews, P. M., T. A. Herring, and B. Buffett (2002). Modeling of nutation and precession: New nutation series for nonrigid Earth and insights into the Earth's interior. *Journal of Geophysical Research* **107(B4)**, 2068.

Morgan, W. W., H. A. Abt, and J. W. Tapschott (1978). *Revised MK Spectral Atlas for Stars Earlier than the Sun*. Williams Bay, WI and Tucson, AZ: Yerkes Obs. and Kitt Peak Nat. Obs.

Nelson, R. A., D. D. McCarthy, S. Malys, J. Levine, B. Guinot, H. F. Fliegel, R. L. Beard, and T. R. Bartholomew (2001). The Leap Second: its History and Possible Future. *Metrologia* **38**, 509–529.

Newhall, X. X. and J. G. Williams (1996). Estimation of the Lunar Physical Librations. *Celestial Mechanics and Dynamical Astronomy* **66**, 21–30.

Nicholson, P. D. (2008). *Natural Satellites of the Planets*. Toronto, Ontario, Canada: University of Toronto Press.

Oke, J. B. (1990). Faint Spectrophotometric Standard Stars. *Astronomical Journal* **99**, 1621–1631.

Owen, Jr., W. M., R. M. Vaughan, and S. P. Synnott (1991). Orbits of the Six New Satellites of Neptune. *Astronomical Journal* **101**, 1511–1515.

Perry, C. L., E. H. Olsen, and D. L. Crawford (1987). A Catalog of Bright UVBY Beta Standard Stars. *Publications of the Astronomy Society of the Pacific* **99**, 1184–1200.

Pitjeva, E. V. and E. M. Standish (2009). Proposals for the Masses of the Three Largest Asteroids, the Moon-Earth Mass Ratio and the Astronomical Unit. *Celestial Mechanics and Dynamical Astronomy* **103**, 365–372.

Rohde, J. R. and A. T. Sinclair (1992). Orbital Ephemerides and Rings of Satellites. In P. K. Seidelmann (Ed.), *Explanatory Supplement to The Astronomical Almanac*, pp. 353. Mill Valley, CA: University Science Books.

Rutledge, G. A., J. E. Hesser, and P. B. Stetson (1997). Galactic Globular Cluster Metallicity Scale from the Ca II Triplet II. Rankings, Comparisons, and Puzzles. *Publications of the Astronomical Society of the Pacific* **109**, 907–919.

Simon, J. L., P. Bretagnon, J. Chapront, M. Chapront-Touzé, G. Francou, and J. Laskar (1994). Numerical Expressions for Precession Formulae and Mean Elements for the Moon and the Planets. *Astronomy and Astrophysics* **282**, 663–683.

Sinclair, A. T. (1974). A Theory of the Motion of Iapetus. *Monthly Notices of the Royal Astronomical Society* **169**, 591–605.

Sinclair, A. T. (1977). The Orbits of Tethys, Dione, Rhea, Titan and Iapetus. *Monthly Notices of the Royal Astronomical Society* **180**, 447–459.

Sinclair, A. T. (1989). The Orbits of the Satellites of Mars Determined from Earth-based and Spacecraft Observations. *Astronomy and Astrophysics* **220**, 321–328.

Smart, W. M. (1956). *Text-Book on Spherical Astronomy*. Cambridge: Cambridge University Press.

Soubiran, C., G. Jasniewicz, L. Chemin, F. Crifo, S. Udry, D. Hestroffer, and D. Katz (2013). The catalogue of radial velocity standard stars for Gaia. Pre-launch release. *Astronomy and Astrophysics* **552**, A64.

Souchay, J., A. H. Andrei, C. Barache, S. Bouquillon, A.-M. Gontier, S. B. Lambert, C. Le Poncin-Lafitte, F. Taris, E. F. Arias, D. Suchet, and M. Baudin (2009). Large Quasar Astrometric Catalog. *Astronomy and Astrophysics* **494**, 799.

Souchay, J., A. H. Andrei, C. Barache, S. Bouquillon, D. Suchet, F. Taris, and R. Peralta (2012). The second release of the Large Quasar Astrometric Catalog (LQAC-2). *Astronomy and Astrophysics* **537**, A99.

Standish, E. M. (1998a). JPL Planetary and Lunar Ephemerides, DE405/LE405. *JPL IOM 312.F-98-048*.

Standish, E. M. (1998b). Time Scales in the JPL and CfA Ephemerides. *Astronomy and Astro-physics* **336**, 381–384.

Stickel, M., J. W. Fried, and H. Kuehr (1989). Optical Spectroscopy of 1 Jy BL Lacertae Objects and Flat Spectrum Radio Sources. *Astronomy and Astrophysics Supplement Series* **80**, 103–114.

Stickel, M. and H. Kuehr (1994). An Update of the Optical Identification Status of the S4 Radio Source Catalogue. *Astronomy and Astrophysics Supplement Series* **103**, 349–363.

Sudbury, P. V. (1969). The Motion of Jupiter's Fifth Satellite. *Icarus* **10**, 116–143.

Taylor, D. B. (1984). A Comparison of the Theory of the Motion of Hyperion with Observations Made During 1967-1982. *Astronomy and Astrophysics* **141**, 151–158.

Taylor, D. B. (1995). Compact Ephemerides for Differential Tangent Plane Coordinates of Planetary Satellites. *NAO Technical Note* **No. 68**.

Taylor, D. B., S. A. Bell, J. L. Hilton, and A. T. Sinclair (2010). Computation of the Quantities Describing the Lunar Librations in The Astronomical Almanac. *NAO Technical Note* **No. 74**.

Taylor, D. B. and K. X. Shen (1988). Analysis of Astrometric Observations from 1967 to 1983 of the Major Satellites of Saturn. *Astronomy and Astrophysics* **200**, 269–278.

The Fermi-LAT Collaboration (2012 submitted). Fermi Large Area Telescope First Source Catalog. *Astrophysical Journal Supplement Series*. arXiv:1108.1435 [astro-ph.HE].

Tholen, D. J. (1985). The Orbit of Pluto's Satellite. *Astronomical Journal* **90**, 2353–2359.

Trager, S. C., S. Djorgovski, and I. R. King (1993). Structural Parameters of Galactic Globular Clusters. In Djorgovski, S. G. and Meylan, G. (Ed.), *Structure and Dynamics of Globular Clusters*, Volume 50 of *Astronomical Society of the Pacific Conference Series*, pp. 347.

Trager, S. C., I. R. King, and S. Djorgovski (1995). Catalogue of Galactic Globular-Cluster Surface-Brightness Profiles. *Astronomical Journal* **109**, 218–241.

Trumpler, R. J. (1930). Preliminary Results on the Distances, Dimensions and Space Distribution of Open Star Clusters. *Lick Observatory Bulletin* **XIV**, 154.

Turnshek, D. A., R. C. Bohlin, R. L. Williamson, O. L. Lupie, J. Koornneef, and D. H. Morgan (1990). An Atlas of Hubble Space Telescope Photometric, Spectrophotometric, and Polarimetric Calibration Objects. *Astronomical Journal* **99**, 1243–1261.

Udry, S. Mayor, M., E. Maurice, J. Andersen, M. Imbert, H. Lindgren, J. C. Mermilliod, B. Nordström, and L. Prévot (1999). 20 years of CORAVEL Monitoring of Radial-Velocity Standard Stars. In J. Hearnshaw and C. Scarfe (Eds.), *Precise Stellar Radial Velocities, Victoria, IAU Coll. 170*, pp. 383.

Urban, S. and P. K. Seidelmann (Eds.) (2012). *Explanatory Supplement to The Astronomical Almanac*. Mill Valley, CA: University Science Books.

van Paradijs, J. (1995). A Catalogue of X-Ray Binaries. In W. H. G. Lewin, J. van Paradijs, and E. P. J. van den Heuvel (Eds.), *X-ray Binaries*, pp. 536. University of Chicago Press. Volume IX of Stars and Stellar Systems.

Véron-Cetty, M. P. and P. Véron (2006). A Catalogue of Quasars and Active Nuclei: 12th edition. *Astronomy and Astrophysics* **455**, 773–777.

Wallace, P. T. and N. Capitaine (2006). Precession-Nutation Procedures Consistent with IAU 2006 Resolutions. *Astronomy and Astrophysics* **459**, 981–985.

Watts, C. B. (1963). The Marginal Zone of the Moon. In *Astronomical Papers of the American Ephemeris and Nautical Almanac*, Volume 17. Washington, DC: U.S. Government Printing Office.

Williams, J. G., D. H. Boggs, and W. M. Folkner (2013). DE430 Lunar Orbit, Physical Librations, and Surface Coordinates. *JPL IOM 335-JW,DB,WF-20080314-001*.

Zacharias, N., D. G. Monet, S. E. Levine, S. E. Urban, R. Gaume, and G. L. Wycoff (2004). The Naval Observatory Merged Astrometric Dataset (NOMAD). In *American Astronomical Society Meeting Abstracts*, Volume 36 of *Bulletin of the American Astronomical Society*, pp. 1418.

Zadunaisky, P. E. (1954). A Determination of New Elements of the Orbit of Phoebe, Ninth Satellite of Saturn. *Astronomical Journal* **59**, 1–6.

Zinn, R. and M. J. West (1984). The Globular Cluster System of the Galaxy. III - Measurements of Radial Velocity and Metallicity for 60 Clusters and a Compilation of Metallicities for 121 Clusters. *Astrophysical Journal Supplement Series* **55**, 45–66.

$\Delta\mathbf{T}$: the difference between *Terrestrial Time (TT)* and *Universal Time (UT)*: $\Delta T = TT - UT1$.

$\Delta\mathbf{UT1}$ (or $\Delta\mathbf{UT}$): the value of the difference between *Universal Time (UT)* and *Coordinated Universal Time (UTC)*: $\Delta UT1 = UT1 - UTC$.

aberration (of light): the relativistic apparent angular displacement of the observed position of a celestial object from its *geometric position*, caused by the motion of the observer in the reference system in which the trajectories of the observed object and the observer are described. (See *aberration, planetary*.)

    aberration, annual: the component of *stellar aberration* resulting from the motion of the Earth about the Sun. (See *aberration, stellar*.)

    aberration, diurnal: the component of *stellar aberration* resulting from the observer's *diurnal motion* about the center of the Earth due to Earth's rotation. (See *aberration, stellar*.)

    aberration, E-terms of: the terms of *annual aberration* which depend on the *eccentricity* and longitude of *perihelion* of the Earth. (See *aberration, annual; perihelion*.)

    aberration, elliptic: see *aberration, E-terms of*.

    aberration, planetary: the apparent angular displacement of the observed position of a solar system body from its instantaneous geometric direction as would be seen by an observer at the geocenter. This displacement is produced by the combination of *aberration of light* and *light-time displacement*.

    aberration, secular: the component of *stellar aberration* resulting from the essentially uniform and almost rectilinear motion of the entire solar system in space. Secular *aberration* is usually disregarded. (See *aberration, stellar*.)

    aberration, stellar: the apparent angular displacement of the observed position of a celestial body resulting from the motion of the observer. Stellar *aberration* is divided into diurnal, annual, and secular components. (See *aberration, annual; aberration, diurnal; aberration, secular*.)

altitude: the angular distance of a celestial body above or below the *horizon*, measured along the great circle passing through the body and the *zenith*. Altitude is 90° minus the *zenith distance*.

annual parallax: see *parallax, heliocentric*.

anomaly: the angular separation of a body in its *orbit* from its *pericenter*.

    anomaly, eccentric: in undisturbed elliptic motion, the angle measured at the center of the *orbit* ellipse from *pericenter* to the point on the circumscribing auxiliary circle from which a perpendicular to the major axis would intersect the orbiting body. (See *anomaly, mean; anomaly, true*.)

    anomaly, mean: the product of the *mean motion* of an orbiting body and the interval of time since the body passed the *pericenter*. Thus, the mean *anomaly* is the angle from the pericenter of a hypothetical body moving with a constant angular speed that is equal to the mean motion. In realistic computations, with disturbances taken into account, the mean anomaly is equal to its initial value at an *epoch* plus an integral of the mean motion over the time elapsed since the epoch. (See *anomaly, eccentric; anomaly, mean at epoch; anomaly, true*.)

    anomaly, mean at epoch: the value of the *mean anomaly* at a specific *epoch*, i.e., at some fiducial moment of time. It is one of the six *Keplerian elements* that specify an *orbit*. (See *Keplerian elements; orbital elements*.)

    anomaly, true: the angle, measured at the focus nearest the *pericenter* of an *elliptical orbit*, between the pericenter and the *radius vector* from the focus to the orbiting body; one of the standard *orbital elements*. (See *anomaly, eccentric; anomaly, mean; orbital elements*.)

aphelion: the point in an *orbit* that is the most distant from the Sun.

apocenter: the point in an *orbit* that is farthest from the origin of the reference system. (See *aphelion; apogee.*)

apogee: the point in an *orbit* that is the most distant from the Earth. Apogee is sometimes used with reference to the apparent orbit of the Sun around the Earth.

apparent place (or position): the *proper place* of an object expressed with respect to the *true (intermediate) equator and equinox* of date.

apparent solar time: see *solar time, apparent.*

appulse: the least apparent distance between one celestial object and another, as viewed from a third body. For objects moving along the *ecliptic* and viewed from the Earth, the time of appulse is close to that of *conjunction* in *ecliptic longitude.*

Aries, First point of: another name for the *vernal equinox.*

aspect: the position of any of the *planets* or the Moon relative to the Sun, as seen from the Earth.

asteroid: a loosely defined term generally meaning a small solar system body that is orbiting the Sun, does not show a comet-like appearance, and is not massive enough to be a *dwarf planet*. The term is usually restricted to bodies with *orbits* interior or similar to Jupiter's. "Asteroid" is often used interchangeably with *"minor planet"*, although there is no implicit contraint that a minor *planet* be interior to Jupiter's orbit.

astrometric ephemeris: an *ephemeris* of a solar system body in which the tabulated positions are *astrometric places*. Values in an astrometric ephemeris are essentially comparable to catalog *mean places* of stars after the star positions have been updated for *proper motion* and *parallax.*

astrometric place (or position): direction of a solar system body formed by applying the correction for *light-time displacement* to the *geometric position*. Such a position is directly comparable with the catalog positions of background stars in the same area of the sky, after the star positions have been updated for *proper motion* and *parallax*. There is no correction for *aberration* or *deflection of light* since it is assumed that these are almost identical for the solar system body and background stars. An astrometric place is expressed in the reference system of a star catalog; in *The Astronomical Almanac*, the reference system is the *International Celestial Reference System (ICRS).*

astronomical coordinates: the longitude and latitude of the point on Earth relative to the *geoid*. These coordinates are influenced by local gravity anomalies. (See *latitude, terrestrial; longitude, terrestrial; zenith.*)

astronomical refraction: see *refraction, astronomical.*

astronomical unit (au): a conventional unit of length equal to 149 597 870 700 m exactly. Prior to 2012, it was defined as the radius of a circular *orbit* in which a body of negligible mass, and free of *perturbations*, would revolve around the Sun in $2\pi/k$ *days*, k being the *Gaussian gravitational constant*. This is slightly less than the *semimajor axis* of the Earth's orbit.

astronomical zenith: see *zenith, astronomical.*

atomic second: see *second, Système International (SI).*

augmentation: the amount by which the apparent *semidiameter* of a celestial body, as observed from the surface of the Earth, is greater than the semidiameter that would be observed from the center of the Earth.

autumnal equinox: see *equinox, autumnal.*

azimuth: the angular distance measured eastward along the *horizon* from a specified reference point (usually north). Azimuth is measured to the point where the great circle determining the *altitude* of an object meets the horizon.

barycenter: the center of mass of a system of bodies; *e.g.*, the center of mass of the solar system or the Earth-Moon system.

barycentric: with reference to, or pertaining to, the *barycenter* (usually of the solar system).

Barycentric Celestial Reference System (BCRS): a system of *barycentric* space-time coordinates for the solar system within the framework of General Relativity. The metric tensor to be used in the system is specified by the *IAU* 2000 resolution B1.3. For all practical applications, unless otherwise stated, the BCRS is assumed to be oriented according to the *ICRS* axes. (See *Barycentric Coordinate Time (TCB)*.)

Barycentric Coordinate Time (TCB): the coordinate time of the *Barycentric Celestial Reference System (BCRS)*, which advances by *SI seconds* within that system. TCB is related to *Geocentric Coordinate Time (TCG)* and *Terrestrial Time (TT)* by relativistic transformations that include a secular term. (See *second, Système International (SI)*.)

Barycentric Dynamical Time (TDB): A time scale defined by the *IAU* (originally in 1976; named in 1979; revised in 2006) for use as an independent argument of *barycentric ephemerides* and equations of motion. TDB is a linear function of *Barycentric Coordinate Time (TCB)* that on average tracks *TT* over long *periods* of time; differences between TDB and TT evaluated at the Earth's surface remain under 2 ms for several thousand *years* around the current *epoch*. TDB is functionally equivalent to T_{eph}, the independent argument of the JPL planetary and lunar ephemerides DE405/LE405. (See *second, Système International (SI)*.)

Besselian elements: quantities tabulated for the calculation of accurate predictions of an *eclipse* or *occultation* for any point on or above the surface of the Earth.

calendar: a system of reckoning time in units of solar *days*. The days are enumerated according to their position in cyclic patterns usually involving the motions of the Sun and/or the Moon.

> **calendar, Gregorian:** The *calendar* introduced by Pope Gregory XIII in 1582 to replace the *Julian calendar*. This calendar is now used as the civil calendar in most countries. In the Gregorian calendar, every *year* that is exactly divisible by four is a leap year, except for centurial years, which must be exactly divisible by 400 to be leap years. Thus 2000 was a leap year, but 1900 and 2100 are not leap years.

> **calendar, Julian:** the *calendar* introduced by Julius Caesar in 46 B.C. to replace the Roman calendar. In the Julian calendar a common *year* is defined to comprise 365 *days*, and every fourth year is a leap year comprising 366 days. The Julian calendar was superseded by the *Gregorian calendar*.

> **calendar, proleptic:** the extrapolation of a *calendar* prior to its date of introduction.

catalog equinox: see *equinox, catalog*.

Celestial Ephemeris Origin (CEO): the original name for the *Celestial Intermediate Origin (CIO)* given in the *IAU* 2000 resolutions. Obsolete.

celestial equator: the plane perpendicular to the *Celestial Intermediate Pole (CIP)*. Colloquially, the projection onto the *celestial sphere* of the Earth's *equator*. (See *mean equator and equinox; true equator and equinox*.)

Celestial Intermediate Origin (CIO): the non-rotating origin of the *Celestial Intermediate Reference System*. Formerly referred to as the *Celestial Ephemeris Origin (CEO)*.

Celestial Intermediate Origin Locator (CIO Locator): denoted by s, is the difference between the *Geocentric Celestial Reference System (GCRS) right ascension* and the intermediate right ascension of the intersection of the GCRS and intermediate *equators*.

Celestial Intermediate Pole (CIP): the reference pole of the *IAU* 2000A *precession nutation* model. The motions of the CIP are those of the Tisserand mean axis of the Earth with *periods* greater than two *days*. (See *nutation; precession*.)

Celestial Intermediate Reference System: a *geocentric* reference system related to the *Geocentric Celestial Reference System (GCRS)* by a time-dependent rotation taking into account *precession-nutation*. It is defined by the intermediate *equator* of the *Celestial Intermediate Pole (CIP)* and the *Celestial Intermediate Origin (CIO)* on a specific date.

celestial pole: see *pole, celestial.*

celestial sphere: an imaginary sphere of arbitrary radius upon which celestial bodies may be considered to be located. As circumstances require, the celestial sphere may be centered at the observer, at the Earth's center, or at any other location.

center of figure: that point so situated relative to the apparent figure of a body that any line drawn through it divides the figure into two parts having equal apparent areas. If the body is oddly shaped, the center of figure may lie outside the figure itself.

center of light: same as *center of figure* except referring only to the illuminated portion.

conjunction: the phenomenon in which two bodies have the same apparent *ecliptic longitude* or *right ascension* as viewed from a third body. Conjunctions are usually tabulated as *geocentric* phenomena. For Mercury and Venus, geocentric inferior conjunctions occur when the *planet* is between the Earth and Sun, and superior conjunctions occur when the Sun is between the planet and Earth. (See *longitude, ecliptic.*)

constellation: 1. A grouping of stars, usually with pictorial or mythical associations, that serves to identify an area of the *celestial sphere.* **2.** One of the precisely defined areas of the celestial sphere, associated with a grouping of stars, that the *International Astronomical Union (IAU)* has designated as a constellation.

Coordinated Universal Time (UTC): the time scale available from broadcast time signals. UTC differs from *International Atomic Time (TAI)* by an integral number of *seconds*; it is maintained within $\pm 0^s9$ seconds of *UT1* by the introduction of *leap seconds.* (See *International Atomic Time (TAI); leap second; Universal Time (UT).*)

culmination: the passage of a celestial object across the observer's *meridian*; also called "meridian passage".

　　culmination, lower: (also called "*culmination* below pole" for circumpolar stars and the Moon) is the crossing farther from the observer's *zenith.*

　　culmination, upper: (also called "*culmination* above pole" for circumpolar stars and the Moon) or *transit* is the crossing closer to the observer's *zenith.*

day: an interval of 86 400 *SI seconds*, unless otherwise indicated. (See *second, Système International (SI).*)

declination: angular distance on the *celestial sphere* north or south of the *celestial equator.* It is measured along the *hour circle* passing through the celestial object. Declination is usually given in combination with *right ascension* or *hour angle.*

defect of illumination: (sometimes, greatest defect of illumination): the maximum angular width of the unilluminated portion of the apparent disk of a solar system body measured along a radius.

deflection of light: the angle by which the direction of a light ray is altered from a straight line by the gravitational field of the Sun or other massive object. As seen from the Earth, objects appear to be deflected radially away from the Sun by up to $1''75$ at the Sun's *limb.* Correction for this effect, which is independent of wavelength, is included in the transformation from *mean place* to *apparent place.*

deflection of the vertical: the angle between the astronomical *vertical* and the geodetic vertical. (See *astronomical coordinates; geodetic coordinates; zenith.*)

delta T: see ΔT.

delta UT1: see $\Delta UT1$ *(or ΔUT).*

direct motion: for orbital motion in the solar system, motion that is counterclockwise in the *orbit* as seen from the north pole of the *ecliptic*; for an object observed on the *celestial sphere*, motion that is from west to east, resulting from the relative motion of the object and the Earth.

diurnal motion: the apparent daily motion, caused by the Earth's rotation, of celestial bodies across the sky from east to west.

diurnal parallax: see *parallax, geocentric.*

dwarf planet: a celestial body that is in *orbit* around the Sun, has sufficient mass for its self-gravity to overcome rigid body forces so that it assumes a hydrostatic equilibrium (nearly round) shape, has not cleared the neighbourhood around its orbit, and is not a satellite. (See *planet.*)

dynamical equinox: the ascending *node* of the Earth's mean *orbit* on the Earth's *true equator*; i.e., the intersection of the *ecliptic* with the *celestial equator* at which the Sun's *declination* changes from south to north. (See *catalog equinox; equinox; true equator and equinox.*)

dynamical time: the family of time scales introduced in 1984 to replace *ephemeris time (ET)* as the independent argument of dynamical theories and *ephemerides.* (See *Barycentric Dynamical Time (TDB); Terrestrial Time (TT).*)

Earth Rotation Angle (ERA): the angle, θ, measured along the *equator* of the *Celestial Intermediate Pole (CIP)* between the direction of the *Celestial Intermediate Origin (CIO)* and the *Terrestrial Intermediate Origin (TIO)*. It is a linear function of *UT1*; its time derivative is the Earth's angular velocity.

eccentricity: 1. A parameter that specifies the shape of a conic secton. **2.** One of the standard *elements* used to describe an elliptic or *hyperbolic orbit.* For an *elliptical orbit*, the quantity $e = \sqrt{1 - (b^2/a^2)}$, where a and b are the lengths of the *semimajor* and semiminor axes, respectively; for a hyperbolic *orbit*, the quantity $e = \sqrt{1 + (b^2/a^2)}$. (See *orbital elements.*)

eclipse: the obscuration of a celestial body caused by its passage through the shadow cast by another body.

> **eclipse, annular:** a *solar eclipse* in which the solar disk is not completely covered but is seen as an annulus or ring at maximum *eclipse.* An annular eclipse occurs when the apparent disk of the Moon is smaller than that of the Sun. (See *eclipse, solar.*)

> **eclipse, lunar:** an *eclipse* in which the Moon passes through the shadow cast by the Earth. The eclipse may be total (the Moon passing completely through the Earth's *umbra*), partial (the Moon passing partially through the Earth's umbra at maximum eclipse), or penumbral (the Moon passing only through the Earth's *penumbra*).

> **eclipse, solar:** actually an *occultation* of the Sun by the Moon in which the Earth passes through the shadow cast by the Moon. It may be total (observer in the Moon's *umbra*), partial (observer in the Moon's *penumbra*), annular, or annular-total. (See *eclipse, annular.*)

ecliptic: 1. The mean plane of the *orbit* of the Earth-Moon *barycenter* around the solar system barycenter. **2.** The apparent path of the Sun around the *celestial sphere.*

ecliptic latitude: see *latitude, ecliptic.*

ecliptic longitude: see *longitude, ecliptic.*

elements: a set of parameters used to describe the position and/or motion of an astronomical object.

> **elements, Besselian:** see *Besselian elements.*

> **elements, Keplerian:** see *Keplerian elements.*

> **elements, mean:** see *mean elements.*

> **elements, orbital:** see *orbital elements.*

> **elements, osculating:** see *osculating elements.*

elements, rotational: see *rotational elements.*

elongation: the *geocentric* angle between two celestial objects.

   elongation, greatest: the maximum value of a *planetary elongation* for a solar system body that remains interior to the Earth's *orbit*, or the maximum value of a *satellite elongation.*

   elongation, planetary: the *geocentric* angle between a *planet* and the Sun. Planetary *elongations* are measured from 0° to 180°, east or west of the Sun.

   elongation, satellite: the *geocentric* angle between a satellite and its primary. Satellite *elongations* are measured from 0° east or west of the *planet.*

epact: 1. The age of the Moon. **2.** The number of *days* since new moon, diminished by one day, on January 1 in the Gregorian ecclesiastical lunar cycle. (See *calendar, Gregorian; lunar phases.*)

ephemeris: a tabulation of the positions of a celestial object in an orderly sequence for a number of dates.

ephemeris hour angle: an *hour angle* referred to the *ephemeris meridian.*

ephemeris longitude: longitude measured eastward from the *ephemeris meridian.* (See *longitude, terrestrial.*)

ephemeris meridian: see *meridian, ephemeris.*

ephemeris time (ET): the time scale used prior to 1984 as the independent variable in gravitational theories of the solar system. In 1984, ET was replaced by *dynamical time.*

ephemeris transit: the passage of a celestial body or point across the *ephemeris meridian.*

epoch: an arbitrary fixed instant of time or date used as a chronological reference datum for *calendars,* celestial reference systems, star catalogs, or orbital motions. (See *calendar; orbit.*)

equation of the equinoxes: the difference apparent *sidereal time* minus mean sidereal time, due to the effect of *nutation* in longitude on the location of the *equinox.* Equivalently, the difference between the *right ascensions* of the true and *mean equinoxes,* expressed in time units. (See *sidereal time.*)

equation of the origins: the arc length, measured positively eastward, from the *Celestial Intermediate Origin (CIO)* to the *equinox* along the intermediate *equator*; alternatively the difference between the *Earth Rotation Angle (ERA)* and *Greenwich Apparent Sidereal Time (GAST),* namely, (*ERA* - GAST).

equation of time: the difference *apparent solar time* minus *mean solar time.*

equator: the great circle on the surface of a body formed by the intersection of the surface with the plane passing through the center of the body perpendicular to the axis of rotation. (See *celestial equator.*)

equinox: 1. Either of the two points on the *celestial sphere* at which the *ecliptic* intersects the *celestial equator.* **2.** The time at which the Sun passes through either of these intersection points; i.e., when the apparent *ecliptic longitude* of the Sun is 0° or 180°. **3.** The *vernal equinox.* (See *mean equator and equinox; true equator and equinox.*)

   equinox, autumnal: 1. The decending *node* of the *ecliptic* on the *celestial sphere.* **2.** The time which the apparent *ecliptic longitude* of the Sun is 180°.

   equinox, catalog: the intersection of the *hour angle* of zero *right ascension* of a star catalog with the *celestial equator.* Obsolete.

   equinox, dynamical: the ascending *node* of the *ecliptic* on the Earth's *true equator.*

   equinox, vernal: 1. The ascending *node* of the *ecliptic* on the *celestial equator.* **2.** The time at which the apparent *ecliptic longitude* of the Sun is 0°.

era: a system of chronological notation reckoned from a specific event.

ERA: see *Earth Rotation Angle (ERA).*

flattening: a parameter that specifies the degree by which a *planet*'s figure differs from that of a sphere; the ratio $f = (a - b)/a$, where a is the equatorial radius and b is the polar radius.

frame bias: the orientation of the *mean equator and equinox* of J2000.0 with respect to the *Geocentric Celestial Reference System (GCRS)*. It is defined by three small and constant angles, two of which describe the offset of the mean pole at J2000.0 and the other is the GCRS *right ascension* of the mean inertial *equinox* of J2000.0.

frequency: the number of *periods* of a regular, cyclic phenomenon in a given measure of time, such as a *second* or a *year*. (See *period; second, Système International (SI); year.*)

frequency standard: a generator whose output is used as a precise *frequency* reference; a primary frequency standard is one whose frequency corresponds to the adopted definition of the *second*, with its specified accuracy achieved without calibration of the device. (See *second, Système International (SI).*)

GAST: see *Greenwich Apparent Sidereal Time (GAST).*

Gaussian gravitational constant: (k = 0.017 202 098 95). The constant defining the astronomical system of units of length (*astronomical unit (au)*), mass (solar mass) and time (*day*), by means of Kepler's third law. The dimensions of k^2 are those of Newton's constant of gravitation: $L^3 M^{-1} T^{-2}$.

geocentric: with reference to, or pertaining to, the center of the Earth.

Geocentric Celestial Reference System (GCRS): a system of *geocentric* space-time coordinates within the framework of General Relativity. The metric tensor used in the system is specified by the *IAU* 2000 resolutions. The GCRS is defined such that its spatial coordinates are kinematically non-rotating with respect to those of the *Barycentric Celestial Reference System (BCRS)*. (See *Geocentric Coordinate Time (TCG).*)

Geocentric Coordinate Time (TCG): the coordinate time of the *Geocentric Celestial Reference System (GCRS)*, which advances by *SI seconds* within that system. TCG is related to *Barycentric Coordinate Time (TCB)* and *Terrestrial Time (TT)*, by relativistic transformations that include a secular term. (See *second, Système International (SI).*)

geocentric coordinates: 1. The latitude and longitude of a point on the Earth's surface relative to the center of the Earth. **2.** Celestial coordinates given with respect to the center of the Earth. (See *latitude, terrestrial; longitude, terrestrial; zenith.*)

geocentric zenith: see *zenith, geocentric.*

geodetic coordinates: the latitude and longitude of a point on the Earth's surface determined from the geodetic *vertical* (normal to the reference ellipsoid). (See *latitude, terrestrial; longitude, terrestrial; zenith.*)

geodetic zenith: see *zenith, geodetic.*

geoid: an equipotential surface that coincides with mean sea level in the open ocean. On land it is the level surface that would be assumed by water in an imaginary network of frictionless channels connected to the ocean.

geometric position: the position of an object defined by a straight line (vector) between the center of the Earth (or the observer) and the object at a given time, without any corrections for *light-time, aberration*, etc.

GHA: see *Greenwich Hour Angle (GHA).*

GMST: see *Greenwich Mean Sidereal Time (GMST).*

greatest defect of illumination: see *defect of illumination.*

Greenwich Apparent Sidereal Time (GAST): the *Greenwich hour angle* of the *true equinox* of date.

Greenwich Hour Angle (GHA): angular distance on the *celestial sphere* measured westward along the *celestial equator* from the *Greenwich meridian* to the *hour circle* that passes through a celestial object or point.

Greenwich Mean Sidereal Time (GMST): the *Greenwich hour angle* of the *mean equinox* of date.

Greenwich meridian: see *meridian, Greenwich.*

Greenwich sidereal date (GSD): the number of *sidereal days* elapsed at Greenwich since the beginning of the Greenwich sidereal *day* that was in progress at the *Julian date (JD)* 0.0.

Greenwich sidereal day number: the integral part of the *Greenwich sidereal date (GSD).*

Gregorian calendar: see *calendar, Gregorian.*

height: the distance above or below a reference surface such as mean sea level on the Earth or a planetographic reference surface on another solar system *planet.*

heliocentric: with reference to, or pertaining to, the center of the Sun.

heliocentric parallax: see *parallax, heliocentric.*

horizon: 1. A plane perpendicular to the line from an observer through the *zenith.* **2.** The observed border between Earth and the sky.

> **horizon, astronomical:** the plane perpendicular to the line from an observer to the *astronomical zenith* that passes through the point of observation.

> **horizon, geocentric:** the plane perpendicular to the line from an observer to the *geocentric zenith* that passes through the center of the Earth.

> **horizon, natural:** the border between the sky and the Earth as seen from an observation point.

horizontal parallax: see *parallax, horizontal.*

horizontal refraction: see *refraction, horizontal.*

hour angle: angular distance on the *celestial sphere* measured westward along the *celestial equator* from the *meridian* to the *hour circle* that passes through a celestial object.

hour circle: a great circle on the *celestial sphere* that passes through the *celestial poles* and is therefore perpendicular to the *celestial equator.*

IAU: see *International Astronomical Union (IAU).*

illuminated extent: the illuminated area of an apparent planetary disk, expressed as a solid angle.

inclination: 1. The angle between two planes or their poles. **2.** Usually, the angle between an orbital plane and a reference plane. **3.** One of the standard *orbital elements* that specifies the orientation of the *orbit.* (See *orbital elements.*)

instantaneous orbit: see *orbit, instantaneous.*

intercalate: to insert an interval of time (e.g., a *day* or a *month*) within a *calendar*, usually so that it is synchronized with some natural phenomenon such as the seasons or *lunar phases.*

intermediate place (or position): the *proper place* of an object expressed with respect to the true (intermediate) *equator* and *CIO* of date.

International Astronomical Union (IAU): an international non-governmental organization that promotes the science of astronomy. The IAU is composed of both national and individual members. In the field of positional astronomy, the IAU, among other activities, recommends standards for data analysis and modeling, usually in the form of resolutions passed at General Assemblies held every three *years.*

International Atomic Time (TAI): the continuous time scale resulting from analysis by the Bureau International des Poids et Mesures of atomic time standards in many countries. The fundamental unit of TAI is the *SI second* on the *geoid*, and the *epoch* is 1958 January 1. (See *second, Système International (SI).*)

International Celestial Reference Frame (ICRF): 1. A set of extragalactic objects whose adopted positions and uncertainties realize the *International Celestial Reference System (ICRS)* axes and give the uncertainties of those axes. **2.** The name of the radio catalog whose defining sources serve as fiducial points to fix the axes of the ICRS, recommended by the *International Astronomical Union (IAU)*. The first such catalog was adopted for use beginning in 1997. The second catalog, termed ICRF2, was adopted for use beginning in 2010.

International Celestial Reference System (ICRS): a time-independent, kinematically non-rotating *barycentric* reference system recommended by the *International Astronomical Union (IAU)* in 1997. Its axes are those of the *International Celestial Reference Frame (ICRF)*.

international meridian: see *meridian, Greenwich.*

International Terrestrial Reference Frame (ITRF): a set of reference points on the surface of the Earth whose adopted positions and velocities fix the rotating axes of the *International Terrestrial Reference System (ITRS)*.

International Terrestrial Reference System (ITRS): a time-dependent, non-inertial reference system co-moving with the geocenter and rotating with the Earth. The ITRS is the recommended system in which to express positions on the Earth.

invariable plane: the plane through the center of mass of the solar system perpendicular to the angular momentum vector of the solar system.

irradiation: an optical effect of contrast that makes bright objects viewed against a dark background appear to be larger than they really are.

Julian calendar: see *calendar, Julian.*

Julian date (JD): the interval of time in *days* and fractions of a day, since 4713 B.C. January 1, Greenwich noon, Julian *proleptic calendar*. In precise work, the timescale, e.g., *Terrestrial Time (TT)* or *Universal Time (UT)*, should be specified.

Julian date, modified (MJD): the *Julian date (JD)* minus 2400000.5.

Julian day number: the integral part of the *Julian date (JD)*.

Julian year: see *year, Julian.*

Keplerian elements: a certain set of six *orbital elements*, sometimes referred to as the Keplerian set. Historically, this set included the *mean anomaly* at the *epoch*, the *semimajor axis*, the *eccentricity* and three Euler angles: the *longitude of the ascending node*, the *inclination*, and the *argument of pericenter*. The time of *pericenter* passage is often used as part of the Keplerian set instead of the mean *anomaly* at the epoch. Sometimes the longitude of pericenter (which is the sum of the longitude of the ascending *node* and the argument of pericenter) is used instead of the argument of pericenter.

Laplacian plane: **1.** For *planets* see *invariable plane*. **2.** For a system of satellites, the fixed plane relative to which the vector sum of the disturbing forces has no orthogonal component.

latitude, celestial: see *latitude, ecliptic.*

latitude, ecliptic: angular distance on the *celestial sphere* measured north or south of the *ecliptic* along the great circle passing through the poles of the ecliptic and the celestial object. Also referred to as *celestial latitude*.

latitude, terrestrial: angular distance on the Earth measured north or south of the *equator* along the *meridian* of a geographic location.

leap second: a *second* inserted as the 61st second of a minute at announced times to keep *UTC* within $0.^{s}9$ of *UT1*. Generally, leap seconds are added at the end of June or December as necessary, but may be inserted at the end of any *month*. Although it has never been utilized, it is possible to have a negative leap second in which case the 60th second of a minute would be removed. (See *Coordinated Universal Time (UTC); second, Système International (SI); Universal Time (UT)*.)

librations: the real or apparent oscillations of a body around a reference point. When referring to the Moon, librations are variations in the orientation of the Moon's surface with respect to an observer on the Earth. Physical librations are due to variations in the orientation of the Moon's rotational axis in inertial space. The much larger optical librations are due to variations in the rate of the Moon's orbital motion, the *obliquity* of the Moon's *equator* to its orbital plane, and the diurnal changes of geometric perspective of an observer on the Earth's surface.

light, deflection of: see *deflection of light*.

light-time: the interval of time required for light to travel from a celestial body to the Earth.

light-time displacement: the difference between the geometric and *astrometric place* of a solar system body. It is caused by the motion of the body during the interval it takes light to travel from the body to Earth.

light-year: the distance that light traverses in a vacuum during one *year*. Since there are various ways to define a year, there is an ambiguity in the exact distance; the *IAU* recommends using the *Julian year* as the time basis. A light-year is approximately 9.46×10^{12} km, 5.88×10^{12} statute miles, 6.32×10^{4} *au*, and 3.07×10^{-1} *parsecs*. Often distances beyond the solar system are given in parsecs. (See *parsec (pc)*.)

limb: the apparent edge of the Sun, Moon, or a *planet* or any other celestial body with a detectable disk.

limb correction: generally, a small angle (positive or negative) that is added to the tabulated apparent *semidiameter* of a body to compensate for local topography at a specific point along the *limb*. Specifically for the Moon, the angle taken from the Watts lunar limb data (Watts, C. B., APAE XVII, 1963) that is used to correct the semidiameter of the Watts mean limb. The correction is a function of position along the limb and the apparent *librations*. The Watts mean limb is a circle whose center is offset by about $0\rlap{.}''6$ from the direction of the Moon's center of mass and whose radius is about $0\rlap{.}''4$ greater than the semidiameter of the Moon that is computed based on its *IAU* adopted radius in kilometers.

local place: a *topocentric place* of an object expressed with respect to the *Geocentric Celestial Reference System (GCRS)* axes.

local sidereal time: the *hour angle* of the *vernal equinox* with respect to the local *meridian*.

longitude of the ascending node: given an *orbit* and a reference plane through the primary body (or center of mass): the angle, Ω, at the primary, between a fiducial direction in the reference plane and the point at which the orbit crosses the reference plane from south to north. Equivalently, Ω is one of the angles in the reference plane between the fiducial direction and the line of *nodes*. It is one of the six *Keplerian elements* that specify an orbit. For planetary orbits, the primary is the Sun, the reference plane is usually the *ecliptic*, and the fiducial direction is usually toward the *equinox*. (See *node; orbital elements*.)

longitude, celestial: see *longitude, ecliptic*.

longitude, ecliptic: angular distance on the *celestial sphere* measured eastward along the *ecliptic* from the *dynamical equinox* to the great circle passing through the poles of the ecliptic and the celestial object. Also referred to as *celestial longitude*.

longitude, terrestrial: angular distance measured along the Earth's *equator* from the *Greenwich meridian* to the *meridian* of a geographic location.

luminosity class: distinctions in intrinsic brightness among stars of the same *spectral type*, typically given as a Roman numeral. It denotes if a star is a supergiant (Ia or Ib), giant (II or III), subgiant (IV), or main sequence — also called dwarf (V). Sometimes subdwarfs (VI) and white dwarfs (VII) are regarded as luminosity classes. (See *spectral types or classes*.)

lunar phases: cyclically recurring apparent forms of the Moon. New moon, first quarter, full moon and last quarter are defined as the times at which the excess of the apparent *ecliptic longitude* of the Moon over that of the Sun is 0°, 90°, 180° and 270°, respectively. (See *longitude, ecliptic*.)

lunation: the *period* of time between two consecutive new moons.

magnitude of a lunar eclipse: the fraction of the lunar diameter obscured by the shadow of the Earth at the greatest *phase* of a *lunar eclipse*, measured along the common diameter. (See *eclipse, lunar.*)

magnitude of a solar eclipse: the fraction of the solar diameter obscured by the Moon at the greatest *phase* of a *solar eclipse*, measured along the common diameter. (See *eclipse, solar.*)

magnitude, stellar: a measure on a logarithmic scale of the brightness of a celestial object. Since brightness varies with wavelength, often a wavelength band is specified. A factor of 100 in brightness is equivalent to a change of 5 in stellar magnitude, and brighter sources have lower magnitudes. For example, the bright star Sirius has a visual-band magnitude of -1.46 whereas the faintest stars detectable with an unaided eye under ideal conditions have visual-band magnitudes of about 6.0.

mean distance: an average distance between the primary and the secondary gravitating body. The meaning of the mean distance depends upon the chosen method of averaging (i.e., averaging over the time, or over the *true anomaly*, or the *mean anomaly*. It is also important what power of the distance is subject to averaging.) In this volume the mean distance is defined as the inverse of the time-averaged reciprocal distance: $(\int r^{-1} dt)^{-1}$. In the two body setting, when the disturbances are neglected and the *orbit* is elliptic, this formula yields the *semimajor axis*, a, which plays the role of mean distance.

mean elements: average values of the *orbital elements* over some section of the *orbit* or over some interval of time. They are interpreted as the *elements* of some reference (mean) orbit that approximates the actual one and, thus, may serve as the basis for calculating orbit *perturbations*. The values of mean elements depend upon the chosen method of averaging and upon the length of time over which the averaging is made.

mean equator and equinox: the celestial coordinate system defined by the orientation of the Earth's equatorial plane on some specified date together with the direction of the *dynamical equinox* on that date, neglecting *nutation*. Thus, the mean *equator* and *equinox* moves in response only to *precession*. Positions in a star catalog have traditionally been referred to a catalog *equator* and equinox that approximate the mean equator and equinox of a *standard epoch*. (See *catalog equinox; true equator and equinox.*)

mean motion: defined for bound *orbits* only. **1.** The rate of change of the *mean anomaly*. **2.** The value $\sqrt{Gm/a^3}$, where G is Newton's gravitational constant, m is the sum of the masses of the primary and secondary bodies, and a is the *semimajor axis* of the relative orbit. For unperturbed elliptic or circular orbits, these definitions are equivalent; the mean motion is related to the *period* through $nT = 2\pi$ where n is the mean motion and T is the period. For perturbed bound orbits, the two definitions yield, in general, different values of n, both of which are time dependent.

mean place: coordinates of a star or other celestial object (outside the solar system) at a specific date, in the *Barycentric Celestial Reference System (BCRS)*. Conceptually, the coordinates represent the direction of the object as it would hypothetically be observed from the solar system *barycenter* at the specified date, with respect to a fixed coordinate system (e.g., the axes of the *International Celestial Reference Frame (ICRF)*), if the masses of the Sun and other solar system bodies were negligible.

mean solar time: see *solar time, mean.*

meridian: a great circle passing through the *celestial poles* and through the *zenith* of any location on Earth. For planetary observations a meridian is half the great circle passing through the *planet*'s poles and through any location on the planet.

meridian, ephemeris: a fictitious *meridian* that rotates independently of the Earth at the uniform rate implicitly defined by *Terrestrial Time (TT)*. The *ephemeris* meridian is 1.002 738 ΔT east of the *Greenwich meridian*, where $\Delta T = TT - UT1$.

meridian, Greenwich: (also called international or *prime meridian*) is a generic reference to one of several origins of the Earth's longitude coordinate (zero-longitude). In *The Astronomical Almanac*, it is the plane defining the astronomical zero *meridian*; it contains the geocenter, the *Celestial Intermediate Pole* and the *Terrestrial Intermediate Origin*. Other definitions are: the x-z plane of the *International Terrestrial Reference System (ITRS)*; the zero-longitude meridian of the World Geodetic System 1984 (WGS-84); and the meridian that passes through the *transit* circle at the Royal Observatory, Greenwich. Note that the latter meridian is about 100 m west of the others.

meridian, international: see *meridian, Greenwich.*

meridian, prime: on Earth, same as *Greenwich meridian*. On other solar system objects, the zero-longitude *meridian*, typically defined via international convention by an observable surface feature or *rotational elements*.

minor planet: a loosely defined term generally meaning a small solar system body that is orbiting the Sun, does not show a comet-like appearance, and is not massive enough to be a *dwarf planet*. The term is often used interchangeably with *"asteroid"*, although there is no implicit constraint that a minor *planet* be interior to Jupiter's *orbit*.

month: a calendrical unit that approximates the *period* of revolution of the Moon. Also, the period of time between the same dates in successive *calendar* months.

month, sidereal: the *period* of revolution of the Moon about the Earth (or Earth-Moon *barycenter*) in a fixed reference frame. It is the mean period of revolution with respect to the background stars. The mean length of the sidereal *month* is approximately 27.322 *days*.

month, synodic: the *period* between successive new moons (as seen from the geocenter). The mean length of the synodic *month* is approximately 29.531 *days*.

moonrise, moonset: the times at which the apparent upper *limb* of the Moon is on the *astronomical horizon*. In *The Astronomical Almanac*, they are computed as the times when the true *zenith distance*, referred to the center of the Earth, of the central point of the Moon's disk is $90° \; 34' + s - \pi$, where s is the Moon's *semidiameter*, π is the *horizontal parallax*, and $34'$ is the adopted value of *horizontal refraction*.

nadir: the point on the *celestial sphere* diametrically opposite to the *zenith*.

node: either of the points on the *celestial sphere* at which the plane of an *orbit* intersects a reference plane. The position of one of the nodes (the *longitude of the ascending node*) is traditionally used as one of the standard *orbital elements*.

nutation: oscillations in the motion of the rotation pole of a freely rotating body that is undergoing torque from external gravitational forces. Nutation of the Earth's pole is specified in terms of components in *obliquity* and longitude.

obliquity: in general, the angle between the equatorial and orbital planes of a body or, equivalently, between the rotational and orbital poles. For the Earth the obliquity of the *ecliptic* is the angle between the planes of the *equator* and the ecliptic; its value is approximately $23°.44$.

occultation: the obscuration of one celestial body by another of greater apparent diameter; especially the passage of the Moon in front of a star or *planet*, or the disappearance of a satellite behind the disk of its primary. If the primary source of illumination of a reflecting body is cut off by the occultation, the phenomenon is also called an *eclipse*. The occultation of the Sun by the Moon is a *solar eclipse*. (See *eclipse, solar.*)

opposition: the phenomenon whereby two bodies have apparent *ecliptic longitudes* or *right ascensions* that differ by 180° as viewed by a third body. Oppositions are usually tabulated as *geocentric* phenomena.

orbit: the path in space followed by a celestial body, as a function of time. (See *orbital elements.*)

> **orbit, elliptical:** a closed *orbit* with an *eccentricity* less than 1.
>
> **orbit, hyperbolic:** an open *orbit* with an *eccentricity* greater than 1.
>
> **orbit, instantaneous:** the unperturbed two-body *orbit* that a body would follow if *perturbations* were to cease instantaneously. Each orbit in the solar system (and, more generally, in any perturbed two-body setting) can be represented as a sequence of instantaneous ellipses or hyperbolae whose parameters are called *orbital elements*. If these *elements* are chosen to be osculating, each instantaneous orbit is tangential to the physical orbit. (See *orbital elements; osculating elements.*)
>
> **orbit, parabolic:** an open *orbit* with an *eccentricity* of 1.

orbital elements: a set of six independent parameters that specifies an *instantaneous orbit*. Every real *orbit* can be represented as a sequence of instantaneous ellipses or hyperbolae sharing one of their foci. At each instant of time, the position and velocity of the body is characterised by its place on one such instantaneous curve. The evolution of this representation is mathematically described by evolution of the values of orbital *elements*. Different sets of geometric parameters may be chosen to play the role of orbital elements. The set of *Keplerian elements* is one of many such sets. When the Lagrange constraint (the requirement that the instantaneous orbit is tangential to the actual orbit) is imposed upon the orbital elements, they are called *osculating elements*.

osculating elements: a set of parameters that specifies the instantaneous position and velocity of a celestial body in its perturbed *orbit*. Osculating *elements* describe the unperturbed (two-body) orbit that the body would follow if *perturbations* were to cease instantaneously. (See *orbit, instantaneous; orbital elements.*)

parallax: the difference in apparent direction of an object as seen from two different locations; conversely, the angle at the object that is subtended by the line joining two designated points.

> **parallax, annual:** see *parallax, heliocentric*.
>
> **parallax, diurnal:** see *parallax, geocentric*.
>
> **parallax, geocentric:** the angular difference between the *topocentric* and *geocentric* directions toward an object. Also called *diurnal parallax*.
>
> **parallax, heliocentric:** the angular difference between the *geocentric* and *heliocentric* directions toward an object; it is the angle subtended at the observed object. Also called *annual parallax*.
>
> **parallax, horizontal:** the angular difference between the *topocentric* and a *geocentric* direction toward an object when the object is on the *astronomical horizon*.
>
> **parallax, solar:** the angular width subtended by the Earth's equatorial radius when the Earth is at a distance of 1 *astronomical unit (au)*. The value for the solar *parallax* is 8.794143 arcseconds.

parallax in altitude: the angular difference between the *topocentric* and *geocentric* direction toward an object when the object is at a given *altitude*.

parsec (pc): the distance at which one *astronomical unit (au)* subtends an angle of one arcsecond; equivalently the distance to an object having an *annual parallax* of one arcsecond. One parsec is $1/\sin(1'') = 206264.806$ au, or about 3.26 *light-years*.

penumbra: 1. The portion of a shadow in which light from an extended source is partially but not completely cut off by an intervening body. **2.** The area of partial shadow surrounding the *umbra*.

pericenter: the point in an *orbit* that is nearest to the origin of the reference system. (See *perigee; perihelion.*)

pericenter, argument of: one of the *Keplerian elements*. It is the angle measured in the *orbit* plane from the ascending *node* of a reference plane (usually the *ecliptic*) to the *pericenter*.

perigee: the point in an *orbit* that is nearest to the Earth. Perigee is sometimes used with reference to the apparent orbit of the Sun around the Earth.

perihelion: the point in an *orbit* that is nearest to the Sun.

period: the interval of time required to complete one revolution in an *orbit* or one cycle of a periodic phenomenon, such as a cycle of *phases*. (See *phase.*)

perturbations: 1. Deviations between the actual *orbit* of a celestial body and an assumed reference orbit. **2.** The forces that cause deviations between the actual and reference orbits. Perturbations, according to the first meaning, are usually calculated as quantities to be added to the coordinates of the reference orbit to obtain the precise coordinates.

phase: 1. The name applied to the apparent degree of illumination of the disk of the Moon or a *planet* as seen from Earth (crescent, gibbous, full, etc.). **2.** The ratio of the illuminated area of the apparent disk of a celestial body to the entire area of the apparent disk; i.e., the fraction illuminated. **3.** Used loosely to refer to one *aspect* of an *eclipse* (partial phase, annular phase, etc.). (See *lunar phases.*)

phase angle: the angle measured at the center of an illuminated body between the light source and the observer.

photometry: a measurement of the intensity of light, usually specified for a specific wavelength range.

planet: a celestial body that is in *orbit* around the Sun, has sufficient mass for its self-gravity to overcome rigid body forces so that it assumes a hydrostatic equilibrium (nearly round) shape, and has cleared the neighbourhood around its orbit. (See *dwarf planet.*)

planetocentric coordinates: coordinates for general use, where the z-axis is the mean axis of rotation, the x-axis is the intersection of the planetary *equator* (normal to the z-axis through the center of mass) and an arbitrary *prime meridian*, and the y-axis completes a right-hand coordinate system. Longitude of a point is measured positive to the prime *meridian* as defined by *rotational elements*. Latitude of a point is the angle between the planetary equator and a line to the center of mass. The radius is measured from the center of mass to the surface point.

planetographic coordinates: coordinates for cartographic purposes dependent on an equipotential surface as a reference surface. Longitude of a point is measured in the direction opposite to the rotation (positive to the west for direct rotation) from the cartographic position of the *prime meridian* defined by a clearly observable surface feature. Latitude of a point is the angle between the planetary *equator* (normal to the z-axis and through the center of mass) and normal to the reference surface at the point. The *height* of a point is specified as the distance above a point with the same longitude and latitude on the reference surface.

polar motion: the quasi-periodic motion of the Earth's pole of rotation with respect to the Earth's solid body. More precisely, the angular excursion of the *CIP* from the *ITRS* z-axis. (See *Celestial Intermediate Pole (CIP); International Terrestrial Reference System (ITRS).*)

polar wobble: see *wobble, polar.*

pole, celestial: either of the two points projected onto the *celestial sphere* by the Earth's axis. Usually, this is the axis of the *Celestial Intermediate Pole (CIP)*, but it may also refer to the instantaneous axis of rotation, or the angular momentum vector. All of these axes are within $0\rlap{.}''1$ of each other. If greater accuracy is desired, the specific axis should be designated.

pole, Tisserand mean: the angular momentum pole for the Earth about which the total internal angular momentum of the Earth is zero. The motions of the *Celestial Intermediate Pole (CIP)* (described by the conventional theories of *precession* and *nutation*) are those of the Tisserand mean pole with *periods* greater than two *days* in a celestial reference system (specifically, the *Geocentric Celestial Reference System (GCRS)*).

precession: the smoothly changing orientation (secular motion) of an orbital plane or the *equator* of a rotating body. Applied to rotational dynamics, precession may be excited by a singular event, such as a collision, a progenitor's disruption, or a tidal interaction at a close approach (free precession); or caused by continuous torques from other solar system bodies, or jetting, in the case of comets (forced precession). For the Earth's rotation, the main sources of forced precession are the torques caused by the attraction of the Sun and Moon on the Earth's equatorial bulge, called precession of the equator (formerly known as lunisolar precession). The slow change in the orientation of the Earth's orbital plane is called precession of the *ecliptic* (formerly known as planetary precession). The combination of both motions — that is, the motion of the equator with respect to the ecliptic — is called general precession.

prime meridian: see *meridian, prime.*

proleptic calendar: see *calendar, proleptic.*

proper motion: the projection onto the *celestial sphere* of the space motion of a star relative to the solar system; thus the transverse component of the space motion of a star with respect to the solar system. Proper motion is usually tabulated in star catalogs as changes in *right ascension* and *declination* per *year* or century.

proper place: direction of an object in the *Geocentric Celestial Reference System (GCRS)* that takes into account orbital or space motion and *light-time* (as applicable), light deflection, and *annual aberration*. Thus, the position (*geocentric right ascension* and *declination*) at which the object would actually be seen from the center of the Earth if the Earth were transparent, non-refracting, and massless. Unless otherwise stated, the coordinates are expressed with respect to the GCRS axes, which are derived from those of the *ICRS*.

quadrature: a configuration in which two celestial bodies have apparent longitudes that differ by 90° as viewed from a third body. Quadratures are usually tabulated with respect to the Sun as viewed from the center of the Earth. (See *longitude, ecliptic.*)

radial velocity: the rate of change of the distance to an object, usually corrected for the Earth's motion with respect to the solar system *barycenter*.

radius vector: an imaginary line from the center of one body to another, often from the heliocenter. Sometimes only the length of the vector is given.

refraction: the change in direction of travel (bending) of a light ray as it passes obliquely from a medium of lesser/greater density to a medium of greater/lesser density.

>   **refraction, astronomical:** the change in direction of travel (bending) of a light ray as it passes obliquely through the atmosphere. As a result of *refraction* the observed *altitude* of a celestial object is greater than its geometric altitude. The amount of refraction depends on the altitude of the object and on atmospheric conditions.

>   **refraction, horizontal:** the *astronomical refraction* at the *astronomical horizon*; often, an adopted value of 34′ is used in computations for sea level observations.

retrograde motion: for orbital motion in the solar system, motion that is clockwise in the *orbit* as seen from the north pole of the *ecliptic*; for an object observed on the *celestial sphere*, motion that is from east to west, resulting from the relative motion of the object and the Earth. (See *direct motion.*)

right ascension: angular distance on the *celestial sphere* measured eastward along the *celestial equator* from the *equinox* to the *hour circle* passing through the celestial object. Right ascension is usually given in combination with *declination*.

rotational elements: typically, a set of six time-dependent parameters used to describe the instantaneous orientation (attitude) and the instantaneous spin (angular velocity) of a celestial body. When the orientation and spin are described in inertial space, the set of rotational *elements* is often chosen to comprise the two angular coordinates of the direction of the north (or positive) pole and the location of the *prime meridian* at a *standard epoch*, and the time derivatives of each of those three angles. Additional parameters may be required when the object is a non-rigid body.

second, Système International (SI): the duration of 9 192 631 770 cycles of radiation corresponding to the transition between two hyperfine levels of the ground state of cesium 133.

selenocentric: with reference to, or pertaining to, the center of the Moon.

semidiameter: the angle at the observer subtended by the equatorial radius of the Sun, Moon or a *planet*.

semimajor axis: 1. Half the length of the major axis of an ellipse. **2.** A standard element used to describe an *elliptical orbit* or a *hyperbolic orbit*. (For a hyperbolic *orbit*, the semimajor axis is negative). (See *orbital elements*.)

SI second: see *second, Système International (SI)*.

sidereal day: the *period* between successive *transits* of the *equinox*. The mean sidereal *day* is approximately 23 hours, 56 minutes, 4 *seconds*. (See *sidereal time*.)

sidereal hour angle: angular distance on the *celestial sphere* measured westward along the *celestial equator* from the *equinox* to the *hour circle* passing through the celestial object. It is equal to 360° minus *right ascension* in degrees.

sidereal month: see *month, sidereal*.

sidereal time: the *hour angle* of the *equinox*. If the *mean equinox* is used, the result is mean sidereal time; if the *true equinox* is used, the result is apparent sidereal time. The hour angle can be measured with respect to the local *meridian* or the *Greenwich meridian*, yielding, respectively, local or Greenwich (mean or apparent) sidereal times.

solar parallax: see *parallax, solar*.

solar time: the measure of time based on the *diurnal motion* of the Sun.

    solar time, apparent: the measure of time based on the *diurnal motion* of the true Sun. The rate of diurnal motion undergoes seasonal variation caused by the *obliquity* of the *ecliptic* and by the *eccentricity* of the Earth's *orbit*. Additional small variations result from irregularities in the rotation of the Earth on its axis.

    solar time, mean: a measure of time based conceptually on the *diurnal motion* of a fiducial point, called the fictitious mean Sun, with uniform motion along the *celestial equator*.

solstice: either of the two points on the *ecliptic* at which the apparent longitude of the Sun is 90° or 270°; also the time at which the Sun is at either point. (See *longitude, ecliptic*.)

spectral types or classes: categorization of stars according to their spectra, primarily due to differing temperatures of the stellar atmosphere. From hottest to coolest, the commonly used Morgan-Keenan spectral types are O, B, A, F, G, K and M. Some other extended spectral types include W, L, T, S, D and C.

standard epoch: a date and time that specifies the reference system to which celestial coordinates are referred. (See *mean equator and equinox*.)

stationary point: the time or position at which the rate of change of the apparent *right ascension* of a *planet* is momentarily zero. (See *apparent place (or position)*.)

sunrise, sunset: the times at which the apparent upper *limb* of the Sun is on the *astronomical horizon*. In *The Astronomical Almanac* they are computed as the times when the true *zenith distance*, referred to the center of the Earth, of the central point of the disk is 90°50', based on adopted values of 34' for *horizontal refraction* and 16' for the Sun's *semidiameter*.

surface brightness: the visual *magnitude* of an average square arcsecond area of the illuminated portion of the apparent disk of the Moon or a *planet*.

synodic month: see *month, synodic*.

synodic period: the mean interval of time between successive *conjunctions* of a pair of *planets*, as observed from the Sun; or the mean interval between successive conjunctions of a satellite with the Sun, as observed from the satellite's primary.

synodic time: pertaining to successive *conjunctions*; successive returns of a *planet* to the same *aspect* as determined by Earth.

syzygy: 1. A configuration where three or more celestial bodies are positioned approximately in a straight line in space. Often the bodies involved are the Earth, Sun and either the Moon or a *planet*. **2.** The times of the new moon and full moon.

T$_{eph}$: the independent argument of the JPL planetary and lunar *ephemerides* DE405/LE405; in the terminology of General Relativity, a *barycentric* coordinate time scale. T$_{eph}$ is a linear function of *Barycentric Coordinate Time (TCB)* and has the same rate as *Terrestrial Time (TT)* over the time span of the ephemeris. T$_{eph}$ is regarded as functionally equivalent to *Barycentric Dynamical Time (TDB)*. (See *Barycentric Coordinate Time (TCB); Barycentric Dynamical Time (TDB); Terrestrial Time (TT)*.)

TAI: see *International Atomic Time (TAI)*.

TCB: see *Barycentric Coordinate Time (TCB)*.

TCG: see *Geocentric Coordinate Time (TCG)*.

TDB: see *Barycentric Dynamical Time (TDB)*.

TDT: see *Terrestrial Dynamical Time (TDT)*.

terminator: the boundary between the illuminated and dark areas of a celestial body.

Terrestrial Dynamical Time (TDT): the time scale for apparent *geocentric ephemerides* defined by a 1979 *IAU* resolution. In 1991, it was replaced by *Terrestrial Time (TT)*. Obsolete.

Terrestrial Ephemeris Origin (TEO): the original name for the *Terrestrial Intermediate Origin (TIO)*. Obsolete.

Terrestrial Intermediate Origin (TIO): the non-rotating origin of the *Terrestrial Intermediate Reference System (TIRS)*, established by the *International Astronomical Union (IAU)* in 2000. The TIO was originally set at the *International Terrestrial Reference Frame (ITRF)* origin of longitude and throughout 1900-2100 stays within 0.1 mas of the ITRF zero-*meridian*. Formerly referred to as the *Terrestrial Ephemeris Origin (TEO)*.

Terrestrial Intermediate Reference System (TIRS): a *geocentric* reference system defined by the intermediate *equator* of the *Celestial Intermediate Pole (CIP)* and the *Terrestrial Intermediate Origin (TIO)* on a specific date. It is related to the *Celestial Intermediate Reference System* by a rotation of the *Earth Rotation Angle*, θ, around the Celestial Intermediate Pole.

Terrestrial Time (TT): an idealized form of *International Atomic Time (TAI)* with an *epoch* offset; in practice TT = TAI + 32^s.184. TT thus advances by *SI seconds* on the *geoid*. Used as an independent argument for apparent *geocentric ephemerides*. (See *second, Système International (SI)*.)

topocentric: with reference to, or pertaining to, a point on the surface of the Earth.

topocentric place (or position): the *proper place* of an object computed for a specific location on or near the surface of the Earth (ignoring atmospheric *refraction*) and expressed with respect to either the *true (intermediate) equator and equinox* of date or the true *equator* and *CIO* of date. In other words, it is similar to an apparent or *intermediate place*, but with corrections for *geocentric parallax* and *diurnal aberration*. (See *aberration, diurnal; parallax, geocentric*.)

transit: 1. The passage of the apparent center of the disk of a celestial object across a *meridian*. **2.** The passage of one celestial body in front of another of greater apparent diameter (e.g., the passage of Mercury or Venus across the Sun or Jupiter's satellites across its disk); however, the passage of the Moon in front of the larger apparent Sun is called an *annular eclipse*. (See *eclipse, annular; eclipse, solar.*)

  transit, shadow: The passage of a body's shadow across another body; however, the passage of the Moon's shadow across the Earth is called a *solar eclipse*.

true equator and equinox: the celestial coordinate system defined by the orientation of the Earth's equatorial plane on some specified date together with the direction of the *dynamical equinox* on that date. The true *equator* and *equinox* are affected by both *precession* and *nutation*. (See *mean equator and equinox; nutation; precession.*)

TT: see *Terrestrial Time (TT)*.

twilight: the interval before *sunrise* and after sunset during which the scattering of sunlight by the Earth's atmosphere provides significant illumination. The qualitative descriptions of astronomical, civil and *nautical twilight* will match the computed beginning and ending times for an observer near sea level, with good weather conditions, and a level *horizon*. (See *sunrise, sunset.*)

  twilight, astronomical: the illumination level at which scattered light from the Sun exceeds that from starlight and other natural sources before *sunrise* and after sunset. Astronomical *twilight* is defined to begin or end when the geometric *zenith distance* of the central point of the Sun, referred to the center of the Earth, is 108°.

  twilight, civil: the illumination level sufficient that most ordinary outdoor activities can be done without artificial lighting before *sunrise* or after sunset. Civil *twilight* is defined to begin or end when the geometric *zenith distance* of the central point of the Sun, referred to the center of the Earth, is 96°.

  twilight, nautical: the illumination level at which the *horizon* is still visible even on a moonless night allowing mariners to take reliable star sights for navigational purposes before *sunrise* or after sunset. Nautical *twilight* is defined to begin or end when the geometric *zenith distance* of the central point of the Sun, referred to the center of the Earth, is 102°.

umbra: the portion of a shadow cone in which none of the light from an extended light source (ignoring *refraction*) can be observed.

Universal Time (UT): a generic reference to one of several time scales that approximate the mean *diurnal motion* of the Sun; loosely, *mean solar time* on the *Greenwich meridian* (previously referred to as Greenwich Mean Time). In current usage, UT refers either to a time scale called UT1 or to *Coordinated Universal Time (UTC)*; in this volume, UT always refers to UT1. UT1 is formally defined by a mathematical expression that relates it to *sidereal time*. Thus, UT1 is observationally determined by the apparent diurnal motions of celestial bodies, and is affected by irregularities in the Earth's rate of rotation. UTC is an atomic time scale but is maintained within $0\overset{s}{.}9$ of UT1 by the introduction of 1-*second* steps when necessary. (See *leap second.*)

UT1: see *Universal Time (UT)*.

UTC: see *Coordinated Universal Time (UTC)*.

vernal equinox: see *equinox, vernal*.

vertical: the apparent direction of gravity at the point of observation (normal to the plane of a free level surface).

week: an arbitrary *period* of *days*, usually seven days; approximately equal to the number of days counted between the four *phases of the Moon*. (See *lunar phases.*)

wobble, polar: 1. In current practice including the phraseology used in *The Astronomical Almanac*, it is identical to *polar motion*. **2.** In certain contexts it can refer to specific components of polar motion, *e.g.* Chandler wobble or annual wobble. (See *polar motion*.)

year: a *period* of time based on the revolution of the Earth around the Sun, or the period of the Sun's apparent motion around the *celestial sphere*. The length of a given year depends on the choice of the reference point used to measure this motion.

    year, anomalistic: the *period* between successive passages of the Earth through *perihelion*. The anomalistic *year* is approximately 25 minutes longer than the *tropical year*.

    year, Besselian: the *period* of one complete revolution in *right ascension* of the fictitious mean Sun, as defined by Newcomb. Its length is shorter than a *tropical year* by $0.148 \times T$ *seconds*, where T is centuries since 1900.0. The beginning of the Besselian *year* occurs when the fictitious mean Sun is at mean right ascension 18h 40m. Now obsolete.

    year, calendar: the *period* between two dates with the same name in a *calendar*, either 365 or 366 *days*. The *Gregorian calendar*, now universally used for civil purposes, is based on the *tropical year*.

    year, eclipse: the *period* between successive passages of the Sun (as seen from the geocenter) through the same lunar *node* (one of two points where the Moon's *orbit* intersects the *ecliptic*). It is approximately 346.62 *days*.

    year, Julian: a *period* of 365.25 *days*. It served as the basis for the *Julian calendar*.

    year, sidereal: the *period* of revolution of the Earth around the Sun in a fixed reference frame. It is the mean period of the Earth's revolution with respect to the background stars. The sidereal *year* is approximately 20 minutes longer than the *tropical year*.

    year, tropical: the *period* of time for the *ecliptic longitude* of the Sun to increase 360 degrees. Since the Sun's *ecliptic* longitude is measured with respect to the *equinox*, the tropical *year* comprises a complete cycle of seasons, and its length is approximated in the long term by the civil *(Gregorian) calendar*. The mean tropical year is approximately 365 *days*, 5 hours, 48 minutes, 45 *seconds*.

zenith: in general, the point directly overhead on the *celestial sphere*.

    zenith, astronomical: the extension to infinity of a plumb line from an observer's location.

    zenith, geocentric: The point projected onto the *celestial sphere* by a line that passes through the geocenter and an observer.

    zenith, geodetic: the point projected onto the *celestial sphere* by the line normal to the Earth's geodetic ellipsoid at an observer's location.

zenith distance: angular distance on the *celestial sphere* measured along the great circle from the *zenith* to the celestial object. Zenith distance is 90° minus *altitude*.

Users may be interested to know that a hypertext linked version of the glossary is available on *The Astronomical Almanac Online* (see below).

WWW This symbol indicates that these data or auxiliary material may also be found on *The Astronomical Almanac Online* at **http://asa.usno.navy.mil** and **http://asa.hmnao.com**

Definitions of astronomical terms are provided in the Glossary, Section M. Entries in the Glossary are not cited in the Index.

Definitions of astronomical terms are provided in the Glossary, Section M. Entries in the Glossary are not cited in the Index.

Definitions of astronomical terms are provided in the Glossary, Section M. Entries in the Glossary are not cited in the Index.

Definitions of astronomical terms are provided in the Glossary, Section M. Entries in the Glossary are not cited in the Index.

Definitions of astronomical terms are provided in the Glossary, Section M. Entries in the Glossary are not cited in the Index.

Definitions of astronomical terms are provided in the Glossary, Section M. Entries in the Glossary are not cited in the Index.

Definitions of astronomical terms are provided in the Glossary, Section M. Entries in the Glossary are not cited in the Index.

Definitions of astronomical terms are provided in the Glossary, Section M. Entries in the Glossary are not cited in the Index.

Definitions of astronomical terms are provided in the Glossary, Section M. Entries in the Glossary are not cited in the Index.

Definitions of astronomical terms are provided in the Glossary, Section M. Entries in the Glossary are not cited in the Index.

Definitions of astronomical terms are provided in the Glossary, Section M. Entries in the Glossary are not cited in the Index.

Definitions of astronomical terms are provided in the Glossary, Section M. Entries in the Glossary are not cited in the Index.

Definitions of astronomical terms are provided in the Glossary, Section M. Entries in the Glossary are not cited in the Index.

Definitions of astronomical terms are provided in the Glossary, Section M. Entries in the Glossary are not cited in the Index.

Definitions of astronomical terms are provided in the Glossary, Section M. Entries in the Glossary are not cited in the Index.

Definitions of astronomical terms are provided in the Glossary, Section M. Entries in the Glossary are not cited in the Index.

Definitions of astronomical terms are provided in the Glossary, Section M. Entries in the Glossary are not cited in the Index.

Definitions of astronomical terms are provided in the Glossary, Section M. Entries in the Glossary are not cited in the Index.